U0946776

四库全书术数三集

钦定协纪辨方书

（上）

简体横排文渊阁四库全本

谢路军 主编

郑同 点校

华龄出版社

责任编辑：李成志
责任印制：李未圻

图书在版编目（CIP）数据

四库全书术数三集. 钦定协纪辨方书/谢路军主编；郑同点校.
—北京：华龄出版社，2014.10 重印
ISBN 978-7-80178-605-0
Ⅰ.①四… Ⅱ.①谢…②郑… Ⅲ.①四库全书
—方术—汇通 Ⅳ.B992
中国版本图书馆 CIP 数据核字（2009）第 001674 号

书　　名：四库全书术数三集：钦定协纪辨方书
作　　者：谢路军　主编　郑同　点校

出 版 人：胡福君
出版发行：华龄出版社
地　　址：北京市东城区安定门外大街甲 57 号　**邮　　编：**100011
电　　话：（010）58122246　**传　　真：**（010）84049572
网　　址：http://www.hualingpress.com

印　　刷：九洲财鑫印刷有限公司
版　　次：2009 年 3 月第 1 版　2020 年 10 月第 9 次印刷
开　　本：787×1092　1/16　**印　　张：**51
字　　数：1100 千字　**印　　数：**23001～26000
定　　价：98.00 元（全二册）

御定协纪辨方书序

粤昔帝尧命羲和，敬授人时。厥民知析，因夷隩之节。后圣有作，推而弥广。至于外事用刚日，内事用柔日，此皆载之经典，百王不易者也。厥后滥觞，日以讹谬。术士以吉凶祸福之说，震惊朕师，不可方物。如褚少孙补《史记》所称："彼家云吉，此家云凶；彼家云小吉，此家云大凶，茫乎不知其畔岸。"汉武以来，已如聚讼。而荀悦、王充辈斥为理之所无，弃而勿论者也。

虽然天以日月行四时，人奉天而时，若向明而治，向晦而息，后王君公所以奉若天道也。日出而作，日入而息，群黎百姓所以奉若天道也。否则不能晨夜，不夙则暮，诗人讥焉，人人所知也。然则举大事，动大众，协乎五纪，辨乎五方，以顺天地之性。岂无寸分节解，以推极其至精至微之理者欤？其支离蒙昧、拘牵谬悠之说，乃术士之过，而非可因噎而废食者也。

钦天监旧有《选择通书》，刻于康熙二十二年，其书成于星官之手，因讹袭谬，见之施行，往往举矛刺盾。皇祖圣祖仁皇帝知其荒率，不可以训，曾纂为《星历考原》一书，刊刻颁行，而未将监本改正，盖以待夫后人。圣人之心，慎而又慎，如此也。以谕监臣，监臣曰："《通书》之谬，允宜改正。"朕因其请，谓及今犹有庄亲王等数人曾经皇祖指授，稍明此理，使此时不加订正，恐后此益复无可任使。爰命编辑成书，颁布天下。较之旧本，谬说少除。然俗所久沿则，亦不能尽去，便民用也。命名曰《协纪辨方书》。夫"协纪辨方"者，敬天之纪，敬地之方也。一作止，一语默，天地实式临之，况其大乎？如曰"如是则吉，如是则凶，如是则福，如是则祸"，则明者所弗道也。虽然敬不敬之间，吉凶祸福随之矣。是为序。

乾隆六年十二月望日

提要

臣等谨案：《钦定协纪辨方书》三十六卷，乾隆四年皇上特允监臣进爱之请，命和硕庄亲王等修订，越三年成编。凡《本原》二卷，《义例》六卷，《立成》、《宜忌》、《用事》各一卷，《公规》二卷，《年表》六卷，《月表》十二卷，《日表》一卷，《利用》二卷，《附录》、《辨讹》各一卷，尽破世俗术家选择附会不经、拘忌鲜当之说，而正之以干支生克衰旺之理。盖钦天监旧有《选择通书》，立说猥繁，动多矛盾。我圣祖仁皇帝尝纂《星历考原》一书以正之，而于《通书》监本，未之改正。是书之成，若《通书》所载子月巳月天德之误，五月十二月月恩之误，甲日丑时为喜神之误，正月庚日、七月甲日为复日之误，九空、大败等日之误，并条列改驳，而荒诞无稽，如男女合婚嫁娶、大小利用及诸依托许真君《玉匣记》之说者，悉皆删削，使览者咸得晓然于趋吉避凶之道，而不为习俗谬悠之论所惑，洵利用前民之要术矣。伏读御制序文，特标“敬天之纪”、“敬地之方”二义，而以吉凶祸福决于敬不敬之间，尤足以仰见圣人牖民觉世，因习俗而启导之者无微不至云。

乾隆四十五年十月恭校上

总纂官臣纪昀臣陆锡熊臣孙士毅

总校官臣陆费墀

奏议

钦天监监正兼佐领臣进爱谨奏：

为请旨重修《选择通书》、《万年历》，以昭画一，以垂永久事。

窃惟阴阳选择书籍繁多，彼此参差，最难考定。康熙二十二年，圣祖仁皇帝特命九卿詹事科道会议，照依前定《选择通书》、《万年历》遵行，仍取《通书大全》内二十四条附入《选择通书》，汇为一部，与《万年历》一同永远遵行。臣监遵奉编校，缮成十卷，拟名《钦定选择通书》，进呈御览。奉旨依议钦遵在案。惟是从来选择诸书，皆未考究根源。臣监当年编校，亦止照依旧本。圣祖仁皇帝道通法象，学贯天人，康熙五十二年大内蒙养斋开局，命和硕庄亲王率同翰林何国宗、梅瑴成等，恭编《御制算法律吕》诸书，并发曹震圭所著《历事明原》，着同大学士李光地重加考订，亲加披览，赐名《御定星历考原》，颁赐臣监。臣等钦遵考校，始知从前《选择通书》内尚有传讹，即《万年历》与《选择通书》亦未画一。除《时宪书》纪年、九宫已奉特旨改正外，其余参差错误之处甚多。因系九卿定议遵行之书，未敢遽议更改。今臣监开设增修时宪算书馆，和硕庄亲王现在总理，梅瑴成、何国宗现在总裁。臣蒙皇上天恩，特授监正职，叨协理馆事所有臣监。《选择通书》、《万年历》参差错误之处，应请一并考订重修，庶可画一而永久。倘蒙皇上恩准，请以梅瑴成、何国宗为总裁；臣监监副李廷耀专司选择，请以为副总裁；再量选臣监通晓选择官生十员，分修校录。除现今在馆各员已蒙圣恩，赏给桌饭银两外，其余亦请照例支给。应用纸张等项，照例该处支取。书成之日，进呈御览，恭请钦定，一并交武英殿刊刻颁行。所有应改条目关系神煞及合婚俗论应行删去之处，臣监未敢擅便，谨另单胪列，伏乞皇上睿鉴，勅部定议，臣监遵奉施行。为此谨奏请旨。

计开：

一、天德乃月建三合五行中和之气，孟月用阴干，季月用阳干，仲月用库宫，如申子辰月三合水局，申孟月以癸为天德，辰季月以壬为天德，子仲月以巽为天德，水库在辰，属巽宫也。天德不用地支，故不用辰而用巽。《通书》子月、巳月误载，天德宜改正。

一、月恩乃月建所生之气，阳月生阳干，阴月生阴干。《通书》五月丙戌日、十二月甲子日误载月恩，宜改正。

一、喜神仍取时干见丙，如甲日丙寅时则以寅时为喜神，论方向则以寅属艮，即以艮方为喜神，是方向原从时起。《通书》以丑寅皆属艮，误以甲日丑时亦为喜神，逐日皆误，俱宜改正。

一、复日乃月建所同之干。如正月建寅为阳木，而甲亦阳木，故正月以甲日为复日。七月建申为阳金而庚亦阳金，故七月以庚日为复日。世俗作为歌诀，云“正七连庚甲”，《通书》因误以正月之庚日、七月之甲日皆为复日，逐月皆误，俱宜改正。

一、九空乃月建三合库地对冲之日，如寅午戌月合火局，火库在戌，故以辰日为九空。《通书》九空误为寅午戌月辰卯寅日、卯未亥月丑子亥日、辰申子月戌酉申日、巳酉丑月未午巳日，俱宜改正。

一、大败乃月建三合五行沐浴。如寅午戌月合火局，火长生在寅，沐浴在卯，故寅午戌月以卯日为大败日。《通书》误以春卯夏午秋酉冬子为大败日，俱宜改正。

一、男女合婚，以生命之九宫，配卦爻之变动。六爻不动为归魂，一爻变为五鬼，二爻变为福德，三爻变为绝体，四爻变为天医，五爻变为生气，游魂卦为游魂，归魂卦为绝命，牵合非伦，至年命神煞，虽亦附会五行，然非禄命之理。如以年命之纳音五行生于死墓绝之三月，为男妨妻女妨夫，尤属亡诞。愚民拘牵俗论，往往婚姻失时，应请删去。

一、红沙日忌嫁娶，上兀下兀四不祥日忌上官，《选择通书》皆不载，《万年书》亦不载。红沙，臣监旧例注《时宪书》时按期添入。查红沙乃巳酉丑金局日，孟月巳日，仲月酉日，季月丑日。相传又误以为孟月酉日，仲月巳日，甚属无当。上兀下兀乃俗传小六壬之留连赤口日，阳年正月初一日起小吉，阴年正月初一日起留连，按日顺数，尤为荒陋。四不祥乃从朔日取对七为冲，隔三为破，自初一顺数，初四日为隔三，初七日为对七，二十八日又为隔三，故皆为四不祥日。不论月建与干支，而以月朔定冲破，甚属不经，应请一并删去等，因于乾隆四年七月二十七日交与奏事郎中张文彬等转奏。本日奉旨：该部议奏，钦此。

礼部谨题：遵旨议奏事。

该臣等议得钦天监监正进爱条奏“重修《选择通书》、《万年书》以昭画一以垂永久”一摺。据进爱奏称，“从来选择诸书皆未考究根源，臣监当年编校，亦止照依旧本。康熙五十二年命和硕庄亲王等恭编《御制算法律吕》诸书，赐名《御定星历考原》，颁赐臣监。臣等钦遵考校，始知从前《选择通书》内尚有传讹，即《万年历》与《选择通书》亦未画一。除《时宪书》纪年、九宫已奉特旨改正外，其余参差错误之处甚多。因系九卿定议遵行之书，未敢遽议更改。今臣监开设增修时宪算书馆，和硕庄亲王现在总理，梅毂成、何国宗现在总裁。所有《选择通书》、《万年历》参差错误之处，应请一并考订重修，庶可画一而永久。倘蒙皇上恩准，请以梅毂成、何国宗为总裁；臣监监副李廷耀专司选择，请以为副总裁；再量选臣监通晓选择官生十员，分修校录。除现今在馆各员已蒙圣恩，赏给桌饭银两外，其余亦请照例支给。应用纸张等项，照例该处支取。书成之日，交武英殿刊刻颁行。所有应改条目关系神煞及合婚俗论应行删去之处，臣监未敢擅便，谨另单胪列，伏乞皇上睿鉴，勅部定议”等语。查《选择通书》纪阴阳之正，协刚柔之宜，究象数本原，以顺时趋事，载入时宪，昭示万方，诚宜考校精详，归于至当。今该监既称尚有参差错误之处，应仍请勅交总理增修时宪政算书馆和硕庄亲王、总裁梅毂成、何国宗等一并考订重修。至称“监副李廷耀专司选择，请以为副总裁”等语，查监正进爱现在协理馆事，监副李廷耀选择既系专司，自宜令其协同办理，请以为副总裁之处，无庸议。至分修校录，不可乏员，应如所请，令该监于通晓选择之挈壶正博士天文生挑取十员，其桌饭银两并应用纸张等项照该馆例支取报销。所有单内应改条目，交与该馆详核定正，务于画一，可垂永久。书成之日，进呈御览，恭候钦定，一并交与武英殿刊刻颁行可也等。因于乾隆四年八月二十六日题，本月二十九日奉旨：依议，钦此。

总理增修时宪算书馆事务和硕庄亲王臣允禄谨奏：为请旨事。

窃臣馆奉旨重修《万年时宪书》、《选择通书》，务期考据精详，校订明确，方可昭示天下，垂诸永久。但神煞宜忌，各有根源；而诸本吉凶，多相矛盾。臣等现将各神宜忌之事与各事宜忌之神悉心参互考订，正其讹谬，去其重复，分派在馆各员，重加修注。此外，根据未详、彼此互异之处尚多。查内阁学士张照学问淹博，家多藏书，且素日亦留心神煞选择之事，伏乞皇上天恩，准令张照兼臣馆总裁行走，遇有考订之处，与梅瑴成、何国宗一同商酌办理，于臣馆事务实有裨益，为此谨奏请旨等。因于乾隆五年二月初九日，交与奏事郎中张文彬等转奏。本日奉旨：好，钦此。

总理增修时宪算书馆事务和硕庄亲王臣允禄谨奏：为请旨事。

窃臣馆奉旨重修《选择通书》、《万年书》，先据钦天监监正臣进爱奏称，应改条目关系神煞及合婚俗论应行删去之处，另单胪列伏，乞皇上睿鉴，勅部定议。经礼部议覆，单内应改条目交与该馆详核定正，条归画一，可垂永久。奉旨：依议，钦此。钦遵。臣等谨按：图书为五行生克之原，卦畴为吉凶变化之本，圣人作卜筮以前民用，即选择之道所由昉也。术数之家，更相推衍，神煞之名愈多而选择愈无准的。恭查康熙二十二年为叶钟龙诬告王府动土一案，奉圣祖仁皇帝谕旨：阴阳选择书籍浩繁，吉凶祸福多相矛盾，且事属渺茫，难以凭信。若各据一书，偏执己见，捏造大言，恣相告讦，将来必致诬讼繁兴。作何立法，永行无弊，着九卿詹事科道，会同确议具奏。钦此。圣言煌煌，万世为则矣。但当时定议之臣，虽经删其矛盾而尚多未尽应用神煞，亦未考据本原。臣等悉心考订，务求其理而得其合，正其舛误，加之解说，因见其荒诞错误，尚有出于臣进爱所奏之外而必不可不改者。《春秋传》云："国之大事，在祀与戎。"今《通书》祭祀用神在日，查所谓神在日者，全无理解。及检《道藏》，乃云许真君奏玉帝而定之，荒诞已甚。《通书》出军忌九丑日，今查九丑出于六壬，凡十日，每日各有一时为九丑，乃选时之法，而《通书》误以选时为选日。大事尚然，其小者又无论矣。他如"嫁娶周堂"、"五姓修宅"之类，悉属荒唐谬说，而载在《时宪书》内。又如天德月德乃上吉之日，诸事皆宜，今注《时宪书》天德日止宜"修造、动土"，月德日止宜"修造、动土、宴乐、上官"，殊于名义不合。其余吉凶宜忌，亦多类此。兹当奉旨重修之时，臣等又经查出，自应一并厘定。昔年《时宪书》内九宫错误，圣祖仁皇帝特谕钦天监具题改正，有例可循，但事重司天，议须众允。且于《时宪书》内多所更定，大典攸关。臣等谨将一切应删应改之处与钦天监官员公同商酌，另单开列，恭呈御览。伏乞皇上睿鉴，勅下大学士九卿定议施行。臣等未敢擅便，为此谨奏请旨。

计开：

一、《时宪书》载“五姓修宅”，以五音分五姓，始于汉时谶纬之说，托之孔子。历代以来，诸儒驳论，不胜枚举。即使其说果是，则自今日以溯黄帝，民间姓氏屡改，岂能犹合本音，况实无义理，徒滋拘忌。应删去。

一、男女合婚，臣进爱已经奏请删去。至其嫁娶大利月及周堂日，亦属不经，皆术士之妄说也。查大利月以女命为主，阳年本命前一月、阴年本命后一月为大利，次月妨媒，次月妨翁姑，次月妨女父母，次月妨夫，次月妨女本身。惟妨本身月，为女之本命与其对冲，然选择亦无，专取本命前年支一字之例，余更无义可推。至于周堂，载在《时宪书》，以乾为翁，坎为第，艮为灶，震为妇，巽为厨，离为夫，坤为姑，兑为堂，大月从夫顺数，小月从妇逆数，遇第堂厨灶为吉，遇翁姑夫妇则妨其人，并不论本命与日干支，尤属无理。细按其图，合于《仪礼》，成婚之次日，新妇盥馈，而舅姑养妇之位，次其所为翁姑。夫妇者，各人所立之方向也。宅与堂者，宅为坎，宅堂为坐西朝东之堂，行礼之所，古人堂室如是也。有厨又有灶者，厨为女氏之行，厨所以馈舅姑；灶为男氏之爨，灶所以养新妇。妇在震方，则厨灶在巽乃便也，此岂得有吉凶生于其间耶？查月有十二，而忌者居其十；而两月六十日中，忌者又居其半，是使民间可以婚嫁之日至少也。不便于民，莫此为甚。亦应删去。

一、《时宪书》载：太白游方，不宜抵向。其法：每月一日、十一日、二十一日在正东，二日、十二日、二十二日在东南，以次转至东北八方，既周则以九日、十九日、二十九日为在中宫，十日、二十日、三十日为在天。查太白星随太阳出入，前引后从，总不远离太阳右行，太白岂能左行？以算术求之，万不能符。考其根原，出于西域《日时吉凶善恶宿曜经》。遍查释藏，并无此经，不知其出何印度。但彼处以每月初三为一日，又或以每月上弦为一日，与中国朔望总不相合。然则太白即使左行，亦与中国日辰不同，况又万无此理。应删去。

一、《时宪书》载长星短星，每月各一日，八九月各二日，无论月之大小、有闰无闰，每年皆然，义实无谓。曹震圭以长星为金，短星为火，牵合虎鼠二遁为之，而其数仍必不能合，则过就他说以粘合之。邵泰衢以为，生乎月而其说又无理之可申。查长星短星所忌，不过裁衣、开市、立券、交易、纳财事，既无关重轻，世亦未尝避忌，亦毫无应验。应俱删去。

一、《时宪书》伏断日、密日、裁衣日，皆以值宿起算。查二十八宿选择之法来自西域，其伏断以日配宿，与旬空路空之义相似，尚属有理。至所谓密日者，乃房虚星昴四宿。七政属日，西语曰密，主喜事，中国遂以其日忌安葬启攒。今查西域二十八宿分属七政，其日各有宜忌，与中国风俗迥然不同，专取其密日，殊属无谓。至以角、亢、房、斗、牛、虚、壁、奎、娄、鬼、张、翼、轸十三宿日为宜裁衣，亦无取义。应一并删去。

一、《时宪书》以每月三日、四日、八日、九日、十日、十一日、十三日、十四日、十五日、二十二日、二十三日、二十六日、二十七日及申酉亥子日为宜洗头日。

查《通书》，祓除澡雪之事用申酉亥子日。其寻常洗头，原不待择日也。况初三初四等日，义亦无取。应删去。

一、二十八宿次舍，《星经》、《天官书》原系觜宿在前，参宿在后，选择家以酉日值觜宿为伏断日，星命家二十八宿分配七政，以日月火水木金土为序。觜属火，参属水，皆依古宿次舍而定者也。《新法算书》以参宿前一星为距星，参在前，觜在后，则觜宿与酉日不得相值。星命家以为水火颠倒，查宿之距星，惟人所指，与算法疏密全无关碍。又《七政》、《时宪书》之罗睺，《新法算书》以中交为罗睺，星命家以为罗睺属火，计都属土，遂谓颠倒罗计。查罗睺、计都并非实有此星，亦于字义无取，于算法尤无关碍。应俱依古改正。

一、《通书》、《时宪书》推日出入昼夜时刻，春秋分前后隔六度，小满小雪前后一隔九度、一隔十二度，冬夏至前后隔十五度，故交节气之日，无日出入昼夜时刻者有之。今查春秋分前后隔五度，小满小雪前后一隔七度、一隔八度，则交节之日皆有日出入昼夜时刻，于授时之义允协。应改正。

一、《通书》以甲子、乙丑、丁卯、戊辰、辛未、壬申、癸酉、甲戌、丁丑、己卯、庚辰、壬午、甲申、乙酉、丙戌、丁亥、己丑、辛卯、甲午、乙未、丙申、丁酉、乙巳、丙午、丁未、戊申、己酉、庚戌、乙卯、丙辰、丁巳、戊午、己未、辛酉、癸亥三十五日为神在日，其日宜祭祀。曹震圭作《明原》，谓为唐贾耽所集，曲为之解，而不能通。又引《摄要》，曰：旧本错误，十有八日，今依官本改正，未审旧本为非新本为是。《选择宗镜》则曰神无所不在，以此三十五日为神在日，其不在日又何在乎？今遍查诸家《通书》，皆无解说。惟《道藏·玉匣记》云：许真君考天曹案簿，三十一日诸神在人间地府，祭祀受福，余日诸神在天，求福反祸。察其日数，虽比《通书》少四日，不同九日，然其为根本于《玉匣记》而又加之以传讹，亦可断矣。荒诞不经实甚，宜昔人之疑而驳之也。今现用之，殊属未合。按：《明原》引《神枢经》等书，天德合、月德合、福德、普护、福生、圣心、续世、天后、天巫宜祭祀、祈福、求嗣等事，较之神在日为近理，应取天行合等日为宜祭祀、祈福、求嗣等事，较之神在日为近理。应取天德合等日为宜祭祀，其神在日应删去。

一、九丑本于壬道，其法以乙卯、己卯、辛卯、乙酉、己酉、辛酉、戊午、戊子、壬午、壬子十日内，视丑临于支上，则其时为九丑课。推其理，唯此十课魁罡及日干皆落败地，故谓之丑。乙、己、辛、戊、壬五干加子、午、卯、酉四支，共为九，故曰“九丑”，并非此十日皆为九丑日也。今《通书》选时内原有九丑之说，而又误用之以选日，则此十日内尽有吉日，非尽应避忌也。应改正。

一、辛未、壬申、癸酉、己卯、壬午、甲申、壬寅、甲辰、丙午、己酉、庚戌、丙辰、己未、庚申、辛酉十五日为大明日，今《通书》称上吉日，《明原》谓是李淳风所集，又以丙寅、丁卯、戊辰、己巳、壬申、癸酉、甲戌、乙亥、丙子、丁丑、庚辰、辛巳、甲申、乙酉、戊子、己丑、庚寅、辛卯、甲午、乙未、戊戌、己亥、壬寅、癸卯、甲辰、乙巳、戊申、己酉、庚戌、壬子、癸丑、甲寅、乙卯、戊午、己未、庚申、辛酉三十七日为七圣日，《明原》谓是贾耽所集。七圣者，黄帝、元女、文王、周公、孔子、天老、董仲舒也。其日宜举百事。其说不伦，全无义理。今选择虽不用，而《通书》犹载其名，应删去。

一、玉皇銮驾、紫微帝星、紫微銮驾、北辰帝星、撼龙帝星、都天宝照、都天转运、行衙帝星、周仙罗星、星马贵人，既非实有此星，又且必无此理。且于一帝星之中，又有金轮、火轮、水轮、天乙、太乙诸名，《选择宗镜》曰："皆术士捏造也。"今《通书》虽载其名，实不用以选择，应俱删去。

一、逆血刃、隐伏血刃、千金血刃、五子打劫血刃、山家火血、山家刀砧，或从年干起，或从年支起，其于生克制化之理，了不相干。《选择宗镜》曰："民间最畏刀砧火血，术士捏造恶名以吓人耳。"今选择不用而《通书》犹载其名，应俱删去。

一、九良星按年周游于井厨、门路、庭堂、寺观之间，全无义理。《通书·总论》内载"元朝奏罢"等语，今选择虽不用而年局仍在开载，又有暗刀煞亦是此类，皆世俗妄说，应一并删去。

一、《通书》以本年五虎元遁甲干所临之支为穿山大罗睺，乙干所临之支为天禁朱雀，二支所夹之方为山家困龙。今《时宪书》惟以庚辛二干所临之支为金神，并不避甲乙。所有穿山大罗睺等名，应删去。

一、《通书》以驿马前干为驿马临官，主吉；又为马前六害，主凶。为凶为吉，皆无义理。彼此牴牾，最为惑人，应一并删去。

一、飞天独火，又名皇天灸退。《通书·总论》已言其无验，而年局犹载之，应并删去。

一、头白空亡、八山空亡即浮天空亡、八山刀砧，翎毛禁向即坐煞向煞，流财即支退，旧刻彼此错讹，遂致异同莫辨而并列之。今查明重复，应删去。

一、《通书》以月厌前一辰为章光，其日忌嫁娶。查嫁娶不将日取厌前干、厌后支，章光为厌前之支，自在不用之内，则章光之名亦虚设也。应删去。

一、天愿乃十二月将，以四时旺干顺配之。正月乙亥，二月甲戌，三月乙酉，四月丙申，五月丁未，六月戊午，七月己巳，八月庚辰，九月辛卯，十月壬寅，十一月癸丑，十二月甲子。甲、乙各二者，十干配十二支，势必重见。十二月木将旺，五气顺布而四时行，且甲子干支之首，十二月月之终，有贞下起元之理，故不用壬子而用甲子也。今《通书》正月乙亥为甲午，四月丙申为丙子，五月丁未为丁丑，七月己巳为甲寅，八月庚辰为丙辰，十月壬寅为戊辰，十一月癸丑为甲子，十二月甲子为癸未，俱应改正。

一、《通书》以春酉、夏子、秋卯、冬午为守日，春辰、夏未、秋戌、冬丑为牢日，《原始》谓守牢以字形相近而误，当易守日为牢日，易牢日为守日。今按春辰、夏未、秋戌、冬丑乃四时当旺之土，以为守日定也。春酉、夏子、秋卯、冬午乃四时死囚之辰，以为牢日宜也。应照《原始》改正。

一、天狱、天火，《通书》载寅午戌月子日、亥卯未月卯日、申子辰月午日、巳酉丑月酉日。按《原始》引李鼎祚语，亥卯未月当是酉日，巳酉丑月当是卯日，乃三合之对冲，犹年之灾煞也。又《原始》以春木旺酉为牢日，秋金旺卯为牢日，尤与天狱名义相合。至天火，既以子为寅午戌火局之天火，午为申子辰水局之天火，则木必用酉，金必用卯，义例始得相符。盖天火者，推其气之根原，故正以相反而互根，即阳根阴而阴根阳也。应同天狱一并改正。

一、八风乃取四时对冲三合之辰，以木火二干配之。盖对冲为虚，虚则生气，木火所以生风也。春冲酉，用丁丑、丁巳日；夏冲子，用甲申、甲辰日；秋冲卯，用丁亥、丁未日；冬冲午，用甲寅、甲戌日。今《通书》丁巳为己酉，丁亥为辛未，应改正。

一、地囊乃四时三合卦之纳甲，盖三合无土局，而土旺于四季，木火金水之所以生旺墓者无适非土，故用当时三合卦内外两初爻之纳甲为地囊日。其一卦两用者，则再用世应二爻之纳甲日。春木，亥卯未局，为震坤乾卦。正月用震，内卦初爻庚子，外卦初爻庚午；二月用坤，内卦初爻乙未，外卦初爻癸丑；三月用乾，内卦初爻甲子，外卦初爻壬午。夏火，寅午戌局，为离乾艮卦。四月用离，内卦初爻己卯，外卦初爻己酉；五月用乾，世爻壬戌，应爻甲辰；六月用艮，内卦初爻丙辰，外卦初爻丙戌。秋金，巳酉丑局，为兑艮巽卦。七月用兑，内卦初爻丁巳，外卦初爻丁亥；八月用艮，世爻丙寅，应爻丙申；九月用巽，内卦初爻辛丑，外卦初爻戊寅。冬水，申子辰局，为坎巽坤卦。十月用坎，内卦初爻戊寅，外卦初爻戊申；十一月用巽，世爻辛卯，应爻辛酉；十二月用坤，世爻癸酉，应爻乙卯。今《通书》二月乙未为癸未，三月壬午为甲寅，四月乙酉为己丑，五月为戊午、戊辰，六月为癸未、癸巳，七八月互易丁亥为丁卯，九月为戊辰、戊子，十月为庚戌、庚子，十一、十二月阙。今具应改正。

一、《通书》安葬用庚寅、壬寅、丙午、庚午、壬午、甲申、丙申、庚申、壬申、乙酉、丁酉、乙酉、辛酉、癸酉十四日为鸣吠日；启攒用丙子、庚子、壬子、甲寅、丙寅、乙卯、丁卯、辛卯、癸卯、甲午十日为鸣吠对日；相传始自郭璞，取金鸡鸣玉犬吠之义，而其用日则不知所由来。《明原》曲为之解而不能通，《原始》、《考原》疑其有误。今按神煞起例，以鸡为酉、犬为戌、酉为日入之门、戌为闭物之会，然葬归于土，避土日不用，故不用戌而用酉。星命之术，卯为命宫，取东方出地之义。葬埋之术，酉为命宫，取西方入地之义。自酉上溯至午而一阴生，故鸣吠用午申酉日，鸣吠对则子寅卯日也。其法以甲、丙、庚、壬四干配寅，得四日，避戊不用；以乙、丁、辛、癸四干配配四日，避己不用；共十一日，为鸣吠对日，通共二十四日，干支皆与《通书》合，而自各有义例。《通书》特误以庚寅、壬寅为鸣吠，甲午为鸣吠对，故遂不可解耳。应依起例改正。

一、临日阳月取三合前辰，阴月取三合后辰，其义就吉。《历事明原》、《枢要经》以为居上临下、容保无疆之义，皆有吉无凶；而《通书》、《万年书》误以为凶日，忌临官、视事、上表、陈讼，于理乖谬，应改为吉日，宜临政、亲民、上册、进表章、陈词讼。

一、天德、月德乃上吉之日，诸事皆宜。今注《时宪书》，天德日止宜修造、动土，月德日止宜修造、动土、宴乐、上官，诸如此类。凡吉神所宜、凶神所忌，皆多与《义例》不合，应逐条斟酌改正。

一、刑冲破害在日，为最不宜之日，在方亦为最不宜之方，而《通书》年表皆不载；即《时宪书》年神方位，《通书》亦或载或不载；而刀砧火血谬妄之说，俱未芟除，殊为矛盾，亦应增删改正。乾隆五年六月十五日，交与奏事郎中张文彬等转奏。本日奉旨：大学士九卿定议具奏，其翰詹科道内如有通晓算书者，亦着人议。钦此。

大学士伯臣鄂尔泰等谨题：为遵旨议奏事

该臣等会议得总理增修时宪算书馆事务和硕庄亲王等奏称“奉旨重修《选择通书》、《万年书》，经礼部议覆，应改条目交与该馆详核订正，务归画一，可垂永久。奉旨：依议，钦此。钦遵。臣等悉心考订，务求其理，而得其合，正其舛误，加之解说。因见其荒诞错误，尚有出于臣进爱所奏之外，而必不可不改者。兹当奉旨重修之时，臣等又经查出，自应一并厘定。昔年《时宪书》内九宫错误，蒙圣祖仁皇帝特谕，钦天监具题改正，有例中循。但事重司天，议须众允，且于《时宪书》内多所更定，大典攸关，臣等谨将一切应删应改之处与钦天监官员公同商酌，另单开列恭呈御览。伏乞皇上睿鉴，勅下大学士九卿定议施行”等，因具奏前来。臣等伏思，选择吉日，三代以上，只论干支之刚柔，绝少拘忌；后世论说日多，术家递衍，增设神煞，本一日而吉凶顿殊，本一量而名号杂出，以致民间趋避，无所适从。现在算书馆奉旨重修《选择通书》、《万年书》，先据监臣进爱将应改条目及神煞俗论应行删去之处，奏请勅部定议。经礼部议，交该馆详核订正。奉旨：依议，钦此。钦遵在案。今和硕庄亲王等奏称“悉心改订，尚有出于臣进爱所奏之外而必不可不改者，自应一并厘定。且于《时宪书》内，多所更定，大典攸关，请勅廷议”等语。臣等查和硕庄亲王等开列应删应改之处共二十八条，其载在《时宪书》者共七条：一曰“五姓修宅”，一曰“嫁娶周堂”，一曰“太白游方”，一曰“长星短星”，一曰“洗头日”，一曰“参觜易位”，一曰“交节日出入昼夜时刻”。臣等公同酌议，五姓修宅见于《黄帝宅经》，以姓音分五行，修造各有宜忌。历代以来，诸儒驳论甚详。然后世虽姓氏繁多，犹往往上溯，得姓之始；拘忌姓音，以为趋避。嫁娶周堂、太白游方为婚嫁择吉之用，长星短星宜于裁衣交易等项，洗头日宜于申酉亥子等日，原无甚义理，而载在《时宪书》，民俗便安，遵行已久，应将庄亲王等奏请删去之处无庸议。至于参觜先后之序，由于距星之不同，从前用参中星为距星，则觜在先参在后；康熙年间用《新法算书》，以参西第一星为距星，遂改为参先觜后。今庄亲王等奏称“宿之距星惟人所指，与算法疏密全无关碍”等语，夫既与算法全无关碍，则既经康熙年间改定，今亦不必更改，应将所奏参觜仍改觜参之处无庸议。至本条内请将罗睺、计都依古改正之处，查罗睺、计都生于日月交行，谓之天首、天尾。中法以天首属罗，天尾属计，自古而然。今以西法起算，由彼土占候后天行一日，遂以罗为尾、计为首。查罗、计止入《七政书》内，应如所奏，依古改正。再七政古有四余，今以紫气无凭起算，遂去其一。然古法具在，应请添入，以备四余之用。至奏添《时宪书》内交节日出入昼夜时刻，虽属比旧精密，但《时宪书》款式颁行已久，亦不便增添，应将所奏添入之处无庸议，仍令刻入《通书》内可也。其不载入《时宪书》而为《选择通书》、钦天监所据以选择者二十一条，皆民间修方造葬、趋吉避凶之用，原系术士推衍，各家不同，谬妄者固多，为舛者亦复不少。其系于修方者二条，曰“九良星”，曰“飞天独火”。系于造葬者六条，曰“密日”，曰“玉皇銮驾”等星，曰“逆血刃”等煞，曰“穿山大罗睺”，曰“马前六害”，曰“头白空亡”等煞，或系术士捏造，或系纬书所测，名目繁多，庄亲王等既称实不用以选择，且查明牴牾重复应删之处，应如所奏删去。若七圣日之不经，神在日、章光日之无谓，此三条亦应如所奏删去。至于九丑日、天愿日、守牢日、天狱天火日、八风日、地囊日、鸣吠日、临日共八条，既经该馆查明错讹，应如所奏，照善本改正。又天德、月德等吉神所宜，《通书》未经该载；刑冲破害等凶神所忌，亦未经该载；及诸谬妄之说，未尽芟除。此二条系该馆应办之事，应如所奏。令庄亲王等率同该馆各员，细心详考，编辑成书，一并进呈御览，恭候钦定。再《通书》所有神煞名目，虽经删改，应仍将旧有名目附载卷末，以示传疑，以备博致。俟命下之日，令钦天监照例办理可也等。因于乾隆五年七月二十五日题。本月二十七日奉旨：依议，钦此。

总理增修时宪算书馆事务和硕庄亲王臣允禄等谨奏：

臣等恭纂《万年书》、《通书》，今已告竣，谨将纂就《万年书》稿本一套、《通书》稿本五套，恭呈御览，伏候钦定。俟命下之日，钦遵原奉谕旨办理。再《通书》向循俗称，理合恭请钦定嘉名，以光典策。另拟书名一单，仰恳钦点。为此谨奏等。因于乾隆五年八月初七日交与奏事郎中张文彬等转奏。本日奉旨：知道了，书名着用《协纪辨方书》字样，钦此。乾隆六年十二月十八日，奉旨开载诸臣职名：

总理　和硕庄亲王臣允禄

武英殿监理

和硕和亲王臣弘画

总裁　经筵讲官刑部左侍郎臣张照

鸿胪寺卿纪录一次臣梅瑴成

原任工部右侍郎臣何国宗

协理馆事钦天监监正兼佐领纪录二次臣进爱

纂修　协同办理馆事员外郎衔仍留钦天监右监副任臣李廷耀

刑部主事留钦天监时宪科中官正任加三级臣何国宸

工部主事留钦天监时宪科秋官正任加一级臣方毂

钦天监时宪科春官正加三级臣何君惠

钦天监漏刻科五官挈壶正加二级臣熊佑

钦天监漏刻科五官挈壶正纪录二次臣刘毓圻

钦天临地宪科博士加四级臣潘汝瑛

钦天监漏刻科博士臣齐克昌

国子监算学教习原行福建汀州府知府臣何国栋

提调　钦天监天文科五官灵台郎纪录三次臣萨哈图

钦天监主簿加一级纪录一次臣毛嘉梓

收掌　钦天监时宪科博士加一级臣祝乔龄
钦天监博士臣张弘漢
钦天监时宪科博士纪录一次臣永定
钦天监时宪科天文生加一级臣李鳌
钦天监时宪科天文生加一级臣白士杰

校录绘图推算
钦天监天文科五官灵台郎加三级臣陈世铨
钦天监时宪科博士加一级臣罗廷钦
钦天监时宪科博士加一级臣孙君德
钦天监时宪科博士纪录一次臣鲍怀仁
钦天监时宪科博士臣王德明
钦天监天文科天文生加一级臣何国动
钦天监天文科天文生加一级臣作彭年
钦天监时宪科天文生加一级臣何国政
钦天监时宪科天文生臣潘从源
钦天监时宪科天文生臣何廷禄
钦天监时宪科天文生加一级臣徐文学
钦天监时宪科天文生加一级臣董又新
钦天监时宪科天文生臣程铎
钦天监时宪科天文生臣刘必显
钦天监时宪科天文生臣门泰
钦天监天文科天文生臣欧天瑞
钦天监时宪科天文生臣路铨

武英殿监造
内务计南苑郎中兼佐领加五级纪录十次臣雅尔岱
内务计钱粮衙门郎中兼佐领加六级纪录十次臣永保
内务府广储司郎中加一级纪录二次臣众神保
内务府钱粮衙门主事臣永忠
内务府广储司司库加二级臣胡三格
监造加一级臣李保
监造臣郑桑格
库掌臣李延伟
库掌臣胡什泰

目录

钦定协纪辨方书卷一

本原一

朱子曰：本图书，原卦画。阴阳家者流，其亦衷诸此也，作《本原》。

河图

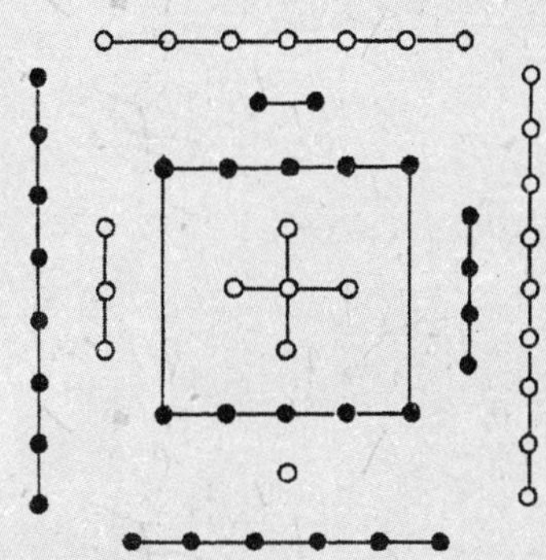

河图：一六为水，居北；二七为火，居南；三八为木，居东；四九为金，居西；五十为土，居中。北方水生东方木，东方木生南方火，南方火生中央土，中央土生西方金，西方金生北方水。此五行相生之序也。

洛书

洛书：戴九履一，左三右七，二四为肩，六八为足。五居中央。一六水克二七火，二七火克四九金，四九金克三八木，三八木克五中土，五中土克一六水。此五行相克之序也。

先天八卦次序

《系辞传》曰："易有太极，是生两仪，两仪生四象，四象生八封。"邵子曰："乾一、兑二、离三、震四、巽五、坎六、艮七、坤八，乾、兑、离、震为阳，巽、坎、艮、坤为阴。乾兑为太阳，离、震为少阴，巽、坎为少阳，艮、坤为太阴。"

先天八卦方位

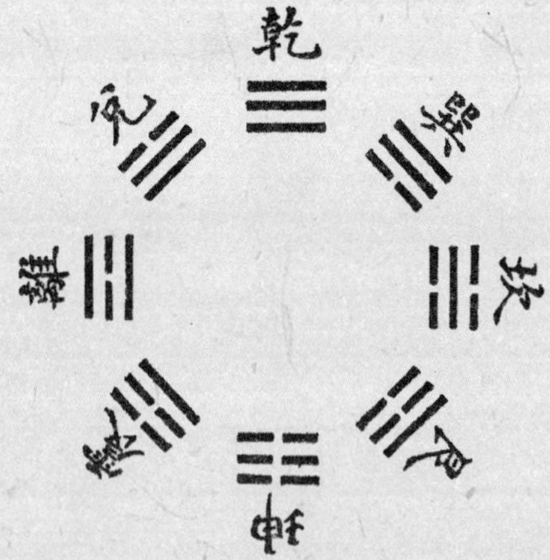

《说卦传》曰："天地定位，山泽通气，雷风相薄，水火不相射，八封相错。"邵子曰："乾南、坤北、离东、坎西，兑居东南、震居东北、巽居西南、艮居西北，所谓先天之学也。"

后天八卦次序

坤母 ☷　　乾父 ☰

兑少女 ☱　離中女 ☲　巽長女 ☴　　艮少男 ☶　坎中男 ☵　震長男 ☳

《说卦传》曰："乾，天也，故称乎父。坤，地也，故称乎母。震一索而得男，故谓之长男。巽一索而得女，故谓之长女。坎再索而得男，故谓之中男。离再索而得女，故谓之中女。艮三索而得男，故谓之少男。兑三索而得女，故谓之少女。"

后天八卦方位

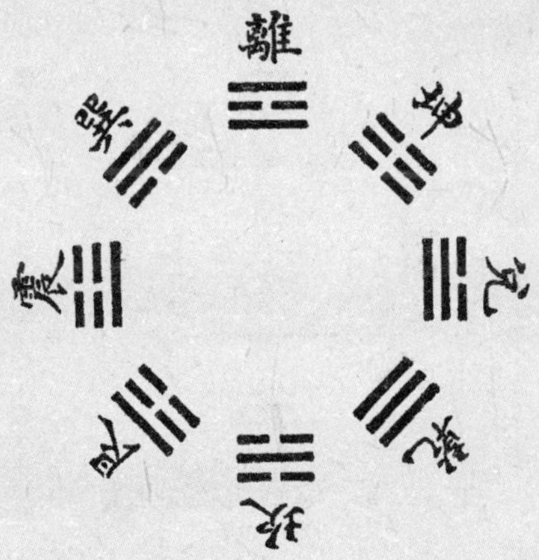

《说卦传》曰："帝出乎震，齐乎巽，相见乎离，致役乎坤，说言乎兑，战乎乾，劳乎坎，成言乎艮。"邵子曰："乾统三男于东北，坤统三女于西南。乾、坎、艮、震为阳，巽、离、坤、兑为阴。"

先天卦配河图之象

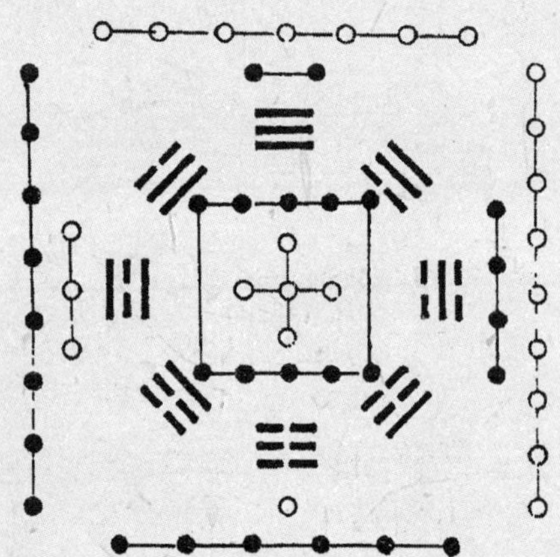

《启蒙附论》曰："图之左方阳内阴外，即先天之震离兑乾，阳长而阴消也。其右方阴内阳外，即先天之巽坎艮坤，阴长而阳消也。盖所以象二气之交运也。"

后天卦配河图之象

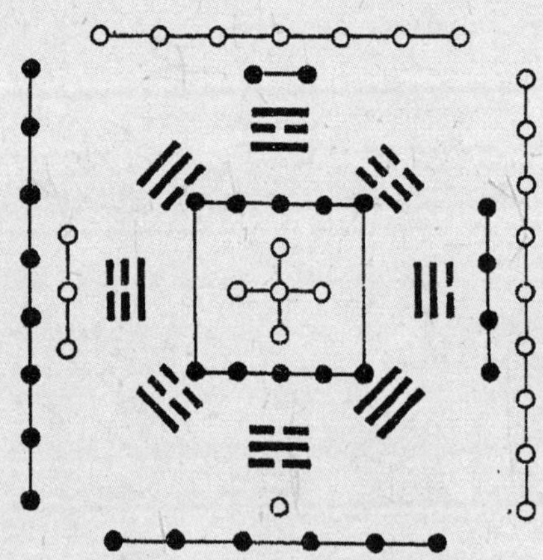

《启蒙附论》曰："图之一六为水，即后天之坎位也；三八为木，即后天震巽之位也；二七为火，即后天之离位也；四九为金，即后天兑乾之位也；五十为土，即后天之坤艮，周流四季而偏旺于丑未之交也。盖所以象五气之顺布也。"

先天卦配洛书之数

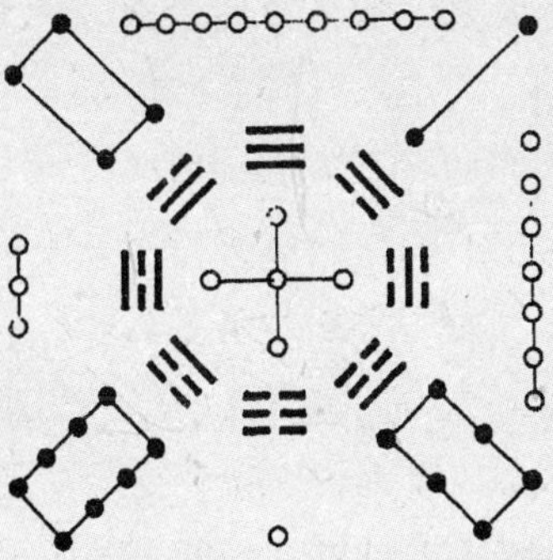

《启蒙附论》曰："洛书九数，虚中五以配八卦，阳上阴下，故九为乾、一为坤。因自九而逆数之，震八、坎七、艮六，乾生三阳也；又自一而顺数之，巽二、离三、兑四，坤生三阴也。以八数与八卦相配，而先天之位合矣。"

按：术家以乾配九、坤配一、离配三、坎配七，其数奇，故为阳。兑配四、震配八、巽配二、艮配六，其数偶，故为阴。

后天卦配洛书之数

《启蒙附论》曰："火上水下，故九为离，一为坎；火生燥土，故八次九而为艮；燥土生金，故七六次八而为兑乾；水生湿土，故二次一而为坤；湿土生木，故三四次二而为震巽。以八数与八卦相配而后天之位合矣。"

按：邵子以文王八卦为入用之位，后天之学。朱子以洛书为数之用，术家飞宫吊替，俱用后天配洛书。其法以坎一、坤二、震三、巽四、中五、乾六、兑七、艮八、离九为序。刘歆曰："八卦、九章相为表里。"张衡曰："圣人重之以卜筮，杂之以九宫。"则所从来远矣。

甲历

《周礼》："十日之号，十有二辰之号，十有二月之号，十有二岁之号，二十有八星之号。"郑玄注曰："日谓从甲至癸，辰谓从子至亥，月谓从娵至荼，岁谓从摄提格至赤奋若，星谓从角至轸。"

《尔雅》："月阳：月在甲曰毕，在乙曰橘，在丙曰修，在丁曰圉，在戊曰厉，在己曰则，在庚曰窒，在辛曰塞，在壬曰终，在癸曰极。月名：正月为娵，二月为如，三月为寎，四月为余，五月为皋，六月为且，七月为相，八月为壮，九月为元，十月为阳，十一月为辜，十二月为涂。岁阳，太岁在甲曰阏逢，在乙曰旃蒙，在丙曰柔兆，在丁曰强圉，在戊曰著雍，在己曰屠维，在庚曰上章，在辛曰重光，在壬曰玄黓，在癸曰昭阳。岁名：太岁在寅曰摄提格，在卯曰单阏，在辰曰执徐，在巳曰大荒落，在午曰敦牂，在未曰协洽，在申曰涒滩，在酉曰作噩，在戌曰阉茂，在亥曰大渊献，在子曰困敦，在丑曰赤奋若。"

十干　十二支　十二律　二十八舍

蔡邕《独断》云："干，幹也。其名有十，甲、乙、丙、丁、戊、己、庚、辛、壬、癸是也。支，枝也。其名一十有二，子、丑、寅、卯、辰、巳、午、未、申、酉、戌、亥是也。"

《礼记·月令》："春月，其日甲乙；夏月，其日丙丁；中央土，其日戊己；秋月，其日庚辛；冬月，其日壬癸。"

《史记·律书》曰："七正，二十八舍。律历，天所以通五行八正之气，天所以成熟万物也。舍者，日月所舍。舍者，舒气也。"

不周风居西北，主杀生。东壁居不周风东，主辟生气而东之，至于营室。营室者，主营胎阳气而产之。东至于危。危，垝也。言阳气之危垝，故曰"危"。十月也，律中应钟。应钟者，阳气之应，不用事也。其于十二子为亥。亥者，该也。言阳气藏于下，故该也。

广莫风居北方。广莫者，言阳气在下，阴莫阳广大也，故曰"广莫"。东至于虚。虚者，能实能虚，言阳气冬则宛藏于虚，日冬至则一阴下藏，一阳上舒，故曰"虚"。东至于须女。言万物变动其所，阴阳气未相离，尚相如胥也，故曰"须女"。十一月也，律中黄钟，黄钟者，阳气踵黄泉而出也。其于十二子为子。子者，滋也；滋者，言万物滋于下也。其于十母为壬癸。壬之为言任也，言阳气任养万物于下也，癸之为言揆也，言万物可揆度，故曰"癸"。东至牵牛。牵牛者，言阳气牵引万物出之也。牛者，冒也，言地虽冻，能冒而生也。牛者，耕植种万物也。东至于建星。建星者，建诸生也。十二月，律中大吕。大吕者，其于十二子为丑。丑者，纽也。言阳气在上未降，万物厄纽未敢出。

条风居东北，主出万物。条之言，条治万物而出之，故曰"条风"。南至于箕。箕者，言万物根棋，故曰"箕"。正月也，律中泰簇。泰簇者，言万物簇生也，故曰"泰簇”。其于十二子为寅。寅言万物始生螾然也，故曰“寅”。南至于尾，言万物始生如尾也。南至于心，言万物始生有华心也。南至于房。房者，言万物门户也，至于门则出矣。

明庶风居东方。明庶者，明众物尽出也。二月也，律中夹钟。夹钟者，言阴阳相夹厕也。其于十二子为卯。卯之为言茂也，言万物茂也。其于十母为甲乙。甲者，言万物剖符甲而出也；乙者，言万物生轧轧也。南至于氐。氐者，言万物皆至也。南至于亢。亢者，言万物亢见也。南至于角。角者，言万物皆有枝格如角也。三月也，律中姑洗，姑洗者，言万物洗生。其于十二子为辰。辰者，言万物之蜄也。

清明风居东南维，主风吹万物而西之，至于轸。轸者，言万物益大而轸轸然，西至于翼。翼者，言万物皆有羽翼也。四月也，律中仲吕。仲吕者，言万物尽旅而西行也。其于十二子为巳。巳者，言阳气之已尽也。西至于七星。七星者，阳数成于七，故曰“七星”。西至于张。张者，言万物皆张也。西至于注。注者，言万物之始衰，阳气下注，故曰“注”。五月也，律中蕤宾。蕤宾者，言阴气幼少，故曰“蕤”；痿阳不用事，故曰“宾”。

景风居南方。景者，言阳气道竟，故曰“景风”，其于十二子为午。午者，阴阳交，故曰“午”。其于十母为丙丁。丙者，言阳道著明，故曰“丙”；丁者，言万物之丁壮也，故曰“丁”。西至于弧。弧者，言万物之吴落且就死也。西至于狼。狼者，言万物可度量，断万物，故曰“狼”。

凉风居西南维，主地。地者，沈夺万物气也。六月也，律中林钟。林钟者，言万物就死气林林然。其于十二子为未。未者，言万物皆成，有滋味也。北至于罚。罚者，言万物气夺可伐也。北至于参。参，言万物可参也，故曰“参”。七月也，律中夷则。夷则，言阴气之贼万物也。其于十二子为申。申者，言阴用事，申贼万物，故曰“申”。北至于浊。浊者，触也，言万物皆触死也，故曰“浊”。北至于留。留者，言阳气之稽留也，故曰“留”。八月也，律中南吕。南吕者，言阳气之旅入藏也。其于十二子为酉，酉者，万物之老也，故曰“酉”。

阊阖风居西方。阊者，倡也；阖者，藏也。言阳气道万物，阖黄泉也。其于十母为庚辛。庚者，言阴气庚万物，故曰“庚”；辛者，言万物之辛生，故曰“辛”。北至于胃。胃者，言阳气就藏，皆胃胃也。北至于娄。娄者，呼万物且内之也。北至于奎。奎者，主毒螫杀万物也，奎而藏之。九月也，律中无射。无射者，阴气盛用事，阳气无余也，故曰“无射”。其于十二子为戌。戌者，言万物尽灭，故曰“戌”。

四序

寅、卯、辰木，巳、午、未火，申、酉、戌金，亥、子、丑水。

右谓之令星，即春夏秋冬五气也。

六辰

子、寅、辰、午、申、戌为阳，丑、卯、巳、未、酉、亥为阴。

右阳从阳，阴从阴，六阳辰四阳卦纳之，六阴辰四阴卦纳之。

十二月辟卦

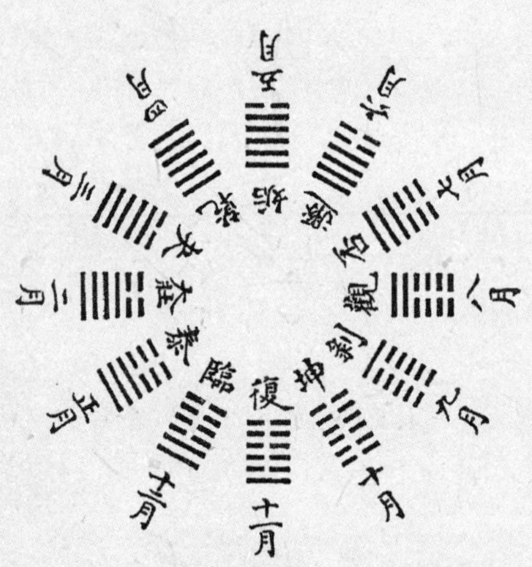

正月建寅泰卦

《月令·孟春》郑注曰：“孟春者，日月会于娵訾，而斗建寅之辰也。正月，三阳之月。泰，三阳之卦。故以配之。”

二月建卯大壮卦

《月令·仲春》郑注曰：“仲春者，日月会于降娄，而斗建卯之辰也。二月，四阳之月。大壮，四阳之卦。故以配之。”

三月建辰夬卦

《月令·季春》郑注曰：“季春者，日月会于大梁，而斗建辰之辰也。三月，五阳之月。夬，五阳之卦。故以配之。”

四月建巳乾卦

《月令·孟夏》郑注曰：“孟夏者，日月会于实沈，而斗建巳之辰也。四月，纯阳之月。乾，纯阳之卦。故以配之。”

五月建午姤卦

《月令·仲夏》郑注曰：“仲夏者，日月会于鹑首，而斗建午之辰也。夏至，一阴始生。姤，一阴之卦。故以配之。”

六月建未遁卦

《月令·季夏》郑注曰：“季夏者，日月会于鹑火，而斗建未之辰也。六月，二阴之月。遁，二阴之卦。故以配之。”

七月建申否卦

《月令·孟秋》郑注曰：“孟秋者，日月会于鹑尾，而斗建申之辰也。七月，三阴之月。否，三阴之卦。故以配之。”

八月建酉观卦

《月令·仲秋》郑注曰："仲秋者，日月会于寿星，而斗建酉之辰也。八月，四阴之月。观，四阴之卦。故以配之。"

九月建戌剥卦

《月令·季秋》郑注曰："季秋者，日月会于大火，而斗建戌之辰也。九月，五阴之月。剥，五阴之卦。故以配之。"

十月建亥坤卦

《月令·孟冬》郑注曰："孟冬者，日月会于析木，而斗建亥之辰也。十月，纯阴之月。坤，纯阴之卦。故以配之。"

十一月建子复卦

《月令·仲冬》郑注曰："仲冬者，日月会于星纪，而斗建子之辰也。冬至，一阳始生。复，一阳之卦。故以配之。"

十二月建丑临卦

《月令·季冬》郑注曰："季冬者，日月会于玄枵，而斗建丑之辰也。十二月，二阳之月。临，二阳之卦。故以配之。"

《考原》曰："按《史记·天官书》曰：用昏建者杓，夜半建者衡，平旦建者魁。又《春秋运斗极》云：第一天枢，第二璇，第三玑，第四权，第五衡，第六开阳，第七摇光。第一至第四为魁，第五至第七为杓，合而为斗。如正月初昏，则用斗杓指寅；夜半，则用斗衡指寅；平旦，则用斗魁指寅也。其日月所会之宫，谓之月将。娵訾，亥也。降娄，戌也，大梁，酉也。实沈，申也。鹑首，未也。鹑火，午也。鹑尾，巳也。寿星，辰也。大火，卯也。析木，寅也。星纪，丑也。玄枵，子也。子曰神后，丑曰大吉，寅曰功曹，卯曰太冲，辰曰天罡，巳曰太乙，午曰胜光，未曰小吉，申曰传送，酉曰从魁，戌曰河魁，亥曰登明。月建运天道而左旋为天关，月将禀地道而右转为地轴。"

十二辰二十八宿星象

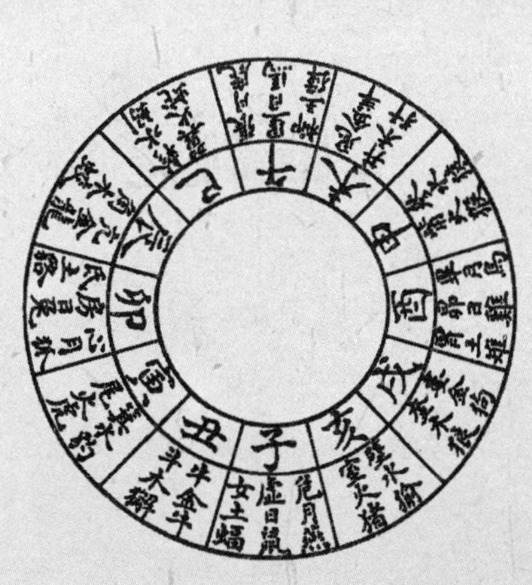

《蠡海集》曰："十二肖属，子为阴极，幽潜隐晦，以鼠配之。鼠藏迹。午为阳极，显易刚健，以马配之。马快行。丑为阴俯而慈爱，以牛配之。牛舐犊。未为阳仰而秉礼，以羊配之。羊跪乳。寅为三阳，阳胜则暴，以虎配之。虎性暴。申为三阴，阴胜则黠，以猴配之。猴性黠。卯、酉为日、月之门，二肖皆一窍。兔舐雄毛则孕，感而不交也。鸡合踏而无形，交而不感也。辰、巳阳，起而变化。龙为盛，蛇次之，故龙、蛇配辰、巳。龙、蛇者，变化之物也。戌、亥阴，敛而持守。狗为盛，猪次之，故狗、猪配戌、亥。狗、猪者，镇静之物也。或云：皆取不全之物配肖属者，非也。庶物万类，岂特十二哉！况无义理，不足信也明矣。"

《考原》曰："十二辰禽象，子鼠、丑牛、寅虎、卯兔、辰龙、巳蛇、午马、未羊、申猴、酉鸡、戌狗、亥猪。其说相沿已久，莫知其所自来。虽于经典无见，然以传记、子、史考之，则不独宋以后也。如韩愈《毛颖传》谓食于卯地，《祭张员外文》谓虎取而去，来寅其征，则唐时有之矣。《管辂传》推东方朔龙、蛇之占，以为变化相推，会于辰、巳。又谯周谓司马为典午，则汉晋时有之矣。溯而上之，陈敬仲筮者言当昌于姜姓之国，而《释春秋》谓观之六四，纳得辛未，辛为巽长女、未为羊，羊加女为姜。则是周时又已有之也。至于二十八宿禽象，则近代方有之。意者因十二辰所取而附会其说耳。何则？十二辰以子、午、卯、酉为四中宫。故一宫各管三象。子宫，女、虚、危，虚星居中，故为鼠之本象。女为蝠，危为燕，则取其似鼠者以配之也。卯宫，氐、房、心，房星居中，故为兔之本象。氐为貉，心为狐，则取其似兔者以配之也。午宫，柳、星、张，星居中，故为马之本象。柳为獐，张为鹿，则取其似马者以配之也。酉宫，胃、昴、毕，昴星居中，故为鸡之本象。胃为雉，毕为乌，则取其似鸡者以配之也。其余寅、申、巳、亥、辰、戌、丑、未八宫，则各管两象而以近中宫者为主。辰宫亢近中宫，故为龙之本象，角居其旁，则取蛟为龙之类以配之。寅宫尾近中宫，故为虎之本象，箕居其旁，则取豹为虎之类以配之。丑宫牛近中宫，故为牛之本象，斗居其旁，则取獬为牛之类以配之。亥宫室近中宫，故为猪之本象，壁居其旁，则取貐为猪之类以配之。戌宫娄近中宫，故为狗之本象，奎居其旁，则取狼为狗之类以配之。申宫觜近中宫，故为猴之本象，参居其旁，则取猿为猴之类以配之。未宫鬼近中宫，故为羊之本象，井居其旁，则取犴为羊之类以配之。巳宫翼近中宫，故为蛇之本象，轸居其旁，则取蚓为蛇之类以配之也。"

二十八宿配日

《考原》云："日有六十，宿有二十八，四百二十日而一周。四百二十者，以六十与二十八俱可以度尽也。故有七元之说。一元甲子日起虚，以子象鼠而虚为日鼠也，二元甲子起奎，三元甲子起毕，四元甲子起鬼，五元甲子起翼，六元甲子起氐，七元甲子起箕。至七元尽而甲子又起虚，周而复始。但一元起于何年月日，则不可得而考矣。"

今按：日、月、五星运行二十八舍，迟速不齐，躔次各别，交错参差，迟留伏逆。

纵使推之历始，必有甲子年、月、日、时。日在虚，月在危，五星以次居室、壁、奎、娄、胃者。然少选月即过其度矣，且安得又从昴至鬼，复顺次而列之哉？以不齐之天行，按一定之星舍，乃万无之理也。七政安得与二十八宿相配耶？遍阅群书，莫可考究。及见西域《吉凶时日善恶宿曜经》，乃得其说，盖彼国不知十干十二支之名，而用二十八宿以纪日，其七政加二十八宿，犹干之加于支，非谓七政之果躔于此宿也。又其术以人之生日所逢何曜何宿为本命，谓之命宿，而以加于行事所逢曜宿，参伍考之，以命凶吉。又以宿曜性情合所为之事之刚柔健顺，以定从违。亦有似于中国之建除星命家言者。其宿曜之名，虚、昴、星、房属日，危、毕、张、心属月，室、觜、翼、尾属火，壁、参、轸、箕属水，奎、井、角、斗属木，娄、鬼、亢、牛属金，胃、柳、氐、女属土，则各从其国语。假如日曜太阳在回鹘则曰蜜，在波斯则曰曜，森勿在天竺则曰阿你底耶，重译之即中国之日也。其他皆仿此。七元周而复始，恰与此相符。其书又谓：中国、西天诸国此法并所通行。今按：历家每岁铺注于六十甲子，载在《时宪书》，而无所用，神煞中惟伏断、暗金二者从此起例，其他并不关涉。然外域既以此纪年，则历家存此可使绝域殊方同晓某日是何甲子，甚为有益，良不可废也。

五行

《六经》论五行者，始见于《尚书·洪范》。曰："一五行，一曰水、二曰火、三曰木、四曰金、五曰土。"《大禹谟》曰："水火金木土，谷惟修。"其源起于河图、洛书之数。盖图书之一六水也，二七火也，三八木也，四九金也，五十土也。在图则左旋而相生，在书则右转而相克也。然土于图书为五十，中宫之数，无定位、无专体者也。惟《吕氏春秋》则以土直季夏之月，以顺相生之序。《白虎通》又以土直辰戌丑未之四季而分旺于四时。文王后天图象坤艮二土独居夏秋冬春之交，则以火必得土而后能成金，水必得土而后能生木也。

今按：行也者，言其行于地者也，质行于地而气通于天，数之有五焉，故曰"五行"也。地者，土也，以其对天言之则曰地，以其质言之固土也。土之为四行君也固也，君则不专其司，不居其部，是故以火之克金而秋乃承夏令也，则谓既有四方必有中央，而中央固土也，可以嗣火之老而生金也。以春秋冬夏之递嬗，四行转多而土转少也，则谓季月必辰戌丑未，而辰戌丑未固土也，减十二日以与本令余十八日为土王用事，则各七十二日也。坤艮二土居四气之交，为土之真体，则后天图象明之。乾巽二方，据魁罡之户，示土之神用，则《素问·运气》详之。土之君乎四行也，审矣。然此犹皆为有象可示者也。若其无象可示者，则寅申巳亥子午卯酉，实无一之禽乎土焉。何也？非土则水火金木不能以行，其能以行者皆土也。

五行用事

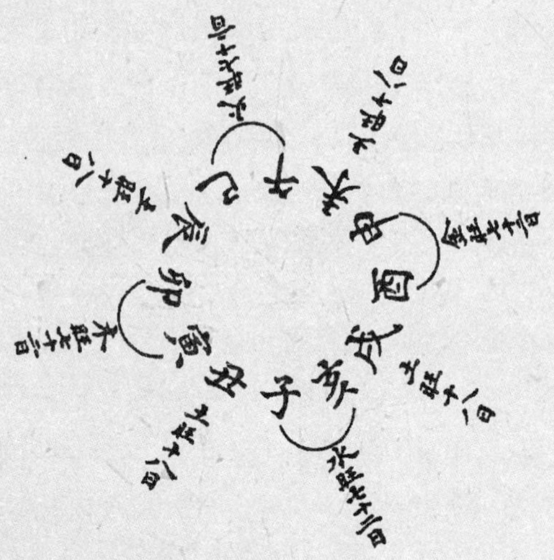

《神枢经》曰："五行旺各有时，惟土居无所定，乃于四立之前，各旺一十八日。"

《历例》曰："立春木、立夏火、立秋金、立冬水，各旺七十二日。土于四立之前各旺一十八日，合之亦为七十二日。总三百有六十而岁成矣。"

五行生旺

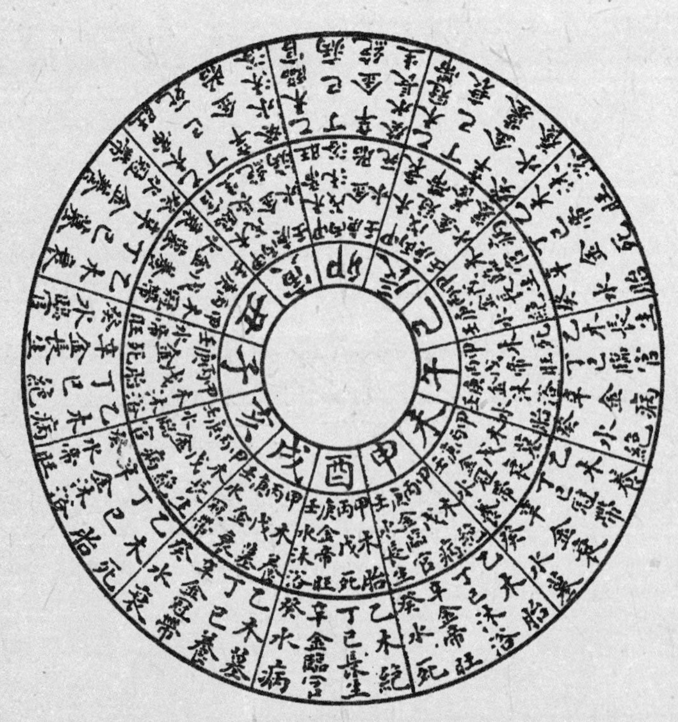

《考原》曰："木长生于亥，火长生于寅，金长生于巳，水长生于申，土亦长生于申、寄生于寅。各由长生、沐浴、冠带、临官、帝旺、衰、病、死、墓、绝、胎、养顺历十二辰。盖天道循环，生生不已。故木方旺而火已生，火方旺而金已生，金方旺而水已生，水方旺而木已生。由长生而顺推，稚则必壮，盛则必衰，终而复始，迭运不穷。此四时之所以错行，五气之所以顺布也。至于土生于申，而寄生于寅，则后天坤艮之位。故《易》于坤曰'万物皆致养焉'，于艮曰'万物之所成终而所成始也'。"

按：五行长生之义，《考原》之说甚明，而土之生于寅申，则引而未发。由今考之，水土之同生于申也，申为坤，坤为地，水土所以凝也；土之寄生于寅也，寅为孟春，孟春之月天气下降，地气上腾，天地所以和同，草木所以萌动也。是故洪范家独以土生于申为五行之体，阴阳选择诸家皆以土生于寅为五行之用。盖长生在寅则临官在巳，乃为土旺金生，与木火水同为一例。然则以土为生于寅者，所以顺五行相生之序，固与《月令》"土旺于夏秋之交以顺四时相生之序"者同出于理之自然，而非为臆说也。外此又有阳死阴生、阳顺阴逆之说。甲木死于午则乙木生焉，丙戊死于酉则丁巳生焉，庚金死于子则辛金生焉，壬水死于卯则癸水生焉。由长生而沐浴十二位皆逆转，阳死则阴生，阴死则阳生。此二气之分也。阳临官则阴帝旺，阴临官则阳帝旺。此四时之会也。顺逆分合俱极妙理。论十干则分阴阳，论五行则阳统阴，尤天地自然之义。故凡言数者皆祖之，此吉凶神煞所由起也。

干支五行

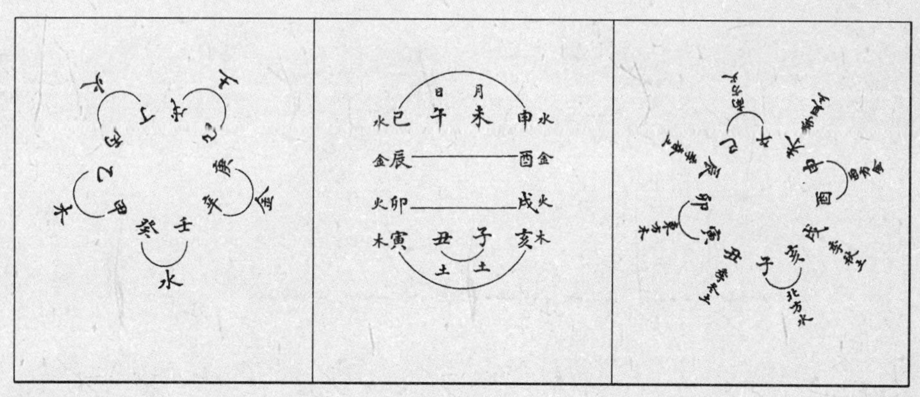

天干则甲乙属木，丙丁属火，戊己属土，庚辛属金，壬癸属水。地支则寅卯辰属木，配东方也；巳午未属火，配南方也；申酉戌属金，配西方也；亥子丑属水，配北方也；而土寄旺于辰戌丑未之间，配四季也。五星家又以寅亥属木，卯戌属火，辰酉属金，子丑属土。而午则为日、未则为月者，则以子丑在下，故为土，午未在上，故为日为月。寅卯辰巳申酉戌亥分布左右，则如四时之流行于天地之间，故以其左右之合宫而别为木、火、金、水之序也。

右皆《考原》所载，今具录之。其言五星五行，则引而未发。盖天者，日也，月也。星者，日月之余也。午未者离，子丑者坎。离为日，坎为月，午之为日是已。子之不为月者何？月者水之精，悬乎上而受日之光者，非北方子之位也。子丑之气冲乎上而与日并，其方固必在未也。地者水也，土也，子水，丑土，丑又比水之土，其为地之体无可凝也。地，土也，故子丑为土也，天位乎上，地位乎下，行乎两间者必木、火、金、水矣。子丑为水土，水土之际木必生焉，所以亥寅为木，一长生、一禄位也。木成而火已出矣。寅，火长生也；卯，木旺也，旺则必嬗嬗则必归其根，故卯戌为火也。卯戌为火，则戌为黅天之气，戊之所居。黅天之气始于辰，辰亦戊也。土旺必生金，故辰酉为金。酉者，金之帝也，酉居金旺之极，于其未至于极而水已生于申。对宫为巳，巳，金之母也。水必以申巳者，申巳逼于午未，最高之地无水也。举母则子归水不得舍土而自立。其丽于土者，即子丑之位。土之所摄命为土，而不命为水。若其离土而言，水必纳于母气，故申巳为水也。水为生物之源，是以丽乎日、月。其次则金，其次则火，其次则木，其次则土。五纬之序，水最近日，金次之，火又次之，木又次之，土又次之。此丽乎天者之自然之序也。水、土所生者木，上生而为火，土又上生而为金，又上生而为水，如画卦之由下而上也。此行乎地者之自然之序也。然则五星、五行具有实理，而非人所能强为也。

三合

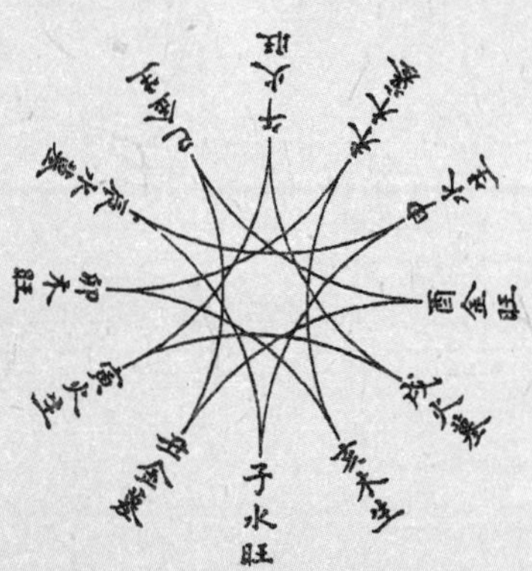

申、子、辰合水局，亥、卯、未合木局，寅、午、戌合火局，巳、酉、丑合金局。

《考原》曰："三合者，取生、旺、墓三者以合局也。水生于申，旺于子，墓于辰，故申、子、辰合水局也。木生于亥，旺于卯，墓于未，故亥、卯、未合木局也。火生于寅，旺于午，墓于戌，故寅午戌合水局也，金生于巳，旺于酉，墓于丑，故巳、酉、丑合金局也。"

今按《淮南子》云："木生于亥，壮于卯，死于未，三辰皆木也。火生于寅，壮于午，死于戌，三辰皆火也。土生于午，壮于戌，死于寅，三辰皆土也。金生于巳，旺于酉，死于丑，三辰皆金也，水生于申，壮于子，死于辰，三辰皆水也。故五胜生一，壮五，终九；五九四十五，故神四十五日而一徙；以三应五，故八徙而岁终。"由今考之，阴阳家言三合者，唯水、火、木、金而已，不及于土也。然言阴阳之书，《淮南子》亦可为古矣，所为三合之说未必不始于是书，而土之三合则不传于世者何欤？且世所言土之长生等十二位与火无异，而《淮南子》则谓生午、壮戌、死寅，亦他书所无有也。今附载于此，以备一义。

六合

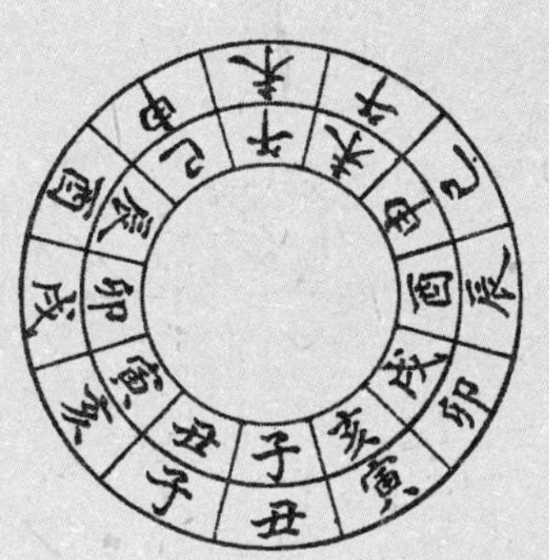

子与丑合，寅与亥合，卯与戌合，辰与酉合，巳与申合，午与未合。

《蠡海集》曰：“阴阳家地支六合者，日、月会于子则斗建丑，日、月会于丑则斗建子，故子与丑合；日、月会于寅则斗建亥，日、月会于亥则斗建寅。故寅与亥合；日、月会于卯则斗建戌，日、月会于戌则斗建卯，故卯与戌合；日、月会于辰则斗建酉，日、月会于酉则斗建辰，故辰与酉合；日、月会于巳则斗建申，日、月会于申则斗建巳，故巳与申合；日、月会于午则斗建未，日、月会于未则斗建午，故午与未合。”

《考原》曰：“六合者，以月建与月将为相合也。如正月建寅，月将在亥，故寅与亥合；二月建卯，月将在戌，故卯与戌合也。月建左旋，月将右转，顺逆相值，故为六合。”

按：月将即是日。月无光，受日之光，月行与日合而成岁纪，则是日者，月之将也，故曰月将。非别有神从日而右转者也。其躔次亥曰娵訾、戌曰降娄、酉曰大梁、申曰实沈、未曰鹑首、午曰鹑火、巳曰鹑尾、辰曰寿星、卯曰大火、寅曰析木、丑曰星纪、子曰玄枵。《春秋左氏传》已有其说。至今用之，其躔度过宫，具载《公规》。

五鼠遁

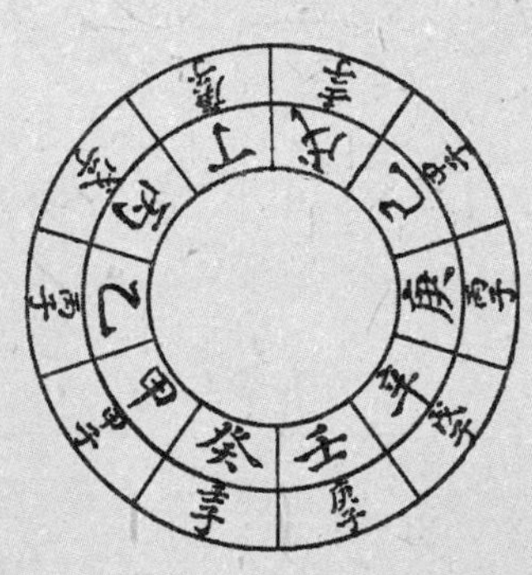

甲己日起甲子时，乙庚日起丙子时，丙辛日起戊子时，丁壬日起庚子时，戊癸日起壬子时。

《考原》曰："甲子日起甲子时，从甲子顺数至次日子时，得丙子，故乙日起丙子。从甲至己越五日，共六十时，花甲周而复始，故己日子时，亦为甲子也。"

五虎遁

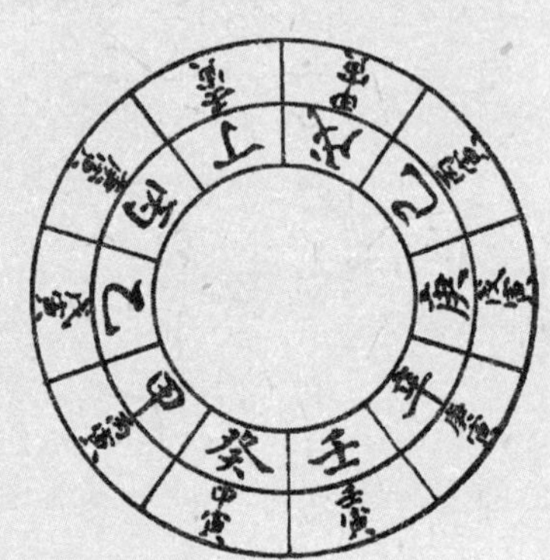

甲己年正月起丙寅，乙庚年正月起戊寅，丙辛年正月起庚寅，丁壬年正月起壬寅，戊癸年正月起甲寅。

《考原》曰："上古历元，年月日时皆起于甲子，是甲子年必甲子月，为年前冬至十一月也。而正月建寅，故得丙寅，二月丁卯，以次顺数，至次年正月得戊寅，故乙年正月起戊寅。从甲至己越五年共六十月，花甲周而复始，故己年正月亦为丙寅也。"

五合化气

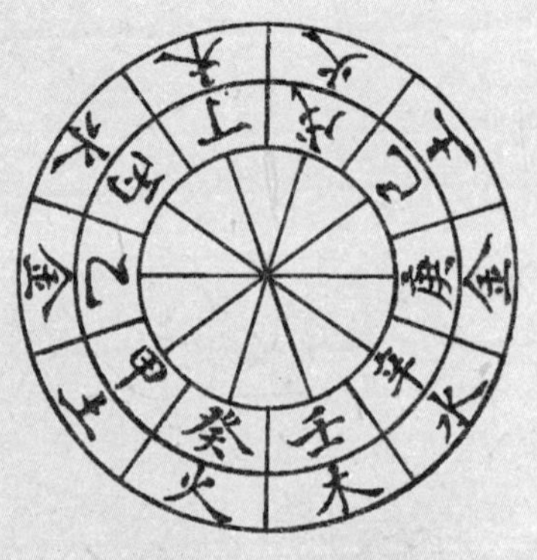

甲与己合，乙与庚合，丙与辛合，丁与壬合，戊与癸合。甲己化土，乙庚化金，丙辛化水，丁壬化木，戊癸化火。

《考原》曰："五合者，即五位相得而各有合也，河图一与六、二与七、三与八、四与九、五与十皆各有合。以十干之次言之，一为甲，六为己，故甲与己合；二为乙、七为庚，故乙与庚合；三为丙，八为辛，故丙与辛合；四为丁、九为壬、故丁与壬合；五为戊、十为癸，故戊与癸合。又年起月，日起时越五，则花甲周而复始而月时同干，亦即五合之义。”

按：化气之理，沈括据黄帝《素问》论之最明。《素问》有五运六气。所谓五运者，甲己为土运，乙庚为金运，丙辛为水运，丁壬为木运，戊癸为火运也。黄帝问岐伯五运之所始，岐伯引《太始天元册文》曰：始于戊己之分。所谓戊己分者，奎壁角轸也。奎壁角轸，天地之门户也。王冰注引《遁甲》：六戊为天门，六己为地户。天门在戌亥之间，奎壁之分；地户在辰巳之间，角轸之分。阴阳皆始于辰，五运起于角轸者，亦始于辰也。甲己之岁，戊己黅天之气经于角轸，角属辰，轸属巳，其岁得戊辰、己巳，干皆土，故为土运。乙庚之岁，庚辛素天之气经于角轸，其岁得庚辰、辛巳，干皆金，故为金运。丙辛之岁，壬癸元天之气经于角轸，其岁得壬辰、癸巳，干皆水，故为水运。丁壬之岁，甲乙苍天之气经于角轸，其岁得甲辰、乙巳，干皆木，故为木运。戊癸之岁，丙丁丹天之气经于角轸，其岁得丙辰、丁巳，干皆火，故为火运。运临角轸，则气在奎壁，气与运常司天地之门户。戊己在角轸，则甲乙在奎壁。甲己岁必甲戌乙亥也，故《素问》曰：“土位之下，风气承之。庚辛在角轸，则丙丁在奎壁。乙庚岁必丙戌丁亥也，故曰金位之下，火气承之。壬癸在角轸，则戊己在奎壁。丙辛岁必戊戌己亥也，故曰水位之下，土气承之。甲乙在角轸，则庚辛在奎壁，丁壬岁必庚戌辛亥也，故曰风位之下，金气承之。丙丁在角轸，则壬癸在奎壁。戊癸岁必壬戌癸亥也，故曰相火之下，水气承之。”五行家以戊寄于巳，己寄于午。六壬家以戊寄于巳，己寄于未。惟《素问》以戊寄于戌，己寄于辰。遁甲以六戊为天门，六己为地户，与《素问》同。水土相随。水，金子也，阳土，故居金行之末，以为亥始。水，木母也；巳，金祖也，阴土，故居水行之墓，以为巳始。故曰天地之门户，而万物所从出。星家有逢龙则化之说，亦本于此。此十干化气之源也。

纳音

沈括曰：“六十甲子有纳音，鲜原其意。盖六十律旋相为宫法也。一律含五音，十二律纳六十音也。凡气始于东方而右行，音起于西方而左行，阴阳相错而生变化。所谓气始于东方者，四时始于木，右行传于火，火传于土，土传于金，金传于水。所谓音始于西方者，五音始于金，左旋传于火，火传于木，木传于水，水传于土。[①] 纳音之法：同类娶妻，隔八生子，此律吕相生之法也。五行先仲而后孟，孟而后季，此遁甲

---

① 纳音与《易》纳甲同法。乾纳甲而坤纳癸，始于乾而终于坤。纳音始于金，金、乾也，终于土。土、坤也。

三元之纪也。甲子金之仲，[①] 同位娶乙丑，[②] 隔八下生壬申，金之孟。[③] 壬申同位娶癸酉，[④] 隔八上生庚辰，金之季。[⑤] 庚辰同位娶辛巳，[⑥] 隔八下生戊子，火之仲。[⑦] 戊子娶己丑[⑧]生丙申，火之孟。[⑨] 丙申娶丁酉，[⑩] 生甲辰，火之季。[⑪] 甲辰娶乙巳，[⑫] 生壬子，木之仲。[⑬] 如是左行，至于丁巳仲吕之宫，五音一终。复自甲午金之仲娶乙未，隔八生壬寅，一如甲子之法，终于癸亥。[⑭] 子至于巳为阳，故自黄钟至于仲吕，皆下生。自午至于亥为阴，故自林钟至于应钟，皆上生。"

《蠡海集》曰："万物之所为以生者必由气。气者何？金也，金受气顺行则为五行之体，逆行则为五行之用。顺行为五行之体者，金生水，水生木，木生火，火生土，冬至起历之元，自冬而春，春而夏，夏而长，夏长夏而归于秋，返本归原而收敛也。逆行为五行之用者，金出矿而从革，于火以成材，成材则为有生之用。然火非木不生，必循木以继之，木必依水以滋荣，水必托土以止畜，故木而水，水而土。是则四行之类，土以定位。故大挠作甲子，分配五行为纳音，盖金能受声而宣气故也。法曰：甲娶乙妻，隔八生子。子生孙而后行，继代其位。初一曰金。金为气居先，甲子为受气之始，甲娶乙妻，隔八壬申，是为子矣。壬娶癸妻，隔八庚辰，是为孙矣。庚娶辛妻，隔八戊子，火代其位。次二曰火。戊继其后，戊娶己妻，隔八丙申，是为子矣。丙娶丁妻，隔八甲辰，是为孙矣。甲娶乙妻，隔八壬子，木代其位。次三曰木。壬继其后，壬娶癸妻，隔八庚申是为子矣。庚娶辛妻，隔八戊辰，是为孙矣。戊娶己妻，隔八丙子，水代其位。次四曰水。丙继其后，丙娶丁妻，隔八甲申，是为子矣。甲娶乙妻，隔八壬辰，是为孙矣。壬娶癸妻，隔八庚子，土代其位。次五曰土。庚娶辛妻，隔八戊申，是为子矣。戊娶己妻，隔八丙辰，是为孙矣。丙娶丁妻，隔八甲子，金复代其位。甲午乙未，起如前法。是故有五子归庚之说。道家者流取其义用配五方之位，自子干头数至庚字，则为其数。甲子金自甲数至七逢庚，则西方金得七气。戊子火自戊数至三逢庚，则南方火得三气。壬子木自壬数至九逢庚，则东方木得九气。丙子水自丙数至五逢庚，则北方水得五气。庚子土则自得一，为中方一气。是为五子归庚也。乃知金者受气之先，顺行则为五行之体，逆行则为五行之用。故六十甲子纳音者，以充万物之用。"

---

① 黄钟之商。
② 大吕之商同位，谓甲与乙丙与丁之类。下皆仿此。
③ 夷则之商，隔八，谓大吕下生夷则也。下皆仿此。
④ 南吕之商。
⑤ 姑洗之商。此金三元终。若只以阳辰言之，则依遁甲顺传仲孟季。若兼妻言之，则逆传孟仲季也。
⑥ 仲吕之商。
⑦ 黄钟之徵金。三元终则左行，传南方火也。
⑧ 大吕之徵。
⑨ 夷则之徵。
⑩ 南吕之徵。
⑪ 姑洗之徵。
⑫ 仲吕之徵。
⑬ 黄钟之角。火三元终则左行传于东方木。
⑭ 谓蕤宾娶林钟，上生太簇之类。

《考原》曰：“五行以气始形终为次，则《洪范》之水火木金土是也。以播于四时相生为次，则《月令》之木火土金水是也。以饬庀五材相克为次，则《禹谟》之水火金木土是也。纳音五行，始金次火次木次水次土。既非本其始终，又无取于生克，故说者莫知其所自来。详考其义，盖亦祖述《易》象之意，即先后天卦之理也。各为图以明之。”

纳音五行应先天图

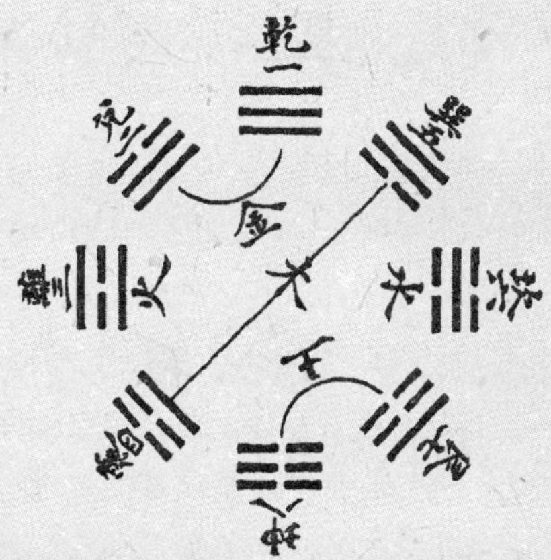

先天之图，乾兑居首属金，次以离属火，又次震巽属木，又次以坎属水，终于艮坤属土，故始于金，终于土者，乾始坤成之义也。金取于天之刚，土取于地之柔，火附于天，水附于地，而木以生气居中，此纳音所本于先天之序也。

纳音五行应后天图

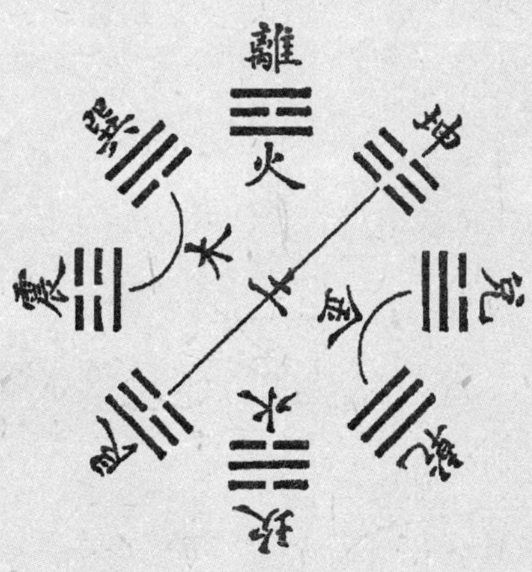

后天之图，亦以乾居首，而逆转自乾兑之金，旺于西方；次转而为离火，旺于南方；次又转而为震巽之木，旺于东方；次又转而为坎水、旺于北方；而土旺于四季，故退艮坤以居终焉。此纳音所本于后天之序也。

纳音五行分三元应乐律隔八相生图

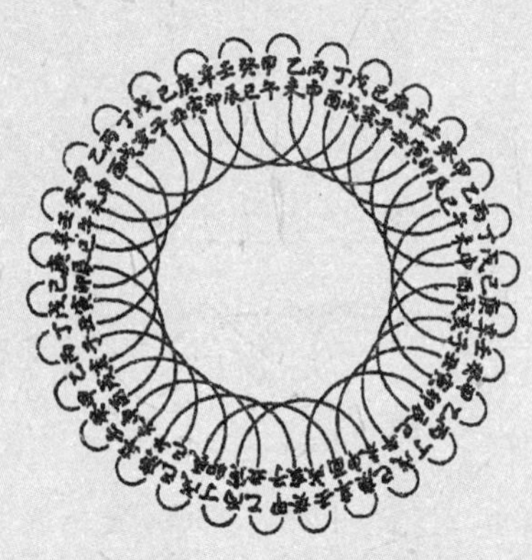

右图以甲子、乙丑为金上元，壬申、癸酉为金中元，庚辰、辛巳为金下元。三元俱周，则传于戊子、己丑，为火上元，丙申、丁酉为火中元，甲辰、乙巳为火下元。自此以后，皆依前图金火木水土之次，而用乐律同位娶妻隔八生子之法，以终于丁巳而纳音小成矣。又自甲午、乙未为金上元起如前法，以终于丁亥而纳音大成矣。

按：十干十二支相错为六十，五音十二律相乘亦为六十。甲子金而乙丑亦为金者，同位娶妻也。乙丑金而壬申又为金者，隔八生子也。一行各三元而后传于次行，犹春有孟仲季三月而后传于夏也。自甲子至丁巳而五行之三元一周，犹《易》之三画为小成也。自甲午至丁亥而五行之三元又一周，犹《易》之六画为大成也。其立法皆与律吕相应。

纳音干支起数合五行

甲己子午九，乙庚丑未八，丙辛寅申七，丁壬卯酉六，戊癸辰戌五，巳亥属四数。

《蠡海集》云："或问曰：先天之数何缘而起？余答曰：数极于九，自九逆退取之，故甲己子午九，乙庚丑未八，丙辛寅申七，丁壬卯酉六，戊癸辰戌五，天干已尽而地支独遗巳亥，是以巳亥得四终焉。况夫亥为天门，巳为地户，纯阳之位为开阖之枢，所以关键五行也。"

《瑞桂堂暇录》曰："六十甲子之纳音，以金木水火土之音而明之也。一六为水，二七为火，三八为木，四九为金，五十为土。然五行之中，惟金木有自然之音，水火土必相假而后成音。盖水假土，火假水，土假火。故金音四九，木音三八，水音五十，火音一六，土音二七，此不易之论也。何以言之？甲己子午九也，乙庚丑未八也，丙辛寅申七也，丁壬卯酉六也，戊癸辰戌五也，巳亥四也。甲子乙丑其数三十有四，四者，金之音也，故曰金。戊辰己巳，其数二十有三，三者木之音也，故曰木。庚午辛未其数三十有二，二者火也，土以火为音，故曰土。甲申乙酉，其数三十，十者土也，水以土为音，故曰水。戊子己丑，其数三十有一，一者水也，火以水为音，故曰火。凡六十甲子。莫不皆然，此纳音之所由起也。"

《考原》曰："此扬子云《太玄》论声律所纪数也。凡两干两支之合，其余数得四九者为金，得一六者为火，得三八者为木，得五十者为水，得二七者为土，如甲子皆九得数十八，乙丑皆八得数十六，合之三十有四，故为金。壬六申七得数十三，癸五酉六得数十一，合之二十有四，故亦为金也。其余按数推之，莫不皆然。但所配一六二七等数与河图之数不同。今按：大衍之数五十，其用四十有九。以两干两支之合数，于四十九内减之，余数满十去之，余一六为水，二七为火，三八为木，四九为金，五十为土，各取所生之五行以为纳音。如是则与河图相同。又揲蓍之法，用余策以定奇偶。此用余数以定五行，其理正相合也。如甲九子九乙八丑八，其合数三十四，于四十九内减之，余十五，十不用，余五，属土，土生金，故曰金。丙寅丁卯共合数二十六，于四十九内减之，余二十三，十不用，余三，属木，木生火，故曰火。戊辰己巳共合数二十三，于四十九内减之，余二十六，十不用，余六，属水，水生木。故曰木，庚午辛未共合数三十二，于四十九内减之，余十七，十不用，余七，属火，火生土，故曰土，余仿此。"

按：扬雄《太玄经》曰："子午之数九，丑未八，寅申七，卯酉六，辰戌五，巳亥四。故律四十二，吕三十六，并律吕之数或还或否，凡七十有八，黄钟之数立焉。其以为度也，皆生黄钟。"又曰："甲己之数九，乙庚八，丙辛七，丁壬六，戊癸五。声生于日，律生于辰。声以情质，律以和声。声律相协而八音生。"历代以来宗之，谓之先天之数，顾其甲己子午之何以九，乙庚丑未之何以八，则罕有确论焉。今按：子午者乾震之所纳也，丑未者坤巽之所纳也，寅申者坎所纳也，卯酉者离所纳也。辰戌者艮所纳也，巳亥者兑所纳也。阳数极于九，阴数极于八，故乾坤得之震巽，长而统于父母，其余以次而降，两大六子男女长少之序，秩然不紊，实非人之能强为也。若夫十日之序，则又各随化气寿夭之数而亦无一毫造作于其间。甲己，土也。土终古不毁，即析为微尘，荡为邻虚而其质固在也，为最寿，故数九。其次则金，虽火铄之，亦有质灰气散之时，而坚固为万物王也。乙庚，金也，故次甲己也。又次则水，日炙风销而火煎烹之，亦有干尽之时而无自然销灭之期，虽其坚固不若金，而其柔弱转能久寿而物莫若也。丙辛，水也，故次乙庚也。又次则木，一岁之中荣落有定期也。丁壬，木也，故次丙辛也。又次则火，一昼夜间显晦有定期也。戊癸，火也，故次丁壬也。且甲己土生乙庚金，乙庚金生丙辛水，丙辛水生丁壬木，丁壬木生戊癸火，层累而下之，又自然而然之数也。然则无十无一二三何也？曰数终于九，十即一也，若夫一二三，乃天地人之大数，不得偏寄于一日一辰之间者也。且言九八七六五四则一二三在其中也。故黄钟八十一，十二辰止得七十八，而扬子曰黄钟之数立焉。盖已虚函三数而成八十一也。

五行五音

宫	属土	甲子乙丑	壬申癸酉	庚辰辛巳
	生金	甲午乙未	壬寅癸卯	庚戌辛亥
商	属金	丙子丁丑	甲申乙酉	壬辰癸巳
	生水	丙午丁未	甲寅乙卯	壬戌癸亥
角	属木	戊子己丑	丙申丁酉	甲辰乙巳
	生火	戊午己未	丙寅丁卯	甲戌乙亥
徵	属火	庚子辛丑	戊申己酉	丙辰丁巳
	生土	庚午辛未	戊寅己卯	丙戌丁亥
羽	属水	壬子癸丑	庚申辛酉	戊辰己巳
	生木	壬午癸未	庚寅辛卯	戊戌己亥

朱子曰："乐声是土金木火水，《洪范》是水火木金土。盖纳音者，以干支分配于五音，而本音所生之五行，即为其干支所纳之音也。初一宫商角徵羽，纳甲丙戊庚壬，系以五子而随以五丑，宫得甲子，商得丙子，角得戊子，徵得庚子，羽得壬子。宫为土，土生金，故甲子、乙丑纳音金。商为金，金生水，故丙子、丁丑纳音水。角为木、木生火，故戊子、己丑纳音火。徵为火，火生土，故庚子、辛丑纳音土。羽为水，水生木，故壬子、癸丑纳音木。次二商角徵羽宫，纳甲丙戊寅壬，系以五寅而随以五卯。商金得甲寅、乙卯、纳音水；角木得丙寅、丁巳、纳音火；徵火得戊寅、己卯，纳音土；羽水得庚寅、辛卯，纳音木；宫土得壬寅、癸卯，纳音金。次三角徵羽宫商，纳甲丙戊寅壬，系以五辰而随以五巳。角木得甲辰、乙卯，纳音火；徵火得丙辰、丁巳，纳音土；羽水得戊辰、己巳，纳音木；宫土得庚辰、辛巳，纳音金；商金得壬辰、癸巳、纳音水。以上六甲得其半，纳音小成。次四复以宫商角徵羽纳甲丙戊庚壬，系以五午而随以五未。宫土得甲午、乙未，纳音金；商金得丙午、丁未，纳音水；角木得戊午、己未，纳音火；徵火得庚午、辛未，纳音土；羽水得壬午、癸未，纳音木。次五复以商角徵羽宫纳甲丙戊庚壬，系以五申而随以五酉。商金得甲申、乙酉，纳音水；角木得丙申、丁酉，纳音火；徵火得戊申、己酉，纳音土；羽水得庚申、辛酉，纳音木；宫土得壬申、癸酉，纳音金。次六复以角徵羽宫商纳甲丙戊庚壬，系以五戌而随以五亥。角木得甲戌、乙亥，纳音火；徵火得丙戌、丁亥，纳音土；羽水得戊戌、己亥，纳音木；宫土得庚戌、辛亥，纳音金；商金得壬戌、癸亥，纳音水。于是六甲全而纳音大成矣。阳生于子，自甲子以至癸巳。阴生于午，自甲午以至癸亥。故三十而复以宫起。宫君、商臣、角民，皆人道也，故皆可以为首。徵事、羽物皆人所用也，故不可以为首。是以三甲终而复始于宫。干为天，支为地，音为人，三才之五行备矣。"

陶宗仪曰："甲子、乙丑海中金者，子属水，又为湖，又为水旺之地，兼金死于子，墓于丑，水旺而金死、墓，故曰海中金也。丙寅、丁卯炉中火者，寅为三阳，卯为四阳，火既得地，又得寅卯之木以生之，此时天地开炉、万物始生，故曰炉中也火。戊辰、己巳大林木者，辰为原野，巳为六阳，木至六阳则枝荣叶茂，以茂盛之木而地原野之间，故曰大林木也。庚午、辛未路傍土者，未中之木而生午位之旺火，火旺则土焦，未能育物，犹路傍土若也，故曰路傍土也。壬申、癸酉剑锋金者，申酉金之正位，兼临官申、帝旺酉，金既生旺则成刚矣，刚则无逾于剑锋，故曰剑锋金也。甲戌、乙亥山头火者，戌亥为天门，火照天门，其光至高，故曰山头火也。丙子、丁丑涧下水者，水旺于子，衰于丑，旺而反衰，则不能为江河，故曰涧下水也。戊寅、己卯城头土者，天干戊己属土，寅为艮山，土积而为山，故曰城头土也。庚辰、辛巳白镴金者，金养于辰、生于巳，形质初成、未能坚利，故曰白镴金也。壬午、癸未杨柳木者，木死于午、墓于未，木既死、墓，虽得天干壬癸之水以生之，终是柔弱，故曰杨柳木也。甲申、乙酉井泉水者，金临官申、帝旺酉，金既生旺，则水由以生，然方生之际，力量未洪，故曰井泉水也。丙戌、丁亥屋上土者，丙丁属火，戌亥为天门，火既炎上，则土非在下而生，故曰屋上土也。戊子、己丑霹雳火者，丑属土，子属水，水居正位而纳音乃火、水中之火非神龙则无，故曰霹雳火也。庚寅、辛卯松栢木者，木临官寅、帝旺卯，木既生旺，则非柔弱之比，故曰松柏木也。壬辰、癸巳长流水者，辰为水库，巳为金长生之地，金生则水性已存，以库水而逢生金则泉源终不竭，故曰长流水也。甲午、乙未砂石金者，午为火旺之地，火旺则金败，未为火衰之地，火衰则金冠带，败而方冠带，未能盛满，故曰砂石金也。丙申、丁酉山下火者，申为地户，酉为日入之门，日至此时而藏光，故曰山下火也。戊戌、己亥平地木者，戌为原野，亥为木生之地，夫木生于原野则非一根一株之比，故曰平地木也，庚子、辛丑壁上土者，丑虽土家正位，而子则水旺之地，土见水多则为泥也，故曰壁上土也。壬寅、癸卯金箔金者，寅卯为木旺之地，木旺则金羸，又金绝于寅、胎于卯，金既无力，故曰金箔金也。甲辰、乙巳覆灯火者，辰为食时，巳为禺中，日之将中，艳阳之势光于天下，故曰覆灯火也。丙午、丁未天河水者，丙丁属火，午为火旺之地而纳音乃水，水自火出，非银汉不能有也，故曰天河水也。戊申、己酉大驿土者，申为坤，坤为地，酉为兑，兑为泽，戊己之土；加于坤泽之上，非其他浮薄之土也，故曰大驿土也。庚戌、辛亥钗钏金者，金至戌而衰，至亥而病，金既衰病则诚柔矣，故曰钗钏金也。壬子、癸丑桑柘木者，子属水，丑属金，水方生木，金则伐之，犹桑柘木也。甲寅、乙卯大溪水者，寅为东北维，卯为正东，水流正东则其性顺而川涧池沼俱合而归，故曰大溪水也。丙辰、丁巳沙中土者，土库辰、绝巳，而天干丙丁之火至辰冠带、巳临官，土既库、绝、旺，火复与生之，故曰沙中土也。戊午、己未天上火者，午为火旺之地，未中之木又复生之，火性炎上又逢生地，故曰天上火也。庚申、辛酉石榴木者，申为七月，酉为八月，此时木则绝矣，惟石榴之木，反结实，故曰石榴木也。壬戌，癸亥大海水者，水冠带戌、临官亥，水临官、冠带则力厚矣，兼亥为江，非他水之比，故曰大海水也。"

纳甲

《蠡海集》云："纳甲之说，自甲为一，至壬为九，阳数之始终也，故归乾，《易》顺数也。乙为二，至癸为十，阴数之始终也，故归坤，《易》逆数也。乾一索而得男，为震；坤一索而得女，为巽。故庚入震，辛入巽。乾再索而得男，为坎；坤再索而得女，为离。故戊趋坎，己趋离。乾三索而得男，为艮；坤三索而得女，为兑。故丙从艮，丁从兑。阳生于北而成于南，故乾始甲子而终以壬午。阴生于南而成于北，故坤始乙未而终以癸丑，震巽一索也，故庚辛始于子丑。坎离再索也，故戊己始于寅卯。艮兑三索也，故丙丁始于辰巳也。又一说乾坤者，二气之正位也，坎离者二气之交互也。正位则始终全备，故甲壬归乾，乙癸归坤。交互则往来外中，故戊归坎，己归离。震巽乃受气之始，故庚辛归焉。艮兑乃生化之终，故丙丁归焉。乾坤位阴阳之极，故子午丑未配于甲壬乙癸，父母总摄内外之义。震巽长男长女为初索，是以子丑配庚辛。坎离中男中女为再索，是以寅卯配戊己。艮兑少男少女为三索，是以辰巳配丙丁。纳之为言受也，容受六甲于八卦中也。《易》者逆也，数皆以逆而推之。"

纳甲直图

癸 坤 乙	壬 乾 甲
兑 丁	艮 丙
離 己	坎 戊
巽 辛	震 庚

《考原》曰："乾纳甲壬，坤纳乙癸，乾坤包括始终之义也。其余六卦则自下而上，法画卦者之自下而上也。震巽阴阳起于下，故震纳庚，巽纳辛。坎离阴阳交于中，故坎纳戊，离纳己。艮兑阴阳极于上，故艮纳丙，兑纳丁。甲丙戊庚壬为阳干，皆纳阳卦；乙丁己辛癸为阴干，皆纳阴卦。"

纳甲圆图

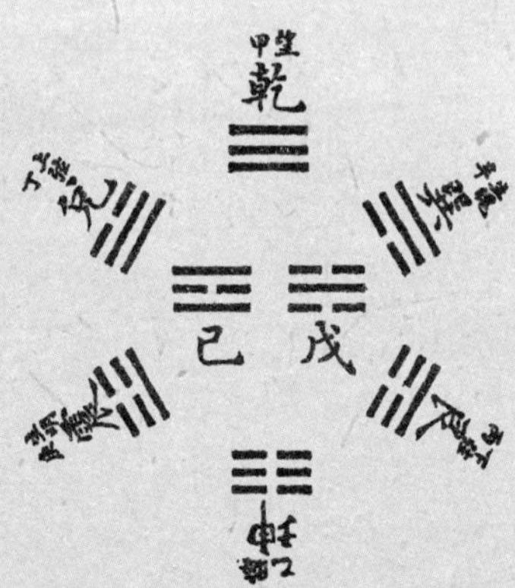

《考原》曰："此以六卦应月候，而坎离为日月之本体，居中不用。震直生明者，

一阳始生，又生明之时，以初昏候之，月见庚方也。兑直上弦者，二阳浸盛，又上弦之时，以初昏候之，月见丁方也。乾直望者，三阳盛满，又望时以初昏候之，月见甲方也。巽直生魄，则一阴始生，又生魄之时以平明候之，月见辛方也。艮直下弦，则二阴浸盛，又下弦之时以平明候之月见丙方也，坤直晦，则三阴盛满。又晦时以平明候之月见乙方也。皆与纳甲相应。"

纳甲纳十二支图

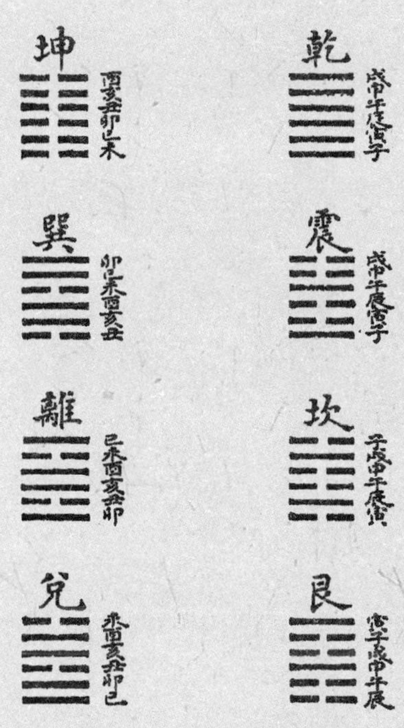

《考原》曰："此以八卦之六画，分纳六辰之法也。凡乾在内卦则为甲而纳子寅辰，如初九为甲子，九二为甲寅，九三为甲辰也；在外卦则为壬而纳午申戌，如九四为壬午，九五为壬申，上九为壬戌也。凡坤在内卦则为乙而纳未巳卯，如初六为乙未，六二为乙巳，六三为乙卯也；在外卦则为癸而纳丑亥酉，如六四为癸丑，六五为癸亥，上六为癸酉也。因乾坤各纳两干，故别为内外二卦。若震止纳庚，则初九为庚子，六二为庚寅，六三为庚辰，九四为庚午，六五为庚申，上六为庚戌。巽止纳辛，则初六为辛丑，九二为辛亥，九三为辛酉，六四为辛未，九五为辛巳，上九为辛卯。坎、离、艮、兑四卦依震、巽例推之。"又曰："纳甲之法，不知其所自起。其以六卦直月候明魄死生、阴阳消息，与先天图有相似。如魏伯阳《参同契》中所陈即其说也。《参同契》曰："三日出为爽，震庚受西方。八日兑受丁，上弦平如绳。十五乾体就，盛满甲东方。七、八道已讫，屈折低下降。十六转就统，巽辛见平明。艮直于丙南，下弦二十三。坤乙三十日，东北丧其朋。节尽相禅与，继体复生龙。壬癸配甲乙，乾坤括始终。”朱子以为即先天之传，孔子之后诸儒失之，而方外之流密相付授，以为丹灶之术耳。今按：先天之图八卦俱备，而纳甲除去坎离以为二用，则其法亦不尽合。或曰《说卦》言天地定位，山泽通气，雷风相薄，乃以三阳三阴至一阳一阴为序，而其后方言水火不相射，盖以六卦寓消息而以水火为用，或者古有此说也。至其参错六辰之法，则阳皆顺行，阴皆逆转，阴阳之老长中少，每差一位。惟震与乾同者，长子继父体也，坤不起于丑而起于未，尤与洛书耦数起未位，后天图坤居西南，乐律林钟为地，统而应未月之气者相合。故诸术之中，惟纳甲为近理。今为珠林卜卦，即其法也。

钦定协纪辨方书卷二

本原二

二十四方位

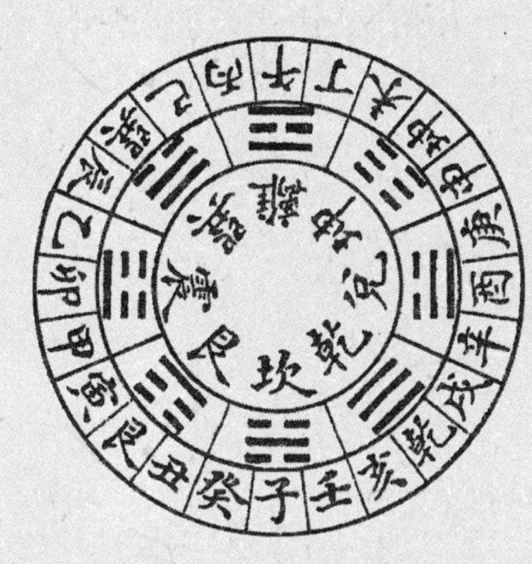

卦四、天干八、地支十二，共为二十四方位，阴阳家名二十四山。言山则向在其中，如“子山则必午向，午山则必子向；壬山则必丙向，丙山则必壬向”之类是也。八卦惟用四隅而不用四正者，以四正卦正当地支子午卯酉之位，故不用卦而用支，用支即用卦也。八卦既定四正，则以八干辅之。甲乙夹震，丙丁夹离，庚辛夹兑，壬癸夹坎。四隅则以八支辅之，戌亥夹乾，丑寅夹艮，辰巳夹巽，未申夹坤。合四维、八干、十二支，共二十四。天干不用戊己者，戊己为中央土，无定位也。以二十四山分属八卦，则一卦管三山，戌乾亥属乾，壬子癸属坎，丑艮寅属艮，甲卯乙属震，辰巽巳属巽，丙午丁属离，未坤申属坤，庚酉辛属兑，谓之八宫。以二十四山分属五行，诸家不同，具各有义。

正五行

亥壬子癸属水，寅甲卯乙巽属木，巳丙午丁属火，申庚酉辛乾属金，辰未戌丑坤艮属土。此八卦干支之五行也。后有双山，洪范诸家因名此为正五行。

中针双山五行

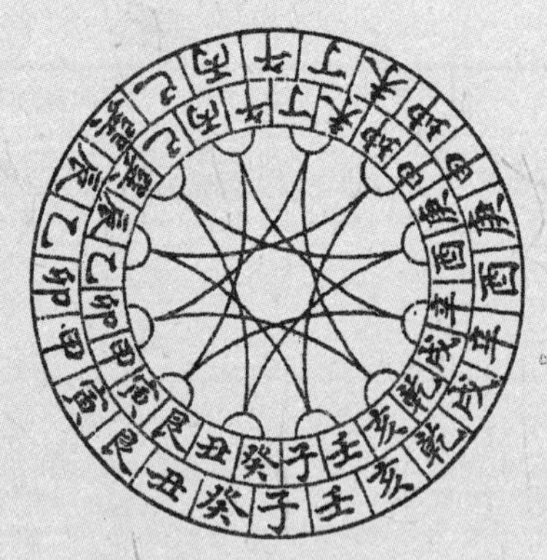

图外层所列为正针，乃二十四山之正位。内层所列为中针，其子位在正针壬子二位之间，比正针先半位，其双取者为双山，其取三合者为双山五行，地理家格龙用之，盖龙为来脉，故用先至者承之，乃无失也。

缝针三合五行

图外层所列为正针，内层所列为缝针，其子位在正针子癸二位之间，比正针后半位。其双取三合者为三合五行，与双山同，特比中针正差一位耳。地理家用以消砂纳水。盖砂水为去路，故用后至者收之，乃无遗也。

按：双山五行即三合五行也。地支十二取生、旺、墓三者为三合局，而四卦、八干各在支前一位。今以支前一位之卦，干与支双并而同取地支三合之五行，故曰双山五行。坤申壬子乙辰合水局，六山皆属水。乾亥甲卯丁未合木局，六山皆属木。艮寅丙午辛戌合火局，六山皆属火。巽巳庚酉癸丑合金局，六山皆属金。《地理书》曰：正五行乃五行之质，双山五行乃五行之气。故推龙气之生旺用双山而不用正五行也。又地理家有三针：一曰正针，乃二十四山之正位，定向用之；一曰中针，其子位在正针壬子二位之中，格龙用之；一曰缝针，其子位在子癸，二位之缝，消砂纳水用之。故中针与缝针差一位。在中针则曰双山五行，在缝针则曰三合五行。其实皆双山法也。

洪范五行

甲、寅、辰、巽、戌、坎、辛、申八山属水，离、壬、丙、乙四山属火，震、艮、巳三山属木，乾、亥、兑、丁四山属金，丑、癸、坤、庚、未五山属土。

《地理大成》曰："洪范者即正五行而进推其本初之气者也。子、午、卯、酉五行之正位，故无变。卯为木，木必藉水，故甲变水。酉属金，金必藉土，故庚变土。午为火，火不必木生而生于日之光，故丙为太阳之火。子为水，水不必藉金生而反根于火，水不得火则寒冻而冰死，故壬为水中之火。卯为木，木旺则喜生火，故乙为火。酉为金，金旺则喜生水，故辛为水。午为火，火旺则喜熔金，故丁为金。子为水，水旺无土则散，故癸为土。此十二位皆以八干辅成四正之气。其中水火异于金木者，金木以形用，其理易直，水火以神用，其妙奥曲也。四生者，四正之始气。水之始本于金，故亥是金。木之始本于水，故寅是水，火之始本于木，故巳是木。金之始本于土，而申不变土而变水者，燥土不生金，土必得水而生金，水实金之始气，道家所以水中求金，故申是水也。四墓者，四正之归气。万物生则向上，归则向下。在下之物水土是也，火归于土而灰，水归于土而涸，故丑未为土。金出于土不复能归于土，木出于土亦不能归于土，故同归于水，金入水则沈，木入水则朽，故辰戌为水也。四维者，四方之交也。乾本生北水之金，坤本生西金之土，二老也，故不变。艮居水木之交，受水以生木，而土不能生木，故从而变木。巽居木火之交，木固能生火而火实根于水，盖坎中之阳为火根，离中之阴为水根，水火互为其根，故巽变水以为火根也。"

《神煞起例》曰："晋赵载注郭氏《元经·山家五行篇》不用正五行而用《洪范》，可见其传已久。或谓始于唐时一行禅师者，妄也。"惜郭、赵诸公用之而未尝解释其义，逮元季无著大士始有紫白原本《连山洪范论》，以洛书方位、生成奇耦之数定五行而分吉凶。又皆引而不发，人不能解。后见楚江万民英所注《三命通会》论《河图》及《洪范五行》，颇有发明。其言曰：古者庖羲氏之王天下也，则河图以作八卦，故序乾坤坎离震巽艮兑之名，设天地日月风雷山泽之象。《系辞》曰："天地定位，山泽通气，雷风相薄，水火不相射，八卦相错。"八卦成列而二十四位同行乎其中。迨夫以阴阳消息验之，八卦之变，甲本属木，纳卦于乾，乾与坤对，以坤☷之上下二爻换乾☰之上下二爻，化成坎☵象，甲随坎化，故属水也。乙本属木，纳卦于坤，坤与乾对，以乾☰之上下二爻换坤☷之上下二爻，化成离☲象，乙受离化，故属火也。丙本属火，纳卦于艮，艮与兑对，以兑☱之下爻换艮☶之下爻，化成离☲象，丙受离化，故属火也。丁本属火，纳卦于兑，兑与艮对，以艮☶之上爻换兑☱之上爻，化成乾☰象，丁受乾化，故属金也。庚本属金，纳卦于震，震与巽对，以巽☴之下爻换震☳之下爻，化成坤☷象，庚受坤化，故属土也。辛本属金，纳卦于巽，巽与震对，以震☳之上爻换巽☴之上爻，化成坎☵象，辛受坎化，故属水也。壬本属水，纳卦于离，离与坎对，以坎☵之中爻换离☲之中爻，化成乾☰象，壬受乾化，本当属金，纳于离火，火焰金销，不能退立而自附于离火立焉，故属火也。癸本属水，纳卦于坎，坎与离对，以离☲之中爻换坎☵之中爻，化成坤☷象，癸受坤化，故属土也。此八干纳卦之变，其爻之交换虽有不同，而要各有取义。如乾坤上下二爻交者，取象于否泰之义，故曰"天地定位”。震艮以上爻交于巽兑，巽兑以下爻交于震艮者，取象于咸恒损益之义，故曰“雷风相薄，山泽通气”。坎离以中爻交于乾坤，乾坤以中爻交于坎离，取象于既济未济，故曰“水火不相射”是也。至八卦所属之五行变、不变，虽有不同，而亦各有取义。乾坤本乎金土而不变者，乃阴阳之祖宗，众卦之父母也，退身于休息之地，老亢而不变也。坎离震兑位乎四正金木水火而不变者，以子午卯酉阴位各专四旺之地，宣布四时之令而气化行焉，故不变也。艮巽用变者，艮土易位于坎震东北之界，处身于衰丑、病寅之间，思于更相代立，自然成山而化木也；巽木易位于震离东南之界，立身于衰辰、病巳之间，不能自立反归于水，辰为墓地，故巽辰皆水也。亥本属水，因金以生，乘代金立，故亥属金也。寅本属木，因水以生，乘代水立，故寅属水也。巳本属火，因木以生，乘震之衰代震而立，故巳属木也。申本属金，水能生申，金助水势，故申属水也。辰戌丑未五方五土之神，分为四季作造化甄陶之主，为厚载之质，本不可变，因土以生木，木附于土，夺土一半为水，水动土静，辰、戌阳之动也，故属水。丑、未阴之静也，故属土。化气五行所取之由，大率类此。盖天地交而万物通，上下交而德业成，男女交而志气同，古往今来，未有不交合而能成其造化者也。衰病代谢，未有不继禅乘代而能致化机之运者也。故洪范为大五行。凡人命遇甲乙丁庚辛壬癸干，居于乾艮巽坤之乡，又当以所变者而论之，与十干化气六十纳音纳甲相参互看，不可只以河图正五行论。

储泳《祛疑说》曰：“自古所用大五行，虽郭璞《元经》亦守其说，谓之山家五行。然先辈皆谓莫晓其立法之因。既无可考之理，古今岂肯通用而不疑者哉！深思其理，求之太乙统纪之数而不可得；求之皇极先天中天之数而不可得；求之后天化合五运六气之说而不可得；反而求之卦画，于是得其说焉。分列于后，庶几易见。

乾卦纳壬甲　乾为天，天一生水

水

戌壬戌水　子坎正卦　寅甲寅水　甲甲属寅 乾卦纳甲

辰壬辰水　巽壬辰水 巽属辰　申甲申水　辛乙酉水 辛属酉

戌属乾，自戌顺一周匝，至辛而极，乾阳极而变坤，故辛纳乙。

坤纳乙癸　坤为君火

火

午离正卦　丙乙巳火 丙属巳

乙坤卦纳甲　壬乙亥火 壬属亥

坤用乙而不及癸者，六癸皆不化火也，癸却自化木。

木

卯震正卦　艮癸丑木 艮属丑

未癸未木　己己巳木

金	酉兑正卦	乾庚戌金 乾属戌
	亥辛亥金	丁兑卦 纳甲
土	坤本官 正卦	丑辛丑土
	癸庚子土 癸属子	庚戊申土 庚属申

木受坤化，终于己之阴土。

土受乾化，终于戊之阳土。

乾用壬申而生水，坤乙生火而癸生木，各主八位。乾坤用足，继以长男长女，庚辛运化，金土攸定，五气迭布，造化之功备矣。本以卦画象数，参之六十甲子，始得窥其立法之端倪不悖经旨允合象数，后有明者不易吾言矣。”

大五行出于乾坤者十二位，出于六子者亦十二位，合六子足以当乾坤之数，盖乾坤之策三百六十，合六子之策亦三百六十，足以当乾坤之策也。但郭景纯所载，未本属木而金土木各得四位，故《山家五行篇》曰：“癸丑坤庚名稼穑，艮震巳未曲直应。”今皆以未属土，殆必有所据，其理亦通。木三、金四、土五是也。然一为数之元，总摄八位可也。火何以不二，不七而四耶？二说未知孰是。将以质诣专门之学、造理之士。云：山家五行，郭景纯既以名篇，又于《葬元》一篇论坎坤水土之山，则曰“崇土益申，长生位也”。及论艮山则曰“崇土益亥”，非木之长生乎？论巽山，则曰“崇土益申水长生也”。此又景纯笔之书而用大五行之明证也。

医书有左瘫右痪之证。人身一气脉也，一息往来，骨节毛窍何往不达，及其感疾，左瘫者病不及右，右痪者病不及左。五脏六腑一而已矣，岂有界限使左之病不得右、而右之病不得左耶？夫五脏皆一而肾独有二，左为肾而藏精，右为命而藏气。神依气立，故曰“神门”。配壬、子之水。是以人之精败者必左瘫，气败者必右痪。两肾各有所主，故其病亦各有所归。壬、子一位也，子属水而壬属火，左肾配子、右肾配壬。子水为精，壬火为神，五脏犹五行也，六脏犹六神也。甲乙配青龙，丙丁配朱雀，庚辛配白虎，壬癸配元武，戊乃配勾陈，己乃配螣蛇。盖坎水纳戊，离火纳己，故五行而有六神，犹五脏而有六腑。壬火、子水之说近取诸身，理尤明甚。

今按：《地理大成》之论，世所共宗，顾牵强支离，不足以厌人之心。《神煞起例》所载八干位以卦变而从化，似为合矣。至于壬不从金则又不可通，于是自改其例。且所为换爻者，亦人之换之以凑合其说，非理气自然不得不换者也。至其他迁就处亦不异于《地理大成》。至于储泳《祛疑说》以纳甲、纳音得之，实超出两家之上，言有本末。但癸化木一语，究无着落。今按葬藏于土，而土气之生死在水，故论正五行止有水、土二行，其金山、火山、木山云者皆言其形似而非真也，所以不用。而此洪范五行之说，水居八而土居五，为独多也。坎水、离火、兑金、震木、乾金、坤土，《神煞起例》谓其不变是已，顾其余者，亦各从方位实有之。五行而抉其幽元之义，要亦不得谓之变也。艮统丑寅，其方为木之始气，故为木。巽统辰巳，其方为水之尾间，故为水。然艮方本土也，巽方本木也，故丑为土，而巳为木。震统甲乙，兑统庚辛，木金之全局也。震为木，木之为行也，其滋膏皆水而生气皆火也，是故始于水而终于火，其始必由雨露之泽焉，其终往往出火以自焚，故甲水而乙火也。水者震之所以为龙也，火者震之所以为雷也。兑为金，金之为行也，水土之所际，由水土相比，久而成石，石乃生金，金生而泉发，是故始于土而终于水。其始必土、其终必水，故庚为土而辛为水。其土也，兑之所以刚卤也，其水也，兑之所以为泽也。坎统壬癸，离统丙丁，水火之全局也。坎为水，四兽北方有两龟为水，而蛇为火，是以壬纳于离水。又比于土地中之水，离地即失其性。癸，地中之水也。故壬为火而癸为土。离为火，火能成金，无火则金终埋于土，是以丁为庚。夫而兑纳丁丙者，日也。八干之中唯丙当与乾、坤同例，故丙为火而丁为金。日、月与乾、坤同而专言日者，辛为月，月为水，辛固水也，若夫寅之为水则以地不满东南，自析木之津以达于巽之地户皆积水之区，所为尾间泄之，不知何时已者也，故寅甲辰巽皆水也，若夫亥之为金也，则以天不满西北，自少昊之墟以至于亥之天门皆积山之区。山者石而石者金，故兑乾亥皆金也。金积于西北而水盛于东南。海为百川之朝宗，而河为之源焉，祭川所以先河后海也。河源出于昆仑，戌位也，故戌为水也。《史记·天官书》曰："汉者其本曰水。"《河图括地象》曰："河精为天汉。"《唐书·天文志》曰："北斗自乾携巽为天纲，云汉自坤抵艮为地纪。"然则寅、申者，水之终、始也。故寅为水而申亦水也。要而论之，皆幽元之义、实有之理，而非或变或不变，任人造作者也。

墓龙变运

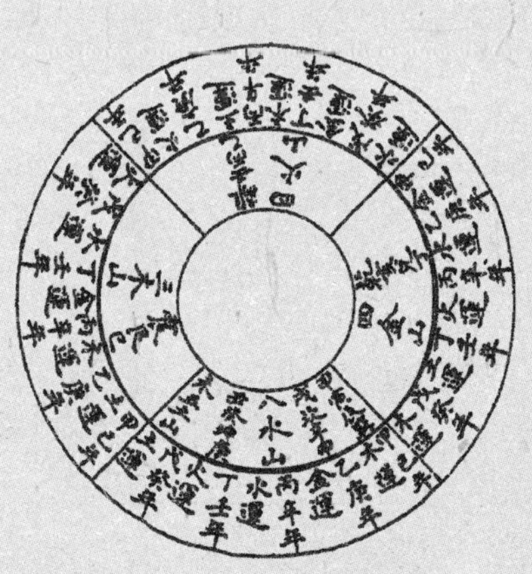

《通书大全》曰："二十四山洪范五行为正运，用本年五子元遁，数至本山墓辰，其墓辰之纳音为变运，取太岁纳音与本年墓运纳音相生合为吉，墓运纳音克太岁纳音尤吉。惟忌年月日时之纳音克墓运纳音耳。"

甲寅辰巽戌坎辛申八山正运属水，丑癸坤庚未五山正运属土，水土墓在辰。

甲己年戊辰木运，忌用金年月日时。

乙庚年辛辰金运，忌用火年月日时。

丙辛年壬辰水运，忌用土年月日时。

丁壬年甲辰火运，忌用水年月日时。

戊癸年丙辰土运，忌用木年月日时。

离壬丙乙四山正运属火，火墓在戌。

甲己年甲戌火运，忌用水年月日时。

乙庚年丙戌土运，忌用木年月日时。

丙辛年戊戌木运，忌用金年月日时。

丁壬年庚戌金运，忌用火年月日时。

戊癸年壬戌水运，忌用土年月日时。

震艮巳三山正运属木，木墓在未。

甲己年辛未土运，忌用木年月日时。

乙庚年癸未木运，忌用金年月日时。

丙辛年乙未金运，忌用火年月日时。

丁壬年丁未水运，忌用土年月日时。

戊癸年己未火运，忌用水年月日时。

乾亥兑丁四山正运属金，金墓在丑。

甲己年乙丑金运，忌用火年月日时。

冬至后丁丑水运，忌用土年月日时。

乙庚年丁丑水运，忌用土年月日时。

冬至后己丑火运，忌用水年月日时。

丙辛年己丑火运，忌用水年月日时。

冬至后辛丑土运，忌用木年月日时。

丁壬年辛丑土运，忌用木年月日时。

冬至后癸丑木运，忌用金年月日时。

戊癸年癸丑木运，忌用金年月日时。

冬至后乙丑金运，忌用火年月日时。

按：墓龙者，本山龙洪范五行之墓库。变运者，本墓库之纳音随岁运而变者也。用五子元遁者，与七政自冬至起算同义。上年冬至已属今年，今年冬至即属明年。天地之运皆自子始也。然五子元遁始子终亥，而一岁统四时，冬至后丑月，岁君未更而墓运已改丑为金墓，故金山之墓运，冬至后又重变也。如甲山正运属水，水墓在辰，甲已年五子元遁，自甲子顺数得戊辰，纳音属木，即为木运。乾山属金，金墓在丑，甲已年五子元遁自甲子顺数得乙丑，纳音属金，即为金运。冬至后属乙庚年，用乙庚年五子元遁，自丙子顺数得丁丑。或用甲已年五子元遁，自甲子顺数至乙亥，又进而顺数至丑亦得丁丑。纳音属水，即为水运。余仿此。

年月克山家

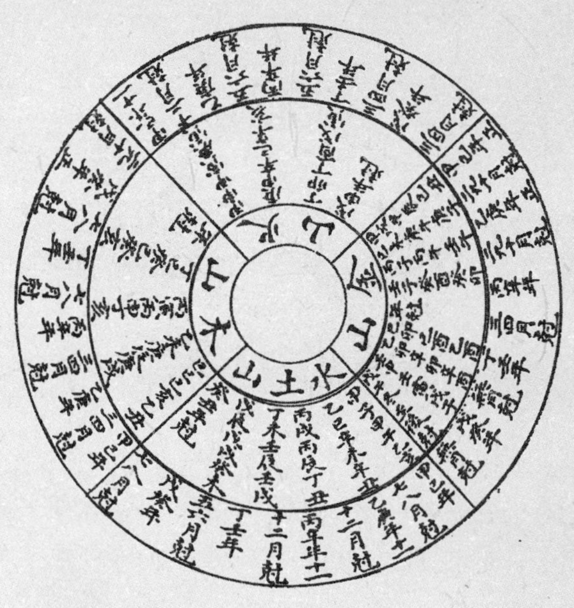

《通书大全》曰：“本年二十四山墓龙变运，某山运为年、月纳音所克即为年、月克某山。惟新建宅舍、新立坟茔论之，其拆修竖造不动地基及旧茔附葬者皆不论。”

如甲子年纳音属金，本年水、土山墓运戊辰属木，受年纳音之克即为本年克甲寅辰巽戌坎辛申八水山、丑癸坤庚未五土山也。甲子年丙寅、丁卯、甲戌、乙亥月纳音属火，本年金山墓运乙丑属金，受月纳音之克即为正、二、九、十月克乾、亥、兑、丁四金山也。戊辰、己巳月纳音属木，本年木山，墓运辛未属土，受月纳音之克，即为三、四月克震、艮、已三木山也。庚午、辛未月纳音属土，本年二十四山无水运，即其月无克也。壬申、癸酉月纳音属金，与本年纳音同，故亦克水，土山也。丙子、丁丑月纳音属水，本年火山墓运甲戌属火，受月纳音之克即为十一、十二月克离、壬、丙、乙四火山也。又如壬申年纳音属金，本年二十四山无木运，惟冬至后金山墓运癸丑属木，受年纳音之克即为本年二十四山并无克，冬至后克乾、亥、兑、丁四金山也。日时克山家俱仿此。凡自年月起山家之法用本年五子元遁历数丑、辰、未、戌四墓纳音，为年月纳音所克者，其墓为某山之墓，即为年月克某山。盖墓龙变运从山起而忌年月，此从年月起而克山家，参互相推其理一也。

二十四节气方位

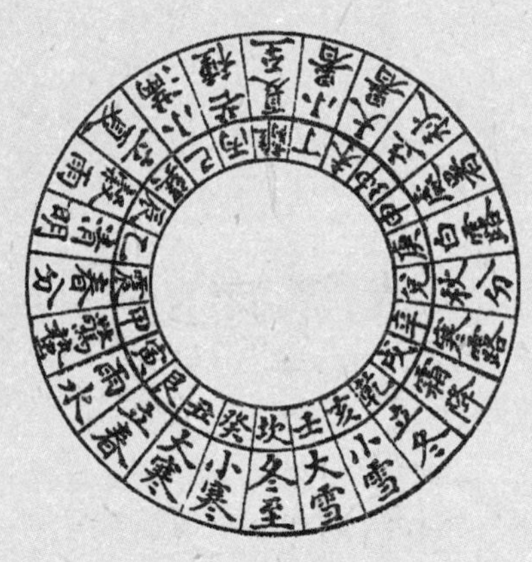

立春艮，雨水寅，惊蛰甲，春分震，清明乙，谷雨辰，立夏巽，小满巳，芒种丙，夏至离，小暑丁，大暑未，立秋坤，处暑申，白露庚，秋分兑，寒露辛，霜降戌，立冬乾，小雪亥，大雪壬，冬至坎，小寒癸，大寒丑。四分、二分、二至正应八卦，是为八节。奇门九局皆起于此。

八卦纳甲三合

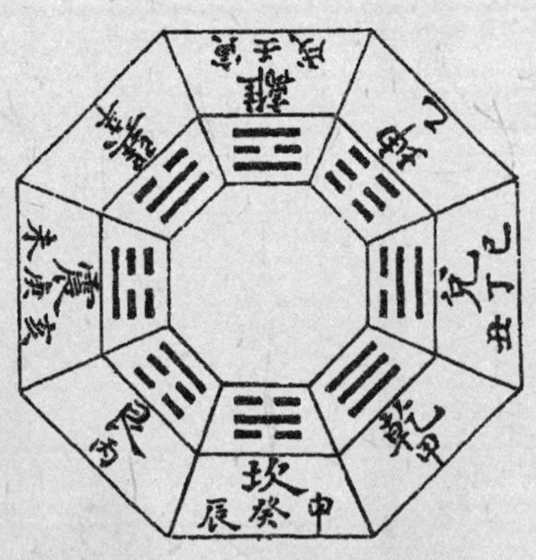

乾纳甲，坎纳癸、申、辰，艮纳丙，震纳庚、亥、未，巽纳辛，离纳壬、寅、戌，坤纳乙，兑纳丁、巳、丑。坎离不纳戊、己者，二十四山无戊、己，故离纳乾之壬、坎纳坤之癸。其法不知所自来。今按《启蒙附论》曰：火之体阴也，其用则阳，而天用之，故乾中画与坤交而变为离。水之体阳也，其用则阴，而地用之，故坤中画与乾交而变为坎。然则坎、离纳戊、己者固先天之传，而离纳壬、坎纳癸则后天之用也。其四正卦兼纳八支，取与本卦支为三合局。地理家之坐山九星、净阴净阳皆起于此。

小游年变卦

小游年变卦，《青囊经》谓之九曜，亦名翻卦。从乾卦翻者为天父卦，从坤卦翻者为地母卦，皆由天定卦翻变而出。地理家之净阴净阳、三吉、六秀、八贵、十二吉龙皆本于此。后世借以为男女生命合婚之用，故名游年，因阳宅又有游年变卦之法，故此为小游年。其法以贪狼、巨门、禄存、文曲、廉贞、武曲、破军、左辅、右弼为序，以八卦而论则右弼与左辅同宫。以九宫而论则贪狼为一白属水，巨门为二黑属土，禄存为三碧、文曲为四绿属木，廉贞为五黄属土，武曲为六白、破军为七赤属金，左辅为八白属土，右弼为九紫属火。又以五星而论，则贪狼为生气属木，巨门为天医、禄存为绝体属土，文曲为游魂属水，廉贞为五鬼属火，武曲为福德、破军为绝命属金，辅弼从本宫无专属。地理家从龙上起以贪狼、巨门、武曲、廉贞为吉，禄存、文曲、破军、辅弼为凶。选择家从向上起，以贪狼、巨门、武曲、文曲为吉，禄存、廉贞、破军、辅弼为凶。其取义各自不同。卦例具详于后。

天定卦

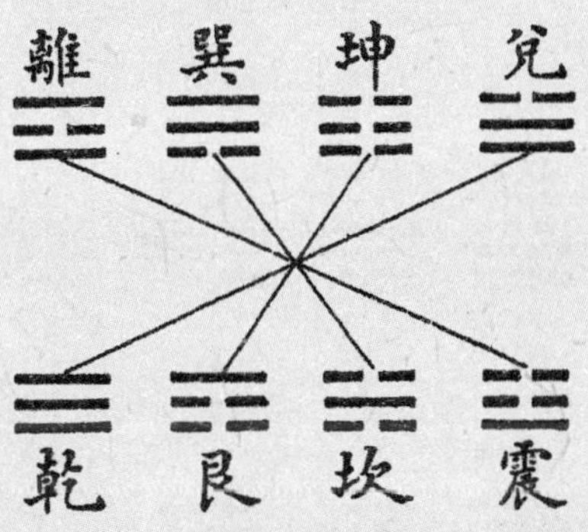

天定卦例以乾、艮、坎、震后天四阳卦横列于下，离、巽、坤、兑后天四阴卦横列于上。而按先天生卦之序，乾与兑对、离与震对、巽与坎对、艮与坤对。自本宫对卦一上一下次第翻之，中起中止、傍起傍止。

按：天定卦例止取本卦之上爻变者为对卦，所以便于翻转。究之，乾震居中，艮坎居傍；阳卦居上，阴卦居下，亦无不可者。《地理大成》另易有三式。然则非果有一定也。

天父卦

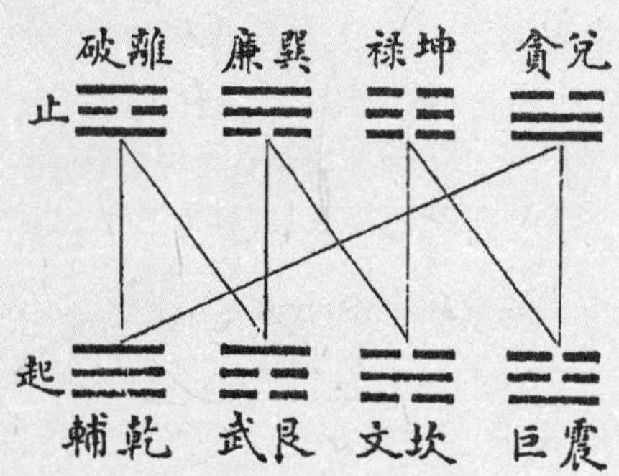

天父卦从乾翻起，自上而中而下，而复中而复上，以次递变，乾上爻变为兑、为贪狼，兑中爻变为震、为巨门，震下爻变为坤、为禄存，坤中爻变为坎、为文曲，坎上爻变为巽、为廉贞，巽中爻变为艮、为武曲，艮下爻变为离、为破军，离中爻变复为乾、为辅弼。是为傍起傍止。

地母卦

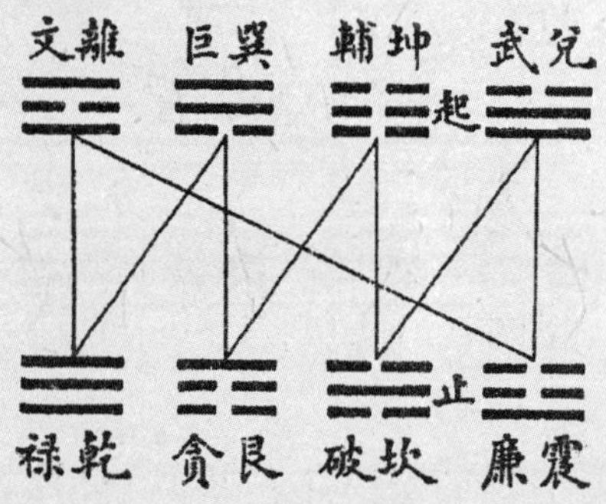

地母卦从坤翻起，坤上爻变为艮、为贪狼，艮中爻变为巽、为巨门，巽下爻变为乾、为禄存，乾中爻变为离、为文曲，离上爻变为震、为廉贞，震中爻变为兑、为武曲，兑下爻变为坎、为破军，坎中爻变复为坤、为辅弼。是为中起中止。

按：《青囊经》太元终易图，以坤为本宫，说云：坤为地母，诸山所托；三吉六秀，势定于此。《卦例诀》曰：经云三吉只求来势好，但以地母卦为主，求其艮丙巽辛兑丁巳丑震庚亥未十二阴龙诸山所托之故也。《邱公颂》曰："三般大卦如何起，元女当年亲口传。三吉只求来势好，向家须变鬼爻看。"注曰："坤为地母诸山所托，察龙坤卦索求三吉。"后世因此遂有地理贵阴之说。今按：《青囊》卦例八宫皆称地母三吉，注曰："三吉来山，阳山阴落、阴山阳落，上吉。阳山阴落而阴水朝，阴山阴落而阳水朝，次吉。"然则山不皆阴，第以与水相配为吉。所谓地母卦者，特举坤以见例耳。如坤为本龙，艮为贪狼、巽为巨门、兑为武曲，故以艮、巽、兑为三吉。艮纳丙，巽纳辛、兑纳丁，故以丙、辛、丁并三吉为六秀。又艮、巽、震、兑四卦抽去中爻余上下二爻皆阴阳得配，谓之九六冲和。震卦廉贞虽凶而以得配为吉，震纳庚，故以震、庚并三吉、六秀为八贵。又兑之三合为巳、丑，震之三合为亥、未，故以巳、丑、亥、未并八贵为十二吉山。皆由地母卦而定。然八宫皆有九曜。天父卦得天定卦之乾兑相对、巽坎相对，地母卦得天定卦之离震相对、艮坤相对，而六子之用备具。故翻卦之法举天父、地母以见例，十二吉山又专举地母以见例。《邱公颂》所谓后来翻作八山推者是也。

兑宫翻卦

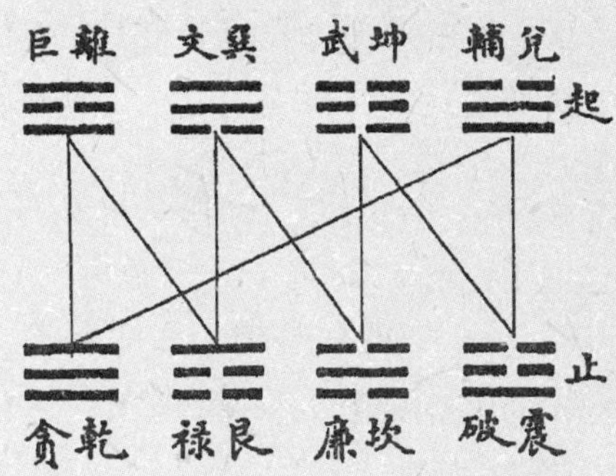

兑卦上爻变为乾、为贪狼，乾中爻变为离、为巨门，离下爻变为艮、为禄存，艮中爻变复为巽、为文曲，巽上爻变为坎、为廉贞，坎中爻变为坤、为武曲，坤下爻变为震、为破军，震中爻变复为兑、为辅弼。

巽宫翻卦

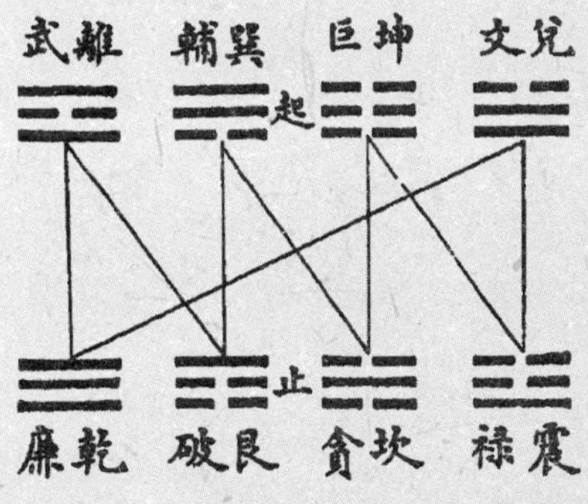

巽卦上爻变为坎、为贪狼，坎中爻变为坤、为巨门，坤下爻变为震、为禄存，震中爻变为兑、为文曲，兑上爻变为乾、为廉贞，乾中爻变为离、为武曲，离下爻变为艮、为破军，艮中爻变为巽、为辅弼。

坎宫翻卦

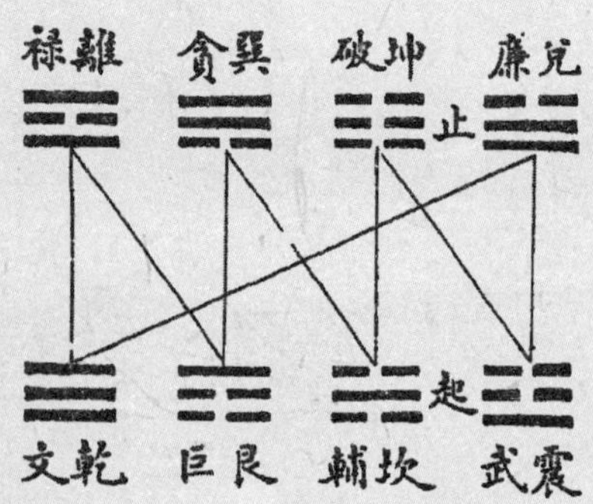

坎卦上爻变为巽、为贪狼，巽中爻变为艮、为巨门，艮下爻变为离、为禄存，离中爻变为乾、为文曲，乾上爻变为兑，为廉贞，兑中爻变为震、为武曲，震下爻变为坤、为破军。坤中爻变复为坎、为辅弼。

以上三卦俱用天父卦例。

艮宫翻卦

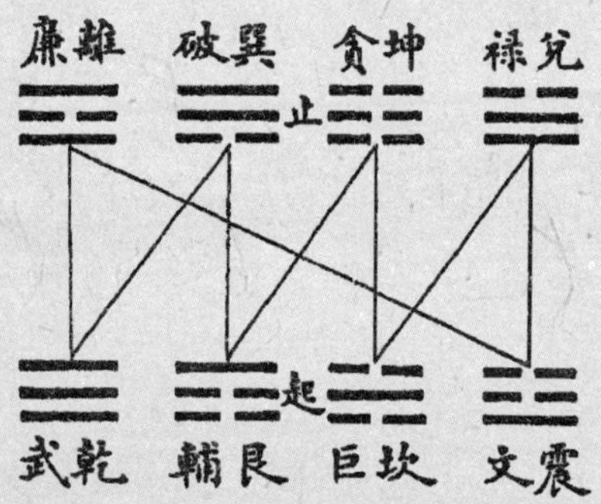

艮卦上爻变为坤、为贪狼，坤中爻变为坎、为巨门，坎下爻变为兑、为禄存，兑中爻变为震、为文曲，震上爻变为离、为廉贞，离中爻变为乾、为武曲，乾下爻变为巽、为破军，巽中爻变复为艮、为辅弼。

震宫翻卦

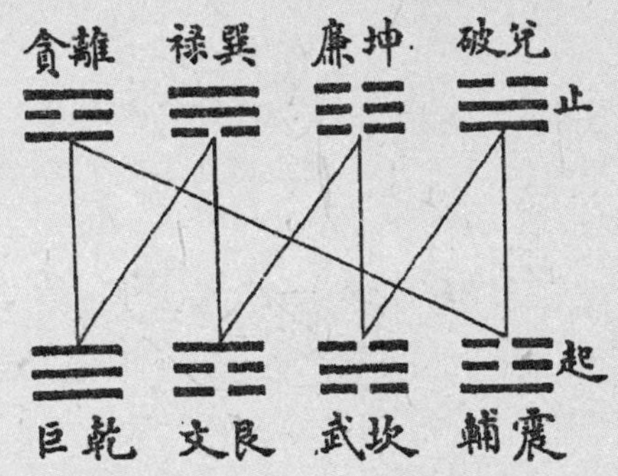

震卦上爻变为离、为贪狼，离中爻变为乾、为巨门，乾下爻变为巽、为禄存，巽中爻变为艮、为文曲，艮上爻变为坤、为廉贞，坤中爻变为坎、为武曲，坎下爻变为兑、为破军，兑中爻变复为震、为辅弼。

离宫翻卦

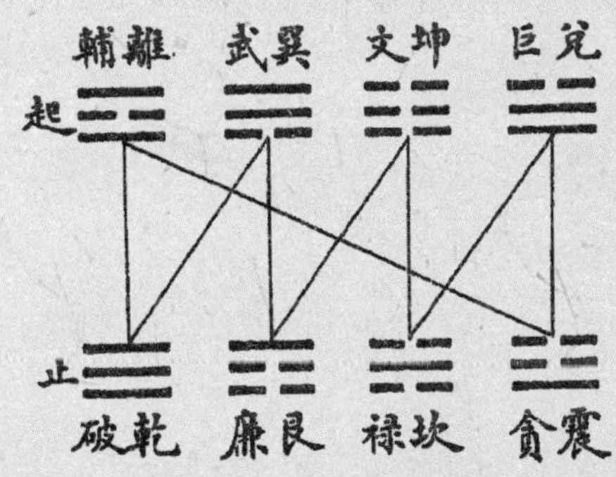

离卦上爻变为震、为贪狼，震中爻变为兑、为巨门，兑下爻变为坎、为禄存，坎中爻变为坤、为文曲，坤上爻变不艮、为廉贞，艮中爻变为巽、为武曲，巽下爻变为乾、为破军，乾中爻变复为离、为辅弼。

以上三卦俱用地母卦例。

按：翻卦之法，皆以上一爻变为生气贪狼，上二爻变为天医巨门，下一爻变为五鬼廉贞，下二爻变为福德武曲，上下二爻变为游魂文曲，中爻变为绝命破军，三爻俱变为绝体禄存，三爻俱不变为伏位辅弼。盖取上一爻变，上二爻变或下一爻变下二爻变者，则乾、坤、坎、离四阳卦必变为震、艮、兑、巽之四阴，而四阴卦必变为四阴。故为三吉，以取坐山之用。地理家所谓阳龙坐阴山立阳向、阴龙坐阳山立阴向是也。山与向既有阴阳之不同，故论向者又自本宫五鬼方之对位起贪狼，而以本宫与五鬼互易，谓之五鬼卦。如乾为本宫、巽为五鬼，乃转以巽为本宫，自巽对宫坎上起贪狼，坤为巨门、震为禄存、兑为文曲、乾为五鬼、离为武曲、艮为破军、巽为辅弼。然后乾、巽互易，仍以乾为本宫、巽为五鬼。则所得坎、坤、离之三吉，又皆与乾本宫成净阳而其卦变遂一上一下以辅、武、破、廉、贪、巨、禄、文为序。然则变卦之吉凶皆以所分之阴阳为定耳，未必有深义也。或谓按诸卦例亦有合焉。其说曰：先天八卦上一爻变者本象所生，阴阳相配相生相比，是犹同气而相得者也，故为“生气”。上二爻变者本仪所生，奇偶相配相制而不相害，是犹补偏而救弊者也，故曰“天医”。下一爻变者阳往交阴，阴往交阳，往为屈、屈为鬼而卦序皆相隔五位，故曰“五鬼”。下二爻变者老少同情，阴阳交易志相得，气相生，故为“福德”。上下二爻变者阳仪隔位而交于阴、阴仪隔位而交于阳，阴阳奇偶俱不相配，故曰“游魂”。中一爻变者阳仪隔位而还于阳，阴仪隔位而还于阴，其气反归而交克，故曰“绝命”。三爻俱变则卦位对冲，全非本体，故曰绝体。三爻俱不变则自得本宫，故曰“伏位”，犹云“伏吟”者也。在八宫卦象则上爻持世卦为本宫伏位，初世卦为五鬼，二世卦为福德，三世卦为绝体，四世卦为天医，五世卦为生气，游魂卦为游魂，归魂卦为绝命。如乾遇乾则成重乾，为上爻持世卦，是为伏吟。乾巽相遇则成姤、小畜，皆初世卦为五鬼。乾艮相遇则成遁、大畜，皆二世卦为福德。乾坤相遇则成泰、否，皆三世卦为绝体。乾震相遇则成无亡、大壮，皆四世卦为天医。乾兑相遇则成履、夬，皆五世卦为生气。乾坎相遇则成需、讼，皆游魂卦为游魂。乾离相遇则成同人、大有，皆归魂卦为绝命。余皆仿此。今按：先天之说甚巧，其八宫卦象，则唯绝体、游魂、绝命与卦变义合，余无所取。盖特以此为记耳。图列于后。

大游年变卦

大游年变卦，相宅家用之，选择有以宅长行年配合修造之说，故名“游年”。因地理亦有游年变卦之法，故此名“大游年”，小阴而大阳也。其法亦由天定卦翻变而出，而以贪狼、廉贞、武曲、文曲、禄存、巨门、破军、辅弼为序。如乾为本宫，乾上爻变为兑为贪狼兑中爻变为震、为五鬼，震下爻变为坤、为武曲，坤中爻变为坎、为文曲，坎上爻变为巽、为禄存，巽中爻变为艮、为巨门，艮下爻变为离、为破军，离中爻变复为乾、为辅弼。贪狼与小游同，亦曰“生气”。廉贞即小游之巨门，亦曰“五鬼”。武曲即小游之绝体，又曰“延年”。文曲与小游同，又曰“六煞”。禄存即小游之五鬼，又曰“祸害”。巨门即小游之福德，亦曰“天医”。破军、辅弼与小游同。盖阳宅之法以乾、兑为老阳，艮、坤为老阴，离、震为少阴，巽、坎为少阳。二老相配为西四宅，二少相配为东四宅。东西各自相配为吉，交错相配为凶，故变卦之吉凶与小游年有同异耳。翻卦之法，皆以上一爻变为生气贪狼，下二爻变为天医巨门，三爻俱变为延年武曲，三爻俱不变为伏位辅弼。盖上一爻变者则乾、兑互变，艮、坤互变，离、震互变，巽、坎互变。下二爻变者则乾、艮互变，兑、坤互变，离、巽互变，震、坎互变。三爻俱变者则乾、坤互变，兑艮互变，离坎互变，震、巽互变。三爻俱不变者则自得本宫，皆老少各自相配，故为吉也。外此则老少交错相配，故为凶也。在八宫卦象则上爻持世卦为伏位，初世卦为祸害，二世卦为天医，三世卦为延年，四世卦为五鬼，五世卦为生气，游魂卦为六煞，归魂卦为绝命。与小游年例亦有异同，图并列后。

上一爻变图

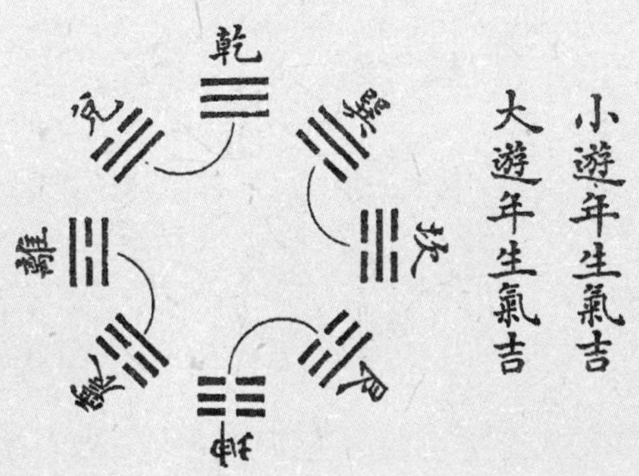

乾上一爻变为兑，兑上一爻变为乾，离上一爻变为震，震上一爻变为离，巽上一爻变为坎，坎上一爻变为巽，艮上一爻变为坤，坤上一爻变为艮。乾兑，老阳所生；离震，少阴所生；巽坎，少阳所生；艮坤，老阴所生，乃先天生卦自然之序。乾、兑两金相比，震、离木火相生，坎、巽水木相生，艮、坤两土相比。而后天乾阳、兑阴、震、阳、离阴、坎阳、巽阴、艮阳、坤阴、乾、坤、坎、离配洛书之奇，兑、震、艮、巽配洛书之偶。又皆阳阴得配，是为最吉之象。故小游年、大游年皆以为生气也。

上二爻变图

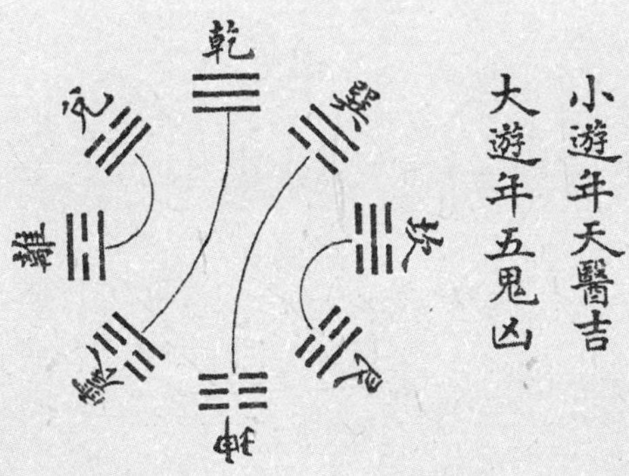

乾上二爻变为震，震上二爻变为乾，兑上二爻变为离，离上二爻变为兑，巽上二爻变为坤，坤上二爻变为巽，坎上二爻变为艮，艮上二爻变为坎。乾、震金木相克，兑、离火金相克，皆为阳仪所生。巽、坤木土相克，坎、艮土水相克，皆为阴仪所生。洛书又阴阳相配，有相制而不相害之义，故小游年以为天医，大游年则以其老少不相配为凶，又以相克为鬼，故为五鬼。义各有取也。

下一爻变图

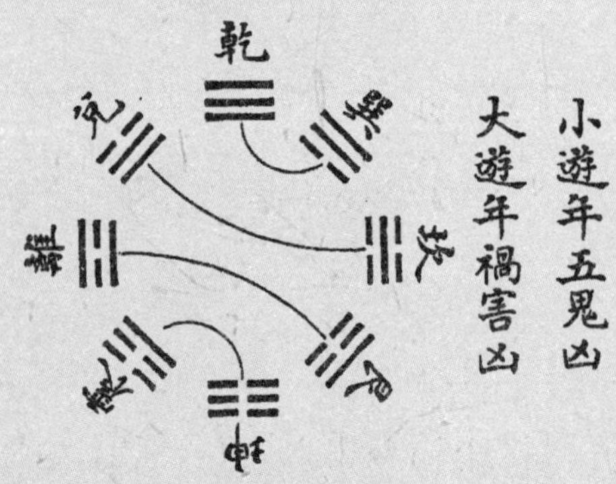

乾下一爻变为巽，巽下一爻变为乾，兑下一爻变为坎，坎下一爻变为兑，离下一爻变为艮，艮下一爻变为离，震下一爻变为坤，坤下一爻变为震。以乾、兑、离、震之四阳往交于巽、坎、艮、坤之四阴，巽、坎、艮、坤之四阳，往交于乾兑离震之四阳，老少皆不相配，故小游年以往而屈者为鬼，又先天卦序皆隔五位，故为五鬼。大游年既取相克者为鬼，则以此为祸害。皆不吉也。

下二爻变图

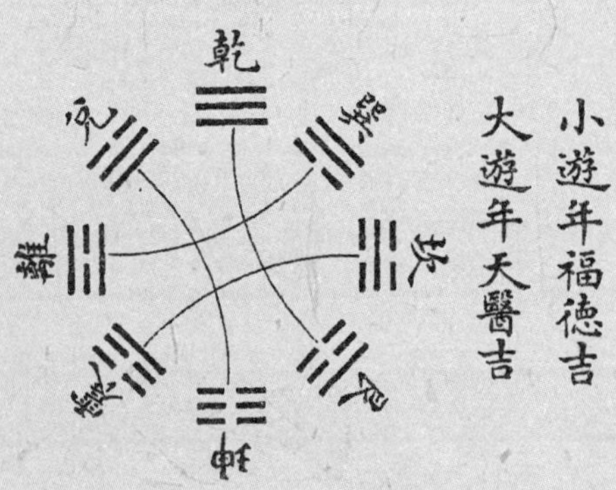

乾下二爻变为艮，艮下二爻变为乾，兑下二爻变为坤，坤下二爻变为兑，离下二爻变为巽，巽下二爻变为离，震下二爻变为坎，坎下二爻变为震。乾、艮土金相生，兑、坤土金相生，二老相配。巽、离木火相生，坎震木土相生，二少相配。论八卦则以阴阳自得为德，论九宫则以阴阳相得以德，故小游年以为福德。大游年以三爻全变之卦老长中少正配为吉，不曰福德而曰延年，则以此为天医。皆吉卦也。

上下二爻变图

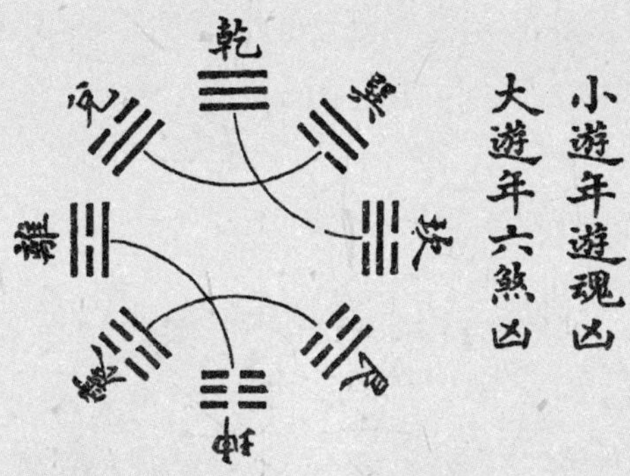

乾上下二爻变为坎，坎上下二爻变为乾，兑上下二爻变为巽，巽上下二爻变为兑，离上下二爻变为坤，坤上下二爻变为离，震上下二爻变为艮，艮上下二爻变为震。二仪四象交相变易，而八卦九宫阴阳老少皆不相配，往而不相得，故小游年以为游魂。大游年则以其为本宫卦第六变，故为六煞。皆不吉也。

中一爻变图

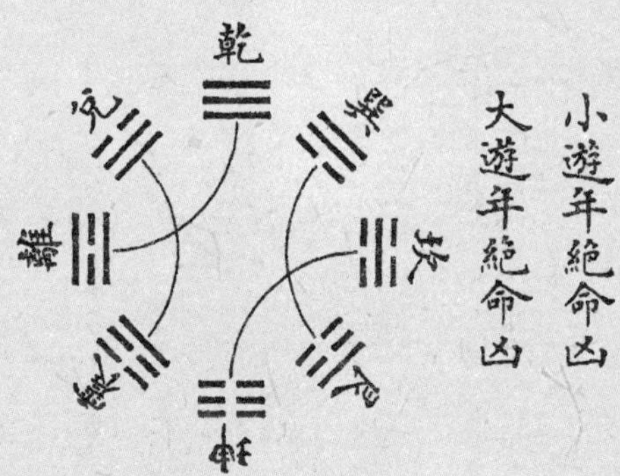

乾中爻变为离，离中爻变为乾，兑中爻变为震，震中爻变为兑，巽中爻变为艮，艮中爻变为巽，坎中爻变为坤，坤中爻变为坎。乾、离火金相克，兑、震金木相克，巽、艮木土相克，坎、坤水土相克。奇偶老少皆不相配，且皆自还本仪，适与生气相反。又变卦、翻卦皆至此七变而止。是为最凶之象，故小游年、大游年皆以为绝命也。

三爻俱变图

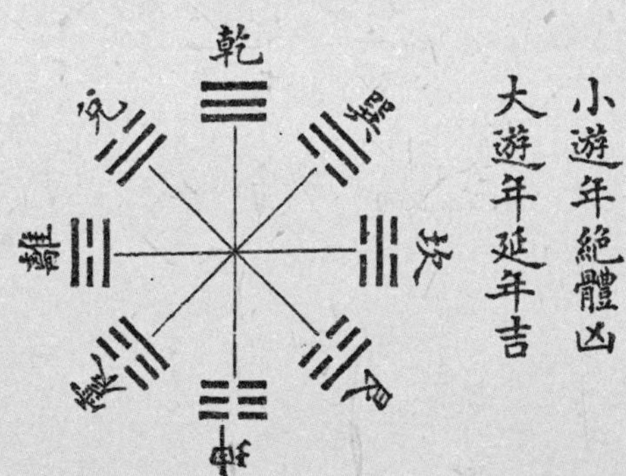

乾三爻俱变为坤，坤三爻俱变为乾，兑三爻俱变为艮，艮三爻俱变为兑，坎三爻俱变为离，离三爻俱变为坎，震三爻俱变为巽，巽三爻俱变为震。乾、坤、坎、离配洛书之奇，兑艮、震、巽配洛书之偶，又一与九、三与七、二与八、四与六相加皆极十数。地理家以孤阴、孤阳为凶，故小游年取全变之义为绝体。乾父、坤母、震长男、巽长女、坎中男、离中女、艮少男、兑少女。相宅家以阴阳正配为吉，故大游年取皆应之义为延年。一吉一凶，各随其用尔。

八宫卦象

小遊年	大遊年	乾宮	坎宮	艮宮	震宮	巽宮	離宮	坤宮	兌宮
輔弼	伏位	六爻變 乾為天	坎為水	艮為山	震為雷	巽為風	離為火	坤為地	兌為澤
五鬼	禍害	初世卦 天風姤	水澤節	山火賁	雷地豫	風天小畜	火山旅	地雷復	澤水困
福德	天醫	二世卦 天山遯	水雷屯	山天大畜	雷水解	風火家人	火風鼎	地澤臨	澤地萃
絶體	延年	三世卦 天地否	水火既濟	山澤損	雷風恒	風雷益	火水未濟	地天泰	澤山咸
天醫	五鬼	四世卦 風地觀	澤火革	火澤睽	地風升	天雷无妄	山水蒙	雷天大壯	水山蹇
生氣	生氣	五世卦 山地剝	雷火豐	天澤履	水風井	火雷噬嗑	風水渙	澤天夬	地山謙
遊魂	六煞	遊魂卦 火地晋	地火明夷	風澤中孚	澤風大過	山雷頤	天水訟	水天需	雷山小過
絶命	絶命	歸魂卦 火天大有	地水師	風山漸	澤雷隨	山風蠱	天火同人	水地比	雷澤歸妹

钦定协纪辨方书卷三

义例一

选择神煞，古有建除、堪舆、丛辰诸家。顾其义不尽传，起例尤多袭误。今颇为蒐辑，择其近理而雅驯者，加之解释，正其舛误，庶吉凶之义因例可寻，而不惑于世俗术数之说也。作《义例》。

总论

举事无细大，必择其日辰义欤！曰敬天也。《记》曰：“易抱龟南面，天子卷冕北面。”虽有明智之心，必进断其知焉，示不敢专，以尊天也。夫古之君子，居则观其象而玩其辞。一事之至其合于何卦、何爻，应有何变、何应，早已谋诸乃心而灼然。况又谋及卿士大夫至于庶民，夫亦何患其不审，乃又必动则观其变而玩其占耶？凡以血气心知之性，必合诸虚灵不昧之天而后天下之理得，使足已而不问，则未事而先失也。选择之义亦犹夫是。天地神祇之所向则顺之，所忌则避之，既奉若于宫廷以彰昭事之忱，又申布于闾左以协休嘉之气。凡以敬天云尔。如曰若是则福，不若是则祸，则术士之曲说而非其本原也。王充《论衡》辟之不遗余力，则又儒士拘迂而未见大义。盖夫荀悦《申鉴》曰：“或问时群忌，曰此天地之数也，非吉凶所从生也。”夫知其为天地之数，则固修身者所当顺也，知其非吉凶所从生，则一切拘牵谬悠之说具废，而所为顺之避之者亦必有道矣。

岁德

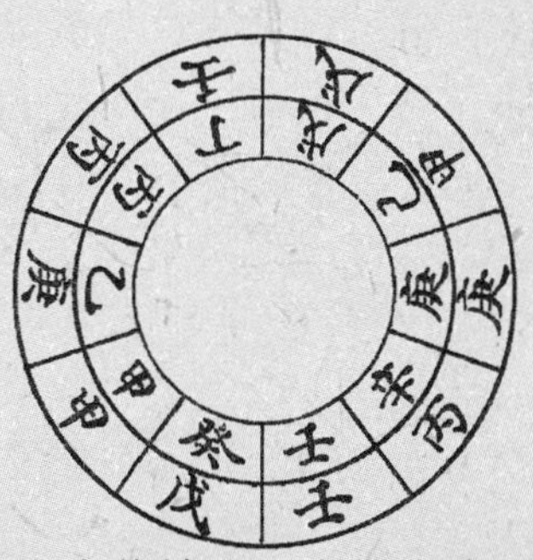

《曾门经》曰：“岁德者，岁中德神也。十干之中五为阳，五为阴，阴者君道也，阴者臣道也，君德自处，臣德从君也。所理之地万福咸集，众殃自避，应有修营，并获福祐。”

《广圣历》曰："甲德在甲，乙德在庚，丙德在丙，丁德在壬，戊德在戊，己德在甲，庚德在庚，辛德在丙，壬德在壬，癸德在戊。"

《考原》曰："律吕六阳当位自得，六阴则居其冲。岁德则五阳干当位自得，五阴干则取其合。盖阳以自得为德，而阴以从阳为德也。"

按：甲丙戊庚壬五阳，即以甲丙戊庚壬为德，不同于乙丁己辛癸以所合之干为德者，《曾门经》谓"君德自处"，其文不足以畅厥旨。盖《易》之道阳一阴二，阳为德，阴为刑。阳善也，阴恶也，是故阳之为德也在不化乎阴，而阴之为德也在弃其本位而从乎阳。《易》曰："西南得朋。"西南阳也，"得朋"阴从乎阳之谓也。"东北丧朋"。东北阴也，"丧朋"弃其本位之谓也。阴能化阳，亦能从阳，阳为阴化，阴斯慝矣，能从乎阳，斯为德也。然则阳惟一而阴有二矣。是故甲德在甲，甲阳也，故甲即甲之德也。乙德在庚，乙阴也。庚能制乙者也，在乙而从庚，是即乙之德也。丙丁以下仿此。

岁德合

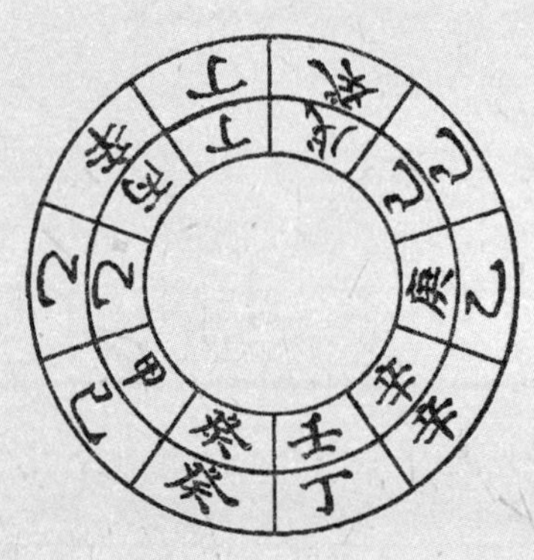

《考原》曰："岁德合者，岁德五合之干是也。甲年在己，乙年在乙，丙年在辛，丁年在丁，戊年在癸，己年在己，庚年在乙，辛年在辛，壬年在丁，癸年在癸。故岁德属阳，岁德合属阴。"

按：岁德与岁德合并属上吉，有宜无忌，然细推其义，有刚柔之别焉。岁德无问阴年、阳年，皆刚辰也，岁德合无问阴年、阳年皆柔辰也。外事以刚，内事以柔，古之志也。选择家虽未论及此，用者可以意通也。

岁干合

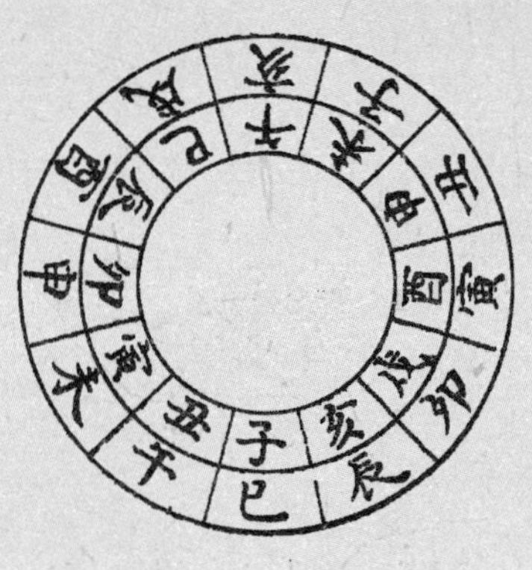

《金匮经》曰："岁干合者，天地阴阳配合也。主除灭灾咎而兴福祐也。所理之方，可以修营、起土、上官、嫁娶、远行、参谒。"

《历例》曰："甲年在己，乙年在庚，丙年在辛，丁年在壬，戊年在癸。取其与岁干相合者是也。"

《考原》曰："今历日岁转吉神无此条。"

按：岁干合为岁中大神而保章氏不著于简者何也？盖乙丁己辛癸之年则所为甲丙戊庚壬者，即岁德也。甲丙戊庚壬之年则所为乙丁己辛癸者，即岁德合也。既有岁德、岁德合，则不必复著岁干合之名也。虽然，要各有义焉。阴阳同职不同性，故如五鬼之又为厌对，又为六仪之类，必两著之。岁干合仍当荐其目，不得因此而废此也。

岁支德

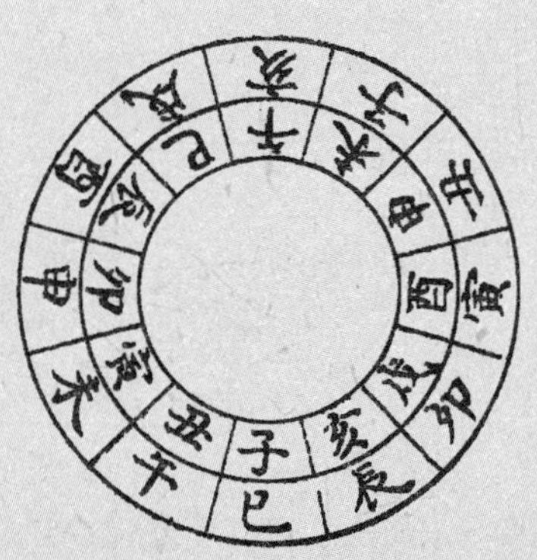

《神枢经》曰："岁支德者，岁中德神也。德者，得也，得福之谓也。主救危而济弱。所理之方，利以兴造举动众务。"

李鼎祚曰："常居岁前五辰。"

曹震圭曰："支德者，从太岁向前五合之辰也。假令岁在甲子，向前见己巳，甲与己合，即巳为支德也。又如岁在丙子，向前见辛巳，丙与辛合，即巳为支德也。余仿此。今历日岁转吉神无此条。”

按：岁支德者，谓甲既在子，则必上必己。己，甲之合也，其所合之神、所居之支则亦必吉矣。地必从天，支必从干。干既吉位，支必无凶，其义然也。其辰又为死符，又为小耗。历家既重死符、小耗，则不用此条。然美恶不嫌同位，吉凶不嫌同名。死符为营冢等事所忌，小耗为市易、造作等事所忌。苟所举之事非此属也，则仍为吉神矣，即同一兴造如为营居室欤，则当以小耗论：如为治桥梁、筑堤岸，损己之财以利众之事欤，则虽属小耗而实为支德，乃大吉也。此条固不可废。

太岁

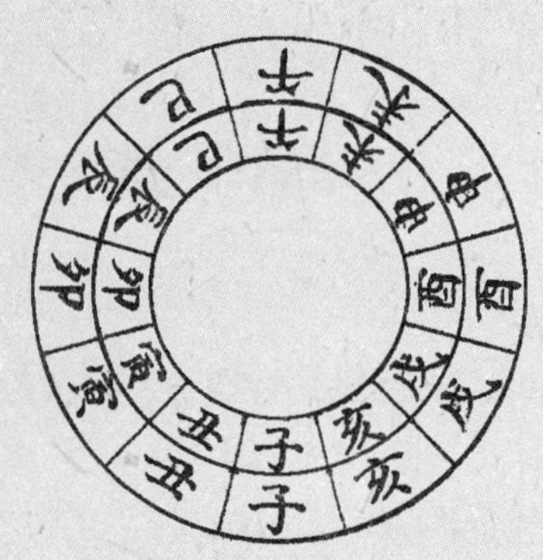

《神枢经》曰：“太岁，人君之象，率领诸神，统正方位，斡运时序，总成岁功。以上元阏逢困敦之岁起建于子，岁徙一位，十二年一周。若国家巡狩省方，出师略地、营造宫阙、开拓封疆，不可向之，黎庶修营宅舍、筑垒墙垣，并须回避。”

《黄帝经》曰：“太岁所在之辰，必不可犯。”

曹震圭曰：“太岁者，岁星也。故木星十二年行一周天，一年行一次也。”

按：《周礼》：“冯相氏掌十有二岁。”郑庚成注曰：“岁谓太岁。岁星与日同次三月，斗所建之辰。《乐说》谓岁星与日常应太岁月建以见，然则今历太岁非此也。”贾公彦疏曰：“太岁在地，与天上岁星相应而行。岁星为阳，右行于天，一岁移一辰，又分前辰为一百三十四分而侵一分，则一百四十四年跳一辰，十二辰匝，则总有千七百二十八年，十二跳辰币。以此而计之，十二岁一小周谓一年，移一辰故也。千七百二十八处一大周，十二跳匝故也。太岁左行于地，一与岁星跳辰年数同。其云岁星与日同次之月斗所建之辰者，以岁星为阳，人之所见，太岁为阴，人所不睹。岁星与太岁虽右行左行不同，要之行度不异，故举岁星以表太岁。岁星与日同次之月一年之中，惟于一辰之上为法。若上元甲子朔旦冬至，日月五星同在牵牛之初，是岁星与日同次之月也，十一月斗建子，子有太岁。至下年岁星移向子、十二月日月会于元枵，十二月斗建丑，丑有太岁。自此以后皆然也。故引《乐说》以证太岁在月建之义也。今历太岁无跳辰之义，故云非此经太岁也云云。”今按：岁星右行于天。太岁左行于地。岁星岁移一辰，十二年一周，故曰“岁星”。则历之太岁，即是保章氏所云十有二岁，并非别有太岁。顾太岁者，岁之神；岁星者，岁之星。举太岁以表岁星则可，谓太岁即岁星则不可。曹震圭之说非也。太岁为百神之统，俗谓之年中天子。《神枢经》谓“国家巡狩省方、出师略地、营造宫阙、开拓封疆，不可向之”。向之云者，与太岁对则身居岁破之地也。又曰“若黎庶修造则并须回避”者，太岁君象，其方固上吉之方，而非下民之所敢用。犹月忌日为中宫五黄，民间须避是日，同一义也。故又谓之“堆黄煞”，古人谓之“岁下”，对方则亦曰“岁破”。汉王充《论衡》载《移徙法》曰“徙抵太岁凶，负太岁亦凶。抵太岁名曰岁下，负太岁名曰岁破”是也。

岁破

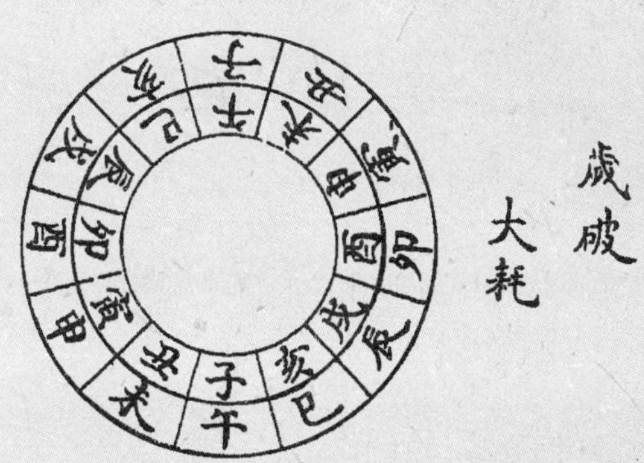

《广圣历》曰：“岁破者，太岁所冲之辰也。其地不可兴造、移徙、嫁娶、远行，犯者主损财物及害家长，惟战伐向之吉。”

《明时总要》曰：“岁破者，子年在午，顺行十二辰是也。”按：岁破为最凶之神，而《广圣历》云“战伐向之吉”者，盖向岁破即坐太岁，而敌人乃居岁破之位也。然则仍是用太岁，非用岁破也。

大耗

《历例》曰：“大耗者，岁中虚耗之神也。所理之地不可营造仓库、纳财物，犯之当有冠贼惊恐之事。”

《明时总要》曰：“常居岁冲之地。”

曹震圭曰：“大耗者，太岁击冲破散之神也。物击则破，冲则散，破散则耗也。”

按：大耗即系岁破，而复以大耗名者，为建囷仓、纳财帛等事重著其义，又以岁太岁至尊无对。如十二神贵人之前为天空，虽名天空，而空者空空如也，非实有是天空之神。若夫岁破之义，亦言其方为岁所破，而非有岁破之神能破太岁也，故又名之曰大耗也。

大将军

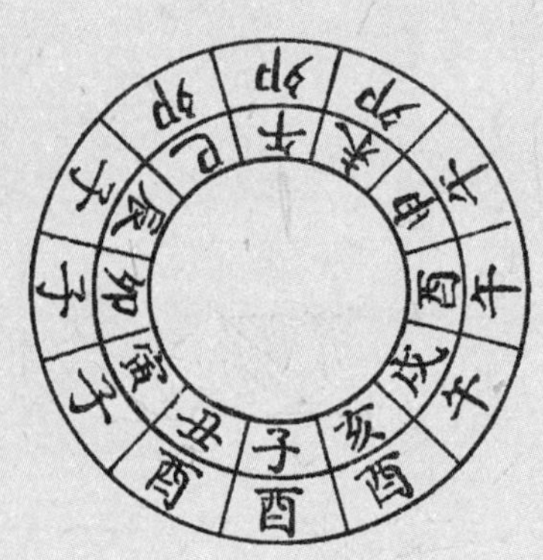

《神枢经》曰“大将军者，岁之大将也，统御威武、总领战伐。若国家命将出师、攻城、战阵，则宜背之，凡兴造皆不可犯。”

李鼎祚曰：“孟岁[①]以胜光，[②] 仲岁[③]以小吉，[④] 季岁[⑤]以传送，[⑥] 加岁支上逢天罡[⑦]为大将军。”如子年为仲年，即以未加岁支子上，顺数支至酉得辰，即酉为大将军也。余仿此。

曹震圭曰：“大将军，其德忠直，常居四正，三年一迁，所理之地可以命将帅、选威勇以伐不义。”

《考原》曰：“大将军者，统御武臣之职，有护卫虎贲之象，故居四正之位而从岁君之后。如寅卯辰岁在东方，则居正北；巳午未岁在南方，则居正东；申酉戌岁在西方，则居正南；亥子丑岁在北方，则居正西也。”

按：克我者为贼，我克者为仇。其拒仇贼而生我又后于我者，大将军之象也。《淮南》云“子孙为宝爻”，即其义也。岁在东方木，西方金克我，北方水拒隔之；岁在南方火，北方水克我，东方木拒隔之；岁在西方金，与东方木为仇，中央土拒隔之；岁在北方水，与南方火为仇，西方金拒隔之。其必居子午卯酉者，在师中吉之义欤。或曰：岁在西方而大将军居午，午为火，何言土也？曰：五行家以巳为戊，以午为己，午固土也。且大将军必居太岁之右，军事尚右，其右之正位必大将军也。

① 寅申巳亥。
② 午。
③ 子午卯酉。
④ 未。
⑤ 辰戌丑未。
⑥ 申。
⑦ 辰。

奏书

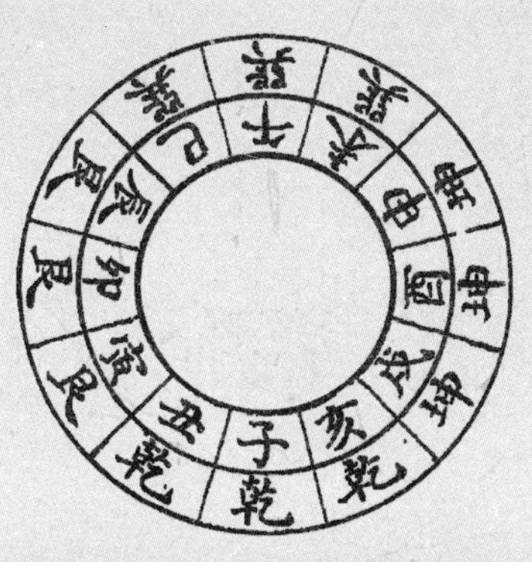

《广圣历》曰：“奏书者，岁之贵神也。掌奏记，主伺察。所理之地，宜祭祀求福、营建宫室、修饰垣墙。”

《蓬瀛书》曰：“岁在东方，奏书在东北维；岁在南方，奏书在东南维；岁在西方，奏书在西南维；岁在北方，奏书在西北维。”

曹震圭曰：“奏书者，水神也。为岁君之谏臣，察私屈扬德意之神也。常居近岁后维方，谓辅佐之道不敢先也。初起于乾者，顺天之道也。所理之方，可举贤能，于国有益。”

博士

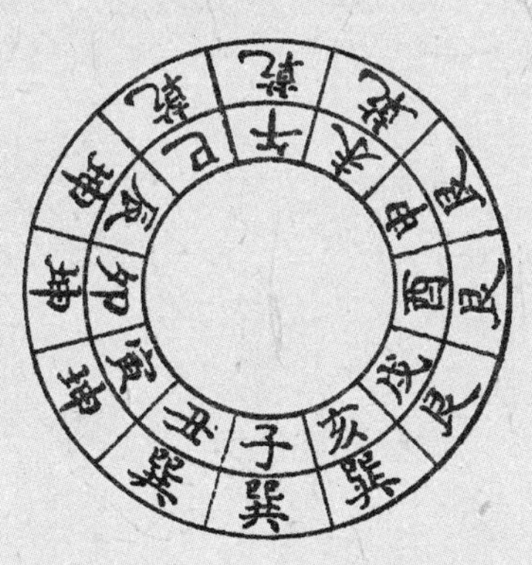

《广圣历》曰：“博士者，岁之善神也。掌案牍，主拟议。所居之方，利于兴修。”

《堪舆经》曰：“博士者，常与奏书对冲，如奏书在艮，博士在坤也。”

曹震圭曰：“博士者，火神也。掌天子明堂，纪纲政治之神也。常处于维方，不敢自专也。初起于巽者，明堂也。所理之方，可进贤能，于国有益。”

力士

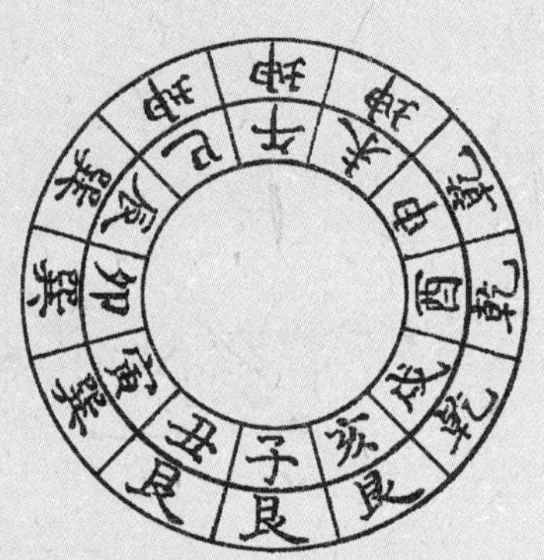

《堪舆经》曰："力士者，岁之恶神也。主刑威，掌杀戮。所居之方，不宜抵向，犯之令人多瘟疾。"

《明时总要》曰："岁在东方，力士居东南维；岁在南方，居西南维；岁在西方，居西北维；岁在北方，居东北维。"

曹震圭曰："力士者，天子之护卫，羽林军也。常居岁前维方，不敢远于君也。所在之方，可诏此方之臣，以诛有罪。"

蚕室

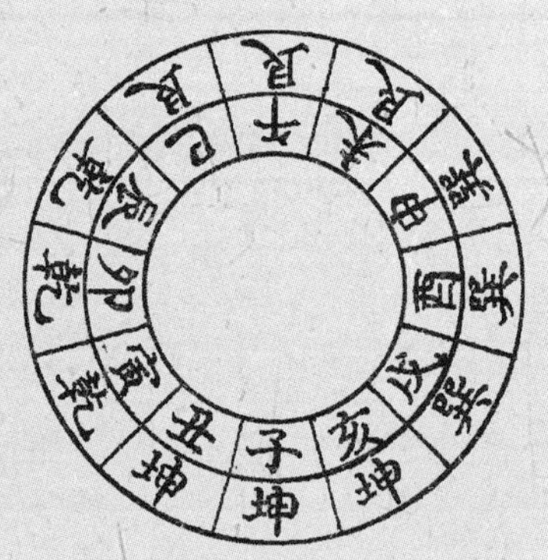

《堪舆经》曰："蚕室者，岁之凶神也。主丝茧绵帛之事。所理之方，不可修动，犯之蚕丝不收。"

《广圣历》曰："蚕室者，常与力士对冲。"

按：太岁之四维，一奏书、二博士、三力士、四蚕室。奏书在太岁之后维，天子古与稽，今与居，左图右史所鉴之，以出治者也。故于太岁为最亲而近，为神之贵而吉者也。博士，文臣也，出纳王命，行政施惠，故与奏书冲而在太岁之前，亦吉神也。力士，武臣也。在太岁之前隅，若羽林千牛旗纛旄麾之属，专掌杀伐。故其方之军旅可命以讨有罪也。与力士对冲而在太岁之后隅者，后宫之地，后妃之属也。后宫之事莫大于亲蚕以供郊庙祭祀之服，故以蚕室名之，而亦不可抵向也。

蚕官

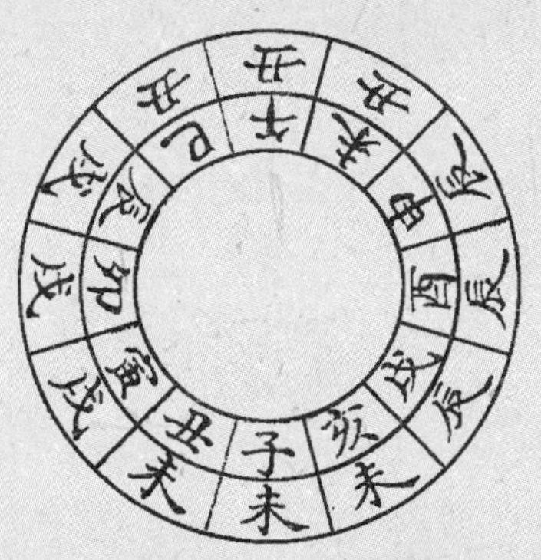

《历例》曰：“蚕官者，岁中掌丝之神也。所理之地，忌营构宫室，犯之蚕母多病，丝茧不收。”

黎幹曰：“岁在东方，居戌；在南方，居丑；在西方，居辰；在北方，居未。”

《考原》曰：“蚕官者，蚕室之官，使蚕得养也。如岁在东方属木，木养于戌，故在戌。岁在南方属火，火养于丑，故在丑。岁在西方属金，金养于辰，故在辰。岁在北方属水，水养于未，故在未也。”

蚕命

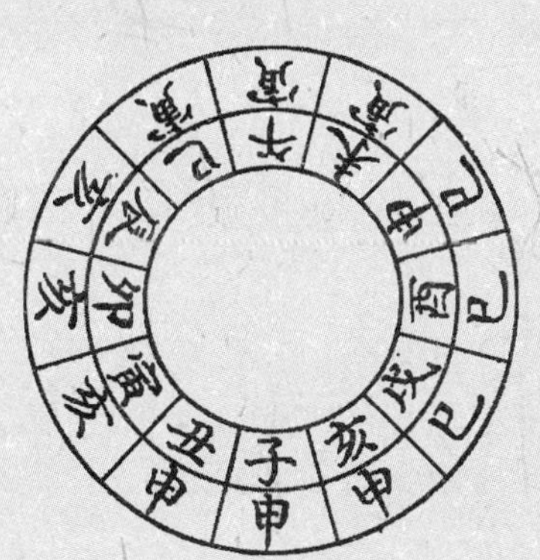

《历例》曰：“蚕命者，掌蚕之命神也。所理之地不可举动百事，犯之者，主伤蚕，丝茧不收。”

黎幹曰： “岁在北方，居申；岁在东方，居亥；岁在南方，居寅；岁在西方，居巳。”

《考原》曰：“蚕命者，蚕之所系以生也。如岁在北方属水，水生于申，故在申。岁在东方属木，木生于亥，故在亥。岁在南方属火，火生于寅，故在寅。岁在西方属金，金生于巳，故在巳。今之蚕命子年未、丑年午、寅年亥、卯年戌、辰年巳、巳年丑、午年寅、未年甲、申年卯、酉年辰、戌年子、亥年酉。”此恐有误。又按《万全广济》云：“亥子丑年未坤申，寅卯辰年戌乾亥，正午未年丑艮寅，申酉戌年辰巽巳。假如亥子丑年，蚕官在未，蚕室在坤，蚕命在申”是也。余仿此。

蚕官、蚕命总论

人之生也，食谷而衣丝。殖谷者在野，无一方而不宜也。养蚕者在室，则营构必有宜忌焉。太岁为本年之主，则是年之蚕即太岁之所生也。所生之库地即蚕之官符也，故有蚕官方位。岁在东方，东方木，木生火，火库戌，故戌蚕官也。蚕以是年生，则是年方位之所受生，即蚕所受命也，故有蚕命方位。岁在东方，东方木，木长生在亥，故亥蚕命也。余仿此。

丧门

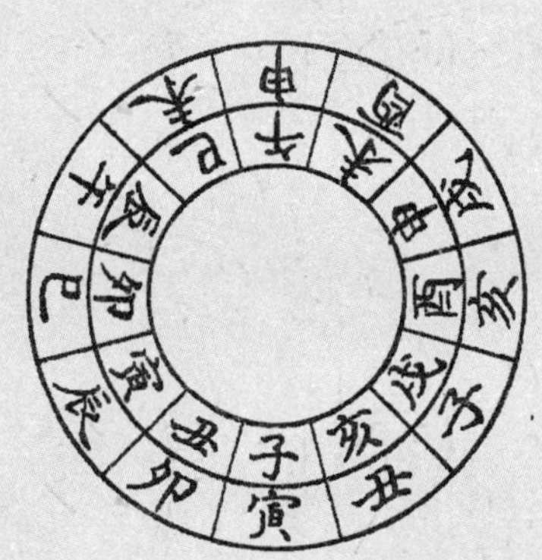

《纪岁历》曰：“丧门者，岁之凶神也。主死丧、哭泣之事，常居岁前二辰。所理之地，不可兴举，犯之者主盗贼、遗亡、死丧之事。”

《蓬瀛书》曰：“子年在寅，顺行十二辰。”

曹震圭曰：“丧门者，太岁之辕门也。故常居岁前二辰，或谓丧门与白虎对冲，白虎主丧服之事，冲之，故凶。”

太阴

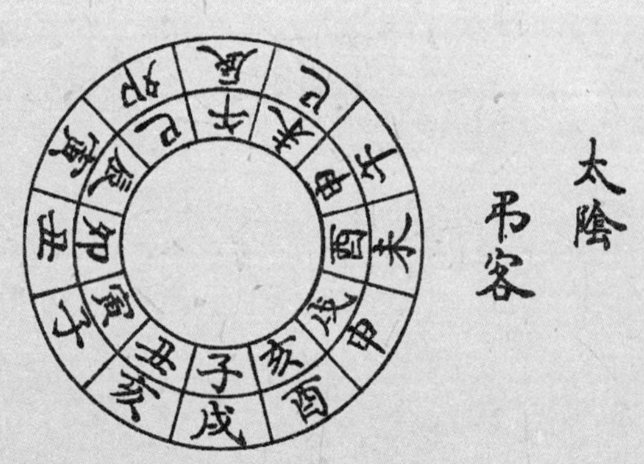

《神枢经》曰："太阴者，岁后也。常居岁后二辰。所理之地，不可兴修。"

曹震圭曰："后妃所居者，后宫也。后宫之星在帝后二星，[1] 故太阴常居太岁后二辰。子年起戌，顺行十二辰。如子年则在戌，丑年则在亥，寅年则在子是也。"

按：《史记·白圭传》曰："太阴在卯，穰，明岁衰恶；至午，旱，明岁美。至酉，穰，明岁衰恶；至子，大旱，明岁美，有水；至卯，积贮率数倍。"张守节《正义》曰："岁后二辰为太阴也。"又《吴越春秋》载计倪曰："太阴所居之岁，留息三年，贵贱见矣。又《越绝》载计倪曰："从寅至未，阳也。太阴在阳，岁德在阴，岁美在是。圣人动而应之，制其收发。"然则太阴之神为年谷丰歉、水旱之占也。今历家谓修造等事不宜抵向，其说不符于古，然或别有所自来，未可遽以为非。顾从太阴例之，则所谓蚕室、蚕官、蚕命者，其方位所在，必有每岁蚕丝丰歉之占，而今不可考矣。又按四利三元，以太岁前三位为太阴，与此同名不同位。盖各为一家之言，不嫌并存也。

吊客

《纪岁历》曰："吊客者，岁之凶神也。主疾病、哀泣之事，常居岁后二辰。所理之地，不可兴造及问病寻医、吊孝送丧。"

《蓬瀛书》曰："子年在戌，顺行二十辰是也。其位常与官符对冲。"

群丑

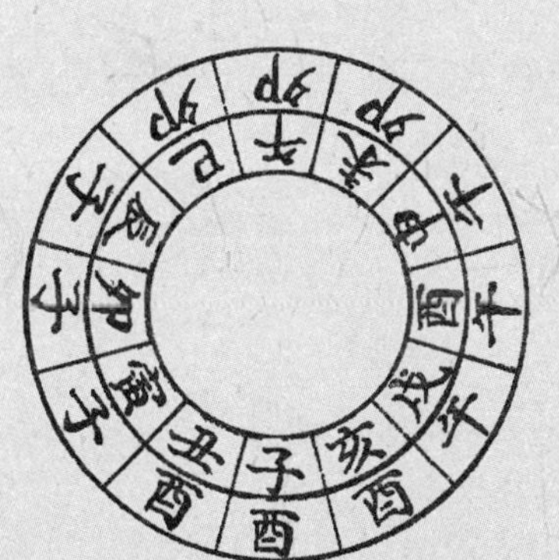

《蓬瀛书》曰："岁在四孟，太阴与大将军合于四仲，名曰群丑。"

《历神原始》曰："天地凶殃，必在群丑。"

太阴、大将军、丧门、吊客总论

按《天文志》："中宫天极星，其一明者，太一常居也。旁三星，三公。或曰：子属后勾四星，末大星后妃，余三星后宫之属也。"《礼记》曰："天子掌阳教，后掌阴教。"故以岁后二辰象之，而名之太阴焉。夫太阴之职，将以助阳出治也。大将军之职虽主杀伐，然杀代者，凡以锄邪凶而扶正直，亦所以佐阳出治也。若其年太阴与大将

---

① 紫微垣，北极五星，第二为帝星，第四为后宫。

军同位，则是穷阴沍寒、奸慝暴乱而绝无生养之意矣，故曰“群丑”，为方位之最凶也。然太阴之方又为吊客者何欤？盖岁后二位与岁前二位必属三合。如太岁在午则后二辰、前二申，申与辰必暗拱子以克太岁矣。太岁在丑则后二亥、前二卯，卯与亥必暗拱未以冲太岁矣。为太岁所冲克与冲克太岁者，皆死地也。然则扶助之者，非丧门、吊客之象欤？门必在前，故前为丧门；客者自他方至者也，故后为吊客。阴阳之义，美恶不嫌同位，各从其所用耳。丧门之位又为朱雀，则以前朱雀后玄武，而以太岁前二位为朱雀耳。今曹震圭以丧门为太岁之辕门，则泥于门字之名而不知太岁之门不必丧也，亦可嗤矣。

官符

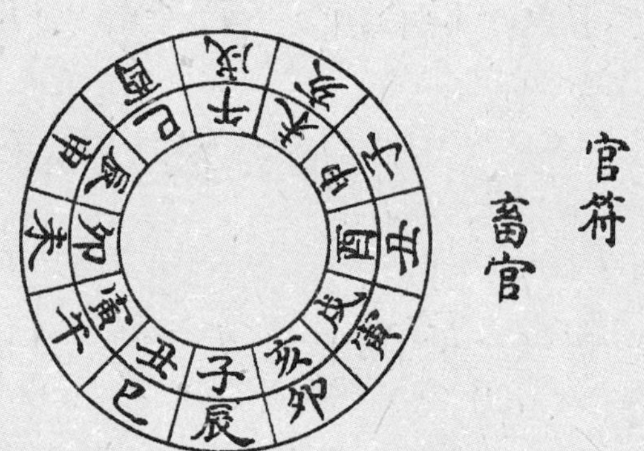

《历例》曰：“官符者，岁之凶神也。主官府词讼之事。所理之方，不可兴土工，犯之者当有狱讼之事。常居岁前四辰。”

曹震圭曰：“岁中掌符信之官，文权之职也。常居三合前辰，故前辰为文官，后辰为武职。假令岁在寅，寅午戌为三合，则午有官符，文权也，戌有白虎，武职也。余仿此。”

《广圣历》曰：“畜官者，岁中牧养之神也。主养育群畜之事。所理之方，忌造牛栏、马枥及放牧。犯之者损六畜、伤财。”

畜官

《历例》曰：“居岁前四辰。”

曹震圭曰：“畜者，养也，是养畜之官，以待百官之乘驿者也。居三合前辰，与官符同位。”

按：《通书·年表·神煞方位》，以三合五行临官之位为天官符，故此又名地官符以别之。地之云者，以其随地支逐岁而移也。阴阳家最重山向，并论三方。地官符三方吊照太岁，故忌兴造。

白虎

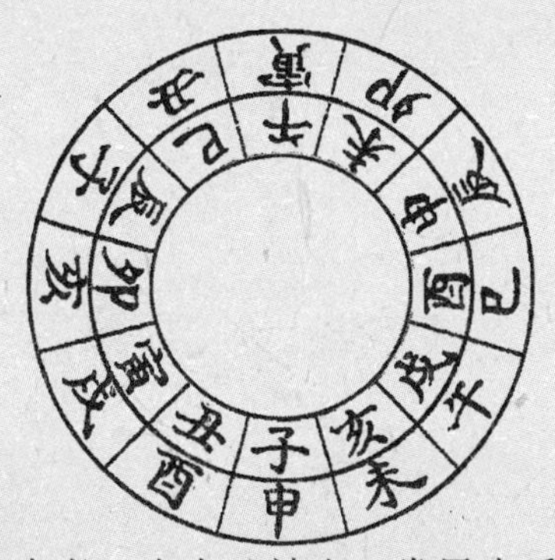

《人元秘枢经》曰："白虎者，岁中凶神也。常居岁后四辰。所居之地，犯之主有丧服之灾，切宜慎之。"

曹震圭曰："居三合后辰，解见官符节。"

按：官符、白虎、岁三合也，太岁之引从也。引为文曰"官符"，从为武曰"白虎"，前阳而后阴也。畜官同官符者，犹先马也，因以为六畜之占。

黄幡

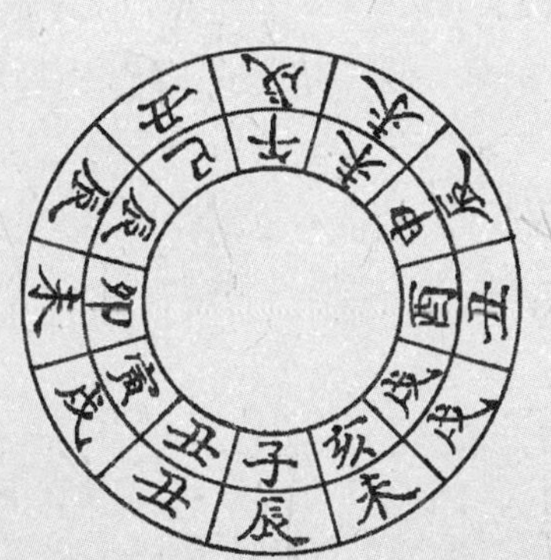

《乾坤宝典》曰："黄幡者，旌旗也。常居三合墓辰。所理之地，不可开门、取土、嫁取、纳财、市买及有造作，犯之者主有损亡。"

《广圣历》曰："黄幡者，寅午戌岁在戌，甲子辰岁在辰，亥卯未岁在未，巳酉丑岁在丑。"

曹震圭曰："黄幡者，岁君安居之位，华盖也，故取三合五行墓辰。墓者，土也，故言其黄。"《洞源经》曰："将出乎中军，盖张于库上，此之谓也。"

豹尾

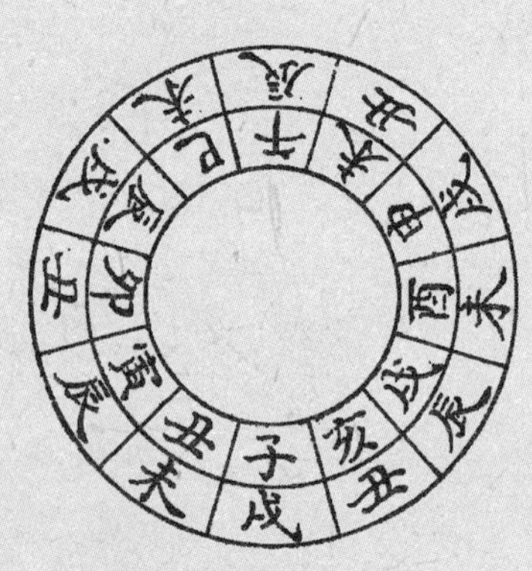

《乾坤宝典》曰："豹尾者，亦旌旗之象。常居黄幡对冲。其所在之方，不可嫁娶、纳奴婢、进六畜及兴造，犯之者破财物，损小口。"

曹震圭曰："豹尾者，虎贲之象，先锋之将也。故常与黄幡相对，是置于华盖之前也。"

黄幡、豹尾总论

黄幡者，三合之季，象华盖也。与黄幡相对者为豹尾，其喜忌亦相同。盖皆岁君之卤簿大驾，以见不可犯之意耳。寅申巳亥年，豹尾在前，黄幡在后；子午卯酉年，豹尾在后，黄幡在前。曹震圭以豹尾为先锋之将而置于华盖之前，则非也。又按：子午卯酉年，黄幡即是官符，豹尾即是吊客。寅申巳亥年，黄幡即是白虎，豹尾即是丧门。辰戌丑未年，黄幡即是太岁，豹尾即是岁破。然则黄幡、豹尾二神固虚设也。以其无甚悖理，仍存其旧名。

病符

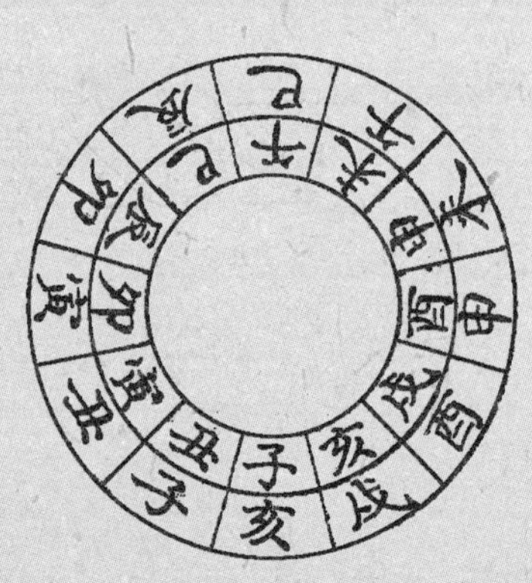

《乾坤宝典》曰："病符主灾病，常居岁后一辰。"

曹震圭曰："居岁后一辰，是言旧岁也。新岁将旺，旧岁必衰，衰则病也。"

死符

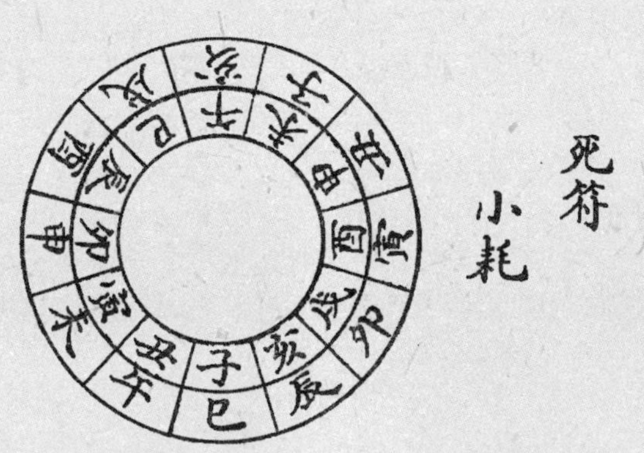

《经》曰："死符者，岁之凶神也。所理之方，不可营冢墓、置死丧及有穿凿，犯之者主有死亡。常居岁前五辰。"

曹震圭曰："死符者，是太岁自绝之辰也。假令太岁在子，是当旺也，则丑为衰、寅为病、卯为死、辰为墓、巳为绝也。余仿此。"

小耗

《经》曰："小耗者，岁中虚耗之神也。所理之方，不宜运动出入、兴贩经营及有造作，犯之者当有遗亡、虚惊之事。"

《明时总要》曰："常居岁前五辰。"

曹震圭曰："小耗者，小损也。乃太岁气绝之辰，故曰小耗。假令寅年寅旺、卯衰、辰病、巳死、午墓、未绝也。与死符同位。余仿此。"

《考原》曰："小耗常居大耗后一辰，未至于大耗，故曰小耗。"

病符、死符、小耗总论

病符，旧太岁也。病符所冲则死符也，病之所究极，非死而何？何以不名本年太岁所冲为死符耶？太岁为一岁之君，德刑并施。其所冲，祸且不止于死，而福亦未可料也。故六壬类神以岁破为贵相，谓得坐而论道也。若旧太岁休废之气所冲，则必死矣。又为小耗者，则以次于大耗而言，太岁所冲为大耗，则旧太岁所冲为小耗云耳。太岁所破，其为亡耗大矣。迨易岁之后而元气未复，有小耗之象焉，故旧岁破为小耗也。又《易》曰："天数五，地数五。"数至五而极，岁前五辰，数居其极，故为死符。

是亦一说也。曹震圭以岁前五辰为太岁绝气，盖亦数穷之意。然其说似是而非。夫长生、沐浴以至绝、胎、养，皆从五行旺、相、休、囚、死而言，谓之五胜；又从五胜细区之而为是十二位云耳。夫五行历乎四季，加以中央土则五胜起焉。五行历乎十二辰而各有浸昌、浸微之渐，则十二位立焉。又同为一位，阳顺而阴逆，阳死则阴生，阴死则阳生，于以成五行之气之无终绝，其旨深也。令太岁者，岁阴也。虽行乎五行之中而不定其为何行，安得指其本位？为帝旺而以其前五为绝位哉？如以前五为绝位，则将以旧太岁为新太岁临官之位乎？不可通矣。且阳顺则前五为绝矣，阴逆则又当以后五为绝，阴年太岁岂又将以后五为死符耶？

劫煞

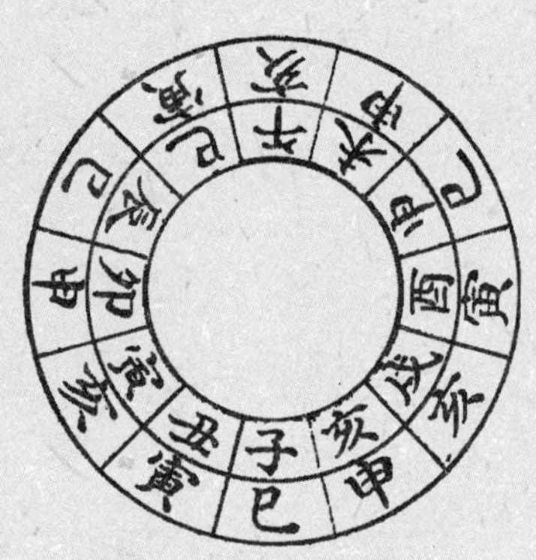

《神枢经》曰："劫煞者，岁之阴气也，主有杀害。所理之方，忌有兴造，犯之主有劫盗、伤杀之事。"

李鼎祚曰："寅午戌岁在亥，亥卯未岁在申，申子辰岁在巳，巳酉丑岁在寅是也。"

灾煞

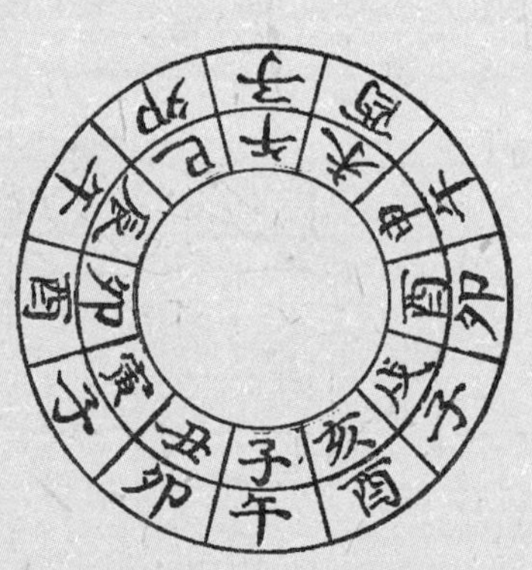

《神枢经》曰："灾煞者，五行阴气之位也，常居劫煞前一辰。主灾病疾厄之事。所理之方，不可抵向、营造，犯之者当有疾患。"

曹震圭曰：“灾煞者，三合五行胎神也。《洞源经》曰：‘劫煞起于绝，灾煞起于克。’假令申子辰年合水局，水绝于巳，故劫煞在巳，胎于午，又水与午火相克，故灾煞在午也。巳酉丑年合金局，金绝于寅，故劫煞在寅；胎于卯，又金与卯木相克，故灾煞在卯也。余仿此。”

岁煞

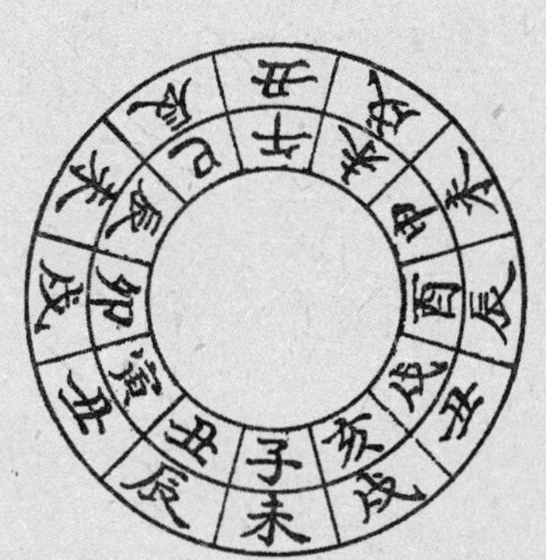

《神枢经》曰：“岁煞者，阴气尤毒谓之煞也，常居四季，谓四季之阴气能游天上。”

李鼎祚曰：“寅午戌煞在丑，巳酉丑煞在辰，申子辰煞在未，亥卯未煞在戌。”

《广圣历》曰：“岁煞之地不可穿凿、修营、移徙，犯之者伤子孙、六畜。”

曹震圭曰：“月煞者，三合五行成形之位，所谓养是也。大抵物之成形，母必有伤，故曰煞。”

《考原》曰：“劫煞、灾煞、岁煞是为三煞。如曹氏说，则三合五行绝、胎、养之位也。绝、胎、养者，墓库以后、长生以前，《神枢经》所谓阴气是也。或谓三煞者，三合五行当旺之冲，故有宜向不宜坐之说。如申子辰合水局，水旺于北方，南方其冲也，故三煞在南方巳午未。余仿此。”

伏兵　大祸

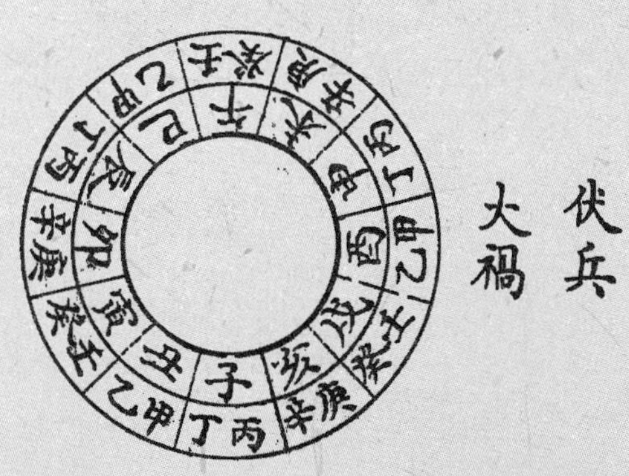

《历例》曰："伏兵、大祸者，岁之五兵也。主兵革刑杀。所理之方，忌出兵、行师及修造，犯之主有兵伤、刑戮之咎。"

黎幹曰："寅午戌岁，伏兵在壬，大祸在癸；亥卯未岁，伏兵在庚，大祸在辛；申子辰岁，伏兵在丙，大祸在丁；巳酉丑岁，伏兵在甲，大祸在乙是也。"

曹震圭曰："伏兵、大祸者，以三合五行相克之阳干为伏兵，阴干为大祸。伏兵灾甚，大祸灾轻。"

《考原》曰："伏兵、大祸夹处于三煞之间。如申子辰年，三煞在巳午未，伏兵大祸则在丙丁是也。余仿此。"

五兵总图

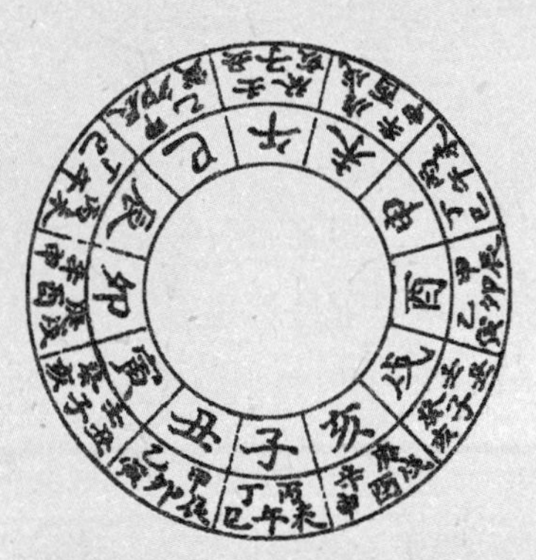

按：天以一而圆，地以两而方，人以三而角。天地无心，人者天地之心也，是故一生二，二生三，至于三而万物旅生矣。圆而方之，三角出焉，至于角而一微毕见矣。是故本天下之至简，以极天下之至赜；推天下之至隐，成天下之至显者，必于三角得之。然则三角者，天地之心，阴阳之端，鬼神之会，五行之秀气也。是故三合者，神煞之所最重。三合必三角也。太岁者为而不宰，其性情毕见于三合。故太岁之下，神之大者以三煞为首焉。三煞者，与太岁为敌、为对者也。假如太岁在寅午戌三合方，自寅至午，中为卯辰巳，东南春夏之交，非类也；自午至戌，中为未申酉，南西夏秋之交，亦非类也。若自戌至寅，中为正北亥子丑，则三冬月令壬癸水之位，与寅午戌火局为敌为对矣，是故以丑为岁煞。岁煞者，三合为火而寅为首，丑居寅上，是据其颠顶而厌之者也。犹夫月厌之在太阳前一位也，必为岁所煞，故曰"岁煞"也。亥为劫煞。劫者，三合为火而戌居终，亥居戌下，是睥睨其间以代其位者也，有盗之象焉，故曰"劫煞"也。三合为火而午居中，午者火德盛满之会也，有其冲之必有灾也，子者正位之冲也。故曰"灾煞"也。夫地支固如是矣，而地支之位必有天干之寄居者焉。亥子丑之间壬癸居之，阳壬为伏兵，阴癸为大祸，则以其方位亦与三煞同也。不用戊己者，戊己中宫之气，既以三合论，则不用戊己。犹夫三合成局则不得有土局也。余可类推。若夫曹震圭绝、胎、养之说，则无当于理矣。《考原》所谓宜向不宜坐之说，最为得之。盖三煞之方皆太岁之所恶而不可居，非以其能敌太岁而畏之也。

岁刑

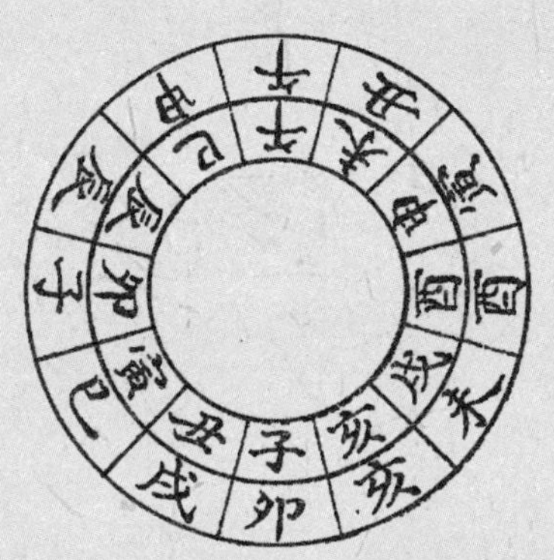

翼氏《风角》曰："金刚火强，各守其方，木落归根，水流趋末。"

《曾门经》曰："巳酉丑金之位，刑在西方，言金恃其刚，物莫与对。寅午戌火之位，刑在南方，言火恃其强，物莫与对。亥卯未木之位，刑在北方，言木恃荣华，故阴气刑之，使其凋落。申子辰水之位，刑在东方，言水恃阴邪，故阳气刑之，使不复归。所以子刑卯，丑刑戌，寅刑巳，卯刑子，巳刑申，未刑丑，申刑寅，戌刑未，辰、午、酉、亥为自刑也。"

储泳《祛疑说》曰："三刑是极数。子卯一刑也，寅巳申二刑也，丑戌未三刑也，自卯顺至子，自子逆至卯，极十数；自寅逆至巳，自巳逆至申，极十数；丑顺至戌，戌顺至未，极十数。皇极中天以十为杀数，积数至十则悉空其数。天道恶盈，满则覆也。此三刑之法所由起也。"

《广圣历》曰："岁刑之地，攻城、战阵不可犯之，动土、兴工亦须回避，犯之多斗争。"

《考原》曰："相刑之说，翼氏最明。盖以巳酉丑刑申酉戌，则巳刑申，酉自刑，丑刑戌也。以寅午戌刑巳午未，则寅刑巳，午自刑，戌刑未也。以申子辰刑寅卯辰，则申刑寅，子刑卯，辰自刑也。以亥卯未刑亥子丑，则亥自刑，卯刑子，未刑丑也。"

按：翼氏《风角》四语，《曾门经》与《考原》申其旨亦明显矣。顾所谓木恃荣华，故阴气刑之；水恃阴邪，故阳气刑之，其说犹不无矫强。而辰午酉亥自刑之理，亦未有论及之者也。储泳"天道恶盈、数极于十"之说亦有妙义，要亦不出翼奉四语。今绎其旨而得自刑之说焉。金火刚强，水木柔弱，故金刑金方，火刑火方，刚强者必自戕也。而金莫刚于酉，火莫强于午，则并不特自戕其本方而已，且自戕其体焉。若水木之柔弱，则必被戕于生我者与所生者。水生木而刑木，木生于水而刑水，生我之门，死我之户。孟子所为"死于安乐者"，其斯之谓欤！以亥卯未刑亥子丑，而亥转自刑。亥，木根也，所为木落归根也。以申子辰刑寅卯辰，而辰转自刑。辰，水库也，所为水流趋末也。

大煞

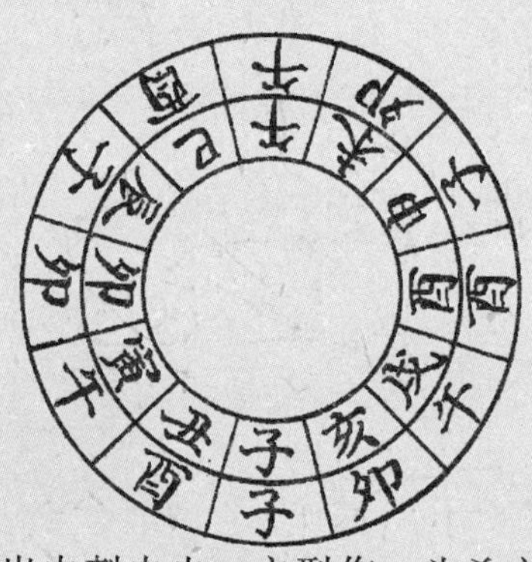

《历例》曰："大煞者，岁中刺史也。主刑伤、斗杀之事。所理之地，出军不可向之，并忌修造，犯者主有刑杀。"

《明时总要》曰："子年起子，逆行四仲。"

曹震圭曰："大煞者，是岁三合五行建[①]旺之辰，将星之位，名曰刺史。"

《考原》曰："大煞，子年在子，丑年在酉，寅年在午，卯年在卯，辰年又在子，如是逆行四正。盖申子辰三合为水，水旺于子也；巳酉丑三合为金，金旺于酉也；寅午戌三合为火，火旺于午也；亥卯未三合为木，木旺于卯也。"

按：子、午、卯、酉，水、火、木、金之正位也，天地之交而日月之冲也。故太岁在四正，则太岁自当之名太岁，则大煞不足云矣，犹天子自理其畿内也。若太岁在孟、季，则正位亦成大煞。大煞云者，亚于太岁而重于官符、白虎也。故《历例》有刺史之称，盖古刺史得生杀一方也。

飞廉

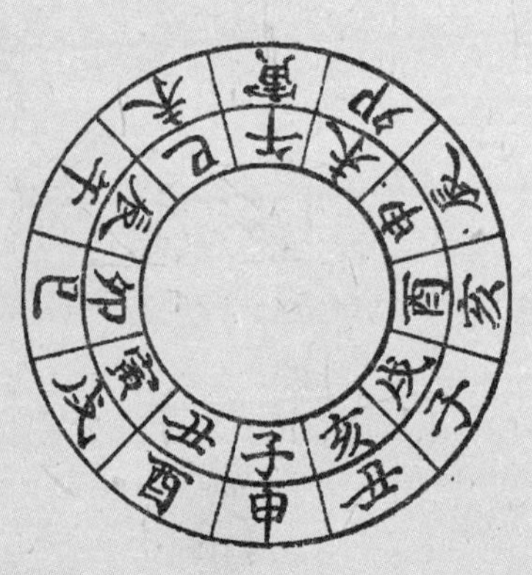

---

① 点校者注：通"健"字。

《神枢经》曰："飞廉者，岁之廉察，使君之象，亦名大煞。所理之方，不可兴工、动土、移徙、嫁娶，犯之主官府、口舌、疾病、遗亡。"

《广圣历》曰："子年在申，丑年在酉，寅年在戌，卯年在巳，辰年在午，巳年在未，午年在寅，未年在卯，申年在辰，酉年在丑亥，戌年在子，亥年在丑也。"

按：飞廉者，力士也，事纣以善走名。古之力士多矣，而取象于飞廉者，喻恶煞也。三合之序，由生而旺、由旺而墓、由墓而生；四时之序，由木而火、由火而金、由金而水、由水而木。此一元所以迭运而不穷，五行所以顺布而成岁也。飞廉子年起申，子为水旺，申为水生，是以旺而逆历于生也。由是卯年在巳，午年在寅，酉年在亥，以子卯午酉四旺之序而逆历于申巳寅亥四生之方，则并其生而亦逆矣。丑年在酉，丑为金墓，酉为金旺，是以墓而逆历于旺也；由是辰年在午，未年在卯，戌年在子，以丑辰未戌四墓之序而逆历于酉午卯子四旺之方，则并其旺而亦逆矣。寅年起戌，寅为火生，戌为火墓，是以生而逆历于墓地，由是巳年在未，申年在辰，亥年在丑，以寅巳申亥四生之序而逆历于戌未辰丑四墓之方，则并其墓而亦逆矣。夫顺天者以德，逆天者以力，此岂非恃力悖德之象乎？故以飞廉喻之。又名大煞者，在岁名飞廉，在名月大煞，变其名使不紊也。又按：子、丑、寅、午、未、申年，飞廉即是白虎；卯、辰、巳、酉、戌、亥年，飞廉即是丧门。然则飞廉之神亦与黄幡、豹尾同，可有可无者也。

金神

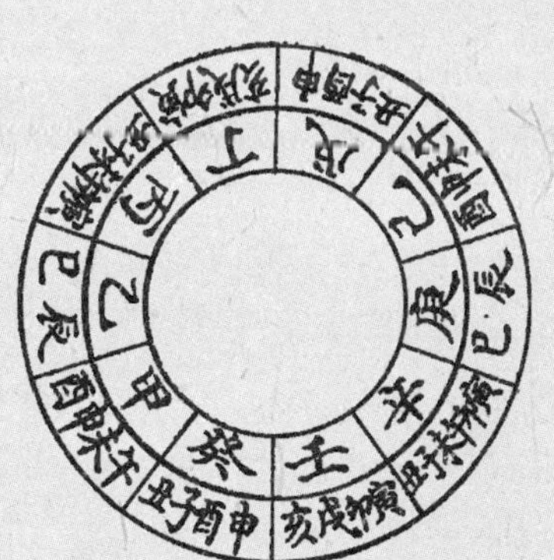

《洪范篇》曰："金神者，太白之精、白兽之神。主兵戈、丧乱、水旱、瘟疫。所理之地，忌筑城池、建宫室、竖楼阁、广园林、兴工、上梁、出军、征伐、移徙、嫁娶、远行、赴任。若犯干神者，其忌尤甚。"

《堪舆经》曰："甲己之年在午未申酉，乙寅之年在辰巳，丙辛之年在子丑寅卯午未，丁壬之年寅卯戌亥，戊癸之年在申酉子丑也。"

曹震圭曰："金神者，以年干五虎元历之逢庚辛及纳音金之位者是也。假如甲己之年起丙寅，顺行得庚午、辛未，又壬申、癸酉纳音为剑锋金，故甲己年午未申酉为金神也。余仿此。"

按：《选择宗镜》以五虎遁得庚辛之方为天金神，旬内纳音属金者为地金神。以天金神为重，即《洪范篇》所谓“若犯干神其忌尤甚也”。又云天金神一名游天暗曜，犯之患眼，最准。其说为近似。若《洪范篇》所云，未必若是之甚。兵戈丧乱、水旱瘟疫，岂系一家之犯金神煞所致耶？

五鬼

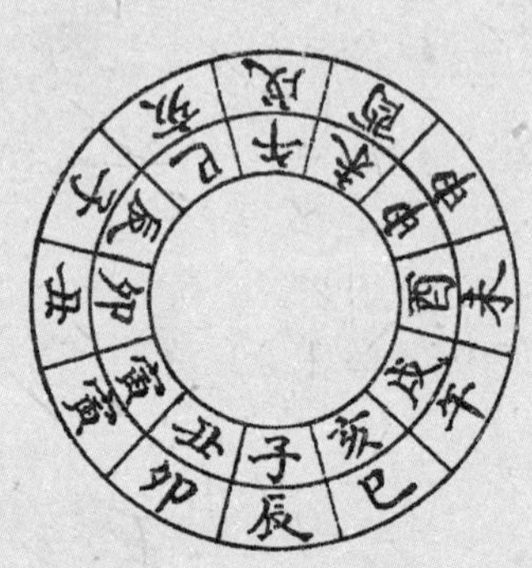

《历例》曰：“子年在辰，逆行十二辰。”

曹震圭曰：“辰与子，水之精；丑与卯，木之精；未与酉，金之精；午与戌，火之精；寅申巳亥，土之精。谓土能生育万物，四孟为五行长生之辰也，故子年在辰逆行，自然相合也。”

《考原》曰：“曹氏五行之说未确。以理求之，殆以岁序起子而顺行，二十八宿起辰而逆行，顺者为阳为人，逆者为阴为鬼，各以其数之起处，转而相应也。”

按：五纬皆起于辰而逆行，五鬼亦起于辰而逆行，然则五鬼者五纬之魄气也。五纬不皆十二岁一周，而五鬼则十二岁一周。以岁星为五纬之长，故从岁星也。鬼也者，气返而归者也，象其幽阴，故名之曰“鬼”也。鬼必五者，鬼五星，其中一星曰“质”，昒昒不明，为积尸气。明则所临之下有积尸，故取鬼宿第五星以象之，而名之曰“五鬼”，非真自一至五而鬼有五也。子、午年与官符同位，丑、未年与丧门同位，寅、申年与太岁同位，卯、酉年与太阴同位，辰、戌年与白虎同位，巳、亥年与岁破同位。各随其所同位之神，以类相应。

破败五鬼

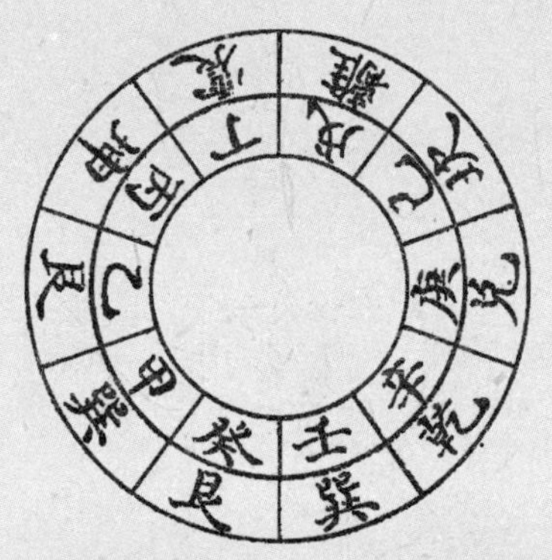

《乾坤宝典》曰：“五鬼者，五行之精气也。主虚耗之事。所理之方，不可兴举，犯之主财物耗散。”

《历例》曰：“甲壬年在巽，乙癸年在艮，丙年在坤，丁年在震，戊年在离，己年在坎，庚年在兑，辛年在乾。”

曹震圭曰：“按纳甲法：乾纳甲壬，其冲在巽，故甲壬之年在巽也；坤纳乙癸，其冲在艮，故乙癸之年在艮也；艮纳丙，其冲在坤，故丙年在坤也；兑纳丁，其冲在震，故丁年在震也；坎纳戊，其冲在离，故戊年在离也；离纳己，其冲在坎，故己年在坎也；震纳庚，其冲在兑，故庚年在兑也；巽纳辛，其冲在乾，故辛年在乾也。”

按：破败五鬼云者，以其方冲破岁干所纳之卦位，故以破败为名；而亦系之以五鬼者，言其幽阴之象去尔。是从岁破之例例之，而及于卦位者也。然后天卦位则然，而先天卦位则又不尔。且后天卦位所为“出震齐巽”云云者，是从东以至东北为一岁，天行之序也，古圣并未尝以方位冲射言之。若夫先天八卦，天地定位，山泽通气，雷风相薄，水火不相射，转以对待为义，不嫌冲射也。然则强取《易》卦以就建除之例，谓“巽能破败乾宫之气，艮能破败坤宫之气”者，于理不可通也。今以旧历所用，姑存之，实则无所关系。

太岁已下神煞出游日

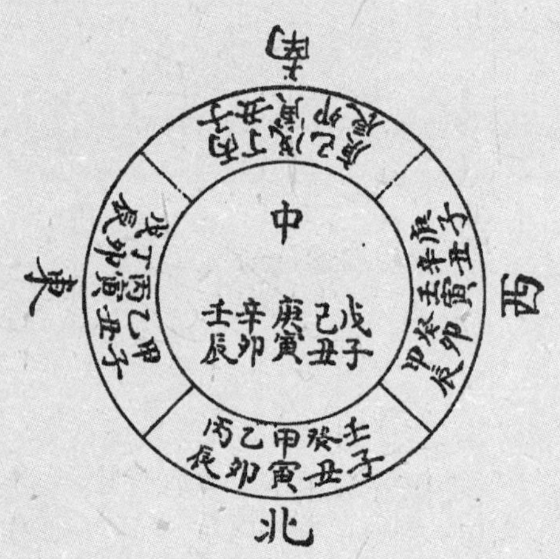

《历例》曰："太岁出游日者，甲子日东游，己巳日还位；丙子日南游，辛巳日还位；戊子日常中宫，癸巳日还位；庚子日西游，乙巳日还位；壬子日北游，丁巳日还位，共出游二十五日。"

曹震圭曰："太岁诸神者，阴气之化地祇也。盖子至巳乃阳气健旺之辰，阴气受制于阳神，不敢用事，故假言其出游耳。"

《考原》曰："出游日各以五子日干为所往之方。甲为东方木，故甲子日东游。丙为南方火，故丙子日南游。庚为西方金，故庚子日西游。壬为北方水，故壬子北游。戊为中央土，故戊子日游中宫。五者生数之极，故各出游五日，共五五二十五也。"

按：太岁者，地祇也。地祇从支，故以五子为断。甲木也，东也，故甲子至己巳在东。丙火也，南也，故丙子至辛巳在南。余三子仿此。甲子日东游，则西、南、北可并工修造也。东则虽本属空方，犹当有所忌，若本不空则无论矣。其曰"太岁已下神煞"者，诸神煞皆从太岁而有，太岁既不居本位，则诸神煞皆无矣。若谓出游之日四方皆空，则但当举此二十五日为悉无禁忌可也。何必分东、西、南、北乎？其以五日为断者，天数五，地数五，五者数之终也。

日游神

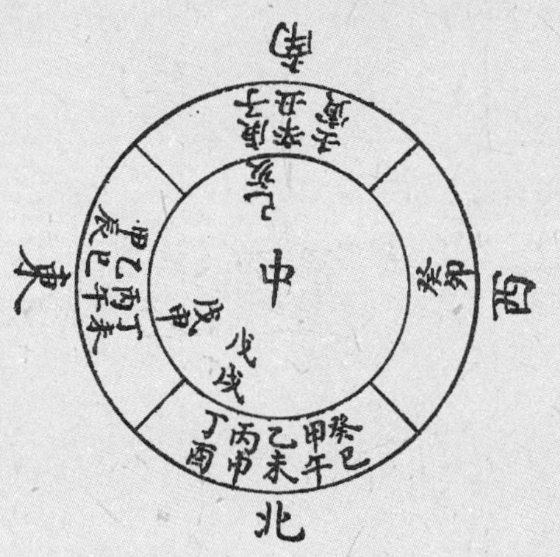

《历例》曰：“癸巳至丁酉日在房内北，戊戌己亥日在房内中，庚子、辛丑、壬寅日在房内南，癸卯日在房内西，甲辰至丁未日在房内东，戊申日又在中，己酉日出游四十四日。游神所在之方，不宜安产室、扫舍宇、设床帐。其义未明。”

今按：日游神载于《时宪书》，明代承元《授时历》即有之，其前则莫可考矣。《历例》曰“其义未明”，自来未有为之说者，然俗所遵信。南方民俗又有所谓鹤神方者，出行忌抵向之。甲子、乙丑日在东南方之巳，丙寅转丙午丁方，五日而转未坤申方，六日而转庚酉辛方，五日而转戌乾亥方，六日而转壬子癸方，尽五日而壬辰矣，癸巳日起戊申日止，此十六日谓之鹤神上天。至己酉日又出至丑艮寅方，六日而转甲卯乙方，五日而转辰巽巳方，凡四日为癸亥矣，辰二日巽二日而甲子乙丑又从巳起。凡居四维则六日而去，居四正则五日而去，载于娄元礼作《田家五行》。其说云：鹤神己酉日下地东方，乙卯转正东，庚申转东南，丙寅转正南，辛未转西南，丁丑转正西，壬午转西北，戊子转正北，癸巳上天，在天上之北，戊戌日转天上之南，甲辰转天上之东，己酉复下地，周而复始。括云：才逢癸巳上天堂，己酉还居东北方。上天下地之日，晴主久晴，雨主久雨，转方稍轻。若大旱年，虽转方天并不作变。谚云：荒年无六亲，旱年无鹤神。今细绎之，暗与日游神相应。盖日游神以癸巳日在室，共十六日至己酉而出游四方，共四十四日。鹤神以癸巳日上天，亦共十六日，至巳酉而下地巡历四方，亦共四十四日。此以为在室，则彼以为在天；其在四方，则同此四十四日也。夷考其意，确有至理，盖即天罡煞气之游行耳。夫阳必有阴，犹手之有掌背也。阳以生而阴以杀，道并行而不相悖。凡阳所到处，即阴所到处，其所托，始必于阳气极盛之时，故甲子乙丑日起巳方也。其居四正则少一日，居四维则多一日者，正为阳而维为阴，阳奇而阴偶也。亥子丑者，日光之所不照也，积阴之区乃其家也。故居之特为最久。西北维、正北方、东北维既十七日矣，又有上天十六日，合为三十三日。统而计之，其在他方则为二十七日，二十七者三三也；其在本方则为三十三日，三十三者，亦三三也。癸方遇癸，尤为重阴；巳者，阴生阴尽之会也，故既起于巳方而上天又以癸巳日。癸巳至戊申十六日乃遇己酉，己者革位也，酉者金之正位也，以己酉日出于丑方，合上天而计之，则又己酉丑金全局也。于是又历东北以至东南而壬戌癸亥，干支数尽焉，恰又交于巳矣。夫阳尽午中，阴尽子中，巳则当“苋陆夬夬”之爻，为金煞之所由起，《易》之大义也。室中者，与四方为对者也，故为中宫之象，而以上天之十六日当之。夫上天云者，言其不偏于一方耳。夫岂真有上天者哉？故室中之象似之。而细区其方，仍始自北，由北而南，而西而东，即日游神所在之方也。安产室、安床则不宜抵向日游神，出行则不宜犯鹤神，总以其为阴煞之气，故忌之也。转方则天有风雨，阴阳之气交也。其义晓然可见。唯鹤神之名则从俗之称，而莫可解。意者鹤为噩字之讹，酉曰作噩，噩神犹金神欤？

附：鹤神图

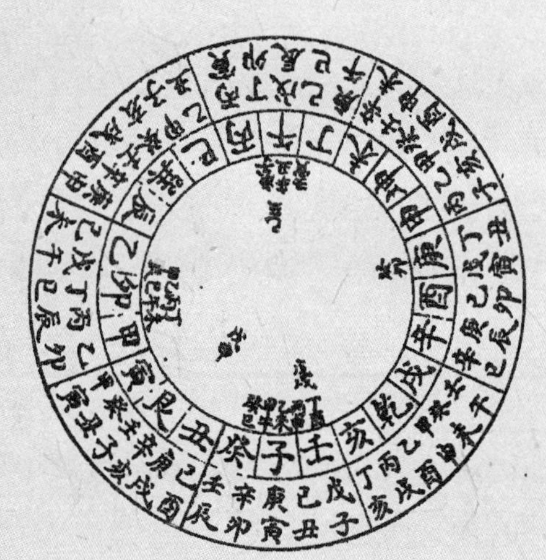

钦定协纪辨方书卷四

义例二

建除十二神

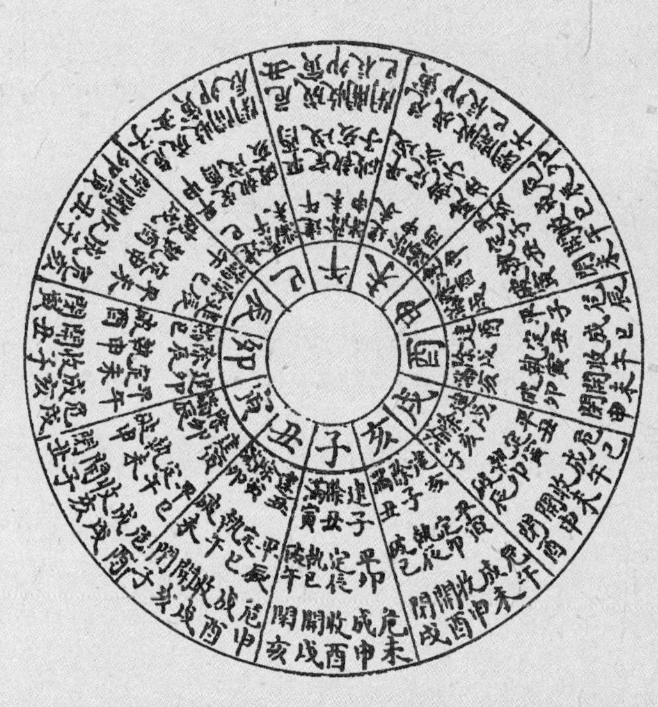

《历书》曰：“历家以建、除、满、平、定、执、破、危、成、收、开、闭，凡十二日，周而复始，观所值以定吉凶。每月交节则叠两值日。其法从月建上起，建与斗杓所指相应，如正月建寅则寅日起建，顺行十二辰是也。”

《淮南子》曰：“正月建寅，则寅为建，卯为除，辰为满，巳为平，主生；午为定，未为执，主陷；申为破，主衡；酉为危，主杓；戌为成，主小德；亥为收，主大德；子为开，主太阳；丑为闭，主太阴。”

《选择宗镜》曰：“建为岁君，为元神，为吉凶众神之主帅，可坐不可向。其在山在方叠吉星则大吉，叠凶星则凶。除为四利太阳，小吉。满为土瘟，为四利丧门，又为天富，小吉。平为三台，又为土曲，大吉。定为岁三合，为显星，吉。又为地官符、畜官，次凶。执为四利之死符，又为小耗，凶。破为岁破，为大耗，大凶。危为极富星，为谷将星，为四利龙德，吉。成为三合，吉。又为飞廉，又为四利白虎，小凶。收为四利福德，小吉。又为八座，小凶。开为青龙、太阴，为生气、华盖，上吉。又为四利吊客，小凶。闭为病符，凶。平、成、开、危最吉，定、除次吉，破大凶。”

《考原》曰：“按月建十二神，除、危、定、执、成、天为吉，建、破、平、收、满、闭为凶。《历书》所谓建、满、平、收黑，除、危、定、执黄，成、开皆可用，闭、破不相当者也。《选择宗镜》以四利三元诸神相配吉凶，亦未尽合。如以建为太岁、除为太阳、满为丧门、破为岁破、危为龙德，此相合者也；至以平为太阴、定为官符、执为死符、成为白虎、收为福德、开为吊客，此不相合者也。大抵凡日吉神多则吉，凶神多则凶。又各视其神之宜忌以为趋避，亦未可以执一而论也。”

按：建者一月之主，故从起义而参伍于十二辰，古之所谓建除家言也。建次为除，除旧布新，月之相气也。一生二，二生三，三者数之极，故曰“满”。满则必溢矣。《易》曰：“坎不盈，祇既平。”概满则平，继满故必以平也。平则定，建前四位则三合，合亦定也。定则可执矣，故继之以执。执者，守其成也。物无成而不毁，故继之以破。对七为冲，冲则破也，救破以危。在《易》“己日乃革之”。己，十干之策六；破，十二辰之第七，其义同也。是故救破以危。既破而心知危。《孟子》曰：“危故达。”夫心能危者，事乃成矣，不必待其成而后知为达也。《淮南子》云：“前三后五，百事可举。”平前三也，危后五也。继危者成。何以成？建三合备也。既成必收。自建至此而十，十极数也，数无终极之理，开之。开之云者，十即一也，一生二，二生三，由此一而三之则复为建矣。建固生于开者也，故开为生气也。气始萌芽，不闭则所谓发天地之房而物不能以生，故受之以闭终焉。唯其能闭，故复能建，与《易》同也。又按：自建至闭十二神，其辰皆由建改而递更，古今论说纷坛，吉凶不一。夫止以建除论吉凶，未甚彰显著明也，此建则彼除，十二辰自然轮转耳。迨夫参以万事，错以二气、五行，然后吉凶生焉。特其吉凶之大小剂量，则生于建除。云驶月运，舟行岸移，明者默契其微，神而明之可也，今具列各条之下。阴阳之变化无穷，夫亦举一隅云耳。又按：建除之说见于古者，自《淮南子》外，又有太公《六韬》云：“开牙门当背建向破。”《越绝》云：“黄帝之元，执辰破巳。伯王之气，见于地户。”《王莽传》云：“在戊辰直定，御王冠，即真天子位。”师古曰：“于建除之次，其日当定也。”知所由来久矣。盖其说与诸家同起战国时，而并托之黄帝云。

建除同位异名

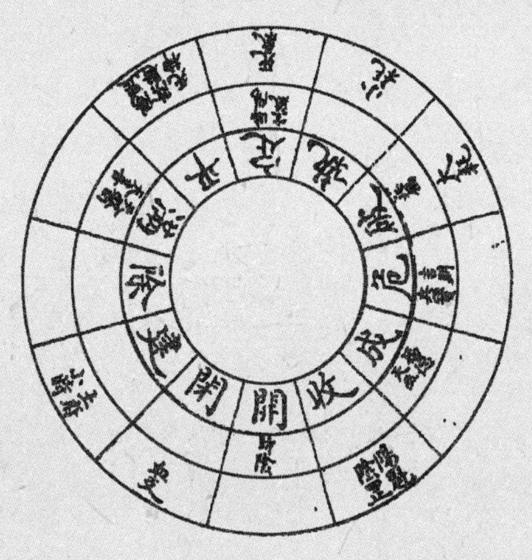

古有建除家、从辰家，时师已莫识其统系，总名选择，而咸统于天官。今按建除之义，以年统时，以时统月，以月统日，虽原本于五行而以建为重。若夫丛辰云者，犹言众辰吉凶，各以义起者也。如兵福、小时之即建，吉期、兵宝之即除之类。或建除家之异名见义，或从辰家之殊途同归，已莫可考。但散而无纪，殽而无序，此云吉而彼云凶，方称宜而旋称忌，莫之适从。今为类聚之而悉统于建除，取其必须异名而后义见者，或此吉彼凶不妨一辰两义者著于篇。

建

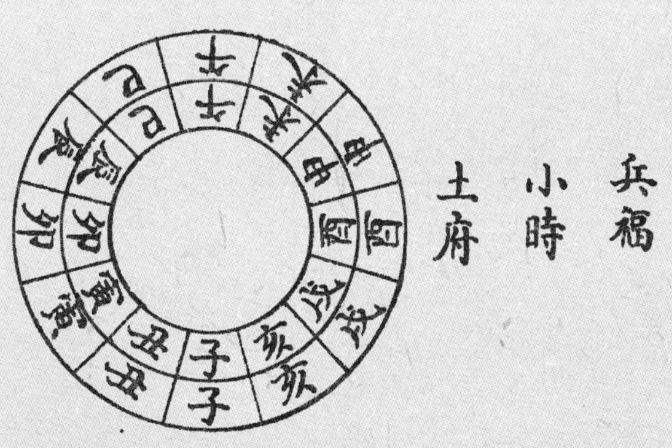

《历例》曰："兵福者，与月建同行。"《太白经》曰："五帝所在不可出军，向之必败。春东方，夏南方，秋西方，冬北方。"又云："春不东行，是谓伐生，百事不成；夏不南行，是谓伐强，兵卒多殃；秋不西行，是谓伐熟，兵将不复；冬不北行，是谓伐藏，士卒多伤。故月建所在为王相之方，我用而我利也。"

《淮南子》曰："小时者，月建也。"

《神枢经》曰："小时者，郎将之象也。其日忌结姻亲、开仓库。"

《总要历》曰："四时之气随斗杓所指而建立，虽非四时之大时，亦一月之小时也。"

《选择宗镜》曰："建、破、平、收，俗之所忌。惟破日最凶，建日吉多可用；平日甚吉，收日吉多，无妨。"

曹震圭曰："小时者，是当时之旺辰也。忌结姻亲者，因阳气独持旺气也；忌开仓库者，是旺气发而不收也。"

邵泰衢曰："为建土府者，犹言中府也，月建当月令而为主于中府也。"

按《历书》：建日不利行师，而于兵福则又曰"利行师"。兵福即建也，而矛盾如是。盖月建所在，我用则我利，用之则为兵福矣；若敌在建方，则不利行师以伐之，以彼据王气故也。然《礼记·孟春月令》云：兵戎不起，不可从我始。然则建虽兵福，要须视此建为何月之建。如孟春建寅则亦不利行师也。月建大义，详后《厌建》篇，此专以明建之同位异名者。又按：建日忌结姻亲者，男为日，女为月，夫建者月也，女壮之象，故忌之。若夫忌开仓库，犹夫甲不开仓之意。建为十二辰之首，亦有朔旦之象焉。恶其月建初转之月即有所费，民俗所忌耳。至今元旦俗忌用财，谓一岁不能积蓄，皆此类也。

除

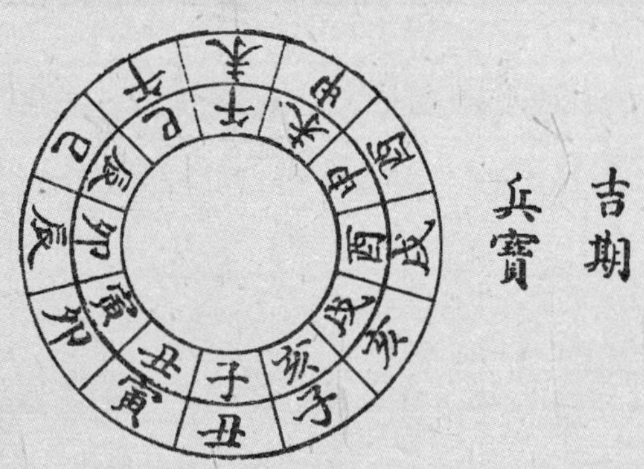

《总要历》曰："吉期者，吉庆之神也。所值之日，宜出军、行师、攻城寨、兴吊伐、会亲姻。"

《历例》曰："常居月建前一辰也。"

曹震圭曰："吉期者，是月建腹心同契之侍臣也。盖常居建前一辰，可与要约吉事，故因名之。"

《历例》曰："兵宝者，月建前一辰也。"

按：兵宝之义，与兵福同，说已见前。假如寅为兵福，则卯为兵宝，皆四时当王之气云耳。

满

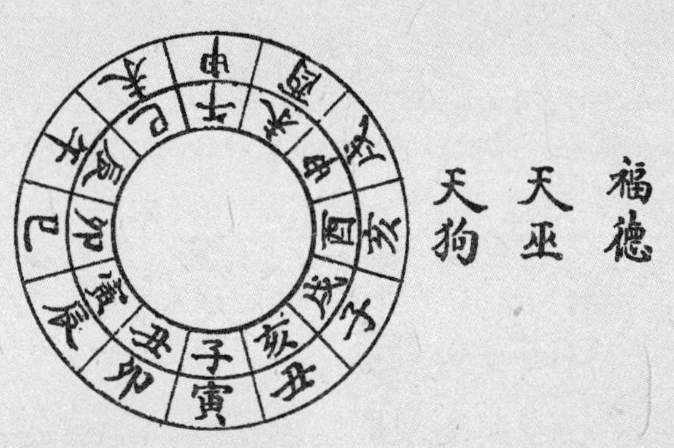

《总要历》曰：“福德者，月中福德之神也。其日宜祀神祇、求福愿、修宫室、献封章。”

《历例》曰：“福德常居月建前二辰。”

曹震圭曰：“建前二辰者，是月所生之子，以其当相气在前为引，与我能为福为德之神也。故《易》卦以子孙爻为福德，其义一也。大抵子能制乎鬼，使不害己，故为福德。假令正月寅以火生辰土为子，其土能制水鬼也。二月卯木生巳火为子，火能制金鬼也。三月辰之衰木能生午火为子，去制金鬼也。余仿此。”

《考原》曰：“十二地支各有所藏，若以前二辰为月建所生者，亦无不合，则生气之在月建前二辰，亦当取此义。”

《总要历》曰：“天巫者，月中善神也。所值之日，宜合药、请医、祀鬼神、求福愿。”

《历例》曰：“常居月建前二辰。”

曹震圭曰：“天巫者，月中善神，能克除鬼煞也，义与福德同。”

《枢要历》曰：“天狗者，月中凶神也。其日忌祷祀鬼神、祈求福愿。”

《历例》曰：“天狗者，常居月建前二辰。”

曹震圭曰：“天狗者，月中御卫之犬也，祛除私邪之神，无使敢侵，故居建前二辰，是御于门首也。自子建之月起于寅，寅者艮之阳辰也。《易》曰‘艮为犬’是也。祈福愿、祠鬼神，皆为正道，故并忌之。”

按：满为福德，《总要历》谓其日宜祭神祇、祈福愿。又谓之天巫，亦谓宜祀鬼神、求福愿。夫天巫云者，巫能通幽明以见日吉辰良，其诚意可达于鬼神，故比之天巫云耳，岂真是日有神号天巫者下行世间哉！顾同一满日也，忽又谓之天狗；同一《枢要历》也，又云忌祷祀鬼神、祈求福愿，诚不可解矣。详考其义，盖天狗者，戌日值满也。天官家谓太白余气散为天狗。满既是戌，建必在申，满之为满也，以三为数之极也，天之刑神当令之时而又居盛满之极，则其与他满日不可同例论明矣。故又谓之天狗而谓不宜祷祀，非谓凡为满日皆天狗也。夫满日所以为福德而宜祭祀者，以月建为本日之生气，有鬼降福之象也。若满在戌日，则从申至酉悉属金行，其为神也乃蓐收司刑之神，而非降福之神矣，故忌之也。乃曹震圭以天狗为祛除私邪之神，夫天狗本妖星，如彗孛之类，从未有被以嘉称者，其说不类。又谓建前二辰为御于门首之象，犬之守宅亦不必其在门也。又以寅为艮，艮为犬，而谓建子则满。寅有犬之象焉。未识建丑、满卯则又何说也？又谓祈福愿、祀鬼神皆为正道，故并忌之，然则为邪道则不须忌也。无论阴阳之道，本不为小人谋，且前既以天狗为祛除私邪之神矣，此又谓忌用正道，倏命之为正，倏命之为邪，何其无特见也？又按：天狗为申建之戌，止一位，故不入图。

平

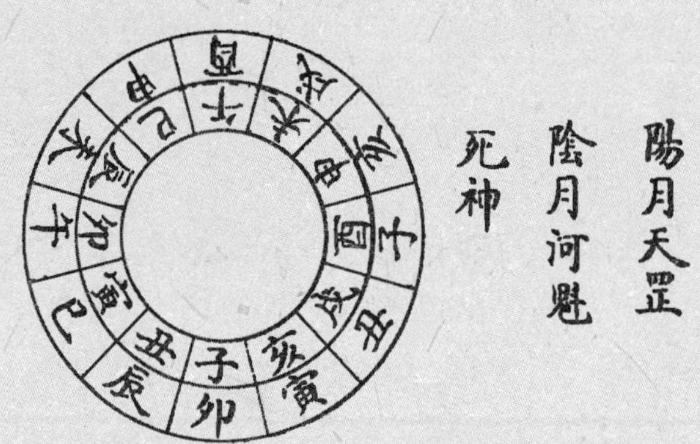

桑道茂曰："天罡、河魁者，月内凶神也。所值之日，百事宜避。"

《历例》曰："阳建之月前三辰为天罡，后三辰为河魁；阴建之月反是。"

曹震圭曰："魁罡者，乃月建四煞之辰，平、收之日也。"

《洞源经》曰："对七为冲，隔三为破。选择家所谓辰破丑而丑冲未，亥破寅而寅冲申，午破卯而卯冲酉，酉破子而子冲午，申破巳而巳冲亥，戌破未而未冲丑是也。"

《神枢经》曰："死神者，月中凶神也。其日忌请医、服药、出师征讨、种植树木、进人纳畜。"

李鼎祚曰："常居月建前三辰。"

曹震圭曰："死神者，以月建为旺辰，前逢死位也。大抵死气之前，必有死神。其义同前。"

按：天罡者，辰也。河魁者，戌也。平、收二日轮转十二支，何与辰戌事而亦命为天罡、河魁耶？《洞源经》曰："对七为冲，隔三为破。"说者曰：辰破丑而丑冲未，亥破寅而寅冲申，谓辰至丑上则破其所居之丑，而丑又冲我对宫之未也。然辰何以破丑耶？其义未详也。今按：辰、戌之所以为魁、罡者，以其为二气之枢纽也。阳从辰而左至于戌而成剥蔑之象，阴从戌而右至于辰而成夬决之象，阴阳消息之大会也，是故岁从辰始而至巳，辰阳，善之通也；厌从戌始而至亥，戌阴，慝之作也。二者必不能比而和，且辰戌互相冲击，故畏忌之。今建除家以平、收为魁、罡者，乃比拟于魁、罡，以见宜畏忌之意，非真以此为魁、罡也。由是言之，则《洞源经》所谓隔三为破者，破即是罡，罡破军也。本从此魁、罡借义以及于破，而后人释之遂谓辰破丑、亥破寅，失其旨矣。亥与寅合，安得有破义也？凡数三而极，建前三而建后三，则前后之数皆极矣，而此二位必自相冲击。假如建在子，前三为平、为卯，后三为收、为酉，卯酉冲也。建在丑，前三为平、为辰，后三为收、为戌，辰戌冲也。推之十二辰，莫不皆然。在龙战之象焉，故亦以魁、罡名之也。其阴月、阳月两相易位者，以此见其非真魁、罡也。若魁、罡则有定位矣。夫以一岁而论，阳生于冬至，三于寅、五于辰；阴生于夏至，三于申、五于戌。三者，春秋之首，阴阳各半也；五者，岁厌之首，阴阳之纽也。故曰魁、罡取义于斗之第一、第七星，以其为运斗之枢也。《国语》曰："王者必合三五。"以一建而论，阳生于开，半于建，终于平，故平为死神而开为生气，为时阳也。半于建者，阳长至三而乃可建，与寅为岁首同也。阳生于定，半于破，终于收，故定为时阴、为死气。一建之内亦有十二月之象，故亦曰魁、罡，取诸岁神之魁、罡以见意也。平之为死神也，平在定前，定为死气，则其神已降于平矣，气在萌芽之前，而神又在气之前也。由此推之，开为生气，收必为生神。而历不言者，或系阙文，或以其微而不足于吉，故不言，均未可定。然《神煞起例》以收为月命座，则亦生神之意云。

定

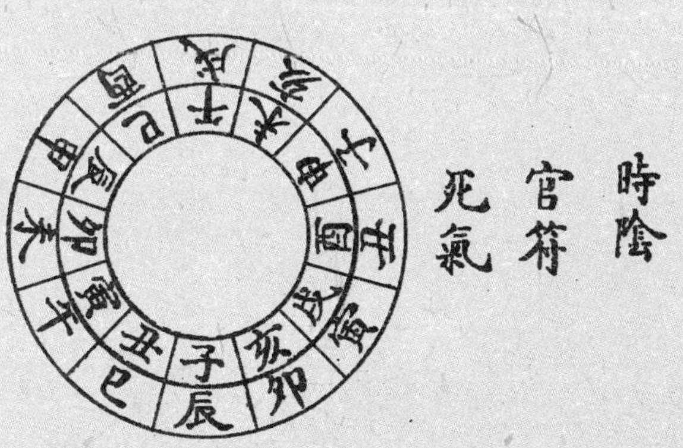

《总要历》曰："时阴者，月中阴神也。所值之日，宜运谋算、画计策、睦子孙、会亲友。"

《历例》曰："常居月建前四辰。"

曹震圭曰："时阴者，有内阴气之神，母妇之象，故阴神主事机密不测，故其日宜运谋算、画计策、会亲友、睦子孙。起例常以月建加功曹子上所得之辰为时阳，午上所得之辰为阴。谓子者一阳初生也，故时阳取焉，午者一阴初生也，故时阴取焉。寅者，艮方成终成始之位，三阳交泰之所，故以加之。太乙家常以计神加和德，其义一也。”

《总要历》曰：“官符者，其日忌拜官视事、上表章、陈词讼。”

《历例》曰：“官符者，正月起午，顺行十二辰。”

曹震圭曰：“官符者，是岁月中掌符信之官，文职也。常居三合前辰，大抵岁辰月建以其三合前辰为文官、后辰为武职，是左文右武之义。假令正月建寅，则午上有官符文官也，戌上有白虎武职也。”并见《第二卷》。

《神枢经》曰：“死气者，无气之辰也。其日忌战斗、征伐、疗病、求医、安置产室、经营栽植。”

李鼎祚曰：“死气者，常居月建前四辰。”

曹震圭曰：“死气者，以月建为临官前临死位也。假令二月建卯为临官，帝旺在辰，衰在巳，病在午，死在未也。或云生气之冲辰也，谓此爱其生、彼爱其死，我旺而彼死也。故常与生气相对。”

按：时阴、死气之义具见前条，而曹震圭月建加功曹之说亦甚有理。至官符之义，已见岁官符条下。四利三元，成为白虎，定为官符，皆同岁神取义。官符为文，白虎为武。今历家不用白虎而惟用官符，于《义例》不合。盖四利三元原从太岁起例，官符、白虎皆岁神方位，以其吊照太岁，故避之。若其在日则定成为月建三合，何凶之有？历家特误以年方配日辰耳，其以临日为凶者误亦由此。今既不用白虎，应亦不用官符也。

执

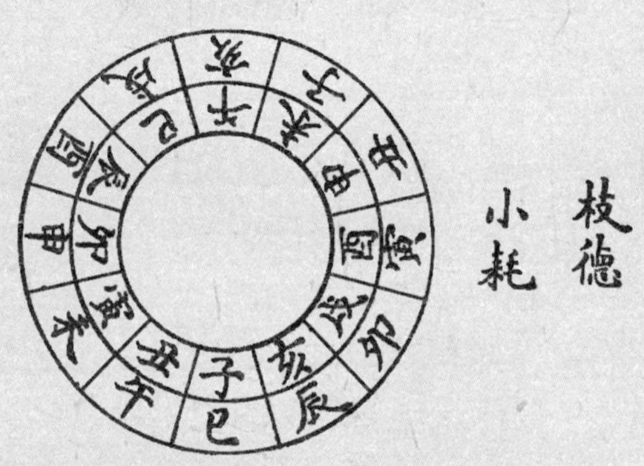

经曰：“支德者，地支带德也。所值之日，宜修造筑垣。”

《历例》曰：“支德者，正月在未，顺行十二辰。”

《枢要历》曰：“亦月内之耗神也。其日忌经营、种莳、纳财、交易、开市。”

《历例》曰：“小耗者，常居月建前五辰。”

曹震圭曰：“小耗者，小损也，乃月建气绝之辰，大耗之从神也。”

按：支德乃岁神吉方，详《岁支德》条下。盖阳年岁干即岁德，阴年岁干即岁德合。自太岁顺数至前五辰，其干必与岁干合，阳年则为岁德合，阴年则为岁德。方为支而干为德，故曰“地支带德”也。若其在月，则一丙寅月也，而未日有五，其辛未日为月干合矣。乙、丁、己、癸四未日初与丙寅无涉也，何以概谓之支德耶？即以辛未日而论，辛为月干五合，六辛皆然，与支无取。非若岁支前五辰之独与岁干合也。且月干非月德，即与之合亦第干合云尔，非若岁干合之必为德也。是则支德之名，曰支曰德，皆无取义。可见古人原由岁支起例，后世误用之于月，而于岁反遗之也。今添入岁神，月支德应删去。月小耗义详《岁小耗》条下。旧岁破为岁小耗，则旧月破为月小耗，又为本月闭日之冲，应闭而冲之，是小耗也。

破

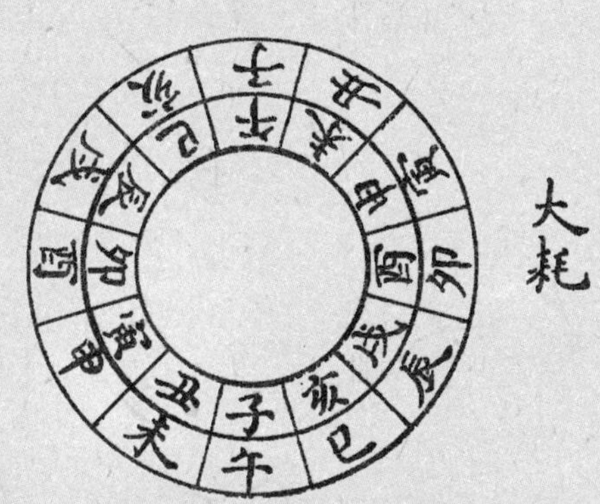

《考原》曰：“月破者，月建所冲之日也。与岁破义同。”

《枢要历》曰：“大耗者，月中虚耗之神也。其日忌营库藏、出财物、远经求、取债负。”

《历例》曰：“大耗者，正月起申，顺行十二辰。”

曹震圭曰：“大耗者，月建击冲破散之辰也，与月破同位。”

危

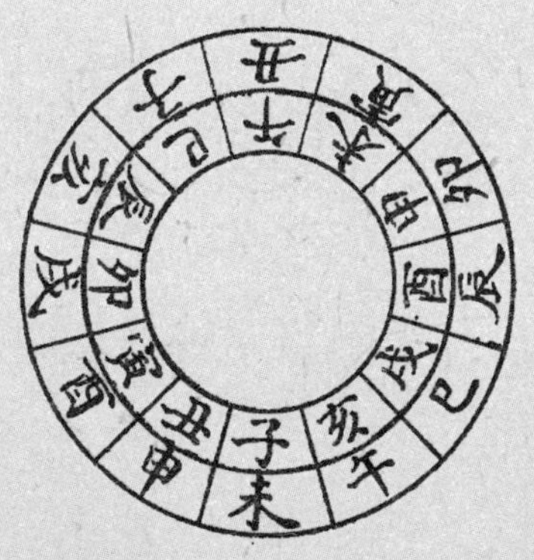

按《选择宗镜》曰：“危为极富星，为谷将星，为四利之龙德，吉。”顾其所以为极富、为谷将，则无其义。《神煞起例》又名之为地辂，皆今历家所不用。龙德，别详

《四利三元》条下。

成

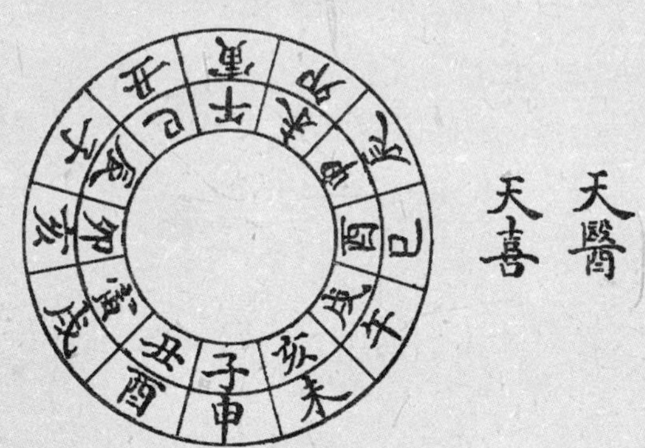

《总要历》曰：“天医者，天之巫医。其日宜请药避病、寻巫祷祀。”

《历例》曰：“天医者，正月起戌，顺行十二辰。”

曹震圭曰：“天医者，三合后辰，能使万物死而复生、损而复益。”如正月建寅，三合为寅午戌，而戌为寅之后辰是也。余仿此。

《选择宗镜》曰：“天喜者，正月戌、二月亥、三月子、四月丑、顺轮十二月，乃日支与月建三合，故曰天喜。”

《通书》曰：“春戌、夏至、秋辰、冬未。今人不原其理，尝于卦书中得其要领。大抵取日辰与月建相合为天喜也，与成日同位。”

按：“月建后二辰生气也，又后二辰即生气之生气也，故曰“天医”。又成日也，万物莫不喜其有成，故曰“天喜”。历书以春戌、夏丑、秋辰、冬未为天喜日。而曹震圭谓母喜见子，然亦有成就之义。如春之令属木，木生火，火墓在戌，至于戌则火之道成矣，故春以戌为天喜。夏之令属火，土，火土生金，金墓在丑，至于丑则金之道在矣，故夏以丑为天喜。秋辰、冬未可以类推。今《通书》与《宗镜》皆以成日为天喜，惟寅申巳亥四孟月与戌丑辰未相合。或古有两说，或一为后起，俱未可知。然成日之理为长，且《通书·总论》既取成日，而《立成》又用戌丑辰未日，不宜自相矛盾。故改从画一而并存其说，以备参考。

收

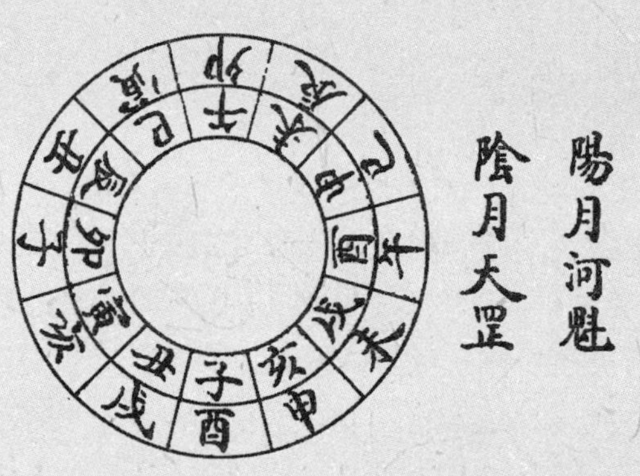

按：阳月魁、阴月罡之义已见《平日》条下。

开

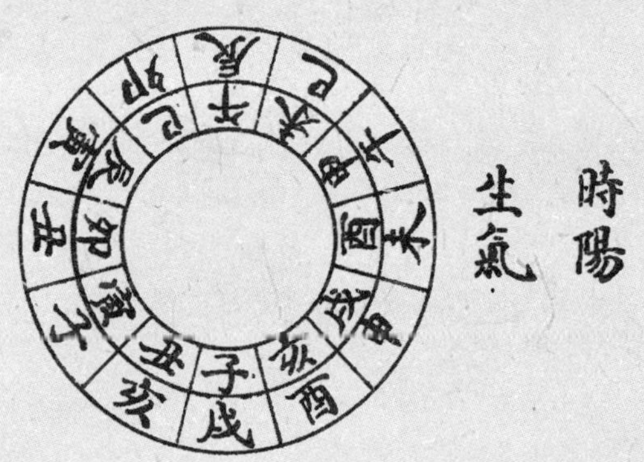

《总要历》曰："时阳者，月中阳神也。所值之日，宜叙婚姻、行宴乐。"

《历例》曰："常居月建后二辰。"

曹震圭曰："时阴者，月内掌阳气之神，父夫之象，故阳之主事，威仪正直，有礼义仪容。故其日宜叙婚姻、行宴乐。"

《五行论》曰："生气者，极福之神也。其日宜修筑城垒、开道沟渠、起土修营、养育群畜、种莳，如出军战阵则宜背之。"

《历例》曰："生气者，常居月建后二辰。"

曹震圭曰："生气者，万物所生之辰也。生育万物者，土也。土之所居者，四季也。四季者，乃四时五行所衰之辰也。自衰然后可生彼，故以四时前季辰为生物之位。假令冬水生春木，水衰于丑，生木于前，木之长生在亥也；木衰于辰，生火于前，火之长生在寅也；火衰于未，生金于前，金生于巳也；金衰于戌，生水于前，水生于申也。皆各居其后二辰，此其义也。”

《考原》曰：“月建乃当王之气，不可以衰言也。且生气亦不专在四维之位，亦为可专以五行之长生言也。大抵月建者当正王之位而前二辰已有生气，是未旺而将旺者也。”如正月为三阳之月，而子则一阳已生，是为生气也，可与《王日》、《官日》条参看益明。

按孙奭《孟子疏》曰：“木旺亥子丑寅卯，火旺寅卯辰巳午，金旺巳午未申酉，水旺申酉戌亥子，土与水同。”其言旺也，始于长生之位而终于正旺之乡，此即生气居建后二辰之义也。《阴符经》曰：“天地之道浸，故阴阳胜，阴阳相推而变化顺矣。”建为月中天子，其后二辰为极福之神，阴阳以渐浸而胜也。必以二位者，从生气至建而成三，盖一生二、二生三而天地道备也。岁后二辰为太阴，建后二辰为生气。太阴为后妃之象，天下之母也。生气之义，亦母道也。于建除为开日，无一之不吉也。曹震圭强以衰论者，岂疑其与太阴同位欤？不知太阴固吉神也，特不宜侵犯耳。

闭

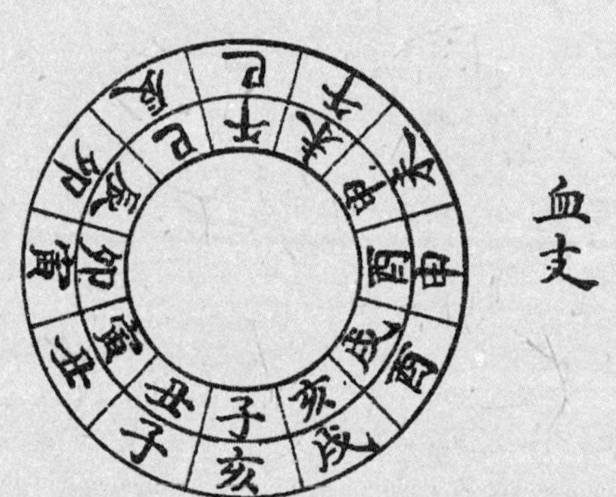

《枢要经》曰：“血支，其日忌针刺出血。”

曹震圭曰：“血支者，气血之支流也，故起于旺建之后、生气之前，如人生之后自有血脉畅于四肢。若其日针刺者，是去其血也，故忌之。”

按：《月令》仲冬以后忌作土事，谓地气阻泄，是谓发天地之房。闭之为血忌而不宜针刺者，亦此意。人身与天地之气相应，不宜于应闭之日而发泄之。建之为建也，生于开而养于闭，以成其建。闭在十二辰，犹小冬也。闭日针刺，犹冬日发房也。

十二建所合从辰

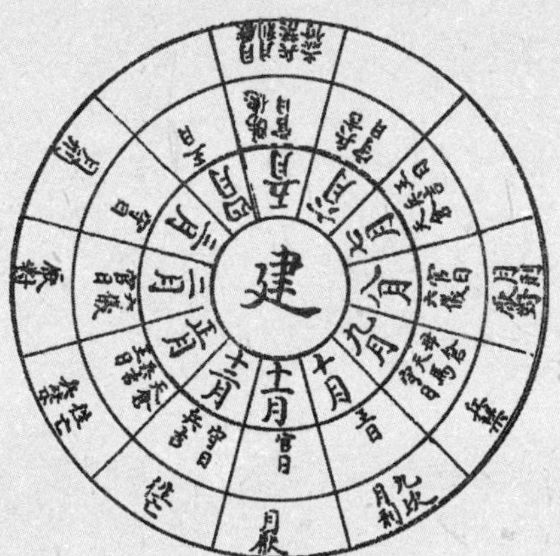

十二除所合从辰

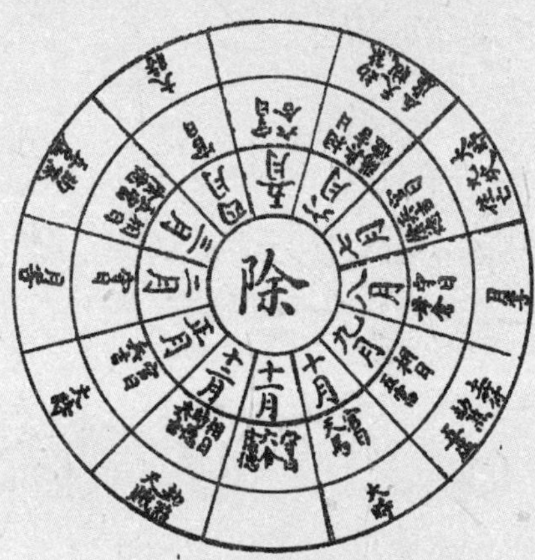

十二满所合从辰

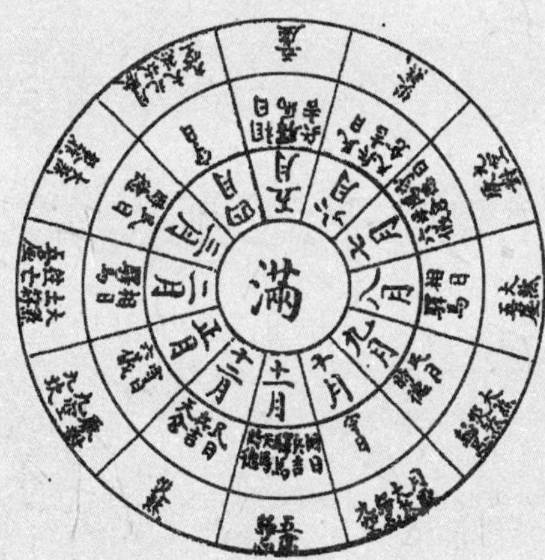

十二平所合从辰

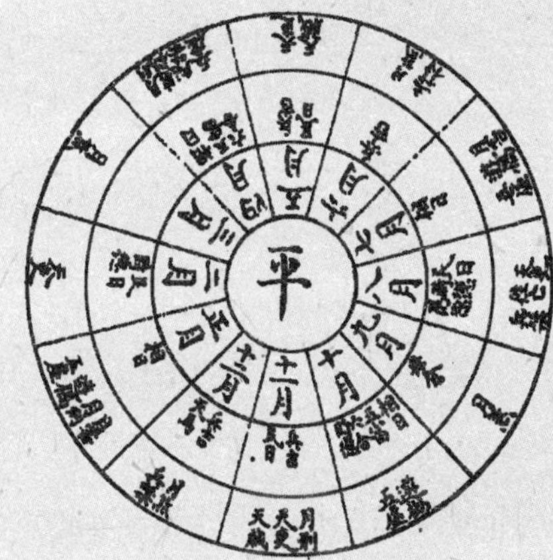

十二定所合从辰

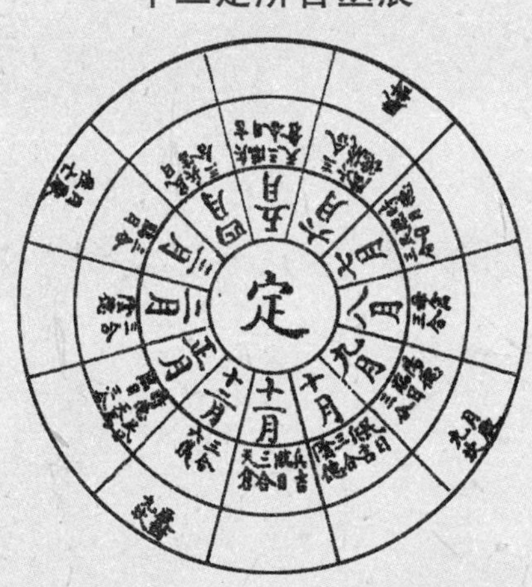

十二执所合从辰

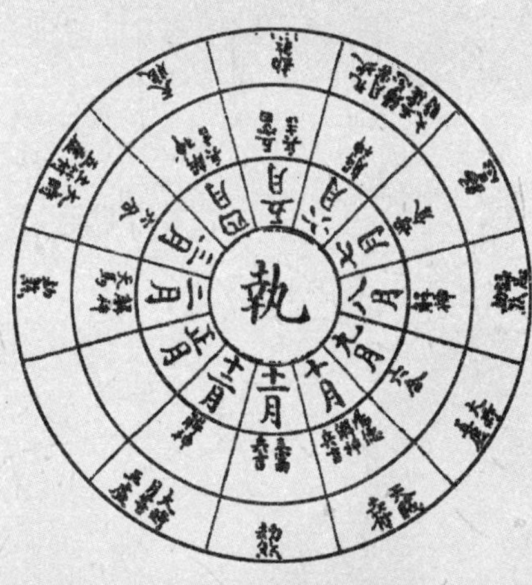

十二破所合丛辰

十二危所合丛辰

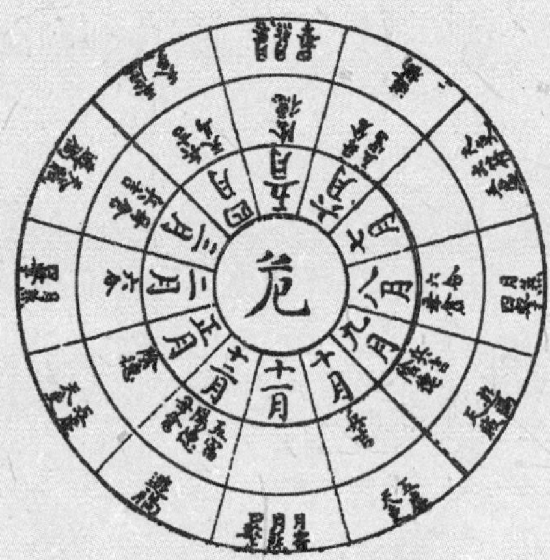

十二成所合丛辰

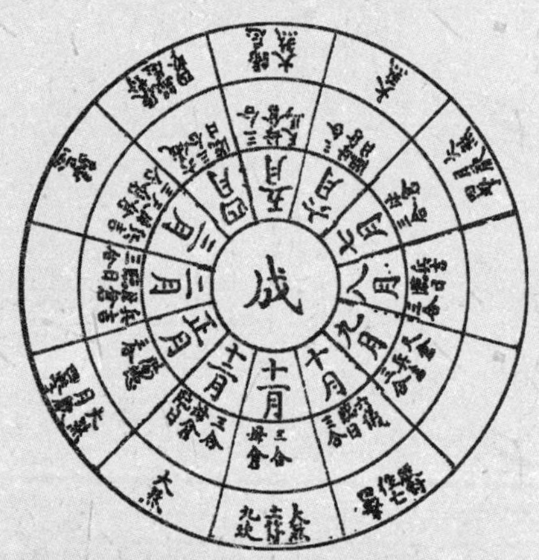

十二收所合丛辰

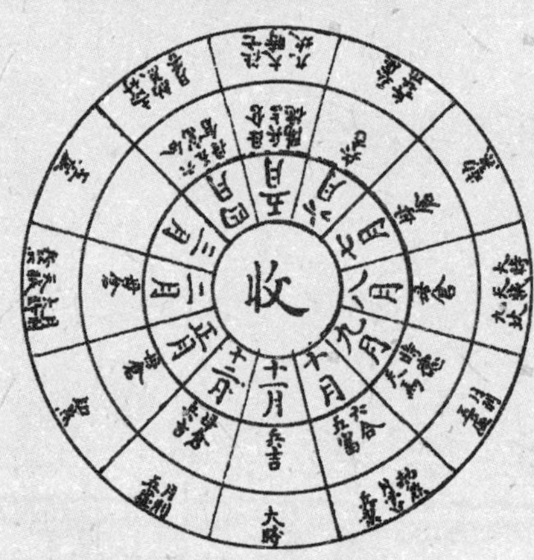

十二开所合丛辰

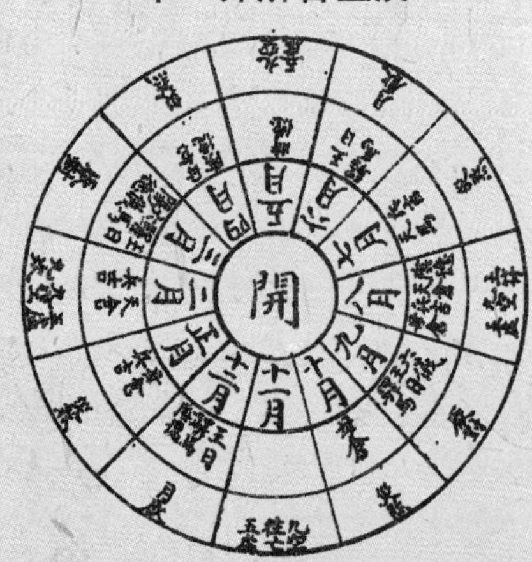

十二闭所合丛辰

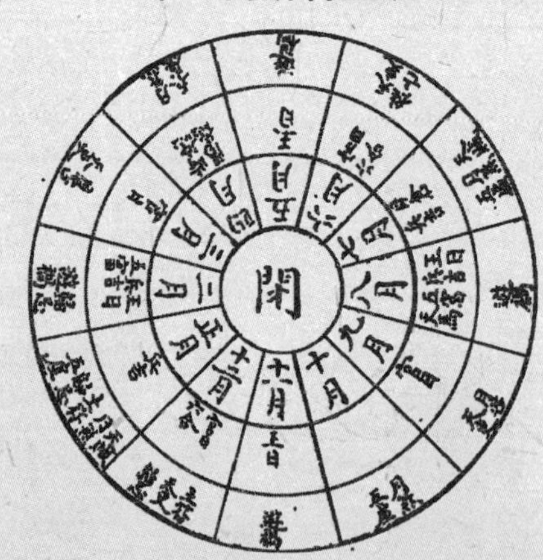

凡有神之以十二辰起例者，虽莫考其为建除家言、丛辰家言，今一以建除统之。如寅为建，则凡神煞之在正月为寅者皆与建同也；卯为建，则凡神煞之在二月为卯者皆与建同也；如寅为除，则凡神煞之在十二月为寅者，皆与除同也。卯为除，则凡神煞之在正月为卯者，皆与除同也。余可类推。既使一日之内吉凶神煞如指诸掌，又可参详其吉凶之大小深浅、有制无制、可化不可化，以为从违也。

月建

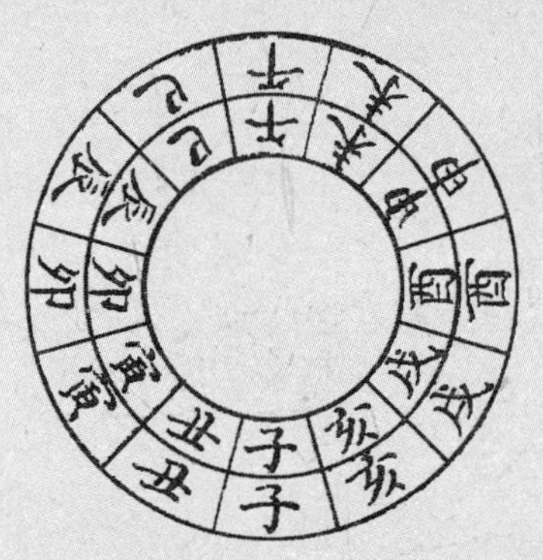

《天宝历》曰：“月建者，阳建之神也。所理之方，战斗、攻伐宜背之，不可抵向；所值之日，宜封建、视事，不宜兴造土功、结亲礼。”

《历例》曰：“正月建寅，顺行十二辰。”

曹震圭曰：“月建所理之地，战斗、攻伐不宜向而宜背者，盖使我乘旺气而攻彼休囚也。所值之日，宜封建、视事者，建者健也。是月内群神之长、万神无不咸服也；不可兴造土功者，盖彼当旺势不可犯也；其不可结亲礼者，是阳建独旺、阴建气消之辰，亲礼之道宜阴阳相和，若偏则不宜也。”

按《淮南子》云：斗柄为小岁，正月建寅，月从左行十二辰。小岁东南则生，西北则杀，不可近也，而可背也，不可左也，而可右也。贾公彦疏《周礼·占梦》曰：“建谓斗柄所建，谓之阳建，故左旋于天。”《史记·天官书》曰：“斗为帝车，运于中央，临制四方。”然则月建者，诸神之主帅也，俗谓之月中天子。从建而之焉，则有除、满以下十一神，并建而十二，观所值以定吉凶，古所为建除家者也。建之所在，日躔其所合之辰则太阳月将也。太阳前一位则为月厌。月厌谓之阴建，右旋于天。厌、建相值相离，则《周礼》所称“观天地之会”者也。其说各详本条下。

月厌

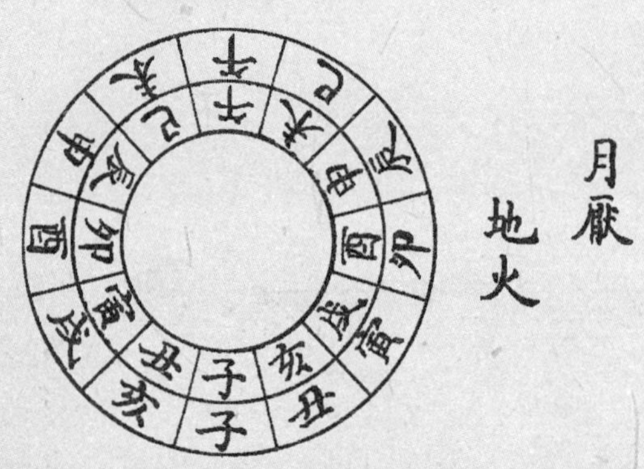

《堪舆经》曰：“天老曰：正月阳建于寅，阳建于戌。”

《春秋繁露》曰：“天道，大数相反之物也，不得俱出，阴阳是也。春出阳而入阴，秋出阴而入阳，夏右阳而左阴，冬右阴而左阳。阴出则阳入，阳入则阴出，阴右则阳左，阴左则阳右。是故春俱南、秋俱北而不同道；夏交于前、冬交于后而不同理，并行而不相乱，浇滑而各持分，此之谓天之意。而何以从事天之道？初薄大冬，阴阳各从一方来而移于后。阴由东方来西，阳由西方来东。至于中冬之月，相遇北方，合而为一，谓之曰‘至’。别而相去，阴适右，阳适左，适左者其道顺，适右者其道逆。逆气左上，顺气右下，故下暖而上寒。以此见天之冬右阴而左阳也，上所右而下所左也。冬月尽而阴阳俱南还。阳南还出于寅，阴南还入于戌，此阴阳所始出地入地之见处也。至于中春之月，阳在正东，阴在正西，谓之春分。春分者，阴阳相半也，故昼夜均而寒暑平。阴日损而随阳，阳日益而鸿，故为烧热。初得大夏之月，相遇南方，合而为一，谓之曰‘至’。别而相去，阳适右。阴适左。适右由下，适左由上，上暑而下寒。以此见天之夏右阳而左阴也，上其所右下其所左。夏月尽而阴阳俱北还。阳北还而入于申，阴北还而入于辰，此阴阳之所始出地入地之见处也。至于中秋之月，阳在正西，阴在正东，谓之秋分。秋分阴阳相半也，故昼夜均而寒暑平。阳日损而随阴，阴日益而鸿，故至于秋季而始霜，至于孟冬而始大寒，下雪而物咸成，大寒而物毕藏，天地之功终矣。”

《淮南子》曰：“北斗之神有雌雄，十一月始建于子，月徙一辰，雄左行，雌右行，五月合午谋刑，十一月合子谋德。阴建所居辰为厌日，厌日不可以举百事。堪舆徐行，雄以意知雌，故为奇辰。数从甲子始，子母相求，所合之处为会。十日十二辰，周六十日，凡八会。会于岁前则死亡，会于岁后则无殃。”

《天宝历》曰：“月厌者，阴建之辰也。所理之方，可以禳灾、祈福、避病。所值之日，忌远行、归家、移徙、婚嫁。”

《历例》曰：“月厌者，正月在戌，逆行十二辰。”

曹震圭曰：“月厌者，厌魅之神也。其性暗昧私邪不正，故各忌之。盖十一月建子，阴阳之气争，冬至前阴气极，冬至后阳气生，故自建子之月，阳建顺历丑、寅、卯一十二辰，阴建逆历亥、戌、酉一十二辰；至五月夏至，二气以同建而相争也。亦名曰阴建。”

按：月建者，斗柄所建也。象见于天，仰而望之而莫不见者也。月厌者，二气消息之原，运于太无而出万有者也。推建可以知厌，故《淮南》云“堪舆徐行，雄以意知雌”也。曰“堪舆”者，盖此堪舆家言也。其曰“厌”者，以其每处日躔之前，故谓之厌。厌，古压字也。月建左行，月厌右行，六十甲子相交相错而吉凶生焉。《周礼》所为观天地之会者，郑康成以厌、建当之，可以知古之日者必宗乎此也。若其所以然，则董仲舒《春秋繁露》言之，详且明矣。《淮南子》云“会于岁前则死亡，会于岁后则无殃”，然则八会之日非吉日也。建阳而厌阴，建吉而厌凶，其同位之日阴阳参杂，断可识矣。夫和会者，阴从乎阳之谓。太阳为阳，月建为阴。如寅月之亥，卯月之戌，则当以阴阳和会论。若从月建而复生阴建，则所为阴中之阴，其所会之干安得以吉论乎？又参以太岁而消息之，如岁在甲寅，正月甲戌大会则岁前也，尤凶；若八月辛卯大会则在岁后矣，可无殃也。汉时已有《堪舆八会》，见于经史，今历家《大会八》即其传也。又有小会八、以有行狠、了戾、孤阴、单阳等名，《考原》详之，今并载于后。要之皆为不吉之日，而曹震圭以大、小会为阴阳和会，则显与《淮南子》不符，不可从也。其夫天子用大、小会日，谓之岁位，皇后、太子、诸侯用岁前，卿、大夫用岁对；士、庶人用岁后；其所为岁前、岁后亦与《淮南子》不同，而以岁前为可用，益悖于古，均无取焉。

地火

《神枢经》曰：“地火者，月中凶神也。其日忌修筑园圃、栽植种莳。”

《历例》曰：“地火者，正月起戌，逆行十二辰。”

按：厌建，堪舆家言也；地火，丛辰家言也。然地火即是月厌，故载于此。

厌对　六仪　招摇

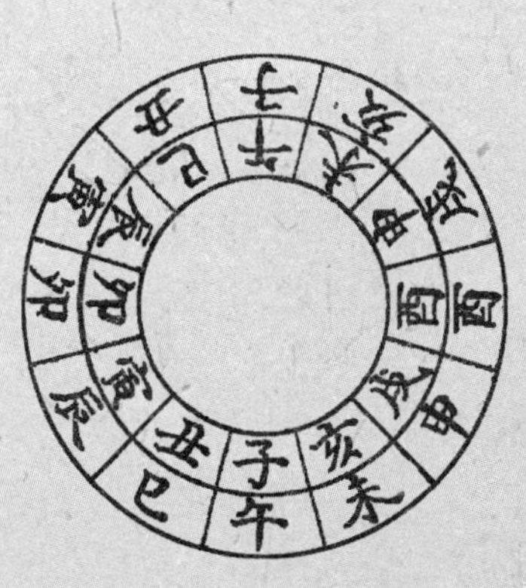

《天宝历》曰：“厌对者，月厌所冲之辰也。其日忌嫁娶。又为招摇。忌乘船渡水。”

《历例》曰：“厌对者，正月起辰，逆行十二辰。”

《神枢经》曰：“六仪者，月中吉神也。所值之日，宜牧养、生财、栽植树木、结亲纳礼、视事临官。”

《历例》曰：“正月起辰，逆行十二辰。”

曹震圭曰：“六仪者，月中正礼仪之神也。月厌主暗昧，六仪与之敌冲，以威厉之，使不敢妄失仪容也，故以名之。”

按：厌对正月起辰，逆行十二辰；六仪亦正月起辰，逆行十二辰。然则厌对之即为六仪也明甚。乃选择之书于厌对则曰忌嫁娶，于六仪则曰宜结亲、纳礼，适相反也。盖堪舆家言其大指，总以建为阳、厌为阴，必干支与厌全不相涉者始为吉日，故厌对虽冲破月厌，亦不以为吉也。而丛辰家则以其能冲破月厌而名之曰六仪，谓月厌主暧昧阴私，则月厌之反必威仪正直之神也。是以两相矛盾而并见于历书，莫之适从也。今定为厌对忌嫁娶，六仪宜视事、临官，庶于义各当云。《招摇》见后。

阴阳不将

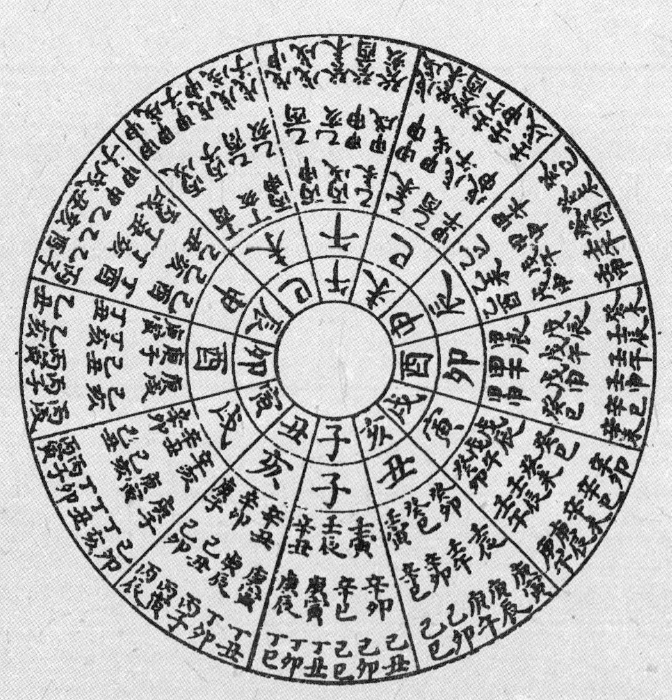

《天宝历》曰：“阴阳不将者，以月建为阳，谓之阳建，正月起寅，顺行十二辰；月厌为阴，谓之阴建，正月起戌，逆行十二辰。分于卯酉，会于子午，厌前支干自相

配者为阳将，厌后支干自相配者为阴将，厌后干配厌前支者为阴阳俱将，厌前干配厌后支者为阴阳不将也。阳将伤夫，阴将伤妇，阴阳俱将夫妇俱伤，阴阳不将夫妇荣昌。戊己之干位在中央，戊为阳土寄于艮。己为阴土，寄于坤。《经》曰：春冬己不将，秋夏戊不将。”

《历例》曰：“阴阳不将者，正月辛亥、辛丑、辛卯、庚子、庚寅、己亥、己卯、丁亥、丁丑、丁卯、丙子、丙寅。二月庚戌、庚子、庚寅、己亥、己丑、丁亥、丁丑、丙戌、丙子、丙寅、乙亥、乙丑。三月己酉、己亥、己丑、丁酉、丁亥、丁丑、丙戌、丙子、乙酉、乙亥、乙丑、甲戌、甲子。四月丁酉、丁亥、丙申、丙戌、丙子、乙酉、乙亥、甲申、申戌甲子、戊申、戊戌戊子。五月丙申、丙戌、乙未、乙酉、乙亥、甲申、甲戌、戊申、戊戌、癸未、癸酉、癸亥。六月乙未、乙酉、甲午、甲申、甲戌、戊午、戊申、戊戌、癸未、癸酉、壬午、壬申、壬戌。七月乙巳、乙未、乙酉、甲午、甲申、戊午、戊申、癸巳、癸未、癸酉、壬午、壬申。八月甲辰、甲午、甲申、戊辰、戊午、戊申、癸巳、癸未、壬辰、壬午、壬申、辛巳、辛未，九月戊辰、戊午、癸卯、癸巳、癸未、壬辰、壬午、辛卯、辛巳、辛未、庚辰、庚午。十月癸卯、癸巳、壬寅、壬辰、壬午、辛卯、辛巳、庚寅、庚辰、庚午、己卯、己巳。十一月壬寅、壬辰、辛丑、辛卯、辛巳、庚寅、庚辰、己丑、己卯、己巳、丁丑、丁卯、丁巳。十二月辛丑、辛卯、庚子、庚寅、庚辰、己丑、己卯、丁丑、丁卯、丙子、丙寅、丙辰。”

《考原》曰：“厌前支干自相配者为阳将，纯阳无阴也。厌后支干自相配者为阴将，纯阴无阳也。厌后干配厌前支者为阴阳俱将，阴非其阴，阳非其阳，其道相乖也。盖干为阳，当居于前；支为阴，当从其后。是夫唱妇随之理。故厌前干配厌后支为阴阳不将也。”

按：阴阳不将者，乃堪舆家之吉日。凡事可用，非仅施之嫁娶也，惟六月戊午为逐阵不可用。今世所传只曰嫁娶吉，而又不明岁前岁后之义，且于天子、皇后、卿、士、庶民用日妄说，亦觉其支离而难通，遂将“大会”等日一并废弃而不用。不知此法最古，其于阴阳之义亦最微妙缜密，良不可忽也。具详于后。

阴阳大会

《堪舆经》曰：“正月大会甲戌，二月大会乙酉，五月大会丙午，六月大会丁巳，七月大会庚辰，八月大会辛卯，十一月大会壬子，十二月大会癸亥。如正月阳建在寅，阴建在戌，阳主干，阴主支也。阳建在寅近于甲，阳甲阴戌，支干相和会，故甲戌为正月大会也。二月阳建于卯，阴建于酉，卯近于乙，阳乙阴酉，故乙酉为二月大会也。五月阴阳二建俱会于午，午近于丙，以丙配午，故丙午为五月大会也。六月阳建于未，阴建于巳。未近于丁，以丁配巳，故丁巳为六月大会也。七月阳建于申，阴建于辰，阳建近庚，以庚配辰，故庚辰为七月大会也。八月阳建于酉，阴建于卯，酉近于辛，以辛配卯，故辛卯为八月大会也。十一月阴阳二建俱会于子，子近于壬，以壬配子，故壬子为十一月大会也。十二月阳建于丑，阴建于亥，丑近于癸，以癸配亥，故癸亥为十二月大会也。”

阴阳大会立成

月会大会	大会所领日	春	夏	秋	冬
正月甲戌	癸亥、甲子、乙丑、丙寅、丁卯、戊辰、己巳、庚午、辛未、壬申、癸酉	岁位	岁后	岁对	岁前
七月庚辰	甲戌、乙亥、丙子、丁丑、戊寅、己卯	岁对	岁前	岁位	岁后
二月乙酉	庚辰、辛巳、壬午、癸未、甲申	岁位	岁后	岁对	岁前
八月辛卯	乙酉、丙戌、丁亥、戊子、己丑、庚寅	岁对	岁前	岁位	岁后
五月丙午	辛卯、壬辰、癸巳、甲午、乙未、丙申、丁酉、戊戌、己亥、庚子、辛丑、壬寅、癸卯、甲辰、乙巳	岁前	岁位	岁后	岁对
十一月壬子	丙午、丁未、戊申、己酉、庚戌、辛亥	岁后	岁对	岁前	岁位
六月丁巳	壬子、癸丑、甲寅、乙卯、丙辰	岁前	岁位	岁后	岁对
十二月癸亥	丁巳、戊午、己未、庚申、辛酉、壬戌、癸亥	岁后	岁对	岁前	岁位

右大会，望后用之。其所领日从本会日起，逆数至上会止，即得所领日数也。

阴阳小会

《堪舆经》曰：“小会：二月己酉，三月戊辰，四月己巳，五月戊午，八月己卯，九月戊戌，十月己亥，十一月戊子，皆以中宫戊己配厌建为之。如二月阳建于卯，阴建于酉，阴阳相冲，以乙配酉，以辛配卯，大会皆已有之，故以己配阴建之酉，为阴阳小会也。三月阳建于辰，阴建于申，以庚配辰，大会有之，以乙配申，阴阳非耦，故以戊配辰，为三月小会也。四月纯阳用事，阴势尽消，故无大会，而以己巳为四月小会也。五月阳建阴建俱会午，故以戊配所建之辰，则戊午为五月小会也。八月秋分，建厌、分位，亦以己配阴阳建厌之辰，故八月以己卯为小会也。九月剥卦直月，阳消将尽，故无大会，而以戊戌为小会也。十月阳势消尽，纯阴用事，故无大会，则以己亥为十月小会也。十一月阴阳二建俱会于子，亦以戊配所建之子，故十一有戊子为小会也。”

阴阳小会立成

月会小会	小会所领日	春	夏	秋	冬
二月己酉	丙午、丁未、戊申	岁位	岁后	岁对	岁前
三月戊辰	癸亥、甲子、乙丑、丙寅、丁卯	岁位	岁后	岁对	岁前
四月己巳	戊辰	岁前	岁位	岁后	岁对
五月戊午	丁巳	岁前	岁位	岁后	岁对
八月己卯	甲戌、乙亥、丙子、丁丑、戊寅	岁对	岁前	岁位	岁后
九月戊戌	辛卯、壬辰、癸巳、甲午、乙未、丙申、丁酉	岁对	岁前	岁位	岁后
十月己亥	戊戌	岁后	岁对	岁前	岁位
十一月戊子	乙酉、丙戌、丁亥	岁后	岁对	岁前	岁位

右小会，望前用之。其所领日亦从本会日逆数，至他大小会止。

曹震圭曰：“大会者，是月内阴阳正会之辰也。小会者，是阴阳偶会之辰也。故为上吉之日、比和之辰。”

《考原》曰：“大会者，阳会于阴也。小会者，阴会于阳也。其月无大会者，以其干支不能相配。如三月辰中之乙不能配阴建之申，四月巳中之丙不能配阴建之未是也。小会为阴会阳，故其日皆用阳建，惟二月、八月阴阳二建对冲，故相易也。其月无小会者，以其日大会已有之，或他月小会已有之。观其所领日，逆至他月大小会日则止可见矣。”

行狠　了戾　孤辰

《堪舆经》曰：“三月阳建于辰，阴建于申，阳前不及于丙，隔于巳也；后过于甲，隔于卯也，故以甲配申则不从，以丙配申则不及，以戊庚壬配申则不合。故甲申为行狠，丙申为了戾，戊申、庚申、壬申为孤辰也。四月阳建于巳，阴建于未，阳前不及于丁，隔于午也；后过于乙，隔于辰也，故以乙配未则不从，以丁配未则不及，以己辛癸配未则不合。故乙未为行狠，丁未为了戾，己未、辛未、癸未为孤辰也。九月阳建于戌，阴建于寅，阳前不及壬，隔于亥也；后过于庚，隔于酉也，故以庚配寅则不从，以壬配寅则不及，以甲丙戊配寅则不合。故庚寅为行狠，壬寅为了戾，甲寅、丙寅、戊寅为孤辰也。十月阳建于亥，阴建于丑，阳前不及癸，隔于子也；后过于辛，隔于戌也，故以辛配丑则不从，以癸配丑则不及，以乙丁己配丑则不合，故辛丑为行狠，癸丑为了戾，乙丑、己丑、丁丑为孤辰也。”

《天宝历》曰：“过为行狠，不及为了戾，不合为孤辰。”

曹震圭曰：“月建者，阳也。月厌者，阴也。阳主干，阴主支。若得阳建前后近干以配阴建者，大会也；若以阳建后隔位之干配阴建者，为行狠。不从，乃阳气不从也。阴建前隔位之干配阴建者，为了戾。不及，是阳气不及也。以阴建左右之干自配者，为孤辰。非正应阴自配也，故曰不合。”

单阴[①]

《堪舆经》曰：“三月卦得夬，谓五阳爻对一阴爻，故戊配辰为单阴也。”

纯阴

《堪舆经》曰：“十月卦得坤，谓六爻皆阴，阳气已尽，故以己配亥为纯阴也。”

孤阳

《堪舆经》曰：“九月卦得剥，谓五阴爻对一阳爻，故以戊配戌为孤阳也。”

纯阳

《堪舆经》曰：“四月卦得乾，谓六爻皆阳，阴气已尽，故以己配巳为纯阳也。”

岁薄

《堪舆经》曰：“四月阳建于巳而左行，阳建于未而右行，阴阳相向欲合于午，故以丙午、戊午为四月岁薄也。十月阳建于亥而左行，阴建于丑而右行，阴阳相向欲合于子，故以壬子、戊子为十月岁薄也。”

曹震圭曰：“薄者迫也，阴阳二建交相迫之。丙壬则近子午之干。戊者，谓时无大会，皆以戊己配之也。”

逐阵

《堪舆经》曰：“六月阳建于未而左行，阳建于巳而右行，阴阳相背分别于午，故以戊午、丙午为六月逐阵。十二月阳建于丑而左行，阴建于亥而右行，阴阳相背分别于子，故以壬子、戊子为十二月逐阵。”

---

① 自单阴至纯阳四位皆以时无大会，故以戊己配月建为之。

曹震圭曰："阴阳二建此月相分背，各随其阵也。"

阴阳交破

《堪舆经》曰："四月阳建于巳、破于亥，阴建于未、破于癸。癸，阳也，为阴所破也。亥，阴也，为阳所破也。是谓阳破阴、阴破阳，故四月癸亥为阴阳交破。十月阳建于亥、破于巳，阴建于丑、破于丁。丁阳也，为阴所破也。巳阴也，为阳所破也。是为阳破阴、阴破阳，故十月丁巳为阴阳交破。"

阴阳击冲

《堪舆经》曰："五月阴阳俱至午，阳建挟丙而击壬，阴建居午而冲子，故五月以壬子为阴阳击冲。十一月阴阳俱至子，阳建挟壬而击丙，阴建居子而冲午，故十一月以丙午为阴阳击冲。"

阳破阴冲

《堪舆经》曰："六月阳建于未而破丑，阴建于巳而冲癸，故六月癸丑为阳破阴冲也。十二月阳建于丑而破未，阴建于亥而冲丁，故十二月丁未为阳破阴冲也。"

阴道冲阳

《堪舆经》曰："二月阳建于卯而冲酉，阴建于酉而冲卯，故二月已卯月宿在卯，为阴道冲阳。八月阳建于酉而冲卯，阴建于卯而冲酉，故八月以已酉月宿在酉，为阴道冲阳。"

阴位

《堪舆经》曰："三月阳建于辰、阴建于申，故三月庚辰月宿在辰，为阴位。九月阳建于戌，阴建于寅，故九月甲戌月宿在戌为阴位。"

三阴

《堪舆经》曰："正月破在申，一阴也；厌在戌，二阴也；辛在其间，三阴也。故正月得辛酉，月宿在酉，为三阴也。七月破在寅，一阴也；厌在辰，二阴也；乙在其间，三阴也。故七月得乙卯，月宿在卯为三阴也。"

阳错

《堪舆经》曰："以阳建之支配当方之干，阴阳自相配合为日，以值所冲之宿为阳错。如正月阳建在寅，近于甲，支干相配为甲寅日。寅冲于申，故正月甲寅之日月宿在申，为阳错。二月阳建在卯，近于乙，支干相配为乙卯日。卯冲于酉，故二月乙卯之日月宿在酉，为阳错。三月阳建在辰，近于甲，支干相配得甲辰日。辰冲于戌，故三月甲辰之日月宿在戌，为阳错也。余月仿此。”

阴错

《堪舆经》曰：“以阴建之支配当方之干，阴阳自相配合为日，以值所冲之宿为阴错。如正月阴建于戌，近于庚，支干相配为庚戌日，戌冲辰，故正月庚戌之日月宿在辰，为阴错。二月阴建于酉近于辛，支干相配为辛酉日，酉冲卯，故二月辛酉之日月宿在卯，为阴错。三月阴建在申近于庚，支干相酉为庚申日，申冲寅，故三月庚申之日月宿在寅，为阴错。余仿此。唯五月、十一月阴阳二建会于子午，故无阴错、阳错。”

阴阳俱错

《堪舆经》曰：“五月、十一月阴阳二气同建一辰，则以所建之支配所近之干为一日，月宿居月建所冲之辰为阴阳俱错。如五月阴阳二建合于午，近于丙，配为丙午。月宿在子，为阴阳俱错。十一月阴阳二建合于子，近于壬，配为壬子，月宿在午，为阴阳俱错也。”

绝阴

《堪舆经》曰：“绝阴者，谓三月、四月阴气绝也，故三月小会所领日为四月绝阴所领日。”

绝阳

《堪舆经》曰：“绝阳者，谓九月、十月阳气绝也，故九月小会所领日为十月绝阴所领日。”

立成

	正	二	三	四	五	六	七	八	九	十	十一	十二
行狠			甲申	乙未					庚寅	辛丑		
了戾			丙申	丁未					壬寅	癸丑		
孤辰			戊申 庚申 壬申	乙未 辛未 癸未					甲寅 丙寅 戊寅	乙丑 丁丑 己丑		
单阴			戊辰									
纯阴										己亥		
孤阳									戊戌			

纯阳				己巳								
岁薄				丙午 戊午						壬子 戊子		
逐阵						丙午 戊午						壬子 戊子
阴阳交破				癸亥						丁巳		
阴阳击冲					壬子						丙午	
阳破阴冲						癸丑						丁未
阴位			庚辰						甲戌			
阴道冲阳		己卯						己酉				
三阴	辛酉						己卯					
阳错	甲寅	乙卯	甲辰	丁巳 己巳		丁未 己未	庚申	辛酉	庚戌	癸亥		癸丑
阴错	庚戌	辛酉	庚申	丁未 己未		丁巳 己巳	甲辰	乙卯	甲寅	癸丑		癸亥
阴阳俱错					丙午						壬子	
绝阴				戊辰								
绝阳										戊戌		

曹震圭曰："以上诸日，虽遇天德、月德、玉堂、生气、黄道吉星值日，亦不可用。《集正》所谓阴阳不足之辰是也。忌兴造、嫁娶、上官、赴任、入宅、迁移、出行、交易、合药、问病，百事不宜。"

按：大小会所领日，《考原》依《历事明原》所载，《堪舆经》列之。曹震圭既以大、小会为上吉之日、比和之辰，则其所领日亦以为吉日也。今按《淮南》之言，大、小会既为凶日，则所领日当亦非吉。然《周礼》汉郑康成注有"八会"之目，而唐贾公彦谓"堪舆大会有八、小会亦有八"，然则大小会之来旧矣，顾未言大、小会所领日。今考其旨，日辰参差不齐、多寡不等，无义可寻，恐后人之附会欤？又以岁位、岁对、岁前、岁后属之春、夏、秋、冬，以季为岁，名实紊矣。又与《淮南》之言大相径庭，复分属天子、皇后、卿、士、庶民，或用岁位、岁对，或用岁前、岁后，其谬更甚。今将所分用日四条删去，仍其春夏秋冬岁位、岁对、岁前、岁后之目。删者以其不可为法也，存者不没其迹，使后人可考也。其行狠、了戾以下二十神，俱从厌建起义，合不将日观之，堪舆家择日之道备矣。《堪舆经》单阴、纯阴、孤阳、纯阳以时无大会，故以戊己配月建为之，而谓皆不吉。然则堪舆家本意以大会为凶日，益可知矣。特其书无传，吉凶之义不著，历家不睹《淮南》等书，故曹震圭辈妄意以为吉耳。又按：贾公彦疏《周礼》引《堪舆经·黄帝问天老》，云“四月阳建于巳、巳破于亥，阴建于未、未破于癸，是为阳破阴、阴破阳，故四月有癸亥为阴阳交会，十月丁巳为阴阳交会，言未破癸者即是未与丑对而近癸也”云云，是即立成中阴阳交破之二日也。今曰“交破”，古曰“交会”。然则会之为义与破同，洵非吉也。至大会等名义，《考原》所载甚详而犹有未尽。今按：阴阳二建合于子午，分于卯酉。大会为阳会，阴由合而至分，故自十一月至二月，自五月至八月共八日，而三、四、九、十月无大会。小会为阴会，阳由分而至合，故自二月至五月，自八月至十一月共八日，而六、七、十二、正月无小会。非以其月干支不能相配而无大会，其日已有大会而无小会也。阳会于阴者干建支厌，甲即寅，乙即卯，非取近干也。阴会于阳者干厌支建，厌为阴，阴为地，故以戊己配月建为小会，非近干已有大会而后取戊己也。又小会皆建日、冲皆破日，《明原》以二月己酉、八月己卯为小会，二月己卯、八月己酉为阴道冲阳，当是互误也。三、九月阴阳始侵，四、十月阴阳相逼，故行狠、了戾、孤辰无虚日。单阴、纯阳、孤阳、纯阴乃从小会别取一义为名，非以其月无大会也。岁薄，阴阳将合而气已先争，逐阵阴阳始分而难犹未解，故以二建配子、午日。丙壬即阳建，非取近干也，戊即阴建，非以无大会而取戊己也。辰戌为戊己之分，故以阴建配辰、戌日为阴位，非但以辰戌为阳建也。如第取阳建而已，则逐月皆有之，何犹三、九月耶？正、七月厌破将并而气已先交，故正月辛酉、七月乙卯皆取厌破间干支自相配者为三阴日，与岁薄同义。《明原》作正月辛卯、七月乙酉，当亦是互误也。阳建叠阳建为阳错，阴建叠阴建为阴错。五月、十一月阴阳同建，又叠同建之干，为阴阳俱错，亦非取近干也。又自阴位以下皆取月宿，孙思邈《房中经》载月宿日是否即此，亦不可考。然其日之不吉，义例甚明，不待值月宿而后定矣。今三阴已为改正，小会改载《立成》卷中，此则仍旧以备参考。若夫绝阴、绝阳，乃从单阴、孤阳更进一义。盖三月之单阴至四月而绝，九月之孤阳至十月而绝也。其所领日亦后附会，故删。

钦定协纪辨方书卷五

义例三

天道　天德

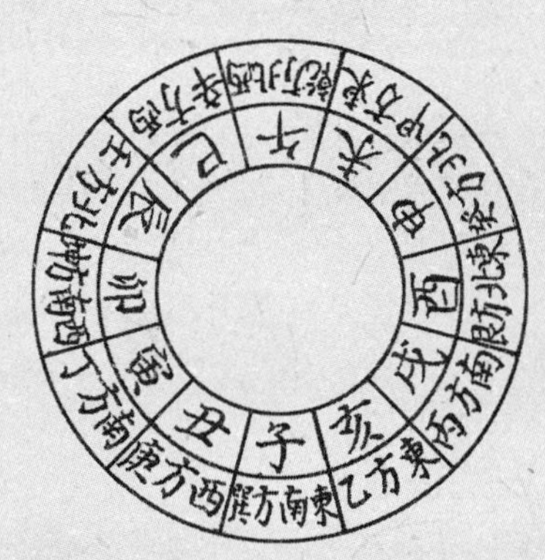

《乾坤宝典》曰：“天道者，天之元阳，顺理之方也。其地宜兴举众务，向之上吉。”

《广圣历》曰：“天道：正月、九月在南方，二月在西南方，三月、七月在北方，四月、十二月在西方，五月在西北方，六月十月在东方，八月在东北方，十一月在东南方也。”

《考原》曰：“按：天道者，天德所在之方也。”

《乾坤宝典》曰：“天德者，天之福德也。所理之方，所值之日，可以兴土功、营宫室。”

《堪舆经》曰：“天德者，正月丁、二月坤、三月壬、四月辛、五月乾、六月甲、七月癸、八月艮、九月丙、十月乙、十一月巽、十二月庚。”

曹震圭曰：“四孟之月以阴干为天德者，是天道惠其未生也。正月丙火生而丁火未生，四月庚金生而辛金未生，七月壬水生而癸水未生，十月甲木生而乙木未生，故以阴干为天德也。四季之月以阳干为天德者，是天道惠其自墓也。三月壬水墓，六月甲木墓，九月丙火墓，十二月庚金墓，故以阳干为德也。四仲之月以四维之卦为德者，是天道变化成功也。二月万物将生，致役乎坤也；五月阴气将生，乾道变化也；八月万物将收成，成言乎艮也；十一月阴气散，阳气入，巽入也，风以散之也。”

《考原》曰：“天德者，三合之气也。如正、五、九月建寅午戌，合火局，故以火为德。正月丁，九月丙，五月乾，戌火墓在乾宫也。二、六、十月建卯未亥，合木局，故以木为德。六月甲，十月乙，二月坤，未木墓在坤宫也。三、七、十一月建辰申子，合水局，故以水为德。三月壬，七月癸，十一月巽，辰水墓在巽宫也。四、八、十二月建巳酉丑，合金局，故以金为德。四月辛，十二月庚，八月艮，丑金墓在艮宫也。寅、申、巳、亥月乃五行长生之位，故配阴干；辰、戌、丑、未乃五行墓库之位，故配阳干；子、午、卯酉乃五行当王之位，故以配墓辰。本宫之卦不用支而用干者，支地也，干天也，名曰天德，故用天干。又用四卦以代辰、戌、丑、未者，不用地支故也。”

按：月建皆支也，斗柄运于天，其所建者，建于地。所建者火，则建之者亦火；所建者水，则建之者亦水必矣。是故建寅、午、戌，则建之者必丙、丁、乾矣。建之者天也，德者得也，其所自得也。地得寅午戌火，则天必得丙丁乾火矣。然必正丁、五乾、九丙者何也？地以寅为火之生，则天必丁为火之成矣。地以戌为火之成，则天必丙为火之所从生矣。火生于日。丙，日也，天火也；丁，火也，地火也。若五月之午，则火之正位，地居正位，则天必居乾，戌为火之终始，天执其两端，而地乃得用其中焉。余可类推。皆《易》“天一、地六”之义也。天德所在，用之无不吉，顺天也。又按《淮南鸿烈解·天文训》曰：“子午、卯酉为二绳，丑寅、辰巳、未甲、戌亥为四钩。东北为报德之维，西南为背阳之维，东南为常羊之维，西北为蹄通之维。斗指子则冬至，加十五日指癸则小寒，加十五日指丑则大寒，加十五日指报德之维，则越阴在地，故曰‘距冬至四十五日而立春’。加十五日指寅则雨水，加十五日指甲则雷惊蛰，加十五日指卯中绳，故曰‘春分’，则雷行。加十五日指乙则清明风至，加十五日指辰则谷雨，加十五日常羊之维则春分尽，故曰‘又四十六日而立夏’。加十五日指巳则小满，加十五日指丙则芒种，加十五日指午则阳气极，故曰‘又四十六日而夏至’。加十五日指丁则小暑，加十五日指未则大暑，加十五日指背阳之维则夏分尽，故曰‘又四十六日而立秋’。加十五日指申则处暑，加十五日指庚则白露降，加十五日指酉中绳，故曰‘秋分’。加十五日指辛则寒露，加十五日指戌则霜降，加十五日指蹄通之维则秋分尽，故曰‘又四十六日而立冬’。加十五日指亥则小雪，加十五日指壬则大雪，加十五日又指子。”所谓报德之维、常羊之维、背阳之维、蹄通之维者，即艮、巽、坤、乾也。艮、巽、坤、乾之维，斗柄各指十五日，不若震、兑、坎、离之居卯、酉、子、午，统于十五日之中，不别立分位也。故天德方只有艮、巽、坤、乾，而无震、兑、坎、离者以此。

又按：《蠡海集》曰：“术家取天德之法，至子、午、卯、酉月居于四卦之上，每卦有二支，人怀疑。大抵天德不加于戊己者，天气不亲于土，其子、午、卯、酉之月只用巳、亥、寅、申，不用四墓矣。”又一说，既不用四墓则五行之中土气遂绝。土其可绝乎？盖正用四墓尔。春二月木墓未，夏五月火墓戌，秋八月金墓丑，冬十一月水墓辰，乃四行休墓，于四季为德也。是以古今术家兼取用焉。况亥月用乙，未月用申，则卯月必用未，不用申无疑矣。寅月丁、戌月丙，则午月在戌不在亥无疑矣。盖生月用阴，墓月用阳，旺月用墓。余仿此。由今观之，盖以天德取用，以天干者八、以卦位者四，干卦不纯，故论说纷纷如此尔。夫戊己者，中宫之位，本无方也。是故以其母家命之则曰“己未”，以其禄旺命之则曰“巳午”，以其终万物始万物之义命之则曰“罡魁”，以其生万物成万物之义命之则曰“坤艮”。要之，举其一义而未举其全。如欲举其全，莫若《参同契》为戊己为坎离虚中不用为得也。夫不用者，乃无适而不用，凡十二月之天德皆戊己也，虽然，四正方必尤著焉，是故寓之于四维。凡物之四维必通于心，心立而后角乃见，用角即所以用心，凡乾坤艮巽云者，即戊己耳。若夫长生、墓库云者，十二支乃有之，十干无也。今天德既用十干，则不应杂以十二支之义。《考原》同。王逵墓库之说聊存，以传一解可也。又按：天道即是天德，专言其方则曰“天道”，兼日干与方向言之则曰“天德”，其实一也。又《龙首经》天道起例，阳月用丑，阴月用未，加月建，视天上甲庚所临，为天道。与此不同。别详《辨讹》。

月德

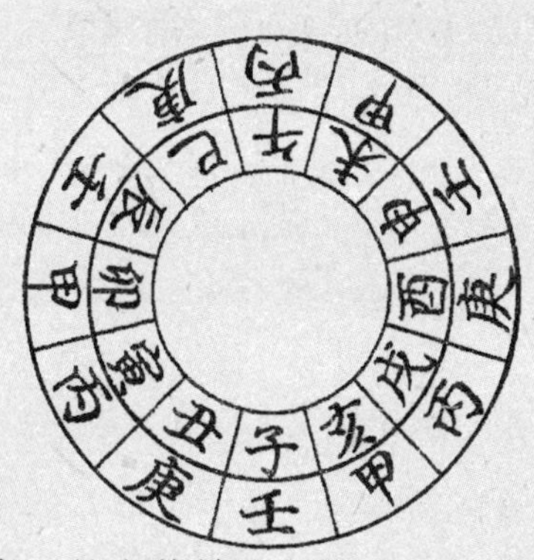

《天宝历》曰：“月德者，月之德神也。取土、修营宜向其方，宴乐、上官利用其日。”

《历例》曰：“月德者，正、五、九月在丙，二、六、十月在甲，三、七、十一月在壬，四、八、十二月在庚。”

曹震圭曰：“月德者，月中之阳德也。故干为尊，支为卑，是臣求君德也，以三合五行阳干为德。假令寅午戌三合为火，以丙为德。是各求自旺之干为应助也。余仿此。”

按：月，阴也。阴无德，以阳之德为德。其一乎阳者，皆德也，其二乎阳者，皆慝也。是故正、五、九火则以丙为德。丙，天上之火也。天上之火，地火之所禀也，故寅、午、戌火月以丙为月德。余仿此推。甲、丙、庚、壬皆阳也，阳者德也，是以不用乙丁辛癸也。然则天德何以有乙丁辛癸也？曰：从天而言之，天秉阳，故德宜阳而阳，德宜阴而阴也；从月而言之，月秉阴，故专以阳为德也。然则何以无戊也？曰：三合只四行也，土寄其中，无适而非土也。居中者用中，生杀并施，德刑互济。今专以德言之，则当旺之一行为德，自不得及乎土也。土者，地也。无德之德，是谓大德。大德者必不德也。

天德合

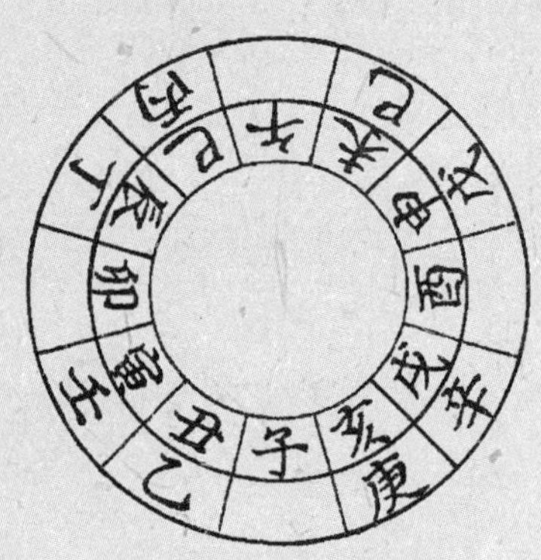

《天宝历》曰："天德合者，合德之神也。所理之方，宜营构宫室、修筑城垣。所值之日，宜覃恩肆赦、命将出师、祷礼山川、祈请福愿。"

《历例》曰："天德合者，正月壬、三月丁、四月丙、六月己、七月戊、九月辛、十月庚、十二月乙是也。四仲之月，天德居四维，故无合也。"

《考原》曰："天德合者，即各以其月天德所合之干为之。"

按：阳干为德者，阴干为合。阴干为德者，阳干为合。四维固无合矣。然举坤、乾、艮、巽之维以为德，则其近维即为合。乾与艮合，寅亥合也，寅戌合也；坤与巽合，申、巳合也，申、辰合也。不言者，以四维无十干，则不得有其日。然以方向论，则乾为天德方，艮即为天德合方；巽为天德方，坤即为天德合方。可以三隅反者也。此亦可备一义。

月德合

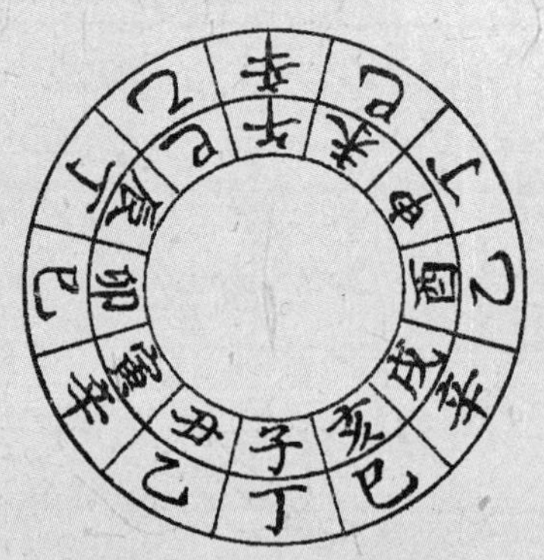

《五行论》曰："月德合者，五行之精符会为合也。所理之地，众恶皆消。所值之日，百福并集。利以出师命将、上册受封、祠祀星辰、营建宫室。"

《历例》曰："月德合者，正、五、九月在辛，二、六、十月在己，三、七、十一月在丁，四、八、十二月在乙。"

《考原》曰："月德合者，即各以月德所合之干为之。"

按：甲、丙、壬、庚为月德，则己、辛、丁、乙为月德合矣。月德与月德合无戊、癸；戊在巳为金母，癸在丑为金墓，酉为金之正位，庚辛所不临，合之即巳、酉、丑全局也。夫金者刑也，德之反也。巳、酉、丑谓之三煞，又谓之破碎，又谓之红沙。德合之外，戊癸之方，恰存金局。阴阳之自然而然者，其妙如此。

月空

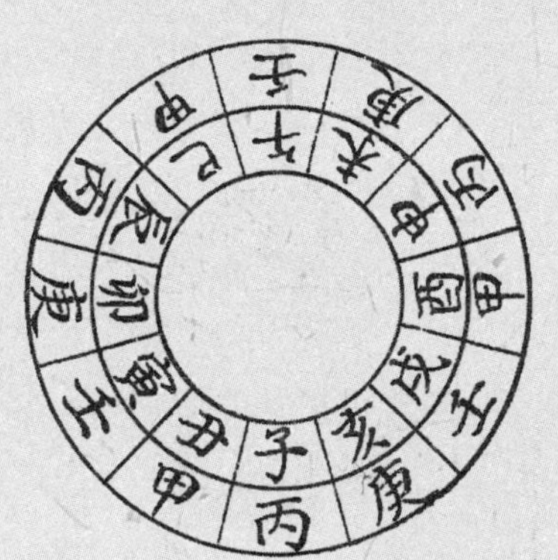

《历例》曰：“寅、午、戌月壬，亥、卯、未月庚，申、子、辰月丙，巳、酉、丑月甲。”

《天宝历》曰：“月中之阳辰也。所理之日，宜设筹谋、陈计策。”

《历神原始》曰：“月德自南而东，丙、甲、壬、庚；月空自北而西，壬、庚、丙、甲。乃天德之冲神也，而曰‘宜设筹谋、陈计策’者，贵人之对名曰‘天空’，宜上书陈言，故天空即奏书也。此对月德之神，亦名之以空，而曰‘月空’，故利于上表章也。”

按：月德丙则月空壬，则是凡为月空，皆与月德为仇为敌者也，何以名曰“月空”欤？《孟子》曰：“仁者无敌。”凡月德之所在，莫敢与为对，而亦莫或与为敌，则是方之神固有而不有者也。故如十二神天空之例，而以为奏书之神焉。

天恩

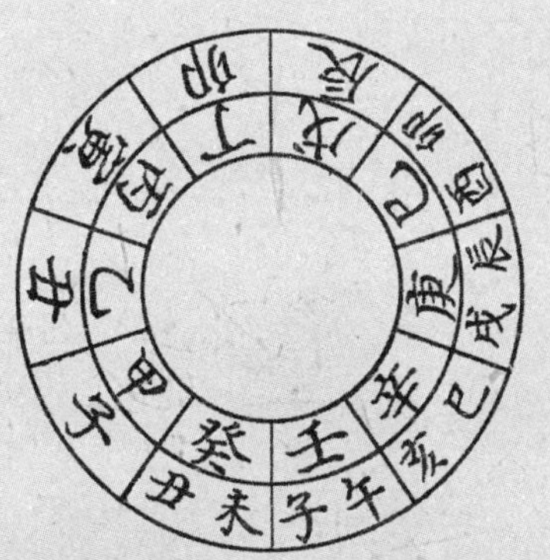

《天宝历》曰：“天恩者，施德宽下之辰也。天有四禁，常开一门，甲为阳德，配己成养育之功，故甲配子、己配卯、酉，各五日而为恩也。万物非土不生，故以己土配甲成功。其日可以施恩赏、布政事、恤孤茕、兴宴乐。”

《历例》曰：“常以甲子至戊辰，己卯至癸未，己酉至癸丑，凡一十五日。”

曹震圭曰："天有四禁，子午卯酉也。子为元武门、午为明堂门、卯为日门、酉为月门。盖圣人居明堂而治天下，故常开此门。《易》所谓'圣人南面听天下，向明而治'者也。甲为乾之纳甲，己为离之纳甲。先天乾居正南，后天离居正南，故以甲配子，己配卯酉。然则不配午者，以甲己皆南方卦之纳甲也。各进五辰而不及六者，谓五为君位，中央之数，不可过也，故各配五日，合之成一十有五，为天恩，大吉日。"

按：十母皆天也，十二子皆地也。然就十母而分之，则甲乙丙丁戊又属天，己庚辛壬癸又属地。天地之心，无往而非恩也，然必有所见端焉。其端维何？曰：天必以始而地必以中。元善，乾之所以统也。黄中，坤之所以大也。天必以始，故自甲子以至戊辰，六十甲子之首五日，为天恩。地必以中，故自己卯至癸未，己酉至癸丑，分六十而半之。此十日者，各居其中，亦为天恩。甲至戊天也，己至癸地也。天五而地十者，阳一而阴两也。不曰"地恩"而皆名"天恩"者，地统于天也。

天赦

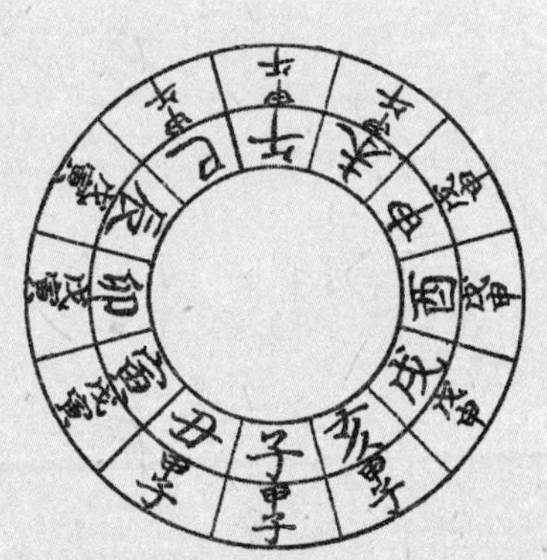

《天宝历》曰："天赦者，赦过宥罪之辰也。天之生育，甲与戊；地之成立，子、午、寅、申，故以甲戊配成天赦。其日可以缓刑狱、雪冤枉、施恩惠，若与德神会合，尤宜兴造。"

《历例》曰："春戊寅，夏甲午，秋戊申，冬甲子是也。"

曹震圭曰："天赦者，乃天之赦过宥罪之神也。生万物者土也，土之所居者四季也，助土而成功者甲己也。子午者，阴阳气争之辰，是其罪也。寅申者，阴阳否泰之辰，是其过也。至此四辰，天道悯其罪过，故以甲己配合而助以赦之。辰戌者，阳土也。以甲配之，春起甲戌，秋起甲辰。丑未者，阴土也，以己配之，夏起己丑，冬起己未。皆四时长生前一辰，顺数至当旺之阳辰是也。"

《考原》曰："天赦为赦过之辰，则非以子、午、寅、申为罪过也。盖子、午、寅、申者乃四时当旺之阳辰。甲戊于十干中为最尊，所谓甲为诸神之首，戊以助甲成功也，故以配其日。皆取干不克支，有上能生下之意。如戊寅，木非土不生也；甲午，木生火也；戊申，土生金也。甲子虽非相生，若戊子则以土克水，故以甲配之。且甲木生于亥，水亦生木也，故曰天赦。"

按：《历神原始》曰："天有五纬，岁星为仁而甲应之，镇星为德而戊应之，仁德之神莫甲戊若也。”其说高于曹震圭远矣。《史记·天官书》以木土为吉星，又道家以甲戌日为祈禳所宜。盖其来久矣。天赦与天恩义相似，从六十甲子而论则有天恩十五日，从四季而论则有天赦四日。甲为十干之首，戊为十干之中，寅、申为春秋之始，子、午为冬夏之中。不以己为中者，己则过中，又阴干也，故《易》曰：“己日乃革之。”言甲至戊则数穷而当变也。不用卯、酉者，生物者春始之、夏终之，成物者秋始之、冬终之。始之者天也，终之者地也。春秋属天，故不用中而用始。且卯酉亦阴支也，用支之始则以干之中配之，故春戊寅而秋戊申；用支之中则以干之首配之，故夏甲午而冬甲子。是为天地合德之辰，天地生心之所见端也。之死而忽生之，莫大于赦，故以天赦名也。施恩、赦罪固宜用之。然谓必天恩之日乃可施恩，天赦之日乃可赦罪，则亦拘论也。夫赏之不可行，罪之不可宥欤，则固不得以日之为天恩、天赦而曲法以从事也。其恩之宜施、罪之宜宥欤，则如火之然、如泉之达，虽破败休废之日何择焉？安得择此十九日而用之，余并屯其膏而不下耶？

天愿

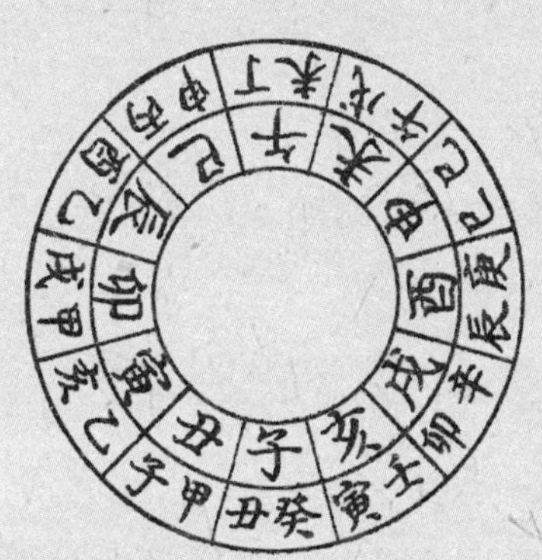

《总要历》曰：“天愿者，月中善神也。所值之日，宜嫁娶、纳财、敦睦亲族。”

《历例》曰：“天愿者，正月甲午、二月甲戌、三月乙酉、四月丙子、五月丁丑、六月戊午、七月甲寅、八月丙辰、九月辛卯、十有戊辰、十一月甲子、十二月癸未。”

曹震圭曰：“天愿者，乃月建支德合神也。阳前阴后五辰各以阳干配之，四季月以阴干配之。若遇四孟及丑、未、子、午者无合。盖谓亥巳为阴阳终极之辰，寅申为阴阳否泰之辰，丑未为阴阳绝蔑之辰，子午为阳消阴长之辰，故不可为合也。十干己为六贼、庚为白虎、壬为元武，故不可用也。若逢忌用之辰，以前后近者用之。假令正月未为支德，今忌用，取近未者午以王干甲配之，得甲午也；二月甲戌；三月乙酉；四月丙子；五月忌亥，退合丑就以丁配，故得丁丑；六月忌寅，就午六合以戊配，得戊午；七月否建之辰忌丑，就寅，寅中有甲，从其泰也；八月忌庚用丙，[1] 配得丙辰；九月辛卯；十月忌壬，以戊之阳土能聚水溃土，《易》有比卦之义，故得戊辰；十一月以其自建者，谓前后皆无所配。然建子之月未可假力于人，其忌壬用甲者，是待其子

① 谓生金于巳，巳中有丙火也。

有所助也；十二月忌申，以就近申之未，故得癸未。其义如此。”

按：曹震圭之论支离难通，不待辨而明矣。于东不可则转而之西，于西不可又转而之南之北，阳干不可通则借阴干；用之本位不可通则借下位用之。然则神煞者乃听人造作之物矣。古人造作以愚今人，今人解之，又宛转自道其造作之状而号于天下曰：当从我之造作以定吉凶。虽三尺童子亦知不信矣。考诸《神煞起例》，乃知传写谬误，二十四字中误十三字焉。曹震圭不知其误而曲为解，展转支离，如韩昌黎状侯、刘与轩辕弥明联句，[①] 所谓“口吻鸣益悲”者也。《起例》曰：正月乙亥、二月甲戌、三月乙酉、四月丙申、五月丁未、六月戊午、七月己巳、八月庚辰、九月辛卯、十月壬寅、十一月癸丑、十二月甲子。十二辰皆太阳也，其十干皆令星也。唯十二月甲非令星而其为甲子，其义最大。盖丑、寅为艮，终万物，始万物。丑月，木已甲于地中，而太阳又适始于子，故丑虽岁终而实始万物，枢纽阴阳，尤令星之大者也。太阳，日也，天之所以生物者也。令星，时也，天之所以成岁者也。太阳右旋，令星左旋，五气顺布，四时行焉，百物生焉，天之愿也。天愿之义大矣哉！

母仓

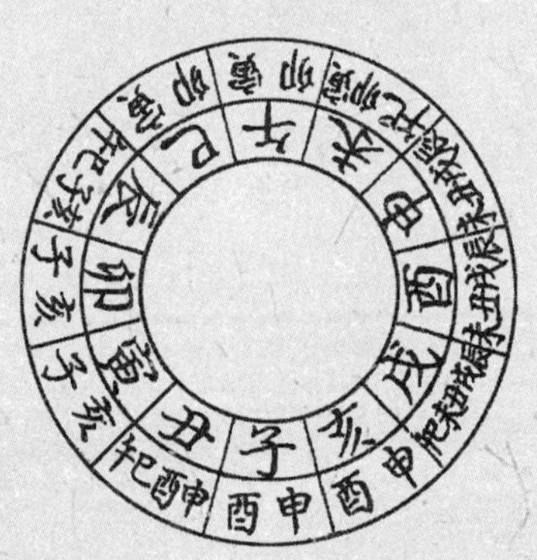

《天宝历》曰：“母仓者，五行当王所生者为母仓，如遇土王后则以巳午为之。其日宜养育群畜、栽植种莳。”

《历例》曰：“春亥子，夏寅卯，秋辰戌丑未，冬申酉，土王后巳午。”

曹震圭曰：“生我者为母，积藏者为仓，故以名之。各以生当时五行之辰为之。”

《考原》曰：“春属木，水生之，故以亥子为母仓也。余仿此。不用干而用支者，支为地有母道焉，万物生于土有藏道焉。”

按：母仓者，种植、畜牧、纳财等事之吉辰也。春木以亥子为母，木者亥子之所生，水至木成则休矣，母老则待养于子也，故以仓为名。又木生于水，木之所以能旺于春者由水生之，则木固由水而得养也，故以母为名。又我克者为财，而克我之所由生者亦财也。以母仓之辰而纳财，一以见藏于生我之方，则其原不匮也。一以见生我

① 编者注：韩昌黎，即唐代文学家韩愈。其著有《石鼎联句诗序》一文，描述了道士轩辕弥明与刘师服、侯喜二人联诗的戏剧性过程与情景。

之方之宜致养焉，以是为报本返始也。一以见财者所以养人而多藏，则克我之所由生，转以为我害矣，非所以为养也。母仓之义大矣哉！

月恩

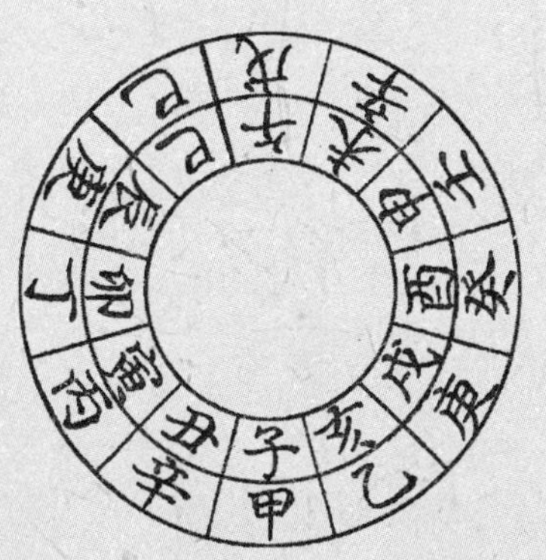

《五行论》曰：“月恩者，阳建所生之干也，子母相从谓之月恩。其日宜营造、婚姻、移徙、祭祀、上官、纳财。”

《历例》曰：“月恩者，正月丙、二月丁、三月庚、四月己、五月戊、六月辛、七月壬、八月癸、九月庚、十月乙、十一月甲、十二月辛。”

曹震圭曰：“月恩者，子母相从，是月建反生于彼，盖母生我我生子之义。”

《历神原始》曰：“寅木生丙火，卯木生丁火，辰戌土生庚金，丑未土生辛金，巳火生己土，午火生戊土，申金生壬水，酉金生癸水，子水生甲木，亥水生乙木，皆月建之所生，故曰月恩也。”

《考原》曰：“正月寅阳木生丙阳火，二月卯阴木生丁阴火，则各从其类也。余仿此。”

按：月恩者，母仓之对待也。母仓为义爻，月恩为宝爻。生令神之神母仓也，有恩于本令者也。月神所生之神月恩也，有恩于彼神者也。母仓为本月之母，本月为月恩之母。寅生丙即甲生丙也，卯生丁即乙生丁也，辰戌生庚即戊生庚也，子平家谓之食神。寅、卯、辰犹母也，丙、丁、庚犹男子也。从地支以生天干，犹母之生子也。故结婚姻则宜子，营造、上官、无所不宜。

四相

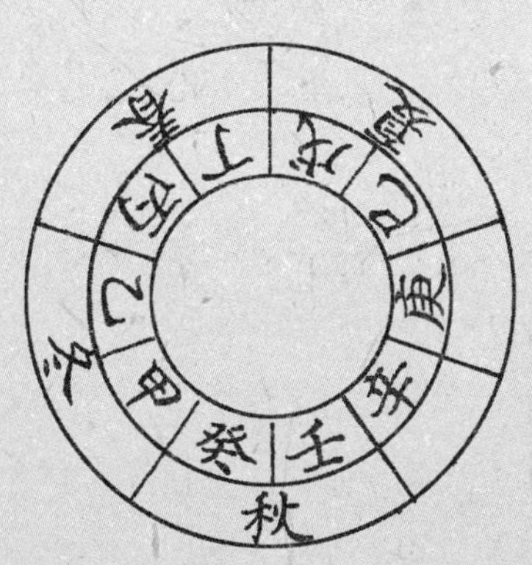

《总要历》曰："四相者，四时王相之辰也。其日宜修营、起工、养育、生财、栽植、种莳、移徙、远行。"

《历例》曰："春丙丁，夏戊己，秋壬癸，冬甲乙。"

曹震圭曰："四相者，养育之道，母生子也。春木王生丙丁，夏火王生戊己，秋金王生壬癸，冬水王生甲乙。惟庚辛者金也，能杀万物，故不用。"

按：四相无庚辛，此非人之所能为也。木相本是火，火相本是土，金相本是水，水相本是木，五行之自然而然者也。相者辅我者也，此以知天之道任德不任刑也；相者相君者也，此以知臣之道导以德而不导以刑也。

时德[①]

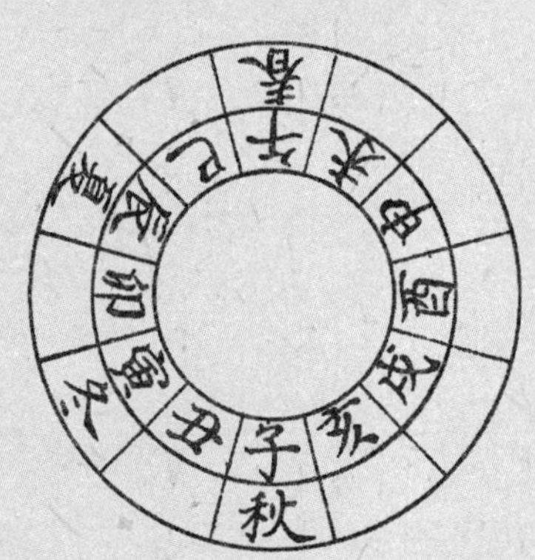

《总要历》曰："四时天德者，四序中德神也。其日宜庆赐、宴乐、拜官、赏贺。"

《历例》曰："春午，夏辰，秋子，冬寅。"

曹震圭曰："子、寅、辰、午乃东方生育之阳辰，故用事吉也。申、戌者，西方之杀气，故不可用也。各以四时所生之阳辰为之，是我生者为德也，亦名时德。按：时德与四相同义，春木生午火，夏火生辰土，秋金生子水，冬水生寅木也。四相取天干，时德取地支。"

按：子、寅、辰、午、甲、戌为六阳辰，阳者德也，时德所以取阳辰也。分而言之，春秋各二、冬夏各一，各以其时所生取之。春木生火取午，夏火生土取辰戌，辰先戌后，取辰，秋金生水取子，冬水生木取寅。六取四而所余者适秋令之二辰焉，亦犹十干为四相而却余庚辛二干不用，皆自然而然，非人之所能为也。天心之以德不以刑，岂日者强为说哉！

① 又名"四时天德"。

王官守相民日

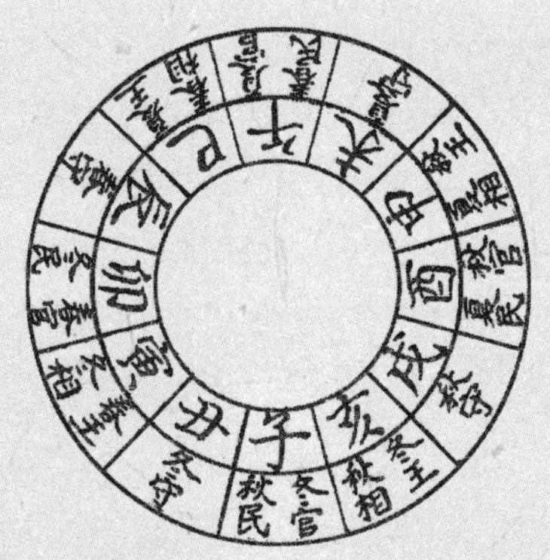

《坛经》曰："王、官、相、民、守日者，皆月内视事之吉辰也。所值之日，宜命将登坛、袭爵受封、上官赴任、临政亲民。"

《历例》曰："王日者，春寅、夏巳、秋申、冬亥。[1] 官日者，春卯、夏午、秋酉、冬子。[2] 相日者，春巳、夏申、秋亥、冬寅。民日者，春午、夏酉、秋子、冬卯。守日者，春酉、夏子、秋卯、冬午。"

曹震圭曰："王日者，四时正王之辰，四正之位，帝王之象，故得其政治也。官日者，四时临官之辰，诸侯之象。相日者，四时官日所生也，相气之辰，宰相之象。民日者，四时死绝之辰，庶民之象。守日者，四时胎绝之辰，无气能自固，守以待将来。各取其义，以为名也。"

按：此以春夏秋冬取令星王相以为吉辰也。王日，天子所用日；官日，臣下所用日；守日，封疆之臣所用日；相日，贵近之臣所用日；民日，百姓所用日。五日之外，历家又以未、戌、丑、辰为四序狱日；申、亥、巳、寅、为四序隶日；酉、子、卯、午为四序牢日；戌、丑、辰、未为四序死别日；亥、寅、巳、申为四序伏罪日；子、卯、午、酉为四序大败日，又曰不举日；丑、辰、未、戌为四序罪刑日；又曰刑狱日。盖狱日为四序之墓辰，余并休、囚、死辰云耳。后人以王、官、守、相、民日有吉无凶而十二辰未遍也，于是一一区而别之而命以名，又势必不能确切也。于是重出叠见，支离覆逆，而不可信据矣。然神煞虽增七类，而别无所宜，不过一例忌用，则止存原定五辰而余并勿用可耳，何必多其辞说以惑世哉！今悉删去。至王日向为寅、巳、申、亥，官日向为卯、午、酉、子，后人两易其位，盖以寅为春木之临官，而卯为春木之帝旺也。然细绎其理，不如旧说为高。盖寅以阳木之临官，卯为阴木之临官。五行之性，临官吉于帝旺以其中也，君用阳而臣用阴。又《易》之道也，帝居帝位，官居官位，皆临官也，不必帝用帝旺、官用临官然后为得。且使阴阳易位，转为失也。至于春辰、夏未、秋戌、冬丑者，四序当王之土神也，故曰"守日"，守封疆之臣用之。春

① 今易为官日。

② 今易为王日。

巳、夏申、秋亥、冬寅，四序之相气，则自元子以下，王、侯、卿、相通用之吉辰也。夫春旺木而生火，则午为正令；夏旺土而生金，则酉为正令。相宜以午、酉、子、卯。而以午、酉、子、卯为民日而不曰相者，何也？巳阳火阳土也，申阳金也，亥阳水也，寅阳木也，故为相也。午阴火阴土也，酉阴金也，子阴子也，卯阴木也，故为民也。臣阳而民阴，犹王阳而官阳也。抑更有进焉。相之为相也，为王之所生固已。然巳有金，申有水，亥有木，寅有火，不专一行，其吉凶未定也。《书》曰："惟吉凶不僭在人，惟天降灾祥在德。"其吉凶未定，正与富贵相似。用其日者，适顺乎天之道而致儆于人之心也。若夫午、酉、子、卯，则专火、专金、专水、专木，为四序当令之真子，吉莫大焉，故为民日。民得全吉则王、官、相、守皆得全吉也。而曹震圭以四时死、绝之辰为庶民之象，最为无理。夫人心之恶，虽桀纣盗跖未必欲庶民之死绝也。且众庶冯生，故曰"庶民"。虽一昼一夜万生万死而终古无死绝者，乃庶民也。安得有死绝之象耶！其荒谬至于如此。

又按：《历例》以春酉、夏子、秋卯、冬午为守日，以春辰、夏未、秋戌、冬丑为牢日。邵泰衢作《历神原始》，谓"守"与"牢"二字相近而讹，易之，则吉凶各以类聚，且与五胜义恰符。甚为有理，今从之。

四击

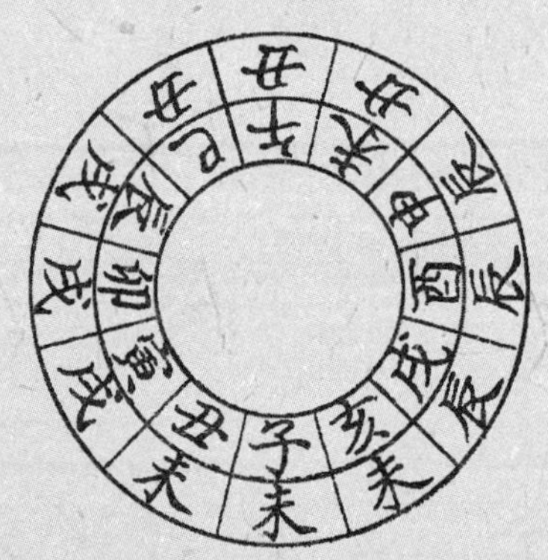

《通书》曰："四击者，春戌、夏丑、秋辰、冬未。其日忌军事。"

《考原》曰："四击者，四时所冲之墓辰也。如春月建寅、卯、辰，辰与戌冲，故戌为四击也。余仿此。"

按：四季以土旺为守日，四击其冲也。春土旺于辰而戌击之，夏土旺于未而丑击之，秋冬亦然。故其日忌出军、防边等事。

九空

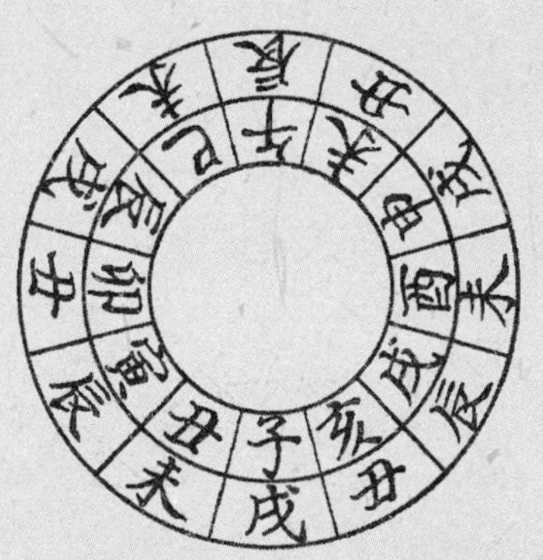

《广圣历》曰："九空者，月内杀神也。其日忌修造仓库、出入货财。"

《历例》曰："九空者正月在辰，逆行四季。"

曹震圭曰："九空者，墓库破散之神也。库破则空，冲则散。假令寅、午、戌月，火库在戌，辰能冲散也；亥、卯、未月，木墓在未，丑能冲散也；申、子、辰月，水墓在辰，戌能冲散也；巳、酉、丑月，金墓在丑，未能冲散也。今历家所传'与九坎、九焦同行'者，非。盖所传有误，《纪岁历》亦止是逆行四季。"

五墓

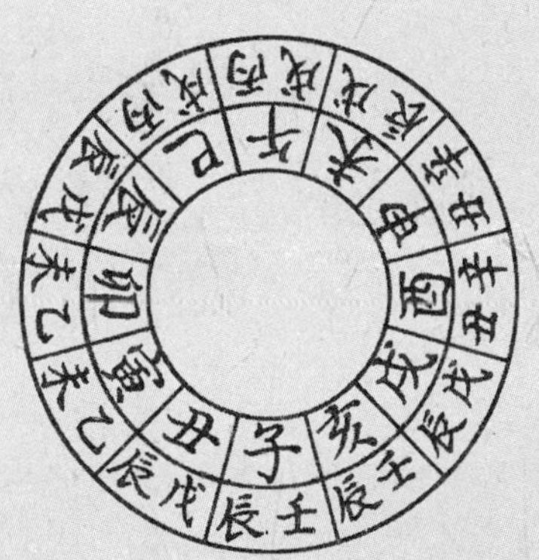

《广圣历》曰："五墓者，四旺之墓辰也。其日忌营造、起土、嫁娶、出军。"

《历例》曰："五墓者，正、二月乙未，四、五月丙戌，七、八月辛丑、十月、十一月壬辰，四季月戊辰也。"

曹震圭曰："五墓者，五行旺干自临墓辰也。十干者身之象，若营造、起土，似临于无气之位也。又以干为夫之象，若嫁娶则夫自临死气之位也。又以干为我，若出军征伐是自临死墓之地也，故忌之。假如正、二月木旺，木墓于未，加以乙未，是自临墓辰也。余仿此。"

四耗　四废　四忌　四穷
八龙　七鸟　九虎　六蛇

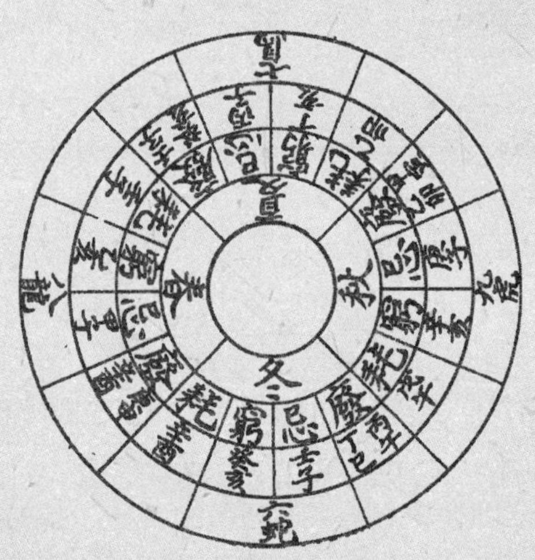

《总圣历》曰：“四耗者，谓四时休干临分、至之辰也。其日忌会亲姻、出师、开仓库、施债负。”

《历例》曰：“春壬子，夏乙卯，秋戊午，冬辛酉。”

曹震圭曰：“物之将分者必散也，至者尽也，是阴阳数尽而将分也，又得休干临之，故曰耗。”

《考原》曰：“四耗日固是休干，亦休支也。春壬子，干支皆水；夏乙卯，干支皆木；冬辛酉，干支皆金；秋戊午，干土而支火。《洞源经》云‘火不克金’，何旺土生金，火亦生金也？盖春木旺则水耗，夏火旺则木耗，秋金旺则火土耗，冬水旺则金耗，故曰四耗。”

《广圣历》曰：“四废者，四时衰谢之辰也。其日忌出军、征伐、造舍、迎亲、封建、拜官、纳财、开市。”

《历例》曰：“春庚申、辛酉，夏壬子、癸亥，秋甲寅、乙卯，冬丙午、丁巳。”

《蓬瀛经》曰：“四废者，是五行无气，福德不临之辰，百事忌用。”

曹震圭曰：四废者，干支俱绝也。假令庚申、辛酉，绝于寅卯辰也，他仿此。

《神煞起例》曰：“四忌，春甲子，夏丙子，秋庚子，冬壬子。合四穷日，即为八龙、七鸟、九虎、六蛇。”

《总要历》曰：“四穷者，谓亥为阴绝之辰，以四时旺干临之，故曰四穷。所值之日，不可远行、征伐、出纳财物。”

《历例》曰：“春乙亥，夏丁亥，秋辛亥、冬癸亥。”

曹震圭曰：“亥者地支末辰，极阴之位，以四时阴干配之，故曰四穷。”

《总要历》曰：“八龙、七鸟、九虎、六蛇，其日皆不可迎婚嫁娶。”

《历例》曰：“春甲子、乙亥为八龙，夏丙子、丁亥为七鸟，秋庚子、辛亥为九虎，冬壬子、癸亥为六蛇。”

曹震圭曰：“亥者阴气之极，子者阳气初生，是阴阳气绝脱谢之辰也。十干象夫，十二支象妇，今以四时旺干而配亥、子，是夫旺而妇绝。且我临于绝地也，故用忌之。”

《考原》曰：“甲乙者东方木也，为青龙，其成数八。丙丁者南方火也，为朱雀，其成数七。庚辛者西方金也，为白虎，其成数九。壬癸者北方水也。为龟蛇，其成数六。故各因以为名也。”

按：四耗日，干、支皆休气也；四废日，干、支皆死气也；四忌日，以本令阳干加于辰首也；四穷日，以本令阴干加于辰尾也。夫休、死固非吉辰矣，本令阴干加子、本令阴干加亥，何以亦凶耶？曰：《易》之道，“天德不可为首”。今以阳干而居辰首，是为首也。地道无成，今以阴干而居辰尾，是有成也。皆以其旺极而为凶，非衰谢之义也。其八龙、七鸟、九虎、六蛇，义亦本此。盖春甲子、乙亥合之，则是春之阳干据其首，春之阴干据其尾，全备而无遗矣。故曰“八龙”。八者春之数也，龙者春之兽也，犹言全春之数尽在是也。《易》曰：“积善之家，必有余庆。”天地循环不穷，万化日新，皆由气盈朔虚而出。无余者，非天道也，故忌之。

九坎　九焦

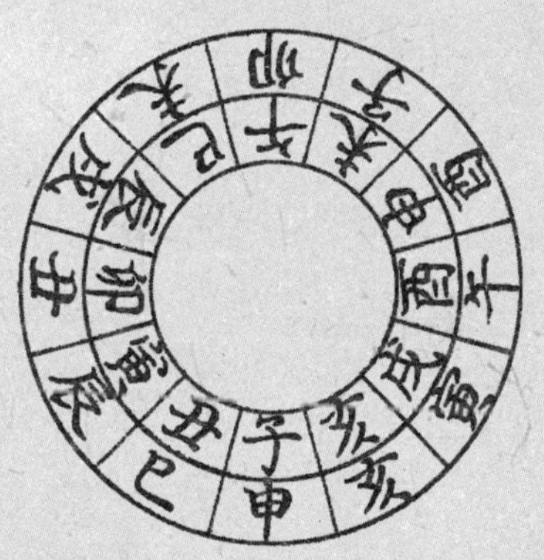

《广圣历》曰：“九坎者，月中杀神也。其日忌乘船渡水、修堤防、筑垣墙、苫盖屋舍。”

《历例》曰：“九坎者，正月在辰，逆行四季；五月在卯，逆行四仲；九月在寅，逆行四孟。”

曹辰圭曰：“坎者陷也，险也，不平也。义与九焦同。”

《广圣历》曰：“九焦者，月中杀神也。其日忌炉冶、铸造、种植、修筑园圃。”

《历例》曰：“正月在辰，逆行四季，五月在卯，逆行四仲，九月在寅，逆行四孟。”

曹震圭曰：“九坎、九焦者，是月中之杀神，逆天地之道者也。假令正、二、三、四为岁首，东方之位当用孟辰以生万物，今则以季辰收杀万物，是其逆也。五、六、七、八为岁中，今虽用仲辰成熟万物，然岁首不与其生，焉有成熟哉？九、十、十一、十二月为岁之终，万物收藏之时，今方欲以孟辰生育万物，岂能有生育哉？是逆天地之道，万物无能成就也。”

按：寅、午、戌火月，逆行辰、卯、寅；亥、卯、未木月，逆行丑、子、亥；申、子、辰水月，逆行戌、酉、申；巳、酉、丑金月，逆行未、午、巳。火逆于木则火成燎原，木逆于水则木多沉溺，水逆于金则水多搏激，金逆于火则金多烁销。故曰九坎、曰九焦。然从水、火以命二名，故历家止忌乘船、鼓铸、栽种等事，义无大害，今从之。

五虚

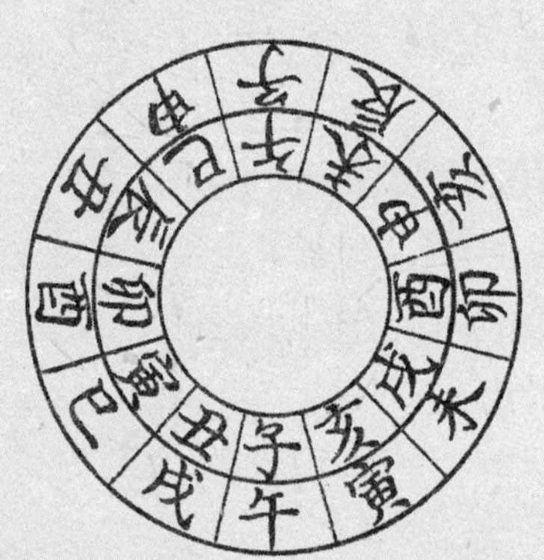

《枢要历》曰：“五虚者，四时绝辰也。其日忌开仓库、营种莳、出财宝、施债负。”

《历例》曰：“五虚者，春巳、酉、丑，夏申、子、辰，秋亥、卯、未，冬寅、午、戌也。”

曹震圭曰：“五虚者，四时逢绝之辰也。物绝则损朽，其中虚而无实也，故曰虚。如春木旺巳、酉、丑，金绝也；夏火旺申、子、辰，水绝也；秋金旺亥、卯、未，木绝也；冬水旺寅、午、戌，火绝也。”

八风　触水龙

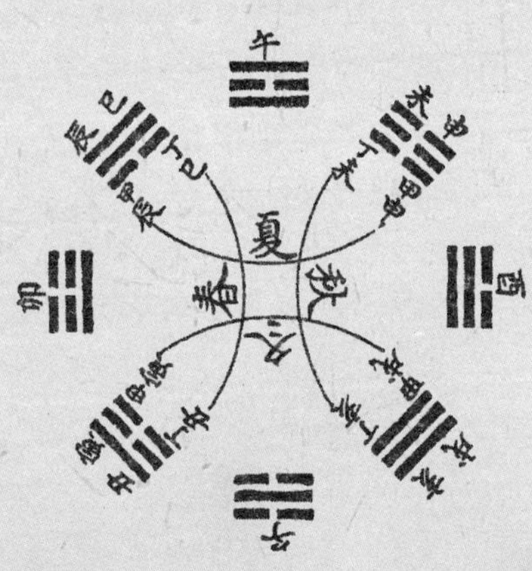

《枢要历》曰：“咸池、招摇、八风、触水龙所值之日，忌乘船渡水、涉江河。”

《历例》曰：“八风者，春丁丑、己酉，夏甲申、甲辰，秋辛未、丁未，冬申戌、甲寅。触水龙者，丙子、癸丑、癸未也。”

曹震圭曰：“八风者，是八节八卦之风也。各以四立之建后一辰为四立之风，以其三合前辰为次节风。如立夏建巳，以辰为立夏风；申为三合前辰，为夏至风是也。假令立春建寅，以建前丑为正风，以丁配之，取温和之意也；以酉为傍风，配之以己，取己土长生之地也。立夏建巳，以辰为正风，申为傍风。皆以甲配之者，立夏之后风势极微，故配甲以生之也。立秋建申，以未为正风。而不取傍风者，谓秋气好杀而无养育之性。以辛配之，取金风之象；又以丁配之，存其温和之气也。立冬建亥，以戌为正风，寅为傍风。皆以甲配之者，以风鸣冬，其势极大，配之以甲木以生风也。共为八节，故曰八风。触水龙者，触犯也，龙水物也，壬、癸、亥、子水也，能与水相胜者火、土也。火在上为丙，土居下为四季辰，乃龙之正位。壬水所居，戌亥为乾天之位，有龙象焉。故惟余丙子、癸未、癸丑为触水龙日也。”

按：《灵枢经》曰：“一者天，二者地，三者人，四者时，五者音，六者律，七者星，八者风，九者野。”又曰：“冬至之日，太一立于叶蛰之宫，风从南方来，为虚风，贼伤人者也。立春之日，风从西方来，万民又皆中于虚风。”由此观之，八风之义，其本诸此乎？春丁丑、丁巳，夏甲申、甲辰，秋丁未、丁亥，冬甲戌、甲寅。巳丑之于春也，即五虚巳、酉、丑而去其正位之酉也。申、辰之于夏也，即五虚申、子、辰而去其正位之子也。秋、冬可推。盖正风犹可，而邪风更凶也。其以丁甲者，木为风，风又出于火也。触水龙者，水之伐日也。龙，水族之长。子为水宫，癸即子也。干为水而支伐之，与支为水而干为支之所伐，皆犹触水中之龙也。招摇即六仪，六仪即天罡，阴建之冲也。咸池，五行沐浴之地也。图并见前，故不著。触水龙不论四时皆忌，此三日故不图。涉江并忌，故比而陈之。而咸池、招摇不嫌重见者，别著一义故也。

宝义制专伐日

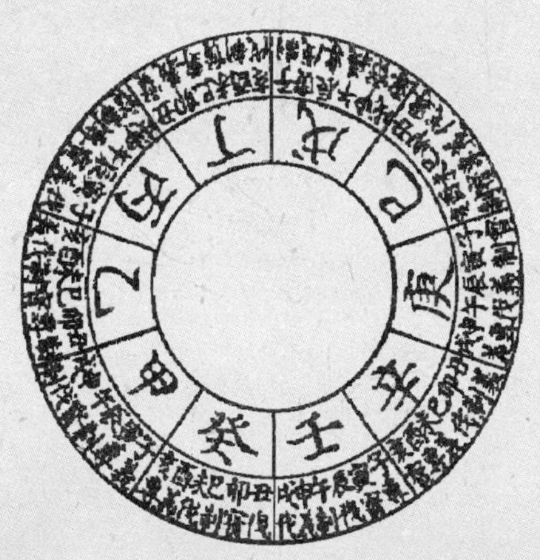

《淮南子》曰：“子生母曰义，母生子曰宝，子母相得曰专，母胜子曰制，子胜母

曰困。以制击杀，胜而无报，以专从事而有功。以义行理，名立而不堕。以宝畜养，万物蕃昌。以困举事，破灭死亡。”

《遁甲经》曰：“宝日者，干生支也。义日者，支生干也。制日者，干克支也。其日利行军。伐日者，支克干辰也。其日忌攻讨征伐、出军掠地。专日者，干支五行相同也。其日忌出军。”

《历例》曰：“宝日者，丁未、丁丑、丙戌、甲午、庚子、壬寅、癸卯、乙巳、戊申、己酉、辛亥、丙辰。义日者，甲子、丙寅、丁卯、己巳、辛未、壬申、癸酉、乙亥、庚辰、辛丑、庚戌、戊午。制日者，乙丑、甲戌、壬午、戊子、庚寅、辛卯、癸巳、乙未、丙申、丁酉、己亥、甲辰。伐日者，庚午、辛巳、丙子、戊寅、己卯、癸未、癸丑、甲申、乙酉、丁亥、壬辰、壬戌也。专日者，甲寅、乙卯、丁巳、丙午、庚申、辛酉、癸亥、壬子、戊辰、戊戌、己丑、己未。”

曹震圭曰：“干生支者，得其天时也。支生干者，得其地利也。干克支者，得其人和，我可制彼也。故干为天为我，支为地为彼也。伐者，彼伐于我也。干为尊为我，支为卑为彼，是卑伐于尊，彼克于我，其义逆也。今干支同类，是彼我同德，两势相敌，不分胜负，故忌出军。”

《考原》曰：“专日亦名和日。”

按：《淮南》以专日为吉，谓以专从事则有功。而《遁甲》则以专日为凶。今按：专日所忌，止在行军。其他固当从《淮南》，并以吉日论。

八专

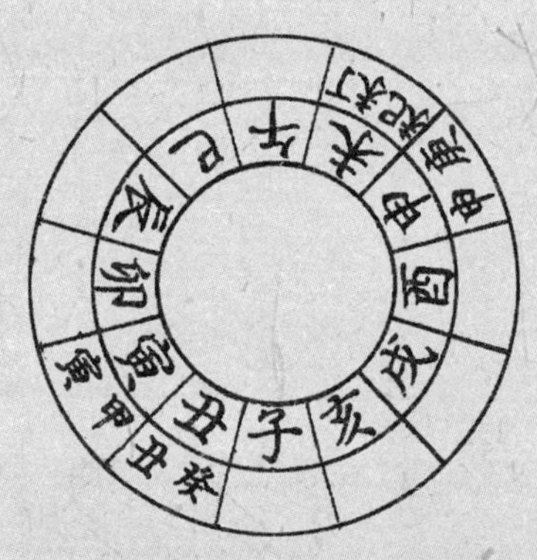

《曾门经》曰：“八专日忌出军、嫁娶。丁未、己未、庚申、甲寅、癸丑也。”

按：八专而止五日者，十干所寄止于八支，不居子、午、卯、酉，而此八支之中六甲循环、干支相见，则曰“八专”也。忌出军者，彼己同位则交绥也；忌嫁娶者，阴阳同居则无别也。

无禄

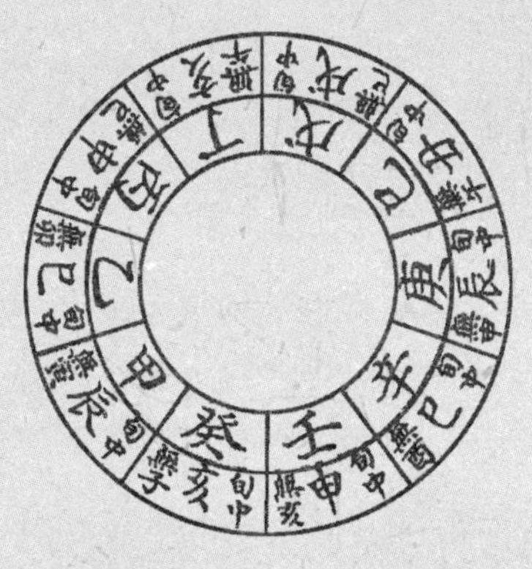

《通书》云：“甲辰、乙巳、庚辰、辛巳、丙申、戊戌、丁亥、己丑、壬申、癸亥，此十日禄皆落空，故云无禄。如甲禄在寅、乙禄在卯，甲辰旬寅卯空，故甲辰、乙巳为无禄也。庚禄在申、辛禄在酉，甲戌旬申酉空，故庚辰、辛巳为无禄也。丙、戊禄在巳，甲午旬巳空，故丙申、戊戌为无禄也。丁、己禄在午，甲申旬午空，故丁亥、己丑为无禄也。壬禄在亥，甲子旬亥空，故壬申为无禄也。癸禄在子，甲寅旬子空，故癸亥为无禄也。此十日名曰无禄日，又曰十恶大败日。然惟随各年及本命避之。如庚戌年及庚戌生人忌用甲辰之类是也。”

按：无禄日乃禄陷旬空，故以为忌。然六壬、火珠林之法，填实则不空，非不论年月而概以此十日为禄空也。如甲辰日寅禄落空，若太岁、月建、太阳在寅，则不为空，而此年月之甲辰日即不为无禄日矣。余日仿此。术士盲于理，不问年月而概忌之，固拘滞不可通。又谓惟对冲之年及对冲本命人忌用其日，则又曲为通融而悖谬不可解者也。

重日

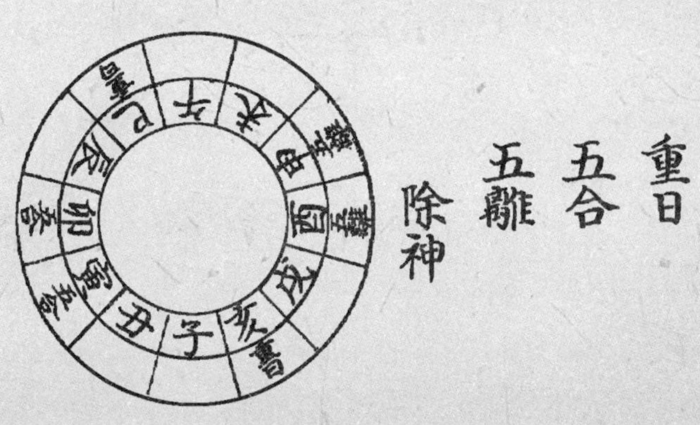

《天宝历》曰："重日者，以阴阳混合于亥，阳起于甲子而顺，阴起于甲戌而逆，至巳、亥而同，故曰重日。其日忌为凶事，利为吉事。"

《历例》曰："重日者，巳亥二日也。"

曹震圭曰："亥为阴极之位，坤辟在焉；巳为阳极之位，乾辟在焉。是阳中阳而阴中阴也，故曰重。其日忌为凶事者，恐重犯也；利为吉事者，宜再见也。"

五合

《枢要历》曰："五合者，月内良日也。其日宜结婚姻、会亲友，立券、交易。"

《历例》曰："五合者，寅、卯日也。"

曹震圭曰："十干者夫之象，十二支者妇之象。今自子为始，以甲相配，至酉而止，不及戌亥。然戌能进五辰配寅中之甲，亥能进前五辰配卯中之乙，而成夫妇会合之礼，故曰五合。若其他则进五无所配也。虽有辰配申中之庚，巳配酉中之辛，而申、酉反为五离者。《易》曰：'一阴一阳之谓道。'杂则相乖，合则睽离也，故曰五离。"

按《历例》："五合者，寅卯日也。"而曹震圭以戌、亥为言，未详其义。今按：《汉书》曰："甲寅无子。"言甲寅旬中无子、丑也。然则寅卯之为五合日者，以寅配甲、卯配乙而六甲乃成，有贞下起元之义，则使五位相得而各有合者，寅、卯也，故曰五合。反此则为申、酉。六十甲子至戌亥而绝，则未绝而离者乃申、酉矣。若以四时言之，寅、卯为春和会之气也，故为五合；申、酉为秋清肃之气也，故宜解除。

五离[①]

《枢要历》曰："五离者，月中离神也。其日忌结婚姻、会亲友、作交关，立契券。"

《历例》曰："五离者，申、酉日是也。"

曹震圭曰："五离者，是阴阳重会之辰，再合则离也。"

《考原》曰："按《通书》，以申、酉日为除神，与五合对冲之日也。宜沐浴、祓除灾眚。"

按：日神不从年月天干起义者，唯此三条，故并为一图。

① 除神。

解神

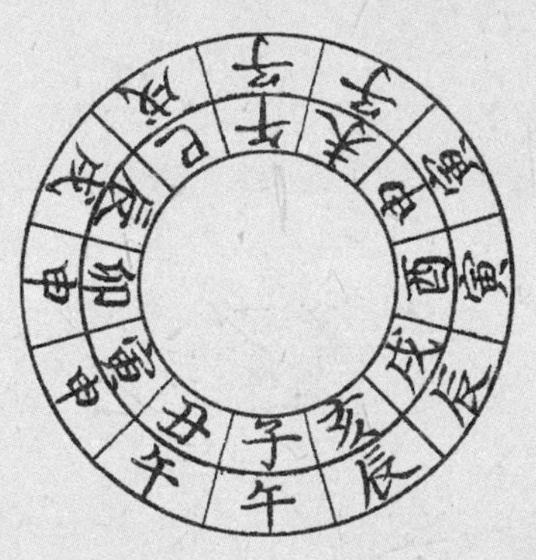

《总要历》曰：“解神者，月中善神也。所值之日，宜上词章、雪冤枉。”

《历例》曰：“正、二月申，三、四月戌，五、六月子，七、八月寅，九、十月辰，十一月、十二月午也。”

曹震圭曰：“解神者，月中奏对直谏之臣也。常居与月建相对之阳辰，与太岁中奏书一义。盖忠直之臣，不处私阴之位也。”

按：阴阳之性，非冲不解，而解神于六阳辰即用冲神，于六阴辰则不用冲神，而即用阳辰之冲神者，何也？阳者德也，冲之而即解所为，如日月之食者也。阴者慝也，冲之即慝作矣。然而阴非无阳者也，必冲其阳则慝亦解，动其固有之德也。虽然，不可径冲其本位也。为臣者知此，得进谏之方焉；为君者知此，得受谏之道焉。故曹震圭比之奏书也。

复日

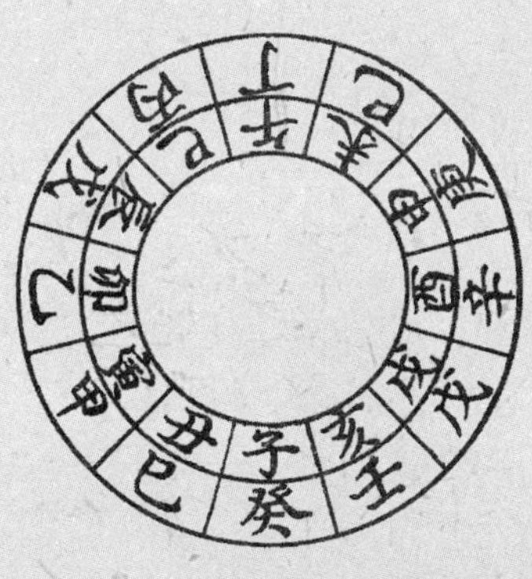

《天宝历》曰：“复日者，为魁罡所系之辰也。其日忌为凶事，利为吉事。”

《历例》曰：“复日者，正、七月甲、庚，二、八月乙、辛，四、十月丙、壬，五、十一月丁、癸，三、九、六、十二月戊、己日也。”

曹震圭曰："复者，重见也，为本建之辰与所谓之干同也。假令正月寅即甲也，而又见甲是复也。又如辰、戌即戊也，丑、未即己也，而又见戊、己是复也。余仿此。《地理新书》云：正月甲、七月庚、二月乙、八月辛、四月丙、十月壬、五月丁、十一月癸，三月、九月戊，六月、十二月己。"

按：建寅而得甲日，则是月与日同也。为凶事之所忌者，盖犹忌月建之义。然干与支不可同日语矣。俗则以为犯此则致重丧，益无是理。《选择宗镜》载古人葬课多用建日，又曰："正月甲日、二月乙日得令、得禄最吉，三月戊日虽不得禄而实得令次吉。"然则复日之忌固不可从，而世俗相传已久。今定为鸣吠遇复日则忌，德赦、六合遇复日则不忌。庶存其名，不害于义云。

鸣吠日

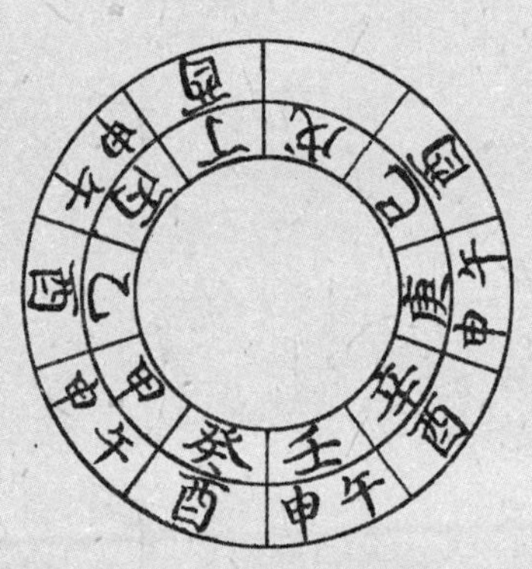

鸣吠对日

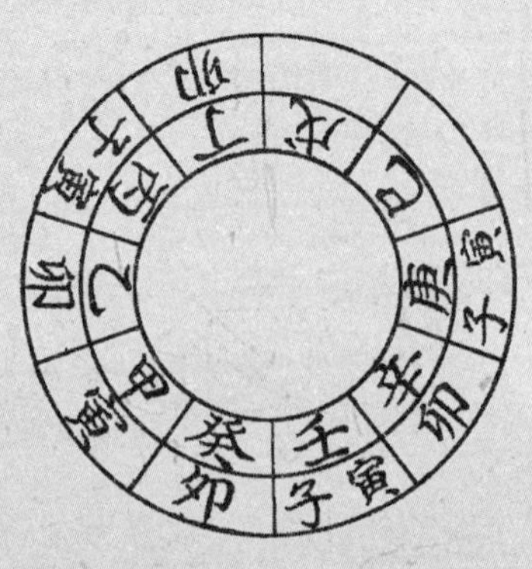

一行云：鸣吠者，五性安葬之辰也。用之者得金鸡鸣、玉犬吠，上下相呼，亡灵安稳，子孙富昌。

鸣吠日者，庚午、壬申、癸酉、壬午、甲申、乙酉、庚寅、丙申、丁酉、壬寅、丙午、己酉、庚申、辛酉也。

《历事明原》曰："金鸡者，兑也，兑宫酉也。玉犬者，艮也，艮为犬也。大抵外宅之要，在山泽地势，是坤、艮、兑也。故以坤兑往来加艮顺布八卦，视艮所临之辰为良也。如兑加艮，则艮临离午也；又以离加艮，则艮临兑酉也；又以坤加艮，则艮临坤未申也；又以艮自加，艮丑寅也。丑、未二辰乃墓、绝无气之位，故不可用。又十干之中，戊为阳土，以配中宫明堂之位，不可用也。甲午、甲寅、丙寅者，乃自死、自旺、自生之日，故不用。止余一十四日，为鸣吠吉日也。"

《一行经》云：鸣吠对日者，用之破土斩草也。

鸣吠对日者，丙寅、丁卯、丙子、辛卯、甲午、庚子、癸卯、壬子、甲寅、乙卯也。

《考原》曰："按鸣吠对者，乃与鸣吠对冲之日。其己、丑日无对冲，庚寅与甲申，壬寅与丙申又互为对冲，故止余九日。今取十日者，盖甲午日虽不用为鸣吠，然其对冲庚子可用为鸣吠对也。若甲寅之对庚申，丙寅之对壬申，则鸣吠日中已用之矣。惟甲午疑应作甲子。盖甲子本与庚午对冲，且既用庚子，不宜并用甲午也。恐传者有误。"

《神煞起例》曰："金鸡鸣玉犬吠并鸣吠对日，相传始于郭公而定于邵子，举世用之。大葬日曰金鸡鸣玉犬吠，小葬日曰鸣吠对。试问何为金鸡玉犬，何为对？则莫知所由来矣。盖生人之礼属于阳，葬者藏也，则属于阴。夫人身有生死，一世之阴阳也；四序有春秋，一岁之阴阳也；十二时有昼夜，一日之阴阳也。阳取乎阳，阴取乎阴，各从其类，道本自然耳。时日之阴阳，分于日之出没，日出东方为阳，生人之事也；日入西方为阴，送终之事也。金鸡者酉，为日入之门；玉犬者戌，为闭物之会。然埋藏于土而不敢犯土。凡支干属土者，如戊、己名都天，辰、戌、丑、未名大墓，皆所不宜，故不用戌而用酉。溯酉而上，至午而止。午乃一阴之始，过午而巳，则六阳之卦矣。用五酉以为主。巳阴土，属酉，故亦不忌。是谓金鸡也。申去戊而用四申，越未而午，亦去戊而用四午。共为大葬之十三日，谓之鸣吠者。以此次酉之对为卯，则去己而用四卯，以别于酉也；申之对为寅，亦去戊而用四寅；午之对为子，亦去戊子不用；至于甲乃十干之长，纯阳也，故亦不用而用三子。共为小葬之十一日，谓之鸣吠对者。以此亥为巳之对，故亦不用云。又星命之术数，人生时遇卯，安命取东方出地之义。而中阳子《葬埋克择》则遇酉安命，亦取西方入地之义。岂非用酉之一证耶？其余因金鸡而多张名目，则术家巧饰耳目之为，不足深究矣。"

立成

一阴生日	庚午	壬午	甲午	丙午	戊午 不用
鸣吠日 未土不用 用申日	壬申	甲申	丙申	戊申 不用	庚申
	癸酉	乙酉	丁酉	己酉	辛酉
五戌属土 不用	不用 甲戌	不用 丙戌	不用 戊戌	不用 庚戌	不用 壬戌
酉对日	癸卯	乙卯	丁卯	己卯 不用	辛卯
鸣吠对日 丑土不用 用申对日	壬寅	甲寅	丙寅	戊寅 不用	庚寅
阴生日对日	庚子	壬子	不用 甲子	丙子	戊子 不用

按：《通书》安葬用庚寅、壬寅、丙午、庚午、壬午、甲申、丙申、庚申、壬申、乙酉、丁酉、己酉、辛酉、癸酉十四日为鸣吠日。启攒用丙子、庚子、壬子、甲寅、丙寅、乙卯、丁卯、辛卯、癸卯、甲午十日为鸣吠对日。相传始自敦璞，谓之金鸡鸣玉犬吠日，而不知其所由。《明原》曲为之解而不能通，《考原》疑其有误而未之定。今按《神煞起例》之语，于理为安，庶几可信。其法以甲、丙、庚、壬四干配午、申得八日，辟戊土不用；以乙、丁、己、辛、癸五干配酉得五日，避未土不用。共十三日，为鸣吠日。己为阴土，生于酉，故配酉而不避也。又以丙、庚、壬三干配子得三日，避戊土不用；甲配子为纯阳，亦避不用；以甲、丙、庚、壬四干配寅得四日，避戊不用；以乙、丁、辛、癸四干配卯得四日，避己不用。共十一日，为鸣吠对日。通共二十四日。《通书》误以庚寅、壬寅为鸣吠，甲午为鸣吠对，遂不可解。今图依《起例》改正。又按《起例》以戌为土不用而止用酉，则止有金鸡鸣而无玉犬吠矣。何以为鸣吠耶？曰：一行之言，金鸡鸣、玉犬吠，上下相呼，亡灵安稳。人之葬也，归骨于上。戌为终万物之地，至亥则又为始矣，故亥曰登明。然则戌者指葬地而非指葬日也。言择日必以酉为主，则是金鸡鸣于上，而地下之玉犬与之吠应；上下相呼，而亡灵安稳矣。酉，辛也。然辛不居酉而居戌，辛金也，玉金之精也，故有金鸡玉犬之号。人事行于地上，魂魄安于地下，正以地上之金鸡呼地下之玉犬，而非并用鸡日犬日之谓也。

钦定协纪辨方书卷六

义例四

三合

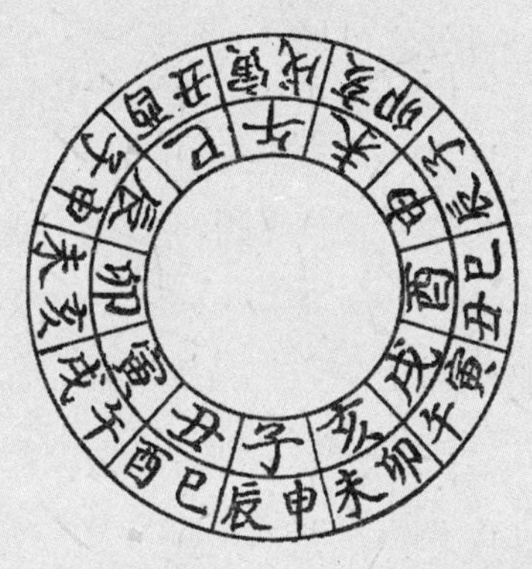

《曾门经》曰：“三合者，异位而同气也。寅、午、戌，火之三合；巳、酉、丑，金之三合；申、子、辰，水之三合；亥、卯未，木之三合。其日宜结会亲姻、和合交易、修营起土、立木上梁。”

《历例》曰：“正月在午、戌，二月在未、亥，三月在子、申，四月在丑、酉，五月在寅、戌，六月在卯、亥，七月在子、辰，八月在丑、巳，九月在寅、午，十月在卯、未，十一月在辰、申，十二月在丑、巳。”

《考原》曰：“三合者，各与其月建会成三合局也。”

按：子午为冲，子未为害，冲重于害也。寅卯为类，寅午戌为合，合必轻于类矣。而不然者何也？天之圆积气也，地之方积形也。人者，圆首方趾，上圆下方，而为三角，实天地之心。是故方圆之数，必以三角为用以明；天为大圆、地为大方，心由人之三角而神以著。然则辰之三合固天地之道所由及于人之端欤！三方既立，五行以之终、以之始，四序以之生、以之成。一生二，二生三，三生万物，理之自然。至粗而至精，至近而至远，至微而至巨，至庸而至神，其唯三合之义欤！

临日

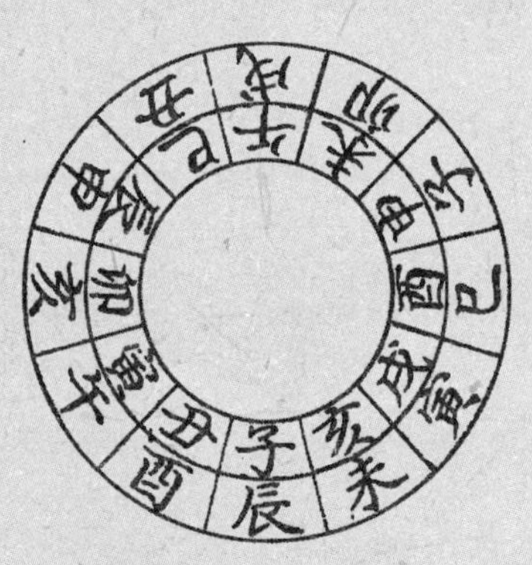

《枢要历》曰："临日者，上临下之义也。其日忌临民、诉讼。"

《历例》曰："临日者，正月午、二月亥、三月申、四月丑、五月戌、六月卯、七月子、八月巳、九月寅、十月未、十一月辰、十二月酉。"

曹震圭曰："临者，上临于下也，是阳建之使臣，奉上命以授百官者也。建阳之月，在三合前辰，是临于文官官符也。建阴之月，在三合后辰，是临于武职白虎也。"

按：三合前辰为定日，三合后辰为成日。定、成、三合固吉。阳顺而前，阴逆而后，是为阴阳得位，其义尤吉。即配年方而论，定日为官符，建前第四辰也；成日为白虎，建后第四辰也。官符为文，白虎为武。阴后而阳前，左文而右武也。阳月前左取官符，阴月后右取白虎，别名之为临日。盖阴阳不得其位，则官符、白虎皆为害于人；阴阳各得其位，则官符、白虎皆为人除害者也。是宜为临民受讼之吉占。乃《枢要历》以为忌者，盖误也。

驿马　天后

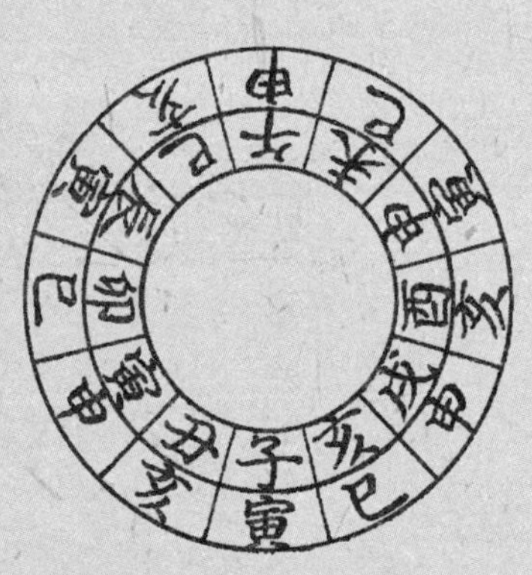

《神枢经》曰："驿马者，驿骑也。其日宜卦赠官爵、诏命公卿、远行赴任、移徙

迁居。”

李鼎祚曰：“驿马者，正月起申，逆行四孟。”

《总要历》曰：“天后者，月中福神也。其日宜求医疗病、祈福礼神。”

《历例》曰：“天后与驿马同位。”

储泳《祛疑说》曰：“今世之所谓驿马者，先天三合数也。先天寅七、午九而戌五，合数二十有一。故自子顺至申，凡二十有一，而为火局之驿马；亥、卯、未之数四、六、八，合为十八。故自子顺至巳，凡十八，而为木局之驿马。木、火阳局也，从子一阳顺行。金、水阴局也，从午一阴顺行。故申、子、辰之数七、九、五，合二十有一。自午顺至寅，凡二十有一，而为水局之驿马。巳、酉、丑之数四、六、八，合为十八。自午顺至亥，凡十有八，而为金局之驿马。此驿马之法所由起也。”

曹震圭曰：“驿马者，五行将病，得见妻子，似人值困途逢妻子者也。假令寅、午、戌火也，病于申，中有庚为妻、戊为子，故以申为马。申、子、辰水也，病于寅，中有丙为妻、甲为子。亥、卯、未木也，病于巳，中有戊为妻、丙为子。巳、酉、丑金也，病于亥，中有申为妻、壬为子也。”

《洞原经》曰：“既病见子，驿马到来。”又曰：“天后者，驿马也。五行受病，得见妻子，反有救助。天后主生育万物，为万物之母，故以名之。”

按：寅为功曹、申为传送、亥为天门、巳为地户，皆道路之象也。三合在寅、午、戌，则对寅之申，有驿马之象焉。三合在巳、酉、丑，则对巳之亥，有驿马之象焉。又驿马者，不安其居之谓也。数穷则变，寅、午、戌之数尽而恰遇夫申，则火将变而之乎水矣。火生于木，木绝于申而申又生水以生木，是火以变而不穷也。巳、酉、丑之数尽而恰遇夫亥，则金将变而之乎木矣。金生于火土，火土绝于亥而亥又生木以生火，是金以变而不穷也。申、子、辰、亥、卯、未仿此。《易》称“乘马班如”，“用拯马壮”，皆以舍旧图新、改过迁善为义。故驿马又曰“天后”，亦绝处逢生之意也。若《洞源经》所谓既病见子、驿马到来者，则以申为火病、巳为木病，以见驿马，即是三合病乡，聊以识之耳。犹三煞为太岁三合，绝、胎、养之类，恰遇其方，即用以为记，而非于病、绝、胎、养有所取义也。于此穿凿附会，则失之远矣。曹震圭以三煞为绝、胎、养，则绝、胎、养皆属幽阴之地，犹若可通。至以驿马为五行将病得见妻子，则妄谬已甚矣。又按：驿马有从年支取者，有从日支取者，其义例皆与月同，故不重列。

劫煞

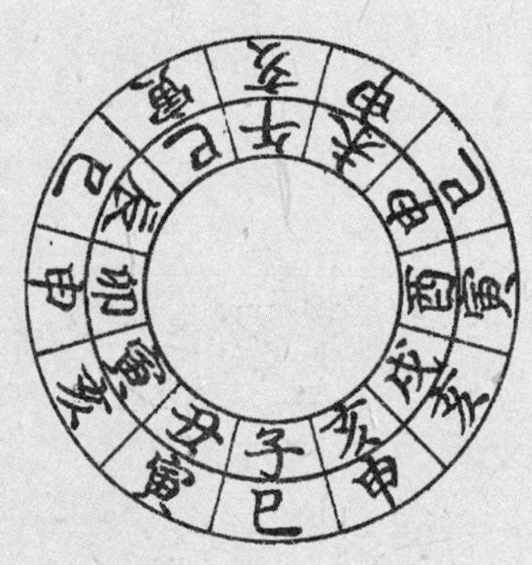

《神枢经》曰：“劫煞者，劫害之辰也。其日忌临官视事、纳礼成亲、战伐行军、出入兴贩。”

李鼎祚曰：“正月起亥，逆行四孟。”

按：月劫煞义与岁劫煞同。

灾煞

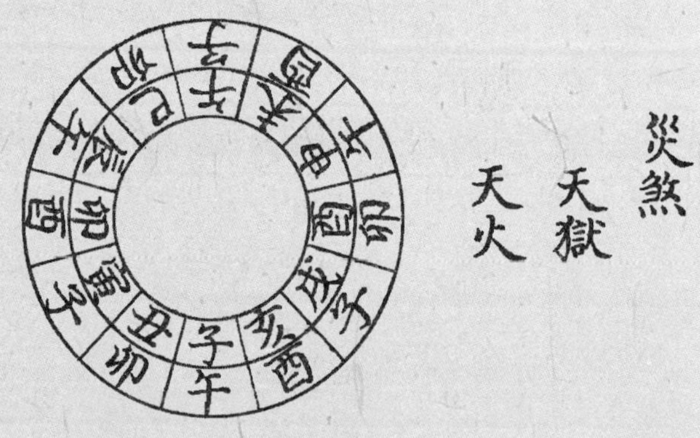

按：月灾煞义与岁灾煞同。又按《神煞起例》，亦有伏兵、大祸、五兵神煞，与岁同例。而历家不特无伏兵、大祸二神，并无灾煞，其为阙遗，固不待言。但月主一月之事，不必一一与岁同例。其伏兵、大祸可以弗论。至于三煞，断难阙一，自当依《起例》补足。又按：天狱，正月起子，顺行四仲。曹震圭以为天狱即是灾煞，应逆行四仲，而今顺行者流传之误也。其说是，今从之。

天狱　天火

《神枢经》曰：“天狱者，月中禁神也。其日忌献封章、兴词讼、赴任、征讨。”

《玉帐经》曰："天火者，月中凶神也。其日忌苫盖、筑垒垣墙、振旅兴师、会亲娶妇。"

《历例》曰："天火者，正月在子。顺行四仲。"

按：天狱与天火向为正月起子，顺行四仲。曹震圭以为天狱即是月灾煞，以逆行四仲为是，而天火仍顺行四仲。其说曰："寅、午、戌月在子。盖子中藏阳气之火，其势最弱，待寅、午、戌月火势兴旺以显其光，故子中有霹雳火也，是水中之火见之于天也。亥、卯未月在卯。盖卯中有伏焰之火也，火气既生于寅，至卯而木旺反蔽其焰而成炭，又待亥、卯、未月木再生之，故卯内有炉中火也。申、子、辰月在午。盖午中有正旺之火，其势最大，物莫敢侵其光，反暗待申、子、辰月，水势将兴，反制其光，上下俱明，故午中有天上火也。巳、酉、丑月在酉。谓酉中有长生丁火，如硫黄煤炭之类，故待巳、酉、丑月金石之气而再发旺也，故酉中有山之火也。且子中之阳火，卯中之木火，午中之旺火，酉中长生丁火，莫非天道自然，故以名之。"观曹震圭之论，亦为近似。但古人立义命名纯一不二，使其宛转推移、兼收并举，纳甲不得入于纳音、河洛不得入于壬遁，则无往而不可立说矣。寅、午、戌火既取子水，申、子、辰水既取午火，则亥、卯、未木必不取卯木而取酉金，巳、酉、丑金必不取酉金而取卯木，可断也。子水何以有火？曰：子中之火乃真火。于人身验之，命门为真火；于海验之，无月之夜一海皆火。盖坎中一画是为纯阳，故寅、午、戌之火局根于子也。出乎震则为龙、为雷，而人乃见水中之火焉。不知其不见者，乃子水之天火也。知乎此，则申、子、辰水之以午为天火，一而非二，取左手以例右手可矣。若夫木中有火，钻燧得之；石为金母，击火出之；金中有火，摩轧亦生，人所见也。其不见者，则为木之天火，云木老则腐而火发焉。即钻木出火，亦木败而出火以自焚也。木败于金，然则金者木之天火也，金老则生水矣。若夫金之火，金之少也，石者未成之金也，少于金则火居焉。土者又未成之石也，又少于石，则火更散布漫衍于其中而草木生之，又为火之母焉，然则木者金之天火无疑矣。水火之中，冬、夏至也。短长各极，而天火转为一体。金木之中，春、秋分也。短长齐等，而天火转居两端。此以见天地之道，其相反者实一而神也，其相似者实两而化也。是故天火亦应逆行四仲。又天狱即灾煞，今用灾煞，天狱应删。

月煞　月虚

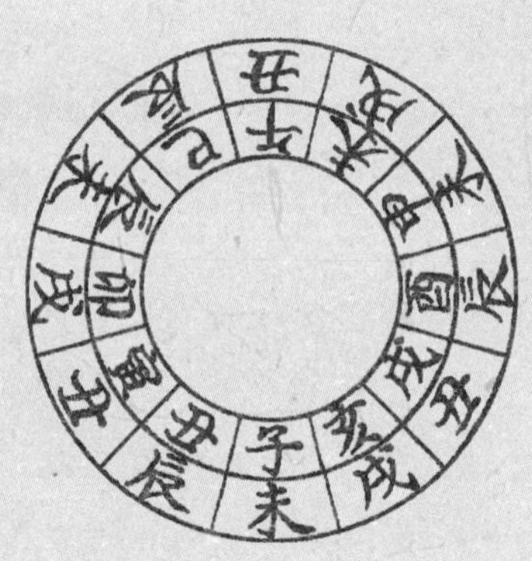

《广圣历》曰：“月杀者，月内之杀神也。其日忌停宾客、兴穿掘、营种植、纳群畜。”

《历例》曰：“月煞者，正月起丑，逆行四季。”

《枢要历》曰：“月虚者，月内虚耗之神也。其日忌开仓库，出财物，结婚，出行。”

《历例》曰：“月虚者，正月起丑，逆行四季。”

按：在岁为岁煞，在月为月煞，无二义也。图说已见岁神，唯又谓月虚者，盖亦以月建三合旺气之对则必虚耗，犹破日之又名大耗也。

月刑

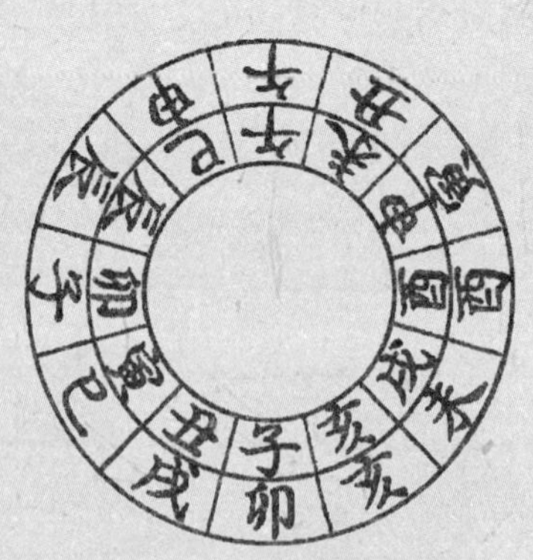

按：月刑之义与岁刑同。详见岁刑条下。

月害

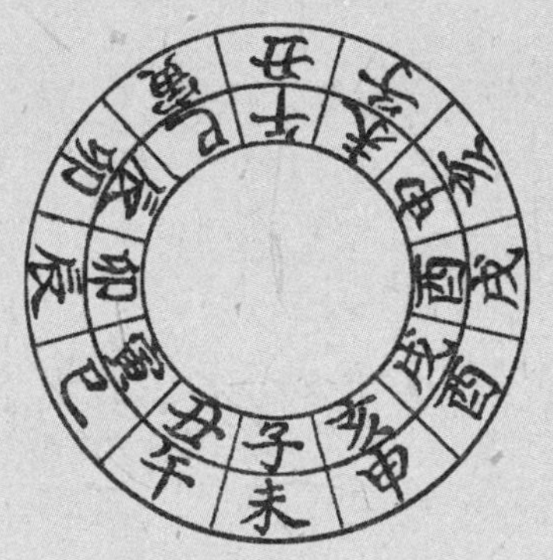

《神枢经》曰：“月害者，阳建所害之辰也。所值之日，忌攻城野战、牧养群畜、结会亲姻、请医巫、纳奴婢。”

《历例》曰：“正月起巳，逆行十二辰。”

曹震圭曰：“月害者，月中六害也。假令卯辰相害者，卯以乙旺之木害辰墓之土，辰以墓土却害卯中癸水也。寅巳相害者，谓寅以旺甲害巳中戊土，而巳以生庚害寅中旺甲也。丑午相害者，丑以癸水害午中丁火，午以己土害丑中癸水也。子未相害者，子以所生之辛金害未中墓木，未以旺土害子中旺水也。申亥相害者，亥以生木害申中生土，申以旺金害亥中生木，又以生土害亥中旺水也。酉戌相害者，戌以墓火害酉之旺金，酉以所生丁火害戌中辛金也。”

《考原》曰：“六害者，不和也。凡事莫不喜合而忌冲，正月建寅与亥合而巳冲之，故寅与巳害。二月建卯与戌合而辰冲之，故卯与辰害。盖月建者，众神之首，冲其所合，是以害也。”

按：六害之义，《考原》得之，震圭非也。年、日六害，皆同月害取义，故不重列。

大时　大败　咸池

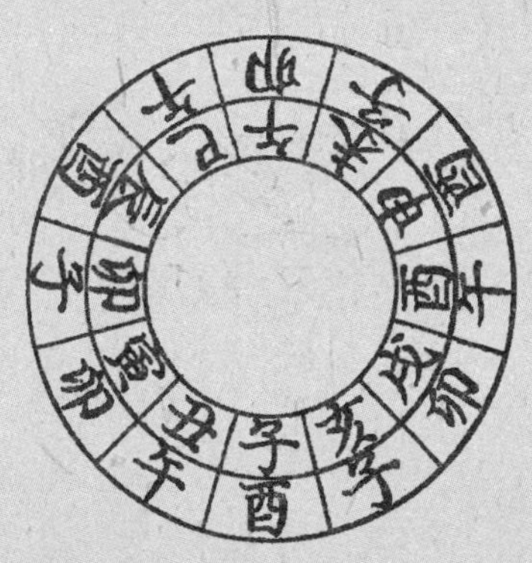

《淮南子》曰：“斗柄为小岁，月从左行十二辰。咸池为大岁，正月建卯，月从右

行四仲，终而复始。大岁迎者辱。背者强，左者衰，右者昌。小岁东南则生，西北则杀，不可迎也，而可背也；不可左也，而可右也。大时者，咸池也。小时者，月建也。”

《神枢经》曰：“大时者，将军之象也。所值之日，忌出军、攻战、筑室、会亲。”

李鼎祚曰：“大时者，正月起卯，逆行四仲。”

曹震圭曰：“大时者，乃月建三合五行沐浴之辰也。盖五行至此则败绝，是最凶之辰也，故曰大凶之时。”

按：咸池、大时，《神枢经》有忌无宜，曹震圭以为大凶之时。今考《淮南》本义，则其义与岁神大将军相似。

游祸

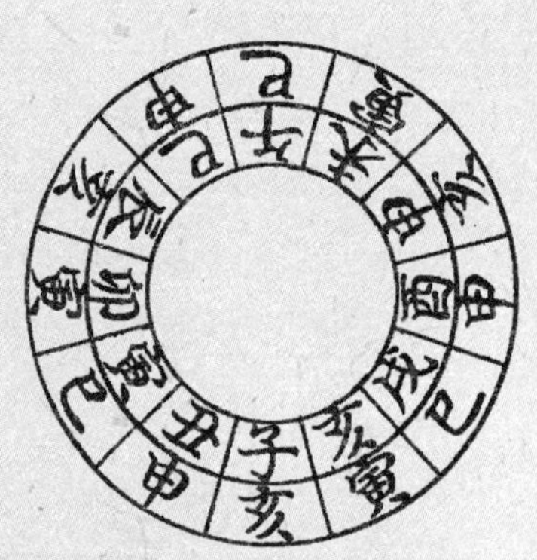

《神枢经》曰：“游祸者，月中恶神也。其日忌服药、请医、祝神、致祭。”

李鼎祚曰：“游祸者，正月起巳，逆行四孟。”

曹震圭曰：“游祸者，三合五行临官之神，是对冲劫煞之位也。”

《考原》曰：“游祸神者，以其流行于四隅，故曰游；以其过旺，故曰祸。”

按：天干以临官为禄而地支以临官为祸，其义不同。干，阳也。支，阴也。阳善而阴恶，故阳以方旺为吉，而阴以方旺为凶也。岁方不忌阳刃而忌大煞，义亦类此。若夫成、定之吉，则取日月三合，不可与是同语矣。

天吏　致死

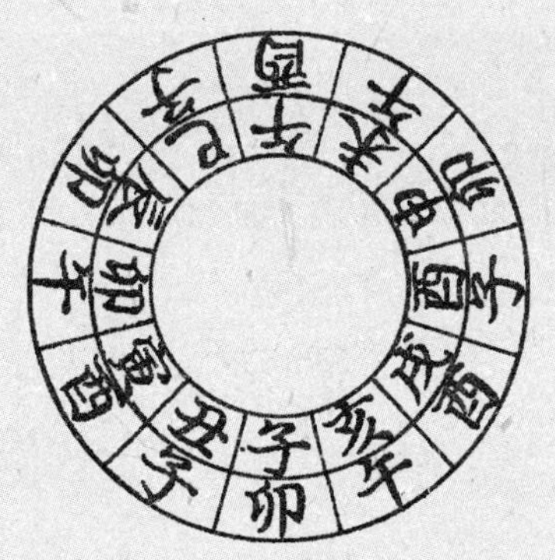

《枢要历》曰："天吏者，月中凶神也。其日忌临官、赴任、远行、词讼。"

《历例》曰："天吏者，正月起酉，逆行四仲。"

曹震圭曰："天吏者，三合五行死气之位。五行至此，死而无气，乃天之凶吏，全无生意也。其忌可知。"

按：天吏者，三合之死气也，故又为致死。司马迁曰："削木为吏，义不对。"汉酷吏尹赏且死，戒子曰："丈夫为吏，正坐残贼免，追思其功效则复进用矣。一坐软弱不胜任免，终身废弃，无有赦时。"盖吏之心，诚利人之死也。为此名者，其为三代以下无疑矣。如果天吏则必曰求其生而不得则死者，与吾两无憾也。奈何以致死辱天吏哉？

六合　无翘

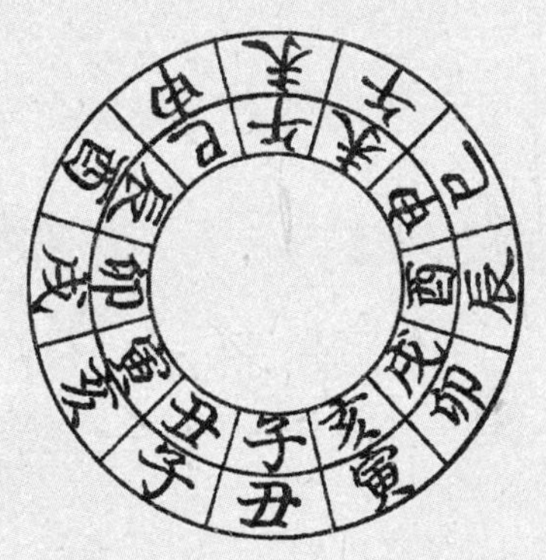

《神枢经》曰："六合者，日、月合宿之辰也。其日宜会宾客、结婚姻、立契券、合交易。"

李鼎祚曰："正月在亥，逆行十二辰。"

《考原》曰："六合者，月建与月将相合也。"

《天宝历》曰：“无翘者，翘犹尾也，阳乌所主，阴则无之，常居厌后，故曰无翘。其日忌嫁娶。”

曹震圭曰：“翘犹首翘，妇人之饰也。无翘者，是无其饰也，故忌嫁娶。”

按：六合、月将、太阳过宫，并见《本原》及《公规》卷内。惟是日又名无翘，《天宝历》以为乌尾，曹震圭以为首饰，其义亦不足取矣，盖堪舆家最忌月厌，故以厌前一辰为章光，厌后一辰为无翘，其日皆忌嫁娶。犹岁神之以岁前为罗睺，岁后为病符也。夫月厌仅值一日，非若方位之相比连，断无因忌一日而并忌前、后两日之理。且六合、天愿皆宜嫁娶吉日，又以为无翘而忌之，毋乃欺世而滋惑乎！俗士又名飞翘，更属讹缪，应删。

兵吉

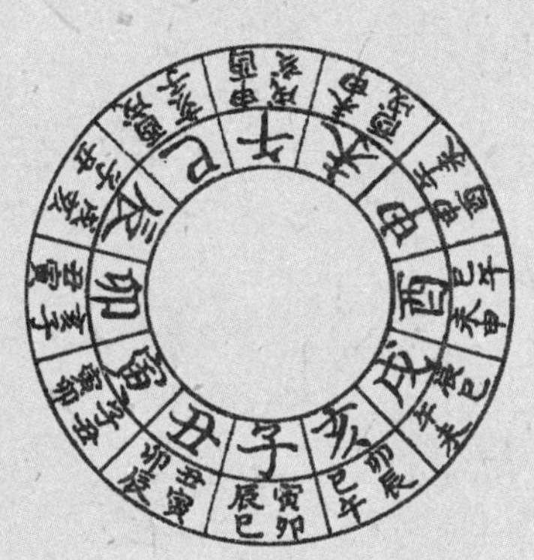

《总要历》曰：“兵吉者，月内用兵之吉辰也。其日宜出师命将、攻伐略地。”

《历例》曰：“兵吉者，正月子、丑、寅、卯，二月亥、子、丑、寅，三月戌、亥、子、丑，四月酉、戌、亥、子，五月申、酉、戌、亥，六月未、申、酉、戌，七月午、未、申、酉，八月巳、午、未、申，九月辰、巳、午、未，十月卯、辰、巳、午，十一月寅、卯、辰、巳，十二月丑、寅、卯、辰。”

曹震圭曰：“兵吉逐月渐退一辰者，是兵家无有妄进、无有躁动之意，故云兵者不祥之器，不得已而用之也。又《易》卦师之六四曰：‘师左次，无咎。’言左次则为退舍也，故见可而进、知难而退，师之常也。又《太白阴经》曰：‘未见而战，虽众必溃。见利而战，虽寡必胜。’是兵家不可以妄举轻进，此阴阳之戒也。”

按：兵吉者，皆太阳后四辰也。太阳前一位为月厌，太阳隔之，则太阳之后，一、二、三、四皆厌所不到之地，兵行之吉道也。常处太阳之后，随太阳以行，则物莫敢犯者矣。其终于四者，并太阳而为五，则太阳为我军之伍长也。

五富

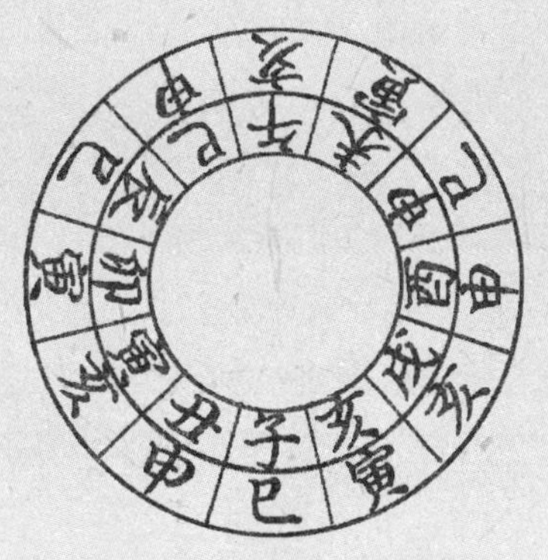

《总要历》曰："五富者，富盛之神也。其日宜兴举运动，估市经求。"

《历例》曰："正月起亥，顺行四孟。"

曹震圭曰："五富者，月中余盛之神也，盖寅、午、戌月火王，喜亥中甲木而生，申、子、辰月水王，爱巳中庚金而生，亥、卯、未月木王，求寅木相助，巳、酉、丑月金王，求申中庚金相益，故曰余盛，此其义也。"

按：五富者，三合长生之六合也。寅、午、戌火，火长生于寅，亥者寅之合也。亥、卯、未木，木长生于亥，寅者亥之合也。申、子、辰水，水长生于申，巳者申之合也。巳、酉、丑金，金长生于巳，申者巳之合也。生我之神居得合地，则其益我者必多，故曰五富也。或曰当逆行四孟，其说谓三合父母之长生也。寅、午、戌火以木为父母，木长生于亥。亥、卯、未木以水为父母，水长生于申，申子、辰水以金为父母，金长生于巳。巳、酉、丑金以土为父母，土长生于寅。生我之神既得长生，则吉庆莫有大焉者也。故以五富名之，言无不足也。九五福，二曰富，[1] 富固五福之一。五福而皆富有，则洵乎其无不足也。其说亦通，故附存之。

天仓

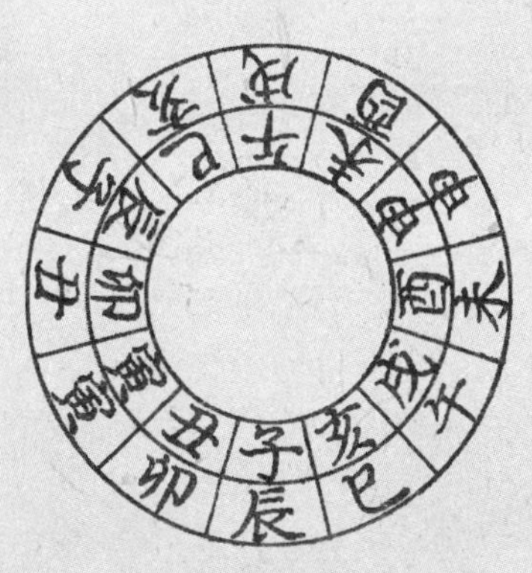

① 编者注：见《洪范》：九，五福，一曰寿，二曰富，三曰康宁，四曰攸好德，五曰考终命。

《总要历》曰："天仓者，天库之神也。其日可以修仓库、受赏赐、纳财、牧养。"

《历例》曰："天仓者正月起寅，逆行十二辰。"

曹震圭曰："仓者，藏也，月建私藏之神也。盖建寅之月，天地交泰，阴阳各半而气同，故共藏于本建。至二月阴阳气离，则建事于前、私藏于后，故历丑逆行。至七月阳阳否，其气又同，阴阳各半亦同藏于申也。"

按：太阳在亥则天仓在寅，太阳在戌则天仓在丑，每居太阳后四辰。然则天仓者，太阳之收日也。建后四辰为收日，《神煞起例》以收为天仓方，可互观而自得也。收必有仓，仓于何所？必于其六合之地矣。天仓在寅，则亥为收日；天仓在丑，则子为收日。然则天仓者，又收之六合也。若夫曹震圭"建事于前、收藏于后"之说，亦太支且遁矣。

天贼

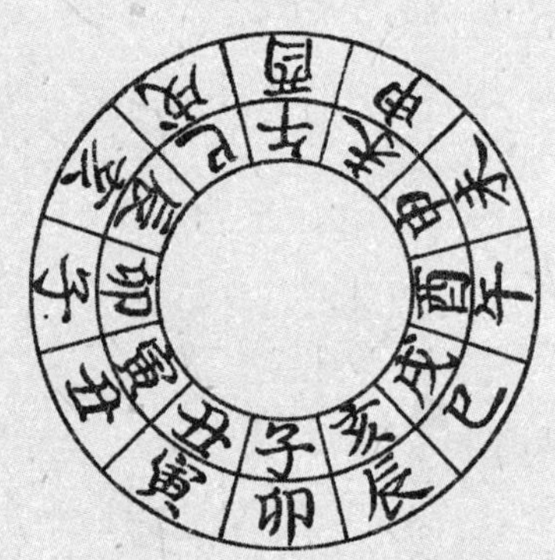

《神枢经》曰："天贼者，月中盗神也。其日忌远行。"

李鼎祚曰："天贼者，正月在丑，逆行十二辰。"

曹震圭曰："天贼者，盗神也，常居天仓后辰。盖仓库之后必有盗也。"

按：天贼者，月厌之收日也，常居厌后四辰。月厌逆行，天贼亦逆行。故建之平乃厌之收，建所为前乃厌所为后也。月厌主阴私。《国语》曰："天事恒象。"厌所收必天贼矣。

要安

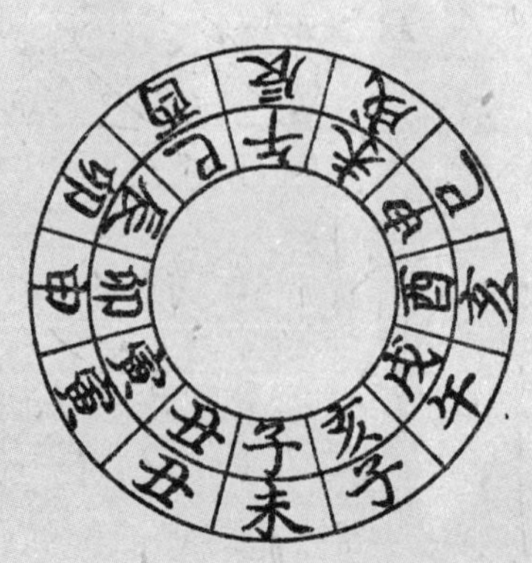

《枢要历》曰："要安者，月中吉神也。所值之日，宜安抚边境、修葺城隍。"

《历例》曰："要安者，正月寅、二月申、三月卯、四月酉、五月辰、六月戌、七月巳、八月亥、九月午、十月子、十一月未、十二月丑也。"

曹震圭曰："要安者，要而用之，可得安也。盖阳建之月历寅、卯、辰、巳、午、未，阴建之月历申、酉、戌、亥、子、丑也。如是则阳辰之月用阳气通泰之辰，阴辰之月用阴气柔和之辰。类《易》卦之六爻刚柔相应之象。"

玉宇

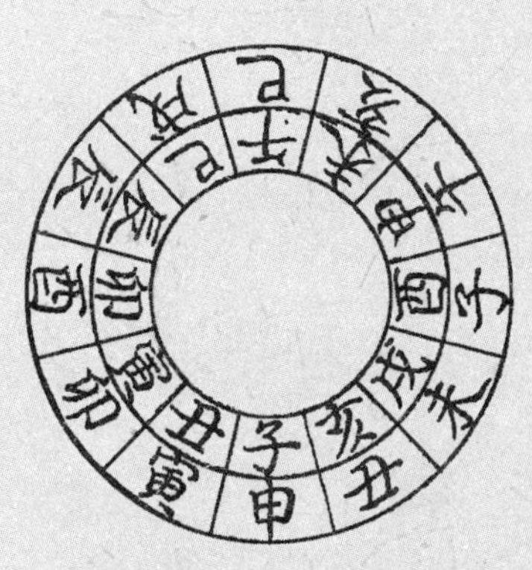

《枢要历》曰："玉宇者，月中贵神也。所值之日，宜修宫阙、缮亭台、结婚姻、会宾客。"

《历例》曰："正月卯、二月酉、三月辰，四月戌，五月巳、六月亥，七月午，八月子，九月未，十月丑，十一月申，十二月寅。"

曹震圭曰："玉宇者月建所安之室也。卯、酉者，日、月之门，分界之位。东南方，阳位也，为外为前，故阳建居之。西北方，阴位也，为内为后，故阴月居之。似人之居处，男居于前，女居于后也。"

金堂

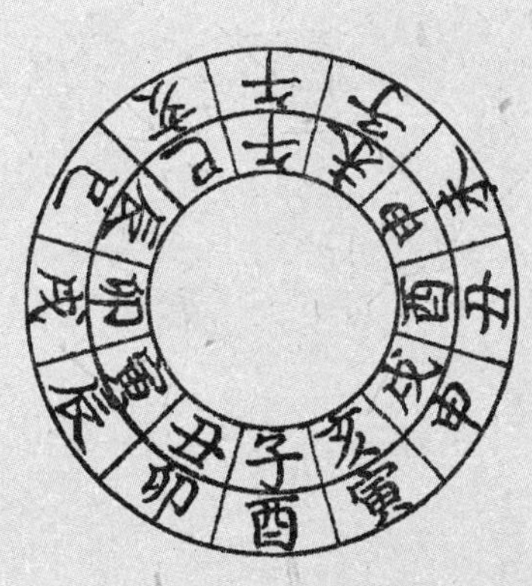

《枢要历》曰："金堂者，月中善神也。所值之日，宜营建宫室、兴造修筑。"

《历例》曰："正月辰、二月戌、三月巳、四月亥、五月午、六月子、七月未、八月丑、九月申、十月寅、十一月酉、十二月卯。"

曹震圭曰："金堂者，建神安乐之堂也，常在玉宇之前，似王公建修宅第之次序也。"

敬安

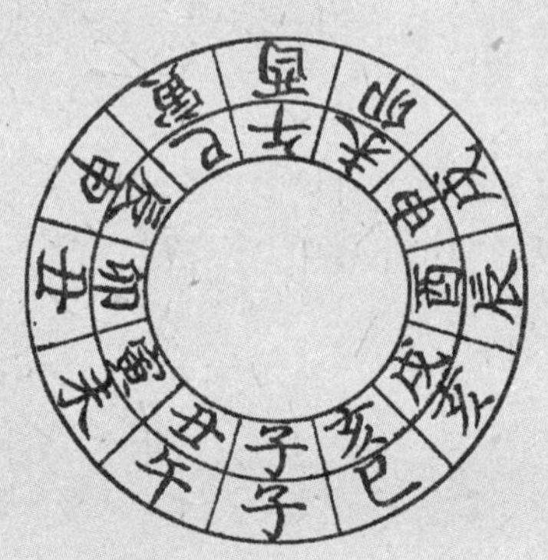

《枢要历》曰："敬安者，恭顺之神也。所值之日，宜睦亲族、叙尊卑、纳礼仪、行庆赐。"

《历例》曰："敬安者，正月未、二月丑、三月申、四月寅、五月酉、六月卯、七月戌、八月辰、九月亥、十月巳、十一月子、十二月午。"

曹震圭曰："敬安者，是阴阳相会之义也。阳会阴而必敬，阴会阳而必恭，若恭而敬，必得安也。盖未、申、酉、戌、亥阴气用事之辰，故阳辰之月会之；丑、寅、卯、辰、巳阳气用事，故阴辰之月会之。子、午阴阳争，故自会也。其义如此。"

普护

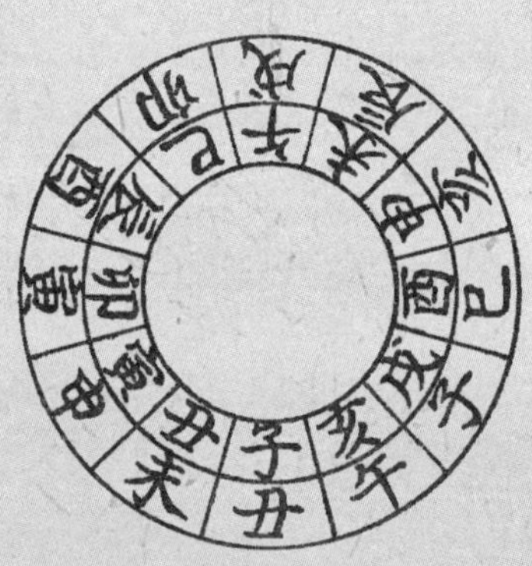

《枢要历》曰："普护者，神荫之神也。所值之日，宜祭祀祷祠、寻医避病。"

《历例》曰："普护者，正月申、二月寅、三月酉、四月卯、五月戌、六月辰、七月亥、八月巳、九月子、十月午、十一月丑、十二月未。"

曹震圭曰：“普护者，乃月中普护万物、无偏私之神也，常与要安相对。盖申、酉、戌、亥、子、丑乃阴权否窒之位，与阳建之月相配；寅、卯、辰、巳、午、未乃阳气通泰之位，与阴建之月相配。是月内阴阳暗有相护之神也。”

福生

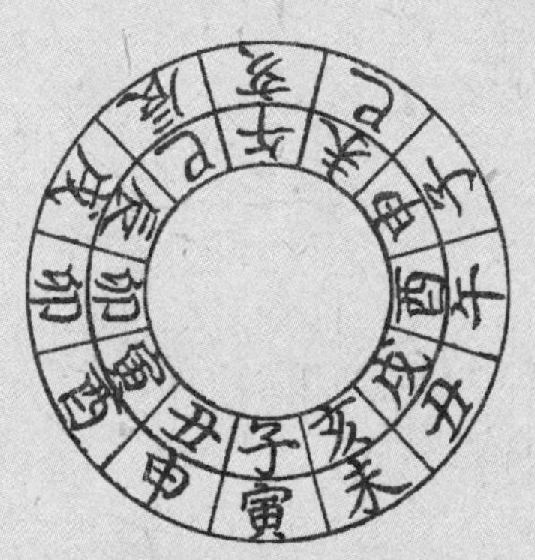

《枢要历》曰：“福生者，月中福神也。所值之日，宜祈福求恩，祀神致祭。”

《历例》曰：“福生者，正月酉、二月卯、三月戌、四月辰、五月亥、六月巳、七月子、八月午、九月丑、十月未、十一月寅、十二月申。”

曹震圭曰：“福生者，月内祈求福愿之神也，故与玉宇相对。谓玉宇为月建之所安，向之则所以邀福月建，顾其所向亦所以造福也。”

圣心

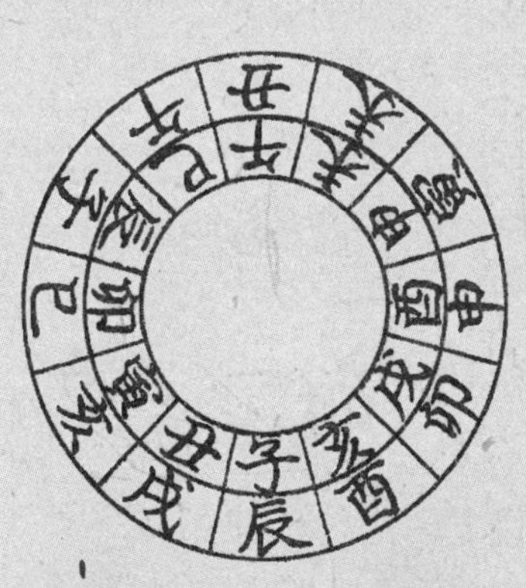

《枢要历》曰：圣心者，月中福神也。其日宜上表章、行恩泽、营百事。”

《历例》曰：“圣心者，正月亥、二月巳、三月子、四月午、五月丑、六月未、七月寅、八月申、九月卯、十月酉、十一月辰、十二月戌。”

曹震圭曰：“劳而不敢安者，圣人之心也。盖阳辰之月顺理阳卦之位，阴辰之月顺理卦之位。初寅之月起于乾宫亥者，是顺天之道也。"

《考原》曰："正、三、五、七、九、十一为阳建之月，故从亥至辰配乾、坎、艮、震四阳卦；二、四、六、八、十、十二为阴建之月，故从巳至戌配巽、离、坤、兑四阴卦。"

益后

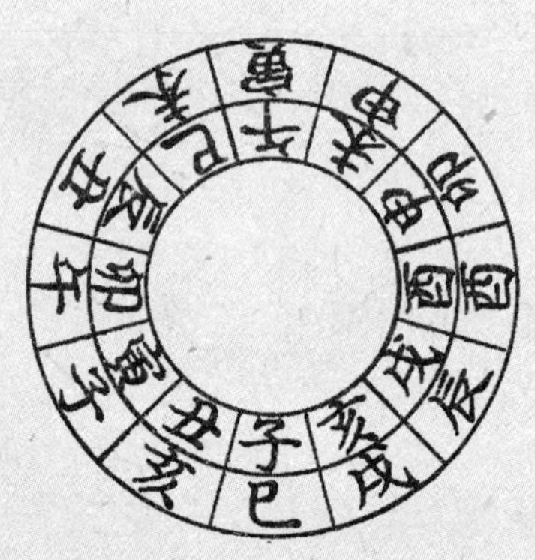

《枢要历》曰："益后者，月中福神也。所值之日，宜造宅舍、筑垣墙、行嫁娶、安产室。"

《历例》曰："正月子，二月午，三月丑，四月未，五月寅，六月申，七月卯，八月酉，九月辰，十月戌，十一月巳，十二月亥。"

曹震圭曰："益后者，于子嗣有补益之神也。子、丑、寅、卯、辰、巳为阳气之位，以阳建之月配之；午、未、申、酉、戌、亥为阴气之位，以阴建之月配之。阴阳会和既生男女，当夫训其男、妇教其女，使男从夫道、女从妇道，各从其道当有益于将来，故云益后。"

续世　血忌

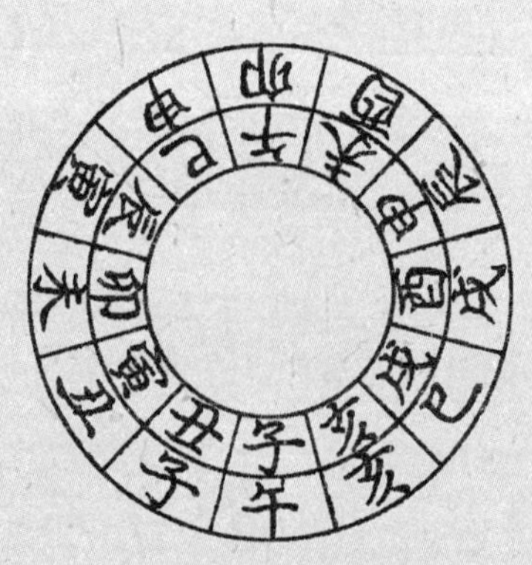

《枢要历》曰："续世者，月中善神也。所值之日，宜结婚姻、睦亲族、祀神祇、求嗣续。"

《历例》曰："续世者，正月丑、二月未、三月寅、四月申、五月卯、六月酉、七月辰、八月戌、九月巳、十月亥、十一月午、十二月子是也。"

《考原》曰："按续世者，月中继续之神也，常在益后后一辰。盖亦与玉宇、金堂之相连者同意。"

又按：自要安至续世凡九神，其起例皆以六阴月与六阳月对冲。如正月寅则二月申，正月卯则二月酉是也。余仿此。

九神总论

右要安以下九神，皆以对冲两两相比：或阳月阳、阴月阴，或阳月阴，阴月阳。从寅月寅起，至寅月丑止，取其九位而去其寅月巳、午、戌三位不用。或又以寅月从巳、午、戌起，如《例历》十二辰者为龙虎、为罪至、为受死，皆为凶神。而以此九位为吉神，虽有其例而莫名其物，众说纷然，皆不明确。夫神之有凶、吉也，皆本年、月、日神所喜、所忌之阴阳五行以为断，或以三合五合言，或以六合六冲言，或以纳音纳甲言，或以卦位方位言，或以旺相休囚言，千变万化，要皆不离乎此。而此以寅申卯酉两两相比以命十二辰，则皆不可得而符合也。《史记》汉武帝时有五行家、堪舆家、建除家、丛辰家、历家、天人家、太一家，聚讼不决，各守其师传而不相下。彼时术家之多如此，今则统归于历家。其说之传者皆断烂蒙昧，莫寻其端绪。堪舆、建除、五行、历家犹可意揣而命之，若丛辰等家之言，则更莫可考也。今此九神与堪舆、建除、五行、历家之旨俱不符合，意者其丛辰等家之遗绪欤？而传之最久，历代相沿不废，用于祷祠鬼神而亦为建造等事之吉日。唯《历神原始》则曰："此九神专为祈禳而设。"今观其命名之义，且参之《礼记》柔日、刚日之旨，其说殆近是欤。存之以为祭祀择日之占。而《枢要历》所言"上表章、修造"诸事者，并不复用。若夫龙虎、罪至、受死三辰，并仍旧历，从删。夫既以九神为吉，则余三不用可知，不必重立名目也。又按《神煞起例》，以龙虎、罪至为天地争雄日。由此观之，九神为祷祀鬼神而设益验。盖巳、午者阴阳之交也，故有天地争雄之目。而又南方正位也，故与幽则有鬼神之义相反。其戌之为受死者，亥为阳气剥尽之会，而乾之纯阳居之，以首万物，此阴阳之妙义。六壬之以壬名而不曰六甲者，此也。亥既为首，则戌必居终，故以戌为受死也。然此特以六阳六阴十二辰从寅轮转而命之云尔。若自寅而卯以至于丑，逐月论之，则义并不可通。夫唯鬼神之道，有其始之，即要其终。不若人事之显著，事各一理而不可稍有差忒也。故曰"宜祭祀之吉辰"，庶几近之。

要安，言徼福于鬼神也。金堂、玉宇，神所居也，修祠立庙之类用之，内神以金堂而外神以玉宇也。敬安，安神位之日也，普护、福生、圣心，泛祷之日也。益后、续世，祠高禖之日也。

阳德

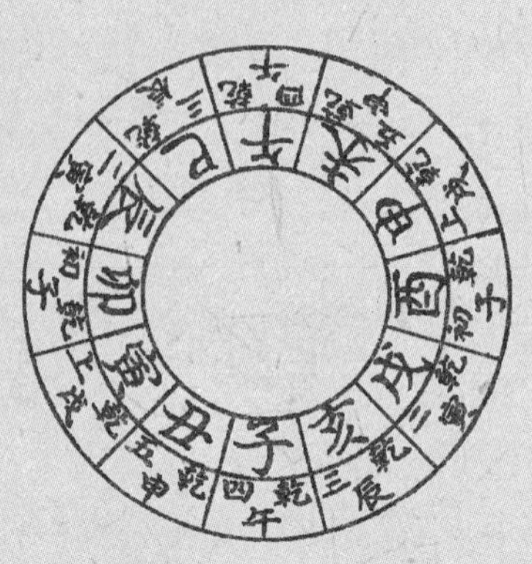

《总要历》曰："阳德者，月中德神也。所值之日，宜交易开市、结亲姻。"

《历例》曰："正月起戌，顺行六阳辰。"

曹震圭曰："阳德者，乾阳之道也。阳道不可以尽剥，故正月起戌，应乾之上九。戌者，乾之世爻。又五月一阴生，即配于午，顺历乾之六爻。六阳月居于寅、午、戌，火炎上，为尊为夫也。六阴月临于申、子、辰，水润下，为卑为妇也。故所值之日，长幼有序，夫妇有别是，嘉会合礼之辰，故宜如此。"

阴德

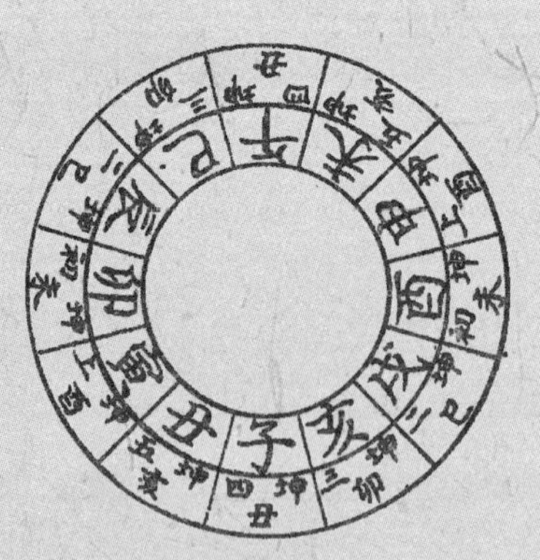

《总要历》曰："阴德者，月内阴德之神也。所值之日，宜施阴骘、行惠爱、雪冤枉、举正直。"

《历例》曰："正月起酉，逆行六阴辰。"

曹震圭曰："阴德者，是月中坤阴之道也。正月起于酉，应坤之上六，酉者坤之世爻，故从酉逆历坤之六爻。坤者厚德载物也，含弘光大、万物资生，故宜如此。"

按：阳德，乾六爻之纳甲也；阴德，坤六爻之纳甲也。卯、酉者日月也。各从卯、酉起初爻以历十二辰。阳德卯月乾初子，阴德卯月坤初未。阳德辰月乾二寅，阴德辰月坤二巳。阳德巳月乾三辰，阳德巳月坤三卯。阳德午月乾四午，阴德午月坤四，丑，阳德未月乾五、申。阴德未月坤五亥。阳德申月乾上戌，阴德申月坤上酉，而六爻各一终矣。复自酉至寅以次顺列焉。从卯至申，生万物者也；从酉至寅，成万物者也。帝出乎震而复生焉，生生不已也。夫乾坤以生万物、成万物为职，而其用在日、月，今六阳、六阴从卯、酉顺布，天施地生之象备矣。阳曰阳德，阴曰阴德，言阴阳之德皆在于生成万物也。其日必吉。

天马

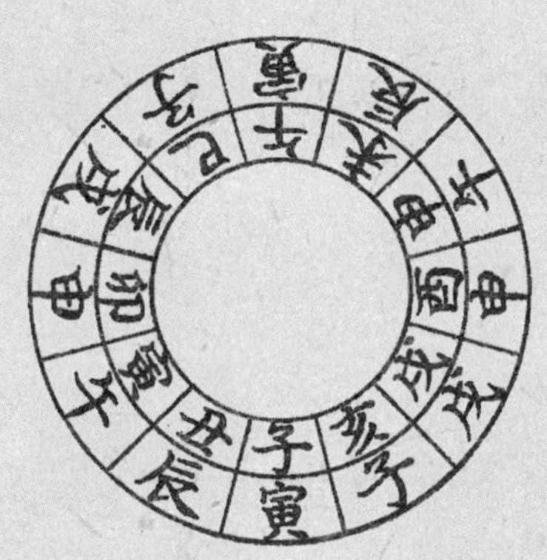

《神枢经》曰："天马者，天之驿骑也。其日宜拜公卿、择贤良、宣布政事、远行出征。"

李鼎祚曰："天马者，正月起午，顺行六阳辰。"

曹震圭曰："天马者，是乾体六阳用事之神也。《易》曰：乾为马。"

按：乾卦纳子、寅、辰、午、申、戌，天马则四、十月在子。四月乾卦，十月建亥，又乾宫也，午为马，《诗》曰："吉日庚午，既差我马。"说者谓午为马祖之神，寅、申为道路，午起寅顺历六阳辰，则申又得午，取象于马之用也。

兵禁

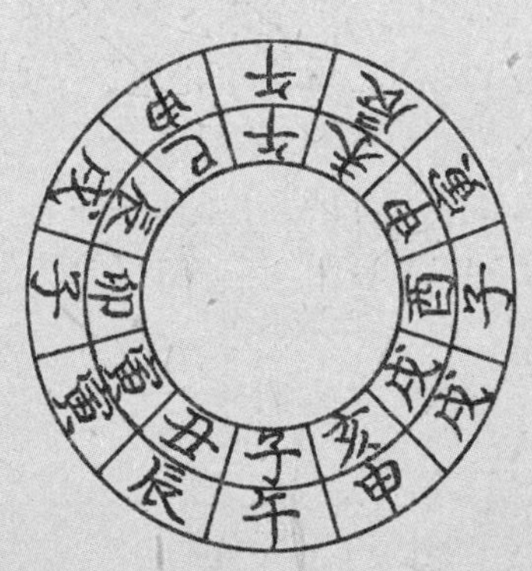

《总要历》曰：“兵禁者，用兵凶辰也。其日忌出师振旅、阅武教战。”

《历例》曰：“兵禁者，正月起寅，逆行六阳辰。”

曹震圭曰：“兵家所利者阴道也，所忌者阳道也。故兵禁正月起寅，逆行六阳辰也。又《月令》曰：‘孟春之月不可称兵。称兵必天殃，兵戎不起，不可从我始。’故正月以寅为禁辰也。二月子，相刑四煞也。三月戌，耗破之辰也。四月申，四煞三刑也。五月午，自刑也。六月辰，天罡四煞也。七月寅，破耗三刑也。八月子，四煞死神也。九月戌，河魁也。十月申，六害也。十一月午，破耗也。十二月辰，四煞天罡也。其忌可知。”

按：《易》曰：“地中有水，师。”说者谓伏至险于大顺之中，王者之师所以有征无战也。兵禁则与卦义相反。夫坎之六爻纳甲，寅、辰、午、申、戌、子也。今自坎之初爻翻转至上，倒行而逆施之，是以其至险显然横行于天下矣。若由乾坤以日、月为用之义推之，则卯月起坎上爻，逆行而下，岂非坎之所为，上六失道，凶三岁者乎？从上而至初，“系用徽纆”而“入于坎窞”，岂非兵之大禁欤？

地囊

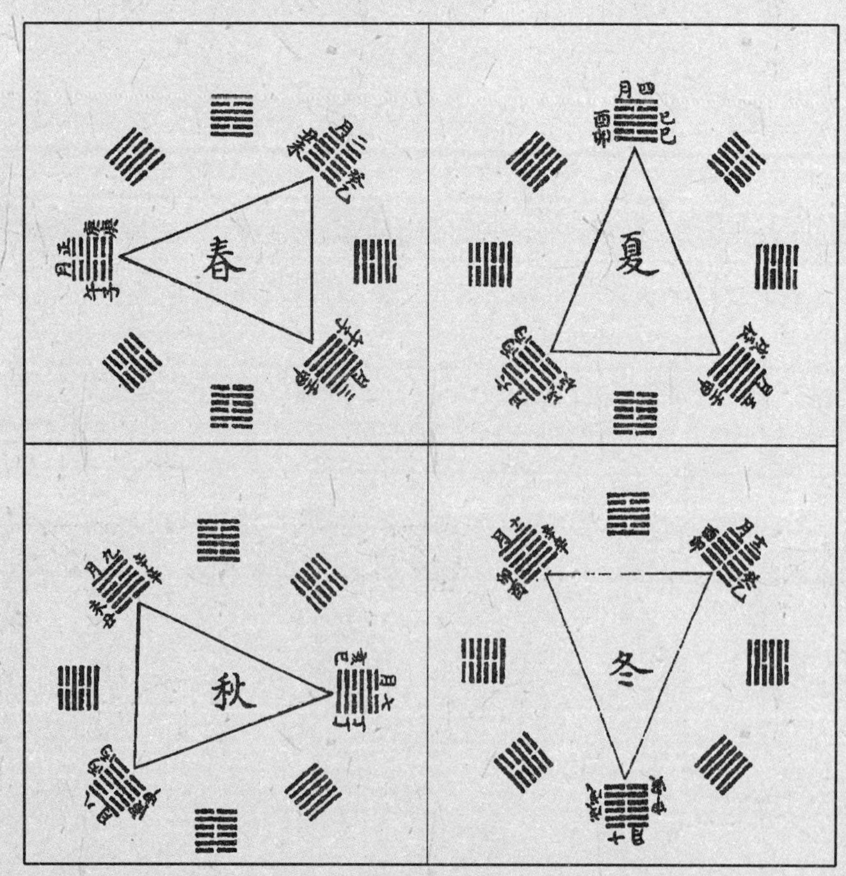

《历例》曰：“地囊者，正月庚子、庚午，二月癸未、癸丑，三月甲子、甲寅，四

月己卯、己丑，五月戊辰、戊午，六月癸未、癸巳，七月丙寅、丙申，八月丁卯、丁巳，九月戊辰、戊子，十月庚戌、庚子，十一月辛未、辛酉，十二月乙酉、乙未。”

曹震圭曰：《月令》云：孟春之月，天气下降，地气上腾，天地和，草木萌动。盖草木者，震也。故《易》云：“动万物者莫疾乎雷。”故正月震纳甲为地囊也。仲春之月，雷乃发声，蛰虫咸动，启户始出，当养生者，德莫比坤，故二月用坤之纳甲为地囊也。季春之月，时雨将降，下水上腾，覆育万物，莫大于天，故用乾之纳甲也。孟夏之月，农乃登麦，聚畜百药，靡草死，蚕事毕，能烜燥万物者莫熯乎火，故四月用离之纳甲也。仲夏之月，阴阳争死生分，雩祀山川百源，设坎坛，无用火南方，故使万物润泽者莫润乎坎，故五月地囊用坎之纳甲也。季夏之月，不可以兴土功，土润溽暑，大雨时行，烧薙行水，利以杀草，如以热汤，可以粪田畴，可以美土疆，以配中央之位，故用坤之纳甲也。孟秋之月，农乃登谷，万物有成，用始行戮，故《易》曰“万物之所以成终而所以成始也，莫盛乎艮。”故用艮之纳甲也。仲秋之月，务蓄菜，劝种麦，雷乃收声，蛰虫坏户，阴浸盛，阳日衰，莫说乎泽，故用兑之纳甲也。季秋之月，蛰虫咸俯在内，皆墐其户，霜始降，草木黄落，农事备收，五谷之实藏，帝藉之收于神仓，是万物之所收藏也莫劳乎坎，故用坎之纳甲也。孟冬之月，天气上腾，地气下降，闭塞而成冬，水始冰，地始冻，雉入大水为蜃，虹藏不见，反动于下也，故用震之纳甲也。仲冬之月，冰益坚，地始坼，芸始生，荔挺出，蚯蚓结，土事无作，阴阳争，诸生荡，万物洁齐，故用巽之纳甲也。季冬之月，数已终，岁更始，水泽腹坚，修耒耜，耦耕具，田器出，土牛以送寒气，其德厚载而致役者莫大乎坤，故用坤之纳甲也。

按：地囊乃四时三合卦之纳甲。盖三合无土局而土旺于四季，木、火、金、水之所以生、旺、墓者，无适非土，故用当时三合卦内外两初爻之纳甲为地囊日。其一卦两用者，则再用世、应二爻之纳甲日。春木亥、卯、未局，为震、坤、乾卦。正月用震内卦初爻庚子、外卦初爻庚午，二月用坤内卦初爻乙未、外卦初爻癸丑，三月用乾内卦初爻甲子、外卦初爻壬午。夏火寅、午、戌局，为离、乾、艮卦。四月用离内卦初爻己卯、外卦初爻己酉，五月用乾世爻壬戌、应爻甲辰，六月用艮内卦初爻丙辰、外卦初爻丙戌。秋金巳、酉、丑局，为兑、艮、巽卦。七月用兑内卦初爻丁巳、外卦初爻丁亥，八月用艮世爻丙寅、应爻丙申，九月用巽内卦初爻辛丑、外卦初爻辛未。冬水申、子、辰局，为坎、巽、坤卦。十月用坎内卦初爻戊寅、外卦初爻戊申，十一月用巽世爻辛卯、应爻辛酉，十二月用坤世爻癸酉、应爻乙卯。今世传《历例》，二月乙未讹癸未，三月壬午讹甲寅，四月己酉讹己丑，五月讹戊午、戊辰，六月讹癸未、癸巳，七、八月互易，丁亥讹丁卯，九月讹戊辰、戊子，十月讹庚戌、庚子，十一月辛卯讹辛未，十二月癸酉讹乙酉、乙卯讹乙未。曹震圭不辨其误，曲为之解而愈不能通。今推其义而改正之。盖旧本传写谬误，四十八字中误二十三字，亦天愿之类也。

土符

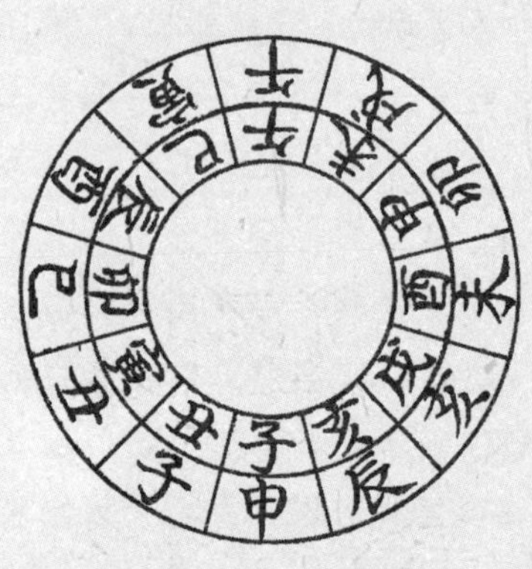

《总要历》曰："土符土神也。其日忌破土、穿井、天渠、筑墙。"

《历例》曰："土符者，正月丑、二月巳、三月酉、四月寅、五月午、六月戌、七月卯、八月未、九月亥、十月辰、十一月申、十二月子。"

曹震圭曰："土符者，乃土地握符信之神，使掌五土也。假令春木旺，土受其克，故托子金以制之，是春三月历巳、酉、丑也。夏火旺，土休，赖火为母以养之，故夏三月历寅、午、戌也。秋金旺，土相，不畏木制，故秋三月历亥、卯、未也。冬水旺，土亦刚坚，赖水以柔和之，故冬三月历申、子、辰也。"

按：曹震圭以土符为符信之义，似也。而以夏为土休、秋为土相，则于五胜之义舛焉。夫天之生物皆地生之者也，故十二辰无非土也。万物生于东、旺于南、收于西、藏于北。而由北而东，则土之所以终万物、始万物者也；由南而西，则土之所以盛美昌炽夫万物者也；由西而北，则土之所以伏藏保固夫万物者也。寅、巳、申、亥长生之位，则以丑、寅、卯、辰为其长生之符；子、卯、午、酉帝旺之位，则以巳、午、未、申为其帝旺之符；辰、未、戌、丑收藏之位，则以酉、戌、亥、子为其收藏之符。故曰土符也。其有所忌者，亦犹月建之为土府，尊之，故不敢犯也。

大煞

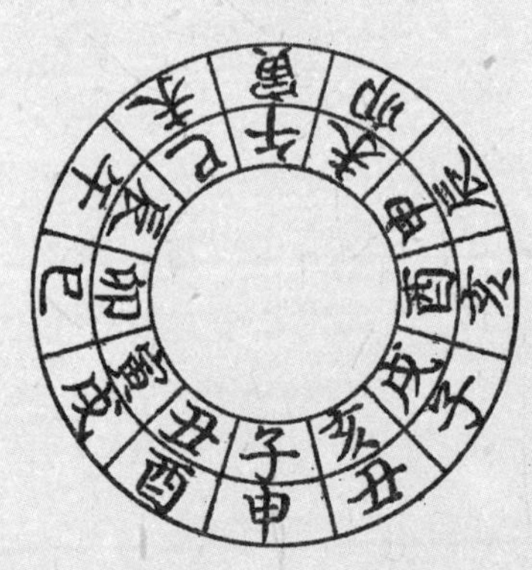

《神枢经》曰：“大煞者，月中廉察也。所值之日，忌出军征讨、嫁娶纳财、竖柱上梁、移徙置室。”

李鼎祚曰：“大煞者，正月在戌，二月在巳，三月在午，四月在未，五月在寅，六月在卯，七月在辰，八月在亥，九月在子，十月在丑，十一月在申，十二月在酉。”

曹震圭曰：“东方之位，生育万物；南方之位，成熟万物；西方之位，杀伐万物；北方之位，收藏万物。大煞者，月中廉察也。子、丑、寅月历西方申、酉、戌者，盖谓阳气将出，万物将生，故巡察西方，无以妄杀也。卯、辰、巳月历南方巳、午、未者，谓万物生长之时，故巡察南方，使有成熟也。午、未、申月历东方寅、卯、辰者，谓万物成熟，宜在养育也。酉、戌亥月历北方亥、子、丑者，谓万物收成，使有敛藏也。”

按：月之大煞即岁之飞廉，其义亦相同。见《第三卷》。

归忌

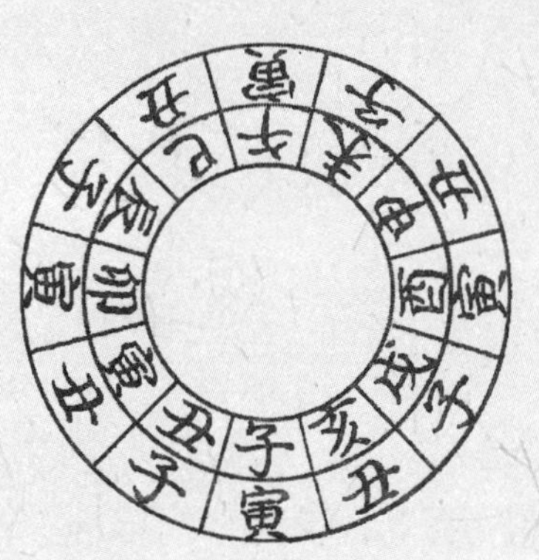

《广圣历》曰：“归忌者，月内凶神也。其日忌远行、归家、移徙、娶妇。”

《历例》曰：“孟月丑，仲月寅，季月子。”

曹震圭曰：“子者一阳，丑乃二阳，寅乃三阳，盖此三辰阳气始盛，主动于外，不可反归于内也。”

《考原》曰：“孟月忌丑、仲月忌寅、季月忌子者，皆忌退后一辰，所谓归忌也。如子为仲、丑为季、寅为孟，故孟月忌退归于季，仲月忌退归于孟，季月忌退归于仲也。”

《后汉书·郭镇传》曰：“陈伯敬行必矩步，坐必端膝，还触归忌，则止寄乡亭。”注曰：“《阴阳书·历法》曰：‘归忌日，四孟在丑，四仲在寅，四季在子。其日不可远行、归家及徙也。’”然则归忌之说，其来旧矣。曹震圭与《考原》所云俱有理，而其旨未畅。盖子一阳也，丑二阳也，寅三阳也，阳主进，阴主退。今丑退于子，寅退于丑，卯退于寅，是逆阳之道也，故为归忌。余月仿此。又按：归忌与飞廉同义。子、丑、寅为支辰之始：子，旺之始也；丑，墓之始也；寅，生之始也。寅、申、巳、亥，四生之月。归忌在丑，是忌生之退归于墓也。卯、午、酉、子，四旺之月，归忌在寅，是忌旺之退归于生也。辰、未、戌、丑，四墓之月，归忌在子，是忌墓之退归于旺也。故其日忌远回、移徙。《广圣历》谓并忌嫁娶者，盖以妇人谓嫁曰归而忌之。夫谓嫁曰归，明从夫之义云耳，非远行之归也。《易》渐卦彖辞曰：“女归吉。”渐，进也，非退也。《诗》曰：“女子有行。”行亦进也，非退也。《汉书》注及他《通书》亦无忌嫁娶之说，应止忌般移、远回、不忌嫁娶。

往亡

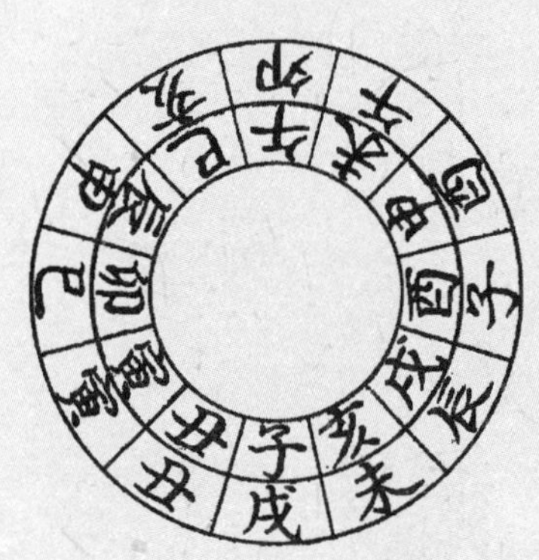

《堪舆经》曰：“往者，去也。亡者，无也。其日忌拜官上任、远行归家、出军征讨、嫁娶、寻医。”

《历例》曰：“往亡者，正月在寅，二月在巳，三月在申，四月在亥，五月在卯，六月在午，七月在酉，八月在子，九月在辰，十月在未，十一月在戌，十二月在丑。”

曹震圭曰：“往亡者，往而不反之意也。孟者、初也，仲者、中也，季者、末也，盖岁之始、中、终之意也。正、二、三、四月乃岁之初，皆以四孟辰为之，乃五行初生之地，是生气之道，往而亡也；五、六、七、八月乃岁之中，皆以四仲辰为之，盖四仲者五行当旺之辰，是旺气之道往而亡也；九、十、十一、十二月乃岁之终，皆以四季辰为之，谓四季者，乃五行终墓之地，是万物皆归往而亡也。”

按：《通书》曰：“宋武帝以往亡起兵，军吏以为不可。帝曰：我往则彼亡。果克之。由此言之，可废明矣。”今按：阴阳之义，无非慎微谨始，以昭钦若之忱，不必以一事之无验而遽谓其可废也，亦思其理之当否而已。往亡者，寅午戌火月顺行寅卯辰，卯未亥木月顺行巳午未，辰申子水月顺行申酉戌，巳酉丑金月顺行亥子丑。火性遂于木，木性遂于火，火性遂于金，金性遂于水。木生火而火焚木，金生水而水沉金。盖无克则生，不生无制则化，不化无贞则元不能以起也。故曰往亡也。微乎深哉！

气往亡

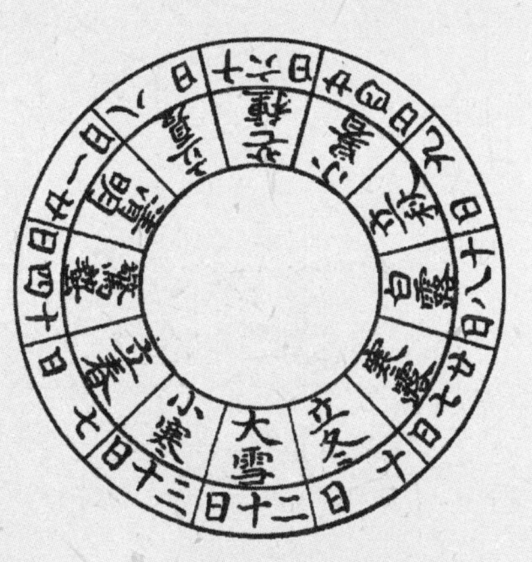

《历例》曰："气往亡者，立春后七日，惊蛰后十四日，清明后二十一日，立夏后八日，芒种后十六日，小暑后二十四日，立秋后九日，白露后十八日，寒露后二十七日，立冬后十日，大雪后二十日，小寒后三十日，皆自交节日数之。"

曹震圭曰："气往亡者，以四立月往亡日三合化象之成数为之。假令正月立春，寅为往亡，寅午戌合火局，火之成数七也；四月立夏，卯为往亡，亥卯未合木局，木之成数八也；七月立秋，酉为往亡，巳酉丑合金局，金之成数九也；十月立冬，未为往亡，土无化象，便以本行土为之，其成数十也。各倍之，为次月往亡日。三之，为下月往亡日也。独水数不用者，盖四立之月，往亡无申子辰日也。然一岁之内，四季之月以辰为首，辰月以申为往亡，申合水局，水之成数六也，故三月中气后六日，九月中气后十二日，六月土旺后十二日，十二月土旺后十八日，各得往亡。或节气早晚间有差一日者，然其理大概如此。"

按：气往亡日，曹震圭之说亦自巧合。但专取孟辰，则四方与三合彼此互异。且既取三合之气，又不以未为木，而以为土，未免自相抵忤。今以四时五行之序推之，则固自然之数也。盖一二三四五，五行之生数也；六七八九十，五行之成数也。一六为水，水即气也，气以终而复始，往而不亡者也。火、木、金、土则有质矣，其气乃有时而尽。而二三四五为生数，至而伸者也，七八九十为成数，返而归者也。故七八九十为往亡日，而以四时之序配之，立春七、立夏八、立秋九、立冬十。仲月为四时第二月，故二之为仲月往亡日；季月为四时第三月，故三之为季月往亡日。

上朔

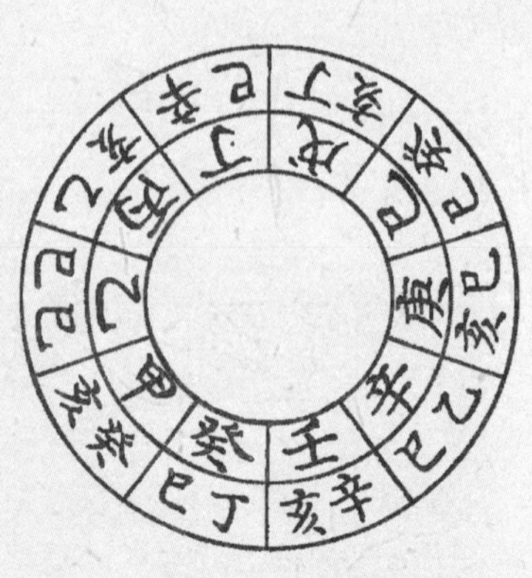

《堪舆经》曰："上朔日忌宴会、嫁娶、远行、上官。"

《历例》曰："阳年以年干加寅，顺数至亥；阴年以年干加丑，顺数至巳也。"

曹震圭曰："丑寅者、艮卦之方也，万物始终之所也。巳者、阳极之辰，亥者、阴极之辰。故阳有生发万物之功者，寅也；阴有成终万物之道者，丑也。以阳而来会于极阴，以阴而往会于极阳，则非其相会之道也。其忌可知。"

按：上朔日为不吉者，恶其阴阳与德俱尽也。阳尽于亥，阴尽于巳，干尽于十。如甲年以甲为德，甲至癸而十，甲年之癸而又临于亥，则癸为德尽，亥为阳尽也。乙年以庚为德，庚至己而十，乙年之己而又临于巳，则己为德尽，巳为阴尽也。余可类推。其以上朔名者，朔有始义，又有尽义。《尚书》："平在朔。"《易正义》曰："朔，尽也。"

反支

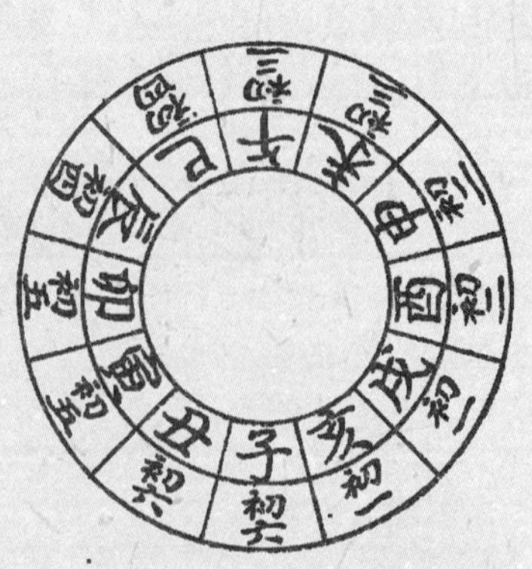

《后汉书·王符传》曰："公车以反支日不受章奏。"注曰："反支日，用月朔为正。戌亥朔，一日反支；申酉朔，二日反支；午未朔，三日反支；辰巳朔，四日反支；寅卯朔，五日反支；子丑朔，六日反支。见《阴阳书》也。”

《历例》曰：“其日忌上表章。”

按：反支之义，恶其将尽也。戌亥朔，本日即支将尽矣；申酉朔，则在二日；午未朔，则在三日；胥同此例也。推此而言，则结婚姻、纳财等事亦必有应忌者，而《历例》止言“忌上表章”，盖古之《阴阳书》传者盖少，而今《历例》则转据《后汉书》“公车不受奏章”，而言忌上表章也。

四离　四绝

《玉门经》曰：“离者，阴阳分至前一辰也。谓建卯之月阳气出，阴气入，建子之月阴气降，阳气升；建酉之月阴气出，阳气入，建午之月阳气降，阴气升。故先一日为四离辰也。”

李鼎祚曰：“此日忌出行、征伐。”

曹震圭曰：“四离者，冬至前一日水离，夏至前一日火离，春分前一日阳体分而木亦离也，秋分前一日阴体分而金亦离也。故名曰四离。”

《玉门经》曰：“四绝者，四立前一辰也。”

李鼎祚曰：“此日忌出军、远行。”

曹震圭曰：“立春木旺水绝，立夏火旺木绝，立秋金旺土绝，立冬水旺金绝。故先一日为绝也。”

月忌日

《历例》曰：“月忌日止注祭祀、宴会、沐浴、整容、剃头、整手足甲、求医疗病、补垣、扫舍宇、修饰垣墙、平治道涂、破屋坏垣。余事不注。”

《齐东野语》曰：“俗以每月初五、十四、二十三日为月忌，凡事必避之。其说不经。后见卫道夫云闻前辈云，此三日即河图之中宫五宫五数耳。五为君象，故民庶不可用。此说颇有理。”

《通书》曰：“俗忌初五、十四、二十三，以五黄值日配廉贞火，生起中宫之土也。其法：每月初一日起，一白水入中宫，与贪狼木相配，水木相生也；初二日，二黑土与巨门土相配比和也；初三日，三碧木能制禄存土也；初四日，四禄木与文曲水相生也；初五日，五黄土配廉贞火，火加中宫之土，火生土旺，火晦土湮而已。初十、十九又起一白贪狼，至十四、二十三，又值五黄廉贞。前辈云：此俗忌之日，有吉星可用。”

《考原》曰：“九宫之次，自一白至九紫，九星之次，一贪狼、二巨门、三禄存、四文曲、五廉贞、六武曲、七破军、八左辅、九右弼，故其相配如此。又以其日为九五之数，自初一至初五，五数也。自初五至十四，自十四至二十三，皆距九日。世不敢用，故忌也。”

按：月忌之义，中宫五黄之说，皆为得之，而廉贞生土之说则不可信。今宫殿、衙署有穿堂，坐向用正子午，家居则不敢用。又以太岁为堆黄煞，皆避尊也。以卑犯尊则凶，非以其为廉贞也。月忌之义，亦犹夫是。国家亦不用是日者，国有事必及臣民，故亦不用也。

钦定协纪辨方书卷七

义例五

黄道　黑道

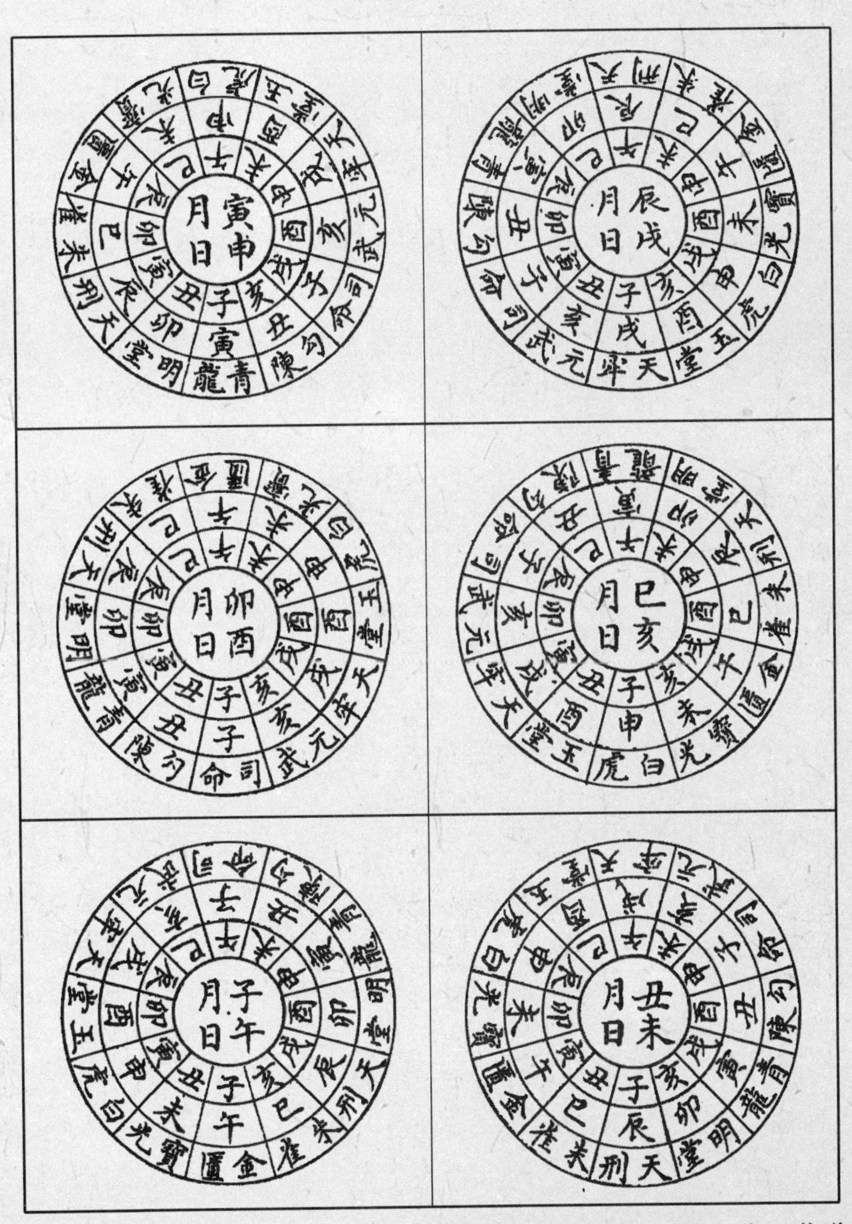

《神枢经》曰："青龙、明堂、金匮、天德、玉堂、司命，皆月内天黄道之神也。

所值之日，皆宜兴众务，不避太岁、将军、月刑。一切凶恶，自然避之。天刑、朱雀、白虎、天牢、元武、勾陈者，月中黑道也。所理之方、所值之日，皆不可兴土功、营屋舍、移徙、远行、嫁娶、出军。”

李鼎祚曰：“青龙正月起子，金匮正月起辰，司命正月起戌，皆顺行六阳辰也。明堂正月起丑，天德正月起巳，玉堂正月起未，皆顺行六阴辰也。天刑者、正月起寅，白虎者、正月起午，天牢者、正月起申，皆顺行六阳辰也。朱雀者、正月起卯，元武者、正月起酉，勾陈者、正月起亥，皆顺行六阴辰也。”

曹震圭曰：“此天黄道也。盖天者、万物之主，黄者、中央之色，道者、乃天皇居九重之内、出入所履之道也。故名曰天黄道。其神逐年月日，各有所主。《易传》云：‘乾为天，为君，为父。’是天皇之正位也，主御群灵、司万物生死，故曰‘司命’。亦能掌握万物，故又名曰‘天符’。今皆作天府。此乾卦之主也。初行其道起于戌，是乾之世爻纳甲也。其对冲巽宫为明堂，是天皇治事之宫也。圣人南面而听天下，故以巽为明堂，又名曰‘执储’。是天皇所操执以除暴虐也，故曰‘齐乎巽’。初行其道起于丑，是巽之初爻纳甲也。其明堂之左有青龙，宰相之象，是震宫也，震为雷、为龙，故曰‘青龙’，又名曰‘雷公’。初行其道起于子，是震之初爻纳甲也。其明堂之前有朱雀，是离宫也，又曰‘飞流’。故离为火，朱雀飞流之象。初行其道起于卯，是离卦初爻纳甲也。其明堂之右有白虎，将军之象。又曰‘天棒’，是天皇之先驱也。又曰‘天马’，是天皇之所乘也。初行其道起于午，是震卦外体之纳甲也。谓震为大臣之象，向外则为将军也。其天皇之右有玉堂，是天皇寝安之宫，天后之位是坤宫也。又曰‘天玉’，是天皇宠爱之所。初行其道起于未，是坤之初爻纳甲也。天皇之左有金匮，是宝藏之府库、艮之位也。又曰‘天宝’。初行其道起于辰，是艮卦初爻纳甲也。天皇右旁有天德，兑也，是天皇施仁布德、喜乐之宫。又曰‘天对’，是天皇纳谏听政、论道经邦之所。初行其道起于巳，是兑之初爻纳甲也。天皇左旁有天刑，坎也，劳卦也，是掌刑罚之所。又曰‘蚩尤’，蚩尤者、虐民之神。初行其道起于寅，坎之初爻纳甲也。白虎、天棒之后有天牢，又曰‘天狱’，是囚禁之所也。配之朱雀、明堂之间，盖使刑禁明而无私也。初行其道起于申，是坎之外体纳甲也。故云‘劳乎坎’也。天皇、天牢之间有元武，又曰‘阴私’，是邪妄之臣。故论正道必有谗言，举正直则邪妄亦进，《易》卦爻辞半君子半小人，则天下之道然也。初行其道起于酉，是离卦外体纳甲也。故离为朱雀飞流，皆小人之辈也。中宫之位有勾陈，是天皇嫔妃之位，天帝之所居也。初行其道起于亥，是乾宫之阴辰、兑宫之外体纳甲也。盖兑者说也，是天皇喜悦之宫也，故用配焉。又曰：青龙即雷公，明堂即执储，金匮即天宝，天德即天对，玉堂即天玉，司命即天府，天刑即蚩尤，朱雀即飞流，白虎即天棒，天牢即天岳，元武即阴私，土勃即勾陈。”

邵泰衢曰：“黄道明星十二神，异其名为二十四。龙、雷一也，而一吉一凶；天狱凶也，而字误为岳。不知即建、除、满、平、定、执、破、危、成、收、开、闭也。今人以除、危、定、执、成、开为黄道，建、破、平、收、满、闭为黑道。除即明堂黄道，破即白虎黑道，皆相合。独青龙之建而以为黑道者，雷公之凶误之也；以天狱之黑道曰黄道者，天岳之吉误之也。不知此即长生、沐浴、冠带、临官、帝旺、衰、病、死、墓、绝、胎、养也。建、危即生死也，在时曰建、危，在人曰墓，在物曰成，所谓盖棺而论定也。建、危以时候言，生死以蠢动言也。黄道明堂则其神也。人之初生时之建立，犹龙、雷之出震也；人之入墓时之已成，如天狱之囚牢也。人、物之胎，有开之先也，而曰‘司命’，命根之由立也。闭固则养之之道，而勾陈之土所以藏之也。总不出王、相、休、囚之四者，分之为王、官、守、建、除、满、长生、沐浴、冠带、青龙、明堂、天刑、雷公、执储、蚩尤，名虽异而其理固不异也。干支之生死，以长生、沐浴言之；四时、十二月之建立，以建、除言之；日、时之吉凶，以青龙、雷公言之。更以王相卜之，未常非合一之旨也。择日之家不能类观兼察，泥执神煞之名以立异，而并不察其误，各自异说，欲自名家，几何不为识者之所弃之。建、除等皆次第行，黄道以六阳、六阴行，故人不悟也。”

《考原》曰：“黄、黑二道者，黄道六、黑道六，共十有二。以配十有二辰：一青龙，二明堂，三天刑，四朱雀，五金匮，六天德，七白虎，八玉堂，九天牢，十元武，十一司命，十二勾陈。其法则寅申青龙起子，卯酉起寅，辰戌起辰，已亥起午，子午起申，丑未起戌，顺行十二辰。月起日则建寅之月子日为青龙，丑日为明堂。日起时则子日申时起青龙，酉时为明堂。依次顺数。”

按：《神枢经》载黄、黑道十二神，历来《通书》用之。顾此十二神之何以吉、何以凶，则未言其故。《通书》又专用之以选时，相沿日久，终身由之而不知其道。曹震圭作《明原》，则以为纳甲而斥坎、离为小人，荒唐不经已甚。邵泰衢作《原始》，以为与建除相配，而不顾六阳。六阳十二神各得一半，万不能与建除相合，徒多遁词。此《考原》所以疑之而存而弗论也。今按：司命即是子，勾陈即是丑，青龙即是寅，明堂即是卯，天刑即是辰，朱雀即是巳，金匮即是午，天德即是未，白虎即是申，玉堂即是酉，天牢即是戌，元武即是亥。其法以天罡加于建上，视各神所临之辰，神吉则吉，神凶则凶。天罡者，厌对也，招摇也，六仪也。随所取义而异其名，其实一也。所以用天罡加建者，天罡为北斗临制四方之柄，故以加建。择日则加月建。择时则加日建，此神道之枢机也。罡既加于阳建，则破必指于阴建矣，此阴阳之妙用也。罡指阳建，则阳明用事；破指阴建，则阴慝伏藏。于是视其日、其时所履之神，以定吉凶焉。如寅月日，罡为辰加阳建，破为申指阴建。申月日，罡为戌加阳建，破为寅指阴建，是寅天刑，卯朱雀，辰金匮，巳天德，午白虎，未玉堂，申天牢，酉元武，戌司命，亥勾陈，子青龙，丑明堂矣。卯月日，罡为卯加阳建，破为酉指阴建；酉月日罡为酉加阳建，破为卯指阴建，是为伏吟。则卯明堂，辰天刑，巳朱雀，午金匮，未天德，申白虎，酉玉堂，戌天牢，亥元武，子司命，丑勾陈，寅青龙矣。午月日罡为子加阳建，破为午指阴建；子月日罡为午加阳建，破为子指阴建。是为反吟，则午司命，未勾陈，申青龙，酉明堂，戌天刑，亥朱雀，子金匮，丑天德，寅白虎，卯玉堂，辰天牢，巳元武矣。余月、日仿此。奇门所谓“月月常加戌，时时建破军”，亦即此义。盖用建则月月常加戌矣，言昏时斗柄所指之方当以天罡加之，便得起例也。又：此司命以下十二神，向以黄道、黑道命之。今按：黄道为日行躔度，无只以子、午、卯、酉、寅、未为黄道之理。若黑道之说，盖不见经传。即黄、赤二道，亦历家识于仪象，以纪天度；后世相沿，以为名称。岂天真有此黄、赤异色耶？然则此所为黄、黑道云者，亦即吉凶之别名而非有深义决矣。子曰“司命”。子位正当天极斗衡所枕，为斗之中央，故曰“司命”也。《春秋文耀钩》曰：“北宫黑帝，其精元武。亥为天门，故以为北帝之坐也。亥为北方之始，寅为东方之始，巳为南方之始，申为西方之始。四神之名各于其始，重始也。丑者建星之位，建星者旗也，故为勾陈，犹卤簿也。东方苍龙寅为摄提格，日、月始子则斗始寅，岁月更始焉，故寅为青龙。”《春秋说题辞》曰：“房、心为明堂，天王布政之宫。房、心卯也，房南众星，左角理，右角将，当辰之位，理者法官，故辰为天刑也。辰者天罡，戌者河魁，河魁者天狱，戌狱而辰刑，天之罡、魁也。南方，朱鸟、太微、三光之廷。”《春秋合诚图》曰：“太微主法式，故以午为金匮。金匮、石室以藏先王之训典，法式之所在也。巳为鹑尾，朱鸟形成，故以巳为朱雀也。未者坤方，万物之成虽于秋，而其所以成者实在于庚伏之会，中央土之正位也。坤作成物，其致役者未而非申，至于申则役休矣，故以未为天德。天德云者，乾知大始而不为首成之者皆坤也，能使坤之克有成则天德也。西宫白虎，参为白虎在申，故以白虎名。申、酉者月也。卯为明堂，故以酉为玉堂。帝主日而后主月，玉堂犹言后宫也。《史记・律书》曰：“戌者，言万物尽灭也。”《汉书志》曰：“毕入于戌金者杀气。”戌又金行之终，故河魁为天狱也。合而观之：子、午、卯、酉，天之四正。洗心退藏、基命宥密，必于子，则古昔法先王向明而出治，复有以垂百世之法则，必于午。出乎震、说乎兑，如日、月东西相从而不已，以先天而不违、后天而奉天时，必于卯、酉。无成而有终，终则有始，观天地之生物，必于寅。服中色而处下饰，顺承天德，观天地之成物，必于未。余辰莫有可与比盛者也，故以六辰为黄道。余则曰黑道也。又按：三合旺气曰“天德”，此黄道亦名“天德”，以无别为嫌。查天德黄道又名天对明星，又名宝光天对，名不雅训，故取名“宝光”，以别于“天德”云。

天乙贵人

《蠡海集》曰：“天乙贵人当有阳贵、阴贵之分。盖阳贵起于子而顺，阴贵起于申而逆。此神实得阴阳配合之和，故能为吉庆，可解凶厄也。且如阳贵：以甲加子，甲与己合，所以己用子为贵人。以乙加丑，乙与庚合，所以庚用丑为贵人。以丙加寅，丙与辛合，所以辛用寅为贵人。以丁加卯，丁与壬合，所以壬用卯为贵人。辰为天罡，贵人不临。以戊加巳，戊与癸合，所以癸用巳为贵人。午冲子，原不数，以己加未，己与甲合，所以甲用未为贵人。如庚加申，庚与乙合，所以乙用申为贵人。以辛加酉，辛与丙合，所以丙用酉为贵人。戌为河魁，贵人不临。以壬加亥，壬与丁合，所以丁用亥为贵人。子原宫不数，以癸加丑，癸与戊合，所以戊用丑为贵人。此乃阳贵顺取也。且如阴贵：以甲加申，甲与己合，所以己用申为贵人。以乙加未，乙与庚合，所以庚用未为贵人。以丙加午，丙与辛合，所以辛用午为贵人。以丁加巳，丁与壬合，所以壬用巳为贵人。辰为天罡，贵人不临。以戊加卯，戊与癸合，所以癸以卯为贵人。辰为天罡，贵人不临。以戊加卯，戊与癸合，所以癸以卯为贵人。寅冲申，原不数，以己加丑，己与甲合，所以甲用丑为贵人。以庚加子，庚与乙合，所以乙用子为贵人。以辛加亥，辛与丙合，所以丙用亥为贵人。戌为河魁，贵人不临。以壬加酉，壬与丁合，所以丁用酉为贵人。申原宫不数，以癸加未，癸与戊合，所以戊用未为贵人。此乃阴贵逆取也。古云丑、未为贵人出入之门，缘阳贵以甲起子，循丑顺行，至癸复归于丑；阴贵以甲起申，由未逆行，至癸复归于未。岂非丑、未为贵人出入之门乎？”

曹震圭曰：“天乙者，乃紫微垣左枢傍之一星，万神之主掌也。一日二者，阴、阳分治内外之义也。辰、戌为魁、罡之位，故贵人不临。戊以配中央之位，乃勾陈后宫之象，故与甲同。其起例以丑乃紫微后门之左阳界之辰也，未乃紫微南门之右阴界之辰也。甲者十干之首，故阳贵以甲加丑逆行，甲得丑，乙得子，丙得亥，丁得酉，己得申，庚得未，辛得午，壬得巳，癸得卯，此昼日之贵也。阴贵以甲加未顺行，甲得未，乙得申，丙得酉，丁得亥，己得子，庚得丑，辛得寅，壬得卯，癸得巳，此暮夜之贵也。戊以助甲成功，故亦得丑、未。若六辛之独得寅、午，则自然所致，更无疑矣。”

巳 戊合癸	午 天空	未 己合甲	申 庚合乙
辰 天罡			酉 辛合丙
卯 丁合壬			戌 地網
寅 丙合辛	丑 癸合戊 乙合庚	子 甲合己	亥 壬合丁

《通书》云：郭景纯以十干贵人为吉神之首，至静而能制群动，至尊而能镇飞浮。以其为坤，黄中通理，乃贵人之德，是以阳贵人出于先天之坤而顺，阴贵人出于后天之坤而逆。天干之德，未足为贵。而干德之合气，乃为贵也。

先天坤卦在正北，阳贵起于先天之坤，故从子起甲。甲德在子，气合于己，故己以子为阳贵，以次顺行。乙德在丑，气合于庚；丙德在寅，气合于辛；丁德在卯，气合于壬。辰为天罡，贵人不居，故戊跨在巳，气合天癸。午与先天坤位相对，名曰天空，贵人有独无对，故阳贵人不入于午。己德在未，气合于甲；庚德在申，气合于乙；辛德在酉，气合于丙。戌为地纲，贵人不居，故壬跨在亥、气合于丁。子坤位贵人不再居，故癸跨在丑，气合于戊。是为阳贵起例。

后天坤卦在西南，阴贵起于后天之坤，故从申起甲。甲德在申，气合于己，故己以申为阴贵。以次逆行，乙德在未，气合于庚；丙德在午，气合于辛；丁德在巳，气合于壬。辰为天罗，贵人不居，故戊跨在卯，气合于癸。寅与后于坤位相对，名曰天空，贵人有独无对，故阴贵人不入于申。己德在丑，气合于甲；庚德在子，气合于乙；辛德在亥，气合于丙。戌为地网，贵人不居，故壬跨在酉，气合于丁。申坤位贵人不再居，故癸跨在未，气合于戊。是为阴贵起例。

巳 丁合壬	午 丙合辛	未 癸合戊 乙合庚	申 甲合己
辰 天罗			酉 壬合丁
卯 戊合癸			戌 地网
寅 天空	丑 己合甲	子 庚合乙	亥 辛合丙

《考原》曰："曹氏与《通书》二说，各有意义。但曹氏则以阳为阴，以阴为阳。夫阳顺阴逆，阴前阴后，自然之理也。当以起未而顺者为阳，起丑而逆者为阴方是。按：贵人云者，干德合方之神也。何以不用干德而用其合干德？体也合则其用也合，干之德其所用必大吉矣，故以贵人名之。合方之论，考《历书》所载，审矣。而曹震圭阴阳顺逆倒置者，则世俗并如其说。考其根原，则以《元女经》有旦大吉、夕小吉之文故也。然其理良不可通，则亦未得以《元女经》有其文而可遽信也。且大、小二字易以淆讹，安知非浅学之人转以俗说改窜《元女经》遂传刻袭谬耶？至其昼、夜之分，则或以卯、酉为限，或以日出、入为限。今考其义，自当以日出、入为定也。"

天官贵人

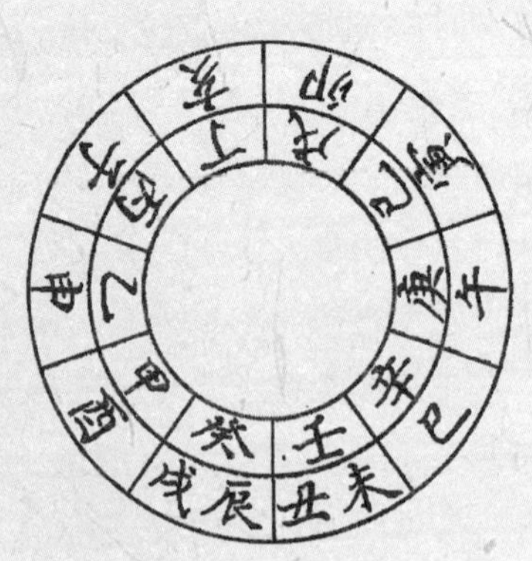

《神煞起例》："日随干官星，曰天官贵人。"

按：酉中有辛甲之官也，故甲日酉。申中有庚乙之官也，故乙日申。子中有癸丙之官也，故丙日子。亥中有壬丁之官也，故丁日亥。卯中有乙戊之官也，故戊日卯。寅中有甲己之官也，故己日寅。午中有丁庚之官也，故庚日午。巳中有丙辛之官也，故辛日巳。丑、未中有己、壬之官也，故壬日丑、未。辰、戌中有戊、癸之官也，故癸日辰、戌。不取五鼠遁者，伏藏者为贵为官，显露者为克为伐也。

福星贵人

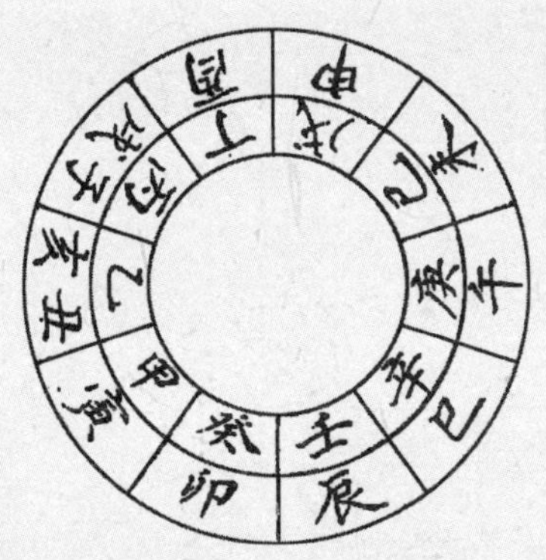

《神煞起例》："日干生时干，曰福星贵人。"

按《淮南子》：甲日寅时必为丙寅，乙日丑时、亥时必为丁丑、丁亥，丙日子时、戌时必为戊子、戊戌，丁日酉时必为己酉，戊日申时必为庚申，己日未时必为辛未，庚日午时必为壬午，辛日巳时必为癸巳，壬日辰时必为甲辰，癸日卯时必为乙卯。皆本日日干之食神子孙，子孙为宝爻，故曰"福星贵人"也。

喜神

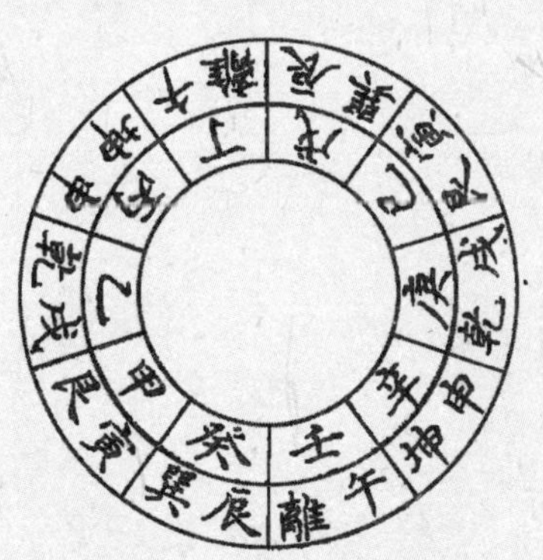

甲、己日艮方寅时，乙、寅日乾方戌时，丙、辛、日坤方申时，丁、壬日离方午时，戊癸日巽方辰时。

曹震圭曰："大抵物之所喜者，母见子也。假令甲、己化土生金为子，金之所居者丑也，丑近于艮。丙、辛化水生木为子，木之所居者未也，未近于坤，戊、癸化火生土为子，土居于辰，近于巽也。乙、庚化金生水为子，水居于辰，辰既有土，故居于乾，乾为亥、子也。丁、壬化木生火为子，火旺于午离也。"

《考原》曰："物以相见不喜。《易传》曰：'相见乎离.'离者南方之卦也，于五行为火，于十干为丙，喜神者见丙也。假令甲、己之干用五虎元起丙寅，寅为艮，故在艮也。乙、庚之干得丙戌，戌为乾，故在乾也。丙、辛之干得丙申，申为坤，故在坤也。丁、壬之干得丙午，午为离，故在离也。戊、癸之干得丙辰，辰为巽，故在巽也。”

按：喜神之义，《考原》得之。其日之方与其时并取利用，然亦须与其他神煞参论。如甲、己之日得丙寅时固为喜神时矣，而在申日则为日破，又不得以其为喜神而用之也。余仿此。

八禄

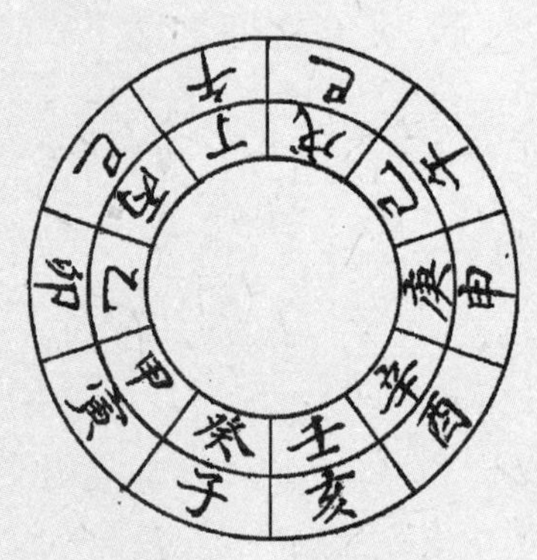

按：《神煞起例》有八禄，时本日之禄位也，定为吉时，详《年神》例。

日建　日破　日合　日害　日刑

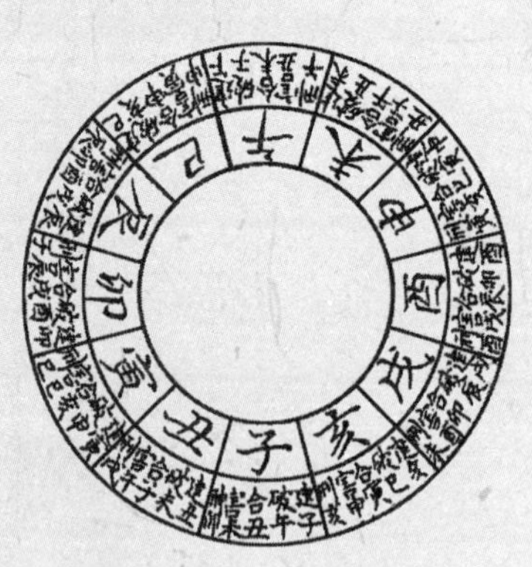

以本日地支为主而以时参之，或为日之建，或为日之破，或为日之合，或为日之害，或为日之刑。建、合则吉，而破、刑、害则凶也。其与年，月相参，亦必有此五者。远大之事亦须参观，近小之事则勿论也。

四大吉时　四煞没时

《历例》曰："四大吉时，月将在四孟，用甲、丙、庚、壬时；月将在四仲，用癸、乙、丁、辛时；月将在四季，用艮、巽、坤、乾时。"

《考原》曰："四煞者，寅、午、戌火煞在丑，亥、卯、未木煞在戌，申、子、辰水煞在未，巳、酉、丑金煞在辰。凡取四煞没时者，以月将加时，使四煞临乾、坤、艮、巽之位，为四煞没于四维。正、四、七、十四孟月，用甲、丙、庚、壬时；二、五、八、十一四仲月，用艮、巽、坤、乾时；三、六、九、十二四季月，用癸、乙、丁、辛时。如正月月将在亥，则以亥加甲，或加丙、或加庚、或加壬，依二十四方位顺推之，则辰、戌、丑、未四煞，皆临四维卦位，是为四煞没时也。以四煞既没，故又曰四大吉时。"

按：辰、戌、丑、未谓之四煞者，以其为五行之气所终尽也。若临长生之位，则是生生不已、循环无端，故谓之四煞没时。即壬课四墓覆生之说也。其以八干、四卦言者，则《选择宗镜》谓时之上四刻，其说得之。盖选择取时之通例，而非此四煞没时独与八干，四卦相干涉也。俗又以此为神藏煞没时，则因煞没二字而至讹谬。盖惟贵登天门则余十一将皆居其所，凶神受制、吉神得位，为名之曰神藏煞没。若四煞没时甫将十二支加于地盘，尚未论及于神将，安得有神藏煞没之理？选择家不参壬遁之过也。

贵登天门时总图

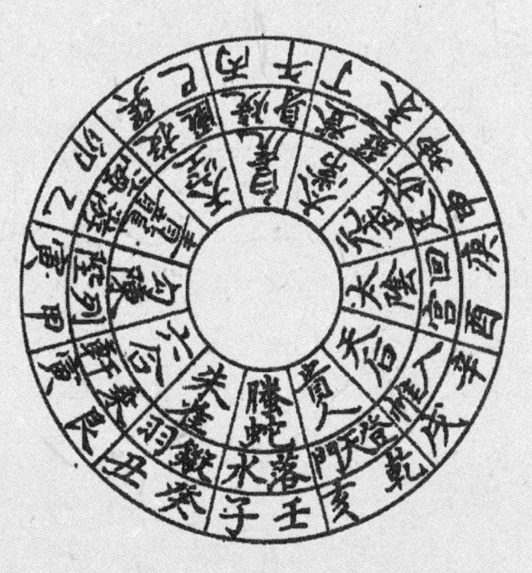

甲日贵登天门时图

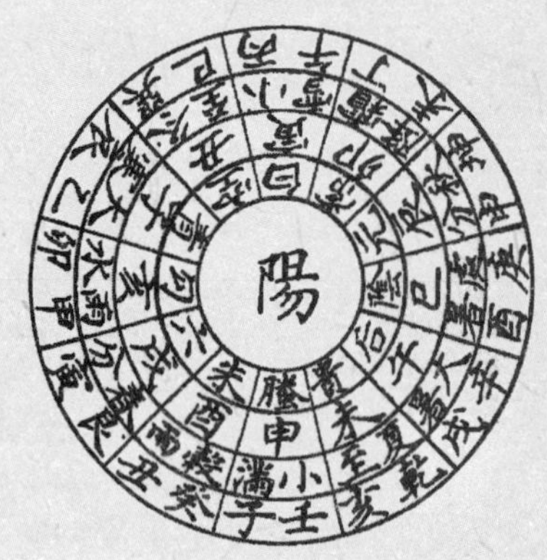

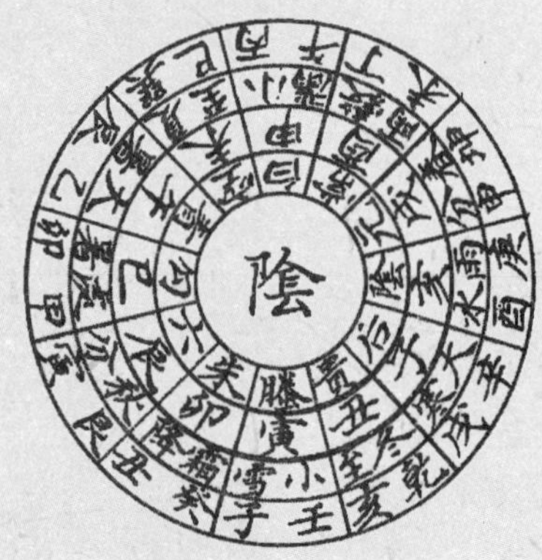

乙日贵登天门时图

丙日贵登天门时图

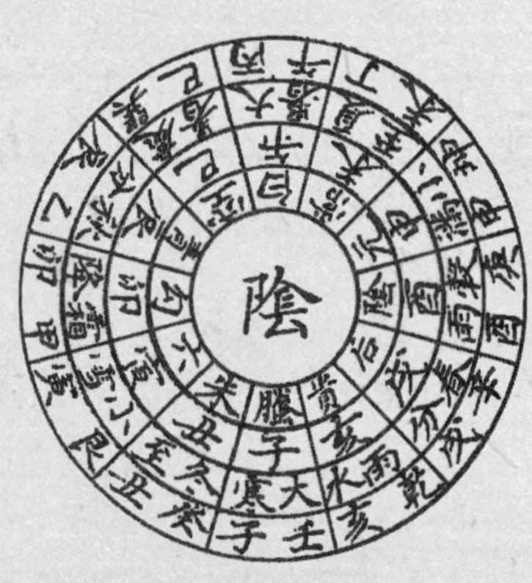

丁日贵登天门时图

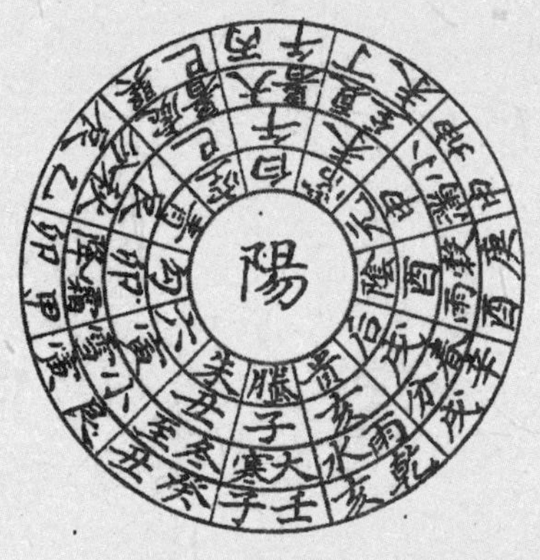

戊庚日贵登天门时图

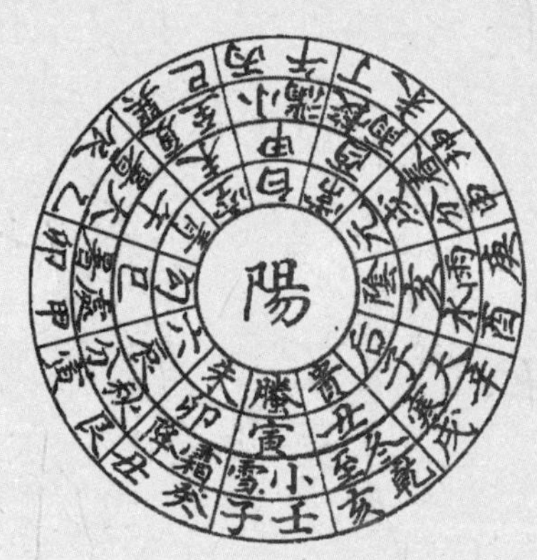

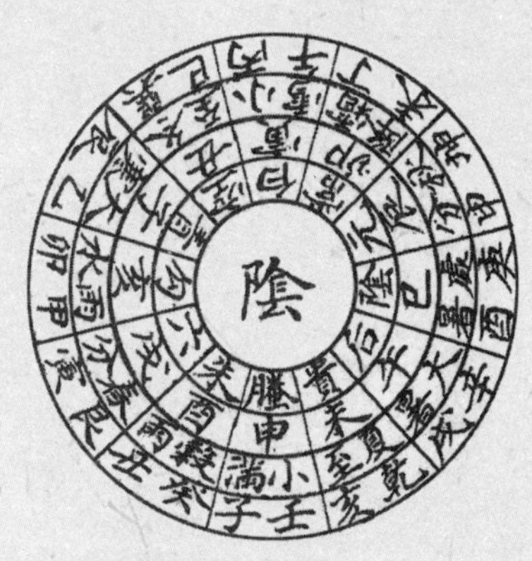

己日贵登天门时图

辛日贵登天门时图

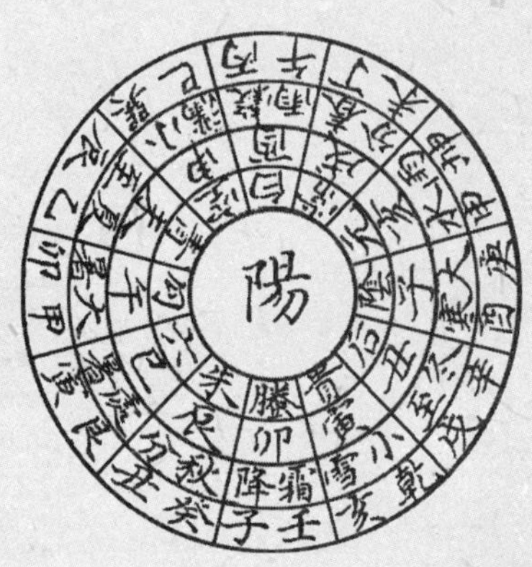

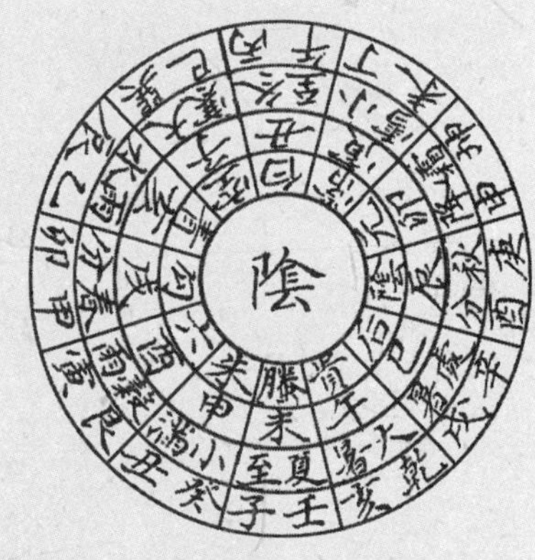

壬日贵登天门时图

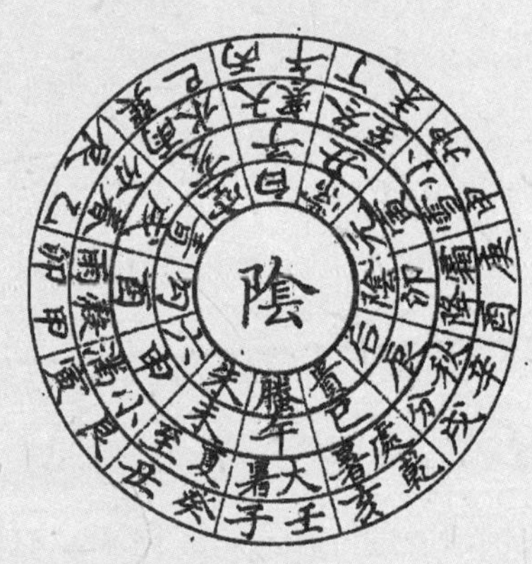

癸日贵登天门时图

《通书》曰：“经云：年之善不如月之善，月之善不如日之善，日之善不如时之善。贵人登天门，乃时之最善者也。其法以月将加用时，昼用阳贵，夜用阴贵。以天乙贵人为主，而螣蛇、朱雀、六合、勾陈、青龙、天空、白虎、太常、元武、太阴、天后随之。故贵人临乾亥登天门，则螣蛇临壬子而落水，朱雀临癸丑而铩羽，六合临艮寅而乘轩，勾陈临甲卯而登陛，青龙临乙辰而游海，天空临巽巳而投匭，白虎临丙午而烧身，太常临丁未而登筵，元武临坤申而折足，太阴临庚酉而回宫，天后临辛戌而入帷。六吉将得地而六凶将敛威，故曰神藏煞没，又为六神悉伏。此择时之妙用也。”

又曰：“贵人己丑土，六合乙卯木，青龙甲寅木，太常己未土，太阴辛酉金，天后壬子水，为六吉将。螣蛇丁巳火，朱雀丙午火，勾陈戊辰土，天空戊戌土，白虎庚申金，元武癸亥水，为六凶将。”

按：贵登天门为选时第一义。其月将加时，贵人阴阳顺逆皆六壬法也。日家未知壬遁之法，故误以四煞没时为神藏煞没，而贵登天门之说错杂于其间，观者遂不可晓。今为取而序之，则知神藏者安于其居之义，郭璞所谓藏神合朔，《宗镜》所谓归垣入局是也。煞没者，隐而不现之义，《通书》所谓六凶敛威，六神悉伏是也。乾亥为天门，贵人居之。六合木而临艮寅，青龙木而临乙辰，太常土而临丁未，太阴金而临庚酉，天后水而临辛戌，皆各得其位，当旺受生，故曰“神藏”。螣蛇、朱雀火而临壬子、癸丑，勾陈、天空土而临甲卯、巽巳，白虎金而临丙午，元武水而临坤申，皆不得其位，受制潜伏，故曰“煞没”。然皆由贵登天门而得之，故贵登天门即神藏煞没，而非有二义也。一日只有一时，然贵分阴阳，又卯、酉、辰、戌时兼占昼夜，故一日有两时者；其或昼不得阳、夜不得阴，则又有一日不得一时者。今既按日起例于前，而又于总括七百二十课贵登天门时，为表于左：

		甲	乙	丙	丁	戊	己	庚	辛	壬	癸
雨水亥将	旦	卯				酉		酉卯	申	未	巳
	夕	酉	戌	亥	丑	卯	寅				
春分戌将	旦					申	酉	申	未	午	辰
	夕		酉	戌	子	寅	丑	寅	卯		
谷雨酉将	旦				酉	未	申	未	午	巳	卯
	夕				亥	丑	子	丑	寅		
小满申将	旦			戌	申	午	未	午	巳	辰	寅
	夕				戌	子	亥	子	丑	寅	
夏至未将	旦		戌	酉	未	巳	午	巳	辰	卯	
	夕					亥	戌	亥	子	丑	
大暑午将	旦		酉	申	午	辰	巳	辰	卯	寅	
	夕					戌		戌	亥	子	寅
处暑巳将	旦	酉	申	未	巳	卯	辰	卯			
	夕					酉		酉	戌	亥	丑

秋分辰将	旦	申	未	午	辰		卯				
	夕	寅	卯						酉	戌	子
霜降卯将	旦	未	午	巳	卯						酉
	夕	丑	寅	卯						酉	亥
小雪寅将	旦	午	巳	辰							申
	夕	子	丑	寅						申	戌
冬至丑将	旦	巳	辰								未
	夕	亥	子	丑	卯		辰				酉
大寒子将	旦	辰	卯							申	午
	夕	戌	亥	子	寅		卯				申

如雨水后甲日卯时，以月将亥加甲卯，则阳贵未加乾亥，是阳贵登天门也。又如雨水后甲日酉时，以月将亥加庚酉，则阴贵丑加乾亥，是阴贵登天门也。其法以日干为主，以贵人加乾亥上，视某月将加某时，即某时贵登天门。如甲日阳贵在未，加乾亥上看旦时。雨水亥将加甲卯，即雨水后甲日卯时阳贵登天门。大寒子将加乙辰，即大寒后甲日辰时阳贵登天门。又如甲日阴贵在丑，加乾亥上看夕时。雨水亥将加庚酉，即雨水后甲日酉时阴贵登天门。大寒子将加辛戌，即大寒后甲日戌时阴贵癸天门。余仿此例。至《宗镜》以壬时为子时上四刻，则与双山法合而取义尤切。如乾为天贵登天门，取乾非取亥也；朱雀铩羽，取癸非取丑也；天空投匭，取巽非取巳也；元武折足，取坤非取申也；天后入帷，取辛非取戌也。然双山以干维与支同宫，故六壬用支，亦谓神藏煞没，则知二四时之法由来旧矣。后世失其义，谓乾时为戌正二刻至亥初二刻，亥时为亥初二刻至亥正二刻，壬时为亥正二刻至子初二刻，子时为子初二刻至子正二刻，以十二支占十二时之中四刻，而以前后各二刻分隶前后干维，似亦有理。然乾、巽为天门地户，阴阳之界，贵人顺逆所由分。若以乾为戌正二刻，则乾沦于阴，贵罹于网，而螣蛇以下请神皆当逆转，又乌睹所谓贵登天门、神藏煞没者乎？

五不遇时

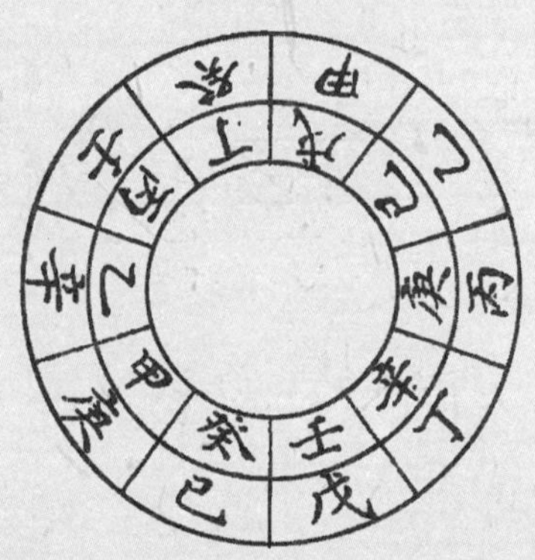

《神煞起例》："五不遇，时干克日干也。"

按：五不遇时，以五鼠遁得本时所临之干克本日之干，则为凶时。而《遁甲隐公歌注》，则又以本时克本日之支，亦为五不遇。今考其义，不若《神煞起例》之善，亦列图而辨之如左：

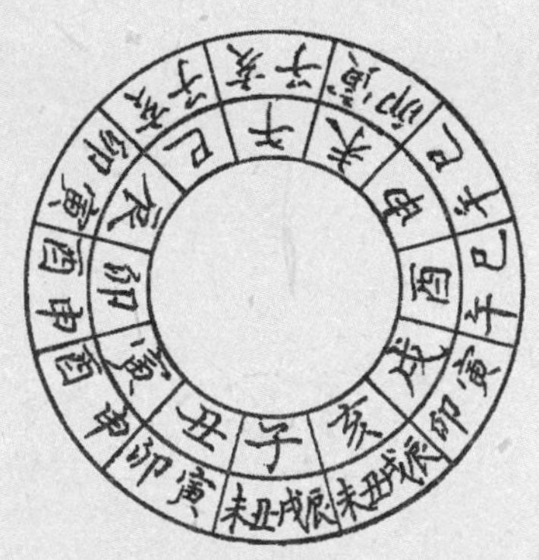

《遁甲隐公歌》：“时克干兮五不遇，此时名为辱损明。举事遥遥终不定，朝行暮败损精兵。”注曰：“时干克日干，时支克日支，名为损明，凡事不用。如甲乙日庚辛时，亥子日辰戌时、寅卯日申酉时之类并是。”

按：天干五行气纯，地支五行气杂。如寅中有火，则遇土日，有相生之理。五行之性，逢生即生，而见克不克，此天地之性也。故干克干，斯纯而不杂，然尚须论其所临之支是否与日干、日支相生。如其相生，则又不为五遇也。焉得以土日寅卯时即为五不遇耶？

九丑

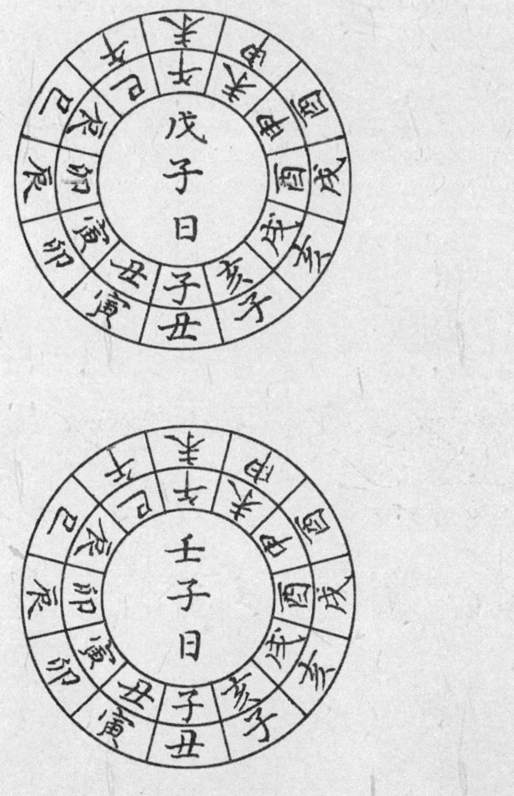

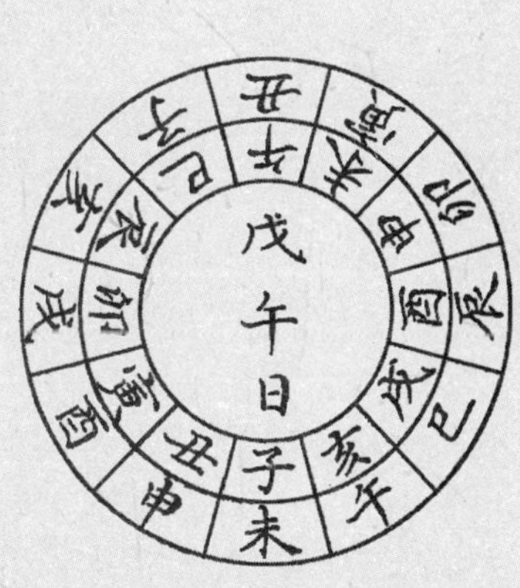

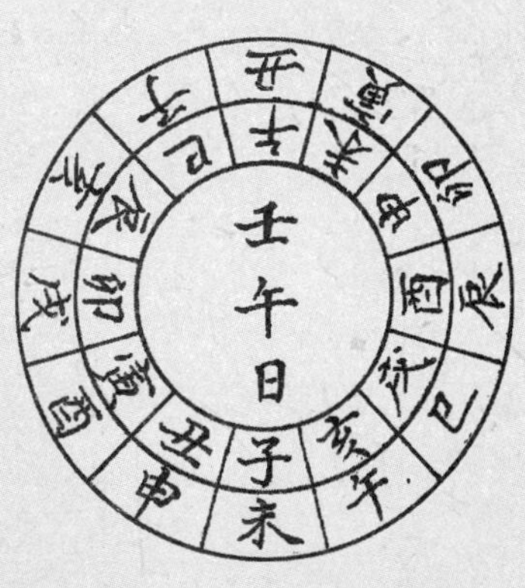

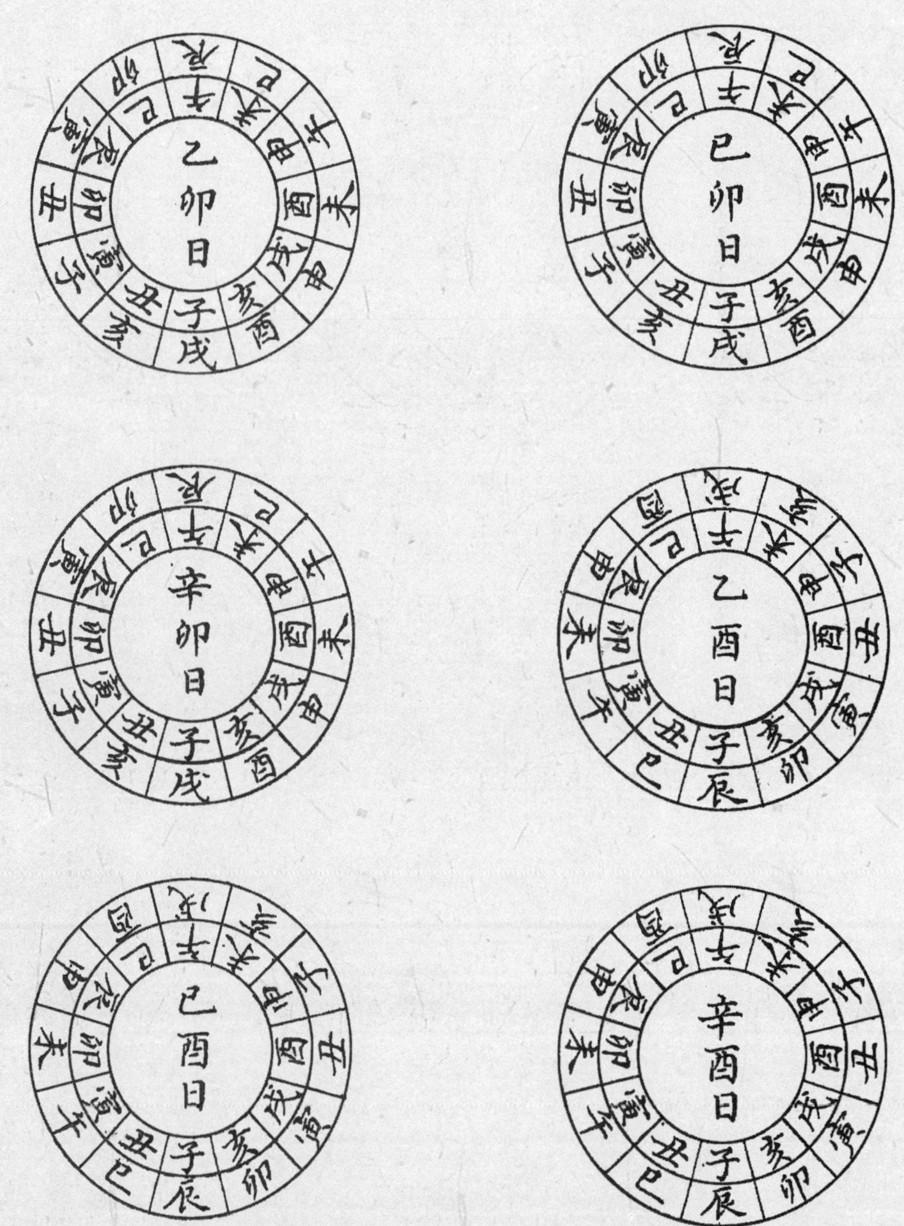

《金匮经》曰："乙者，雷电始发之日。戊己者，北辰下位之日。辛者，万物决断之日。壬者，三光不照之日。子、午、卯、酉，四仲之辰，日月之门，阴阳之界。五干临此四辰，其日不可出军、嫁娶、移徙、筑室。"

曹震圭曰："卯、酉为日、月出入之门，子、午为阴阳交争之界，乙为六合，辛为太阳，壬为元武，己为六贼，戊为勾陈，故此五干加此四辰名曰丑。又以五干、四辰其共数九，故以名之。"

《指掌赋》曰："乙、戊、己、辛、壬同四仲，名曰九丑，天地归殃。"注："凡戊子、戊午、壬子、壬午、乙卯、己卯、辛卯、乙酉、己酉、辛酉日，而大吉又临日辰、子、午、卯、酉上者，为九丑卦也。盖乙是雷电始动之日，震而不安。戊、己是诸神下位之日，又戊、己为神，诸神清虚之气合德于乾，转入坤维，曰下位是也。壬是三光不照之位，壬禄在亥，六阴俱足，日月之光至此损照。辛是西方杀物之位，如何以居在四仲极阴位上？大吉是十二宫神之主，为贵人之本家，所以为星纪，言诸星朝会于斗也，今又临四仲极阴之位，是为九丑。九，阳数；九丑，言阳之丑也。”

按：辰、戌为天罗、地网，子、午、卯、酉为四败，丑为星纪。惟此十日，支既为四败，而星纪又落于支上，则干又必遭罗网矣。否则，其干本属罗网，且罗网又必临四败，是以谓之天地归殃。若丑不临支，则皆不然，自不得为九丑也。乙、戊、己、辛、壬合子、午、卯、酉为九，故曰“九丑”，曹震圭之说得之。必大吉临日辰乃为九丑，《指掌赋注》得之。若其九丑之义，则皆支离牵强，无足取也。十二月将，每日各得一时，合计七百二十日内有一百二十时，为九丑，余并非是。如图，内一层为月将，外一层为所得之时，假如内一层为子，则是大寒立春也。戊子日则丑时为九丑，戊午日则未时为九丑。余仿此。

旬中空亡

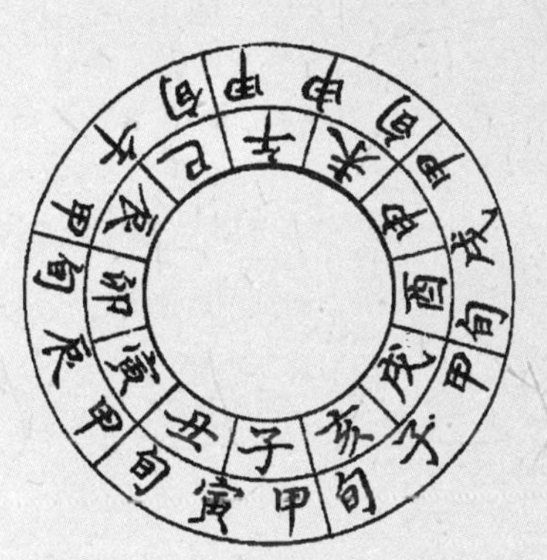

《历例》曰：“旬中空亡者，甲子旬戌、亥时，甲戌旬申、酉时，甲申旬午、未时，甲午旬辰、巳时，甲辰旬寅、卯时，甲寅旬子、丑时。”

《考原》曰：“十日为旬，以十干配十二支，自甲至癸而止。余二辰天干不及，故为空亡。如甲子至癸酉不及戌、亥，故甲子旬以戌、亥为空。余仿此。”

按：刘歆《七略》，有风后《孤虚》二十卷，今其书亡矣。古人以旬空为虚，其对为孤。如甲子旬中无戌、亥，则戌、亥为虚，辰、巳即为孤也。兵法曰：“背孤击虚，一女可敌十夫。”又按：旬中空亡云者，就一旬之内，十干不及之二支而言也。空亡固不利矣，然犹有火空则发、金空则鸣之义，随五行之性与所谓之事以为断，未可尽以为凶。况又从空亡而论日禄，如甲辰旬内寅、卯之类，谓之禄陷空亡，而又以甲辰、乙巳本日之寅卯二时，谓之十恶大败无禄时，益属无谓。夫甲辰寅时，乙巳日卯时即已得本日之禄矣，而以其为旬空也而谓之无禄，岂非骑驴觅驴之诮耶？若甲辰本旬内寅、卯时而本日为丙丁，则尤为他人之无禄，何与于己，而亦谓为禄陷空亡而忌之，岂不谬哉！

截路空亡

《历例》曰："截路空亡者，甲、己日申、酉时，乙、庚日午、未时，丙、辛日辰、巳时，丁、壬日寅、卯时，戊、癸日子、丑、戌、亥时。"

《考原》曰："截路空亡，遇壬癸也，行路而遇水则不可行也。如甲、己日以五鼠遁起甲子，顺历之得壬申、癸酉，故甲、己日以申、酉为截路空亡也。余仿此。"

按：截路空亡之义，谓十干至此而极，其下二支即是旬空，便如下临无地，故曰"截路空亡"也。其说载于《神煞起例》，以五鼠遁取日干遁支，得甲乙则无吉凶，得丙丁则为喜神，得戊己则为五鬼，得庚辛则为金神，得壬癸则为截路空亡。《通书》惟取截路空亡一种。今推其义，盖由奇门最重丙丁，故忌壬癸克之也。若以行路遇水为截，则方之舟之可矣，何截之有？

钦定协纪辨方书卷八

义例六

岁禄

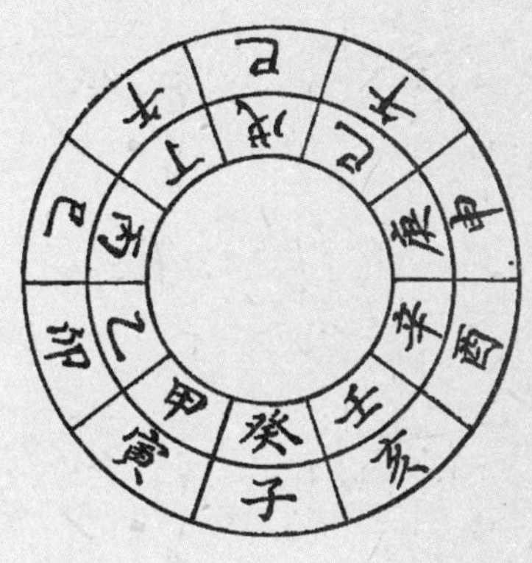

甲年在寅，乙年在卯，丙戊年在巳，丁己年在午，庚年在申，辛年在酉，壬年在亥，癸年在子。

按：岁禄者，岁干临官方也。五行之性，临官吉于帝旺。盖临官则方盛而帝旺则太过矣。故禄命家以临官为禄，而帝旺为刃，选择家亦有岁刃之说。天官非之。语见附禄。日禄见本条，月神皆从支取，故独无月禄例。

飞天禄

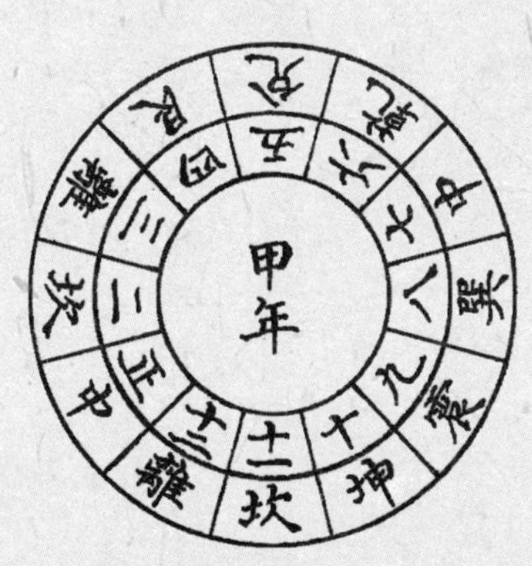

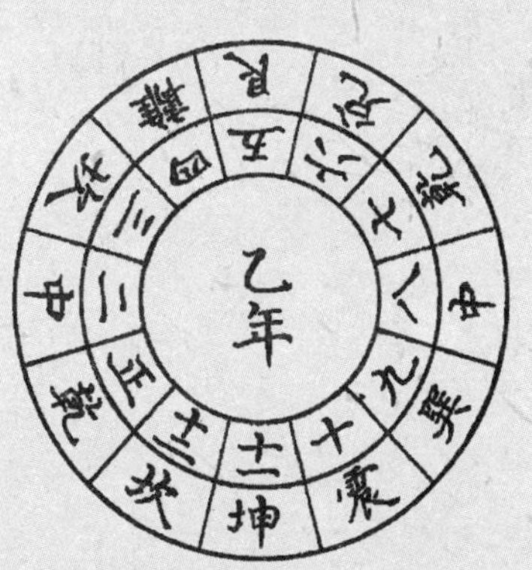

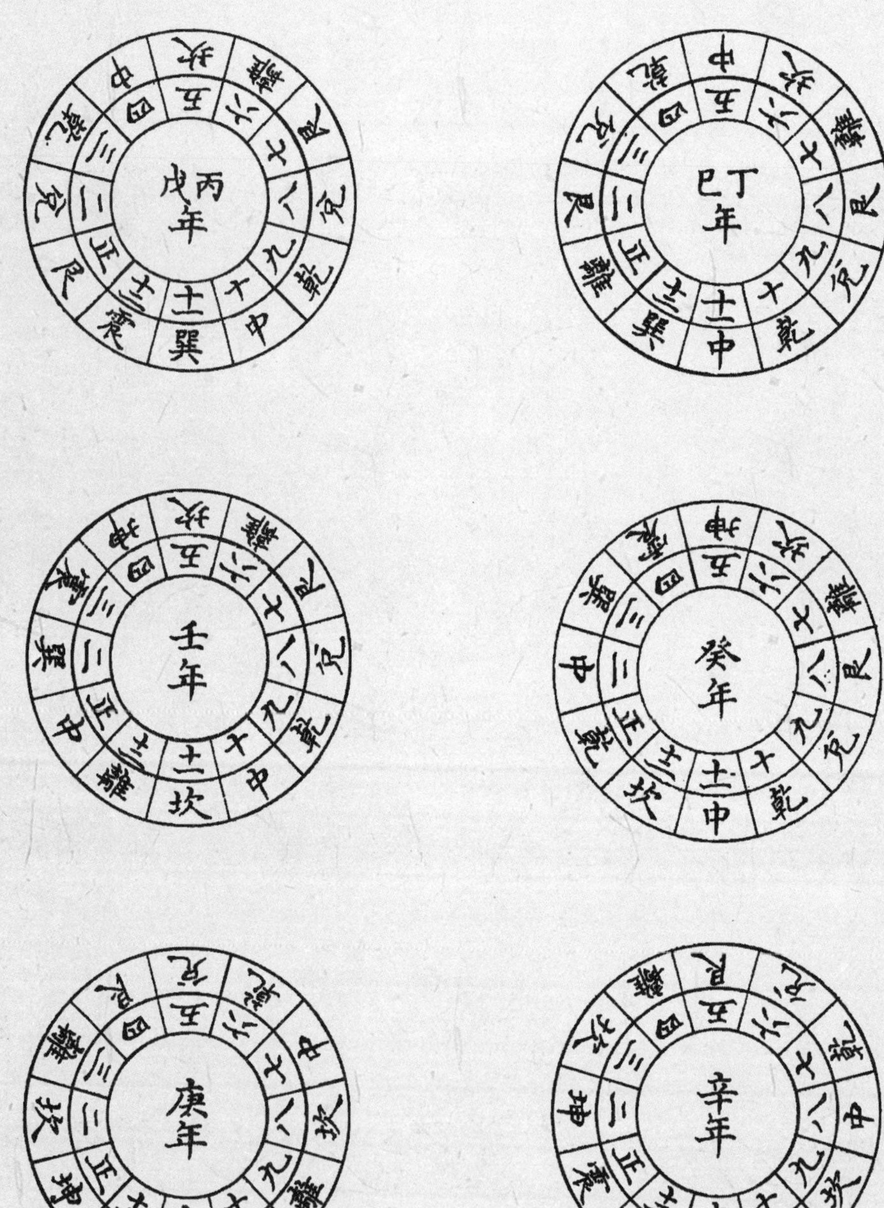
丙戌年
丁巳年
壬年
癸年
庚年
辛年

飞天马

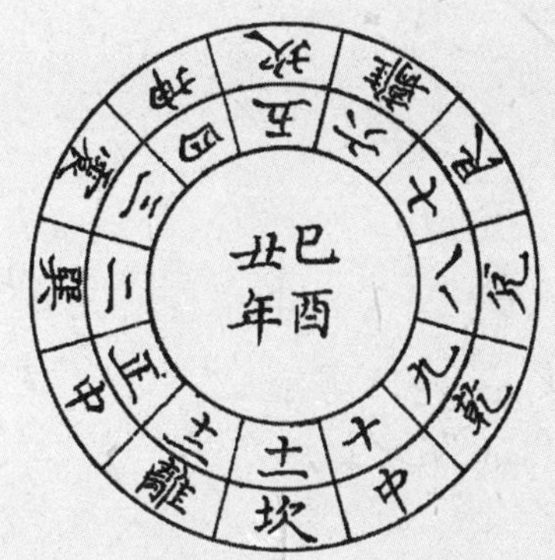

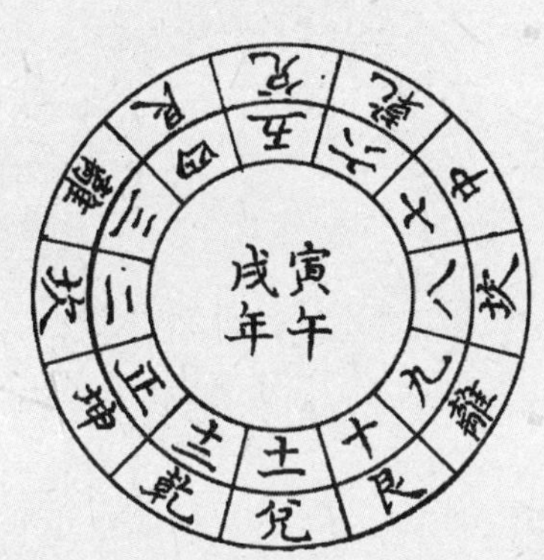

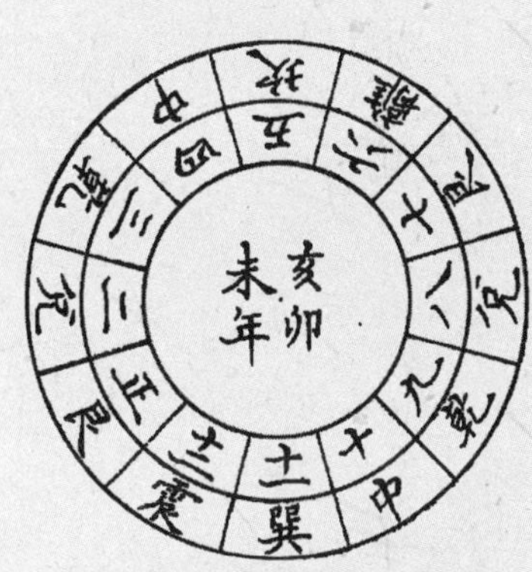

《通书》曰："马到山头人富贵，禄到山头旺子孙。若逢禄马一同到，千祥百福自骈臻。"

《选择宗镜》曰："禄马贵人，山方皆吉，在本遁内者有力，遁外次之。"又曰："先以五虎遁寻本年禄马干支，为真禄马。次以月建入中宫寻本年真禄马在何宫，即以吉论。"

按：禄、马为年方吉神同到，尤吉。《通书》年神立成，止取禄、马地支一字，以月建入中宫，顺飞九宫。如甲子年禄、马俱在寅，正月寅建入中宫，即禄、马同在中宫。二月卯建入中宫，顺数寅在兑七，即禄、马在兑宫。乙丑年禄在卯、马在亥，二月卯建入中宫，亥在巽四，即禄在中宫。马在巽宫。三月辰建入中宫，卯在兑七、亥在震三，即禄在兑宫、马在震宫。《宗镜》兼取本遁天干为真禄马，又以月建干支入中宫，顺飞九宫。如甲子年禄、马俱在寅，用五虎元遁得丙寅，即丙寅为真禄马。正月丙寅入中宫，即禄、马同在中宫。二月丁卯入中宫，顺数丙寅在坎一，即禄、马同在坎宫。乙丑年禄在卯、马在亥，用五虎元遁得己卯为真禄、丁亥为真马。二月己卯入中宫，丁亥在巽四，即禄在中宫、马在巽宫。三月庚辰入中宫，己卯在坎一、丁亥在震三，即禄在坎宫、马在震宫。二说皆为有理。然《通书》无飞宫贵人，故用《宗镜》之法，与贵人一例，而并录《通书》之说，以备参考。

飞宫贵人

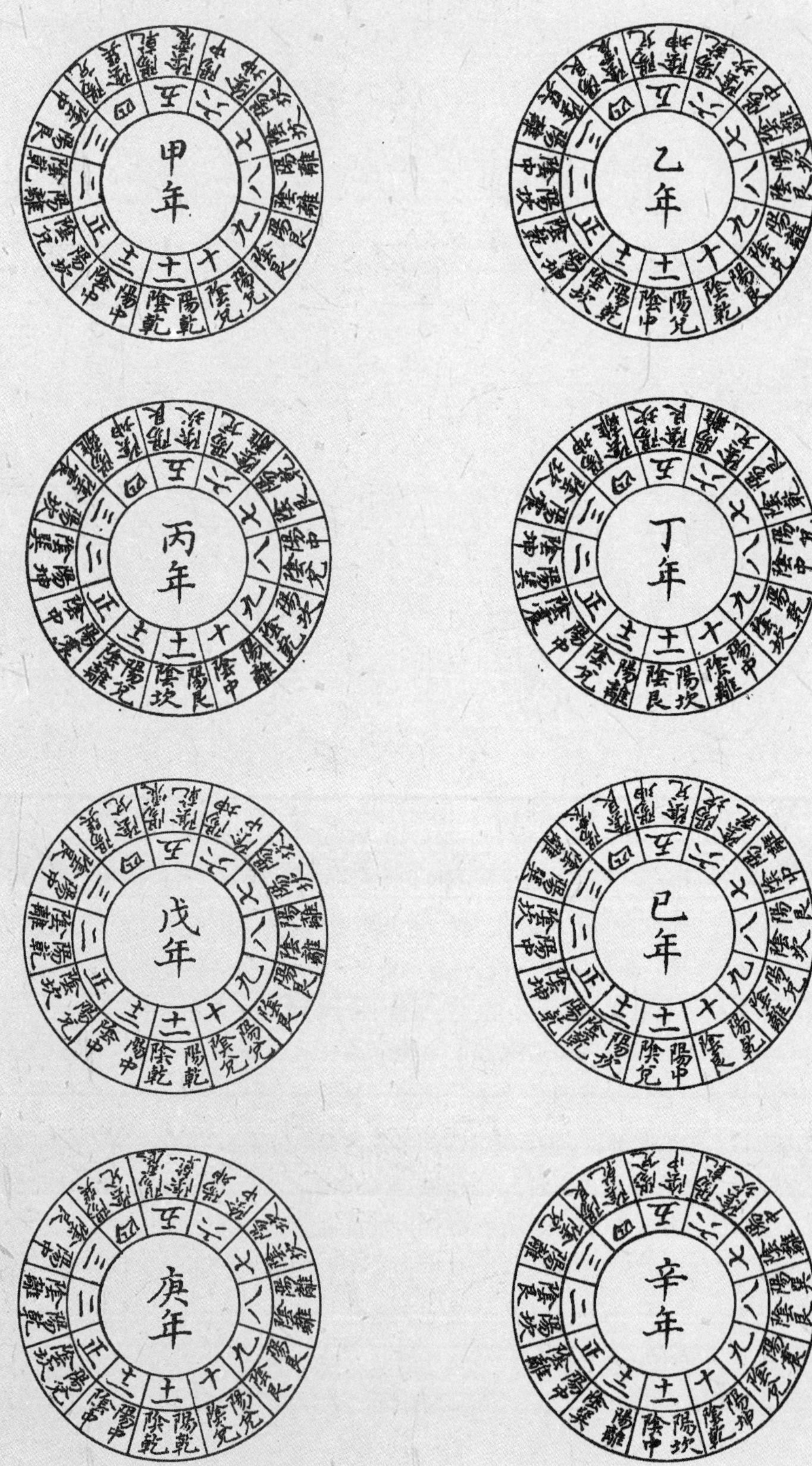

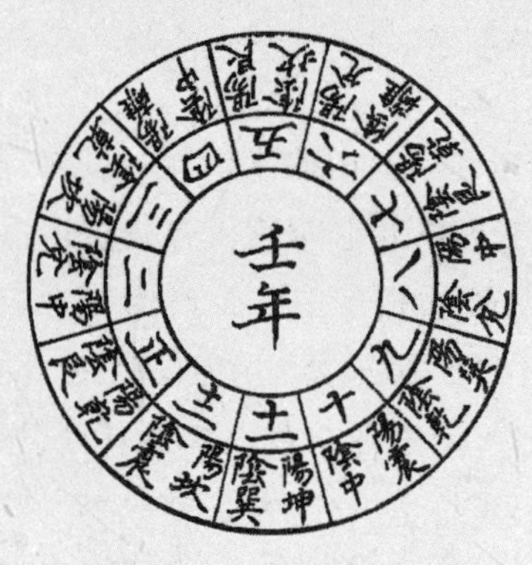

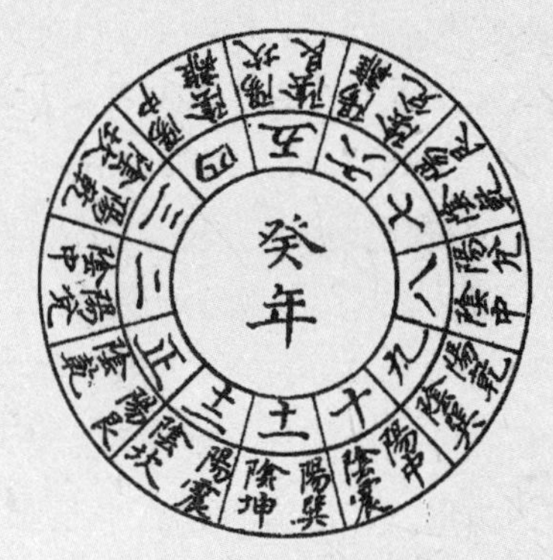

《选择宗镜》曰："岁禄、马、贵人山方皆吉，在本甲内者为有力，甲外次之。"

又曰："先以五虎遁寻岁贵系何干支，次以月建入中宫，顺寻岁贵在何宫，即以吉论。如乙丑年六月建癸未，修乾，坎二山方，先以本年五虎遁起戊寅顺寻，甲申为真阳贵、戊子为真阴贵，次以月建癸未入中宫顺行，阳贵甲申到乾，阴贵戊子、到坎，二山方修造皆吉。余仿此。"

又曰："贵人与禄、马取用不同，要在分辨阴阳。阳贵人冬至后用之有力，飞在阳宫尤有力；阴贵人夏至后用之有力，飞在阴宫尤有力。"

按：贵人、禄、马皆为岁中吉神，今《通书》有飞天禄、马而无飞宫贵人，实为阙略，故取《宗镜》补之。

通天窍

《通书》曰："通天窍乃杨救贫真诀。凡修造、葬埋、开山、立山、立向、修方，若遇吉星所值，不问太岁、三煞、官符、大将军诸凶煞，此星并能压之。其法只用八干四维求年月日时，吉星所到之处，修之大吉。其例则用双山五行，各从本年三合长生，起迎财、进宝、库珠，顺行三位；其对冲三位，为大吉、进田、青龙；共为十二吉山，利用本年三合及其对冲月日时。”

按：《通书》云，通天窍只用八干四维，而其例又用双山兼十二支，虽有异同而于理无害。至其从岁三合长生起迎财、进宝、库珠三星，并取对宫大吉、进田、青龙三星为吉者，盖三合本方为大煞之位，对方为三煞之位，长生前三位则为三合后方，其对宫则为三合前方，不犯大煞，三煞诸凶。如申、子、辰年大煞在子，三煞在巳、午、未，从三合长生起例，则迎财在坤申、进宝在庚酉、库珠在辛戌，其对宫艮寅为大吉、甲卯为进田、乙辰为青龙，自不犯大煞、三煞、坐煞、向煞诸凶是也。用本年三合月日时者，月日时皆不犯三煞诸凶也。然惟子、午、卯、酉年为然，余年不可概论。如申年太岁在申，宁可以迎财为吉乎？辰年太岁在辰，宁可以青龙为吉乎？是其能压太岁之说，既不可为典要，又自不犯三煞，则能压三煞之说，更属有名无实。此《宗镜》所以诋其不足为据也。但与走马六壬并传已久，世俗称为窍马，而亦不害于理，故存之。惟迎财、进宝诸名，殊不雅驯，今质名之曰三合前方、三合后方，庶为例明义正。坊本又以三合本方为大州牢、小县狱、小重丧，对方为小火血、大火血、大重丧。使十二官各有名色，尤为俗恶无理。台本不载，盖删之也。

走马六壬

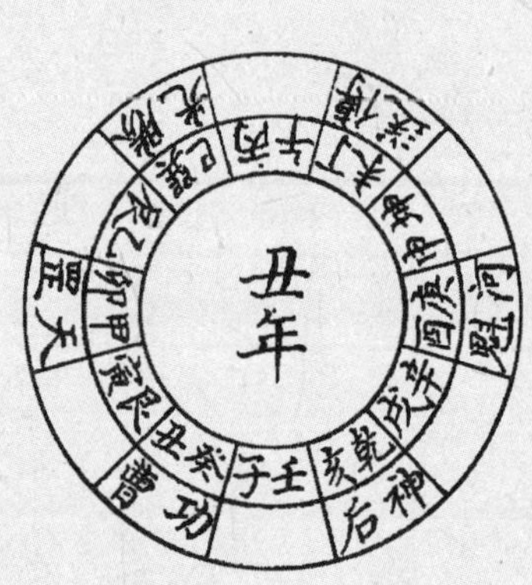

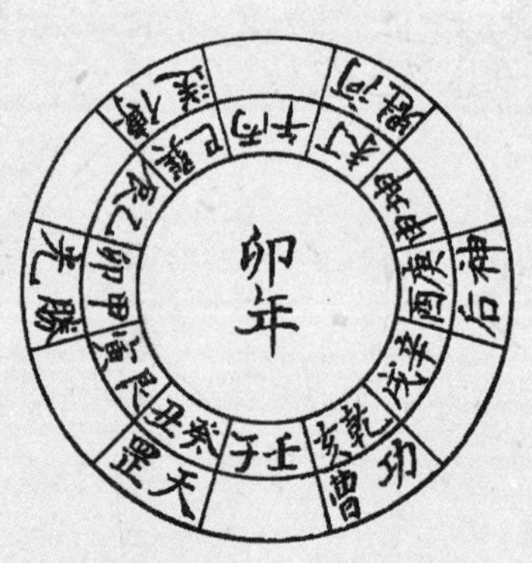

《通书》曰："六壬天罡年月，例取天罡为首，顺行十二支，以天罡配辰、太乙配巳、胜光配午、小吉配未、传送配申、从魁配酉、河魁配戌、登明配亥、神后配子、

大吉配丑、功曹配寅、太冲配卯。取神后子、胜光午、功曹寅、传送申、天罡辰、河魁戌六位为吉，用三合月日时。杨救贫造葬用山头吉星，修方用方道吉星。如修凶方，从吉方起手，主十二年田财大旺。”

按：地支配十二将，以神后、大吉、功曹、胜光、小吉、传送、登明为吉，太冲、天罡、太乙、从魁、河魁为凶。今不取大吉、小吉、癸明而取天罡、河魁者，盖以子、寅、辰、午、申、戌六阳辰为吉耳。其起例，谓子年以天罡加辰、每年退行一位，盖古有岁厌之说。子年合于子为伏吟，则天罡必在辰矣。厌逆行，故天罡每年退一位。其义与黄、黑二道仿佛相同，非有深意。大抵其方叠吉神则吉，无吉神则不能为福。此《宗镜》诸书所以诋其不足为据也。然相传已久，其说亦不害理，故存之。

四利三元[①]

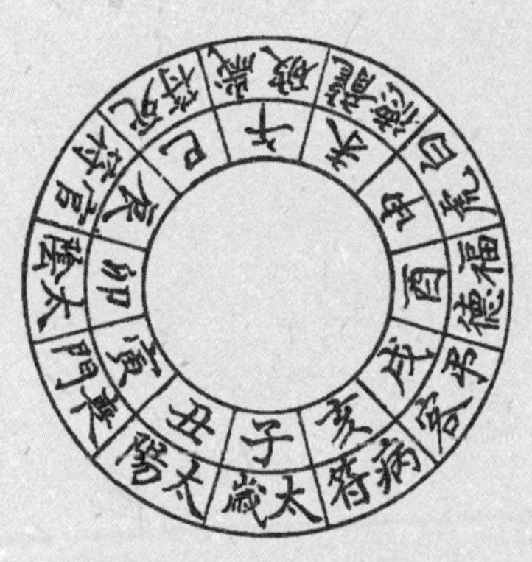

《选择宗镜》曰：“李淳风四利三元：一太岁、二太阳、三丧门、四太阴、五官符、六死符、七岁破、八龙德、九白虎、十福德、十一吊客、十二病符。太阳、太阴、龙德、福德为吉，余方皆凶。”

按：三元之义未详，而四利方则载于《通书·年表》，八凶方皆载于《时宪书》。今以各义例推之，太岁、岁破，不敢犯也。丧门、吊客则合拱岁破以冲太岁者也。官符、白虎，则三方吊照太岁者也。病符，旧太岁也。死符，旧岁破也。惟太阳在太岁之前，方兴未艾。龙德在岁破之前，安吉无虞。太阴、福德界乎太岁、岁破之间，不冲不照，其吉固宜。然此乃从太岁起例，犹日之有建除，故《宗镜》又有以四利配建除之说。若以三合而论，则辰、戌、丑、未年之太阳又为劫煞，寅、申、巳、亥年之福德亦为劫煞，太阴又为天官符，子、午、卯、酉年之龙德又为岁煞，不可以吉言矣。故须兼看各神，未可执一而定也。

① 图以子年例。

盖山黄道

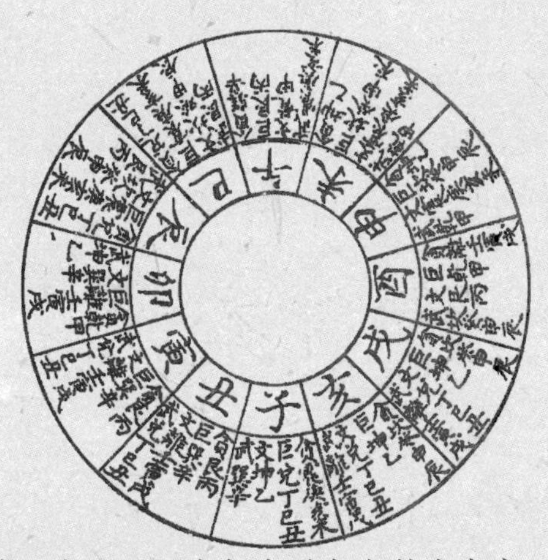

盖山黄道起于《青囊》九曜，以本年支对宫之卦为本宫。用小游年变卦法，贪狼为黄罗、巨门为天皇、文曲为紫檀、武曲为地皇。如子年属坎，对宫为离，即以离为本宫，贪狼在震、巨门在兑、文曲在坤、武曲在巽。又依九曜、纳甲、三合之法，庚亥未并属于震，丁巳丑并属于兑，乙纳于坤，辛纳于巽是也。余年仿此。[①]《通书》曰：其方开山立向修营并吉。起例则止取八卦，不用纳甲、三合。

今按：青囊九曜，以贪、巨、武、辅为吉，此不用辅弼而用文曲，其义未详。然破军为浮天空亡、廉贞为独火，历来《通书》避忌用之已久，既以彼为凶则以此为吉宜也。惟黄罗等名，益不可晓。今从《起例》仍用原名，庶不失本义云。

三元九星

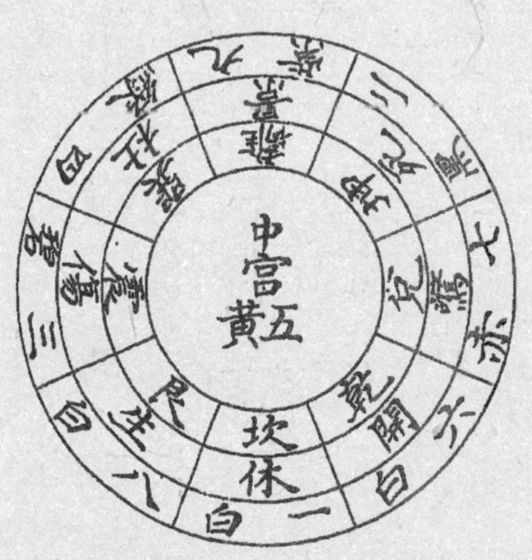

《黄帝遁甲经》曰："三元者，起于九宫也，以休门为一白、死门为二黑、伤门为三碧、杜门为四绿、中宫为五黄、开门为六白、惊门为七赤、生门为八白、景门为九紫。"

《通书》云：九宫者，神龟负文于背，禹因以陈九畴，即洛书"戴九履一、左三右

① 法见《本原》。

七、二四为肩、六八为足、五数居中，纵横斜皆成十五”者是也。河图则天一地二、天三地四、天五地六、天七地八、天九地十。而先儒有除十用九之说，所谓“河图、洛书相为经纬，八卦、九章相为表里”者也。东汉张衡变九章为九宫，从一白、二黑、三碧、四绿、五黄、六白、七赤、八白、九紫，分三元、六甲，以数作方，而一白居坎、二黑居坤、三碧居震、四绿居巽、五黄居中、六白居乾、七赤居兑、八白居艮、九紫居离、是为九宫。静则随方而定，动则依数而行。

體為地盤

巽四綠	離九紫	坤二黑
震三碧	中五黃	兌七赤
艮八白	坎一白	乾六白

用為天盤

巽四	中五	乾六
震三		兌七
坤二		艮八
坎一		離九

三元年九星入中宫

康熙二十三年甲子为上元

上元	中元	下元	三元太岁所在						
一白	四绿	七赤	甲子	癸酉	壬午	辛卯	庚子	己酉	戊午
九紫	三碧	六白	乙丑	申戌	癸未	壬辰	辛丑	庚戌	己未
八白	二黑	五黄	丙寅	乙亥	甲申	癸巳	壬寅	辛亥	庚申
七赤	一白	四绿	丁卯	丙子	乙酉	甲午	癸卯	壬子	辛酉
六白	九紫	三碧	戊辰	丁丑	丙戌	乙未	甲辰	癸丑	壬戌
五黄	八白	二黑	己巳	戊寅	丁亥	丙申	乙巳	甲寅	癸亥
四绿	七赤	一白	庚午	己卯	戊子	丁酉	丙午	乙卯	
三碧	六白	九紫	辛未	庚辰	己丑	戊戌	丁未	丙辰	
二黑	五黄	八白	壬申	辛巳	庚寅	己亥	戊申	丁巳	

《考原》曰：“上元甲子中宫起一白，中元甲子起四绿，下元甲子起七赤，三元一百八十年而一周。盖一百八十者，以宫数九与花甲六十俱可以度尽也。逐年逆转，如甲子年中宫起一白，乙丑年中宫起九紫，而其实甲子年一白在中宫，乙丑年一白则在乾六，故九紫在中宫，似逆而实顺也。以其年所值星入中宫，顺布九宫。如康熙二十三年甲子一白入宫、二黑在乾、三碧在兑、四绿在艮、五黄在离、六白在坎、七赤在坤、八白在震、九紫在巽。余仿此。”

三元月九星入宫

子午卯酉年		辰戌丑未年		寅申巳亥年	
正月	八白	正月	五黄	正月	二黑
二月	七赤	二月	四绿	二月	一白
三月	六白	三月	三碧	三月	九紫
四月	五黄	四月	二黑	四月	八白
五月	四绿	五月	一白	五月	七赤
六月	三碧	六月	九紫	六月	六白
七月	二黑	七月	八白	七月	五黄
八月	一白	八月	七赤	八月	四绿
九月	九紫	九月	六白	九月	三碧
十月	八白	十月	五黄	十月	二黑
十一月	七赤	十一月	四绿	十一月	一白
十二月	六白	十二月	三碧	十二月	九紫

《考原》曰："甲子年正月中宫起八白，盖年前十一月甲子起一白、十二月起九紫，故本年正月起八白也。三年而一周，盖三年三十有六月，以月数十二与宫数九俱可以度尽也。故以子午卯酉年为上元、正月起八白，辰戌丑未年为中元、正月起五黄，寅申巳亥年为下元、正月起二黑。逐月逆转。亦以其月所值星入中宫，顺布九宫，与年九星同。"

按：遁甲之法，冬至上元甲子起坎一、乙丑坤二、丙寅震三、丁卯巽四、戊辰中五、己巳乾六、庚午兑七、辛未艮八、壬申离九、癸酉复坎一，以次顺数。甲戌坤二、甲申震三、甲午巽四、甲辰中五、甲寅乾六，至中元甲子则起兑七、下元甲子则起巽四。历六甲复为上元，甲子又起坎一，此顺行九宫者也。九星之法，上元甲子一白入中宫、乙丑九紫、丙寅八白、丁卯七赤、戊辰六白、己巳五黄、庚午四绿、辛未三碧、壬申二黑、癸酉复一白，以次逆数。甲戌九紫、甲申八白、甲午七赤、甲辰六白、甲寅五黄，中元甲子四绿、下元甲子七赤。历六甲复为上元甲子，又一白入中宫。此逆行九宫者也。究之，九星亦系顺行。星顺行而前，则入中宫之星自逆转而后。修造之法，以入中宫之星为主，而顺布于八宫，故自上元甲子起一白逆行而得其年入中宫之星。其实九星皆顺行也。《考原》之说得之。至月九星以子午卯酉年为上元、辰戌丑未年为中元、寅申巳亥年为下元，则其例亦是，其法亦简明而其义则不合。盖花甲一周方为一元，三元既周方复为上元。今上元甲子年岁前十一月甲子一白入中宫、十二月乙丑九紫入中宫、正月丙寅八白入中宫，固已，而至次年乙丑、又次年丙寅则各历十有二月，不得为一元。再至次年丁卯，共历三十有六月，其正月为壬寅，花甲未满一周，尚不得为一元，更不得复为上元也。今按：甲子年正月丙寅，中宫八白是为上元，以次逆数，乙丑年正月戊寅五黄，丙寅年正月庚寅二黑，丁卯年正月壬寅八白，戊辰年正月甲寅五黄。至己巳年正月复为丙寅，中宫乃得二黑，是为中元。甲戌年正月复为丙寅，中宫乃得五黄，是为下元。至己卯年正月丙寅，中宫又得八白，复为上元。如此则与奇门甲己为符头、子午卯酉为上元、寅申巳亥为中元、辰戌丑未为下元之义合。而其例则不如三年一周之为便。故月九星入中宫之法，仍用三年一周，第不用三元之名。而明其义如此，庶《义例》两得云。

八节三奇

冬至

巽四

辛壬癸甲乙丙丁
酉子卯午酉子卯
乙乙乙乙乙乙乙
离兑中巽坤离兑
丙丙丙丙丙丙丙
坎艮乾巽震坎艮
丁丁丁丁丁丁丁
坤离兑中巽坤离

离九

丁戊己庚辛壬
巳申亥寅巳申
乙乙乙乙乙乙
震坎离兑中震
丙丙丙丙丙丙
巽坤离艮乾巽
丁丁丁丁丁丁
中震坎离兑中

坤二

己庚辛壬癸甲乙
未戌丑辰未戌丑
乙乙乙乙乙乙乙
坤离兑中震坤离
丙丙丙丙丙丙丙
坤坎艮乾巽坤坎
丁丁丁丁丁丁丁
震坤离兑中震坤

震三

庚辛壬癸甲乙丙
申亥寅巳申亥寅
乙乙乙乙乙乙乙
坎艮乾巽震坎艮
丙丙丙丙丙丙丙
坤离兑中震坤离
丁丁丁丁丁丁丁
震坎艮乾巽震坎

中五

壬癸甲乙丙丁戊
戌丑辰未戌丑辰
乙乙乙乙乙乙乙
艮乾中震坎艮乾
丙丙丙丙丙丙丙
离兑中巽坤离兑
丁丁丁丁丁丁丁
坎艮乾中震坎艮

兑七

乙丙丁戊己庚
卯午酉子卯午
乙乙乙乙乙乙
中震坎艮兑中
丙丙丙丙丙丙
乾巽坤离兑乾
丁丁丁丁丁丁
兑中震坎艮兑

艮八

丙丁戊己庚辛
辰未戌丑辰未
乙乙乙乙乙乙
巽坤离艮乾巽
丙丙丙丙丙丙
中震坎艮兑中
丁丁丁丁丁丁
乾巽坤离艮乾

坎一

戊己庚辛壬癸甲
午酉子卯午酉子
乙乙乙乙乙乙乙
坤坎艮乾寅坤坎
丙丙丙丙丙丙丙
震坎离兑中震坎
丁丁丁丁丁丁丁
巽坤坎艮乾巽坤

乾六

癸甲乙丙丁戊己
亥寅巳申亥寅巳
乙乙乙乙乙乙乙
兑乾巽坤离兑乾
丙丙丙丙丙丙丙
艮乾中震坎艮乾
丁丁丁丁丁丁丁
离兑乾巽坤离兑

立春

巽四

癸甲乙丙丁戊己
亥寅巳申亥寅巳
乙乙乙乙乙乙乙
中巽坤离兑中巽
丙丙丙丙丙丙丙
乾巽震坎艮乾巽
丁丁丁丁丁丁丁
艮中巽坤离兑中

离九

己庚辛壬癸甲乙
未戌丑辰未戌丑
乙乙乙乙乙乙乙
离兑中震坎离兑
丙丙丙丙丙丙丙
离艮乾巽坤离艮
丁丁丁丁丁丁丁
坎离兑中震坎离

坤二

辛壬癸甲乙丙丁
酉子卯午酉子卯
乙乙乙乙乙乙乙
兑中震坤离兑中
丙丙丙丙丙丙丙
艮乾巽坤坎艮乾
丁丁丁丁丁丁丁
离兑中震坤离兑

震三

壬癸甲乙丙丁戊
戌丑辰未戌丑辰
乙乙乙乙乙乙乙
乾巽震坎艮乾巽
丙丙丙丙丙丙丙
兑中震坤离兑中
丁丁丁丁丁丁丁
艮乾巽震坎艮乾

中五

乙丙丁戊己庚
卯午酉子卯午
乙乙乙乙乙乙
震坎艮乾中震
丙丙丙丙丙丙
巽坤离兑中巽
丁丁丁丁丁丁
中震坎艮乾中

兑七

丁戊己庚辛壬
巳申亥寅巳申
乙乙乙乙乙乙
坎艮兑中震坎
丙丙丙丙丙丙
坤离兑乾巽坤
丁丁丁丁丁丁
震坎艮兑中震

艮八

戊己庚辛壬癸甲
午酉子卯午酉子
乙乙乙乙乙乙乙
离艮乾巽坤离艮
丙丙丙丙丙丙丙
坎艮兑中震坎艮
丁丁丁丁丁丁丁
坤离艮乾巽坤离

坎一

庚辛壬癸甲乙丙
申亥寅巳申亥寅
乙乙乙乙乙乙乙
艮乾巽坤坎艮乾
丙丙丙丙丙丙丙
离兑中震坎离兑
丁丁丁丁丁丁丁
坎艮乾巽坤坎艮

乾六

丙丁戊己庚辛
辰未戌丑辰未
乙乙乙乙乙乙
坤离兑乾巽坤
丙丙丙丙丙丙
震坎艮乾中震
丁丁丁丁丁丁
巽坤离兑乾巽

春分

巽四

己庚辛壬癸甲乙
未戌丑辰未戌丑
乙乙乙乙乙乙乙
巽坤离兑中巽坤
丙丙丙丙丙丙丙
巽震坎艮乾巽震
丁丁丁丁丁丁丁
中巽坤离兑中巽

离九

乙丙丁戊己庚
卯午酉子卯午
乙乙乙乙乙乙
兑中震坎离兑
丙丙丙丙丙丙
艮乾巽坤离艮
丁丁丁丁丁丁
离兑中震坎离

丁戊己庚辛壬
巳申亥寅巳申
乙乙乙乙乙乙
中震坤离兑中
丙丙丙丙丙丙
乾巽坤坎艮乾
丁丁丁丁丁丁
兑中震坤离兑

戊己庚辛壬癸甲
午酉子卯午酉子
乙乙乙乙乙乙乙
巽震坎艮乾巽震
丙丙丙丙丙丙丙
中震坤离兑中震
丁丁丁丁丁丁丁
乾巽震坎艮乾巽

庚辛壬癸甲乙丙
申亥寅巳申亥寅
乙乙乙乙乙乙乙
震坎艮乾中震坎
丙丙丙丙丙丙丙
巽坤离兑中巽坤
丁丁丁丁丁丁丁
中震坎艮乾中震

壬癸甲乙丙丁戊
戌丑辰未戌丑辰
乙乙乙乙乙乙乙
坎艮兑中震坎艮
丙丙丙丙丙丙丙
坤离兑乾巽坤离
丁丁丁丁丁丁丁
震坎艮兑中震坎

癸甲乙丙丁戊己
亥寅巳申亥寅巳
乙乙乙乙乙乙乙
离艮乾巽坤离艮
丙丙丙丙丙丙丙
坎艮兑中震坎艮
丁丁丁丁丁丁丁
坤离艮乾巽坤离

坎一

丙丁戊己庚辛
辰未戌丑辰未
乙乙乙乙乙乙
乾巽坤坎艮乾
丙丙丙丙丙丙
兑中震坎离兑
丁丁丁丁丁丁
艮乾巽坤坎艮

乾六

辛壬癸甲乙丙丁
酉子卯午酉子卯
乙乙乙乙乙乙乙
坤离兑乾巽坤离
丙丙丙丙丙丙丙
震坎艮乾中震坎
丁丁丁丁丁丁丁
巽坤离兑乾巽坤

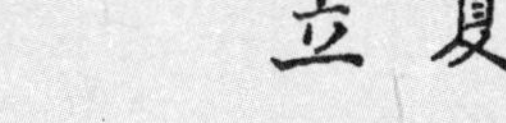

巽四

戊己庚辛壬癸甲
午酉子卯午酉子
乙乙乙乙乙乙乙
中巽坤离兑中巽
丙丙丙丙丙丙丙
乾巽震坎艮乾巽
丁丁丁丁丁丁丁
兑中巽坤离兑中

离九

癸甲乙丙丁戊己
亥寅巳申亥寅巳
乙乙乙乙乙乙乙
坎离兑中震坎离
丙丙丙丙丙丙丙
坤离艮乾巽坤离
丁丁丁丁丁丁丁
震坎离兑中震坎

丙丁戊己庚辛
辰未戌丑辰未
乙乙乙乙乙乙
兑中震坤离兑
丙丙丙丙丙丙
艮乾巽坤坎艮
丁丁丁丁丁丁
离兑中震坤离

丁戊己庚辛壬
巳申亥寅巳申
乙乙乙乙乙乙
乾巽震坎艮乾
丙丙丙丙丙丙
兑中震坤离兑
丁丁丁丁丁丁
艮乾巽震坎艮

己庚辛壬癸甲乙
未戌丑辰未戌丑
乙乙乙乙乙乙乙
中震坎艮乾中震
丙丙丙丙丙丙丙
中巽坤离兑中巽
丁丁丁丁丁丁丁
乾中震坎艮乾中

辛壬癸甲乙丙丁
酉子卯午酉子卯
乙乙乙乙乙乙乙
震坎艮兑中震坎
丙丙丙丙丙丙丙
巽坤离兑乾巽坤
丁丁丁丁丁丁丁
中震坎艮兑中震

艮八

壬癸甲乙丙丁戊
戌丑辰未戌丑辰
乙乙乙乙乙乙乙
坤离艮乾巽坤离
丙丙丙丙丙丙丙
震坎艮兑中震坎
丁丁丁丁丁丁丁
巽坤离艮乾巽坤

坎一

乙丙丁戊己庚
卯午酉子卯午
乙乙乙乙乙乙
艮乾巽坤坎艮
丙丙丙丙丙丙
离兑中震坎离
丁丁丁丁丁丁
坎艮乾巽坤坎

庚辛壬癸甲乙丙
申亥寅巳申亥寅
乙乙乙乙乙乙乙
巽坤离兑乾巽坤
丙丙丙丙丙丙丙
中震坎艮乾中震
丁丁丁丁丁丁丁
乾巽坤离兑乾巽

夏至

巽四

癸甲乙丙丁戊己
亥寅巳申亥寅巳
乙乙乙乙乙乙乙
震巽乾艮坎震巽
丙丙丙丙丙丙丙
坤巽中兑离坤巽
丁丁丁丁丁丁丁
坎震巽乾艮坎震

离九

戊己庚辛壬癸甲
午酉子卯午酉子
乙乙乙乙乙乙乙
艮离坤巽乾艮离
丙丙丙丙丙丙丙
兑离坎震中兑离
丁丁丁丁丁丁丁
乾艮离坤巽乾艮

坤二

丙丁戊己庚辛
辰未戌丑辰未
乙乙乙乙乙乙
乾艮坎坤巽乾
丙丙丙丙丙丙
中兑离坤震中
丁丁丁丁丁丁
巽乾艮坎坤巽

震三

乙丙丁戊己庚
卯午酉子卯午
乙乙乙乙乙乙
中兑离坤震中
丙丙丙丙丙丙
巽乾艮坎震巽
丁丁丁丁丁丁
震中兑离坤震

中五

壬癸甲乙丙丁戊
戌丑辰未戌丑辰
乙乙乙乙乙乙乙
坤巽中兑离坤巽
丙丙丙丙丙丙丙
坎震中乾艮坎震
丁丁丁丁丁丁丁
离坤巽中兑离坤

兑七

庚辛壬癸甲乙丙
申亥寅巳申亥寅
乙乙乙乙乙乙乙
离坤巽乾兑离坤
丙丙丙丙丙丙丙
艮坎震中兑艮坎
丁丁丁丁丁丁丁
兑离坤巽乾兑离

艮八

己庚辛壬癸甲乙
未戌丑辰未戌丑
乙乙乙乙乙乙乙
艮坎震中兑艮坎
丙丙丙丙丙丙丙
艮离坤巽乾艮离
丁丁丁丁丁丁丁
兑艮坎震中兑艮

坎一

丁戊己庚辛壬
巳申亥寅巳申
乙乙乙乙乙乙
兑离坎震中兑
丙丙丙丙丙丙
乾艮坎坤巽乾
丁丁丁丁丁丁
中兑离坎震中

乾六

辛壬癸甲乙丙丁
酉子卯午酉子卯
乙乙乙乙乙乙乙
坎震中乾艮坎震
丙丙丙丙丙丙丙
离坤巽乾兑离坤
丁丁丁丁丁丁丁
艮坎震中乾艮坎

立秋

巽四

丙丁戊己庚辛
辰未戌丑辰未
乙乙乙乙乙乙
艮坎震巽乾艮
丙丙丙丙丙丙
兑离坤巽中兑
丁丁丁丁丁丁
乾艮坎震巽乾

离九

庚辛壬癸甲乙丙
申亥寅巳申亥寅
乙乙乙乙乙乙乙
坤巽乾艮离坤巽
丙丙丙丙丙丙丙
坎震中兑离坎震
丁丁丁丁丁丁丁
离坤巽乾艮离坤

坤二

戊己庚辛壬癸甲
午酉子卯午酉子
乙乙乙乙乙乙乙
坎坤巽乾艮坎坤
丙丙丙丙丙丙丙
离坤震中兑离坤
丁丁丁丁丁丁丁
艮坎坤巽乾艮坎

震三

丁戊己庚辛壬
巳申亥寅巳申
乙乙乙乙乙乙
离坤震中兑离
丙丙丙丙丙丙
艮坎震巽乾艮
丁丁丁丁丁丁
兑离坤震中兑

中五

乙丙丁戊己庚
卯午酉子卯午
乙乙乙乙乙乙
兑离坤巽中兑
丙丙丙丙丙丙
乾艮坎震中乾
丁丁丁丁丁丁
中兑离坤巽中

兑七

壬癸甲乙丙丁戊
戌丑辰未戌丑辰
乙乙乙乙乙乙乙
巽乾兑离坤巽乾
丙丙丙丙丙丙丙
震中兑艮坎震中
丁丁丁丁丁丁丁
坤巽乾兑离坤巽

艮八

辛壬癸甲乙丙丁
酉子卯午酉子卯
乙乙乙乙乙乙乙
震中兑艮坎震中
丙丙丙丙丙丙丙
坤巽乾艮离坤巽
丁丁丁丁丁丁丁
坎震中兑艮坎震

坎一

己庚辛壬癸甲乙
未戌丑辰未戌丑
乙乙乙乙乙乙乙
坎震中兑离坎震
丙丙丙丙丙丙丙
坎坤巽乾艮坎坤
丁丁丁丁丁丁丁
离坎震中兑离坎

乾六

癸甲乙丙丁戊己
亥寅巳申亥寅巳
乙乙乙乙乙乙乙
中乾艮坎震中乾
丙丙丙丙丙丙丙
巽乾兑离坤巽乾
丁丁丁丁丁丁丁
震中乾艮坎震中

秋分

巽四

辛壬癸甲乙丙丁
酉子卯午酉子卯
乙乙乙乙乙乙乙
艮坎震巽乾艮坎
丙丙丙丙丙丙丙
兑离坤巽中兑离
丁丁丁丁丁丁丁
乾艮坎震巽乾艮

离九

丙丁戊己庚辛
辰未戌丑辰未
乙乙乙乙乙乙
巽乾艮离坤巽
丙丙丙丙丙丙
震中兑离坎震
丁丁丁丁丁丁
坤巽乾艮离坤

坤二

癸甲乙丙丁戊己
亥寅巳申亥寅巳
乙乙乙乙乙乙乙
坎坤巽乾艮坎坤
丙丙丙丙丙丙丙
离坤震中兑离坤
丁丁丁丁丁丁丁
艮坎坤巽乾艮坎

壬癸甲乙丙丁戊
戌丑辰未戌丑辰
乙乙乙乙乙乙乙
离坤震中兑离坤
丙丙丙丙丙丙丙
艮坎震巽乾艮坎
丁丁丁丁丁丁丁
兑离坤震中兑离

中五

庚辛壬癸甲乙丙
申亥寅巳申亥寅
乙乙乙乙乙乙乙
兑离坤巽中兑离
丙丙丙丙丙丙丙
乾艮坎震中乾艮
丁丁丁丁丁丁丁
中兑离坤巽中兑

兑七

戊己庚辛壬癸甲
午酉子卯午酉子
乙乙乙乙乙乙乙
乾兑离坤巽乾兑
丙丙丙丙丙丙丙
中兑艮坎震中兑
丁丁丁丁丁丁丁
巽乾兑离坤巽乾

艮八

丁戊己庚辛壬
巳申亥寅巳申
乙乙乙乙乙乙
中兑艮坎震中
丙丙丙丙丙丙
巽乾艮离坤巽
丁丁丁丁丁丁
震中兑艮坎震

乙丙丁戊己庚
卯午酉子卯午
乙乙乙乙乙乙
震中兑离坎震
丙丙丙丙丙丙
坤巽乾艮坎坤
丁丁丁丁丁丁
坎震中兑离坎

己庚辛壬癸甲乙
未戌丑辰未戌丑
乙乙乙乙乙乙乙
乾艮坎震中乾艮
丙丙丙丙丙丙丙
乾兑离坤巽乾兑
丁丁丁丁丁丁丁
中乾艮坎震中乾

立冬

巽四

庚辛壬癸甲乙丙
申亥寅巳申亥寅
乙乙乙乙乙乙乙
乾艮坎震巽乾艮
丙丙丙丙丙丙丙
中兑离坤巽中兑
丁丁丁丁丁丁丁
巽乾艮坎震巽乾

离九

乙丙丁戊己庚
卯午酉子卯午
乙乙乙乙乙乙
坤巽乾艮离坤
丙丙丙丙丙丙
坎震中兑离坎
丁丁丁丁丁丁
离坤癸乾艮离

坤二

壬癸甲乙丙丁戊
戌丑辰未戌丑辰
乙乙乙乙乙乙乙
艮坎坤巽乾艮坎
丙丙丙丙丙丙丙
兑离坤震中兑离
丁丁丁丁丁丁丁
乾艮坎坤巽乾艮

辛壬癸甲乙丙丁
酉子卯午酉子卯
乙乙乙乙乙乙乙
兑离坤震中兑离
丙丙丙丙丙丙丙
乾艮坎震巽乾艮
丁丁丁丁丁丁丁
中兑巽坤震中兑

中五

己庚辛壬癸甲乙
未戌丑辰未戌丑
乙乙乙乙乙乙乙
中兑离坤巽中兑
丙丙丙丙丙丙丙
中乾艮坎震中乾
丁丁丁丁丁丁丁
巽中兑离坤巽中

兑七

丁戊己庚辛壬
巳申亥寅巳申
乙乙乙乙乙乙
巽乾兑离坤巽
丙丙丙丙丙丙
震中兑艮坎震
丁丁丁丁丁丁
坤巽乾兑离坤

艮八

丙丁戊己庚辛
辰未戌丑辰未
乙乙乙乙乙乙
震中兑艮坎震
丙丙丙丙丙丙
坤巽乾艮离坤
丁丁丁丁丁丁
坎震中兑艮坎

癸甲乙丙丁戊己
亥寅巳申亥寅巳
乙乙乙乙乙乙乙
离坎震中兑离坎
丙丙丙丙丙丙丙
艮坎坤巽乾艮坎
丁丁丁丁丁丁丁
兑离坎震中兑离

戊己庚辛壬癸甲
午酉子卯午酉子
乙乙乙乙乙乙乙
中乾艮坎震中乾
丙丙丙丙丙丙丙
巽乾兑离坤巽乾
丁丁丁丁丁丁丁
震中乾艮坎震中

《通书》曰：“天上三奇乙丙丁者，出于贵人之干德，游行十二支辰。以阳贵顺行，则乙德在丑、丙德在寅、丁德在卯，三干之德相联而无间断。以阴贵逆行，则乙德在未、丙德在午、丁德在巳，亦相联而无间断。又以其随贵人在天，故谓之天上三奇。能制煞发祥，中宫坐向得之，上官、嫁娶、入宅、移居、修造营葬并吉。余如戊、己、庚、辛、壬、癸，随贵人所涉，或间罗网，或间天空，皆不相联也。”

《选择宗镜》曰：“八节三奇，从八节本宫起甲子，阳遁顺飞九宫，阴遁逆飞九宫。寻见本年太岁泊何宫，便于其宫起本年虎遁，依八节顺逆，飞寻三奇分布取用。如庚申年冬至节用事，从坎一宫起甲子，顺飞九宫，寻见太岁庚申在震三宫，乙庚年五虎遁得戊寅。便从震三宫起戊寅，亦顺飞九宫，乙酉在坎一、丙戌在坤二、丁亥在震三，即庚申年冬至节乙奇在坎、丙奇在坤、丁奇在震也。修作到山到方，主进田产、生贵子、旺丁财。”

按：奇门以六甲为符使，最忌庚金。故用乙以合之，用丙、丁以制之。选择之用三奇，盖本诸此。冬至属坎宫，用阳遁一局，坎一起甲子。立春属艮宫，用阳遁八局，艮八起甲子。春分属震宫，用阳遁三局，震三起甲子。立夏属巽宫，用阳遁四局，巽四起甲子。俱顺飞九宫。夏至属离宫，用阴遁九局，离九起甲子。立秋属坤宫，用阴遁二局，坤二起甲子。秋分属兑宫，用阴遁七局，兑七起甲子。立冬属乾宫，用阴遁六局，乾六起甲子。俱逆飞九宫。此即时奇门法也。至以太岁所泊之宫起五虎遁，则与奇门顺布六仪，逆布三奇之法不同而亦自有理。《宗镜》曰：“三奇当用奇门，用八节三奇亦可。”则是古有此法也。又按：月神以月建入中宫，遇丙丁为火，此自岁建起虎遁，遇丙丁为奇，似乎两相矛盾。然各有取义，而起例各不同。且丙丁独火本不为凶，第忌廉贞、打头、月游诸火星逢之，而火发丙丁二奇，又取照盖山向，制克金神，而非用之以制火星，则其义固并行而不相背也。

巡山罗睺

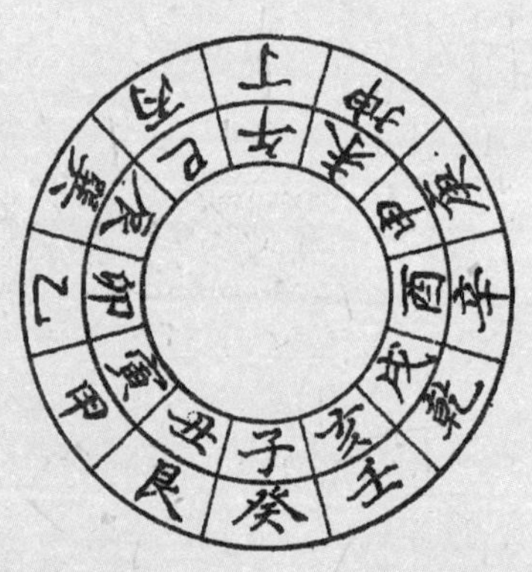

《起例》：“巡山罗睺为太岁前一位。子年在癸，丑年在艮，寅年在甲，卯年在乙，辰午在巽，巳年在丙，午年在丁，未年在坤，申年在庚，酉年在辛，戌年在乾，亥年

在壬。”

《选择宗镜》曰：“巡山罗睺，止忌立向，开山、修方不忌。”

《通书》曰：“申子辰罗睺乙巽辛，寅午戌丁癸艮宫出，巳酉丑丙壬乾作首，亥卯未甲庚坤大忌。”注曰：“申年辛、子年乙、辰年巽、寅年艮、午年丁、戌年癸、巳年丙、酉年乾、丑年壬、亥年庚、卯年甲、未年坤。”

按《起例》：巡山罗睺为岁前最近之方，又为岁君，自本年至次年所巡行必经之地，故立向避之。以其为岁前一位，犹前星为太子，次于岁驾，不敢抵向，但又不敢斥言前星以为神煞名字，而以佛子之名罗睺当之，故曰罗睺也。《通书》既论三合年分，而其罗睺所在之方与三合全无取义。《起例》则申、子、辰年在庚、癸、巽，寅、午、戌年在甲、丁、乾，巳、酉、丑年在丙、辛、艮，亥、卯、未年在壬、乙、坤，皆成双山、三合五行，甚为有理。《通书》惟辰、巳、午、未年与《起例》合，其为传写之误无疑也。今依《起例》改正。

坐煞向煞

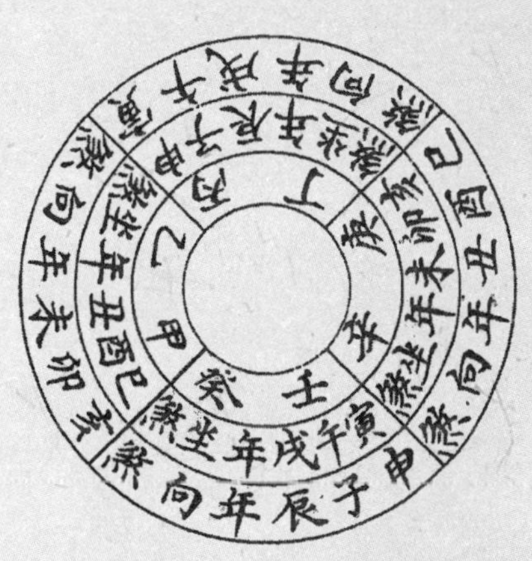

《通书》曰：“绝、胎之间为伏兵，胎、养之间为大祸。二者又为夹三煞，坐、向皆不宜。如申、子、辰年伏兵在丙，大祸在丁。寅、午、戌年伏兵在壬，大祸在癸。则申、子、辰年坐丙丁为坐煞，寅、午、戌年坐丙丁为向煞。盖坐丙则向壬，坐丁则向癸也。余年仿此。”

按《选择宗镜》曰：“太岁可坐不可向，三煞可向不可坐。”又曰：“三煞最凶，伏兵、大祸次之。”然则坐煞、向煞特统同之论，细分之，则坐与向当有轻重之不同也。见利用。

灸退

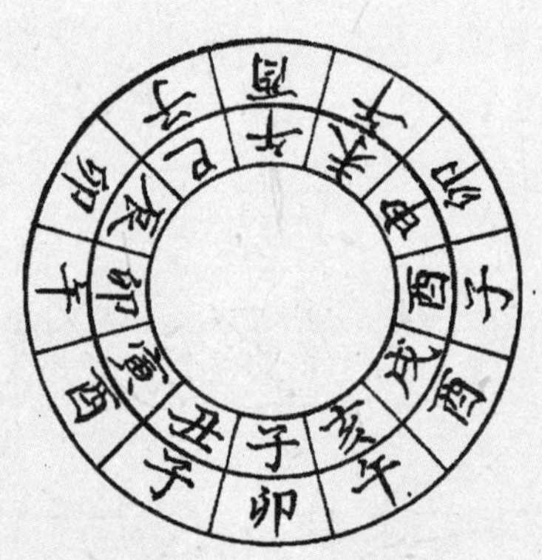

《通书》曰："申、子辰年在卯，巳、酉、丑年在子，寅、午、戌年在酉，亥、卯、未年在午。"

《选择宗镜》曰："死方为六害、为灸退，此太岁不足之气也。宜用三合局补之。"

按：灸退者，三合死方也。其名义不可晓。术家又为六害，又为飞天独火，大抵兼独火、死气而取义耳。夫六害、独火与灸退同行异名，于义无取，今删去不用。而其为太岁不足之气，则出于三合自然之理，故独存之，而名亦仍其旧云。

独火

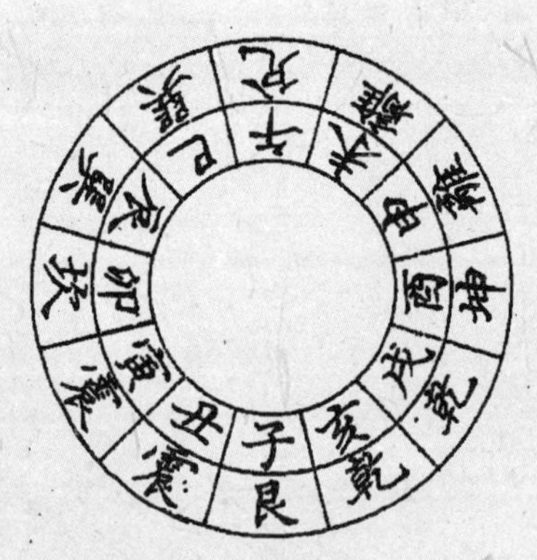

《通书》曰："独火一名飞祸、又名六害，即盖山黄道内朱雀、廉贞也。修营动土犯之主灾，埋葬不忌。"

按：独火与盖山黄道同一起例。如子年属坎、对宫为离，即以离为本宫卦，下一爻变为艮、为廉贞，故子年以艮为独火也。丑、寅年皆属艮、对宫为坤，即以坤为本宫卦，下一爻变为震，故丑、寅年皆以震为独火也。余年仿此。

又按：盖山黄道兼用纳甲、三合，独火则止用本卦。《通书》曰："独火方遇丙丁，飞吊其上，其火方发，无凶神并不妨。”然则本宫且不必忌矣，纳甲、三合又为纡远，其不用也宜哉！

浮天空亡

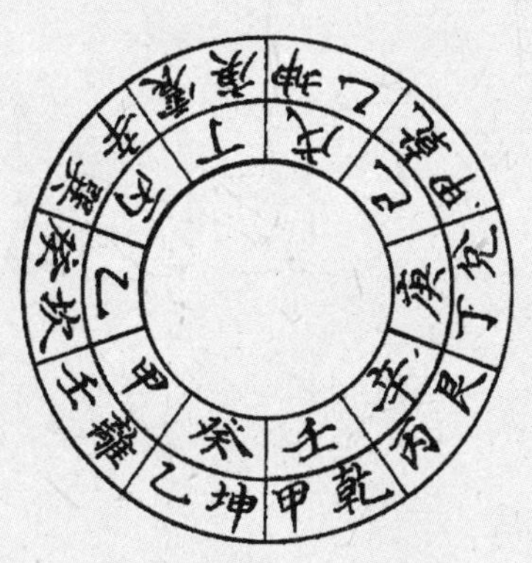

《起例》曰：“浮天空亡，甲年离壬，乙年坎癸，丙年巽辛，丁年震庚，戊年坤乙，己年乾甲，庚年兑丁，辛年艮丙，壬年乾甲，癸年坤乙。”

《通书》曰：“浮天空亡，其例出于变卦纳甲，乃绝命、破军之位。甲己年在壬，乙戊年在癸，丙年在辛，丁年在庚，庚年在丁，辛年在丙，壬年在甲，癸年在乙。”

《选择宗镜》曰：“甲己辛年丙壬，乙庚戊年丁癸，丙癸年乙辛，丁壬年庚甲。山向并忌，止忌向而不忌山非是。”

按：绝命、破军原系卦位，故以年干纳甲之卦为本宫，取申爻变之卦为破军所在。如甲为乾卦所纳则乾卦为甲年本宫，申爻变为离卦，离纳壬，故甲年以离壬为破军也。余仿此推[①]今《通书》止用干而遗卦，是取末而舍本。又以己年同于甲，犹谓己与甲合。至以戊年同于乙，则更自不可解矣。夫坎纳戊、离纳己乃纳甲本义，二十四山无戊已，故离纳壬、坎纳癸，以八卦分纳八干耳。若年干戊己未有不以坎离为本宫，而反统同于乾坤者也。《宗镜》并忌山、向，甚为有理。而谓一年占两方，则益失本义。盖其袭误久矣。今从《起例》改正。

---

① 法见《本原》。

阴府太岁

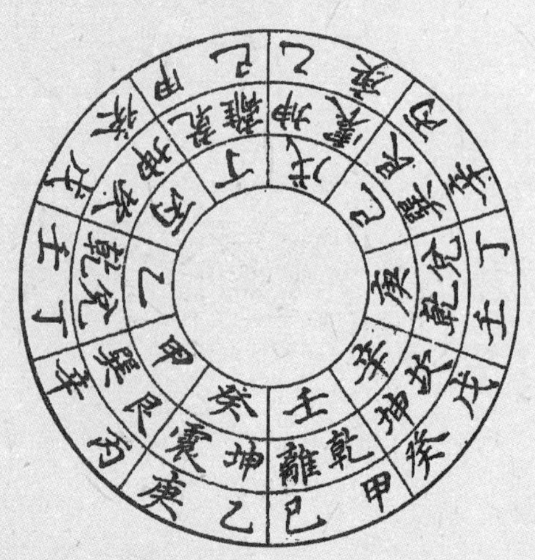

《通书·年神立成》:“阴府太岁,甲乙年艮巽、乙庚年兑乾、丙辛年坎坤、丁壬年离、戊癸年震。”又曰:“阴府太岁惟忌开山,营造、修方不忌。甲己年月日时属土,克艮丙巽辛山。乙庚年月日时属金,克乾甲兑丁巳丑山。丙辛年月日时属水,克坎癸坤乙申辰山。丁壬年月日时属木,克离壬寅戌山。戊癸年月日时属火,克震庚亥未山。”

《起例》曰:“正阴府,甲己年艮巽,乙庚年兑乾,丙辛年坎坤,丁壬年乾离,戊癸年坤震。傍阴府,甲己年丙辛,乙庚年丁壬,丙辛年戊癸,丁壬年甲己,戊癸年乙庚。阴府三合,乙庚年己丑,丙辛年申辰,丁壬年寅戌,戊癸年亥未。”

按:阴府太岁乃本年之化气,克山家之化气,开山忌岁月日时克坐山,故名之曰太岁。示不可犯耳,非另有阴府之太岁在某山也。如甲己年月日时,化气属土、土克水,而水乃丙辛合化之气,艮纳丙、巽纳辛,故甲己年以艮巽二山为正阴府,丙辛二山为傍阴府。乙庚年月日时,化气属金、金克木,而木乃丁壬合化之气,兑纳丁、乾纳壬,故以兑乾为正阴府、丁壬为傍阴府。余仿此推。然则卦之所由取,皆从两干合化而来。《通书》丁壬年有离无乾、戊癸年有震无坤,无两则不能化,其为遗漏无疑。又纳甲之法,乾纳甲壬、坤纳乙癸、坎纳戊、离纳己。选择家以二十四山无戊己,则以坎纳癸、以离纳壬,而乾坤专纳甲乙。子午卯酉四山不用卦而用支,则以支之三合并纳于一卦。此乃二十四山纳甲之法。《通书》失阴府太岁之本义,而反即卦以配干,乙庚年月丁壬讹丁甲,是因乾专纳甲而误也。丙辛年月,戊癸讹乙癸,是因坎纳癸、坤专纳乙而误也。丁壬年少甲而己讹壬,是因遗乾而遗、又因离纳壬而误也。戊癸年有庚无乙,是因遗坤而遗也。可见古人原止用卦,后人以干附之。又失纳甲本义,乃致多误。曰正曰傍,诸说不一。然卦从干来,用干犹属有理。至于纳甲、三合,与两干合化全无干涉,则又附会支离之尤甚而必不可从者。今图订正,庶晓然于作者之意。

又按：十干化气，本诸《素问》，逐年递变，《洪范》五行又推其意以为墓龙变运。不取角轸而取墓库，不取干气而取纳音，要亦逐年逐变者也。阴府太府太岁则不论年而论山，甲山、己山皆常属土，乙山、庚山皆常属金。不待合而化，不随年而变，此亦拘迂之甚矣。且以甲山而论，正五行则属木、《洪范》五行则属水、阴府五行则属土、墓龙变运则又属火、或又属金。行止有五，而一山已占其四。一年月日时，而干支纳音化气又占其四，求其不克，不亦难乎！今台官用卦不用干，遵行已久，姑存其旧。用干虽属有理，然其义本非亲切，故亦不取也。

天官符

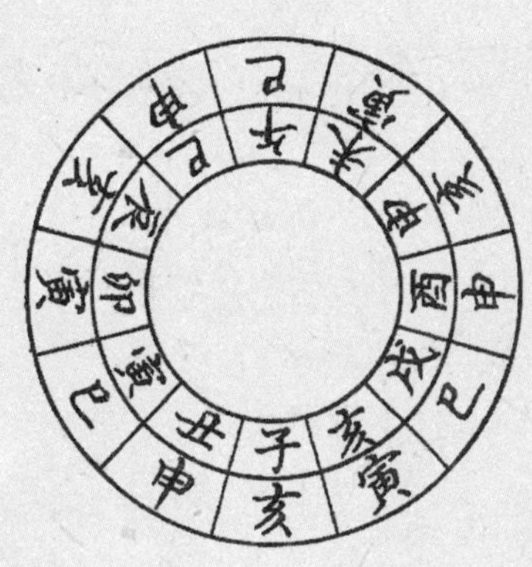

《通书》曰："天官符，忌修方。申、子、辰年属水，水临官在亥，故以亥为天官符。巳、酉、丑年属金，金临官在申，故以申为天官符。寅、午、戌年属火，火临官在巳，故以巳为天官符。亥、卯、未年属木，木临官在寅，故以寅为天官符。"

按：天官符为太岁三合、五行方旺之气，故修造避之。与月家游祸同义。名曰"天官符"者，五行质具于地而气行于天，三合固气也。

飞天官符

《通书》曰："天官符忌修方，一年占一字。"

《选择宗镜》曰："申、子、辰年在亥，巳、酉、丑年在申，寅、午、戌年在巳，亥、卯、未年寅，以月建之中宫，顺飞九宫，遇本年天官符所占之字，为本月天官符。每官占三位。"

按：月家飞宫天官符，即本年天官符逐月飞吊之位。如子年天官符在亥，正月修作则以寅建入中宫，顺数，复至中宫遇亥字，即正月天官符在中宫。若子年三月修作则以辰建入中宫，顺数，至震三遇亥字，震宫统甲、震、乙三位，即三月天官符在甲、震、乙也。又按：二十四山四正位不用卦而用支，飞宫又不用支而用卦者，以卦可逐宫而数也。余仿此。

飞地官符

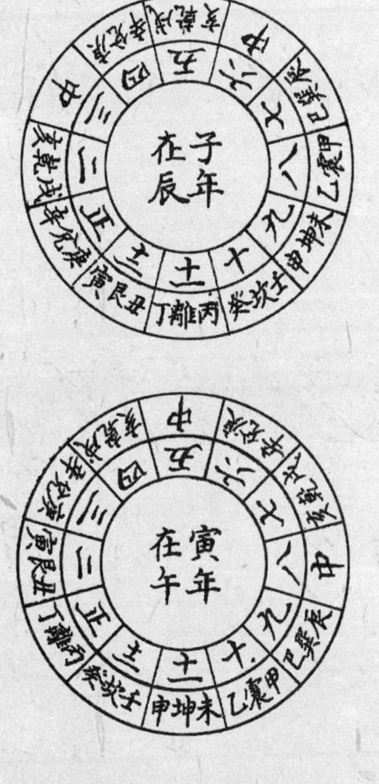

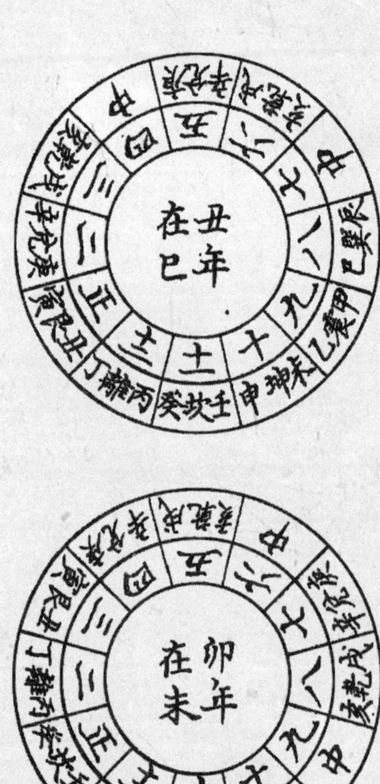

辰年在申

巳年在酉

午年在戌

未年在亥

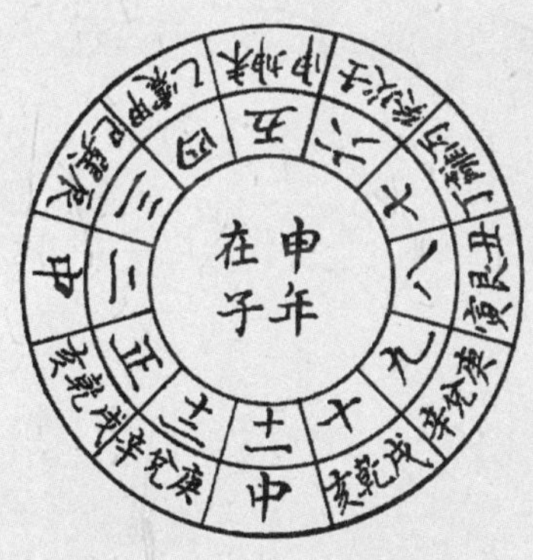
申年在子

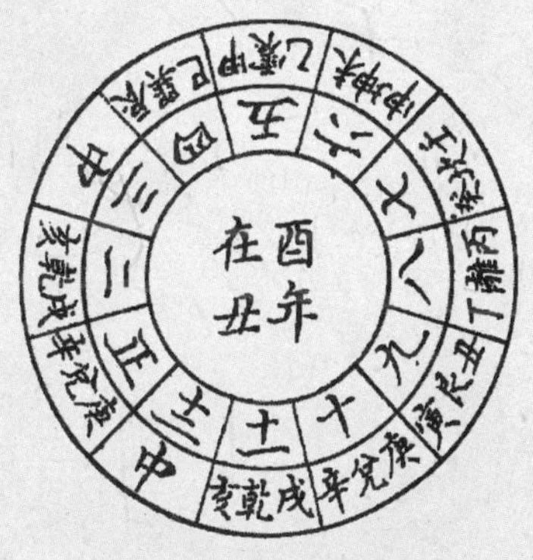
酉年在丑

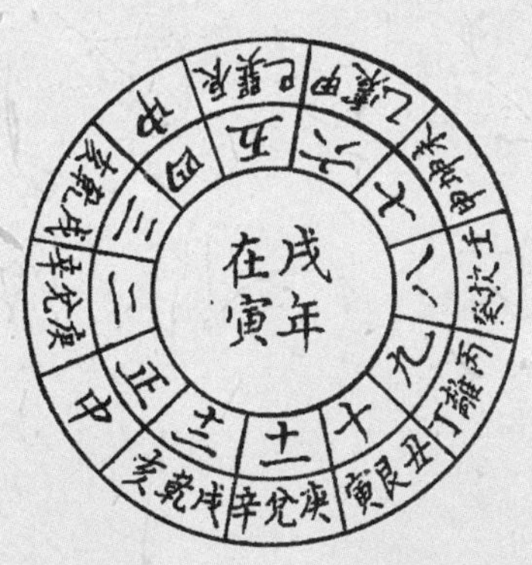
戌年在寅

亥年在卯

《通书》曰：“地官符忌修方，一年占一字。”

《选择宗镜》曰：“太岁前五位为地官符。以月建入中宫，顺飞九宫，遇本年地官符所占之字，为本月地官符。每宫占三位。”

按：地官符义例已见年神月家飞宫地官符，即本年地官符逐月飞吊之位。如子年地官符在辰，正月修作，则以寅建入中宫，顺数，至兑七、遇辰字、兑宫统庚、兑、辛三位，即正月地官符在庚兑辛也。若子年二月修作，则以卯建入中宫，顺数，至乾六遇辰字，乾宫统戌乾亥三位，即二月地官符在戌乾、亥也。余仿此。

飞大煞①

《通书》曰：“打头火忌修方。寅、午、戌年在午，亥、卯、未年在卯，申、子、辰年在子，巳、酉、丑年在酉。盖子、午、卯、酉是本宫旺乡，飞宫犯之则凶。”

《选择宗镜》曰：“打头火即三合旺方，又为金匮将星，主火烛。若叠太岁，尤凶。盖太旺则亢，亢则属火也。其法，以所用月建入中宫，顺飞九宫，遇本年三合旺方三

① 旧名打头火。

月打头火。每宫占三位。”

按：打头火即本年大煞逐月飞吊之位。大煞《义例》已见《年神》。其逐月飞吊与天官符同法。天官符为临官，大煞为帝旺。其曰火者，以其旺极为灾，亦犹灾煞之又名天火耳。打头火名不雅驯，又嫌多立名色，易致失实，故名曰“飞大煞”，以存本义云。

小月建

《通书》曰：“小月建即小儿煞，忌修方。”

《选择宗镜》曰：“小月建忌占方，然占山、占向亦忌。子、寅、辰、午、申、戌为阳年，正月起中宫，丑、卯、巳、未、酉、亥为阴年，正月起离九，俱顺飞九宫。如阳年正月起中宫、二月在乾六、三月在兑七，阴年正月起离九、二月在坎一、三月在坤二是也。每宫亦占三位。”

按：小月建即月建飞宫也。修造最重太岁，次则月建，故忌之。其法以月建为阳建，月厌为阴建。阳年用正月阳建寅加中宫顺行，故正月在中五、二月在乾六、三月在兑七，顺飞九宫。阴年用正月阳建戌加中宫顺数，至本月阳建，故正月离九、二月在坎一、三月在坤二，亦顺飞九宫。历家谓阴年起离九，顺飞九宫，乃捷法也。又按：月神飞吊，皆以月建入中宫。此从月建起例，已是飞宫，故不又用飞吊。大月建仿此。

大月建

《通书》曰：“大月建忌修方动土。”

《选择宗镜》曰：“大月建系月家土煞，占山、占向、占方、占中宫，皆不宜动土。甲、丁、庚、癸年正月起艮八，乙、戊、辛年正月起中五，丙、己、壬年正月起坤二，逆行九宫。”

按：《元经》以上元甲子一白、中元甲子四绿、下元甲子七赤为太岁一星，子午卯酉年正起八白、辰戌丑未年正月起五黄、寅申巳亥年正月起二黑为月建。《选择宗镜》载岁月建之法，以太岁寻月建、以月建寻太岁。又载《元经》起例，下元甲子年七赤为太岁一星，子年正月起八白为月建。如六月修离方，正月起八白、二月七赤、三月六白、四月五黄、五月四绿、六月三碧、则三碧为六月建。即以三碧入中宫，顺寻，七赤到离九，即月太岁一星在离，凶。由此观之，则太岁即三元年九星入中宫之一星，而月建即三元月九星入中宫之一星。盖九星顺行、六甲逆转，其年其月到某宫，则其宫之星即入中宫而用事。是其星乃太岁、月建之用神，而其宫即太岁、月建之所在也。今《通书》不用飞太岁而用月建，岂以月建较太岁尤亲切欤？然其例当三年三十有六月而一周，其义当十五年历三元，周而复始。《选择宗镜》所载甲、丁、庚、癸等年分，虽亦皆隔三年，但误用天干起例，则惟甲子至癸酉十年与《元经》合，至甲戌年则不与癸酉年相轮。而又自甲起，不惟与太岁相寻之例不合，且与其月之九星俱相矛盾。是盖止据甲子至癸酉十年而撮其例，遂致误也。今依《元经》改正。子、午、卯、酉年正月起艮八，辰、戌、丑、未年正月起中五，寅、申、巳、亥年正月起坤二，逐月逆转，则其例与月九星及《元经》月建吻合，而其义亦晓然矣。

又按：小月建专用月支，故曰“小”。大月建兼用月干，故曰“大”。月建为土府，故动土忌之。然在山在方，自以定位为重，飞宫为轻。选择最重太岁，而未有用飞太岁者，则月建之轻重可以类推。术士不明其义，乃因其大小名而谬为之说。谓犯小月建则伤小儿，犯大月建则伤宅长。又别名小月建曰“小儿煞”。举世畏忌而不知其由，惑世诬民，不已甚乎！

丙丁独火

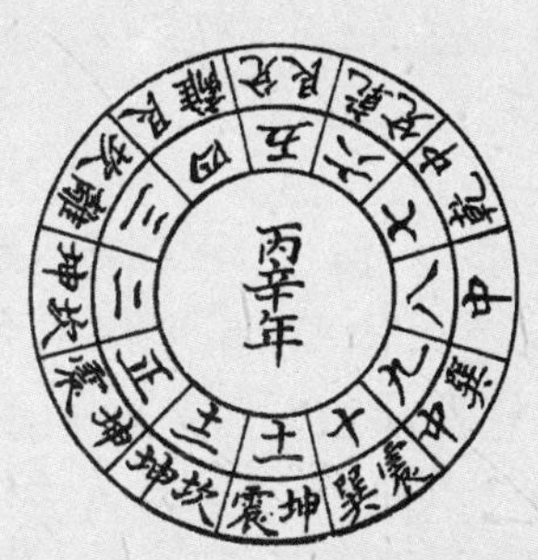

《通书》曰："丙丁独火忌修方。其法以月建入中宫，飞吊得丙、丁二字到方。修作动土犯之凶。"

按：丙丁独火，乃诸火星之总要。盖取天干丙丁之气照于其上，为火之所由发也。如甲己年丙寅月修作，则以丙寅入中宫顺数，丙在中五、丁在乾六，即正月丙丁独火在中宫与乾宫也。若丁卯月修作，则以丁卯入中宫，丁在中五、戊在乾六，以次顺数，丙又在中五，即二月丙丁独火在中宫也。然必与年独火、飞大煞并方忌。

月游火

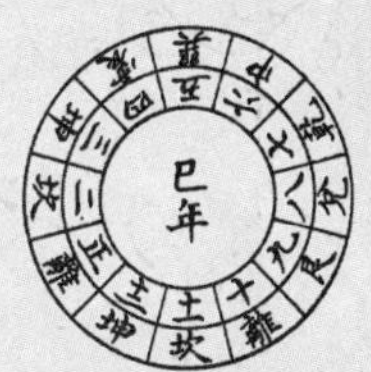

《通书》曰：“月游火忌修方。其煞与打头火或年独火并飞，得丙丁二字同到方，其灾方发。无凶神并不妨。”

按：月游火，即来年太岁，为进气方旺之辰。于二十四山，则又在巡山罗睺前一位，去太岁尚远。又为四利太阳，本不为凶，第以火未发先炎，故取太岁前一辰曰火、月移一位，故曰“月游”。然必与打头火、年独火并，又得丙丁同到，而后为忌也。如子年，前一辰为丑；丑年，前一辰为寅；丑、寅皆属艮，故子、丑年正月月游火同在艮八，二月在离九，三月在坎一，顺行九宫。寅年前一辰为卯，卯属震，故寅年正月月游火在震三，二月在巽四，三月在中五，顺行九宫是也。余仿此。又按：月游火逐月顺飞九宫，不以月建入中宫，与大、小月建同义。

钦定协纪辨方书卷九

立成

神煞之所由起，《义例》备矣。然各为一篇，不能一览而尽其条理。且年神方位，《通书》、《时宪书》取用各有不同，而月家吉凶神，又合建除、丛辰诸家，以轻重为次第，则《义例》犹未尽焉。今将《时宪书》及《月表》所用吉神，另编《立成》，入《万年书》外，而合《通书》、《万年书》岁、月、日、时吉凶神煞汇列成表，各分起例、以类相从。庶其例益明，而其义亦从可知也。作《立成》。

年神从岁干起者

岁干	甲	乙	丙	丁	戊	己	庚	辛	壬	癸
岁德	甲	庚	丙	壬	戊	甲	庚	丙	壬	戊
岁德合	己	乙	辛	丁	癸	己	乙	辛	丁	癸
岁禄	寅	卯	巳	午	巳	午	申	酉	亥	子
阳贵	未	申	酉	亥	丑	子	丑	寅	卯	巳
阴贵	丑	子	亥	酉	未	申	未	午	巳	卯
金神	午未 申酉	辰 巳	寅卯 午未 子丑	寅卯 戌亥	申酉 子丑	午未 申酉	辰 巳	寅卯 午未 子丑	寅卯 戌亥	申酉 子丑

年神从岁干取纳甲卦变者

岁干	甲	乙	丙	丁	戊	己	庚	辛	壬	癸
破败五鬼	巽	艮	坤	震	离	坎	兑	乾	巽	艮
阴府太岁	艮 巽	兑 乾	坎 坤	乾 离	坤 震	艮 巽	兑 乾	坎 坤	乾 离	坤 震
浮天空亡	离 壬	坎 癸	巽 辛	震 庚	坤 乙	乾 甲	兑 丁	艮 丙	乾 甲	坤 乙

年神随岁方顺行者

岁支	子	丑	寅	卯	辰	巳	午	未	申	酉	戌	亥
奏书	乾	乾	艮	艮	艮	巽	巽	巽	坤	坤	坤	乾
博士	巽	巽	坤	坤	坤	乾	乾	乾	艮	艮	艮	巽
力士	艮	艮	巽	巽	巽	坤	坤	坤	乾	乾	乾	艮
蚕室	坤	坤	乾	乾	乾	艮	艮	艮	巽	巽	巽	坤
蚕官	未	未	戌	戌	戌	丑	丑	丑	辰	辰	辰	未
蚕命	申	申	亥	亥	亥	寅	寅	寅	巳	巳	巳	坤
大将军	酉	酉	子	子	子	卯	卯	卯	午	午	午	酉

年神随岁支顺行者

岁支	子	丑	寅	卯	辰	巳	午	未	申	酉	戌	亥
太岁	子	丑	寅	卯	辰	巳	午	未	申	酉	戌	亥
太阳	丑	寅	卯	辰	巳	午	未	申	酉	戌	亥	子
丧门	寅	卯	辰	巳	午	未	申	酉	戌	亥	子	丑
太阴	卯	辰	巳	午	未	申	酉	戌	亥	子	丑	寅
官符畜官	辰	巳	午	未	申	酉	戌	亥	子	丑	寅	卯
支德死符小耗	巳	午	未	申	酉	戌	亥	子	丑	寅	卯	辰
岁破大耗	午	未	申	酉	戌	亥	子	丑	寅	卯	辰	巳
龙德	未	申	酉	戌	亥	子	丑	寅	卯	辰	巳	午
白虎	申	酉	戌	亥	子	丑	寅	卯	辰	巳	午	未
福德	酉	戌	亥	子	丑	寅	卯	辰	巳	午	未	申
吊客太阴	戌	亥	子	丑	寅	卯	辰	巳	午	未	申	酉
病符	亥	子	丑	寅	卯	辰	巳	午	未	申	酉	戌
巡山罗睺	癸	艮	甲	乙	巽	丙	丁	坤	庚	辛	乾	壬

年神随岁支退行者

岁支	子	丑	寅	卯	辰	巳	午	未	申	酉	戌	亥
神后	子	亥	戌	酉	申	未	午	巳	辰	卯	寅	丑
功曹	寅	丑	子	亥	戌	酉	申	未	午	巳	辰	卯
天罡	辰	卯	寅	丑	子	亥	戌	酉	申	未	午	巳
胜光	午	巳	辰	卯	寅	丑	子	亥	戌	酉	申	未
传送	申	未	午	巳	辰	卯	寅	丑	子	亥	戌	酉
河魁	戌	酉	申	未	午	巳	辰	卯	寅	丑	子	亥
六害	未	午	巳	辰	卯	寅	丑	子	亥	戌	酉	申
五鬼	辰	卯	寅	丑	子	亥	戌	酉	申	未	午	巳

年神从岁支三合者

岁支	子	丑	寅	卯	辰	巳	午	未	申	酉	戌	亥
岁马	寅	亥	申	巳	寅	亥	申	巳	寅	亥	申	巳
岁刑	卯	戌	巳	子	辰	申	午	丑	寅	酉	未	亥
三合前方	艮 寅	乾 亥	坤 申	巽 巳	艮 寅	乾 亥	坤 申	巽 巳	艮 寅	乾 亥	坤 申	巽 巳
	甲 卯	壬 子	庚 酉	丙 午	甲 卯	壬 子	庚 酉	丙 午	甲 卯	壬 子	庚 酉	丙 午
	乙 辰	癸 丑	辛 戌	丁 未	乙 辰	癸 丑	辛 戌	丁 未	乙 辰	癸 丑	辛 戌	丁 未
三合后方	坤 申	巽 巳	艮 寅	乾 亥	坤 申	巽 巳	艮 寅	乾 亥	坤 申	巽 巳	艮 寅	乾 亥
	庚 酉	丙 午	甲 卯	壬 子	庚 酉	丙 午	甲 卯	壬 子	庚 酉	丙 午	甲 卯	壬 子
	辛 戌	丁 未	乙 辰	癸 丑	辛 戌	丁 未	乙 辰	癸 丑	辛 戌	丁 未	乙 辰	癸 丑
劫煞	巳	寅	亥	申	巳	寅	亥	申	巳	寅	亥	申
灾煞	午	卯	子	酉	午	卯	子	酉	午	卯	子	酉
岁煞	未	辰	丑	戌	未	辰	丑	戌	未	辰	丑	戌
伏兵	丙	甲	壬	庚	丙	甲	壬	庚	丙	甲	壬	庚
大祸	丁	乙	癸	辛	丁	乙	癸	辛	丁	乙	癸	辛

坐煞	丙 丁	甲 乙	壬 癸	庚 辛	丙 丁	甲 乙	壬 癸	庚 辛	丙 丁	甲 乙	壬 癸	庚 辛
向煞	壬 癸	庚 辛	丙 丁	甲 乙	壬 癸	庚 辛	丙 丁	甲 乙	壬 癸	庚 辛	丙 丁	甲 乙
天官符	亥	申	巳	寅	亥	申	巳	寅	亥	申	巳	寅
大煞	子	酉	午	卯	子	酉	午	卯	子	酉	午	卯
黄幡	辰	丑	戌	未	辰	丑	戌	未	辰	丑	戌	未
豹尾	戌	未	辰	丑	戌	未	辰	丑	戌	未	辰	丑
炙退	卯	子	酉	午	卯	子	酉	午	卯	子	酉	午

年神随岁支顺行一方者

岁支	子	丑	寅	卯	辰	巳	午	未	申	酉	戌	亥
飞廉	申	酉	戌	巳	午	未	寅	卯	辰	亥	子	丑

年神从岁支取纳甲卦变者

岁支	子	丑	寅	卯	辰	巳	午	未	申	酉	戌	亥
贪狼	震庚 亥未	艮 丙	艮 丙	乾 甲	兑丁 已丑	兑丁 已丑	巽 辛	坤 乙	坤 乙	离壬 寅戌	坎癸 申辰	坎癸 申辰
巨门	兑丁 已丑	巽 辛	巽 辛	离壬 寅戌	震庚 亥未	震庚 亥未	艮 丙	坎癸 申辰	坎癸 申辰	乾 甲	坤 乙	坤 乙
武曲	巽 辛	兑丁 已丑	兑丁 已丑	坤 乙	艮 丙	艮 丙	震庚 亥未	乾 甲	乾 甲	坎癸 申辰	离壬 寅戌	离壬 寅戌
文曲	坤 乙	离壬 寅戌	离壬 寅戌	巽 辛	坎癸 申辰	坎癸 申辰	乾 甲	震庚 亥未	震庚 亥未	艮 丙	兑丁 已丑	兑丁 已丑
独火	艮	震	震	坎	巽	巽	兑	离	离	坤	乾	乾

年神从三元起者

三元紫白	上元				中元				下元			
	一 白	六 白	八 白	九 紫	一 白	六 白	八 白	九 紫	一 白	六 白	八 白	九 紫
甲子 癸酉 壬午 辛卯 庚子 己酉 戊午 年	中	坎	震	巽	坤	兑	离	坎	艮	巽	乾	兑
乙丑 甲戌 癸未 壬辰 辛丑 庚戌 己未 年	乾	坤	巽	中	震	艮	坎	坤	离	中	兑	艮
丙寅 乙亥 甲申 癸巳 壬寅 辛亥 庚申 年	兑	震	中	乾	巽	离	坤	震	坎	乾	艮	离
丁卯 丙子 乙酉 甲午 癸卯 壬子 辛酉 年	艮	巽	乾	兑	中	坎	震	巽	坤	兑	离	坎
戊辰 丁丑 丙戌 乙未 甲辰 癸丑 壬戌 年	离	中	兑	艮	乾	坤	巽	中	震	艮	坎	坤
己巳 戊寅 丁亥 丙申 乙巳 甲寅 癸亥 年	坎	乾	艮	离	兑	震	中	乾	巽	离	坤	震
庚午 己卯 戊子 丁酉 丙午 乙卯 年	坤	兑	离	坎	艮	巽	乾	兑	中	坎	震	巽
辛未 庚辰 己丑 戊戌 丁未 丙辰 年	震	艮	坎	坤	离	中	兑	艮	乾	坤	巽	中
壬申 辛巳 庚寅 己亥 戊申 丁巳 年	巽	离	坤	震	坎	乾	艮	离	兑	震	中	乾

年神从岁纳音起者

年克山家	子午年	寅申年	辰戌年
甲	水土山	离壬丙乙	乾亥兑丁
	子午年	寅申年	辰戌年
丙	乾亥兑丁	震艮巳	水土山
戊	冬至后克 乾亥兑丁	离壬丙乙	水土山
庚	乾亥兑丁	离壬丙乙	震艮巳
壬	乾亥兑丁	冬至后克 亥兑丁	水土山
	丑未年	卯酉年	巳亥年

乙	震艮巳	冬至后克 乾亥兑丁	水土山
丁	水土山	离壬丙乙	震艮巳
己	乾亥兑丁	冬至后克 乾亥兑丁	震艮巳
辛	水土山	冬至后克 乾亥兑丁	离壬丙乙
癸	水土山	乾亥兑丁	震艮巳

月神从岁干起者

阳贵人	正	二	三	四	五	六	七	八	九	十	十一	十二
甲年	坎	离	艮	兑	乾	中	坎	离	艮	兑	乾	中
乙年	坤	坎	离	艮	兑	乾	中	坎	离	艮	兑	乾
丙年	震	坤	坎	离	艮	兑	乾	中	坎	离	艮	兑
丁年	中	巽	震	坤	坎	离	艮	兑	乾	中	坎	离
戊庚年	兑	乾	中	巽	震	坤	坎	离	艮	兑	乾	中
己年	乾	中	巽	震	坤	坎	离	艮	兑	乾	中	坎
辛年	中	坎	离	艮	兑	乾	中	巽	震	坤	坎	离
壬年	乾	中	坎	离	艮	兑	乾	中	巽	震	乾	坎
癸年	艮	兑	乾	中	坎	离	艮	兑	乾	中	巽	震
阴贵人	正	二	三	四	五	六	七	八	九	十	十一	十二
甲年	兑	乾	中	巽	震	坤	坎	离	艮	兑	乾	中
乙年	乾	中	巽	震	坤	坎	离	艮	兑	乾	中	坎
丙年	中	巽	震	坤	坎	离	艮	兑	乾	中	坎	离
丁年	震	坤	坎	离	艮	兑	乾	中	坎	离	艮	兑
戊庚年	坎	离	艮	兑	乾	中	坎	离	艮	兑	乾	中
己年	坤	坎	离	艮	兑	乾	中	坎	离	艮	兑	乾
辛年	离	艮	兑	乾	中	坎	离	艮	兑	乾	中	巽
壬年	艮	兑	乾	中	坎	离	艮	兑	乾	中	巽	震
癸年	乾	中	坎	离	艮	兑	乾	中	巽	震	坤	坎
飞天禄	正	二	三	四	五	六	七	八	九	十	十一	十二

甲年	中	坎	离	艮	兑	乾	中	巽	震	坤	坎	离
乙年	乾	中	坎	离	艮	兑	乾	中	巽	震	坤	坎
丙戊年	艮	兑	乾	中	坎	离	艮	兑	乾	中	巽	震
丁己年	离	艮	兑	乾	中	坎	离	艮	兑	乾	中	巽
庚年	坤	坎	离	艮	兑	乾	中	坎	离	艮	兑	乾
辛年	震	坤	坎	离	艮	兑	乾	中	坎	离	艮	兑
壬年	中	巽	震	坤	坎	离	艮	兑	乾	中	坎	离
癸年	乾	中	巽	震	坤	坎	离	艮	兑	乾	中	坎
丙丁独火	正	二	三	四	五	六	七	八	九	十	十一	十二
甲己年	中 乾	中	巽 中	震 巽	坤 震	坎 坤	离 坎	艮 离	兑 艮	乾 兑	中 乾	中
乙庚年	巽 中	震 巽	坤 震	坎 坤	离 坎	艮 离	兑 艮	乾 兑	中 乾	中	巽 中	震 巽
丙辛年	坤 震	坎 坤	离 坎	艮 离	兑 艮	乾 兑	中 乾	中	巽 中	震 巽	坤 震	坎 坤
丁壬年	离 坎	艮 离	兑 艮	乾 兑	中 乾	中	巽 中	震 巽	坤 震	坎 坤	离 坎	艮 离
戊癸年	兑 艮	乾 兑	中 乾	中	巽 中	震 巽	坤 震	坎 坤	离 坎	艮 离	兑 艮	乾 兑

月神从三元起者

月紫白	正	二	三	四	五	六	七	八	九	十	十一	十二
子午卯酉年 一白	兑	艮	离	坎	坤	震	巽	中	乾	兑	艮	离
六白	震	巽	中	乾	兑	艮	离	坎	坤	震	巽	中
八白	中	乾	兑	艮	离	坎	坤	震	巽	中	乾	兑
九紫	乾	兑	艮	离	坎	坤	震	巽	中	乾	兑	艮
辰戌丑未年 一白	坎	坤	震	巽	中	乾	兑	艮	离	坎	坤	震
六白	乾	兑	艮	离	坎	坤	震	巽	中	乾	兑	艮
八白	艮	离	坎	坤	震	巽	中	乾	兑	艮	离	坎
九紫	离	坎	坤	震	巽	中	乾	兑	震	巽	坎	坤

一白	巽	中	乾	兑	艮	离	坎	坤	震	巽	中	乾
六白 寅申巳亥年	离	坎	坤	震	巽	中	乾	兑	艮	离	坎	坤
八白	坤	震	巽	中	乾	兑	艮	离	坎	坤	震	巽
九紫	震	巽	中	乾	兑	艮	离	坎	坤	震	巽	中

月神从岁支起者

飞天马	正	二	三	四	五	六	七	八	九	十	十一	十二
申子辰年	中	坎	离	艮	兑	乾	中	巽	震	坤	坎	离
巳酉丑年	中	巽	震	坤	坎	离	艮	兑	乾	中	坎	离
寅午戌年	坤	坎	离	艮	兑	乾	中	坎	离	艮	兑	乾
亥卯未年	艮	兑	乾	中	坎	离	艮	兑	乾	中	巽	震
天官符	正	二	三	四	五	六	七	八	九	十	十一	十二
		辰	甲	未	壬	丙	丑	庚	戌		庚	戌
申子辰年	中	巽	震	坤	坎	离	艮	兑	乾	中	兑	乾
		巳	乙	申	癸	丁	寅	辛	亥		辛	亥
	未	壬	丙	丑	庚	戌		庚	戌		辰	甲
巳酉丑年	坤	坎	离	艮	兑	乾	中	兑	乾	中	巽	震
	申	癸	丁	寅	辛	亥		辛	亥		巳	乙
	丑	庚	戌		庚	戌		辰	甲	未	壬	丙
寅午戌年	艮	兑	乾	中	兑	乾	中	巽	震	坤	坎	离
	寅	辛	亥		辛	亥		巳	乙	申	癸	丁
		庚	戌		辰	甲	未	壬	丙	丑	庚	戌
亥卯未年	中	兑	乾	中	巽	震	坤	坎	离	艮	兑	乾
		辛	亥		巳	乙	坤	癸	丁	寅	辛	亥
地官符	正	二	三	四	五	六	七	八	九	十	十一	十二
	庚	戌		庚	戌		辰	甲	未	壬	丙	丑
子年	兑	乾	中	兑	乾	中	巽	震	坤	坎	离	艮
	辛	亥		辛	亥		巳	乙	申	癸	丁	寅

	丑	庚	戊		庚	戊		辰	甲	未	壬	丙
丑年	艮	兑	乾	中	兑	乾	中	巽	震	坤	坎	离
	寅	辛	亥		辛	亥		巳	乙	申	癸	丁
	丙	丑	庚	戊		庚	戊		辰	甲	未	壬
寅年	离	艮	兑	乾	中	兑	乾	中	巽	震	坤	坎
	丁	寅	辛	亥		辛	亥		巳	乙	申	癸
	壬	丙	丑	庚	戊		庚	戊		辰	甲	未
卯年	坎	离	艮	兑	乾	中	兑	乾	中	巽	震	坤
	癸	丁	寅	辛	亥		辛	亥		巳	乙	申
	未	壬	丙	丑	庚	戊		庚	戊		辰	甲
辰年	坤	坎	离	艮	兑	乾	中	兑	乾	中	巽	震
	申	癸	丁	寅	辛	亥		辛	亥		巳	乙
	甲	未	壬	丙	丑	庚	戊		庚	戊		辰
巳年	震	坤	坎	离	艮	兑	乾	中	兑	乾	中	巽
	乙	申	癸	丁	寅	辛	亥		辛	亥		巳
	辰	甲	未	壬	丙	丑	庚	戊		庚	戊	
午年	巽	震	坤	坎	离	艮	兑	乾	中	兑	乾	中
	己	乙	申	癸	丁	寅	辛	亥		辛	亥	
		辰	甲	未	壬	丙	丑	庚	戊		庚	戊
未年	中	巽	震	坤	坎	离	艮	兑	乾	中	兑	乾
		巳	乙	申	癸	丁	寅	辛	亥		辛	亥
	戊		辰	甲	未	壬	丙	丑	庚	戊		庚
申年	乾	中	巽	震	坤	坎	离	艮	兑	乾	中	兑
	亥		己	乙	申	癸	丁	寅	辛	亥		辛
	庚	戊		辰	甲	未	壬	丙	丑	庚	戊	
酉年	兑	乾	中	巽	震	坤	坎	离	艮	兑	乾	中
	辛	亥		巳	乙	申	癸	丁	寅	辛	亥	

		庚	戌		辰	甲	未	壬	丙	丑	庚	戌
戌年	中	兑	乾	中	巽	震	坤	坎	离	艮	兑	乾
		辛	亥		巳	乙	申	癸	丁	寅	辛	亥
	戌		庚	戌		辰	甲	未	壬	丙	丑	庚
亥年	乾	中	兑	乾	中	巽	震	坤	坎	离	艮	兑
	亥		辛	亥		巳	乙	申	癸	丁	寅	辛
飞大煞打头火	正	二	三	四	五	六	七	八	九	十	十一	十二
	戌		辰	甲	未	壬	丙	丑	庚	戌		庚
申子辰年	乾	中	巽	震	坤	坎	离	艮	兑	乾	中	兑
	亥		巳	乙	申	癸	丁	寅	辛	亥		辛
	甲	未	壬	丙	丑	庚	戌		庚	戌		辰
巳酉丑年	震	坤	坎	离	艮	兑	乾	中	兑	乾	中	巽
	乙	申	癸	丁	寅	辛	亥		辛	亥		巳
	丙	丑	庚	戌		庚	戌		辰	甲	未	壬
寅午戌年	离	艮	兑	乾	中	兑	乾	中	巽	震	坤	坎
	丁	寅	辛	亥		辛	亥		巳	乙	申	癸
	戌		庚	戌		辰	甲	未	壬	丙	丑	庚
亥卯未年	乾	中	兑	乾	中	巽	震	坤	坎	离	艮	兑
	亥		辛	亥		巳	乙	申	癸	丁	寅	辛
月游火	正	二	三	四	五	六	七	八	九	十	十一	十二
子丑年	艮	离	坎	坤	震	巽	中	乾	兑	艮	离	坎
寅年	震	巽	中	乾	兑	艮	离	坎	坤	震	巽	中
卯辰年	巽	中	乾	兑	艮	离	坎	坤	震	巽	中	乾
巳年	离	坎	坤	震	巽	中	乾	兑	艮	离	坎	坤
午未年	坤	震	巽	中	乾	兑	艮	离	坎	坤	震	巽
申年	兑	艮	离	坎	坤	震	巽	中	乾	兑	艮	离
酉戌年	乾	兑	艮	离	坎	坤	震	巽	中	乾	兑	艮
亥年	坎	坤	震	巽	中	乾	兑	艮	离	坎	坤	震
小月建	正	二	三	四	五	六	七	八	九	十	十一	十二

		戌	庚	丑	丙	壬	未	甲	辰		戌	庚
阳年	中	乾	兑	艮	离	坎	坤	震	巽	中	乾	兑
		亥	辛	寅	丁	癸	申	乙	巳		亥	辛
	丙	壬	未	甲	辰		戌	庚	丑	丙	壬	未
阴年	离	坎	坤	震	巽	中	乾	兑	艮	离	坎	坤
	丁	癸	申	乙	巳		亥	辛	寅	丁	癸	申
大月建	正	二	三	四	五	六	七	八	九	十	十一	十二
	丑	庚	戌		辰	甲	未	壬	丙	丑	庚	戌
子午卯酉年	艮	兑	乾	中	巽	震	坤	坎	离	艮	兑	乾
	寅	辛	亥		巳	乙	申	癸	丁	寅	辛	亥
		辰	甲	未	壬	丙	丑	庚	戌		辰	甲
辰戌丑未年	中	巽	震	坤	坎	离	艮	兑	乾	中	巽	震
		巳	乙	申	癸	丁	寅	辛	亥		巳	乙
	未	壬	丙	丑	庚	戌		辰	甲	未	壬	丙
寅申巳亥年	坤	坎	离	艮	兑	乾	中	巽	震	坤	坎	离
	申	癸	丁	寅	辛	亥		巳	乙	申	癸	丁

月神从月干起者

阴府太岁	正	二	三	四	五	六	七	八	九	十	十一	十二
甲己年	坎 坤	乾 离	坤 震	巽 艮	乾 兑	坤 坎	离 乾	震 坤	艮 巽	兑 乾	坎 坤	乾 离
乙庚年	坤 震	巽 艮	乾 兑	坤 坎	离 乾	震 坤	艮 巽	兑 乾	坎 坤	乾 离	坤 震	巽 艮
丙辛年	乾 兑	坤 坎	离 乾	震 坤	艮 巽	兑 乾	坎 坤	乾 离	坤 震	巽 艮	乾 兑	坤 坎
丁壬年	离 乾	震 坤	艮 巽	兑 乾	坎 坤	乾 离	坤 震	巽 艮	乾 兑	坤 坎	离 乾	震 坤
戊癸年	艮 巽	兑 乾	坎 坤	乾 离	坤 震	巽 艮	乾 兑	坤 坎	离 乾	震 坤	艮 巽	兑 乾

月神从月纳音起者

月克山家	正	二	三	四	五	六	七	八	九	十	十一	十二
甲己年	乾亥 兑丁		震艮 巳山				水土 山		乾亥 兑丁		离壬 丙乙	
乙庚年	乾亥 兑丁		震艮 巳山		离壬 丙乙				乾亥 兑丁		水土 山	
丙辛年			乾亥 兑丁		离壬 丙乙		震艮 巳山				水土 山	
丁壬年			离壬 丙乙		水土 山		震艮 巳山					
戊癸年	震艮 巳山		离壬 丙乙				水土 山		震艮 巳山			

月神从八节九宫顺逆行者

	冬至			立春			春分			立夏		
三奇	乙	丙	丁	乙	丙	丁	乙	丙	丁	乙	丙	丁
甲子 己酉 年	坎	坎	坤	艮	艮	离	震	震	巽	巽	巽	中
乙丑 庚戌 年	坎	坎	坤	艮	艮	离	坤	震	巽	震	巽	中
丙寅 辛亥 年	艮	离	坎	乾	兑	艮	坎	坤	震	坤	震	巽
丁卯 壬子 年	兑	艮	离	中	乾	兑	离	坎	坤	坎	坤	震
戊辰 癸丑 年	乾	兑	艮	巽	中	乾	艮	离	坎	离	坎	坤
己巳 甲寅 年	乾	乾	兑	巽	巽	中	艮	艮	离	离	离	坎
庚午 乙卯 年	中	乾	兑	震	巽	中	兑	艮	离	艮	离	坎
辛未 丙辰 年	巽	中	乾	坤	震	巽	乾	兑	艮	兑	艮	离

壬申 丁巳年	震	巽	中	坎	坤	震	中	乾	兑	乾	兑	艮
癸酉 戊午年	坤	震	巽	离	坎	坤	巽	中	乾	中	乾	兑
甲戌 己未年	坤	坤	震	离	离	坎	巽	巽	中	中	中	乾
乙亥 庚申年	坎	坤	震	艮	离	坎	震	巽	中	巽	中	乾
丙子 辛酉年	离	坎	坤	兑	艮	离	坤	震	巽	震	巽	中
丁丑 壬戌年	艮	离	坎	乾	兑	艮	坎	坤	震	坤	震	巽
戊寅 癸亥年	兑	艮	离	中	乾	兑	离	坎	坤	坎	坤	震
己卯年	兑	兑	艮	中	中	乾	离	坎	坎	坎	坎	坤
庚辰年	乾	兑	艮	巽	中	乾	艮	离	坎	离	坎	坤
辛巳年	中	乾	兑	震	巽	中	兑	艮	离	艮	离	坎
壬午年	巽	中	乾	坤	震	巽	乾	兑	艮	兑	离	
癸未年	震	巽	中	坎	坤	震	中	乾	兑	乾	兑	艮
甲申年	震	震	巽	坎	坎	坤	中	中	乾	乾	乾	兑
乙酉年	坤	震	巽	离	坎	坤	巽	中	乾	中	乾	兑
丙戌年	坎	坤	震	艮	离	坎	震	巽	中	巽	中	乾
丁亥年	离	坎	坤	兑	艮	离	坤	震	巽	震	巽	中
戊子年	艮	离	坎	乾	兑	艮	坎	坤	震	坤	震	巽
己丑年	艮	艮	离	乾	乾	兑	坎	坎	坤	坤	坤	震
庚寅年	兑	艮	离	中	乾	兑	离	坎	坤	坎	坤	震
辛卯年	乾	兑	艮	巽	中	乾	艮	离	坎	离	坎	坤
壬辰年	中	乾	兑	震	巽	中	兑	艮	离	艮	离	坎
癸巳年	巽	中	乾	坤	震	巽	乾	兑	艮	兑	艮	离
甲午年	巽	巽	中	坤	坤	震	乾	乾	兑	兑	兑	艮
乙未年	震	巽	中	坎	坤	震	中	乾	兑	乾	兑	艮

丙申年	坤	震	巽	离	坎	坤	巽	中	乾	中	乾	兑
丁酉年	坎	坤	震	艮	离	坎	震	巽	中	巽	中	乾
戊戌年	离	坎	坤	兑	艮	离	坤	震	巽	震	巽	中
己亥年	离	离	坎	兑	兑	艮	坤	坤	震	震	震	巽
庚子年	艮	离	坎	乾	兑	艮	坎	坤	震	坤	震	巽
辛丑年	兑	艮	离	中	乾	兑	离	坎	坤	坎	坤	震
壬寅年	乾	兑	艮	巽	中	乾	艮	离	坎	离	坎	坤
癸卯年	中	乾	兑	震	巽	中	兑	艮	离	艮	离	坎
甲辰年	中	中	乾	震	震	巽	兑	兑	艮	艮	艮	离
乙巳年	巽	中	乾	坤	震	巽	乾	兑	艮	兑	艮	离
丙午年	震	巽	中	坎	坤	震	中	乾	兑	乾	兑	艮
丁未年	坤	震	巽	离	坎	坤	巽	中	乾	中	乾	兑
戊申年	坎	坤	震	艮	离	坎	震	巽	中	巽	中	乾

	夏至			立秋			秋分			立冬		
三奇	乙	丙	丁	乙	丙	丁	乙	丙	丁	乙	丙	丁
甲子 己酉年	离	离	艮	坤	坤	坎	兑	兑	乾	乾	乾	中
乙丑 庚戌年	坎	离	艮	震	坤	坎	艮	兑	乾	兑	乾	中
丙寅 辛亥年	坤	坎	离	巽	震	坤	离	艮	兑	艮	兑	乾
丁卯 壬子年	震	坤	坎	中	巽	震	坎	离	艮	离	艮	兑
戊辰 癸丑年	巽	震	坤	乾	中	巽	坤	坎	离	坎	离	艮
己巳 甲寅年	巽	巽	震	乾	乾	中	坤	坤	坎	坎	坎	离
庚午 乙卯年	中	巽	震	兑	乾	中	震	坤	坎	坤	坎	离

辛未 丙辰年	乾	中	巽	艮	兑	乾	巽	震	坤	震	坤	坎
壬申 丁巳年	兑	乾	中	离	艮	兑	中	巽	震	巽	震	坤
癸酉 戊午年	艮	兑	乾	坎	离	艮	乾	中	巽	中	巽	震
甲戌 己未年	艮	艮	兑	坎	坎	离	乾	乾	中	中	中	巽
乙亥 庚申年	离	艮	兑	坤	坎	离	兑	乾	中	乾	中	巽
丙子 辛酉年	坎	离	艮	震	坤	坎	艮	兑	乾	兑	乾	中
丁丑 壬戌年	坤	坎	离	巽	震	坤	离	艮	兑	艮	兑	乾
戊寅 癸亥年	震	坤	坎	中	巽	震	坎	离	艮	离	艮	兑
己卯年	震	震	坤	中	中	巽	坎	坎	离	离	离	艮
庚辰年	巽	震	坤	乾	中	巽	坤	坎	离	坎	离	艮
辛巳年	中	巽	震	兑	乾	中	震	坤	坎	坤	坎	离
壬午年	乾	中	巽	艮	兑	乾	巽	震	坤	震	坤	坎
癸未年	兑	乾	中	离	艮	兑	中	巽	震	巽	震	坤
甲申年	兑	兑	乾	离	离	艮	中	中	巽	巽	巽	震
乙酉年	艮	兑	乾	坎	离	艮	乾	中	巽	中	巽	震
丙戌年	离	艮	兑	坤	坎	离	兑	乾	中	乾	中	巽
丁亥年	坎	离	艮	震	坤	坎	艮	兑	乾	兑	乾	中
戊子年	坤	坎	离	巽	震	坤	离	艮	兑	艮	兑	乾
乙丑年	坤	坤	坎	巽	巽	震	离	离	艮	艮	艮	兑
庚寅年	震	坤	坎	中	巽	震	坎	离	艮	离	艮	兑
辛卯年	巽	震	坤	乾	中	巽	坤	坎	离	坎	离	艮
壬辰年	中	巽	震	兑	乾	中	震	坤	坎	坤	坎	离
癸巳年	乾	中	巽	艮	兑	乾	巽	震	坤	震	坤	坎

甲午年	乾	乾	中	艮	艮	兑	巽	巽	震	震	震	坤
乙未年	兑	乾	中	离	艮	兑	中	巽	震	巽	震	坤
丙申年	艮	兑	乾	坎	离	艮	乾	中	巽	中	巽	震
丁酉年	离	艮	兑	坤	坎	离	兑	乾	中	乾	中	巽
戊戌年	坎	离	艮	震	坤	坎	艮	兑	乾	兑	乾	中
己亥年	坎	坎	离	震	震	坤	艮	艮	兑	兑	兑	乾
庚子年	坤	坎	离	巽	震	坤	离	艮	兑	艮	兑	乾
辛丑年	震	坤	坎	中	巽	震	坎	离	艮	离	艮	兑
壬寅年	巽	震	坤	乾	中	巽	坤	坎	离	坎	离	艮
癸卯年	中	巽	震	兑	乾	中	震	坤	坎	坤	坎	离
甲辰年	中	中	巽	兑	兑	乾	震	震	坤	坤	坤	坎
乙巳年	乾	中	巽	艮	兑	乾	巽	震	坤	震	坤	坎
丙午年	兑	乾	中	离	艮	兑	中	巽	震	巽	震	坤
丁未年	艮	兑	乾	坎	离	艮	乾	中	巽	中	巽	震
戊申年	离	艮	兑	坤	坎	离	兑	乾	中	乾	中	巽

月神取月建三合者

	正	二	三	四	五	六	七	八	九	十	十一	十二
天道	南	西南	北	西	西北	东	北	东北	南	东	东南	西
天德	丁	坤	壬	辛	乾	甲	癸	艮	丙	乙	巽	庚
月德	丙	甲	壬	庚	丙	甲	壬	庚	丙	甲	壬	庚
天德合	壬		丁	丙		己	戊		辛	庚		乙
月德合	辛	己	丁	乙	辛	己	丁	乙	辛	己	丁	乙
月空	壬	庚	丙	甲	壬	庚	丙	甲	壬	庚	丙	甲
三合	午戌	未亥	子申	丑酉	寅戌	卯亥	子辰	丑巳	寅午	卯未	辰申	巳酉
五富	亥	寅	巳	申	亥	寅	巳	申	亥	寅	巳	申
临日	午	亥	申	丑	戌	卯	子	巳	寅	未	辰	酉
驿马天后	申	巳	寅	亥	申	巳	寅	亥	申	巳	寅	亥
劫煞	亥	申	巳	寅	亥	申	巳	寅	亥	申	巳	寅

灾煞天火	子	酉	午	卯	子	酉	午	卯	子	酉	午	卯
月煞月虚	丑	戌	未	辰	丑	戌	未	辰	丑	戌	未	辰
大时 大败咸池	卯	子	酉	午	卯	子	酉	午	卯	子	酉	午
游祸	巳	寅	亥	申	巳	寅	亥	申	巳	寅	亥	申
天吏致死	酉	午	卯	子	酉	午	卯	子	酉	午	卯	子
九空	辰	丑	戌	未	辰	丑	戌	未	辰	丑	戌	未
月刑	巳	子	辰	申	午	丑	寅	酉	未	亥	卯	戌

月神随四序者

	春	夏	秋	冬
大赦	戊寅	甲午	戊申	甲子
母仓	亥子土王 后巳午	寅卯土王 后巳午	辰戌丑未土 王后巳午	申酉土王 后巳午
四相	丙丁	戊己	壬癸	甲乙
时德	午	辰	子	寅
王日	寅	巳	申	亥
官日	卯	午	酉	子
守日	辰	未	戌	丑
相日	巳	申	亥	寅
民日	午	酉	子	卯
四击	戌	丑	辰	未
四忌 四穷	甲子 乙亥 八龙	丙子 丁亥 七鸟	庚子 辛亥 九虎	壬子 癸亥 六蛇
四耗	壬子	乙卯	戊午	辛酉
四废	庚申辛酉	壬子癸亥	甲寅乙卯	丙午丁巳
五虚	巳酉丑	申子辰	亥卯未	寅午戌
八风	丁丑丁巳	甲辰甲申	丁未丁亥	甲戌甲寅

月神随月建顺行者

	正	二	三	四	五	六	七	八	九	十	十一	十二
建 兵福 小时 土府	寅	卯	辰	巳	午	未	申	酉	戌	亥	子	丑
除 吉期 兵宝	卯	辰	巳	午	未	申	酉	戌	亥	子	丑	寅
满 天巫 福德	辰	巳	午	未	申	酉	戌	亥	子	丑	寅	卯
平 阳月 天罡 阴月 河魁 死神	巳	午	未	申	酉	戌	亥	子	丑	寅	卯	辰
定 时阴 死气	午	未	申	酉	戌	亥	子	丑	寅	卯	辰	巳
执 小耗	未	申	酉	戌	亥	子	丑	寅	卯	辰	巳	午
破 大耗	申	酉	戌	亥	子	丑	寅	卯	辰	巳	午	未
危	酉	戌	亥	子	丑	寅	卯	辰	巳	午	未	申
成 天喜 天医	戌	亥	子	丑	寅	卯	辰	巳	午	未	申	酉
收 阳月河魁 阴月天罡	亥	子	丑	寅	卯	辰	巳	午	未	申	酉	
开 时阳 生气	子	丑	寅	卯	辰	巳	午	未	申	酉	戌	亥
闭 血支	丑	寅	卯	辰	巳	午	未	申	酉	戌	亥	子

月神随建旺取墓辰者

	正	二	三	四	五	六	七	八	九	十	十一	十二
五墓	乙未	乙未	戊辰	丙戌	丙戌	戊辰	辛丑	辛丑	戊辰	壬辰	壬辰	戊辰

月神随月建三合逆行一方者

	正	二	三	四	五	六	七	八	九	十	十一	十二
九坎九焦	辰	丑	戌	未	卯	子	酉	午	寅	亥	申	巳

月神随四序行三合者

	正	二	三	四	五	六	七	八	九	十	十一	十二
土符	丑	巳	酉	寅	午	戌	卯	未	亥	辰	申	子

月神随四时行三合纳甲者

	正	二	三	四	五	六	七	八	九	十	十一	十二
地囊	庚子 庚午	乙未 癸丑	甲子 壬午	己卯 己酉	甲辰 壬戌	丙辰 丙戌	丁己 丁亥	丙寅 丙甲	辛丑 辛未	戊寅 戊申	辛卯 辛酉	乙卯 癸酉

月神随月建行纳甲六辰者

	正	二	三	四	五	六	七	八	九	十	十一	十二
阳德	戌	子	寅	辰	午	申	戌	子	寅	辰	午	申
阴德	酉	未	巳	卯	丑	亥	酉	未	巳	卯	丑	亥
天马	午	申	戌	子	寅	辰	午	申	戌	子	寅	辰
兵禁	寅	子	戌	申	午	辰	寅	子	戌	申	午	辰

月神随月建逆行一方者

	正	二	三	四	五	六	七	八	九	十	十一	十二
大煞	戌	巳	午	未	寅	卯	辰	亥	子	丑	申	酉

月神随月建三合顺行一方者

	正	二	三	四	五	六	七	八	九	十	十一	十二
往亡	寅	巳	申	亥	卯	午	酉	子	辰	未	戌	丑

月神随孟仲季顺行三支者

	正	二	三	四	五	六	七	八	九	十	十一	十二
归忌	丑	寅	子	丑	寅	子	丑	寅	子	丑	寅	子

月神随月建阴阳顺行六辰者

	正	二	三	四	五	六	七	八	九	十	十一	十二
要安	寅	申	卯	酉	辰	戌	巳	亥	午	子	未	丑
玉宇	卯	酉	辰	戌	巳	亥	午	子	未	丑	申	寅
金堂	辰	戌	巳	亥	午	子	未	丑	申	寅	酉	卯
敬安	未	丑	申	寅	酉	卯	戌	辰	亥	巳	子	午
普护	申	寅	酉	卯	戌	辰	亥	巳	子	午	丑	未
福生	酉	卯	戌	辰	亥	巳	子	午	丑	未	寅	申
圣心	亥	巳	子	午	丑	未	寅	申	卯	酉	辰	戌
益后	子	午	丑	未	寅	申	卯	酉	辰	戌	巳	亥
续世血忌	丑	未	寅	申	卯	酉	辰	戌	巳	亥	午	子

月神随月将逆行者

	正	二	三	四	五	六	七	八	九	十	十一	十二
六合	亥	戌	酉	申	未	午	巳	辰	卯	寅	丑	子
天愿	乙亥	甲戌	乙酉	丙申	丁未	戊午	己巳	庚辰	辛卯	壬寅	癸丑	甲子
兵吉	子丑 寅卯	亥子 丑寅	戌亥 子丑	酉戌 亥子	申酉 戌亥	未甲 酉戌	午未 申酉	巳午 未申	辰巳 午未	卯辰 巳午	寅卯 辰巳	丑寅 卯辰
六仪厌对招摇	辰	卯	寅	丑	子	亥	戌	酉	申	未	午	巳
天仓	寅	丑	子	亥	戌	酉	申	未	午	巳	辰	卯
月害	巳	辰	卯	寅	丑	子	亥	戌	酉	申	未	午
月厌地火	戌	酉	申	未	午	巳	辰	卯	寅	丑	子	亥
天贼	丑	子	亥	戌	酉	申	未	午	巳	辰	卯	寅

月神随月建行阴阳六辰者

	正	二	三	四	五	六	七	八	九	十	十一	十二
青龙	子	寅	辰	午	申	戌	子	寅	辰	午	申	戌
明堂	丑	卯	巳	未	酉	亥	丑	卯	巳	未	酉	亥
天刑	寅	辰	午	申	戌	子	寅	辰	午	申	戌	子

朱雀	卯	巳	未	酉	亥	丑	卯	巳	未	酉	亥	丑
金匮	辰	午	申	戌	子	寅	辰	午	申	戌	子	寅
天德	巳	未	酉	亥	丑	卯	巳	未	酉	亥	丑	卯
白虎	午	申	戌	子	寅	辰	午	申	戌	子	寅	辰
玉堂	未	酉	亥	丑	卯	巳	未	酉	亥	丑	卯	巳
天牢	申	戌	子	寅	辰	午	申	戌	子	寅	辰	午
元武	酉	亥	丑	卯	巳	未	酉	亥	丑	卯	巳	未
司命	戌	子	寅	辰	午	申	戌	子	寅	辰	午	申
勾陈	亥	丑	卯	巳	未	酉	亥	丑	卯	巳	未	酉
解神	申	申	戌	戌	子	子	寅	寅	辰	辰	午	午

月神取月建生比者

	正	二	三	四	五	六	七	八	九	十	十一	十二
月恩	丙	丁	庚	己	戊	辛	壬	癸	庚	乙	甲	辛
复日	甲	乙	戊	丙	丁	己	庚	辛	戊	壬	癸	己

月神从厌建起者

	正	二	三	四	五	六	七	八	九	十	十一	十二
不将	丙寅	乙丑	甲子	甲子	癸酉	壬申	壬申	戊辰	戊辰	己巳	丁卯	丙寅
	丁卯	丙寅	乙丑	甲戌	甲戌	壬戌	癸酉	辛未	庚午	庚午	己巳	丁卯
	丙子	乙亥	甲戌	乙亥	乙亥	癸酉	壬午	壬申	辛未	己卯	丁丑	丙子
	丁丑	丙子	乙亥	丙子	癸未	甲戌	癸未	戊午	庚辰	庚辰	己卯	丁丑
	己卯	丁丑	丙子	甲申	甲申	壬午	甲申	辛巳	辛巳	辛己	庚辰	己卯
	丁亥	丙戌	丁丑	乙酉	乙酉	癸未	乙酉	壬午	壬午	壬午	辛巳	庚辰
	己丑	丁亥	乙酉	丙戌	丙戌	甲申	癸巳	癸未	癸未	庚寅	己丑	己丑
	庚寅	己丑	丙戌	丁亥	乙未	乙酉	甲午	甲申	辛卯	辛卯	庚寅	庚寅
	辛卯	庚寅	丁亥	戊子	丙申	甲午	乙未	壬辰	壬辰	壬辰	辛卯	辛卯
	己亥	己亥	己丑	丙甲	戊戌	乙未	乙巳	癸巳	癸巳	癸巳	壬辰	庚子
	庚子	庚子	丁酉	丁酉	戊申	戊戌	戊申	甲午	癸卯	壬寅	辛丑	辛丑

	辛丑	庚戌	己亥	戊戌	癸亥	戊申	戊午	甲辰	戊午	癸卯	壬寅	丙辰
	辛亥		巳酉	戊申		戊午		戊申			丁巳	

	正	二	三	四	五	六	七	八	九	十	十一	十二
大会	甲戌	乙酉			丙午		丁巳	庚辰	辛卯		壬子	癸亥
小会		己卯	戊辰	己巳	戊午				己酉	戊戌	己亥	戊子
行狠			甲申	乙未						庚寅	辛丑	
了戾			丙申	丁未						壬寅	癸丑	
孤辰			戊申 庚申 壬申	己未 辛未 癸未						甲寅 丙寅 戊寅	乙丑 丁丑 己丑	
单阴			戊辰									
纯阳				己巳								
孤阳										戊戌		
纯阴										己亥		
岁薄				丙午 戊午						壬子 戊子		
逐阵						丙午 戊午						壬子 戊子
阴阳交破				癸亥						丁巳		
阴阳击冲					壬子						丙午	
阳破阴冲						癸丑						丁未
阴位			庚辰						甲戌			
阴道冲阳		己酉						己卯				
三阴	辛酉						乙卯					
阳错	甲寅	乙卯	甲辰	丁巳 己巳		丁未 己未	庚申	辛酉	庚戌	癸亥		癸丑
阴错	庚戌	辛酉	庚申	丁未 己未		丁巳 己巳	甲辰	乙卯	甲寅	癸丑		癸亥
阴阳俱错					丙午							壬子
绝阴				戊辰								
绝阳											戊戌	

日神取一定干支者

天恩	甲子 乙丑 丙寅 丁卯 戊辰 己卯 庚辰 辛巳 壬午 癸未 己酉 庚戌 辛亥 壬子 癸丑
五合	寅卯
除神五离	申酉
鸣吠	甲午 丙午 庚午 壬午 甲申 丙申 庚申 壬申 乙酉 丁酉 己酉 辛酉 癸酉
鸣吠对	丙子 庚子 壬子 甲寅 丙寅 庚寅 壬寅 乙卯 丁卯 辛卯 癸卯
宝日	丁丑 丙戌 甲午 庚子 壬寅 癸卯 乙巳 丁未 戊申 己酉 辛亥 丙辰
义日	甲子 丙寅 丁卯 己巳 辛未 壬申 癸酉 乙亥 庚辰 辛丑 庚戌 戊午
制日	乙丑 甲戌 壬午 戊子 庚寅 辛卯 癸巳 乙未 丙申 丁酉 己亥 甲辰
专日	戊辰 己丑 戊戌 丙午 壬子 甲寅 乙卯 丁巳 己未 庚申 辛酉 癸亥
伐日	庚午 丙子 戊寅 己卯 辛巳 癸未 甲申 乙酉 丁亥 壬辰 癸丑 壬戌
八专	甲寅 丁未 己未 庚申 癸丑
触水龙	丙子 癸未 癸丑
无禄	甲辰 乙巳 丙申 丁亥 戊戌 己丑 庚辰 辛巳 壬申 癸亥
重日	己亥

日神按年取干支者

上朔	甲年癸亥 乙年己巳 丙年乙亥 丁年辛巳 戊年丁亥 己年癸巳 庚年己亥 辛年乙巳 壬年辛亥 癸年丁巳

日神按月取日数者

长星	正月七日　二月四日　三月一日　四月九日　五月十五日　六月十日　七月八日　八月二日　五日　九月三日　四日　十月一日　十一月十二日　十二月九日
短星	正月二十一日　二月十九日　三月十六日　四月二十五日　五月二十五日　六月二十日　七月二十二日　八月十八日　十九日　九月十六日　十七日　十月十四日　十一月二十二日　十二月二十五日

日神按月朔取日数者

反支	子丑朔六日　寅卯朔五日　辰巳朔四日　午未朔三日　申酉朔二日　戌亥朔一日

日神按节气取日数者

四离	冬至　夏至　春分　秋分　各前一日
四绝	立春　立夏　立秋　立冬　各前一日
气往亡	立春后七日　惊蛰后十四日　清明后二十一日 立夏后八日　芒种后十六日　小暑后二十四日 立秋后九日　白露后十八日　寒露后二十七日 立冬后十日　大雪后二十日　小雪后三十日

时神从日干起者

日干	甲	乙	丙	丁	戊	己	庚	辛	壬	癸
日禄	寅	卯	巳	午	巳	午	申	酉	亥	子
天乙贵人	未丑	申子	酉亥	亥酉	丑未	子申	丑未	寅午	卯巳	巳卯
喜神	寅	戌	申	午	辰	寅	戌	申	午	辰
天官贵人	酉	申	子	亥	卯	寅	午	巳	未丑	辰戌
福星贵人	寅	丑亥	子戌	酉	申	未	午	巳	辰	卯
五不遇时	午	巳	辰	卯	寅	丑亥	子戌	酉	申	未
路空	申酉	午未	辰巳	寅卯	子丑戌亥	申酉	午未	辰巳	寅卯	子丑戌亥

时神从日支起者

日支	子	丑	寅	卯	辰	巳	午	未	申	酉	戌	亥
日建	子	丑	寅	卯	辰	巳	午	未	申	酉	戌	亥
日合	丑	子	亥	戌	酉	申	未	午	巳	辰	卯	寅
日马	寅	亥	申	巳	寅	亥	申	巳	寅	亥	申	巳
日破	午	未	申	酉	戌	亥	子	丑	寅	卯	辰	巳
日害	未	午	巳	辰	卯	寅	丑	子	亥	戌	酉	申
日刑	卯	戌	巳	子	辰	申	午	丑	寅	酉	未	亥
青龙	申	戌	子	寅	辰	午	申	戌	子	寅	辰	午
明堂	酉	亥	丑	卯	巳	未	酉	亥	丑	卯	巳	未
天刑	戌	子	寅	辰	午	申	戌	子	寅	辰	午	申
朱雀	亥	丑	卯	巳	未	酉	亥	丑	卯	巳	未	酉
金匮	子	寅	辰	午	申	戌	子	寅	辰	午	申	戌
宝光	丑	卯	巳	未	酉	亥	丑	卯	巳	未	酉	亥
白虎	寅	辰	午	申	戌	子	寅	辰	午	申	戌	子
玉堂	卯	巳	未	酉	亥	丑	卯	巳	未	酉	亥	丑
天牢	辰	午	申	戌	子	寅	辰	午	申	戌	子	寅
元武	巳	未	酉	亥	丑	卯	巳	未	酉	亥	丑	卯
司命	午	申	戌	子	寅	辰	午	甲	戌	子	寅	辰
勾陈	未	酉	亥	丑	卯	巳	未	酉	亥	丑	卯	巳

时神随月将者

	雨水	春分	谷雨	小满	夏至	大暑	处暑	秋分	霜降	小雪	冬至	大寒
四大吉时	甲丙庚壬	艮巽坤乾	癸乙丁辛	甲丙庚壬	艮巽坤乾	癸乙丁辛	甲丙庚壬	艮巽坤乾	癸乙丁辛	甲丙庚壬	艮巽坤乾	癸乙丁辛

时神随月将及日干支者

贵登天门时	雨水	春分	谷雨	小满	夏至	大暑	处暑	秋分	霜降	小雪	冬至	大寒
甲日 旦 夕	卯 酉						酉	申寅	未丑	午子	巳亥	辰戌

乙日旦 夕	 戌	 酉			戌	酉	申	未 卯	午 寅	巳 丑	辰 子	卯 亥
丙日旦 夕	 亥	 戌		戌 	酉 	申 	未 	午 	巳 卯	辰 寅	 丑	 子
丁日旦 夕	 丑	 子	酉 亥	申 	未 	午 	巳 	辰 	卯 		 卯	 寅
戊庚日旦 夕	酉 卯	申 寅	未 丑	午 子	巳 亥	辰 戌	卯 酉					
己日旦 夕	 寅	酉 丑	申 子	未 亥	午 戌	巳 	辰 	卯 				 卯
辛日旦 夕	申 	未 卯	午 寅	巳 丑	辰 子	卯 亥	 戌	 酉				
壬日旦 夕	未 	午 	巳 	辰 寅	卯 丑	寅 子	 亥	 戌	 酉			申
癸日旦 夕	巳 	辰 	卯 	寅 		 寅	 丑	 子	酉 亥	申 戌	未 酉	午 甲
九丑	雨水	春分	谷雨	小满	夏至	大暑	处暑	秋分	霜降	小雪	冬至	大寒
戊子日	子	亥	戌	酉	申	未	午	巳	辰	卯	寅	丑
戊午日	午	巳	辰	卯	寅	丑	子	亥	戌	酉	申	未
壬子日	子	亥	戌	酉	申	未	午	巳	辰	卯	寅	丑
壬午日	午	巳	辰	卯	寅	丑	子	亥	戌	酉	申	未
乙卯日	酉	申	未	午	巳	辰	卯	寅	丑	子	亥	戌
己卯日	酉	申	未	午	巳	辰	卯	寅	丑	子	亥	戌
辛卯日	酉	申	未	午	巳	辰	卯	寅	丑	子	亥	戌
乙酉日	卯	寅	丑	子	亥	戌	酉	申	未	午	巳	辰
己酉日	卯	寅	丑	子	亥	戌	酉	申	未	午	巳	辰
辛酉日	卯	寅	丑	子	亥	戌	酉	申	未	午	巳	辰

时神随日六旬者

旬空	甲子旬	戌 亥	甲戌旬	申 酉	甲申旬	午 未
	甲子旬	辰 巳	甲辰旬	寅 卯	甲寅旬	子 丑

钦定协纪辨方书卷十

宜忌

《易传》曰："爻象以情言，吉凶以情迁。"神煞之有宜忌，情也。有其情即有其力，力有相胜，则其情随之而变矣。旧历宜忌多与神煞名义不合，且凡吉神所宜之事，一遇凶煞，则无论轻重而概忌之，尤为未当。今即其情之爱恶，与其力之大小，分合考订，然后趋避各当，而取舍得宜。非惟利用前民，亦扶阳抑阴之意也。作宜忌。

天德　月德　天德合　月德合

宜祭祀、祈福、求嗣、上册进表章、[1] 颁诏、覃恩、肆赦、施恩封拜、[2] 诏命公卿、招贤、举正直、施恩惠、恤孤茕、宣政事、行惠爱、雪冤枉、缓刑狱、庆赐赏、贺宴会、行幸遣使、安抚边境、选将训兵、出师、上官赴任、临政亲民、结婚姻、纳采问名、嫁娶、般移、解除、求医疗病、裁制、营建宫室、缮城郭、兴造动土、竖柱上梁、修仓库、栽种、牧养、纳畜、安葬。

忌畋猎取鱼。

按：天德、月德乃月建三合旺气，天德合、月德合与旺气作五合，皆上吉之日，故所宜应如此。忌畋猎、取鱼者，恐伤生气也。旧本天德止宜兴土工、营宫室、缮城郭，月德并宜上官、宴乐，天德合宜祭祀、祈福、覃恩、肆赦、缓刑狱、选将训兵，月德合并宜上册进表章、营建宫室。殊于名义不合。《明原》引《五行论》则曰："月德合日百福并集。"又不及天、月二德及天德合，可见其为略举大意而非有义例也。夫王者，事神行政、庆赏刑威，与夫分职设官、体国经野以及宫室城郭、衣服居处，所以谋室家之安而锡兆庶之福者，无非体天心而行时令，故因义起例，罄无不宜，庶名与事允协矣。

月空

宜上表章。

见《义例》。

天恩

宜覃恩、肆赦、施恩惠、恤孤茕、布政事、行惠爱、雪冤枉、缓刑狱、庆赐赏、

---

① 上册受封、上表章同。

② 袭爵受封同。后仿此。

贺宴会。

与驿马、天马、建日并，宜颁诏、宣政事，与修造吉神并，尤宜兴作。

按：旧本以天恩为上吉日，而所宜止于覃恩、庆赏等事。盖其日止取一定之干支而不参诸月令，其力轻微，不得与德合、赦愿比也。又按：旧本谓天德、岁德、月德、天德合、岁德合、月德合、天恩、天赦、母仓所会之辰，并宜修营会之云者，则非专指天恩。故曰："与修造吉神并，尤宜兴作。"

天赦

宜祭祀、祈福、求嗣、上册进表章、颁诏、覃恩、肆赦、施恩封拜、诏命公卿、招贤、举正直、施恩惠、恤孤茕、宣政事、行惠爱、雪冤枉、缓刑狱、庆赐、赏贺、宴会、行幸、遣使、安抚边境、选将训兵、上官赴任、临政亲民、结婚姻、纳采问名、嫁娶、般移、解除、求医疗病、裁制、营建宫室、缮城郭、兴造动土、竖柱上梁、修仓库、栽种、牧养、纳畜、安葬。

忌畋猎取鱼。

按：天赦为天地合德，又为四时旺辰，其力甚大，故所宜与二德同。旧本止宜覃恩、肆赦、缓刑狱，特顾名而未思义耳。不用以出师，与忌畋猎、取鱼同意。

母仓

宜纳财、栽种、牧养、纳畜。

与月恩、四相、开日并，宜修仓库

按：旧本以母仓为上吉日，而所宜止于纳财、栽种、牧养、纳畜。盖其日系四时休气，又不得与天恩，比也。又按：母仓，春月亥日吉，子日次之；夏月寅日吉，卯日次之；冬月申日吉，酉日次之。盖亥、寅、申、皆令星之长生，而子、卯、酉为令星之败地也。至秋月之辰、戌、丑、未日，土王后之巳、午日，则衰、旺各有不同，是又不可以不辨。

天愿

宜祭祀、祈福、求嗣、上册进表章、颁诏、覃恩、肆赦、施恩封拜、诏命公卿、招贤、举正直、施恩惠、恤孤茕、宣政事、行惠爱、雪冤枉、缓刑狱、庆赐、赏贺、宴会、行幸、遣使、安抚边境、选将训兵、上官赴任、临政亲民、结婚姻、纳采问名、嫁娶、进人口、般移、裁制、营建宫室、缮城郭、兴造动土、竖柱上梁、修仓库、经络、酝酿、开市、立券、交易、纳财、栽种、牧养、纳畜、安葬。

按：天愿为太阳加令星，其吉最大，故所宜与二德同。不用以出师者，兵阴象，兵吉在太阳后四辰，不用太阳日也。宜葬事，则专取太阳日也。不用以解除、疗病者，疗解无取合义也，何以取二德合？彼乃德之合气，非两相合也。又按：二德乃三合之全气，发于天干，德合为其合气，天赦、天愿皆合干支取义，其气纯、其力大，乃日之最吉者。能解诸凶，故特表之。旧本谓天愿宜纳财、敦睦亲族，盖其例二十四字已误十三，宜乎失其义也！

月恩　四相　时德

宜祭祀、祈福、求嗣、施恩封拜、举正直、庆赐、赏贺、宴会、行幸、遣使、上官赴任、临政亲民、结婚姻、纳采问名、般移、解除、求医疗病、裁制、修宫室、缮城郭、兴造动土、竖柱上梁、纳财、开仓库、出货财、栽种、牧养。

与驿马、天马并，宜诏命公卿、招贤。

按：月恩、四相、时德、皆月建所生之日，所宜应同。旧本月恩宜祭祀、上官赴任、结婚姻、般移、修造动土、纳财，四相宜行幸、遣使、般移、缮城郭、修造动土、栽种、牧养，时德宜施封拜、庆赐、赏贺、宴会，其义不伦。今按：月建所生相气，其吉大于母仓，我生为子孙，其吉显于福德。观其会通而推其义例，故所宜应如此。

阳德　阴德

宜施恩惠、恤孤茕、行惠爱、雪冤枉、缓刑狱。

按：阳德、阴德为乾、坤纳甲，取天、地生成之义，而以月配爻，义不甚切。旧本谓阳德宜结婚姻、开市、交易，阴德宜举正直、行惠爱、雪冤枉、缓刑狱，亦无义例可推。今按：天地之大德曰生，则施恩、行惠等事，庶与名义相称。

王日

宜颁诏、覃恩、肆赦、施恩封拜、诏命公卿、招贤、举正直、施恩惠、恤孤茕、宣政事、行惠爱、雪冤枉、缓刑狱、庆赐、赏贺、宴会、行幸、遣使、安抚边境、选将训兵、上官赴任、临政亲民、裁制。

官日　守日　相日

宜袭爵受封、上官赴任、临政亲民。

守日又宜安抚边境。

民日

宜宴会、结婚姻、纳采问名、进人口、般移、开市、立券、交易、纳财、栽种、牧养、纳畜。

按：《坛经》专以此五日为命将、登坛拜爵、上官之吉日。《通书》止宜施恩封拜、上官赴任、临政亲民。今以义推之，则五日所宜，应各不同。王日为临官之辰，其大于月建，又居四时之首，其吉不减天恩，故所宜应如此。不用以出师者，不欲从我始也。官日、守日、相日、旧说可从。袭爵受封、义同封拜，在臣下宜云尔也。守日为四时旺土，安抚边境，则守土所宜者。民日为所星所生，所宜应向时德。然既以民日名，则上官等事义当另有取也。

三合

宜庆赐、赏贺、宴会、结婚姻、纳采问名、嫁娶、进人口、裁制、修宫室、缮城郭、兴造动土、竖柱上梁、修仓库、经络、酝酿、立券、交易、纳财、安碓硙、纳畜。

又辰戌、丑、未、日为三合墓库，所宜如前。寅、申、巳、亥日为三合所长生，所宜并同母仓。子、午、卯、酉日为三合帝旺，所宜并同王日。

按：日之吉者莫如三合，天、月二德皆从三合取义。成、定之吉亦由三合生也。然三合皆吉，而大小不同。建为局始、定为局中、成为局终。三合从建取，故三合止有二日。建在四生日者，则三合一为旺、一为墓；建在四旺日者，则三合一为墓、一为生；建在四墓日者，则三合一为生、一为旺。其为墓日者，则取三合之吉足矣；其为生旺日者，则土旺之吉当并取也。故区而别之。又三合即成定日，而取义各有不同，故分属各条之下。若义有兼取者，则又不嫌其并见也。

临日

宜上册进表章、上官赴任、临政亲民、陈词讼。

见《义例》。

驿马[①]

宜行幸遣使、般移。

与天恩并，宜颁诏、宣政事，与月恩四相时德并，宜诏命公卿，招贤。

又为天后，宜求医疗病。

按：驿马天马，皆第取行远之义。旧本谓驿马宜封拜官爵、诏命公卿、出行赴任、移徙，天马宜颁诏、封拜、招贤、宣政事、远行出征，则失其义矣。今以其日止宜行幸、遣使、般移，与覃恩吉日并，而后宜颁诏。与封拜、举正直吉日并，而后宜诏公卿、招贤。与布政事吉日并，而后宣政事。庶为允协。天后见《义例》。

天马

宜行幸、遣使、般移。

与天恩并，宜颁诏、宣政事。与月恩、四相、时德并，宜诏命公卿、招贤。

义见驿马。

---

① 天后。

建日[①]

宜施恩封拜、诏命公卿、招贤、举正直、行幸、遣使、上官赴任、临政亲民。

与天恩并，宜颁诏、宣政事。

又为兵福，宜安抚边境、选将训兵、出师。

按：建日与王官同义。旧本日宜施恩封拜、出行。夫举正直与封拜，遣使之与行幸，事同一例，故增之。诏命公卿、招贤、颁诏、宣政事，义见驿马。上施则下受，故并宜上官赴任、临政亲民。兵福见《义例》。

除日[②]

宜解除、沐浴、整容、剃头、整手足甲、求医疗病、扫舍宇。

又为吉期，宜施恩封拜、举正直、行幸、遣使、上官赴任、临政亲民。

十月与天马并，宜诏命公卿、招贤。[③]

又为兵宝，宜安抚边境、选将训兵、出师。

按：旧本除日宜解除、求医疗病、扫舍宇，取除义也。沐浴等事亦除旧新之义，故并宜之。吉期、兵宝义取旺辰，故所宜同建日。旧谓吉期宜兵事，盖兵宝之误。又谓宜结婚姻，于义无取，故删。

满日[④]

宜进人口、裁制、修仓库、经络、开市、立券、交易、纳财、开仓库、出货财、补垣塞穴。

又为天巫，宜祭祀、祈福。

又为福德，宜上册进表章、庆赐、赏贺、宴会、修宫室、缮城郭。

按：满取丰豫之义，故所宜如此。天巫见《义例》。福德义同时德，具体而微，故止宜上册数事。旧本无宴会，然未有宜庆赏而不宜宴会者。又谓天巫宜疗病，与满日所忌自相牴牾，故删。

平日

宜修饰垣墙、平治道涂。

义取诸平。

---

① 兵福。

② 吉期、兵宝。

③ 驿马不得与吉期并。

④ 天巫、福德。

定日[①]

宜冠带。

又为时阴，宜运谋算、画计策。

按：定日为三合之中。宜冠带者，既取其成局，又取其方中而未昃之义也。时阴，旧宜睦子孙、会亲友，于义不合，故删。

执日

宜捕捉。

霜降后、立春前宜畋猎，雨水后、立夏前宜取鱼。

义取诸执且顺时也。

破日

宜求医疗病、破屋坏垣。

义取诸破。

危日

宜安抚边境、选将训兵、安床。

立冬后、立春前宜伐木，霜降后、立春前宜畋猎，雨水后、立夏前宜取鱼。

按：危日取安为义，故宜安床。然安不忘危，则莫大于安抚训练之事。伐木、畋猎、取鱼，则以阴过盛而物当杀也。各以其节气者，顺时也。

成日[②]

宜入学、安抚边境、般移、筑堤防、开市。

又为天喜，宜施恩封拜、举正直、庆赐、赏贺、宴会、行幸、遣使、上官赴任、临政亲民、结婚姻、纳采问名、嫁娶。

五月与天马并，宜诏命公卿、招贤。[③]

又为天医，宜求医疗病。

按：成为合局之终，开为生气之始，故其日宜入学，原始要终之义也。宜安抚境者，功而成永奠也。般移、筑堤防、开市，皆取成义。天喜，旧宜封拜，自宜上官，义同建日。

---

① 时阴。

② 天喜、天医。

③ 驿马不得与天喜并。

收日

宜进人口、纳财、捕捉、纳畜。

霜降后、立春前宜畋猎，雨水后、立夏前宜取鱼。

与月恩、四相、时德并，宜修仓库。

义取诸收，无修造义，故必与月恩、四相、时德并，而后宜修仓库。若开日则虽宜修造，不得与收日并。若德合赦愿则自宜修仓库，又不待与收日并也。

母仓义亦如此。

开日[①]

宜祭祀、祈福、求嗣、上册进表章、颁诏、覃恩、肆赦、施恩封拜、诏命公卿、招贤、举正直、施恩惠、恤孤茕、宣政事、行惠爱、雪冤枉、缓刑狱、庆赐、赏贺、宴会、入学、行幸、遣使、上官赴任、临政亲民、般移、解除、求医疗病、裁制、修宫室、缮城郭、兴造动土、竖柱上梁、开市、修置产室、开渠穿井、安碓硙、栽种、牧养。

忌伐木、畋猎、取鱼、破土、安葬、启攒。

按：开日一阳始生，故又为时阳，又为生气，其日最吉。旧本所宜祭祀、祈福、求嗣、覃恩、拜官等事，于义未备，故补之。不及婚事者，无合义也。忌伐木、渔猎者，恐伤生气也。忌葬事，从俗也。

闭日

宜筑堤防、补垣塞穴。

义取诸闭。

兵吉

宜兵抚边境、选将训兵、出师。

见《义例》。

六合

宜宴会、结婚姻、嫁娶、进人口、经络、酝酿、立券、交易、纳财、纳畜、安葬。

与月恩、四相、时德并，宜修仓库。

按：六合之吉，不减三合，旧本止宜宴会、结婚姻、立券、交易。今以义推之，所宜当如此。宜葬事，见天愿。宜修仓库，见收日。

---

① 时阳、生气。

六仪

宜临政亲民。

见《义例》。

五富

宜经络、酝酿、开市、立券、交易、纳财、开仓库、出货财、栽种、牧养、纳畜。

与月恩、四相、时德并，宜修仓库。

旧本止宜开市、开仓库、纳财。今按：其日有生义，又有合义，故所宜当如此。

天仓

宜进人口、纳财、纳畜。

与月恩、四相、开日并，宜修仓库。[①]

义同收日。然因合而名仓，故不用以捕捉。

不将

宜嫁娶。

见《义例》。

要安　敬安

宜安神。

玉宇　金堂

宜修祠宇。

普护　福生　圣心

宜祭祀、祈福。

益后　续世

宜祭祀、祈福、求嗣。

九神所宜，见《义例》。

解神

宜上表章、陈词讼、解除、沐浴、整容、剃头、整手足甲、求医疗病。

---

① 时德不得与天仓并。

旧本止宜上表章、陈词讼、解除。今按：沐浴以下等事，皆解除类也，况破日宜疗病，而解神吉于月破，故并宜之。

除神

宜解除、沐浴、整容、剃头、整手足甲、求医疗病、扫舍宇。

义同除日。

五合

宜宴会、结婚姻、立券、交易。

见《义例》。

宝日　义日　制日

与吉神并，宜安抚边境、选将训兵、出师。

按：旧本谓其日宜军事，然至用事则皆不从。盖其义太泛，故必与所宜吉神并，而后宜之。若专日伐日，则不宜矣。与驿马、天马之与吉神并，而后宜颁诏者同意。

青龙　明堂　金匮　宝光　玉堂　司命

与吉神并，则从所宜；与凶神并，则从所忌。

按：六黄道以位置得宜为吉，犹秩叙典礼，无往不宜也。旧本谓宜修宫室、缮城郭、结婚姻、进人口，则无义例可推。今选时之法，谓诸事皆宜，而无专宜之事，六黑道亦无专忌之事。当以时例为断。

鸣吠

宜破土、安葬。

鸣吠对

宜破土、启攒。

见《义例》。

亥子日

宜沐浴。

取水旺也。

午申日

立冬后、立春前宜伐木。

午木死，申木绝也。

以上所宜。

月建[1]

忌祈福、求嗣、上册进表章、结婚姻、纳采问名、解除、整容、剃头、整手足甲、求医疗病、营建宫室、修宫室、缮城郭、兴造动土、竖柱上梁、修仓库、开仓库、出货财、修置产室、破屋坏垣、伐木、栽种、破土、安葬、启攒。正月建日又忌出师。

又为土府，专忌营建宫室、修宫室、缮城郭、筑堤防、兴造动土、修仓库、修置产室、开渠穿井、安碓硙、补垣、修饰垣墙、平治道涂、破屋坏垣、栽种、破土。

与天德、月德、天德合、月德合、天赦、月恩、四相并[2]，止忌营建宫室、修宫室、缮城郭、筑堤防、兴造动土、修仓库、修置产室、开渠穿井、安碓硙、补垣、修饰垣墙、平治道涂、破屋坏垣、伐木、栽种、破土，余皆不忌。未月己、未日为阳错，不作德合论。子、午月值月厌，辰、午酉、亥月值月刑、从刑厌论。二月己卯、三月戊辰、四月己巳、五月戊午、八月己酉、九月戊戌、十月己亥、十一月戊子，为阴阳小会。三月庚辰、九月甲戌，为阴位，诸事皆忌。

按：《选择宗镜》曰："建、破、平、收，俗之所忌。惟破日最凶，建日吉多可用。"又曰："月建为吉凶众神之主，叠吉星则吉，叠凶星则凶。"盖月建本非凶日，第以其为一月令气之主，故又名小时，如太岁之不敢犯耳。若与德合、天赦、月恩、四相并，则益助吉神之力，故动土、伐木之外，一切皆不忌。遇刑、厌则从刑、厌论者，刑厌之凶甚于月建故也。旧忌颁诏、宣政事，与宜出行义相反；忌上官赴任、临政亲民，与宜封拜义相反，忌安抚边境，选将训兵、出师，与其日兵福所宜自相牴牾。故删。阳错、小会、阴位，详月厌条下。

月破[3]

忌祈福、求嗣、上册进表章、颁诏、施恩封拜、诏命公卿、招贤、举正直、宣布政事、庆赐、赏贺、宴会、冠带、行幸、遣使、安抚边境、选将训兵、出师、上官赴任、临政亲民、结婚姻、纳采问名、嫁娶、进人口、般移、安床、整容、剃头、整手足甲、裁制、营建宫室、修宫室、缮城郭、筑堤防、兴造动土、竖柱上梁、修仓库、鼓铸、经络、酝酿、开市、立券、交易、纳财、开仓库、出货财、修置产室、开渠穿井、安碓硙、补垣塞穴、修饰垣墙、伐木、栽种、牧养、纳畜、破土、安葬、启攒。

又为大耗，忌修仓库、开市、立券、交易、纳财、开仓库、出货财。

与天德、月德、天德合、月德合并[4]犹忌之，止不忌祭祀、覃恩、肆赦、施恩惠、恤孤茕、行惠爱、雪冤枉、缓刑狱、入学、解除、沐浴、求医疗病、扫舍宇、平治道

---

① 小时、土府。

② 天愿不得与月建并。

③ 大耗。

④ 天赦、天愿不得与月破并。

涂、破屋坏垣、捕捉、畋猎、取鱼。

子、午月值灾煞，未、申月值月刑，与月德、天德合、月德合并，不忌祭祀、覃恩、肆赦等事。仍忌解除、求医疗病、破屋坏垣。不与德合并，诸事皆忌。卯、酉月值灾煞，又值月厌，虽与德合并，仍诸事皆忌。四月癸亥、十月丁巳为阴阳交破，六月癸丑、十二月丁未为阳破阴冲，亦诸事皆忌。

按：月破为月建之冲，又为月建气绝之地，故所忌如此。德神临此失力、不能为福、故与并犹忌。若祭祀、覃恩等事，则不以冲绝为嫌，故遇有宜之神则不忌，不待与德神并也。若值灾煞或值月刑，则其凶尤甚。故必与德神并而后不忌祭祀、覃恩等事，否则诸事皆忌也。若值灾煞，又值月厌，则阴气尤毒，故虽与德神并而仍诸事皆忌也。阴阳交破、阳破阴冲，详月厌条下。旧本不忌嫁娶、经络而忌沐浴，盖嫁娶旧止宜不将日。又忌章光、无翘、伏断、归忌、红沙，若再忌月破等日，恐致无日可用，是不得已为权宜之术耳。今按：章光、无翘等皆俗说，拘于俗忌而不避大凶，其所为权宜者殊为未当。且按监本《通书》及各坊本皆云嫁娶宜不将、天德、月德、天德合、月德合，上吉。又云日辰全吉，无不将亦可用。则嫁娶吉日本自甚宽，又无需乎权宜为也。经络旧止宜满日，原自不值破日。今三合等日俱宜经络，故值破日则忌。若沐浴寻常细事，则自无当忌之理也。

平日①

忌祈福、求嗣、上册进表章、颁诏、施恩封拜、诏命公卿、招贤、举正直、宣布政事、庆赐、赏贺、宴会、冠带、行幸、遣使、安抚边境、选将训兵、出师、上官赴任、临政亲民、结婚姻、纳采问名、嫁娶、进人口、般移、安床、解除、求医疗病、裁制、营建宫室、修宫室、缮城郭、筑堤防、兴造动土、竖柱上梁、修仓库、鼓铸、经络、酝酿、开市、立券、交易、纳财、开仓库、出货财、修置产室、开渠穿井、栽种、收养、纳畜、破土、安葬、启攒。

止不忌祭祀、覃恩、肆赦、施恩惠、恤孤茕、行惠爱、雪冤枉、缓刑狱、入学、沐浴、整容、剃头、整手足甲、安碓硙、补垣塞穴、扫舍宇、修饰垣墙、平治道涂、破屋坏垣、伐木、捕捉、畋猎、取鱼。

又为死神，忌安抚边境、选将训兵、出师、进人口、解除、求医疗病、修置产室、栽种、牧养、纳畜。

寅、申、巳、亥月值相日，亥月又值时德、六合，止忌安抚边境、选将训兵、出师、求医疗病，余皆不忌。申月值月害，与天德、月德合并，亦止忌安抚边境、选将训兵、出师、求医疗病，余皆不忌。不与德合并，如常例。寅、巳月值月刑，从月刑论。子、午、卯、酉月值天吏，卯、酉月与月德并，午月与月德合并，凡所忌者则不注宜，所宜者亦不注忌。不与德合并，如常例。子月又值月刑，从月刑论。辰、戌、

① 死神。

丑、未月值月煞，从月煞论。

按：平日为月建阴气既尽之地，其凶次于月破。惟其为气尽也，故多忌解除、求医疗病而不忌伐木。惟其次于月破也，故不忌整容、剃头、整手足甲、安碓硙、补垣塞穴、修饰垣墙。又按：《选择宗镜》曰："平、收日与二德并，可用。"又曰："吉多可用。"盖平日为月建阴气既尽，乃建除家之言，而非四时三合之气皆尽也。亥月值相日，又值时德、六合，即不与德愿并，其吉已足胜凶，故止忌军事、疗病，余皆不忌。与德愿并，不待言矣。申月虽亦为相日，然值月害，吉不抵凶。而与德神并，则吉胜，故亦从德神所宜，止忌军事、疗病，余皆不忌。若不与德神并，则如常例也。巳月虽亦值六合，然值月刑，寅月既非六合又值月刑，其凶甚于平日，故从月刑论也。子、午、卯、酉月值天吏为三合死地，平日又为死神，乃是真死。与德神并，吉凶仅足相抵，故忌则不宜、宜则不忌。若不与德神并，则如常例也。子月又值月刑，辰、戌、丑、未月值月煞，其凶皆甚于平日，故从刑煞论也。以亥月之吉而犹忌军事、疗病者，慎战、疾也。又按：旧本凡吉神遇凶煞，皆从忌而不从宜，不但吉凶无大小之分，即凶煞所忌亦诸月皆同，无轻重之别，于理固属不合，于事尤为不便。夫即一凶煞而论，各月之衰旺已有不同，又况吉与吉并、凶与凶并、吉复与凶并，其性情气力至赜不齐，亦安得一例而概忌之乎？今参互较量，除、建、破等日条例简易及专忌之日无庸分别外，余分为六等。其上吉足胜凶，从宜不从忌。上次吉足抵凶，遇德从宜不从忌，不遇从宜亦从忌。中等吉不抵凶，遇德则吉胜，从宜不从忌，不遇从忌不从宜。中次凶胜于吉，遇德始相抵，从宜亦从忌，不遇从忌不从宜。其下凶又逢凶，遇德从忌从宜，不遇诸事皆忌。最下凶叠大凶，遇德仍诸事皆忌。然后吉凶轻重各有区分，而用静用作、趋避各当云。表例并列于后。

收日

忌祈福、求嗣、上册进表章、颁诏、施恩封拜、诏命公卿、招贤、举正直、宣布政事、庆赐、赏贺、宴会、冠带、行幸、遣使、安抚边境、选将训兵、出师、上官赴任、临政亲民、结婚姻、纳采问名、嫁娶、般移、安床、解除、求医疗病、裁制、营造宫室、修宫室、缮城郭、筑堤防、兴造动土、竖柱上梁、鼓铸、经络、酝酿、开市、立券、交易、开仓库、出货财、修置安室、开渠穿井、破土、安葬、启攒。

止不忌祭祀、覃恩、肆赦、施恩惠、恤孤茕、行惠爱、雪冤枉、缓刑狱、入学、进人口、沐浴、整容、剃头、整手足甲、修仓库、纳财、安碓硙、补垣塞穴、扫舍宇、修饰垣墙、平治道涂、破屋坏垣、伐木、捕捉、畋猎、取鱼、栽种、牧养、纳畜。

寅、申、巳、亥月值劫煞，从劫煞论。子、午、卯、酉月值大时，子、午月与德合并，酉月与月德并，凡所忌者则不注宜，所宜者亦不注忌。不与德合并，如常例。卯月、丑戌月皆值月刑，从月刑论。辰、未月德合并，止忌安抚边境、选将训兵、出师、求医疗病，余皆不忌。不与德合并，如常例。

按：收日为月建阳气既尽之地，故所忌与平日同。不忌进人口、修仓库、纳财、纳畜者，收日之所宜也。不忌栽种、牧养者，平在定前，定为死气，平为死神，收在开前，开为生气，收已有生意，故虽不宜而亦不忌也。然收日阳气之尽，其义亦平日同，故其宜忌取舍亦略如平日之例。寅、申、巳、亥月值劫煞，故从劫煞论。寅、申、月值六合，巳、亥月值六害，如亥、申月平日之例。子、午、卯、酉月值大时，为三合败地，较平日值天吏者为稍轻。然此四月之平日却是相气，收日则是休气，其凶仍相等，故亦如子、午、卯酉月平日之例。卯月又值月刑，其凶甚于收日，故从月刑论，如平日。子月从刑之例。丑、戌月无他吉而值月刑，故如平日。寅月从月刑之例。辰、未月无他吉，亦无他凶，故如申月平日之例。

满日[①]

忌施恩封拜、诏命公卿、招贤、举正直、上官赴任、临政亲民、结婚姻、纳采问名、求医疗病。

寅、申月值守日，子、午、卯、酉月值相日，与月德，天德合、月德合、月恩、四相并，[②] 则不忌。辰、戌、丑、未月值灾煞，从灾煞论。巳、亥月值月厌，从月厌论。

申月又为天狗，忌祭祀，与德合并，犹忌。

按：满为盈气，故所忌如此。寅、申月值守日，子、午、卯、酉月值相日，与德合、月恩、四相并，则旺气发为德辉而盈，非可恶也，故不忌。辰、戌、丑、未月值民日，然值灾煞为三合无气之辰，月恩、四相又复泄气，不足为吉。子、午月值月厌，转以相亢为凶，故各从重论。旧本并忌上册进表章，与其日福德所宜自相矛盾，故删。天狗见《义例》。

闭日[③]

忌上册进表章、颁诏、施恩封拜、诏命公卿、招贤、举正直、宣布政事、庆赐、赏贺、宴会、行幸、遣使、出师、上官赴任、临政亲民、结婚姻、纳采问名、嫁娶、进人口、般移、安床、求医、疗目、营建宫室、修宫室、兴造动土、竖柱上梁、开市、开仓库、出货财、修置产室、开渠穿井。

又为血支，专忌针刺。

子、午、卯、酉月值王日，辰、戌、丑、未月值官日、天吏，与天德、月德、天德合、月德合、天赦、天愿并，凡所忌者则不注宜，所宜者亦不注忌。不与德合、赦愿并，如常例。寅、申、巳、亥月值月煞，从月煞论。

按：闭日本不为凶，第取建前敛息之义，故所忌如此。然敛息乃天地自然之用，

---

① 天狗。

② 天赦天愿不得与满日并。

③ 血支。

故子、午、卯、酉月王日之吉亦与辰、戌、丑、未月之值天吏者等。与德合、赦愿并，虽不注忌，亦不注宜，否则如常例也。寅、申、巳、亥月闭日未交本令正当敛息之时，且又值月煞，故从月煞论也。满日兼取月恩、四相，而闭日不取者，方闭无取发生也。旧本不忌出行、出师、今以义推之，出行与赴任事同一例，出师尤出行之大者，故并忌之。

劫煞

忌祈福、求嗣、上册进表章、颁诏、施恩封拜、诏命公卿、招贤、举正直、宣布政事、庆赐、赏贺、宴会、冠带、行幸、遣使、安抚边境、选将训兵、出师、上官赴任、临政亲民、结婚姻、纳采问名、嫁娶、进人口、般移、安床、解除、整容、剃头、整手足甲、求医疗病、裁制、营建宫室、修宫室、缮城郭、筑堤防、兴造动土、竖柱上梁、修仓库、鼓铸、经络、酝酿、开市、立券、交易、纳财、开仓库、出货财、修置产室、开渠穿井、安碓硙、补垣塞穴、修饰垣墙、破屋坏垣、栽种、牧养、纳畜、破土、安葬、启攒。

止不忌祭祀、覃恩、肆赦、施恩惠、恤孤茕、行惠爱、雪冤枉、缓刑狱、入学、沐浴、扫舍宇、平治道涂、伐木、捕捉、畋猎、取鱼。

寅、申、巳、亥月值收日，为月令长生。寅、申月又值六合，止忌安抚边境、选将训兵、出师、求医疗病，余皆不忌。巳、亥月值月害，与月德天德合并，亦止忌安抚边境、选将训兵、出师、求医疗病，余皆不忌。不与德神并，如常例。辰、戌、丑、未月值除日、相日，与天德、月德、天德合、月德合并，止忌安抚边境、选将训兵、出师、求医疗病，余皆不忌。不与德神并，凡所忌者则不注宜，所宜者亦不注忌。子、午、卯、酉月值执日，与月德、月德合并，凡所忌者则不注宜，所宜者亦注忌。不与德合并，如常例。

按：三煞为三合敌对，劫煞为绝地，灾煞为正冲，月煞为尽地，故忌同月破。又忌解除、求医疗病、破屋坏垣。但三合缓于月建，不若月破之不可解耳。寅、申、巳、亥月值收日，然实为月令之长生。寅、申月又值六合，生则不绝，合则不劫，即不与德愿并，其吉已足胜凶，故止忌军事、疗病，余皆不忌。而收日更不足言矣。巳、亥月虽亦为长生，然既非六合，又值六害，吉不抵凶，而与德神并则吉胜，故亦止忌军事、疗病，余皆不忌，否则如常例也。辰、戌、丑、未月值除日、相日，为本令旺、相之辰，其吉另有可取。与德合并，则又济以三合吉干，不当复以绝论，故亦止忌军事、疗病，余皆不忌。若不与德神并，则吉、凶仅足相抵，故忌则不宜、宜则不忌也。子、午、卯、酉月值执日，正为本令绝地，乃是真绝。与德神并，吉凶仅足相抵，故忌则不宜，宜则为忌。不与德神并，则止乎劫煞之凶，故如常例也。

灾煞[1]

忌同劫煞。

又为天火，忌苦盖。

寅、申、巳、亥月值开日，辰、戌、丑、未月值满日，与天德、月德、天德合、月德合并，[2] 止忌安抚边境、选将训兵、出师、求医疗病，余皆不忌。寅、申、巳、亥、月不与德神并，凡所忌者则不注宜，所宜者亦不注忌。辰、戌、丑、未月不与德神并，如常例。子、午、卯、酉月值破日，从月破论。

按：灾煞为三合正冲，其凶甚于劫煞，故以寅、申、巳、亥月开日之吉，而非德无以解正冲之凶，转不得与劫煞、收日比。辰、戌、丑、未月值满日，较劫煞之除日亦又次之。子、午、卯、酉月值月破，更不可与劫煞之执日同语。故比劫煞皆差一等。是固灾煞之凶，亦其地原无气、无吉神助益故也。

月煞[3]

忌同劫煞。

又为月虚，忌修仓库、开仓库、出货财。

卯、酉月值六合，与月德、天愿并，止忌安抚边境、选将训兵、出师、求医疗病，余皆不忌。不与德有并，凡所忌者则不注宜，所宜者亦不注忌。子、午、月值月害，与月德合并，凡所忌者则不注宜，所宜者亦不注忌。不与德合并，如常例。寅、申、巳、亥月值闭日，辰、戌、丑、未月值平日，与天德、月德、天德合、月德合并，如常例。不与德合并，诸事皆忌。

按：月煞之凶与劫煞同，而所值之日则皆下一等。卯、酉月值危日，虽亦值六合，然非长生，吉、凶仅足相抵，故与德、愿并而从德、愿所宜。否则不宜不忌。是比劫煞寅、申、月之值六合者下一等也。子、午月既非六合，又值六害，与德合并，吉、凶仅足相抵，故不宜不忌，否则如常例。是比劫煞巳、亥月之值月害者亦一下等也。寅、申、巳、亥月值闭日，辰、戌、丑、未月值平日，闭日为月建之尽，平日为月阴之尽，月煞为三合之尽，凶又逢凶，是比劫煞子、午、卯、酉月之正为本令绝辰者亦下一等。盖劫煞之值令绝与平日之值天吏，犹是一死一绝，而月煞之值平、闭则是两尽。与灾煞遇月破等，故与德神并而后如常例，否则诸事皆忌也。又按：旧本劫煞止忌军事、上官、结婚姻、出入兴贩，灾煞止忌军事、上表章、上官，月煞止忌宴会、栽种、牧养。其义不伦。且岁三煞与岁破同凶，而可以吉制。月三煞，义本相通。今为推类而区别之，庶条理咸贯矣。不忌伐木，与危日同义。

---

① 天火。

② 赦愿不得与灾煞并。

③ 月虚。

月刑

忌祈福、求嗣、上册进表章、颁诏、施恩封拜、诏命公卿、招贤、举正直、宣布政事、庆赐、赏贺、宴会、冠带、行幸、遣使、安抚边境、选将训兵、出师、上官赴任、临政亲民、结婚姻、纳采问名、嫁娶、进人口、般移、安床、解除、整容、剃头、整手足甲、求医疗病、裁制、营建宫室、修宫室、缮城郭、筑堤防、兴造动土、竖柱上梁、修仓库、鼓铸、经络、酝酿、开市、立券、交易、纳财、开仓库、出货财、修置产室、开渠穿井、安碓硙、补垣塞穴、修饰垣墙、破屋坏垣、栽种、牧养、纳畜、破土、安葬、启攒。

止不忌祭祀、覃恩、肆赦、施恩惠、恤孤茕、行惠爱、雪冤枉、缓刑狱、入学、沐浴、扫舍宇、平治道涂、伐木捕捉、畋猎、取鱼。

巳月值平日、相日、六合，与月德、天德合、天愿并，止忌安抚边境、选将训兵、出师、求医疗病，余皆不忌。不与德、愿并，凡所忌者则不注宜，所宜者亦不注忌。寅月值平日、相日、六害，辰、酉、亥月值建日，丑、戌月值收日，与天德、月德、天德合、月德合并，凡所忌者则不注宜，所宜者亦不注忌。不与德合并，如常例。子月值平日、天吏，卯月值收日、大时，未、申月值月破，与德合并，如常例。不与德合并，诸事皆忌。午月值月厌，从月厌论。

按：月刑为月建刑伤之地，故所忌与三煞同，而其所值又皆建、破、平、收之日。惟巳月值相日、六合，吉凶足以相抵，与德、愿并则化凶为吉。故从德、愿所宜，止忌军事、疗病，余皆不忌。不与德愿并，则不宜不忌也。寅月虽亦值相日，然既非六合又值六害，以及辰、酉、亥月之建日，丑、戌月之收日，皆吉不胜凶。助以德神，然后吉、凶相抵。故与德神并而后不宜不忌。否则皆如常例也。若子月值平日、天吏，卯月值收日、大时，未、申月值月破，则皆凶又逢凶，故与德神并而后如常例。否则诸事皆忌也。午月值月建、月厌尤凶，故从月厌论。旧本止忌军事、结婚姻、牧养，非是。

月害

忌祈福、求嗣、上册进表章、庆赐、赏贺、宴会、安抚边境、选将训兵、出师、结婚姻、纳采问名、嫁娶、进人口、求医疗病、修仓库、经络、酝酿、开市、立券、交易、纳财、开仓库、出货财、置产室、牧养、纳畜、破土、安葬、启攒。

卯、酉月值除日、守日，丑、未月值执日、大时，与天德、月德并，止忌安抚边境、选将训兵、出师、求医疗病，余皆不忌。不与二德并，如常例。辰、戌月值闭日、官日、天吏，与天德合、月德合并，凡所忌者则不注宜，所宜者亦不注忌。不与德合并，如常例。子、午月值月煞，巳、亥月值劫煞，寅月值月刑，申月值平日，各从重论。

按：月害为六合之冲，故所忌仅与六合所宜同，不与刑煞比。庆赐、赏贺则宴会之类也，纳采问名则结婚姻之类也。旧本并忌祈福、上册、出军、疗病、牧养等事，亦恶相害之义。修置产室重于牧养，故并忌之。然害虽不甚凶而非德不可解，故卯、酉月除日、守日之吉亦止与丑、未月之执、日大时等，必与德神并而后止忌军事、疗病，余不忌，否则如常例也。辰、戌月值天吏、闭日，其凶甚于大时，故与德合并，吉、凶仅足相抵而不宜、不忌。否则亦如常例也。子、午月值煞，巳、亥月值劫煞、寅月值月刑，申月值平日，其凶皆重于月害，故从重论。天吏之凶亦重于月害，而不从天吏论者，天吏不能该月害之所忌故也。

月厌[①]

忌祈福、求嗣、上册进表章、颁诏、施恩封拜、诏命公卿、招贤、举正直、宣布政事、庆赐、赏贺、宴会、冠带、行幸、遣使、安抚边境、选将出兵、出师、上官赴任、临政亲民、结婚姻、纳采问名、嫁娶、进人口、般移、远回、安床、解除、整容、剃头、整足手甲、求医疗病、裁制、营建宫室、修宫室、缮城郭、筑堤防、兴造动土、竖柱上梁、修仓库、鼓铸、经络、酝酿、开市、立券、交易、纳财、开仓库、出货财、修置产室、开渠穿井、安碓硙、补垣塞穴、修饰垣墙、平治道涂、破屋坏垣、伐木、栽种、牧养、纳畜、破土、安葬、启攒。

止不忌祭祀、覃恩、肆赦、施恩惠、恤孤茕、行惠爱、雪冤枉、缓刑狱、入学、沐浴、扫舍宇、捕捉、畋猎、取鱼。

又为地火，忌栽种、修筑园圃。

寅、申月值成日，丑、未月值开日，与月德、天德合、月德合并，止忌行幸、遣使、安抚边境、选将训兵、出师、上官赴任、临政亲民、结婚姻、纳采问名、嫁娶、求医疗病、般移、远回、栽种，余皆不忌。不与德神并，如常例。辰、戌月值定日，巳、亥月值满日，与天德、月德合并，凡所忌者则不注宜，所宜者亦不注忌。不与德合并，如常例。子、午月厌、建会，与天赦并，如常例。不与天赦并，诸事皆忌。卯、酉月值月破、灾煞，虽与德合并，仍诸事皆忌。又正月甲戌、二月乙酉、五月丙午、六月丁巳、七月庚辰、八月辛卯、十一月壬子、十二月癸亥为阴阳大会，与月德并，仍诸事皆忌。又二月己卯、三月戊辰、四月己巳、五月戊午、八月己酉、九月戊戌、十月己亥、十一月戊子为阴阳小会，三月又为单阴，四月又为纯阳，九月又为孤阳，十月又为纯阴，亦诸事皆忌。又三月庚辰、九月甲戌为阴位，四月癸亥、十月丁巳为阴阳交破，五月壬子、十一月丙午为阴阳击冲，六月癸丑、十二月丁未为阳破阴冲，二月己酉、八月己卯为阴道冲阳，亦诸事皆忌。又四月丙午戊午、十月壬子戊子为岁薄，六月丙午戊午、十二月壬子戊子为逐阵，皆从月厌所忌。四月丙午、六月戊午亦不从德、愿所宜。正月辛酉、七月乙卯为三阴，诸事皆忌。又正月甲寅、二月乙卯、三月甲辰、四月丁巳己巳、六月丁未己未、七月庚申、八月辛酉、九月庚戌、十月癸

① 地火。

亥、十二月癸丑为阳错，除四月己巳为小会诸事皆忌外，余皆从建所忌。六月己未亦不从德合所宜。又正月庚戌、二月辛酉、三月庚申、四月丁未己未、六月丁巳己巳、七月甲辰、八月乙卯、九月甲寅、十月癸丑、十二月癸亥为阴错，除二月、八月值月破，六月十二月为大会诸事皆忌外，余俱从厌所忌。六月己巳亦不从德合所宜。五月丙午、十一月壬子为阴阳俱错，虽值月德，仍诸事皆忌。四月戊辰为绝阴，十月戊戌为绝阳，亦诸事皆忌。

按：月厌为阴建，是阴之自旺而阳之对也，故合建、破所忌而兼忌之。然阴不胜阳，故其义虽自为一家，而其凶亦不若月破之不可解。寅、申月为三合，丑、未月为生气，再与德神并，则吉胜矣。故皆从德所宜而不从厌所忌，犹忌行幸等事者，恶阴盛也。不与德神并，则吉不抵凶，故如常例也。辰、戌月虽亦为三合，然阴阳始侵，巳、亥月值满日，又阴阳相逼，行狠、了戾、孤辰殆无虚日，故与德神并，然后吉凶相抵而不宜不忌，否则如常例也。子、午月厌、建会则阴阳争，五月丙午、十一月壬子虽值月德，然为阴阳大会，丙壬只作建论不作德论。惟天赦另有生意，故与天赦并而后如常例。否则诸事皆忌也。卯、酉月值灾破则显然冲击，虽与德神并亦应诸事不宜矣。又按：旧历止忌出行、嫁娶、般移、远回，于义固为未协。《淮南子》、《历事明原》谓厌日不可举百事，则亦略举大义而未之深辨。今逐月较量其轻重而区别之。如此至大会、小会、阴位等日皆从二建会合取义，故皆与子、午月例同。阴阳交破、阴阳击冲、阳破阴冲、阴道冲阳等日，则皆从二建对冲取义，故皆与卯、酉月例同。岁薄、逐阵则取二建将合而先合、始分而未分为义，故与辰、戌、巳、亥月月厌例同。德作建论，不作德论，故又与子、午月例同。三阴取厌、破将并而先并为义。故与卯、酉月月厌例同。阳建叠阳建为阳错，阴建叠阴建为阴错，故德作建论，不作德论，与厌建常例同。子、午月二建并又叠同建之干，为阴阳俱错，故德作建论，不作德论。与子、午月月厌例同。绝阴、绝阳则从单阴、孤阳更进一义，又值月煞、闭日所会之辰，故三例皆诸事不宜。余详《义例》。今《通书》惟四月己巳日凡事不宜，余日皆不载。又四月辛巳、癸巳日亦凡事不宜，而乙巳、丁巳如常例，或系辛巳、癸巳因己巳连及而误，因丁巳阳错而讹；或系四月五建亦如行狠、了戾、孤辰取义，皆不可考。然辛、癸、乙日既无义可推，而辰、戌、亥月又无例可据，《考原》所载确有精义，故皆依《考原》订补，近刻不足凭也。

厌对[①]

忌嫁娶。

又为招摇，忌取鱼、乘船渡水。

与天德、月德、天德合、月德合、天赦并，则不忌。[②] 子、午月与月破并则尤忌。

---

① 招摇。

② 天愿不得与厌对并。

按：厌对又为招摇，皆以月厌之冲取义，故所忌如此。与德赦并则阴从阳，故不忌。与月破并则又为月建之冲，故尤忌也。

大时①

忌祈福、求嗣、上册进表章、施恩封拜、诏命公卿、招贤、举正直、冠带、行幸、遣使、安抚边境、选将训兵、出师、上官赴任、临政亲民、结婚姻、纳采问名、嫁娶、进人口、般移、安床、解除、求医疗病、营建宫室、修宫室、缮城郭、筑堤防、兴造动土、竖柱上梁、修仓库、开市、立券、交易、纳财、开仓库、出货财、修置产室、栽种、牧养、纳畜。

又为咸池，忌取鱼、乘船渡水。

寅、申、巳、亥月值除日、官日，辰、戌月值执日、六合，止忌安抚边境、选将训兵、出师，余皆不忌。丑、未月值执日、六害，与二德并，亦止忌安抚边境、选将训兵、出师，余皆不忌。不与二德并，如常例。子、午、卯、酉月值收日，子、午月与月德合并，酉月与月德并，凡所忌者则不注宜，所宜者亦不注忌。不与德合并，如常例。卯月又值月刑，从月刑论。

按：大时又名大败，为三合败地，故所忌如此。寅、申、巳、亥月值除日、官日，为月建旺辰，辰、戌月值执日、六合。太阳合月建，不应以三合败气论，故即不与德合、赦愿并，亦止忌军事，余皆不忌也。丑、未月值执日、六害，吉不抵凶。与德神并则吉胜，亦不应以败论，故亦止忌军事，否则如常例也。子、午、卯、酉月正为四时败气，又值收日，卯月又值月刑，其凶甚于大时，故同刑、收论也。

游祸

忌祈福、求嗣、解除、求医疗病。

与德合、天赦并，犹忌。②

按：游祸日本不为凶，第为三合临官，故以过旺为祸而忌祈解、医药之事。与德、赦并，其旺如故，故犹忌也。

天吏（致死）

忌祈福、求嗣、上册进表章、施恩封拜、诏命公卿、招贤、举正直、冠带、行幸、遣使、安抚边境、选将出兵、出师、上官赴任、临政亲民、结婚姻、纳采问名、嫁娶、进人口、般移、安床、解除、求医疗病、营建宫室、修宫室、缮城郭、筑堤防、兴造动土、竖柱上梁、修仓库、开市、立券、交易、纳财、开仓库、出货财、修置产室、栽种、牧养、纳畜。

---

① 大败、咸池。

② 天愿不得与游祸并。

寅、申、巳、亥月值危日，与天德、月德、天德合、月德合并、止忌安抚边境、选将训兵、出师、求医疗病，余皆不忌。不与德合并，如常例。辰、戌、丑、未月值闭日，与德合赦愿并，凡所忌者则不注宜，所宜者亦不注忌。不与德合赦愿并，如常例。午、卯、酉月值平日，从平日论。子月又值月刑，从月刑论。

按：天吏又名致死，为三合死地，故所忌如此。寅、申、巳、亥月值危日，吉不抵凶，而与德合并则吉胜，故止忌军事、疗病，余皆不忌，否则如常例也。辰戌丑未月值闭日，正当敛息之时，与德神并，吉、凶仅足相抵，故不宜、不忌。否则亦如常例也。子、午、卯、酉月值平日为真死，子月又值月刑，故从重者论也。又按：天吏之凶甚于大时，第不为三合全局之冲，故次于三煞，非谓死之转轻于绝也。旧本止忌上表章、上官、疗病，失之远矣。

死气

、　忌安抚边境、选将训兵、出师、解除、求医疗病、修置产室、栽种。

与天德、月德、天德合、月德合并，[①] 止忌安抚边境、选将训兵、出师、求医疗病，余不忌。辰、戌月值月厌，虽与德合并，犹忌。

按：死气为月建一阴始生而阳气始衰之地，故所忌如此。然皆与月建为三合，再与德合并，则益助其旺气，故不忌。与月厌并，则阴盛实甚，故犹忌也。死神忌进人口、牧养、纳畜，而死气不忌者，其日为三合，又为时阴故也。

小耗

忌修仓库、开市、立券、交易、纳财、开仓库、出货财。

与天德、月德、天德合、月德合、天愿并，则不忌。子、午、卯、酉月值劫煞，虽与德合并，犹忌。

按：小耗为旧月破，又为本月闭日之冲，故所忌如此。与德合、天愿并，则贪合忘冲，故不忌。与劫煞并，则既耗而又逢绝，故犹忌也。

天贼

忌行幸、遣使、修仓库、开仓库、出货财。

与德合并，犹忌。[②]。

按：天贼为月厌之收日，故所忌如此。与德合义不相属，故与并犹忌。

四击

忌安抚边境、选将训兵、出师。

---

① 天赦天愿不得与死气并。

② 赦愿不得与天贼并。

与德合、天愿并，犹忌。[1]

按：四击为四时旺土之冲，故所忌如此。与德合、天愿并而犹忌者，慎战也。

四耗

忌安抚边境、选将训兵、出师、修仓库、开市、立券、交易、纳财、开仓库、出货财。

辰月与天德、月德并，寅、申月与天德合并，巳月与月德合并，辰、戌、丑、未月与三合并，止忌安抚边境、选将训兵、出师，余不忌。

按：四耗日干支皆四时休气，故所忌如此。与德合、三合并，则干与支必有一遇生旺者矣，故不忌也。犹忌军事，与四击同义。

四废

忌祈福、求嗣、上册进表章、颁诏、施恩封拜、诏命公卿、招贤、举正直、宣布政事、庆赐、赏贺、宴会、冠带、行幸、遣使、安抚边境、选将训兵、出师、上官赴任、临政亲民、结婚姻、纳采问名、嫁娶、进人口、般移、安床、解除、求医疗病、裁制、营建宫室、修宫室、缮城郭、筑堤防、兴造动土、竖柱上梁、修仓库、鼓铸、经络、酝酿、开市、立券、交易、纳财、开仓库、出货财、修置产室、开渠穿井、安碓硙、补垣塞穴、修饰垣墙、栽种、牧养、纳畜、破土、安葬、启攒。

止不忌祭祀、覃恩、肆赦、施恩惠、恤孤茕、行惠爱、雪冤枉、缓刑狱、入学、沐浴、整容、剃头、整手足甲、扫舍宇、平治道涂、破屋坏垣、伐木、捕捉、畋猎、取鱼。

与德合并，犹忌。与月破并，诸事皆忌。

按：四废干、支皆死气，故所忌如此。与德合并，则德亦无气，故犹忌。与月破并，则既废而又逢冲，故诸事皆忌也。旧忌无上官、出行、结婚姻、疗病等事，今补之，于义始备。

四忌　四穷[2]

忌安抚边境、选将训兵、出师、结婚姻、纳采问名、嫁娶、安葬。

四穷又忌进人口、修仓库、开市、立券、交易、纳财、开仓库、出货财。

与月德、天德合、月德合并，犹忌。惟正月乙亥与天愿并，止忌安抚边境、选将训兵、出师，余皆不忌。

按：四忌、四穷合为八龙、七鸟、九虎、六蛇，《义例》谓阴阳首尾全数尽在于是。夫兵凶器也，非所以始万物终万物也，婚嫁为人事之始，葬埋为人事之终，故并

---

① 天赦不得与四击并。

② 八龙、七鸟、九虎、六蛇。

忌之。四穷以令干居辰尾，故又忌进人口等事。此八日皆以旺极为凶，故德神不能化解，惟正月乙亥为天愿，与月建为六合辰，虽居终而日躔实始，不可以尾论，故止忌军事，余皆不忌。旧本无四忌，今依《起例》补之。其义始备。

五虚

忌修仓库、开仓库、出货财。

与天德、月德、天德合、月德合、六合并，则不忌。①

按：五虚乃四时、五行绝气三合之日。三合之绝气则凶，绝气之三合未为凶也。故第名之曰五虚而忌所忌如此。与德合、六合并，则与旺气为合而并不可以绝气三合论矣，故不忌也。

八风

忌取鱼、乘船渡水。

与天德、月德、天德合、月德合、六合并，则不忌。②

按：八风所忌见《义例》。与德合、六合并，则风以合而定矣，故不忌也。

五墓

忌冠带、行幸、遣使、安抚边境、选将训兵、出师、上官赴任、临政亲民、结婚姻、纳采问名、嫁娶、进人口、般移、安床、解除、求医疗病、营建宫室、修宫室、缮城郭、兴造动土、竖柱上梁、开市立券、交易、修置产室、栽种、牧养、纳畜、破土、安葬、启攒。

五月、十一月与月德并，则不忌。

按：五墓乃五行旺干临于墓库，故所忌如此。与月德并，则为三合旺气发于天干而不可以墓论矣，故不忌也。不取德合者，不同行也。旧忌无冠带、行幸、上官、疗病、安葬等事，今补之。其义始备。

九空

忌进人口、修仓库、开市、立券、交易、纳财、开仓库、出货财。

寅、申月值满日，子、午、卯、酉月值开日，与月德、天德合、月德合并，则不忌。巳、亥月值月厌，从月厌论。辰、戌、丑、未月值破日，从月破论。

按：九空为三合库地之冲，故所忌如此。与德合并，则支以干合而忘冲，故不忌也。若值月厌，月破其凶甚于九空，故从重论。

---

① 天赦不得与五虚并，天愿必是六合，故不言而已在其中。

② 天赦不得与八风并。

九坎[1]

忌补垣塞穴、取鱼、乘船渡水。

又为九焦，忌鼓铸、栽种、修筑园圃。

与德合并，犹忌。[2]

按：九坎、九焦忌见《义例》。与德合义不相属，故与并犹忌，非谓其日之凶德神不能化解也。土符、地囊、归忌、血忌仿此。

土符　地囊

忌营建宫室、修宫室、缮城郭、筑堤防、兴造动土、修仓库、修置产室、开渠穿井、安碓硙、补恒、修饰垣墙、平治道涂、破屋坏垣、栽种、破土。

与德合、赦愿并，犹忌。

兵禁

忌安抚边境、选将训兵、出师。

与德合、赦愿并，犹忌。

按：兵禁取逆义，故忌军事。虽与德合、赦愿并，无解于其逆也，故犹忌。大煞仿此。

大煞

忌安抚边境、选将训兵、出师。

与德合并，犹忌。[3]。

按：旧本并忌进人口、纳财、竖柱上梁，其义不伦，故删。

归忌

忌般移、远回。

与德合、赦愿并，犹忌。

血忌

忌针刺。

与德合、赦愿并，犹忌。

---

① 九焦。

② 赦愿不得与九坎并。

③ 赦愿不得与大煞并。

往亡　气往亡

忌上册进表章、颁诏、诏命公卿、招贤、宣政事、行幸、遣使、安抚边境、选将训兵、出师、上官赴任、临政亲民、嫁娶、进人口、般移、求医疗病、捕捉、畋猎、取鱼。

与德合、赦愿并，犹忌。

按：往亡本不为凶，第取三合溺于所生而无克制之义、有往而不返之象，故所忌如此。然世俗避之惟谨，虽值德合、赦愿不能无疑，故与并犹忌。旧本并忌施恩封拜，而不忌招贤、宣政事。今按：往亡与封拜无涉，应不忌。忌宜出行之日宜招贤、宣政事，往亡既忌出行，自应并忌之也。

复日　重日

忌破土、安葬、启攒。

与天德、月德、天德合、月德合、天赦、六合并，[①] 则不忌亦不注宜。

复日宜裁制。

按：旧本重、复日忌为凶事，利为吉事，故忌破土、安葬、启攒。然其义亦泛矣。夫葬乘生气，经有明文。今选择家亦以无禄、四废为凶日。若复日则皆令星，孟仲月又皆建禄，其吉自无可疑。己、亥为阴阳尽日，亦大率云。然而推以十二月，参以三合，此二日无皆凶之理。乃惟此之忌而不避刑、厌、三煞之凶，且所宜又止于鸣吠日，而舍德、赦、六合之吉而不知用，是与嫁娶之仅取不将而不取德合，惟忌章光、无翘而不忌刑、冲、破、害等也。婚葬为人事之始终，而俗论拘忌若此，深为不便。顾相传已久，遽去之转不足以牖世，故遇鸣吠则忌，遇德、赦、六合则不忌。识者自能辨之，亦不注宜，聊以从俗云尔。并详《利用》卷。

五离

忌庆赐、赏贺、宴会、结婚姻、纳采问名、立券、交易。

与天德、月德、天德合、月德合、天赦、三合、六合并，则不忌。

按：五离为五合之冲，故所忌如此。与德合、天赦、三合、六合并，则其吉大于五合而非五离所能离矣，故不忌也。五合不宜庆赐、赏贺、纳采问名而五离则并忌之者，盖庆赐、赏贺之事大于宴会，纳采问名之事大于结婚姻。五合之吉可小事不可大事，五离不宜其小则大者可知也。若嫁娶之事则原不取五合，自亦不忌五离矣。

八专

忌安抚边境、选将训兵、出师、结婚姻、纳采问名、嫁娶。

---

① 天愿必是六合，故不言而已在其中。

与德合并，犹忌。与天愿并，止忌安抚边境、选将训兵、出师，余不忌。

按：八专自以干、支取义，与德合义不相属，故与并犹忌，触水龙、专日、伐日仿此。又按：八专之忌婚嫁，取阴阳同居而无别为义。天愿五月丁未、十一月癸丑，丁乃午也，非未也；癸乃子也，非丑也，是相合而有别矣，故不忌婚嫁也。

触水龙

忌取鱼、乘船渡水。

与德合、天愿并，犹忌。[①]。

见《义例》。

专日　伐日

忌安抚边境、选将训兵、出师。

与德合、赦愿并，犹忌。

见《义例》。

天刑　朱雀　白虎　天牢　元武　勾陈

与凶神并则从所忌，与吉神并则从所宜。

按：旧本六黑道忌兴众务，而仍从吉神所宜，并无专忌之事。若选时则诸事皆忌也。并详六黄道。

无禄日

止注祭祀、解除、沐浴、整容、剃头、整手足甲、扫舍宇、修饰垣墙、平治道涂、破屋坏垣、代木，余事不注。

与天德、月德并，则不以无禄论。寅年月甲辰日，卯年月乙巳日，巳年月丙申戊戌日，午年月丁亥己丑日，申年月庚辰日，酉年月辛巳日，亥年月壬申日，岁月填实，禄空亦不以无禄论。雨水后壬申日，谷雨后辛巳日，小满后庚辰日，大暑后丁亥、己丑日，处暑后丙申、戊戌日，霜降后乙巳日，小雪后甲辰日，太阳填实，禄空亦不以无禄论。甲、己年亥、卯、未月己丑日，乙、庚年巳、酉、丑月乙巳日，丙辛年寅、午、戌月辛巳日，丁、壬年申、子、辰月丁亥日，岁德合、月德合所会之辰，亦不以无禄论。乙、庚年亥月庚辰日，丙、辛年巳月丙申日，丁、壬年寅月壬申日，戊、癸年申月戊戌日，天德合、岁德所会之辰，亦不以无禄论。甲年月甲辰日，乙年月乙巳日，丙年月丙申日，丁年月丁亥日，戊年月戊戌日，己年月己丑日，庚年月庚辰日，辛年月辛巳日，壬年月壬申日，岁德、岁德合、天干三朋，亦不以无禄论。惟癸亥为干支俱尽日，虽值天、月二德，岁月、太阳填实，岁德会合，仍以无禄论。

---

① 触水龙无天赦日。

按：无禄日以干禄落旬空，故诸事不宜。惟祭祀、解除等事不嫌其空，故遇有所宜之神则不忌。与天德、月德并，则三合成禄旺之局。月建太阳填实，则一月皆禄旺之宫。至于岁建填实、岁德会合，尤以岁君为主，而旬空不足道矣，故不以无禄论也。癸亥干支俱尽，与上朔晦日同义。又交中气日，岁德、岁德合日，每年不同，故《月表》与《万年书》俱不论无禄日。临时选用，详《万年书》铺注条例。

反支

忌上册进表章、陈词讼。

与德合、赦愿并，犹忌。

见《义例》以下诸日，皆每年不同，亦《月表》、《万年书》所不能载。临时选用，详《万年书》铺注条例。

上朔　四离　四绝　晦日

止不忌祭祀、解除、沐浴、整容、剃头、整手足甲、补垣塞穴、扫舍宇、修饰垣墙、平治道涂、破屋坏垣、伐木，余事皆忌。

与德合、赦愿并，犹忌。以下并同。

按：上朔为阴阳与岁德俱尽之日，四离、四绝为二气五行分判之日，晦为月尽之日，故诸事不宜。惟祭祀、解除等事，或以事神而不敢禁，或以除旧而不为嫌，故遇有所宜之神则不忌。晦日虽不与上朔同凶，然亦止宜祭祀等事，余事虽不忌，亦不注宜也。又上朔以年干取义，晦日、反支以月朔取义，四离、四绝以节气取义。皆与德合、赦愿义不相属，故与并犹忌也。下仿此。

冬至　夏至　春分　秋分

不注上册进表章、庆赐、赏贺、宴会、行幸、遣使、安抚边境、选将训兵、出师、上官赴任、临正亲民、结婚姻、纳采问名、嫁娶、进人口、般移、开市、立券、交易、捕捉、畋猎、取鱼。冬至日又不注伐木。

按：二至之日阴、阳争，二分之日厌、建对，故虽吉日亦不注此数事。冬至又不注伐木，与开日同义。

土王用事

忌营建宫室、修宫室、缮城郭、筑堤防、兴造动土、修仓库、修置产室、开渠穿井、安碓硙、补垣、修饰垣墙、平治道涂、破屋坏垣、栽种、破土。

义同土府。

伏社

忌沐浴。

按：沐浴宜申、酉、亥、子日。伏为金伏，是申、酉之反也。社为土旺，是亥、子之反也。故忌沐浴。

朔弦望

忌求医疗病。

按：朔为日、月同度，弦为近一远三，望为日、月相对。犹建、破、平、收之义也，故忌疗病。

月忌日

止注祭祀、宴会、沐浴、整容、剃头、整手足甲、求医疗病、补垣、扫舍宇、修饰垣墙、平治道涂，余事不注。

见《义例》。

十五日

忌求医疗病。

义同望日。

人神所在日

十二日在发际，十五日在遍身，忌剃头。一日在足大指、六月在手、十五在遍身、十九日在足、二十一日在手指、二十三日在肝及足，忌整手足甲。

长星　短星

忌进人口、裁制、经络、开市、立券、交易、纳财、纳畜。

见《附录》。

百忌日

甲日忌开仓库、出货财，乙日忌栽种，丁日忌剃头，庚日忌经络，辛日忌酝酿，壬日忌开渠，丑日忌冠带，寅日忌祭祀，卯日忌穿井，巳日忌出行，午日忌苫盖，未日忌求医疗病，申日忌安床，酉日忌宴会，亥日忌嫁娶。

以上所忌。

宜忌等第表

	上 吉足胜凶、从宜不从忌。	上次 吉足抵凶、遇德从宜不从忌，不遇从宜亦从忌。	中 吉不抵凶、遇德从宜不从忌，不遇从忌不从宜。	中次 凶胜于吉、遇德从宜亦从忌，不遇从忌。不从宜。	下 凶又逢凶，遇德从忌不从宜，不遇诸事皆忌。	下下 凶叠大凶，遇德亦诸事皆忌。
平日	亥月相日时德六合	巳月相日六合月刑	申月相日月害	寅月相日月害月刑 卯午酉月天吏	辰戌丑未月月煞 子月天吏月刑	
收日	寅申月长生六合劫煞		巳亥月长生劫煞 辰未月月害	子午酉月大时 丑戌月月刑	卯月月刑大时	
闭日				子午卯酉月三日 辰戌丑未月官日天吏	寅申巳亥月月煞	
劫煞	寅申月长生六合收日	辰戌丑未月除日相日	巳亥月长生月害收日	子午卯酉月执日		
灾煞		寅申巳亥月开日	辰戌丑未月满日民日		子午月月破	卯酉月月破月厌
月煞		卯酉月六合危日		子午月月害危日	寅申巳亥月闭日 辰戌丑未月平日	
月刑		巳月相日六合平日		寅月相日月害平日 辰酉亥月建日 丑戌月收日	子月平日天吏 卯月收日大时 未申月月破月建月厌 午月德大会	
月害			子午月月煞 辰戌月官日闭日天吏 寅月相日月刑平日	卯酉月守日除日 丑未月执日大时 巳亥月长生劫煞 申月相日平日		

月厌			寅申月戌日 丑未月闭日	辰戌月定日 巳亥月满日	子月月建德大会 午月月建月刑德大会	卯酉月月破灾煞
大时	寅申巳亥月除日官日 辰戌日执日六合		丑未月执日月害	子午酉月收日	卯月收日月刑	
天吏			寅申巳亥月危日	辰戌丑未月闭日 卯午酉月平日	子月平日月刑	

铺注条例：

凡铺注《万年书》、《通书》，先依用事次第，察其所宜忌之日，于某日下注宜某事、某日下注忌某事。次按宜忌，较量其吉凶之轻重，以定去取。

凡宜宣政事、布政事之日，止注宜宣政事。

凡宜营建宫室、修宫室之日，止注宜宣营建宫室。

凡吉足胜凶，从宜不从忌者，如遇德犹忌之事，则仍注忌。

凡吉凶相抵，不注宜不注忌者，如遇德犹忌之事，则仍注忌。

凡德合、赦愿、月恩、四相、时德等日，不注忌进人口、安床、经络、酝酿、开市、立券、交易、纳财、开仓库、出货财。如遇德犹忌，及从忌不从宜之日，则仍注忌。

凡天狗寅日，忌祭祀。不注宜求福、祈嗣。

凡卯日忌穿井，不注宜开渠。壬日忌开渠，不注宜穿井。

凡巳日忌出行，不注宜出师、遣使。

凡酉日忌宴会，亦不注宜庆赐、赏贺。

凡丁日忌剃头，亦不注宜整容。

凡吉凶相抵，不注忌祈福，亦不注忌求嗣。

凡忌诏命公卿、招贤，不注宜施恩封拜、举正直、袭爵受封。

凡忌施恩封拜、举正直、袭爵受封，亦不注宜诏命公卿、招贤。

凡宜宣政事之日遇往亡则改宣为布。

凡月厌忌行幸、上官，不注宜颁诏、施恩封拜、诏命公卿、招贤、举正直。遇宜宣政事之日，则改宣为布。

凡吉凶相抵，不注忌结婚姻，亦不注忌冠带、纳采问名、嫁娶、进人口。如遇德犹忌之日，则仍注忌。

凡吉凶相抵，不注忌嫁娶，亦不注忌冠带、结婚姻、纳采问名、进人口、般移、安床。如遇德犹忌之日，则仍注忌。遇不将而不注忌嫁娶者，亦仍注忌。遇亥日、厌对、八专、四忌、四穷而仍注忌嫁娶者，止注所忌之事，其不忌者仍不注忌。

凡吉凶相抵，不注忌般移，亦不注忌安床；不注忌安床，亦不注忌般移。如遇德犹忌之日，则仍注忌。

凡吉凶相抵，不注忌解除，亦不注忌整容、剃头、整手足甲。如遇德犹忌之日，则仍注忌。

凡吉凶相抵，不注忌修造动土、竖柱上梁，亦不注忌修宫室、缮城郭、筑堤防、修仓库、鼓铸、苫盖、修置产室、开渠穿井、安碓硙、补垣塞穴、修饰垣墙、平治道涂、破屋坏垣。如遇德犹忌之日，则仍注忌。

凡吉凶相抵，不注忌开市，亦不注忌立券、交易、纳财；不注忌纳财，亦不注忌开市、立券、交易；不注忌立券、交易，亦不注忌开市纳财。

凡吉凶相抵，不注忌开市，立券、交易，不注忌开仓库、出货财。如遇专忌之日，则仍注忌。

凡吉凶相抵，不注忌牧养，亦不注忌纳畜；不注忌纳畜，亦不注忌牧养。

凡吉凶相抵，有宜安葬，不注忌启攒。有宜启攒，不注忌安葬。

凡土府、土符、地囊，止注忌补垣，亦不注宜塞穴。

凡开日，不注宜破土、安葬、启攒，亦不注忌。遇忌则注。

凡四忌、四穷，止忌安葬。如遇鸣吠、鸣吠对，亦不注宜破土、启攒。

凡天吏、大时不以死败论者，遇四废、岁薄、逐阵，仍以死败论。

凡岁薄、逐阵日所宜事，照月厌所忌删，所忌仍从本日。

二月甲戌、四月丙申、六月甲子、七月戊申、八月庚辰、九月辛卯、十月甲子、十二月甲子，德合与赦愿所会之辰，诸事不忌。

钦定协纪辨方书卷十一

用事

选择用事宜忌备矣。然铺注《万年书》，则以事为经，以神为纬。选择吉日、时，则以神为目，以事为纲。盖铺注以事序，而选择由事起也。

《大清会典》载《万年书》御用六十七事、民用三十七事，《通书》载选择六十事，今以次合为一编，而分列宜忌于事下。依事之次第，察其所宜忌之日而分注之，则轻重去取可辨矣。作《用事》。

御用六十七事

祭祀	祈福	求嗣	上册进表章	颁诏	覃恩
肆赦	施恩封拜	诏命公卿	招贤	举正直	施恩惠
恤孤茕	宣政事	布政事	行惠爱	雪冤枉	缓刑狱
庆赐	赏贺	宴会	入学	冠带	行幸
遣使	安抚边境	选将训兵	出师	上官赴任	临政亲民
结婚姻	纳采问名	嫁娶	进人口	般移	安床
解除	沐浴	整容剃头	整手足甲	求医疗病	裁制
营建宫室	修宫室	缮城郭	筑堤防	兴造动土	竖柱上梁
经络	开市	立券	交易	纳财	修置产室
开渠穿井	安碓硙	补垣	扫舍宇	修饰垣墙	平治道涂
伐木	捕捉	畋猎	取鱼	栽种	牧养
纳畜					

民用三十七事

祭祀	上表章	上官	入学	冠带	结婚姻
会亲友	嫁娶	进人口	出行	移徙	安床
沐浴	剃头	疗病	裁衣	修造动土	竖柱上梁
经络	开市	立券	交易	纳财	修置产室
开渠穿井	安碓硙	扫舍宇	平治道涂	破屋坏垣	伐木
捕捉	畋猎	栽种	牧养	破土	安葬
启攒					

《通书》选择六十事

祭祀	祈福	求嗣	上册受封	上表章	袭爵受封
会亲友	入学	冠带	出行	上官赴任	临政亲民
结婚姻	纳采问名	嫁娶	进人口	移徙	远回
安床	解除	沐浴	剃头	整手足甲	求医疗病
疗目	针刺	裁衣	筑堤防	修造动土	竖柱上梁
修仓库	鼓铸	苫盖	经络	酝酿	开市
立券	交易	纳财	开仓库	出货财	修置产室
开渠穿井	安碓硙	补垣塞穴	扫舍宇	修饰垣墙	平治道涂
破屋坏垣	伐木	捕捉	畋猎	取鱼	乘船渡水
栽种	牧养	纳畜	破土	安葬	启攒

祭祀

宜天德、月德、天德合、月德合、天赦、天愿、月恩、四相、时德、天巫、开日、普护、福生、圣心、益后、续世。

忌天狗、寅日。

祈福

宜天德、月德、天德合、月德合、天赦、天愿、月恩、四相、时德、天巫、开日、普护、福生、圣心、益后、续世。

忌月建、月破、平日、收日、劫煞、灾煞、月煞、月刑、月害、月厌、大时、游祸、天吏、四废。又忌禄空、上朔等日。见铺注条例。余仿此。

求嗣

宜天德、月德、天德合、月德合、天赦、天愿、月恩、四相、时德、开日、益后、续世。

忌月建、月破、平日、收日、劫煞、灾煞、月煞、月刑、月害、月厌、大时、游祸、天吏、四废。

上册进表章（上册受封同）

宜天德、月德、天德合、月德合、天赦、天愿、临日、福德、开日。

忌月建、月破、平日、收日、闭日、劫煞、灾煞、月煞、月刑、月害、月厌、大时、天吏、四废、往亡。

上表章

宜天德、月德、天德合、月德合、月空、天赦、天愿、临日、福德、开日、解神。

忌月建、月破、平日、收日、闭日、劫煞、灾煞、月煞、月刑、月害、月厌、大时、天吏、四废、往亡。

颁诏

宜天德、月德、天德合、月德合、天赦、天愿、王日、开日。

又天恩与驿马、天马、建日并者。

忌月破、平日、收日、闭日、劫煞、灾煞、月煞、月刑、月厌、四废、往亡。

覃恩肆赦

宜天德、月德、天德合、月德合、天恩、天赦、天愿、王日、开日。

忌无。

施恩封拜①

宜天德、月德、天德合、月德合、天赦、天愿、月恩、四相、时德、王日、建日、吉期、天喜、开日。

官日、守日、相日、止宜袭爵受封。

忌月破、平日、收日、满日、闭日、劫煞、灾煞、月煞、月刑、月厌、大时、天吏、四废。

诏命公卿　招贤

宜天德、月德、天德合、月德合、天赦、天愿、王日、建日、天日。

又月恩、四相、时德、吉期、天喜与驿马、天马并者。

忌月破、平日、收日、满日、闭日、劫煞、灾煞、月煞、月刑、月厌、大时、天吏、四废、往亡。

举正直

宜天德、月德、天德合、月德合、天赦、天愿、月恩、四相、时德、王日、建日、吉期、天喜、开日。

忌月破、平日、收日、满日、闭日、劫煞、灾煞、月煞、月刑、月厌、大时、天吏、四废。

---

① 袭爵受封同。

施恩惠　恤孤茕

宜天德、月德、天德合、月德合、天恩、天赦、天愿、阳德、阴德、王日、开日。

忌无。

宣政事

宜天德、月德、天德合、月德合、天赦、天愿、王日、开日。

又天恩与驿马、天马、建日并者。

忌月破、平日、收日、闭日、劫煞、灾煞、月煞、月刑、月厌、四废、往亡。

布政事

宜天恩。

忌月破、平日、收日、闭日、劫煞、灾煞、月煞、月刑、月厌、四废。

行惠爱　雪冤枉　缓刑狱

宜天德、月德、天德合、月德合、天恩、天赦、天愿、阳德、阴德、王日、开日。

忌无。

庆赐赏贺

宜天德、月德、天德合、月德合、天恩、天赦、天愿、月恩、四相、时德、王日、三合、福德、天喜、开日。

忌月破、平日、收日、闭日、劫煞、灾煞、月煞、月刑、月害、月厌、四废、五离。

宴会[①]

宜天德、月德、天德合、月德合、天恩、天赦、天愿、月恩、四相、时德、王日、民日、三合、福德、天喜、开日、六合、五合。

忌月破、平日、收日、闭日、劫煞、灾煞、月煞、月刑、月害、月厌、四废、五离、酉日。

入学

宜成日、开日。

忌无。

---

① 会亲友同。

冠带

宜定日。

忌月破、平日、收日、劫煞、灾煞、月煞、月刑、月厌、大时、天吏、四废、五墓、丑日。

行幸　遣使[①]

宜天德、月德、天德合、月德合、天赦、天愿、月恩、四相、时德、王日、驿马、天马、建日、吉期、天喜、开日。

忌月破、平日、收日、闭日、劫煞、灾煞、月煞、月刑、月厌、大时、天吏、天贼、四废、五墓、往亡、巳日。

安抚边境

宜天德、月德、天德合、月德合、天赦、天愿、王日、守日、兵福、兵宝、兵吉、危日、成日。

忌月破、平日、死神、收日、劫煞、灾煞、月煞、月刑、月害、月厌、大时、天吏、死气、四击、四耗、四废、四忌、四穷、五墓、兵禁、大煞、往亡、八专、专日、伐日。

选将出兵

宜天德、月德、天德合、月德合、天赦、天愿、王日、兵福、兵宝、兵吉、危日。

忌月破、平日、死神、收日、劫煞、灾煞、月煞、月刑、月害、月厌、大时、天吏、死气、四击、四耗、四废、四忌、四穷、五墓、兵禁、大煞、往亡、八专、专日、伐日。

出师

宜天德、月德、天德合、月德合、兵福、兵宝、兵吉。

忌月破、平日、死神、收日、闭日、劫煞、灾煞、月煞、月刑、月害、月厌、大时、天吏、死气、四击、四耗、四废、四忌、四穷、五墓、兵禁、大煞、往亡、八专、专日、伐日。

上官赴任

宜天德、月德、天德合、月德合、天赦、天愿、月恩、四相、时德、王日、官日、守日、相日、临日、建日、吉期、天喜、开日。

---

① 出行同。

忌月破、平日、收日、满日、闭日、劫煞、灾煞、月煞、月刑、月厌、大时、天吏、四废、五墓、往亡。

临政亲民

宜天德、月德、天德合、月德合、天赦、天愿、月恩、四相、时德、王日、官日、守日、相日、临日、建日、吉期、天喜、开日、六仪。

忌月破、平日、收日、满日、闭日、劫煞、灾煞、月煞、月刑、月厌、大时、天吏、四废、五墓、往亡。

结婚姻

宜天德、月德、天德合、月德合、天赦、天愿、月恩、四相、时德、民日、三合、天喜、六合、五合。

忌月建、月破、平日、收日、满日、闭日、劫煞、灾煞、月煞、月刑、月害、月厌、大时、天吏、四废、四忌、四穷、五墓、五离、八专。

纳采问名

宜天德、月德、天德合、月德合、天赦、天愿、月恩、四相、时德、民日、三合、天喜。

忌月建、月破、平日、收日、满日、闭日、劫煞、灾煞、月煞、月刑、月害、月厌、大时、天吏、四废、四忌、四穷、五墓、五离、八专。

嫁娶

宜天德、月德、天德合、月德合、天赦、天愿、三合、天喜、六合、不将。

忌月破、平日、收日、闭日、劫煞、灾煞、月煞、月刑、月害、月厌、厌对、大时、天吏、四废、四忌、四穷、五墓、往亡、八专、亥日。

进人口

宜天愿、民日、三合、满日、收日、六合、天仓。

忌月破、平日、死神、闭日、劫煞、灾煞、月煞、月刑、月害、月厌、大时、天吏、四废、四穷、五墓、九空、往亡。

般移①

宜天德、月德、天德合、月德合、天赦、天愿、月恩、四相、时德、民日、驿马、天马、成日、开日。

① 移徙同。

忌月破、平日、收日、闭日、劫煞、灾煞、月煞、月刑、月厌、大时、天吏、四废、五墓、归忌、往亡。

远回

忌月厌、归忌。

安床

宜危日。

忌月破、平日、收日、闭日、劫煞、灾煞、月煞、月刑、月厌、大时、天吏、四废、五墓、申日。

解除

宜天德、月德、天德合、月德合、天赦、月恩、四相、时德、除日、开日、解神、除神。

忌月建、平日、死神、收日、劫煞、灾煞、月煞、月刑、月厌、大时、游祸、天吏、死气、四废、五墓。

沐浴

宜除日、解神、除神、亥子日。

忌伏社日。

整容剃头

宜除日、解神、除神。

忌月建、月破、劫煞、灾煞、月煞、月刑、月厌、丁日、每月十二日、十五日。

整手足甲

宜除日、解神、除神。

忌月建、月破、劫煞、灾煞、月煞、月刑、月厌，每月一日、六日、十五日、十九日、二十一日、二十三日

求医疗病

宜天德、月德、天德合、月德合、天赦、月恩、四相、时德、天后、除日、破日、天医、天日、解神、除神。

忌月建、平日、死神、收日、满日、闭日、劫煞、灾煞、月煞、月刑、月害、月厌、大时、游祸、天吏、死气、四废、五墓、往亡、未日，每月十五日、朔弦望日。

疗目

忌闭日。

针刺

忌血支、血忌。

裁制[①]

宜天德、月德、天德合、月德合、天赦、天愿、月恩、四相、时德、王日、三合、满日、开日、复日。

忌月破、平日、收日、劫煞、灾煞、月煞、月刑、月厌、四废。

营建宫室

宜天德、月德、天德合、月德合、天赦、天愿。

忌月建、土府、月破、平日、收日、闭日、劫煞、灾煞、月煞、月刑、月厌、大时、天吏、四废、五墓、土符、地囊、土王用事后。

修宫室

宜月恩、四相、时德、三合、福德、开日。

忌月建、土府、月破、平日、收日、闭日、劫煞、灾煞、月煞、月刑、月厌、大时、天吏、四废、五墓、土符、地囊、土王用事后。

缮城郭

宜天德、月德、天德合、月德合、天赦、天愿、月恩、四相、时德、三合、福德、开日。

忌月建、土府、月破、平日、收日、劫煞、灾煞、月煞、月刑、月厌、大时、天吏、四废、五墓、土符、地囊、土王用事后。

筑堤防

宜成日、闭日。

忌土府、月破、平日、收日、劫煞、灾煞、月煞、月刑、月厌、大时、天吏、四废、土符、地囊、土王用事后。

兴造动土[②]

宜天德、月德、天德合、月德合、天赦、天愿、月恩、四相、时德、三合、开日。

---

① 裁衣同。

② 修造同。

忌月建、土府、月破、平日、收日、闭日、劫煞、灾煞、月煞、月刑、月厌、大时、天吏、四废、五墓、土符、地囊、土王用事后。

竖柱上梁

宜天德、月德、天德合、月德合、天赦、天愿、月恩、四相、时德、三合、开日。

忌月建、月破、平日、收日、闭日、劫煞、灾煞、月煞、月刑、月厌、大时、天吏、四废、五墓。

修仓库

宜天德、月德、天德合、月德合、天赦、天愿、三合、满日。

又收日、母仓、六合、五富、天仓与月德、四相、时德、开日并者。

忌月建、土府、月破、大耗、平日、劫煞、灾煞、月煞、月虚、月刑、月害、月厌、大时、天吏、小耗、天贼、四耗、四废、四穷、五虚、九空、土符、地囊、土王用事后。

鼓铸

忌月破、平日、收日、劫煞、灾煞、月煞、月刑、月厌、四废、九焦。

苫盖

忌天火、午日。

经络

宜天愿、三合、满日、六合、五富。

忌月破、平日、收日、劫煞、灾煞、月煞、月刑、月害、月厌、四废、庚日。

酝酿

宜天愿、三合、六合、五富。

忌月破、平日、收日、劫煞、灾煞、月煞、月刑、月害、月厌、四废、辛日。

开市

宜天愿、民日、满日、成日、开日、五富。

忌月破、大耗、平日、收日、闭日、劫煞、灾煞、月煞、月刑、月害、月厌、大时、天吏、小耗、四耗、四废、四穷、五墓、九空。

立券、交易

宜天愿、民日、三合、满日、六合、五富、五合。

忌月破、大耗、平日、收日、劫煞、灾煞、月煞、月刑、月害、月厌、大时、天吏、小耗、四耗、四废、四穷、五墓、九空、五离。

纳财

宜母仓、天愿、月恩、四相、时德、民日、三合、满日、收日、六合、五富、天仓。

忌月破、大耗、平日、劫煞、灾煞、月煞、月刑、月害、月厌、大时、天吏、小耗、四耗、四废、四穷、九空。

开仓库　出货财

宜月恩、四相、时德、满日、五富。

忌月建、月破、大耗、平日、收日、闭日、劫煞、灾煞、月煞、月虚、月刑、月害、月厌、大时、天吏、小耗、天贼、四耗、四废、四穷、五虚、九空、甲日。

修置产室

宜开日。

忌月建、土府、月破、平日、死神、收日、闭日、劫煞、灾煞、月煞、月刑、月害、月厌、大时、天吏、死气、四废、五墓、土符、土囊、土王用事后。

开渠穿井

宜开日。

忌土府、月破、平日、收日、闭日、劫煞、灾煞、月煞、月刑、月厌、四废、土符、地囊、土王用事后。

壬日止忌开渠，卯日止忌穿井。

安碓硙

宜三合、开日。

忌土府、月破、劫煞、灾煞、月煞、月刑、月厌、四废、土符、地囊、土王用事后。

补垣塞穴

宜满日、闭日。

忌月破、劫煞、灾煞、月煞、月刑、月厌、四废、九坎。

土府、土符、地囊、土王用事后止忌补垣。

扫舍宇

宜除日、除神。

忌无。

修饰垣墙

宜平日。

忌土府、月破、劫煞、灾煞、月煞、月刑、月厌、四废、土符、地囊、土王用事后。

平治道涂

宜平日。

忌土府、月厌、土符、地囊、土王用事后。

破屋坏垣

宜月破。

忌月建、土府、劫煞、灾煞、月煞、月刑、月厌、土府、地囊、土王用事后。

伐木

宜立冬后立春前危日、午日、申日。

忌月建、月破、月厌、生气。

捕捉

宜执日、收日。

忌往亡。

畋猎

宜霜降后立春前执日、危日、收日。

忌天德、月德、天德合、月德合、天赦、生气、往亡。

取鱼

宜雨水后立夏前执日、危日、收日。

忌天德、月德、天德合、月德合、天赦、生气、招摇、咸池、八风、九坎、往亡、触水龙。

乘船渡水

忌招摇、咸池、八风、九坎、触水龙。

栽种

宜天德、月德、天德合、月德合、天赦、母仓、天愿、月恩、四相、时德、民日、开日、五富。

忌月建、土府、月破、平日、死神、劫煞、灾煞、月煞、月刑、月厌、地火、大时、天吏、死气、四废、五墓、九焦、土符、地囊、乙日、土王用事后。

牧养

宜天德、月德、天德合、月德合、天赦、母仓、天愿、月恩、四相、时德、民日、开日、五富。

忌月破、平日、死神、劫煞、灾煞、月煞、月刑、月害、月厌、大时、天吏、四废、五墓。

纳畜

宜天德、月德、天德合、月德合、天赦、母仓、天愿、民日、三合、收日、六合、五富、天仓。

忌月破、平日、死神、劫煞、灾煞、月煞、月刑、月害、月厌、大时、天吏、四废、五墓。

破土

宜鸣吠、鸣吠对。

忌月建、土府、月破、平日、收日、劫煞、灾煞、月煞、月刑、月害、月厌、四废、五墓、土符、地囊、复日、重日、土王用事后。

安葬

宜天德、月德、天德合、月德合、天赦、天愿、六合、鸣吠。

忌月建、月破、平日、收日、劫煞、灾煞、月煞、月刑、月害、月厌、四废、四忌、四穷、五墓、复日、重日。

启攒

宜鸣吠对。

忌月建、月破、平日、收日、劫煞、灾煞、月煞、月刑、月害、月厌、四废、五墓、复日、重日。

右用事与宜忌相为经纬。疗目、针刺无宜日，与疗病同也。鼓铸、苫盖无宜日，与修造同也。远回、乘船渡水无宜日，除所忌之外无日不宜也。

钦定协纪辨方书卷十二

公规一

司天之职，首重气候。推昼夜永短，以辨寒暑之进退。察经纬躔舍，以识中星之推移。皆所以奉天而为协纪之本。至于致祭迎春，尤关巨典，载诸掌故，昭旧职也。作《公规》。

祀典

正月上辛日祈谷于上帝。

冬至大祀天于圆丘。

夏至大祀地于方泽。

春分卯时祭大明于朝日坛。

秋分酉时祭夜明于夕月坛。

四孟月朔时享太庙。

孟春同日祭太岁月将之神。

岁暮禴祭太庙。

同时祭太岁月将之神。

仲春仲秋上丁日祭先师孔子。

仲春仲秋上戊日祭社稷坛。

仲春仲秋择日祭关帝庙、黑龙潭龙神、昭忠寺、定南武庄王、恪禧公、勤襄公、文襄公、贤良祠。

仲春仲冬上甲日祭三皇庙。

季春已日祭先蚕祠。

季春亥日祭先农坛。

清明霜降前祭历代帝王庙。

六月二十三日祭火神庙。

季秋择日祭都城隍庙。

春牛经

造春牛、芒神，用冬至后辰日，于岁德方取水土成造，用桑柘木为胎骨。

牛身高四尺，象四时。头至尾桩长八尺，象八节。

牛头色视年干。

甲、乙年青色，丙、丁年红色，戊、己年黄色，庚、辛年白色，壬、癸年黑色。

牛身色视年支。

亥、子年黑色，寅、卯年青色，巳、午年红色，申、酉年白色，辰、戌、丑、未年黄色。

牛腹色视年纳音。

金年白色，木年青色，水年黑色，火年红色，土年黄色。

牛角、耳、尾色视立春日干。

甲、乙日青色，丙、丁日红色，戊、己日黄色，庚、辛日白色，壬、癸日黑色。

牛胫色视立春日支。

亥、子日黑色，寅、卯日青色，巳、午日红色，申、酉日白色，辰、戌、丑、未日黄色。

牛蹄色视立春日纳音。

金日白色，木日青色，水日黑色，火日红色，土日黄色。

牛尾长一尺二寸，象十二月。左右缴视年阴阳。

阳年左缴，阴年右缴。

牛口开合视年阴阳。

阳年口开，阴年口合。

牛笼头拘绳视立春日支干。

寅、申、巳、亥日用麻绳，子、午、卯、酉日用苎绳，辰、戌、丑、未日用丝绳，拘子俱用桑柘木。

甲、乙日白色，丙、丁日黑色，戊、己日青色，庚、辛日红色，壬、癸日黄色。

牛踏板视年阴阳。

阳年用县门左扇，阴年用县门右扇。

芒神身高三尺六寸五分，象三百六十五日。

芒神老少视年支。

寅、申、巳、亥年面如老人像，子、午、卯、酉年面如少壮像，辰、戌、丑、未年面如童子像。

芒神衣带色视立春日支。①

亥、子日黄衣青腰带，寅、卯日白衣红腰带，巳、午日黑衣黄腰带，申、酉日红衣黑腰带，辰、戌、丑、未日青衣白腰带。

芒神髻视立春日纳音。

金日平梳两髻在耳前，木日平梳两髻在耳后，水日平梳两髻，右髻在耳后、左髻在耳前，火日平梳两髻，右髻在耳前，左髻在耳后，土日平梳两髻在顶直上。

芒神罨耳视立春时。

---

① 克支者为衣色，支生者为带色。

子丑时全戴，寅时全戴揭起左边，亥时全戴揭起右边，卯巳未酉时用右手提，辰午申戌时用左手提。

芒神行缠鞋袴视立春日纳音。

金日行缠鞋袴俱全，左行缠悬于腰。

木日行缠鞋袴俱全，右行缠悬于腰。

水日行缠鞋袴俱全。

火日行缠鞋袴俱无。

土日着袴无行缠鞋子。

芒神鞭杖用柳枝，长二尺四寸，象二十四气。鞭结视立春日支。

寅、申、巳、亥日用麻结，子、午、卯、酉日用苎结，辰、丑、未日用丝结，俱用五色醮染。

芒神忙闲立牛前后，视立春距正旦前后远近。

立春距正旦前后五日内，芒神忙与牛并立。

立春距正旦前五日外，芒神早忙立于牛前边。

立春距正旦后五日外，芒神晚闲立于牛后边。

芒神立牛左、右视年阴阳。

阳年立于牛左，阴年立于牛右。

岁时纪事

迎春

先设春牛勾芒神于东郊，牛头东向。立春先一日府、州、县官吏彩仗鼓乐迎春于东郊，祭拜勾芒神、迎春牛。勾芒神安置各衙门头门内。至立春本日用彩仗鞭春牛。盖即出土牛送寒气之遗意也。

龙治水

视元旦后第几日得辰，即为几龙治水也。

得辛

视正月上旬第几日值辛，即为几日得辛也。

二社

《历例》曰：二分前后，近戊为社。

三伏

夏至后三庚为初伏，四庚为中伏，立秋后初庚为末伏。如庚日夏至，即为初庚；庚日立秋，即为末伏。

霉天

《通书》曰：《神枢经》芒种后逢丙入，小暑后逢未出。《碎金》云：芒种后逢壬入，夏至后逢庚出。谓之霉天。

气候

立春：东风解冻，蛰虫始振，鱼陟负冰。

雨水：獭祭鱼，候雁北，草木萌动。

惊蛰：桃始华，仓庚鸣，鹰化为鸠。

春分：玄鸟至，雷乃发声，始电。

清明：桐始华，田鼠化为鴽，虹始见。

谷雨：萍始生，鸣鸠拂其羽，戴胜降于桑。

立夏：蝼蝈鸣，蚯蚓出，王瓜生。

小满：苦菜秀，靡草死，麦秋至。

芒种：螳螂生，鵙始鸣，反舌无声。

夏至：鹿角解，蜩始鸣，半夏生。

小暑：温风至，蟋蟀居壁，鹰始挚。

大暑：腐草为萤，土润溽暑，大雨时行。

立秋：凉风至，白露降，寒蝉鸣。

处暑：鹰乃祭鸟，天地始肃，禾乃登。

白露：鸿雁来，玄鸟归，群鸟养羞。

秋分：雷始收声，蛰虫坯户，水始涸。

寒露：鸿雁来宾，雀入大水为蛤，菊有黄华。

霜降：豺乃祭兽，草木黄落，蛰虫咸俯。

立冬：水始冰，地始冻，雉入大水为蜃。

小雪：虹藏不见，天气上升，地气下降，闭塞而成冬。

大雪：鹖鴠不鸣，虎始交，荔挺出。

冬至：蚯蚓结，麋角解，水泉动。

小寒：雁北乡，鹊始巢，雉雊。

大寒：鸡乳，征鸟厉疾，水泽腹坚。

日躔过宫

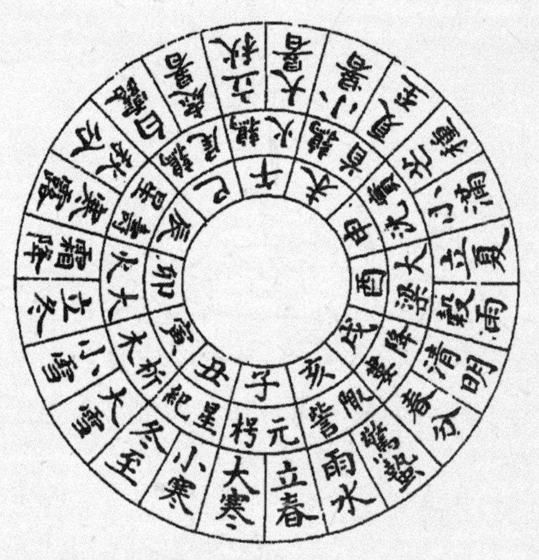

日躔每月中气过宫：雨水日躔亥宫初度，是为娵訾之次。春分日躔戌宫初度，是为降娄之次。谷雨日躔酉宫初度，是为大梁之次。小满日躔申宫初度，是为实沈之次。夏至日躔未宫初度，是为鹑首之次。大暑日躔午宫初度，是为鹑火之次。处暑日躔巳宫初度，是为鹑尾之次。秋分日躔辰宫初度，是为寿星之次。霜降日躔卯宫初度，是为大火之次。小雪日躔寅宫初度，是为析木之次。冬至日躔丑宫初度，是为星纪之次。大寒日躔子宫初度，是为元枵之次。故月将正月在亥、二月在戌、三月在酉、四月在申、五月在未、六月在午、七月在巳、八月在辰、九月在卯、十月在寅、十一月在丑，十二月在子。月建视节气斗杓也，月将视中气太阳也。

日出入昼夜时刻

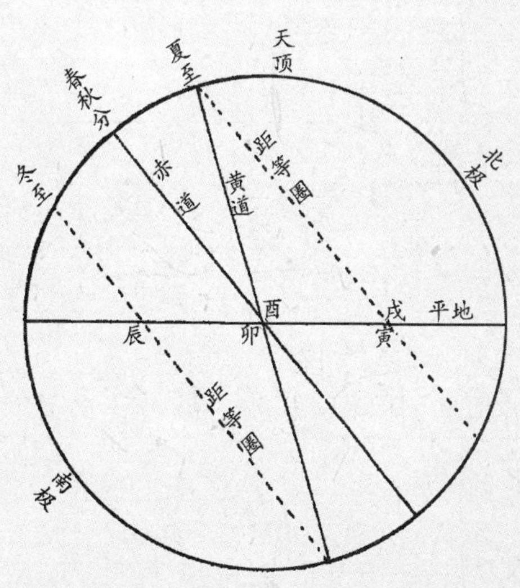

日出入之早晚，昼夜永短所由分也。而早晚之故有二：一由于日行之内外，一由于人居之南北。盖日行黄道与赤道斜交，春、秋分日行正当交点，与地平交于卯、酉，地平上下之度相等，故昼、夜适均，所谓日中宵中也。春分以后日行赤道内，至夏至而极，其距等圈与地平交于寅戌，地平上下之度上多下少，故昼长夜短，所谓日永也。秋分之后日行赤道外，至冬至而极，其距等圈与地平交于辰申，地平上下之度上少下多，故昼短夜长，所谓日短也。二分前后，距交不远，黄道势斜，则纬行疾，故数日而差一刻。二至前后，黄道势平，则纬行迟，故半月而差一刻。此永短由日行之内外而生者也。至于人居有南北，则北极出地有高下，于是见日之出入早晚随地不同。中国在赤道北，北极出地上，南极入地下，故夏昼长，冬昼短。自京而北，北极愈高则永短之差愈多，至于北极之下则赤道当地平，夏则有昼而无夜，冬则有夜而无昼。盖以半年为昼，半年为夜矣。所居之地愈南，北极渐低，则永短之差渐少。至于赤道之下，则两极当地平，而昼夜常均矣。赤道以南与北相反，此永短由人居之南北而生者也。今按京师北极出地三十九度五十五分，推得各节气日出入、昼夜时刻如左。至各省日出入时刻不同，俱以各省北极出地及太阳赤道纬度立。算法见《考成》上编。

春分	戌宫	初度	日出卯正初刻	昼四十八刻
			日入酉正初刻	夜四十八刻
		五度	日出卯初三刻八分	昼四十八刻十四分
			日入酉正初刻七分	夜四十七刻一分
		十度	日出卯初三刻二分	昼四十九刻十一分
			日入酉正初刻十三分	夜四十六刻四分
清明		十五度	日出卯初二刻十分	昼五十刻十分
			日入酉正一刻五分	夜四十五刻五分
		二十度	日出卯初二刻四分	昼五十一刻七分
			日入酉正一刻十一分	夜四十四刻八分
		二十五度	日出卯初一刻十二分	昼五十二刻六分
			日入酉正二刻三分	夜四十三刻九分
谷雨	酉宫	初度	日出卯初一刻六分	昼五十三刻三分
			日入酉正二刻九分	夜四十二刻十二分
		五度	日出卯初一刻	昼五十四刻
			日入酉正三刻	夜四十二刻
		十度	日出卯初初刻九分	昼五十四刻十二分
			日入酉正三刻六分	夜四十一刻三分

立夏		十五度	日出卯初初刻三分	昼五十五刻九分
			日入酉正三刻十二分	夜四十刻六分
		二十二度	日出寅正三刻十一分	昼五十六刻八分
			日入戌初初刻四分	夜三十九刻七分
小满	申宫	初度	日出寅正三刻三分	昼五十七刻九分
			日入戌初初刻十二分	夜三十八刻六分
		七度	日出寅正二刻十三分	昼五十八刻四分
			日入戌初一刻二分	夜三十七刻十一分
芒种		十五度	日出寅正二刻八分	昼五十八刻十四分
			日入戌初一刻七分	夜三十七刻一分
夏至	未宫	初度	日出寅正二刻五分	昼五十九刻五分
			日入戌初一刻十分	夜三十六刻十分
小暑		十五度	日出寅正二刻八分	昼五十八刻十四分
			日入戌初一刻七分	夜三十七刻一分
		二十三度	日出寅正二刻十三分	昼五十八刻四分
			日入戌初一刻二分	夜三十七刻十一分
大暑	午宫	初度	日出寅正三刻三分	昼五十七刻九分
			日入戌初初刻十二分	夜三十八刻六分
		八度	日出寅正三刻十一分	昼五十六刻八分
			日入戌初初刻四分	夜三十九刻七分
立秋		十五度	日出卯初初刻三分	昼五十五刻九分
			日入酉正三刻十二分	夜四十刻六分
		二十度	日出卯初初刻九分	昼五十四刻十二分
			日入酉正三刻六分	夜四十一刻三分
		二十五度	日出卯初一刻	昼五十四刻
			日入酉正三刻	夜四十二刻
处暑	巳宫	初度	日出卯初一刻六分	昼五十三刻三分
			日入酉正二刻九分	夜四十二刻十二分
		五度	日出卯初一刻十二分	昼五十二刻六分

			日入酉正二刻三分	夜四十三刻九分
		十度	日出卯初二刻四分	昼五十一刻七分
			日入酉正一刻十一分	夜四十四刻八分
白露		十五度	日出卯初二刻十分	昼五十刻十分
			日入酉正一刻五分	夜四十五刻五分
		二十度	日出卯初三刻二分	昼四十九刻十一分
			日入酉正初刻十三分	夜四十六刻四分
		二十五度	日出卯初三刻八分	昼四十八刻十四分
			日入酉正初刻七分	夜四十七刻一分
秋分	辰宫	初度	日出卯正初刻	昼四十八刻
			日入酉正初刻	夜四十八刻
		五度	日出卯正初刻七分	昼四十七刻一分
			日入酉初三刻八分	夜四十八刻十四分
		十度	日出卯正初刻十三分	昼四十六刻四分
			日入酉初三刻二分	夜四十九刻十一分
寒露		十五度	日出卯正一刻五分	昼四十五刻五分
			日入酉初二刻十分	夜五十刻十分
		二十度	日出卯正一刻十一分	昼四十四刻八分
			日入酉初二刻四分	夜五十一刻七分
		二十五度	日出卯正二刻三分	昼四十三刻九分
			日入酉初一刻十二分	夜五十二刻六分
霜降	卯宫	初度	日出卯正二刻九分	昼四十二刻十二分
			日入酉初一刻六分	夜五十三刻三分
		五度	日出卯正三刻	昼四十二刻
			日入酉初一刻	夜五十四刻
		十度	日出卯正三刻六分	昼四十一刻三分
			日入酉初初刻九分	夜五十四刻十二分
立冬		十五度	日出卯正三刻十二分	昼四十刻六分
			日入酉初初刻三分	夜五十五刻九分

		二十二度	日出辰初初刻四分	昼三十九刻七分
			日入申正三刻十一分	夜五十六刻八分
小雪	寅宫	初度	日出辰初初刻十二分	昼三十八刻六分
			日入申正三刻三分	夜五十七刻九分
		七度	日出辰初一刻二分	昼三十七刻十一分
			日入申正二刻十三分	夜五十八刻四分
大雪		十五度	日出辰初一刻七分	昼三十七刻一分
			日入申正二刻八分	夜五十八刻十四分
冬至	丑宫	初度	日出辰初一刻十分	昼三十六刻十分
			日入申正二刻五分	夜五十九刻五分
小寒		十五度	日出辰初一刻七分	昼三十七刻一分
			日入申正二刻八分	夜五十八刻十四分
		二十三度	日出辰初一刻二分	昼三十七刻十一分
			日入申正二刻十三分	夜五十八刻四分
大寒	子宫	初度	日出辰初初刻十二分	昼三十八刻六分
			日入申正三刻三分	夜五十七刻九分
		八度	日出辰初初刻四分	昼三十九刻七分
			日入申正三刻十一分	夜五十六刻八分
立春		十五度	日出卯正三刻十二分	昼四十刻六分
			日入酉初初刻三分	夜五十五刻九分
		二十度	日出卯正三刻六分	昼四十一刻三分
			日入酉初初刻九分	夜五十四刻十二分
		二十五度	日出卯正三刻	昼四十二刻
			日入酉初一刻	夜五十四刻
雨水	亥宫	初度	日出卯正二刻九分	昼四十二刻十二分
			日入酉初一刻六分	夜五十三刻三分
		五度	日出卯正二刻三分	昼四十三刻九分
			日入酉初一刻十二分	夜五十二刻六分
		十度	日出卯正一刻十一分	昼四十四刻八分

			日入酉初二刻四分	夜五十一刻七分
惊蛰		十五度	日出卯正一刻五分	昼四十五刻五分
			日入酉初二刻十分	夜五十刻十分
		二十度	日出卯正初刻十三分	昼四十六刻四分
			日入酉初三刻三分	夜四十九刻十一分
		二十五度	日出卯正初刻七分	昼四十七刻一分
			日入酉初三刻八分	夜四十八刻十四分

日出入方位

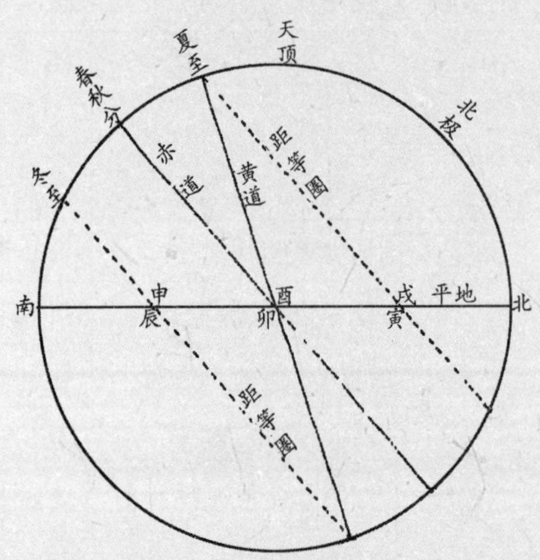

日出入方位者，乃各节气日出入地平时距正东西之度也。盖日行黄道与赤道斜交，惟春、秋分正当赤道，故其出入地平也。正当卯、酉为正东、正西。自春分至秋分，日行赤道北，其出入地平也亦在卯、酉北。自秋分至春分，日行赤道南，其出入地平也亦在卯、酉南。而冬夏至距赤道南、北极远，故其出入地平也距正卯、酉亦极远。冬至出辰入申，夏至出寅入戌。此方位之远近，由于天行者也。而人居有南、北，其度亦有不同。盖愈北则北极愈高，其距东、西之度愈多。渐南则北极渐低，其距东、西之度渐少。皆以北极高度为准。今按京师北极高三十九度五十五分，推得各节气日出入方位如下：

冬至	日出辰方正东偏南三十一度十八分 日入申方正西偏南三十一度十八分
小寒　大雪	日出辰方正东偏南三十度八分 日入申方正西偏南三十度八分
大寒　小雪	日出辰方正东偏南二十六度四十五分 日入申方正西偏南二十六度四十五分
立春　立冬	日出乙方正东偏南二十一度三十三分 日入庚方正西偏南二十一度三十三分
雨水　霜降	日出乙方正东偏南十五度三分 日入庚方正西偏南十五度三分
惊蛰　寒露	日出乙方正东偏南七度四十四分 日入庚方正西偏南七度四十四分
春分　秋分	日出正东卯方 日入正西酉方
清明　白露	日出甲方正东偏北七度四十四分 日入辛方正西偏北七度四十四分
谷雨　处暑	日出甲方正东偏北十五度三分 日入辛方正西偏北十五度三分
立夏　立秋	日出甲方正东偏北二十一度三十三分 日入辛方正西偏北二十一度三十三分
小满　大暑	日出寅方正东偏北二十六度四十五分 日入戌方正西偏北二十六度四十五分
芒种　小暑	日出寅方正东偏北三十度八分 日入戌方正西偏北三十度八分
夏至	日出寅方正东偏北三十一度十八分 日入戌方正西偏北三十一度十八分

朦影限

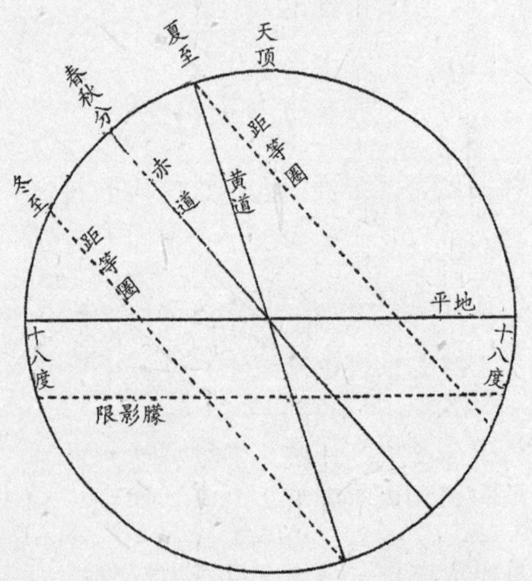

朦影者，古所谓晨、昏分也。太阳未出之先、已入之后距地平下一十八度皆有光，故以十八度为朦影限。然十八度同也，而时刻则随时、随地不同。随时不同者，天度使然也。盖十八度者大圈之度也，赤道亦为大圈，其度阔。自赤道而南、北皆距等圈，其度狭。近二分者以阔度当阔度，故刻分少；近二至者，以狭度当阔度，故刻分多也。随地不同者，地南则赤道距天顶近，太阳正升正降，其度径；地北则赤道距天顶远，太阳斜升斜降，其度纡。故愈北则朦影之刻分愈多，愈南则朦影之刻分愈少也。若夫北极出地四十八度半以上，则夏至之夜半犹有光，愈北则愈不夜矣。南至赤道下则二分之刻分极少，而二至之刻分相等。赤道以南反是。详《考成》上编。今按京师北极出地三十九度五十五分，推得各节气朦影刻分如下：

冬至	六刻十二分
小寒　大雪	六刻十二分
大寒　小雪	六刻十分
立春　立冬	六刻七分
雨水　霜降	六刻五分
惊蛰　寒露	六刻四分
春分　秋分	六刻五分
清明　白露	六刻八分
谷雨　处暑	六刻十三分
立夏　立秋	七刻五分
小满　大暑	七刻十三分
芒种　小暑	八刻五分
夏至	八刻九分

钦定协纪辨方书卷十三

公规二

更漏中星

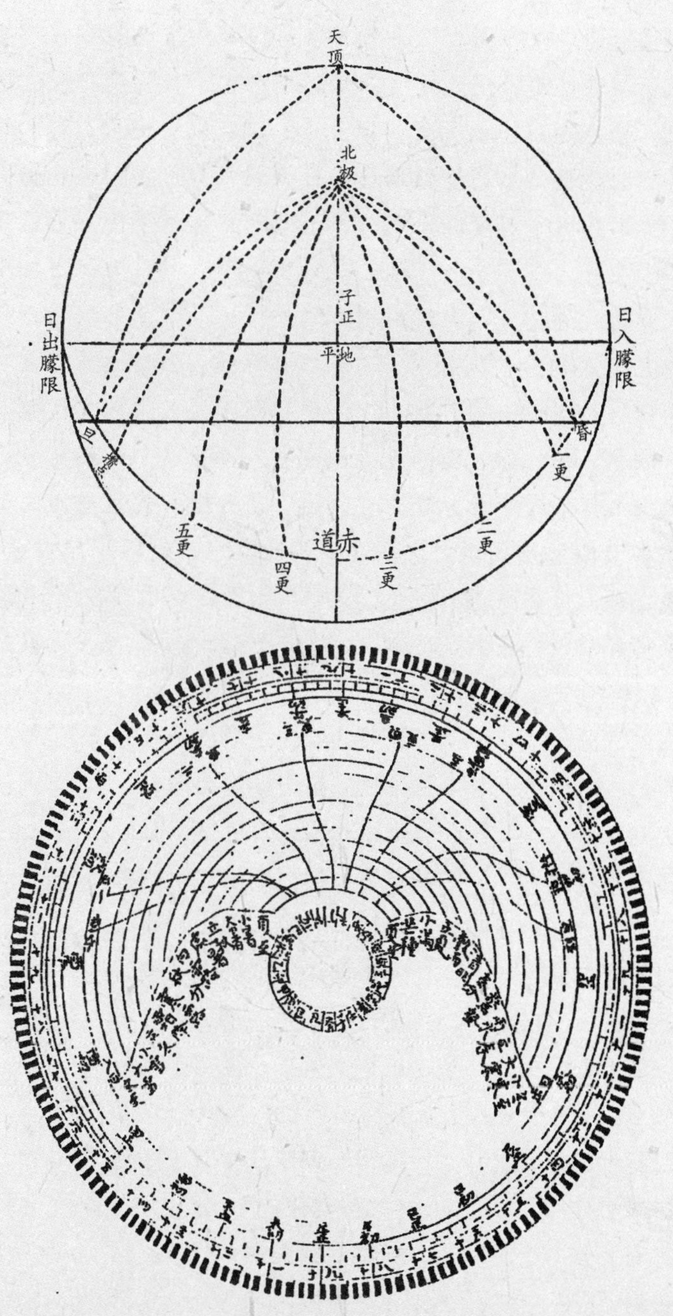

星鸟、星火肇于《虞书》，昏中、旦中详于《月令》，中星之来尚矣。《周礼》："司寤氏掌夜时以星分夜。"《汉仪》"昼漏尽，夜漏起。省中黄门持五夜，又名五更。"此更漏中星所由昉也。然古今更点之制，亦微有不同。元《授时》之法于日入后、日出前减去晨、昏分各二刻半，余为夜时，分为五更，每更又分为五点，于初更三点时起更，五更三点时攒点。今台官相传之法，则于日入后八刻起更，日出前九刻攒点，计起更至攒点共若干时刻，五分之以为五更。日出前减朦影刻分为旦刻，日入后加朦影刻分为昏刻。如第一图举春秋分为例：外大圜，地平经圈也。内半圜，地平下赤道也。中直线，子午圈也。二横线，上为地平纬圈，下则朦影限、地平、距等圈也。与赤道交于昏旦，自天顶至昏旦作经圈，其地平下为十八度，与大圈朦影限度等。自北极至昏旦作经圈，其所截昏旦距日出入之度即朦影刻分也。日入至日出计四十八刻，减一更距日入后八刻，攒点距日出前九刻，余三十一刻。以五分之，得六刻三分。自一更递加之，即得各更时刻也。如以度数而论，日入后八刻起更，在赤道为三十度；日出前九刻攒点，在赤道为三十三度四十五分。于地平下赤道半周一百八十度内减之，余一百一十六度一十五分。以五分之，得二十三度一十五分，为每更相距赤道度。每一度当时之四分，亦得六刻三分，为每更相距时刻也。第二图外层三百六十度地平经度也，次内十二时九十六刻地平刻分也。时刻之在赤道，其度常均；而在地平，则阔狭不等。其法为半径与时刻距午赤道度切线之比，同于北极出地之正弦与日影距午地平经度切线之比。故子、午、卯、酉四正之位不移，而子、午前后则狭，卯、酉前后则阔也。次内圆者为节气，线曲者为节气时刻线。盖日出入昏旦更点时刻各节不同，自中心对各时刻于各节圈上作点识之，联之必成曲线也。最内一层对地平二十四方位，以明此图即晷表之理。日在南则影在北、日在东则影在西也。夜无日影，以昼例夜也。今依其法推得京师各节气昏旦更点时刻、中星著于篇。星图、《步天歌》并附于后。

春分戌宫初度

昏刻戌初二刻五分	北河三偏西一度二十分
一更戌正初刻	鬼宿一偏东四度十四分
二更亥初二刻三分	张宿一偏东一度三十分
三更子初初刻六分	翼宿一偏西四度三十八分
四更子正二刻九分	角宿一偏东八度十分
五更丑正初刻十二分	大角偏西一度五十七分
攒点寅初三刻	房宿一偏西二十一分
旦刻寅正一刻十分	尾宿一偏东一度二十五分

戌宫五度

昏刻戌初二刻十三分	鬼宿一偏东三度五十四分
一更戌正初刻七分	柳宿一偏西十九分
二更亥初二刻七分	轩辕十四偏西十分
三更子初初刻七分	五帝座偏东二度三十八分

四更子正二刻八分	角宿一偏东三度五十分
五更丑正初刻八分	氐宿一偏东二度三十七分
攒点寅初二刻八分	心宿一偏东二度十六分
旦刻寅正一刻二分	尾宿一偏西一度十分

戌宫十度

昏刻戌初三刻五分	柳宿一偏西四十分
一更戌正初刻十三分	星宿一偏东六度二十分
二更亥初二刻十一分	轩辕十四偏西五度四十六分
三更子初初刻九分	五帝座偏西二度二十八分
四更子正二刻六分	角宿一偏西十六分
五更丑正初刻四分	氐宿一偏西五十九分
攒点寅初三刻二分	心宿一偏西五十分
旦刻寅正初刻十分	尾宿一偏西四度一分

清明戌宫十五度

昏刻戌初三刻十三分	星宿一偏东五度二十八分
一更戌正一刻五分	星宿一偏西二分
二更亥初三刻	翼宿一偏东一度四十九分
三更子初初刻十分	轸宿一偏西三十六分
四更子正二刻五分	角宿一偏西四度三十八分
五更丑正初刻	氐宿四偏东二度
攒点寅初一刻十分	尾宿一偏东二度三十七分
旦刻寅正初刻二分	帝座偏东二度十二分

戌宫二十度

昏刻戌正初刻六分	星宿一偏西一度十一分
一更戌正一刻十一分	张宿一偏西十二分
二更亥初三刻四分	翼宿一偏西三度五十分
三更子初初刻十一分	轸宿一偏西五度三十分
四更子正二刻四分	亢宿一偏东二度四十八分
五更丑初三刻十一分	氐宿四偏西一度三十九分
攒点寅初一刻四分	尾宿一偏西三十二分
旦刻寅初三刻九分	帝座偏西二十七分

戌宫二十五度

昏刻戌正一刻	轩辕十四偏东一度四十六分
一更戌正二刻三分	轩辕十四偏西二度四十四分
二更亥初三刻八分	五帝座偏东二度三十四分
三更子初初刻十三分	角宿一偏东六度三十一分

四更子正二刻二分　大角偏西六分
五更丑初三刻七分　贯索一偏西十二分
攒点寅初初刻十二分　尾宿一偏西三度二十九分
旦刻寅初三刻　帝座偏西二度五十四分

谷雨酉宫初度

昏刻戌正一刻七分　轩辕十四偏西四度四十四分
一更戌正二刻九分　翼宿一偏东四度十三分
二更亥初三刻十一分　五帝座偏西二度五十六分
三更子初初刻十四分　角宿一偏东一度三十一分
四更子正二刻一分　氐宿一偏东三度三十三分
五更丑初三刻四分　房宿一偏东四十五分
攒点寅初初刻六分　帝座偏东二度六分
旦刻寅初二刻八分　箕宿一偏东四度三十一分

酉宫五度

昏刻戌正二刻　翼宿一偏东一度四十分
一更戌正三刻　翼宿一偏西二度五分
二更亥正初刻　轸宿一偏西二度
三更子初一刻　角宿一偏西三度三十二分
四更子正二刻　氐宿一偏西一度
五更丑初三刻　心宿一偏东二度二十四分
攒点寅初初刻　帝座偏西一度十二分
旦刻寅初二刻　箕宿一偏东一度四十三分

酉宫十度

昏刻戌正二刻八分　翼宿一偏西五度十二分
一更戌正三刻六分　五帝座偏东三度三十九分
二更亥正初刻四分　轸宿一偏西七度五十二分
三更子初一刻一分　亢宿一偏东三度十一分
四更子正一刻十四分　氐宿四偏东五十九分
五更丑初二刻十一分　心宿一偏西一度二十八分
攒点丑正三刻九分　帝座偏西四度三十四分
旦刻寅初一刻七分　箕宿一偏西一度九分

立夏酉宫十五度

昏刻戌正三刻二分　五帝座偏西十八分
一更戌正三刻十二分　帝座偏西二度四十八分
二更亥正初刻七分　角宿一偏东三度三十九分
三更子初一刻二分　大角偏西四十三分

四更子正一刻十三分	贯索一偏东一度二十六分
五更丑初二刻八分	尾宿一偏东三十九分
攒点丑正三刻三分	箕宿一偏东二度二十四分
旦刻寅初初刻十三分	箕宿一偏西三度五十一分

酉宫二十二度

昏刻戌正三刻十三分	轸宿一偏西三度二十二分
一更亥初初刻四分	轸宿一偏西四度五十二分
二更亥正初刻十一分	角宿一偏西四度二十四分
三更子初一刻四分	氐宿一偏西七分
四更子正一刻十一分	房宿一偏西十分
五更丑初二刻四分	帝座偏东三度二十六分
攒点丑正二刻十一分	箕宿一偏西二度五十四分
旦刻寅初初刻二分	织女一偏东一度四十三分

小满申宫初度

昏刻亥初初刻十分	角宿一偏东二度三十七分
一更亥初初刻十二分	角宿一偏东二度七分
二更亥正一刻一分	大角偏西四十五分
三更子初一刻五分	氐宿四偏西二度
四更子正一刻十分	心宿一偏西二度四十二分
五更丑初一刻十四分	帝座偏西三度三十三分
攒点丑正二刻三分	织女一偏东四十四分
旦刻丑正三刻五分	斗宿一偏西二度五十一分

申宫七度

昏刻亥初一刻四分	亢宿一偏东四度五十一分
一更亥初一刻二分	亢宿一偏东五度二十一分
二更亥正一刻四分	氐宿一偏西四十二分
三更子初一刻六分	房宿一偏东三十分
四更子正一刻九分	尾宿一偏西三度二十九分
五更丑初一刻十一分	箕宿一偏东十六分
攒点丑正一刻十三分	斗宿一偏西四度四十二分
旦刻丑正二刻十一分	斗宿一偏西七度五十七分

芒种申宫十五度

昏刻亥初一刻十二分	氐宿一偏东三度四十四分
一更亥初一刻七分	大角偏西三度十分
二更亥正一刻七分	贯索一偏东一度四十四分
三更子初一刻七分	心宿一偏西二度五十二分

四更子正一刻八分　帝座偏西二度五十八分
五更丑初一刻八分　织女一偏东二度十九分
攒点丑正一刻八分　河鼓二偏东五度四分
旦刻丑正二刻三分　河鼓二偏东二度三十四分

夏至未宫初度

昏刻亥初二刻四分　房宿一偏东二度二十四分
一更亥初一刻十分　贯索一偏西十八分
二更亥正一刻九分　尾宿一偏东一度四十分
三更子初一刻八分　帝座偏西四度十五分
四更子正一刻七分　织女一偏东一度十七分
五更丑初一刻六分　河鼓二偏东四度十七分
攒点丑正一刻五分　天津一偏西一偏四十三分
旦刻丑正一刻十一分　女宿一偏东一度五十八分

小暑未宫十五度

昏刻亥初一刻十二分　尾宿一偏西二十二分
一更亥初一刻七分　尾宿一偏东五十三分
二更亥正一刻七分　箕宿一偏东五度八分
三更子初一刻七分　斗宿一偏西二十分
四更子正一刻八分　河鼓二偏东二度三十分
五更丑初一刻八分　女宿一偏东一度二十六分
攒点丑正一刻八分　虚宿一偏西二度三十九分
旦刻丑正二刻三分　危宿一偏东三度三十九分

未宫二十三度

昏刻亥初一刻四分　帝座偏东一度五十四分
一更亥初一刻二分　帝座偏东二度二十四分
二更亥正一刻四分　箕宿一偏西二度四十一分
三更子初一刻六分　斗宿一偏东四十九分
四更子正一刻九分　牛宿一偏东四十九分
五更丑初一刻十一分　虚宿一偏东三度二分
攒点丑正一刻十三分　危宿一偏西三度四十分
旦刻丑正二刻十一分　北落师门偏东五度三十八分

大暑午宫初度

昏刻亥初初刻十分　帝座偏西三度十二分
一更亥初初刻十二分　帝座偏西三度四十二分
二更亥正一刻一分　织女一偏东三十五分
三更子初一刻五分　河鼓二偏东二度二十分

四更子正一刻十分	女宿一偏东一分
五更丑初一刻十四分	危宿一偏东三度四十四分
攒点丑正二刻三分	北落师门偏东十七分
旦刻丑正三刻五分	室宿一偏西一度四十二分
午宫八度	
昏刻戌正三刻十三分	箕宿一偏东一度五十九分
一更亥初初刻四分	箕宿一偏东二十九分
二更亥正初刻十一分	斗宿一偏西五度四十四分
三更子初一刻四分	牛宿一偏东一度二十九分
四更子正一刻十一分	虚宿一偏东二度二十七分
五更丑初二刻四分	危宿一偏西五度四十五分
攒点丑正二刻十一分	室宿一偏西七度四十一分
旦刻寅初初刻二分	壁宿一偏东四度六分
立秋午宫十五度	
昏刻戌正三刻二分	箕宿一偏西二度十九分
一更戌正三刻十二分	箕宿一偏西四度四十九分
二更亥正初刻七分	河鼓二偏东五度十八分
三更子初一刻二分	女宿一偏东一度四十四分
四更子正一刻十三分	危宿一偏东三度四十二分
五更丑初二刻八分	室宿一偏东一度一分
攒点丑正三刻三分	壁宿一偏东三十三分
旦刻寅初初刻十三分	土司空偏东一度五十四分
午宫二十度	
昏刻戌正二刻八分	织女一偏东四度五十一分
一更戌正三刻六分	织女一偏东一度三十六分
二更亥正初刻四分	河鼓二偏东一度六分
三更子初一刻一分	女宿一偏西二度五十八分
四更子正一刻十四分	危宿一偏西一度三十分
五更丑初二刻十一分	室宿一偏西四度四十一分
攒点丑正三刻九分	土司空偏东一度四十二分
旦刻寅初一刻七分	奎宿一偏西二度一分
午宫二十五度	
昏刻戌正二刻	织女一偏东一度五十九分
一更戌正三刻	斗宿一偏西一度六分
二更亥正初刻	河鼓一偏西一度三十八分
三更子初一刻	虚宿一偏东三度二十分

四更子正二刻　北落师门偏东五度五十六分
五更丑初三刻　壁宿一偏东六度二十九分
攒点寅初初刻　奎宿一偏西一度二十二分
旦刻寅初二刻　娄宿一偏东五度十七分

处暑巳宫初度

昏刻戌正一刻七分　斗宿一偏西九分
一更戌正二刻九分　斗宿一偏西四度二十四分
二更亥初三刻十一分　牛宿一偏东三十四分
三更子初初刻十四分　虚宿一偏西一度十三分
四更子正二刻一分　北落师门偏东五十三分
五更丑初三刻四分　壁宿一偏东四十一分
攒点寅初初刻八分　娄宿一偏东六度二十九分
旦刻寅初二刻八分　娄宿一偏西一度三十一分

巳宫五度

昏刻戌正一刻　斗宿一偏西三度九分
一更戌正二刻三分　斗宿一偏西七度三十九分
二更亥初三刻八分　天津一偏西一度四十九分
三更子初初刻十三分　危宿一偏东三度五分
四更子正二刻二分　室宿一偏西一度五十一分
五更丑初三刻七分　土司空偏东二度四十七分
攒点寅初初刻十二分　娄宿一偏东十四分
旦刻寅初三刻　胃宿一偏东四度一分

巳宫十度

昏刻戌正初刻六分　斗宿一偏西五度三十六分
一更戌正一刻十一分　河鼓二偏东六度二十九分
二更亥初三刻四分　女宿一偏西二十分
三更子初初刻十一分　危宿一偏西一度七分
四更子正二刻四分　室宿一偏西七度三分
五更丑初三刻十一分　奎宿一偏东二十三分
攒点寅初一刻四分　胃宿一偏东五度四十九分
旦刻寅初三刻九分　天囷一偏东二度十二分

白露巳宫十五度

昏刻戌初三刻十三分　斗宿一偏西八度十五分
一更戌正一刻五分　河鼓二偏东三度二十分
二更亥初三刻　女宿一偏西三度五十九分
三更子初初刻十分　危宿一偏西五度三十一分

四更子正二刻五分 壁宿一偏东五度五分

五更丑正初刻 奎宿一偏西五度十六分

攒点寅初一刻十分 胃宿一偏西二十分

旦刻寅正初刻二分 天囷一偏西四度二十七分

巳宫二十度

昏刻戌初三刻五分 河鼓二偏东六度十三分

一更戌正初刻十三分 河鼓二偏东二十八分

二更亥初二刻十一分 虚宿一偏东三度十九分

三更子初初刻九分 北落师门偏东二度四十分

四更子正二刻六分 壁宿一偏东十三分

五更丑正初刻四分 娄宿一偏东三度十六分

攒点寅初二刻二分 天囷一偏西一度三十四分

旦刻寅正初刻十分 昴宿一偏西一度八分

巳宫二十五度

昏刻戌初二刻十三分 河鼓二偏东三度二十二分

一更戌正初刻七分 河鼓一偏西一度三十分

二更亥初二刻七分 虚宿一偏西十七分

三更子初初刻七分 室宿一偏东五十分

四更子正二刻八分 土司空偏东二度四十三分

五更丑正初刻八分 娄宿一偏西二度二十分

攒点寅初二刻八分 昴宿一偏东二度十六分

旦刻寅正一刻二分 毕宿一偏东三度四十四分

秋分辰宫初度

昏刻戌初二刻五分 河鼓二偏东四十七分

一更戌正初刻 牛宿一偏东一度四十分

二更亥初二刻三分 虚宿一偏西三度五十二分

三更子初初刻六分 室宿一偏西三度三十分

四更子正二刻九分 奎宿一偏东一度十一分

五更丑正初刻十二分 胃宿一偏东四度七分

攒点寅初三刻 昴宿一偏西四度四分

旦刻寅正一刻十分 毕宿一偏西二度五十一分

辰宫五度

昏刻戌初一刻十三分 河鼓一偏西五十五分

一更戌初三刻八分 天津一偏东二十七分

二更亥初一刻十四分 危宿一偏东一度二十一分

三更子初初刻五分 室宿一偏西七度五十分

四更子正二刻十分　　奎宿一偏西三度三十九分
五更丑正一刻一分　　胃宿一偏西一度二十八分
攒点寅初三刻七分　　毕宿一偏东四十九分
旦刻寅正二刻二分　　五车二偏东一度四十九分

辰宫十度

昏刻戌初一刻六分　　牛宿一偏东二度十四分
一更戌初三刻二分　　女宿一偏东二度三十二分
二更亥初一刻十分　　危宿一偏西二度十五分
三更子初初刻三分　　壁宿一偏东五度六分
四更子正二刻十二分　　娄宿一偏东五度二十四分
五更丑正一刻五分　　天囷一偏西一度五十六分
攒点寅初三刻十三分　　毕宿一偏西五度十七分
旦刻寅正二刻九分　　参宿一偏东五十分

寒露辰宫十五度

昏刻戌初初刻十四分　　牛宿一偏西三十八分
一更戌初二刻十分　　女宿一偏西二十分
二更亥初一刻六分　　危宿一偏西五度五十二分
三更子初初刻二分　　壁宿一偏东四十四分
四更子正二刻十三分　　娄宿一偏东三十二分
五更丑正一刻九分　　昴宿一偏东二度二十三分
攒点寅正初到五分　　参宿七偏东三十二分
旦刻寅正三刻一分　　参宿四偏东二分

辰宫二十度

昏刻戌初初刻八分　　天津一偏西二度十分
一更戌初二刻四分　　女宿一偏西三度二十九分
二更亥初一刻二分　　北落师门偏东三度二分
三更子初初刻一分　　壁宿一偏西三度四十分
四更子正二刻十四分　　娄宿一偏西四度二十二分
五更丑正一刻十三分　　昴宿一偏西三度十六分
攒点寅正初刻十一分　　觜宿一偏西五十三分
旦刻寅正三刻七分　　井宿一偏东二十五分

辰宫二十五度

昏刻戌初初刻二分　　女宿一偏西十一分
一更戌初一刻十二分　　虚宿一偏东四度二十九分
二更亥初初刻十三分　　室宿一偏东三十六分
三更亥正三刻十四分　　土司空偏西十六分

四更子正三刻一分	胃宿一偏西二度二十八分
五更丑正二刻二分	毕宿一偏东二度十五分
攒点寅正一刻三分	参宿四偏西二度十九分
旦刻寅正三刻十三分	天狼偏东五十分

霜降卯宫初度

昏刻酉正三刻十一分	女宿一偏西三度二十六分
一更戌初一刻六分	虚宿一偏东一度十四分
二更亥初初刻十分	室宿一偏西二度二十四分
三更亥正三刻十三分	奎宿一偏西一度二十八分
四更子正三刻二分	胃宿一偏西二度三十二分
五更丑正二刻五分	毕宿一偏西三度十五分
攒点寅正一刻九分	井宿一偏西二度二分
旦刻卯初初刻四分	天狼偏西五度二十五分

卯宫五度

昏刻酉正三刻六分	虚宿一偏东三度五十六分
一更戌初一刻	虚宿一偏西二度四分
二更亥初初刻六分	室宿一偏西六度十二分
三更亥正三刻十二分	奎宿一偏西六度一分
四更子正三刻三分	天囷一偏西二度二十七分
五更丑正二刻九分	五车二偏东一度五十七分
攒点寅正二刻	天狼偏西一度四十三分
旦刻卯初初刻九分	南河三偏东一度三十三分

卯宫十度

昏刻酉正三刻	虚宫一偏东三十四分
一更戌初初刻九分	危宿一偏东三度二十二分
二更亥初初刻二分	壁宿一偏东六度五十八分
三更亥正三刻十一分	娄宿一偏东三度三十一分
四更子正三刻四分	昴宿一偏东二度二十二分
五更丑正二刻十三分	参宿一偏东一度二十七分
攒点寅正二刻六分	南河三偏东四度五十六分
旦刻卯初一刻	北河三偏西三度五十四分

立冬卯宫十四度

昏刻酉正二刻十分	虚宿一偏西三度八分
一更戌初初刻三分	危宿一偏西五分
二更戌正三刻十四分	壁宿一偏东二度四十六分
三更亥正三刻十分	娄宿一偏西一度十一分

四更子正三刻五分　昴宿一偏西二度五十分
五更丑正三刻一分　参宿四偏东一度十九分
攒点寅正二刻十二分　北河三偏西三十六分
旦刻卯初一刻五分　鬼宿一偏东一度四十三分

卯宫二十二度

昏刻酉正二刻五分　危宿一偏西八分
一更酉正三刻十一分　危宿一偏西五度二十三分
二更戌正三刻十分　壁宿一偏西三度十七分
三更亥正三刻八分　胃宿一偏东四度十八分
四更子正三刻七分　毕宿一偏东五十分
五更丑正三刻五分　井宿一偏四十二分
攒点寅正三刻四分　鬼宿一偏东二度二十五分
旦刻卯初一刻十分　柳宿一偏西四度四十八分

小雪寅宫初度

昏刻酉正一刻十三分　北落师门偏东五度五十六分
一更酉正三刻三分　北落师门偏东五十六分
二更戌正三刻五分　奎宿一偏东三十八分
三更亥正三刻七分　天囷一偏东一度二十七分
四更子正三刻八分　五车二偏东三度二十一分
五更丑正三刻十分　天狼偏西三度四分
攒点寅正三刻十二分　柳宿一偏西六度二分
旦刻卯初二刻二分　星宿一偏西二度二分

寅宫七度

昏刻酉正一刻九分　北落师门偏西二十五分
一更酉正二刻十三分　室宿一偏西二度五十四分
二更戌正三刻二分　奎宿一偏西五度五十八分
三更亥正三刻六分　昴宿一偏东四度十七分
四更子正三刻九分　参宿一偏东一度七分
五更丑正三刻十三分　南河三偏东一度五十一分
攒点卯初初刻二分　星宿一偏西一度五十三分
旦刻卯初二刻六分　轩辕十四偏西二十九分

大雪寅宫十五度

昏刻酉正一刻五分　室宿一偏西五度四十三分
一更酉正二刻八分　壁宿一偏东六度四十九分
二更戌正二刻十四分　娄宿一偏东二十二分
三更亥正三刻五分　昴宿一偏西四度二分

四更子正三刻十分	参宿四偏西二度八分
五更寅初初刻一分	鬼宿一偏东五度十六分
攒点卯初初刻七分	轩辕十四偏西一度四十八分
旦刻卯初二刻十分	翼宿一偏东三度九分

冬至丑宫初度

昏刻酉正一刻二分	土司空偏东三度二十三分
一更酉正二刻五分	土司空偏西一度七分
二更戌正二刻十二分	天囷一偏东一度四十五分
三更亥正三刻四分	五车二偏东二度九分
四更子正三刻十一分	天狼偏西五度三十一分
五更寅初初刻三分	星宿一偏东三度一分
攒点卯初初刻十分	翼宿一偏西五度三十八分
旦刻卯初二刻十三分	五帝座偏西一度四十七分

小寒丑宫十五度

昏刻酉正一刻五分	娄宿一偏东三度四十八分
一更酉正二刻八分	娄宿一偏西四十二分
二更戌正二刻十四分	昴宿一偏西五度六分
三更亥正三刻五分	井宿一偏东三度五分
四更子正三刻十分	鬼宿一偏东四度十二分
五更寅初初刻一分	轩辕十四偏西二度五十二分
攒点卯初初刻七分	轸宿一偏西二度二十分
旦刻卯初二刻十分	角宿一偏东六度三十八分

丑宫二十三度

昏刻酉正一刻九分	娄宿一偏西五度四十六分
一更酉正二刻十三分	胃宿一偏东一度三十一分
二更戌正三刻二分	毕宿一偏西三度十二分
三更亥正三刻六分	天狼偏东五十三分
四更子正三刻九分	柳宿一偏西二度二十分
五更丑正三刻十三分	翼宿一偏东二度三十一分
攒点卯初初刻二分	角宿一偏东七度三十四分
旦刻卯初二刻六分	角宿一偏西五十六分

大寒子宫初度

昏刻酉正一刻十三分	胃宿一偏西二度五分
一更酉正三刻二分	天囷一偏西一度五十七分
二更戌正三刻五分	五车二偏西十八分
三更亥正三刻七分	南河三偏东六度十八分

四更子正三刻八分　星宿一偏东三度十九分
五更丑正三刻十分　翼宿一偏西四度五分
攒点寅正三刻十二分　角宿一偏东一度二十八分
旦刻卯初二刻二分　亢宿一偏东四度三十三分

子宫八度

昏刻酉正二刻五分　昴宿一偏东三度
一更酉正三刻十一分　昴宿一偏西二度十五分
二更戌正三刻十分　参宿四偏东一度九分
三更亥正三刻八分　北河三偏西一度十六分
四更子正三刻七分　张宿一偏东一度十九分
五更丑正三刻五分　五帝座偏东一度二分
攒点寅正三刻四分　角宿一偏西四度四十六分
旦刻卯初一刻十分　大角偏西三十八分

立春子宫十五度

昏刻酉正二刻十分　昴宿一偏西五度十八分
一更戌初初刻三分　毕宿一偏东十分
二更戌正三刻十四分　井宿一偏西二十二分
三更亥正三刻十分　鬼宿一偏东三度
四更子正三刻五分　轩辕十四偏西一度十九分
五更丑正三刻一分　轸宿四偏东一度四十三分
攒点寅正二刻十二分　亢宿一偏东一度四十六分
旦刻卯初一刻五分　氐宿一偏东一度四十三分

子宫二十度

昏刻酉正三刻　毕宿一偏西十七分
一更戌初初刻九分　五车二偏东四度四十三分
二更亥初初刻二分　天狼偏东三十三分
三更亥正三刻十一分　柳宿一偏西二十五分
四更子正三刻四分　轩辕十四偏西六度一分
五更丑正二刻十三分　轸宿一偏西二度二十九分
攒点寅正二刻六分　大角偏西二十三分
旦刻卯初一刻　氐宿一偏西一度五十九分

子宫二十五度

昏刻酉正三刻六分　五车二偏东四度二十一分
一更戌初一刻　参宿七偏西二十八分
二更亥初初刻六分　天狼偏西五度十九分
三更亥正三刻十二分　柳宿一偏西五度三十二分

四更子正三刻三分　翼宿一偏东二度三十四分

五更丑正二刻九分　轸宿一偏西六度二十一分

攒点寅正二刻　大角偏西三度四十五分

旦刻卯初初刻九分　氐宿四偏东一度十五分

雨水亥宫初度

昏刻酉正三刻十一分　参宿七偏西三十一分

一更戌初一刻六分　觜宿一偏西二度二分

二更亥初初刻十分　南河三偏东一度五十四分

三更亥正三刻十三分　星宿一偏东二度十分

四更子正三刻二分　翼宿一偏西一度五十九分

五更丑正二刻五分　角宿一偏东七度四分

攒点寅正一刻九分　氐宿一偏东一度六分

旦刻卯初初刻四分　氐宿四偏四二度十八分

亥宫五度

昏刻戌初初刻二分　觜宿一偏西二度二分

一更戌初一刻十二分　井宿一偏东三度十六分

二更亥初初刻十三分　北河三偏西二度四十一分

三更亥正三刻十四分　星宿一偏西二度五十分

四更子正三刻一分　五帝座偏东五度三十七分

五更丑正二刻二分　角宿一偏东三度四分

攒点寅正一刻三分　氐宿一偏西二度九分

旦刻寅正三刻十三分　贯索一偏西二十四分

亥宫十度

昏刻戌初初刻八分　参宿四偏西三度十三分

一更戌初二刻四分　井宿一偏西三度十一分

二更亥初一刻二分　鬼宿一偏东三度二十六分

三更子初初刻一分　轩辕十四偏东一度五十二分

四更子正二刻十四分　五帝座偏东一度二十五分

五更丑正一刻十三分　角宿一偏西三十八分

攒点寅正初刻十一分　氐宿四偏东一度三十分

旦刻寅正三刻七分　房宿一偏东一度二十一分

惊蛰亥宫十五度

昏刻戌初初刻十四分　井宿一偏西二度五十分

一更戌初二刻十分　天狼偏西二度四十三分

二更亥初一刻六分　柳宿一偏西二十六分

三更子初初刻二分　轩辕十四偏西三度二分

四更子正二刻十三分	五帝座偏西二度五十九分
五更丑正一刻九分	角宿一偏西四度十七分
攒点寅正初刻五分	氐宿四偏西一度三十九分
旦刻寅正三刻一分	房宿一偏西一度四十八分

亥宫二十度

昏刻戌初一刻六分	天狼偏西二度三十五分
一更戌初三刻二分	南河三偏东三度五十六分
二更亥初一刻十分	柳宿一偏西六度三分
三更子初初刻三分	翼宿一偏东五度十八分
四更子正二刻十二分	轸宿一偏西三十七分
五更丑正一刻五分	亢宿一偏东三度五十六分
攒点寅初三刻十三分	贯索一偏东三十八分
旦刻寅正二刻九分	心宿一偏东四十七分

亥宫二十五度

昏刻戌初一刻十三分	南河三偏东四度五分
一更戌初三刻八分	北河三偏西一度十五分
二更亥初一刻十四分	星宿一偏东一度六分
三更子初初刻五分	翼宿一偏东十二分
四更子正二刻十分	轸宿一偏西四度四十三分
五更丑正一刻一分	亢宿一偏东二十分
攒点寅初三刻七分	贯索一偏西二度二十八分
旦刻寅正二刻二分	心宿一偏西二度四分

紫微垣

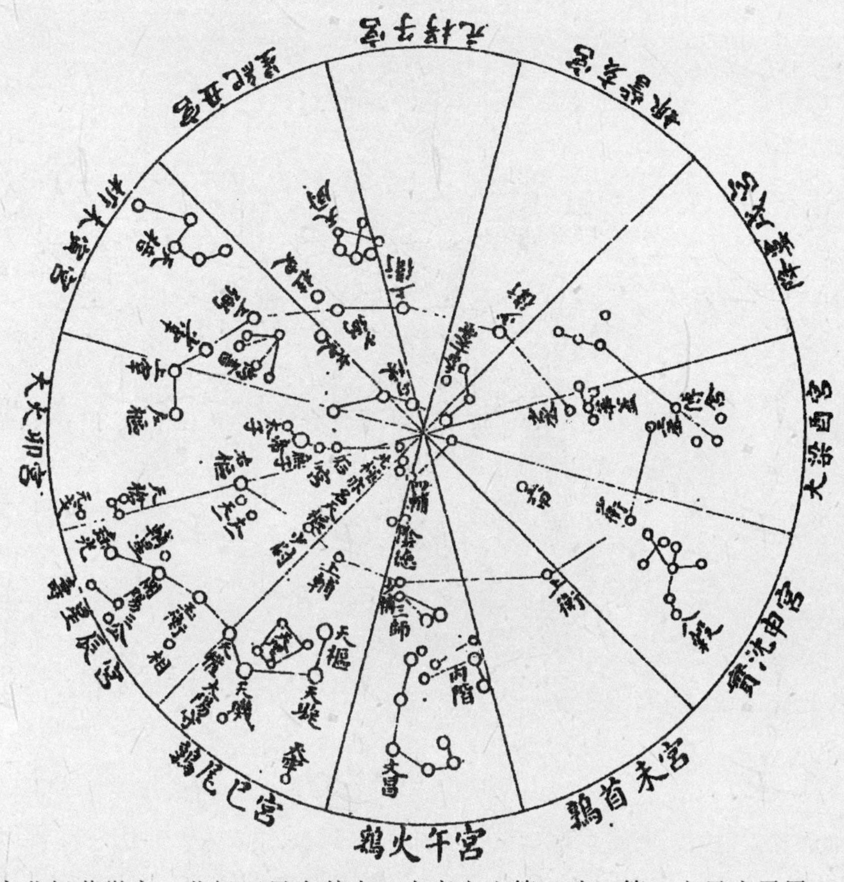

中宫北极紫微宫，北极五星在其中。大帝之坐第二珠，第三之星庶子居。

第一号曰为太子，四为后宫五天枢。左右四星是四辅，天一太一当门路。

左枢右枢夹南门，两面营卫一十五。上宰少尉两相对，少宰上辅次少辅。

上卫少卫次上丞，后门东边大赞府。门东唤作一少丞，以次却向前门数。

阴德门里两黄聚，尚书以次其位五。女史柱史各一户，御女四星五天柱。

大理两黄阴德边，勾陈尾指北极颠。勾陈六星六甲前，天皇独在勾陈里。

五帝内座后门是，华盖并杠十六星。杠作柄象华盖形，盖上连连九个星。

名曰传舍如连丁，垣外左右各六珠。右是内阶左天厨，阶前八星名八谷。

厨下五个天棓宿，天床六星左枢在。内厨两星右枢对，文昌斗上半月形。

稀疏分明六个星，文昌之下曰三师。太尊只向三公明，天牢六星太尊边。

太阳之守四势前，一个宰相太阳侧。更有三公相西偏，即是元戈一星圆。

天理四星斗里暗，辅星近着开阳淡。北斗之宿七星明，第一主帝名枢精。

第二第三璇玑星，第四名权第五衡。开阳摇光六七名，摇光左三天枪红。

按：《星经·步天歌》：五帝内座五星、内厨二星、势四星、杠八星、御女四星、天柱五星、大理二星、天床六星，今《仪象志》无。传舍九星，今八星。华盖八星，今四星。天牢六星，今一星。六甲六星，今一星。

太微垣[①]

界午巳辰三宫，占六十七度。

太微垣

上元天庭太微宫，昭昭列象布苍穹。端门只是门之中，左右执法门西东。

门左皂衣一谒者，以次即是乌三公。三黑九卿公背旁，五黑诸侯卿后行。

四个门西主轩屏，五帝内座于中正。幸臣太子并从官，乌列帝后从东定。

郎将虎贲居左右，常陈郎位居其后。常陈七星不相误，郎位陈东一十五。

两面宫垣十星布，左右执法是其数。宫外明堂布政宫，三个灵台候云雨。

少微四星西南隅，长垣双双微西居。北门西外接三台，与垣相对无兵灾。

按：《星经·步天歌》五诸侯五星，今《仪象志》无。郎位十五星，今十星。常陈七星，今三星。

① 下临翼轸角亢四宿。

天市垣[①]

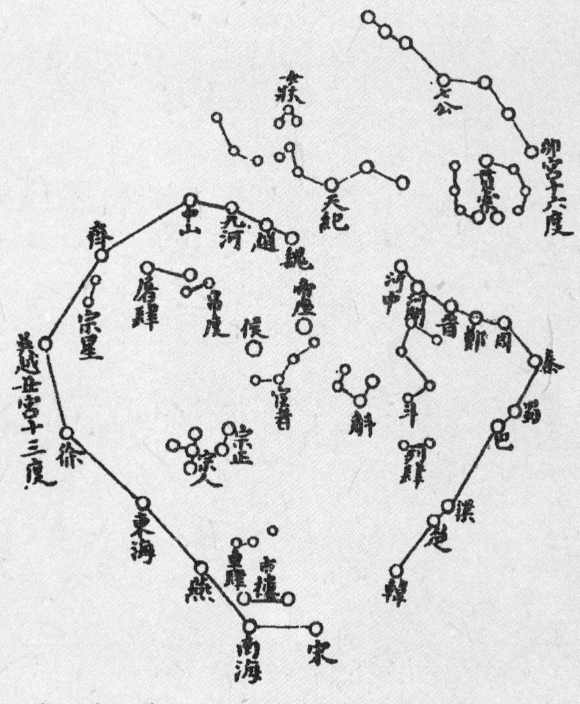

界卯寅丑三宫，占五十七度。

天市垣

下元一宫名天市，两扇垣墙二十二。当门六个黑市楼，门左两星是车肆。两个宗正四宗人，宗星一双亦依次。帛度两星屠肆前，侯星还在帝座边。帝座一星常光明，四个微芒宦者星。以次两星名列肆，斗斛帝前依其次。斗是五星斛是四，垣北九个贯索星。索口横着七公成，天纪恰似七公形。数着分明多两星，纪北三星名女床。此座还依织女旁，三元之相无相侵。二十八宿随其阴，水火木土并与金。以此别有五行吟。

按：《星经·步天歌》市楼六星，今三星。

① 下临房心尾箕四宿。

东方苍龙七宿

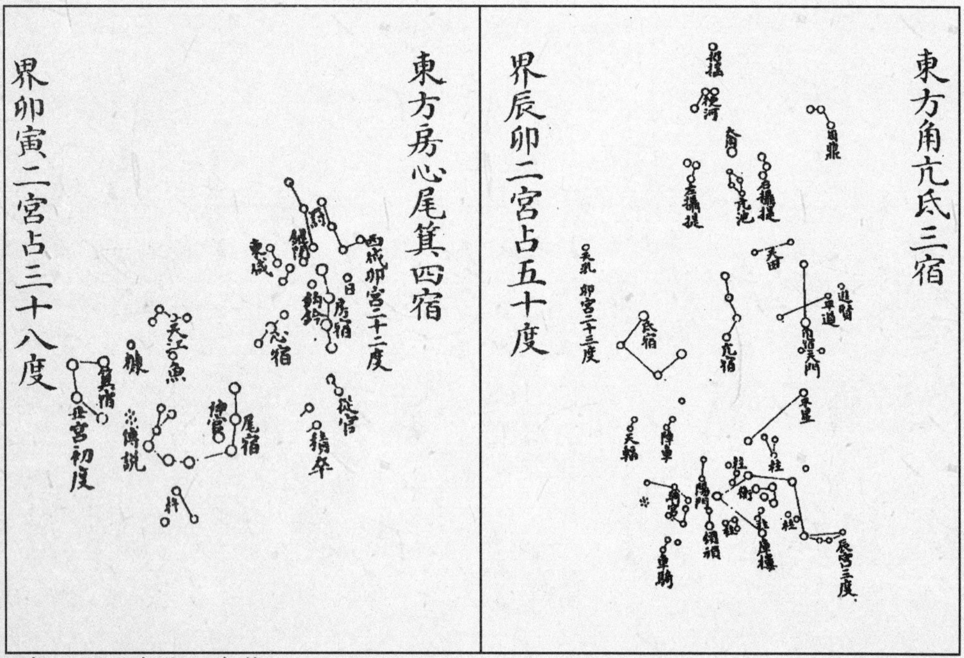

東方角亢氐三宿
界辰卯二宮占五十度

東方房心尾箕四宿
界卯寅二宮占三十八度

角　两星南北正直着

中有平道上天田，总是黑星两相连。别有一乌名进贤，平道右畔独渊然。

最上三星周鼎形，角下天门左平星。双双横于库楼上，库楼十星屈曲明。

楼中五柱十五星，三二相似如鼎形。其中四星别名衡，南门楼外两星横。

亢　四星恰似弯弓状

大角一星直上明，折威七子亢下横。大角左右摄提星，三三相似如鼎形。

折威下左顿顽星，两个斜安黄色精。顽下二星号阳门，色若顿顽直下存。

氐　四星似斗侧量米

天乳氐上黑一星，世人不识称无名。一个招摇梗河上，梗河横烈三星状。

帝席三黑河之西，亢池六星近摄提。氐下众星骑官出，骑官之众二十七。

三三相连十欠一，阵车氐下骑官次。骑官下三车骑位，天辐两星立阵旁。将军阵里镇威霜。

房　四星直下主明堂

键闭一黄斜向上，钩钤两个近其旁。罚有三星直键上，两咸夹罚似房状。

房西一星号为日，从官两星日下出。

心　三星中央色最深。

下头积卒共十二，三三相聚心下是。

尾　九星如钩苍龙尾

下头五点号龟星，尾上天江四横是。尾东一个名傅说，傅说东畔一鱼子。尾西一室是神宫，所以列在后妃中。

箕　四星形状似簸箕。

箕下三星名木杵，箕前一黑是糠皮。

按：《星经·步天歌》折威七星、帝席三星，今《仪象志》无。库楼十星，今九星。柱十五星，今十四星。亢池六星，今四星。骑官二十七星，今七星。积卒十二星，今二星。南门二星，骑阵将军一星，龟五星，在京师地平下，故不入图。

北方元武七宿

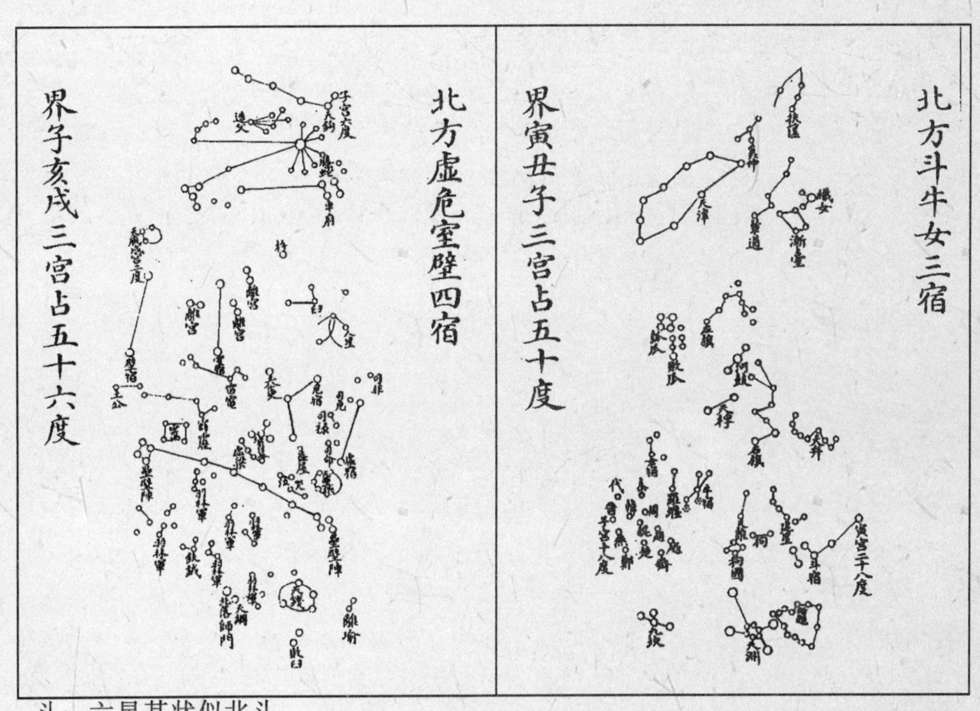

斗　六星其状似北斗

魁上建星三相对，天弁建上三二九。斗下圆安十四星，虽然名鳖贯索形。

天鸡建背双黑星，天籥柄前八黄精。狗国四方鸡下生，天渊十星鳖东边。

更有两狗斗魁前，农家丈人斗下眠，天渊十黄狗色元。

牛　六星近在河岸头

头上虽然有两角，腹下从来欠一脚。牛下九黑是天田，田下三三九坎连。

牛上直建三河鼓，鼓上三星号织女。左旗右旗各九星，河鼓两畔右边明。

更有四黄名天桴，河鼓直下如连珠，罗堰三乌牛东居。

渐台四星似口形，辇道东足连五丁。辇道渐台在何许？欲得见时近织女。

女　四星如箕主嫁娶。

十二诸国在下陈，先从越国向东论。东西两周次二秦，雍州南下双雁门。

代国向西一晋伸，韩魏各一晋北轮。楚之一国魏西屯，楚城南畔独燕军。

燕西一郡是齐邻，齐北两邑平原君。欲知郑在越下存，十六黄星细区分。

五个离珠女上星，败瓜珠上瓠瓜生。两个各五瓠瓜明，天津九个弹弓形。

两星入牛河中横，四个奚仲天津上，七个仲侧扶筐星。

虚　上下各一如连珠。

命禄危非虚上呈，虚危之下哭泣星。哭泣双双下垒城，天垒团圆十三星。

败臼四星城下横，臼西三个离瑜明。

危　三星不直旧先知。

危上五黑号人星，人畔三四杵臼形。人上七乌号车府，府上天钩九黄晶。

钩下五鸦字造父，危下四星号坟墓、墓下四星斜虚梁，十个天钱梁下黄。

墓旁两星能盖屋，身着黑衣危下宿。

室　两星上有离宫出。

绕室三双有六星，下头六个雷电形。垒壁阵次十二星，十二两头大似井。

阵下分布羽林军，四十五卒三为群。军西西下多难论，子细历历看区分。

三粒黄金名铁钺，一颗真珠北落门。门东八魁九个子，门西一宿天纲是。

电旁两黑土公吏，螣蛇室上二十二。

壁　两星下头是霹雳，霹雳五星横着行。

云雨之次曰四方，壁上天厩十圆黄。铁锧五星羽林旁，土公两黑壁下藏。

按：《星经·步天歌》：天籥八星，农丈人一星，天田九星，离珠五星，八魁九星，今《仪象志》无。鳖十四星，今十三星。右旗九星，今八星。九坎九星，今四星。天桴四星，今二星。罗堰三星，今二星。十二诸国十六星，今十二星。司危二星，今一星。天垒城十三星，今五星。离瑜三星，今二星。败臼四星，今二星。人星五星，今四星。杵三星，今一星。臼四星，今三星。天钩九星，今六星。扶筐七星，今四星。天钱十里，今九星。盖屋二星，今一星。羽林军四十五星，今二十三星。土公吏二星，今一星。螣蛇二十二星，今十八星。天厩十星，今三星。

西方白虎七宿

奎　腰细头尖似破鞋，一十六星绕鞋生。

外屏七乌奎下横，屏下七星天溷明。司空左畔土之精，奎上一宿军南门。

河中六个阁道形，附路一星道旁明。五个吐花王良星，良星近上一策明。

娄　三星不匀近一头。

左更右更乌夹娄，天仓六个娄下头。天庾三星仓东脚，娄上十一将军侯。

胃　三星鼎足河之次。

天廪胃下斜四星，天囷十三如乙形。河中八星名大陵，陵北九个天船名。

陵中积尸一个星，积水船中一黑精。

昴　七星一聚实不少，阿西月东各一星。阿下五黄天阴名，阴下六乌刍藁营。

营南十六天苑形，河中六星名卷舌。舌中黑点天谗星，砺石舌旁斜四丁。

毕　恰似爪义八星出。

附耳毕股一星光，天街两星毕背旁。天节耳下八乌幢，毕上横列六诸王。

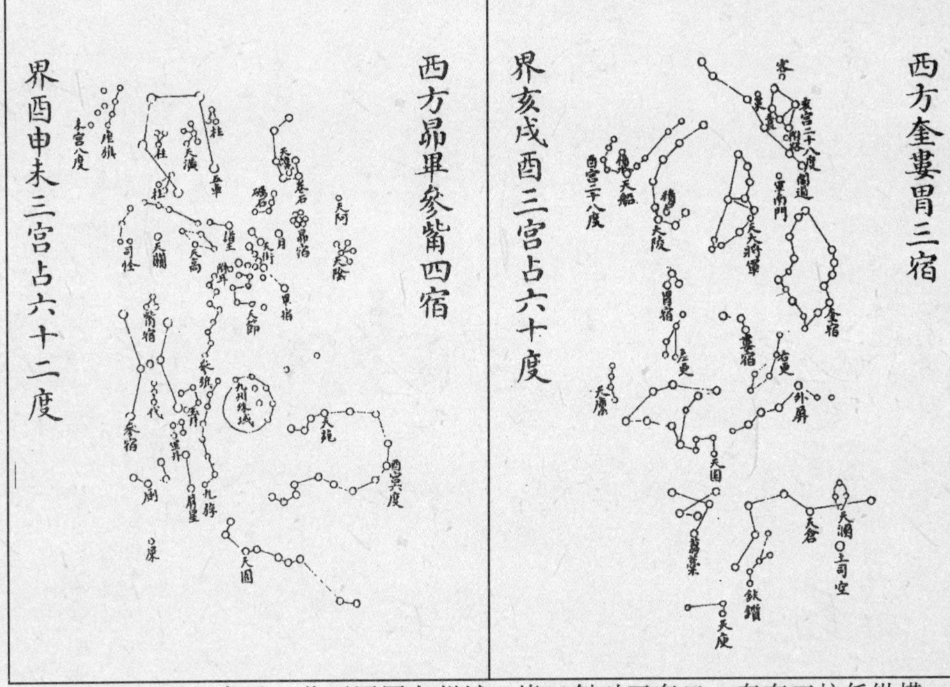

王下四皂天高星，节下团圆九州城。毕口斜对五车口，车有三柱任纵横。

车中五个天潢精，潢畔咸池三黑星。

天关一星车脚边。参旗九个参车间，旗下直建九斿连。斿下十三乌天园，九斿天园参脚边。

参　总是七星觜相侵，两肩双足三为心。伐有三星足里深，玉井四星右足阴。

屏星两扇井南襟，军井四星屏上吟。左足下四天厕临，厕下一物天屎沉。

觜　三星相近作参蕊。

觜上座旗直指天，尊卑之位九相连。司怪曲立座旗边，四鸦大近井钺前。

按：《星经·步天歌》咸池三星，今《仪象志》无。天溷七星，今四星。九斿九星，今八星。天园十三星，京师地平上只见九星。

南方朱雀七宿

井　八星横弄河中静。

一星名钺井边安，两河各三南北正。天 罇三星井上头， 罇上横列五诸侯。

侯上北河西积水，欲觅积薪东畔是。越下四星名水府，水位东边四星序。

四渎横列南河里，南河下头是军市。军市团圆十三星，中有一个野鸡精。

孙子丈人市下列，各立两星从东说。阙丘两星南河东，丘下一狼光逢茸。

左畔九个弯弧弓，一矢拟射顽狼胸。有个老人南极中，春秋出入寿无穷。

鬼　四星册方似木柜。

中央白者积尸气，鬼上四星是爟位。天狗七星鬼下是，外厨六间柳星次。

天社六星弧东倚，社东一星名天记。

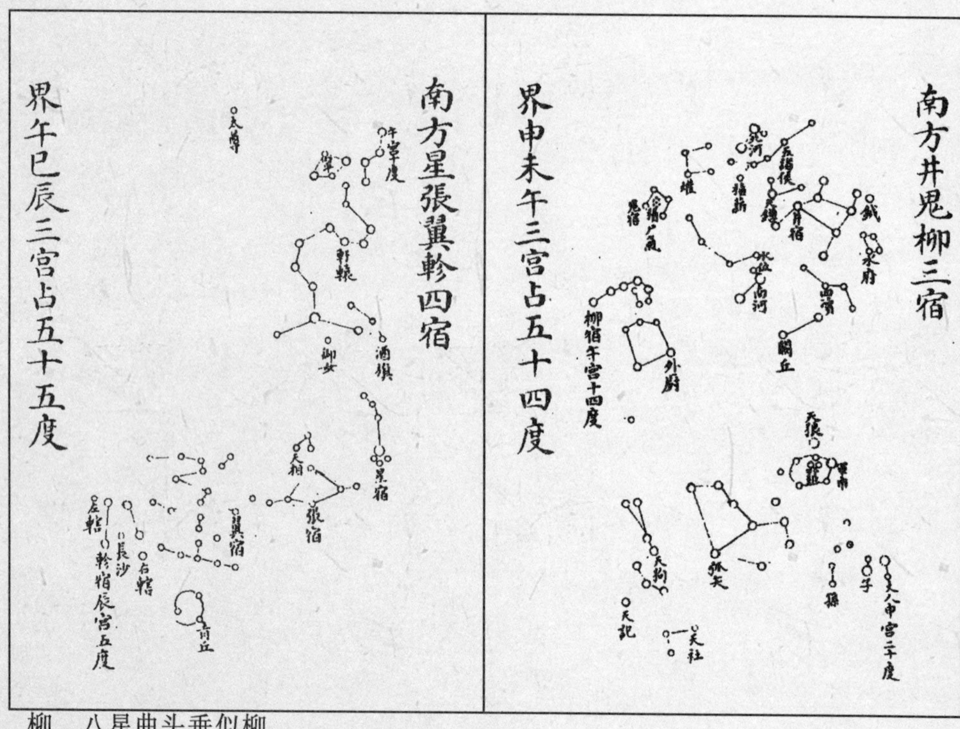

柳　八星曲头垂似柳。

近上三星号为酒，享宴大酺五星守。

星　七星如钩柳下生。

星上十七轩辕形，轩辕东头四内平。平下三个名天相，相下稷星横五灵。

张　六星似轸在星旁。

张下只是有天庙，十四之星册四方。

长垣少微虽向上，星数欹在太微旁，太尊一星直上黄。

翼　二十二星太难识。

上五下五横着行，中心六个恰似张。更有六星在何处，三三相连张畔附。

必若不能分处所，更请向前看野取。五个黑星翼下头，欲知名字是东瓯。

轸　四星似张翼相近，中央一个长沙子。左辖右辖附两星，军门两黄近翼是。

门西四个土司空，门东七乌青丘子。青丘之下名器府，器府之星三十二。

已上便是太微宫，黄道向上看取是。

按：《星经·步天歌》积水一星、天稷五星、天庙十四星、东瓯五星、土司空四星、军门二星、器府三十二星，今《仪象志》无。军市十三星，今十星。青丘七星，今三星。天社六星，京师地平上只见三星。老人星在京师地平下，故不入图。

钦定协纪辨方书卷十四

年表一

六十花甲周而复始，神煞随年转换。今逐年推排，分而列之。按年展视，了如指掌。作《年表》。

甲子至癸酉

太岁甲子[①]

<table>
<tr><td>开山立向修方吉</td><td colspan="5">岁德甲　岁德合己　岁支德巳
阳贵人未　阴贵人丑　岁禄寅
岁马寅　奏书乾　博士巽</td></tr>
<tr><td rowspan="3">三元紫白</td><td>上元</td><td>一白中</td><td>六白坎</td><td>八白震</td><td>九紫巽</td></tr>
<tr><td>中元</td><td>一白坤</td><td>六白兑</td><td>八白离</td><td>九紫坎</td></tr>
<tr><td>下元</td><td>一白艮</td><td>六白巽</td><td>八白乾</td><td>九紫兑</td></tr>
<tr><td>盖山黄道</td><td colspan="5">贪狼震庚亥未　巨门兑丁巳丑　武曲巽辛　文曲坤乙</td></tr>
<tr><td>通天窍</td><td colspan="5">三合前方艮寅　甲卯　乙辰　三合后方坤申　庚酉　辛戌　十二吉山宜申子辰寅午戌年月日时</td></tr>
<tr><td>走马六壬</td><td colspan="5">神后壬子　功曹艮寅　天罡乙辰
胜光丙午　传送坤申　河魁辛戌
十二吉山宜申子辰寅午戌年月日时</td></tr>
<tr><td>四利三元</td><td colspan="5">太阳丑　太阴卯　龙德未　福德酉</td></tr>
<tr><td>开山立向修方凶</td><td colspan="5">太岁子　岁破午　三煞巳午未
坐煞向煞丙丁壬癸　浮天空亡离壬</td></tr>
<tr><td>开山凶</td><td colspan="5">年克山家甲寅辰巽戌坎辛申丑癸坤庚未山
阴府太岁艮巽　六害未　死符巳　灸退卯</td></tr>
<tr><td>立向凶</td><td colspan="5">巡山罗睺癸　病符亥</td></tr>
</table>

① 干木支水，纳音属金。

修方凶				
修方凶	天官符亥	地官符辰	大煞子	大将军酉
	力士艮	蚕室坤	蚕官未	蚕命申
	岁刑卯	黄旛辰	豹尾戌	飞廉申
	丧门寅	吊客戌	白虎申	金神午未申酉
	独火艮	五鬼辰	破败五鬼巽	

开山立向修方吉

月		正	二	三	四	五	六	七	八	九	十	十一	十二
天道		南	西南	北	西	西北	东	北	东北	南	东	东南	西
天德		丁	坤	壬	辛	乾	甲	癸	艮	丙	乙	巽	庚
天德合		壬		丁	丙		己	戊		辛	庚		乙
月德		丙	甲	壬	庚	丙	甲	壬	庚	丙	甲	壬	庚
月德合		辛	己	丁	乙	辛	己	丁	乙	辛	己	丁	乙
月空		壬	庚	丙	甲	壬	庚	丙	甲	壬	庚	丙	甲
阳贵人		坎	离	艮	兑	乾	中	坎	离	艮	兑	乾	中
阴贵人		兑	乾	中	巽	震	坤	坎	离	艮	兑	乾	中
飞天禄		中	坎	离	艮	兑	乾	中	巽	震	坤	坎	离
飞天马		中	坎	离	艮	兑	乾	中	巽	震	坤	坎	离
月紫白	一白	兑	艮	离	坎	坤	震	巽	中	乾	兑	艮	离
	六白	震	巽	中	乾	兑	艮	离	坎	坤	震	巽	中
	八白	中	乾	兑	艮	离	坎	坤	震	巽	中	乾	兑
	九紫	乾	兑	艮	离	坎	坤	震	巽	中	乾	兑	艮

		立春	春分	立夏	夏至	立秋	秋分	立冬	冬至
三奇	乙	艮	震	巽	离	坤	兑	乾	坎
	丙	艮	震	巽	离	坤	兑	乾	坎
	丁	离	巽	中	艮	坎	乾	中	坤

开山凶

月	正	二	三	四	五	六	七	八	九	十	十一	十二
月建	寅	卯	辰	巳	午	未	申	酉	戌	亥	子	丑
月破	申	酉	戌	亥	子	丑	寅	卯	辰	巳	午	未
月克山家	乾 兑	亥 丁	震 巳	艮			水 山	土	乾 兑	亥 丁	离 丙	壬 乙
阴府太岁	坎 坤	乾 离	坤 震	巽 艮	乾 兑	坤 坎	离 乾	震 坤	艮 巽	兑 乾	坎 坤	乾 离

修方凶

天官符	中	辰 巽 巳	甲 震 乙	未 坤 申	壬 坎 癸	丙 离 丁	丑 艮 寅	庚 兑 辛	戌 乾 亥	中	庚 兑 辛	戌 乾 亥
地官符	庚 兑 辛	戌 乾 亥	中	庚 兑 辛	戌 乾 亥	中	辰 巽 巳	甲 震 乙	未 坤 申	壬 坎 癸	丙 离 丁	丑 艮 寅
小月建	中	戌 乾 亥	庚 兑 辛	丑 艮 寅	丙 离 丁	壬 坎 癸	未 坤 申	甲 震 乙	辰 巽 巳	中	戌 乾 辛	庚 兑 亥
大月建	丑 艮 寅	庚 兑 辛	戌 乾 亥	中	辰 巽 巳	甲 震 乙	未 坤 申	壬 坎 癸	丙 离 丁	丑 艮 寅	庚 兑 辛	戌 乾 亥
飞大煞	戌 乾 亥	中	辰 巽 巳	甲 震 乙	未 坤 申	壬 坎 癸	丙 离 丁	丑 艮 寅	庚 兑 辛	戌 乾 亥	中	庚 兑 辛
丙丁独火	中 乾	中	巽 中	震 巽	坤 震	坎 坤	离 坎	艮 离	兑 艮	乾 兑	中 乾	中
月游火	艮	离	坎	坤	震	巽	中	乾	兑	艮	离	坎
劫煞	亥	申	巳	寅	亥	申	巳	寅	亥	申	巳	寅
灾煞	子	酉	午	卯	子	酉	午	卯	子	酉	午	卯
月煞	丑	戌	未	辰	丑	戌	未	辰	丑	戌	未	辰
月刑	巳	子	辰	申	午	丑	寅	酉	未	亥	卯	戌
月害	巳	辰	卯	寅	丑	子	亥	戌	酉	申	未	午
月厌	戌	酉	申	未	午	巳	辰	卯	寅	丑	子	亥

太岁乙丑[1]

开山立向修方吉	岁德庚　岁德合乙　岁支德午 阳贵人申　阴贵人子　岁禄卯 岁马亥　奏书乾　博士巽				
三元紫白	上元	一白乾	六白坤	八白巽	九紫中
	中元	一白震	六白艮	八白坎	九紫坤
	下元	一白离	六白中	八白兑	九紫艮
盖山黄道	贪狼艮丙　巨门巽辛　武曲兑丁巳丑　文曲离壬寅戌				
通天窍	三合前方乾亥　壬子　癸丑　三合后方巽巳　丙午　丁未 十二吉山宜巳酉丑亥卯未年月日时				
走马六壬	神后乾亥　功曹癸丑　天罡甲卯 胜光巽巳　传送丁未　河魁庚酉 十二吉山宜巳酉丑亥卯未年月日时				
四利三元	太阳寅　太阴辰　龙德申　福德戌				
开山立向修方凶	太岁丑　岁破未　三煞寅卯辰 坐煞向煞甲乙　庚辛　浮天空亡坎癸				
开山凶	年克山家震艮巳山 阴府太岁兑乾　六害午　死符午　灸退子				
立向凶	巡山罗睺艮　病符子				
修方凶	天官符申　地官符巳　大煞酉　大将军酉 力士艮　蚕室坤　蚕官未　蚕命申 岁刑戌　黄旛丑　豹尾未　飞廉酉 丧门卯　吊客亥　白虎酉　金神辰巳 独火震　五鬼卯　破败五鬼艮				

开山立向修方吉

月	正	二	三	四	五	六	七	八	九	十	十一	十二
天道	南	西南	北	西	西北	东	北	东北	南	东	东南	西
天德	丁	坤	壬	辛	乾	甲	癸	艮	丙	乙	巽	庚
天德合	壬		丁	丙		己	戊		辛	庚		乙

① 干木支土，纳音属金。

月德	丙	甲	壬	庚	丙	甲	壬	庚	丙	甲	壬	庚
月德合	辛	己	丁	乙	辛	己	丁	乙	辛	己	丁	乙
月空	壬	庚	丙	甲	壬	庚	丙	甲	壬	庚	丙	甲
阳贵人	坤	坎	离	艮	兑	乾	中	坎	离	艮	兑	乾
阴贵人	乾	中	巽	震	坤	坎	离	艮	兑	乾	中	坎
飞天禄	乾	中	坎	离	艮	兑	乾	中	巽	震	坤	坎
飞天马	中	巽	震	坤	坎	离	艮	兑	乾	中	坎	离
月紫白 一白	坎	坤	震	巽	中	乾	兑	艮	离	坎	坤	震
六白	乾	兑	艮	离	坎	坤	震	巽	中	乾	兑	艮
八白	艮	离	坎	坤	震	巽	中	乾	兑	艮	离	坎
九紫	离	坎	坤	震	巽	中	乾	兑	艮	离	坎	坤

	立春	春分	立夏	夏至	立秋	秋分	立冬	冬至
三奇 乙	兑	坤	震	坎	震	艮	兑	离
丙	艮	震	巽	离	坤	兑	乾	坎
丁	离	巽	中	艮	坎	乾	中	坤

开山凶

月	正	二	三	四	五	六	七	八	九	十	十一	十二
月建	寅	卯	辰	巳	午	未	申	酉	戌	亥	子	丑
月破	申	酉	戌	亥	子	丑	寅	卯	辰	巳	午	未
月克山家	乾 兑	亥 丁	震 巳	艮	离 丙	壬 乙			乾 兑	亥 丁	水 山	土
阴府太岁	坤 震	巽 艮	乾 兑	坤 坎	离 乾	震 坤	艮 巽	兑 乾	坎 坤	乾 离	坤 震	巽 艮

修方凶

天官符	未 坤 申	壬 坎 癸	丙 离 丁	丑 艮 寅	庚 兑 辛	戌 乾 亥	中	庚 兑 辛	戌 乾 亥	中	辰 巽 巳	甲 震 乙
地官符	丑 艮 寅	庚 兑 辛	戌 乾 亥	中	庚 兑 辛	戌 乾 亥	中	辰 巽 巳	甲 震 乙	未 坤 申	壬 坎 癸	丙 离 丁

小月建	丙离丁	壬坎癸	未坤申	甲震乙	辰巽巳	中	戌乾亥	庚兑辛	丑艮寅	丙离丁	壬坎癸	未坤申
大月建	中	辰巽巳	甲震乙	未坤申	壬坎癸	丙离丁	丑艮寅	庚兑辛	戌乾亥	中	辰巽巳	甲震乙
飞大煞	甲震乙	未坤申	壬坎癸	丙离丁	丑艮寅	庚兑辛	戌乾亥	中	庚兑辛	戌乾亥	中	辰巽巳
丙丁独火	巽中	震巽	坤震	坎坤	离坎	艮离	兑艮	乾兑	中乾	中	巽中	震巽
月游火	艮	离	坎	坤	震	巽	中	乾	兑	艮	离	坎
劫煞	亥	申	巳	寅	亥	申	巳	寅	亥	申	巳	寅
灾煞	子	酉	午	卯	子	酉	午	卯	子	酉	午	卯
月煞	丑	戌	未	辰	丑	戌	未	辰	丑	戌	未	辰
月刑	巳	子	辰	申	午	丑	寅	酉	未	亥	卯	戌
月害	巳	辰	卯	寅	丑	子	亥	戌	酉	申	未	午
月厌	戌	酉	申	未	午	巳	辰	卯	寅	丑	子	亥

太岁丙寅[①]

开山立向修方吉	岁德丙　岁德合辛　岁支德未 阳贵人酉　阴贵人亥　岁禄巳 岁马申　奏书艮　博士坤			
三元紫白	上元	一白兑	六白震	八白中	九紫乾
	中元	一白巽	六白离	八白坤	九紫震
	下元	一白坎	六白乾	八白艮	九紫离
盖山黄道	贪狼艮丙　巨门巽辛　武曲兑丁巳丑　文曲离壬寅戌				
通天窍	三合前方坤申　庚酉　辛戌　三合后方艮寅　甲卯　乙辰 十二吉山宜寅午戌申子辰年月日时				

① 干火支木，纳音属火。

走马六壬	神后辛戌　功曹壬子　天罡艮寅 胜光乙辰　传送丙午　河魁坤申 十二吉山宜寅午戌申子辰年月日时
四利三元	太阳卯　太阴巳　龙德酉　福德亥
开山立向修方凶	太岁寅　岁破申　三煞亥子丑 坐煞向煞壬癸　丙丁　浮天空亡巽辛
开山凶	年克山家震艮巳山 阴府太岁坎坤　六害巳　死符未　灸退酉
立向凶	巡山罗睺甲　病符丑
修方凶	天官符巳　地官符午　大煞午　大将军子 力士巽　蚕室乾　蚕官戌　蚕命亥 岁刑巳　黄旛戌　豹尾辰　飞廉戌 丧门辰　吊客子　白虎戌　金神寅卯午未子丑 独火震　五鬼寅　破败五鬼坤

开山立向修方吉

月		正	二	三	四	五	六	七	八	九	十	十一	十二
天道		南	西南	北	西	西北	东	北	东北	南	东	东南	西
天德		丁	坤	壬	辛	乾	甲	癸	艮	丙	乙	巽	庚
天德合		壬		丁	丙		己	戊		辛	庚		乙
月德		丙	甲	壬	庚	丙	甲	壬	庚	丙	甲	壬	庚
月德合		辛	己	丁	乙	辛	己	丁	乙	辛	己	丁	乙
月空		壬	庚	丙	甲	壬	庚	丙	甲	壬	庚	丙	甲
阳贵人		震	坤	坎	离	艮	兑	乾	中	坎	离	艮	兑
阴贵人		中	巽	震	坤	坎	离	艮	兑	乾	中	坎	离
飞天禄		艮	兑	乾	中	坎	离	艮	兑	乾	中	巽	震
飞天马		坤	坎	离	艮	兑	乾	中	坎	离	艮	兑	乾
月紫白	一白	巽	中	乾	兑	艮	离	坎	坤	震	巽	中	乾
	六白	离	坎	坤	震	巽	中	乾	兑	艮	离	坎	坤
	八白	坤	震	巽	中	乾	兑	艮	离	坎	坤	震	巽
	九紫	震	巽	中	乾	兑	艮	离	坎	坤	震	巽	中

		立春	春分	立夏	夏至	立秋	秋分	立冬	冬至
三奇	乙	乾	坎	坤	坤	巽	离	艮	艮
	丙	兑	坤	震	坎	震	艮	兑	离
	丁	艮	震	巽	离	坤	兑	乾	坎

开山凶

月	正	二	三	四	五	六	七	八	九	十	十一	十二
月建	寅	卯	辰	巳	午	未	申	酉	戌	亥	子	丑
月破	申	酉	戌	亥	子	丑	寅	卯	辰	巳	午	未
月克山家			乾 兑	亥 丁	离 丙	壬 乙	震 巳	艮			水 山	土
阴府太岁	乾 兑	坤 坎	离 乾	震 坤	艮 巽	兑 乾	坎 坤	乾 离	坤 震	巽 艮	乾 兑	坤 坎

修方凶

天官符	丑 艮 寅	庚 兑 辛	戌 乾 亥	中	庚 兑 辛	戌 乾 亥	中	辰 巽 巳	甲 震 乙	未 坤 申	壬 坎 癸	丙 离 丁
地官符	丙 离 丁	丑 艮 寅	庚 兑 辛	戌 乾 亥	中	庚 兑 辛	戌 乾 亥	中	辰 巽 巳	甲 震 乙	未 坤 申	壬 坎 癸
小月建	中	戌 乾 亥	庚 兑 辛	丑 艮 寅	丙 离 丁	壬 坎 癸	未 坤 申	甲 震 乙	辰 巽 巳	中	戌 乾 亥	庚 兑 辛
大月建	未 坤 申	壬 坎 癸	丙 离 丁	丑 艮 寅	庚 兑 辛	戌 乾 亥	中	辰 巽 巳	甲 震 乙	未 坤 申	壬 坎 癸	丙 离 丁
飞大煞	丙 离 丁	丑 艮 寅	庚 兑 辛	戌 乾 亥	中	庚 兑 辛	戌 乾 亥	中	辰 巽 巳	甲 震 乙	未 坤 申	壬 坎 癸
丙丁独火	坤震	坎 坤	离 坎	艮 离	兑 艮	乾 兑	中 乾	中	巽 中	震 巽	坤 震	坎 坤

月游火	震	巽	中	乾	兑	艮	离	坎	坤	震	巽	中
劫煞	亥	申	巳	寅	亥	申	巳	寅	亥	申	巳	寅
灾煞	子	酉	午	卯	子	酉	午	卯	子	酉	午	卯
月煞	丑	戌	未	辰	丑	戌	未	辰	丑	戌	未	辰
月刑	巳	子	辰	申	午	丑	寅	酉	未	亥	卯	戌
月害	巳	辰	卯	寅	丑	子	亥	戌	酉	申	未	午
月厌	戌	酉	申	未	午	巳	辰	卯	寅	丑	子	亥

太岁丁卯[①]

<table>
<tr><td>开山立向修方吉</td><td colspan="5">岁德壬　岁德合丁　岁支德申
阳贵人亥　阴贵人酉　岁禄午
岁马巳　奏书艮　博士坤</td></tr>
<tr><td rowspan="3">三元紫白</td><td>上元</td><td>一白艮</td><td>六白巽</td><td>八白乾</td><td>九紫兑</td></tr>
<tr><td>中元</td><td>一白中</td><td>六白坎</td><td>八白震</td><td>九紫巽</td></tr>
<tr><td>下元</td><td>一白坤</td><td>六白兑</td><td>八白离</td><td>九紫坎</td></tr>
<tr><td>盖山黄道</td><td colspan="5">贪狼乾甲　巨门离壬寅戌　武曲坤乙　文曲巽辛</td></tr>
<tr><td>通天窍</td><td colspan="5">三合前方巽巳　丙午　丁未　三合后方乾亥　壬子
癸丑
十二吉山宜亥卯未巳酉丑年月日时</td></tr>
<tr><td>走马六壬</td><td colspan="5">神后庚酉　功曹乾亥　天罡癸丑
胜光甲卯　传送巽巳　河魁丁未
十二吉山宜亥卯未巳酉丑年月日时</td></tr>
<tr><td>四利三元</td><td colspan="5">太阳辰　太阴午　龙德戌　福德子</td></tr>
<tr><td>开山立向修方吉</td><td colspan="5">太岁卯　岁破酉　三煞申酉戌
坐煞向煞庚辛甲乙　浮天空亡震庚</td></tr>
<tr><td>开山凶</td><td colspan="5">年克山家离壬丙乙山
阴府太岁乾离　六害辰　死符申　灸退午</td></tr>
<tr><td>立向凶</td><td colspan="5">巡山罗睺乙　病符寅</td></tr>
</table>

① 干火支木，纳音属火。

修方凶				
	天官符寅	地官符未	大煞卯	大将军子
	力士巽	蚕室乾	蚕官戌	蚕命亥
	岁刑子	黄旛未	豹尾丑	飞廉巳
	丧门巳	吊客丑	白虎亥	金神寅卯戌亥
	独火坎	五鬼丑	破败五鬼震	

开山立向修方吉

月	正	二	三	四	五	六	七	八	九	十	十一	十二
天道	南	西南	北	西	西北	东	北	东北	南	东	东南	西
天德	丁	坤	壬	辛	乾	甲	癸	艮	丙	乙	巽	庚
天德合	壬		丁	丙		己	戊		辛	庚		乙
月德	丙	甲	壬	庚	丙	甲	壬	庚	丙	甲	壬	庚
月德合	辛	己	丁	乙	辛	己	丁	乙	辛	己	丁	乙
月空	壬	庚	丙	甲	壬	庚	丙	甲	壬	庚	丙	甲
阳贵人	中	巽	震	坤	坎	离	艮	兑	乾	中	坎	离
阴贵人	震	坤	坎	离	艮	兑	乾	中	坎	离	艮	兑
飞天禄	离	艮	兑	乾	中	坎	离	艮	兑	乾	中	巽
飞天马	艮	兑	乾	中	坎	离	艮	兑	乾	中	巽	震
月紫白 一白	兑	艮	离	坎	坤	震	巽	中	乾	兑	艮	离
六白	震	巽	中	乾	兑	艮	离	坎	坤	震	巽	中
八白	中	乾	兑	艮	离	坎	坤	震	巽	中	乾	兑
九紫	乾	兑	艮	离	坎	坤	震	巽	中	乾	兑	艮

	立春	春分	立夏	夏至	立秋	秋分	立冬	冬至
三奇 乙	中	离	坎	震	中	坎	离	兑
丙	乾	坎	坤	坤	巽	离	艮	艮
丁	兑	坤	震	坎	震	艮	兑	离

开山凶

月	正	二	三	四	五	六	七	八	九	十	十一	十二
月建	寅	卯	辰	巳	午	未	申	酉	戌	亥	子	丑
月破	申	酉	戌	亥	子	丑	寅	卯	辰	巳	午	未
月克山家			离壬丙乙		水土山		震艮巳					

阴府太岁	离乾	震坤	艮巽	兑乾	坎坤	乾离	坤震	巽艮	乾兑	坤坎	离乾	震坤

修方凶

天官符	中	庚兑辛	戌乾亥	中	辰巽巳	甲震乙	未坤申	壬坎癸	丙离丁	丑艮寅	庚兑辛	戌乾亥
地官符	壬坎癸	丙离丁	丑艮寅	庚兑辛	戌乾亥	中	庚兑辛	戌乾亥	中	辰巽巳	甲震乙	未坤申
小月建	丙离丁	壬坎癸	未坤申	甲震乙	辰巽巳	中	戌乾亥	庚兑辛	丑艮寅	丙离丁	壬坎癸	未坤申
大月建	丑艮寅	庚兑辛	戌乾亥	中	辰巽巳	甲震乙	未坤申	壬坎癸	丙离丁	丑艮寅	庚兑辛	戌乾亥
飞大煞	戌乾亥	中	庚兑辛	戌乾亥	中	辰巽巳	甲震乙	未坤申	壬坎癸	丙离丁	丑艮寅	庚兑辛
丙丁独火	离坎	艮离	兑艮	乾兑	中乾	中	巽中	震巽	坤震	坎坤	离坎	艮离
月游火	巽	中	乾	兑	艮	离	坎	坤	震	巽	中	乾
劫煞	亥	申	巳	寅	亥	申	巳	寅	亥	申	巳	寅
灾煞	子	酉	午	卯	子	酉	午	卯	子	酉	午	卯
月煞	丑	戌	未	辰	丑	戌	未	辰	丑	戌	未	辰
月刑	巳	子	辰	申	午	丑	寅	酉	未	亥	卯	戌
月害	巳	辰	卯	寅	丑	子	亥	戌	酉	申	未	午
月厌	戌	酉	申	未	午	巳	辰	卯	寅	丑	子	亥

太岁戊辰[1]

开山立向修方吉	岁德戊　岁德合癸　岁支德酉 阳贵人丑　阴贵人未　岁禄巳 岁马寅　奏书艮　博士坤				
三元紫白	上元	一白离	六白中	八白兑	九紫艮
	中元	一白乾	六白坤	八白巽	九紫中
	下元	一白震	六白艮	八白坎	九紫坤
盖山黄道	贪狼兑丁巳丑　巨门震艮亥未　武曲艮丙　文曲坎癸申辰				
通天窍	三合前方艮寅　甲卯　乙辰　三合后方坤申　庚酉辛戌 十二吉山宜申子辰寅午戌年月日时				
走马六壬	神后坤申　功曹辛戌　天罡壬子 胜光艮寅　传送乙辰　河魁丙午 十二吉山宜申子辰寅午戌年月日时				
四利三元	太阳巳　太阴未　龙德亥　福德丑				
开山立向修方凶	太岁辰　岁破戌　三煞巳午未 坐煞向煞丙丁　壬癸　浮天空亡坤乙				
开山凶	年克山家甲寅辰巽戌坎辛申丑癸坤庚未山 阴府太岁坤震　六害卯　死符酉　灸退卯				
立向凶	巡山罗睺巽　病符卯				
修方凶	天官符亥　地官符申　大煞子　大将军子 力士巽　蚕室乾　蚕官戌　蚕命亥 岁刑辰　黄旛辰　豹尾戌　飞廉午 丧门午　吊客寅　白虎子　金神申酉子丑 独火巽　五鬼子　破败五鬼离				

开山立向修方吉

月	正	二	三	四	五	六	七	八	九	十	十一	十二
天道	南	西南	北	西	西北	东	北	东北	南	东	东南	西
天德	丁	坤	壬	辛	乾	甲	癸	艮	丙	乙	巽	庚

① 干土支土，纳音属木。

天德合	壬		丁	丙		己	戊		辛	庚		乙
月德	丙	甲	壬	庚	丙	甲	壬	庚	丙	甲	壬	庚
月德合	辛	己	丁	乙	辛	己	丁	乙	辛	己	丁	乙
月空	壬	庚	丙	甲	壬	庚	丙	甲	壬	庚	丙	甲
阳贵人	兑	乾	中	巽	震	坤	坎	离	艮	兑	乾	中
阴贵人	坎	离	艮	兑	乾	中	坎	离	艮	兑	乾	中
飞天禄	艮	兑	乾	中	坎	离	艮	兑	乾	中	巽	震
飞天马	中	坎	离	艮	兑	乾	中	巽	震	坤	坎	离
月紫白 一白	坎	坤	震	巽	中	乾	兑	艮	离	坎	坤	震
六白	乾	兑	艮	离	坎	坤	震	巽	中	乾	兑	艮
八白	艮	离	坎	坤	震	巽	中	乾	兑	艮	离	坎
九紫	离	坎	坤	震	巽	中	乾	兑	艮	离	坎	坤

	立春	春分	立夏	夏至	立秋	秋分	立冬	冬至
三奇 乙	巽	艮	离	巽	乾	坤	坎	乾
丙	中	离	坎	震	中	坎	离	兑
丁	乾	坎	坤	坤	巽	离	艮	艮

开山凶

月	正	二	三	四	五	六	七	八	九	十	十一	十二
月建	寅	卯	辰	巳	午	未	申	酉	戌	亥	子	丑
月破	申	酉	戌	亥	子	丑	寅	卯	辰	巳	午	未
月克山家	震巳	艮	离丙	壬乙			水山	土	震巳	艮		
阴府太岁	艮巽	兑乾	坎坤	乾离	坤震	巽艮	乾兑	坎坤	离乾	坤震	艮巽	兑乾

修方凶

天官符	中	辰巽巳	甲震乙	未坤申	壬坎癸	丙离丁	丑艮寅	庚兑辛	戌乾亥	中	庚兑辛	戌乾亥
地官符	未坤申	壬坎癸	丙离丁	丑艮寅	庚兑辛	戌乾亥	中	庚兑辛	戌乾亥	中	辰巽巳	甲震乙

小月建	中	戌 乾 亥	庚 兑 辛	丑 艮 寅	丙 离 丁	壬 坎 癸	未 坤 申	甲 震 乙	辰 巽 巳	中	戌 乾 亥	庚 兑 辛
大月建	中	辰 巽 巳	甲 震 乙	未 坤 申	壬 坎 癸	丙 离 丁	丑 艮 寅	庚 兑 辛	戌 乾 亥	中	辰 巽 巳	甲 震 乙
飞大煞	戌 乾 亥	中	辰 巽 巳	甲 震 乙	未 坤 申	壬 坎 癸	丙 离 丁	丑 艮 寅	庚 兑 辛	戌 乾 亥	中	庚 兑 辛
丙丁独火	兑 艮	乾 兑	中 乾	中	巽 中	震 巽	坤 震	坎 坤	离 坎	艮 离	兑 艮	乾 兑
月游火	巽	中	乾	兑	艮	离	坎	坤	震	巽	中	乾
劫煞	亥	申	巳	寅	亥	申	巳	寅	亥	申	巳	寅
灾煞	子	酉	午	卯	子	酉	午	卯	子	酉	午	卯
月煞	丑	戌	未	辰	丑	戌	未	辰	丑	戌	未	辰
月刑	巳	子	辰	申	午	丑	寅	酉	未	亥	卯	戌
月害	巳	辰	卯	寅	丑	子	亥	戌	酉	申	未	午
月厌	戌	酉	申	未	午	巳	辰	卯	寅	丑	子	亥

太岁己巳[①]

<table>
<tr><td>开山立向修方吉</td><td colspan="5">岁德甲　岁德合己　岁支德戌
阳贵人子　阴贵人申　岁禄午
岁马亥　奏书巽　博士乾</td></tr>
<tr><td rowspan="3">三元紫白</td><td>上元</td><td>一白坎</td><td>六白乾</td><td>八白艮</td><td>九紫离</td></tr>
<tr><td>中元</td><td>一白兑</td><td>六白震</td><td>八白中</td><td>九紫乾</td></tr>
<tr><td>下元</td><td>一白巽</td><td>六白离</td><td>八白乾</td><td>九紫震</td></tr>
<tr><td>盖山黄道</td><td colspan="5">贪狼兑丁巳丑　巨门震艮亥未　武曲艮丙　文曲坎癸申辰</td></tr>
<tr><td>通天窍</td><td colspan="5">三合前方乾亥　壬子　癸丑　三合后方巽巳　丙午
丁未
十二吉山宜巳酉丑亥卯未年月日时</td></tr>
</table>

① 干土支火，纳音属木。

走马六壬	神后丁未　功曹庚酉　天罡乾亥 胜光癸丑　传送甲卯　河魁巽巳 十二吉山宜巳酉丑亥卯未年月日时
四利三元	太阳午　太阴申　龙德子　福德寅
开山立向修方凶	太岁巳　岁破亥　三煞寅卯辰 坐煞向煞甲乙　庚辛　浮天空亡乾甲
开山凶	年克山家震艮巳山 阴府太岁巽艮　六害寅　死符戌　灸退子
立向凶	巡山罗睺丙　病符辰
修方凶	天官符申　地官符酉　大煞酉　大将军卯 力士坤　蚕室艮　蚕官丑　蚕命寅 岁刑申　黄旛丑　豹尾未　飞廉未 丧门未　吊客卯　白虎丑　金神午未申酉 独火巽　五鬼亥　破败五鬼坎

开山立向修方吉

月	正	二	三	四	五	六	七	八	九	十	十一	十二
天道	南	西南	北	西	西北	东	北	东北	南	东	东南	西
天德	丁	坤	壬	辛	乾	甲	癸	艮	丙	乙	巽	庚
天德合	壬		丁	丙		己	戊		辛	庚		乙
月德	丙	甲	壬	庚	丙	甲	壬	庚	丙	甲	壬	庚
月德合	辛	己	丁	乙	辛	己	丁	乙	辛	己	丁	乙
月空	壬	庚	丙	甲	壬	庚	丙	甲	壬	庚	丙	甲
阳贵人	乾	中	巽	震	坤	坎	离	艮	兑	乾	中	坎
阴贵人	坤	坎	离	艮	兑	乾	中	坎	离	艮	兑	乾
飞天禄	离	艮	兑	乾	中	坎	离	艮	兑	乾	中	巽
飞天马	中	巽	震	坤	坎	离	艮	兑	乾	中	坎	离
月紫白 一白	巽	中	乾	兑	艮	离	坎	坤	震	巽	中	乾
六白	离	坎	坤	震	巽	中	乾	兑	艮	离	坎	坤
八白	坤	震	巽	中	乾	兑	艮	离	坎	坤	震	巽
九紫	震	巽	中	乾	兑	艮	离	坎	坤	震	巽	中

	立春	春分	立夏	夏至	立秋	秋分	立冬	冬至

三奇 乙	巽	艮	离	巽	乾	坤	坎	乾
丙	巽	艮	离	巽	乾	坤	坎	乾
丁	中	离	坎	震	中	坎	离	兑

开山凶

月	正	二	三	四	五	六	七	八	九	十	十一	十二
月建	寅	卯	辰	巳	午	未	申	酉	戌	亥	子	丑
月破	申	酉	戌	亥	子	丑	寅	卯	辰	巳	午	未
月克山家	乾 兑	亥 丁	震 巳	艮			水 山	土	乾 兑	亥 丁	离 丙	壬 乙
阴府太岁	坎 坤	乾 离	坤 震	巽 艮	乾 兑	坤 坎	离 乾	震 坤	艮 巽	兑 乾	坎 坤	乾 离

修方凶

天官符	未 坤 申	壬 坎 癸	丙 离 丁	丑 艮 寅	庚 兑 辛	戌 乾 亥	中	庚 兑 辛	戌 乾 亥	中	辰 巽 巳	甲 震 乙
地官符	甲 震 乙	未 坤 申	壬 坎 癸	丙 离 丁	丑 艮 寅	庚 兑 辛	戌 乾 亥	中	庚 兑 辛	戌 乾 亥	中	辰 巽 巳
小月建	丙 离 丁	壬 坎 癸	未 坤 申	甲 震 乙	辰 巽 巳	中	戌 乾 亥	庚 兑 辛	丑 艮 寅	丙 离 丁	壬 坎 癸	未 坤 申
大月建	未 坤 申	壬 坎 癸	丙 离 丁	丑 艮 寅	庚 兑 辛	戌 乾 亥	中	辰 巽 巳	甲 震 乙	未 坤 申	壬 坎 癸	丙 离 丁
飞大煞	甲 震 乙	未 坤 申	壬 坎 癸	丙 离 丁	丑 艮 寅	庚 兑 亥	戌 乾 亥	中	庚 兑 辛	戌 乾 亥	中	辰 巽 巳
丙丁独火	中 乾	中	巽 中	震 巽	坤 震	坎 坤	离 坎	艮 离	兑 艮	乾 兑	中 乾	中
月游火	离	坎	坤	震	巽	中	乾	兑	艮	离	坎	坤

劫煞	亥	申	巳	寅	亥	申	巳	寅	亥	申	巳	寅
灾煞	子	酉	午	卯	子	酉	午	卯	子	酉	午	卯
月煞	丑	戌	未	辰	丑	戌	未	辰	丑	戌	未	辰
月刑	巳	子	辰	申	午	丑	寅	酉	未	亥	卯	戌
月害	巳	辰	卯	寅	丑	子	亥	戌	酉	申	未	午
月厌	戌	酉	申	未	午	巳	辰	卯	寅	丑	子	亥

太岁庚午[1]

<table>
<tr><td>开山立向修方吉</td><td colspan="5">岁德庚　岁德合乙　岁支德亥
阳贵人丑　阴贵人未　岁禄申
岁马申　奏书巽　博士乾</td></tr>
<tr><td rowspan="3">三元紫白</td><td>上元</td><td>一白坤</td><td>六白兑</td><td>八白离</td><td>九紫坎</td></tr>
<tr><td>中元</td><td>一白艮</td><td>六白巽</td><td>八白乾</td><td>九紫兑</td></tr>
<tr><td>下元</td><td>一白中</td><td>六白坎</td><td>八白震</td><td>九紫巽</td></tr>
<tr><td>盖山黄道</td><td colspan="5">贪狼巽辛　巨门艮丙　武曲震艮亥未　文曲乾甲</td></tr>
<tr><td>通天窍</td><td colspan="5">三合前方坤申　庚酉　辛戌　三合后方艮寅　甲卯　乙辰
十二吉山宜寅午戌申子辰年月日时</td></tr>
<tr><td>走马六壬</td><td colspan="5">神后丙午　功曹坤申　天罡辛戌
胜光壬子　传送艮寅　河魁乙辰
十二吉山宜寅午戌申子辰年月日时</td></tr>
<tr><td>四利三元</td><td colspan="5">太阳未　太阴酉　龙德丑　福德卯</td></tr>
<tr><td>开山立向修方凶</td><td colspan="5">太岁午　岁破子　三煞亥子丑
坐煞向煞壬癸　丙丁　浮天空亡兑丁</td></tr>
<tr><td>开山凶</td><td colspan="5">年克山家乾亥兑丁山
阴府太岁乾兑　六害丑　死符亥　灸退酉</td></tr>
<tr><td>立向凶</td><td colspan="5">巡山罗睺丁　病符巳</td></tr>
<tr><td>修方凶</td><td colspan="5">天官符巳　地官符戌　大煞午　大将军卯
力士坤　蚕室艮　蚕官丑　蚕命寅
岁刑午　黄旛戌　豹尾辰　飞廉寅
丧门申　吊客辰　白虎寅　金神辰巳
独火兑　五鬼戌　破败五鬼兑</td></tr>
</table>

[1] 干金支火，纳音属土。

开山立向修方吉

月	正	二	三	四	五	六	七	八	九	十	十一	十二
天道	南	西南	北	西	西北	东	北	东北	南	东	东南	西
天德	丁	坤	壬	辛	乾	甲	癸	艮	丙	乙	巽	庚
天德合	壬		丁	丙		己	戊		辛	庚		乙
月德	丙	甲	壬	庚	丙	甲	壬	庚	丙	甲	壬	庚
月德合	辛	己	丁	乙	辛	己	丁	乙	辛	己	丁	乙
月空	壬	庚	丙	甲	壬	庚	丙	甲	壬	庚	丙	甲
阳贵人	兑	乾	中	巽	震	坤	坎	离	艮	兑	乾	中
阴贵人	坎	离	艮	兑	乾	中	坎	离	艮	兑	乾	中
飞天禄	坤	坎	离	艮	兑	乾	中	坎	离	艮	兑	乾
飞天马	坤	坎	离	艮	兑	乾	中	坎	离	艮	兑	乾
月紫白 一白	兑	艮	离	坎	坤	震	巽	中	乾	兑	艮	离
六白	震	巽	中	乾	兑	艮	离	坎	坤	震	巽	中
八白	中	乾	兑	艮	离	坎	坤	震	巽	中	乾	兑
九紫	乾	兑	艮	离	坎	坤	震	巽	中	乾	兑	艮

	立春	春分	立夏	夏至	立秋	秋分	立冬	冬至
三奇 乙	震	兑	艮	中	兑	震	坤	中
丙	巽	艮	离	巽	乾	坤	坎	乾
丁	中	离	坎	震	中	坎	离	兑

开山凶

月	正	二	三	四	五	六	七	八	九	十	十一	十二
月建	寅	卯	辰	巳	午	未	申	酉	戌	亥	子	丑
月破	申	酉	戌	亥	子	丑	寅	卯	辰	巳	午	未
月克山家	乾 兑	亥 丁	震 巳	艮	离 丙	壬 乙			乾 兑	亥 丁	水 山	土
阴府太岁	坤 震	巽 辰	乾 兑	坤 坎	离 乾	震 坤	艮 巽	兑 乾	坎 坤	乾 离	坤 震	巽 艮

修方凶

天官符	丑艮寅	庚兑辛	戌乾亥	中	庚兑辛	戌乾亥	中	辰巽巳	甲震乙	未坤申	壬坎癸	丙离丁
地官符	辰巽巳	甲震乙	未坤申	壬坎癸	丙离丁	丑艮寅	庚兑辛	戌乾亥	中	庚兑辛	戌乾亥	中
小月建	中	戌乾亥	庚兑辛	丑艮寅	丙离丁	壬坎癸	未坤申	甲震乙	辰巽巳	中	戌乾亥	庚兑辛
大月建	丑艮寅	庚兑辛	戌乾亥	中	辰巽巳	甲震乙	未坤申	壬坎癸	丙离丁	丑艮寅	庚兑辛	戌乾亥
飞大煞	丙离丁	丑艮寅	庚兑辛	戌乾亥	中	庚兑辛	戌乾亥	中	辰巽巳	甲震乙	未坤申	壬坎癸
丙丁独火	巽中	震巽	坤震	坎坤	离坎	艮离	兑艮	乾兑	中乾	中	巽中	震巽
月游火	坤	震	巽	中	乾	兑	艮	离	坎	坤	震	巽
劫煞	亥	申	巳	寅	亥	申	巳	寅	亥	申	巳	寅
灾煞	子	酉	午	卯	子	酉	午	卯	子	酉	午	卯
月煞	丑	戌	未	辰	丑	戌	未	辰	丑	戌	未	辰
月刑	巳	子	辰	申	午	丑	寅	酉	未	亥	卯	戌
月害	巳	辰	卯	寅	丑	子	亥	戌	酉	申	未	午
月厌	戌	酉	申	未	午	巳	辰	卯	寅	丑	子	亥

太岁辛未[①]

<table>
<tr><td rowspan="3">开山立向修方吉</td><td colspan="5">岁德丙　岁德合辛　岁支德子
阳贵人寅　阴贵人午　岁禄酉
岁马巳　奏书巽　博士乾</td></tr>
<tr></tr>
<tr></tr>
<tr><td rowspan="3">三元紫白</td><td>上元</td><td>一白震</td><td>六白艮</td><td>八白坎</td><td>九紫坤</td></tr>
<tr><td>中元</td><td>一白离</td><td>六白中</td><td>八白兑</td><td>九紫艮</td></tr>
<tr><td>下元</td><td>一白乾</td><td>六白坤</td><td>八白巽</td><td>九紫中</td></tr>
<tr><td>盖山黄道</td><td colspan="5">贪狼坤乙　巨门坎癸申辰　武曲乾甲　文曲震庚亥未</td></tr>
<tr><td>通天窍</td><td colspan="5">三合前方巽巳　丙午　丁未　三合后方乾亥　壬子　癸丑
十二吉山宜亥卯未巳酉丑年月日时</td></tr>
<tr><td>走马六壬</td><td colspan="5">神后巽巳　功曹丁未　天罡庚酉
胜光乾亥　传送癸丑　河魁甲卯
十二吉山宜亥卯未巳酉丑年月日时</td></tr>
<tr><td>四利三元</td><td colspan="5">太阳申　太阳戌　龙德寅　福德辰</td></tr>
<tr><td>开山立向修方凶</td><td colspan="5">太岁未　岁破丑　三煞申酉戌
坐煞向煞庚辛甲乙　浮天空亡艮丙</td></tr>
<tr><td>开山凶</td><td colspan="5">年克山家甲寅辰巽戌坎辛申丑癸坤庚未山
阴府太岁坤坎　六害子　死符子　灸退午</td></tr>
<tr><td>立向凶</td><td colspan="5">巡山罗睺坤　病符午</td></tr>
<tr><td>修方凶</td><td colspan="5">天官符寅　地官符亥　大煞卯　大将军卯
力士坤　蚕室艮　蚕官丑　蚕命寅
岁刑丑　黄旛未　豹尾丑　飞廉卯
丧门酉　吊客巳　白虎卯　金神寅卯午未子丑
独火离　五鬼酉　破败五鬼乾</td></tr>
</table>

① 干金支土，纳音属土。

开山立向修方吉

月	正	二	三	四	五	六	七	八	九	十	十一	十二
天道	南	西南	北	西	西北	东	北	东北	南	东	东南	西
天德	丁	坤	壬	辛	乾	甲	癸	艮	丙	乙	巽	庚
天德合	壬		丁	丙		己	戊		辛	庚		乙
月德	丙	甲	壬	庚	丙	甲	壬	庚	丙	甲	壬	庚
月德合	辛	己	丁	乙	辛	己	丁	乙	辛	己	丁	乙
月空	壬	庚	丙	甲	壬	庚	丙	甲	壬	庚	丙	甲
阳贵人	中	坎	离	艮	兑	乾	中	巽	震	坤	坎	离
阴贵人	离	艮	兑	乾	中	坎	离	艮	兑	乾	中	巽
飞天禄	震	坤	坎	离	艮	兑	乾	中	坎	离	艮	兑
飞天马	艮	兑	乾	中	坎	离	艮	兑	乾	中	巽	震
月紫白 一白	坎	坤	震	巽	中	乾	兑	艮	离	坎	坤	震
六白	乾	兑	艮	离	坎	坤	震	巽	中	乾	兑	艮
八白	艮	离	坎	坤	震	巽	中	乾	兑	艮	离	坎
九紫	离	坎	坤	震	巽	中	乾	兑	艮	离	坎	坤

	立春	春分	立夏	夏至	立秋	秋分	立冬	冬至
三奇 乙	坤	乾	兑	乾	艮	巽	震	巽
丙	震	兑	艮	中	兑	震	坤	中
丁	巽	艮	离	巽	乾	坤	坎	乾

开山凶

月	正	二	三	四	五	六	七	八	九	十	十一	十二
月建	寅	卯	辰	巳	午	未	申	酉	戌	亥	子	丑
月破	申	酉	戌	亥	子	丑	寅	卯	辰	巳	午	未
月克山家			乾 亥 兑 丁		离 壬 丙 乙		震 艮 巳				水 土 山	
阴府太岁	乾兑	坎坤	离乾	震坤	艮巽	兑乾	坎坤	乾离	坤震	巽艮	乾兑	坤坎

修方凶

天官符	中	庚 兑 辛	戌 乾 亥	中	辰 巽 巳	甲 震 乙	未 坤 申	壬 坎 癸	丙 离 丁	丑 艮 寅	庚 兑 辛	戌 乾 亥
地官符	中	辰 巽 巳	甲 震 乙	未 坤 申	壬 坎 癸	丙 离 丁	丑 艮 寅	庚 兑 辛	戌 乾 亥	中	庚 兑 辛	戌 乾 亥
小月建	丙 离 丁	壬 坎 癸	未 坤 申	甲 震 乙	辰 巽 巳	中	戌 乾 亥	庚 兑 辛	丑 艮 寅	丙 离 丁	壬 坎 癸	未 坤 申
大月建	中	辰 巽 巳	甲 震 乙	未 坤 申	壬 坎 癸	丙 离 丁	丑 艮 寅	庚 兑 辛	戌 乾 亥	中	辰 巽 巳	甲 震 乙
飞大煞	戌 乾 亥	中	庚 兑 辛	戌 乾 亥	中	辰 巽 巳	甲 震 乙	未 坤 申	壬 坎 癸	丙 离 丁	丑 艮 寅	庚 兑 辛
丙丁独火	坤 震	坎 坤	离 坎	艮 离	兑 艮	乾 兑	中 乾	中	巽 中	震 巽	坤 震	坎 坤
月游火	坤	震	巽	中	乾	兑	艮	离	坎	坤	震	巽
劫煞	亥	申	巳	寅	亥	申	巳	寅	亥	申	巳	寅
灾煞	子	酉	午	卯	子	酉	午	卯	子	酉	午	卯
月煞	丑	戌	未	辰	丑	戌	未	辰	丑	戌	未	辰
月刑	巳	子	辰	申	午	丑	寅	酉	未	亥	卯	戌
月害	巳	辰	卯	寅	丑	子	亥	戌	酉	申	未	午
月厌	戌	酉	申	未	午	巳	辰	卯	寅	丑	子	亥

太岁壬申[①]

开山立向修方吉	岁德壬 岁德合丁 岁支德丑 阳贵人卯 阴贵人巳 岁禄亥 岁马寅 奏书坤 博士艮				
三元紫白	上元	一白巽	六白离	八白坤	九紫震
	中元	一白坎	六白乾	八白艮	九紫离
	下元	一白兑	六白震	八白中	九紫乾
盖山黄道	贪狼坤乙 巨门坎癸申辰 武曲乾甲 文曲震庚亥未				
通天窍	三合前方艮寅 甲卯 乙辰 三合后方坤申 庚酉 辛戌 十二吉山宜申子辰寅午戌年月日时				
走马六壬	神后乙辰 功曹丙午 天罡坤申 胜光辛卯 传送壬子 河魁艮寅 十二吉山宜申子辰寅午戌年月日时				
四利三元	太阳酉 太阳亥 龙德卯 福德巳				
开山立向修方凶	太岁申 岁破寅 三煞巳午未 坐煞向煞丙丁 壬癸 浮天空亡乾甲				
开山凶	年克山家二十四山并无克，冬至后克乾亥兑丁山 阴府太岁离乾 六害亥 死符丑 灸退卯				
立向凶	巡山罗睺庚 病符未				
修方凶	天官符亥 地官符子 大煞子 大将军午 力士乾 蚕室巽 蚕官辰 蚕命巳 岁刑寅 黄旛辰 豹尾戌 飞廉辰 丧门戌 吊客午 白虎辰 金神寅卯戌亥 独火离 五鬼申 破败五鬼巽				

开山立向修方吉

月	正	二	三	四	五	六	七	八	九	十	十一	十二
天道	南	西南	北	西	西北	东	北	东北	南	东	东南	西
天德	丁	坤	壬	辛	乾	甲	癸	艮	丙	乙	巽	庚
天德合	壬		丁	丙		己	戊		辛	庚		乙

① 干水支金，纳音属金。

月德	丙	甲	壬	庚	丙	甲	壬	庚	丙	甲	壬	庚
月德合	辛	己	丁	乙	辛	己	丁	乙	辛	己	丁	乙
月空	壬	庚	丙	甲	壬	庚	丙	甲	壬	庚	丙	甲
阳贵人	乾	中	坎	离	艮	兑	乾	中	巽	震	坤	坎
阴贵人	艮	兑	乾	中	坎	离	艮	兑	乾	中	巽	震
飞天禄	中	巽	震	坤	坎	离	艮	兑	乾	中	坎	离
飞天马	中	坎	离	艮	兑	乾	中	巽	震	坤	坎	离
月紫白 一白	巽	中	乾	兑	艮	离	坎	坤	震	巽	中	乾
六白	离	坎	坤	震	巽	中	乾	兑	艮	离	坎	坤
八白	坤	震	巽	中	乾	兑	艮	离	坎	坤	震	巽
九紫	震	巽	中	乾	兑	艮	离	坎	坤	震	巽	中

	立春	春分	立夏	夏至	立秋	秋分	立冬	冬至
三奇 乙	坎	中	乾	兑	离	中	巽	震
丙	坤	乾	兑	乾	艮	巽	震	巽
丁	震	兑	艮	中	兑	震	坤	中

开山凶

月	正	二	三	四	五	六	七	八	九	十	十一	十二
月建	寅	卯	辰	巳	午	未	申	酉	戌	亥	子	丑
月破	申	酉	戌	亥	子	丑	寅	卯	辰	巳	午	未
月克山家			离 丙	壬 乙	水 山	土	震 巳	艮				
阴府太岁	离 乾	震 坤	艮 巽	兑 乾	坎 坤	乾 离	坤 震	巽 艮	乾 兑	坤 坎	离 乾	震 坤

修方凶

天官符	中	辰 巽 巳	甲 震 乙	未 坤 申	壬 坎 癸	丙 离 丁	丑 艮 寅	庚 兑 辛	戌 乾 亥	中	庚 兑 辛	戌 乾 亥
地官符	戌 乾 亥	中	辰 巽 巳	甲 震 乙	未 坤 申	壬 坎 癸	丙 离 丁	丑 艮 寅	庚 兑 辛	戌 乾 亥	中	庚 兑 辛

小月建	中	戊乾亥	庚兑辛	丑艮寅	丙离丁	壬坎癸	未坤申	甲震乙	辰巽巳	中	戊乾亥	庚兑辛
大月建	未坤申	壬坎癸	丙离丁	丑艮寅	庚兑辛	戊乾亥	中	辰巽巳	甲震乙	未坤申	壬坎癸	丙离丁
飞大煞	戊乾亥	中	辰巽巳	甲震乙	未坤申	壬坎癸	丙离丁	丑艮寅	庚兑辛	戊乾亥	中	庚兑辛
丙丁独火	离坎	艮离	兑艮	乾兑	中乾	中	巽中	震巽	坤震	坎坤	离坎	艮离
月游火	兑	艮	离	坎	坤	震	巽	中	乾	兑	艮	离
劫煞	亥	申	巳	寅	亥	申	巳	寅	亥	申	巳	寅
灾煞	子	酉	午	卯	子	酉	午	卯	子	酉	午	卯
月煞	丑	戌	未	辰	丑	戌	未	辰	丑	戌	未	辰
月刑	巳	子	辰	申	午	丑	寅	酉	未	亥	卯	戌
月害	巳	辰	卯	寅	丑	子	亥	戌	酉	申	未	午
月厌	戌	酉	申	未	午	巳	辰	卯	寅	丑	子	亥

太岁癸酉[①]

开山立向修方吉	岁德戊　岁德合癸　岁支德寅　阳贵人巳　阴贵人卯　岁禄子　岁马亥　奏书坤　博士艮			
三元紫白	上元	一白中	六白坎	八白震	九紫巽
	中元	一白坤	六白兑	八白离	九紫坎
	下元	一白艮	六白巽	八白乾	九紫兑
盖山黄道	贪狼离壬寅戌　巨门乾甲　武曲坎癸申辰　文曲艮丙				

① 干水支金，纳音属金。

通天窍	三合前方乾亥　壬子　癸丑　三合后方巽巳　丙午　丁未 十二吉山宜巳酉丑亥卯未年月日时
走马六壬	神后甲卯　功曹巽巳　天罡丁未 胜光庚酉　传送乾亥　河魁癸丑 十二吉山宜巳酉丑亥卯未年月日时
四利三元	太阳戌　太阴子　龙德辰　福德午
开山立向修方凶	太岁酉　岁破卯　三煞寅卯辰 坐煞向煞甲乙　庚辛　浮天空亡坤乙
开山凶	年克山家乾亥兑丁山 阴府太岁震坤　六害戌　死符寅　灸退子
立向凶	巡山罗睺辛　病符申
修方凶	天官符申　地官符丑　大煞酉　大将军午 士乾　蚕室巽　蚕官辰　蚕命巳 岁刑酉　黄旛丑　豹尾未　飞廉亥 丧门亥　吊客未　白虎巳　金神申酉子丑 独火坤　五鬼未　破败五鬼艮

开山立向修方吉

月	正	二	三	四	五	六	七	八	九	十	十一	十二
天道	南	西南	北	西	西北	东	北	东北	南	东	东南	西
天德	丁	坤	壬	辛	乾	甲	癸	艮	丙	乙	巽	庚
天德合	壬		丁	丙		己	戊		辛	庚		乙
月德	丙	甲	壬	庚	丙	甲	壬	庚	丙	甲	壬	庚
天德合	辛	己	丁	乙	辛	己	丁	乙	辛	己	丁	乙
月空	壬	庚	丙	甲	壬	庚	丙	甲	壬	庚	丙	甲
阳贵人	艮	兑	乾	中	坎	离	艮	兑	乾	中	巽	震
阴贵人	乾	中	坎	离	艮	兑	乾	中	巽	震	坤	坎
飞天禄	乾	中	巽	震	坤	坎	离	艮	兑	乾	中	坎
飞天马	中	巽	震	坤	坎	离	艮	兑	乾	中	坎	离

月紫白												
一白	兑	艮	离	坎	坤	震	巽	中	乾	兑	艮	离
六白	震	巽	中	乾	兑	艮	离	坎	坤	震	巽	中
八白	中	乾	兑	艮	离	坎	坤	震	巽	中	乾	兑
九紫	乾	兑	艮	离	坎	坤	震	巽	中	乾	兑	艮

三奇	立春	春分	立夏	夏至	立秋	秋分	立冬	冬至
乙	离	巽	中	艮	坎	乾	中	坤
丙	坎	中	乾	兑	离	中	巽	震
丁	坤	乾	兑	乾	艮	巽	震	巽

开山凶

月	正	二	三	四	五	六	七	八	九	十	十一	十二
月建	寅	卯	辰	巳	午	未	申	酉	戌	亥	子	丑
月破	申	酉	戌	亥	子	丑	寅	卯	辰	巳	午	未
月克山家	震 艮 巳		离 壬 丙 乙				水 土 山		震 艮 巳			
阴府太岁	艮巽	兑乾	坎坤	乾离	坤震	巽艮	乾兑	坤坎	离乾	震坤	艮巽	兑乾

修方凶

天官符	未坤申	壬坎癸	丙离丁	丑艮寅	庚兑辛	戌乾亥	中	庚兑辛	戌乾亥	中	辰巽巳	甲震乙
地官符	庚兑辛	戌乾亥	中	辰巽巳	甲震乙	未坤申	壬坎癸	丙离丁	丑艮寅	庚兑辛	戌乾亥	中
小月建	丙离丁	壬坎癸	未坤申	甲震乙	辰巽巳	中	戌乾亥	庚兑辛	丑艮寅	丙离丁	壬坎癸	未坤申
大月建	丑艮寅	庚兑辛	戌乾亥	中	辰巽巳	甲震乙	未坤申	壬坎癸	丙离丁	丑艮寅	庚兑辛	戌乾亥

飞大煞	甲 震 乙	未 坤 申	壬 坎 癸	丙 离 丁	丑 艮 寅	庚 兑 辛	戌 乾 亥	中	庚 兑 辛	戌 乾 亥	中	辰 巽 巳
丙丁独火	兑 艮	乾 兑	中 乾	巽 中	中	震 巽	坤 震	坎 坤	离 坎	艮 离	兑 艮	乾 兑
月游火	乾	兑	艮	离	坎	坤	震	巽	中	乾	兑	艮
劫煞	亥	申	巳	寅	亥	申	巳	寅	亥	申	巳	寅
灾煞	子	酉	午	卯	子	酉	午	卯	子	酉	午	卯
月煞	丑	戌	未	辰	丑	戌	未	辰	丑	戌	未	辰
月刑	巳	子	辰	申	午	丑	寅	酉	未	亥	卯	戌
月害	巳	辰	卯	寅	丑	子	亥	戌	酉	申	未	午
月厌	戌	酉	申	未	午	巳	辰	卯	寅	丑	子	亥

钦定协纪辨方书卷十五

年表二

甲戌至癸未

太岁甲戌[①]

<table>
<tr><td>开山立向修方吉</td><td colspan="5">岁德甲　岁德合巳　岁支德卯
阳贵人未　阴贵人丑　岁禄寅
岁马申　奏书坤　博士艮</td></tr>
<tr><td rowspan="3">三元紫白</td><td>上元</td><td>一白乾</td><td>六白坤</td><td>八白巽</td><td>九紫中</td></tr>
<tr><td>中元</td><td>一白震</td><td>六白艮</td><td>八白坎</td><td>九紫坤</td></tr>
<tr><td>下元</td><td>一白离</td><td>六白中</td><td>八白兑</td><td>九紫艮</td></tr>
<tr><td>盖山黄道</td><td colspan="5">贪狼坎癸申辰　巨门坤乙　武曲离壬寅戌　文曲兑丁巳丑</td></tr>
<tr><td>通天窍</td><td colspan="5">三合前方坤申　庚酉　辛戌　三合后方艮寅　甲卯　乙辰
十二吉山宜寅午戌申子辰年月日时</td></tr>
<tr><td>走马六壬</td><td colspan="5">神后艮寅　功曹乙辰　天罡丙午
胜光坤申　传送辛戌　河魁壬子
十二吉山宜寅午戌申子辰年月日时</td></tr>
<tr><td>四利三元</td><td colspan="5">太阳亥　太阴丑　龙德巳　福德未</td></tr>
<tr><td>开山立向修方凶</td><td colspan="5">太岁戌　岁破辰　三煞亥子丑
坐煞向煞壬癸丙丁　浮天空亡离壬</td></tr>
<tr><td>开山凶</td><td colspan="5">年克山家乾亥兑丁山
阴府太岁艮巽　六害酉　死符卯　灸退酉</td></tr>
<tr><td>立向凶</td><td colspan="5">巡山罗睺乾　病符酉</td></tr>
</table>

① 干木支土，纳音属火。

修方凶	天官符巳　地官符寅　大煞午　大将军午 力士乾　蚕室巽　蚕官辰　蚕命巳 岁刑未　黄旛戌　豹尾辰　飞廉子 丧门子　吊客申　白虎午　金神午未申酉 独火乾　五鬼午　破败五鬼巽

开山立向修方吉

月	正	二	三	四	五	六	七	八	九	十	十一	十二
天道	南	西南	北	西	西北	东	北	东北	南	东	东南	西
天德	丁	坤	壬	辛	乾	甲	癸	艮	丙	寅	巽	庚
天德合	壬		丁	丙		己	戊		辛	庚		乙
月德	丙	甲	壬	庚	丙	甲	壬	庚	丙	甲	壬	庚
月德合	辛	己	丁	乙	辛	己	丁	乙	辛	己	丁	乙
月空	壬	庚	丙	甲	壬	庚	丙	甲	壬	庚	丙	甲
阳贵人	坎	离	艮	兑	乾	中	坎	离	艮	兑	乾	中
阴贵人	兑	乾	中	巽	震	坤	坎	离	艮	兑	乾	中
飞天禄	中	坎	离	艮	兑	乾	中	巽	震	坤	坎	离
飞天马	坤	坎	离	艮	兑	乾	中	坎	离	艮	兑	乾
月紫白　一白	坎	坤	震	巽	中	乾	兑	艮	离	坎	坤	震
月紫白　六白	乾	兑	艮	离	坎	坤	震	巽	中	乾	兑	艮
月紫白　八白	艮	离	坎	坤	震	巽	中	乾	兑	艮	离	坎
月紫白　九紫	离	坎	坤	震	巽	中	乾	兑	艮	离	坎	坤

	立春	春分	立夏	夏至	立秋	秋分	立冬	冬至
三奇　乙	离	巽	中	艮	坎	乾	中	坤
三奇　丙	离	巽	中	艮	坎	乾	中	坤
三奇　丁	坎	中	乾	兑	离	中	巽	震

开山凶

月	正	二	三	四	五	六	七	八	九	十	十一	十二
月建	寅	卯	辰	巳	午	未	申	酉	戌	亥	子	丑
月破	申	酉	戌	亥	子	丑	寅	卯	辰	巳	午	未

月克山家	乾亥 兑丁		震艮 巳				水土 山		乾亥 兑丁		离壬 丙乙	
阴府太岁	坎坤	乾离	坤震	巽艮	乾兑	坤坎	离乾	震坤	艮巽	兑乾	坎坤	乾离

修方凶

天官符	丑艮寅	庚兑辛	戌乾亥	中	庚兑辛	戌乾亥	中	辰巽巳	甲震乙	未坤申	壬坎癸	丙离丁
地官符	中	庚兑辛	戌乾亥	中	辰巽巳	甲震乙	未坤申	壬坎癸	丙离丁	丑艮寅	庚兑辛	戌乾亥
小月建	中	戌乾亥	庚兑辛	丑艮寅	丙离丁	壬坎癸	未坤申	甲震乙	辰巽巳	中	戌乾亥	庚兑辛
大月建	中	辰巽巳	甲震乙	未坤申	壬坎癸	丙离丁	丑艮寅	庚兑辛	戌乾亥	中	辰巽巳	甲震乙
飞大煞	丙离丁	丑艮寅	庚兑辛	戌乾亥	中	庚兑辛	戌乾亥	中	辰巽巳	甲震乙	未坤申	壬坎癸
丙丁独火	中乾	中	巽中	震巽	坤震	坎坤	离坎	艮离	兑艮	乾兑	中乾	中
月游火	乾	兑	艮	离	坎	坤	震	巽	中	乾	兑	艮
劫煞	亥	申	巳	寅	亥	申	巳	寅	亥	申	巳	寅
灾煞	子	酉	午	卯	子	酉	午	卯	子	酉	午	卯
月煞	丑	戌	未	辰	丑	戌	未	辰	丑	戌	未	辰
月刑	巳	子	辰	申	午	丑	寅	酉	未	亥	卯	戌
月害	巳	辰	卯	寅	丑	子	亥	戌	酉	申	未	午
月厌	戌	酉	申	未	午	巳	辰	卯	寅	丑	子	亥

太岁乙亥[1]

开山立向修方吉	岁德庚	岁德合乙	岁支德辰
	阳贵人申	阴贵人子	岁禄卯
	岁马巳	奏书乾	博士巽

① 干木支水，纳音属火。

三元紫白	上元	一白兑	六白震	八白中	九紫乾
	中元	一白巽	六白离	八白坤	九紫震
	下元	一白坎	六白乾	八白艮	九紫离
盖山黄道	贪狼坎癸申辰　巨门坤乙　武曲离壬寅戌　文曲兑丁巳丑				
通天窍	三合前方巽巳　丙午　丁未　三合后方乾亥　壬子　癸丑 十二吉山宜亥卯未巳酉丑年月日时				
走马六壬	神后癸丑　功曹甲卯　天罡巽巳 胜光丁未　传送庚酉　河魁乾亥 十二吉山宜亥卯未巳酉丑年月日时				
四利三元	太阳子　太阴寅　龙德午　福德申				
开山立向修方凶	太岁亥　岁破巳　三煞申酉戌 坐煞向煞庚辛甲乙　浮天空亡坎癸				
开山凶	年克山家甲寅辰巽戌坎辛申丑癸坤庚未山 阴府太岁兑乾　六害申　死符辰　灸退午				
立向凶	巡山罗睺壬　病符戌				
修方凶	天官符寅　地官符卯　大煞卯　大将军酉 力士艮　蚕室坤　蚕官未　蚕命申 岁刑亥　黄旛未　豹尾丑　飞廉丑 丧门丑　吊客酉　白虎未　金神辰巳 独火乾　五鬼巳　破败五鬼艮				

开山立向修方吉

月	正	二	三	四	五	六	七	八	九	十	十一	十二
天道	南	西南	北	西	西北	东	北	东北	南	东	东南	西
天德	丁	坤	壬	辛	乾	甲	癸	艮	丙	乙	巽	庚
天德合	壬		丁	丙		己	戊		辛	庚		乙
月德	丙	甲	壬	庚	丙	甲	壬	庚	丙	甲	壬	庚
月德合	辛	己	丁	乙	辛	己	丁	乙	辛	己	丁	乙
月空	壬	庚	丙	甲	壬	庚	丙	甲	壬	庚	丙	甲
阳贵人	坤	坎	离	艮	兑	乾	中	坎	离	艮	兑	乾
阴贵人	乾	中	巽	震	坤	坎	离	艮	兑	乾	中	坎

飞天禄	乾	中	坎	离	艮	兑	乾	中	巽	震	坤	坎
飞天马	艮	兑	乾	中	坎	离	艮	兑	乾	中	巽	震
月紫白 一白	巽	中	乾	兑	艮	离	坎	坤	震	巽	中	乾
月紫白 六白	离	坎	坤	震	巽	中	乾	兑	艮	离	坎	坤
月紫白 八白	坤	震	巽	中	乾	兑	艮	离	坎	坤	震	巽
月紫白 九紫	震	巽	中	乾	兑	艮	离	坎	坤	震	巽	中

	立春	春分	立夏	夏至	立秋	秋分	立冬	冬至
三奇 乙	艮	震	巽	离	坤	兑	乾	坎
三奇 丙	离	巽	中	艮	坎	乾	中	坤
三奇 丁	坎	中	乾	兑	离	中	巽	震

开山凶

月	正	二	三	四	五	六	七	八	九	十	十一	十二
月建	寅	卯	辰	巳	午	未	申	酉	戌	亥	子	丑
月破	申	酉	戌	亥	子	丑	寅	卯	辰	巳	午	未
月克山家	乾 兑	亥 丁	震 巳	艮	离 丙	壬 乙			乾 兑	亥 丁	水 山	土
阴府太岁	坤 震	巽 艮	乾 兑	坤 坎	离 乾	震 坤	艮 巽	兑 乾	坎 坤	乾 离	坤 震	巽 艮

修方凶

天官符	中	庚 兑 辛	戌 乾 亥	中	辰 巽 巳	甲 震 乙	未 坤 申	壬 坎 癸	丙 离 丁	丑 艮 寅	庚 兑 辛	戌 乾 亥
地官符	戌 乾 亥	中	庚 兑 辛	戌 乾 亥	中	辰 巽 巳	甲 震 乙	未 坤 申	壬 坎 癸	丙 离 丁	丑 艮 寅	庚 兑 辛
小月建	丙 离 丁	壬 坎 癸	未 坤 申	甲 震 乙	辰 巽 巳	中	戌 乾 亥	庚 兑 辛	丑 艮 寅	丙 离 丁	壬 坎 癸	未 坤 申
大月建	未 坤 申	壬 坎 癸	丙 离 丁	丑 艮 寅	庚 兑 辛	戌 乾 亥	中	辰 巽 巳	甲 震 乙	未 坤 申	壬 坎 癸	丙 离 丁
飞大煞	戌 乾 亥	中	庚 兑 辛	戌 乾 亥	中	辰 巽 巳	甲 震 乙	未 坤 申	壬 坎 癸	丙 离 丁	丑 艮 寅	庚 兑 辛
丙丁独火	巽 中	震 巽	坤 震	坎 坤	离 坎	艮 离	兑 艮	乾 兑	中 乾	中	巽 中	震 巽

月游火	坎	坤	震	巽	中	乾	兑	艮	离	坎	坤	震
劫煞	亥	申	巳	寅	亥	申	巳	寅	亥	申	巳	寅
灾煞	子	酉	午	卯	子	酉	午	卯	子	酉	午	卯
月煞	丑	戌	未	辰	丑	戌	未	辰	丑	戌	未	辰
月刑	巳	子	辰	申	午	丑	寅	酉	未	亥	卯	戌
月害	巳	辰	卯	寅	丑	子	亥	戌	酉	申	未	午
月厌	戌	酉	申	未	午	巳	辰	卯	寅	丑	子	亥

太岁丙子①

开山立向修方吉	岁德丙　岁德合辛　岁支德巳 阳贵人酉　阴贵人亥　岁禄巳 岁马寅　奏书乾　博士巽			
三元紫白	上元	一白艮	六白巽	八白乾	九紫兑
	中元	一白中	六白坎	八白震	九紫巽
	下元	一白坤	六白兑	八白离	九紫坎
盖山黄道	贪狼震庚亥未　巨门兑丁巳丑　武曲巽辛　文曲坤乙				
通天窍	三合前方艮寅　甲卯　乙辰　三合后方坤申　庚酉　辛戌 十二吉山宜申子辰寅午戌年月日时				
走马六壬	神后壬子　功曹艮寅　天罡乙辰 胜光丙午　传送坤申　河魁辛戌 十二吉山宜申子辰寅午戌年月日时				
四利三元	太阳丑　太阴卯　龙德未　福德酉				
开山立向修方凶	太岁子　岁破午　三煞巳午未 坐煞向煞丙丁壬癸　浮天空亡巽辛				
开山凶	年克山家乾亥兑丁山 阴府太岁坎坤　六害未　死符巳　灸退卯				
立向凶	巡山罗睺癸　病符亥				

① 干火支水，纳音属木。

修方凶	天官符亥　地官符辰　大煞子　大将军酉 力士艮　蚕室坤　蚕官未　蚕命申 岁刑亥　黄旛辰　豹尾戌　飞廉申 丧门寅　吊客戌　白虎申　金神寅卯午未子丑 独火艮　五鬼辰　破败五鬼坤

开山立向修方吉

月	正	二	三	四	五	六	七	八	九	十	十一	十二
天道	南	西南	北	西	西北	东	北	东北	南	东	东南	西
天德	丁	坤	壬	辛	乾	甲	癸	艮	丙	乙	巽	庚
天德合	壬		丁	丙		己	戊		辛	庚		乙
月德	丙	甲	壬	庚	丙	甲	壬	庚	丙	甲	壬	庚
月德合	辛	己	丁	乙	辛	己	丁	乙	辛	己	丁	乙
月空	壬	庚	丙	甲	壬	庚	丙	甲	壬	庚	丙	甲
阳贵人	震	坤	坎	离	艮	兑	乾	中	坎	离	艮	兑
阴贵人	中	巽	震	坤	坎	离	艮	兑	乾	中	坎	离
飞天禄	艮	兑	乾	中	坎	离	艮	兑	乾	中	巽	震
飞天马	中	坎	离	艮	兑	乾	中	巽	震	坤	坎	离
月紫白 一白	兑	艮	离	坎	坤	震	巽	中	乾	兑	艮	离
六白	震	巽	中	乾	兑	艮	离	坎	坤	震	巽	中
八白	中	乾	兑	艮	离	坎	坤	震	巽	中	乾	兑
九紫	乾	兑	艮	离	坎	坤	震	巽	中	乾	兑	艮

	立春	春分	立夏	夏至	立秋	秋分	立冬	冬至
三奇 乙	兑	坤	震	坎	震	艮	兑	离
丙	艮	震	巽	离	坤	兑	乾	坎
丁	离	巽	中	艮	坎	乾	中	坤

开山凶

月	正	二	三	四	五	六	七	八	九	十	十一	十二
月建	寅	卯	辰	巳	午	未	申	酉	戌	亥	子	丑
月破	申	酉	戌	亥	子	丑	寅	卯	辰	巳	午	未

月克山家			乾 亥 兑 丁		离 壬 丙 乙		震 艮 巳				水 土 山	
阴府太岁	乾兑	坤坎	离乾	震坤	艮巽	兑乾	坎坤	乾离	坤震	巽艮	乾兑	坤坎

修方凶

天官符	中	辰巽巳	甲震乙	未坤申	壬坎癸	丙离丁	丑艮寅	庚兑辛	戌乾亥	中	庚兑辛	戌乾亥
地官符	庚兑辛	戌乾亥	中	庚兑辛	戌乾亥	中	辰巽巳	甲震乙	未坤申	壬坎癸	丙离丁	丑艮寅
小月建	中	戌乾亥	庚兑辛	丑艮寅	丙离丁	壬坎癸	未坤申	甲震乙	辰巽巳	中	戌乾亥	庚兑辛
大月建	丑艮寅	庚兑辛	戌乾亥	中	辰巽巳	甲震乙	未坤申	壬坎癸	丙离丁	丑艮寅	庚兑辛	戌乾亥
飞大煞	戌乾亥	中	辰巽巳	甲震乙	未坤申	壬坎癸	丙离丁	丑艮寅	庚兑辛	戌乾亥	中	庚兑辛
丙丁独火	坤震	坎坤	离坎	艮离	兑艮	乾兑	中乾	中	巽中	震巽	坤震	坎坤
月游火	艮	离	坎	坤	震	巽	中	乾	兑	艮	离	坎
劫煞	亥	申	巳	寅	亥	申	巳	寅	亥	申	巳	寅
灾煞	子	酉	午	卯	子	酉	午	卯	子	酉	午	卯
月煞	丑	戌	未	辰	丑	戌	未	辰	丑	戌	未	辰
月刑	巳	子	辰	申	午	丑	寅	酉	未	亥	卯	戌
月害	巳	辰	卯	寅	丑	子	亥	戌	酉	申	未	午
月厌	戌	酉	申	未	午	巳	辰	卯	寅	丑	子	亥

太岁丁丑①

开山立向修方吉	岁德壬　　岁德合丁　　岁支德午 阳贵人亥　　阴贵人酉　　岁禄午 岁马亥　　奏书乾　　博士巽

① 干火支土，纳音属木。

<table>
<tr><td rowspan="3">三元紫白</td><td>上元</td><td>一白离</td><td>六白中</td><td>八白兑</td><td>九紫艮</td></tr>
<tr><td>中元</td><td>一白乾</td><td>六白坤</td><td>八白巽</td><td>九紫中</td></tr>
<tr><td>下元</td><td>一白震</td><td>六白艮</td><td>八白坎</td><td>九紫坤</td></tr>
<tr><td>盖山黄道</td><td colspan="5">贪狼艮丙　巨门巽辛　武曲兑丁巳丑　文曲离壬寅戌</td></tr>
<tr><td>通天窍</td><td colspan="5">三合前方乾亥　壬子　癸丑　三合后方巽巳　丙午　丁未
十二吉山宜巳酉丑亥卯未年月日时</td></tr>
<tr><td>走马六壬</td><td colspan="5">神后乾亥　功曹癸丑　天罡甲卯
胜光巽巳　传送丁未　河魁庚酉
十二吉山宜巳酉丑亥卯未年月日时</td></tr>
<tr><td>四利三元</td><td colspan="5">太阳寅　太阴辰　龙德申　福德戌</td></tr>
<tr><td>开山立向修方凶</td><td colspan="5">太岁丑　岁破未　三煞寅卯辰
坐煞向煞甲乙庚辛　浮天空亡震庚</td></tr>
<tr><td>开山凶</td><td colspan="5">年克山家甲寅辰巽戌坎辛申丑癸坤艮未山
阴府太岁乾离　六害午　死符午　灸退子</td></tr>
<tr><td>立向凶</td><td colspan="5">巡山罗睺艮　病符子</td></tr>
<tr><td>修方凶</td><td colspan="5">天官符申　地官符巳　大煞酉　大将军酉
力士艮　蚕室坤　蚕官未　蚕命申
岁刑戌　黄旛丑　豹尾未　飞廉酉
丧门卯　吊客亥　白虎酉　金神寅卯戌亥
独火震　五鬼卯　破败五鬼震</td></tr>
</table>

开山立向修方吉

月	正	二	三	四	五	六	七	八	九	十	十一	十二
天道	南	西南	北	西	西北	东	北	东北	南	东	东南	西
天德	丁	坤	壬	辛	乾	甲	癸	艮	丙	乙	巽	庚
天德合	壬		丁	丙		己	戊		辛	庚		乙
月德	丙	甲	壬	庚	丙	甲	壬	庚	丙	甲	壬	庚
月德合	辛	己	丁	乙	辛	己	丁	乙	辛	己	丁	乙
月空	壬	庚	丙	甲	壬	庚	丙	甲	壬	庚	丙	甲
阳贵人	中	巽	震	坤	坎	离	艮	兑	乾	中	坎	离
阴贵人	震	坤	坎	离	艮	兑	乾	中	坎	离	艮	兑

飞天禄	离	艮	兑	乾	中	坎	离	艮	兑	乾	中	巽
飞天马	中	巽	震	坤	坎	离	艮	兑	乾	中	坎	离
月紫白 一白	坎	坤	震	巽	中	乾	兑	艮	离	坎	坤	震
六白	乾	兑	艮	离	坎	坤	震	巽	中	乾	兑	艮
八白	艮	离	坎	坤	震	巽	中	乾	兑	艮	离	坎
九紫	离	坎	坤	震	巽	中	乾	兑	艮	离	坎	坤

	立春	春分	立夏	夏至	立秋	秋分	立冬	冬至
三奇 乙	乾	坎	坤	坤	巽	离	艮	艮
丙	兑	坤	震	坎	震	艮	兑	离
丁	艮	震	巽	离	坤	兑	乾	坎

开山凶

月	正	二	三	四	五	六	七	八	九	十	十一	十二
月建	寅	卯	辰	巳	午	未	申	酉	戌	亥	子	丑
月破	申	酉	戌	亥	子	丑	寅	卯	辰	巳	午	未
月克山家			离 丙	壬 乙	水 山	土	震 巳	艮				
阴府太岁	离 乾	震 坤	艮 巽	兑 乾	坎 坤	乾 离	坤 震	巽 艮	乾 兑	坤 坎	离 乾	震 坤

修方凶

天官符	未 坤 申	壬 坎 癸	丙 离 丁	丑 艮 寅	庚 兑 辛	戌 乾 亥	中	庚 兑 辛	戌 乾 亥	中	辰 巽 巳	甲 震 乙
地官符	丑 艮 寅	庚 兑 辛	戌 乾 亥	中	庚 兑 辛	戌 乾 亥	中	辰 巽 巳	甲 震 乙	未 坤 申	壬 坎 癸	丙 离 丁
小月建	丙 离 丁	壬 坎 癸	未 坤 申	甲 震 乙	辰 巽 巳	中	戌 乾 亥	庚 兑 辛	丑 艮 寅	丙 离 丁	壬 坎 癸	未 坤 申
大月建	中	辰 巽 巳	甲 震 乙	未 坤 申	壬 坎 癸	丙 离 丁	丑 艮 寅	庚 兑 辛	戌 乾 亥	中	辰 巽 巳	甲 震 乙
飞大煞	甲 震 乙	未 坤 申	壬 坎 癸	丙 离 丁	丑 艮 寅	庚 兑 辛	戌 乾 亥	中	庚 兑 辛	戌 乾 亥	中	辰 巽 巳
丙丁独火	离 坎	艮 离	兑 艮	乾 兑	中 乾	中	巽 中	震 巽	坤 震	坎 坤	离 坎	艮 离

月游火	艮	离	坎	坤	震	巽	中	乾	兑	艮	离	坎
劫煞	亥	申	巳	寅	亥	申	巳	寅	亥	申	巳	寅
灾煞	子	酉	午	卯	子	酉	午	卯	子	酉	午	卯
月煞	丑	戌	未	辰	丑	戌	未	辰	丑	戌	未	辰
月刑	巳	子	辰	申	午	丑	寅	酉	未	亥	卯	戌
月害	巳	辰	卯	寅	丑	子	亥	戌	酉	申	未	午
月厌	戌	酉	申	未	午	巳	辰	卯	寅	丑	子	亥

太岁戊寅[①]

开山立向修方吉	岁德戊　岁德合癸　岁支德未 阳贵人丑　阴贵人未　岁禄巳 岁马申　奏书艮　博士坤				
三元紫白	上元	一白坎	六白乾	八白艮	九紫离
	中元	一白兑	六白震	八白中	九紫乾
	下元	一白巽	六白离	八白坤	九紫震
盖山黄道	贪狼艮丙　巨门巽辛　武曲兑丁巳丑　文曲离壬寅戌				
通天窍	三合前方坤申　庚酉　辛戌　三合后方艮寅　甲卯　乙辰 十二吉山宜寅午戌申子辰年月日时				
走马六壬	神后辛戌　功曹壬子　天罡艮寅 胜光乙辰　传送丙午　河魁坤申 十二吉山宜寅午戌申子辰年月日时				
四利三元	太阳卯　太阴巳　龙德酉　福德亥				
开山立向修方凶	太岁寅　岁破申　三煞亥子丑 坐煞向煞壬癸　丙丁　浮天空亡坤乙				
开山凶	年克山家离壬丙乙山 阴府太岁坤震　六害巳　死符未　灸退酉				
立向凶	巡山罗睺甲　病符丑				

① 干土支木，纳音属土。

修方凶	天官符巳　地官符午　大煞午　大将军子 力士巽　蚕室乾　蚕官戌　蚕命亥 岁刑巳　黄旛戌　豹尾辰　飞廉戌 丧门辰　吊客子　白虎戌　金神申酉子丑 独火震　五鬼寅　破败五鬼离

开山立向修方吉

月		正	二	三	四	五	六	七	八	九	十	十一	十二
天道		南	西南	北	西	西北	东	北	东北	南	东	东南	西
天德		丁	坤	壬	辛	乾	甲	癸	艮	丙	乙	巽	庚
天德合		壬		丁	丙		己	戊		辛	庚		乙
月德		丙	甲	壬	庚	丙	甲	壬	庚	丙	甲	壬	庚
月德合		辛	己	丁	乙	辛	己	丁	乙	辛	己	丁	乙
月空		壬	庚	丙	甲	壬	庚	丙	甲	壬	庚	丙	甲
阳贵人		兑	乾	中	巽	震	坤	坎	离	艮	兑	乾	中
阴贵人		坎	离	艮	兑	乾	中	坎	离	艮	兑	乾	中
飞天禄		艮	兑	乾	中	坎	离	艮	兑	乾	中	巽	震
飞天马		坤	坎	离	艮	兑	乾	中	坎	离	艮	兑	乾
月紫白	一白	巽	中	乾	兑	艮	离	坎	坤	震	巽	中	乾
	六白	离	坎	坤	震	巽	中	乾	兑	艮	离	坎	坤
	八白	坤	震	巽	中	乾	兑	艮	离	坎	坤	震	巽
	九紫	震	巽	中	乾	兑	艮	离	坎	坤	震	巽	中

		立春	春分	立夏	夏至	立秋	秋分	立冬	冬至
三奇	乙	中	离	坎	震	中	坎	离	兑
	丙	乾	坎	坤	坤	巽	离	艮	艮
	丁	兑	坤	震	坎	震	艮	兑	离

开山凶

月	正	二	三	四	五	六	七	八	九	十	十一	十二
月建	寅	卯	辰	巳	午	未	申	酉	戌	亥	子	丑
月破	申	酉	戌	亥	子	丑	寅	卯	辰	巳	午	未

月克山家	震艮巳		离壬丙乙				水土山		震艮巳			
阴府太岁	艮巽	兑乾	坎坤	乾离	坤震	巽艮	乾兑	坤坎	离乾	震坤	艮巽	兑乾

修方凶

天官符	丑艮寅	庚兑辛	戌乾亥	中	庚兑辛	戌乾亥	中	辰巽巳	甲震乙	未坤申	壬坎癸	丙离丁
地官符	丙离丁	丑艮寅	庚兑辛	戌乾亥	中	庚兑辛	戌乾亥	中	辰巽巳	甲震乙	未坤申	壬坎癸
小月建	中	戌乾亥	庚兑辛	丑艮寅	丙离丁	壬坎癸	未坤申	甲震乙	辰巽巳	中	戌乾亥	庚兑辛
大月建	未坤申	壬坎癸	丙离丁	丑艮寅	庚兑辛	戌乾亥	中	辰巽巳	甲震乙	未坤申	壬坎癸	丙离丁
飞大煞	丙离丁	丑艮寅	庚兑辛	戌乾亥	中	庚兑辛	戌乾亥	中	辰巽巳	甲震乙	未坤申	壬坎癸
丙丁独火	兑艮	乾兑	中乾	中	巽中	震巽	坤震	坎坤	离坎	艮离	兑艮	乾兑
月游火	震	巽	中	乾	兑	艮	离	坎	坤	震	巽	中
劫煞	亥	申	巳	寅	亥	申	巳	寅	亥	申	巳	寅
灾煞	子	酉	午	卯	子	酉	午	卯	子	酉	午	卯
月煞	丑	戌	未	辰	丑	戌	未	辰	丑	戌	未	辰
月刑	巳	子	辰	申	午	丑	寅	酉	未	亥	卯	戌
月害	巳	辰	卯	寅	丑	子	亥	戌	酉	申	未	午
月厌	戌	酉	申	未	午	巳	辰	卯	寅	丑	子	亥

太岁己卯[1]

开山立向修方吉	岁德甲 岁德合巳 岁支德申 阳贵人子 阴贵人申 岁禄午 岁马巳 奏书艮 博士坤

① 干土支木，纳音属土。

三元紫白	上元	一白坤	六白兑	八白离	九紫坎
	中元	一白艮	六白巽	八白乾	九紫兑
	下元	一白中	六白坎	八白震	九紫巽
盖山黄道	贪狼乾甲　巨门离壬寅戌　武曲坤乙　文曲巽辛				
通天窍	三合前方巽巳　丙午　丁未　三合后方乾亥　壬子　癸丑 十二吉山宜亥卯未巳酉丑年月日时				
走马六壬	神后庚酉　功曹乾亥　天罡癸丑 胜光甲卯　传送巽巳　河魁丁未 十二吉山宜亥卯未巳酉丑年月日时				
四利三元	太阳辰　太阴午　龙德戌　福德子				
开山立向修方凶	太岁卯　岁破酉　三煞申酉戌 坐煞向煞庚辛甲乙　浮天空亡乾甲				
开山凶	年克山家二十四山并无克，冬至后克乾亥兑丁山 阴府太岁巽艮　六害辰　死符申　炙退午				
立向凶	巡山罗睺乙　病符寅				
修方凶	天官符寅　地官符未　大煞卯　大将军子 力士巽　蚕室乾　蚕官戌　蚕命亥 岁刑子　黄旛未　豹尾丑　飞廉巳 丧门巳　吊客丑　白虎亥　金神午未申酉 独火坎　五鬼丑　破败五鬼坎				

开山立向修方吉

月	正	二	三	四	五	六	七	八	九	十	十一	十二
天道	南	西南	北	西	西北	东	北	东北	南	东	东南	西
天德	丁	坤	壬	辛	乾	甲	癸	艮	丙	乙	巽	庚
天德合	壬		丁	丙		己	戊		辛	庚		乙
月德	丙	甲	壬	庚	丙	甲	壬	庚	丙	甲	壬	庚
月德合	辛	己	丁	乙	辛	己	丁	乙	辛	己	丁	乙
月空	壬	庚	丙	甲	壬	庚	丙	甲	壬	庚	丙	甲
阳贵人	乾	中	巽	震	坤	坎	离	艮	兑	乾	中	坎
阴贵人	坤	坎	离	艮	兑	乾	中	坎	离	艮	兑	乾

飞天禄	离	艮	兑	乾	中	坎	离	艮	兑	乾	中	巽
飞天马	艮	兑	乾	中	坎	离	艮	兑	乾	中	巽	震
月紫白 一白	兑	艮	离	坎	坤	震	巽	中	乾	兑	艮	离
六白	震	巽	中	乾	兑	艮	离	坎	坤	震	巽	中
八白	中	乾	兑	艮	离	坎	坤	震	巽	中	乾	兑
九紫	乾	兑	艮	离	坎	坤	震	巽	中	乾	兑	艮

	立春	春分	立夏	夏至	立秋	秋分	立冬	冬至
三奇 乙	中	离	坎	震	中	坎	离	兑
丙	中	离	坎	震	中	坎	离	兑
丁	乾	坎	坤	坤	巽	离	艮	艮

开山凶

月	正	二	三	四	五	六	七	八	九	十	十一	十二
月建	寅	卯	辰	巳	午	未	申	酉	戌	亥	子	丑
月破	申	酉	戌	亥	子	丑	寅	卯	辰	巳	午	未
月克山家	乾 兑	亥 丁	震 巳	艮			水 山	土	乾 兑	亥 丁	离 丙	壬 乙
阴府太岁	坎 坤	乾 离	坤 震	巽 艮	乾 兑	坤 坎	离 乾	震 坤	艮 巽	兑 乾	坎 坤	乾 离

修方凶

天官符	中	庚 兑 辛	戌 乾 亥	中	辰 巽 巳	甲 震 乙	未 坤 申	壬 坎 癸	丙 离 丁	丑 艮 寅	庚 兑 辛	戌 乾 亥
地官符	壬 坎 癸	丙 离 丁	丑 艮 寅	庚 兑 辛	戌 乾 亥	中	庚 兑 辛	戌 乾 亥	中	辰 巽 巳	甲 震 乙	未 坤 申
小月建	丙 离 丁	壬 坎 癸	未 坤 申	甲 震 乙	辰 巽 巳	中	戌 乾 亥	庚 兑 辛	丑 艮 寅	丙 离 丁	壬 坎 癸	未 坤 申
大月建	丑 艮 寅	庚 兑 辛	戌 乾 亥	中	辰 巽 巳	甲 震 乙	未 坤 申	壬 坎 癸	丙 离 丁	丑 艮 寅	庚 兑 辛	戌 乾 亥
飞大煞	戌 乾 亥	中	庚 兑 辛	戌 乾 亥	中	辰 巽 巳	甲 震 乙	未 坤 申	壬 坎 癸	丙 离 丁	丑 艮 寅	庚 兑 辛
丙丁独火	中 乾	中	巽 中	震 巽	坤 震	坎 坤	离 坎	艮 离	兑 艮	乾 兑	中 乾	中

月游火	巽	中	乾	兑	艮	离	坎	坤	震	巽	中	乾
劫煞	亥	申	巳	寅	亥	申	巳	寅	亥	申	巳	寅
灾煞	子	酉	午	卯	子	酉	午	卯	子	酉	午	卯
月煞	丑	戌	未	辰	丑	戌	未	辰	丑	戌	未	辰
月刑	巳	子	辰	申	午	丑	寅	酉	未	亥	卯	戌
月害	巳	辰	卯	寅	丑	子	亥	戌	酉	申	未	午
月厌	戌	酉	申	未	午	巳	辰	卯	寅	丑	子	亥

太岁庚辰[①]

<table>
<tr><td>开山立向修方吉</td><td colspan="5">岁德庚　岁德合乙　岁支德酉
阳贵人丑　阴贵人未　岁禄申
岁马寅　奏书艮　博士坤</td></tr>
<tr><td rowspan="3">三元紫白</td><td>上元</td><td>一白震</td><td>六白艮</td><td>八白坎</td><td>九紫坤</td></tr>
<tr><td>中元</td><td>一白离</td><td>六白中</td><td>八白兑</td><td>九紫艮</td></tr>
<tr><td>下元</td><td>一白乾</td><td>六白坤</td><td>八白巽</td><td>九紫中</td></tr>
<tr><td>盖山黄道</td><td colspan="5">贪狼兑丁巳丑　巨门震庚亥未　武曲艮丙　文曲坎癸申辰</td></tr>
<tr><td>通天窍</td><td colspan="5">三合前方艮寅　甲卯　乙辰　三合后方坤申　庚酉　辛戌
十二吉山宜申子辰寅午戌年月日时</td></tr>
<tr><td>走马六壬</td><td colspan="5">神后坤申　功曹辛戌　天罡壬子
胜光艮寅　传送乙辰　河魁丙午
十二吉山宜申子辰寅午戌年月日时</td></tr>
<tr><td>四利三元</td><td colspan="5">太阳巳　太阴未　龙德亥　福德丑</td></tr>
<tr><td>开山立向修方凶</td><td colspan="5">太岁辰　岁破戌　三煞巳午未
坐煞向煞丙丁　壬癸　浮天空亡兑丁</td></tr>
<tr><td>开山凶</td><td colspan="5">年克山家震艮巳山
阴府太岁乾兑　六害卯　死符酉　灸退卯</td></tr>
<tr><td>立向凶</td><td colspan="5">巡山罗睺巽　病符卯</td></tr>
</table>

① 干金支土，纳音属金。

修方凶	天官符亥　地官符申　大煞子　大将军子 力士巽　蚕室乾　蚕官戌　蚕命亥 岁刑辰　黄旛辰　豹尾戌　飞廉午 丧门午　吊客寅　白虎子　金神辰巳 独火巽　五鬼子　破败五鬼兑

开山立向修方吉

月	正	二	三	四	五	六	七	八	九	十	十一	十二
天道	南	西南	北	西	西北	东	北	东北	南	东	东南	西
天德	丁	坤	壬	辛	乾	甲	癸	艮	丙	乙	巽	庚
天德合	壬		丁	丙		己	戊		辛	庚		乙
月德	丙	甲	壬	庚	丙	甲	壬	庚	丙	甲	壬	庚
月德合	辛	己	丁	乙	辛	己	丁	乙	辛	己	丁	乙
月空	壬	庚	丙	甲	壬	庚	丙	甲	壬	庚	丙	甲
阳贵人	兑	乾	中	巽	震	坤	坎	离	艮	兑	乾	中
阴贵人	坎	离	艮	兑	乾	中	坎	离	艮	兑	乾	中
飞天禄	坤	坎	离	艮	兑	乾	中	坎	离	艮	兑	乾
飞天马	中	坎	离	艮	兑	乾	中	巽	震	坤	坎	离
月紫白　一白	坎	坤	震	巽	中	乾	兑	艮	离	坎	坤	震
月紫白　六白	乾	兑	艮	离	坎	坤	震	巽	中	乾	兑	艮
月紫白　八白	艮	离	坎	坤	震	巽	中	乾	兑	艮	离	坎
月紫白　九紫	离	坎	坤	震	巽	中	乾	兑	艮	离	坎	坤

	立春	春分	立夏	夏至	立秋	秋分	立冬	冬至
三奇　乙	巽	艮	离	巽	乾	坤	坎	乾
三奇　丙	中	离	坎	震	中	坎	离	兑
三奇　丁	乾	坎	坤	坤	巽	离	艮	艮

开山凶

月	正	二	三	四	五	六	七	八	九	十	十一	十二
月建	寅	卯	辰	巳	午	未	申	酉	戌	亥	子	丑
月破	申	酉	戌	亥	子	丑	寅	卯	辰	巳	午	未

月克山家	乾亥 兑丁		震艮 巳		离壬 丙乙				乾亥 兑丁		水土 山	
阴府太岁	坤震	巽艮	乾兑	坤坎	离乾	震坤	艮巽	兑乾	坎坤	乾离	坤震	巽艮

修方凶

天官符	中	辰巽巳	甲震乙	未坤申	壬坎癸	丙离丁	丑艮寅	庚兑辛	戌乾亥	中	庚兑辛	戌乾亥
地官符	未坎申	壬坤癸	丙离丁	丑艮寅	庚兑辛	戌乾亥	中	庚兑辛	戌乾亥	中	辰巽巳	甲震乙
小月建	中	戌乾亥	庚兑辛	丑艮寅	丙离丁	壬坎癸	未坤申	甲震乙	辰巽巳	中	戌乾亥	庚兑辛
大月建	中	辰巽巳	甲震乙	未坤申	壬坎癸	丙离丁	丑艮寅	庚兑辛	戌乾亥	中	辰巽巳	甲震乙
飞大煞	戌乾亥	中	辰巽巳	甲震乙	未坤申	壬坎癸	丙离丁	丑艮寅	庚兑辛	戌乾亥	中	庚兑辛
丙丁独火	巽中	震巽	坤震	坎坤	离坎	艮离	兑艮	乾兑	中乾	中	巽中	震巽
月游火	巽	中	乾	兑	艮	离	坎	坤	震	巽	中	乾
劫煞	亥	申	巳	寅	亥	申	巳	寅	亥	申	巳	寅
灾煞	子	酉	午	卯	子	酉	午	卯	子	酉	午	卯
月煞	丑	戌	未	辰	丑	戌	未	辰	丑	戌	未	辰
月刑	巳	子	辰	申	午	丑	寅	酉	未	亥	卯	戌
月害	巳	辰	卯	寅	丑	子	亥	戌	酉	申	未	午
月厌	戌	酉	申	未	午	巳	辰	卯	寅	丑	子	亥

太岁辛巳[①]

开山立向修方吉	岁德丙　岁德合辛　岁支德戌 阳贵人寅　阴贵人午　岁禄酉 岁马亥　奏书巽　博士乾

① 干金支火，纳音属金。

<table>
<tr><td rowspan="3">三元紫白</td><td>上元</td><td>一白巽</td><td>六白离</td><td>八白坤</td><td>九紫震</td></tr>
<tr><td>中元</td><td>一白坎</td><td>六白乾</td><td>八白艮</td><td>九紫离</td></tr>
<tr><td>下元</td><td>一白兑</td><td>六白震</td><td>八白中</td><td>九紫乾</td></tr>
<tr><td>盖山黄道</td><td colspan="5">贪狼兑丁巳丑　巨门震庚亥未　武曲艮丙　文曲癸坎申辰</td></tr>
<tr><td>通天窍</td><td colspan="5">三合前方乾亥　壬子　癸丑　三合后方巽巳　丙午　丁未
十二吉山宜巳酉丑亥卯未年月日时</td></tr>
<tr><td>走马六壬</td><td colspan="5">神后丁未　功曹庚酉　天罡乾亥
胜光癸丑　传送甲卯　河魁巽巳
十二吉山宜巳酉丑亥卯未年月日时</td></tr>
<tr><td>四利三元</td><td colspan="5">太阳午　太阴申　龙德子　福德寅</td></tr>
<tr><td>开山立向修方凶</td><td colspan="5">太岁巳　岁破亥　三煞寅卯辰
坐煞向煞甲乙　庚辛　浮天空亡艮丙</td></tr>
<tr><td>开山凶</td><td colspan="5">年克山家离壬丙乙山
阴府太岁坤坎　六害寅　死符戌　灸退子</td></tr>
<tr><td>立向凶</td><td colspan="5">巡山罗睺丙　病符辰</td></tr>
<tr><td>修方凶</td><td colspan="5">天官符申　地官符酉　大煞酉　大将军卯
力士坤　蚕室艮　蚕官丑　蚕命寅
岁刑申　黄旛丑　豹尾未　飞廉未
丧门未　吊客卯　白虎丑　金神寅卯午未子丑
独火巽　五鬼亥　破败五鬼乾</td></tr>
</table>

开山立向修方吉

月	正	二	三	四	五	六	七	八	九	十	十一	十二
天道	南	西南	北	西	西北	东	北	东北	南	东	东南	西
天德	丁	坤	壬	辛	乾	甲	癸	艮	丙	乙	巽	庚
天德合	壬		丁	丙		己	戊		辛	庚		乙
月德	丙	甲	壬	庚	丙	甲	壬	庚	丙	甲	壬	庚
月德合	辛	己	丁	乙	辛	己	丁	乙	辛	己	丁	乙
月空	壬	庚	丙	甲	壬	庚	丙	甲	壬	庚	丙	甲
阳贵人	中	坎	离	艮	兑	乾	中	巽	震	坤	坎	离
阴贵人	离	艮	兑	乾	中	坎	离	艮	兑	乾	中	巽

飞天禄		震	坤	坎	离	艮	兑	乾	中	坎	离	艮	兑
飞天马		中	巽	震	坤	坎	离	艮	兑	乾	中	坎	离
月紫白	一白	巽	中	乾	兑	艮	离	坎	坤	震	巽	中	乾
	六白	离	坎	坤	震	巽	中	乾	兑	艮	离	坎	坤
	八白	坤	震	巽	中	乾	兑	艮	离	坎	坤	震	巽
	九紫	震	巽	中	乾	兑	艮	离	坎	坤	震	巽	中

		立春	春分	立夏	夏至	立秋	秋分	立冬	冬至
三奇	乙	震	兑	艮	中	兑	震	坤	中
	丙	巽	艮	离	巽	乾	坤	坎	乾
	丁	中	离	坎	震	中	坎	离	兑

开山凶

月	正	二	三	四	五	六	七	八	九	十	十一	十二
月建	寅	卯	辰	巳	午	未	申	酉	戌	亥	子	丑
月破	申	酉	戌	亥	子	丑	寅	卯	辰	巳	午	未
月克山家			乾 兑	亥 丁	离 丙	壬 乙	震 巳	艮			水 山	土
阴府太岁	乾 兑	坤 坎	离 乾	震 坤	艮 巽	兑 乾	坎 坤	乾 离	坤 震	巽 艮	乾 兑	坤 坎

修方凶

天官符	未 坤 申	壬 坎 癸	丙 离 丁	丑 艮 寅	庚 兑 辛	戌 乾 亥	中	庚 兑 辛	戌 乾 亥	中	辰 巽 巳	甲 震 乙
地官符	甲 震 乙	未 坤 申	壬 坎 癸	丙 离 丁	丑 艮 寅	庚 兑 辛	戌 乾 亥	中	庚 兑 辛	戌 乾 亥	中	辰 巽 巳
小月建	丙 离 丁	壬 坎 癸	未 坤 申	甲 震 乙	辰 巽 巳	中	戌 乾 亥	庚 兑 辛	丑 艮 寅	丙 离 丁	壬 坎 癸	未 坤 申
大月建	未 坤 申	壬 坎 癸	丙 离 丁	丑 艮 寅	庚 兑 辛	戌 乾 亥	中	辰 巽 巳	甲 震 乙	未 坤 申	壬 坎 癸	丙 离 丁
飞大煞	甲 震 乙	未 坤 申	壬 坎 癸	丙 离 丁	丑 艮 寅	庚 兑 辛	戌 乾 亥	中	庚 兑 辛	戌 乾 亥	中	辰 巽 巳
丙丁独火	坤 震	坎 坤	离 坎	艮 离	兑 艮	乾 兑	中 乾	中	巽 中	震 巽	坤 震	坎 坤

月游火	离	坎	坤	震	巽	中	乾	兑	艮	离	坎	坤
劫煞	亥	申	巳	寅	亥	申	巳	寅	亥	申	巳	寅
灾煞	子	酉	午	卯	子	酉	午	卯	子	酉	午	卯
月煞	丑	戌	未	辰	丑	戌	未	辰	丑	戌	未	辰
月刑	巳	子	辰	申	午	丑	寅	酉	未	亥	卯	戌
月害	巳	辰	卯	寅	丑	子	亥	戌	酉	申	未	午
月厌	戌	酉	申	未	午	巳	辰	卯	寅	丑	子	亥

太岁壬午[①]

<table>
<tr><td>开山立向修方吉</td><td colspan="5">岁德壬　岁德合丁　岁支德亥
阳贵人卯　阴贵人巳　岁禄亥
岁马申　奏书巽　博士乾</td></tr>
<tr><td rowspan="3">三元紫白</td><td>上元</td><td>一白中</td><td>六白坎</td><td>八白震</td><td>九紫巽</td></tr>
<tr><td>中元</td><td>一白坤</td><td>六白兑</td><td>八白离</td><td>九紫坎</td></tr>
<tr><td>下元</td><td>一白艮</td><td>六白巽</td><td>八白乾</td><td>九紫兑</td></tr>
<tr><td>盖山黄道</td><td colspan="5">贪狼巽辛　巨门艮丙　武曲震庚亥未　文曲乾甲</td></tr>
<tr><td>通天窍</td><td colspan="5">三合前方坤申　庚酉　辛戌　三合后方艮寅　甲卯　乙辰
十二吉山宜寅午戌申子辰年月日时</td></tr>
<tr><td>走马六壬</td><td colspan="5">神后丙午　功曹坤申　天罡辛戌
胜光壬子　传送艮寅　河魁乙辰
十二吉山宜寅午戌申子辰年月日时</td></tr>
<tr><td>四利三元</td><td colspan="5">太阳未　太阴酉　龙德　丑　福德卯</td></tr>
<tr><td>开山立向修方凶</td><td colspan="5">太岁午　岁破子　三煞亥子丑
坐煞向煞壬癸　丙丁　浮天空亡乾甲</td></tr>
<tr><td>开山凶</td><td colspan="5">年克山家乾亥兑丁山
阴府太岁离乾　六害丑　死符亥　灸退酉</td></tr>
<tr><td>立向凶</td><td colspan="5">巡山罗睺丁　病符巳</td></tr>
</table>

① 干水支火，纳音属木。

修方凶	天官符巳	地官符戌	大煞午	大将军卯
	力士坤	蚕室艮	蚕官丑	蚕命寅
	岁刑午	黄旛戌	豹尾辰	飞廉寅
	丧门申	吊客辰	白虎寅	金神寅卯戌亥
	独火兑	五鬼戌	破败五鬼巽	

开山立向修方吉

月		正	二	三	四	五	六	七	八	九	十	十一	十二
天道		南	西南	北	西	西北	东	北	东北	南	东	东南	西
天德		丁	坤	壬	辛	乾	甲	癸	艮	丙	乙	巽	庚
天德合		壬		丁	丙		己	戊		辛	庚		乙
月德		丙	甲	壬	庚	丙	甲	壬	庚	丙	甲	壬	庚
月德合		辛	己	丁	乙	辛	己	丁	乙	辛	己	丁	乙
月空		壬	庚	丙	甲	壬	庚	丙	甲	壬	庚	丙	甲
阳贵人		乾	中	坎	离	艮	兑	乾	中	巽	震	坤	坎
阴贵人		艮	兑	乾	中	坎	离	艮	兑	乾	中	巽	震
飞天禄		中	巽	震	坤	坎	离	艮	兑	乾	中	坎	离
飞天马		坤	坎	离	艮	兑	乾	中	坎	离	艮	兑	乾
月紫白	一白	兑	艮	离	坎	坤	震	巽	中	乾	兑	艮	离
	六白	震	巽	中	乾	兑	艮	离	坎	坤	震	巽	中
	八白	中	乾	兑	艮	离	坎	坤	震	巽	中	乾	兑
	九紫	乾	兑	艮	离	坎	坤	震	巽	中	乾	兑	艮

		立春	春分	立夏	夏至	立秋	秋分	立冬	冬至
三奇	乙	坤	乾	兑	乾	艮	巽	震	巽
	丙	震	兑	艮	中	兑	震	坤	中
	丁	巽	艮	离	巽	乾	坤	坎	乾

开山凶

月	正	二	三	四	五	六	七	八	九	十	十一	十二
月建	寅	卯	辰	巳	午	未	申	酉	戌	亥	子	丑
月破	申	酉	戌	亥	子	丑	寅	卯	辰	巳	午	未

月克山家			离壬丙乙		水土山		震艮巳					
阴府太岁	离乾	震坤	艮巽	兑乾	坎坤	乾离	坤震	巽艮	乾兑	坎坤	离乾	震坤

修方凶

天官符	丑艮寅	庚兑辛	戌乾亥	中	庚兑辛	戌乾亥	中	辰巽巳	甲震乙	未坤申	壬坎癸	丙离丁
地官符	辰巽巳	甲震乙	未坤申	壬坎癸	丙离丁	丑艮寅	庚兑辛	戌乾亥	中	庚兑辛	戌乾亥	中
小月建	中	戌乾亥	庚兑辛	丑艮寅	丙离丁	壬坎癸	未坤申	甲震乙	辰巽巳	中	戌乾亥	庚兑辛
大月建	丑艮寅	庚兑辛	戌乾亥	中	辰巽巳	甲震乙	未坤申	壬坎癸	丙离丁	丑艮寅	庚兑辛	戌乾亥
飞大煞	丙离丁	丑艮寅	庚兑辛	戌乾亥	中	庚兑辛	戌乾亥	中	辰巽巳	甲震乙	未坤申	壬坎癸
丙丁独火	离坎	艮离	兑艮	乾兑	中乾	中	巽中	震巽	坤震	坎坤	离坎	艮离
月游火	坤	震	巽	中	乾	兑	艮	离	坎	坤	震	巽
劫煞	亥	申	巳	寅	亥	申	巳	寅	亥	申	巳	寅
灾煞	子	酉	午	卯	子	酉	午	卯	子	酉	午	卯
月煞	丑	戌	未	辰	丑	戌	未	辰	丑	戌	未	辰
月刑	巳	子	辰	申	午	丑	寅	酉	未	亥	卯	戌
月害	巳	辰	卯	寅	丑	子	亥	戌	酉	申	未	午
月厌	戌	酉	申	未	午	巳	辰	卯	寅	丑	子	亥

太岁癸未[1]

开山立向修方吉	岁德戌　岁德合癸　岁支德子 阳贵人巳　阴贵人卯　岁禄子 岁马巳　奏书巽　博士乾

① 干水支土，纳音属水。

<table>
<tr><td rowspan="3">三元紫白</td><td>上元</td><td>一白乾</td><td>六白坤</td><td>八白巽</td><td>九紫中</td></tr>
<tr><td>中元</td><td>一白震</td><td>六白艮</td><td>八白坎</td><td>九紫坤</td></tr>
<tr><td>下元</td><td>一白离</td><td>六白中</td><td>八白兑</td><td>九紫艮</td></tr>
<tr><td>盖山黄道</td><td colspan="5">贪狼坤乙　巨门坎癸申辰　武曲乾甲　文曲震庚亥未</td></tr>
<tr><td>通天窍</td><td colspan="5">三合前方巽巳　丙午　丁未　三合后方乾亥　壬子　癸丑
十二吉山宜亥卯未巳酉丑年月日时</td></tr>
<tr><td>走马六壬</td><td colspan="5">神后巽巳　功曹丁未　天罡庚酉
胜光乾亥　传送癸丑　河魁甲卯
十二吉山宜亥卯未巳酉丑年月日时</td></tr>
<tr><td>四利三元</td><td colspan="5">太阳申　太阴戌　龙德寅　福德辰</td></tr>
<tr><td>开山立向修方凶</td><td colspan="5">太岁未　岁破丑　三煞申酉戌
坐煞向煞庚辛甲乙　浮天空亡坤乙</td></tr>
<tr><td>开山凶</td><td colspan="5">年克山家甲寅辰巽戌坎辛申丑癸坤庚未山
阴府太岁震坤　六害子　死符子　灸退午</td></tr>
<tr><td>立向凶</td><td colspan="5">巡山罗睺坤　病符午</td></tr>
<tr><td>修方凶</td><td colspan="5">天官符寅　地官符亥　大煞卯　大将军卯
力士坤　蚕室艮　蚕官丑　蚕命寅
岁刑丑　黄旛未　豹尾丑　飞廉卯
丧门酉　吊客巳　白虎卯　金神申酉子丑
独火离　五鬼酉　破败五鬼艮</td></tr>
</table>

开山立向修方吉

月	正	二	三	四	五	六	七	八	九	十	十一	十二
天道	南	西南	北	西	西北	东	北	东北	南	东	东南	西
天德	丁	坤	壬	辛	乾	甲	癸	艮	丙	乙	巽	庚
天德合	壬		丁	丙		己	戊		辛	庚		乙
月德	丙	甲	壬	庚	丙	甲	壬	庚	丙	甲	壬	庚
月德合	辛	己	丁	乙	辛	己	丁	乙	辛	己	丁	乙
月空	壬	庚	丙	甲	壬	庚	丙	甲	壬	庚	丙	甲
阳贵人	艮	兑	乾	中	坎	离	艮	兑	乾	中	巽	震

阴贵人	乾	中	坎	离	艮	兑	乾	中	巽	震	坤	坎
飞天禄	乾	中	巽	震	坤	坎	离	艮	兑	乾	中	坎
飞天马	艮	兑	乾	中	坎	离	艮	兑	乾	中	巽	震
月紫白 一白	坎	坤	震	巽	中	乾	兑	艮	离	坎	坤	震
月紫白 六白	乾	兑	艮	离	坎	坤	震	巽	中	乾	兑	艮
月紫白 八白	艮	离	坎	坤	震	巽	中	乾	兑	艮	离	坎
月紫白 九紫	离	坎	坤	震	巽	中	乾	兑	艮	离	坎	坤

	立春	春分	立夏	夏至	立秋	秋分	立冬	冬至
三奇 乙	坎	中	乾	兑	离	中	巽	震
三奇 丙	坤	乾	兑	乾	艮	巽	震	巽
三奇 丁	震	兑	艮	中	兑	震	坤	中

开山凶

月	正	二	三	四	五	六	七	八	九	十	十一	十二
月建	寅	卯	辰	巳	午	未	申	酉	戌	亥	子	丑
月破	申	酉	戌	亥	子	丑	寅	卯	辰	巳	午	未
月克山家	震 艮 巳		离 壬 丙 乙				水 土 山		震 艮 巳			
阴府太岁	艮巽	兑乾	坎坤	乾离	坤震	巽艮	乾兑	坤坎	离乾	震坤	艮巽	兑乾

修方凶

天官符	中	庚兑辛	戊乾亥	中	辰巽巳	甲震乙	未坤申	壬坎癸	丙离丁	丑艮寅	庚兑辛	戊乾亥
地官符	中	辰巽巳	甲震乙	未坤申	壬坎癸	丙离丁	丑艮寅	庚兑辛	戊乾亥	中	庚兑辛	戊乾亥
小月建	丙离丁	壬坎癸	未坤申	甲震乙	辰巽巳	中	戊乾亥	庚兑辛	丑艮寅	丙离丁	壬坎癸	未坤申
大月建	中	辰巽巳	甲震乙	未坤申	壬坎癸	丙离丁	丑艮寅	庚兑辛	戊乾亥	中	辰巽巳	甲震乙
飞大煞	戊乾亥	中	庚兑辛	戊乾亥	中	震巽巳	甲震乙	未坤申	壬坎癸	丙离丁	丑艮寅	庚兑辛

丙丁独火	兑艮	乾兑	中乾	中	巽中	震巽	坤震	坎坤	离坎	艮离	兑艮	乾兑
月游火	坤	震	巽	中	乾	兑	艮	离	坎	坤	震	巽
劫煞	亥	申	巳	寅	亥	申	巳	寅	亥	申	巳	寅
灾煞	子	酉	午	卯	子	酉	午	卯	子	酉	午	卯
月煞	丑	戌	未	辰	丑	戌	未	辰	丑	戌	未	辰
月刑	巳	子	辰	申	午	丑	寅	酉	未	亥	卯	戌
月害	巳	辰	卯	寅	丑	子	亥	戌	酉	申	未	午
月厌	戌	酉	申	未	午	巳	辰	卯	寅	丑	子	亥

钦定协纪辨方书卷十六

年表三

甲申至癸巳

太岁甲申[①]

开山立向修方吉	岁德甲　岁德合巳　岁支德丑 阳贵人未　阴贵人丑　岁禄寅 岁马寅　奏书坤　博士艮				
三元紫白	上元	一白兑	六白震	八白中	九紫乾
	中元	一白巽	六白离	八白坤	九紫震
	下元	一白坎	六白乾	八白艮	九紫离
盖山黄道	贪狼坤乙　巨门坎癸申辰　武曲乾甲　文曲震庚亥未				
通天窍	三合前方艮寅　甲卯　乙辰　三合后方坤申　庚酉　辛戌 十二吉山宜申子辰寅午戌年月日时				
走马六壬	神后乙辰　功曹丙午　天罡坤申 胜光辛戌　传送壬子　河魁艮寅 十二吉山宜申子辰寅午戌年月日时				
四利三元	太阳酉　太阴亥　龙德卯　福德巳				
开山立向修方凶	太岁申　岁破寅　三煞巳午未 坐煞向煞丙丁　壬癸　浮天空亡离壬				
开山凶	年克山家离壬丙乙山 阴府太岁艮巽　六害亥　死符丑　灸退卯				
立向凶	巡山罗睺庚　病符未				

① 干木支金，纳音属水。

修方凶				
	天官符亥	地官符子	大煞子	大将军午
	力士乾	蚕室巽	蚕官辰	蚕命巳
	岁刑寅	黄旛辰	豹尾戌	飞廉辰
	丧门戌	吊客午	白虎辰	金神午未申酉
	独火离	五鬼申	破败五鬼巽	

开山立向修方吉

月		正	二	三	四	五	六	七	八	九	十	十一	十二
天道		南	西南	北	西	西北	东	北	东北	南	东	东南	西
天德		丁	坤	壬	辛	乾	甲	癸	艮	丙	乙	巽	庚
天德合		壬		丁	丙		己	戊		辛	庚		乙
月德		丙	甲	壬	庚	丙	甲	壬	庚	丙	甲	壬	庚
月德合		辛	己	丁	乙	辛	己	丁	乙	辛	己	丁	乙
月空		壬	庚	丙	甲	壬	庚	丙	甲	壬	庚	丙	甲
阳贵人		坎	离	艮	兑	乾	中	坎	离	艮	兑	乾	中
阴贵人		兑	乾	中	巽	震	坤	坎	离	艮	兑	乾	中
飞天禄		中	坎	离	艮	兑	乾	中	巽	震	坤	坎	离
飞天马		中	坎	离	艮	兑	乾	中	巽	震	坤	坎	离
月紫白	一白	巽	中	乾	兑	艮	离	坎	坤	震	巽	中	乾
	六白	离	坎	坤	震	巽	中	乾	兑	艮	离	坎	坤
	八白	坤	震	巽	中	乾	兑	艮	离	坎	坤	震	巽
	九紫	震	巽	中	乾	兑	艮	离	坎	坤	震	巽	中

		立春	春分	立夏	夏至	立秋	秋分	立冬	冬至
三奇	乙	坎	中	乾	兑	离	中	巽	震
	丙	坎	中	乾	兑	离	中	巽	震
	丁	坤	乾	兑	乾	艮	巽	震	巽

开山凶

月	正	二	三	四	五	六	七	八	九	十	十一	十二
月建	寅	卯	辰	巳	午	未	申	酉	戌	亥	子	丑
月破	申	酉	戌	亥	子	丑	寅	卯	辰	巳	午	未

月克山家	乾　亥 兑　丁		震　艮 巳				水　土 山		乾　亥 兑　丁		离　壬 丙　乙	
阴府太岁	坎 坤	乾 离	坤 震	巽 艮	乾 兑	坤 坎	离 乾	震 坤	艮 巽	兑 乾	坎 坤	乾 离

修方凶

天官符	中	辰 巽 巳	甲 震 乙	未 坤 申	壬 坎 癸	丙 离 丁	丑 艮 寅	庚 兑 辛	戌 乾 亥	中	庚 兑 辛	戌 乾 亥
地官符	戌 乾 亥	中	辰 巽 巳	甲 震 乙	未 坤 申	壬 坎 癸	丙 离 丁	丑 艮 寅	庚 兑 辛	戌 乾 亥	中	庚 兑 辛
小月建	中	戌 乾 亥	庚 兑 辛	丑 艮 寅	丙 离 丁	壬 坎 癸	未 坤 申	甲 震 乙	辰 巽 巳	中	戌 乾 亥	庚 兑 辛
大月建	未 坤 申	壬 坎 癸	丙 离 丁	丑 艮 寅	庚 兑 辛	戌 乾 亥	中	辰 巽 巳	甲 震 乙	未 坤 申	壬 坎 癸	丙 离 丁
飞大煞	戌 乾 亥	中	辰 巽 巳	甲 震 乙	未 坤 申	壬 坎 癸	丙 离 丁	丑 艮 寅	庚 兑 辛	戌 乾 亥	中	庚 兑 辛
丙丁独火	中 乾	中	巽 中	震 巽	坤 震	坎 坤	离 坎	艮 离	兑 艮	乾 兑	中 乾	中
月游火	兑	艮	离	坎	坤	震	巽	中	乾	兑	艮	离
劫煞	亥	申	巳	寅	亥	申	巳	寅	亥	申	巳	寅
灾煞	子	酉	午	卯	子	酉	午	卯	子	酉	午	卯
月煞	丑	戌	未	辰	丑	戌	未	辰	丑	戌	未	辰
月刑	巳	子	辰	申	午	丑	寅	酉	未	亥	卯	戌
月害	巳	辰	卯	寅	丑	子	亥	戌	酉	申	未	午
月厌	戌	酉	申	未	午	巳	辰	卯	寅	丑	子	亥

太岁乙酉①

开山立向修方吉	岁德庚　　岁德合乙　　岁支德寅 阳贵人申　　阴贵人子　　岁禄卯 岁马亥　　奏书坤　　博士艮

① 干木支金，纳音属水。

三元紫白	上元	一白艮	六白巽	八白乾	九紫兑
	中元	一白中	六白坎	八白震	九紫巽
	下元	一白坤	六白兑	八白离	九紫坎
盖山黄道	贪狼离壬寅戌　巨门乾甲　武曲坎癸申辰　文曲艮丙				
通天窍	三合前方乾亥　壬子　癸丑　三合后方巽巳　丙午　丁未 十二吉山宜巳酉丑亥卯未年月日时				
走马六壬	神后甲卯　功曹巽巳　天罡丁未 胜光庚酉　传送乾亥　河魁癸丑 十二吉山宜巳酉丑亥卯未年月日时				
四利三元	太阳戌　太阴子　龙德辰　福德午				
开山立向修方凶	太岁酉　岁破卯　三煞寅卯辰 坐煞向煞甲乙　庚辛　浮天空亡坎癸				
开山凶	年克山家二十四山并无克，冬至后克乾亥兑丁山 阴府太岁兑乾　六害戌　死符寅　灸退子				
立向凶	巡山罗睺辛　病符申				
修方凶	天官符申　地官符丑　大煞酉　大将军午 力士乾　蚕室巽　蚕官辰　蚕命巳 岁刑酉　黄旛丑　豹尾未　飞廉亥 丧门亥　吊客未　白虎巳　金神辰巳 独火坤　五鬼未　破败五鬼艮				

开山立向修方吉

月	正	二	三	四	五	六	七	八	九	十	十一	十二
天道	南	西南	北	西	西北	东	北	东北	南	东	东南	西
天德	丁	坤	壬	辛	乾	甲	癸	艮	丙	乙	巽	庚
天德合	壬		丁	丙		己	戊		辛	庚		乙
月德	丙	甲	壬	庚	丙	甲	壬	庚	丙	甲	壬	庚
月德合	辛	己	丁	乙	辛	己	丁	乙	辛	己	丁	乙
月空	壬	庚	丙	甲	壬	庚	丙	甲	壬	庚	丙	甲
阳贵人	坤	坎	离	艮	兑	乾	中	坎	离	艮	兑	乾
阴贵人	乾	中	巽	震	坤	坎	离	艮	兑	乾	中	坎

飞天禄	乾	中	坎	离	艮	兑	乾	中	巽	震	坤	坎
飞天马	中	巽	震	坤	坎	离	艮	兑	乾	中	坎	离
月紫白 一白	兑	艮	离	坎	坤	震	巽	中	乾	兑	艮	离
月紫白 六白	震	巽	中	乾	兑	艮	离	坎	坤	震	巽	中
月紫白 八白	中	乾	兑	艮	离	坎	坤	震	巽	中	乾	兑
月紫白 九紫	乾	兑	艮	离	坎	坤	震	巽	中	乾	兑	艮

	立春	春分	立夏	夏至	立秋	秋分	立冬	冬至
三奇 乙	离	巽	中	艮	坎	乾	中	坤
三奇 丙	坎	中	乾	兑	离	中	巽	震
三奇 丁	坤	乾	兑	乾	艮	巽	震	巽

开山凶

月	正	二	三	四	五	六	七	八	九	十	十一	十二
月建	寅	卯	辰	巳	午	未	申	酉	戌	亥	子	丑
月破	申	酉	戌	亥	子	丑	寅	卯	辰	巳	午	未
月克山家	乾兑	亥丁	震巳	艮	离丙	壬乙			乾兑	亥丁	水山	土
阴府太岁	坤震	巽艮	乾兑	坤坎	离乾	震坤	艮巽	兑乾	坎坤	乾离	坤震	巽艮

修方凶

天官符	未坤申	壬坎癸	丙离丁	丑艮寅	庚兑辛	戌乾亥	中	庚兑辛	戌乾亥	中	辰巽巳	甲震乙
地官符	庚兑辛	戌乾亥	中	辰巽巳	甲震乙	未坤申	壬坎癸	丙离丁	丑艮寅	庚兑辛	戌乾亥	中
小月建	丙离丁	壬坎癸	未坤申	甲震乙	辰巽巳	中	戌乾亥	庚兑辛	丑艮寅	丙离丁	壬坎癸	未坤申
大月建	丑艮寅	庚兑辛	戌乾亥	中	辰巽巳	甲震乙	未坤申	壬坎癸	丙离丁	丑艮寅	庚兑辛	戌乾亥
飞大煞	甲震乙	未坤申	壬坎癸	丙离丁	丑艮寅	庚兑辛	戌乾亥	中	庚兑辛	戌乾亥	中	辰巽巳
丙丁独火	巽中	震巽	坤震	坎坤	离坎	艮离	兑艮	乾兑	中乾	中	巽中	震巽

月游火	乾	兑	艮	离	坎	坤	震	巽	中	乾	兑	艮
劫煞	亥	申	巳	寅	亥	申	巳	寅	亥	申	巳	寅
灾煞	子	酉	午	卯	子	酉	午	卯	子	酉	午	卯
月煞	丑	戌	未	辰	丑	戌	未	辰	丑	戌	未	辰
月刑	巳	子	辰	申	午	丑	寅	酉	未	亥	卯	戌
月害	巳	辰	卯	寅	丑	子	亥	戌	酉	申	未	午
月厌	戌	酉	申	未	午	巳	辰	卯	寅	丑	子	亥

太岁丙戌[①]

<table>
<tr><td>开山立向修方吉</td><td colspan="5">岁德丙　岁德合辛　岁支德卯
阳贵人酉　阴贵人亥　岁禄巳
岁马申　奏书坤　博士艮</td></tr>
<tr><td rowspan="3">三元紫白</td><td>上元</td><td>一白离</td><td>六白中</td><td>八白兑</td><td>九紫艮</td></tr>
<tr><td>中元</td><td>一白乾</td><td>六白坤</td><td>八白巽</td><td>九紫中</td></tr>
<tr><td>下元</td><td>一白震</td><td>六白艮</td><td>八白坎</td><td>九紫坤</td></tr>
<tr><td>盖山黄道</td><td colspan="5">贪狼坎癸申辰　巨门坤乙　武曲离壬寅戌　文曲兑丁巳丑</td></tr>
<tr><td>通天窍</td><td colspan="5">三合前方坤申　庚酉　辛戌　三合后方艮寅　甲卯　乙辰
十二吉山宜寅午戌申子辰年月日时</td></tr>
<tr><td>走马六壬</td><td colspan="5">神后艮寅　功曹乙辰　天罡丙午
胜光坤申　传送辛戌　河魁壬子
十二吉山宜寅午戌申子辰年月日时</td></tr>
<tr><td>四利三元</td><td colspan="5">太阳亥　太阴丑　龙德巳　福德未</td></tr>
<tr><td>开山立向修方凶</td><td colspan="5">太岁戌　岁破辰　三煞亥子丑
坐煞向煞壬癸　丙丁　浮天空亡巽辛</td></tr>
<tr><td>开山凶</td><td colspan="5">年克山家甲寅辰巽戌坎辛申丑癸坤庚未山
阴府太岁坎坤　六害酉　死符卯　灸退酉</td></tr>
<tr><td>立向凶</td><td colspan="5">巡山罗睺乾　病符酉</td></tr>
</table>

① 干火支土，纳音属土。

修方凶	天官符巳　地官符寅　大煞午　大将军午 力士乾　蚕室巽　蚕官辰　蚕命巳 岁刑未　黄旛戌　豹尾辰　飞廉子 丧门子　吊客申　白虎午　金神寅卯午未子丑 独火乾　五鬼午　破败五鬼坤

开山立向修方吉

月		正	二	三	四	五	六	七	八	九	十	十一	十二
天道		南	西南	北	西	西北	东	北	东北	南	东	东南	西
天德		丁	坤	壬	辛	乾	甲	癸	艮	丙	乙	巽	庚
天德合		壬		丁	丙		己	戊		辛	庚		乙
月德		丙	甲	壬	庚	丙	甲	壬	庚	丙	甲	壬	庚
月德合		辛	己	丁	乙	辛	己	丁	乙	辛	己	丁	乙
月空		壬	庚	丙	甲	壬	庚	丙	甲	壬	庚	丙	甲
阳贵人		震	坤	坎	离	艮	兑	乾	中	坎	离	艮	兑
阴贵人		中	巽	震	坤	坎	离	艮	兑	乾	中	坎	离
飞天禄		艮	兑	乾	中	坎	离	艮	兑	乾	中	巽	震
飞天马		坤	坎	离	艮	兑	乾	中	坎	离	艮	兑	乾
月紫白	一白	坎	坤	震	巽	中	乾	兑	艮	离	坎	坤	震
	六白	乾	兑	艮	离	坎	坤	震	巽	中	乾	兑	艮
	八白	艮	离	坎	坤	震	巽	中	乾	兑	艮	离	坎
	九紫	离	坎	坤	震	巽	中	乾	兑	艮	离	坎	坤

		立春	春分	立夏	夏至	立秋	秋分	立冬	冬至
三奇	乙	艮	震	巽	离	坤	兑	乾	坎
	丙	离	巽	中	艮	坎	乾	中	坤
	丁	坎	中	乾	兑	离	中	巽	震

开山凶

月	正	二	三	四	五	六	七	八	九	十	十一	十二
月建	寅	卯	辰	巳	午	未	申	酉	戌	亥	子	丑
月破	申	酉	戌	亥	子	丑	寅	卯	辰	巳	午	未

月克山家			乾亥 兑丁		离壬 丙乙		震艮 巳				水土 山	
阴府太岁	乾兑	坤坎	离乾	震坤	艮巽	兑乾	坎坤	乾离	坤震	巽艮	乾兑	坤坎

修方凶

天官符	丑艮寅	庚兑辛	戌乾亥	中	庚兑辛	戌乾亥	中	辰巽巳	甲震乙	未坤申	壬坎癸	丙离丁
地官符	中	庚兑辛	戌乾亥	中	辰巽巳	甲震乙	未坤申	壬坎癸	丙离丁	丑艮寅	庚兑辛	戌乾亥
小月建	中	戌乾亥	庚兑辛	丑艮寅	丙离丁	壬坎癸	未坤申	甲震乙	辰巽巳	中	戌乾亥	庚兑辛
大月建	中	辰巽巳	甲震乙	未坤申	壬坎癸	丙离丁	丑艮寅	庚兑辛	戌乾亥	中	辰巽巳	甲震乙
飞大煞	丙离丁	丑艮寅	庚兑辛	戌乾亥	中	庚兑辛	戌乾亥	中	辰巽巳	甲震乙	未坤申	壬坎癸
丙丁独火	坤震	坎坤	离坎	艮离	兑艮	乾兑	中乾	中	巽中	震巽	坤震	坎坤
月游火	乾	兑	艮	离	坎	坤	震	巽	中	乾	兑	艮
劫煞	亥	申	巳	寅	亥	申	巳	寅	亥	申	巳	寅
灾煞	子	酉	午	卯	子	酉	午	卯	子	酉	午	卯
月煞	丑	戌	未	辰	丑	戌	未	辰	丑	戌	未	辰
月刑	巳	子	辰	申	午	丑	寅	酉	未	亥	卯	戌
月害	巳	辰	卯	寅	丑	子	亥	戌	酉	申	未	午
月厌	戌	酉	申	未	午	巳	辰	卯	寅	丑	子	亥

太岁丁亥[①]

开山立向修方吉	岁德壬　岁德合丁　岁支德辰 阳贵人亥　阴贵人酉　岁禄午 岁马巳　奏书乾　博士巽

① 干火支水，纳音属土。

三元紫白	上元	一白坎	六白乾	八白艮	九紫离
	中元	一白兑	六白震	八白中	九紫乾
	下元	一白巽	六白离	八白坤	九紫震
盖山黄道	贪狼坎癸申辰　巨门坤乙　武曲离壬寅戌　文曲兑丁巳丑				
通天窍	三合前方巽巳　丙午　丁未　三合后方乾亥　壬子　癸丑 十二吉山宜亥卯未巳酉丑年月日时				
走马六壬	神后癸丑　功曹甲卯　天罡巽巳 胜光丁未　传送庚酉　河魁乾亥 十二吉山宜亥卯未巳酉丑年月日时				
四利三元	太阳子　太阴寅　龙德午　福德申				
开山立向修方凶	太岁亥　岁破巳　三煞申酉戌 坐煞向煞庚辛　甲乙　浮天空亡震庚				
开山凶	年克山家震艮巳山 阴府太岁乾离　六害申　死符辰　灸退午				
立向凶	巡山罗睺壬　病符戌				
修方凶	天官符寅　地官符卯　大煞卯　大将军酉 力士艮　蚕室坤　蚕官未　蚕命申 岁刑亥　黄旛未　豹尾丑　飞廉丑 丧门丑　吊客酉　白虎未　金神寅卯戌亥 独火乾　五鬼巳　破败五鬼震				

开山立向修方吉

月	正	二	三	四	五	六	七	八	九	十	十一	十二
天道	南	西南	北	西	西北	东	北	东北	南	东	东南	西
天德	丁	坤	壬	辛	乾	甲	癸	艮	丙	乙	巽	庚
天德合	壬		丁	丙		己	戊		辛	庚		乙
月德	丙	甲	壬	庚	丙	甲	壬	庚	丙	甲	壬	庚
月德合	辛	己	丁	乙	辛	己	丁	乙	辛	己	丁	乙
月空	壬	庚	丙	甲	壬	庚	丙	甲	壬	庚	丙	甲
阳贵人	中	巽	震	坤	坎	离	艮	兑	乾	中	坎	离
阴贵人	震	坤	坎	离	艮	兑	乾	中	坎	离	艮	兑

飞天禄	离	艮	兑	乾	中	坎	离	艮	兑	乾	中	巽
飞天马	艮	兑	乾	中	坎	离	艮	兑	乾	中	巽	震
月紫白 一白	巽	中	乾	兑	艮	离	坎	坤	震	巽	中	乾
月紫白 六白	离	坎	坤	震	巽	中	乾	兑	艮	离	坎	坤
月紫白 八白	坤	震	巽	中	乾	兑	艮	离	坎	坤	震	巽
月紫白 九紫	震	巽	中	乾	兑	艮	离	坎	坤	震	巽	中

	立春	春分	立夏	夏至	立秋	秋分	立冬	冬至
三奇 乙	兑	坤	震	坎	震	艮	兑	离
三奇 丙	艮	震	巽	离	坤	兑	乾	坎
三奇 丁	离	巽	中	艮	坎	乾	中	坤

开山凶

月	正	二	三	四	五	六	七	八	九	十	十一	十二
月建	寅	卯	辰	巳	午	未	申	酉	戌	亥	子	丑
月破	申	酉	戌	亥	子	丑	寅	卯	辰	巳	午	未
月克山家			离 壬 丙 乙		水 土 山		震 艮 巳					
阴府太岁	离 乾	震 坤	艮 巽	兑 乾	坎 坤	乾 离	坤 震	巽 艮	乾 兑	坤 坎	离 乾	震 坤

修方凶

天官符	中	庚 兑 辛	戌 乾 亥	中	辰 巽 巳	甲 震 乙	未 坤 申	壬 坎 癸	丙 离 丁	丑 艮 寅	庚 兑 辛	戌 乾 亥
地官符	戌 乾 亥	中	庚 兑 辛	戌 乾 亥	中	辰 巽 巳	甲 震 乙	未 坤 申	壬 坎 癸	丙 离 丁	丑 艮 寅	庚 兑 辛
小月建	丙 离 丁	壬 坎 癸	未 坤 申	甲 震 乙	辰 巽 巳	中	戌 乾 亥	庚 兑 辛	丑 艮 寅	丙 离 丁	壬 坎 癸	未 坤 申
大月建	未 坤 申	壬 坎 癸	丙 离 丁	丑 艮 寅	庚 兑 辛	戌 乾 亥	中	辰 巽 巳	甲 震 乙	未 坤 申	壬 坎 癸	丙 离 丁
飞大煞	戌 乾 亥	中	庚 兑 辛	戌 乾 亥	中	辰 巽 巳	甲 震 乙	未 坤 申	壬 坎 癸	丙 离 丁	丑 艮 寅	庚 兑 辛
丙丁独火	离 坎	艮 离	兑 艮	乾 兑	中 乾	中	巽 中	震 巽	坤 震	坎 坤	离 坎	艮 离

月游火	坎	坤	震	巽	中	乾	兑	艮	离	坎	坤	震
劫煞	亥	申	巳	寅	亥	申	巳	寅	亥	申	巳	寅
灾煞	子	酉	午	卯	子	酉	午	卯	子	酉	午	卯
月煞	丑	戌	未	辰	丑	戌	未	辰	丑	戌	未	辰
月刑	巳	子	辰	申	午	丑	寅	酉	未	亥	卯	戌
月害	巳	辰	卯	寅	丑	子	亥	戌	酉	申	未	午
月厌	戌	酉	申	未	午	巳	辰	卯	寅	丑	子	亥

太岁戊子[①]

<table>
<tr><td>开山立向修方吉</td><td colspan="5">岁德戊　岁德合癸　岁支德巳
阳贵人丑　阴贵人未　岁禄巳
岁马寅　奏书乾　博士巽</td></tr>
<tr><td rowspan="3">三元紫白</td><td>上元</td><td>一白坤</td><td>六白兑</td><td>八白离</td><td>九紫坎</td></tr>
<tr><td>中元</td><td>一白艮</td><td>六白巽</td><td>八白乾</td><td>九紫兑</td></tr>
<tr><td>下元</td><td>一白中</td><td>六白坎</td><td>八白震</td><td>九紫巽</td></tr>
<tr><td>盖山黄道</td><td colspan="5">贪狼震庚亥未　巨门兑丁巳丑　武曲巽辛　文曲坤乙</td></tr>
<tr><td>通天窍</td><td colspan="5">三合前方艮寅　甲卯　乙辰　三合后方坤申　庚酉　辛戌
十二吉山宜申子辰寅午戌年月日时</td></tr>
<tr><td>走马六壬</td><td colspan="5">神后壬子　功曹艮寅　天罡乙辰
胜光丙午　传送坤申　河魁辛戌
十二吉山宜申子辰寅午戌年月日时</td></tr>
<tr><td>四利三元</td><td colspan="5">太阳丑　太阴卯　龙德未　福德酉</td></tr>
<tr><td>开山立向修方凶</td><td colspan="5">太岁子　岁破午　三煞巳午未
坐煞向煞丙丁　壬癸　浮天空亡坤乙</td></tr>
<tr><td>开山凶</td><td colspan="5">年克山家二十四山并无克，冬至后克乾亥兑丁山
阴府太岁坤震　六害未　死符巳　灸退卯</td></tr>
<tr><td>立向凶</td><td colspan="5">巡山罗睺癸　病符亥</td></tr>
</table>

① 干土支水，纳音属火。

修方凶	天官符亥	地官符辰	大煞子	大将军酉
	力士艮	蚕室坤	蚕官未	蚕命申
	岁刑卯	黄旛辰	豹尾戌	飞廉申
	丧门寅	吊客戌	白虎申	金神申酉子丑
	独火艮	五鬼辰	破败五鬼离	

开山立向修方吉

月		正	二	三	四	五	六	七	八	九	十	十一	十二
天道		南	西南	北	西	西北	东	北	东北	南	东	东南	西
天德		丁	坤	壬	辛	乾	甲	癸	艮	丙	乙	巽	庚
天德合		壬		丁	丙		己	戊		辛	庚		乙
月德		丙	甲	壬	庚	丙	甲	壬	庚	丙	甲	壬	庚
月德合		辛	己	丁	乙	辛	己	丁	乙	辛	己	丁	乙
月空		壬	庚	丙	甲	壬	庚	丙	甲	壬	庚	丙	甲
阳贵人		兑	乾	中	巽	震	坤	坎	离	艮	兑	乾	中
阴贵人		坎	离	艮	兑	乾	中	坎	离	艮	兑	乾	中
飞天禄		艮	兑	乾	中	坎	离	艮	兑	乾	中	巽	震
飞天马		中	坎	离	艮	兑	乾	中	巽	震	坤	坎	离
月紫白	一白	兑	艮	离	坎	坤	震	巽	中	乾	兑	艮	离
	六白	震	巽	中	乾	兑	艮	离	坎	坤	震	巽	中
	八白	中	乾	兑	艮	离	坎	坤	震	巽	中	乾	兑
	九紫	乾	兑	艮	离	坎	坤	震	巽	中	乾	兑	艮

		立春	春分	立夏	夏至	立秋	秋分	立冬	冬至
三奇	乙	乾	坎	坤	坤	巽	离	艮	艮
	丙	兑	坤	震	坎	震	艮	兑	离
	丁	艮	震	巽	离	坤	兑	乾	坎

开山凶

月	正	二	三	四	五	六	七	八	九	十	十一	十二
月建	寅	卯	辰	巳	午	未	申	酉	戌	亥	子	丑
月破	申	酉	戌	亥	子	丑	寅	卯	辰	巳	午	未

月克山家	震艮巳		离壬丙乙				水土山		震艮巳			
阴府太岁	艮巽	兑乾	坎坤	乾离	坤震	巽艮	乾兑	坤坎	离乾	震坤	艮巽	兑乾

修方凶

天官符	中	辰巽巳	甲震乙	未坤申	壬坎癸	丙离丁	丑艮寅	庚兑辛	戌乾亥	中	庚兑辛	戌乾亥
地官符	庚兑辛	戌乾亥	中	庚兑辛	戌乾亥	中	辰巽巳	甲震乙	未坤申	壬坎癸	丙离丁	丑艮寅
小月建	中	戌乾亥	庚兑辛	丑艮寅	丙离丁	壬坎癸	未坤申	甲震乙	辰巽巳	中	戌乾亥	庚兑辛
大月建	壬艮寅	庚兑辛	戌乾亥	中	辰巽巳	甲震乙	未坤申	壬坎癸	丙离丁	丑艮寅	庚兑辛	戌乾亥
飞大煞	戌乾亥	中	辰巽巳	甲震乙	未坤申	壬坎癸	丙离丁	丑艮寅	庚兑辛	戌乾亥	中	庚兑辛
丙丁独火	兑艮	乾兑	中乾	中	巽中	震巽	坤震	坎坤	离坎	艮离	兑艮	乾兑
月游火	艮	离	坎	坤	震	巽	中	乾	兑	艮	离	坎
劫煞	亥	申	巳	寅	亥	申	巳	寅	亥	申	巳	寅
灾煞	子	酉	午	卯	子	酉	午	卯	子	酉	午	卯
月煞	丑	戌	未	辰	丑	戌	未	辰	丑	戌	未	辰
月刑	巳	子	辰	申	午	丑	寅	酉	未	亥	卯	戌
月害	巳	辰	卯	寅	丑	子	亥	戌	酉	申	未	午
月厌	戌	酉	申	未	午	巳	辰	卯	寅	丑	子	亥

太岁己丑[①]

开山立向修方吉	岁德甲　岁德合巳　岁支德午 阳贵人子　阴贵人申　岁禄午 岁马亥　奏书乾　博士巽

① 干土支土，纳音属火。

<table>
<tr><td rowspan="3">三元紫白</td><td>上元</td><td>一白震</td><td>六白艮</td><td>八白坎</td><td>九紫坤</td></tr>
<tr><td>中元</td><td>一白离</td><td>六白中</td><td>八白兑</td><td>九紫艮</td></tr>
<tr><td>下元</td><td>一白乾</td><td>六白坤</td><td>八白巽</td><td>九紫中</td></tr>
<tr><td>盖山黄道</td><td colspan="5">贪狼艮丙　巨门巽辛　武曲兑丁巳丑　文曲离壬寅戌</td></tr>
<tr><td>通天窍</td><td colspan="5">三合前方乾亥　壬子　癸丑　三合后方巽巳　丙午　丁未
十二吉山宜巳酉丑亥卯未年月日时</td></tr>
<tr><td>走马六壬</td><td colspan="5">神后乾亥　功曹癸丑　天罡甲卯
胜光巽巳　传送丁未　河魁庚酉
十二吉山宜巳酉丑亥卯未年月日时</td></tr>
<tr><td>四利三元</td><td colspan="5">太阳寅　太阴辰　龙德申　福德戌</td></tr>
<tr><td>开山立向修方凶</td><td colspan="5">太岁丑　岁破未　三煞寅卯辰
坐煞向煞甲乙　庚辛　浮天空亡乾甲</td></tr>
<tr><td>开山凶</td><td colspan="5">年克山家乾亥兑丁山
阴府太岁巽艮　六害午　死符午　灸退子</td></tr>
<tr><td>立向凶</td><td colspan="5">巡山罗睺艮　病符子</td></tr>
<tr><td>修方凶</td><td colspan="5">天官符申　地官符巳　大煞酉　大将军酉
力士艮　蚕室坤　蚕官未　蚕命申
岁刑戌　黄旛丑　豹尾未　飞廉酉
丧门卯　吊客亥　白虎酉　金神午未申酉
独火震　五鬼卯　破败五鬼坎</td></tr>
</table>

开山立向修方吉

月	正	二	三	四	五	六	七	八	九	十	十一	十二
天道	南	西南	北	西	西北	东	北	东北	南	东	东南	西
天德	丁	坤	壬	辛	乾	甲	癸	艮	丙	乙	巽	庚
天德合	壬		丁	丙		己	戊		辛	庚		乙
月德	丙	甲	壬	庚	丙	甲	壬	庚	丙	甲	壬	庚
月德合	辛	己	丁	乙	辛	己	丁	乙	辛	己	丁	乙
月空	壬	庚	丙	甲	壬	庚	丙	甲	壬	庚	丙	甲
阳贵人	乾	中	巽	震	坤	坎	离	艮	兑	乾	中	坎
阴贵人	坤	坎	离	艮	兑	乾	中	坎	离	艮	兑	乾

飞天禄	离	艮	兑	乾	中	坎	离	艮	兑	乾	中	巽
飞天马	中	巽	震	坤	坎	离	艮	兑	乾	中	坎	离
月紫白 一白	坎	坤	震	巽	中	乾	兑	艮	离	坎	坤	震
月紫白 六白	乾	兑	艮	离	坎	坤	震	巽	中	乾	兑	艮
月紫白 八白	艮	离	坎	坤	震	巽	中	乾	兑	艮	离	坎
月紫白 九紫	离	坎	坤	震	巽	中	乾	兑	艮	离	坎	坤

	立春	春分	立夏	夏至	立秋	秋分	立冬	冬至
三奇 乙	乾	坎	坤	坤	巽	离	艮	艮
三奇 丙	乾	坎	坤	坤	巽	离	艮	艮
三奇 丁	兑	坤	震	坎	震	艮	兑	离

开山凶

月	正	二	三	四	五	六	七	八	九	十	十一	十二
月建	寅	卯	辰	巳	午	未	申	酉	戌	亥	子	丑
月破	申	酉	戌	亥	子	丑	寅	卯	辰	巳	午	未
月克山家	乾亥 兑丁		震艮 巳				水土 山		乾亥 兑丁		离壬 丙乙	
阴府太岁	坎坤	乾离	坤震	巽艮	乾兑	坤坎	离乾	震坤	艮巽	兑乾	坎坤	乾离

修方凶

天官符	未坤申	壬坎癸	丙离丁	丑艮寅	庚兑辛	戌乾亥	中	庚兑辛	戌乾亥	中	辰巽巳	甲震乙
地官符	丑艮寅	庚兑辛	戌乾亥	中	庚兑辛	戌乾亥	中	辰巽巳	甲震乙	未坤申	壬坎癸	丙离丁
小月建	丙离丁	壬坎癸	未坤申	甲震乙	辰巽巳	中	戌乾亥	庚兑辛	丑艮寅	丙离丁	壬坎癸	未坤申
大月建	中	辰巽巳	甲震乙	未坤申	壬坎癸	丙离丁	丑艮寅	庚兑辛	戌乾亥	中	辰巽巳	甲震乙
飞大煞	甲震乙	未坤申	壬坎癸	丙离丁	丑艮寅	庚兑辛	戌乾亥	中	庚兑辛	戌乾亥	中	辰巽巳
丙丁独火	中乾	中	巽中	震巽	坤震	坎坤	离坎	艮离	兑艮	乾兑	中乾	中

月游火	艮	离	坎	坤	震	巽	中	乾	兑	艮	离	坎
劫煞	亥	申	巳	寅	亥	申	巳	寅	亥	申	巳	寅
灾煞	子	酉	午	卯	子	酉	午	卯	子	酉	午	卯
月煞	丑	戌	未	辰	丑	戌	未	辰	丑	戌	未	辰
月刑	巳	子	辰	申	午	丑	寅	酉	未	亥	卯	戌
月害	巳	辰	卯	寅	丑	子	亥	戌	酉	申	未	午
月厌	戌	酉	申	未	午	巳	辰	卯	寅	丑	子	亥

太岁庚寅①

开山立向修方吉	岁德庚　岁德合乙　岁支德未 阳贵人丑　阴贵人未　岁禄申 岁马申　奏书艮　博士坤			
三元紫白	上元	一白巽	六白离	八白坤	九紫震
	中元	一白坎	六白乾	八白艮	九紫离
	下元	一白兑	六白震	八白中	九紫乾
盖山黄道	贪狼艮丙　巨门巽辛　武曲兑丁巳丑　文曲离壬寅戌				
通天窍	三合前方坤申　庚酉　辛戌　三合后方艮寅　甲卯　乙辰 十二吉山宜寅午戌申子辰年月日时				
走马六壬	神后辛戌　功曹壬子　天罡艮寅 胜光乙辰　传送丙午　河魁坤申 十二吉山宜寅午戌申子辰年月日时				
四利三元	太阳卯　太阴巳　龙德酉　福德亥				
开山立向修方凶	太岁寅　岁破申　三煞亥子丑 坐煞向煞壬癸　丙丁　浮天空亡兑丁				
开山凶	年克山家离壬丙乙山 阴府太岁乾兑　六害巳　死符未　灸退酉				
立向凶	巡山罗睺甲　病符丑				

① 干金支木，纳音属木。

修方凶	天官符巳 地官符午 大煞午 大将军子 力士巽 蚕室乾 蚕官戌 蚕命亥 岁刑巳 黄旛戌 豹尾辰 飞廉戌 丧门辰 吊客子 白虎戌 金神辰巳 独火震 五鬼寅 破败五鬼兑

开山立向修方吉

月		正	二	三	四	五	六	七	八	九	十	十一	十二
天道		南	西南	北	西	西北	东	北	东北	南	东	东南	西
天德		丁	坤	壬	辛	乾	甲	癸	艮	丙	乙	巽	庚
天德合		壬		丁	丙		己	戊		辛	庚		乙
月德		丙	甲	壬	庚	丙	甲	壬	庚	丙	甲	壬	庚
月德合		辛	己	丁	乙	辛	己	丁	乙	辛	己	丁	乙
月空		壬	庚	丙	甲	壬	庚	丙	甲	壬	庚	丙	甲
阳贵人		兑	乾	中	巽	震	坤	坎	离	艮	兑	乾	中
阴贵人		坎	离	艮	兑	乾	中	坎	离	艮	兑	乾	中
飞天禄		坤	坎	离	艮	兑	乾	中	坎	离	艮	兑	乾
飞天马		坤	坎	离	艮	兑	乾	中	坎	离	艮	兑	乾
月紫白	一白	巽	中	乾	兑	艮	离	坎	坤	震	巽	中	乾
	六白	离	坎	坤	震	巽	中	乾	兑	艮	离	坎	坤
	八白	坤	震	巽	中	乾	兑	艮	离	坎	坤	震	巽
	九紫	震	巽	中	乾	兑	艮	离	坎	坤	震	巽	中

		立春	春分	立夏	夏至	立秋	秋分	立冬	冬至
三奇	乙	中	离	坎	震	中	坎	离	兑
	丙	乾	坎	坤	坤	巽	离	艮	艮
	丁	兑	坤	震	坎	震	艮	兑	离

开山凶

月	正	二	三	四	五	六	七	八	九	十	十一	十二
月建	寅	卯	辰	巳	午	未	申	酉	戌	亥	子	丑
月破	申	酉	戌	亥	子	丑	寅	卯	辰	巳	午	未

月克山家	乾 亥 兑 丁		震 艮 巳		离 壬 丙 乙				乾 亥 兑 丁		水 土 山	
阴府太岁	坤震	巽艮	乾兑	坤坎	离乾	震坤	艮巽	兑乾	坎坤	乾离	坤震	巽艮

修方凶

天官符	丑艮寅	庚兑辛	戌乾亥	中	庚兑辛	戌乾亥	中	辰巽巳	甲震乙	未坤申	壬坎癸	丙离丁
地官符	丙离丁	丑艮寅	庚兑辛	戌乾亥	中	庚兑辛	戌乾亥	中	辰巽巳	甲震乙	未坤申	壬坎癸
小月建	中	戌乾亥	庚兑辛	丑艮寅	丙离丁	壬坎癸	未坤申	甲震乙	辰巽巳	中	戌乾亥	庚兑辛
大月建	未坤申	壬坎癸	丙离丁	丑艮寅	庚兑辛	戌乾亥	中	辰巽巳	甲震乙	未坤申	壬坎癸	丙离丁
飞大煞	丙离丁	丑艮寅	庚兑辛	戌乾亥	中	庚兑辛	戌乾亥	中	辰巽巳	甲震乙	未坤申	壬坎癸
丙丁独火	巽中	震巽	坤震	坎坤	离坎	艮离	兑艮	乾兑	中乾	中	巽中	震巽
月游火	震	巽	中	乾	兑	艮	离	坎	坤	震	巽	中
劫煞	亥	申	巳	寅	亥	申	巳	寅	亥	申	巳	寅
灾煞	子	酉	午	卯	子	酉	午	卯	子	酉	午	卯
月煞	丑	戌	未	辰	丑	戌	未	辰	丑	戌	未	辰
月刑	巳	子	辰	申	午	丑	寅	酉	未	亥	卯	戌
月害	巳	辰	卯	寅	丑	子	亥	戌	酉	申	未	午
月厌	戌	酉	申	未	午	巳	辰	卯	寅	丑	子	亥

太岁辛卯[①]

开山立向修方吉	岁德丙　岁德合辛　岁支德申 阳贵人寅　阴贵人午　岁禄酉 岁马巳　奏书艮　博士坤

① 干金支木，纳音属木。

<table>
<tr><td rowspan="3">三元紫白</td><td>上元</td><td>一白中</td><td>六白坎</td><td>八白震</td><td>九紫巽</td></tr>
<tr><td>中元</td><td>一白坤</td><td>六白兑</td><td>八白离</td><td>九紫坎</td></tr>
<tr><td>下元</td><td>一白艮</td><td>六白巽</td><td>八白乾</td><td>九紫兑</td></tr>
<tr><td>盖山黄道</td><td colspan="5">贪狼乾甲　巨门离壬寅戌　武曲坤乙　文曲巽辛</td></tr>
<tr><td>通天窍</td><td colspan="5">三合前方巽巳　丙午　丁未　三合后方乾亥　壬子　癸丑
十二吉山宜亥卯未巳酉丑年月日时</td></tr>
<tr><td>走马六壬</td><td colspan="5">神后庚酉　功曹乾亥　天罡癸丑
胜光甲卯　传送巽巳　河魁丁未
十二吉山宜亥卯未巳酉丑年月日时</td></tr>
<tr><td>四利三元</td><td colspan="5">太阳辰　太阴午　龙德戌　福德子</td></tr>
<tr><td>开山立向修方凶</td><td colspan="5">太岁卯　岁破酉　三煞申酉戌
坐煞向煞庚辛　甲乙　浮天空亡艮丙</td></tr>
<tr><td>开山凶</td><td colspan="5">年克山家二十四山并无克，冬至后克乾亥兑丁山
阴府太岁坤坎　六害辰　死符申　灸退午</td></tr>
<tr><td>立向凶</td><td colspan="5">巡山罗睺乙　病符寅</td></tr>
<tr><td>修方凶</td><td colspan="5">天官符寅　地官符未　大煞卯　大将军子
力士巽　蚕室乾　蚕官戌　蚕命亥
岁刑子　黄旛未　豹尾丑　飞廉巳
丧门巳　吊客丑　白虎亥　金神寅卯午未子丑
独火坎　五鬼丑　破败五鬼乾</td></tr>
</table>

开山立向修方吉

月	正	二	三	四	五	六	七	八	九	十	十一	十二
天道	南	西南	北	西	西北	东	北	东北	南	东	东南	西
天德	丁	坤	壬	辛	乾	甲	癸	艮	丙	乙	巽	庚
天德合	壬		丁	丙		己	戊		辛	庚		乙
月德	丙	甲	壬	庚	丙	甲	壬	庚	丙	甲	壬	庚
月德合	辛	己	丁	乙	辛	己	丁	乙	辛	己	丁	乙
月空	壬	庚	丙	甲	壬	庚	丙	甲	壬	庚	丙	甲
阳贵人	中	坎	离	艮	兑	乾	中	巽	震	坤	坎	离
阴贵人	离	艮	兑	乾	中	坎	离	艮	兑	乾	中	巽

飞天禄	震	坤	坎	离	艮	兑	乾	中	坎	离	艮	兑
飞天马	艮	兑	乾	中	坎	离	艮	兑	乾	中	巽	震
月紫白 一白	兑	艮	离	坎	坤	震	巽	中	乾	兑	艮	离
六白	震	巽	中	乾	兑	艮	离	坎	坤	震	巽	中
八白	中	乾	兑	艮	离	坎	坤	震	巽	中	乾	兑
九紫	乾	兑	艮	离	坎	坤	震	巽	中	乾	兑	艮

	立春	春分	立夏	夏至	立秋	秋分	立冬	冬至
三奇 乙	巽	艮	离	巽	乾	坤	坎	乾
丙	中	离	坎	震	中	坎	离	兑
丁	乾	坎	坤	坤	巽	离	艮	艮

开山凶

月	正	二	三	四	五	六	七	八	九	十	十一	十二
月建	寅	卯	辰	巳	午	未	申	酉	戌	亥	子	丑
月破	申	酉	戌	亥	子	丑	寅	卯	辰	巳	午	未
月克山家			乾 兑	亥 丁	离 丙	壬 乙	震 巳	艮			水 山	土
阴府太岁	乾 兑	坤 坎	离 乾	震 坤	艮 巽	兑 乾	坎 坤	乾 离	坤 震	巽 艮	乾 兑	坤 坎

修方凶

天官符	中	庚 兑 辛	戌 乾 亥	中	辰 巽 巳	甲 震 乙	未 坤 申	壬 坎 癸	丙 离 丁	丑 艮 寅	庚 兑 辛	戌 乾 亥
地官符	壬 坎 癸	丙 离 丁	丑 艮 寅	庚 兑 辛	戌 乾 亥	中	庚 兑 辛	戌 乾 亥	中	辰 巽 巳	甲 震 乙	未 坤 申
小月建	丙 离 丁	壬 坎 癸	未 坤 申	甲 震 乙	辰 巽 巳	中	戌 乾 亥	庚 兑 辛	丑 艮 寅	丙 离 丁	壬 坎 癸	未 坤 申
大月建	丑 艮 寅	庚 兑 辛	戌 乾 亥	中	辰 巽 巳	甲 震 乙	未 坤 申	壬 坎 癸	丙 离 丁	丑 艮 寅	庚 兑 辛	戌 乾 亥
飞大煞	戌 乾 亥	中	庚 兑 辛	戌 乾 亥	中	辰 巽 巳	甲 震 乙	未 坤 申	壬 坎 癸	丙 离 丁	丑 艮 寅	庚 兑 辛
丙丁独火	坤 震	坎 坤	离 坎	艮 离	兑 艮	乾 兑	中 乾	中	巽 中	震 巽	坤 震	坎 坤

月游火	巽	中	乾	兑	艮	离	坎	坤	震	巽	中	乾
劫煞	亥	申	巳	寅	亥	申	巳	寅	亥	申	巳	寅
灾煞	子	酉	午	卯	子	酉	午	卯	子	酉	午	卯
月煞	丑	戌	未	辰	丑	戌	未	辰	丑	戌	未	辰
月刑	巳	子	辰	申	午	丑	寅	酉	未	亥	卯	戌
月害	巳	辰	卯	寅	丑	子	亥	戌	酉	申	未	午
月厌	戌	酉	申	未	午	巳	辰	卯	寅	丑	子	亥

太岁壬辰[①]

<table>
<tr><td>开山立向修方吉</td><td colspan="5">岁德壬　岁德合丁　岁支德酉
阳贵人卯　阴贵人巳　岁禄亥
岁马寅　奏书艮　博士坤</td></tr>
<tr><td rowspan="3">三元紫白</td><td>上元</td><td>一白乾</td><td>六白坤</td><td>八白巽</td><td>九紫中</td></tr>
<tr><td>中元</td><td>一白震</td><td>六白艮</td><td>八白坎</td><td>九紫坤</td></tr>
<tr><td>下元</td><td>一白离</td><td>六白中</td><td>八白兑</td><td>九紫艮</td></tr>
<tr><td>盖山黄道</td><td colspan="5">贪狼兑丁巳丑　巨门震庚亥未　武曲艮丙　文曲坎癸申辰</td></tr>
<tr><td>通天窍</td><td colspan="5">三合前方艮寅甲卯乙辰　三合后方坤申庚酉辛戌
十二吉山宜申子辰寅午戌年月日时</td></tr>
<tr><td>走马六壬</td><td colspan="5">神后坤申　功曹辛戌　天罡壬子
胜光艮寅　传送乙辰　河魁丙午
十二吉山宜申子辰寅午戌年月日时</td></tr>
<tr><td>四利三元</td><td colspan="5">太阳巳　太阴未　龙德亥　福德丑</td></tr>
<tr><td>开山立向修方凶</td><td colspan="5">太岁辰　岁破戌　三煞巳午未
坐煞向煞丙丁　壬癸　浮天空亡乾甲</td></tr>
<tr><td>开山凶</td><td colspan="5">年克山家甲寅辰巽戌坎辛申丑癸坤庚未山
阴府太岁离乾　六害卯　死符酉　灸退卯</td></tr>
<tr><td>立向凶</td><td colspan="5">巡山罗睺巽　病符卯</td></tr>
</table>

① 干水支土，纳音属水。

修方凶	天官符亥 地官符申 大煞子 大将军子 力士巽 蚕室乾 蚕官戌 蚕命亥 岁刑辰 黄旛辰 豹尾戌 飞廉午 丧门午 吊客寅 白虎子 金神寅卯戌亥 独火巽 五鬼子 破败五鬼巽

开山立向修方吉

月		正	二	三	四	五	六	七	八	九	十	十一	十二
天道		南	西南	北	西	西北	东	北	东北	南	东	东南	西
天德		丁	坤	壬	辛	乾	甲	癸	艮	丙	乙	巽	庚
天德合		壬		丁	丙		己	戊		辛	庚		乙
月德		丙	甲	壬	庚	丙	甲	壬	庚	丙	甲	壬	庚
月德合		辛	己	丁	乙	辛	己	丁	乙	辛	己	丁	乙
月空		壬	庚	丙	甲	壬	庚	丙	甲	壬	庚	丙	甲
阳贵人		乾	中	坎	离	艮	兑	乾	中	巽	震	坤	坎
阴贵人		艮	兑	乾	中	坎	离	艮	兑	乾	中	巽	震
飞天禄		中	巽	震	坤	坎	离	艮	兑	乾	中	坎	离
飞天马		中	坎	离	艮	兑	乾	中	巽	震	坤	坎	离
月紫白	一白	坎	坤	震	巽	中	乾	兑	艮	离	坎	坤	震
	六白	乾	兑	艮	离	坎	坤	震	巽	中	乾	兑	艮
	八白	艮	离	坎	坤	震	巽	中	乾	兑	艮	离	坎
	九紫	离	坎	坤	震	巽	中	乾	兑	艮	离	坎	坤

		立春	春分	立夏	夏至	立秋	秋分	立冬	冬至
三奇	乙	震	兑	艮	中	兑	震	坤	中
	丙	巽	艮	离	巽	乾	坤	坎	乾
	丁	中	离	坎	震	中	坎	离	兑

开山凶

月	正	二	三	四	五	六	七	八	九	十	十一	十二
月建	寅	卯	辰	巳	午	未	申	酉	戌	亥	子	丑
月破	申	酉	戌	亥	子	丑	寅	卯	辰	巳	午	未

月克山家			离壬 丙乙		水土 山		震艮 巳					
阴府太岁	离乾	震坤	艮巽	兑乾	坎坤	乾离	坤震	巽艮	乾兑	坤坎	离乾	震坤

修方凶

天官符	中	辰巽巳	甲震乙	未坤申	壬坎癸	丙离丁	丑艮寅	庚兑辛	戊乾亥	中	庚兑辛	戊乾亥
地官符	未坤申	壬坎癸	丙离丁	丑艮寅	庚兑辛	戊乾亥	中	庚兑辛	戊乾亥	中	辰巽巳	甲震乙
小月建	中	戊乾亥	庚兑辛	丑艮寅	丙离丁	壬坎癸	未坤申	甲震乙	辰巽巳	中	戊乾亥	庚兑辛
大月建	中	辰巽巳	甲震乙	未坤申	壬坎癸	丙离丁	丑艮寅	庚兑辛	戊乾亥	中	辰巽巳	甲震乙
飞大煞	戊乾亥	中	辰巽巳	甲震乙	未坤申	壬坎癸	丙离丁	丑艮寅	庚兑辛	戊乾亥	中	庚兑辛
丙丁独火	离坎	艮离	兑艮	乾兑	中乾	中	巽中	震巽	坤震	坎坤	离坎	艮离
月游火	巽	中	乾	兑	艮	离	坎	坤	震	巽	中	乾
劫煞	亥	申	巳	寅	亥	申	巳	寅	亥	申	巳	寅
灾煞	子	酉	午	卯	子	酉	午	卯	子	酉	午	卯
月煞	丑	戌	未	辰	丑	戌	未	辰	丑	戌	未	辰
月刑	巳	子	辰	申	午	丑	寅	酉	未	亥	卯	戌
月害	巳	辰	卯	寅	丑	子	亥	戌	酉	申	未	午
月厌	戌	酉	申	未	午	巳	辰	卯	寅	丑	子	亥

太岁癸巳[①]

开山立向修方吉	岁德戊　岁德合癸　岁支德戌 阳贵人巳　阴贵人卯　岁禄子 岁马亥　奏书巽　博士乾

① 干水支火，纳音属水。

<table>
<tr><td rowspan="3">三元紫白</td><td>上元</td><td>一白兑</td><td>六白震</td><td>八白中</td><td>九紫乾</td></tr>
<tr><td>中元</td><td>一白巽</td><td>六白离</td><td>八白坤</td><td>九紫震</td></tr>
<tr><td>下元</td><td>一白坎</td><td>六白乾</td><td>八白艮</td><td>九紫离</td></tr>
<tr><td>盖山黄道</td><td colspan="5">贪狼兑丁巳丑　巨门震庚亥未　武曲艮丙　文曲坎癸申辰</td></tr>
<tr><td>通天窍</td><td colspan="5">三合前方乾亥　壬子　癸丑　三合后方巽巳　丙午　丁未
十二吉山宜巳酉丑亥卯未年月日时</td></tr>
<tr><td>走马六壬</td><td colspan="5">神后丁未　功曹庚酉　天罡乾亥
胜光癸丑　传送甲卯　河魁巽巳
十二吉山宜巳酉丑亥卯未年月日时</td></tr>
<tr><td>四利三元</td><td colspan="5">太阳午　太阴申　龙德子　福德寅</td></tr>
<tr><td>开山立向修方凶</td><td colspan="5">太岁巳　岁破亥　三煞寅卯辰
坐煞向煞甲乙　庚辛　浮天空亡坤乙</td></tr>
<tr><td>开山凶</td><td colspan="5">年克山家震艮巳山
阴府太岁震坤　六害寅　死符戌　灸退子</td></tr>
<tr><td>立向凶</td><td colspan="5">巡山罗睺丙　病符辰</td></tr>
<tr><td>修方凶</td><td colspan="5">天官符申　地官符酉　大煞酉　大将军卯
力士坤　蚕室艮　蚕官丑　蚕命寅
岁刑申　黄旛丑　豹尾未　飞廉未
丧门未　吊客卯　白虎丑　金神申酉子丑
独火巽　五鬼亥　破败五鬼艮</td></tr>
</table>

开山立向修方吉

月	正	二	三	四	五	六	七	八	九	十	十一	十二
天道	南	西南	北	西	西北	东	北	东北	南	东	东南	西
天德	丁	坤	壬	辛	乾	甲	癸	艮	丙	乙	巽	庚
天德合	壬		丁	丙		己	戊		辛	庚		乙
月德	丙	甲	壬	庚	丙	甲	壬	庚	丙	甲	壬	庚
月德合	辛	己	丁	乙	辛	己	丁	乙	辛	己	丁	乙
月空	壬	庚	丙	甲	壬	庚	丙	甲	壬	庚	丙	甲
阳贵人	艮	兑	乾	中	坎	离	艮	兑	乾	中	巽	震
阴贵人	乾	中	坎	离	艮	兑	乾	中	巽	震	坤	坎

飞天禄	乾	中	巽	震	坤	坎	离	艮	兑	乾	中	坎
飞天马	中	巽	震	坤	坎	离	艮	兑	乾	中	坎	离
月紫白 一白	巽	中	乾	兑	艮	离	坎	坤	震	巽	中	乾
六白	离	坎	坤	震	巽	中	乾	兑	艮	离	坎	坤
八白	坤	震	巽	中	乾	兑	艮	离	坎	坤	震	巽
九紫	震	巽	中	乾	兑	艮	离	坎	坤	震	巽	中

	立春	春分	立夏	夏至	立秋	秋分	立冬	冬至
三奇 乙	坤	乾	兑	乾	艮	巽	震	巽
丙	震	兑	艮	中	兑	震	坤	中
丁	巽	艮	离	巽	乾	坤	坎	乾

开山凶

月	正	二	三	四	五	六	七	八	九	十	十一	十二
月建	寅	卯	辰	巳	午	未	申	酉	戌	亥	子	丑
月破	申	酉	戌	亥	子	丑	寅	卯	辰	巳	午	未
月克山家	震 艮 巳		离 壬 丙 乙				水 土 山		震 艮 巳			
阴府太岁	艮巽	兑乾	坎坤	乾离	坤震	巽艮	乾兑	坤坎	离乾	震坤	艮巽	兑乾

修方凶

天官符	未坤申	壬坎癸	丙离丁	丑艮寅	庚兑辛	戌乾亥	中	庚兑辛	戌乾亥	中	辰巽巳	甲震乙
地官符	甲震乙	未坤申	壬坎癸	丙离丁	丑艮寅	庚兑辛	戌乾亥	中	庚兑辛	戌乾亥	中	辰巽巳
小月建	丙离丁	壬坎癸	未坤申	甲震乙	辰巽巳	中	戌乾亥	庚兑辛	丑艮寅	丙离丁	壬坎癸	未坤申
大月建	未坤申	壬坎癸	丙离丁	丑艮寅	庚兑辛	戌乾亥	中	辰巽巳	甲震乙	未坤申	壬坎癸	丙离丁
飞大煞	甲震乙	未坤申	壬坎癸	丙离丁	丑艮寅	庚兑辛	戌乾亥	中	庚兑辛	戌乾亥	中	辰巽巳
丙丁独火	兑艮	乾兑	中乾	中	巽中	震巽	坤震	坎坤	离坎	艮离	兑艮	乾兑

月游火	离	坎	坤	震	巽	中	乾	兑	艮	离	坎	坤
劫煞	亥	申	巳	寅	亥	申	巳	寅	亥	申	巳	寅
灾煞	子	酉	午	卯	子	酉	午	卯	子	酉	午	卯
月煞	丑	戌	未	辰	丑	戌	未	辰	丑	戌	未	辰
月刑	巳	子	辰	申	午	丑	寅	酉	未	亥	卯	戌
月害	巳	辰	卯	寅	丑	子	亥	戌	酉	申	未	午
月厌	戌	酉	申	未	午	巳	辰	卯	寅	丑	子	亥

四库全书术数三集

钦定协纪辨方书

(下)

简体横排文渊阁四库全本

谢路军 主编

郑同 点校

華齡出版社

责任编辑：李成志
责任印制：李未圻

图书在版编目（CIP）数据

四库全书术数三集．钦定协纪辨方书/谢路军主编；郑同点校．
—北京：华龄出版社，2014.10 重印
ISBN 978-7-80178-605-0
Ⅰ.①四…　Ⅱ.①谢…②郑…　Ⅲ.①四库全书—方术—汇通　Ⅳ.B992
中国版本图书馆 CIP 数据核字（2009）第 001674 号

书　　名：四库全书术数三集：钦定协纪辨方书
作　　者：谢路军　主编　郑同　点校

出 版 人：胡福君
出版发行：华龄出版社
地　　址：北京市东城区安定门外大街甲 57 号　**邮　　编**：100011
电　　话：（010）58122246　**传　　真**：（010）84049572
网　　址：http://www.hualingpress.com

印　　刷：九洲财鑫印刷有限公司
版　　次：2009 年 3 月第 1 版　2020 年 10 月第 9 次印刷
开　　本：787×1092　1/16　**印　　张**：51
字　　数：1100 千字　**印　　数**：23001～26000
定　　价：98.00 元(全二册)

钦定协纪辨方书卷十七

年表四

甲午至癸卯

太岁甲午[①]

开山立向修方吉	岁德甲　岁德合巳　岁支德亥 阳贵人未　阴贵人丑　岁禄寅 岁马申　奏书巽　博士乾				
三元紫白	上元	一白艮	六白巽	八白乾	九紫兑
	中元	一白中	六白坎	八白震	九紫巽
	下元	一白坤	六白兑	八白离	九紫坎
盖山黄道	贪狼巽辛　巨门艮丙　武曲震庚亥未　文曲乾甲				
通天窍	三合前方坤申　庚酉　辛戌　三合后方艮寅　甲卯　乙辰 十二吉山宜寅午戌申子辰年月日时				
走马六壬	神后丙午　功曹坤申　天罡辛戌 胜光壬子　传送艮寅　河魁乙辰 十二吉山宜寅午戌申子辰年月日时				
四利三元	太阳未　太阴酉　龙德丑　福德卯				
开山立向修方凶	太岁午　岁破子　三煞亥子丑 坐煞向煞壬癸　丙丁　浮天空亡离壬				
开山凶	年克山家甲寅辰巽戌坎辛申丑癸坤庚未山 阴府太岁艮巽　六害丑　死符亥　灸退酉				
立向凶	巡山罗睺丁　病符巳				

① 干木支火，纳音属金。

修方凶	天官符巳　地官符戌　大煞午　大将军卯 力士坤　蚕室艮　蚕官丑　蚕命寅 岁刑午　黄旛戌　豹尾辰　飞廉寅 丧门申　吊客辰　白虎寅　金神午未申酉 独火兑　五鬼戌　破败五鬼巽

开山立向修方吉

月	正	二	三	四	五	六	七	八	九	十	十一	十二
天道	南	西南	北	西	西北	东	北	东北	南	东	东南	西
天德	丁	坤	壬	辛	乾	甲	癸	艮	丙	乙	巽	庚
天德合	壬		丁	丙		己	戊		辛	庚		乙
月德	丙	甲	壬	庚	丙	甲	壬	庚	丙	甲	壬	庚
月德合	辛	己	丁	乙	辛	己	丁	乙	辛	己	丁	乙
月空	壬	庚	丙	甲	壬	庚	丙	甲	壬	庚	丙	甲
阳贵人	坎	离	艮	兑	乾	中	坎	离	艮	兑	乾	中
阴贵人	兑	乾	中	巽	震	坤	坎	离	艮	兑	乾	中
飞天禄	中	坎	离	艮	兑	乾	中	巽	震	坤	坎	离
飞天马	坤	坎	离	艮	兑	乾	中	坎	离	艮	兑	乾
月紫白 一白	兑	艮	离	坎	坤	震	巽	中	乾	兑	艮	离
六白	震	巽	中	乾	兑	艮	离	坎	坤	震	巽	中
八白	中	乾	兑	艮	离	坎	坤	震	巽	中	乾	兑
九紫	乾	兑	艮	离	坎	坤	震	巽	中	乾	兑	艮

	立春	春分	立夏	夏至	立秋	秋分	立冬	冬至
三奇 乙	坤	乾	兑	乾	艮	巽	震	巽
丙	坤	乾	兑	乾	艮	巽	震	巽
丁	震	兑	艮	中	兑	震	坤	中

开山凶

月	正	二	三	四	五	六	七	八	九	十	十一	十二
月建	寅	卯	辰	巳	午	未	申	酉	戌	亥	子	丑
月破	申	酉	戌	亥	子	丑	寅	卯	辰	巳	午	未
月克山家	乾 兑	亥 丁	震 巳	艮			水 山	土	乾 兑	亥 丁	离 丙	壬 乙
阴府太岁	坎 坤	乾 离	坤 震	巽 艮	乾 兑	坤 坎	离 乾	震 坤	艮 巽	兑 乾	坎 坤	乾 离

修方凶

天官符	丑艮寅	庚兑辛	戌乾亥	中	庚兑辛	戌乾亥	中	辰巽巳	甲震乙	未坤申	壬坎癸	丙离丁
地官符	辰巽巳	甲震乙	未坤申	壬坎癸	丙离丁	丑艮寅	庚兑辛	戌乾亥	中	庚兑辛	戌乾亥	中
小月建	中	戌乾亥	庚兑辛	丑艮寅	丙离丁	壬坎癸	未坤申	甲震乙	辰巽巳	中	戌乾亥	庚兑辛
大月建	丑艮寅	庚兑辛	戌乾亥	中	辰巽巳	甲震乙	未坤申	壬坎癸	丙离丁	丑艮寅	庚兑辛	戌乾亥
飞大煞	丙离丁	丑艮寅	庚兑辛	戌乾亥	中	庚兑辛	戌乾亥	中	辰巽巳	甲震乙	未坤申	壬坎癸
丙丁独火	中乾	中	巽中	震巽	坤震	坎坤	离坎	艮离	兑艮	乾兑	中乾	中
月游火	坤	震	巽	中	乾	兑	艮	离	坎	坤	震	巽
劫煞	亥	申	巳	寅	亥	申	巳	寅	亥	申	巳	寅
灾煞	子	酉	午	卯	子	酉	午	卯	子	酉	午	卯
月煞	丑	戌	未	辰	丑	戌	未	辰	丑	戌	未	辰
月刑	巳	子	辰	申	午	丑	寅	酉	未	亥	卯	戌
月害	巳	辰	卯	寅	丑	子	亥	戌	酉	申	未	午
月厌	戌	酉	申	未	午	巳	辰	卯	寅	丑	子	亥

太岁乙未[①]

开山立向修方吉	岁德庚　岁德合乙　岁支德子 阳贵人申　阴贵人子　岁禄卯 岁马巳　奏书巽　博士乾				
三元紫白	上元	一白离	六白中	八白兑	九紫艮
	中元	一白乾	六白坤	八白巽	九紫中
	下元	一白震	六白艮	八白坎	九紫坤
盖山黄道	贪狼坤乙　巨门坎癸申辰　武曲　乾甲　文曲震庚亥未				

① 干木支土，纳音属金。

通天窍	三合前方巽巳　丙午　丁未　三合后方乾亥　壬子　癸丑 十二吉山宜亥卯未巳酉丑年月日时
走马六壬	神后巽巳　功曹丁未　天罡庚酉 胜光乾亥　传送癸丑　河魁甲卯 十二吉山宜亥卯未巳酉丑年月日时
四利三元	太阳申　太阴戌　龙德寅　福德辰
开山立向修方凶	太岁未　岁破丑　三煞申酉戌 坐煞向煞庚辛　甲乙　浮天空亡坎癸
开山凶	年克山家震艮巳山 阴府太岁兑乾　六害子　死符子　灸退午
立向凶	巡山罗睺坤　病符午
修方凶	天官符寅　地官符亥　大煞卯　大将军卯 力士坤　蚕室艮　蚕官丑　蚕命寅 岁刑丑　黄旛未　豹尾丑　飞廉卯 丧门酉　吊客巳　白虎卯　金神辰巳 独火离　五鬼酉　破败五鬼艮

开山立向修方吉

月		正	二	三	四	五	六	七	八	九	十	十一	十二
天道		南	西南	北	西	西北	东	北	东北	南	东	东南	西
天德		丁	坤	壬	辛	乾	甲	癸	艮	丙	乙	巽	庚
天德合		壬		丁	丙		己	戊		辛	庚		乙
月德		丙	甲	壬	庚	丙	甲	壬	庚	丙	甲	壬	庚
月德合		辛	己	丁	乙	辛	己	丁	乙	辛	己	丁	乙
月空		壬	庚	丙	甲	壬	庚	丙	甲	壬	庚	丙	甲
阳贵人		坤	坎	离	艮	兑	乾	中	坎	离	艮	兑	乾
阴贵人		乾	中	巽	震	坤	坎	离	艮	兑	乾	中	坎
飞天禄		乾	中	坎	离	艮	兑	乾	中	巽	震	坤	坎
飞天马		艮	兑	乾	中	坎	离	艮	兑	乾	中	巽	震
月紫白	一白	坎	坤	震	巽	中	乾	兑	艮	离	坎	坤	震
	六白	乾	兑	艮	离	坎	坤	震	巽	中	乾	兑	艮
	八白	艮	离	坎	坤	震	巽	中	乾	兑	艮	离	坎
	九紫	离	坎	坤	震	巽	中	乾	兑	艮	离	坎	坤
		立春		春分		立夏		夏至		立秋		秋分	
		立冬		冬至									

三奇 乙丙丁	坎坤震	中乾兑	乾兑艮	兑乾中	离艮兑	中巽震	巽震坤	震巽中

开山凶

月	正	二	三	四	五	六	七	八	九	十	十一	十二
月建	寅	卯	辰	巳	午	未	申	酉	戌	亥	子	丑
月破	申	酉	戌	亥	子	丑	寅	卯	辰	巳	午	未
月克山家	乾 亥 兑 丁		震 艮 巳		离 壬 丙 乙				乾 亥 兑 丁		水土 山	
阴府太岁	坤震	巽艮	乾兑	坤坎	离乾	震坤	艮巽	兑乾	坎坤	乾离	坤震	巽艮

修方凶

天官符	中	庚兑辛	戌乾亥	中	辰巽巳	甲震乙	未坤申	壬坎癸	丙离丁	丑艮寅	庚兑辛	戌乾亥
地官符	中	辰巽巳	甲震乙	未坤申	壬坎癸	丙离丁	丑艮寅	庚兑辛	戌乾亥	中	庚兑辛	戌乾亥
小月建	丙离丁	壬坎癸	未坤申	甲震乙	辰巽巳	中	戌乾亥	庚兑辛	丑艮寅	丙离丁	壬坎癸	未坤申
大月建	中	辰巽巳	甲震乙	未坤申	壬坎癸	丙离丁	丑艮寅	庚兑辛	戌乾亥	中	辰巽巳	甲震乙
飞大煞	戌乾亥	中	庚兑辛	戌乾亥	中	辰巽巳	甲震乙	未坤申	壬坎癸	丙离丁	丑艮寅	庚兑辛
丙丁独火	巽中	震巽	坤震	坎坤	离坎	艮离	兑艮	乾兑	中乾	中	巽中	震巽
月游火	坤	震	巽	中	乾	兑	艮	离	坎	坤	震	巽
劫煞	亥	申	巳	寅	亥	申	巳	寅	亥	申	巳	寅
灾煞	子	酉	午	卯	子	酉	午	卯	子	酉	午	卯
月煞	丑	戌	未	辰	丑	戌	未	辰	丑	戌	未	辰
月刑	巳	子	辰	申	午	丑	寅	酉	未	亥	卯	戌
月害	巳	辰	卯	寅	丑	子	亥	戌	酉	申	未	午
月厌	戌	酉	申	未	午	巳	辰	卯	寅	丑	子	亥

太岁丙申[①]

<table>
<tr><td rowspan="3">开山立向修方吉</td><td colspan="5">岁德丙　岁德合辛　岁支德丑</td></tr>
<tr><td colspan="5">阳贵人酉　阴贵人亥　岁禄巳</td></tr>
<tr><td colspan="5">岁马寅　奏书坤　博士艮</td></tr>
<tr><td rowspan="3">三元紫白</td><td>上元</td><td>一白坎</td><td>六白乾</td><td>八白艮</td><td>九紫离</td></tr>
<tr><td>中元</td><td>一白兑</td><td>六白震</td><td>八白中</td><td>九紫乾</td></tr>
<tr><td>下元</td><td>一白巽</td><td>六白离</td><td>八白坤</td><td>九紫震</td></tr>
<tr><td>盖山黄道</td><td colspan="5">贪狼坤乙　巨门坎癸申辰　武曲乾甲　文曲震庚亥未</td></tr>
<tr><td>通天窍</td><td colspan="5">三合前方艮寅　甲卯　乙辰　三合后方坤申　庚酉　辛戌
十二吉山宜申子辰寅午戌年月日时</td></tr>
<tr><td>走马六壬</td><td colspan="5">神后乙辰　功曹丙午　天罡坤申
胜光辛戌　传送壬子　河魁艮寅
十二吉山宜申子辰寅午戌年月日时</td></tr>
<tr><td>四利三元</td><td colspan="5">太阳酉　太阴亥　龙德卯　福德巳</td></tr>
<tr><td>开山立向修方凶</td><td colspan="5">太岁申　岁破寅　三煞巳午未
坐煞向煞丙丁　壬癸　浮天空亡巽辛</td></tr>
<tr><td>开山凶</td><td colspan="5">年克山家震艮巳山
阴府太岁坎坤　六害亥　死符丑　灸退卯</td></tr>
<tr><td>立向凶</td><td colspan="5">巡山罗睺庚　病符未</td></tr>
<tr><td>修方凶</td><td colspan="5">天官符亥　地官符子　大　煞子　大将军午
力士乾　蚕室巽　蚕官辰　蚕命巳
岁刑寅　黄旛辰　豹尾戌　飞廉辰
丧门戌　吊客午　白虎辰　金神寅卯午未子丑
独火离　五鬼申　破败五鬼坤</td></tr>
</table>

开山立向修方吉

月	正	二	三	四	五	六	七	八	九	十	十一	十二
天道	南	西南	北	西	西北	东	北	东北	南	东	东南	西
天德	丁	坤	壬	辛	乾	甲	癸	艮	丙	乙	巽	庚
天德合	壬		丁	丙		己	戊		辛	庚		乙
月德	丙	甲	壬	庚	丙	甲	壬	庚	丙	甲	壬	庚

① 干火支金，纳音属火。

月德合	辛	己	丁	乙	辛	己	丁	乙	辛	己	丁	乙
月空	壬	庚	丙	甲	壬	庚	丙	甲	壬	庚	丙	甲
阳贵人	震	坤	坎	离	艮	兑	乾	中	坎	离	艮	兑
阴贵人	中	巽	震	坤	坎	离	艮	兑	乾	中	坎	离
飞天禄	艮	兑	乾	中	坎	离	艮	兑	乾	中	巽	震
飞天马	中	坎	离	艮	兑	乾	中	巽	震	坤	坎	离
月紫白 一白	巽	中	乾	兑	艮	离	坎	坤	震	巽	中	乾
六白	离	坎	坤	震	巽	中	乾	兑	艮	离	坎	坤
八白	坤	震	巽	中	乾	兑	艮	离	坎	坤	震	巽
九紫	震	巽	中	乾	兑	艮	离	坎	坤	震	巽	中

	立春	春分	立夏	夏至	立秋	秋分	立冬	冬至
三奇 乙	离	巽	中	艮	坎	乾	中	坤
丙	坎	中	乾	兑	离	中	巽	震
丁	坤	乾	兑	乾	艮	巽	震	巽

开山凶

月	正	二	三	四	五	六	七	八	九	十	十一	十二
月建	寅	卯	辰	巳	午	未	申	酉	戌	亥	子	丑
月破	申	酉	戌	亥	子	丑	寅	卯	辰	巳	午	未
月克山家			乾 兑	亥 丁	离 丙	壬 乙	震 巳	艮			水 山	土
阴府太岁	乾 兑	坤 坎	离 乾	震 坤	艮 巽	兑 乾	坎 坤	乾 震	坤 震	巽 艮	乾 兑	坤 坎

修方凶

天官符	中	辰 巽 巳	甲 震 乙	未 坤 申	壬 坎 癸	丙 离 丁	丑 艮 寅	庚 兑 辛	戌 乾 亥	中	庚 兑 辛	戌 乾 亥
地官符	戌 乾 亥	中	辰 巽 巳	甲 震 乙	未 坤 申	壬 坎 癸	丙 离 丁	丑 艮 寅	庚 兑 辛	戌 乾 亥	中	庚 兑 辛
小月建	中	戌 乾 亥	庚 兑 辛	丑 艮 寅	丙 离 丁	壬 坎 癸	未 坤 申	甲 震 乙	辰 巽 巳	中	戌 乾 亥	庚 兑 辛
大月建	未 坤 申	壬 坎 癸	丙 离 丁	丑 艮 寅	庚 兑 辛	戌 乾 亥	中	辰 巽 巳	甲 震 乙	未 坤 申	壬 坎 癸	丙 离 丁
飞大煞	戌 乾 亥	中	辰 巽 巳	甲 震 乙	未 坤 申	壬 坎 癸	丙 离 丁	丑 艮 寅	庚 兑 辛	戌 乾 亥	中	庚 兑 辛

丙丁独火	坤震	坎坤	离坎	艮离	兑艮	乾兑	中乾	中	巽中	震巽	坤震	坎坤
月游火	兑	艮	离	坎	坤	震	巽	中	乾	兑	艮	离
劫煞	亥	申	巳	寅	亥	申	巳	寅	亥	申	巳	寅
灾煞	子	酉	午	卯	子	酉	午	卯	子	酉	午	卯
月煞	丑	戌	未	辰	丑	戌	未	辰	丑	戌	未	辰
月刑	巳	子	辰	申	午	丑	寅	酉	未	亥	卯	戌
月害	巳	辰	卯	寅	丑	子	亥	戌	酉	申	未	午
月厌	戌	酉	申	未	午	巳	辰	卯	寅	丑	子	亥

太岁丁酉[1]

<table>
<tr><td>开山立向修方吉</td><td colspan="5">岁德壬　岁德合丁　岁支德寅
阳贵人亥　阴贵人酉　岁禄午
岁马亥　奏书坤　博士艮</td></tr>
<tr><td rowspan="3">三元紫白</td><td>上元</td><td>一白坤</td><td>六白兑</td><td>八白离</td><td>九紫坎</td></tr>
<tr><td>中元</td><td>一白艮</td><td>六白巽</td><td>八白乾</td><td>九紫兑</td></tr>
<tr><td>下元</td><td>一白中</td><td>六白坎</td><td>八白震</td><td>九紫巽</td></tr>
<tr><td>盖山黄道</td><td colspan="5">贪狼离壬寅戌　巨门乾甲　武曲坎癸申辰　文曲艮丙</td></tr>
<tr><td>通天窍</td><td colspan="5">三合前方乾亥　壬子　癸丑　三合后方巽巳　丙午　丁未
十二吉山宜巳酉丑亥卯未年月日时</td></tr>
<tr><td>走马六壬</td><td colspan="5">神后甲卯　功曹巽巳　天罡丁未
胜光庚酉　传送乾亥　河魁癸丑
十二吉山宜巳酉丑亥卯未年月日时</td></tr>
<tr><td>四利三元</td><td colspan="5">太阳戌　太阴子　龙德辰　福德午</td></tr>
<tr><td>开山立向修方凶</td><td colspan="5">太岁酉　岁破卯　三煞寅卯辰
坐煞向煞甲乙　庚辛　浮天空亡震庚</td></tr>
<tr><td>开山凶</td><td colspan="5">年克山家离壬丙乙山
阴府太岁乾离　六害戌　死符寅　灸退子</td></tr>
<tr><td>立向凶</td><td colspan="5">巡山罗睺辛　病符申</td></tr>
</table>

[1] 干火支金，纳音属火。

修方凶				
	天官符申	地官符丑	大煞酉	大将军午
	力士乾	蚕室巽	蚕官辰	蚕命巳
	岁刑酉	黄旛丑	豹尾未	飞廉亥
	丧门亥	吊客未	白虎巳	金神寅卯戌亥
	独火坤	五鬼未	破败五鬼震	

开山立向修方吉

月	正	二	三	四	五	六	七	八	九	十	十一	十二
天道	南	西南	北	西	西北	东	北	东北	南	东	东南	西
天德	丁	坤	壬	辛	乾	甲	癸	艮	丙	乙	巽	庚
天德合	壬		丁	丙		己	戊		辛	庚		乙
月德	丙	甲	壬	庚	丙	甲	壬	庚	丙	甲	壬	庚
月德合	辛	己	丁	乙	辛	己	丁	乙	辛	己	丁	乙
月空	壬	庚	丙	甲	壬	庚	丙	甲	壬	庚	丙	甲
阳贵人	中	巽	震	坤	坎	离	艮	兑	乾	中	坎	离
阴贵人	震	坤	坎	离	艮	兑	乾	中	坎	离	艮	兑
飞天禄	离	艮	兑	乾	中	坎	离	艮	兑	乾	中	巽
飞天马	中	巽	震	坤	坎	离	艮	兑	乾	中	坎	离
月紫白 一白	兑	艮	离	坎	坤	震	巽	中	乾	兑	艮	离
六白	震	巽	中	乾	兑	艮	离	坎	坤	震	巽	中
八白	中	乾	兑	艮	离	坎	坤	震	巽	中	乾	兑
九紫	乾	兑	艮	离	坎	坤	震	巽	中	乾	兑	艮

	立春	春分	立夏	夏至	立秋	秋分	立冬	冬至
三奇 乙	艮	震	巽	离	坤	兑	乾	坎
丙	离	巽	中	艮	坎	乾	中	坤
丁	坎	中	乾	兑	离	中	巽	震

开山凶

月	正	二	三	四	五	六	七	八	九	十	十一	十二
月建	寅	卯	辰	巳	午	未	申	酉	戌	亥	子	丑
月破	申	酉	戌	亥	子	丑	寅	卯	辰	巳	午	未
月克山家			离 丙	壬 乙	水 山	土	震 巳	艮				
阴府太岁	离乾	震坤	艮巽	兑乾	坎坤	乾离	坤震	巽艮	乾兑	坤坎	离乾	震坤

修方凶

天官符	未坤申	壬坎癸	丙离丁	丑艮寅	庚兑辛	戌乾亥	中	庚兑辛	戌乾亥	中	辰巽巳	甲震乙
地官符	庚兑辛	戌乾亥	中	辰巽巳	甲震乙	未坤申	壬坎癸	丙离丁	丑艮寅	庚兑辛	戌乾亥	中
小月建	丙离丁	壬坎癸	未坤申	甲震乙	辰巽巳	中	戌乾亥	庚兑辛	丑艮寅	丙离丁	壬坎癸	未坤申
大月建	丑艮寅	庚兑辛	戌乾亥	中	辰巽巳	甲震乙	未坤申	壬坎癸	丙离丁	丑艮寅	庚兑辛	戌乾亥
飞大煞	甲震乙	未坤申	壬坎癸	丙离丁	丑艮寅	庚兑辛	戌乾亥	中	庚兑辛	戌乾亥	中	辰巽巳
丙丁独火	离坎	艮离	兑艮	乾兑	中乾	中	巽中	震巽	坤震	坎坤	离坎	艮离
月游火	乾	兑	艮	离	坎	坤	震	巽	中	乾	兑	艮
劫煞	亥	申	巳	寅	亥	申	巳	寅	亥	申	巳	寅
灾煞	子	酉	午	卯	子	酉	午	卯	子	酉	午	卯
月煞	丑	戌	未	辰	丑	戌	未	辰	丑	戌	未	辰
月刑	巳	子	辰	申	午	丑	寅	酉	未	亥	卯	戌
月害	巳	辰	卯	寅	丑	子	亥	戌	酉	申	未	午
月厌	戌	酉	申	未	午	巳	辰	卯	寅	丑	子	亥

太岁戊戌[①]

开山立向修方吉	岁德戊 岁德合癸 岁支德卯 阳贵人丑 阴贵人未 岁禄巳 岁马申 奏书坤 博士艮			
三元紫白	上元	一白震	六白艮	八白坎	九紫坤
	中元	一白离	六白中	八白兑	九紫艮
	下元	一白乾	六白坤	八白巽	九紫中
盖山黄道	贪狼坎癸申辰 巨门坤乙 武曲离壬寅戌 文曲兑丁巳丑			

① 干土支土，纳音属木。

通天窍	三合前方坤申　庚酉　辛戌　三合后方艮寅　甲卯　乙辰 十二吉山宜寅午戌申子辰年月日时
走马六壬	神后艮寅　功曹乙辰　天罡丙午 胜光坤申　传送辛戌　河魁壬子 十二吉山宜寅午戌申子辰年月日时
四利三元	太阳亥　太阴丑　龙德巳　福德未
开山立向修方凶	太岁戌　岁破辰　三煞亥子丑 坐煞向煞壬癸　丙丁　浮天空亡坤乙
开山凶	年克山家甲寅辰巽戌坎辛申丑癸坤庚未山 阴府太岁坤震　六害酉　死符卯　灸退酉
立向凶	巡山罗睺乾　病符酉
修方凶	天官符巳　地官符寅　大煞午　大将军午 力士乾　蚕室巽　蚕官辰　蚕命巳 岁刑未　黄旛戌　豹尾辰　飞廉子 丧门子　吊客申　白虎午　金神申酉子丑 独火乾　五鬼午　破败五鬼离

开山立向修方吉

月		正	二	三	四	五	六	七	八	九	十	十一	十二
天道		南	西南	北	西	西北	东	北	东北	南	东	东南	西
天德		丁	坤	壬	辛	乾	甲	癸	艮	丙	乙	巽	庚
天德合		壬		丁	丙		己	戊		辛	庚		乙
月德		丙	甲	壬	庚	丙	甲	壬	庚	丙	甲	壬	庚
月德合		辛	己	丁	乙	辛	己	丁	乙	辛	己	丁	乙
月空		壬	庚	丙	甲	壬	庚	丙	甲	壬	庚	丙	甲
阳贵人		兑	乾	中	巽	震	坤	坎	离	艮	兑	乾	中
阴贵人		坎	离	艮	兑	乾	中	坎	离	艮	兑	乾	中
飞天禄		艮	兑	乾	中	坎	离	艮	兑	乾	中	巽	震
飞天马		坤	坎	离	艮	兑	乾	中	坎	离	艮	兑	乾
月紫白	一白	坎	坤	震	巽	中	乾	兑	艮	离	坎	坤	震
	六白	乾	兑	艮	离	坎	坤	震	巽	中	乾	兑	艮
	八白	艮	离	坎	坤	震	巽	中	乾	兑	艮	离	坎
	九紫	离	坎	坤	震	巽	中	乾	兑	艮	离	坎	坤
		立春	春分	立夏	夏至	立秋	秋分	立冬	冬至				

三奇 乙 丙 丁	兑 艮 离	坤 震 巽	震 巽 中	坎 离 艮	震 坤 坎	艮 兑 乾	兑 乾 中	离 坎 坤

开山凶

月	正	二	三	四	五	六	七	八	九	十	十一	十二
月建	寅	卯	辰	巳	午	未	申	酉	戌	亥	子	丑
月破	申	酉	戌	亥	子	丑	寅	卯	辰	巳	午	未
月克山家	震 巳	艮	离 丙	壬 乙			水 山	土	震 巳	艮		
阴府太岁	艮巽	兑乾	坎坤	乾离	坤震	巽艮	乾兑	坤坎	离乾	震坤	艮巽	兑乾

修方凶

天官符	丑艮寅	庚兑辛	戊乾亥	中	庚兑辛	戊乾亥	中	辰巽巳	甲震乙	未坤申	壬坎癸	丙离丁
地官符	中	庚兑辛	戊乾亥	中	辰巽巳	甲震乙	未坤申	壬坎癸	丙离丁	丑艮寅	庚兑辛	戊乾亥
小月建	中	戊乾亥	庚兑辛	丑艮寅	丙离丁	壬坎癸	未坤申	甲震乙	辰巽巳	中	戊乾亥	庚兑辛
大月建	中	辰巽巳	甲震乙	未坤申	壬坎癸	丙离丁	丑艮寅	庚兑辛	戊乾亥	中	辰巽巳	甲震乙
飞大煞	丙离丁	丑艮寅	庚兑辛	戊乾亥	中	庚兑辛	戊乾亥	中	辰巽巳	甲震乙	未坤申	壬坎癸
丙丁独火	兑艮	乾兑	中乾	中	巽中	震巽	坤震	坎坤	离坎	艮离	兑艮	乾兑
月游火	乾	兑	艮	离	坎	坤	震	巽	中	乾	兑	艮
劫煞	亥	申	巳	寅	亥	申	巳	寅	亥	申	巳	寅
灾煞	子	酉	午	卯	子	酉	午	卯	子	酉	午	卯
月煞	丑	戌	未	辰	丑	戌	未	辰	丑	戌	未	辰
月刑	巳	子	辰	申	午	丑	寅	酉	未	亥	卯	戌
月害	巳	辰	卯	寅	丑	子	亥	戌	酉	申	未	午
月厌	戌	酉	申	未	午	巳	辰	卯	寅	丑	子	亥

太岁己亥[1]

开山立向修方吉	岁德甲　岁德合已　岁支德辰 阳贵人子　阴贵人申　岁禄午 岁马巳　奏书乾　博士巽

三元紫白	上元	一白巽	六白离	八白坤	九紫震
	中元	一白坎	六白乾	八白艮	九紫离
	下元	一白兑	六白震	八白中	九紫乾

盖山黄道	贪狼坎癸申辰　巨门坤乙　武曲离壬寅戌　文曲兑丁巳丑
通天窍	三合前方巽巳　丙午　丁未　三合后方乾亥　壬子　癸丑 十二吉山宜亥卯未巳酉丑年月日时
走马六壬	神后癸丑　功曹甲卯　天罡巽巳 胜光丁未　传送庚酉　河魁乾亥 十二吉山宜亥卯未巳酉丑年月日时
四利三元	太阳子　太阴寅　龙德午　福德申
开山立向修方凶	太岁亥　岁破巳　三煞申酉戌 坐煞向煞庚辛　甲乙　浮天空亡乾甲
开山凶	年克山家震艮巳山 阴府太岁巽艮　六害申　死符辰　灸退午
立向凶	巡山罗睺壬　病符戌
修方凶	天官符寅　地官符卯　大煞卯　大将军酉 力士艮　蚕室坤　蚕官未　蚕命申 岁刑亥　黄旛未　豹尾丑　飞廉丑 丧门丑　吊客酉　白虎未　金神午未申酉 独火乾　五鬼巳　破败五鬼坎

开山立向修方吉

月	正	二	三	四	五	六	七	八	九	十	十一	十二
天道	南	西南	北	西	西北	东	北	东北	南	东	东南	西
天德	丁	坤	壬	辛	乾	甲	癸	艮	丙	乙	巽	庚
天德合	壬		丁	丙		己	戊		辛	庚		乙
月德	丙	甲	壬	庚	丙	甲	壬	庚	丙	甲	壬	庚

① 干土支水，纳音属木。

月德合	辛	己	丁	乙	辛	己	丁	乙	辛	己	丁	乙
月空	壬	庚	丙	甲	壬	庚	丙	甲	壬	庚	丙	甲
阳贵人	乾	中	巽	震	坤	坎	离	艮	兑	乾	中	坎
阴贵人	坤	坎	离	艮	兑	乾	中	坎	离	艮	兑	乾
飞天禄	离	艮	兑	乾	中	坎	离	艮	兑	乾	中	巽
飞天马	艮	兑	乾	中	坎	离	艮	兑	乾	中	巽	震
月紫白 一白	巽	中	乾	兑	艮	离	坎	坤	震	巽	中	乾
六白	离	坎	坤	震	巽	中	乾	兑	艮	离	坎	坤
八白	坤	震	巽	中	乾	兑	艮	离	坎	坤	震	巽
九紫	震	巽	中	乾	兑	艮	离	坎	坤	震	巽	中

	立春	春分	立夏	夏至	立秋	秋分	立冬	冬至
三奇 乙	兑	坤	震	坎	震	艮	兑	离
丙	兑	坤	震	坎	震	艮	兑	离
丁	艮	震	巽	离	坤	兑	乾	坎

开山凶

月	正	二	三	四	五	六	七	八	九	十	十一	十二
月建	寅	卯	辰	巳	午	未	申	酉	戌	亥	子	丑
月破	申	酉	戌	亥	子	丑	寅	卯	辰	巳	午	未
月克山家	乾 兑	亥 丁	震 巳	艮			水 山	土	乾 兑	亥 丁	离 丙	壬 乙
阴府太岁	坎 坤	乾 离	坤 震	巽 艮	乾 兑	坤 坎	离 乾	震 坤	艮 巽	兑 乾	坎 坤	乾 离

修方凶

天官符	中	庚兑辛	戌乾亥	中	辰巽巳	甲震乙	未坤申	壬坎癸	丙离丁	丑艮寅	庚兑辛	戌乾亥
地官符	戌乾亥	中	庚兑辛	戌乾亥	中	辰巽巳	甲震乙	未坤申	壬坎癸	丙离丁	丑艮寅	庚兑辛
小月建	丙离丁	壬坎癸	未坤申	甲震乙	辰巽巳	中	戌乾亥	庚兑辛	丑艮寅	丙离丁	壬坎癸	未坤申
大月建	未坤申	壬坎癸	丙离丁	丑艮寅	庚兑辛	戌乾亥	中	辰巽巳	甲震乙	未坤申	壬坎癸	丙离丁
飞大煞	戌乾亥	中	庚兑辛	戌乾亥	中	辰巽巳	甲震乙	未坤申	壬坎癸	丙离丁	丑艮寅	庚兑辛

丙丁独火	中 乾	中	巽 中	震 巽	坤 震	坎 坤	离 坎	艮 离	兑 艮	乾 兑	中 乾	中
月游火	坎	坤	震	巽	中	乾	兑	艮	离	坎	坤	震
劫煞	亥	申	巳	寅	亥	申	巳	寅	亥	申	巳	寅
灾煞	子	酉	午	卯	子	酉	午	卯	子	酉	午	卯
月煞	丑	戌	未	辰	丑	戌	未	辰	丑	戌	未	辰
月刑	巳	子	辰	申	午	丑	寅	酉	未	亥	卯	戌
月害	巳	辰	卯	寅	丑	子	亥	戌	酉	申	未	午
月厌	戌	酉	申	未	午	巳	辰	卯	寅	丑	子	亥

太岁庚子①

开山立向修方吉	岁德庚　岁德合乙　岁支德巳 阳贵人丑　阴贵人未　岁禄申 岁马寅　奏书乾　博士巽				
三元紫白	上元	一白中	六白坎	八白震	九紫巽
	中元	一白坤	六白兑	八白离	九紫坎
	下元	一白艮	六白巽	八白乾	九紫兑
盖山黄道	贪狼震庚亥未　巨门兑丁巳丑　武曲巽辛　文曲坤乙				
通天窍	三合前方艮寅　甲卯　乙辰　三合后方坤申　庚酉　辛戌 十二吉山宜申子辰寅午戌年月日时				
走马六壬	神后壬子　功曹艮寅　天罡乙辰 胜光丙午　传送坤申　河魁辛戌 十二吉山宜申子辰寅午戌年月日时				
四利三元	太阳丑　太阴卯　龙德未　福德酉				
开山立向修方凶	太岁子　岁破午　三煞巳午未 坐煞向煞丙丁　壬癸　浮天空亡兑丁				
开山凶	年克山家乾亥兑丁山 阴府太岁乾兑　六害未　死符巳　灸退卯				
立向凶	巡山罗睺癸　病符亥				

① 干金支水，纳音属土。

修方凶	天官符亥　地官符辰　大煞子　大将军酉 力士艮　蚕室坤　蚕官未　蚕命申 岁刑卯　黄旛辰　豹尾戌　飞廉申 丧门寅　吊客戌　白虎申　金神辰巳 独火艮　五鬼辰　破败五鬼兑

开山立向修方吉

月	正	二	三	四	五	六	七	八	九	十	十一	十二
天道	南	西南	北	西	西北	东	北	东北	南	东	东南	西
天德	丁	坤	壬	辛	乾	甲	癸	艮	丙	乙	巽	庚
天德合	壬		丁	丙		己	戊		辛	庚		乙
月德	丙	甲	壬	庚	丙	甲	壬	庚	丙	甲	壬	庚
月德合	辛	己	丁	乙	辛	己	丁	乙	辛	己	丁	乙
月空	壬	庚	丙	甲	壬	庚	丙	甲	壬	庚	丙	甲
阳贵人	兑	乾	中	巽	震	坤	坎	离	艮	兑	乾	中
阴贵人	坎	离	艮	兑	乾	中	坎	离	艮	兑	乾	中
飞天禄	坤	坎	离	艮	兑	乾	中	坎	离	艮	兑	乾
飞天马	中	坎	离	艮	兑	乾	中	巽	震	坤	坎	离
月紫白 一白	兑	艮	离	坎	坤	震	巽	中	乾	兑	艮	离
六白	震	巽	中	乾	兑	艮	离	坎	坤	震	巽	中
八白	中	乾	兑	艮	离	坎	坤	震	巽	中	乾	兑
九紫	乾	兑	艮	离	坎	坤	震	巽	中	乾	兑	艮

	立春	春分	立夏	夏至	立秋	秋分	立冬	冬至
三奇 乙	乾	坎	坤	坤	巽	离	艮	艮
丙	兑	坤	震	坎	震	艮	兑	离
丁	艮	震	巽	离	坤	兑	乾	坎

开山凶

月	正	二	三	四	五	六	七	八	九	十	十一	十二
月建	寅	卯	辰	巳	午	未	申	酉	戌	亥	子	丑
月破	申	酉	戌	亥	子	丑	寅	卯	辰	巳	午	未
月克山家	乾兑	亥丁	震巳	艮	离丙	壬乙			乾兑	亥丁	水山	土
阴府太岁	坤震	巽艮	乾兑	坤坎	离乾	震坤	艮巽	兑乾	坎坤	乾离	坤震	巽艮

修方凶

天官符	中	辰巽巳	甲震乙	未坤申	壬坎癸	丙离丁	丑艮寅	庚兑辛	戌乾亥	中	庚兑辛	戌乾亥
地官符	庚兑辛	戌乾亥	中	庚兑辛	戌乾亥	中	辰巽巳	甲震乙	未坤申	壬坎癸	丙离丁	丑艮寅
小月建	中	戌乾亥	庚兑辛	丑艮寅	丙离丁	壬坎癸	未坤申	甲震乙	辰巽巳	中	戌乾亥	庚兑辛
大月建	丑艮寅	庚兑辛	戌乾亥	中	辰巽巳	甲震乙	未坤申	壬坎癸	丙离丁	丑艮寅	庚兑辛	戌乾亥
飞大煞	戌乾亥	中	辰巽巳	甲震乙	未坤申	壬坎癸	丙离丁	丑艮寅	庚兑辛	戌乾亥	中	庚兑辛
丙丁独火	巽中	震巽	坤震	坎坤	离坎	艮离	兑艮	乾兑	中乾	中	巽中	震巽
月游火	艮	离	坎	坤	震	巽	中	乾	兑	艮	离	坎
劫煞	亥	申	巳	寅	亥	申	巳	寅	亥	申	巳	寅
灾煞	子	酉	午	卯	子	酉	午	卯	子	酉	午	卯
月煞	丑	戌	未	辰	丑	戌	未	辰	丑	戌	未	辰
月刑	巳	子	辰	申	午	丑	寅	酉	未	亥	卯	戌
月害	巳	辰	卯	寅	丑	子	亥	戌	酉	申	未	午
月厌	戌	酉	申	未	午	巳	辰	卯	寅	丑	子	亥

太岁辛丑①

开山立向修方吉	岁德丙　岁德合辛　岁支德午 阳贵人寅　阴贵人午　岁禄酉 岁马亥　奏书乾　博士巽			
三元紫白	上元	一白乾	六白坤	八白巽	九紫中
	中元	一白震	六白艮	八白坎	九紫坤
	下元	一白离	六白中	八白兑	九紫艮
盖山黄道	贪狼艮丙　巨门巽辛　武曲兑丁巳丑　文曲离壬寅戌				

① 干金支土，纳音属土。

通天窍	三合前方乾亥　壬子　癸丑　三合后方巽巳　丙午　丁未 十二吉山宜巳酉丑亥卯未年月日时
走马六壬	神后乾亥　功曹癸丑　天罡甲卯 胜光巽巳　传送丁未　河魁庚酉 十二吉山宜巳酉丑亥卯未年月日时
四利三元	太阳寅　太阴辰　龙德申　福德戌
开山立向修方凶	太岁丑　岁破未　三煞寅卯辰 坐煞向煞甲乙　庚辛　浮天空亡艮丙
开山凶	年克山家甲寅辰巽戌坎辛申丑癸坤庚未山 阴府太岁坤坎　六害午　死符午　灸退子
立向凶	巡山罗睺艮　病符子
修方凶	天官符申　地官符巳　大煞酉　大将军酉 力士艮　蚕室坤　蚕官未　蚕命申 岁刑戌　黄旛丑　豹尾未　飞廉酉 丧门卯　吊客亥　白虎酉　金神寅卯午未子丑 独火震　五鬼卯　破败五鬼乾

开山立向修方吉

月	正	二	三	四	五	六	七	八	九	十	十一	十二
天道	南	西南	北	西	西北	东	北	东北	南	东	东南	西
天德	丁	坤	壬	辛	乾	甲	癸	艮	丙	乙	巽	庚
天德合	壬		丁	丙		己	戊		辛	庚		乙
月德	丙	甲	壬	庚	丙	甲	壬	庚	丙	甲	壬	庚
月德合	辛	己	丁	乙	辛	己	丁	乙	辛	己	丁	乙
月空	壬	庚	丙	甲	壬	庚	丙	甲	壬	庚	丙	甲
阳贵人	中	坎	离	艮	兑	乾	中	巽	震	坤	坎	离
阴贵人	离	艮	兑	乾	中	坎	离	艮	兑	乾	中	巽
飞天禄	震	坤	坎	离	艮	兑	乾	中	坎	离	艮	兑
飞天马	中	巽	震	坤	坎	离	艮	兑	乾	中	坎	离
月紫白 一白	坎	坤	震	巽	中	乾	兑	艮	离	坎	坤	震
六白	乾	兑	艮	离	坎	坤	震	巽	中	乾	兑	艮
八白	艮	离	坎	坤	震	巽	中	乾	兑	艮	离	坎
九紫	离	坎	坤	震	巽	中	乾	兑	艮	离	坎	坤

	立春	春分	立夏	夏至	立秋	秋分	立冬	冬至

三奇 乙丙丁	中乾兑	离坎坤	坎坤震	震坤坎	中巽震	坎离艮	离艮兑	兑艮离

开山凶

月	正	二	三	四	五	六	七	八	九	十	十一	十二
月建	寅	卯	辰	巳	午	未	申	酉	戌	亥	子	丑
月破	申	酉	戌	亥	子	丑	寅	卯	辰	巳	午	未
月克山家			乾兑	亥丁	离丙	壬乙	震巳	艮			水山	土
阴府太岁	乾兑	坤坎	离乾	震坤	艮巽	兑乾	坎坤	乾离	坤震	巽艮	乾兑	坤坎

修方凶

天官符	未坤申	壬坎癸	丙离丁	丑艮寅	庚兑辛	戌乾亥	中	庚兑辛	戌乾亥	中	辰巽巳	甲震乙
地官符	丑艮寅	庚兑辛	戌乾亥	中	庚兑辛	戌乾亥	中	辰巽巳	甲震乙	未坤申	壬坎癸	丙离丁
小月建	丙离丁	壬坎癸	未坤申	甲震乙	辰巽巳	中	戌乾亥	庚兑辛	丑艮寅	丙离丁	壬坎癸	未坤申
大月建	中	辰巽巳	甲震乙	未坤申	壬坎癸	丙离丁	丑艮寅	庚兑辛	戌乾亥	中	辰巽巳	甲震乙
飞大煞	甲震乙	未坤申	壬坎癸	丙离丁	丑艮寅	庚兑辛	戌乾亥	中	庚兑辛	戌乾亥	中	辰巽巳
丙丁独火	坤震	坎坤	离坎	艮离	兑艮	乾兑	中乾	中	巽中	震巽	坤震	坎坤
月游火	艮	离	坎	坤	震	巽	中	乾	兑	艮	离	坎
劫煞	亥	申	巳	寅	亥	申	巳	寅	亥	申	巳	寅
灾煞	子	酉	午	卯	子	酉	午	卯	子	酉	午	卯
月煞	丑	戌	未	辰	丑	戌	未	辰	丑	戌	未	辰
月刑	巳	子	辰	申	午	丑	寅	酉	未	亥	卯	戌
月害	巳	辰	卯	寅	丑	子	亥	戌	酉	申	未	午
月厌	戌	酉	申	未	午	巳	辰	卯	寅	丑	子	亥

太岁壬寅[①]

<table>
<tr><td rowspan="3">开山立向修方吉</td><td colspan="5">岁德壬　岁德合丁　岁支德未</td></tr>
<tr><td colspan="5">阳贵人卯　阴贵人巳　岁禄亥</td></tr>
<tr><td colspan="5">岁马申　奏书艮　博士坤</td></tr>
<tr><td rowspan="3">三元紫白</td><td>上元</td><td>一白兑</td><td>六白震</td><td>八白中</td><td>九紫乾</td></tr>
<tr><td>中元</td><td>一白巽</td><td>六白离</td><td>八白坤</td><td>九紫震</td></tr>
<tr><td>下元</td><td>一白坎</td><td>六白乾</td><td>八白艮</td><td>九紫离</td></tr>
<tr><td>盖山黄道</td><td colspan="5">贪狼艮丙　巨门巽辛　武曲兑丁巳丑　文曲离壬寅戌</td></tr>
<tr><td>通天窍</td><td colspan="5">三合前方坤申　庚酉　辛戌　三合后方艮寅　甲卯　乙辰
十二吉山宜寅午戌申子辰年月日时</td></tr>
<tr><td>走马六壬</td><td colspan="5">神后辛戌　功曹壬子　天罡艮寅
胜光乙辰　传送丙午　河魁坤申
十二吉山宜寅午戌申子辰年月日时</td></tr>
<tr><td>四利三元</td><td colspan="5">太阳卯　太阴巳　龙德酉　福德亥</td></tr>
<tr><td>开山立向修方凶</td><td colspan="5">太岁寅　岁破申　三煞亥子丑
坐煞向煞壬癸　丙丁　浮天空亡乾甲</td></tr>
<tr><td>开山凶</td><td colspan="5">年克山家二十四山并无克，冬至后克乾亥兑丁山
阴府太岁离乾　六害巳　死符未　灸退酉</td></tr>
<tr><td>立向凶</td><td colspan="5">巡山罗睺甲　病符丑</td></tr>
<tr><td>修方凶</td><td colspan="5">天官符巳　地官符午　大煞午　大将军子
力士巽　蚕室乾　蚕官戌　蚕命亥
岁刑巳　黄旛戌　豹尾辰　飞廉戌
丧门辰　吊客子　白虎戌　金神寅卯戌亥
独火震　五鬼寅　破败五鬼巽</td></tr>
</table>

开山立向修方吉

月	正	二	三	四	五	六	七	八	九	十	十一	十二
天道	南	西南	北	西	西北	东	北	东北	南	东	东南	西
天德	丁	坤	壬	辛	乾	甲	癸	艮	丙	乙	巽	庚
天德合	壬		丁	丙		己	戊		辛	庚		乙
月德	丙	甲	壬	庚	丙	甲	壬	庚	丙	甲	壬	庚

① 干水支土，纳音属金。

月德合	辛	己	丁	乙	辛	己	丁	乙	辛	己	丁	乙
月空	壬	庚	丙	甲	壬	庚	丙	甲	壬	庚	丙	甲
阳贵人	乾	中	坎	离	艮	兑	乾	中	巽	震	坤	坎
阴贵人	艮	兑	乾	中	坎	离	艮	兑	乾	中	巽	震
飞天禄	中	巽	震	坤	坎	离	艮	兑	乾	中	坎	离
飞天马	坤	坎	离	艮	兑	乾	中		离	艮	兑	乾
月紫白 一白	巽	中	乾	兑	艮	离	坎	坤	震	巽	中	乾
六白	离	坎	坤	震	巽	中	乾	兑	艮	离	坎	坤
八白	坤	震	巽	中	乾	兑	艮	离	坎	坤	震	巽
九紫	震	巽	中	乾	兑	艮	离	坎	坤	震	巽	中

	立春	春分	立夏	夏至	立秋	秋分	立冬	冬至
三奇 乙	巽	艮	离	巽	乾	坤	坎	乾
丙	中	离	坎	震	中	坎	离	兑
丁	乾	坎	坤	坤	巽	离	艮	艮

开山凶

月	正	二	三	四	五	六	七	八	九	十	十一	十二
月建	寅	卯	辰	巳	午	未	申	酉	戌	亥	子	丑
月破	申	酉	戌	亥	子	丑	寅	卯	辰	巳	午	未
月克山家			离 丙	壬 乙	水 山	土	震 巳	艮				
阴府太岁	离乾	震坤	艮巽	兑乾	坎坤	乾离	坤震	巽艮	乾兑	坤坎	离乾	震坤

修方凶

天官符	丑艮寅	庚兑辛	戌乾亥	中	庚兑辛	戌乾亥	中	辰巽巳	甲震乙	未坤申	壬坎癸	丙离丁
地官符	丙离丁	丑艮寅	庚兑辛	戌乾亥	中	庚兑辛	戌乾亥	中	辰巽巳	甲震乙	未坤申	壬坎癸
小月建	中	戌乾亥	庚兑辛	丑艮寅	丙离丁	壬坎癸	未坤申	甲震乙	辰巽巳	中	戌乾亥	庚兑辛
大月建	未坤申	壬坎癸	丙离丁	丑艮寅	庚兑辛	戌乾亥	中	辰巽巳	甲震乙	未坤申	壬坎癸	丙离丁
飞大煞	丙离丁	丑艮寅	庚兑辛	戌乾亥	中	庚兑辛	戌乾亥	中	辰巽巳	甲震乙	未坤申	壬坎癸

丙丁独火	离坎	艮离	兑艮	乾兑	中乾	中	巽中	震巽	坤震	坎坤	离坎	艮离
月游火	震	巽	中	乾	兑	艮	离	坎	坤	震	巽	中
劫煞	亥	申	巳	寅	亥	申	巳	寅	亥	申	巳	寅
灾煞	子	酉	午	卯	子	酉	午	卯	子	酉	午	卯
月煞	丑	戌	未	辰	丑	戌	未	辰	丑	戌	未	辰
月刑	巳	子	辰	申	午	丑	寅	酉	未	亥	卯	戌
月害	巳	辰	卯	寅	丑	子	亥	戌	酉	申	未	午
月厌	戌	酉	申	未	午	巳	辰	卯	寅	丑	子	亥

太岁癸卯[①]

开山立向修方吉	岁德戊　岁德合癸　岁支德申 阳贵人巳　阴贵人卯　岁禄子 岁马巳　奏书艮　博士坤				
三元紫白	上元	一白艮	六白巽	八白乾	九紫兑
	中元	一白中	六白坎	八白震	九紫巽
	下元	一白坤	六白兑	八白离	九紫坎
盖山黄道	贪狼乾甲　巨门离壬寅戌　武曲坤乙　文曲巽辛				
通天窍	三合前方巽巳　丙午　丁未　三合后方乾亥　壬子　癸丑 十二吉山宜亥卯未巳酉丑年月日时				
走马六壬	神后庚酉　功曹乾亥　天罡癸丑 胜光甲卯　传送巽巳　河魁丁未 十二吉山宜亥卯未巳酉丑年月日时				
四利三元	太阳辰　太阴午　龙德戌　福德子				
开山立向修方凶	太岁卯　岁破酉　三煞申酉戌 坐煞向煞庚辛　甲乙　浮天空亡坤乙				
开山凶	年克山家乾亥兑丁山 阴府太岁震坤　六害辰　死符申　灸退午				
立向凶	巡山罗睺乙　病符寅				

① 干水支木，纳音属金。

修方凶	天官符寅	地官符未	大煞卯	大将军子
	力士巽	蚕室乾	蚕官戌	蚕命亥
	岁刑子	黄旛未	豹尾丑	飞廉巳
	丧门巳	吊客丑	白虎亥	金神申酉子丑
	独火坎	五鬼丑	破败五鬼艮	

开山立向修方吉

月	正	二	三	四	五	六	七	八	九	十	十一	十二
天道	南	西南	北	西	西北	东	北	东北	南	东	东南	西
天德	丁	坤	壬	辛	乾	甲	癸	艮	丙	乙	巽	庚
天德合	壬		丁	丙		己	戊		辛	庚		乙
月德	丙	甲	壬	庚	丙	甲	壬	庚	丙	甲	壬	庚
月德合	辛	己	丁	乙	辛	己	丁	乙	辛	己	丁	乙
月空	壬	庚	丙	甲	壬	庚	丙	甲	壬	庚	丙	甲
阳贵人	艮	兑	乾	中	坎	离	艮	兑	乾	中	巽	震
阴贵人	乾	中	坎	离	艮	兑	乾	中	巽	震	坤	坎
飞天禄	乾	中	巽	震	坤	坎	离	艮	兑	乾	中	坎
飞天马	艮	兑	乾	中	坎	离	艮	兑	乾	中	巽	震
月紫白 一白	兑	艮	离	坎	坤	震	巽	中	乾	兑	艮	离
六白	震	巽	中	乾	兑	艮	离	坎	坤	震	巽	中
八白	中	乾	兑	艮	离	坎	坤	震	巽	中	乾	兑
九紫	乾	兑	艮	离	坎	坤	震	巽	中	乾	兑	艮

	立春	春分	立夏	夏至	立秋	秋分	立冬	冬至
三奇 乙	震	兑	艮	中	兑	震	坤	中
丙	巽	艮	离	巽	乾	坤	坎	乾
丁	中	离	坎	震	中	坎	离	兑

开山凶

月	正	二	三	四	五	六	七	八	九	十	十一	十二
月建	寅	卯	辰	巳	午	未	申	酉	戌	亥	子	丑
月破	申	酉	戌	亥	子	丑	寅	卯	辰	巳	午	未
月克山家	震 巳	艮	离 丙	壬 乙			水 山	土	震 巳	艮		
阴府太岁	艮 巽	兑 乾	坎 坤	乾 离	坤 震	巽 艮	乾 兑	坤 坎	离 乾	震 坤	艮 巽	兑 乾

修方凶

天官符	中	庚兑辛	戌乾亥	中	辰巽巳	甲震乙	未坤申	壬坎癸	丙离丁	丑艮寅	庚兑辛	戌乾亥
地官符	壬坎癸	丙离丁	丑艮寅	庚兑辛	戌乾亥	中	庚兑辛	戌乾亥	中	辰巽巳	甲震乙	未坤申
小月建	丙离丁	壬坎癸	未坤申	甲震乙	辰巽巳	中	戌乾亥	庚兑辛	丑艮寅	丙离丁	壬坎癸	未坤申
大月建	丑艮寅	庚兑辛	戌乾亥	中	辰巽巳	甲震乙	未坤申	壬坎癸	丙离丁	丑艮寅	庚兑辛	戌乾亥
飞大煞	戌乾亥	中	庚兑辛	戌乾亥	中	辰巽巳	甲震乙	未坤申	壬坎癸	丙离丁	丑艮寅	庚兑辛
丙丁独火	兑艮	乾兑	中乾	中	巽中	震巽	坤震	坎坤	离坎	艮离	兑艮	乾兑
月游火	巽	中	乾	兑	艮	离	坎	坤	震	巽	中	乾
劫煞	亥	申	巳	寅	亥	申	巳	寅	亥	申	巳	寅
灾煞	子	酉	午	卯	子	酉	午	卯	子	酉	午	卯
月煞	丑	戌	未	辰	丑	戌	未	辰	丑	戌	未	辰
月刑	巳	子	辰	申	午	丑	寅	酉	未	亥	卯	戌
月害	巳	辰	卯	寅	丑	子	亥	戌	酉	申	未	午
月厌	戌	酉	申	未	午	巳	辰	卯	寅	丑	子	亥

钦定协纪辨方书卷十八

年表五

甲辰至癸丑

太岁甲辰[①]

<table>
<tr><td>开山立向修方吉</td><td colspan="5">岁德甲　岁德合己　岁支德酉
阳贵人未　阴贵人丑　岁禄寅
岁马寅　奏书艮　博士坤</td></tr>
<tr><td rowspan="3">三元紫白</td><td>上元</td><td>一白离</td><td>六白中</td><td>八白兑</td><td>九紫艮</td></tr>
<tr><td>中元</td><td>一白乾</td><td>六白坤</td><td>八白巽</td><td>九紫中</td></tr>
<tr><td>下元</td><td>一白震</td><td>六白艮</td><td>八白坎</td><td>九紫坤</td></tr>
<tr><td>盖山黄道</td><td colspan="5">贪狼兑丁巳丑　巨门震庚亥未　武曲艮丙　文曲坎癸申辰</td></tr>
<tr><td>通天窍</td><td colspan="5">三合前方艮寅　甲卯　乙辰　三合后方坤申　庚酉　辛戌
十二吉山宜申子辰寅午戌年月日时</td></tr>
<tr><td>走马六壬</td><td colspan="5">神后坤申　功曹辛戌　天罡壬子
胜光艮寅　传送乙辰　河魁丙午
十二吉山宜申子辰寅午戌年月日时</td></tr>
<tr><td>四利三元</td><td colspan="5">太阳巳　太阴未　龙德亥　福德丑</td></tr>
<tr><td>开山立向修方凶</td><td colspan="5">太岁辰　岁破戌　三煞巳午未
坐煞向煞丙丁壬癸　浮天空亡离壬</td></tr>
<tr><td>开山凶</td><td colspan="5">年克山家乾亥兑丁山
阴府太岁艮巽　六害卯　死符酉　灸退卯</td></tr>
<tr><td>立向凶</td><td colspan="5">巡山罗睺巽　病符卯</td></tr>
</table>

① 干木支土，纳音属火。

修方凶				
	天官符亥	地官符申	大煞子	大将军子
	力士巽	蚕室乾	蚕官戌	蚕命亥
	岁刑辰	黄旛辰	豹尾戌	飞廉午
	丧门午	吊客寅	白虎子	金神午未申酉
	独火巽	五鬼子	破败五鬼巽	

开山立向修方吉

月	正	二	三	四	五	六	七	八	九	十	十一	十二
天道	南	西南	北	西	西北	东	北	东北	南	东	东南	西
天德	丁	坤	壬	辛	乾	甲	癸	艮	丙	乙	巽	庚
天德合	壬		丁	丙		己	戊		辛	庚		乙
月德	丙	甲	壬	庚	丙	甲	壬	庚	丙	甲	壬	庚
月德合	辛	己	丁	乙	辛	己	丁	乙	辛	己	丁	乙
月空	壬	庚	丙	甲	壬	庚	丙	甲	壬	庚	丙	甲
阳贵人	坎	离	艮	兑	乾	中	坎	离	艮	兑	乾	中
阴贵人	兑	乾	中	巽	震	坤	坎	离	艮	兑	乾	中
飞天禄	中	坎	离	艮	兑	乾	中	巽	震	坤	坎	离
飞天马	中	坎	离	艮	兑	乾	中	巽	震	坤	坎	离
月紫白 一白 六白 八白 九紫	坎乾艮离	坤兑离坎	震艮坎坤	巽离坤震	中坎震巽	乾坤巽中	兑震中乾	艮巽乾兑	离中兑艮	坎乾艮离	坤兑离坎	震艮坎坤

	立春	春分	立夏	夏至	立秋	秋分	立冬	冬至
三奇 乙 丙 丁	震震巽	兑兑艮	艮艮离	中中巽	兑兑乾	震震坤	坤坤坎	中中乾

开山凶

月	正	二	三	四	五	六	七	八	九	十	十一	十二
月建	寅	卯	辰	巳	午	未	申	酉	戌	亥	子	丑
月破	申	酉	戌	亥	子	丑	寅	卯	辰	巳	午	未
月克山家	乾亥兑丁		震艮巳				水土山		乾亥兑丁		离壬丙乙	

阴府太岁	坎坤	乾离	坤震	巽艮	乾兑	坤坎	离乾	震坤	艮巽	兑乾	坎坤	乾离

修方凶

天官符	中	辰巽巳	甲震乙	未坤申	壬坎癸	丙离丁	丑艮寅	庚兑辛	戌乾亥	中	庚兑辛	戌乾亥
地官符	未坤申	壬坎癸	丙离丁	丑艮寅	庚兑辛	戌乾亥	中	庚兑辛	戌乾亥	中	辰巽巳	甲震乙
小月建	中	戌乾亥	庚兑辛	丑艮寅	丙离丁	壬坎癸	未坤申	甲震乙	辰巽巳	中	戌乾亥	庚兑辛
大月建	中	辰巽巳	甲震乙	未坤申	壬坎癸	丙离丁	丑艮寅	庚兑辛	戌乾亥	中	辰巽巳	甲震乙
飞大煞	戌乾亥	中	辰巽巳	甲震乙	未坤申	壬坎癸	丙离丁	丑艮寅	庚兑辛	戌乾亥	中	庚兑辛
丙丁独火	中乾	中	巽中	震巽	坤震	坎坤	离坎	艮离	兑艮	乾兑	中乾	中
月游火	巽	中	乾	兑	艮	离	坎	坤	震	巽	中	乾
劫煞	亥	申	巳	寅	亥	申	巳	寅	亥	申	巳	寅
灾煞	子	酉	午	卯	子	酉	午	卯	子	酉	午	卯
月煞	丑	戌	未	辰	丑	戌	未	辰	丑	戌	未	辰
月刑	巳	子	辰	申	午	丑	寅	酉	未	亥	卯	戌
月害	巳	辰	卯	寅	丑	子	亥	戌	酉	申	未	午
月厌	戌	酉	申	未	午	巳	辰	卯	寅	丑	子	亥

太岁乙巳[①]

开山立向修方吉	岁德庚　岁德合乙　岁支德戌 阳贵人申　阴贵人子　岁禄卯 岁马亥　奏书巽　博士乾

① 干木支火，纳音属火。

<table>
<tr><td rowspan="3">三元紫白</td><td>上元</td><td>一白坎</td><td>六白乾</td><td>八白艮</td><td>九紫离</td></tr>
<tr><td>中元</td><td>一白兑</td><td>六白震</td><td>八白中</td><td>九紫乾</td></tr>
<tr><td>下元</td><td>一白巽</td><td>六白离</td><td>八白坤</td><td>九紫震</td></tr>
<tr><td>盖山黄道</td><td colspan="5">贪狼兑丁巳丑　巨门震庚亥未　武曲艮丙　文曲坎癸申辰</td></tr>
<tr><td>通天窍</td><td colspan="5">三合前方乾亥　壬子　癸丑　三合后方巽巳　丙午　丁未
十二吉山宜巳酉丑亥卯未年月日时</td></tr>
<tr><td>走马六壬</td><td colspan="5">神后丁未　功曹庚酉　天罡乾亥
胜光癸丑　传送甲卯　河魁巽巳
十二吉山宜巳酉丑亥卯未年月日时</td></tr>
<tr><td>四利三元</td><td colspan="5">太阳午　太阴申　龙德子　福德寅</td></tr>
<tr><td>开山立向修方凶</td><td colspan="5">太岁巳　岁破亥　三煞寅卯辰
坐煞向煞甲乙　庚辛　浮天空亡坎癸</td></tr>
<tr><td>开山凶</td><td colspan="5">年克山家甲寅辰巽戌坎辛申丑癸坤庚未山
阴府太岁兑乾　六害寅　死符戌　灸退子</td></tr>
<tr><td>立向凶</td><td colspan="5">巡山罗睺丙　病符辰</td></tr>
<tr><td>修方凶</td><td colspan="5">天官符申　地官符酉　大煞酉　大将军卯
力士坤　蚕室艮　蚕官丑　蚕命寅
岁刑申　黄旛丑　豹尾未　飞廉未
丧门未　吊客卯　白虎丑　金神辰巳
独火巽　五鬼亥　破败五鬼艮</td></tr>
</table>

开山立向修方吉

月	正	二	三	四	五	六	七	八	九	十	十一	十二
天道	南	西南	北	西	西北	东	北	东北	南	东	东南	西
天德	丁	坤	壬	辛	乾	甲	癸	艮	丙	乙	巽	庚
天德合	壬		丁	丙		己	戊		辛	庚		乙
月德	丙	甲	壬	庚	丙	甲	壬	庚	丙	甲	壬	庚
月德合	辛	己	丁	乙	辛	己	丁	乙	辛	己	丁	乙

月空	壬	庚	丙	甲	壬	庚	丙	甲	壬	庚	丙	甲
阳贵人	坤	坎	离	艮	兑	乾	中	坎	离	艮	兑	乾
阴贵人	乾	中	巽	震	坤	坎	离	艮	兑	乾	中	坎
飞天禄	乾	中	坎	离	艮	兑	乾	中	巽	震	坤	坎
飞天马	中	巽	震	坤	坎	离	艮	兑	乾	中	坎	离
月紫白 一白 六白 八白 九紫	巽 离 坤 震	中 坎 震 巽	乾 坤 巽 中	兑 震 中 乾	艮 巽 乾 兑	离 中 兑 艮	坎 乾 艮 离	坤 兑 离 坎	震 艮 坎 坤	巽 离 坤 震	中 坎 震 巽	乾 坤 巽 中

	立春	春分	立夏	夏至	立秋	秋分	立冬	冬至
三奇 乙 丙 丁	坤 震 巽	乾 兑 艮	兑 艮 离	乾 中 巽	艮 兑 乾	巽 震 坤	震 坤 坎	巽 中 乾

开山凶

月	正	二	三	四	五	六	七	八	九	十	十一	十二
月建	寅	卯	辰	巳	午	未	申	酉	戌	亥	子	丑
月破	申	酉	戌	亥	子	丑	寅	卯	辰	巳	午	未
月克山家	乾 兑	亥 丁	震 巳	艮	离 丙	壬 乙			乾 兑	亥 丁	水 山	土
阴府太岁	坤 震	巽 艮	乾 兑	坤 坎	离 乾	震 坤	艮 巽	兑 乾	坎 坤	乾 离	坤 震	巽 艮

修方凶

天官符	未 坤 申	壬 坎 癸	丙 离 丁	丑 艮 寅	庚 兑 辛	戌 乾 亥	中	庚 兑 辛	戌 乾 亥	中	辰 巽 巳	甲 震 乙
地官符	甲 震 乙	未 坤 申	壬 坎 癸	丙 离 丁	丑 艮 寅	庚 兑 辛	戌 乾 亥	中	庚 兑 辛	戌 乾 亥	中	辰 巽 巳
小月建	丙 离 丁	壬 坎 癸	未 坤 申	甲 震 乙	辰 巽 巳	中	戌 乾 亥	庚 兑 辛	丑 艮 寅	丙 离 丁	壬 坎 癸	未 坤 申

大月建	未坤申	壬坎癸	丙离丁	丑艮寅	庚兑辛	戌乾亥	中	辰巽巳	甲震乙	未坤申	壬坎癸	丙离丁
飞大煞	甲震乙	未坤申	壬坎癸	丙离丁	丑艮寅	庚兑辛	戌乾亥	中	庚兑辛	戌乾亥	中	辰巽巳
丙丁独火	巽中	震巽	坤震	坎坤	离坎	艮离	兑艮	乾兑	中乾	中	巽中	震巽
月游火	离	坎	坤	震	巽	中	乾	兑	艮	离	坎	坤
劫煞	亥	申	巳	寅	亥	申	巳	寅	亥	申	巳	寅
灾煞	子	酉	午	卯	子	酉	午	卯	子	酉	午	卯
月煞	丑	戌	未	辰	丑	戌	未	辰	丑	戌	未	辰
月刑	巳	子	辰	申	午	丑	寅	酉	未	亥	卯	戌
月害	巳	辰	卯	寅	丑	子	亥	戌	酉	申	未	午
月厌	戌	酉	申	未	午	巳	辰	卯	寅	丑	子	亥

太岁丙午[①]

开山立向修方吉	岁德丙　岁德合辛　岁支德亥 阳贵人酉　阴贵人亥　岁禄巳 岁马申　奏书巽　博士乾				
三元紫白	上元	一白坤	六白兑	八白离	九紫坎
	中元	一白艮	六白巽	八白乾	九紫兑
	下元	一白中	六白坎	八白震	九紫巽
盖山黄道	贪狼巽辛　巨门艮丙　武曲震庚亥未　文曲乾甲				
通天窍	三合前方坤申　庚酉　辛戌　三合后方艮寅　甲卯　乙辰 十二吉山宜寅午戌申子辰年月日时				
走马六壬	神后丙午　功曹坤申　天罡辛戌 胜光壬子　传送艮寅　河魁乙辰 十二吉山宜寅午戌申子辰年月日时				
四利三元	太阳未　太阴酉　龙德丑　福德卯				

① 干火支火，纳音属水。

开山立向修方凶	太岁午　岁破子　三煞亥子丑 坐煞向煞壬癸丙丁　浮天空亡巽辛
开山凶	年克山家乾亥兑丁山 阴府太岁坎坤　六害丑　死符亥　灸退酉
立向凶	巡山罗睺丁　病符巳
修方凶	天官符巳　地官符戌　大煞午　大将军卯 力士坤　蚕室艮　蚕官丑　蚕命寅 岁刑午　黄旛戌　豹尾辰　飞廉寅 丧门申　吊客辰　白虎寅　金神寅卯午未子丑 独火兑　五鬼戌　破败五鬼坤

开山立向修方吉

月	正	二	三	四	五	六	七	八	九	十	十一	十二
天道	南	西南	北	西	西北	东	北	东北	南	东	东南	西
天德	丁	坤	壬	辛	乾	甲	癸	艮	丙	乙	巽	庚
天德合	壬		丁	丙		己	戊		辛	庚		乙
月德	丙	甲	壬	庚	丙	甲	壬	庚	丙	甲	壬	庚
月德合	辛	己	丁	乙	辛	己	丁	乙	辛	己	丁	乙
月空	壬	庚	丙	甲	壬	庚	丙	甲	壬	庚	丙	甲
阳贵人	震	坤	坎	离	艮	兑	乾	中	坎	离	艮	兑
阴贵人	中	巽	震	坤	坎	离	艮	兑	乾	中	坎	离
飞天禄	艮	兑	乾	中	坎	离	艮	兑	乾	中	巽	震
飞天马	坤	坎	离	艮	兑	乾	中	坎	离	艮	兑	乾
月紫白 一白 六白 八白 九紫	兑 震 中 乾	艮 巽 乾 兑	离 中 兑 艮	坎 乾 艮 离	坤 兑 离 坎	震 艮 坎 坤	巽 离 坤 震	中 坎 震 巽	乾 坤 巽 中	兑 震 中 乾	艮 巽 乾 兑	离 中 兑 艮

	立春	春分	立夏	夏至	立秋	秋分	立冬	冬至
三奇 乙 丙 丁	坎 坤 震	中 乾 兑	乾 兑 艮	兑 乾 中	离 艮 兑	中 巽 震	巽 震 坤	震 巽 中

开山凶

月	正	二	三	四	五	六	七	八	九	十	十一	十二
月建	寅	卯	辰	巳	午	未	申	酉	戌	亥	子	丑
月破	申	酉	戌	亥	子	丑	寅	卯	辰	巳	午	未
月克山家			乾 兑	亥 丁	离 丙	壬 乙	震 巳	艮			水 山	土
阴府太岁	乾 兑	坤 坎	离 乾	震 坤	艮 巽	兑 乾	坎 坤	乾 离	坤 震	巽 艮	乾 兑	坤 坎

修方凶

天官符	丑艮寅	庚兑辛	戌乾亥	中	庚兑辛	戌乾亥	中	辰巽巳	甲震乙	未坤申	壬坎癸	丙离丁
地官符	辰巽巳	甲震乙	未坤申	壬坎癸	丙离丁	丑艮寅	庚兑辛	戌乾亥	中	庚兑辛	戌乾亥	中
小月建	中	戌乾亥	庚兑辛	丑艮寅	丙离丁	壬坎癸	未坤申	甲震乙	辰巽巳	中	戌乾亥	庚兑辛
大月建	丑艮寅	庚兑辛	戌乾亥	中	辰巽巳	甲震乙	未坤申	壬坎癸	丙离丁	丑艮寅	庚兑辛	戌乾亥
飞大煞	丙离丁	丑艮寅	庚兑辛	戌乾亥	中	庚兑辛	戌乾亥	中	辰巽巳	甲震乙	未坤申	壬坎癸
丙丁独火	坤 震	坎 坤	离 坎	艮 离	兑 艮	乾 兑	中 乾	中	巽 中	震 巽	坤 震	坎 坤
月游火	坤	震	巽	中	乾	兑	艮	离	坎	坤	震	巽
劫煞	亥	申	巳	寅	亥	申	巳	寅	亥	申	巳	寅
灾煞	子	酉	午	卯	子	酉	午	卯	子	酉	午	卯
月煞	丑	戌	未	辰	丑	戌	未	辰	丑	戌	未	辰
月刑	巳	子	辰	申	午	丑	寅	酉	未	亥	卯	戌
月害	巳	辰	卯	寅	丑	子	亥	戌	酉	申	未	午
月厌	戌	酉	申	未	午	巳	辰	卯	寅	丑	子	亥

太岁丁未[①]

<table>
<tr><td>开山立向修方吉</td><td colspan="5">岁德壬　岁德合丁　岁支德子
阳贵人亥　阴贵人酉　岁禄午
岁马巳　奏书巽　博士乾</td></tr>
<tr><td rowspan="3">三元紫白</td><td>上元</td><td>一白震</td><td>六白艮</td><td>八白坎</td><td>九紫坤</td></tr>
<tr><td>中元</td><td>一白离</td><td>六白中</td><td>八白兑</td><td>九紫艮</td></tr>
<tr><td>下元</td><td>一白乾</td><td>六白坤</td><td>八白巽</td><td>九紫中</td></tr>
<tr><td>盖山黄道</td><td colspan="5">贪狼坤乙　巨门坎癸申辰　武曲乾甲　文曲震庚亥未</td></tr>
<tr><td>通天窍</td><td colspan="5">三合前方巽巳　丙午　丁未　三合后方乾亥　壬子　癸丑
十二吉山宜亥卯未巳酉丑年月日时</td></tr>
<tr><td>走马六壬</td><td colspan="5">神后巽巳　功曹丁未　天罡庚酉
胜光乾亥　传送癸丑　河魁甲卯
十二吉山宜亥卯未巳酉丑年月日时</td></tr>
<tr><td>四利三元</td><td colspan="5">太阳申　太阴戌　龙德寅　福德辰</td></tr>
<tr><td>开山立向修方凶</td><td colspan="5">太岁未　岁破丑　三煞申酉戌
坐煞向煞庚辛甲乙　浮天空亡震庚</td></tr>
<tr><td>开山凶</td><td colspan="5">年克山家甲寅辰巽戌坎辛申丑癸坤庚未山
阴府太岁乾离　六害子　死符子　灸退午</td></tr>
<tr><td>立向凶</td><td colspan="5">巡山罗睺坤　病符午</td></tr>
<tr><td>修方凶</td><td colspan="5">天官符寅　地官符亥　大煞卯　大将军卯
力士坤　蚕室艮　蚕官丑　蚕命寅
岁刑丑　黄旛未　豹尾丑　飞廉卯
丧门酉　吊客巳　白虎卯　金神寅卯戌亥
独火离　五鬼酉　破败五鬼震</td></tr>
</table>

开山立向修方吉

月	正	二	三	四	五	六	七	八	九	十	十一	十二
天道	南	西南	北	西	西北	东	北	东北	南	东	东南	西
天德	丁	坤	壬	辛	乾	甲	癸	艮	丙	乙	巽	庚
天德合	壬		丁	丙		己	戊		辛	庚		乙

① 干火支土，纳音属水。

月德	丙	甲	壬	庚	丙	甲	壬	庚	丙	甲	壬	庚
月德合	辛	己	丁	乙	辛	己	丁	乙	辛	己	丁	乙
月空	壬	庚	丙	甲	壬	庚	丙	甲	壬	庚	丙	甲
阳贵人	中	巽	震	坤	坎	离	艮	兑	乾	中	坎	离
阴贵人	震	坤	坎	离	艮	兑	乾	中	坎	离	艮	兑
飞天禄	离	艮	兑	乾	中	坎	离	艮	兑	乾	中	巽
飞天马	艮	兑	乾	中	坎	离	艮	兑	乾	中	巽	震
月紫白 一白 六白 八白 九紫	坎乾艮离	坤兑离坎	震艮坎坤	巽离坤震	中坎震巽	乾坤巽中	兑震中乾	艮巽乾兑	离中兑艮	坎乾艮离	坤兑离坎	震艮坎坤
	立春		春分		立夏		夏至		立秋	秋分	立冬	冬至
三奇 乙 丙 丁	离坎坤		巽中乾		中乾兑		艮兑乾		坎离艮	乾中巽	中巽震	坤震巽

开山凶

月	正	二	三	四	五	六	七	八	九	十	十一	十二
月建	寅	卯	辰	巳	午	未	申	酉	戌	亥	子	丑
月破	申	酉	戌	亥	子	丑	寅	卯	辰	巳	午	未
月克山家			离丙	壬乙	水山	土	震巳	艮				
阴府太岁	离乾	震坤	艮巽	兑乾	坎坤	乾离	坤震	巽艮	乾兑	坤坎	离乾	震坤

修方凶

天官符	中	庚兑辛	戊乾亥	中	辰巽巳	甲震乙	未坤申	壬坎癸	丙离丁	丑艮寅	庚兑辛	戊乾亥
地官符	中	辰巽巳	甲震乙	未坤申	壬坎癸	丙离丁	丑艮寅	庚兑辛	戊乾亥	中	庚兑辛	戊乾亥
小月建	丙离丁	壬坎癸	未坤申	甲震乙	辰巽巳	中	戊乾亥	庚兑辛	丑艮寅	丙离丁	壬坎癸	未坤申
大月建	中	辰巽巳	甲震乙	未坤申	壬坎癸	丙离丁	丑艮寅	庚兑辛	戊乾亥	中	辰巽巳	甲震乙

飞大煞	戊乾亥	中	庚兑辛	戊乾亥	中	辰巽巳	甲震乙	未坤申	壬坎癸	丙离丁	丑艮寅	庚兑辛
丙丁独火	离 坎	艮 离	兑 艮	乾 兑	中 乾	中	巽 中	震 巽	坤 震	坎 坤	离 坎	艮 离
月游火	坤	震	巽	中	乾	兑	艮	离	坎	坤	震	巽
劫煞	亥	申	巳	寅	亥	申	巳	寅	亥	申	巳	寅
灾煞	子	酉	午	卯	子	酉	午	卯	子	酉	午	卯
月煞	丑	戌	未	辰	丑	戌	未	辰	丑	戌	未	辰
月刑	巳	子	辰	申	午	丑	寅	酉	未	亥	卯	戌
月害	巳	辰	卯	寅	丑	子	亥	戌	酉	申	未	午
月厌	戌	酉	申	未	午	巳	辰	卯	寅	丑	子	亥

太岁戊申①

<table>
<tr><td>开山立向修方吉</td><td colspan="5">岁德戊　岁德合癸　岁支德丑
阳贵人丑　阴贵人未　岁禄巳
岁马寅　奏书坤　博士艮</td></tr>
<tr><td rowspan="3">三元紫白</td><td>上元</td><td>一白巽</td><td>六白离</td><td>八白坤</td><td>九紫震</td></tr>
<tr><td>中元</td><td>一白坎</td><td>六白乾</td><td>八白艮</td><td>九紫离</td></tr>
<tr><td>下元</td><td>一白兑</td><td>六白震</td><td>八白中</td><td>九紫乾</td></tr>
<tr><td>盖山黄道</td><td colspan="5">贪狼坤乙　巨门坎癸申辰　武曲乾甲　文曲震庚亥未</td></tr>
<tr><td>通天窍</td><td colspan="5">三合前方艮寅　甲卯　乙辰　三合后方坤申　庚酉　辛戌
十二吉山宜申子辰寅午戌年月日时</td></tr>
<tr><td>走马六壬</td><td colspan="5">神后乙辰　功曹丙午　天罡坤申
胜光辛戌　传送壬子　河魁艮寅
十二吉山宜申子辰寅午戌年月日时</td></tr>
<tr><td>四利三元</td><td colspan="5">太阳酉　太阴亥　龙德卯　福德巳</td></tr>
<tr><td>开山立向修方凶</td><td colspan="5">太岁申　岁破寅　三煞巳午未
坐煞向煞丙丁壬癸　浮天空亡坤乙</td></tr>
</table>

① 干土支金，纳音属土。

开山凶	年克山家离壬丙乙山 阴府太岁坤震　六害亥　死符丑　灸退卯
立向凶	巡山罗睺庚　病符未
修方凶	天官符亥　地官符子　大煞子　大将军午 力士乾　蚕室巽　蚕官辰　蚕命巳 岁刑寅　黄旛辰　豹尾戌　飞廉辰 丧门戌　吊客午　白虎辰　金神申酉子丑 独火离　五鬼申　破败五鬼离

开山立向修方吉

月	正	二	三	四	五	六	七	八	九	十	十一	十二
天道	南	西南	北	西	西北	东	北	东北	南	东	东南	西
天德	丁	坤	壬	辛	乾	甲	癸	艮	丙	乙	巽	庚
天德合	壬		丁	丙		己	戊		辛	庚		乙
月德	丙	甲	壬	庚	丙	甲	壬	庚	丙	甲	壬	庚
月德合	辛	己	丁	乙	辛	己	丁	乙	辛	己	丁	乙
月空	壬	庚	丙	甲	壬	庚	丙	甲	壬	庚	丙	甲
阳贵人	兑	乾	中	巽	震	坤	坎	离	艮	兑	乾	中
阴贵人	坎	离	艮	兑	乾	中	坎	离	艮	兑	乾	中
飞天禄	艮	兑	乾	中	坎	离	艮	兑	乾	中	巽	震
飞天马	中	坎	离	艮	兑	乾	中	巽	震	坤	坎	离
月紫白 一白 六白 八白 九紫	巽离坤震	中坎震巽	乾坤巽中	兑震中乾	艮巽乾兑	离中兑艮	坎乾艮离	坤兑离坎	震艮坎坤	巽离坤震	中坎震巽	乾坤巽中

	立春	春分	立夏	夏至	立秋	秋分	立冬	冬至
三奇 乙 丙 丁	艮离坎	震巽中	巽中乾	离艮兑	坤坎离	兑乾中	乾中巽	坎坤震

开山凶

月	正	二	三	四	五	六	七	八	九	十	十一	十二
月建	寅	卯	辰	巳	午	未	申	酉	戌	亥	子	丑

月破	申	酉	戌	亥	子	丑	寅	卯	辰	巳	午	未
月克山家	震　艮 巳		离　壬 丙　乙				水　土 山		震　艮 巳			
阴府太岁	艮 巽	兑 乾	坎 坤	乾 离	坤 震	巽 艮	乾 兑	坤 坎	离 乾	震 坤	艮 巽	兑 乾

修方凶

天官符	中	辰 巽 巳	甲 震 乙	未 坤 申	壬 坎 癸	丙 离 丁	丑 艮 寅	庚 兑 辛	戌 乾 亥	中	庚 兑 辛	戌 乾 亥
地官符	戌 乾 亥	中	辰 巽 巳	甲 震 乙	未 坤 申	壬 坎 癸	丙 离 丁	丑 艮 寅	庚 兑 辛	戌 乾 亥	中	庚 兑 辛
小月建	中	戌 乾 亥	庚 兑 辛	丑 艮 寅	丙 离 丁	壬 坎 癸	未 坤 申	甲 震 乙	震 巽 巳	中	戌 乾 辛	庚 兑 亥
大月建	未 坤 申	壬 坎 癸	丙 离 丁	丑 艮 寅	庚 兑 辛	戌 乾 亥	中	辰 巽 巳	甲 震 乙	未 坤 申	壬 坎 癸	丙 离 丁
飞大煞	戌 乾 亥	中	辰 巽 巳	甲 震 乙	未 坤 申	壬 坎 癸	丙 离 丁	丑 艮 寅	庚 兑 辛	戌 乾 亥	中	庚 兑 辛
丙丁独火	兑 艮	乾 兑	中 乾	中	巽 中	震 巽	坤 震	坎 坤	离 坎	艮 离	兑 艮	乾 兑
月游火	兑	艮	离	坎	坤	震	巽	中	乾	兑	艮	离
劫煞	亥	申	巳	寅	亥	申	巳	寅	亥	申	巳	寅
灾煞	子	酉	午	卯	子	酉	午	卯	子	酉	午	卯
月煞	丑	戌	未	辰	丑	戌	未	辰	丑	戌	未	辰
月刑	巳	子	辰	申	午	丑	寅	酉	未	亥	卯	戌
月害	巳	辰	卯	寅	丑	子	亥	戌	酉	申	未	午
月厌	戌	酉	申	未	午	巳	辰	卯	寅	丑	子	亥

太岁己酉[1]

<table>
<tr><td>开山立向修方吉</td><td colspan="5">岁德甲　岁德合已　岁支德寅
阳贵人子　阴贵人申　岁禄午
岁马亥　奏书坤　博士艮</td></tr>
<tr><td rowspan="3">三元紫白</td><td>上元</td><td>一白中</td><td>六白坎</td><td>八白震</td><td>九紫巽</td></tr>
<tr><td>中元</td><td>一白坤</td><td>六白兑</td><td>八白离</td><td>九紫坎</td></tr>
<tr><td>下元</td><td>一白艮</td><td>六白巽</td><td>八白乾</td><td>九紫兑</td></tr>
<tr><td>盖山黄道</td><td colspan="5">贪狼离壬寅戌　巨门乾甲　武曲坎癸申辰　文曲艮丙</td></tr>
<tr><td>通天窍</td><td colspan="5">三合前方乾亥　壬子　癸丑　三合后方巽巳　丙午　丁未
十二吉山宜巳酉丑亥卯未年月日时</td></tr>
<tr><td>走马六壬</td><td colspan="5">神后甲卯　功曹巽巳　天罡丁未
胜光庚酉　传送乾亥　河魁癸丑
十二吉山宜巳酉丑亥卯未年月日时</td></tr>
<tr><td>四利三元</td><td colspan="5">太阳戌　太阴子　龙德辰　福德午</td></tr>
<tr><td>开山立向修方凶</td><td colspan="5">太岁酉　岁破卯　三煞寅卯辰
坐煞向煞甲乙　庚辛　浮天空亡乾甲</td></tr>
<tr><td>开山凶</td><td colspan="5">年克山家二十四山并无克，冬至后克乾亥兑丁山
阴府太岁巽艮　六害戌　死符寅　灸退子</td></tr>
<tr><td>立向凶</td><td colspan="5">巡山罗睺辛　病符申</td></tr>
<tr><td>修方凶</td><td colspan="5">天官符申　地官符丑　大煞酉　大将军午
力士乾　蚕室巽　蚕官辰　蚕命巳
岁刑酉　黄旛丑　豹尾未　飞廉亥
丧门亥　吊客未　白虎巳　金神午未申酉
独火坤　五鬼未　破败五鬼坎</td></tr>
</table>

开山立向修方吉

月	正	二	三	四	五	六	七	八	九	十	十一	十二
天道	南	西南	北	西	西北	东	北	东北	南	东	东南	西
天德	丁	坤	壬	辛	乾	甲	癸	艮	丙	乙	巽	庚
天德合	壬		丁	丙		己	戊		辛	庚		乙

① 干土支金，纳音属土。

月德	丙	甲	壬	庚	丙	甲	壬	庚	丙	甲	壬	庚
月德合	辛	己	丁	乙	辛	己	丁	乙	辛	己	丁	乙
月空	壬	庚	丙	甲	壬	庚	丙	甲	壬	庚	丙	甲
阳贵人	乾	中	巽	震	坤	坎	离	艮	兑	乾	中	坎
阴贵人	坤	坎	离	艮	兑	乾	中	坎	离	艮	兑	乾
飞天禄	离	艮	兑	乾	中	坎	离	艮	兑	乾	中	巽
飞天马	中	巽	震	坤	坎	离	艮	兑	乾	中	坎	离
月紫白 一白 六白 八白 九紫	兑 震 中 乾	艮 巽 乾 兑	离 中 兑 艮	坎 乾 艮 离	坤 兑 离 坎	震 艮 坎 坤	巽 离 坤 震	中 坎 震 巽	乾 坤 巽 中	兑 震 中 乾	艮 巽 乾 兑	离 中 兑 艮

	立春	春分	立夏	夏至	立秋	秋分	立冬	冬至
三奇 乙 丙 丁	艮 艮 离	震 震 巽	巽 巽 中	离 离 艮	坤 坤 坎	兑 兑 乾	乾 乾 中	坎 坎 坤

开山凶

月	正	二	三	四	五	六	七	八	九	十	十一	十二
月建	寅	卯	辰	巳	午	未	申	酉	戌	亥	子	丑
月破	申	酉	戌	亥	子	丑	寅	卯	辰	巳	午	未
月克山家	乾 兑	亥 丁	震 巳	艮			水 山	土	乾 兑	亥 丁	离 丙	壬 乙
阴府太岁	坎 坤	乾 离	坤 震	巽 艮	乾 兑	坤 坎	离 乾	震 坤	艮 巽	兑 乾	坎 坤	乾 离

修方凶

天官符	未 坤 申	壬 坎 癸	丙 离 丁	丑 艮 寅	庚 兑 辛	戌 乾 亥	中	庚 兑 辛	戌 乾 亥	中	辰 巽 巳	甲 震 乙
地官符	庚 兑 辛	戌 乾 亥	中	辰 巽 巳	甲 震 乙	未 坤 申	壬 坎 癸	丙 离 丁	丑 艮 寅	庚 兑 辛	戌 乾 亥	中
小月建	丙 离 丁	壬 坎 癸	未 坤 申	甲 震 乙	辰 巽 巳	中	戌 乾 亥	庚 兑 辛	丑 艮 寅	丙 离 丁	壬 坎 癸	未 坤 申
大月建	丑 艮 寅	庚 兑 辛	戌 乾 亥	中	辰 巽 巳	甲 震 乙	未 坤 申	壬 坎 癸	丙 离 丁	丑 艮 寅	庚 兑 辛	戌 乾 亥

飞大煞	甲 震 乙	未 坤 申	壬 坎 癸	丙 离 丁	丑 艮 寅	庚 兑 辛	戌 乾 亥	中	庚 兑 辛	戌 乾 亥	中	辰 巽 巳
丙丁独火	中 乾	中	巽 中	震 巽	坤 震	坎 坤	离 坎	艮 离	兑 艮	乾 兑	中 乾	中
月游火	乾	兑	艮	离	坎	坤	震	巽	中	乾	兑	艮
劫煞	亥	申	巳	寅	亥	申	巳	寅	亥	申	巳	寅
灾煞	子	酉	午	卯	子	酉	午	卯	子	酉	午	卯
月煞	丑	戌	未	辰	丑	戌	未	辰	丑	戌	未	辰
月刑	巳	子	辰	申	午	丑	寅	酉	未	亥	卯	戌
月害	巳	辰	卯	寅	丑	子	亥	戌	酉	申	未	午
月厌	戌	酉	申	未	午	巳	辰	卯	寅	丑	子	亥

太岁庚戌[①]

开山立向修方吉	岁德庚　岁德合乙　岁支德卯 阳贵人丑　阴贵人未　岁禄申 岁马申　奏书坤　博士艮			
三元紫白	上元	一白乾	六白坤	八白巽	九紫中
	中元	一白震	六白艮	八白坎	九紫坤
	下元	一白离	六白中	八白兑	九紫艮
盖山黄道	贪狼坎癸申辰　巨门坤乙　武曲离壬寅戌　文曲兑丁巳丑				
通天窍	三合前方坤申　庚酉　辛戌　三合后方艮寅　甲卯　乙辰 十二吉山宜寅午戌申子辰年月日时				
走马六壬	神后艮寅　功曹乙辰　天罡丙午 胜光坤申　传送辛戌　河魁壬子 十二吉山宜寅午戌申子辰年月日时				
四利三元	太阳亥　太阴丑　龙德巳　福德未				
开山立向修方凶	太岁戌　岁破辰　三煞亥子丑 坐煞向煞壬癸　丙丁　浮天空亡兑丁				

① 干金支土，纳音属金。

开山凶	年克山家震艮巳山 阴府太岁乾兑　六害酉　死符卯　灸退酉
立向凶	巡山罗睺乾　病符酉
修方凶	天官符巳　地官符寅　大煞午　大将军午 力士乾　蚕室巽　蚕官辰　蚕命巳 岁刑未　黄幡戌　豹尾辰　飞廉子 丧门子　吊客申　白虎午　金神辰巳 独火乾　五鬼午　破败五鬼兑

开山立向修方吉

月	正	二	三	四	五	六	七	八	九	十	十一	十二
天道	南	西南	北	西	西北	东	北	东北	南	东	东南	西
天德	丁	坤	壬	辛	乾	甲	癸	艮	丙	乙	巽	庚
天德合	壬		丁	丙		己	戊		辛	庚		乙
月德	丙	甲	壬	庚	丙	甲	壬	庚	丙	甲	壬	庚
月德合	辛	己	丁	乙	辛	己	丁	乙	辛	己	丁	乙
月空	壬	庚	丙	甲	壬	庚	丙	甲	壬	庚	丙	甲
阳贵人	兑	乾	中	巽	震	坤	坎	离	艮	兑	乾	中
阴贵人	坎	离	艮	兑	乾	中	坎	离	艮	兑	乾	中
飞天禄	坤	坎	离	艮	兑	乾	中	坎	离	艮	兑	乾
飞天马	坤	坎	离	艮	兑	乾	中	坎	离	艮	兑	乾
月紫白 一白 六白 八白 九紫	坎乾艮离	坤兑离坎	震艮坎坤	巽离坤震	中坎震巽	乾坤巽中	兑震中乾	艮巽乾兑	离中兑艮	坎乾艮离	坤兑离坎	震艮坎坤

	立春	春分	立夏	夏至	立秋	秋分	立冬	冬至
三奇 乙 丙 丁	兑艮离	坤震巽	震巽中	坎离艮	震坤坎	艮兑乾	兑乾中	离坎坤

开山凶

月	正	二	三	四	五	六	七	八	九	十	十一	十二
月建	寅	卯	辰	巳	午	未	申	酉	戌	亥	子	丑

月破	申	酉	戌	亥	子	丑	寅	卯	辰	巳	午	未
月克山家	乾 兑	亥 丁	震 巳	艮	离 丙	壬 乙			乾 兑	亥 丁	水 山	土
阴府太岁	坤 震	巽 艮	乾 兑	坤 坎	离 乾	震 坤	艮 巽	兑 乾	坎 坤	乾 离	坤 震	巽 艮

修方凶

天官符	丑艮寅	庚兑辛	戌乾亥	中	庚兑辛	戌乾亥	中	辰巽巳	甲震乙	未坤申	壬坎癸	丙离丁
地官符	中	庚兑辛	戌乾亥	中	辰巽巳	甲震乙	未坤申	壬坎癸	丙离丁	丑艮寅	庚兑辛	戌乾亥
小月建	中	戌乾亥	庚兑辛	丑艮寅	丙离丁	壬坎癸	未坤申	甲震乙	辰巽巳	中	戌乾亥	庚兑辛
大月建	中	辰巽巳	甲震乙	未坤申	壬坎癸	丙离丁	丑艮寅	庚兑辛	戌乾亥	中	辰巽巳	甲震乙
飞大煞	丙离丁	丑艮寅	庚兑辛	戌乾亥	中	庚兑辛	戌乾亥	中	辰巽巳	甲震乙	未坤申	壬坎癸
丙丁独火	巽 中	震 巽	坤 震	坎 坤	离 坎	艮 离	兑 艮	乾 兑	中 乾	中	巽 中	震 巽
月游火	乾	兑	艮	离	坎	坤	震	巽	中	乾	兑	艮
劫煞	亥	申	巳	寅	亥	申	巳	寅	亥	申	巳	寅
灾煞	子	酉	午	卯	子	酉	午	卯	子	酉	午	卯
月煞	丑	戌	未	辰	丑	戌	未	辰	丑	戌	未	辰
月刑	巳	子	辰	申	午	丑	寅	酉	未	亥	卯	戌
月害	巳	辰	卯	寅	丑	子	亥	戌	酉	申	未	午
月厌	戌	酉	申	未	午	巳	辰	卯	寅	丑	子	亥

太岁辛亥[1]

开山立向修方吉	岁德丙 岁德合辛 岁支德辰 阳贵人寅 阴贵人午 岁禄酉 岁马巳 奏书乾 博士巽				
三元紫白	上元	一白兑	六白震	八白中	九紫乾
	中元	一白巽	六白离	八白坤	九紫震
	下元	一白坎	六白乾	八白艮	九紫离
盖山黄道	贪狼坎癸申辰 巨门坤乙 武曲离壬寅戌 文曲兑丁巳丑				
通天窍	三合前方巽巳 丙午 丁未 三合后方乾亥 壬子 癸丑 十二吉山宜亥卯未巳酉丑年月日时				
走马六壬	神后癸丑 功曹甲卯 天罡巽巳 胜光丁未 传送庚酉 河魁乾亥 十二吉山宜亥卯未巳酉丑年月日时				
四利三元	太阳子 太阴寅 龙德午 福德申				
开山立向修方凶	太岁亥 岁破巳 三煞申酉戌 坐煞向煞庚辛 甲乙 浮天空亡艮丙				
开山凶	年克山家离壬丙乙山 阴府太岁坤坎 六害申 死符辰 灸退午				
立向凶	巡山罗睺壬 病符戌				
修方凶	天官符寅 地官符卯 大煞卯 大将军酉 力士艮 蚕室坤 蚕官未 蚕命申 岁刑亥 黄旛未 豹尾丑 飞廉丑 丧门丑 吊客酉 白虎未 金神寅卯午未子丑 独火乾 五鬼巳 破败五鬼乾				

开山立向修方吉

月	正	二	三	四	五	六	七	八	九	十	十一	十二
天道	南	西南	北	西	西北	东	北	东北	南	东	东南	西
天德	丁	坤	壬	辛	乾	甲	癸	艮	丙	乙	巽	庚
天德合	壬		丁	丙		己	戊		辛	庚		乙

① 干金支水，纳音属金。

月德	丙	甲	壬	庚	丙	甲	壬	庚	丙	甲	壬	庚
月德合	辛	己	丁	乙	辛	己	丁	乙	辛	己	丁	乙
月空	壬	庚	丙	甲	壬	庚	丙	甲	壬	庚	丙	甲
阳贵人	中	坎	离	艮	兑	乾	中	巽	震	坤	坎	离
阴贵人	离	艮	兑	乾	中	坎	离	艮	兑	乾	中	巽
飞天禄	震	坤	坎	离	艮	兑	乾	中	坎	离	艮	兑
飞天马	艮	兑	乾	中	坎	离	艮	兑	乾	中	巽	震
月紫白 一白	巽	中	乾	兑	艮	离	坎	坤	震	巽	中	乾
六白	离	坎	坤	震	巽	中	乾	兑	艮	离	坎	坤
八白	坤	震	巽	中	乾	兑	艮	离	坎	坤	震	巽
九紫	震	巽	中	乾	兑	艮	离	坎	坤	震	巽	中

	立春	春分	立夏	夏至	立秋	秋分	立冬	冬至
三奇 乙 丙 丁	乾兑艮	坎坤震	坤震巽	坤坎离	巽震坤	离艮兑	艮兑乾	艮高坎

开山凶

月	正	二	三	四	五	六	七	八	九	十	十一	十二
月建	寅	卯	辰	巳	午	未	申	酉	戌	亥	子	丑
月破	申	酉	戌	亥	子	丑	寅	卯	辰	巳	午	未
月克山家			乾兑	亥丁	离丙	壬乙	震巳	艮			水山	土
阴府太岁	乾兑	坤坎	离乾	震坤	艮巽	兑乾	坎坤	乾离	坤震	巽艮	乾兑	坤坎

修方凶

天官符	中	庚兑辛	戌乾亥	中	辰巽巳	甲震乙	未坤申	壬坎癸	丙离丁	丑艮寅	庚兑辛	戌乾亥
地官符	戌乾亥	中	庚兑辛	戌乾亥	中	辰巽巳	甲震乙	未坤申	壬坎癸	丙离丁	丑艮寅	庚兑辛
小月建	丙离丁	壬坎癸	未坤申	甲震乙	辰巽巳	中	戌乾亥	庚兑辛	丑艮寅	丙离丁	壬坎癸	未坤申
大月建	未坤申	壬坎癸	丙离丁	丑艮寅	庚兑辛	戌乾亥	中	辰巽巳	甲震乙	未坤申	壬坎癸	丙离丁

飞大煞	戌乾亥	中	庚兑辛	戌乾亥	中	辰巽巳	甲震乙	未坤申	壬坎癸	丙离丁	丑艮寅	庚兑辛
丙丁独火	坤 震	坎 坤	离 坎	艮 离	兑 艮	乾 兑	中 乾	中	巽 中	震 巽	坤 震	坎 坤
月游火	坎	坤	震	巽	中	乾	兑	艮	离	坎	坤	震
劫煞	亥	申	巳	寅	亥	申	巳	寅	亥	申	巳	寅
灾煞	子	酉	午	卯	子	酉	午	卯	子	酉	午	卯
月煞	丑	戌	未	辰	丑	戌	未	辰	丑	戌	未	辰
月刑	巳	子	辰	申	午	丑	寅	酉	未	亥	卯	戌
月害	巳	辰	卯	寅	丑	子	亥	戌	酉	申	未	午
月厌	戌	酉	申	未	午	巳	辰	卯	寅	丑	子	亥

太岁壬子①

开山立向修方吉	岁德壬　岁德合丁　岁支德巳 阳贵人卯　阴贵人巳　岁禄亥 岁马寅　奏书乾　博士巽				
三元紫白	上元	一白艮	六白巽	八白乾	九紫兑
	中元	一白中	六白坎	八白震	九紫巽
	下元	一白坤	六白兑	八白离	九紫坎
盖山黄道	贪狼震庚亥未　巨门兑丁　巳丑　武曲巽辛　文曲坤乙				
通天窍	三合前方艮寅　甲卯　乙辰　三合后方坤申　庚酉　辛戌 十二吉山宜申子辰寅午戌年月日时				
走马六壬	神后壬子　功曹艮寅　天罡乙辰 胜光丙午　传送坤申　河魁辛戌 十二吉山宜申子辰寅午戌年月日时				
四利三元	太阳丑　太阴卯　龙德未　福德酉				
开山立向修方凶	太岁子　岁破午　三煞巳午未 坐煞向煞丙丁壬癸　浮天空亡乾甲				

① 干水支水，纳音属木。

开山凶	年克山家乾亥兑丁山 阴府太岁离乾　六害未　死符巳　炙退卯
立向凶	巡山罗睺癸　病符亥
修方凶	天官符亥　地官符坤　大煞子　大将军酉 力士艮　蚕室坤　蚕官未　蚕命申 岁刑卯　黄旛辰　豹尾戌　飞廉申 丧门寅　吊客戌　白虎申　金神寅卯戌亥 独火艮　五鬼辰　破败五鬼巽

开山立向修方吉

月	正	二	三	四	五	六	七	八	九	十	十一	十二
天道	南	西南	北	西	西北	东	北	东北	南	东	东南	西
天德	丁	坤	壬	辛	乾	甲	癸	艮	丙	乙	巽	庚
天德合	壬		丁	丙		己	戊		辛	庚		乙
月德	丙	甲	壬	庚	丙	甲	壬	庚	丙	甲	壬	庚
月德合	辛	己	丁	乙	辛	己	丁	乙	辛	己	丁	乙
月空	壬	庚	丙	甲	壬	庚	丙	甲	壬	庚	丙	甲
阳贵人	乾	中	坎	离	艮	兑	乾	中	巽	震	坤	坎
阴贵人	艮	兑	乾	中	坎	离	艮	兑	乾	中	巽	震
飞天禄	中	巽	震	坤	坎	离	艮	兑	乾	中	坎	离
飞天马	中	坎	离	艮	兑	乾	中	巽	震	坤	坎	离
月紫白 一白 六白 八白 九紫	兑震中乾	艮巽乾兑	离中兑艮	坎乾艮离	坤兑离坎	震艮坎坤	巽离坤震	中坎震巽	乾坤巽中	兑震中乾	艮巽乾兑	离中兑艮

	立春	春分	立夏	夏至	立秋	秋分	立冬	冬至
三奇 乙 丙 丁	中乾兑	离坎坤	坎坤震	震坤坎	中巽震	坎离艮	离艮兑	兑艮离

开山凶

月	正	二	三	四	五	六	七	八	九	十	十一	十二
月建	寅	卯	辰	巳	午	未	申	酉	戌	亥	子	丑
月破	申	酉	戌	亥	子	丑	寅	卯	辰	巳	午	未

月克山家			离 壬 丙 丁		水 土 山		震 艮 巳					
阴府太岁	离 乾	震 坤	艮 巽	兑 乾	坎 坤	乾 离	坤 震	巽 艮	乾 兑	坤 坎	离 乾	震 坤

修方凶

天官符	中	辰巽巳	甲震乙	未坤申	壬坎癸	丙离丁	丑艮寅	庚兑辛	戌乾亥	中	庚兑辛	戌乾亥
地官符	庚兑辛	戌乾亥	中	庚兑辛	戌乾亥	中	辰巽巳	甲震乙	未坤申	壬坎癸	丙离丁	丑艮寅
小月建	中	戌乾亥	庚兑辛	丑艮寅	丙离丁	壬坎癸	未坤申	甲震乙	辰巽巳	中	戌乾亥	庚兑辛
大月建	丑艮寅	庚兑辛	戌乾亥	中	辰巽巳	甲震乙	未坤申	壬坎癸	丙离丁	丑艮寅	庚兑辛	戌乾亥
飞大煞	戌乾亥	中	辰巽巳	甲震乙	未坤申	壬坎癸	丙离丁	丑艮寅	庚兑辛	戌乾亥	中	庚兑辛
丙丁独火	离坎	艮离	兑艮	乾兑	中乾	中	巽中	震巽	坤震	坎坤	离坎	艮离
月游火	艮	离	坎	坤	震	巽	中	乾	兑	艮	离	坎
劫煞	亥	申	巳	寅	亥	申	巳	寅	亥	申	巳	寅
灾煞	子	酉	午	卯	子	酉	午	卯	子	酉	午	卯
月煞	丑	戌	未	辰	丑	戌	未	辰	丑	戌	未	辰
月刑	巳	子	辰	申	午	丑	寅	酉	未	亥	卯	戌
月害	巳	辰	卯	寅	丑	子	亥	戌	酉	申	未	午
月厌	戌	酉	申	未	午	巳	辰	卯	寅	丑	子	亥

太岁癸丑[①]

开山立向修方吉	岁德戊　岁德合癸　岁支德午 阳贵人巳　阴贵人卯　岁禄子 岁马亥　奏书乾　博士巽

① 干水支土，纳音属木。

<table>
<tr><td rowspan="3">三元紫白</td><td>上元</td><td>一白离</td><td>六白中</td><td>八白兑</td><td>九紫艮</td></tr>
<tr><td>中元</td><td>一白乾</td><td>六白坤</td><td>八白巽</td><td>九紫中</td></tr>
<tr><td>下元</td><td>一白震</td><td>六白艮</td><td>八白坎</td><td>九紫坤</td></tr>
<tr><td>盖山黄道</td><td colspan="5">贪狼艮丙　巨门巽辛　武曲兑丁　巳丑　文曲离壬寅戌</td></tr>
<tr><td>通天窍</td><td colspan="5">三合前方乾亥　壬子　癸丑　三合后方巽巳　丙午　丁未
十二吉山宜巳酉丑亥卯未年月日时</td></tr>
<tr><td>走马六壬</td><td colspan="5">神后乾亥　功曹癸丑　天罡甲卯
胜光巽巳　传送丁未　河魁庚酉
十二吉山宜巳酉丑亥卯未年月日时</td></tr>
<tr><td>四利三元</td><td colspan="5">太阳寅　太阴辰　龙德申　福德戌</td></tr>
<tr><td>开山立向修方凶</td><td colspan="5">太岁丑　岁破未　三煞寅卯辰
坐煞向煞甲乙庚辛　浮天空亡坤乙</td></tr>
<tr><td>开山凶</td><td colspan="5">年克山家甲寅辰巽戌坎辛申丑癸坤庚未山
阴府太岁震坤　六害午　死符午　灸退子</td></tr>
<tr><td>立向凶</td><td colspan="5">巡山罗睺艮　病符子</td></tr>
<tr><td>修方凶</td><td colspan="5">天官符申　地官符巳　大煞酉　大将军酉
力士艮　蚕室坤　蚕官未　蚕命申
岁刑戌　黄旛丑　豹尾未　飞廉酉
丧门卯　吊客亥　白虎酉　金神申酉子丑
独火震　五鬼卯　破败五鬼艮</td></tr>
</table>

开山立向修方吉

月	正	二	三	四	五	六	七	八	九	十	十一	十二
天道	南	西南	北	西	西北	东	北	东北	南	东	东南	西
天德	丁	坤	壬	辛	乾	甲	癸	艮	丙	乙	巽	庚
天德合	壬		丁	丙		己	戊		辛	庚		乙
月德	丙	甲	壬	庚	丙	甲	壬	庚	丙	甲	壬	庚
月德合	辛	己	丁	乙	辛	己	丁	乙	辛	己	丁	乙
月空	壬	庚	丙	甲	壬	庚	丙	甲	壬	庚	丙	甲
阳贵人	艮	兑	乾	中	坎	离	艮	兑	乾	中	巽	震
阴贵人	乾	中	坎	离	艮	兑	乾	中	巽	震	坤	坎

飞天禄	乾	中	巽	震	坤	坎	离	艮	兑	乾	中	坎
飞天马	中	巽	震	坤	坎	离	艮	兑	乾	中	坎	离
月紫白 一白 六白 八白 九紫	坎乾艮离	坤兑离坎	震艮坎坤	巽离坤震	中坎震巽	乾坤巽中	兑震中乾	艮巽乾兑	离中兑艮	坎乾艮离	坤兑离坎	震艮坎坤

	立春	春分	立夏	夏至	立秋	秋分	立冬	冬至
三奇 乙 丙 丁	巽中乾	艮离坎	离坎坤	巽震坤	乾中巽	坤坎离	坎离艮	乾兑艮

开山凶

月	正	二	三	四	五	六	七	八	九	十	十一	十二
月建	寅	卯	辰	巳	午	未	申	酉	戌	亥	子	丑
月破	申	酉	戌	亥	子	丑	寅	卯	辰	巳	午	未
月克山家	震 艮 巳		离 壬 丙 乙				水 土 山		震 艮 巳			
阴府太岁	艮巽	兑乾	坎坤	乾离	坤震	巽艮	乾兑	坤坎	离乾	震坤	艮巽	兑乾

修方凶

天官符	未坤申	壬坎癸	丙离丁	丑艮寅	庚兑辛	戌乾亥	中	庚兑辛	戌乾亥	中	辰巽巳	甲震乙
地官符	丑艮寅	庚兑辛	戌乾亥	中	庚兑辛	戌乾亥	中	辰巽巳	甲震乙	未坤申	壬坎癸	丙离丁
小月建	丙离丁	壬坎癸	未坤申	甲震乙	辰巽巳	中	戌乾亥	庚兑辛	丑艮寅	丙离丁	壬坎癸	未坤申
大月建	中	辰巽巳	甲震乙	未坤申	壬坎癸	丙离丁	丑艮寅	庚兑辛	戌乾亥	中	辰巽巳	甲震乙
飞大煞	甲震乙	未坤申	壬坎癸	丙离丁	丑艮寅	庚兑辛	戌乾亥	中	庚兑辛	戌乾亥	中	辰巽巳
丙丁独火	兑艮	乾兑	中乾	中	巽中	震巽	坤震	坎坤	离坎	艮离	兑艮	乾兑
月游火	艮	离	坎	坤	震	巽	中	乾	兑	艮	离	坎
劫煞	亥	申	巳	寅	亥	申	巳	寅	亥	申	巳	寅

灾煞	子	酉	午	卯	子	酉	午	卯	子	酉	午	卯
月煞	丑	戌	未	辰	丑	戌	未	辰	丑	戌	未	辰
月刑	巳	子	辰	申	午	丑	寅	酉	未	亥	卯	戌
月害	巳	辰	卯	寅	丑	子	亥	戌	酉	申	未	午
月厌	戌	酉	申	未	午	巳	辰	卯	寅	丑	子	亥

钦定协纪辨方书卷十九

年表六

甲寅至癸亥

太岁甲寅[①]

开山立向修方吉	岁德甲 岁德合己 岁支德未 阳贵人未 阴贵人丑 岁禄寅 岁马申 奏书艮 博士坤				
三元紫白	上元	一白坎	六白乾	八白艮	九紫离
	中元	一白兑	六白震	八白中	九紫乾
	下元	一白巽	六白离	八白坤	九紫震
盖山黄道	贪狼艮丙 巨门巽辛 武曲兑丁巳丑 文曲离壬寅戌				
通天窍	三合前方坤申 庚酉 辛戌 三合后方艮寅 甲卯 乙辰 十二吉山宜寅午戌申子辰年月日时				
走马六壬	神后辛戌 功曹壬子 天罡艮寅 胜光乙辰 传送丙午 河魁坤申 十二吉山宜寅午戌申子辰年月日时				
四利三元	太阳卯 太阴巳 龙德酉 福德亥				
开山立向修方凶	太岁寅 岁破申 三煞亥子丑 坐煞向煞壬癸 丙丁 浮天空亡离壬				
开山凶	年克山家离壬丙乙山 阴府太岁艮巽 六害巳 死符未 灸退酉				
立向凶	巡山罗睺甲 病符丑				

① 干木支木，纳音属水。

修方凶	天官符巳　地官符午　大煞午　大将军子 力士巽　蚕室乾　蚕官戌　蚕命亥 岁刑巳　黄旛戌　豹尾辰　飞廉戌 丧门辰　吊客子　白虎戌　金神午未申酉 独火震　五鬼寅　破败五鬼巽

开山立向修方吉

月	正	二	三	四	五	六	七	八	九	十	十一	十二
天道	南	西南	北	西	西北	东	北	东北	南	东	东南	西
天德	丁	坤	壬	辛	乾	甲	癸	艮	丙	乙	巽	庚
天德合	壬		丁	丙		己	戊		辛	庚		乙
月德	丙	甲	壬	庚	丙	甲	壬	庚	丙	甲	壬	庚
月德合	辛	己	丁	乙	辛	己	丁	乙	辛	己	丁	乙
月空	壬	庚	丙	甲	壬	庚	丙	甲	壬	庚	丙	甲
阳贵人	坎	离	艮	兑	乾	中	坎	离	艮	兑	乾	中
阴贵人	兑	乾	中	巽	震	坤	坎	离	艮	兑	乾	中
飞天禄	中	坎	离	艮	兑	乾	中	巽	震	坤	坎	离
飞天马	坤	坎	离	艮	兑	乾	中	坎	离	艮	兑	乾
月紫白 一白 六白 八白 九紫	巽离坤震	中坎震巽	乾坤巽中	兑震中乾	艮巽乾兑	离中兑艮	坎乾艮离	坤兑离坎	震艮坎坤	巽离坤震	中坎震巽	乾坤巽中

	立春	春分	立夏	夏至	立秋	秋分	立冬	冬至
三奇 乙 丙 丁	巽巽中	艮艮离	离离坎	巽巽震	乾乾中	坤坤坎	坎坎离	乾乾兑

开山凶

月	正	二	三	四	五	六	七	八	九	十	十一	十二
月建	寅	卯	辰	巳	午	未	申	酉	戌	亥	子	丑
月破	申	酉	戌	亥	子	丑	寅	卯	辰	巳	午	未
月克山家	乾 兑	亥 丁	震 巳	艮			水 山	土	乾 兑	亥 丁	离 丙	壬 乙
阴府太岁	坎 坤	乾 离	坤 震	巽 艮	乾 兑	坤 坎	离 乾	震 坤	艮 巽	兑 乾	坎 坤	乾 离

修方凶

天官符	丑艮寅	庚兑辛	戌乾亥	中	庚兑辛	戌乾亥	中	辰巽巳	甲震乙	未坤申	壬坎癸	丙离丁
地官符	丙离丁	丑艮寅	庚兑辛	戌乾亥	中	庚兑辛	戌乾亥	中	辰巽巳	甲震乙	未坤申	壬坎癸
小月建	中	戌乾亥	庚兑辛	丑艮寅	丙离丁	壬坎癸	未坤申	甲震乙	辰巽巳	中	戌乾亥	庚兑辛
大月建	未坤申	壬坎癸	丙离丁	丑艮寅	庚兑辛	戌乾亥	中	辰巽巳	甲震乙	未坤申	壬坎癸	丙离丁
飞大煞	丙离丁	丑艮寅	庚兑辛	戌乾亥	中	庚兑辛	戌乾亥	中	辰巽巳	甲震乙	未坤申	壬坎癸
丙丁独火	中乾	中	巽中	震巽	坤震	坎坤	离坎	艮离	兑艮	乾兑	中乾	中
月游火	震	巽	中	乾	兑	艮	离	坎	坤	震	巽	中
劫煞	亥	申	巳	寅	亥	申	巳	寅	亥	申	巳	寅
灾煞	子	酉	午	卯	子	酉	午	卯	子	酉	午	卯
月煞	丑	戌	未	辰	丑	戌	未	辰	丑	戌	未	辰
月刑	巳	子	辰	申	午	丑	寅	酉	未	亥	卯	戌
月害	巳	辰	卯	寅	丑	子	亥	戌	酉	申	未	午
月厌	戌	酉	申	未	午	巳	辰	卯	寅	丑	子	亥

太岁乙卯[1]

开山立向修方吉	岁德庚 岁德合乙 岁支德申 阳贵人申 阴贵人子 岁禄卯 岁马巳 奏书艮 博士坤				
三元紫白	上元	一白坤	六白兑	八白离	九紫坎
	中元	一白艮	六白巽	八白乾	九紫兑
	下元	一白中	六白坎	八白震	九紫巽
盖山黄道	贪狼乾甲 巨门离壬寅戌 武曲坤乙 文曲巽辛				

---

① 干木支木，纳音属水。

通天窍	三合前方巽巳　丙午　丁未　三合后方乾亥　壬子 癸丑 十二吉山宜亥卯未巳酉丑年月日时
走马六壬	神后庚酉　功曹乾亥　天罡癸丑 胜光甲卯　传送巽巳　河魁丁未 十二吉山宜亥卯未巳酉丑年月日时
四利三元	太阳辰　太阴午　龙德戌　福德子
开山立向修方凶	太岁卯　岁破酉　三煞申酉戌 坐煞向煞庚辛　甲乙　浮天空亡坎癸
开山凶	年克山家二十四山并无克，冬至后克乾亥兑丁山 阴府太岁兑乾　六害辰　死符申　灸退午
立向凶	巡山罗睺乙　病符寅
修方凶	天官符寅　地官符未　大煞卯　大将军子 力士巽　蚕室乾　蚕官戌　蚕命亥 岁刑子　黄旛未　豹尾丑　飞廉巳 丧门巳　吊客丑　白虎亥　金神辰巳 独火坎　五鬼丑　破败五鬼艮

开山立向修方吉

月	正	二	三	四	五	六	七	八	九	十	十一	十二
天道	南	西南	北	西	西北	东	北	东北	南	东	东南	西
天德	丁	坤	壬	辛	乾	甲	癸	艮	丙	乙	巽	庚
天德合	壬		丁	丙		己	戊		辛	庚		乙
月德	丙	甲	壬	庚	丙	甲	壬	庚	丙	甲	壬	庚
月德合	辛	己	丁	乙	辛	己	丁	乙	辛	己	丁	乙
月空	壬	庚	丙	甲	壬	庚	丙	甲	壬	庚	丙	甲
阳贵人	坤	坎	离	艮	兑	乾	中	坎	离	艮	兑	乾
阴贵人	乾	中	巽	震	坤	坎	离	艮	兑	乾	中	坎
飞天禄	乾	中	坎	离	艮	兑	乾	中	巽	震	坤	坎
飞天马	艮	兑	乾	中	坎	离	艮	兑	乾	中	巽	震

月紫白												
一白	兑	艮	离	坎	坤	震	巽	中	乾	兑	艮	离
六白	震	巽	中	乾	兑	艮	离	坎	坤	震	巽	中
八白	中	乾	兑	艮	离	坎	坤	震	巽	中	乾	兑
九紫	乾	兑	艮	离	坎	坤	震	巽	中	乾	兑	艮

三奇	立春	春分	立夏	夏至	立秋	秋分	立冬	冬至
乙	震	兑	艮	中	兑	震	坤	中
丙	巽	艮	离	巽	乾	坤	坎	乾
丁	中	离	坎	震	中	坎	离	兑

开山凶

月	正	二	三	四	五	六	七	八	九	十	十一	十二
月建	寅	卯	辰	巳	午	未	申	酉	戌	亥	子	丑
月破	申	酉	戌	亥	子	丑	寅	卯	辰	巳	午	未
月克山家	乾 兑	亥 丁	震 巳	艮	离 丙	壬 乙			乾 兑	亥 丁	水 山	土
阴府太岁	坤 震	巽 艮	乾 兑	坤 坎	离 乾	震 坤	艮 巽	兑 乾	坎 坤	乾 离	坤 震	巽 艮

修方凶

天官符	中	庚兑辛	戌乾亥	中	辰巽巳	甲震乙	未坤申	壬坎癸	丙离丁	丑艮寅	庚兑辛	戌乾亥
地官符	壬坎癸	丙离丁	丑艮寅	庚兑辛	戌乾亥	中	庚兑辛	戌乾亥	中	辰巽巳	甲震乙	未坤申
小月建	丙离丁	壬坎癸	未坤申	甲震乙	辰巽巳	中	戌乾亥	庚兑辛	丑艮寅	丙离丁	壬坎癸	未坤申
大月建	丑艮寅	庚兑辛	戌乾亥	中	辰巽巳	甲震乙	未坤申	壬坎癸	丙离丁	丑艮寅	庚兑辛	戌乾亥
飞大煞	戌乾亥	中	庚兑辛	戌乾亥	中	辰巽巳	甲震乙	未坤申	壬坎癸	丙离丁	丑艮寅	庚兑辛
丙丁独火	巽中	震巽	坤震	坎坤	离坎	艮离	兑艮	乾兑	中乾	中	巽中	震巽
月游火	巽	中	乾	兑	艮	离	坎	坤	震	巽	中	乾
劫煞	亥	申	巳	寅	亥	申	巳	寅	亥	申	巳	寅
灾煞	子	酉	午	卯	子	酉	午	卯	子	酉	午	卯

月煞	丑	戌	未	辰	丑	戌	未	辰	丑	戌	未	辰
月刑	巳	子	辰	申	午	丑	寅	酉	未	亥	卯	戌
月害	巳	辰	卯	寅	丑	子	亥	戌	酉	申	未	午
月厌	戌	酉	申	未	午	巳	辰	卯	寅	丑	子	亥

太岁丙辰[①]

开山立向修方吉	岁德丙　岁德合辛　岁支德酉 阳贵人酉　阴贵人亥　岁禄巳 岁马寅　奏书艮　博士坤			
三元紫白	上元	一白震	六白艮	八白坎	九紫坤
	中元	一白离	六白中	八白兑	九紫艮
	下元	一白乾	六白坤	八白巽	九紫中
盖山黄道	贪狼兑丁巳丑　巨门震庚亥未　武曲艮丙　文曲坎癸申辰				
通天窍	三合前方艮寅　甲卯　乙辰　三合后方坤申　庚酉　辛戌 十二吉山宜申子辰寅午戌年月日时				
走马六壬	神后坤申　功曹辛戌　天罡壬子 胜光艮寅　传送乙辰　河魁丙午 十二吉山宜申子辰寅午戌年月日时				
四利三元	太阳巳　太阳未　龙德亥　福德丑				
开山立向修方凶	太岁辰　岁破戌　三煞巳午未 坐煞向煞丙丁　壬癸　浮天空亡巽辛				
开山凶	年克山家甲寅辰巽戌坎辛申丑癸坤庚未山 阴府太岁坎坤　六害卯　死符酉　灸退卯				
立向凶	巡山罗睺巽　病符卯				
修方凶	天官符亥　地官符申　大煞子　大将军子 力士巽　蚕室乾　蚕官戌　蚕命亥 岁刑辰　黄旛辰　豹尾戌　飞廉午 丧门午　吊客寅　白虎子　金神寅卯午未子丑 独火巽　五鬼子　破败五鬼坤				

① 干火支土，纳音属土。

开山立向修方吉

月	正	二	三	四	五	六	七	八	九	十	十一	十二
天道	南	西南	北	西	西北	东	北	东北	南	东	东南	西
天德	丁	坤	壬	辛	乾	甲	癸	艮	丙	乙	巽	庚
天德合	壬		丁	丙		己	戊		辛	庚		乙
月德	丙	甲	壬	庚	丙	甲	壬	庚	丙	甲	壬	庚
月德合	辛	己	丁	乙	辛	己	丁	乙	辛	己	丁	乙
月空	壬	庚	丙	甲	壬	庚	丙	甲	壬	庚	丙	甲
阳贵人	震	坤	坎	离	艮	兑	乾	中	坎	离	艮	兑
阴贵人	中	巽	震	坤	坎	离	艮	兑	乾	中	坎	离
飞天禄	艮	兑	乾	中	坎	离	艮	兑	乾	中	巽	震
飞天马	中	坎	离	艮	兑	乾	中	巽	震	坤	坎	离
月紫白 一白 六白 八白 九紫	坎 乾 艮 离	坤 兑 离 坎	震 艮 坎 坤	巽 离 坤 震	中 坎 震 巽	乾 坤 巽 中	兑 震 中 乾	艮 巽 乾 兑	离 中 兑 艮	坎 乾 艮 离	坤 兑 离 坎	震 艮 坎 坤

	立春	春分	立夏	夏至	立秋	秋分	立冬	冬至
三奇 乙 丙 丁	坤 震 巽	乾 兑 艮	兑 艮 离	乾 中 巽	艮 兑 乾	巽 震 坤	震 坤 坎	巽 中 乾

开山凶

月	正	二	三	四	五	六	七	八	九	十	十一	十二
月建	寅	卯	辰	巳	午	未	申	酉	戌	亥	子	丑
月破	申	酉	戌	亥	子	丑	寅	卯	辰	巳	午	未
月克山家			乾 兑	亥 丁	离 丙	壬 乙	震 巳	艮			水 山	土
阴府太岁	乾 兑	坤 坎	离 乾	震 坤	艮 巽	兑 乾	坎 坤	乾 离	坤 震	巽 艮	乾 兑	坤 坎

修方凶

天官符	中	辰 巽 巳	甲 震 乙	未 坤 申	壬 坎 癸	丙 离 丁	丑 艮 寅	庚 兑 辛	戌 乾 亥	中	庚 兑 辛	戌 乾 亥
地官符	未 坤 申	壬 坎 癸	丙 离 丁	丑 艮 寅	庚 兑 辛	戌 乾 亥	中	庚 兑 辛	戌 乾 亥	中	辰 巽 巳	甲 震 乙

小月建	中	戌乾亥	庚兑辛	丑艮寅	丙离丁	壬坎癸	未坤申	甲震乙	辰巽巳	中	戌乾亥	庚兑辛
大月建	中	辰巽巳	甲震乙	未坤申	壬坎癸	丙离丁	丑艮寅	庚兑辛	戌乾亥	中	辰巽巳	甲震乙
飞大煞	戌乾亥	中	辰巽巳	甲震乙	未坤申	壬坎癸	丙离丁	丑艮寅	庚兑辛	戌乾亥	中	庚兑辛
丙丁独火	坤震	坎坤	离坎	艮离	兑艮	乾兑	中乾	中	巽中	震巽	坤震	坎坤
月游火	巽	中	乾	兑	艮	离	坎	坤	震	巽	中	乾
劫煞	亥	申	巳	寅	亥	申	巳	寅	亥	申	巳	寅
灾煞	子	酉	午	卯	子	酉	午	卯	子	酉	午	卯
月煞	丑	戌	未	辰	丑	戌	未	辰	丑	戌	未	辰
月刑	巳	子	辰	申	午	丑	寅	酉	未	亥	卯	戌
月害	巳	辰	卯	寅	丑	子	亥	戌	酉	申	未	午
月厌	戌	酉	申	未	午	巳	辰	卯	寅	丑	子	亥

太岁丁巳①

开山立向修方吉	岁德壬　岁德合丁　岁支德戌 阳贵人亥　阴贵人酉　岁禄午 岁马亥　奏书巽　博士乾				
三元紫白	上元	一白巽	六白离	八白坤	九紫震
	中元	一白坎	六白乾	八白艮	九紫离
	下元	一白兑	六白震	八白中	九紫乾
盖山黄道	贪狼兑丁巳丑　巨门震庚亥未　武曲艮丙　文曲坎癸申辰				
通天窍	三合前方乾亥　壬子　癸丑　三合后方巽巳　丙午　丁未 十二吉山宜巳酉丑亥卯未年月日时				
走马六壬	神后丁未　功曹庚酉　天罡乾亥 胜光癸丑　传送甲卯　河魁巽巳 十二吉山宜巳酉丑亥卯未年月日时				

① 干火支火，纳音属土。

四利三元	太阳午　太阴申　龙德子　福德寅
开山立向修方凶	太岁巳　岁破亥　三煞寅卯辰 坐煞向煞甲乙　庚辛　浮天空亡震庚
开山凶	年克山家震艮巳山 阴府太岁乾离　六害寅　死符戌　灸退子
立向凶	巡山罗睺丙　病符辰
修方凶	天官符申　地官符酉　大煞酉　大将军卯 力士坤　蚕室艮　蚕官丑　蚕命寅 岁刑申　黄旛丑　豹尾未　飞廉未 丧门未　吊客卯　白虎丑　金神寅卯戌亥 独火巽　五鬼亥　破败五鬼震

开山立向修方吉

月		正	二	三	四	五	六	七	八	九	十	十一	十二
天道		南	西南	北	西	西北	东	北	东北	南	东	东南	西
天德		丁	坤	壬	辛	乾	甲	癸	艮	丙	乙	巽	庚
天德合		壬		丁	丙		己	戊		辛	庚		乙
月德		丙	甲	壬	庚	丙	甲	壬	庚	丙	甲	壬	庚
月德合		辛	己	丁	乙	辛	己	丁	乙	辛	己	丁	乙
月空		壬	庚	丙	甲	壬	庚	丙	甲	壬	庚	丙	甲
阳贵人		中	巽	震	坤	坎	离	艮	兑	乾	中	坎	离
阴贵人		震	坤	坎	离	艮	兑	乾	中	坎	离	艮	兑
飞天禄		离	艮	兑	乾	中	坎	离	艮	兑	乾	中	巽
飞天马		中	巽	震	坤	坎	离	艮	兑	乾	申	坎	离
月紫白	一白	巽	中	乾	兑	艮	离	坎	坤	震	巽	中	乾
	六白	离	坎	坤	震	巽	中	乾	兑	艮	离	坎	坤
	八白	坤	震	巽	中	乾	兑	艮	离	坎	坤	震	巽
	九紫	震	巽	中	乾	兑	艮	离	坎	坤	震	巽	中

		立春	春分	立夏	夏至	立秋	秋分	立冬	冬至
三奇	乙	坎	中	乾	兑	离	中	巽	震
	丙	坤	乾	兑	乾	艮	巽	震	巽
	丁	震	兑	艮	中	兑	震	坤	中

开山凶

月	正	二	三	四	五	六	七	八	九	十	十一	十二
月建	寅	卯	辰	巳	午	未	申	酉	戌	亥	子	丑

月破	申	酉	戌	亥	子	丑	寅	卯	辰	巳	午	未
月克山家			离丙	壬乙	水山	土	震巳	艮				
阴府太岁	离乾	震坤	艮巽	兑乾	坎坤	乾离	坤震	巽艮	乾兑	坤坎	离乾	震坤

修方凶

天官符	未坤申	壬坎癸	丙离丁	丑艮寅	庚兑辛	戌乾亥	中	庚兑辛	戌乾亥	中	辰巽巳	甲震乙
地官符	甲震乙	未坤申	壬坎癸	丙离丁	丑艮寅	庚兑辛	戌乾亥	中	庚兑辛	戌乾亥	中	辰巽巳
小月建	丙离丁	壬坎癸	未坤申	甲震乙	辰巽巳	中	戌乾亥	庚兑辛	丑艮寅	丙离丁	壬坎癸	未坤申
大月建	未坤申	壬坎癸	丙离丁	丑艮寅	庚兑辛	戌乾亥	中	辰巽巳	甲震乙	未坤申	壬坎癸	丙离丁
飞大煞	甲震乙	未坤申	壬坎癸	丙离丁	丑艮寅	庚兑辛	戌乾亥	中	庚兑辛	戌乾亥	中	辰巽巳
丙丁独火	离坎	艮离	兑艮	乾兑	中乾	中	巽中	震巽	坤震	坎坤	离坎	艮离
月游火	离	坎	坤	震	巽	中	乾	兑	艮	离	坎	坤
劫煞	亥	申	巳	寅	亥	申	巳	寅	亥	申	巳	寅
灾煞	子	酉	午	卯	子	酉	午	卯	子	酉	午	卯
月煞	丑	戌	未	辰	丑	戌	未	辰	丑	戌	未	辰
月刑	巳	子	辰	申	午	丑	寅	酉	未	亥	卯	戌
月害	巳	辰	卯	寅	丑	子	亥	戌	酉	申	未	午
月厌	戌	酉	申	未	午	巳	辰	卯	寅	丑	子	亥

太岁戊午[①]

开山立向修方吉	岁德戊	岁德合癸	岁支德亥
	阳贵人丑	阴贵人未	岁禄巳
	岁马申	奏书巽	博士乾

① 干土支火，纳音属火。

<table>
<tr><td rowspan="3">三元紫白</td><td>上元</td><td>一白中</td><td>六白坎</td><td>八白震</td><td>九紫巽</td></tr>
<tr><td>中元</td><td>一白坤</td><td>六白兑</td><td>八白离</td><td>九紫坎</td></tr>
<tr><td>下元</td><td>一白艮</td><td>六白巽</td><td>八白乾</td><td>九紫兑</td></tr>
<tr><td>盖山黄道</td><td colspan="5">贪狼巽辛　巨门艮丙　武曲震庚亥未　文曲乾甲</td></tr>
<tr><td>通天窍</td><td colspan="5">三合前方坤申　庚酉　辛戌　三合后方艮寅　甲卯　乙辰
十二吉山宜寅午戌申子辰年月日时</td></tr>
<tr><td>走马六壬</td><td colspan="5">神后丙午　功曹坤申　天罡辛戌
胜光壬子　传送艮寅　河魁乙辰
十二吉山宜寅午戌申子辰年月日时</td></tr>
<tr><td>四利三元</td><td colspan="5">太阳未　太阴酉　龙德丑　福德卯</td></tr>
<tr><td>开山立向修方凶</td><td colspan="5">太岁午　岁破子　三煞亥子丑
坐煞向煞壬癸　丙丁　浮天空亡坤乙</td></tr>
<tr><td>开山凶</td><td colspan="5">年克山家二十四山并无克，冬至后克乾亥兑丁山
阴府太岁坤震　六害丑　死符亥　灸退酉</td></tr>
<tr><td>立向凶</td><td colspan="5">巡山罗睺丁　病符巳</td></tr>
<tr><td>修方凶</td><td colspan="5">天官符巳　地官符戌　大煞午　大将军卯
力士坤　蚕室艮　蚕官丑　蚕命寅
岁刑午　黄旙戌　豹尾辰　飞廉寅
丧门申　吊客辰　白虎寅　金神申酉子丑
独火兑　五鬼戌　破败五鬼离</td></tr>
</table>

开山立向修方吉

月	正	二	三	四	五	六	七	八	九	十	十一	十二
天道	南	西南	北	西	西北	东	北	东北	南	东	东南	西
天德	丁	坤	壬	辛	乾	甲	癸	艮	丙	乙	巽	庚
天德合	壬		丁	丙		己	戊		辛	庚		乙
月德	丙	甲	壬	庚	丙	甲	壬	庚	丙	甲	壬	庚
月德合	辛	己	丁	乙	辛	己	丁	乙	辛	己	丁	乙
月空	壬	庚	丙	甲	壬	庚	丙	甲	壬	庚	丙	甲
阳贵人	兑	乾	中	巽	震	坤	坎	离	艮	兑	乾	中
阴贵人	坎	离	艮	兑	乾	中	坎	离	艮	兑	乾	中
飞天禄	艮	兑	乾	中	坎	离	艮	兑	乾	中	巽	震

飞天马	坤	坎	离	艮	兑	乾	中	坎	离	艮	兑	乾
月紫白 一白	兑	艮	离	坎	坤	震	巽	中	乾	兑	艮	离
六白	震	巽	中	乾	兑	艮	离	坎	坤	震	巽	中
八白	中	乾	兑	艮	离	坎	坤	震	巽	中	乾	兑
九紫	乾	兑	艮	离	坎	坤	震	巽	中	乾	兑	艮

	立春	春分	立夏	夏至	立秋	秋分	立冬	冬至
三奇 乙	离	巽	中	艮	坎	乾	中	坤
丙	坎	中	乾	兑	离	中	巽	震
丁	坤	乾	兑	乾	艮	巽	震	巽

开山凶

月	正	二	三	四	五	六	七	八	九	十	十一	十二
月建	寅	卯	辰	巳	午	未	申	酉	戌	亥	子	丑
月破	申	酉	戌	亥	子	丑	寅	卯	辰	巳	午	未
月克山家	震 艮 巳		离 壬 丙 乙				水 土 山		震 艮 巳			
阴府太岁	艮巽	兑乾	坎坤	乾离	坤震	巽艮	乾兑	坤坎	离乾	震坤	艮巽	兑乾

修方凶

天官符	丑艮寅	庚兑辛	戌乾亥	中	庚兑辛	戌乾亥	中	辰巽巳	甲震乙	未坤申	壬坎癸	丙离丁
地官符	艮巽巳	甲震乙	未坤申	丙坎癸	丑离丁	庚艮寅	戌兑辛	乾亥	庚中	戌兑辛	乾亥	中
小月建	中	戌乾亥	庚兑辛	丑艮寅	丙离丁	壬坎癸	未坤申	甲震乙	辰巽巳	中	戌乾亥	庚兑辛
大月建	丑艮寅	庚兑辛	戌乾亥	中	辰巽巳	甲震乙	未坤申	壬坎癸	丙离丁	丑艮寅	庚兑辛	戌乾亥
飞大煞	丙离丁	丑艮寅	庚兑辛	戌乾亥	中	庚兑辛	戌乾亥	中	辰巽巳	甲震乙	未坤申	壬坎癸
丙丁独火	兑艮	乾兑	中乾	中	巽中	震巽	坤震	坎坤	离坎	艮离	兑艮	乾兑
月游火	坤	震	巽	中	乾	兑	艮	离	坎	坤	震	巽
劫煞	亥	申	巳	寅	亥	申	巳	寅	亥	申	巳	寅
灾煞	子	酉	午	卯	子	酉	午	卯	子	酉	午	卯
月煞	丑	戌	未	辰	丑	戌	未	辰	丑	戌	未	辰

月刑	巳	子	辰	申	午	丑	寅	酉	未	亥	卯	戌
月害	巳	辰	卯	寅	丑	子	亥	戌	酉	申	未	午
月厌	戌	酉	申	未	午	巳	辰	卯	寅	丑	子	亥

太岁己未①

<table>
<tr><td>开山立向修方吉</td><td colspan="5">岁德甲　岁德合己　岁支德子
阳贵人子　阴贵人甲　岁禄午
岁马巳　奏书巽　博士乾</td></tr>
<tr><td rowspan="3">三元紫白</td><td>上元</td><td>一白乾</td><td>六白坤</td><td>八白巽</td><td>九紫中</td></tr>
<tr><td>中元</td><td>一白震</td><td>六白艮</td><td>八白坎</td><td>九紫坤</td></tr>
<tr><td>下元</td><td>一白离</td><td>六白中</td><td>八白兑</td><td>九紫艮</td></tr>
<tr><td>盖山黄道</td><td colspan="5">贪狼坤乙　巨门坎癸申辰　武曲乾甲　文曲震庚亥未</td></tr>
<tr><td>通天窍</td><td colspan="5">三合前方巽巳　丙午　丁未　三合后方乾亥　壬子
癸丑
十二吉山宜亥卯未巳酉丑年月日时</td></tr>
<tr><td>走马六壬</td><td colspan="5">神后巽巳　功曹丁未　天罡庚酉
胜光乾亥　传送癸丑　河魁甲卯
十二吉山宜亥卯未巳酉丑年月日时</td></tr>
<tr><td>四利三元</td><td colspan="5">太阳申　太阴戌　龙德寅　福德辰</td></tr>
<tr><td>开山立向修方凶</td><td colspan="5">太岁未　岁破丑　三煞申酉戌
坐煞向煞庚辛甲乙　浮天空亡乾甲</td></tr>
<tr><td>开山凶</td><td colspan="5">年克山家乾亥兑丁山
阴府太岁巽艮　六害子　死符子　灸退午</td></tr>
<tr><td>立向凶</td><td colspan="5">巡山罗睺坤　病符午</td></tr>
<tr><td>修方凶</td><td colspan="5">天官符寅　地官符亥　大煞卯　大将军卯
力士坤　蚕室艮　蚕官丑　蚕命寅
岁刑丑　黄旛未　豹尾丑　飞廉卯
丧门酉　吊客巳　白虎卯　金神午未申酉
独火离　五鬼酉　破败五鬼坎</td></tr>
</table>

① 干土支土，纳音属火。

开山立向修方吉

月	正	二	三	四	五	六	七	八	九	十	十一	十二
天道	南	西南	北	西	西北	东	北	东北	南	东	东南	西
天德	丁	坤	壬	辛	乾	甲	癸	艮	丙	乙	巽	庚
天德合	壬		丁	丙		己	戊		辛	庚		乙
月德	丙	甲	壬	庚	丙	甲	壬	庚	丙	甲	壬	庚
月德合	辛	己	丁	乙	辛	己	丁	乙	辛	己	丁	乙
月空	壬	庚	丙	甲	壬	庚	丙	甲	壬	庚	丙	甲
阳贵人	乾	中	巽	震	坤	坎	离	艮	兑	乾	中	坎
阴贵人	坤	坎	离	艮	兑	乾	中	坎	离	艮	兑	乾
飞天禄	离	艮	兑	乾	中	坎	离	艮	兑	乾	中	巽
飞天马	艮	兑	乾	中	坎	离	艮	兑	乾	中	巽	震
月紫白 一白	坎	坤	震	巽	中	乾	兑	艮	离	坎	坤	震
六白	乾	兑	艮	离	坎	坤	震	巽	中	乾	兑	艮
八白	艮	离	坎	坤	震	巽	中	乾	兑	艮	离	坎
九紫	离	坎	坤	震	巽	中	乾	兑	艮	离	坎	坤

·	立春	春分	立夏	夏至	立秋	秋分	立冬	冬至
三奇 乙	离	巽	中	艮	坎	乾	中	坤
丙	离	巽	中	艮	坎	乾	中	坤
丁	坎	中	乾	兑	离	中	巽	震

开山凶

月	正	二	三	四	五	六	七	八	九	十	十一	十二
月建	寅	卯	辰	巳	午	未	申	酉	戌	亥	子	丑
月破	申	酉	戌	亥	子	丑	寅	卯	辰	巳	午	未
月克山家	乾 兑	亥 丁	震 巳	艮			水 山	土	乾 兑	亥 丁	离 丙	壬 乙
阴府太岁	坎 坤	乾 离	坤 震	巽 艮	乾 兑	坤 坎	离 乾	震 坤	艮 巽	兑 乾	坎 坤	乾 离

修方凶

天官符	中	庚 兑 辛	戊 乾 亥	中	辰 巽 巳	甲 震 乙	未 坤 申	壬 坎 癸	丙 离 丁	丑 艮 寅	庚 兑 辛	戊 乾 亥
地官符	中	辰 巽 巳	甲 震 乙	未 坤 申	壬 坎 癸	丙 离 丁	丑 艮 寅	庚 兑 辛	戊 乾 亥	中	庚 兑 辛	戊 乾 亥
小月建	丙 离 丁	壬 坎 癸	未 坤 申	甲 震 乙	辰 巽 巳	中	戊 乾 亥	庚 兑 辛	丑 艮 寅	丙 离 丁	壬 坎 癸	未 坤 申

大月建	中	辰巽巳	甲震乙	未坤申	壬坎癸	丙离丁	丑艮寅	庚兑辛	戌乾亥	中	辰巽巳	甲震乙
飞大煞	戌乾亥	中	庚兑辛	戌乾亥	中	辰巽巳	甲震乙	未坤申	壬坎癸	丙离丁	丑艮寅	庚兑辛
丙丁独火	中乾	中	巽中	震巽	坤震	坎坤	离坎	艮离	兑艮	乾兑	中乾	中
月游火	坤	震	巽	中	乾	兑	艮	离	坎	坤	震	巽
劫煞	亥	申	巳	寅	亥	申	巳	寅	亥	申	巳	寅
灾煞	子	酉	午	卯	子	酉	午	卯	子	酉	午	卯
月煞	丑	戌	未	辰	丑	戌	未	辰	丑	戌	未	辰
月刑	巳	子	辰	申	午	丑	寅	酉	未	亥	卯	戌
月害	巳	辰	卯	寅	丑	子	亥	戌	酉	申	未	午
月厌	戌	酉	申	未	午	巳	辰	卯	寅	丑	子	亥

太岁庚申[①]

开山立向修方吉	岁德庚 岁德合乙 岁支德丑 阳贵人丑 阴贵人未 岁禄申 岁马寅 奏书坤 博士艮			
三元紫白	上元	一白兑	六白震	八白中	九紫乾
	中元	一白巽	六白离	八白坤	九紫震
	下元	一白坎	六白乾	八白艮	九紫离
盖山黄道	贪狼坤乙 巨门坎癸申辰 武曲乾甲 文曲震庚亥未				
通天窍	三合前方艮寅 甲卯 乙辰 三合后方坤申 庚酉 辛戌 十二吉山宜申子辰寅午戌年月日时				
走马六壬	神后乙丑 功曹丙午 天罡坤申 胜光辛戌 传送壬子 河魁艮寅 十二吉山宜申子辰寅午戌年月日时				
四利三元	太阳酉 太阴亥 龙德卯 福德巳				

① 干金支金，纳音属木。

开山立向修方凶	太岁申　岁破寅　三煞巳午未 坐煞向煞丙丁　壬癸　　浮天空亡兑丁
开山凶	年克山家离壬丙乙山 阴府太岁乾兑　六害亥　死符丑　灸退卯
立向凶	巡山罗睺庚　病符未
修方凶	天官符亥　地官符子　大煞子　大将军午 力士乾　蚕室巽　蚕官辰　蚕命巳 岁刑寅　黄旛辰　豹尾戌　飞廉辰 丧门戌　吊客午　白虎辰　金神辰巳 独火离　五鬼申　破败五鬼兑

开山立向修方吉

月	正	二	三	四	五	六	七	八	九	十	十一	十二
天道	南	西南	北	西	西北	东	北	东北	南	东	东南	西
天德	丁	坤	壬	辛	乾	甲	癸	艮	丙	乙	巽	庚
天德合	壬		丁	丙		己	戊		辛	庚		乙
月德	丙	甲	壬	庚	丙	甲	壬	庚	丙	甲	壬	庚
月德合	辛	己	丁	乙	辛	己	丁	乙	辛	己	丁	乙
月空	壬	庚	丙	甲	壬	庚	丙	甲	壬	庚	丙	甲
阳贵人	兑	乾	中	巽	震	坤	坎	离	艮	兑	乾	中
阴贵人	坎	离	艮	兑	乾	中	坎	离	艮	兑	乾	中
飞天禄	坤	坎	离	艮	兑	乾	中	坎	离	艮	兑	乾
飞天马	中	坎	离	艮	兑	乾	中	巽	震	坤	坎	离
月紫白 一白	巽	中	乾	兑	艮	离	坎	坤	震	巽	中	乾
六白	离	坎	坤	震	巽	中	乾	兑	艮	离	坎	坤
八白	坤	震	巽	中	乾	兑	艮	离	坎	坤	震	巽
九紫	震	巽	中	乾	兑	艮	离	坎	坤	震	巽	中

	立春	春分	立夏	夏至	立秋	秋分	立冬	冬至
三奇 乙	艮	震	巽	离	坤	兑	乾	坎
丙	离	巽	中	艮	坎	乾	中	坤
丁	坎	中	乾	兑	离	中	巽	震

开山凶

月	正	二	三	四	五	六	七	八	九	十	十一	十二
月建	寅	卯	辰	巳	午	未	申	酉	戌	亥	子	丑
月破	申	酉	戌	亥	子	丑	寅	卯	辰	巳	午	未

月克山家	乾亥兑丁		震艮巳		离壬丙乙				乾亥兑丁		水土山	
阴府太岁	坤震	巽艮	乾兑	坤坎	离乾	震坤	艮巽	兑乾	坎坤	乾离	坤震	巽艮

修方凶

天官符	中	辰巽巳	甲震乙	未坤申	壬坎癸	丙离丁	丑艮寅	庚兑辛	戌乾亥	中	庚兑辛	戌乾亥
地官符	戌乾亥	中	辰巽巳	甲震乙	未坤申	壬坎癸	丙离丁	丑艮寅	庚兑辛	戌乾亥	中	庚兑辛
小月建	中	戌乾亥	庚兑辛	丑艮寅	丙离丁	壬坎癸	未坤申	甲震乙	辰巽巳	中	戌乾亥	庚兑辛
大月建	未坤申	壬坎癸	丙离丁	丑艮寅	庚兑辛	戌乾亥	中	辰巽巳	甲震乙	未坤申	壬坎癸	丙离丁
飞大煞	戌乾亥	中	辰巽巳	甲震乙	未坤申	壬坎癸	丙离丁	丑艮寅	庚兑辛	戌乾亥	中	庚兑辛
丙丁独火	巽中	震巽	坤震	坎坤	离坎	艮离	兑艮	乾兑	中乾	中	巽中	震巽
月游火	兑	艮	离	坎	坤	震	巽	中	乾	兑	艮	离
劫煞	亥	申	巳	寅	亥	申	巳	寅	亥	申	巳	寅
灾煞	子	酉	午	卯	子	酉	午	卯	子	酉	午	卯
月煞	丑	戌	未	辰	丑	戌	未	辰	丑	戌	未	辰
月刑	巳	子	辰	申	午	丑	寅	酉	未	亥	卯	戌
月害	巳	辰	卯	寅	丑	子	亥	戌	酉	申	未	午
月厌	戌	酉	申	未	午	巳	辰	卯	寅	丑	子	亥

太岁辛酉[①]

开山立向修方吉	岁德丙	岁德合辛	岁支德寅
	阳贵人寅	阴贵人午	岁禄酉
	岁马亥	奏书坤	博士艮

① 干金支金，纳音属木。

三元紫白	上元	一白艮	六白巽	八白乾	九紫兑
	中元	一白中	六白坎	八白震	九紫巽
	下元	一白坤	六白兑	八白离	九紫坎
盖山黄道	贪狼离壬寅戌　巨门乾甲　武曲坎癸申辰　文曲艮丙				
通天窍	三合前方乾亥　壬子　癸丑　三合后方巽巳　丙午　丁未 十二吉山宜巳酉丑亥卯未年月日时				
走马六壬	神后甲卯　功曹巽巳　天罡丁未 胜光庚酉　传送乾亥　河魁癸丑 十二吉山宜巳酉丑亥卯未年月日时				
四利三元	太阳戌　太阴子　龙德辰　福德午				
开山立向修方凶	太岁酉　岁破卯　三煞寅卯辰 坐煞向煞甲乙　庚辛　浮天空亡艮丙				
开山凶	年克山家二十四山并无克，冬至后克乾亥兑丁山 阴府太岁坤坎　六害戌　死符寅　炙退子				
立向凶	巡山罗睺辛　病符申				
修方凶	天官符申　地官符丑　大煞酉　大将军午 力士乾　蚕室巽　蚕官辰　蚕命巳 岁刑酉　黄旛丑　豹尾未　飞廉亥 丧门亥　吊客未　白虎巳　金神寅卯午未子丑 独火坤　五鬼未　破败五鬼乾				

开山立向修方吉

月	正	二	三	四	五	六	七	八	九	十	十一	十二
天道	南	西南	北	西	西北	东	北	东北	南	东	东南	西
天德	丁	坤	壬	辛	乾	甲	癸	艮	丙	乙	巽	庚
天德合	壬		丁	丙		己	戊		辛	庚		乙
月德	丙	甲	壬	庚	丙	甲	壬	庚	丙	甲	壬	庚
月德合	辛	己	丁	乙	辛	己	丁	乙	辛	己	丁	乙
月空	壬	庚	丙	甲	壬	庚	丙	甲	壬	庚	丙	甲
阳贵人	中	坎	离	艮	兑	乾	中	巽	震	坤	坎	离
阴贵人	离	艮	兑	乾	中	坎	离	艮	兑	乾	中	巽
飞天禄	震	坤	坎	离	艮	兑	乾	中	坎	离	艮	兑

飞天马		中	巽	震	坤	坎	离	艮	兑	乾	中	坎	离
月紫白	一白	兑	艮	离	坎	坤	震	巽	中	乾	兑	艮	离
	六白	震	巽	中	乾	兑	艮	离	坎	坤	震	巽	中
	八白	中	乾	兑	艮	离	坎	坤	震	巽	中	乾	兑
	九紫	乾	兑	艮	离	坎	坤	震	巽	中	乾	兑	艮

		立春	春分	立夏	夏至	立秋	秋分	立冬	冬至
三奇	乙	兑	坤	震	坎	震	艮	兑	离
	丙	艮	震	巽	离	坤	兑	乾	坎
	丁	离	巽	中	艮	坎	乾	中	坤

开山凶

月	正	二	三	四	五	六	七	八	九	十	十一	十二
月建	寅	卯	辰	巳	午	未	申	酉	戌	亥	子	丑
月破	申	酉	戌	亥	子	丑	寅	卯	辰	巳	午	未
月克山家			乾 兑	亥 丁	离 丙	壬 乙	震 巳	艮			水 山	土
阴府太岁	乾 兑	坤 坎	离 乾	震 坤	艮 巽	兑 乾	坎 坤	乾 离	坤 震	巽 艮	乾 兑	坤 坎

修方凶

天官符	未坤申	壬坎癸	丙离丁	丑艮寅	庚兑辛	戌乾亥	中	庚兑辛	戌乾亥	中	辰巽巳	甲震乙
地官符	庚兑辛	戌乾亥	中	辰巽巳	甲震乙	未坤申	壬坎癸	丙离丁	丑艮寅	庚兑辛	戌乾亥	中
小月建	丙离丁	壬坎癸	未坤申	甲震乙	辰巽巳	中	戌乾亥	庚兑辛	丑艮寅	丙离丁	壬坎癸	未坤申
大月建	丑艮寅	庚兑辛	戌乾亥	中	辰巽巳	甲震乙	未坤申	壬坎癸	丙离丁	丑艮寅	庚兑辛	戌乾亥
飞大煞	甲震乙	未坤申	壬坎癸	丙离丁	丑艮寅	庚兑辛	戌乾亥	中	庚兑辛	戌乾亥	中	辰巽巳
丙丁独火	坤震	坎坤	离坎	艮离	兑艮	乾兑	中乾	中	巽中	震巽	坤震	坎坤
月游火	乾	兑	艮	离	坎	坤	震	巽	中	乾	兑	艮
劫煞	亥	申	巳	寅	亥	申	巳	寅	亥	申	巳	寅
灾煞	子	酉	午	卯	子	酉	午	卯	子	酉	午	卯
月煞	丑	戌	未	辰	丑	戌	未	辰	丑	戌	未	辰

月刑	巳	子	辰	申	午	丑	寅	酉	未	亥	卯	戌
月害	巳	辰	卯	寅	丑	子	亥	戌	酉	申	未	午
月厌	戌	酉	申	未	午	巳	辰	卯	寅	丑	子	亥

太岁壬戌[①]

<table>
<tr><td>开山立向修方吉</td><td colspan="5">岁德壬　岁德合丁　岁支德卯
阳贵人卯　阴贵人巳　岁禄亥
岁马申　奏书坤　博士艮</td></tr>
<tr><td rowspan="3">三元紫白</td><td>上元</td><td>一白离</td><td>六白中</td><td>八白兑</td><td>九紫艮</td></tr>
<tr><td>中元</td><td>一白乾</td><td>六白坤</td><td>八白巽</td><td>九紫中</td></tr>
<tr><td>下元</td><td>一白震</td><td>六白艮</td><td>八白坎</td><td>九紫坤</td></tr>
<tr><td>盖山黄道</td><td colspan="5">贪狼坎癸申辰　巨门坤乙　武曲离壬寅戌　文曲兑丁巳丑</td></tr>
<tr><td>通天窍</td><td colspan="5">三合前方坤申　庚酉　辛戌　三合后方艮寅　甲卯　乙辰
十二吉山宜寅午戌申子辰</td></tr>
<tr><td>走马六壬</td><td colspan="5">神后艮寅　功曹乙辰　天罡丙午
胜光坤申　传送辛戌　河魁壬子
十二吉山宜寅午戌申子辰年月日时</td></tr>
<tr><td>四利三元</td><td colspan="5">太阳亥　太阴丑　龙德巳　福德未</td></tr>
<tr><td>开山立向修方凶</td><td colspan="5">太岁戌　岁破辰　三煞亥子丑
坐煞向煞壬癸　丙丁　浮天空亡乾甲</td></tr>
<tr><td>开山凶</td><td colspan="5">年克山家甲寅辰巽戌坎辛申丑癸坤庚未山
阴府太岁离乾　六害酉　死符卯　灸退酉</td></tr>
<tr><td>立向凶</td><td colspan="5">巡山罗睺乾　病符酉</td></tr>
<tr><td>修方凶</td><td colspan="5">天官符巳　地官符寅　大煞午　大将军午
力士乾　蚕室巽　蚕官辰　蚕命巳
岁刑未　黄旛戌　豹尾辰　飞廉子
丧门子　吊客申　白虎午　金神寅卯戌亥
独火乾　五鬼午　破败五鬼巽</td></tr>
</table>

① 干水支土，纳音属水。

开山立向修方吉

月	正	二	三	四	五	六	七	八	九	十	十一	十二
天道	南	西南	北	西	西北	东	北	东北	南	东	东南	西
天德	丁	坤	壬	辛	乾	甲	癸	艮	丙	乙	巽	庚
天德合	壬		丁	丙		己	戊		辛	庚		乙
月德	丙	甲	壬	庚	丙	甲	壬	庚	丙	甲	壬	庚
月德合	辛	己	丁	乙	辛	己	丁	乙	辛	己	丁	乙
月空	壬	庚	丙	甲	壬	庚	丙	甲	壬	庚	丙	甲
阳贵人	乾	中	坎	离	艮	兑	乾	中	巽	震	坤	坎
阴贵人	艮	兑	乾	中	坎	离	艮	兑	乾	中	巽	震
飞天禄	中	巽	震	坤	坎	离	艮	兑	乾	中	坎	离
飞天马	坤	坎	离	艮	兑	乾	中	坎	离	艮	兑	乾
月紫白 一白	坎	坤	震	巽	中	乾	兑	艮	离	坎	坤	震
六白	乾	兑	艮	离	坎	坤	震	巽	中	乾	兑	艮
八白	艮	离	坎	坤	震	巽	中	乾	兑	艮	离	坎
九紫	离	坎	坤	震	巽	中	乾	兑	艮	离	坎	坤

	立春	春分	立夏	夏至	立秋	秋分	立冬	冬至
三奇 乙	乾	坎	坤	坤	巽	离	艮	艮
丙	兑	坤	震	坎	震	艮	兑	离
丁	艮	震	巽	离	坤	兑	乾	坎

开山凶

月	正	二	三	四	五	六	七	八	九	十	十一	十二
月建	寅	卯	辰	巳	午	未	申	酉	戌	亥	子	丑
月破	申	酉	戌	亥	子	丑	寅	卯	辰	巳	午	未
月克山家			离 丙	壬 乙	水 山	土	震 巳	艮				
阴府太岁	离 乾	震 坤	艮 巽	兑 乾	坎 坤	乾 离	坤 震	巽 艮	乾 兑	坤 坎	离 乾	震 坤

修方凶

	正	二	三	四	五	六	七	八	九	十	十一	十二
天官符	丑艮寅	庚兑辛	戌乾亥	中	庚兑辛	戌乾亥	中	辰巽巳	甲震乙	未坤申	壬坎癸	丙离丁
地官符	中	庚兑辛	戌乾亥	中	辰巽巳	甲震乙	未坤申	壬坎癸	丙离丁	丑艮寅	庚兑辛	戌乾亥
小月建	中	戌乾亥	庚兑辛	丑艮寅	丙离丁	壬坎癸	未坤申	甲震乙	辰巽巳	中	戌乾亥	庚兑辛

大月建	中	辰巽巳	甲震乙	未坤申	壬坎癸	丙离丁	丑艮寅	庚兑辛	戌乾亥	中	辰巽巳	甲震乙
飞大煞	丙离丁	丑艮寅	庚兑辛	戌乾亥	中	庚兑辛	戌乾亥	中	辰巽巳	甲震乙	未坤申	壬坎癸
丙丁独火	离坎	艮离	兑艮	乾兑	中乾	中	巽中	震巽	坤震	坎坤	离坎	艮离
月游火	乾	兑	艮	离	坎	坤	震	巽	中	乾	兑	艮
劫煞	亥	申	巳	寅	亥	申	巳	寅	亥	申	巳	寅
灾煞	子	酉	午	卯	子	酉	午	卯	子	酉	午	卯
月煞	丑	戌	未	辰	丑	戌	未	辰	丑	戌	未	辰
月刑	巳	子	辰	申	午	丑	寅	酉	未	亥	卯	戌
月害	巳	辰	卯	寅	丑	子	亥	戌	酉	申	未	午
月厌	戌	酉	申	未	午	巳	辰	卯	寅	丑	子	亥

太岁癸亥[①]

开山立向修方吉	岁德戊　岁德合癸　岁支德辰 阳贵人巳　阴贵人卯　岁禄子 岁马巳　奏书乾　博士巽				
三元紫白	上元	一白坎	六白乾	八白艮	九紫离
	中元	一白兑	六白震	八白中	九紫乾
	下元	一白巽	六白离	八白坤	九紫震
盖山黄道	贪狼坎癸申辰　巨门坤乙　武曲离壬寅戌　文曲兑丁巳丑				
通天窍	三合前方巽巳　丙午　丁未　三合后方乾亥　壬子　癸丑 十二吉山宜亥卯未巳酉丑年月日时				
走马六壬	神后癸丑　功曹甲卯　天罡巽巳 胜光丁未　传送庚酉　河魁乾亥 十二吉山宜亥卯未巳酉丑年月日时				
四利三元	太阳子　太阴寅　龙德午　福德申				

① 干水支水，纳音属水。

开山立向修方凶	太岁亥　岁破巳　三煞申酉戌 坐煞向煞庚辛　甲乙　浮天空亡坤乙
开山凶	年克山家震艮巳山 阴府太岁震坤　六害申　死符辰　炙退午
立向凶	巡山罗睺壬　病符戌
修方凶	天官符寅　地官符卯　大煞卯　大将军酉 力士艮　蚕室坤　蚕官未　蚕命申 岁刑亥　黄旛未　豹尾丑　飞廉丑 丧门丑　吊客酉　白虎未　金神申酉子丑 独火乾　五鬼巳　破败五鬼艮

开山立向修方吉

月		正	二	三	四	五	六	七	八	九	十	十一	十二
天道		南	西南	北	西	西北	东	北	东北	南	东	东南	西
天德		丁	坤	壬	辛	乾	甲	癸	艮	丙	乙	巽	庚
天德合		壬		丁	丙		己	戊		辛	庚		乙
月德		丙	甲	壬	庚	丙	甲	壬	庚	丙	甲	壬	庚
月德合		辛	己	丁	乙	辛	己	丁	乙	辛	己	丁	乙
月空		壬	庚	丙	甲	壬	庚	丙	甲	壬	庚	丙	甲
阳贵人		艮	兑	乾	中	坎	离	艮	兑	乾	中	巽	震
阴贵人		乾	中	坎	离	艮	兑	乾	中	巽	震	坤	坎
飞天禄		乾	中	巽	震	坤	坎	离	艮	兑	乾	中	坎
飞天马		艮	兑	乾	中	坎	离	艮	兑	乾	中	巽	震
月紫白	一白	巽	中	乾	兑	艮	离	坎	坤	震	巽	中	乾
	六白	离	坎	坤	震	巽	中	乾	兑	艮	离	坎	坤
	八白	坤	震	巽	中	乾	兑	艮	离	坎	坤	震	巽
	九紫	震	巽	中	乾	兑	艮	离	坎	坤	震	巽	中

		立春	春分	立夏	夏至	立秋	秋分	立冬	冬至
三奇	乙	中	离	坎	震	中	坎	离	兑
	丙	乾	坎	坤	坤	巽	离	艮	艮
	丁	兑	乾	震	坎	震	艮	兑	离

开山凶

月	正	二	三	四	五	六	七	八	九	十	十一	十二
月建	寅	卯	辰	巳	午	未	申	酉	戌	亥	子	丑
月破	申	酉	戌	亥	子	丑	寅	卯	辰	巳	午	未

月	正	二	三	四	五	六	七	八	九	十	十一	十二
月克山家	震巳	艮	离丙	壬乙			水山	土	震巳	艮		
阴府太岁	艮巽	兑乾	坎坤	乾离	坤震	巽艮	乾兑	坤坎	离乾	震坤	艮巽	兑乾

修方凶

天官符	中	庚兑辛	戌乾亥	中	辰巽巳	甲震乙	未坤申	壬坎癸	丙离丁	丑艮寅	庚兑辛	戌乾亥
地官符	戌乾亥	中	庚兑辛	戌乾亥	中	辰巽巳	甲震乙	未坤申	壬坎癸	丙离丁	丑艮寅	庚兑辛
小月建	丙离丁	壬坎癸	未坤申	甲震乙	辰巽巳	中	戌乾亥	庚兑辛	丑艮寅	丙离丁	壬坎癸	未坤申
大月建	未坤申	壬坎癸	丙离丁	丑艮寅	庚兑辛	戌乾亥	中	辰巽巳	甲震乙	未坤申	壬坎癸	丙离丁
飞大煞	戌乾亥	中	庚兑辛	戌乾亥	中	辰巽巳	甲震乙	未坤申	壬坎癸	丙离丁	丑艮寅	庚兑辛
丙丁独火	兑艮	乾兑	中乾	中	巽中	震巽	坤震	坎坤	离坎	艮离	兑艮	乾兑
月游火	坎	坤	震	巽	中	乾	兑	艮	离	坎	坤	震
劫煞	亥	申	巳	寅	亥	申	巳	寅	亥	申	巳	寅
灾煞	子	酉	午	卯	子	酉	午	卯	子	酉	午	卯
月煞	丑	戌	未	辰	丑	戌	未	辰	丑	戌	未	辰
月刑	巳	子	辰	申	午	丑	寅	酉	未	亥	卯	戌
月害	巳	辰	卯	寅	丑	子	亥	戌	酉	申	未	午
月厌	戌	酉	申	未	午	巳	辰	卯	寅	丑	子	亥

钦定协纪辨方书卷二十

月表一

岁有十二月，月有六十日，神煞随月转换。盖月三十日者，朔会之常期，而章蔀既周，则日法必得六十甲子也。今逐月逐日推排吉、凶神而分列宜忌于下。随事选用，展卷了然。作月表。

正　月

正月	甲己年 建丙寅	乙庚年 建戊寅	丙辛年 建庚寅	丁壬年 建壬寅	戊癸年 建甲寅

立春正月节，天道南行，宜向南行，宜修造南方

天德在丁、天德合在壬、月德在丙、月德合在辛、月空在壬，宜修造取土。

月建在寅、月破在申、月厌在戌、月刑在巳、月害在巳、劫煞在亥、灾煞在子、月煞在丑，忌修造取土。

初七日长星，二十一日短星。

立春前一日四绝，后七日往亡。

雨水正月中，日躔在亥宫为正月将，宜用甲丙庚壬时。

<table>
<tr><td rowspan="3">孟年</td><td>白</td><td>绿</td><td>碧</td><td rowspan="3">仲年</td><td>黄</td><td>白</td><td>紫</td><td rowspan="3">季年</td><td>黑</td><td>赤</td><td>白</td></tr>
<tr><td>白</td><td>黑</td><td>赤</td><td>碧</td><td>白</td><td>绿</td><td>紫</td><td>黄</td><td>白</td></tr>
<tr><td>白</td><td>紫</td><td>黄</td><td>赤</td><td>白</td><td>黑</td><td>绿</td><td>碧</td><td>白</td></tr>
</table>

<table>
<tr><td colspan="2">甲子海中金义开日</td></tr>
<tr><td>吉神
天恩　母仓　时阳
生气　益后　青龙
凶神
灾煞　天火　四忌
八龙　复日</td><td>宜祭祀、入学、沐浴
忌冠带、结婚姻、纳采问名、嫁娶、进人口、求医疗病、经络、酝酿、开仓库、出货财、伐木、畋猎、取鱼、破土、安葬、启攒</td></tr>
</table>

乙丑海中金制闭日	
吉神 天恩　续世　明堂 凶神 月煞　月虚　血支 天赋　五虚　土符 归忌　血忌	诸事不宜

丙寅炉中火义建日	
吉神 月德　天恩　月恩 四相　王日　天仓 不将　要安　五合 鸣吠对 凶神 月建　小时　土府 往亡　天刑	宜会亲友、结婚姻、纳采问名、解除、裁衣、竖柱上梁、立券、交易、纳财、开仓库、出货财、牧养、纳畜、安葬、启攒 忌祭祀、上册受封、上表章、出行、上官赴任、临政亲民、嫁娶、进人口、移徙、求医疗病、筑堤防、修造动土、修仓库、修置产室、开渠穿井、安碓硙、补垣、修饰垣墙、平治道涂、破屋坏垣、伐木、捕捉、畋猎、取鱼、栽种、破土

丁卯炉中火义除日	
吉神 天德　天恩　四相 官日　吉期　不将 玉宇　五合　鸣吠对 凶神 大时　大败　咸池 朱雀	宜祭祀、祈福、求嗣、上册受封、上表章、袭爵受封、会亲友、出行、上官赴任、临政亲民、结婚姻、纳采问名、嫁娶、移徙、解除、沐浴、整手足甲、求医疗病、裁衣、修造动土、竖柱上梁、修仓库、立券、交易、纳财、开仓库、出货财、扫舍宇、栽种、牧养、纳畜、破土、安葬、启攒 忌剃头、穿井、畋猎、取鱼

戊辰大林木专满日	
吉神 天恩　守日　天巫 福行　六仪　金堂 金匮 凶神 厌对　招摇　九空 九坎　九焦	宜祭祀、祈福、上册受封、上表章、会亲友、裁衣、经络 忌袭爵受封、上官赴任、临政亲民、结婚姻、纳采问名、嫁娶、进人口、求医疗病、修仓库、鼓铸、开市、立券、交易、纳财、开仓库、出货财、补垣塞穴、取鱼、乘船渡水、栽种

己巳大林木义平日	
吉神 相日　宝光 **凶神** 天罡　死神　月刑 月害　游祸　五虚 重日	**宜**平治道涂 **忌**祈福、求嗣、上册受封、上表章、袭爵受封、会亲友、冠带、出行、上官赴任、临政亲民、结婚姻、纳采问名、嫁娶、进人口、移徙、安床、解除、剃头、整手足甲、求医疗病、裁衣、筑堤防、修造动土、竖柱上梁、修仓库、鼓铸、经络、酝酿、开市、立券、交易、纳财、开仓库、出货财、修置产室、开渠穿井、安碓硙、补垣塞穴、修饰垣墙、破屋坏垣、栽种、牧养、纳畜、安葬、启攒

庚午路傍土伐定日	
吉神 时德　民日　三合 临日　天马　时阴 鸣吠 **凶神** 死气　土囊　白虎	**宜**祭祀、祈福、求嗣、上册受封、上表章、袭爵受封、会亲友、冠带、出行、上官赴任、临政亲民、结婚姻、纳采问名、嫁娶、进人口、移徙、裁衣、竖柱上梁、酝酿、开市、立券、交易、纳财、开仓库、出货财、牧养、纳畜、安葬 **忌**解除、求医疗病、筑堤防、修造动土、修仓库、苫盖、经络、修置产室、开渠穿井、安碓硙、补垣、修饰垣墙、平治道涂、破屋坏垣、栽种、破土

辛未路傍土义执日	
吉神 月德合　敬安 玉堂 **凶神** 小耗	**宜**祭祀、祈福、求嗣、上册受封、上表章、袭爵受封、会亲友、出行、上官赴任、临政亲民、结婚姻、纳采问名、嫁娶、移徙、解除、裁衣、修造动土、竖柱上梁、修仓库、捕捉、栽种、牧养、纳畜、安葬 **忌**求医疗病、酝酿、畋猎、取鱼

壬申剑锋金义破日	
吉神 天德合　月空 驿马 天后　普护　解神 除神　鸣吠 **凶神** 月破　大耗　五离 天牢	**宜**祭祀、解除、沐浴、求医疗病、扫舍宇、破屋坏垣 **忌**祈福、求嗣、上册受封、上表章、袭爵受封、会亲友、冠带、出行、上官赴任、临政亲民、结婚姻、纳采问名、嫁娶、进人口、移徙、安床、剃头、整手足甲、裁衣、筑堤防、修造动土、竖柱上梁、修仓库、鼓铸、经络、酝酿、开市、立券、交易、纳财、开仓库、出货财、修置产室、开渠穿井、安碓硙、补垣塞穴、修饰垣墙、伐木、畋猎、取鱼、栽种、牧养、纳畜、破土、安葬、启攒

癸酉剑锋金义危日	
吉神 阴德　福生　除神 鸣吠 凶神 天吏　致死　五虚 五离　元武	宜祭祀、沐浴、剃头、整手足甲、扫舍宇、取鱼、破土、安葬 忌祈福、求嗣、上册受封、上表章、袭爵受封、会亲友、冠带、出行、上官赴任、临政亲民、结婚姻、纳采问名、嫁娶、进人口、移徙、安床、解除、求医疗病、筑堤防、修造动土、竖柱上梁、修仓库、开市、立券、交易、纳财、开仓库、出货财、修置产室、栽种、牧养、纳畜

甲戌山头火制成日	
吉神 阳德　三合　天喜 天医　司命 凶神 月厌　地火　四击 大煞　复日　大会	诸事不宜

乙亥山头火义收日	
吉神 母仓　天愿　六合 五富　圣心 凶神 河魁　劫煞　四穷 八龙　重日　勾陈	宜祭祀、祈福、求嗣、上册受封、上表章、袭爵受封、会亲友、出行、上官赴任、临政亲民、结婚姻、纳采问名、进人口、移徙、沐浴、裁衣、修造动土、竖柱上梁、修仓库、经络、酝酿、开市、立券、交易、纳财、开仓库、出货财、捕捉、取鱼、牧养、纳畜 忌嫁娶、求医疗病、栽种

丙子涧下水伐开日	
吉神 月德　母仓　月恩 四相　时阳　生气 不将　益后　青龙 鸣吠对 凶神 灾煞　天火　触 水龙	宜祭祀、祈福、求嗣、上册受封、上表章、袭爵受封、会亲友、入学、出行、上官赴任、临政亲民、结婚姻、纳采问名、嫁娶、移徙、解除、沐浴、裁衣、修造动土、竖柱上梁、修仓库、开市、纳财、开仓库、出货财、修置产室、开渠穿井、安碓硙、栽种、牧养、纳畜 忌求医疗病、伐木、畋猎、取鱼、乘船渡水

丁丑涧下水宝闭日	
吉神 天德　四相　不将 续世　明堂 凶神 月煞　月虚　血支 天贼　五虚　八风 土符　归忌　血忌	宜祭祀 忌祈福、求嗣、上册受封、上表章、袭爵受封、会亲友、冠带、出行、上官赴任、临政亲民、结婚姻、纳采问名、嫁娶、进人口、移徙、远回、安床、解除、剃头、整手足甲、求医疗病、疗目、针刺、裁衣、筑堤防、修造动土、竖柱上梁、修仓库、鼓铸、经络、酝酿、开市、立券、交易、纳财、开仓库、出货财、修置产室、开渠穿井、安碓硙、补垣塞穴、修饰垣墙、平治道涂、破屋坏垣、畋猎、取鱼、栽种、牧养、纳畜、破土、安葬、启攒
戊寅城头土伐建日	
吉神 天赦　王日　天仓 要安　五合 凶神 月建　小时　土府 往亡　天刑	宜会亲友、结婚姻、纳采问名、解除、裁衣、竖柱上梁、立券、交易、纳财、牧养、纳畜、安葬 忌祭祀、上册受封、上表章、出行、上官赴任、临政亲民、嫁娶、进人口、移徙、求医疗病、筑堤防、修造动土、修仓库、修置产室、开渠穿井、安碓硙、补垣、修饰垣墙、平治道涂、破屋坏垣、伐木、捕捉、畋猎、取鱼、栽种、破土
己卯城头土伐除日	
吉神 天恩　官日　吉期 不将　玉宁　五合 凶神 大时　大败　咸池 朱雀	宜袭爵受封、会亲友、出行、上官赴任、临政亲民、结婚姻、嫁娶、解除、沐浴、剃头、整手足甲、求医疗病、立券、立易、扫舍宇 忌穿井
庚辰白镴金义满日	
吉神 天恩　守日　天巫 福德　六仪　金堂 金匮 凶神 厌对　招摇　九空 九坎　九焦	宜祭祀、祈福、上册受封、上表章、会亲友、裁衣 忌袭爵受封、上官赴任、临政亲民、结婚姻、纳采问名、嫁娶、进人口、求医疗病、修仓库、鼓铸、经络、开市、立券、交易、纳财、开仓库、出货财、补垣塞穴、取鱼、乘船渡水、栽种

辛巳白镴金伐平日	
吉神 月德合　天恩 相日　宝光 **凶神** 天罡　死神　月刑 月害　游祸　五虚 重日	**宜**祭祀、平治道涂 **忌**祈福、求嗣、出行、解除、剃头、整手足甲、求医疗病、酝酿、畋猎、取鱼

壬午杨柳木制定日	
吉神 天德合　月空 天恩　时德　民日 三合　临日　天马 时阴　鸣吠 **凶神** 死气　白虎	**宜**祭祀、祈福、求嗣、上册受封、上表章、袭爵受封、会亲友、冠带、出行、上官赴任、临政亲民、结婚姻、纳采问名、嫁娶、进人口、移徙、解除、裁衣、修造动土、竖柱上梁、修仓库、经络、酝酿、开市、立券、交易、纳财、开仓库、出货财、安碓硙、栽种、牧养、纳畜、破土、安葬 **忌**求医疗病、苫盖、开渠、畋猎、取鱼

癸未杨柳木伐执日	
吉神 天恩　敬安　玉堂 **凶神** 小耗　触水龙	**宜**会亲友、捕捉 **忌**求医疗病、修仓库、开市、立券、交易、纳财、开仓库、出货财、取鱼、乘船渡水

甲申井泉水伐破日	
吉神 驿马　天后　普护 解神　除神　鸣吠 **凶神** 月破　大耗　复日 五离　天牢	**宜**祭祀、解除、沐浴、求医疗病、扫舍宇、破屋坏垣 **忌**祈福、求嗣、上册受封、上表章、袭爵受封、会亲友、冠带、出行、上官赴任、临政亲民、结婚姻、纳采问名、嫁娶、进人口、移徙、安床、剃头、整手足甲、裁衣、筑堤防、修造动土、竖柱上梁、修仓库、鼓铸、经络、酝酿、开市、立券、交易、纳财、开仓库、出货财、修置产室、开渠穿井、安碓硙、补垣塞穴、修饰垣墙、伐木、栽种、牧养、纳畜、破土、安葬、启攒

乙酉井泉水伐危日	
吉神 阴德　福生　除神 鸣吠 **凶神** 天吏　致死　五虚 五离　元武	**宜**祭祀、沐浴、剃头、整手足甲、扫舍宇、取鱼、破土安葬 **忌**祈福、求嗣、上册受封、上表章、袭爵受封、会亲友、冠带、出行、上官赴任、临政亲民、结婚姻、纳采问名、嫁娶、进人口、移徙、安床、解除、求医疗病、筑堤防、修造动土、竖柱上梁、修仓库、开市、立券、立易、纳财、开仓库、出货财、修置产室、栽种、牧养、纳畜

丙戌屋上土宝成日	
吉神 月德　月恩　四相 阳德　三合　天喜 天医　司命 **凶神** 月厌　地火　四击 大煞	**宜**祭祀、祈福、求嗣、上册受封、上表章、会亲友、入学、进人口、解除、裁衣、筑提防、修造动土、竖柱上梁、修仓库、经络、酝酿、开市、立券、交易、纳财、开仓库、出货财、安碓硙、牧养、纳畜、安葬 **忌**出行、上官赴任、临政亲民、结婚姻、纳采问名、嫁娶、移徙、远回、求医疗病、畋猎、取鱼、栽种

丁亥屋上土伐收日	
吉神 天德　母仓　四相 六合　五富　不将 圣心 **凶神** 河魁　劫煞　重日 勾陈	**宜**祭祀、祈福、求嗣、上册受封、上表章、袭爵受封、会亲友、出行、上官赴任、临政亲民、结婚姻、纳采问名、进人口、移徙、解除、沐浴、裁衣、修造动土、竖柱上梁、修仓库、经络、酝酿、开市、立券、交易、纳财、开仓库、出货财、捕捉、栽种、牧养、纳畜 **忌**嫁娶、剃头、求医疗病、畋猎、取鱼

戊子霹雳火制开日	
吉神 母仓　时阳　生气 益后　青龙 **凶神** 灾煞　天火	**宜**祭祀、入学、沐浴 **忌**冠带、结婚姻、纳采问名、嫁娶、进人口、求医疗病、经络、酝酿、伐木、畋猎、取鱼、破土、安葬、启攒

己丑霹雳火专闭日	
吉神 不将　续世　明堂 **凶神** 月煞　月虚　血支 天贼　五虚　土符 归忌　血忌	诸事不宜

庚寅松柏木制建日	
吉神 王日　天仓　不将 要安　五合　鸣吠对 **凶神** 月建　小时　土府 往亡　天刑	**宜**会亲友、裁衣、立券、交易、纳财、纳畜 **忌**祭祀、祈福、求嗣、上册受封、上表章、出行、上官赴任、临政亲民、结婚姻、纳采问名、嫁娶、进人口、移徙、解除、剃头、整手足甲、求医疗病、筑堤防、修造动土、竖柱上梁、修仓库、经络、开仓库、出货财、修置产室、开渠穿井、安碓硙、补垣、修饰垣墙、平治道涂、破屋坏垣、伐木、捕捉、畋猎、取鱼、栽种、破土、安葬、启攒

辛卯松柏木制除日	
吉神 月德合　官日 吉期　不将　玉宇 五合　鸣吠对 **凶神** 大时、大败、咸池、朱雀	**宜**祭祀、祈福、求嗣、上册受封、上表章、袭爵受封、会亲友、出行、上官赴任、临政亲民、结婚姻、纳采问名、嫁娶、移徙、解除、沐浴、剃头、整手足甲、求医疗病、裁衣、修造动土、竖柱上梁、修仓库、立券、交易、扫舍宇、栽种、牧养、纳畜、破土、安葬、启攒 **忌**酝酿、穿井、畋猎、取鱼

壬辰长流水伐满日	
吉神 天德合　月空 守日　天巫　福德 六仪　金堂　金匮 **凶神** 厌对　招摇　九空 九坎　九焦	**宜**祭祀、祈福、求嗣、上册受封、上表章、袭爵受封、会亲友、出行、上官赴任、临政亲民、结婚姻、纳采问名、嫁娶、进人口、移徙、解除、求医疗病、裁衣、修造动土、竖柱上梁、修仓库、经络、开市、立券、交易、纳财、开仓库、出货财、牧养、纳畜、安葬 **忌**鼓铸、开渠、补垣塞穴、畋猎、取鱼、乘船渡水、栽种

癸巳长流水制平日	
吉神 相日　宝光 **凶神** 天罡　死神　月刑 月害　游祸　五虚 重日	**宜**平治道涂 **忌**祈福、求嗣、上册受封、上表章、袭爵受封、会亲友、冠带、出行、上官赴任、临政亲民、结婚姻、纳采问名、嫁娶、进人口、移徙、安床、解除、剃头、整手足甲、求医疗病、裁衣、筑堤防、修造动土、竖柱上梁、修仓库、鼓铸、经络、酝酿、开市、立券、交易、纳财、开仓库、出货财、修置产室、开渠穿井、安碓硙、补垣塞穴、修饰垣墙、破屋坏垣、栽种、牧养、纳畜、破土、安葬、启攒

甲午砂石金宝定日	
吉神 时德　民日　三合 临日　天马　时阴 鸣吠 **凶神** 死气　复日　白虎	**宜**祭祀、祈福、求嗣、上册受封、上表章、袭爵受封、会亲友、冠带、出行、上官赴任、临政亲民、结婚姻、纳采问名、嫁娶、进人口、移徙、裁衣、修造动土、竖柱上梁、修仓库、经络、酝酿、开市、立券、交易、纳财、安碓硙、牧养、纳畜 **忌**解除、求医疗病、苫盖、开仓库、出货财、修置产室、栽种、破土、安葬、启攒

乙未砂石金制执日	
吉神 敬安　玉堂 **凶神** 小耗　五墓	**宜**捕捉、取鱼 **忌**冠带、出行、上官赴任、临政亲民、结婚姻、纳采问名、嫁娶、进人口、移徙、安床、解除、求医疗病、修造动土、竖柱上梁、修仓库、开市、立券、交易、纳财、开仓库、出货财、修置产室、栽种、牧养、纳畜、破土、安葬、启攒。

丙申山下火制破日	
吉神 月德　月恩　四相 驿马　天后　普护 解神　除神　鸣吠 **凶神** 月破　大耗　五离 天牢	**宜**祭祀、解除、沐浴、求医疗病、扫舍宇、破屋坏垣 **忌**祈福、求嗣、上册受封、上表章、袭爵受封、会亲友、冠带、出行、上官赴任、临政亲民、结婚姻、纳采问名、嫁娶、进人口、移徙、安床、剃头、整手足甲、裁衣、筑提防、修造动土、竖柱上梁、修仓库、鼓铸、经络、酝酿、开市、立券、交易、纳财、开仓库、出货财、修置产室、开渠穿井、安碓硙、补垣塞穴、修饰垣墙、伐木、畋猎、取鱼、栽种、牧养、纳畜、破土、安葬、启攒

丁酉山下火制危日	
吉神 天德　四相　阴德 福生　除神　鸣吠 **凶神** 天吏　致死　五虚 五离　元武	**宜**祭祀、祈福、求嗣、上册受封、上表章、袭爵受封、出行、上官赴任、临政亲民、结婚姻、纳采问名、嫁娶、移徙、安床、解除、沐浴、整手足甲、裁衣、修造动土、竖柱上梁、修仓库、纳财、开仓库、出货财、扫舍宇、栽种、牧养、纳畜、破土、安葬 **忌**会亲友、剃头、求医疗病、畋猎、取鱼
戊戌平地木专成日	
吉神 阳德　三合　天喜 天医　司命 **凶神** 月厌　地火　四击 大煞	**宜**入学 **忌**祈福、求嗣、上册受封、上表章、袭爵受封、会亲友、冠带、出行、上官赴任、临政亲民、结婚姻、纳采问名、嫁娶、进人口、移徙、远回、安床、解除、剃头、整手足甲、求医疗病、裁衣、筑堤防、修造动土、竖柱上梁、修仓库、鼓铸、经络、酝酿、开市、立券、交易、纳财、开仓库、出货财、修置产室、开渠穿井、安碓硙、补垣塞穴、修饰垣墙、平治道涂、破屋坏垣、伐木、栽种、牧养、纳畜、破土、安葬、启攒
己亥日平地木制收日	
吉神 母仓　六合　五富 不将　圣心 **凶神** 河魁　劫煞　重日 勾陈	**宜**祭祀、祈福、会亲友、结婚姻、进人口、沐浴、经络、酝酿、开市、立券、交易、纳财、开仓库、出货财、捕捉、取鱼、栽种、牧养、纳畜 **忌**嫁娶、求医疗病、破土、安葬、启攒
庚子壁上土宝开日	
吉神 母仓　时阳　生气 不将　益后　青龙 鸣吠对 **凶神** 灾煞　天火　地囊	**宜**祭祀、入学、沐浴 **忌**冠带、结婚姻、纳采问名、进人口、求医疗病、筑堤防、修造动土、修仓库、经络、酝酿、修置产室、开渠穿井、安碓硙、补垣、修饰垣墙、平治道涂、破屋坏垣、伐木、畋猎、取鱼、栽种、破土

辛丑壁上土义闭日	
吉神 月德合　不将 续世　明堂 **凶神** 月煞　月虚　血支 天贼　五虚　土符 归忌　血忌	**宜**祭祀 **忌**祈福、求嗣、上册受封、上表章、袭爵受封、会亲友、冠带、出行、上官赴任、临政亲民、结婚姻、纳采问名、嫁娶、进人口、移徙、远回、安床、解除、剃头、整手足甲、求医疗病、疗目、针刺、裁衣、筑堤防、修造动土、竖柱上梁、修仓库、鼓铸、经络、酝酿、开市、立券、交易、纳财、开仓库、出货财、修置产室、开渠穿井、安碓硙、补垣塞穴、修饰垣墙、平治道涂、破屋坏垣、畋猎、取鱼、栽种、牧养、纳畜、破土、安葬、启攒

壬寅金箔金宝建日	
吉神 天德合　月空 王日　天仓　要安 五合　鸣吠对 **凶神** 月建　小时　土府 往亡　天刑	**宜**会亲友、结婚姻、纳采问名、解除、裁衣、竖柱上梁、立券、交易、纳财、牧养、纳畜、安葬、启攒 **忌**祭祀、上册受封、上表章、出行、上官赴任、临政亲民、嫁娶、进人口、移徙、求医疗病、筑堤防、修造动土、修仓库、修置产室、开渠穿井、安碓硙、补垣、修饰、垣墙、平治道涂、破屋坏垣、伐木、捕捉、畋猎、取鱼、栽种、破土

癸卯金箔金宝除日	
吉神 官日　吉期　玉宇 五合　鸣吠对 **凶神** 大时　大败　咸池 朱雀	**宜**袭爵受封、会亲友、出行、上官赴任、临政亲民、结婚姻、解除、沐浴、剃头、整手足甲、求医疗病、立券、交易、扫舍宇、破土、启攒 **忌**穿井

甲辰覆灯火制满日	
吉神 守日　天巫　福德 六仪　金堂　金匮 **凶神** 厌对　招摇　九空 九坎　九焦　复日	**宜**祭祀、祈福、上册受封、上表章、会亲友、裁衣、经络 **忌**袭爵受封、上官赴任、临政亲民、结婚姻、纳采问名、嫁娶、进人口、求医疗病、修仓库、鼓铸、开市、立券、交易、纳财、开仓库、出货财、补垣塞穴、取鱼、乘船渡水、栽种、破土、安葬、启攒

乙巳覆灯火宝平日	
吉神 相日　宝光 **凶神** 天罡　死神　月刑 月害　游祸　五虚 重日	**宜**平治道涂 **忌**祈福、求嗣、上册受封、上表章、袭爵受封、会亲友、冠带、出行、上官赴任、临政亲民、结婚姻、纳采问名、嫁娶、进人口、移徙、安床、解除、剃头、整手足甲、求医疗病、裁衣、筑堤防、修造动土、竖柱上梁、修仓库、鼓铸、经络、酝酿、开市、立券、交易、纳财、开仓库、出货财、修置产室、开渠穿井、安碓硙、补垣塞穴、修饰垣墙、破屋坏垣、栽种、牧养、纳畜、破土、安葬、启攒

丙午天河水专定日	
吉神 月德　月恩　四相 时德　民日　三合 临日　天马　时阴 鸣吠 **凶神** 死气　白虎	**宜**祭祀、祈福、求嗣、上册受封、上表章、袭爵受封、会亲友、冠带、出行、上官赴任、临政亲民、结婚姻、纳采问名、嫁娶、进人口、移徙、解除、裁衣、修造动土、竖柱上梁、修仓库、经络、酝酿、开市、立券、立券、交易、纳财、开仓库、出货财、安碓硙、栽种、牧养、纳畜、破土、安葬 **忌**求医疗病、苫盖、畋猎、取鱼

丁未天河水宝执日	
吉神 天德　四相　敬安 玉堂 **凶神** 小耗　八专	**宜**祭祀、祈福、求嗣、上册受封、上表章、袭爵受封、会亲友、出行、上官赴任、临政亲民、移徙、解除、裁衣、修造动土、竖柱上梁、修仓库、纳财、开仓库、出货财、捕捉、栽种、牧养、纳畜、安葬 **忌**结婚姻、纳采问名、嫁娶、剃头、求医疗病、畋猎、取鱼

戊申大驿土宝破日	
吉神 驿马　天后　普护 解神　除神 **凶神** 月破　大耗　五离 天牢	**宜**祭祀、解除、沐浴、求医疗病、扫舍宇、破屋坏垣 **忌**祈福、求嗣、上册受封、上表章、袭爵受封、会亲友、冠带、出行、上官赴任、临政亲民、结婚姻、纳采问名、嫁娶、进人口、移徙、安床、剃头、整手足甲、裁衣、筑堤防、修造动土、竖柱上梁、修仓库、鼓铸、鼓铸、经络、酝酿、开市、立券、交易、纳财、开仓库、出货财、修置产室、开渠穿井、安碓硙、补垣塞穴、修饰垣墙、伐木、栽种、牧养、纳畜、破土、安葬、启攒

己酉大驿土宝危日	
吉神 天恩　阴德　福生 除神　鸣吠 凶神 天吏　致死　五虚 五离　元武	宜祭祀、沐浴、剃头、整手足甲、扫舍宇、取鱼、破土、安葬 忌祈福、求嗣、上册受封、上表章、袭爵受封、会亲友、冠带、出行、上官赴任、临政亲民、结婚姻、纳采问名、嫁娶、进人口、移徙、安床、解除、求医疗病、筑堤防、修造动土、竖柱上梁、修仓库、开市、立券、交易、纳财、开仓库、出货财、修置产室、栽种、牧养、纳畜

庚戌钗钏金义成日	
吉神 天恩　阳德　三合 天喜　天医　司命 凶神 月厌　地火　四击 大煞　阴错	宜入学 忌祈福、求嗣、上册受封、上表章、袭爵受封、会亲友、冠带、出行、上官赴任、临政亲民、结婚姻、纳采问名、嫁娶、进人口、移徙、远回、安床、解除、剃头、整手足甲、求医疗病、裁衣、筑堤防、修造动土、竖柱上梁、修仓库、鼓铸、经络、酝酿、开市、立券、交易、纳财、开仓库、出货财、修置产室、开渠穿井、安碓硙、补垣塞穴、修饰垣墙、平治道涂、破屋坏垣、伐木、栽种、牧养、纳畜、破土、安葬、启攒

辛亥钗钏金宝收日	
吉神 月德合　天恩 母仓　六合　五富 不将　圣心 凶神 河魁　劫煞　重日 勾陈	宜祭祀、祈福、求嗣、上册受封、上表章、袭爵受封、会亲友、出行、上官赴任、临政亲民、结婚姻、纳采问名、进人口、移徙、解除、沐浴、裁衣、修造动土、竖柱上梁、修仓库、经络、开市、立券、交易、纳财、开仓库、出货财、捕捉、栽种、牧养、纳畜、忌嫁娶、求医疗病、酝酿、畋猎、取鱼

壬子桑柘木专开日	
吉神 天德合　月空 天恩　母仓　时阳 生气　益后　青龙 鸣吠对 凶神 灾煞　天火　四耗	宜祭祀、祈福、求嗣、上册受封、上表章、袭爵受封、会亲友、入学、出行、上官赴任、临政亲民、结婚姻、纳采问名、嫁娶、移徙、解除、沐浴、裁衣、修造动土、竖柱上梁、修仓库、开市、纳财、修置产室、安碓硙、栽种、牧养、纳畜 忌求医疗病、开渠、伐木、畋猎、取鱼

癸丑桑柘木伐闭日	
吉神 天恩　续世　明堂 凶神 月煞　月虚　血支 天贼　五虚　土符 归忌　血忌　八专 触水龙	诸事不宜

甲寅大溪水专建日	
吉神 王日　天仓　要安 五合　鸣吠对 凶神 月建　小时　土府 往亡　复日　八专 天刑　阳错	宜会亲友、裁衣、立券、交易、纳财、纳畜 忌祭祀、祈福、求嗣、上册受封、上表章、出行、上官赴任、临政亲民、结婚姻、纳采问名、嫁娶、进人口、移徙、解除、剃头、整手足甲、求医疗病、筑堤防、修造动土、竖柱上梁、修仓库、开仓库、出货财、修置产室、开渠穿井、安碓硙、补垣、修饰垣墙、平治道涂、破屋坏垣、伐木、捕捉、畋猎、取鱼、栽种、破土、安葬、启攒

乙卯大溪水专除日	
吉神 官日　吉期　玉宇 五合　鸣吠对 凶神 大时　大败　咸池 朱雀	宜袭爵受封、会亲友、出行、上官赴任、临政亲民、结婚姻、解除、沐浴、剃头、整手足甲、求医疗病、立券、交易、扫舍宇、破土、启攒 忌穿井、栽种

丙辰沙中土宝满日	
吉神 月德　月恩　四相 守日　天巫　福德 大仪　金堂　金匮 凶神 厌对　招摇　九空 九坎　九焦	宜祭祀、祈福、求嗣、上册受封、上表章、袭爵受封、会亲友、出行、上官赴任、临政亲民、结婚姻、纳采问名、嫁娶、进人口、移徙、解除、求医疗病、裁衣、修造动土、竖柱上梁、修仓库、经络、开市、立券、立易、纳财、开仓库、出货财、牧养、纳畜、安葬 忌鼓铸、补垣塞穴、畋猎、取鱼、乘船渡水、栽种

丁巳沙中土专平日	
吉神 天德　四相　相日 宝光 **凶神** 天罡　死神　月刑 月害　游祸　五虚 八风　重日	**宜**祭祀、平治道涂 **忌**祈福、求嗣、出行、解除、剃头、整手足甲、求医疗病、畋猎、取鱼

戊午天上火义定日	
吉神 时德　民日　三合 临日　天马　时阴 **凶神** 死气　白虎	**宜**祭祀、祈福、求嗣、上册受封、上表章、袭爵受封、会亲友、冠带、出行、上官赴任、临政亲民、结婚姻、纳采问名、嫁娶、进人口、移徙、裁衣、修造动土、竖柱上梁、修仓库、经络、酝酿、开市、立券、交易、纳财、开仓库、出货财、安碓硙、牧养、纳畜 **忌**解除、求医疗病、苫盖、修置产室、栽种

己未天上火专执日	
吉神 敬安　玉堂 **凶神** 小耗　八专	**宜**捕捉、取鱼 **忌**结婚姻、纳采问名、嫁娶、求医疗病、修仓库、开市、立券、交易、纳财、开仓库、出货财

庚申石榴木专破日	
吉神 驿马　天后　普护 解神　除神　鸣吠 **凶神** 月破　大耗　四废 五离　八专　天牢	诸事不宜

辛酉石榴木专危日	
吉神 月德合　阴德 福生　除神　鸣吠 **凶神** 天吏　致死　四废 五虚　五离　元武 三阴	诸事不宜

壬戌大海水伐成日	
吉神 天德合　月空 阳德　三合　天喜 天医　司命 **凶神** 月厌　地火　四击 大煞	**宜**祭祀、祈福、求嗣、上册受封、上表章、会亲友、入学、进人口、解除、裁衣、筑堤防、修造动土、竖柱上梁、修仓库、经络、酝酿、开市、立券、交易、纳财、安碓硙、牧养、纳畜、安葬 **忌**出行、上官赴任、临政亲民、结婚姻、纳采问名、嫁娶、移徙、远回、求医疗病、开渠、畋猎、取鱼、栽种、

癸亥大海水专收日	
吉神 母仓　六合　五富 圣心 **凶神** 河魁　劫煞　重日 勾陈	**宜**祭祀、沐浴 **忌**嫁娶、求医疗病、破土、安葬、启攒

右六十干支，从建寅者，始立春、终雨水，其神煞吉凶用事宜忌，具于表。

钦定协纪辨方书卷二十一

月表二

二月

二月	甲己年 建丁卯	乙庚年 建己卯	丙辛年 建辛卯	丁壬年 建癸卯	戊癸年 建乙卯

惊蛰二月节，天道西南行，宜向西南行，宜修西南维。天德在坤、月德在甲、月德合在己、月空在庚、宜修造取土。

月建在卯、月破在酉、月厌在酉、月刑在子，月害在辰、劫煞在申、灾煞在酉、月煞在戌，忌修造取土。

初四日长星，十九日短星。

惊蛰后十四日往亡，春分前一日四离。

春分二月中，日躔在戌宫为二月将，宜用艮巽坤乾时。

孟年	赤	碧	黑	仲年	绿	紫	白	季年	白	白	黄
	黄	白	白		黑	赤	碧		白	绿	紫
	紫	白	绿		白	黄	白		碧	黑	赤

甲子海中金义收日	
吉神 月德　天恩　母仓 阳德　司命 **凶神** 天罡　月刑　大时 大败　咸池　天贼 四忌　八龙	**宜**祭祀、沐浴、捕捉 **忌**祈福、求嗣、上册受封、上表章、袭爵受封、会亲友、冠带、出行、上官赴任、临政亲民、结婚姻、纳采问名、嫁娶、进人口、移徙、安床、解除、剃头、整手足甲、求医疗病、裁衣、筑堤防、修造动土、竖柱上梁、修仓库、鼓铸、经络、酝酿、开市、立券、交易、纳财、开仓库、出货财、修置产室、开渠穿井、安碓硙、补垣塞穴、修饰垣墙、破屋坏垣、畋猎、取鱼、乘船渡水、栽种、牧养、纳畜、破土、安葬、启攒

乙丑海中金制开日	
吉神 天恩　时阳　生气 天仓　不将　敬安 凶神 五虚　九空　九坎 九焦　复日　勾陈	宜祭祀、祈福、求嗣、上册受封、上表章、袭爵受封、会亲友、入学、出行、上官赴任、临政亲民、嫁娶、移徙、解除、求医疗病、裁衣、修造动土、竖柱上梁、修置产室、开渠穿井、安碓硙、牧养、纳畜 忌冠带、进人口、修仓库、鼓铸、开市、立券、交易、纳财、开仓库、出货财、补垣塞穴、伐木、畋猎、取鱼、乘船渡水、栽种、破土、安葬、启攒

丙寅炉中火义闭日	
吉神 天恩　四相　王日 五富　不将　普护 五合　青龙　鸣 吠对 凶神 游祸　血支　归忌	宜裁衣、筑堤防、修仓库、经络、酝酿、立券、交易、纳财、补垣塞穴、栽种、牧养、纳畜、破土、启攒 忌祭祀、祈福、求嗣、上册受封、上表章、袭爵受封、会亲友、出行、上官赴任、临政亲民、结婚姻、纳采问名、嫁娶、进人口、移徙、远回、安床、解除、求医疗病、疗目、针刺、修造动土、竖柱上梁、开市、开仓库、出货财、修置产室、开渠穿井

丁卯炉中火义建日	
吉神 天恩　月恩　四相 官日　六仪　福生 五合　明堂　鸣 吠对 凶神 月建　小时　土府 厌对　招摇	宜祭祀、祈福、求嗣、袭爵受封、会亲友、出行、上官赴任、临政亲民、结婚姻、纳采问名、移徙、解除、求医疗病、裁衣、竖柱上梁、立券、立易、纳财、开仓库、出货财、牧养、启攒 忌嫁娶、剃头、筑堤防、修造动土、修仓库、修置产室、开渠穿井、安碓硙、补垣、修饰垣墙、平治道涂、破屋坏墙、伐木、取鱼、乘船渡水、栽种、破土

戊辰大林木专除日	
吉神 天恩　守日　吉期 凶神 月害　天刑	宜袭爵受封、出行、上官赴任、临政亲民、解除、沐浴、剃头、整手足甲、扫舍宇 忌祈福、求嗣、上册受封、上表章、会亲友、结婚姻、纳采问名、嫁娶、进人口、求医疗病、修仓库、经络、酝酿、开市、立券、交易、纳财、开仓库、出货财、修置产室、牧养、纳畜、破土、安葬、启攒

<table>
<tr><th colspan="2">己巳大林木义满日</th></tr>
<tr><td>吉神
月德合　相日
驿马　天后　天巫
福德　圣心
凶神
五虚　土符　大煞
往亡　重日　朱雀</td><td>宜祭祀、祈福、求嗣、会亲友、结婚姻、纳采问名、解除、裁衣、竖柱上梁、经络、开市、立券、交易、纳财、开仓库、出货财、牧养、纳畜
忌上册受封、上表章、出行、上官赴任、临政亲民、嫁娶、进人口、移徙、求医疗病、筑堤防、修造动土、修仓库、修置产室、开渠穿井、安碓硙、补垣、修饰垣墙、平治道涂、破屋坏垣、捕捉、畋猎、取鱼、栽种、破土</td></tr>
<tr><th colspan="2">庚午路傍土伐平日</th></tr>
<tr><td>吉神
月空　时德　民日
益后　金匮
鸣吠
凶神
河魁　死神　天吏
致死</td><td>宜祭祀、修饰垣墙、平治道涂
忌祈福、求嗣、上册受封、上表章、袭爵受封、会亲友、冠带、出行、上官赴任、临政亲民、结婚姻、纳采问名、嫁娶、进人口、移徙、安床、解除、求医疗病、裁衣、筑堤防、修造动土、竖柱上梁、修仓库、鼓铸、苫盖、经络、酝酿、开市、立券、交易、纳财、开仓库、出货财、修置产室、开渠穿井、栽种、牧养、纳畜、破土、安葬、启攒</td></tr>
<tr><th colspan="2">辛未路傍土义定日</th></tr>
<tr><td>吉神
阴德　三合　时阴
续世　宝光
凶神
死气　血忌</td><td>宜祭祀、祈福、求嗣、会亲友、冠带、结婚姻、纳采问名、嫁娶、进人口、裁衣、修造动土、竖柱上梁、修仓库、经络、立券、交易、纳财、安碓硙、纳畜
忌解除、求医疗病、针刺、酝酿、修置产室、栽种</td></tr>
<tr><th colspan="2">壬申剑锋金义执日</th></tr>
<tr><td>吉神
天马　要安　解神
除神　鸣吠
凶神
劫煞　小耗　五离
白虎</td><td>宜沐浴、扫舍宇、捕捉、取鱼
忌祈福、求嗣、上册受封、上表章、袭爵受封、会亲友、冠带、出行、上官赴任、临政亲民、结婚姻、纳采问名、嫁娶、进人口、移徙、安床、解除、剃头、整手足甲、求医疗病、裁衣、筑堤防、修造动土、竖柱上梁、修仓库、鼓铸、经络、酝酿、开市、立券、交易、纳财、开仓库、出货财、修置产室、开渠穿井、安碓硙、补垣塞穴、修饰垣墙、破屋坏垣、栽种、牧养、纳畜、破土、安葬、启攒</td></tr>
</table>

<table>
<tr><td colspan="2">癸酉剑锋金义破日</td></tr>
<tr><td>吉神
玉宇　除神　玉堂
鸣吠
凶神
月破　大耗　灾煞
天火　月厌　地火
五虚　五离</td><td>诸事不宜</td></tr>
<tr><td colspan="2">甲戌山头火制危日</td></tr>
<tr><td>吉神
月德　天愿　六合
金堂
凶神
月煞　月虚　四击
天牢</td><td>宜祭祀、祈福、求嗣、上册受封、上表章、袭爵受封、会亲友、出行、上官赴任、临政亲民、结婚姻、纳采问名、嫁娶、进人口、移徙、安床、解除、裁衣、修造动土、竖柱上梁、修仓库、经络、酝酿、开市、立券、交易、纳财、栽种、牧养、纳畜、安葬</td></tr>
<tr><td colspan="2">乙亥山头火义成日</td></tr>
<tr><td>吉神
母仓　三合　临日
天医　天喜　不将
凶神
四穷　八龙　复日
重日　元武</td><td>宜上册受封、上表章、袭爵受封、会亲友、入学、出行、上官赴任、临政亲民、移徙、沐浴、求医疗病、裁衣、筑堤防、修造动土、竖柱上梁、经络、酝酿、安碓硙、牧养、纳畜
忌结婚姻、纳采问名、嫁娶、进人口、修仓库、开市、立券、交易、纳财、开仓库、出货财、栽种、破土、安葬、启攒</td></tr>
<tr><td colspan="2">丙子涧下水伐收日</td></tr>
<tr><td>吉神
母仓　四相　阳德
不将　司命　鸣
吠对
凶神
天罡　月刑　大时
大败　咸池　天贼
触水龙</td><td>诸事不宜</td></tr>
</table>

丁丑涧下水宝开日	
吉神 月恩　四相　时阳 生气　天仓　不将 敬安 **凶神** 五虚　八风　九空 九坎　九焦　勾陈	**宜**祭祀、祈福、求嗣、上册受封、上表章、袭爵受封、会亲友、入学、出行、上官赴任、临政亲民、结婚姻、纳采问名、嫁娶、移徙、解除、求医疗病、裁衣、修造动土、竖柱上梁、修置产室、开渠穿井、安碓硙、牧养纳畜 **忌**冠带、进人口、剃头、修仓库、鼓铸、开市、立券、交易、纳财、开仓库、出货财、补垣塞穴、伐木、畋猎、取鱼、乘船渡水、栽种
戊寅城头土伐闭日	
吉神 天赦　王日　五富 普护　五合　青龙 **凶神** 游祸　血支　归忌	**宜**裁衣、筑堤防、修仓库、经络、酝酿、立券、交易、纳财、补垣塞穴、栽种、牧养、纳畜、安葬 **忌**祭祀、祈福、求嗣、移徙、远回、解除、求医疗病、疗目、针刺、畋猎、取鱼
己卯城头土伐建日	
吉神 月德合　天恩 官日　六仪　福生 五合　明堂 **凶神** 月建　小时　土府 厌对　招摇　小会	诸事不宜
庚辰白镴金义除日	
吉神 月空　天恩　守日 吉期 **凶神** 月害　天刑	**宜**袭爵受封、出行、上官赴任、临政亲民、解除、沐浴、剃头、整手足甲、扫舍宇 **忌**祈福、求嗣、上册受封、上表章、会亲友、结婚姻、纳采问名、嫁娶、进人口、求医疗病、修仓库、经络、酝酿、开市、立券、交易、纳财、开仓库、出货财、修置产室、牧养、纳畜、破土、安葬、启攒

辛巳白镴金伐满日	
吉神 天恩　相日　驿马 天后　天巫　福德 圣心 **凶神** 五虚　土符　大煞 往亡　重日　朱雀	**宜**祭祀、祈福、会亲友、裁衣、经络、开市、立券、交易、纳财 **忌**上册受封、上表章、袭爵受封、出行、上官赴任、临政亲民、结婚姻、纳采问名、嫁娶、进人口、移徙、求医疗病、筑堤防、修造动土、修仓库、酝酿、开仓库、出货财、修置产室、开渠穿井、安碓硙、补垣、修饰垣墙、平治道涂、破屋坏垣、捕捉、畋猎、取鱼、栽种、破土、安葬、启攒

壬午杨柳木制平日	
吉神 天恩　时德　民日 益后　金匮　鸣吠 **凶神** 河魁　死神　天吏 致死	**宜**祭祀、修饰垣墙、平治道涂 **忌**祈福、求嗣、上册受封、上表章、袭爵受封、会亲友、冠带、出行、上官赴任、临政亲民、结婚姻、纳采问名、嫁娶、进人口、移徙、安床、解除、求医疗病、裁衣、筑堤防、修造动土、竖柱上梁、修仓库、鼓铸、苫盖、经络、酝酿、开市、立券、交易、纳财、开仓库、出货财、修置产室、开渠穿井、栽种、牧养、纳畜、破土、安葬、启攒

癸未杨柳木伐定日	
吉神 天恩　阴德　三合 时阴　续世　宝光 **凶神** 死气　血忌　触 水龙	**宜**祭祀、祈福、求嗣、会亲友、冠带、结婚姻、纳采问名、嫁娶、进人口、裁衣、修造动土、竖柱上梁、修仓库、经络、酝酿、立券、交易、纳财、安碓硙、纳畜 **忌**解除、求医疗病、针刺、修置产室、取鱼、乘船渡水、栽种

甲申井泉水伐执日	
吉神 月德　天马　要安 解神　除神　鸣吠 **凶神** 劫煞　小耗　五离 白虎	**宜**祭祀、沐浴、扫舍宇、捕捉 **忌**安床、求医疗病、修仓库、开市、立券、交易、纳财、开仓库、出货财、畋猎、取鱼

乙酉井泉水伐破日	
吉神 玉宇　除神　玉堂 鸣吠 **凶神** 月破　大耗　灾煞 天火　月厌　地火 五虚　复日　五离 白虎	诸事不宜
丙戌屋上土宝危日	
吉神 四相　六合　不将 金堂 **凶神** 月煞　月虚　四击 天牢	**宜**祭祀、取鱼 **忌**上册受封、上表章、求医疗病
丁亥屋上土伐成日	
吉神 母仓　月恩　四相 三合　临日　天喜 天医　不将 **凶神** 重日　元武	**宜**祭祀、祈福、求嗣、上册受封、上表章、袭爵受封、会亲友、入学、出行、上官赴任、临政亲民、结婚姻、纳采问名、进人口、移徙、解除、沐浴、求医疗病、裁衣、筑堤防、修造动土、竖柱上梁、修仓库、经络、酝酿、开市、立券、交易、纳财、开仓库、出货财、安碓硙、栽种、牧养、纳畜 **忌**嫁娶、剃头、破土、安葬、启攒
戊子霹雳火制收日	
吉神 母仓　阳德　司命 **凶神** 天罡　月刑　大时 大败　咸池　天贼	诸事不宜

己丑霹雳火专开日	
吉神 月德合　时阳 生气　天仓　不将 敬安 **凶神** 五虚　九空　九坎 九焦　勾陈	**宜**祭祀、祈福、求嗣、上册受封、上表章、袭爵受封、会亲友、入学、出行、上官赴任、临政亲民、结婚姻、纳采问名、嫁娶、进人口、移徙、解除、求医疗病、裁衣、修造动土、竖柱上梁、修仓库、开市、纳财、修置产室、开渠穿井、安碓硙、牧养、纳畜 **忌**冠带、鼓铸、补垣塞穴、伐木、畋猎、取鱼、乘船渡水、栽种

庚寅松柏木制闭日	
吉神 月空　王日　五富 不将　普护　五合 青龙　鸣吠对 **凶神** 游祸　血支　归忌	**宜**裁衣、筑堤防、酝酿、立券、立易、纳财、补垣塞穴、栽种、牧养、纳畜、破土、启攒 **忌**祭祀、祈福、求嗣、上册受封、上表章、袭爵受封、会亲友、出行、上官赴任、临政亲民、结婚姻、纳采问名、嫁娶、进人口、移徙、远回、安床、解除、求医疗病、疗目、针刺、修造动土、竖柱上梁、经络、开市、开仓库、出货财、修置产室、开渠穿井、

辛卯松柏木制建日	
吉神 官日　六仪　福生 五合　明堂　鸣吠对 **凶神** 月建　小时　土府 厌对　招摇	**宜**祭祀、袭爵受封、会亲友、出行、上官赴任、临政亲民、立券、交易 **忌**祈福、求嗣、上册受封、上表章、结婚姻、纳采问名、嫁娶、解除、剃头、整手足甲、求医疗病、筑堤防、修造动土、竖柱上梁、修仓库、酝酿、开仓库、出货财、修置产室、开渠穿井、安碓硙、补垣、修饰垣墙、平治道涂、破屋坏垣、伐木、取鱼、乘船渡水、栽种、破土、安葬、启攒

壬辰长流水伐除日	
吉神 守日　吉期 **凶神** 月害　天刑	**宜**袭爵受封、出行、上官赴任、临政亲民、解除、沐浴、剃头、整手足甲、扫舍宇 **忌**祈福、求嗣、上册受封、上表章、会亲友、结婚姻、纳采问名、嫁娶、进人口、求医疗病、修仓库、经络、酝酿、开市、立券、交易、纳财、开仓库、出货财、修置产室、开渠、牧养、纳畜、破土、安葬、启攒

癸巳长流水制满日	
吉神 相日　驿马　天后 天巫　福德　圣心 **凶神** 五虚　土符　大煞 往亡　重日　朱雀	**宜**祭祀、祈福、会亲友、裁衣、经络、开市、立券、交易、纳财 **忌**上册受封、上表章、袭爵受封、出行、上官赴任、临政亲民、结婚姻、纳采问名、嫁娶、进人口、移徙、求医疗病、筑堤防、修造动土、修仓库、开仓库、出货财、修置产室、开渠穿井、安碓硙、补垣、修饰垣墙、平治道涂、破屋坏垣、捕捉、畋猎、取鱼、栽种、破土、安葬、启攒

甲午砂石金宝平日	
吉神 月德　时德　民日 益后　金匮　鸣吠 **凶神** 河魁　死神　天吏 致死	**宜**祭祀、修饰垣墙、平治道涂 **忌**求医疗病、苫盖、开仓库、出货财、畋猎、取鱼

乙未砂石金制定日	
吉神 阴德　三合　时阴 续世　宝光 **凶神** 死气　五墓　地囊 血忌　复日	**宜**祭祀、祈福、求嗣、会亲友、裁衣、经络、酝酿、纳财 **忌**冠带、出行、上官赴任、临政亲民、结婚姻、纳采问名、嫁娶、进人口、移徙、安床、解除、求医疗病、针刺、筑堤防、修造动土、竖柱上梁、修仓库、开市、立券、交易、修置产室、开渠穿井、安碓硙、补垣、修饰垣墙、平治道涂、破屋坏垣、栽种、牧养、纳畜、破土、安葬、启攒

丙申山下火制执日	
吉神 四相　天马　要安 解神　除神　鸣吠 **凶神** 劫煞　小耗　五离 白虎	**宜**祭祀、沐浴、扫舍宇、捕捉、取鱼 **忌**祈福、求嗣、上册受封、上表章、袭爵受封、会亲友、冠带、出行、上官赴任、临政亲民、结婚姻、纳采问名、嫁娶、进人口、移徙、安床、解除、剃头、整手足甲、求医疗病、裁衣、筑堤防、修造动土、竖柱上梁、修仓库、鼓铸、经络、酝酿、开市、立券、交易、纳财、开仓库、出货财、修置产室、开渠穿井、安碓硙、补垣塞穴、修饰垣墙、破屋坏垣、栽种、牧养、纳畜、破土、安葬、启攒

丁酉山下火制破日	
吉神 月恩　四相　玉宇 除神　玉堂　鸣吠 **凶神** 月破　大耗　灾煞 天火　月厌　地火 五虚　五离	诸事不宜

戊戌平地木专危日	
吉神 六合　金堂 **凶神** 月煞　月虚　四击 天牢	**宜**取鱼 **忌**祈福、求嗣、上册受封、上表章、袭爵受封、出行、上官赴任、临政亲民、解除、剃头、整手足甲、求医疗病、裁衣、筑堤防、修造动土、竖柱上梁、修仓库、鼓铸、修置产室、开渠穿井、安碓硙、补垣塞穴、修饰垣墙、破屋坏垣、栽种、牧养

己亥平地木制成日	
吉神 月德合　母仓 三合　临日　天喜 天医　不将 **凶神** 重日　元武	**宜**祭祀、祈福、求嗣、上册受封、上表章、袭爵受封、会亲友、入学、出行、上官赴任、临政亲民、结婚姻、纳采问名、进人口、移徙、解除、沐浴、求医疗病、裁衣、筑堤防、修造动土、竖柱上梁、修仓库、经络酝酿、开市、立券、交易、纳财、安碓硙、栽种、牧养、纳畜 **忌**嫁娶、畋猎、取鱼

庚子壁上土宝收日	
吉神 月空　母仓　阳德 不将　司命　鸣吠对 **凶神** 天罡　月刑　天时 大败　咸池　天贼	诸事不宜

辛丑壁上土义开日	
吉神 时阳　生气　天仓　敬安 凶神 五虚　九空　九坎　九焦　勾陈	宜祭祀、祈福、求嗣、上册受封、上表章、袭爵受封、会亲友、入学、出行、上官赴任、临政亲民、移徙、解除、求医疗病、裁衣、修造动土、竖柱上梁、修置产室、开渠穿井、安碓硙、牧养、纳畜 忌冠带、进人口、修仓库、鼓铸、酝酿、开市、立券、交易、纳财、开仓库、出货财、补垣塞穴、伐木、畋猎、取鱼、乘船渡水、栽种

壬寅金箔金宝闭日	
吉神 王日　五富　普护　五合　青龙　鸣吠对 凶神 游祸　血支　归忌	宜裁衣、筑堤防、经络、酝酿、立券、立易、纳财、补垣塞穴、栽种、牧养、纳畜、破土、启攒 忌祭祀、祈福、求嗣、上册受封、上表章、袭爵受封、会亲友、出行、上官赴任、临政亲民、结婚姻、纳采问名、嫁娶、进人口、移徙、远回、安床、解除、求医疗病、疗目、针刺、修造动土、竖柱上梁、开市、开仓库、出货财、修置产室、开渠穿井、

癸卯金箔金宝建日	
吉神 官日　六仪　福生　五合　明堂　鸣吠对 凶神 月建　小时　土府　厌对　招摇	宜祭祀、袭爵受封、会亲友、出行、上官赴任、临政亲民、立券、交易 忌祈福、求嗣、上册受封、上表章、结婚姻、纳采问名、嫁娶、解除、剃头、整手足甲、求医疗病、筑堤防、修造动土、竖柱上梁、修仓库、开仓库、出货财、修置产室、开渠穿井、安碓硙、补垣、修饰垣墙、平治道涂、破屋坏垣、伐木、取鱼、乘船渡水、栽种、破土、安葬、启攒

甲辰覆灯火制除日	
吉神 月德　守日　吉期 凶神 月害　天刑	宜祭祀、祈福、求嗣、上册受封、上表章、袭爵受封、会亲友、出行、上官赴任、临政亲民、结婚姻、纳采问名、嫁娶、移徙、解除、沐浴、剃头、整手足甲、裁衣、修造动土、竖柱上梁、修仓库、扫舍宇、栽种、牧养、纳畜、安葬 忌求医疗病、开仓库、出货财、畋猎、取鱼

<table>
<tr><th colspan="2">乙巳覆灯火宝满日</th></tr>
<tr><td>吉神
相日　驿马　天后
天巫　福德　圣心
凶神
五虚　土符　大煞
往亡　复日　重日
朱雀</td><td>宜祭祀、祈福、会亲友、裁衣、经络、开市、立券、交易、纳财
忌上册受封、上表章、袭爵受封、出行、上官赴任、临政亲民、结婚姻、纳采问名、嫁娶、进人口、移徙、求医疗病、筑堤防、修造动土、修仓库、开仓库、出货财、修置产室、开渠穿井、安碓硙、补垣、修饰垣墙、平治道涂、破屋坏墙、捕捉、畋猎、取鱼、栽种、破土、安葬、启攒</td></tr>
<tr><th colspan="2">丙午天河水专平日</th></tr>
<tr><td>吉神
四相　时德　民日
益后　金匮　鸣吠
凶神
河魁　死神　天吏
致死</td><td>宜祭祀、修饰垣墙、平治道涂
忌祈福、求嗣、上册受封、上表章、袭爵受封、会亲友、冠带、出行、上官赴任、临政亲民、结婚姻、纳采问名、嫁娶、进人口、移徙、安床、解除、求医疗病、裁衣、筑堤防、修造动土、竖柱上梁、修仓库、鼓铸、苫盖、经络、酝酿、开市、立券、交易、纳财、开仓库、出货财、修置产室、开渠穿井、栽种、牧养、纳畜、破土、安葬、启攒</td></tr>
<tr><th colspan="2">丁未天河水宝定日</th></tr>
<tr><td>吉神
月恩　四相　阴德
三合　时阴　续世
宝光
凶神
死气　血忌　八专</td><td>宜祭祀、祈福、求嗣、袭爵受封、会亲友、冠带、出行、上官赴任、临政亲民、进人口、移徙、裁衣、修造动土、竖柱上梁、修仓库、经络、酝酿、立券、交易、纳财、开仓库、出货财、安碓硙、牧养、纳畜
忌结婚姻、纳采问名、嫁娶、解除、剃头、求医疗病、针刺、修置产室、栽种</td></tr>
<tr><th colspan="2">戊申大驿土宝执日</th></tr>
<tr><td>吉神
天马　要安　解神
除神
凶神
劫煞　小耗　五离
白虎</td><td>宜沐浴、扫舍宇、捕捉、取鱼
忌祈福、求嗣、上册受封、上表章、袭爵受封、会亲友、冠带、出行、上官赴任、临政亲民、结婚姻、纳采问名、嫁娶、进人口、移徙、安床、解除、剃头、整手足甲、求医疗病、裁衣、筑堤防、修造动土、竖柱上梁、修仓库、鼓铸、经络、酝酿、开市、立券、交易、纳财、开仓库、出货财、修置产室、开渠穿井、安碓硙、补垣塞穴、修饰垣墙、破屋坏垣、栽种、牧养、纳畜、破土、安葬、启攒</td></tr>
</table>

己酉大驿土宝破日	
吉神 月德合　天恩 玉宇　除神　玉堂 鸣吠 **凶神** 月破　大耗　灾煞 天火　月厌　地火 五虚　五离　阴道 冲阳	诸事不宜
庚戌钗钏金义危日	
吉神 月空　天恩　六合 不将　金堂 **凶神** 月煞　月虚　四击 天牢	**宜**取鱼 **忌**祈福、求嗣、袭爵受封、出行、上官赴任、临政亲民、解除、剃头、整手足甲、求医疗病、裁衣、筑堤防、修造动土、竖柱上梁、修仓库、鼓铸、经络、修置产室、开渠穿井、安碓硙、补垣塞穴、修饰垣墙、破屋坏垣、栽种、牧养
辛亥钗钏金宝成日	
吉神 天恩　母仓　三合 临日　天喜　天医 **凶神** 重日　元武	**宜**上册受封、上表章、袭爵受封、会亲友、入学、出行、上官赴任、临政亲民、结婚姻、纳采问名、进人口、移徙、沐浴、求医疗病、裁衣、筑堤防、修造动土、竖柱上梁、修仓库、经络、开市、立券、交易、纳财、安碓硙、栽种、牧养、纳畜 **忌**嫁娶、酝酿、破土、安葬、启攒
壬子桑柘木专收日	
吉神 天恩　母仓　阳德 司命　鸣吠对 **凶神** 天罡　月刑　大时 大财　咸池　天贼 四耗	诸事不宜

癸丑桑柘木伐开日	
吉神 天恩　时阳　生气 天仓　敬安 **凶神** 五虚　九空　九坎 九焦　地囊　八专 触水龙　勾陈	**宜**祭祀、祈福、求嗣、上册受封、上表章、袭爵受封、会亲友、入学、出行、上官赴任、临政亲民、移徙、解除、求医疗病、裁衣、竖柱上梁、牧养、纳畜 忌冠带、结婚姻、纳采问名、嫁娶、进人口、筑堤防、修造动土、修仓库、鼓铸、开市、立券、交易、纳财、开仓库、出货财、修置产室、开渠穿井、安碓硙、补垣塞穴、修饰垣墙、平治道涂、破屋坏垣、伐木、畋猎、取鱼、乘船渡水、栽种、破土

甲寅大溪水专闭日	
吉神 月德　王日　五富 普护　五合　青龙 鸣吠对 **凶神** 游祸　血支　归忌 八专	**宜**裁衣、筑堤防、修仓库、经络、酝酿、立券、交易、纳财、补垣塞穴、栽种、牧养、纳畜、破土、安葬、启攒 **忌**祭祀、祈福、求嗣、结婚姻、纳采问名、嫁娶、移徙、远回、解除、求医疗病、疗目、针刺、畋猎、取鱼

乙卯大溪水专建日	
吉神 官日　六仪　福生 五合　明堂　鸣吠对 **凶神** 月建　小时　土府 厌对　招摇　复日 阳错	**宜**祭祀、袭爵受封、会亲友、出行、上官赴任、临政亲民、裁衣、立券、交易 **忌**祈福、求嗣、上册受封、上表章、结婚姻、纳采问名、嫁娶、解除、剃头、整手足甲、求医疗病、筑堤防、修造动土、竖柱上梁、修仓库、开仓库、出货财、修置产室、开渠穿井、安碓硙、补垣、修饰垣墙、平治道涂、破屋坏垣、伐木、取鱼、乘船渡水、栽种、破土、安葬、启攒

丙辰沙中土宝除日	
吉神 四相　守日　吉期 **凶神** 月害　天刑	**宜**祭祀、袭爵受封、出行、上官赴任、临政亲民、移徙、解除、沐浴、剃头、整手足甲、裁衣、修造动土、竖柱上梁、扫舍宇、栽种 **忌**祈福、求嗣、上册受封、上表章、会亲友、结婚姻、纳采问名、嫁娶、进人口、求医疗病、修仓库、经络、酝酿、开市、立券、交易、纳财、开仓库、出货财、修置产室、牧养、纳畜、破土、安葬、启攒

丁巳沙中土专满日	
吉神 月恩　四相　相日 驿马　天后　天巫 福德　圣心 **凶神** 五虚　八风　土符 大煞　往日　重日 朱雀	**宜**祭祀、祈福、求嗣、会亲友、结婚姻、纳采问名、解除、裁衣、竖柱上梁、经络、开市、立券、交易、纳财、牧养 **忌**上册受封、上表章、出行、上官赴任、临政亲民、嫁娶、进人口、移徙、剃头、求医疗病、筑堤防、修造动土、修仓库、开仓库、出货财、修置产室、开渠穿井、安碓硙、补垣、修饰垣墙、平治道涂、破屋坏垣、捕捉、畋猎、取鱼、乘船渡水、栽种、破土、安葬、启攒

戊午天上火义平日	
吉神 时德　民日　益后 金匮 **凶神** 河魁　死神　天吏 致死	**宜**祭祀、修饰垣墙、平治道涂 **忌**祈福、求嗣、上册受封、上表章、袭爵受封、会亲友、冠带、出行、上官赴任、临政亲民、结婚姻、纳采问名、嫁娶、进人口、移徙、安床、解除、求医疗病、裁衣、筑堤防、修造动土、竖柱上梁、修仓库、鼓铸、苫盖、经络、酝酿、开市、立券、交易、纳财、开仓库、出货财、修置产室、开渠穿井、栽种、牧养、纳畜、破土、安葬、启攒

己未天上火专定日	
吉神 月德合　阳德 三合　时阴　续世 宝光 **凶神** 死气　血忌　八专	**宜**祭祀、祈福、求嗣、上册受封、上表章、袭爵受封、会亲友、冠带、出行、上官赴任、临政亲民、进人口、移徙、解除、裁衣、修造动土、竖柱上梁、修仓库、经络、酝酿、立券、交易、纳财、安碓硙、栽种、牧养、纳畜、安葬 **忌**结婚姻、纳采问名、嫁娶、求医疗病，针刺、畋猎、取鱼

庚申石榴木专执日	
吉神 月空　天马　要安 解神　除神　鸣吠 **凶神** 劫煞　小耗　四废 五废　八专　白虎	**宜**沐浴、扫舍宇、捕捉、取鱼 **忌**祈福、求嗣、上册受封、上表章、袭爵受封、会亲友、冠带、出行、上官赴任、临政亲民、结婚姻、纳采问名、嫁娶、进人口、移徙、安床、解除、剃头、整手足甲、求医疗病、裁衣、筑堤防、修造动土、竖柱上梁、修仓库、鼓铸、经络、酝酿、开市、立券、交易、纳财、开仓库、出货财、修置产室、开渠穿井、安碓硙、补垣塞穴、修饰垣墙、破屋坏垣、栽种、牧养、纳畜、破土、安葬、启攒

辛酉石榴木专破日	
吉神 玉宇　除神　玉堂 鸣吠 **凶神** 月破　大耗　灾煞 天火　月厌　地火 四废　五虚　五离 阴错	诸事不宜
壬戌大海水伐危日	
吉神 六合　金堂 **凶神** 月煞　月虚　四击 天牢	**宜**取鱼 **忌**祈福、求嗣、上册受封、上表章、袭爵受封、出行、上官赴任、临政亲民、解除、剃头、整手足甲、求医疗病、裁衣、筑堤防、修造动土、竖柱上梁、修仓库、鼓铸、修置产室、开渠穿井、安碓硙、补垣塞穴、修饰垣墙、破屋坏垣、栽种、牧养
癸亥大海水专成日	
吉神 母仓　三合　临日 天喜　天医 **凶神** 重日　元武	**宜**沐浴 **忌**嫁娶、破土、安葬、启攒

右六十干支，从建卯者，始惊蛰、终春分，其神煞吉凶用事宜忌具于表。

钦定协纪辨方书卷二十二

月表三

三月

三月	甲己年 建戊辰	乙庚年 建庚辰	丙辛年 建壬辰	丁壬年 建甲辰	戊癸年 建丙辰

清明三月节，天道北行，宜向北行，宜修造北方。

天德在壬、天德合在丁、月德在壬、月德合在丁、月空在丙，宜修造取土。

月建在辰、月破在戌、月厌在申、月刑在辰、月害在卯、劫煞在巳、灾煞在午、月煞在未，忌修造取土。

初一日长星，十六日短星，清明后二十一日往亡。

土王用事后忌修造动土，巳午日添母仓。

谷雨三月中，日躔在酉宫为三月将，宜用癸乙丁辛时。

孟年	白	黑	白	仲年	碧	白	赤	季年	紫	黑	绿
	绿	紫	黄		白	白	黑		赤	碧	白
	白	赤	碧		黄	绿	紫		黑	白	白

<table>
<tr><td colspan="2">甲子海中金义成日</td></tr>
<tr><td>吉神
天恩　母仓　三合
天喜　天医　天仓
不将　圣心
凶神
四忌　八龙　地囊
归忌　天牢</td><td>宜祭祀、祈福、袭爵受封、会亲友、入学、出行、上官赴任、临政亲民、进人口、沐浴、求医疗病、裁衣、竖柱上梁、经络、酝酿、开市、立券、交易、纳财、牧养、纳畜
忌结婚姻、纳采问名、嫁娶、移徙、远回、筑堤防、修造动土、修仓库、开仓库、出货财、修置产室、开渠穿井、安碓硙、补垣、修饰垣墙、平治道涂、破屋坏垣、栽种、破土、安葬</td></tr>
</table>

<table>
<tr><td colspan="2">乙丑海中金制收日</td></tr>
<tr><td>吉神
天恩　不将　益后
凶神
河魁　五虚　元武</td><td>宜祭祀、进人口、纳财、捕捉、取鱼、纳畜
忌祈福、求嗣、上册受封、上表章、袭爵受封、会亲友、冠带、出行、上官赴任、临政亲民、结婚姻、纳采问名、嫁娶、移徙、安床、解除、求医疗病、裁衣、筑堤防、修造动土、竖柱上梁、修仓库、鼓铸、经络、酝酿、开市、立券、交易、开仓库、出货财、修置产室、开渠穿井、栽种、破土、安葬、启攒</td></tr>
<tr><td colspan="2">丙寅炉中火义开日</td></tr>
<tr><td>吉神
月空　天恩　四相
阳德　王日　驿马
天后　时阳　生气
六仪　续世　五合
司命　鸣吠对
凶神
厌对　招摇　血忌</td><td>宜上册受封、上表章、袭爵受封、会亲友、入学、出行、上官赴任、临政亲民、结婚姻、纳采问名、移徙、解除、求医疗病、裁衣、修造动土、竖柱上梁、开市、立券、交易、纳财、开仓库、出货财、修置产室、开渠穿井、安碓硙、栽种、牧养
忌祭祀、嫁娶、针刺、伐木、畋猎、取鱼、乘船渡水</td></tr>
<tr><td colspan="2">丁卯炉中火义闭日</td></tr>
<tr><td>吉神
天德合　月德合
天恩　四相　官日
要安　五合　鸣吠对
凶神
月害　天吏　致死
血支　勾陈</td><td>宜祭祀、裁衣、补垣塞穴
忌剃头、求医疗病、疗目、针刺、穿井、畋猎、取鱼</td></tr>
<tr><td colspan="2">戊辰大林木专建日</td></tr>
<tr><td>吉神
天恩　守日　玉宇
青龙
凶神
月建　小时　土符
月刑　五墓　复日
小会　单阴</td><td>诸事不宜</td></tr>
</table>

己巳大林木义除日	
吉神 阴德　相日　吉期 五富　金堂　明堂 **凶神** 劫煞　五虚　重日	**宜**沐浴、扫舍宇 **忌**祈福、求嗣、上册受封、上表章、会亲友、冠带、出行、结婚姻、纳采问名、嫁娶、进人口、移徙、安床、求医疗病、裁衣、筑堤防、修造动土、竖柱上梁、修仓库、鼓铸、修置产室、开渠穿井、安碓硙、补垣塞穴、修饰垣墙、破屋坏垣、破土、安葬、启攒

庚午路傍土伐满日	
吉神 月恩　时德　民日 天巫　福德　鸣吠 **凶神** 灾煞　天火　大煞 天刑	**宜**祭祀 **忌**祈福、求嗣、上册受封、上表章、袭爵受封、会亲友、冠带、出行、上官赴任、临政亲民、结婚姻、纳采问名、嫁娶、进人口、移徙、安床、解除、剃头、整手足甲、求医疗病、裁衣、筑堤防、修造动土、竖柱上梁、修仓库、鼓铸、苫盖、经络、酝酿、开市、立券、交易、纳财、开仓库、出货财、修置产室、开渠穿井、安碓硙、补垣塞穴、修饰垣墙、破屋坏垣、栽种、牧养、纳畜、破土、安葬、启攒

辛未路傍土义平日	
凶神 天罡　死神　月煞 月虚　朱雀	诸事不宜

壬申剑锋金义定日	
吉神 天德　月德　三合 临日　时阴　敬安 除神　金匮　鸣吠 **凶神** 月厌　地火　死气 往亡　五离　孤辰	**宜**祭祀、沐浴、扫舍宇 **忌**上册受封、上表章、出行、上官赴任、临政亲民、结婚姻、纳采问名、嫁娶、进人口、移徙、远回、安床、求医疗病、开渠、伐木、捕捉、畋猎、取鱼、栽种

癸酉剑锋金义执日	
吉神 六合　普护　除神 宝光　鸣吠 **凶神** 大时　大败　咸池 小耗　五虚　土符 五离	**宜**祭祀、祈福、结婚姻、嫁娶、进人口、解除、沐浴、剃头、整手足甲、求医疗病、经络、酝酿、扫舍宇、捕捉、取鱼、纳畜、安葬 **忌**会亲友、筑堤防、修造动土、修仓库、开市、立券、交易、纳财、开仓库、出货财、修置产室、开渠穿井、安碓硙、补垣、修饰垣墙、平治道涂、破屋坏垣、栽种、破土

甲戌山头火制破日	
吉神 天马　不将　福生 解神 **凶神** 月破　大耗　四击 九空　九坎　九焦 白虎	**宜**祭祀、解除、沐浴、求医疗病、破屋坏垣 **忌**祈福、求嗣、上册受封、上表章、袭爵受封、会亲友、冠带、出行、上官赴任、临政亲民、结婚姻、纳采问名、嫁娶、进人口、移徙、安床、剃头、整手足甲、裁衣、筑堤防、修造动土、竖柱上梁、修仓库、鼓铸、经络、酝酿、开市、立券、交易、纳财、开仓库、出货财、修置产室、开渠穿井、安碓硙、补垣塞穴、修饰垣墙、伐木、取鱼、乘船渡水、栽种、牧养、纳畜、破土、安葬、启攒

乙亥山头火义危日	
吉神 母仓　不将　玉堂 **凶神** 游祸　天贼　四穷 八龙　重日	**宜**安床、沐浴、取鱼、牧养、纳畜 **忌**祈福、求嗣、出行、结婚姻、纳采问名、嫁娶、进人口、解除、求医疗病、修仓库、开市、立券、交易、纳财、开仓库、出货财、栽种、破土、安葬、启攒

丙子涧下水伐成日	
吉神 月空　母仓　四相 三合　天喜　天医 天仓　不将　圣心 鸣吠对 **凶神** 归忌　触水龙 天牢	**宜**祭祀、祈福、求嗣、上表章、袭爵受封、会亲友、入学、出行、上官赴任、临政亲民、结婚姻、纳采问名、嫁娶、进人口、解除、沐浴、求医疗病、裁衣、筑堤防、修造动土、竖柱上梁、修仓库、经络、酝酿、开市、立券、交易、纳财、开仓库、出货财、安碓硙、栽种、牧养、纳畜、破土、启攒 **忌**移徙、远回、取鱼、乘船渡水

丁丑涧下水宝收日	
吉神 天德合　月德合 四相　不将　益后 **凶神** 河魁　五虚　八风 元武	**宜**祭祀、祈福、求嗣、上册受封、上表章、袭爵受封、会亲友、出行、上官赴任、临政亲民、结婚姻、纳采问名、嫁娶、进人口、移徙、解除、裁衣、修造动土、竖柱上梁、修仓库、纳财、开仓库、出货财、捕捉、栽种、牧养、纳畜、安葬 **忌**冠带、剃头、求医疗病、畋猎、取鱼

戊寅城头土伐开日	
吉神 天赦　阳德　王日 驿马　天后　时阳 生气　六仪　续世 五合　司命 **凶神** 厌对　招摇　血忌 复日	**宜**上册受封、上表章、袭爵受封、会亲友、入学、出行、上官赴任、临政亲民、结婚姻、纳采问名、嫁娶、移徙、解除、求医疗病、裁衣、修造动土、竖柱上梁、修仓库、开市、立券、交易、修置产室、开渠穿井、安碓硙、栽种、牧养、纳畜 **忌**祭祀、针刺、伐木、畋猎、取鱼

己卯城头土伐闭日	
吉神 天恩　官日　要安 五合 **凶神** 月害　天吏　致死 血支　勾陈	**宜**补垣塞穴 **忌**祈福、求嗣、上册受封、上表章、袭爵受封、会亲民、冠带、出行、上官赴任、临政亲民、结婚姻、纳采问名、嫁娶、进人口、移徙、安床、解救、求医疗病、疗目、针刺、筑堤防、修造动土、竖柱上梁、修仓库、经络、酝酿、开市、立券、交易、纳财、开仓库、出货财、修置产室、开渠穿井、栽种、牧养、纳畜、破土、安葬、启攒

庚辰白镴金义建日	
吉神 天恩　月恩　守日 玉宇　青龙 **凶神** 月建　小时　土府 月刑　阴位	诸事不宜

辛巳镴蜡金伐除日	
吉神 天恩　阴德　相日 吉期　五富　金堂 明堂 凶神 劫煞　五虚　重日	宜沐浴、扫舍宇 忌祈福、求嗣、上册受封、上表章、冠带、出行、结婚姻、纳采问名、嫁娶、进人口、移徙、安床、求医疗病、裁衣、筑堤防、修造动土、竖柱上梁、修仓库、鼓铸、酝酿、修置产室、开渠穿井、安碓硙、补垣塞穴、修饰垣墙、破屋坏垣、破土、安葬、启攒

壬午杨柳木制满日	
吉神 天德　月德　天恩 时德　民日　天巫 福德　鸣吠 凶神 灾煞　天火　地囊 大煞　天刑	宜祭祀、祈福、求嗣、上册受封、上表章、袭爵受封、会亲友、出行、上官赴任、临政亲民、结婚姻、纳采问名、嫁娶、进人口、移徙、解除、裁衣、竖柱上梁、经络、开市、立券、交易、纳财、开仓库、出货财、牧养、纳畜、安葬 忌求医疗病、筑堤防、修造动土、修仓库、苫盖、修置产室、开渠穿井、安碓硙、补垣、修饰垣墙、平治道涂、破屋坏垣、畋猎、取鱼、栽种、破土

癸未杨柳木伐平日	
吉神 天恩 凶神 天罡　死神　月煞 月虚　触水龙 朱雀	诸事不宜

甲申井泉水伐定日	
吉神 三合　临日　时阴 敬安　除神　金匮 鸣吠 凶神 月厌　地火　死气 往亡　五离　行狠	宜沐浴、扫舍宇 忌祈福、求嗣、上册受封、上表章、袭爵受封、会亲友、冠带、出行、上官赴任、临政亲民、结婚姻、纳采问名、嫁娶、进人口、移徙、远回、安床、解除、剃头、整手足甲、求医疗病、裁衣、筑堤防、修造动土、竖柱上梁、修仓库、鼓铸、经络、酝酿、开市、立券、交易、纳财、开仓库、出货财、修置产室、开渠穿井、安碓硙、补垣塞穴、修饰垣墙、平治道涂、破屋坏垣、伐木、捕捉、畋猎、取鱼、栽种、牧养、纳畜、破土、安葬、启攒

乙酉井泉水伐执日	
吉神 天愿　六合　不将 普护　除神　宝光 鸣吠 凶神 大时　大败　咸池 小耗　五虚　土符 五离	宜祭祀、祈福、求嗣、上册受封、上表章、袭爵受封、出行、上官赴任、临政亲民、结婚姻、纳采问名、嫁娶、进人口、移徙、解除、沐浴、剃头、整手足甲、求医疗病、裁衣、竖柱上梁、经络、酝酿、开市、立券、交易、纳财、扫舍宇、捕捉、取鱼、牧养、纳畜、安葬 忌会亲友、筑堤防、修造动土、修仓库、修置产室、开渠穿井、安碓硙、补垣、修饰垣墙、平治道涂、破屋坏垣、栽种、破土

丙戌屋上土宝破日	
吉神 月空　四相　天马 不将　福生　解神 凶神 月破　大耗　四击 九空　九坎　九焦 白虎	宜祭祀、解除、沐浴、求医疗病、破屋坏垣 忌祈福、求嗣、上册受封、上表章、袭爵受封、会亲友、冠带、出行、上官赴任、临政亲民、结婚姻、纳采问名、嫁娶、进人口、移徙、安床、剃头、整手足甲、裁衣、筑堤防、修造动土、竖柱上梁、修仓库、鼓铸、经络、酝酿、开市、立券、交易、纳财、开仓库、出货财、修置产室、开渠穿井、安碓硙、补垣塞穴、修饰垣墙、伐木、取鱼、乘船渡水、栽种、牧养、纳畜、破土、安葬、启攒

丁亥屋上土伐危日	
吉神 天德合　月德合 母仓　四相　不将 玉堂 凶神 游祸　天贼　重日	宜祭祀、上册受封、上表章、袭爵受封、会亲友、上官赴任、临政亲民、结婚姻、纳采问名、移徙、安床、沐浴、裁衣、修造动土、竖柱上梁、纳财、栽种、收养、纳畜 忌祈福、求嗣、出行、嫁娶、解除、剃头、求医疗病、修仓库、开仓库、出货财、畋猎、取鱼

戊子霹雳火制成日	
吉神 母仓　三合　天喜 天医　天仓　圣心 凶神 归忌　复日　天牢	宜祭祀、祈福、袭爵受封、会亲友、入学、出行、上官赴任、临政亲民、结婚姻、纳采问名、嫁娶、进人口、沐浴、求医疗病、裁衣、筑堤防、修造动土、竖柱上梁、修仓库、经络、酝酿、开市、立券、交易、纳财、安碓硙、栽种、牧养、纳畜 忌移徙、远回、破土、安葬、启攒

己丑霹雳火专收日	
吉神 不将　益后 **凶神** 河魁　五虚　元武	**宜**祭祀、进人口、纳财、捕捉、取鱼、纳畜 **忌**祈福、求嗣、上册受封、上表章、袭爵受封、会亲友、冠带、出行、上官赴任、临政亲民、结婚姻、纳采问名、嫁娶、移徙、安床、解除、求医疗病、裁衣、筑堤防、修造动土、竖柱上梁、修仓库、鼓铸、经络、酝酿、开市、立券、交易、开仓库、出货财、修置产室、开渠穿井、破土、安葬、启攒

庚寅松柏木制开日	
吉神 月恩　阳德　王日 驿马　天后　时阳 生气　六仪　续世 五合　司命　鸣吠对 **凶神** 厌对　招摇　血忌	**宜**上册受封、上表章、袭爵受封、会亲友、入学、出行、上官赴任、临政亲民、结婚姻、纳采问名、移徙、解除、求医疗病、裁衣、修造动土、竖柱上梁、开市、立券、交易、纳财、开仓库、出货财、修置产室、开渠穿井、安碓硙、栽种、牧养 **忌**祭祀、嫁娶、针刺、经络、伐木、畋猎、取鱼、乘船渡水

辛卯松柏木制闭日	
吉神 官日　要安　五合 鸣吠对 **凶神** 月害　天吏　致死 血支　勾陈	**宜**补垣塞穴 **忌**祈福、求嗣、上册受封、上表章、袭爵受封、会亲友、冠带、出行、上官赴任、临政亲民、结婚姻、纳采问名、嫁娶、进人口、移徙、安床、解除、求医疗病、疗目、针刺、筑堤防、修造动土、竖柱上梁、修仓库、经络、酝酿、开市、立券、交易、纳财、开仓库、出货财、修置产室、开渠穿井、栽种、牧养、纳畜、破土、安葬、启攒

壬辰长流水伐建日	
吉神 天德　月德　守日 玉宇　青龙 **凶神** 月建　小时　土府 月刑	**宜**祭祀 **忌**求医疗病、筑堤防、修造动土、修仓库、修置产室、开渠穿井、安碓硙、补垣、修饰垣墙、平治道涂、破屋坏垣、伐木、畋猎、取鱼、栽种、破土

<table>
<tr><td colspan="2">癸巳长流水制除日</td></tr>
<tr><td>吉神
阴德　相日　吉期
五富　金堂　明堂
凶神
劫煞　五虚　重日</td><td>宜沐浴、扫舍宇
忌祈福、求嗣、上册受封、上表章、会亲友、冠带、出行、结婚姻、纳采问名、嫁娶、进人口、移徙、安床、求医疗病、裁衣、筑堤防、修造动土、竖柱上梁、修仓库、鼓铸、修置产室、开渠穿井、安碓硙、补垣塞穴、修饰垣墙、破屋坏垣、破土、安葬、启攒</td></tr>
<tr><td colspan="2">甲午砂石金宝满日</td></tr>
<tr><td>吉神
时德　民日　天巫
福德　鸣吠
凶神
灾煞　天火　大煞
天刑</td><td>宜祭祀
忌祈福、求嗣、上册受封、上表章、袭爵受封、会亲友、冠带、出行、上官赴任、临政亲民、结婚姻、纳采问名、嫁娶、进人口、移徙、安床、解除、剃头、整手足甲、求医疗病、裁衣、筑堤防、修造动土、竖柱上梁、修仓库、鼓铸、苫盖、经络、酝酿、开市、立券、交易、纳财、开仓库、出货财、修置产室、开渠穿井、安碓硙、补垣塞穴、修饰垣墙、破屋坏垣、栽种、牧养、纳畜、破土、安葬、启攒</td></tr>
<tr><td colspan="2">乙未砂石金制平日</td></tr>
<tr><td>凶神
天罡　死神　月煞
月虚　朱雀</td><td>诸事不宜</td></tr>
<tr><td colspan="2">丙申山下火制定日</td></tr>
<tr><td>吉神
月空　四相　三合
临日　时阴　敬安
除神　金匮　鸣吠
凶神
月厌　地火　死气
往亡　五离　了戾</td><td>宜祭祀、沐浴、扫舍宇
忌祈福、求嗣、上册受封、上表章、袭爵受封、会亲友、冠带、出行、上官赴任、临政亲民、结婚姻、纳采问名、嫁娶、进人口、移徙、远回、安床、解除、剃头、整手足甲、求医疗病、裁衣、筑堤防、修造动土、竖柱上梁、修仓库、鼓铸、经络、酝酿、开市、立券、交易、纳财、开仓库、出货财、修置产室、开渠穿井、安碓硙、补垣塞穴、修饰垣墙、平治道涂、破屋坏垣、伐木、捕捉、畋猎、取鱼、栽种、牧养、纳畜、破土、安葬、启攒</td></tr>
</table>

丁酉山下火制执日	
吉神 天德合　月德合 四相　六合　不将 普护　除神　宝光 鸣吠 凶神 大时　大败　咸池 小耗　五虚　土符 五离	宜祭祀、祈福、求嗣、上册受封、上表章、袭爵受封、出行、上官赴任、临政亲民、结婚姻、纳采问名、嫁娶、进人口、移徙、解除、沐浴、整手足甲、求医疗病、裁衣、竖柱上梁、经络、酝酿、立券、交易、纳财、开仓库、出货财、扫舍宇、捕捉、牧养、纳畜、安葬 忌会亲友、剃头、筑堤防、修造动土、修仓库、修置产室、开渠穿井、安碓硙、补垣、修饰垣墙、平治道涂、破屋坏垣、畋猎、取鱼、栽种、破土
戊戌平地木专破日	
吉神 天马　福生　解神 凶神 月破　大耗　四击 九空　九坎　九焦 复日　白虎	宜祭祀、解除、沐浴、求医疗病、破屋坏垣 忌祈福、求嗣、上册受封、上表章、袭爵受封、会亲友、冠带、出行、上官赴任、临政亲民、结婚姻、纳采问名、嫁娶、进人口、移徙、安床、剃头、整手足甲、裁衣、筑堤防、修造动土、竖柱上梁、修仓库、鼓铸、经络、酝酿、开市、立券、交易、纳财、开仓库、出货财、修置产室、开渠穿井、安碓硙、补垣塞穴、修饰垣墙、伐木、取鱼、乘船渡水、栽种、牧养、纳畜、破土、安葬、启攒
己亥平地木制危日	
吉神 母仓　不将　玉堂 凶神 游祸　天贼　重日	宜安床、沐浴、纳财、取鱼、栽种、牧养、纳畜 忌祈福、求嗣、出行、嫁娶、解除、求医疗病、修仓库、开仓库、出货财、破土、安葬、启攒
庚子壁上土宝成日	
吉神 母仓　月恩　三合 天喜　天医　天仓 圣心　鸣吠对 凶神 归忌　天牢	宜祭祀、祈福、求嗣、袭爵受封、会亲友、入学、出行、上官赴任、临政亲民、结婚姻、纳采问名、嫁娶、进人口、解除、沐浴、求医疗病、裁衣、筑堤防、修造动土、竖柱上梁、修仓库、酝酿、开市、立券、交易、纳财、开仓库、出货财、安碓硙、栽种、牧养、纳畜、破土、启攒 忌移徙、远回、经络

辛丑壁上土义收日	
吉神 益后 **凶神** 河魁　五虚　元武	**宜**祭祀、进人口、纳财、捕捉、取鱼、纳畜 **忌**祈福、求嗣、上册受封、上表章、袭爵受封、会亲友、冠带、出行、上官赴任、临政亲民、结婚姻、纳采问名、嫁娶、移徙、安床、解除、求医疗病、裁衣、筑堤防、修造动土、竖柱上梁、修仓库、鼓铸、经络、酝酿、开市、立券、交易、开仓库、出货财、修置产室、开渠穿井、破土、安葬、启攒

壬寅金箔金宝开日	
吉神 天德　月德　阳德 王日　驿马　天后 时阳　生气　六仪 续世　五合　司命 鸣吠对 **凶神** 厌对　招摇　血忌	**宜**上册受封、上表章、袭爵受封、会亲友、入学、出行、上官赴任、临政亲民、结婚姻、纳采问名、嫁娶、移徙、解除、求医疗病、裁衣、修造动土、竖柱上梁、修仓库、开市、立券、交易、修置产室、安碓硙、栽种、牧养、纳畜 **忌**祭祀、针刺、开渠、伐木、畋猎、取鱼

癸卯金箔金宝闭日	
吉神 官日　要安　五合 鸣吠对 **凶神** 月害　天吏　致死 血支　勾陈	**宜**补垣塞穴 **忌**祈福、求嗣、上册受封、上表章、袭爵受封、会亲友、冠带、出行、上官赴任、临政亲民、结婚姻、纳采问名、嫁娶、进人口、移徙、安床、解除、求医疗病、疗目、针刺、筑堤防、修造动土、竖柱上梁、修仓库、经络、酝酿、开市、立券、交易、纳财、开仓库、出货财、修置产室、开渠穿井、栽种、牧养、纳畜、破土、安葬、启攒

甲辰覆灯火制建日	
吉神 守日　玉宇　青龙 **凶神** 月建　小时　土府 月刑　阳错	**忌**祈福、求嗣、上册受封、上表章、袭爵受封、会亲友、冠带、出行、上官赴任、临政亲民、结婚姻、纳采问名、嫁娶、进人口、移徙、安床、解除、剃头、整手足甲、求医疗病、裁衣、筑堤防、修造动土、竖柱上梁、修仓库、鼓铸、经络、酝酿、开市、立券、交易、纳财、开仓库、出货财、修置产室、开渠穿井、安碓硙、补垣塞穴、修饰垣墙、平治道涂、破屋坏垣、伐木、栽种、牧养、纳畜、破土、安葬、启攒

<table>
<tr><th colspan="2">乙巳覆灯火宝除日</th></tr>
<tr><td>吉神
阴德　相日　吉期
五富　金堂　时堂
凶神
劫煞　五虚　重日</td><td>宜沐浴、扫舍宇
忌祈福、求嗣、上册受封、上表章、会亲友、冠带、出行、结婚姻、纳采问名、嫁娶、进人口、移徙、安床、求医疗病、裁衣、筑堤防、修造动土、竖柱上梁、修仓库、鼓铸、修置产室、开渠穿井、安碓硙、补垣塞穴、修饰垣墙、破屋坏垣、栽种、破土、安葬、启攒</td></tr>
<tr><th colspan="2">丙午天河水专满日</th></tr>
<tr><td>吉神
月空　四相　时德
民日　天巫　福德
鸣吠
凶神
灾煞　天火　大煞
天刑</td><td>宜祭祀
忌祈福、求嗣、上册受封、上表章、袭爵受封、会亲友、冠带、出行、上官赴任、临政亲民、结婚姻、纳采问名、嫁娶、进人口、移徙、安床、解除、剃头、整手足甲、求医疗病、裁衣、筑堤防、修造动土、竖柱上梁、修仓库、鼓铸、苫盖、经络、酝酿、开市、立券、交易、纳财、开仓库、出货财、修置产室、开渠穿井、安碓硙、补垣塞穴、修饰垣墙、破屋坏垣、栽种、牧养、纳畜、破土、安葬、启攒</td></tr>
<tr><th colspan="2">丁未天河水宝平日</th></tr>
<tr><td>吉神
天德合　月德合
四相
凶神
天罡　死神　月煞
月虚　八专　朱雀</td><td>宜祭祀、平治道涂
忌祈福、求嗣、上册受封、上表章、袭爵受封、会亲友、冠带、出行、上官赴任、临政亲民、结婚姻、纳采问名、嫁娶、进人口、移徙、安床、解除、剃头、整手足甲、求医疗病、裁衣、筑堤防、修造动土、竖柱上梁、修仓库、鼓铸、经络、酝酿、开市、立券、交易、纳财、开仓库、出货财、修置产室、开渠穿井、安碓硙、补垣塞穴、修饰垣墙、破屋坏垣、畋猎、取鱼、栽种、牧养、纳畜、破土、安葬、启攒</td></tr>
<tr><th colspan="2">戊申大驿土宝定日</th></tr>
<tr><td>吉神
三合　临日　时阴
敬安　除神　金匮
凶神
月厌　地火　死气
往亡　复日　五离
孤辰</td><td>宜沐浴、扫舍宇
忌祈福、求嗣、上册受封、上表章、袭爵受封、会亲友、冠带、出行、上官赴任、临政亲民、结婚姻、纳采问名、嫁娶、进人口、移徙、远回、安床、解除、剃头、整手足甲、求医疗病、裁衣、筑堤防、修造动土、竖柱上梁、修仓库、鼓铸、经络、酝酿、开市、立券、交易、纳财、开仓库、出货财、修置产室、开渠穿井、安碓硙、补垣塞穴、修饰垣墙、平治道涂、破屋坏垣、伐木、捕捉、畋猎、取鱼、栽种、牧养、纳畜、破土、安葬、启攒</td></tr>
</table>

<table>
<tr><th colspan="2">己酉大驿土宝执日</th></tr>
<tr><td>吉神
天恩　六合　不将
普护　除神　宝光
鸣吠
凶神
大时　大败　咸池
小耗　五虚　土符
五离</td><td>宜祭祀、祈福、结婚姻、嫁娶、进人口、解除、沐浴、剃头、整手足甲、求医疗病、经络、酝酿、扫舍宇、捕捉、取鱼、纳畜、安葬
忌会亲友、筑堤防、修造动土、修仓库、开市、立券、交易、纳财、开仓库、出货财、修置产室、开渠穿井、安碓硙、补垣、修饰垣墙、平治道涂、破屋坏垣、栽种、破土</td></tr>
<tr><th colspan="2">庚戌钗钏金义破日</th></tr>
<tr><td>吉神
天恩　月恩　天马
福生　解神
凶神
月破　大耗　四击
九空　九坎　九焦
白虎</td><td>宜祭祀、解除、沐浴、求医疗病、破屋坏垣
忌祈福、求嗣、上册受封、上表章、袭爵受封、会亲友、冠带、出行、上官赴任、临政亲民、结婚姻、纳采问名、嫁娶、进人口、移徙、安床、剃头、整手足甲、裁衣、筑堤防、修造动土、竖柱上梁、修仓库、鼓铸、经络、酝酿、开市、立券、交易、纳财、开仓库、出货财、修置产室、开渠穿井、安碓硙、补垣塞穴、修饰垣墙、伐木、取鱼、乘船渡水、栽种、牧养、纳畜、破土、安葬、启攒</td></tr>
<tr><th colspan="2">辛亥钗钏金宝危日</th></tr>
<tr><td>吉神
天恩　母仓　玉堂
凶神
游祸　天贼　重日</td><td>宜会亲友、安床、沐浴、纳财、取鱼、栽种、牧养、纳畜
忌祈福、求嗣、出行、嫁娶、解除、求医疗病、修仓库、酝酿、开仓库、出货财、破土、安葬、启攒</td></tr>
<tr><th colspan="2">壬子桑柘木专成日</th></tr>
<tr><td>吉神
天德　月德　天恩
母仓　三合　天喜
天医　天仓　圣心
鸣吠对
凶神
四耗　归忌　天牢</td><td>宜祭祀、祈福、求嗣、上册受封、上表章、袭爵受封、会亲友、入学、出行、上官赴任、临政亲民、结婚姻、纳采问名、嫁娶、进人口、解除、沐浴、求医疗病、裁衣、筑堤防、修造动土、竖柱上梁、修仓库、经络、酝酿、开市、立券、交易、纳财、安碓硙、栽种、牧养、纳畜、破土、安葬、启攒
忌移徙、远回、开渠、畋猎、取鱼</td></tr>
</table>

癸丑桑柘木伐收日	
吉神 天恩　益后 **凶神** 河魁　五虚　八专 触水龙　元武	**宜**祭祀、进人口、纳财、捕捉、纳畜 **忌**祈福、求嗣、上册受封、上表章、袭爵受封、会亲友、冠带、出行、上官赴任、临政亲民、结婚姻、纳采问名、嫁娶、移徙、安床、解除、求医疗病、裁衣、筑堤防、修造动土、竖柱上梁、修仓库、鼓铸、经络、酝酿、开市、立券、交易、开仓库、出货财、修置产室、开渠穿井、取鱼、乘船渡水、破土、安葬、启攒

甲寅大溪水专开日	
吉神 阴德　王日　驿马 天后　时阳　生气 六仪　续世　五合 司命　鸣吠对 **凶神** 厌对　招摇　血忌 八专	**宜**上册受封、上表章、袭爵受封、会亲友、入学、出行、上官赴任、临政亲民、移徙、解除、求医疗病、裁衣、修造动土、竖柱上梁、开市、立券、交易、修置产室、开渠穿井、安碓硙、栽种、牧养 **忌**祭祀、结婚姻、纳采问名、嫁娶、针刺、开仓库、出货财、伐木、畋猎、取鱼、乘船渡水

乙卯大溪水专闭日	
吉神 官日　要安　五合 鸣吠对 **凶神** 月害　天吏　致死 血支　勾陈	**宜**补垣塞穴 **忌**祈福、求嗣、上册受封、上表章、袭爵受封、会亲友、冠带、出行、上官赴任、临政亲民、结婚姻、纳采问名、嫁娶、进人口、移徙、安床、解除、求医疗病、疗目、针刺、筑堤防、修造动土、竖柱上梁、修仓库、经络、酝酿、开市、立券、交易、纳财、开仓库、出货财、修置产室、开渠穿井、栽种、牧养、纳畜、破土、安葬、启攒

丙辰沙中土宝建日	
吉神 月空　四相　守日 玉宇　青龙 **凶神** 月建　小时　土府 月刑	**宜**祭祀 **忌**祈福、求嗣、上册受封、上表章、袭爵受封、会亲友、冠带、出行、上官赴任、临政亲民、结婚姻、纳采问名、嫁娶、进人口、移徙、安床、解除、剃头、整手足甲、求医疗病、裁衣、筑堤防、修造动土、竖柱上梁、修仓库、鼓铸、经络、酝酿、开市、立券、交易、纳财、开仓库、出货财、修置产室、开渠穿井、安碓硙、补垣塞穴、修饰垣墙、平治道涂、破屋坏垣、伐木、栽种、牧养、纳畜、破土、安葬、启攒

丁巳沙中土专除日	
吉神 天德合　月德合 四相　阴德　相日 吉期　五富　金堂 明堂 **凶神** 劫煞　五虚　八风 重日	**宜**祭祀、祈福、求嗣、上册受封、上表章、袭爵受封、会亲友、上官赴任、临政亲民、结婚姻、纳采问名、嫁娶、移徙、解除、沐浴、整手足甲、裁衣、修造动土、竖柱上梁、修仓库、经络、酝酿、开市、立券、交易、纳财、开仓库、出货财、扫舍宇、栽种、牧养、纳畜 **忌**出行、剃头、求医疗病、畋猎、取鱼

戊午天上火义满日	
吉神 时德　民日　天巫 福德 **凶神** 灾煞　天火　大煞 复日　天刑	**宜**祭祀 **忌**祈福、求嗣、上册受封、上表章、袭爵受封、会亲友、冠带、出行、上官赴任、临政亲民、结婚姻、纳采问名、嫁娶、进人口、移徙、安床、解除、剃头、整手足甲、求医疗病、裁衣、筑堤防、修造动土、竖柱上梁、修仓库、鼓铸、苫盖、经络、酝酿、开市、立券、交易、纳财、开仓库、出货财、修置产室、开渠穿井、安碓硙、补垣塞穴、修饰垣墙、破屋坏垣、栽种、牧养、纳畜、破土、安葬、启攒

己未天上火专平日	
凶神 天罡　死神　月煞 月虚　八专　朱雀	诸事不宜

庚申石榴木专定日	
吉神 月恩　三合　临日 时阴　敬安　除神 金匮　鸣吠 **凶神** 月厌　地火　死气 四废　往亡　五离 八专　孤辰　阴错	**宜**祭祀、沐浴、扫舍宇 **忌**祈福、求嗣、上册受封、上表章、袭爵受封、会亲友、冠带、出行、上官赴任、临政亲民、结婚姻、纳采问名、嫁娶、进人口、移徙、远回、安床、解除、剃头、整手足甲、求医疗病、裁衣、筑堤防、修造动土、竖柱上梁、修仓库、鼓铸、经络、酝酿、开市、立券、交易、纳财、开仓库、出货财、修置产室、开渠穿井、安碓硙、补垣塞穴、修饰垣墙、平治道涂、破屋坏垣、伐木、捕捉、畋猎、取鱼、栽种、牧养、纳畜、破土、安葬、启攒

辛酉石榴木专执日	
吉神 六合　普护　除神 宝光　鸣吠 **凶神** 大时　大败　咸池 小耗　四废　五虚 土符　五离	**宜**祭祀、沐浴、剃头、整手足甲、扫舍宇、捕捉 **忌**祈福、求嗣、上册受封、上表章、袭爵受封、会亲友、冠带、出行、上官赴任、临政亲民、结婚姻、纳采问名、嫁娶、进人口、移徙、安床、解除、求医疗病、裁衣、筑堤防、修造动土、竖柱上梁、修仓库、鼓铸、经络、酝酿、开市、立券、交易、纳财、开仓库、出货财、修置产室、开渠穿井、安碓硙、补垣塞穴、修饰垣墙、平治道涂、破屋坏垣、取鱼、乘船渡水、栽种、牧养、纳畜、破土、安葬、启攒

壬戌大海水伐破日	
吉神 天德　月德　天马 福生　解神 **凶神** 月破　大耗　四击 九空　九坎　九焦 白虎	**宜**祭祀、解除、沐浴、求医疗病、破屋坏垣 **忌**祈福、求嗣、上册受封、上表章、袭爵受封、会亲友、冠带、出行、上官赴任、临政亲民、结婚姻、纳采问名、嫁娶、进人口、移徙、安床、剃头、整手足甲、裁衣、筑堤防、修造动土、竖柱上梁、修仓库、鼓铸、经络、酝酿、开市、立券、交易、纳财、开仓库、出货财、修置产室、开渠穿井、安碓硙、补垣塞穴、修饰垣墙、伐木、畋猎、取鱼、乘船渡水、栽种、牧养、纳畜、破土、安葬、启攒

癸亥大海水专危日	
吉神 母仓　玉堂 **凶神** 游祸　天贼　重日	**宜**沐浴 **忌**祈福、求嗣、出行、嫁娶、解除、求医疗病、修仓库、开仓库、出货财、破土、安葬、启攒

右六十干支从建辰者，始清明、终谷雨，其神煞吉凶用事宜忌具于表。

钦定协纪辨方书卷二十三

月表四

四月

四月	甲己年 建己巳	乙庚年 建辛巳	丙辛年 建癸巳	丁壬年 建乙巳	戊癸年 建丁巳

立夏四月节，天道西行，宜向西行，宜修造西方。

天德在辛、天德合在丙、月德在庚、月德合在乙、月空在甲、宜修造取土。

月建在巳、月破在亥、月厌在未、月刑在申、月害在寅、劫煞在寅、灾煞在卯、月煞在辰、忌修造取土。

初九日长星，二十五日短星。

立夏前一日四绝，后八日往亡。

小满四月中，日躔在申宫为四月将，宜用甲丙庚壬时。

孟年	黄	白	紫	仲年	黑	赤	白	季年	白	绿	碧
	碧	白	绿		紫	黄	白		白	黑	赤
	赤	白	黑		绿	碧	白		白	紫	黄

甲子海中金义危日	
吉神 月空　天恩　天马 不将 **凶神** 天吏　致死　五虚 白虎	**宜**会亲友、沐浴 **忌**祈福、求嗣、上册受封、上表章、袭爵受封、冠带、出行、上官赴任、临政亲民、结婚姻、纳采问名、嫁娶、进人口、移徙、安床、解除、求医疗病、筑堤防、修造动土、竖柱上梁、修仓库、开市、立券、交易、纳财、开仓库、出货财、修置产室、栽种、牧养、纳畜

乙丑海中金制成日	
吉神 月德合　三恩 三合　临日　天喜 天医　六仪　玉堂 **凶神** 厌对　招摇　四击 归忌	**宜**祭祀、祈福、求嗣、上册受封、上表章、袭爵受封、会亲友、入学、出行、上官赴任、临政亲民、结婚姻、纳采问名、嫁娶、进人口、解除、求医疗病、裁衣、筑堤防、修造动土、竖柱上梁、修仓库、经络、酝酿、开市、立券、交易、纳财、安碓硙、牧养、纳畜、安葬 **忌**冠带、移徙、远回、畋猎、取鱼、栽种

丙寅炉中火义收日	
吉神 天德合　天恩 母仓　敬安　五合 鸣吠对 **凶神** 天罡　劫煞　月害 土符　复日　天牢	**宜**上册受封、上表章、袭爵受封、会亲友、出行、上官赴任、临政亲民、结婚姻、纳采问名、嫁娶、进人口、移徙、解除、裁衣、竖柱上梁、立券、交易、纳财、捕捉、牧养、纳畜 **忌**祭祀、求医疗病、筑堤防、修造动土、修仓库、修置产室、开渠穿井、安碓硙、补垣、修饰垣墙、平治道涂、破屋坏垣、畋猎、取鱼、栽种、破土

丁卯炉中火义开日	
吉神 天恩　母仓　阴德 时阳　生气　普护 五合　鸣吠对 **凶神** 灾煞　天火　元武	**宜**祭祀、入学 **忌**剃头、求医疗病、经络、酝酿、穿井、伐木、畋猎、取鱼

戊辰大林木专闭日	
吉神 天恩　四相　时德 阴德　福生　司命 **凶神** 月煞　月虚　血支 五虚　绝阴	诸事不宜

<table>
<tr><td colspan="2">己巳大林木义建日</td></tr>
<tr><td>吉神
月恩　四相　王日
凶神
月建　小时　土府
重日　勾陈　小会
纯阳　阳错</td><td>诸事不宜</td></tr>
<tr><td colspan="2">庚午路傍土伐除日</td></tr>
<tr><td>吉神
月德　官日　吉期
圣心　青龙　鸣吠
凶神
大时　大败　咸池</td><td>宜祭祀、祈福、求嗣、上册受封、上表章、袭爵受封、会亲友、出行、上官赴任、临政亲民、结婚姻、纳采问名、嫁娶、移徙、解除、沐浴、剃头、整手足甲、求医疗病、裁衣、修造动土、竖柱上梁、修仓库、扫舍宇、栽种、牧养、纳畜、破土、安葬
忌苫盖、经络、畋猎、取鱼</td></tr>
<tr><td colspan="2">辛未路傍土义满日</td></tr>
<tr><td>吉神
天德　守日　天巫
福德　益后　明堂
凶神
月厌　地火　九空
九坎　九焦　大煞
孤辰</td><td>宜祭祀、忌冠带、出行、上官赴任、临政亲民、结婚姻、纳采问名、嫁娶、移徙、远回、求医疗病、鼓铸、酝酿、补垣塞穴、伐木、畋猎、取鱼、乘船渡水、栽种</td></tr>
<tr><td colspan="2">壬申剑锋金义平日</td></tr>
<tr><td>吉神
相日　六合　五富
继世　除神　鸣吠
凶神
河魁　死神　月刑
游祸　五虚　血忌
五离　天刑</td><td>宜祭祀、沐浴、扫舍宇、平治道涂
忌祈福、求嗣、上册受封、上表章、出行、安床、解除、求医疗病、针刺、裁衣、筑堤防、修造动土、竖柱上梁、修仓库、鼓铸、修置产室、开渠穿井、安碓硙、补垣塞穴、破屋坏垣</td></tr>
</table>

癸酉剑锋金义定日	
吉神 民日　三合　时阴 要安　除神　鸣吠 凶神 死气　五离　朱雀	宜袭爵受封、冠带、出行、上官赴任、临政亲民、结婚姻、纳采问名、嫁娶、进人口、移徙、沐浴、剃头、整手足甲、裁衣、修造动土、竖柱上梁、修仓库、经络、酝酿、开市、立券、交易、纳财、安碓硙、扫舍宇、收养、纳畜、破土、安葬 忌会亲友、解除、求医疗病、修置产室、栽种

甲戌山头火制执日	
吉神 月空　不将　玉宇 解神　金匮 凶神 小耗　天贼	宜上表章、嫁娶、解除、沐浴、剃头、整手足甲、求医疗病、捕捉 忌出行、修仓库、开市、立券、交易、纳财、开仓库、出货财

乙亥山头火义破日	
吉神 月德合　驿马 天后　天仓　不将 金堂　宝光 凶神 月破　大耗　往亡 重日	宜祭祀、解除、沐浴、破屋坏垣 忌祈福、求嗣、上册受封、上表章、袭爵受封、会亲友、冠带、出行、上官赴任、临政亲民、结婚姻、纳采问名、嫁娶、进人口、移徙、安床、剃头、整手足甲、求医疗病、裁衣、筑堤防、修造动土、竖柱上梁、修仓库、鼓铸、经络、酝酿、开市、立券、交易、纳财、开仓库、出货财、修置产室、开渠穿井、安碓硙、补垣塞穴、修饰垣墙、伐木、捕捉、畋猎、取鱼、栽种、牧养、纳畜、破土、安葬、启攒

丙子涧下水伐危日	
吉神 天德合　天马 不将　鸣吠对 凶神 天吏　致死　四忌 七鸟　五虚　复日 触水龙　白虎	宜祭祀、祈福、求嗣、上册受封、上表章、袭爵受封、会亲友、出行、上官赴任、临政亲民、移徙、安床、剃头、整手足甲、解除、沐浴、裁衣、修造动土、竖柱上梁、修仓库、栽种、牧养、纳畜 忌结婚姻、纳采问名、嫁娶、求医疗病、畋猎、取鱼、乘船渡水、安葬

丁丑涧下水宝成日	
吉神 三合　临日　天喜 天医　六仪　玉堂 **凶神** 厌对　招摇　四击 归忌	**宜**上册受封、上表章、袭爵受封、会亲友、入学、出行、上官赴任、临政亲民、结婚姻、纳采问名、进人口、求医疗病、裁衣、筑堤防、修造动土、竖柱上梁、修仓库、经络、酝酿、开市、立券、交易、纳财、安碓硙、纳畜 **忌**冠带、嫁娶、移徙、远回、剃头、取鱼、乘船渡水

戊寅城头土伐收日	
吉神 母仓　四相　敬安 五合 **凶神** 天罡　劫煞　月害 土符　天牢	**宜**捕捉 **忌**祭祀、祈福、求嗣、上册受封、上表章、袭爵受封、会亲友、冠带、出行、上官赴任、临政亲民、结婚姻、纳采问名、嫁娶、进人口、移徙、安床、解除、剃头、整手足甲、求医疗病、裁衣、筑堤防、修造动土、竖柱上梁、修仓库、鼓铸、经络、酝酿、开市、立券、交易、纳财、开仓库、出货财、修置产室、开渠穿井、安碓硙、补垣塞穴、修饰垣墙、平治道涂、破屋坏垣、栽种、牧养、纳畜、破土、安葬、启攒

己卯城头土伐开日	
吉神 天恩　母仓　月恩 四相　阴德　时阳 生气　普护　五合 **凶神** 灾煞　天火　地囊 元武	**宜**祭祀、入学 **忌**求医疗病、筑堤防、修造动土、修仓库、修置产室、开渠穿井、安碓硙、补垣、修饰垣墙、平治道涂、破屋坏垣、伐木、畋猎、取鱼、栽种、破土、安葬、启攒

庚辰白镴金义闭日	
吉神 月德　天恩　时德 阳德　福生　司命 **凶神** 月煞　月虚　血支 五虚	**宜**祭祀 **忌**祈福、求嗣、上册受封、上表章、袭爵受封、会亲友、冠带、出行、上官赴任、临政亲民、结婚姻、纳采问名、嫁娶、进人口、移徙、安床、解除、剃头、整手足甲、求医疗病、疗目、针刺、裁衣、筑堤防、修造动土、竖柱上梁、修仓库、鼓铸、经络、酝酿、开市、立券、交易、纳财、开仓库、出货财、修置产室、开渠穿井、安碓硙、补垣塞穴、修饰垣墙、破屋坏垣、畋猎、取鱼、栽种、牧养、纳畜、破土、安葬、启攒

辛巳白镴金伐建日	
吉神 天德　天恩　王日 凶神 月建　小时　土府 重日　勾陈	宜祭祀、祈福、求嗣、上册受封、上表章、袭爵受封、会亲友、上官赴任、临政亲民、结婚姻、纳采问名、嫁娶、移徙、解除、求医疗病、裁衣、竖柱上梁、牧养、纳畜 忌出行、筑堤防、修造动土、修仓库、酝酿、修置产室、开渠穿井、安碓硙、补垣、修饰垣墙、平治道涂、破屋坏垣、伐木、畋猎、取鱼、栽种、破土

壬午杨柳木制除日	
吉神 天恩　官日　吉期 圣心　青龙　鸣吠 凶神 大时　大败　咸池	宜祭祀、祈福、袭爵受封、会亲友、出行、上官赴任、临政亲民、解除、沐浴、剃头、整手足甲、求医疗病、扫舍宇、破土、安葬 忌苫盖、开渠

癸未杨柳木伐满日	
吉神 天恩　守日　天巫 福德　益后　明堂 凶神 月厌　地火　九空 九坎　九焦　大煞 触水龙　孤辰	宜祭祀 忌祈福、求嗣、上册受封、上表章、袭爵受封、会亲友、冠带、出行、上官赴任、临政亲民、结婚姻、纳采问名、嫁娶、进人口、移徙、远回、安床、解除、剃头、整手足甲、求医疗病、裁衣、筑堤防、修造动土、竖柱上梁、修仓库、鼓铸、经络、酝酿、开市、立券、交易、纳财、开仓库、出货财、修置产室、开渠穿井、安碓硙、补垣塞穴、修饰垣墙、平治道涂、破屋坏垣、伐木、取鱼、乘船渡水、栽种、牧养、纳畜、破土、安葬、启攒

甲申井泉水伐平日	
吉神 月空　相日　六合 五富　不将　续世 除神　鸣吠 凶神 河魁　死神　月刑 游祸　五虚　八风 血忌　五离　天刑	宜祭祀、沐浴、扫舍宇、平治道涂 忌祈福、求嗣、出行、安床、解除、求医疗病、针刺、裁衣、筑堤防、修造动土、竖柱上梁、修仓库、鼓铸、开仓库、出货财、修置产室、开渠穿井、安碓硙、补垣塞穴、破屋坏垣、取鱼、乘船渡水

乙酉井泉水伐定日	
吉神 月德合　民日 三合　时阴　不将 要安　除神　鸣吠 **凶神** 死气　五离　朱雀	**宜**祭祀、祈福、求嗣、上册受封、上表章、袭爵受封、冠带、出行、上官赴任、临政亲民、结婚姻、纳采问名、嫁娶、进人口、移徙、解除、沐浴、剃头、整手足甲、裁衣、修造动土、竖柱上梁、修仓库、经络、酝酿、开市、立券、交易、纳财、安碓硙、扫舍宇、牧养、纳畜、破土、安葬 **忌**会亲友、求医疗病、畋猎、取鱼、栽种

丙戌屋上土宝执日	
吉神 天德合　不将 玉宇　解神　金匮 **凶神** 小耗　天贼　五墓 复日	**宜**祭祀、祈福、求嗣、上册受封、上表章、袭爵受封、会亲友、沐浴、剃头、整手足甲、裁衣、捕捉 **忌**冠带、出行、上官赴任、临政亲民、结婚姻、纳采问名、嫁娶、进人口、移徙、安床、解除、求医疗病、修造动土、竖柱上梁、修仓库、开市、立券、交易、开仓库、出货财、修置产室、畋猎、取鱼、栽种、牧养、纳畜、破土、安葬、启攒

丁亥屋上土伐破日	
吉神 驿马　天后　天仓 不将　金堂　宝光 **凶神** 月破　大耗　四穷 七鸟　往亡　重日	**宜**沐浴、破屋坏垣 **忌**祈福、求嗣、上册受封、上表章、袭爵受封、会亲友、冠带、出行、上官赴任、临政亲民、结婚姻、纳采问名、嫁娶、进人口、移徙、安床、剃头、整手足甲、求医疗病、裁衣、筑堤防、修造动土、竖柱上梁、修仓库、鼓铸、经络、酝酿、开市、立券、交易、纳财、开仓库、出货财、修置产室、开渠穿井、安碓硙、补垣塞穴、修饰垣墙、伐木、捕捉、畋猎、取鱼、栽种、牧养、纳畜、破土、安葬、启攒

戊子霹雳火制危日	
吉神 四相　天马　不将 **凶神** 天吏　致死　五虚 五虎	**宜**祭祀、沐浴、裁衣 **忌**祈福、求嗣、上册受封、上表章、袭爵受封、冠带、出行、上官赴任、临政亲民、结婚姻、纳采问名、嫁娶、进人口、移徙、安床、解除、求医疗病、筑堤防、修造动土、竖柱上梁、修仓库、开市、立券、交易、纳财、开仓库、出货财、修置产室、栽种、牧养、纳畜

<table>
<tr><td colspan="2">己丑霹雳火专成日</td></tr>
<tr><td>吉神
月恩　四相　三合
临日　天喜　天医
六仪　玉堂
凶神
厌对　招摇　四击
归忌</td><td>宜祭祀、祈福、求嗣、上册受封、上表章、袭爵受封、会亲友、入学、出行、上官赴任、临政亲民、结婚姻、纳采问名、进人口、解除、求医疗病、裁衣、筑堤防、修造动土、竖柱上梁、修仓库、经络、酝酿、开市、立券、交易、纳财、开仓库、出货财、安碓硙、栽种、牧养、纳畜
忌冠带、嫁娶、移徙、远回、取鱼、乘船渡水</td></tr>
<tr><td colspan="2">庚寅松柏木制收日</td></tr>
<tr><td>吉神
月德　母仓　敬安
五合　鸣吠对
凶神
天罡　劫煞　月害
土符　天牢</td><td>宜上册受封、上表章、袭爵受封、会亲友、出行、上官赴任、临政亲民、结婚姻、纳采问名、嫁娶、进人口、移徙、解除、裁衣、竖柱上梁、立券、交易、纳财、捕捉、牧养、纳畜、安葬、启攒
忌祭祀、求医疗病、筑堤防、修造动土、修仓库、经络、修置产室、开渠穿井、安碓硙、补垣、修饰垣墙、平治道涂、破屋坏垣、畋猎、取鱼、栽种、破土</td></tr>
<tr><td colspan="2">辛卯松柏木制开日</td></tr>
<tr><td>吉神
天德　母仓　阴德
时阳　生气　普护
五合　鸣吠对
凶神
灾煞　天火　元武</td><td>宜祭祀、祈福、求嗣、上册受封、上表章、袭爵受封、会亲友、入学、出行、上官赴任、临政亲民、结婚姻、纳采问名、嫁娶、移徙、解除、裁衣、修造动土、竖柱上梁、修仓库、开市、立券、交易、纳财、修置产室、安碓硙、栽种、牧养、纳畜
忌求医疗病、酝酿、穿井、伐木、畋猎、取鱼</td></tr>
<tr><td colspan="2">壬辰长流水伐闭日</td></tr>
<tr><td>吉神
时德　阳德　福生
司命
凶神
月煞　月虚　血支
五虚</td><td>诸事不宜</td></tr>
</table>

<table>
<tr><th colspan="2">癸巳长流水制建日</th></tr>
<tr><td>**吉神**
王日
凶神
月建　小时　土府
重日　勾陈</td><td>**宜**袭爵受封、会亲友、上官赴任、临政亲民、裁衣
忌祈福、求嗣、上册受封、上表章、出行、结婚姻、纳采问名、解除、剃头、整手足甲、求医疗病、筑堤防、修造动土、竖柱上梁、修仓库、开仓库、出货财、修置产室、开渠穿井、安碓硙、补垣、修饰垣墙、平治道涂、破屋坏垣、伐木、栽种、破土、安葬、启攒</td></tr>
<tr><th colspan="2">甲午砂石金宝除日</th></tr>
<tr><td>**吉神**
月空　天赦　官日
吉期　圣心　青龙
鸣吠
凶神
大时　大败　咸池</td><td>**宜**祭祀、祈福、求嗣、上册受封、上表章、袭爵受封、会亲友、出行、上官赴任、临政亲民、结婚姻、纳采问名、嫁娶、移徙、解除、沐浴、剃头、整手足甲、求医疗病、裁衣、修造动土、竖柱上梁、扫舍宇、栽种、牧养、纳畜、破土、安葬
忌苫盖、开仓库、出货财、畋猎、取鱼</td></tr>
<tr><th colspan="2">乙未砂石金制满日</th></tr>
<tr><td>**吉神**
月德合　守日
天巫　福德　益后
明堂
凶神
月厌　地火　九空
九坎　九焦　大煞
行狠</td><td>**宜**祭祀
忌冠带、出行、上官赴任、临政亲民、结婚姻、纳采问名、嫁娶、移徙、远回、求医疗病、鼓铸、补垣塞穴、伐木、畋猎、取鱼、乘船渡水、栽种</td></tr>
<tr><th colspan="2">丙申山下火制平日</th></tr>
<tr><td>**吉神**
天德合　天愿
相日　六合　五富
不将　续世　除神
鸣吠
凶神
河魁　死神　月刑
游祸　五虚　血忌
复日　五离　天刑</td><td>**宜**祭祀、上册受封、上表章、袭爵受封、会亲友、出行、上官赴任、临政亲民、结婚姻、纳采问名、嫁娶、进人口、移徙、沐浴、剃头、整手足甲、裁衣、修造动土、竖柱上梁、修仓库、经络、酝酿、开市、立券、交易、纳财、开仓库、出货财、扫舍宇、修饰垣墙、平治道涂、栽种、牧养、纳畜</td></tr>
</table>

丁酉山下火制定日	
吉神 民日　三合　时阴 不将　要安　除神 鸣吠 **凶神** 死气　五离　朱雀	**宜**袭爵受封、冠带、出行、上官赴任、临政亲民、结婚姻、纳采问名、嫁娶、进人口、移徙、沐浴、整手足甲、裁衣、修造动土、竖柱上梁、修仓库、经络、酝酿、开市、立券、交易、纳财、安碓硙、扫舍宇、牧养、纳畜、破土、安葬 **忌**会亲友、解除、剃头、求医疗病、修置产室、栽种

戊戌平地木专执日	
吉神 四相　不将　玉宇 解神　金匮 **凶神** 小耗　天贼	**宜**祭祀、祈福、求嗣、上表章、袭爵受封、会亲友、上官赴任、临政亲民、结婚姻、纳采问名、嫁娶、移徙、解除、沐浴、剃头、整手足甲、求医疗病、裁衣、修造动土、竖柱上梁、捕捉、栽种、牧养 **忌**出行、修仓库、开市、立券、交易、纳财、开仓库、出货财

己亥平地木制破日	
吉神 月恩　四相　驿马 天后　天仓　金堂 宝光 **凶神** 月破　大耗　往亡 重日	**宜**祭祀、解除、沐浴、破屋坏垣 **忌**祈福、求嗣、上册受封、上表章、袭爵受封、会亲友、冠带、出行、上官赴任、临政亲民、结婚姻、纳采问名、嫁娶、进人口、移徙、安床、剃头、整手足甲、求医疗病、裁衣、筑堤防、修造动土、竖柱上梁、修仓库、鼓铸、经络、酝酿、开市、立券、交易、纳财、开仓库、出货财、修置产室、开渠穿井、安碓硙、补垣塞穴、修饰垣墙、伐木、捕捉、畋猎、取鱼、栽种、牧养、纳畜、破土、安葬、启攒

庚子壁上土宝危日	
吉神 月德　天马 鸣吠对 **凶神** 天吏　致死　五虚 白虎	**宜**祭祀、祈福、求嗣、上册受封、上表章、袭爵受封、会亲友、出行、上官赴任、临政亲民、结婚姻、纳采问名、嫁娶、移徙、安床、解除、沐浴、裁衣、修造动土、竖柱上梁、修仓库、栽种、牧养、纳畜、破土、安葬、启攒 **忌**求医疗病、经络、畋猎、取鱼

辛丑壁上土义成日	
吉神 天德　三合　临日 天喜　天医　六仪 玉堂 **凶神** 厌对　招摇　四击 归忌	**宜**祭祀、祈福、求嗣、上册受封、上表章、袭爵受封、会亲友、入学、出行、上官赴任、临政亲民、结婚姻、纳采问名、嫁娶、进人口、解除、求医疗病、裁衣、筑堤防、修造动土、竖柱上梁、修仓库、经络、开市、立券、交易、纳财、安碓硙、栽种、牧养、纳畜、安葬 **忌**冠带、移徙、远回、酝酿、畋猎、取鱼

壬寅金箔金宝收日	
吉神 母仓　敬安　五合 鸣吠对 **凶神** 天罡　劫煞　月害 土符　天牢	**宜**捕捉 **忌**祭祀、祈福、求嗣、上册受封、上表章、袭爵受封、会亲友、冠带、出行、上官赴任、临政亲民、结婚姻、纳采问名、嫁娶、进人口、移徙、安床、解除、剃头、整手足甲、求医疗病、裁衣、筑堤防、修造动土、竖柱上梁、修仓库、鼓铸、经络、酝酿、开市、立券、交易、纳财、开仓库、出货财、修置产室、开渠穿井、安碓硙、补垣塞穴、修饰垣墙、平治道涂、破屋坏垣、栽种、牧养、纳畜、破土、安葬、启攒

癸卯金箔金宝开日	
吉神 母仓　阴德　时阳 生气　普护　五合 鸣吠对 **凶神** 灾煞　天火　元武	**宜**祭祀、入学 **忌**求医疗病、经络、酝酿、穿井、伐木、畋猎、取鱼

甲辰覆灯火制闭日	
吉神 月空　时德　阳德 福生　司命 **凶神** 月煞　月虚　血支 五虚　八风	诸事不宜

<table>
<tr><th colspan="2">乙巳覆灯火宝建日</th></tr>
<tr><td>吉神
月德合　王日
凶神
月建　小时　土府
重日　勾陈</td><td>宜祭祀、祈福、求嗣、上册受封、上表章、袭爵受封、会亲友、上官赴任、临政亲民、结婚姻、纳采问名、嫁娶、移徙、解除、求医疗病、裁衣、竖柱上梁、牧养、纳畜
忌出行、筑堤防、修造动土、修仓库、修置产室、开渠穿井、安碓硙、补垣、修饰垣墙、平治道涂、破屋坏垣、伐木、畋猎、取鱼、栽种、破土</td></tr>
<tr><th colspan="2">丙午天河水专除日</th></tr>
<tr><td>吉神
天德合　官日
吉期　圣心　青龙
鸣吠
凶神
大时　大败　咸池
复日　岁薄</td><td>宜祭祀、沐浴、扫舍宇
忌祈福、求嗣、上册受封、上表章、袭爵受封、冠带、出行、上官赴任、临政亲民、结婚姻、纳采问名、嫁娶、进人口、移徙、安床、解除、求医疗病、筑堤防、修造动土、竖柱上梁、修仓库、苫盖、开市、立券、交易、纳财、开仓库、出货财、修置产室、畋猎、取鱼、乘船渡水、栽种、牧养、纳畜、破土、安葬、启攒</td></tr>
<tr><th colspan="2">丁未天河水宝满日</th></tr>
<tr><td>吉神
守日　天巫　福德
益后　明堂
凶神
月厌　地火　九空
九坎　九焦　大煞
八专　了戾　阴错</td><td>宜祭祀
忌祈福、求嗣、上册受封、上表章、袭爵受封、会亲友、冠带、出行、上官赴任、临政亲民、结婚姻、纳采问名、嫁娶、进人口、移徙、远回、安床、解除、剃头、整手足甲、求医疗病、裁衣、筑堤防、修造动土、竖柱上梁、修仓库、鼓铸、经络、酝酿、开市、立券、交易、纳财、开仓库、出货财、修置产室、开渠穿井、安碓硙、补垣塞穴、修饰垣墙、平治道涂、破屋坏垣、伐木、取鱼、乘船渡水、栽种、牧养、纳畜、破土、安葬、启攒</td></tr>
<tr><th colspan="2">戊申大驿土宝平日</th></tr>
<tr><td>吉神
四相　相日　六合
五富　不将　续世
除神
凶神
河魁　死神　月刑
游祸　五虚　血忌
五离　天刑</td><td>宜祭祀、沐浴、扫舍宇、平治道涂
忌祈福、求嗣、上册受封、上表章、安床、求医疗病、针刺</td></tr>
</table>

己酉大驿土宝定日	
吉神 天恩　月恩　四相 民日　三合　时阴 要安　除神　鸣吠 **凶神** 死气　地囊　五离 朱雀	**宜**祭祀、祈福、求嗣、袭爵受封、冠带、出行、上官赴任、临政亲民、结婚姻、纳采问名、嫁娶、进人口、移徙、沐浴、剃头、整手足甲、裁衣、竖柱上梁、经络、酝酿、开市、立券、交易、纳财、开仓库、出货财、扫舍宇、牧养、纳畜、安葬 **忌**会亲友、解除、求医疗病、筑堤防、修造动土、修仓库、修置产室、开渠穿井、安碓硙、补垣、修饰垣墙、平治道涂、破屋坏垣、栽种、破土

庚戌钗钏金义执日	
吉神 月德　天恩　玉宇 解神　金匮 **凶神** 小耗　天贼	**宜**祭祀、祈福、求嗣、上册受封、上表章、袭爵受封、会亲友、上官赴任、临政亲民、结婚姻、纳采问名、嫁娶、移徙、解除、沐浴、剃头、整手足甲、求医疗病、裁衣、修造动土、竖柱上梁、捕捉、栽种、牧养、纳畜、安葬 **忌**出行、修仓库、经络、开仓库、出货财、畋猎、取鱼

辛亥钗钏金宝破日	
吉神 天德　天恩　驿马 天后　天仓　金堂 宝光 **凶神** 月破　大耗　往亡 重日	**宜**祭祀、解除、沐浴、破屋坏垣 **忌**祈福、求嗣、上册受封、上表章、袭爵受封、会亲友、冠带、出行、上官赴任、临政亲民、结婚姻、纳采问名、嫁娶、进人口、移徙、安床、解剃头、整手足甲、求医疗病、裁衣、筑堤防、修造动土、竖柱上梁、修仓库、鼓铸、经络、酝酿、开市、立券、交易、纳财、开仓库、出货财、修置产室、开渠穿井、安碓硙、补垣塞穴、修饰垣墙、伐木、捕捉、畋猎、取鱼、栽种、牧养、纳畜、破土、安葬、启攒

壬子桑柘木专危日	
吉神 天恩　天马 鸣吠对 **凶神** 天吏　致死　四废 五虚　白虎	**宜**沐浴 **忌**祈福、求嗣、上册受封、上表章、袭爵受封、会亲友、冠带、出行、上官赴任、临政亲民、结婚姻、纳采问名、嫁娶、进人口、移徙、安床、解除、求医疗病、裁衣、筑堤防、修造动土、竖柱上梁、修仓库、鼓铸、经络、酝酿、开市、立券、交易、纳财、开仓库、出货财、修置产室、开渠穿井、安碓硙、补垣塞穴、修饰垣墙、栽种、牧养、纳畜、破土、安葬、启攒

<table>
<tr><td colspan="2">癸丑桑柘木伐成日</td></tr>
<tr><td>吉神
天恩　天合　临日
天喜　天医　六仪
玉堂
凶神
厌对　招摇　四击
归忌　八专
触水龙</td><td>宜上册受封、上表章、袭爵受封、会亲友、入学、出行、上官赴任、临政亲民、进人口、求医疗病、裁衣、筑堤防、修造动土、竖柱上梁、修仓库、经络、酝酿、开市、立券、交易、纳财、安碓硙、纳畜
忌冠带、结婚姻、纳采问名、嫁娶、移徙、远回、取鱼、乘船渡水</td></tr>
<tr><td colspan="2">甲寅大溪水专收日</td></tr>
<tr><td>吉神
月空　母仓　敬安
五合　鸣吠对
凶神
天罡　劫煞　月害
土符　八专　天牢</td><td>宜捕捉
忌祭祀、祈福、求嗣、上册受封、上表章、袭爵受封、会亲友、冠带、出行、上官赴任、临政亲民、结婚姻、纳采问名、嫁娶、进人口、移徙、安床、解除、剃头、整手足甲、求医疗病、裁衣、筑堤防、修造动土、竖柱上梁、修仓库、鼓铸、经络、酝酿、开市、立券、交易、纳财、开仓库、出货财、修置产室、开渠穿井、安碓硙、补垣塞穴、修饰垣墙、平治道涂、破屋坏垣、栽种、牧养、纳畜、破土、安葬、启攒</td></tr>
<tr><td colspan="2">乙卯大溪水专开日</td></tr>
<tr><td>吉神
月德合　母仓
阴德　时阳　生气
普护　五合
鸣吠对
凶神
灾煞　天火　四耗
元武</td><td>宜祭祀、祈福、求嗣、上册受封、上表章、袭爵受封、会亲友、入学、出行、上官赴任、临政亲民、结婚姻、纳采问名、嫁娶、移徙、解除、裁衣、修造动土、竖柱上梁、修仓库、开市、立券、交易、纳财、修置产室、安碓硙、牧养、纳畜
忌求医疗病、穿井、伐木、畋猎、取鱼、栽种</td></tr>
<tr><td colspan="2">丙辰沙中土宝闭日</td></tr>
<tr><td>吉神
天德合　时德
阳德　福生　司命
凶神
月煞　月虚　血支
五虚　复日</td><td>宜祭祀
忌祈福、求嗣、上册受封、上表章、袭爵受封、会亲友、冠带、出行、上官赴任、临政亲民、结婚姻、纳采问名、嫁娶、进人口、移徙、安床、解除、剃头、整手足甲、求医疗病、疗目、针刺、裁衣、筑堤防、修造动土、竖柱上梁、修仓库、鼓铸、经络、酝酿、开市、立券、交易、纳财、开仓库、出货财、修置产室、开渠穿井、安碓硙、补垣塞穴、修饰垣墙、破屋坏垣、畋猎、取鱼、栽种、牧养、纳畜、破土、安葬、启攒</td></tr>
</table>

丁巳沙中土专建日	
吉神 王日 **凶神** 月建　小时　土府 重日　勾陈　阳错	**宜**袭爵受封、会亲友、上官赴任、临政亲民、裁衣 **忌**祈福、求嗣、上册受封、上表章、出行、结婚姻、纳采问名、解除、剃头、整手足甲、求医疗病、筑堤防、修造动土、竖柱上梁、修仓库、开仓库、出货财、修置产室、开渠穿井、安碓硙、补垣、修饰垣墙、平治道涂、破屋坏垣、伐木、栽种、破土、安葬、启攒

戊午天上火义除日	
吉神 四相　官日　吉期 圣心　青龙 **凶神** 大时　大败　咸池 岁薄	**宜**祭祀、沐浴、扫舍宇 **忌**祈福、求嗣、上册受封、上表章、袭爵受封、冠带、出行、上官赴任、临政亲民、结婚姻、纳采问名、嫁娶、进人口、移徙、安床、解除、求医疗病、筑堤防、修造动土、竖柱上梁、修仓库、苫盖、开市、立券、交易、纳财、开仓库、出货财、修置产室、取鱼、乘船渡水、栽种、牧养、纳畜

己未天上火专满日	
吉神 月恩　四相　守日 天巫　福德　益后 明堂 **凶神** 月厌　地火　九空 九坎　九焦　大煞 八专　孤辰　阴错	**宜**祭祀 **忌**祈福、求嗣、上册受封、上表章、袭爵受封、会亲友、冠带、出行、上官赴任、临政亲民、结婚姻、纳采问名、嫁娶、进人口、移徙、远回、安床、解除、剃头、整手足甲、求医疗病、裁衣、筑堤防、修造动土、竖柱上梁、修仓库、鼓铸、经络、酝酿、开市、立券、交易、纳财、开仓库、出货财、修置产室、开渠穿井、安碓硙、补垣塞穴、修饰垣墙、平治道涂、破屋坏垣、伐木、取鱼、乘船渡水、栽种、牧养、纳畜、破土、安葬、启攒

庚申石榴木专平日	
吉神 月德　相日　六合 五富　续世　除神 鸣吠 **凶神** 河魁　死神　月刑 游祸　五虚　血忌 五离　八专　天刑	**宜**祭祀、上册受封、上表章、袭爵受封、会亲友、出行、上官赴任、临政亲民、进人口、移徙、沐浴、剃头、整手足甲、裁衣、修造动土、竖柱上梁、修仓库、酝酿、开市、立券、交易、纳财、开仓库、出货财、扫舍宇、修饰垣墙、平治道涂、栽种、牧养、纳畜、破土、安葬 **忌**祈福、求嗣、结婚姻、纳采问名、嫁娶、安床、解除、求医疗病、针刺、经络、畋猎、取鱼

辛酉石榴木专定日	
吉神 天德　民日　三合 时阴　要安　除神 鸣吠 **凶神** 死气　五离　朱雀	**宜**祭祀、祈福、求嗣、上册受封、上表章、袭爵受封、冠带、出行、上官赴任、临政亲民、结婚姻、纳采问名、嫁娶、进人口、移徙、解除、沐浴、剃头、整手足甲、裁衣、修造动土、竖柱上梁、修仓库、经络、开市、立券、交易、纳财、安碓硙、扫舍宇、栽种、牧养、纳畜、破土、安葬 **忌**会亲友、求医疗病、酝酿、畋猎、取鱼

壬戌大海水伐执日	
吉神 玉宇　解神　金匮 **凶神** 小耗　天贼	**宜**上表章、解除、沐浴、剃头、整手足甲、求医疗病、捕捉 **忌**出行、修仓库、开市、立券、交易、纳财、开仓库、出货财、开渠

癸亥大海水专破日	
吉神 驿马　天后　天仓 金堂　宝光 **凶神** 月破　大耗　四废 往亡　重日 阴阳交破	诸事不宜

右六十干支，从建巳者，始立夏、终小雨，其神煞吉凶用事宜忌具于表。

钦定协纪辨方书卷二十四

月表五

五月

五月	甲己年 建庚午	乙庚年 建壬午	丙辛年 建甲午	丁壬年 建丙午	戊癸年 建戊午

芒种五月节，天道西北行，宜向西北行，宜修造西北维。

天德在乾，月德在丙，月德合在辛，月空在壬，宜修造取土。

月建在午、月破在子、月厌在午、月刑在午、月害在丑、劫煞在亥、灾煞在子、月煞在丑、忌修造取土。

十五日长星，二十五日短星。

芒种后十六日往亡，夏至前一日四离。

夏至五月中，日躔在未宫为五月将，宜用艮巽坤乾时。

孟年				仲年				季年		
	绿	紫	白		白	白	黄		赤	碧	黑
	黑	赤	碧		白	绿	紫		黄	白	白
	白	黄	白		碧	黑	赤		紫	白	绿

甲子海中金义破日	
吉神 天恩　六仪　解神 金匮 **凶神** 月破　大耗　灾煞 天火　厌对　招摇 五虚	诸事不宜

乙丑海中金制危日	
吉神 天恩　阴德　圣心 宝光 凶神 月煞　月虚　月害 四击	宜祭祀 忌祈福、求嗣、上册受封、上表章、袭爵受封、会亲友、冠带、出行、上官赴任、临政亲民、结婚姻、纳采问名、嫁娶、进人口、移徙、安床、解除、剃头、整手足甲、求医疗病、裁衣、筑堤防、修造动土、竖柱上梁、修仓库、鼓铸、经络、酝酿、开市、立券、交易、纳财、开仓库、出货财、修置产室、开渠穿井、安碓硙、补垣塞穴、修饰垣墙、破屋坏垣、栽种、牧养、纳畜、破土、安葬、启攒

丙寅炉中火义成日	
吉神 月德　天恩　母仓 三合　天马　天喜 天医　益后　五合 鸣吠对 凶神 大煞　归忌　白虎	宜上册受封、上表章、袭爵受封、会亲友、入学、出行、上官赴任、临政亲民、结婚姻、纳采问名、嫁娶、进人口、解除、求医疗病、裁衣、筑堤防、修造动土、竖柱上梁、修仓库、经络、酝酿、开市、立券、交易、纳财、安碓硙、栽种、牧养、纳畜、破土、安葬、启攒 忌祭祀、移徙、远回、畋猎、取鱼

丁卯炉中火义收日	
吉神 天恩　母仓　续世 五合　玉堂 鸣吠对 凶神 河魁　大时　大败 咸池　九坎　九焦 血忌　往亡　复日	宜祭祀 忌祈福、求嗣、上册受封、上表章、袭爵受封、会亲友、冠带、出行、上官赴任、临政亲民、结婚姻、纳采问名、嫁娶、进人口、移徙、安床、解除、剃头、求医疗病、针刺、裁衣、筑堤防、修造动土、竖柱上梁、修仓库、鼓铸、经络、酝酿、开市、立券、交易、纳财、开仓库、出货财、修置产室、开渠穿井、补垣塞穴、捕捉、畋猎、取鱼、乘船渡水、栽种、牧养、纳畜、破土、安葬、启攒

戊辰大林木专开日	
吉神 天恩　月恩　四相 时德　时阳　生气 要安 凶神 五虚　九空　天牢	宜祭祀、祈福、求嗣、上册受封、上表章、袭爵受封、会亲友、入学、出行、上官赴任、临政亲民、结婚姻、纳采问名、移徙、解除、求医疗病、裁衣、修造动土、竖柱上梁、修置产室、开渠穿井、安碓硙、栽种、牧养 忌进人口、修仓库、开市、立券、交易、纳财、开仓库、出货财、伐木、畋猎、取鱼

己巳大林木义闭日	
吉神 四相　王日　玉宇 **凶神** 游祸　血支　重日 元武	**宜**祭祀、裁衣、筑堤防、纳财、补垣塞穴、栽种、牧养 **忌**祈福、求嗣、上册受封、上表章、袭爵受封、会亲友、出行、上官赴任、临政亲民、结婚姻，纳采问名、嫁娶、进人口、移徙、安床、解除、求医疗病、疗目、针刺、修造动土、竖柱上梁、开市、开仓库、出货财、修置产室、开渠穿井、破土、安葬、启攒
庚午路傍土伐建日	
吉神 阳德　官日　金堂 司命　鸣吠 **凶神** 月建　小时　土府 月刑　月厌　地火 土符	诸事不宜
辛未路傍土义除日	
吉神 月德合　守日 吉期　六合 **凶神** 勾陈	**宜**祭祀、祈福、求嗣、上册受封、上表章、袭爵受封、会亲友、出行、上官赴任、临政亲民、结婚姻、纳采问名、嫁娶、进人口、移徙、解除、沐浴、剃头、整手足甲、裁衣、修造动土、竖柱上梁、修仓库、经络、立券、交易、纳财、扫舍宇、栽种、牧养、纳畜、安葬 **忌**求医疗病、酝酿、畋猎、取鱼
壬申剑锋金义满日	
吉神 月空　相日　驿马 天后　天巫　福德 除神　青龙　鸣吠 **凶神** 五虚　五离	**宜**祭祀、祈福、上册受封、上表章、出行、进人口、移徙、解除、沐浴、剃头、整手足甲、裁衣、经络、开市、纳财、补垣塞穴、扫舍宇、破土、安葬 **忌**袭爵受封、会亲友、上官赴任、临政亲民、结婚姻、纳采问名、安床、求医疗病、修仓库、立券、交易、开仓库、出货财、开渠

癸酉剑锋金义平日	
吉神 民日　不将　敬安 除神　明堂　鸣吠 凶神 天罡　死神　天吏 致死　天贼　五离	宜沐浴、剃头、整手足甲、扫舍宇、修饰垣墙、平治道涂 忌祈福、求嗣、上册受封、上表章、袭爵受封、会亲友、冠带、出行、上官赴任、临政亲民、结婚姻、纳采问名、嫁娶、进人口、移徙、安床、解除、求医疗病、裁衣、筑堤防、修造动土、竖柱上梁、修仓库、鼓铸、经络、酝酿、开市、立券、交易、纳财、开仓库、出货财、修置产室、开渠穿井、栽种、牧养、纳畜、破土、安葬、启攒

甲戌山头火制定日	
吉神 三合　临日　时阴 天仓　不将　普护 凶神 死气　天刑	宜祭祀、祈福、上册受封、上表章、会亲友、冠带、上官赴任、临政亲民、结婚姻、纳采问名、嫁娶、进人口、裁衣、修造动土、竖柱上梁、修仓库、经络、酝酿、立券、交易、纳财、安碓硙、纳畜 忌解除、求医疗病、开仓库、出货财、修置产室、栽种

乙亥山头火义执日	
吉神 五富　不将　福生 凶神 劫煞　小耗　重日 朱雀	宜祭祀、沐浴、捕捉 忌祈福、求嗣、上册受封、上表章、袭爵受封、会亲友、冠带、出行、上官赴任、临政亲民、结婚姻、纳采问名、嫁娶、进人口、移徙、安床、解除、剃头、整手足甲、求医疗病、裁衣、筑堤防、修造动土、竖柱上梁、修仓库、鼓铸、经络、酝酿、开市、立券、交易、纳财、开仓库、出货财、修置产室、开渠穿井、安碓硙、补垣塞穴、修饰垣墙、破屋坏垣、栽种、牧养、纳畜、破土、安葬、启攒

丙子涧下水伐破日	
吉神 月德　六仪　解神 金匮　鸣吠对 凶神 月破　大耗　灾煞 天火　厌对　招摇 四忌　七鸟　五虚 触水龙	宜祭祀、沐浴 忌祈福、求嗣、上册受封、上表章、袭爵受封、会亲友、冠带、出行、上官赴任、临政亲民、结婚姻、纳采问名、嫁娶、进人口、移徙、安床、解除、剃头、整手足甲、求医疗病、裁衣、筑堤防、修造动土、竖柱上梁、修仓库、鼓铸、苫盖、经络、酝酿、开市、立券、交易、纳财、开仓库、出货财、修置产室、开渠穿井、安碓硙、补垣塞穴、修饰垣墙、破屋坏垣、伐木、畋猎、取鱼、乘船渡水、栽种、牧养、纳畜、破土、安葬、启攒

丁丑涧下水宝危日	
吉神 阴德　圣心　宝光 凶神 月煞　月虚　月害 四击　复日	宜祭祀 忌祈福、求嗣、上册受封、上表章、袭爵受封、会亲友、冠带、出行、上官赴任、临政亲民、结婚姻、纳采问名、嫁娶、进人口、移徙、安床、解除、剃头、整手足甲、求医疗病、裁衣、筑堤防、修造动土、竖柱上梁、修仓库、鼓铸、经络、酝酿、开市、立券、交易、纳财、开仓库、出货财、修置产室、开渠穿井、安碓硙、补垣赛穴、修饰垣墙、破屋坏垣、栽种、牧养、纳畜、破土、安葬、启攒

戊寅城头土伐成日	
吉神 母仓　月恩　四相 三合　天马　天喜 天医　益后　五合 凶神 大煞　归忌　白虎	宜袭爵受封、会亲友、入学、出行、上官赴任、临政亲民、结婚姻、纳采问名、嫁娶、进人口、解除、求医疗病、裁衣、筑堤防、修造动土、竖柱上梁、修仓库、经络、酝酿、开市、立券、交易、纳财、开仓库、出货财、安碓硙、栽种、牧养、纳畜 忌祭祀、移徙、远回

己卯城头土伐收日	
吉神 天恩　母仓　四相 续世　五合　玉堂 凶神 河魁　大时　大败 咸池　九坎　九焦 血忌　往亡	宜祭祀 忌祈福、求嗣、上册受封、上表章、袭爵受封、会亲友、冠带、出行、上官赴任、临政亲民、结婚姻、纳采问名、嫁娶、进人口、移徙、安床、解除、求医疗病、针刺、裁衣、筑堤防、修造动土、竖柱上梁、修仓库、鼓铸、经络、酝酿、开市、立券、交易、纳财、开仓库、出货财、修置产室、开渠穿井、补垣塞穴、捕捉、畋猎、取鱼、乘船渡水、栽种、牧养、纳畜、破土、安葬、启攒

庚辰白镴金义开日	
吉神 天恩　时德　时阳 生气　要安 凶神 五虚　九空　天牢	宜祭祀、祈福、求嗣、上册受封、上表章、袭爵受封、会亲友、入学、出行、上官赴任、临政亲民、结婚姻、纳采问名、移徙、解除、求医疗病、裁衣、修造动土、竖柱上梁、修置产室、开渠穿井、安碓硙、栽种、牧养 忌进人口、修仓库、经络、开市、立券、交易、纳财、开仓库、出货财、伐木、畋猎、取鱼

辛巳白镴金伐闭日	
吉神 月德合　天恩 王日　玉宇 凶神 游祸　血支　重日 元武	宜祭祀、裁衣、筑堤防、修仓库、补垣塞穴、栽种、牧养、纳畜 忌祈福、求嗣、出行、解除、求医疗病、疗目、针刺、酝酿、畋猎、取鱼

壬午杨柳木制建日	
吉神 月空　天恩　阳德 官日　金堂　司命 鸣吠 凶神 月建　小时　土府 月刑　月厌　地火 土符	诸事不宜

癸未杨柳木伐除日	
吉神 天恩　守日　吉期 六合　不将 凶神 触水龙　勾陈	宜袭爵受封、会亲友、出行、上官赴任、临政亲民、结婚姻、嫁娶、进人口、解除、沐浴、剃头、整手足甲、经络、酝酿、立券、交易、纳财、扫舍宇、纳畜、安葬 忌求医疗病、取鱼、乘船渡水

甲申井泉水伐满日	
吉神 相日　驿马　天后 天巫　福德　不将 除神　青龙　鸣吠 凶神 五虚　八风　五离	宜祭祀、祈福、上册受封、上表章、出行、嫁娶、进人口、移徙、解除、沐浴、剃头、整手足甲、裁衣、经络、开市、纳财、补垣塞穴、扫舍宇、破土、安葬 忌袭爵受封、会亲友、上官赴任、临政亲民、结婚姻、纳采问名、安床、求医疗病、修仓库、立券、交易、开仓库、出货财、取鱼、乘船渡水

<table>
<tr><td colspan="2">乙酉井泉水伐平日</td></tr>
<tr><td>吉神
民日　不将　敬安
除神　明堂　鸣吠
凶神
天罡　死神　天吏
致死　天贼　五离</td><td>宜沐浴、剃头、整手足甲、扫舍宇、修饰垣墙、平治道涂
忌祈福、求嗣、上册受封、上表章、袭爵受封、会亲友、冠带、出行、上官赴任、临政亲民、结婚姻、纳采问名、嫁娶、进人口、移徙、安床、解除、求医疗病、裁衣、筑堤防、修造动土、竖柱上梁、修仓库、鼓铸、经络、酝酿、开市、立券、交易、纳财、开仓库、出货财、修置产室、开渠穿井、栽种、牧养、纳畜、破土、安葬、启攒</td></tr>
<tr><td colspan="2">丙戌屋上土宝定日</td></tr>
<tr><td>吉神
月德　三合　临日
时阴　天仓　不将
普护
凶神
死气　五墓　天刑</td><td>宜祭祀、祈福、求嗣、上册受封、上表章、袭爵受封、会亲友、冠带出行、上官赴任、临政亲民、结婚姻、纳采问名、嫁娶、进人口、移徙、解除、裁衣、修造动土、竖柱上梁、修仓库、经络、酝酿、立券、交易、纳财、安碓硙、栽种、牧养、纳畜、安葬
忌求医疗病、畋猎、取鱼</td></tr>
<tr><td colspan="2">丁亥屋上土伐执日</td></tr>
<tr><td>吉神
五富　福生
凶神
劫煞　小耗　四穷
七鸟　复日　重日
朱雀</td><td>宜祭祀、沐浴、捕捉
忌祈福、求嗣、上册受封、上表章、袭爵受封、会亲友、冠带、出行、上官赴任、临政亲民、结婚姻、纳采问名、嫁娶、进人口、移徙、安床、解除、剃头、整手足甲、求医疗病、裁衣、筑堤防、修造动土、竖柱上梁、修仓库、鼓铸、经络、酝酿、开市、立券、交易、纳财、开仓库、出货财、修置产室、开渠穿井、安碓硙、补垣塞穴、修饰垣墙、破屋坏垣、栽种、牧养、纳畜、破土、安葬、启攒</td></tr>
<tr><td colspan="2">戊子霹雳火制破日</td></tr>
<tr><td>吉神
月恩　四相　六仪
解神　金匮
凶神
月破　大耗　灾煞
天火　厌对　招摇
五虚</td><td>诸事不宜</td></tr>
</table>

己丑霹雳火专危日	
吉神 四相　阴德　圣心 宝光 凶神 月煞　月虚　月害 四击	宜祭祀 忌祈福、求嗣、上册受封、上表章、袭爵受封、会亲友、冠带、出行、上官赴任、临政亲民、结婚姻、纳采问名、嫁娶、进人口、移徙、安床、解除、剃头、整手足甲、求医疗病、裁衣、筑堤防、修造动土、竖柱上梁、修仓库、鼓铸、经络、酝酿、开市立券、交易、纳财、开仓库、出货财、修置产室、开渠穿井、安碓硙、补垣塞穴、修饰垣墙、破屋坏垣、栽种、牧养、纳畜、破土、安葬、启攒

庚寅松柏木制成日	
吉神 母仓　三合　天马 天喜　天医　益后 五合　鸣吠对 凶神 大煞　归忌　白虎	宜袭爵受封、会亲友、入学、出行、上官赴任、临政亲民、结婚姻、纳采问名、嫁娶、进人口、求医疗病、裁衣、筑堤防、修造动土、竖柱上梁、修仓库、酝酿、开市、立券、交易、纳财、安碓硙、栽种、牧养、纳畜、破土、启攒 忌祭祀、移徙、远回、经络

辛卯松柏木制收日	
吉神 月德合　母仓 续世　五合　玉堂 鸣吠对 凶神 河魁　大时　大败 咸池　九坎　九焦 血忌　往亡	宜祭祀 忌上册受封、上表章、出行、上官赴任、临政亲民、嫁娶、进人口、移徙、求医疗病、针刺、鼓铸、酝酿、穿井、补垣塞穴、捕捉、畋猎、取鱼、乘船渡水、栽种

壬辰长流水伐开日	
吉神 月空　时德　时阳 生气　要安 凶神 五虚　九空　天牢	宜祭祀、祈福、求嗣、上册受封、上表章、袭爵受封、会亲友、入学、出行、上官赴任、临政亲民、结婚姻、纳采问名、移徙、解除、求医疗病、裁衣、修造动土、竖柱上梁、修置产室、安碓硙、栽种、牧养 忌进人口、修仓库、开市、立券、交易、纳财、开仓库、出货财、开渠、伐木、畋猎、取鱼

癸巳长流水制闭日	
吉神 王日　玉宇 **凶神** 游祸　血支　重日 元武	**宜**裁衣、筑堤防、补垣塞穴 **忌**祈福、求嗣、上册受封、上表章、袭爵受封、会亲友、出行、上官赴任、临政亲民、结婚姻、纳采问名、嫁娶、进人口、移徙、安床、解除、求医疗病、疗目、针刺、修造动土、竖柱上梁、开市、开仓库、出货财、修置产室、开渠穿井、破土、安葬、启攒

甲午砂石金宝建日	
吉神 天赦　阳德　官日 金堂　司命　鸣吠 **凶神** 月建　小时　土府 月刑　月厌　地火 土符	**宜**祭祀 **忌**祈福、求嗣、上册受封、上表章、袭爵受封、会亲友、冠带、出行、上官赴任、临政亲民、结婚姻、纳采问名、嫁娶、进人口、移徙、远回、安床、解除、剃头、整手足甲、求医疗病、裁衣、筑堤防、修造动土、竖柱上梁、修仓库、鼓铸、苫盖、经络、酝酿、开市、立券、交易、纳财、开仓库、出货财、修置产室、开渠穿井、安碓硙、补垣塞穴、修饰垣墙、平治道涂、破屋坏垣、伐木、畋猎、取鱼、栽种、牧养、纳畜、破土、安葬、启攒

乙未砂石金制除日	
吉神 守日　吉期　六合 不将 **凶神** 勾陈	**宜**袭爵受封、会亲友、出行、上官赴任、临政亲民、结婚姻、嫁娶、进人口、解除、沐浴、剃头、整手足甲、经络、酝酿、立券、交易、纳财、扫舍宇、纳畜、安葬 **忌**求医疗病、栽种

丙申山下火制满日	
吉神 月德　相日　驿马 天后　天巫　福德 不将　除神　青龙 鸣吠 **凶神** 五虚　五离	**宜**祭祀、祈福、求嗣、上册受封、上表章、袭爵受封、会亲友、出行、上官赴任、临政亲民、结婚姻、纳采问名、嫁娶、进人口、移徙、解除、沐浴、剃头、整手足甲、求医疗病、裁衣、修造动土、竖柱上梁、修仓库、经络、开市、立券、交易、纳财、开仓库、出货财、补垣塞穴、扫舍宇、栽种、牧养、纳畜、破土、安葬 **忌**安床、畋猎、取鱼

丁酉山下火制平日	
吉神 民日　敬安　除神 明堂　鸣吠 **凶神** 天罡　死神　天吏 致死　天贼　复日 五离	**宜**沐浴、整手足甲、扫舍宇、修饰垣墙、平治道涂 **忌**祈福、求嗣、上册受封、上表章、袭爵受封、会亲友、冠带、出行、上官司赴任、临政亲民、结婚姻、纳采问名、嫁娶、进人口、移徙、安床、解除、剃头、求医疗病、裁衣、筑堤防、修造动土、竖柱上梁、修仓库、鼓铸、经络、酝酿、开市、立券、交易、纳财、开仓库、出货财、修置产室、开渠穿井、栽种、牧养、纳畜、破土、安葬、启攒

戊戌平地木专定日	
吉神 月恩　四相　三合 临日　时阴　天仓 不将　普护 **凶神** 死气　天刑	**宜**祭祀、祈福、求嗣、上册受封、上表章、袭爵受封、会亲友、冠带、出行、上官赴任、临政亲民、结婚姻、纳采问名、嫁娶、进人口、移徙、裁衣、修造动土、竖柱上梁、修仓库、经络、酝酿、立券、交易、纳财、开仓库、出货财、安碓硙、牧养、纳畜 **忌**解除、求医疗病、修置产室、栽种

己亥平地木制执日	
吉神 四相　五富　福生 **凶神** 劫煞　小耗　重日 朱雀	**宜**祭祀、沐浴、捕捉 **忌**祈福、求嗣、上册受封、上表章、袭爵受封、会亲友、冠带、出行、上官赴任、临政亲民、结婚姻、纳采问名、嫁娶、进人口、移徙、安床、解除、剃头、整手足甲、求医疗病、裁衣、筑堤防、修造动土、竖柱上梁、修仓库、鼓铸、经络、酝酿、开市、立券、交易、纳财、开仓库、出货财、修置产室、开渠穿井、安碓硙、补垣塞穴、修饰垣墙、破屋坏垣、栽种、牧养、纳畜、破土、安葬、启攒

庚子壁上土宝破日	
吉神 六仪　解神　金匮 鸣吠对 **凶神** 月破　大耗　灾煞 天火　厌对　招摇 五虚	诸事不宜

<table>
<tr><th colspan="2">辛丑壁上土义危日</th></tr>
<tr><td>吉神
月德合　阴德
圣心　宝光
凶神
月煞　月虚　月害
四击</td><td>宜祭祀
忌冠带、求医疗病、酝酿、畋猎、取鱼</td></tr>
<tr><th colspan="2">壬寅金箔金宝成日</th></tr>
<tr><td>吉神
月空　母仓　三合
天马　天喜　天医
益后　五合
鸣吠对
凶神
大煞　归忌　白虎</td><td>宜上表章、袭爵受封、会亲友、入学、出行、上官赴任、临政亲民、结婚姻、纳采问名、嫁娶、进人口、求医疗病、裁衣、筑堤防、修造动土、竖柱上梁、修仓库、经络、酝酿、开市、立券、交易、纳财、安碓硙、栽种、牧养、纳畜、破土、启攒
忌祭祀、移徙、远回、开渠</td></tr>
<tr><th colspan="2">癸卯金箔金宝收日</th></tr>
<tr><td>吉神
母仓　续世　五合
玉堂　鸣吠对
凶神
河魁　大时　大败
咸池　九坎　九焦
血忌　往亡</td><td>宜祭祀
忌祈福、求嗣、上册受封、上表章、袭爵受封、会亲友、冠带、出行、上官赴任、临政亲民、结婚姻、纳采问名、嫁娶、进人口、移徙、安床、解除、求医疗病、针刺、裁衣、筑堤防、修造动土、竖柱上梁、修仓库、鼓铸、经络、酝酿、开市立券、交易、纳财、开仓库、出货财、修置产室、开渠穿井、补垣塞穴、捕捉、畋猎、取鱼、乘船渡水、栽种、牧养、纳畜、破土、安葬、启攒</td></tr>
<tr><th colspan="2">甲辰覆灯火制开日</th></tr>
<tr><td>吉神
时德　时阳　生气
要安
凶神
五虚　八风　九空
地囊　天牢</td><td>宜祭祀、祈福、求嗣、上册受封、上表章、袭爵受封、会亲友、入学、出行、上官赴任、临政亲民、结婚姻、纳采问名、移徙、解除、求医疗病、裁衣、竖柱上梁、牧养
忌进人口、筑堤防、修造动土、修仓库、开市、立券、交易、纳财、开仓库、出货财、修置产室、开渠穿井、安碓硙、补垣、修饰垣墙、平治道涂、破屋坏垣、伐木、畋猎、取鱼、乘船渡水、栽种、破土</td></tr>
</table>

乙巳覆灯火宝闭日	
吉神 王日　玉宇 **凶神** 游祸　血支　重日 元武	**宜**裁衣、筑堤防、补垣塞穴 **忌**祈福、求嗣、上册受封、上表章、袭爵受封、会亲友、出行、上官赴任、临政亲民、结婚姻、纳采问名、嫁娶、进人口、移徙、安床、解除、求医疗病、疗目、针刺、修造动土、竖柱上梁、开市、开仓库、出货财、修置产室、开渠穿井、栽种、破土、安葬、启攒

丙午天河水专建日	
吉神 月德　阳德　官日 金堂　司命　鸣吠 **凶神** 月建　小时　土府 月刑　月厌　地火 土符　大会 阴阳俱错	诸事不宜

丁未天河水宝除日	
吉神 天愿　守日　吉期 六合 **凶神** 复日　八专　勾陈	**宜**祭祀、祈福、求嗣、上册受封、上表章、袭爵受封、会亲友、出行、上官赴任、临政亲民、结婚姻、纳采问名、嫁娶、进人口、移徙、解除、沐浴、整手足甲、裁衣、修造动土、竖柱上梁、修仓库、经络、酝酿、开市、立券、交易、纳财、扫舍宇、栽种、牧养、纳畜 **忌**剃头、求医疗病

戊申大驿土宝满日	
吉神 月恩　四相　相日 驿马　天后　天巫 福德　不将　除神 青龙 **凶神** 五虚　五离	**宜**祭祀、祈福、求嗣、上册受封、上表章、袭爵受封、出行、上官赴任、临政亲民、嫁娶、进人口、移徙、解除、沐浴、剃头、整手足甲、求医疗病、裁衣、修造动土、竖柱上梁、经络、开市、纳财、补垣塞穴、扫舍宇、栽种、牧养 **忌**会亲友、结婚姻、纳采名问、安床、修仓库、立券、交易、开仓库、出货财

己酉大驿土宝平日	
吉神 天恩　四相　民日 敬安　除神　明堂 鸣吠 **凶神** 天罡　死神　天吏 致死　大贼　五离	**宜**祭祀、沐浴、剃头、整手足甲、扫舍宇、修饰垣墙、平治道涂 **忌**祈福、求嗣、上册受封、上表章、袭爵受封、会亲友、冠带、出行、上官赴任、临政亲民、结婚姻、纳采问名、嫁娶、进人口、移徙、安床、解除、求医疗病、裁衣、筑堤防、修造动土、竖柱上梁、修仓库、鼓铸、经络、酝酿、开市、立券、交易、纳财、开仓库、出货财、修置产室、开渠穿井、栽种、牧养、纳畜、破土、安葬、启攒

庚戌钗钏金义定日	
吉神 天恩　三合　临日 时阴　天仓　普护 **凶神** 死气　天刑	**宜**祭祀、祈福、上册受封、上表章、会亲友、冠带、上官赴任、临政亲民、结婚姻、纳采问名、嫁娶、进人口、裁衣、修造动土、竖柱上梁、修仓库、酝酿、立券、立易、纳财、安碓硙、纳畜 **忌**解除、求医疗病、经络、修置产室、栽种

辛亥钗钏金宝执日	
吉神 月德合　天恩 五富　福生 **凶神** 劫煞　小耗　重日 朱雀	**宜**祭祀、沐浴、捕捉 **忌**嫁娶、求医疗病、修仓库、酝酿、开市、立券、交易、纳财、开仓库、出货财、畋猎、取鱼

壬子桑柘木专破日	
吉神 月空　天恩　六仪 解神　金匮 鸣吠对 **凶神** 月破　大耗　灾煞 天火　厌对　招摇 四废　五虚 阴阳击冲	诸事不宜

癸丑桑柘木伐危日	
吉神 天恩　阴德　圣心 宝光 凶神 月煞　月虚　月害 四击　八专 触水龙	宜祭祀 忌祈福、求嗣、上册受封、上表章、袭爵受封、会亲友、冠带、出行、上官赴任、临政亲民、结婚姻、纳采问名、嫁娶、进人口、移徙、安床、解除、剃头、整手足甲、求医疗病、裁衣、筑堤防、修造动土、竖柱上梁、修仓库、鼓铸、经络、酝酿、开市、立券、交易、纳财、开仓库、出货财、修置产室、开渠穿井、安碓硙、补垣塞穴、修饰垣墙、破屋坏垣、取鱼、乘船渡水、栽种、牧养、纳畜、破土、安葬、启攒

甲寅大溪水专成日	
吉神 母仓　三合　天马 天喜　天医　益后 五合　鸣吠对 凶神 大煞　归忌　八专 白虎	宜袭爵受封、会亲友、入学、出行、上官赴任、临政亲民、进人口、求医疗病、裁衣、筑堤防、修造动土、竖柱上梁、修仓库、经络、酝酿、开市、立券、交易、纳财、安碓硙、栽种、牧养、纳畜、破土、启攒 忌祭祀、结婚姻、纳采问名、嫁娶、移徙、远回、开仓库、出货财

乙卯大溪水专收日	
吉神 母仓　续世　五合 玉堂　鸣吠对 凶神 河魁　大时　大败 咸池　四耗　九坎 九焦　血忌　往亡	宜祭祀 忌祈福、求嗣、上册受封、上表章、袭爵受封、会亲友、冠带、出行、上官赴任、临政亲民、结婚姻、纳采问名、嫁娶、进人口、移徙、安床、解除、求医疗病、针刺、裁衣、筑堤防、修造动土、竖柱上梁、修仓库、鼓铸、经络、酝酿、开市、立券、立易、纳财、开仓库、出货财、修置产室、开渠穿井、补垣塞穴、捕捉、畋猎、取鱼、乘船渡水、栽种、牧养、纳畜、破土、安葬、启攒

丙辰沙中土宝开日	
吉神 月德　时德　时阳 生气　要安 凶神 五虚　九空　天牢	宜祭祀、祈福、求嗣、上册受封、上表章、袭爵受封、会亲友、入学、出行、上官赴任、临政亲民、结婚姻、纳采问名、嫁娶、移徙、解除、求医疗病、裁衣、修造动土、竖柱上梁、修仓库、开市、纳财、开仓库、出货财、修置产室、开渠穿井、安碓硙、栽种、牧养、纳畜 忌伐木、畋猎、取鱼

丁巳沙中土专闭日	
吉神 王日　玉宇 **凶神** 游祸　血支　复日 重日　元武	**宜**裁衣、筑堤防、补垣塞穴 **忌**祈福、求嗣、上册受封、上表章、袭爵受封、会亲友、出行、上官赴任、临政亲民、结婚姻、纳采问名、嫁娶、进人口、移徙、安床、解除、剃头、求医疗病、疗目、针刺、修造动土、竖柱上梁、开市、开仓库、出货财、修置产室、开渠穿井、破土、安葬、启攒

戊午天上火义建日	
吉神 月恩　四相　阳德 官日　金堂　司命 **凶神** 月建　小时　土府 月刑　月厌　地火 土符　小会	诸事不宜

己未天上火专除日	
吉神 四相　守日　吉期 六合 **凶神** 八专　勾陈	**宜**祭祀、祈福、求嗣、袭爵受封、会亲友、出行、上官赴任、临政亲民、进人口、移徙、解除、沐浴、剃头、整手足甲、裁衣、修造动土、竖柱上梁、修仓库、经络、酝酿、立券、交易、纳财、开仓库、出货财、扫舍宇、栽种、牧养、纳畜、安葬 **忌**结婚姻、纳采问名、嫁娶、求医疗病

庚申石榴木专满日	
吉神 相日　驿马　天后 天巫　福德　除神 青龙　鸣吠 **凶神** 五虚　五离　八专	**宜**祭祀、祈福、上册受封、上表章、出行、进人口、移徙、解除、沐浴、剃头、整手足甲、裁衣、开市、纳财、补垣塞穴、扫舍宇、破土、安葬 **忌**袭爵受封、会亲友、上官赴任、临政亲民、结婚姻、纳采问名、嫁娶、安床、求医疗病、修仓库、经络、立券、交易、开仓库、出货财

辛酉石榴木专平日	
吉神 月德合　民日 敬安　除神　明堂 鸣吠 凶神 天罡　死神　天吏 致死　天贼　五离	宜祭祀、沐浴、剃头、整手足甲、扫舍宇、修饰垣墙、平治道涂 忌会亲友、出行、求医疗病、修仓库、酝酿、开仓库、出货财、畋猎、取鱼
壬戌大海水伐定日	
吉神 月空　三合　临日 时阴　天仓　普护 凶神 死气　地囊　天刑	宜祭祀、祈福、上册受封、上表章、会亲友、冠带、上官赴任、临政亲民、结婚姻、纳采问名、嫁娶、进人口、裁衣、竖柱上梁、经络、酝酿、立券、交易、纳财、纳畜 忌解除、求医疗病、筑堤防、修造动土、修仓库、修置产室、开渠穿井、安碓硙、补垣、修饰垣墙、平治道涂、破屋坏垣、栽种、破土
癸亥大海水专执日	
吉神 五富　不将　福生 凶神 劫煞　小耗　四废 重日　朱雀	宜祭祀、沐浴 忌祈福、求嗣、上册受封、上表章、袭爵受封、会亲友、冠带、出行、上官赴任、临政亲民、结婚姻、纳采问名、嫁娶、进人口、移徙、安床、解除、剃头、整手足甲、求医疗病、裁衣、筑堤防、修造动土、竖柱上梁、修仓库、鼓铸、经络、酝酿、开市、立券、交易、纳财、开仓库、出货财、修置产室、开渠穿井、安碓硙、补垣塞穴、修饰垣墙、破屋坏垣、栽种、牧养、纳畜、破土、安葬、启攒

右六十干支，从建午者，始芒种、终夏至，其神煞吉凶用事宜忌具于表。

钦定协纪辨方书卷二十五

月表六

六月

六月	甲己年 建辛未	乙庚年 建癸未	丙辛年 建乙未	丁壬年 建丁未	戊癸年 建己未

小暑六月节，天道东行，宜向东行，宜修造东方。

天德在甲、天德合在己、月德在甲、月德合在己、月空在庚，宜修造取土。

月建在未、月破在丑、月厌在巳、月刑在丑、月害在子、劫煞在申、灾煞在酉、月煞在戌、忌修造取土。

初十日长是，二十日短星，小暑后二十四日往亡。

土王用事后忌修造动土，巳午日添母仓。

大暑六月中，日躔在午宫为六月将，宜用癸乙丁辛时。

孟年	碧	白	赤	仲年	紫	黄	绿	季年	白	黑	白
	白	白	黑		赤	碧	白		绿	紫	黄
	黄	绿	紫		黑	白	白		白	赤	碧

甲子海中金义执日	
吉神 天德　月德　天恩 金堂　解神 **凶神** 月害　大时　大败 咸池　小耗　五虚 九坎　九焦　归忌 天刑	**宜**祭祀、祈福、求嗣、上册受封、上表章、袭爵受封、会亲友、出行、上官赴任、临政亲民、结婚姻、纳采问名、嫁娶、解除、沐浴、剃头、整手足甲、裁衣、修造动土、竖柱上梁、修仓库、捕捉、牧养、纳畜、安葬 **忌**移徙、远回、求医疗病、鼓铸、开仓库、出货财、补垣塞穴、畋猎、取鱼、乘船渡水、栽种

乙丑海中金制破日	
吉神 天恩 **凶神** 月破　大耗　月刑 四击　九空　朱雀	诸事不宜

丙寅炉中火义危日	
吉神 天恩　母仓　五富 五合　金匮 鸣吠对 **凶神** 游祸	**宜**会亲友、结婚姻、安床、经络、酝酿、开市、立券、交易、纳财、开仓库、出货财、栽种、牧养、纳畜、破土、启攒 **忌**祭祀、祈福、求嗣、解除、求医疗病

丁卯炉中火义成日	
吉神 天恩　母仓　三合 临日　天喜　天医 敬安　五合　宝光 鸣吠对 **凶神** 大煞	**宜**上册受封、上表章、袭爵受封、会亲友、入学、出行、上官赴任、临政亲民、结婚姻、纳采问名、嫁娶、进人口、移徙、求医疗病、裁衣、筑堤防、修造动土、竖柱上梁、修仓库、经络、酝酿、开市、立券、交易、纳财、安碓硙、栽种、牧养、纳畜、破土、启攒 **忌**剃头、穿井

戊辰大林木专收日	
吉神 天恩　四相　时德 天马　普护 **凶神** 天罡　五虚　五墓 白虎	**宜**祭祀、纳财、捕捉 **忌**祈福、求嗣、上册受封、上表章、袭爵受封、会亲友、冠带、出行、上官赴任、临政亲民、结婚姻、纳采问名、嫁娶、进人口、移徙、安床、解除、求医疗病、裁衣、筑堤防、修造动土、竖柱上梁、修仓库、鼓铸、经络、酝酿、开市、立券、立易、开仓库、出货财、修置产室、开渠穿井、栽种、牧养、纳畜、破土、安葬、启攒

<table>
<tr><td colspan="2">己巳大林木义开日</td></tr>
<tr><td>吉神
天德合　月德合
四相　王日　驿马
天后　时阳　生气
福生　玉堂
凶神
月厌　地火　复日
重日　阴错</td><td>宜祭祀、入学
忌祈福、求嗣、上册受封、上表章、袭爵受封、会亲友、冠带、出行、上官赴任、临政亲民、结婚姻、纳采问名、嫁娶、进人口、移徙、远回、安床、解除、剃头、整手足甲、求医疗病、裁衣、筑堤防、修造动土、竖柱上梁、修仓库、鼓铸、经络、酝酿、开市、立券、交易、纳财、开仓库、出货财、修置产室、开渠穿井、安碓硙、补垣塞穴、修饰垣墙、平治道涂、破屋坏垣、伐木、畋猎、取鱼、栽种、牧养、纳畜、破土、安葬、启攒</td></tr>
<tr><td colspan="2">庚午路傍土伐闭日</td></tr>
<tr><td>吉神
月空　官日　六合
鸣吠
凶神
天吏　致死　血支
往亡　天牢</td><td>宜酝酿、补垣塞穴、破土、安葬
忌祈福、求嗣、上册受封、上表章、袭爵受封、会亲友、冠带、出行、上官赴任、临政亲民、结婚姻、纳采问名、嫁娶、进人口、移徙、安床、解除、求医疗病、疗目、针刺、筑堤防、修造动土、竖柱上梁、修仓库、苫盖、经络、开市、立券、交易、纳财、开仓库、出货财、修置产室、开渠穿井、捕捉、畋猎、取鱼、栽种、牧养、纳畜</td></tr>
<tr><td colspan="2">辛未路傍土义建日</td></tr>
<tr><td>吉神
月德　守日　圣心
凶神
月建　小时　土府
元武</td><td>宜祭祀、祈福、求嗣、袭爵受封、会亲友、出行、上官赴任、临政亲民、结婚姻、纳采问名、移徙、解除、裁衣、竖柱上梁、纳财、开仓库、出货财、牧养
忌求医疗病、筑堤防、修造动土、修仓库、酝酿、修置产室、开渠穿井、安碓硙、补垣、修饰垣墙、平治道涂、破屋坏垣、伐木、栽种、破土</td></tr>
<tr><td colspan="2">壬申剑锋金义除日</td></tr>
<tr><td>吉神
阳德　相日　吉期
不将　益后　除神
司命　鸣吠
凶神
劫煞　天贼　五虚
五离</td><td>宜祭祀、沐浴、扫舍宇
忌上册受封、上表章、会亲友、冠带、出行、结婚姻、纳采问名、进人口、移徙、安床、求医疗病、裁衣、筑堤防、修造动土、竖柱上梁、修仓库、鼓铸、经络、酝酿、开市、立券、交易、纳财、开仓库、出货财、修置产室、开渠穿井、安碓硙、补垣塞穴、修饰垣墙、破屋坏垣、栽种、牧养、纳畜</td></tr>
</table>

癸酉剑锋金义满日	
吉神 民日　天巫　福德 天仓　不将　续世 除神　鸣吠 凶神 灾煞　天火　血忌 五离　勾陈	宜祭祀、沐浴、扫舍宇 忌祈福、求嗣、上册受封、上表章、袭爵受封、会亲友、冠带、出行、上官赴任、临政亲民、结婚姻、纳采问名、嫁娶、进人口、移徙、安床、解除、剃头、整手足甲、求医疗病、针刺、裁衣、筑堤防、修造动土、竖柱上梁、修仓库、鼓铸、苫盖、经络、酝酿、开市、立券、交易、纳财、开仓库、出货财、修置产室、开渠穿井、安碓硙、补垣塞穴、修饰垣墙、破屋坏垣、栽种、牧养、纳畜、破土、安葬、启攒
甲戌山头火制平日	
吉神 天德　月德　不将 要安　青龙 凶神 河魁　死神　月煞 月虚　土符	宜祭祀 忌祈福、求嗣、上册受封、上表章、袭爵受封、会亲友、冠带、出行、上官赴任、临政亲民、结婚姻、纳采问名、嫁娶、进人口、移徙、安床、解除、剃头、整手足甲、求医疗病、裁衣、筑堤防、修造动土、竖柱上梁、修仓库、鼓铸、经络、酝酿、开市、立券、交易、纳财、开仓库、出货财、修置产室、开渠穿井、安碓硙、补垣塞穴、修饰垣墙、平治道涂、破屋坏垣、畋猎、取鱼、栽种、牧养、纳畜、破土、安葬、启攒
乙亥山头火义定日	
吉神 阴德　三合　时阴 六仪　玉宇　明堂 凶神 厌对　招摇　死气 重日	宜会亲友、冠带、临政亲民、结婚姻、纳采问名、进人口、沐浴、裁衣、修造动土、竖柱上梁、修仓库、经络、酝酿、立券、交易、纳财、安碓硙、牧养、纳畜 忌嫁娶、解除、求医疗病、修置产室、取鱼、乘船渡水、栽种、破土、安葬、启攒
丙子涧下水伐执日	
吉神 金堂　解神 鸣吠对 凶神 月害　大时　大败 咸池　小耗　四忌 七鸟　五虚　九坎 九焦　归忌 触水龙　天刑	宜沐浴、剃头、整手足甲、捕捉 忌祈福、求嗣、上册受封、上表章、袭爵受封、会亲友、冠带、出行、上官赴任、临政亲民、结婚姻、纳采问名、嫁娶、移徙、远回、安床、解除、求医疗病、筑堤防、修造动土、竖柱上梁、修仓库、鼓铸、经络、酝酿、开市、立券、交易、纳财、开仓库、出货财、修置产室、补垣塞穴、取鱼、乘船渡水、栽种、牧养、纳畜、破土、安葬、启攒

丁丑涧下水宝破日	
凶神 月破　大耗　月刑 四击　九空　朱雀	诸事不宜

戊寅城头土伐危日	
吉神 母仓　四相　五富 五合　金匮 凶神 游祸	宜袭爵受封、会亲友、出行、上官赴任、临政亲民、结婚姻、纳采问名、移徙、安床、裁衣、修造动土、竖柱上梁、修仓库、经络、酝酿、开市、立券、交易、纳财、开仓库、出货财、栽种、牧养、纳畜 忌祭祀、祈福、求嗣、解除、求医疗病

己卯城头土伐成日	
吉神 天德合　月德合 天恩　母仓　四相 三合　临日　天喜 天医　敬安　五合 宝光 凶神 大煞　复日	宜祭祀、祈福、求嗣、上册受封、上表章、袭爵受封、会亲友、入学、出行、上官赴任、临政亲民、结婚姻、纳采问名、嫁娶、进人口、移徙、解除、求医疗病、裁衣、筑堤防、修造动土、竖柱上梁、修仓库、经络、酝酿、开市、立券、交易、纳财、开仓库、出货财、安碓硙、栽种、牧养、纳畜 忌穿井、畋猎、取鱼

庚辰白镴金义收日	
吉神 月空　天恩　时德 天马　普护 凶神 天罡　五虚　白虎	宜祭祀、进人口、纳财、捕捉、栽种、牧养、纳畜 忌祈福、求嗣、上册受封、上表章、袭爵受封、会亲友、冠带、出行、上官赴任、临政亲民、结婚姻、纳采问名、嫁娶、移徙、安床、解除、求医疗病、裁衣、筑堤防、修造动土、竖柱上梁、修仓库、鼓铸、经络、酝酿、开市、立券、交易、开仓库、出货财、修置产室、开渠穿井、破土、安葬、启攒

辛巳白镴金伐开日	
吉神 天恩　月恩　王日 驿马　天后　时阳 生气　福生　玉堂 **凶神** 月厌　地火　重日	**宜**祭祀、入学 **忌**祈福、求嗣、上册受封、上表章、袭爵受封、会亲友、冠带、出行、上官赴任、临政亲民、结婚姻、纳采问名、嫁娶、进人口、移徙、远回、安床、解除、剃头、整手足甲、求医疗病、裁衣、筑堤防、修造动土、竖柱上梁、修仓库、鼓铸、经络、酝酿、开市、立券、交易、纳财、开仓库、出货财、修置产室、开渠穿井、安碓硙、补垣塞穴、修饰垣墙、平治道涂、破屋坏垣、伐木、畋猎、取鱼、栽种、牧养、纳畜、破土、安葬、启攒
壬午杨柳木制闭日	
吉神 天恩　官日　六合 不将　鸣吠 **凶神** 天吏　致死　血支 往亡　天牢	**宜**经络、酝酿、补垣塞穴、破土、安葬、 **忌**祈福、求嗣、上册受封、上表章、袭爵受封、会亲友、冠带、出行、上官赴任、临政亲民、结婚姻、纳采问名、嫁娶、进人口、移徙、安床、解除、求医疗病、疗目、针刺、筑堤防、修造动土、竖柱上梁、修仓库、苫盖、开市、立券、交易、纳财、开仓库、出货财、修置产室、开渠穿井、捕捉、畋猎、取鱼、栽种、牧养、纳畜
癸未杨柳木伐建日	
吉神 天恩　守日　不将 圣心 **凶神** 月建　小时　土府 触水龙　元武	**宜**祭祀、袭爵受封、会亲友、出行、上官赴任、临政亲民、嫁娶、忌祈福、求嗣、上册受封、上表章、结婚姻、纳采问名、解除、剃头、整手足甲、求医疗病、筑堤防、修造动土、竖柱上梁、修仓库、开仓库、出货财、修置产室、开渠穿井、安碓硙、补垣、修饰垣墙、平治道涂、破屋坏垣、伐木、取鱼、乘船渡水、栽种、破土、安葬、启攒
甲申井泉水伐除日	
吉神 天德　月德　阳德 相日　吉期　不将 益后　除神　司命 鸣吠 **凶神** 劫煞　天贼　五虚 八风　五离	**宜**祭祀、祈福、求嗣、上册受封、上表章、袭爵受封、会亲友、上官赴任、临政亲民、结婚姻、纳采问名、嫁娶、移徙、解除、沐浴、剃头、整手足甲、裁衣、修造动土、竖柱上梁、扫舍宇、栽种、牧养、纳畜、破土、安葬 **忌**出行、安床、求医疗病、修仓库、开仓库、出货财、畋猎、取鱼

乙酉井泉水伐满日	
吉神 民日　天巫　福德 天仓　不将　续世 除神　鸣吠 **凶神** 灾煞　天火　血忌 五离　勾陈	**宜**祭祀、沐浴、扫舍宇 **忌**诉福、求嗣、上册受封、上表章、袭爵受封、会亲友、冠带、出行、上官赴任、临政亲民、结婚姻、纳采问名、嫁娶、进人口、移徙、安床、解除、剃头、整手足甲、求医疗病、针刺、裁衣、筑堤防、修造动土、竖柱上梁、修仓库、鼓铸、苫盖、经络、酝酿、开市、立券、立易、纳财、开仓库、出货财、修置产室、开渠穿井、安碓硙、补垣塞穴、修饰垣墙、破屋坏垣、栽种、牧养、纳畜、破土、安葬、启攒

丙戌屋上土宝平日	
吉神 要安　青龙 **凶神** 河魁　死神　月煞 月虚　土符　地囊	诸事不宜

丁亥屋上土伐定日	
吉神 阴德　三合　时阴 六仪　玉宇　明堂 **凶神** 厌对　招摇　死气 四穷　七鸟　重日	**宜**会亲友、冠带、临政亲民、沐浴、裁衣、修造动土、竖柱上梁、经络、酝酿、安碓硙、牧养、纳畜 **忌**结婚姻、纳采问名、嫁娶、进人口、解除、剃头、求医疗病、修仓库、开市、立券、交易、纳财、开仓库、出货财、修置产室、取鱼、乘船渡水、栽种、破土、安葬、启攒

戊子霹雳火制执日	
吉神 四相　金堂　解神 **凶神** 月害　大时　大败 咸池　小耗　五虚 九坎　九焦　归忌 天刑	**宜**祭祀、沐浴、剃头、整手足甲、裁衣、捕捉 **忌**祈福、求嗣、上册受封、上表章、袭爵受封、会亲友、冠带、出行、上官赴任、临政亲民、结婚姻、纳采问名、嫁娶、进人口、移徙、远回、安床、解除、求医疗病、筑堤防、修造动土、竖柱上梁、修仓库、鼓铸、经络、酝酿、开市、立券、交易、纳财、开仓库、出货财、修置产室、补垣塞穴、取鱼、乘船渡水、栽种、牧养、纳畜、破土、安葬、启攒

<table>
<tr><td colspan="2">己丑霹雳火专破日</td></tr>
<tr><td>吉神
天德合　月德合
四相
凶神
月破　大耗　月刑
四击　九空　复日
朱雀</td><td>宜祭祀
忌祈福、求嗣、上册受封、上表章、袭爵受封、会亲友、冠带、出行、上官赴任、临政亲民、结婚姻、纳采问名、嫁娶、进人口、移徙、安床、解除、剃头、整手足甲、求医疗病、裁衣、筑堤防、修造动土、竖柱上梁、修仓库、鼓铸、经络、酝酿、开市、立券、交易、纳财、开仓库、出货财、修置产室、开渠穿井、安碓硙、补垣塞穴、修饰垣墙、破屋坏垣、伐木、畋猎、取鱼、栽种、牧养、纳畜、破土、安葬、启攒</td></tr>
<tr><td colspan="2">庚寅松柏木制危日</td></tr>
<tr><td>吉神
月空　母仓　五富
五合　金匮　鸣吠对
凶神
游祸</td><td>宜上表章、会亲友、结婚姻、安床、酝酿、开市、立券、交易、纳财、开仓库、出货财、栽种、牧养、纳畜、破土、启攒
忌祭祀、祈福、求嗣、解除、求医疗病、经络</td></tr>
<tr><td colspan="2">辛卯松柏木制成日</td></tr>
<tr><td>吉神
母仓　月恩　三合
临日　天喜　天医
敬安　五合　宝光
鸣吠对
凶神
大煞</td><td>宜祭祀、祈福、求嗣、上册受封、上表章、袭爵受封、会亲友、入学、出行、上官赴任、临政亲民、结婚姻、纳采问名、嫁娶、进人口、移徙、解除、求医疗病、裁衣、筑堤防、修造动土、竖柱上梁、修仓库、经络、开市、立券、交易、纳财、开仓库、出货财、安碓硙、栽种、牧养、纳畜、破土、启攒
忌酝酿、穿井</td></tr>
<tr><td colspan="2">壬辰长流水伐收日</td></tr>
<tr><td>吉神
时德　天马　普护
凶神
天罡　五虚　白虎</td><td>宜祭祀、进人口、纳财、捕捉、栽种、牧养、纳畜
忌祈福、求嗣、上册受封、上表章、袭爵受封、会亲友、冠带、出行、上官赴任、临政亲民、结婚姻、纳采问名、嫁娶、移徙、安床、解除、求医疗病、裁衣、筑堤防、修造动土、竖柱上梁、修仓库、鼓铸、经络、酝酿、开市、立券、交易、开仓库、出化财、修置产室、开渠穿井、破土、安葬、启攒</td></tr>
</table>

癸巳长流水制开日	
吉神 王日　驿马　天后 时阳　生气　福生 玉堂 **凶神** 月厌　地火　重日	**宜**祭祀、入学 **忌**祈福、求嗣、上册受封、上表章、袭爵受封、会亲友、冠带、出行、上官赴任、临政亲民、结婚姻、纳采问名、嫁娶、进人口、移徙、远回、安床、解除、剃头、整手足甲、求医疗病、裁衣、筑堤防、修造动土、竖柱上梁、修仓库、鼓铸、经络、酝酿、开市、立券、交易、纳财、开仓库、出货财、修置产室、开渠穿井、安碓硙、补垣塞穴、修饰垣墙、平治道涂、破屋坏垣、伐木、畋猎、取鱼、栽种、牧养、纳畜、破土、安葬、启攒

甲午砂石金宝闭日	
吉神 天德　月德　天赦 官日　六合　不将 鸣吠 **凶神** 天吏　致死　血支 往亡　天牢	**宜**祭祀、裁衣、经络、酝酿、补垣塞穴、破土、安葬

乙未砂石金制建日	
吉神 守日　不将　圣心 **凶神** 月建　小时　土府 元武	**宜**祭祀、袭爵受封、出行、上官赴任、临政亲民、嫁娶 **忌**祈福、求嗣、上册受封、上表章、结婚姻、纳采问名、解除、剃头、整手足甲、求医疗病、筑堤防、修造动土、竖柱上梁、修仓库、开仓库、出货财、修置产室、开渠穿井、安碓硙、补垣、修饰垣墙、平治道涂、破屋坏垣、伐木、栽种、破土、安葬、启攒

丙申山下火制除日	
吉神 阳德　相日　吉期 益后　除神　司命 鸣吠 **凶神** 劫煞　天贼　五虚 五离	**宜**祭祀、沐浴、扫舍宇 **忌**上册受封、上表章、会亲友、冠带、出行、结婚姻、纳采问名、嫁娶、进人口、移徙、安床、求医疗病、裁衣、筑堤防、修造动土、竖柱上梁、修仓库、鼓铸、经络、酝酿、开市、立券、交易、纳财、开仓库、出货财、修置产室、开渠穿井、安碓硙、补垣塞穴、修饰垣墙、破屋坏垣、栽种、牧养、纳畜

丁酉山下火制满日	
吉神 民日　天巫　福德 天仓　续世　除神 鸣吠 凶神 灾煞　天火　血忌 五离　勾陈	宜祭祀、沐浴、扫舍宇 忌祈福、求嗣、上册受封、上表章、袭爵受封、会亲友、冠带、出行、上官赴任、临政亲民、结婚姻、纳采问名、嫁娶、进人口、移徙、安床、解除、剃头、整手足甲、求医疗病、针刺、裁衣、筑堤防、修造动土、竖柱上梁、修仓库、鼓铸、苫盖、经各、酝酿、开市、立券、交易、纳财、开仓库、出货财、修置产室、开渠穿井、安碓硙、补垣塞穴、修饰垣墙、破屋坏垣、栽种、牧养、纳畜、破土、安葬、启攒
戊戌平地木专平日	
吉神 四相　不将　要安 青龙 凶神 河魁　死神　月煞 月虚　土符	诸事不宜
己亥平地木制定日	
吉神 天德合　月德合 四相　阴德　三合 时阴　六仪　玉宇 明堂 凶神 厌对　招摇　死气 复日　重日	宜祭祀、祈福、求嗣、上册受封、上表章、袭爵受封、会亲友、冠带、出行、上官赴任、临政亲民、结婚姻、纳采问名、进人口、移徙、解除、沐浴、裁衣、修造动土、竖柱上梁、修仓库、经络、酝酿、立券、交易、纳财、开仓库、出货财、安碓硙、栽种、牧养、纳畜 忌嫁娶、求医疗病、畋猎、取鱼
庚子壁上土宝执日	
吉神 月空　金堂　解神 鸣吠对 凶神 月害　大时　大败 咸池　小耗　五虚 九坎　九焦　归忌 天刑	宜沐浴、剃头、整手足甲、捕捉 忌祈福、求嗣、上册受封、上表章、袭爵受封、会亲友、冠带、出行、上官赴任、临政亲民、结婚姻、纳采问名、嫁娶、进人口、移徙、远回、安床、解除、求医疗病、筑堤防、修造动土、竖柱上梁、修仓库、鼓铸、经络、酝酿、开市、立券、交易、纳财、开仓库、出货财、修置产室、补垣塞穴、取鱼、乘船渡水、栽种、牧养、纳畜、破土、安葬、启攒

辛丑壁上土义破日	
吉神 月恩 **凶神** 月破　大耗　月刑 四击　九空　朱雀	诸事不宜

壬寅金箔金宝危日	
吉神 母仓　五富　五合 金匮　鸣吠对 **凶神** 游祸	**宜**会亲友、结婚姻、安床、经络、酝酿、开市、立券、交易、纳财、开仓库、出货财、栽种、牧养、纳畜、破土、启攒 **忌**祭祀、祈福、求嗣、解除、求医疗病、开渠

癸卯金箔金宝成日	
吉神 母仓　三合　临日 天喜　天医　敬安 五合　宝光 鸣吠对 **凶神** 大煞	**宜**上册受封、上表章、袭爵受封、会亲友、入学、出行、上官赴任、临政亲民、结婚姻、纳采问名、嫁娶、进人口、移徙、求医疗病、裁衣、筑堤防、修造动土、竖柱上梁、修仓库、经络、酝酿、开市、立券、立易、纳财、安碓硙、栽种、牧养、纳畜、破土、启攒 **忌**穿井

甲辰覆灯火制收日	
吉神 天德　月德　时德 天马　普护 **凶神** 天罡　五虚　八风 白虎	**宜**祭祀、祈福、求嗣、上册受封、上表章、袭爵受封、会亲友、出行、上官赴任、临政亲民、结婚姻、纳采问名、嫁娶、进人口、移徙、解除、裁衣、修造动土、竖柱上梁、修仓库、纳财、捕捉、栽种、牧养、纳畜、安葬 **忌**求医疗病、开仓库、出货财、畋猎、取鱼

乙巳覆灯火宝开日	
吉神 王日　驿马　天后 时阳　生气　福生 玉堂 **凶神** 月厌　地火　重日	**宜**祭祀、入学 **忌**祈福、求嗣、上册受封、上表章、袭爵受封、会亲友、冠带、出行、上官赴任、临政亲民、结婚姻、纳采问名、嫁娶、进人口、移徙、远回、安床、解除、剃头、整手足甲、求医疗病、裁衣、筑堤防、修造动土、竖柱上梁、修仓库、鼓铸、经络、酝酿、开市、立券、立易、纳财、开仓库、出货财、修置产室、开渠穿井、安碓硙、补垣塞穴、修饰垣墙、平治道涂、破屋坏垣、伐木、畋猎、取鱼、栽种、牧养、纳畜、破土、安葬、启攒

丙午天河水专闭日	
吉神 官日　六合　鸣吠 **凶神** 天吏　致死　血支 往亡　天牢　逐陈	**忌**祈福、求嗣、上册受封、上表章、袭爵受封、会亲友、冠带、出行、上官赴任、临政亲民、结婚姻、纳采问名、嫁娶、进人口、移徙、安床、解除、求医疗病、疗目、针刺、筑堤防、修造动土、竖柱上梁、修仓库、苫盖、开市、立券、交易、纳财、开仓库、出货财、修置产室、开渠穿井、捕捉、畋猎、取鱼、栽种、牧养、纳畜

丁未天河水宝建日	
吉神 守日　圣心 **凶神** 月建　小时　土府 八专　元武　阳错	**宜**祭祀、袭爵受封、出行、上官赴任、临政亲民 **忌**祈福、求嗣、上册受封、上表章、结婚姻、纳采问名、嫁娶、解除、剃头、整手足甲、求医疗病、筑堤防、修造动土、竖柱上梁、修仓库、开仓库、出货财、修置产室、开渠穿井、安碓硙、补垣、修饰垣墙、平治道涂、破屋坏垣、伐木、栽种、破土、安葬、启攒

戊申大驿土宝除日	
吉神 四相　阳德　相日 吉期　不将　益后 除神　司命 **凶神** 劫煞　天贼　五虚 五离	**宜**祭祀、沐浴、扫舍宇 **忌**上册受封、上表章、会亲友、出行、结婚姻、纳采问名、安床、求医疗病、修仓库、立券、交易、纳财、开仓库、出货财、破土、安葬、启攒

己酉大驿土宝满日	
吉神 天德合　月德合 天恩　四相　民日 天巫　福德　天仓 续世　除神　鸣吠 **凶神** 灾煞　天火　血忌 复日　五离　勾陈	**宜**祭祀、祈福、求嗣、上册受封、上表章、袭爵受封、出行、上官赴任、临政亲民、结婚姻、纳采问名、嫁娶、进人口、移徙、解除、沐浴、剃头、整手足甲、裁衣、修造动土、竖柱上梁、修仓库、经络、开市、立券、交易、纳财、开仓库、出货财、补垣塞穴、扫舍宇、栽种、牧养、纳畜 **忌**会亲友、求医疗病、针刺、畋猎、取鱼

庚戌钗钏金义平日	
吉神 月空　天恩　要安 青龙 **凶神** 河魁　死神　月煞 月虚　土符	诸事不宜

辛亥钗钏金宝定日	
吉神 天恩　月恩　阴德 三合　时阴　六仪 玉宇　明堂 **凶神** 厌对　招摇　死气 重日	**宜**祭祀、祈福、求嗣、袭爵受封、会亲友、冠带、出行、上官赴任、临政亲民、结婚姻、纳采问名、进人口、移徙、沐浴、裁衣、修造动土、竖柱上梁、修仓库、经络、立券、交易、纳财、开仓库、出货财、安碓硙、牧养、牧畜 **忌**嫁娶、解除、求医疗病、酝酿、修置产室、取鱼、乘船渡水、栽种、破土、安葬、启攒

壬子桑柘木专执日	
吉神 天恩　金堂　解神 鸣吠对 **凶神** 月害　大时　大败 咸池　小耗　四废 五虚　九坎　九焦 归忌　天刑	**宜**沐浴、剃头、整手足甲、捕捉 **忌**祈福、求嗣、上册受封、上表章、袭爵受封、会亲友、冠带、出行、上官赴任、临政亲民、结婚姻、纳采问名、嫁娶、进人口、移徙、远回、安床、解除、求医疗病、裁衣、筑堤防、修造动土、竖柱上梁、修仓库、鼓铸、经络、酝酿、开市、立券、交易、纳财、开仓库、出货财、修置产室、开渠穿井、安碓硙、补垣塞穴、修饰垣墙、取鱼、乘船渡水、栽种、牧养、纳畜、破土、安葬、启攒

<table>
<tr><th colspan="2">癸丑桑柘木伐破日</th></tr>
<tr><td>吉神
天恩
凶神
月破　大耗　月刑
四击　九空　八专
触水龙　朱雀
阳破　阴冲</td><td>诸事不宜</td></tr>
</table>

<table>
<tr><th colspan="2">甲寅大溪水专危日</th></tr>
<tr><td>吉神
天德　月德　母仓
五富　五合　金匮
鸣吠对
凶神
游祸　八专</td><td>宜上册受封、上表章、袭爵受封、会亲友、出行、上官赴任、临政亲民、移徙、安床、裁衣、修造动土、竖柱上梁、修仓库、经络、酝酿、开市、立券、交易、纳财、栽种、牧养、纳畜、破土、安葬、启攒
忌祭祀、祈福、求嗣、结婚姻、纳采问名、嫁娶、解除、求医疗病、开仓库、出货财、畋猎、取鱼</td></tr>
</table>

<table>
<tr><th colspan="2">乙卯大溪水专成日</th></tr>
<tr><td>吉神
母仓　三合　临日
天喜　天医　敬安
五合　宝光
鸣吠对
凶神
四耗　大煞</td><td>宜上册受封、上表章、袭爵受封、会亲友、入学、出行、上官赴任、临政亲民、结婚姻、纳采问名、嫁娶、进人口、移徙、求医疗病、裁衣、筑堤防、修造动土、竖柱上梁、修仓库、经络、酝酿、开市、立券、交易、纳财、安碓硙、牧养、纳畜、破土、启攒
忌穿井、栽种</td></tr>
</table>

<table>
<tr><th colspan="2">丙辰沙中土宝收日</th></tr>
<tr><td>吉神
时德　天马　普护
凶神
天罡　五虚　地囊
白虎</td><td>宜祭祀、进人口、纳财、捕捉、牧养、纳畜
忌祈福、求嗣、上册受封、上表章、袭爵受封、会亲友、冠带、出行、上官赴任、临政亲民、结婚姻、纳采问名、嫁娶、移徙、安床、解除、求医疗病、裁衣、筑堤防、修造动土、竖柱上梁、修仓库、鼓铸、经络、酝酿、开市、立券、交易、开仓库、出货财、修置产室、开渠穿井、安碓硙、补垣、修饰垣墙、平治道涂、破屋坏垣、栽种、破土、安葬、启攒</td></tr>
</table>

<table>
<tr><th colspan="2">丁巳沙中土专开日</th></tr>
<tr><td>吉神
王日　驿马　天后
时阳　生气　福生
玉堂
凶神
月厌　地火　重日
大会　阴错</td><td>诸事不宜</td></tr>
<tr><th colspan="2">戊午天上火义闭日</th></tr>
<tr><td>吉神
天愿　四相　官日
六合　不将
凶神
天吏　致死　血支
往亡　天牢　逐阵</td><td>宜祭祀
忌祈福、求嗣、上册受封、上表章、袭爵受封、会亲友、冠带、出行、上官赴任、临政亲民、结婚姻、纳采问名、嫁娶、进人口、移徙、安床、解除、求医疗病、疗目、针刺、筑堤防、修造动土、竖柱上梁、修仓库、苫盖、开市、立券、交易、纳财、开仓库、出货财、修置产室、开渠穿井、捕捉、畋猎、取鱼、栽种、牧养、纳畜</td></tr>
<tr><th colspan="2">己未天上火专建日</th></tr>
<tr><td>吉神
天德合　月德合
四相　守日　圣心
凶神
月建　小时　土府
复日　八专　元武
阳错</td><td>宜祭祀、袭爵受封、会亲友、出行、上官赴任、临政亲民、移徙、裁衣、纳财、牧养、纳畜
忌祈福、求嗣、上册受封、上表章、结婚姻、纳采问名、嫁娶、解除、剃头、整手足甲、求医疗病、筑堤防、修造动土、竖柱上梁、修仓库、开仓库、出货财、修置产室、开渠穿井、安碓硙、补垣、修饰垣墙、平治道涂、破屋坏垣、伐木、畋猎、取鱼、栽种、破土、安葬、启攒</td></tr>
<tr><th colspan="2">庚申石榴木专除日</th></tr>
<tr><td>吉神
月空　阳德　相日
吉期　益后　除神
司命　鸣吠
凶神
劫煞　天贼　五虚
五离　八专</td><td>宜祭祀、沐浴、扫舍宇
忌上册受封、上表章、会亲友、冠带、出行、结婚姻、纳采问名、嫁娶、进人口、移徙、安床、求医疗病、裁衣、筑堤防、修造动土、竖柱上梁、修仓库、鼓铸、经络、酝酿、开市、立券、交易、纳财、开仓库、出货财、修置产室、开渠穿井、安碓硙、补垣塞穴、修饰垣墙、破屋坏垣、栽种、牧养、纳畜</td></tr>
</table>

辛酉石榴木专满日	
吉神 月恩　民日　天巫 福德　天仓　续世 除神　鸣吠 凶神 灾煞　天火　血忌 五离　勾陈	宜祭祀、沐浴、扫舍宇 忌祈福、求嗣、上册受封、上表章、袭爵受封、会亲友、冠带、出行、上官赴任、临政亲民、结婚姻、纳采问名、嫁娶、进人口、移徙、安床、解除、剃头、整手足甲、求医疗病、针刺、裁衣、筑堤防、修造动土、竖柱上梁、修仓库、鼓铸、苫盖、经络、酝酿、开市、立券、交易、纳财、开仓库、出货财、修置产室、开渠穿井、安碓硙、补垣塞穴、修饰垣墙、破屋坏垣、栽种、牧养、纳畜、破土、安葬、启攒

壬戌大海水伐平日	
吉神 不将　要安　青龙 凶神 河魁　死神　月煞 月虚　土符	诸事不宜

癸亥大海水专定日	
吉神 阴德　三合　时阴 六仪　玉宇　明堂 凶神 厌对　招摇　死气 四废　重日	宜沐浴 忌祈福、求嗣、上册受封、上表章、袭爵受封、会亲友、冠带、出行、上官赴任、临政亲民、结婚姻、纳采问名、嫁娶、进人口、移徙、安床、解除、求医疗病、裁衣、筑堤防、修造动土、竖柱上梁、修仓库、鼓铸、经络、酝酿、开市、立券、交易、纳财、开仓库、出货财、修置产室、开渠穿井、安碓硙、补垣塞穴，修饰垣墙、取鱼、乘船渡水、栽种、牧养、纳畜、破土、安葬、启攒

右六十干支，从建未者，始小暑，终大暑，其神煞吉凶用事宜忌具于表。

钦定协纪辨方书卷二十六

月表七

七月

七月	甲己年 建壬申	乙庚年 建甲申	丙辛年 建丙申	丁壬年 建戊申	戊癸年 建庚申

立秋七月节，天道北行，宜向北行，宜修造北方。

天德在癸、天德合在戊、月德在壬、月德合在丁、月空在丙、宜修造取土。

月建在申、月破在寅、月厌在辰、月刑在寅、月害在亥、劫煞在巳、灾煞在午、月煞在未、忌修造取土。

初八日长星，二十二短星。

立秋前一日四绝，后九日往亡。

处暑七月中，日躔在巳宫为七月将，宜用甲丙庚壬时。

孟年	黑	赤	白	仲年	白	绿	碧	季年	黄	白	紫
	紫	黄	白		白	黑	赤		碧	白	绿
	绿	碧	白		白	紫	黄		赤	白	黑

甲子海中金义定日	
吉神 天恩　时德　民日 三合　临日　时阴 福生　青龙 **凶神** 死气	**宜**祭祀、祈福、求嗣、上册受封、上表章、袭爵受封、会亲友、冠带、出行、上官赴任、临政亲民、结婚姻、纳采问名、嫁娶、进人口、移徙、沐浴、裁衣、修造动土、竖柱上梁、修仓库、经络、酝酿、开市、立券、交易、纳财、安碓硙、牧养、纳畜 **忌**解除、求医疗病、开仓库、出货财、修置产室、栽种

<table>
<tr><td colspan="2">乙丑海中金制执日</td></tr>
<tr><td>吉神
天恩　母仓　明堂
凶神
小耗　归忌</td><td>宜会亲友、捕捉、牧养、纳畜
忌冠带、移徙、远回、修仓库、开市、立券、交易、纳财、开仓库、出货财、栽种</td></tr>
<tr><td colspan="2">丙寅炉中火义破日</td></tr>
<tr><td>吉神
月空　天恩　驿马
天后　圣心　解神
五合　鸣吠对
凶神
月破　大耗　月刑
天刑</td><td>诸事不宜</td></tr>
<tr><td colspan="2">丁卯炉中火义危日</td></tr>
<tr><td>吉神
月德合　天恩
益后　五合
鸣吠对
凶神
天吏　致死　五虚
七符　朱雀</td><td>宜祭祀、祈福、求嗣、上册受封、上表章、袭爵受封、会亲友、出行、上官赴任、临政亲民、结婚姻、纳采问名、嫁娶、移徙、安床、解除、裁衣、竖柱上梁、立券、交易、牧养、纳畜、安葬、启攒
忌剃头、求医疗病、筑堤防、修造动土、修仓库、修置产室、开渠穿井、安碓硙、补垣、修饰垣墙、平治道涂、破屋坏垣、畋猎、取鱼、栽种、破土</td></tr>
<tr><td colspan="2">戊辰大林木专成日</td></tr>
<tr><td>吉神
天德合　天恩
母仓　三合　天喜
天医　续世　金匮
凶神
月厌　地火　四击
大煞　血忌</td><td>宜祭祀、祈福、求嗣、上册受封、上表章、会亲友、入学、进人口、解除、裁衣、筑堤防、修造动土、竖柱上梁、修仓库、经络、酝酿、开市、立券、交易、纳财、安碓硙、牧养、纳畜、安葬
忌出行、上官赴任、临政亲民、结婚姻、纳采问名、嫁娶、移徙、远回、求医疗病、针刺、畋猎、取鱼、栽种</td></tr>
</table>

己巳大林木义收日	
吉神 天愿　六合　五富 要安　宝光 **凶神** 河魁　劫煞　重日	**宜**祭祀、祈福、求嗣、上册受封、上表章、袭爵受封、会亲友、上官赴任、临政亲民、结婚姻、纳采问名、嫁娶、进人口、移徙、裁衣、修造动土、竖柱上梁、修仓库、经络、酝酿、开市、立券、交易、纳财、开仓库、出货财、捕捉、栽种、牧养、纳畜 **忌**出行、求医疗病

庚午路傍土伐开日	
吉神 天马　时阳　生气 玉宇　鸣吠 **凶神** 灾煞　天火　复日 白虎	**宜**祭祀、入学 **忌**冠带、结婚姻、纳采问名、嫁娶、进人口、求医疗病、苫盖、经络、酝酿、伐木、畋猎、取鱼、破土、安葬、启攒

辛未路傍土义闭日	
吉神 母仓　金堂　玉堂 **凶神** 月煞　月虚　血支 天贼　五虚	诸事不宜

壬申剑锋金义建日	
吉神 月德　月恩　四相 王日　天仓　不将 除神　鸣吠 **凶神** 月建　小时　土府 五离　天牢	**宜**祭祀、祈福、求嗣、上册受封、上表章、袭爵受封、会亲友、出行、上官赴任、临政亲民、结婚姻、纳采问名、嫁娶、进人口、移徙、解除、沐浴、剃头、整手足甲、求医疗病、裁衣、竖柱上梁、纳财、开仓库、出货财、扫舍宇、牧养、纳畜、安葬 **忌**安床、筑堤防、修造动土、修仓库、修置产室、开渠穿井、安碓硙、补垣、修饰垣墙、平治道涂、破屋坏垣、伐木、畋猎、取鱼、栽种、破土

癸酉剑锋金义除日	
吉神 天德　四相　阴德 官日　吉期　不将 除神　鸣吠 凶神 大时　大败　咸池 九坎　九焦　往亡 五离　元武	宜祭祀、祈福、求嗣、结婚姻、纳采问名、解除、沐浴、剃头、整手足甲、裁衣、修造动土、竖柱上梁、修仓库、纳财、开仓库、出货财、扫舍宇、牧养、纳畜、破土、安葬 忌上册受封、上表章、会亲友、出行、上官赴任、临政亲民、嫁娶、进人口、移徙、求医疗病、鼓铸、补垣塞穴、捕捉、畋猎、取鱼、乘船渡水、栽种

甲戌山头火制满日	
吉神 母仓　阳德　守日 天巫　福德　六仪 敬安　司命 凶神 厌对　招摇　天狗 九空	宜上册受封、上表章、会亲友、裁衣、经络、补垣塞穴、栽种、牧养、纳畜 忌祭祀、袭爵受封、上官赴任、临政亲民、结婚姻、纳采问名、嫁娶、进人口、求医疗病、修仓库、开市、立券、交易、纳财、开仓库、出货财、取鱼、乘船渡水

乙亥山头火义平日	
吉神 相日　普护 凶神 天罡　死神　月害 游祸　五虚　重日 勾陈	宜祭祀、沐浴、修饰垣墙、平治道涂 忌祈福、求嗣、上册受封、上表章、袭爵受封、会亲友、冠带、出行、上官赴任、临政亲民、结婚姻、纳采问名、嫁娶、进人口、移徙、安床、解除、求医疗病、裁衣、筑堤防、修造动土、竖柱上梁、修仓库、鼓铸、经络、酝酿、开市、立券、交易、纳财、开仓库、出货财、修置产室、开渠穿井、栽种、牧养纳畜、破土、安葬、启攒

丙子涧下水伐定日	
吉神 月空　时德　民日 三合　临日　时阴 福生　青龙 鸣吠对 凶神 死气　触水龙	宜祭祀、祈福、求嗣、上册受封、上表章、袭爵受封、会亲友、冠带、出行、上官赴任、临政亲民、结婚姻、纳采问名、嫁娶、进人口、移徙、沐浴、裁衣、修造动土、竖柱上梁、修仓库、经络、酝酿、开市、立券、交易、纳财、开仓库、出货财、安碓硙、牧养、纳畜、破土、启攒 忌解除、求医疗病、修置产室、取鱼、乘船渡水、栽种

丁丑涧下水宝执日	
吉神 月德合　母仓 明堂 **凶神** 小耗　归忌	**宜**祭祀、祈福、求嗣、上册受封、上表章、袭爵受封、会亲友、出行、上官赴任、临政亲民、结婚姻、纳采问名、嫁娶、解除、求医疗病、裁衣、修造动土、竖柱上梁、修仓库、纳财、捕捉、栽种、牧养、纳畜、安葬 **忌**冠带、移徙、远回、剃头、畋猎、取鱼
戊寅城头土伐破日	
吉神 天德合　驿马 天后　圣心　解神 五合 **凶神** 月破　大耗　月刑 天刑	**宜**沐浴 **忌**祭祀、祈福、求嗣、上册受封、上表章、袭爵受封、会亲友、冠带、出行、上官赴任、临政亲民、结婚姻、纳采问名、嫁娶、进人口、移徙、安床、解除、剃头、整手足甲、求医疗病、裁衣、筑堤防、修造动土、竖柱上梁、修仓库、鼓铸、经络、酝酿、开市、立券、交易、纳财、开仓库、出货财、修置产室、开渠穿井、安碓硙、补垣、修饰垣墙、破屋坏垣、伐木、畋猎、取鱼、栽种、牧养、纳畜、破土、安葬、启攒
己卯城头土伐危日	
吉神 天恩　益后　五合 **凶神** 天吏　致死　五虚 土符　朱雀	**宜**祭祀、会亲友 **忌**祈福、求嗣、上册受封、上表章、袭爵受封、冠带、出行、上官赴任、临政亲民、结婚姻、纳采问名、嫁娶、进人口、移徙、安床、解除、求医疗病、筑堤防、修造动土、竖柱上梁、修仓库、开市、立券、交易、纳财、开仓库、出货财、修置产室、开渠穿井、安碓硙、补垣、修饰垣墙、平治道涂、破屋坏垣、栽种、牧养、纳畜、破土
庚辰白镴金义成日	
吉神 天恩　母仓　三合 天喜　天医　续世 金匮 **凶神** 月厌　地火　四击 大煞　血忌　复日 大会	诸事不宜

辛巳白镴金伐收日	
吉神 天恩　六合　五富 要安　宝光 凶神 河魁　劫煞　重日	宜会亲友、结婚姻、嫁娶、进人口、经络、开市、立券、交易、纳财、开仓库、出货财、捕捉、栽种、牧养、纳畜 忌出行、求医疗病、酝酿

壬午杨柳木制开日	
吉神 月德　天恩　月恩 四相　天马　时阳 生气　不将　玉宇 鸣吠 凶神 灾煞　天火　白虎	宜祭祀、祈福、求嗣、上册受封、上表章、袭爵受封、会亲友、入学、出行、上官赴任、临政亲民、结婚姻、纳采问名、嫁娶、移徙、解除、裁衣、修造动土、竖柱上梁、修仓库、开市、纳财、开仓库、出货财、修置产室、安碓硙、栽种、牧养、纳畜 忌求医疗病、苫盖、开渠、伐木、畋猎、取鱼

癸未杨柳木伐闭日	
吉神 天德　天恩　母仓 四相　不将　金堂 玉堂 凶神 月煞　月虚　血支 天贼　五虚 触水龙	宜祭祀 忌祈福、求嗣、上册受封、上表章、袭爵受封、会亲友、冠带、出行、上官赴任、临政亲民、结婚姻、纳采问名、嫁娶、进人口、移徙、安床、解除、剃头、整手足甲、求医疗病、疗目、针刺、裁衣、筑堤防、修造动土、竖柱上梁、修仓库、鼓铸、经络、酝酿、开市、立券、交易、纳财、开仓库、出货财、修置产室、开渠穿井、安碓硙、补垣塞穴、修饰垣墙、破屋坏垣、畋猎、取鱼、乘船渡水、栽种、牧养、纳畜、破土、安葬、启攒

甲申井泉水伐建日	
吉神 王日　天仓　不将 除神　鸣吠 凶神 月建　小时　土府 五离　天牢	宜袭爵受封、出行、上官赴任、临政亲民、嫁娶、进人口、沐浴、裁衣、纳财、扫舍宇、纳畜 忌祈福、求嗣、上册受封、上表章、会亲友、结婚姻、纳采问名、安床、解除、剃头、整手足甲、求医疗病、筑堤防、修造动土、竖柱上梁、修仓库、立券、交易、开仓库、出货财、修置产室、开渠穿井、安碓硙、补垣、修饰垣墙、平治道涂、破屋坏垣、伐木、栽种、破土、安葬、启攒

乙酉井泉水伐除日	
吉神 阴德　官日　吉期 不将　除神　鸣吠 凶神 大时　大败　咸池 九坎　九焦　往亡 五离　元武	宜解除、沐浴、剃头、整手足甲、扫舍宇、破土、安葬 忌上册受封、上表章、会亲友、出行、上官赴任、临政亲民、结婚姻、纳采问名、嫁娶、进人口、移徙、求医疗病、鼓铸、立券、交易、补垣塞穴、捕捉、畋猎、取鱼、乘船渡水、栽种

丙戌屋上土宝满日	
吉神 月空　母仓　阳德 守日　天巫　福德 六仪　敬安　司命 凶神 厌对　招摇　天狗 九空	宜上册受封、上表章、会亲友、裁衣、经络、补垣塞穴、栽种、牧养、纳畜 忌祭祀、袭爵受封、上官赴任、临政亲民、结婚姻、纳采问名、嫁娶、进人口、求医疗病、修仓库、开市、立券、交易、纳财、开仓库、出货财、取鱼、乘船渡水

丁亥屋上土伐平日	
吉神 月德合　相日 普护 凶神 天罡　死神　月害 游祸　五虚　八风 地囊　重日　勾陈	宜祭祀、上册受封、上表章、袭爵受封、会亲友、出行、上官赴任、临政亲民、结婚姻、纳采问名、移徙、沐浴、裁衣、竖柱上梁、牧养、纳畜 忌祈福、求嗣、嫁娶、解除、剃头、求医疗病、筑堤防、修造动土、修仓库、修置产室、开渠穿井、安碓硙、补垣、修饰垣墙、平治道涂、破屋坏垣、畋猎、取鱼、栽种、破土

戊子霹雳火制定日	
吉神 天德合　时德 民日　三合　临日 时阴　福生　青龙 凶神 死气	宜祭祀、祈福、求嗣、上册受封、上表章、袭爵受封、会亲友、冠带、出行、上官赴任、临政亲民、结婚姻、纳采问名、嫁娶、进人口、移徙、解除、沐浴、裁衣、修造动土、竖柱上梁、修仓库、经络、酝酿、开市、立券、交易、纳财、开仓库、出货财、安碓硙、栽种、牧养、纳畜、安葬 忌求医疗病、畋猎、取鱼

己丑霹雳火专执日	
吉神 母仓　明堂 凶神 小耗　归忌	宜捕捉、栽种、牧养、纳畜 忌冠带、移徙、远回、修仓库、开市、立券、交易、纳财、开仓库、出货财

庚寅松柏木制破日	
吉神 驿马　天后　圣心 解神　五合 鸣吠对 凶神 月破　大耗　月刑 复日　天刑	诸事不宜

辛卯松柏木制危日	
吉神 益后　五合 鸣吠对 凶神 天吏　致死　五虚 土符　朱雀	宜祭祀、会亲友、启攒 忌祈福、求嗣、上册受封、上表章、袭爵受封、冠带、出行、上官赴任、临政亲民、结婚姻、纳采问名、嫁娶、进人口、移徙、安床、解除、求医疗病、筑堤防、修造动土、竖柱上梁、修仓库、酝酿、开市、立券、交易、纳财、开仓库、出货财、修置产室、开渠穿井、安碓硙、补垣、修饰垣墙、平治道涂、破屋坏垣、栽种、牧养、纳畜、破土

壬辰长流水伐成日	
吉神 月德　母仓　月恩 四相　三合　天喜 天医　续世　金匮 凶神 月厌　地火　四击 大煞　血忌	宜祭祀、祈福、求嗣、上册受封、上表章、会亲友、入学、进人口、解除、裁衣、筑堤防、修造动土、竖柱上梁、修仓库、经络、酝酿、开市、立券、交易、纳财、开仓库、出货财、安碓硙、牧养、纳畜、安葬 忌出行、上官赴任、临政亲民、结婚姻、纳采问名、嫁娶、移徙、远回、求医疗病、针刺、开渠、畋猎、取鱼、栽种

癸巳长流水制收日	
吉神 天德　四相　六合 五富　不将　要安 宝光 凶神 河魁　劫煞　重日	宜祭祀、祈福、求嗣、上册受封、上表章、袭爵受封、会亲友、上官赴任、临政亲民、结婚姻、纳采问名、嫁娶、进人口、移徙、解除、裁衣、修造动土、竖柱上梁、修仓库、经络、酝酿、开市、立券、交易、纳财、开仓库、出货财、捕捉、栽种、牧养、纳畜 忌出行、求医疗病、畋猎、取鱼

甲午砂石金宝开日	
吉神 天马　时阳　生气 不将　玉宇　鸣吠 凶神 灾煞　天火　白虎	宜祭祀、入学 忌冠带、结婚姻、纳采问名、进人口、安床、求医疗病、苫盖、经络、酝酿、开仓库、出货财、伐木、畋猎、取鱼

乙未砂石金制闭日	
吉神 母仓　不将　金堂 玉堂 凶神 月煞　月虚　血支 天贼　五虚	诸事不宜

丙申山下火制建日	
吉神 月空　王日　天仓 除神　鸣吠 凶神 月建　小时　土府 五离　天牢	宜袭爵受封、出行、上官赴任、临政亲民、进人口、沐浴、裁衣、纳财、扫舍宇、纳畜 忌祈福、求嗣、上册受封、上表章、会亲友、结婚姻、纳采问名、安床、解除、剃头、整手足甲、求医疗病、筑堤防、修造动土、竖柱上梁、修仓库、立券、交易、开仓库、出货财、修置产室、开渠穿井、安碓硙、补垣、修饰垣墙、平治道涂、破屋坏垣、伐木、栽种、破土、安葬、启攒

<table>
<tr><td colspan="2">丁酉山下火制除日</td></tr>
<tr><td>吉神
月德合　阴德
官日　吉期　除神
鸣吠
凶神
大时　大败　咸池
九坎　九焦　往亡
五离　元武</td><td>宜祭祀、祈福、求嗣、结婚姻、纳采问名、解除、沐浴、整手足甲、裁衣、修造动土、竖柱上梁、修仓库、扫舍宇、牧养、纳畜、破土、安葬
忌上册受封、上表章、会亲友、出行、上官赴任、临政亲民、嫁娶、进人口、移徙、剃头、求医疗病、鼓铸、补垣塞穴、捕捉、畋猎、取鱼、乘船渡水、栽种</td></tr>
<tr><td colspan="2">戊戌平地木专满日</td></tr>
<tr><td>吉神
天德合　母仓
阳德　守日　天巫
福德　六仪　敬安
司命
凶神
厌对　招摇　天狗
九空</td><td>宜上册受封、上表章、袭爵受封、会亲友、出行、上官赴任、临政亲民、结婚姻、纳采问名、嫁娶、进人口、移徙、解除、求医疗病、裁衣、修造动土、竖柱上梁、修仓库、经络、开市、立券、交易、纳财、开仓库、出货财、补垣塞穴、栽种、牧养、纳畜、安葬
忌祭祀、畋猎、取鱼</td></tr>
<tr><td colspan="2">己亥平地木制平日</td></tr>
<tr><td>吉神
相日　普护
凶神
天罡　死神　月害
游祸　五虚　重日
勾陈</td><td>宜祭祀、沐浴、修饰垣墙、平治道涂
忌祈福、求嗣、上册受封、上表章、袭爵受封、会亲友、冠带、出行、上官赴任、临政亲民、结婚姻、纳采问名、嫁娶、进人口、移徙、安床、解除、求医疗病、裁衣、筑堤防、修造动土、竖柱上梁、修仓库、鼓铸、经络、酝酿、开市、立券、交易、纳财、开仓库、出货财、修置产室、开渠穿井、栽种、纳畜、破土、安葬、启攒</td></tr>
<tr><td colspan="2">庚子壁上土宝定日</td></tr>
<tr><td>吉神
时德　民日　三合
临时　时阴　福生
青龙　鸣吠对
凶神
死气　四忌　九虎
复日</td><td>宜祭祀、祈福、求嗣、上册受封、上表章、袭爵受封、会亲友、冠带、出行、上官赴任、临政亲民、进人口、移徙、沐浴、裁衣、修造动土、竖柱上梁、修仓库、酝酿、开市、立券、交易、纳财、开仓库、出货财、安碓硙、牧养、纳畜
忌结婚姻、纳采问名、嫁娶、解除、求医疗病、经络、修置产室、栽种、破土、安葬、启攒</td></tr>
</table>

辛丑壁上土义执日	
吉神 母仓　明堂 凶神 小耗　五墓　归忌	宜捕捉 忌冠带、出行、上官赴任、临政亲民、结婚姻、纳采问名、嫁娶、进人口、移徙、远回、安床、解除、求医疗病、修造动土、竖柱上梁、修仓库、酝酿、开市、立券、交易、纳财、开仓库、出货财、修置产室、栽种、收养、纳畜、破土、安葬、启攒

壬寅金箔金宝破日	
吉神 月德　月恩　四相 驿马　天后　圣心 解神　五合 鸣吠对 凶神 月破　大耗　月刑 天刑	宜沐浴 忌祭祀、祈福、求嗣、上册受封、上表章、袭爵受封、会亲友、冠带、出行、上官赴任、临政亲民、结婚姻、纳采问名、嫁娶、进人口、移徙、安床、解除、剃头、整手足甲、求医疗病、裁衣、筑堤防、修造动土、竖柱上梁、修仓库、鼓铸、经络、酝酿、开市、立券、交易、纳财、开仓库、出货财、修置产室、开渠穿井、安碓硙、补垣塞穴、修饰垣墙、破屋坏垣、伐木、畋猎、取鱼、栽种、牧养、纳畜、破土、安葬、启攒

癸卯金箔金宝危日	
吉神 天德　四相　益后 五合　鸣吠对 凶神 天吏　致死　五虚 土符　朱雀	宜祭祀、祈福、求嗣、上册受封、上表章、袭爵受封、会亲友、出行、上官赴任、临政亲民、结婚姻、纳采问名、嫁娶、移徙、安床、解除、裁衣、竖柱上梁、立券、交易、纳财、开仓库、出货财、牧养、纳畜、安葬、启攒 忌求医疗病、筑堤防、修造动土、修仓库、修置产室、开渠穿井、安碓硙、补垣、修饰垣墙、平治道涂、破屋坏垣、畋猎、取鱼、栽种、破土

甲辰覆灯火制成日	
吉神 母仓　三合　天喜 天医　续世　金匮 凶神 月厌　地火　四击 大煞　血忌　阴错	宜祭祀、入学 忌祈福、求嗣、上册受封、上表章、袭爵受封、会亲友、冠带、出行、上官赴任、临政亲民、结婚姻、纳采问名、嫁娶、进人口、移徙、远回、安床、解除、剃头、整手足甲、求医疗病、针刺、裁衣、筑堤防、修造动土、竖柱上梁、修仓库、鼓铸、经络、酝酿、开市、立券、交易、纳财、开仓库、出货财、修置产室、开渠穿井、安碓硙、补垣塞穴、修饰垣墙、平治道涂、破屋坏垣、伐木、栽种、牧养、纳畜、破土、安葬、启攒

乙巳覆灯火宝收日	
吉神 六合　五富　不将 要安　宝光 **凶神** 河魁　劫煞　重日	**宜**会亲友、结婚姻、嫁娶、进人口、经络、酝酿、开市、立券、交易、纳财、开仓库、出货财、捕捉、牧养、纳畜 **忌**出行、求医疗病、栽种

丙午天河水专开日	
吉神 月空　天马　时阳 生气　玉宇　鸣吠 **凶神** 灾煞　天火　白虎	**宜**祭祀、入学 **忌**冠带、结婚姻、纳采问名、嫁娶、进人口、求医疗病、苫盖、经络、酝酿、伐木、畋猎、取鱼

丁未天河水宝闭日	
吉神 月德合　母仓 金堂　玉堂 **凶神** 月煞　月虚　血支 天贼　五虚　八风 八专	**宜**祭祀 **忌**祈福、求嗣、上册受封、上表章、袭爵受封、会亲友、冠带、出行、上官赴任、临政亲民、结婚姻、纳采问名、嫁娶、进人口、移徙、安床、解除、剃头、整手足甲、求医疗病、疗目、针刺、裁衣、筑堤防、修造动土、竖柱上梁、修仓库、鼓铸、经络、酝酿、开市、立券、交易、纳财、开仓库、出货财、修置产室、开渠穿井、安碓硙、补垣塞穴、修饰垣墙、破屋坏垣、畋猎、取鱼、乘船渡水、栽种、牧养、纳畜、破土、安葬、启攒

戊申大驿土宝建日	
吉神 天德合　天赦 王日　天仓　不将 除神 **凶神** 月建　小时　土府 五离　天牢	**宜**祭祀、祈福、求嗣、上册受封、上表章、袭爵受封、会亲友、出行、上官赴任、临政亲民、结婚姻、纳采问名、嫁娶、进人口、移徙、解除、沐浴、剃头、整手足甲、求医疗病、裁衣、竖柱上梁、纳财、扫舍宇、牧养、纳畜、安葬

己酉大驿土宝除日	
吉神 天恩 阴德 官日 吉期 除神 鸣吠 **凶神** 大时 大败 咸池 九坎 九焦 往亡 五离 元武	**宜**解除、沐浴、剃头、整手足甲、扫舍宇、破土、安葬 **忌**上册受封、上表章、会亲友、出行、上官赴任、临政亲民、结婚姻、纳采问名、嫁娶、进人口、移徙、求医疗病、鼓铸、立券、交易、补垣塞穴、捕捉、畋猎、取鱼、乘船渡水、栽种

庚戌钗钏金义满日	
吉神 天恩 母仓 阳德 守日 天巫 福德 六仪 敬安 司命 **凶神** 厌对 招摇 天狗 九空 复日	**宜**上册受封、上表章、会亲友、裁衣、补垣塞穴、栽种、牧养、纳畜 **忌**祭祀、袭爵受封、上官赴任、临政亲民、结婚姻、纳采问名、嫁娶、进人口、求医疗病、修仓库、经络、开市、立券、交易、纳财、开仓库、出货财、取鱼、乘船渡水、破土、安葬、启攒

辛亥钗钏金宝平日	
吉神 天恩 相日 普护 **凶神** 天罡 死神 月害 游祸 四穷 九虎 五虚 重日 勾陈	**宜**祭祀、沐浴、修饰垣墙、平治道涂 **忌**祈福、求嗣、上册受封、上表章、袭爵受封、会亲友、冠带、出行、上官赴任、临政亲民、结婚姻、纳采问名、嫁娶、进人口、移徙、安床、解除、求医疗病、裁衣、筑堤防、修造动土、竖柱上梁、修仓库、鼓铸、经络、酝酿、开市、立券、交易、纳财、开仓库、出货财、修置产室、开渠穿井、栽种、牧养、纳畜、破土、安葬、启攒

壬子桑柘木专定日	
吉神 月德 天恩 月恩 四相 时德 民日 三合 临日 时阴 福生 青龙 鸣吠对 **凶神** 死气	**宜**祭祀、祈福、求嗣、上册受封、上表章、袭爵受封、会亲友、冠带、出行、上官赴任、临政亲民、结婚姻、纳采问名、嫁娶、进人口、移徙、解除、沐浴、裁衣、修造动土、竖柱上梁、修仓库、经络、酝酿、开市、立券、交易、纳财、开仓库、出货财、安碓硙、栽种、牧养、纳畜、破土、安葬、启攒 **忌**求医疗病、开渠、畋猎、取鱼

癸丑桑柘木伐执日	
吉神 天德　天恩　母仓 四相　明堂 凶神 小耗　归忌　八专 触水龙	宜祭祀、祈福、求嗣、上册受封、上表章、袭爵受封、会亲友、出行、上官赴任、临政亲民、解除、求医疗病、裁衣、修造动土、竖柱上梁、修仓库、纳财、开仓库、出货财、捕捉、栽种、牧养、纳畜、安葬 忌冠带、结婚姻、纳采问名、嫁娶、移徙、远回、畋猎、取鱼、乘船渡水

甲寅大溪水专破日	
吉神 驿马　天后　圣心 解神　五合 鸣吠对 凶神 月破　大耗　月刑 四废　八专　天刑	诸事不宜

乙卯大溪水专危日	
吉神 益后　五合 鸣吠对 凶神 天吏　致死　四废 五虚　土符　朱雀 三阴	诸事不宜

丙辰沙中土宝成日	
吉神 月空　母仓　三合 天喜　天医　续世 金匮 凶神 月厌　地火　四击 大煞　血忌	宜祭祀、入学 忌祈福、求嗣、上册受封、上表章、袭爵受封、会亲友、冠带、出行、上官赴任、临政亲民、结婚姻、纳采问名、嫁娶、进人口、移徙、远回、安床、解除、剃头、整手足甲、求医疗病、针刺、裁衣、筑堤防、修造动土、竖柱上梁、修仓库、鼓铸、经络、酝酿、开市、立券、交易、纳财、开仓库、出货财、修置产室、开渠穿井、安碓硙、补垣塞穴、修饰垣墙、平治道涂、破屋坏垣、伐木、栽种、牧养、纳畜、破土、安葬、启攒

<table>
<tr><th colspan="2">丁巳沙中土专收日</th></tr>
<tr><td>吉神
月德合　六合
五富　要安　宝光
凶神
河魁　劫煞　地囊
重日</td><td>宜祭祀、祈福、求嗣、上册受封、上表章、袭爵受封、会亲友、上官赴任、临政亲世、结婚姻、纳采问名、嫁娶、进人口、移徙、解除、裁衣、竖柱上梁、经络、酝酿、开市、立券、交易、纳财、开仓库、出货财、捕捉、牧养、纳畜
忌出行、剃头、求医疗病、筑堤防、修造动土、修仓库、修置产室、开渠穿井、安碓硙、补垣、修饰垣墙、平治道涂、破屋坏垣、畋猎、取鱼、栽种、破土</td></tr>
<tr><th colspan="2">戊午天上火义开日</th></tr>
<tr><td>吉神
天德合　天马
时阳　生气　不将
玉宇
凶神
灾煞　天火　四耗
白虎</td><td>宜祭祀、祈福、求嗣、上册受封、上表章、袭爵受封、会亲友、入学、出行、上官赴任、临政亲民、结婚姻、纳采问名、嫁娶、移徙、解除、裁衣、修造动土、竖柱上梁、修仓库、开市、修置产室、开渠穿井、安碓硙、栽种、牧养、纳畜
忌求医疗病、苫盖、伐木、畋猎、取鱼</td></tr>
<tr><th colspan="2">己未天上火专闭日</th></tr>
<tr><td>吉神
母仓　金堂　玉堂
凶神
月煞　月虚　血支
天贼　五虚　八专</td><td>诸事不宜</td></tr>
<tr><th colspan="2">庚申石榴木专建日</th></tr>
<tr><td>吉神
王日　天仓　除神
鸣吠
凶神
月建　小时　土府
复日　五离　八专
天牢　阳错</td><td>宜袭爵受封、出行、上官赴任、临政亲民、进人口、沐浴、裁衣、纳财、扫舍宇、纳畜
忌祈福、求嗣、上册受封、上表章、会亲友、结婚姻、纳采问名、嫁娶、安床、解除、剃头、整手足甲、求医疗病、筑堤防、修造动土、竖柱上梁、修仓库、经络、立券、交易、开仓库、出货财、修置产室、开渠穿井、安碓硙、补垣、修饰垣墙、平治道涂、破屋坏垣、伐木、栽种、破土、安葬、启攒</td></tr>
</table>

辛酉石榴木专除日	
吉神 阴德　官日　吉期 除神　鸣吠 **凶神** 大时　大败　咸池 九坎　九焦　往亡 五离　元武	**宜**解除、沐浴、剃头、整手足甲、扫舍宇、破土、安葬 **忌**上册受封、上表章、会亲友、出行、上官赴任、临政亲民、结婚姻、纳采问名、嫁娶、进人口、移徙、求医疗病、鼓铸、酝酿、立券、交易、补垣塞穴、捕捉、畋猎、取鱼、乘船渡水、栽种

壬戌大海水伐满日	
吉神 月德　母仓　月恩 四相　阳德　守日 天巫　福德　六仪 敬安　司命 **凶神** 厌对　招摇　天狗 九空	**宜**上册受封、上表章、袭爵受封、会亲友、出行、上官赴任、临政亲民、结婚姻、纳采问名、嫁娶、进人口、移徙、解除、求医疗病、裁衣、修造动土、竖柱上梁、修仓库、经络、开市、立券、交易、纳财、开仓库、出货财、补垣塞穴、栽种、牧养、纳畜、安葬 **忌**祭祀、开渠、畋猎、取鱼

癸亥大海水专平日	
吉神 天德　四相　相日 普护 **凶神** 天罡　死神　月害 游祸　五虚　重日 勾陈	**宜**祭祀、沐浴、修饰垣墙、平治道涂 **忌**祈福、求嗣、嫁娶、解除、求医疗病、畋猎、取鱼

右六十干支，从建申者，始立秋，终处暑。其神煞吉凶用事宜忌具于表。

钦定协纪辨方书卷二十七

月表八

八月

八月	甲己年 建癸酉	乙庚年 建乙酉	丙辛年 建丁酉	丁壬年 建巳酉	戊癸年 建辛酉

白露八月节，天道东北行，宜向东北，宜修造东北维。

天德在艮、月德在庚、月德合在乙、月空在甲，宜修造取土。

月建在酉、月破在卯、月厌在卯、月刑在酉、月害在戌、劫煞在寅、灾煞在卯、月煞在辰，忌修造取土。

二日五日长星，十八日十九日短星。

白露后十八日往亡，秋分前一日四离。

秋分八月中，日躔在辰宫为八月将，宜用艮巽坤乾时。

孟年	白	白	黄	仲年	赤	碧	黑	季年	绿	紫	白
	白	绿	紫		黄	白	白		黑	赤	碧
	碧	黑	赤		紫	白	绿		白	黄	白

甲子海中金义平日	
吉神 月空　天恩　时德 阳德　民日　玉宇 司命 **凶神** 河魁　死神　天吏 致死　往亡	**宜**祭祀、沐浴、修饰垣墙、平治道涂 **忌**祈福、求嗣、上册受封、上表章、袭爵受封、会亲友、冠带、出行、上官赴任、临政亲民、结婚姻、纳采问名、嫁娶、进人口、移徙、安床、解除、求医疗病、裁衣、筑堤防、修造动土、竖柱上梁、修仓库、鼓铸、经络、酝酿、开市、立券、交易、纳财、开仓库、出货财、修置产室、开渠穿井、捕捉、畋猎、取鱼、栽种、牧养、纳畜、破土、安葬、启攒

乙丑海中金制定日	
吉神 月德合　天恩 母仓　三合　时阴 金堂 凶神 死气　勾陈	宜祭祀、祈福、求嗣、上册受封、上表章、袭爵受封、会亲友、出行、上官赴任、临政亲民、结婚姻、纳采问名、嫁娶、进人口、移徙、解除、裁衣、修造动土、竖柱上梁、修仓库、经络、酝酿、立券、交易、纳财、安碓硙、牧养、纳畜、安葬 忌冠带、求医疗病、畋猎、取鱼、栽种

丙寅炉中火义执日	
吉神 天恩　解神　五合 青龙　鸣吠对 凶神 劫煞　小耗　地囊 归忌	宜沐浴、捕捉 忌祭祀、祈福、求嗣、上册受封、上表章、袭爵受封、会亲友、冠带、出行、上官赴任、临政亲民、结婚姻、纳采问名、嫁娶、进人口、移徙、远回、安床、解除、剃头、整手足甲、求医疗病、裁衣、筑堤防、修造动工、竖柱上梁、修仓库、鼓铸、经络、酝酿、开市、立券、交易、纳财、开仓库、出货财、修置产室、开渠穿井、安碓硙、补垣塞穴、修饰垣墙、平治道涂、破屋坏垣、栽种、牧养、纳畜、破土、安葬、启攒

丁卯炉中火义破日	
吉神 天恩　五合　明堂 鸣吠对 凶神 月破　大耗　灾煞 天火　月厌　地火 五虚	诸事不宜

戊辰大林木专危日	
吉神 天恩　母仓　六合 不将　敬安 凶神 月煞　月虚　四击 天刑	忌祈福、求嗣、上册受封、上表章、袭爵受封、出行、上官赴任、临政亲民、解除、剃头、整手足甲、求医疗病、裁衣、筑堤防、修造动土、竖柱上梁、修仓库、鼓铸、修置产室、开渠穿井、安碓硙、补垣塞穴、修饰垣墙、破屋坏垣

己巳大林木义成日	
吉神 三合、临日、天喜、天医、普护 **凶神** 重日、朱雀	**宜**祭祀、祈福、上册受封、上表章、袭爵受封、会亲友、入学、上官赴任、临政亲民、结婚姻、纳采问名、嫁娶、进人口、移徙、求医疗病、裁衣、筑堤防、修造动土、竖柱上梁、修仓库、经络、酝酿、开市、立券、交易、纳财、安碓硙、栽种、牧养、纳畜 **忌**出行、破土、安葬、启攒
庚午路傍土伐收日	
吉神 月德　福生　金匮　鸣吠 **凶神** 天罡　大时　大败　咸池　天贼　九坎　九焦	**宜**祭祀、捕捉 **忌**出行、求医疗病、修仓库、鼓铸、苫盖、经络、开仓库、出货财、补垣塞穴、畋猎、取鱼、乘船渡水、栽种
辛未路傍土义开日	
吉神 母仓　阴德　时阳　生气　天仓　不将　宝光 **凶神** 五虚　九空　土符　复日	**宜**祭祀、祈福、求嗣、上册受封、上表章、袭爵受封、会亲友、入学、出行、上官赴任、临政亲民、嫁娶、移徙、解除、裁衣、竖柱上梁、牧养、纳畜 **忌**进人口、求医疗病、筑堤防、修造动土、修仓库、酝酿、开市、立券、交易、纳财、开仓库、出货财、修置产室、开渠穿井、安碓硙、补垣、修饰垣墙、平治道涂、破屋坏垣、伐木、畋猎、取鱼、栽种、破土、安葬、启攒
壬申剑锋金义闭日	
吉神 四相　王日　天马　五富　不将　圣心　除神　鸣吠 **凶神** 游祸　血支　五离　白虎	**宜**祭祀、沐浴、剃头、整手足甲、裁衣、筑堤防、修仓库、经络、酝酿、纳财、补垣塞穴、扫舍宇、栽种、牧养、纳畜、破土、安葬 **忌**祈福、求嗣、上册受封、上表章、袭爵受封、会亲友、出行、上官赴任、临政亲民、结婚姻、纳采问名、嫁娶、进人口、移徙、安床、解除、求医疗病、疗目、针刺、修造动土、竖柱上梁、开市、立券、交易、开仓库、出货财、修置产室、开渠穿井

癸酉剑锋金义建日	
吉神 月恩　四相　官日 六仪　益后　除神 玉堂　鸣吠 **凶神** 月建　小时　土府 月刑　厌对　招摇 五离	**宜**祭祀、沐浴、扫舍宇 **忌**祈福、求嗣、上册受封、上表章、袭爵受封、会亲友、冠带、出行、上官赴任、临政亲民、结婚姻、纳采问名、嫁娶、进人口、移徙、安床、解除、剃头、整手足甲、求医疗病、裁衣、筑堤防、修造动土、竖柱上梁、修仓库、鼓铸、经络、酝酿、开市、立券、交易、纳财、开仓库、出货财、修置产室、开渠穿井、安碓硙、补垣塞穴、修饰垣墙、平治道涂、破屋坏垣、伐木、取鱼、乘船渡水、栽种、牧养、纳畜、破土、安葬、启攒

甲戌山头火制除日	
吉神 月空　母仓　守日 吉期　续世 **凶神** 月害　血忌　天牢	**宜**祭祀、袭爵受封、出行、上官赴任、临政亲民、解除、沐浴、剃头、整手足甲、扫舍宇、栽种 **忌**祈福、求嗣、上册受封、上表章、会亲友、结婚姻、纳采问名、嫁娶、进人口、求医疗病、针刺、修仓库、经络、酝酿、开市、立券、交易、纳财、开仓库、出货财、修置产室、牧养、纳畜、破土、安葬、启攒

乙亥山头火义满日	
吉神 月德合　相日 驿马　天后　天巫 福德　要安 **凶神** 五虚　大煞　重日 元武	**宜**祭祀、祈福、求嗣、上册受封、上表章、袭爵受封、会亲友、出行、上官赴任、临政亲民、结婚姻、纳采问名、进人口、移徙、解除、沐浴、求医疗病、裁衣、修造动土、竖柱上梁、修仓库、经络、开市、立券、交易、纳财、开仓库、出货财、补垣塞穴、牧养、纳畜 **忌**嫁娶、畋猎、取鱼、栽种

丙子涧下水伐平日	
吉神 时德　阳德　民日 玉宇　司命 鸣吠对 **凶神** 河魁　死神　天吏 致死　往亡 触水龙	**宜**祭祀、沐浴、修饰垣墙、平治道涂 **忌**祈福、求嗣、上册受封、上表章、袭爵受封、会亲友、冠带、出行、上官赴任、临政亲民、结婚姻、纳采问名、嫁娶、进人口、移徙、安床、解除、求医疗病、裁衣、筑堤防、修造动土、竖柱上梁、修仓库、鼓铸、经络、酝酿、开市、立券、交易、纳财、开仓库、出货财、修置产室、开渠穿井、捕捉、畋猎、取鱼、乘船渡水、栽种、牧养、纳畜、破土、安葬、启攒

<table>
<tr><td colspan="2">丁丑涧下水宝定日</td></tr>
<tr><td>吉神
母仓　三合　时阴
金堂
凶神
死气　勾陈</td><td>宜会亲友、结婚姻、纳采问名、嫁娶、进人口、裁衣、修造动土、竖柱上梁、修仓库、经络、酝酿、立券、交易、纳财、安碓硙、牧养、纳畜
忌冠带、解除、剃头、求医疗病、修置产室、栽种</td></tr>
<tr><td colspan="2">戊寅城头土伐执日</td></tr>
<tr><td>吉神
解神　五合　青龙
凶神
劫煞　小耗　归忌</td><td>宜沐浴、捕捉
忌祭祀、祈福、求嗣、上册受封、上表章、袭爵受封、会亲友、冠带、出行、上官赴任、临政亲民、结婚姻、纳采问名、嫁娶、进人口、移徙、远回、安床、解除、剃头、整手足甲、求医疗病、裁衣、筑堤防、修造动土、竖柱上梁、修仓库、鼓铸、经络、酝酿、开市、立券、交易、纳财、开仓库、出货财、修置产室、开渠穿井、安碓硙、补垣塞穴、修饰垣墙、破屋坏垣、栽种、牧养、纳畜、破土、安葬、启攒</td></tr>
<tr><td colspan="2">己卯城头土伐成日</td></tr>
<tr><td>吉神
天恩　五合　明堂
凶神
月破　大耗　灾煞
天火　月厌　地火
五虚　阴道冲阳</td><td>诸事不宜</td></tr>
<tr><td colspan="2">庚辰白镴金义危日</td></tr>
<tr><td>吉神
月德　天恩　母仓
天愿　六合　敬安
凶神
月煞　月虚　四击
天刑</td><td>宜祭祀、祈福、求嗣、上册受封、上表章、袭爵受封、会亲友、出行、上官赴任、临政亲民、结婚姻、纳采问名、嫁娶、进人口、移徙、安床、解除、裁衣、修造动土、竖柱上梁、修仓库、酝酿、开市、立券、交易、纳财、栽种、牧养、纳畜、安葬</td></tr>
</table>

辛巳白镴金伐成日	
吉神 天恩　三合　临日 天喜　天医　不将 普护 凶神 复日　重日　朱雀	宜祭祀、祈福、上册受封、上表章、袭爵受封、会亲友、入学、上官赴任、临政亲民、结婚姻、纳采问名、嫁娶、进人口、移徙、求医病疗、裁衣、筑堤防、修造动土、竖柱上梁、修仓库、经络、开市、立券、交易、纳财、安碓硙、栽种、牧养、纳畜 忌出行、酝酿、破土、安葬、启攒
壬午杨柳木制收日	
吉神 天恩　四相　不将 福生　金匮　鸣吠 凶神 天罡　大时　大败 咸池　天贼　九坎 九焦	宜祭祀、捕捉 忌祈福、求嗣、上册受封、上表章、袭爵受封、会亲友、冠带、出行、上官赴任、临政亲民、结婚姻、纳采问名、嫁娶、进人口、移徙、安床、解除、求医疗病、裁衣、筑堤防、修造动土、竖柱上梁、修仓库、鼓铸、苫盖、经络、酝酿、开市、立券、交易、纳财、开仓库、出货财、修置产室、开渠穿井、补垣塞穴、取鱼、乘船渡水、栽种、牧养、纳畜、破土、安葬、启攒
癸未杨柳木伐开日	
吉神 天恩　母仓　月恩 四相　阴德　时阳 生气　天仓　不将 宝光 凶神 五虚　九空　土符 触水龙	宜祭祀、祈福、求嗣、上册受封、上表章、袭爵受封、会亲友、入学、出行、上官赴任、临政亲民、结婚姻、纳采问名、嫁娶、移徙、解除、裁衣、竖柱上梁、牧养、纳畜 忌进人口、求医疗病、筑堤防、修造动土、修仓库、开市、立券、交易、纳财、开仓库、出货财、修置产室、开渠穿井、安碓硙、补垣、修饰垣墙、平治道涂、破屋坏垣、伐木、畋猎、取鱼、乘船渡水、栽种、破土
甲申井泉水伐闭日	
吉神 月空　王日　天马 五富　不将　圣心 除神　鸣火 凶神 游祸　血支　五离 白虎	宜祭祀、沐浴、剃头、整手足甲、裁衣、筑堤防、经络、酝酿、纳财、补垣塞穴、扫舍宇、栽种、牧养、纳畜、破土、安葬 忌祈福、求嗣、上册受封、上表章、袭爵受封、会亲友、出行、上官赴任、临政亲民、结婚姻、纳采问名、嫁娶、进人口、移徙、安床、解除、求医疗病、疗目、针刺、修造动土、竖柱上梁、开市、立券、交易、开仓库、出货财、修置产室、开渠穿井

乙酉井泉水伐建日	
吉神 月德合　官日 六仪　益后　除神 玉堂　鸣吠 凶神 月建　小时　土府 月刑　厌对　招摇 五离	**宜**祭祀、沐浴、扫舍宇 **忌**会亲友、求医疗病、筑堤防、修造动土、修仓库、修置产室、开渠穿井、安碓硙、补垣、修饰垣墙、平治道涂、破屋坏垣、伐木、畋猎、取鱼、栽种、破土

丙戌屋上土宝除日	
吉神 母仓　守日　吉期 续世 凶神 月害　血忌　天牢	**宜**祭祀、袭爵受封、出行、上官赴任、临政亲民、解除、沐浴、剃头、整手足甲、扫舍宇、栽种 **忌**祈福、求嗣、上册受封、上表章、会亲友、结婚姻、纳采问名、嫁娶、进人口、求医疗病、针刺、修仓库、经络、酝酿、开市、立券、交易、纳财、开仓库、出货财、修置产室、牧养、纳畜、破土、安葬、启攒

丁亥屋上土伐满日	
吉神 相日　驿马　天后 天巫　福德　要安 凶神 五虚　八风　大煞 重日　元武	**宜**祭祀、祈福、上册受封、上表章、会亲友、出行、进人口、移徙、沐浴、裁衣、经络、开市、立券、交易、纳财、补垣塞穴 **忌**袭爵受封、上官赴任、临政亲民、结婚姻、纳采问名、嫁娶、剃头、求医疗病、修仓库、开仓库、出货财、取鱼、乘船渡水、破土、安葬、启攒

戊子霹雳火制平日	
吉神 时德　阳德　民日 玉宇　司命 凶神 河魁　死神　天吏 致死　往亡	**宜**祭祀、沐浴、修饰垣墙、平治道涂 **忌**祈福、求嗣、上册受封、上表章、袭爵受封、会亲友、冠带、出行、上官赴任、临政亲民、结婚姻、纳采问名、嫁娶、进人口、移徙、安床、解除、求医疗病、裁衣、筑堤防、修造动土、竖柱上梁、修仓库、鼓铸、经络、酝酿、开市、立券、交易、纳财、开仓库、出货财、修置产室、开渠穿井、捕捉、畋猎、取鱼、栽种、牧养、纳畜、破土、安葬、启攒

己丑霹雳火专定日	
吉神 母仓　三合　时阴 金堂 **凶神** 死气　勾陈	**宜**会亲友、结婚姻、纳采问名、嫁娶、进人口、裁衣、修造动土、竖柱上梁、修仓库、经络、酝酿、立券、交易、纳财、安碓硙、牧养、纳畜 **忌**冠带、解除、求医疗病、修置产室、栽种

庚寅松柏木制执日	
吉神 月德　解神　五合 青龙　鸣吠对 **凶神** 劫煞　小耗　归忌	**宜**沐浴、捕捉 **忌**祭祀、移徙、远回、求医疗病、修仓库、经络、开市、立券、交易、纳财、开仓库、出货财、畋猎、取鱼

辛卯松柏木制破日	
吉神 五合　明堂 鸣吠对 **凶神** 月破　大耗　灾煞 天火　月厌　地火 五虚　复日　大会	诸事不宜

壬辰长流水伐危日	
吉神 母仓　四相　六合 不将　敬安 **凶神** 月煞　月虚　四击 天刑	**宜**祭祀 **忌**上册受封、上表章、求医疗病、开渠

<table>
<tr><td colspan="2">癸巳长流水制成日</td></tr>
<tr><td>吉神
月恩　四相　三合
临日　天喜　天医
不将　普护
凶神
重日　朱雀</td><td>宜祭祀、祈福、求嗣、上册受封、上表章、袭爵受封、会亲友、入学、上官赴任、临政亲民、结婚姻、纳采问名、嫁娶、进人口、移徙、解除、求医疗病、裁衣、筑堤防、修造动土、竖柱上梁、修仓库、经络、酝酿、开市、立券、交易、纳财、开仓库、出货财、安碓硙、栽种、牧养、纳畜
忌出行、破土、安葬、启攒</td></tr>
<tr><td colspan="2">甲午砂石金宝收日</td></tr>
<tr><td>吉神
月空　不将　福生
金匮　鸣吠
凶神
天罡　大时　大败
咸池　天贼　九坎
九焦</td><td>宜祭祀、捕捉
忌祈福、求嗣、上册受封、上表章、袭爵受封、会亲友、冠带、出行、上官赴任、临政亲民、结婚姻、纳采问名、嫁娶、进人口、移徙、安床、解除、求医疗病、裁衣、筑堤防、修造动土、竖柱上梁、修仓库、鼓铸、苫盖、经络、酝酿、开市、立券、交易、纳财、开仓库、出货财、修置产室、开渠穿井、补垣塞穴、取鱼、乘船渡水、栽种、牧养、纳畜、破土、安葬、启攒</td></tr>
<tr><td colspan="2">乙未砂石金制开日</td></tr>
<tr><td>吉神
月德合　母仓
阴德　时阳　生气
天仓　宝光
凶神
五虚　九空　土符</td><td>宜祭祀、祈福、求嗣、上册受封、上表章、袭爵受封、会亲友、入学、出行、上官赴任、临政亲民、结婚姻、纳采问名、嫁娶、进人口、移徙、解除、裁衣、竖柱上梁、开市、纳财、牧养、纳畜
忌求医疗病、筑堤防、修造动土、修仓库、修置产室、开渠穿井、安碓硙、补垣、修饰垣墙、平治道涂、破屋坏垣、伐木、畋猎、取鱼、栽种、破土</td></tr>
<tr><td colspan="2">丙申山下火制闭日</td></tr>
<tr><td>吉神
王日　天马　五富
圣心　除神　鸣吠
凶神
游祸　血支　地囊
五离　白虎</td><td>宜祭祀、沐浴、剃头、整手足甲、裁衣、经络、酝酿、纳财、扫舍宇、牧养、纳畜、安葬
忌祈福、求嗣、上册受封、上表章、袭爵受封、会亲友、出行、上官赴任、临政亲民、结婚姻、纳采问名、嫁娶、进人口、移徙、安床、解除、求医疗病、疗目、针刺、筑堤防、修造动土、竖柱上梁、修仓库、开市、立券、交易、开仓库、出货财、修置产室、开渠穿井、安碓硙、补垣、修饰垣墙、平治道涂、破屋坏垣、栽种、破土</td></tr>
</table>

丁酉山下火制建日	
吉神 官日 六仪 益后 除神 玉堂 鸣吠 凶神 月建 小时 土府 月刑 厌对 招摇 五离	宜祭祀、沐浴、扫舍宇 忌祈福、求嗣、上册受封、上表章、袭爵受封、会亲友、冠带、出行、上官赴任、临政亲民、结婚姻、纳采问名、嫁娶、进人口、移徙、安床、解除、剃头、整手足甲、求医疗病、裁衣、筑堤防、修造动土、竖柱上梁、修仓库、鼓铸、经络、酝酿、开市、立券、交易、纳财、开仓库、出货财、修置产室、开渠穿井、安碓硙、补垣塞穴、修饰垣墙，平治道涂、破屋坏垣、伐木、取鱼、乘船渡水、栽种、牧养、纳畜、破土、安葬、启攒
戊戌平地水专除日	
吉神 母仓 守日 吉期 续世 凶神 月害 血忌 天牢	宜祭祀、袭爵受封、出行、上官赴任、临政亲民、解除、沐浴、剃头、整手足甲、扫舍宇、栽种 忌祈福、求嗣、上册受封、上表章、会亲友、结婚姻、纳采问名、嫁娶、进人口、求医疗病、针刺、修仓库、经络、酝酿、开市、立券、交易、纳财、开仓库、出货财、修置产室、牧养、纳畜、破土、安葬、启攒
己亥平地木制满日	
吉神 相日 驿马 天后 天巫 福德 要安 凶神 五虚 大煞 重日 元武	宜祭祀、祈福、上册受封、上表章、会亲友、出行、进人口、移徙、沐浴、裁衣、经络、开市、立券、交易、纳财、补垣塞穴 忌袭爵受封、上官赴任、临政亲民、结婚姻、纳采问名、嫁娶、求医疗病、修仓库、开仓库、出货财、破土、安葬、启攒
庚子壁上土宝平日	
吉神 月德 时德 阳德 民日 玉宇 司命 鸣吠对 凶神 河魁 死神 天吏 致死 四忌 九虎 往忘	宜祭祀、沐浴、修饰垣墙、平治道涂 忌上册受封、上表章、出行、上官赴任、临政亲民、结婚姻、纳采问名、嫁娶、进人口、移徙、求医疗病、经络、捕捉、畋猎、取鱼、安葬

辛丑壁上土义定日	
吉神 母仓　三合　时阴 金堂 **凶神** 死气　五墓　复日 勾陈	**宜**会亲友、裁衣、修仓库、经络、纳财、安碓硙 **忌**冠带、出行、上官赴任、临政亲民、结婚姻、纳采问名、嫁娶、进人口、移徙、安床、解除、求医疗病、修造动土、竖柱上梁、酝酿、开市、立券、交易、修置产室、栽种、牧养、纳畜、破土、安葬、启攒
壬寅金箔金宝执日	
吉神 四相　解神　五合 青龙　鸣吠对 **凶神** 劫煞　小耗　归忌	**宜**沐浴、捕捉 **忌**祭祀、祈福、求嗣、上册受封、上表章、袭爵受封、会亲友、冠带、出行、上官赴任、临政亲民、结婚姻、纳采问名、嫁娶、进人口、移徙、远回、安床、解除、剃头、整手足甲、求医疗病、裁衣、筑堤防、修造动土、竖柱上梁、修仓库、鼓铸、经络、酝酿、开市、立券、交易、纳财、开仓库、出货财、修置产室、开渠穿井、安碓硙、补垣塞穴、修饰垣墙、破屋坏垣、栽种、牧养、纳畜、破土、安葬、启攒
癸卯金箔金宝破日	
吉神 月恩　四相　五合 明堂　鸣吠对 **凶神** 月破　大耗　灾煞 天火　月厌　地火 五虚	诸事不宜
甲辰覆灯火制危日	
吉神 月空　母仓　六合 不将　敬安 **凶神** 月煞　月虚　四击 天刑	**忌**祈福、求嗣、袭爵受封、出行、上官赴任、临政亲民、解除、剃头、整手足甲、求医疗病、裁衣、筑堤防、修造动土、竖柱上梁、修仓库、鼓铸、修置产室、开渠穿井、安碓硙、补垣塞穴、修饰垣墙、破屋坏垣

<table>
<tr><td colspan="2">乙巳覆灯火宝成日</td></tr>
<tr><td>吉神
月德合　三合
临日　天喜　天医
普护
凶神
重日　朱雀</td><td>宜祭祀、祈福、求嗣、上册受封、上表章、袭爵受封、会亲友、入学、上官赴任、临政亲民、结婚姻、纳采问名、嫁娶、进人口、移徙、解除、求医疗病、裁衣、筑堤防、修造动土、竖柱上梁、修仓库、经络、酝酿、开市、立券、交易、纳财、安碓硙、牧养、纳畜
忌出行、畋猎、取鱼、栽种</td></tr>
<tr><td colspan="2">丙午天河水专收日</td></tr>
<tr><td>吉神
福生　金匮　鸣吠
凶神
天罡　大时　大败
咸池　天贼　九坎
九焦</td><td>宜祭祀、捕捉
忌祈福、求嗣、上册受封、上表章、袭爵受封、会亲友、冠带、出行、上官赴任、临政亲民、结婚姻、纳采问名、嫁娶、进人口、移徙、安床、解除、求医疗病、裁衣、筑堤防、修造动土、竖柱上梁、修仓库、鼓铸、苫盖、经络、酝酿、开市、立券、交易、纳财、开仓库、出货财、修置产室、开渠穿井、补垣塞穴、取鱼、乘船渡水、栽种、牧养、纳畜、破土、安葬、启攒</td></tr>
<tr><td colspan="2">丁未天河水宝开日</td></tr>
<tr><td>吉神
母仓　阴德　时阳
生气　天仓　宝光
凶神
五虚　八风　九空
土符　八专</td><td>宜祭祀、祈福、求嗣、上册受封、上表章、袭爵受封、会亲友、入学、出行、上官赴任、临政亲民、移徙、解除、裁衣、竖柱上梁、牧养、纳畜
忌结婚姻、纳采问名、嫁娶、进人口、剃头、求医疗病、筑堤防、修造动土、修仓库、开市、立券、交易、纳财、开仓库、出货财、修置产室、开渠穿井、安碓硙、补垣、修饰垣墙、平治道涂、破屋坏垣、伐木、畋猎、取鱼、乘船渡水、栽种、破土</td></tr>
<tr><td colspan="2">戊申大驿土宝闭日</td></tr>
<tr><td>吉神
天赦　王日　天马
五富　不将　圣心
除神
凶神
游祸　血支　五离
白虎</td><td>宜祭祀、沐浴、剃头、整手足甲、裁衣、筑堤防、修仓库、经络、酝酿、立券、交易、纳财、补垣塞穴、扫舍宇、栽种、牧养、纳畜、安葬
忌祈福、求嗣、安床、解除、求医疗病、疗目、针刺、畋猎、取鱼</td></tr>
</table>

己酉大驿土宝建日	
吉神 天恩　官日　六仪 益后　除神　玉堂 鸣吠 **凶神** 月建　小时　土府 月刑　厌对　招摇 五离　小会	诸事不宜
庚戌钗钏金义除日	
吉神 月德　天恩　母仓 守日　吉期　续世 **凶神** 月害　血忌　天牢	**宜**祭祀、祈福、求嗣、上册受封、上表章、袭爵受封、会亲友、出行、上官赴任、临政亲民、结婚姻、纳采问名、嫁娶、移徙、解除、沐浴、剃头、整手足甲、裁衣、修造动土、竖柱上梁、修仓库、纳财、扫舍宇、栽种、牧养、纳畜、安葬 **忌**求医疗病、针刺、经络、畋猎、取鱼
辛亥钗钏金宝满日	
吉神 天恩　相日　驿马 天后　天巫　福德 要安 **凶神** 四穷　九虎　五虚 大煞　复日　重日 元武	**宜**祭祀、祈福、上册受封、上表章、会亲友、出行、移徙、沐浴、裁衣、经络、补垣塞穴 **忌**袭爵受封、上官赴任、临政亲民、结婚姻、纳采问名、嫁娶、进人口、求医疗病、修仓库、酝酿、开市、立券、交易、纳财、开仓库、出货财、破土、安葬、启攒
壬子桑柘木专平日	
吉神 天恩　四相　时德 阳德　民日　玉宇 司命　鸣吠对 **凶神** 河魁　死神　天吏 致死　往亡	**宜**祭祀、沐浴、修饰垣墙、平治道涂 **忌**祈福、求嗣、上册受封、上表章、袭爵受封、会亲友、冠带、出行、上官赴任、临政亲民、结婚姻、纳采问名、嫁娶、进人口、移徙、安床、解除、求医疗病、裁衣、筑堤防、修造动土、竖柱上梁、修仓库、鼓铸、经络、酝酿、开市、立券、交易、纳财、开仓库、出货财、修置产室、开渠穿井、捕捉、畋猎、取鱼、栽种、牧养、纳畜、破土、安葬、启攒

癸丑桑柘木伐定日	
吉神 天恩　母仓　月恩 四相　三合　时阴 金堂 凶神 死气　八专 触水龙　勾陈	宜祭祀、祈福、求嗣、袭爵受封、会亲友、出行、上官赴任、临政亲民、进人口、移徙、裁衣、修造动土、竖柱上梁、修仓库、经络、酝酿、立券、交易、纳财、开仓库、出货财、安碓硙、牧养、纳畜 忌冠带、结婚姻、纳采问名、嫁娶、解除、求医疗病、修置产室、取鱼、乘船渡水、栽种

甲寅大溪水专执日	
吉神 月空　解神　五合 青龙　鸣吠对 凶神 劫煞　小耗　四废 归忌　八专	宜沐浴、捕捉 忌祭祀、祈福、求嗣、上册受封、上表章、袭爵受封、会亲友、冠带、出行、上官赴任、临政亲民、结婚姻、纳采问名、嫁娶、进人口、移徙、远回、安床、解除、剃头、整手足甲、求医疗病、裁衣、筑堤防、修造动土、竖柱上梁、修仓库、鼓铸、经络、酝酿、开市、立券、交易、纳财、开仓库、出货财、修置产室、开渠穿井、安碓硙、补垣塞穴、修饰垣墙、破屋坏垣、栽种、牧养、纳畜、破土、安葬、启攒

乙卯大溪水专破日	
吉神 月德合　五合 明堂　鸣吠对 凶神 月破　大耗　灾煞 天火　月厌　地火 四废　五虚　阴错	诸事不宜

丙辰沙中土宝危日	
吉神 母仓　六合　敬安 凶神 月煞　月虚　四击 天刑	忌祈福、求嗣、上册受封、上表章、袭爵受封、出行、上官赴任、临政亲民、解除、剃头、整手足甲、求医疗病、裁衣、筑堤防、修造动土、竖柱上梁、修仓库、鼓铸、修置产室、开渠穿井、安碓硙、补垣塞穴、修饰垣墙、破屋坏垣

丁巳沙中土专成日	
吉神 三合　临日　天喜 天医　普护 凶神 重日　朱雀	宜祭祀、祈福、上册受封、上表章、袭爵受封、会亲友、入学、上官赴任、临政亲民、结婚姻、纳采问名、嫁娶、进人口、移徙、求医疗病、裁衣、筑堤防、修造动土、竖柱上梁、修仓库、经络、酝酿、开市、立券、交易、纳财、安碓硙、栽种、牧养、纳畜 忌出行、剃头、破土、安葬、启攒

戊午天上火义收日	
吉神 不将　福生　金匮 凶神 天罡　大时　大败 咸池　天贼　四耗 九坎　九焦	宜祭祀、捕捉 忌祈福、求嗣、上册受封、上表章、袭爵受封、会亲友、冠带、出行、上官赴任、临政亲民、结婚姻、纳采问名、嫁娶、进人口、移徙、安床、解除、求医疗病、裁衣、筑堤防、修造动土、竖柱上梁、修仓库、鼓铸、苫盖、经络、酝酿、开市、立券、交易、纳财、开仓库、出货财、修置产室、开渠穿井、补垣塞穴、取鱼、乘船渡水、栽种、牧养、纳畜、破土、安葬、启攒

己未天上火专开日	
吉神 母仓　阴德　时阳 生气　天仓　宝光 凶神 五虚　九空　土符 八专	宜祭祀、祈福、求嗣、上册受封、上表章、袭爵受封、会亲友、入学、出行、上官赴任、临政亲民、移徙、解除、裁衣、竖柱上梁、牧养、纳畜 忌结婚姻、纳采问名、嫁娶、进人口、求医疗病、筑堤防、修造动土、修仓库、开市、立券、交易、纳财、开仓库、出货财、修置产室、开渠穿井、安碓硙、补垣、修饰垣墙、平治道涂、破屋坏垣、伐木、畋猎、取鱼、栽种、破土

庚申石榴木专闭日	
吉神 月德　王日　天马 五富　圣心　除神 鸣吠 凶神 游祸　血支　五离 八专　白虎	宜祭祀、沐浴、剃头、整手足甲、裁衣、筑堤防、修仓库、酝酿、立券、交易、纳财、补垣塞穴、扫舍宇、栽种、牧养、纳畜、破土、安葬 忌祈福、求嗣、结婚姻、纳采问名、嫁娶、安床、解除、求医疗病、疗目、针刺、经络、畋猎、取鱼

辛酉石榴木专建日	
吉神 官日　六仪　益后 除神　玉堂　鸣吠 凶神 月建　小时　土府 月刑　厌对　招摇 复日　五离　阳错	宜祭祀、沐浴、扫舍宇 忌祈福、求嗣、上册受封、上表章、袭爵受封、会亲友、冠带、出行、上官赴任、临政亲民、结婚姻、纳采问名、嫁娶、进人口、移徙、安床、解除、剃头、整手足甲、求医疗病、裁衣、筑堤防、修造动土、竖柱上梁、修仓库、鼓铸、经络、酝酿、开市、立券、交易、纳财、开仓库、出货财、修置产室、开渠穿井、安碓硙、补垣塞穴、修饰垣墙、平治道涂、破屋坏垣、伐木、取鱼、乘船渡水、栽种、牧养、纳畜、破土、安葬、启攒

壬戌大海水伐除日	
吉神 母仓　四相　守日 吉期　续世 凶神 月害　血忌　天牢	宜祭祀、袭爵受封、出行、上官赴任、临政亲民、移徙、解除、沐浴、剃头、整手足甲、裁衣、修造动土、竖柱上梁、扫舍宇、栽种 忌祈福、求嗣、上册受封、上表章、会亲友、结婚姻、纳采问名、嫁娶、进人口、求医疗病、针刺、修仓库、经络、酝酿、开市、立券、交易、纳财、开仓库、出货财、修置产室、开渠、牧养、纳畜、破土、安葬、启攒

癸亥大海水专满日	
吉神 月恩　四相　相日 驿马　天后　天巫 福德　要安 凶神 五虚　大煞　重日 元武	宜祭祀、解除、沐浴 忌嫁娶、修仓库、开仓库、出货财、破土、安葬、启攒

右六十干支，从建酉者，始白露，终秋分。其神煞吉凶用事宜忌具于表。

钦定协纪辨方书卷二十八

月表九

九月

九月	甲己年 建甲戌	乙庚年 建丙戌	丙辛年 建戊戌	丁壬年 建庚戌	戊癸年 建壬戌

寒露九月节，天道南行，宜向南行，宜修造南方。

天德在丙、天德合在辛、月德在丙、月德合在辛、月空在壬、宜修造取土。

月建在戌、月破在辰、月厌在寅、月刑在未、月害在酉、劫煞在亥、灾煞在子、月煞在丑，忌修造取土。

三日四日长星，十六日十七日短星。寒露后二十七日往亡。土王用事后忌修造动土。巳午日添母仓。

霜降九月中，日躔在卯宫为九月将，宜用癸乙丁辛时。

孟年	紫	黄	绿	仲年	白	黑	白	季年	碧	白	赤
	赤	碧	白		绿	紫	黄		白	白	黑
	黑	白	白		白	赤	碧		黄	绿	紫

甲子海中金义满日	
吉神 天恩　时德　民日 天符　福德　普护 **凶神** 灾煞　天火　大煞 归忌　天牢	**宜**祭祀、沐浴 **忌**祈福、求嗣、上册受封、上表章、袭爵受封、会亲友、冠带、出行、上官赴任、临政亲民、结婚姻、纳采问名、嫁娶、进人口、移徙、远回、安床、解除、剃头、整手足甲、求医疗病、裁衣、筑堤防、修造动土、竖柱上梁、修仓库、鼓铸、苫盖、经络、酝酿、开市、立券、交易、纳财、开仓库、出货财、修置产室、开渠穿井、安碓硙、补垣塞穴、修饰垣墙、破屋坏垣、栽种、牧养、纳畜、破土、安葬、启攒

乙丑海中金制平日	
吉神 天恩　母仓　福生 **凶神** 天罡　死神　月煞 月虚　元武	诸事不宜
丙寅炉中火义定日	
吉神 天德　月德　天恩 阳德　三合　临日 时阴　五合　司命 鸣吠对 **凶神** 月厌　地火　死气 九坎　九焦　孤辰	**忌**祭祀、出行、上官赴任、临政亲民、结婚姻、纳采问名、嫁娶、移徙、远回、求医疗病、鼓铸、补垣塞穴、伐木、畋猎、取鱼、乘船渡水、栽种
丁卯炉中火义执日	
吉神 天恩　六合　圣心 五合　鸣吠对 **凶神** 大时　大败　咸池 小耗　五虚　勾陈	**宜**祭祀、祈福、会亲友、结婚姻、嫁娶、进人口、经络、酝酿、捕捉、畋猎、纳畜、破土、安葬、启攒 **忌**剃头、修仓库、开市、立券、交易、纳财、开仓库、出货财、穿井
戊辰大林木专破日	
吉神 天恩　母仓　不将 益后　解神　青龙 **凶神** 月破　大耗　四击 五墓　九空　往亡 复日	**宜**祭祀、沐浴、破屋坏垣 **忌**祈福、求嗣、上册受封、上表章、袭爵受封、会亲友、冠带、出行、上官赴任、临政亲民、结婚姻、纳采问名、嫁娶、进人口、移徙、安床、解除、剃头、整手足甲、求医疗病、裁衣、筑堤防、修造动土、竖柱上梁、修仓库、鼓铸、经络、酝酿、开市、立券、交易、纳财、开仓库、出货财、修置产室、开渠穿井、安碓硙、补垣塞穴、修饰垣墙、伐木、捕捉、畋猎、取鱼、栽种、牧养、纳畜、破土、安葬、启攒

己巳大林木义危日	
吉神 阴德　续世　明堂 **凶神** 游祸　天贼　血忌 重日	**宜**祭祀、安床、畋猎 **忌**祈福、求嗣、出行、解除、求医疗病、针刺、修仓库、开仓库、出货财、破土、安葬、启攒

庚午路傍土伐成日	
吉神 月恩　三合　天喜 天医　天仓　不将 要安　鸣吠 **凶神** 天刑	**宜**祭祀、祈福、求嗣、袭爵受封、会亲友、入学、出行、上官赴任、临政亲民、结婚姻、纳采问名、嫁娶、进人口、移徙、解除、求医疗病、裁衣、筑堤防、修造动土、竖柱上梁、修仓库、酝酿、开市、立券、交易、纳财、开仓库、出货财、安碓硙、栽种、牧养、纳畜、破土、安葬 **忌**苫盖、经络

辛未路傍土义收日	
吉神 天德合　月德合 母仓　不将　玉宇 **凶神** 河魁　月刑　五虚 地囊　朱雀	**宜**祭祀、捕捉 **忌**求医疗病、筑堤防、修造动土、修仓库、酝酿、修置产室、开渠穿井、安碓硙、补垣、修饰垣墙、平治道涂、破屋坏垣、畋猎、取鱼、栽种、破土

壬申剑锋金义开日	
吉神 月空　四相　王日 驿马　天后　时阳 生气　六仪　金堂 除神　金匮　鸣吠 **凶神** 厌对　招摇　五离	**宜**祭祀、祈福、求嗣、上册受封、上表章、袭爵受封、入学、出行、上官赴任、临政亲民、移徙、解除、沐浴、剃头、整手足甲、求医疗病、裁衣、修造动土、竖柱上梁、开市、纳财、开仓库、出货财、修置产室、安碓硙、扫舍宇、栽种、牧养 **忌**会亲友、结婚姻、纳采问名、嫁娶、安床、立券、交易、开渠、伐木、畋猎、取鱼、乘船渡水

癸酉剑锋金义闭日	
吉神 四相 官日 除神 宝光 鸣吠 凶神 月害 天吏 致死 血支 五离	宜祭祀、沐浴、剃头、整手足甲、裁衣、补垣塞穴、扫舍宇 忌祈福、求嗣、上册受封、上表章、袭爵受封、会亲友、冠带、出行、上官赴任、临政亲民、结婚姻、纳采问名、嫁娶、进人口、移徙、安床、解除、求医疗病、疗目、针刺、筑堤防、修造动土、竖柱上梁、修仓库、经络、酝酿、开市、立券、交易、纳财、开仓库、出货财、修置产室、开渠穿井、栽种、牧养、纳畜、破土、安葬、启攒

甲戌山头火制建日	
吉神 母仓 守日 天马 凶神 月建 小时 土府 白虎 阴位	诸事不宜

乙亥山头火义除日	
吉神 相日 吉期 五富 敬安 玉堂 凶神 劫煞 五虚 土符 重日	宜沐浴、扫舍宇 忌祈福、求嗣、上册受封、上表章、会亲友、冠带、结婚姻、纳采问名、嫁娶、进人口、移徙、安床、求医疗病、裁衣、筑堤防、修造动土、竖柱上梁、修仓库、鼓铸、开仓库、出货财、修置产室、开渠穿井、安碓硙、补垣塞穴、修饰垣墙、平治道涂、破屋坏垣、栽种、破土、安葬、启攒

丙子涧下水伐满日	
吉神 天德 月德 时德 民日 天巫 福德 普护 鸣吠对 凶神 灾煞 天火 大煞 归忌 触水龙 天牢	宜祭祀、祈福、求嗣、上册受封、上表章、袭爵受封、会亲友、出行、上官赴任、临政亲民、结婚姻、纳采问名、嫁娶、进人口、解除、沐浴、裁衣、修造动土、竖柱上梁、修仓库、经络、开市、立券、交易、纳财、开仓库、出货财、补垣塞穴、栽种、牧养、纳畜、破土、安葬、启攒 忌移徙、远回、求医疗病、畋猎、取鱼、乘船渡水

丁丑涧下水宝平日	
吉神 母仓　福生 **凶神** 天罡　死神　月煞 月虚　元武	诸事不宜
戊寅城头土伐定日	
吉神 阳德　三合　临日 时阴　五合　司命 **凶神** 月厌　地火　死气 九坎　九焦　复日 孤辰	**忌**祭祀、祈福、求嗣、上册受封、上表章、袭爵受封、会亲友、冠带、出行、上官赴任、临政亲民、结婚姻、纳采问名、嫁娶、进人口、移徙、远回、安床、解除、剃头、整手足甲、求医疗病、裁衣、筑堤防、修造动土、竖柱上梁、修仓库、鼓铸、经络、酝酿、开市、立券、交易、纳财、开仓库、出货财、修置产室、开渠穿井、安碓硙、补垣塞穴、修饰垣墙、平治道涂、破屋坏垣、伐木、取鱼、乘船渡水、栽种、牧养、纳畜、破土、安葬、启攒
己卯城头土伐执日	
吉神 天恩　六合　圣心 五合 **凶神** 大时　大败　咸池 小耗　五虚　勾陈	**宜**祭祀、祈福、会亲友、结婚姻、嫁娶、进人口、经络、酝酿、捕捉、畋猎、纳畜、安葬 **忌**修仓库、开市、立券、交易、纳财、开仓库、出货财、穿井
庚辰白镴金义破日	
吉神 天恩　母仓　月恩 不将　益后　解神 青龙 **凶神** 月破　大耗　四击 九空　往亡	**宜**祭祀、解除、沐浴、破屋坏垣 **忌**祈福、求嗣、上册受封、上表章、袭爵受封、会亲友、冠带、出行、上官赴任、临政亲民、结婚姻、纳采问名、嫁娶、进人口、移徙、安床、剃头、整手足甲、求医疗病、裁衣、筑堤防、修造动土、竖柱上梁、修仓库、鼓铸、经络、酝酿、开市、立券、交易、纳财、开仓库、出货财、修置产室、开渠穿井、安碓硙、补垣塞穴、修饰垣墙、伐木、捕捉、畋猎、取鱼、栽种、牧养、纳畜、破土、安葬、启攒

辛巳白镴金伐危日	
吉神 天德合　月德合 天恩　阴德　不将 续世　明堂 **凶神** 游祸　天贼　血忌 重日	**宜**祭祀、上册受封、上表章、袭爵受封、会亲友、上官赴任、临政亲民、结婚姻、纳采问名、嫁娶、移徙、安床、裁衣、修造动土、竖柱上梁、栽种、牧养、纳畜 **忌**祈福、求嗣、出行、解除、求医疗病、针刺、修仓库、酝酿、开仓库、出货财、畋猎、取鱼

壬午杨柳木制成日	
吉神 月空　天恩　四相 三合　天喜　天医 天仓　不将　要安 鸣吠 **凶神** 天刑	**宜**祭祀、祈福、求嗣、上表章、袭爵受封、会亲友、入学、出行、上官赴任、临政亲民、结婚姻、纳采问名、嫁娶、进人口、移徙、解除、求医疗病、裁衣、筑堤防、修造动土、竖柱上梁、修仓库、经络、酝酿、开市、立券、交易、纳财、开仓库、出货财、安碓硙、栽种、牧养、纳畜、破土、安葬、 **忌**苫盖、开渠

癸未杨柳木伐收日	
吉神 天恩　母仓　四相 不将　玉宇 **凶神** 河魁　月刑　五虚 触水龙　朱雀	**宜**祭祀、捕捉、畋猎 **忌**祈福、求嗣、上册受封、上表章、袭爵受封、会亲友、冠带、出行、上官赴任、临政亲民、结婚姻、纳采问名、嫁娶、进人口、移徙、安床、解除、剃头、整手足甲、求医疗病、裁衣、筑堤防、修造动土、竖柱上梁、修仓库、鼓铸、经络、酝酿、开市、立券、交易、纳财、开仓库、出货财、修置产室、开渠穿井、安碓硙、补垣塞穴、修饰垣墙、修饰垣墙、取鱼、乘船渡水、栽种、牧养、纳畜、破土、安葬、启攒

甲申井泉水伐开日	
吉神 王日　驿马　天后 时阳　生气　六仪 金堂　除神　金匮 鸣吠 **凶神** 厌对　招摇　五离	**宜**祭祀、祈福、求嗣、上册受封、上表章、袭爵受封、入学、出行、上官赴任、临政亲民、移徙、解除、沐浴、剃头、整手足甲、求医疗病、裁衣、修造动土、竖柱上梁、开市、修置产室、开渠穿井、安碓硙、扫舍宇、栽种、牧养 **忌**会亲友、结婚姻、纳采问名、嫁娶、安床、立券、交易、开仓库、出货财、伐木、畋猎、取鱼、乘船渡水

乙酉井泉水伐闭日	
吉神 官日　除神　宝光 鸣吠 **凶神** 月害　天吏　致死 血支　五离	**宜**沐浴、剃头、整手足甲、补垣塞穴、扫舍宇 **忌**祈福、求嗣、上册受封、上表章、袭爵受封、会亲友、冠带、出行、上官赴任、临政亲民、结婚姻、纳采问名、嫁娶、进人口、移徙、安床、解除、求医疗病、疗目、针刺、筑堤防、修造动土、竖柱上梁、修仓库、经络、酝酿、开市、立券、交易、纳财、开仓库、出货财、修置产室、开渠穿井、栽种、牧养、纳畜、破土、安葬、启攒
丙戌屋上土宝建日	
吉神 天德　月德　母仓 守日　天马 **凶神** 月建　小时　土府 白虎	**宜**祭祀、祈福、求嗣、上册受封、上表章、袭爵受封、会亲友、出行、上官赴任、临政亲民、结婚姻、纳采问名、嫁娶、移徙、解除、求医疗病、裁衣、竖柱上梁、纳财、牧养、纳畜、安葬 **忌**筑堤防、修造动土、修仓库、修置产室、开渠穿井、安碓硙、补垣、修饰垣墙、平治道涂、破屋坏垣、伐木、畋猎、取鱼、栽种、破土
丁亥屋上土伐除日	
吉神 相日　吉期　五富 敬安　玉堂 **凶神** 劫煞　五虚　八风 土符　重日	**宜**沐浴、扫舍宇 **忌**祈福、求嗣、上册受封、上表章、会亲友、冠带、结婚姻、纳采问名、嫁娶、进人口、移徙、安床、剃头、求医疗病、裁衣、筑堤防、修造动土、竖柱上梁、修仓库、鼓铸、开仓库、出货财、修置产室、开渠穿井、安碓硙、补垣塞穴、修饰垣墙、平治道涂、破屋坏垣、取鱼、乘船渡水、栽种、破土、安葬、启攒
戊子霹雳火制满日	
吉神 时德　民日　天巫 福德　普护 **凶神** 灾煞　天火　大煞 归忌　复日　天牢	**宜**祭祀、沐浴 **忌**祈福、求嗣、上册受封、上表章、袭爵受封、会亲友、冠带、出行、上官赴任、临政亲民、结婚姻、纳采问名、嫁娶、进人口、移徙、远回、安床、解除、剃头、整手足甲、求医疗病、裁衣、筑堤防、修造动土、竖柱上梁、修仓库、鼓铸、苫盖、经络、酝酿、开市、立券、交易、纳财、开仓库、出货财、修置产室、开渠穿井、安碓硙、补垣塞穴、修饰垣墙、破屋坏垣、栽种、牧养、纳畜、破土、安葬、启攒

<table>
<tr><td colspan="2">己丑霹雳火专平日</td></tr>
<tr><td>吉神
母仓　福生
凶神
天罡　死神　月煞
月虚　元武</td><td>诸事不宜</td></tr>
<tr><td colspan="2">庚寅松柏木制定日</td></tr>
<tr><td>吉神
月恩　阳德　三合
临日　时阴　五合
司命　鸣吠对
凶神
月厌　地火　死气
九坎　九焦　行狠</td><td>忌祭祀、祈福、求嗣、上册受封、上表章、袭爵受封、会亲友、冠带、出行、上官赴任、临政亲民、结婚姻、纳采问名、嫁娶、进人口、移徙、远回、安床、解除、剃头、整手足甲、求医疗病、裁衣、筑堤防、修造动土、竖柱上梁、修仓库、鼓铸、经络、酝酿、开市、立券、交易、纳财、开仓库、出货财、修置产室、开渠穿井、安碓硙、补垣塞穴、修饰垣墙、平治道涂、破屋坏垣、伐木、取鱼、乘船渡水、栽种、牧养、纳畜、破土、安葬、启攒</td></tr>
<tr><td colspan="2">辛卯松柏木制执日</td></tr>
<tr><td>吉神
天德合　月德合
天愿　六合　不将
圣心　五合
鸣吠对
凶神
大时　大败　咸池
小耗　五虚　勾陈</td><td>宜祭祀、祈福、求嗣、上册受封、上表章、袭爵受封、会亲友、出行、上官赴任、临政亲民、结婚姻、纳采问名、嫁娶、进人口、移徙、解除、求医疗病、裁衣、修造动土、竖柱上梁、修仓库、经络、开市、立券、交易、纳财、捕捉、栽种、牧养、纳畜、破土、安葬、启攒</td></tr>
<tr><td colspan="2">壬辰长流水伐破日</td></tr>
<tr><td>吉神
月空　母仓　四相
不将　益后　解神
青龙
凶神
月破　大耗　四击
九空　往亡</td><td>宜祭祀、解除、沐浴、破屋坏垣
忌祈福、求嗣、上册受封、上表章、袭爵受封、会亲友、冠带、出行、上官赴任、临政亲世、结婚姻、纳采问名、嫁娶、进人口、移徙、安床、剃头、整手足甲、求医疗病、裁衣、筑堤防、修造动土、竖柱上梁、修仓库、鼓铸、经络、酝酿、开市、立券、交易、纳财、开仓库、出货财、修置产室、开渠穿井、安碓硙、补垣塞穴、修饰垣墙、伐木、捕捉、畋猎、取鱼、栽种、牧养、纳畜、破土、安葬、启攒</td></tr>
</table>

癸巳长流长制危日	
吉神 四相　阴德　不将 续世　明堂 **凶神** 游祸　天贼　血忌 重日	**宜**祭祀、袭爵受封、会亲友、上官赴任、临政亲民、结婚姻、纳采问名、嫁娶、移徙、安床、裁衣、修造动土、竖柱上梁、纳财、畋猎、栽种、牧养 **忌**祈福、求嗣、出行、解除、求医疗病、针刺、修仓库、开仓库、出货财、破土、安葬、启攒

甲午砂石金宝成日	
吉神 三合　天喜　天医 天仓　要安　鸣吠 **凶神** 天刑	**宜**袭爵受封、会亲友、入学、出行、上官赴任、临政亲民、结婚姻、纳采问名、嫁娶、进人口、移徙、求医疗病、裁衣、筑堤防、修造动土、竖柱上梁、修仓库、经络、酝酿、开市、立券、交易、纳财、安碓硙、纳畜、破土、安葬 **忌**苫盖、开仓库、出货财

乙未砂石金制收日	
吉神 母仓　玉宇 **凶神** 河魁　月刑　五虚 朱雀	**宜**捕捉、畋猎 **忌**祈福、求嗣、上册受封、上表章、袭爵受封、会亲友、冠带、出行、上官赴任、临政亲民、结婚姻、纳采问名、嫁娶、进人口、移徙、安床、解除、剃头、整手足甲、求医疗病、裁衣、筑堤防、修造动土、竖柱上梁、修仓库、鼓铸、经络、酝酿、开市、立券、交易、纳财、开仓库、出货财、修置产室、开渠穿井、安碓硙、补垣塞穴、修饰垣墙、破屋坏垣、栽种、牧养、纳畜、破土、安葬、启攒

丙申山下火制开日	
吉神 天德　月德　王日 驿马　天后　时阳 生气　六仪　金堂 除神　金匮　鸣吠 **凶神** 厌对　招摇　五离	**宜**祭祀、祈福、求嗣、上册受封、上表章、袭爵受封、会亲友、入学、出行、上官赴任、临政亲民、结婚姻、纳采问名、嫁娶、移徙、解除、沐浴、剃头、整手足甲、求医疗病、裁衣、修造动土、竖柱上梁、修仓库、开市、修置产室、开渠穿井、安碓硙、扫舍宇、栽种、牧养、纳畜 **忌**安床、伐木、畋猎、取鱼

丁酉山下火制闭日	
吉神 官日　除神　宝光 鸣吠 凶神 月害　天吏　致死 血支　五离	宜沐浴、整手足甲、补垣塞穴、扫舍宇 忌祈福、求嗣、上册受封、上表章、袭爵受封、会亲友、冠带、出行、上官赴任、临政亲民、结婚姻、纳采问名、嫁娶、进人口、移徙、安床、解除、剃头、求医疗病、疗目、针刺、筑堤防、修造动土、竖柱上梁、修仓库、经络、酝酿、开市、立券、交易、纳财、开仓库、出货财、修置产室、开渠穿井、栽种、牧养、纳畜、破土、安葬、启攒

戊戌平地木专建日	
吉神 母仓　守日　天马 凶神 月建　小时　土府 复日　白虎　小会 孤阳	诸事不宜

己亥平地木制除日	
吉神 相日　吉期　五富 敬安　玉堂 凶神 劫煞　五虚　土符 重日	宜沐浴、扫舍宇 忌祈福、求嗣、上册受封、上表章、会亲友、冠带、结婚姻、纳采问名、嫁娶、进人口、移徙、安床、求医疗病、裁衣、筑堤防、修造动土、竖柱上梁、修仓库、鼓铸、开仓库、出货财、修置产室、开渠穿井、安碓硙、补垣塞穴、修饰垣墙、平治道涂、破屋坏垣、栽种、破土、安葬、启攒

庚子壁上土宝满日	
吉神 月恩　时德　民日 天巫　福德　普护 鸣吠对 凶神 灾煞　天灾　四忌 九虎　大煞　归忌 天牢	宜祭祀、沐浴 忌祈福、求嗣、上册受封、上表章、袭爵受封、会亲友、冠带、出行、上官赴任、临政亲民、结婚姻、纳采问名、嫁娶、进人口、移徙、远回、安床、解除、剃头、整手足甲、求医疗病、裁衣、筑堤防、修造动土、竖柱上梁、修仓库、鼓铸、苫盖、经络、酝酿、开市、立券、交易、纳财、开仓库、出货财、修置产室、开渠穿井、安碓硙、补垣塞穴、修饰垣墙、破屋坏垣、栽种、牧养、纳畜、破土、安葬、启攒

<table>
<tr><td colspan="2">辛丑壁上土义平日</td></tr>
<tr><td>吉神
天德合　月德合
母仓　福生
凶神
天罡　死神　月煞
月虚　地囊　元武</td><td>宜祭祀
忌祈福、求嗣、上册受封、上表章、袭爵受封、会亲友、冠带、出行、上官赴任、临政亲民、结婚姻、纳采问名、嫁娶、进人口、移徙、安床、解除、剃头、整手足甲、求医疗病、裁衣、筑堤防、修造动土、竖柱上梁、修仓库、鼓铸、经络、酝酿、开市、立券、交易、纳财、开仓库、出货财、修置产室、开渠穿井、安碓硙、补垣塞穴、修饰垣墙、平治道涂、破屋坏垣、畋猎、取鱼、栽种、牧养、纳畜、破土、安葬、启攒</td></tr>
<tr><td colspan="2">壬寅金箔金宝定日</td></tr>
<tr><td>吉神
月空　四相　阳德
三合　临日　时阴
五合　司命
鸣吠对
凶神
月厌　地火　死气
九坎　发焦　了戾</td><td>忌祭祀、祈福、求嗣、上册受封、上表章、袭爵受封、会亲友、冠带、出行、上官赴任、临政亲民、结婚姻、纳采问名、嫁娶、进人口、移徙、远回、安床、解除、剃头、整手足甲、求医疗病、裁衣、筑堤防、修造动土、竖柱上梁、修仓库、鼓铸、经络、酝酿、开市、立券、交易、纳财、开仓库、出货财、修置产室、开渠穿井、安碓硙、补垣塞穴、修饰垣墙、平治道涂、破屋坏垣、伐木、取鱼、乘船渡水、栽种、牧养、纳畜、破土、安葬、启攒</td></tr>
<tr><td colspan="2">癸卯金箔金宝执日</td></tr>
<tr><td>吉神
四相　六合　不将
圣心　五合
鸣吠对
凶神
大时　大败　咸池
小耗　五虚　勾陈</td><td>宜祭祀、祈福、求嗣、袭爵受封、会亲友、出行、上官赴任、临政亲民、结婚姻、纳采问名、嫁娶、进人口、移徙、解除、求医疗病、裁衣、修造动土、竖柱上梁、经络、酝酿、捕捉、畋猎、栽种、牧养、纳畜、破土、安葬、启攒
忌修仓库、开市、立券、交易、纳财、开仓库、出货财、穿井</td></tr>
<tr><td colspan="2">. 甲辰覆灯火制破日</td></tr>
<tr><td>吉神
母仓　益后　解神
青龙
凶神
月破　大耗　四击
九空　往亡</td><td>宜祭祀、解除、沐浴、破屋坏垣
忌祈福、求嗣、上册受封、上表章、袭爵受封、会亲友、冠带、出行、上官赴任、临政亲民、结婚姻、纳采问名、嫁娶、进人口、移徙、安床、剃头、整手足甲、求医疗病、裁衣、筑堤防、修造动土、竖柱上梁、修仓库、鼓铸、经络、酝酿、开市、立券、交易、纳财、开仓库、出货财、修置产室、开渠穿井、安碓硙、补垣塞穴、修饰垣墙、伐木、捕捉、畋猎、取鱼、栽种、牧养、纳畜、破土、安葬、启攒</td></tr>
</table>

乙巳覆灯火宝危日	
吉神 阴德　续世　明堂 **凶神** 游祸　天贼　血忌 重日	**宜**祭祀、安床、畋猎 **忌**祈福、求嗣、出行、解除、求医疗病、针刺、修仓库、开仓库、出货财、栽种、破土、安葬、启攒
丙午天河水专成日	
吉神 天德　月德　三合 天喜　天医　天仓 要安　鸣吠 **凶神** 天刑	**宜**祭祀、祈福、求嗣、上册受封、上表章、袭爵受封、会亲友、入学、出行、上官赴任、临政亲民、结婚姻、纳采问名、嫁娶、进人口、移徙、解除、求医疗病、裁衣、筑堤防、修造动土、竖柱上梁、修仓库、经络、酝酿、开市、立券、交易、纳财、安碓硙、栽种、牧养、纳畜、破土、安葬 **忌**苫盖、畋猎、取鱼
丁未天河水宝收日	
吉神 母仓　玉宇 **凶神** 河魁　月刑　五虚 八风　八专　朱雀	**宜**捕捉、畋猎 **忌**祈福、求嗣、上册受封、上表章、袭爵受封、会亲友、冠带、出行、上官赴任、临政亲民、结婚姻、纳采问名、嫁娶、进人口、移徙、安床、解除、剃头、整手足甲、求医疗病、裁衣、筑堤防、修造动土、竖柱上梁、修仓库、鼓铸、经络、酝酿、开市、立券、交易、纳财、开仓库、出货财、修置产室、开渠穿井、安碓硙、补垣塞穴、修饰垣墙、破屋坏垣、取鱼、乘船渡水、栽种、牧养、纳畜、破土、安葬、启攒
戊申大驿土宝开日	
吉神 天赦　王日　驿马 天后　时阳　生气 六仪　金堂　除神 金匮 **凶神** 厌对　招摇　复日 五离	**宜**祭祀、祈福、求嗣、上册受封、上表章、袭爵受封、会亲友、入学、出行、上官赴任、临政亲民、结婚姻、纳采问名、嫁娶、移徙、解除、沐浴、剃头、整手足甲、求医疗病、裁衣、修造动土、竖柱上梁、修仓库、开市、修置产室、开渠穿井、安碓硙、扫舍宇、栽种、牧养、纳畜 **忌**安床、伐木、畋猎、取鱼

<table>
<tr><td colspan="2">己酉大驿土宝闭日</td></tr>
<tr><td>吉神
天恩　官日　除神
宝光　鸣吠
凶神
月害　天吏　致死
血支　五离</td><td>宜沐浴、剃头、整手足甲、补垣塞穴、扫舍宇
忌祈福、求嗣、上册受封、上表章、袭爵受封、会亲友、冠带、出行、上官赴任、临政亲民、结婚姻、纳采问名、嫁娶、进人口、移徙、安床、解除、求医疗病、疗目、针刺、筑堤防、修造动土、竖柱上梁、修仓库、经络、酝酿、开市、立券、交易、纳财、开仓库、出货财、修置产室、开渠穿井、栽种、牧养、纳畜、破土、安葬、启攒</td></tr>
<tr><td colspan="2">庚戌钗钏金义建日</td></tr>
<tr><td>吉神
天恩　母仓　月恩
守日　天马
凶神
月建　小时　土府
白虎　阳错</td><td>宜祭祀、袭爵受封、会亲友、出行、上官赴任、临政亲民、移徙、裁衣、纳财、牧养、纳畜
忌祈福、求嗣、上册受封、上表章、结婚姻、纳采问名、解除、剃头、整手足甲、求医疗病、筑堤防、修造动土、竖柱上梁、修仓库、经络、开仓库、出货财、修置产室、开渠穿井、安碓硙、补垣、修饰垣墙、平治道涂、破屋坏垣、伐木、栽种、破土、安葬、启攒</td></tr>
<tr><td colspan="2">辛亥钗钏金宝除日</td></tr>
<tr><td>吉神
天德合　月德合
天恩　相日　吉期
五富　敬安　玉堂
凶神
劫煞　四穷　九尾
五虚　土符　重日</td><td>宜祭祀、祈福、求嗣、上册受封、上表章、袭爵受封、会亲友、出行、上官赴任、临政亲民、移徙、解除、沐浴、剃头、整手足甲、裁衣、竖柱上梁、经络、扫舍宇、牧养、纳畜
忌结婚姻、纳采问名、嫁娶、进人口、求医疗病、筑堤防、修造动土、修仓库、酝酿、开市、立券、交易、纳财、开仓库．出货财、修置产室、开渠穿井、安碓硙、补垣塞穴、修饰垣墙、平治道涂、破屋坏垣、畋猎、取鱼、栽种、破土、安葬</td></tr>
<tr><td colspan="2">壬子桑柘木专满日</td></tr>
<tr><td>吉神
月空　天恩　四相
时德　民日　天巫
福德　普护
鸣吠对
凶神
灾煞　天火　大煞
归忌　天牢</td><td>宜祭祀、沐浴
忌祈福、求嗣、上册受封、上表章、袭爵受封、会亲友、冠带、出行、上官赴任、临政亲民、结婚姻、纳采问名、嫁娶、进人口、移徙、远回、安床、解除、剃头、整手足甲、求医疗病、裁衣、筑堤防、修造动土、竖柱上梁、修仓库、鼓铸、苫盖、经络、酝酿、开市、立券、交易、纳财、开仓库、出货财、修置产室、开渠穿井、安碓硙、补垣塞穴、修饰垣墙、破屋坏垣、栽种、牧养、纳畜、破土、安葬、启葬</td></tr>
</table>

癸丑桑柘木伐平日	
吉神 天恩　母仓　四相 福生 凶神 天罡　死神　月煞 月虚　八专 触水龙　元武	诸事不宜
甲寅大溪水专定日	
吉神 阳德　三合　临日 时阴　五合　司命 鸣吠对 凶神 月厌　地火　死气 四废　九坎　九焦 八专　孤辰　阴错	忌祭祀、祈福、求嗣、上册受封、上表章、袭爵受封、会亲友、冠带、出行、上官赴任、临政亲民、结婚姻、纳采问名、嫁娶、进人口、移徙、远回、安床、解除、剃头、整手足甲、求医疗病、裁衣、筑堤防、修造动土、竖柱上梁、修仓库、鼓铸、经络、酝酿、开市、立券、交易、纳财、开仓库、出货财、修置产室、开渠穿井、安碓硙、补垣塞穴、修饰垣墙、平治道涂、破屋坏垣、伐木、取鱼、乘船渡水、栽种、牧养、纳畜、破土、安葬、启攒
乙卯大溪水专执日	
吉神 六合　圣心　五合 鸣吠对 凶神 大时　大败　咸池 小耗　四废　五虚 勾陈	宜祭祀、捕捉、畋猎 忌祈福、求嗣、上册受封、上表章、袭爵受封、会亲友、冠带、出行、上官赴任、临政亲民、结婚姻、纳采问名、嫁娶、进人口、移徙、安床、解除、求医疗病、裁衣、筑堤防、修造动土、竖柱上梁、修仓库、鼓铸、经络、酝酿、开市、立券、交易、纳财、开仓库、出货财、修置产室、开渠穿井、安碓硙、补垣塞穴、修饰垣墙、取鱼、乘船渡水、栽种、牧养、纳畜、破土、安葬、启攒
丙辰沙中土宝破日	
吉神 天德　月德　母仓 益后　解神　青龙 凶神 月破　大耗　四击 九空　往亡	宜祭祀、解除、沐浴、破屋坏垣 忌祈福、求嗣、上册受封、上表章、袭爵受封、会亲友、冠带、出行、上官赴任、临政亲民、结婚姻、纳采问名、嫁娶、进人口、移徙、安床、剃头、整手足甲、求医疗病、裁衣、筑堤防、修造动土、竖柱上梁、修仓库、鼓铸、经络、酝酿、开市、立券、交易、纳财、开仓库、出货财、修置产室、开渠穿井、安碓硙、补垣塞穴、修饰垣墙、伐木、捕捉、畋猎、取鱼、栽种、牧养、纳畜、破土、安葬、启攒

丁巳沙中土专危日	
吉神 阴德　续世　明堂 **凶神** 游祸　天贼　血忌 重日	**宜**祭祀、安床、畋猎 **忌**祈福、求嗣、出行、解除、剃头、求医疗病、针刺、修仓库、开仓库、出货财、破土、安葬、启攒

戊午天上火义成日	
吉神 三合　天喜　天医 天仓　不将　要安 **凶神** 四耗　复日　开刑	**宜**袭爵受封、会亲友、入学、出行、上官赴任、临政亲民、结婚姻、纳采问名、嫁娶、进人口、移徙、求医疗病、裁衣、筑堤防、修造动土、竖柱上梁、修仓库、经络、酝酿、开市、立券、交易、纳财、安碓硙、纳畜 **忌**苫盖、破土、安葬、启攒

己未天上火专收日	
吉神 母仓　玉宇 **凶神** 河魁　月刑　五虚 八专　朱雀	**宜**捕捉、畋猎 **忌**祈福、求嗣、上册受封、上表章、袭爵受封、会亲友、冠带、出行、上官赴任、临政亲民、结婚姻、纳采问名、嫁娶、进人口、移徙、安床、解除、剃头、整手足甲、求医疗病、裁衣、筑堤防、修造动土、竖柱上梁、修仓库、鼓铸、经络、酝酿、开市、立券、交易、纳财、开仓库、出货财、修置产室、开渠穿井、安碓硙、补垣塞穴、修饰垣墙、破屋坏垣、栽种、牧养、纳畜、破土、安葬、启攒

庚申石榴木专开日	
吉神 月恩　王日　驿马 天后　时阳　生气 六仪　金堂　除神 金匮　鸣吠 **凶神** 厌对　招摇　五离 八专	**宜**祭祀、祈福、求嗣、上册受封、上表章、袭爵受封、入学、出行、上官赴任、临政亲民、移徙、解除、沐浴、剃头、整手足甲、求医疗病、裁衣、修造动土、竖柱上梁、开市、开仓库、出货财、修置产室、开渠穿井、安碓硙、扫舍宇、栽种、牧养 **忌**会亲友、结婚姻、纳采问名、嫁娶、安床、经络、立券、交易、伐木、畋猎、取鱼、乘船渡水

辛酉石榴木专闭日	
吉神 天德合　月德合 官日　除神　宝光 鸣吠 **凶神** 月害　天吏　致死 血支　五离	**宜**祭祀、沐浴、剃头、整手足甲、裁衣、补垣塞穴、扫舍宇 **忌**会亲友、求医疗病、疗目、针刺、酝酿、畋猎、取鱼

壬戌大海水伐建日	
吉神 月空　母仓　四相 守日　天马 **凶神** 月建　小时　土府 白虎	**宜**祭祀、祈福、求嗣、上表章、袭爵受封、会亲友、出行、上官赴任、临政亲民、结婚姻、纳采问名、移徙、解除、求医疗病、裁衣、竖柱上梁、纳财、开仓库、出货财、牧养、纳畜 **忌**筑堤防、修造动土、修仓库、修置产室、开渠穿井、安碓硙、补垣、修饰垣墙、平治道涂、破屋坏垣、伐木、栽种、破土

癸亥大海水专除日	
吉神 四相　相日　吉期 五富　敬安　玉堂 **凶神** 劫煞　五虚　土符 重日	**宜**祭祀、沐浴、扫舍宇 **忌**上册受封、上表章、嫁娶、求医疗病、筑堤防、修造动土、修仓库、开仓库、出货财、修置产室、开渠穿井、安碓硙、补垣、修饰垣墙、平治道涂、破屋坏垣、栽种、破土、安葬、启攒

右六十干支，从建戌者，始寒露，终霜降，其神煞吉凶同事宜忌具于表。

钦定协纪辨方书卷二十九

月表十

十　月

十月	甲己年 建乙亥	乙庚年 建丁亥	丙辛年 建己亥	丁壬年 建辛亥	戊癸年 建癸亥

立冬十月节，天道东行，宜向东行，宜修造东方。

天德在乙、天德合在庚、月德在甲、月德合在己、月空在庚，宜修造取土。

月建在亥、月破在巳、月厌在丑、月刑在亥、月害在申、劫煞在申、灾煞在酉、月煞在戌、忌修造取土。

初一日长星，十四日短星。

立冬前一日四绝，后十日往亡。

小雪十月中，躔在寅宫为十月将，宜用甲丙庚壬时。

孟年	白	绿	碧	仲年	黄	白	紫	季年	黑	赤	白
	白	黑	赤		碧	白	绿		紫	黄	白
	白	紫	黄		赤	白	黑		绿	碧	白

甲子海中金义除日	
吉神 月德　天恩　天赦 四相　官日　天马 吉期　要安 **凶神** 大时　大败　咸池 白虎	**宜**祭祀、祈福、求嗣、上册受封、上表章、袭爵受封、会亲友、出行、上官赴任、临政亲民、结婚姻、纳采问名、嫁娶、移徙、解除、沐浴、剃头、整手足甲、求医疗病、裁衣、修造动土、竖柱上梁、修仓库、纳财、扫舍宇、栽种、牧养、纳畜、安葬

乙丑海中金制满日	
吉神 天德　天恩　月恩 四相　守日　天巫 福德　玉宇　玉堂 凶神 月厌　地火　九空 大煞　归忌　孤辰	宜祭祀 忌冠带、出行、上官赴任、临政亲民、结婚姻、纳采问名、嫁娶、移徙、远回、求医疗病、伐木、畋猎、取鱼、栽种

丙寅炉中火义平日	
吉神 天恩　时德　相日 六合　五富　金堂 五合　鸣吠对 凶神 河魁　死神　游祸 五虚　天牢	宜袭爵受封、会亲友、出行、上官赴任、临政亲民、结婚姻、纳采问名、嫁娶、进人口、移徙、裁衣、修造动土、竖柱上梁、修仓库、经络、酝酿、开市、立券、交易、纳财、开仓库、出货财、修饰垣墙、平治道涂、栽种、牧养、纳畜、破土、安葬、启攒 忌祭祀、祈福、求嗣、解除、求医疗病

丁卯炉中火义定日	
吉神 天恩　阴德　民日 三合　时阴　五合 鸣吠对 凶神 死气　元武	宜袭爵受封、会亲友、冠带、出行、上官赴任、临政亲民、结婚姻、纳采问名、嫁娶、进人口、移徙、裁衣、修造动土、竖柱上梁、修仓库、经络、酝酿、开市、立券、交易、纳财、安碓硙、牧养、纳畜、破土、启攒 忌解除、剃头、求医疗病、修置产室、穿井、栽种

戊辰大林木专执日	
吉神 天恩　阳德　解神 司命 凶神 小耗　天贼　土符	宜上表章、会亲友、解除、沐浴、剃头、整手足甲、求医疗病、捕捉、畋猎 忌出行、筑堤防、修造动土、修仓库、开市、立券、交易、纳财、开仓库、出货财、修置产室、开渠穿井、安碓硙、补垣、修饰垣墙、平治道涂、破屋坏垣、栽种、破土

己巳大林木义破日	
吉神 月德合　驿马 天后　天仓　不将 敬安 **凶神** 月破　大耗　重日 勾陈	**宜**祭祀、解除、求医疗病、破屋坏垣 **忌**祈福、求嗣、上册受封、上表章、袭爵受封、会亲友、冠带、出行、上官赴任、临政亲民、结婚姻、纳采问名、嫁娶、进人口、移徙、安床、剃头、整手足甲、裁衣、筑堤防、修造动土、竖柱上梁、修仓库、鼓铸、经络、酝酿、开市、立券、交易、纳财、开仓库、出货财、修置产室、开渠穿井、安碓硙、补垣塞穴、修饰垣墙、伐木、畋猎、取鱼、栽种、牧养、纳畜、破土、安葬、启攒
庚午路傍土伐危日	
吉神 天德合　月空 不将　普护　青龙 鸣吠 **凶神** 天吏　致死　五虚	**宜**祭祀、祈福、求嗣、上册受封、上表章、袭爵受封、会亲友、出行、上官赴任、临政亲民、结婚姻、纳采问名、嫁娶、移徙、安床、解除、裁衣、修造动土、竖柱上梁、修仓库、伐木、栽种、牧养、纳畜、破土、安葬 **忌**求医疗病、苫盖、经络、畋猎、取鱼
辛未路傍土义成日	
吉神 三合　临日　天喜 天医　六仪　福生 明堂 **凶神** 厌对　招摇　四击 往亡	**宜**祭祀、祈福、会亲友、入学、结婚姻、纳采问名、裁衣、筑堤防、修造动土、竖柱上梁、修仓库、经络、开市、立券、交易、纳财、安碓硙、纳畜 **忌**上册受封、上表章、出行、上官赴任、临政亲民、嫁娶、进人口、移徙、求医疗病、酝酿、捕捉、畋猎、取鱼、乘船渡水
壬申剑锋金义收日	
吉神 母仓　除神　鸣吠 **凶神** 天罡　劫煞　月害 复日　五离　天刑	**宜**沐浴、扫舍宇、伐木、捕捉、畋猎 **忌**祈福、求嗣、上册受封、上表章、袭爵受封、会亲友、冠带、出行、上官赴任、临政亲民、结婚姻、纳采问名、嫁娶、进人口、移徙、安床、解除、剃头、整手足甲、求医疗病、裁衣、筑堤防、修造动土、竖柱上梁、修仓库、鼓铸、经络、酝酿、开市、立券、交易、纳财、开仓库、出货财、修置产室、开渠穿井、安碓硙、补垣塞穴、修饰垣墙、破屋坏垣、栽种、牧养、纳畜、破土、安葬、启攒

癸酉剑锋金义开日	
吉神 母仓　时阳　生气 圣心　除神　鸣吠 **凶神** 灾煞　天火　五离 朱雀	**宜**祭祀、入学、沐浴、扫舍宇 **忌**会亲友、冠带、结婚姻、纳采问名、嫁娶、进人口、求医疗病、经络、酝酿、立券、交易、伐木、畋猎、取鱼

甲戌山头火制闭日	
吉神 月德　四相　益后 金匮 **凶神** 月煞　月虚　血支 五虚　八风	**宜**祭祀 **忌**祈福、求嗣、上册受封、上表章、袭爵受封、会亲友、冠带、出行、上官赴任、临政亲民、结婚姻、纳采问名、嫁娶、进人口、移徙、安床、解除、剃头、整手足甲、求医疗病、疗目、针刺、裁衣、筑堤防、修造动土、竖柱上梁、修仓库、鼓铸、经络、酝酿、开市、立券、交易、纳财、开仓库、出货财、修置产室、开渠穿井、安碓硙、补垣塞穴、修饰垣墙、破屋坏垣、畋猎、取鱼、乘船渡水、栽种、牧养、纳畜、破土、安葬、启攒

乙亥山头火义建日	
吉神 天德　月恩　四相 王日　续世　宝光 **凶神** 月建　小时　土府 月刑　九坎　九焦 血支　重日	**宜**祭祀、沐浴 **忌**冠带、嫁娶、求医疗病、针刺、筑堤防、修造动土、修仓库、鼓铸、修置产室、开渠穿井、安碓硙、补垣塞穴、修饰垣墙、平治道涂、破屋坏垣、伐木、畋猎、取鱼、乘船渡水、栽种、破土

丙子涧下水伐除日	
吉神 官日　天马　吉期 要安　鸣吠对 **凶神** 大时　大败　咸池 触水龙　白虎	**宜**袭爵受封、出行、上官赴任、临政亲民、移徙、解除、沐浴、剃头、整手足甲、求医疗病、扫舍宇、破土、启攒 **忌**取鱼、乘船渡水

<table>
<tr><td colspan="2">丁丑涧下水宝满日</td></tr>
<tr><td>吉神
守日　天巫　福德
玉宇　玉堂
凶神
月厌　地火　九空
大煞　归忌　孤辰</td><td>宜祭祀
忌祈福、求嗣、上册受封、上表章、袭爵受封、会亲友、冠带、出行、上官赴任、临政亲民、结婚姻、纳采问名、嫁娶、进人口、远回、移徙、安床、解除、剃头、整手足甲、求医疗病、裁衣、筑堤防、修造动土、竖柱上梁、修仓库、鼓铸、经络、酝酿、开市、立券、交易、纳财、开仓库、出货财、修置产室、开渠穿井、安碓硙、补垣塞穴、修饰垣墙、平治道涂、破屋坏垣、伐木、畋猎、牧养、纳畜、破土、安葬、启攒</td></tr>
<tr><td colspan="2">戊寅城头土伐平日</td></tr>
<tr><td>吉神
时德　相日　六合
五富　金堂　五合
凶神
河魁　死神　游祸
五虚　地囊　天牢</td><td>宜袭爵受封、会亲友、出行、上官赴任、临政亲民、结婚姻、纳采问名、嫁娶、进人口、移徙、裁衣、竖柱上梁、经络、酝酿、开市、立券、交易、纳财、开仓库、出货财、牧养、纳畜、安葬
忌祭祀、祈福、求嗣、解除、求医疗病、筑堤防、修造动土、修仓库、修置产室、开渠穿井、安碓硙、补垣、修饰垣墙、平治道涂、破屋坏垣、栽种、破土</td></tr>
<tr><td colspan="2">己卯城头土伐定日</td></tr>
<tr><td>吉神
月德合　天恩
阴德　民日　三合
时阴　不将　五合
凶神
死气　元武</td><td>宜祭礼祀、祈福、求嗣、上册受封、上表章、袭爵受封、会亲友、冠带、出行、上官赴任、临政亲民、结婚姻、纳采问名、嫁娶、进人口、移徙、解除、裁衣、修造动土、竖柱上梁、修仓库、经络、酝酿、开市、立券、交易、纳财、安碓硙、栽种、牧养、纳畜、安葬
忌求医疗病、穿井、畋猎、取鱼</td></tr>
<tr><td colspan="2">庚辰白镴金义执日</td></tr>
<tr><td>吉神
天德合　月空
天恩　阳德　不将
解神　司命
凶神
小耗　天贼　土符</td><td>宜祭祀、祈福、求嗣、上册受封、上表章、袭爵受封、会亲友、上官赴任、临政亲民、结婚姻、纳采问名、嫁娶、移徙、解除、沐浴、剃头、整手足甲、求医疗病、裁衣、竖柱上梁、捕捉、牧养、纳畜、安葬
忌出行、筑堤防、修造动工、修仓库、经络、开仓库、出货财、修置产室、开渠穿井、安碓硙、补垣、修饰垣墙、平治道涂、破屋坏垣、畋猎、取鱼、栽种、破土</td></tr>
</table>

辛巳白镴金伐破日	
吉神 天恩　驿马　天后 天仓　不将　敬安 **凶神** 月破　大耗　重日 勾陈	**宜**求医疗病、破屋坏垣 **忌**祈福、求嗣、上册受封、上表章、袭爵受封、会亲友、冠带、出行、上官赴任、临政亲民、结婚姻、纳采问名、嫁娶、进人口、移徙、安床、剃头、整手足甲、裁衣、筑堤防、修造动土、竖柱上梁、修仓库、鼓铸、经络、酝酿、开市、立券、交易、纳财、开仓库、出货财、修置产室、开渠穿井、安碓硙、补垣塞穴、修饰垣墙、伐木、栽种、牧养、纳畜、破土、安葬、启攒

壬午杨柳木制危日	
吉神 天恩　不将　普护 青龙　鸣吠 **凶神** 天吏　致死　五虚 复日	**宜**祭祀、会亲友、裁衣、伐木、畋猎 **忌**祈福、求嗣、上册受封、上表章、袭爵受封、冠带、出行、上官赴任、临政亲民、结婚姻、纳采问名、嫁娶、进人口、移徙、安床、解除、求医疗病、筑堤防、修造动土、竖柱上梁、修仓库、苫盖、开市、立券、交易、纳财、开仓库、出货财、修置产室、开渠、栽种、牧养、纳畜、破土、安葬、启攒

癸未杨柳木伐成日	
吉神 天恩　三合　临日 天喜　天医　六仪 福生　明堂 **凶神** 厌对　招摇　四击 往亡　触水龙	**宜**祭祀、祈福、会亲友、入学、结婚姻、纳采问名、裁衣、筑堤防、修造动土、竖柱上梁、修仓库、经络、酝酿、开市、立券、交易、纳财、安碓硙、纳畜 **忌**上册受封、上表章、出行、上官赴任、临政亲民、嫁娶、进人口、移徙、求医疗病、捕捉、畋猎、取鱼、乘船渡水

甲申井泉水伐收日	
吉神 月德　母仓　四相 除神　鸣吠 **凶神** 天罡　劫煞　月害 五离　天刑	**宜**祭祀、祈福、求嗣、上册受封、上表章、袭爵受封、会亲友、出行、上官赴任、临政亲民、结婚姻、纳采问名、嫁娶、进人口、移徙、解除、沐浴、剃头、整手足甲、裁衣、修造动土、竖柱上梁、修仓库、纳财、扫舍宇、伐木、捕捉、栽种、牧养、纳畜、破土、安葬 **忌**安床、求医疗病、开仓库、出货财、畋猎、取鱼

乙酉井泉水伐开日	
吉神 天德　母仓　月恩 四相　时阳　生气 圣心　除神　鸣吠 **凶神** 灾煞　天火　五离 朱雀	**宜**祭祀、祈福、求嗣、上册受封、上表章、袭爵受封、入学、出行、上官赴任、临政亲民、结婚姻、纳采问名、嫁娶、移徙、解除、沐浴、剃头、整手足甲、裁衣、修造动土、竖柱上梁、修仓库、开市、纳财、开仓库、出货财、修置产室、开渠穿井、安碓硙、扫舍宇、牧养、纳畜 **忌**会亲友、求医疗病、伐木、畋猎、取鱼、栽种

丙戌屋上土宝闭日	
吉神 益后　金匮 **凶神** 月煞　月虚　血支 五虚	诸事不宜

丁亥屋上土伐建日	
吉神 王日　续世　宝光 **凶神** 月建　小时　土府 月刑　九坎　九焦 血忌　重日	**宜**祭祀、沐浴 **忌**祈福、求嗣、上册受封、上表章、袭爵受封、会亲友、冠带、出行、上官赴任、临政亲民、结婚姻、纳采问名、嫁娶、进人口、移徙、安床、剃头、整手足甲、求医疗病、针刺、裁衣、筑堤防、修造动土、竖柱上梁、修仓库、鼓铸、经络、酝酿、开市、立券、交易、纳财、开仓库、出货财、修置产室、开渠穿井、安碓硙、补垣塞穴、修饰垣墙、平治道涂、破屋坏垣、伐木、取鱼、乘船渡水、栽种、牧养、纳畜、破土、安葬、启攒

戊子霹雳火制除日	
吉神 官日　天马　吉期 要安 **凶神** 大时　大败　咸池 白虎　岁薄	**宜**沐浴、扫舍宇 **忌**祈福、求嗣、上册受封、上表章、袭爵受封、冠带、出行、上官赴任、临政亲民、结婚姻、纳采问名、嫁娶、进人口、移徙、安床、解除、求医疗病、筑堤防、修造动土、竖柱上梁、修仓库、开市、立券、交易、纳财、开仓库、出货财、修置产室、取鱼、乘船渡水、栽种、牧养、纳畜

己丑霹雳火专满日	
吉神 月德合　守日 天巫　福德　玉宇 玉堂 **凶神** 月厌　地火　九空 大煞　归忌　孤辰	**宜**祭祀 **忌**冠带、出行、上官赴任、临政亲民、结婚姻、纳采问名、嫁娶、移徙、远回、求医疗病、伐木、畋猎、取鱼、栽种

庚寅松柏木制平日	
吉神 天德合　月空 时德　相日　六合 五富　不将　金堂 五合　鸣吠对 **凶神** 河魁　死神　游祸 五虚　天牢	**宜**上册受封、上表章、袭爵受封、会亲友、出行、上官赴任、临政亲民、结婚姻、纳采问名、嫁娶、进人口、移徙、裁衣、修造动土、竖柱上梁、修仓库、酝酿、开市、立券、交易、纳财、开仓库、出货财、修饰垣墙、平治道涂、栽种、牧养、纳畜、破土、安葬、启攒 **忌**祭祀、祈福、求嗣、解除、求医疗病、经络、畋猎、取鱼

辛卯松柏木制定日	
吉神 阴德　民日　三合 时阴　不将　五合 鸣吠对 **凶神** 死气　元武	**宜**袭爵受封、会亲友、冠带、出行、上官赴任、临政亲民、结婚姻、纳采问名、嫁娶、进人口、移徙、裁衣、修造动土、竖柱上梁、修仓库、经络、开市、立券、交易、纳财、安碓硙、牧养、纳畜、破土、启攒 **忌**解除、求医疗病、酝酿、修置产室、穿井、栽种

壬辰长流水伐执日	
吉神 阳德　不将　解神 司命 **凶神** 小耗　天贼　五墓 土符　复日	**宜**上表章、沐浴、剃头、整手足甲、裁衣、捕捉、畋猎 **忌**冠带、出行、上官赴任、临政亲民、结婚姻、纳采问名、嫁娶、进人口、移徙、安床、解除、求医疗病、筑堤防、修造动土、竖柱上梁、修仓库、开市、立券、交易、纳财、开仓库、出货财、修置产室、开渠穿井、安碓硙、补垣、修饰垣墙、平治道涂、破屋坏垣、栽种、牧养、纳畜、破土、安葬、启攒

癸巳长流水制破日	
吉神 驿马 天后 天仓 不将 敬安 **凶神** 月破 大耗 重日 勾陈	**宜**求医疗病、破屋坏垣 **忌**祈福、求嗣、上册受封、上表章、袭爵受封、会亲友、冠带、出行、上官赴任、临政亲民、结婚姻、纳采问名、嫁娶、进人口、移徙、安床、剃头、整手足甲、裁衣、筑堤防、修造动土、竖柱上梁、修仓库、鼓铸、经络、酝酿、开市、立券、交易、纳财、开仓库、出货财、修置产室、开渠穿井、安碓硙、补垣塞穴、修饰垣墙、伐木、栽种、牧养、纳畜、破土、安葬、启攒
甲午砂石金宝危日	
吉神 月德 四相 普护 青龙 鸣吠 **凶神** 天吏 致死 五虚	**宜**祭祀、祈福、求嗣、上册受封、上表章、袭爵受封、会亲友、出行、上官赴任、临政亲民、结婚姻、纳采问名、嫁娶、移徙、安床、解除、裁衣、修造动土、竖柱上梁、修仓库、纳财、伐木、栽种、牧养、纳畜、破土、安葬 **忌**求医疗病、苫盖、开仓库、出货财、畋猎、取鱼
乙未砂石金制成日	
吉神 天德 月恩 四相 三合 临日 天喜 天医 六仪 福生 明堂 **凶神** 厌对 招摇 四击 往亡	**宜**祭祀、祈福、求嗣、会亲友、入学、结婚姻、纳采问名、解除、裁衣、筑堤防、修造动土、竖柱上梁、修仓库、经络、开市、酝酿、立券、交易、纳财、开仓库、出货财、安碓硙、牧养、纳畜、安葬 **忌**上册受封、上表章、出行、上官赴任、临政亲民、嫁娶、进人口、移徙、求医疗病、捕捉、畋猎、取鱼、栽种
丙申山下火制收日	
吉神 母仓 除神 鸣吠 **凶神** 天罡 劫煞 月害 五离 天刑	**宜**沐浴、扫舍宇、伐木、捕捉、畋猎 **忌**祈福、求嗣、上册受封、上表章、袭爵受封、会亲友、冠带、出行、上官赴任、临政亲民、结婚姻、纳采问名、嫁娶、进人口、移徙、安床、解除、剃头、整手足甲、求医疗病、裁衣、筑堤防、修造动土、竖柱上梁、修仓库、鼓铸、经络、酝酿、开市、立券、交易、纳财、开仓库、出货财、修置产室、开渠穿井、安碓硙、补垣塞穴、修饰垣墙、破屋坏垣、栽种、牧养、纳畜、破土、安葬、启攒

<table>
<tr><td colspan="2">丁酉山下火制开日</td></tr>
<tr><td>吉神
母仓　时阳　生气
圣心　除神　鸣吠
凶神
灾煞　天火　五离
朱雀</td><td>宜祭祀、入学、沐浴、扫舍宇
忌会亲友、冠带、结婚姻、纳采问名、嫁娶、进人口、剃头、求医疗病、经络、酝酿、立券、交易、伐木、畋猎、取鱼</td></tr>
<tr><td colspan="2">戊戌平地木专闭日</td></tr>
<tr><td>吉神
益后　金匮
凶神
月煞　月虚　血支
五虚　纯阳</td><td>诸事不宜</td></tr>
<tr><td colspan="2">己亥平地木制建日</td></tr>
<tr><td>吉神
月德合　王日
续世　宝光
凶神
月建　小时　土府
月刑　九坎　九焦
血忌　重日　小会
纯阴</td><td>诸事不宜</td></tr>
<tr><td colspan="2">庚子壁上土宝除日</td></tr>
<tr><td>吉神
天德合　月空
官日　天马　吉期
要安　鸣吠对
凶神
大时　大败　咸池
白虎</td><td>宜祭祀、祈福、求嗣、上册受封、上表章、袭爵受封、会亲友、出行、上官赴任、临政亲民、结婚姻、纳采问名、嫁娶、移徙、解除、沐浴、剃头、整手足甲、求医疗病、裁衣、修造动土、竖柱上梁、修仓库、扫舍宇、栽种、牧养、纳畜、破土、安葬、启攒
忌经络、畋猎、取鱼</td></tr>
</table>

辛丑壁上土义满日	
吉神 守日　天巫　福德 玉宇　玉堂 **凶神** 月厌　地火　九空 大煞　归忌　行狠	**宜**祭祀 **忌**祈福、求嗣、上册受封、上表章、袭爵受封、会亲友、出行、上官赴任、临政亲民、结婚姻、纳采问名、嫁娶、进人口、移徙、远回、安床、解除、剃头、整手足甲、求医疗病、裁衣、筑堤防、修造动土、竖柱上梁、修仓库、鼓铸、经络、酝酿、开市、立券、交易、纳财、开仓库、出货财、修置产室、开渠穿井、安碓硙、补垣塞穴、修饰垣墙、平治道涂、破屋坏垣、伐木、栽种、牧养、纳畜、破土、安葬、启攒

壬寅金箔金宝平日	
吉神 天愿　时德　相日 六合　五富　不将 金堂　五合 鸣吠对 **凶神** 河魁　死神　游祸 五虚　复日　天牢	**宜**上册受封、上表章、袭爵受封、会亲友、出行、上官赴任、临政亲民、结婚姻、纳采问名、嫁娶、进人口、移徙、裁衣、修造动土、竖柱上梁、修仓库、经络、酝酿、开市、立券、交易、纳财、开仓库、出货财、修饰垣墙、平治道涂、栽种、牧养、纳畜 **忌**祭祀、祈福、求嗣、解除、求医疗病、开渠

癸卯金箔金宝定日	
吉神 阴德　民日　三合 时阴　不将　五合 鸣吠对 **凶神** 死气　元武	**宜**袭爵受封、会亲友、冠带、出行、上官赴任、临政亲民、结婚姻、纳采问名、嫁娶、进人口、移徙、裁衣、修造动土、竖柱上梁、修仓库、经络、酝酿、开市、立券、交易、纳财、安碓硙、牧养、纳畜、破土、启攒 **忌**解除、求医疗病、修置产室、穿井、栽种

甲辰覆灯火制执日	
吉神 月德　四相　阳德 解神　司命 **凶神** 小耗　天贼　土符	**宜**祭祀、祈福、求嗣、上册受封、上表章、袭爵受封、会亲友、上官赴任、临政亲民、结婚姻、纳采问名、嫁娶、移徙、解除、沐浴、剃头、整手足甲、求医疗病、裁衣、竖柱上梁、纳财、捕捉、牧养、纳畜、安葬 **忌**出行、筑堤防、修造动土、修仓库、开仓库、出货财、修置产室、开渠穿井、安碓硙、补垣、修饰垣墙、平治道涂、破屋坏垣、畋猎、取鱼、栽种、破土

乙巳覆灯火宝破日	
吉神 天德　月恩　四相 驿马　天后　天仓 敬安 **凶神** 月破　大耗　重日 勾陈	**宜**祭祀、解除、求医疗病、破屋坏垣 **忌**祈福、求嗣、上册受封、上表章、袭爵受封、会亲友、冠带、出行、上官赴任、临政亲民、结婚姻、纳采问名、嫁娶、进人口、移徙、安床、剃头、整手足甲、裁衣、筑堤防、修造动土、竖柱上梁、修仓库、鼓铸、经络、酝酿、开市、立券、交易、纳财、开仓库、出货财、修置产室、开渠穿井、安碓硙、补垣塞穴、修饰垣墙、伐木、畋猎、取鱼、栽种、牧养、纳畜、破土、安葬、启攒

丙午天河水专危日	
吉神 普护　青龙　鸣吠 **凶神** 天吏　致死　四废 五虚	**宜**祭祀、伐木、畋猎 **忌**祈福、求嗣、上册受封、上表章、袭爵受封、会亲友、冠带、出行、上官赴任、临政亲民、结婚姻、纳采问名、嫁娶、进人口、移徙、安床、解除、求医疗病、裁衣、筑堤防、修造动土、竖柱上梁、修仓库、鼓铸、苫盖、经络、酝酿、开市、立券、交易、纳财、开仓库、出货财、修置产室、开渠穿井、安碓硙、补垣塞穴、修饰垣墙、栽种、牧养、纳畜、破土、安葬、启攒

丁未天河水宝成日	
吉神 三合　临日　天喜 天医　六仪　福生 明堂 **凶神** 厌对　招摇　四击 往亡　八专	**宜**祭祀、祈福、会亲友、入学、裁衣、筑堤防、修造动土、竖柱上梁、修仓库、经络、酝酿、开市、立券、交易、纳财、安碓硙、纳畜 **忌**上册受封、上表章、出行、上官赴任、临政亲民、结婚姻、纳采问名、嫁娶、进人口、移徙、剃头、求医疗病、捕捉、畋猎、取鱼、乘船渡水

戊申大驿土宝收日	
吉神 母仓　除神 **凶神** 天罡　劫煞　月害 地囊　五离　天刑	**宜**沐浴、扫舍宇、伐木、捕捉、畋猎 **忌**祈福、求嗣、上册受封、上表章、袭爵受封、会亲友、冠带、出行、上官赴任、临政亲民、结婚姻、纳采问名、嫁娶、进人口、移徙、安床、解除、剃头、整手足甲、求医疗病、裁衣、筑堤防、修造动土、竖柱上梁、修仓库、鼓铸、经络、酝酿、开市、立券、交易、纳财、开仓库、出货财、修置产室、开渠穿井、安碓硙、补垣塞穴、修饰垣墙、平治道涂、破屋坏垣、栽种、牧养、纳畜、破土、安葬、启攒

己酉大驿土宝开日	
吉神 月德　天恩　母仓 时阳　生气　圣心 除神　鸣吠 **凶神** 灾煞　天火　五离 朱雀	**宜**祭祀、祈福、求嗣、上册受封、上表章、袭爵受封、入学、出行、上官赴任、临政亲民、结婚姻、纳采问名、嫁娶、移徙、解除、沐浴、剃头、整手足甲、裁衣、修造动土、竖柱上梁、修仓库、开市、纳财、修置产室、开渠穿井、安碓硙、扫舍宇、栽种、牧养、纳畜 **忌**会亲友、求医疗病、伐木、畋猎、取鱼

庚戌钗钏金义闭日	
吉神 天德合　月空 天恩　益后　金匮 **凶神** 月煞　月虚　血支 五虚	**宜**祭祀 **忌**祈福、求嗣、上册受封、上表章、袭爵受封、会亲友、冠带、出行、上官赴任、临政亲民、结婚姻、纳采问名、嫁娶、进人口、移徙、安床、解除、剃头、整手足甲、求医疗病、疗目、针刺、裁衣、筑堤防、修造动土、竖柱上梁、修仓库、鼓铸、经络、酝酿、开市、立券、交易、纳财、开仓库、出货财、修置产室、开渠穿井、安碓硙、补垣塞穴、修饰垣墙、破屋坏垣、畋猎、取鱼、栽种、牧养、纳畜、破土、安葬、启攒

辛亥钗钏金宝建日	
吉神 天恩　王日　续世 宝光 **凶神** 月建　小时　土府 月刑　九坎　九焦 血忌　重日	**宜**祭祀、沐浴 **忌**祈福、求嗣、上册受封、上表章、袭爵受封、会亲友、冠带、出行、上官赴任、临政亲民、结婚姻、纳采问名、嫁娶、进人口、移徙、安床、解除、剃头、整手足甲、求医疗病、针刺、裁衣、筑堤防、修造动土、竖柱上梁、修仓库、鼓铸、经络、酝酿、开市、立券、交易、纳财、开仓库、出货财、修置产室、开渠穿井、安碓硙、补垣塞穴、修饰垣墙、平治道涂、破屋坏垣、伐木、取鱼、乘船渡水、栽种、牧养、纳畜、破土、安葬、启攒

<table>
<tr><th colspan="2">壬子桑柘木专除日</th></tr>
<tr><td>吉神
天恩　官日　天马
吉期　要安
鸣吠对
凶神
大时　大败　咸池
四忌　六蛇　复日
白虎　岁薄</td><td>宜沐浴、扫舍宇
忌祈福、求嗣、上册受封、上表章、袭爵受封、冠带、出行、上官赴任、临政亲民、结婚姻、纳采问名、嫁娶、进人口、移徙、安床、解除、求医疗病、筑堤防、修造动土、竖柱上梁、修仓库、开市、立券、交易、纳财、开仓库、出货财、修置产室、开渠、取鱼、乘船渡水、栽种、牧养、纳畜、破土、安葬、启攒</td></tr>
</table>

<table>
<tr><th colspan="2">癸丑桑柘木伐满日</th></tr>
<tr><td>吉神
天恩　守日　天巫
福德　玉宇　玉堂
凶神
月厌　地火　九空
大煞　归忌　八专
触水龙　了戾
阴错</td><td>宜祭祀
忌祈福、求嗣、上册受封、上表章、袭爵受封、会亲友、冠带、出行、上官赴任、临政亲民、结婚姻、纳采问名、嫁娶、进人口、移徙、远回、安床、解除、剃头、整手足甲、求医疗病、裁衣、筑堤防、修造动土、竖柱上梁、修仓库、鼓铸、经络、酝酿、开市、立券、交易、纳财、开仓库、出货财、修置产室、开渠穿井、安碓硙、补垣塞穴、修饰垣墙、平治道涂、破屋坏垣、伐木、取鱼、乘船渡水、栽种、牧养、纳畜、破土、安葬、启攒</td></tr>
</table>

<table>
<tr><th colspan="2">甲寅大溪水专平日</th></tr>
<tr><td>吉神
月德　四相　时德
相日　六合　五富
金堂　五合
鸣吠对
凶神
河魁　死神　游祸
五虚　八风　八专
天牢</td><td>宜上册受封、上表章、袭爵受封、会亲友、出行、上官赴任、临政亲民、进人口、移徙、裁衣、修造动土、竖柱上梁、修仓库、经络、酝酿、开市、立券、交易、纳财、修饰垣墙、平治道涂、栽种、牧养、纳畜、破土、安葬、启攒
忌祭祀、祈福、求嗣、结婚姻、纳采问名、嫁娶、解除、求医疗病、开仓库、出货财、畋猎、取鱼</td></tr>
</table>

<table>
<tr><th colspan="2">乙卯大溪水专定日</th></tr>
<tr><td>吉神
天德　月恩　四相
阴德　民日　三合
时阴　五合
鸣吠对
凶神
死气　元武</td><td>宜祭祀、祈福、求嗣、上册受封、上表章、袭爵受封、会亲友、冠带、出行、上官赴任、临政亲民、结婚姻、纳采问名、嫁娶、进人口、移徙、解除、裁衣、修造动土、竖柱上梁、修仓库、经络、酝酿、开市、立券、交易、纳财、开仓库、出货财、安碓硙、牧养、纳畜、破土、安葬、启攒
忌求医疗病、穿井、畋猎、取鱼、栽种</td></tr>
</table>

丙辰沙中土宝执日	
吉神 阳德　解神　司命 凶神 小耗　天贼　土符	宜上表章、解除、沐浴、剃头、整手足甲、求医疗病、捕捉、畋猎 忌出行、筑堤防、修造动土、修仓库、开市、立券、交易、纳财、开仓库、出货财、修置产室、开渠穿井、安碓硙、补垣、修饰垣墙、平治道涂、破屋坏垣、栽种、破土
丁巳沙中土专破日	
吉神 驿马　天后　天仓 敬安 凶神 月破　大耗　四废 重日　勾陈 阴阳交破	诸事不宜
戊午天上火义危日	
吉神 普护　青龙 凶神 天吏　致死　五虚	宜祭祀、伐木、畋猎 忌祈福、求嗣、上册受封、上表章、袭爵受封、冠带、出行、上官赴任、临政亲民、结婚姻、纳采问名、嫁娶、进人口、移徙、安床、解除、求医疗病、筑堤防、修造动土、竖柱上梁、修仓库、苫盖、开市、立券、交易、纳财、开仓库、出货财、修置产室、栽种、牧养、纳畜
己未天上火专成日	
吉神 月德合　三合 临日　天喜　天医 六仪　福生　明堂 凶神 厌对　招摇　四击 往亡　八专	宜祭祀、祈福、求嗣、会亲友、入学、解除、裁衣、筑堤防、修造动土、竖柱上梁、修仓库、经络、酝酿、开市、立券、交易、纳财、安碓硙、栽种、牧养、纳畜、安葬 忌上册受封、上表章、出行、上官赴任、临政亲民、结婚姻、纳采问名、嫁娶、进人口、移徙、求医疗病、捕捉、畋猎、取鱼

庚申石榴木专收日	
吉神 天德合　月空 母仓　阴神　鸣吠 **凶神** 天罡　劫煞　月害 五离　八专　天刑	**宜**祭祀、祈福、求嗣、上册受封、上表章、袭爵受封、会亲友、出行、上官赴任、临政亲民、进人口、移徙、解除、沐浴、剃头、整手足甲、裁衣、修造动土、竖柱上梁、修仓库、纳财、扫舍宇、伐木、捕捉、栽种、牧养、纳畜、破土、安葬 **忌**结婚姻、纳采问名、嫁娶、安床、求医疗病、经络、畋猎、取鱼
辛酉石榴木专开日	
吉神 母仓　时阳　生气 圣心　除神　鸣吠 **凶神** 灾煞　天火　四耗 五离　朱雀	**宜**祭祀、入学、沐浴、扫舍宇 **忌**会亲友、冠带、结婚姻、纳采问名、嫁娶、进人口、求医疗病、修仓库、经络、酝酿、开市、立券、交易、纳财、开仓库、出货财、伐木、畋猎、取鱼
壬戌大海水伐闭日	
吉神 益后　金匮 **凶神** 月煞　月虚　血支 五虚　复日	诸事不宜
癸亥大海水专建日	
吉神 王日　续世　宝光 **凶神** 月建　小时　土府 月刑　四穷　六蛇 九坎　九焦　血忌 重日　阳错	**宜**祭祀、沐浴 **忌**祈福、求嗣、上册受封、上表章、袭爵受封、会亲友、冠带、出行、上官赴任、临政亲民、结婚姻、纳采问名、嫁娶、进人口、移徙、安床、解除、剃头、整手足甲、求医疗病、针刺、裁衣、筑堤防、修造动土、竖柱上梁、修仓库、鼓铸、经络、酝酿、开市、立券、交易、纳财、开仓库、出货财、修置产室、开渠穿井、安碓硙、补垣塞穴、修饰垣墙、平治道涂、破屋坏垣、伐木、取鱼、乘船渡水、栽种、牧养、纳畜、破土、安葬、启攒

右六十干支，从建亥者，始立冬，终小雪，其神煞吉凶用事宜忌具于表。

钦定协纪辨方书卷三十

月表十一

十一月

十一月	甲己年 建丙子	乙庚年 建戊子	丙辛年 建庚子	丁壬年 建壬子	戊癸年 建甲子

大雪十一月节，天道东南行，宜向东南行，宜修造东南维。

天德在巽、月德在壬、月德合在丁、月空在丙，宜修造取土。

月建在子、月破在午、月厌在子、月刑在卯、月害在未、劫煞在巳、灾煞在午、月煞在未。忌修造取土。

十二日长星，二十二日短星。

大雪后二十日往亡，冬至前一日四离。

冬至十一月中，日躔在丑宫为十一月将，宜用艮巽坤乾时。

孟年				仲年				季年			
	赤	碧	黑		绿	紫	白		白	白	黄
	黄	白	白		黑	赤	碧		白	绿	紫
	紫	白	绿		白	黄	白		碧	黑	赤

甲子海中金义建日	
吉神 天恩　天赦　月恩 四相　官日　敬安 金匮 **凶神** 月建　小时　土府 月厌　地火	**宜**祭祀、沐浴 **忌**祈福、求嗣、上册受封、上表章、袭爵受封、会亲友、冠带、出行、上官赴任、临政亲民、结婚姻、纳采问名、嫁娶、进人口、移徙、远回、安床、解除、剃头、整手足甲、求医疗病、裁衣、筑堤防、修造动土、竖柱上梁、修仓库、鼓铸、经络、酝酿、开市、立券、交易、纳财、开仓库、出货财、修置产室、开渠穿井、安碓硙、补垣塞穴、修饰垣墙、平治道涂、破屋坏垣、伐木、畋猎、取鱼、栽种、牧养、纳畜、破土、安葬、启攒

乙丑海中金制除日	
吉神 天恩　四相　阴德 守日　吉期　六合 普护　宝光	宜祭祀、祈福、求嗣、袭爵受封、会亲友、出行、上官赴任、临政亲民、结婚姻、纳采问名、嫁娶、进人口、移徙、解除、沐浴、剃头、整手足甲、求医疗病、裁衣、修造动土、竖柱上梁、修仓库、经络、酝酿、立券、交易、纳财、开仓库、出货财、扫舍宇、牧养、纳畜、安葬 忌冠带、栽种
丙寅炉中火义满日	
吉神 月空　天恩　时德 相日　驿马　天后 天马　天巫　福德 福生　五合 鸣吠对 凶神 五虚　归忌　白虎	宜上册受封、上表章、会亲友、出行、进人口、解除、裁衣、修造动土、竖柱上梁、经络、开市、立券、交易、纳财、补垣塞穴、栽种、牧养、破土、启攒 忌祭祀、袭爵受封、上官赴任、临政亲民、结婚姻、纳采问名、移徙、远回、求医疗病、修仓库、开仓库、出货财
丁卯炉中火义平日	
吉神 月德合　天恩 民日　不将　五合 玉堂　鸣吠对 凶神 天罡　死神　月刑 天吏　致死　天贼	宜祭祀、平治道涂 忌祈福、求嗣、上册受封、上表章、袭爵受封、会亲友、冠带、出行、上官赴任、临政亲民、结婚姻、纳采问名、嫁娶、进人口、移徙、安床、解除、剃头、整手足甲、求医疗病、裁衣、筑堤防、修造动土、竖柱上梁、修仓库、鼓铸、经络、酝酿、开市、立券、交易、纳财、开仓库、出货财、修置产室、开渠穿井、安碓硙、补垣塞穴、修饰垣墙、破屋坏垣、畋猎、取鱼、栽种、牧养、纳畜、破土、安葬、启攒
戊辰大林木专定日	
吉神 天恩　三合　临日 时阴　天仓　圣心 凶神 死气　天牢	宜祭祀、祈福、上册受封、上表章、会亲友、冠带、上官赴任、临政亲民、结婚姻、纳采问名、嫁娶、进人口、裁衣、修造动土、竖柱上梁、修仓库、经络、酝酿、立券、交易、纳财、安碓硙、纳畜 忌解除、求医疗病、修置产室、栽种

己巳大林木义执日	
吉神 五富　不将　益后 **凶神** 劫煞　小耗　重日 元武	**宜**祭祀、捕捉、畋猎 **忌**祈福、求嗣、上册受封、上表章、袭爵受封、会亲友、冠带、出行、上官赴任、临政亲民、结婚姻、纳采问名、嫁娶、进人口、移徙、安床、解除、剃头、整手足甲、求医疗病、裁衣、筑堤防、修造动土、竖柱上梁、修仓库、鼓铸、经络、酝酿、开市、立券、交易、纳财、开仓库、出货财、修置产室、开渠穿井、安碓硙、补垣塞穴、修饰垣墙、破屋坏垣、栽种、牧养、纳畜、破土、安葬、启攒
庚午路傍土伐破日	
吉神 阳德　六仪　续世 解神　司命　鸣吠 **凶神** 月破　大耗　灾煞 天火　厌对　招摇 五虚　血忌	诸事不宜
辛未路傍土义危日	
吉神 要安 **凶神** 月煞　月虚　月害 四击　勾陈	**宜**伐木、畋猎 **忌**祈福、求嗣、上册受封、上表章、袭爵受封、会亲友、冠带、出行、上官赴任、临政亲民、结婚姻、纳采问名、嫁娶、进人口、移徙、安床、解除、剃头、整手足甲、求医疗病、裁衣、筑堤防、修造动土、竖柱上梁、修仓库、鼓铸、经络、酝酿、开市、立券、交易、纳财、开仓库、出货财、修置产室、开渠穿井、安碓硙、补垣塞穴、修饰垣墙、破屋坏垣、栽种、牧养、纳畜、破土、安葬、启攒
壬申剑锋金义成日	
吉神 月德　母仓　三合 天喜　天医　玉宇 除神　青龙　鸣吠 **凶神** 九坎　九焦　土符 大煞　五离	**宜**祭祀、祈福、求嗣、上册受封、上表章、袭爵受封、会亲友、入学、出行、上官赴任、临政亲民、结婚姻、纳采问名、嫁娶、进人口、移徙、解除、沐浴、剃头、整手足甲、求医疗病、裁衣、竖柱上梁、经络、酝酿、开市、立券、交易、纳财、扫舍宇、伐木、牧养、纳畜、安葬 **忌**安床、筑堤防、修造动土、修仓库、鼓铸、修置产室、开渠穿井、安碓硙、补垣塞穴、修饰垣墙、平治道涂、破屋坏垣、畋猎、取鱼、乘船渡水、栽种、破土

<table>
<tr><td colspan="2">癸酉剑锋金义收日</td></tr>
<tr><td>吉神
母仓　金堂　除神
明堂　鸣吠
凶神
河魁　大时　大败
咸池　复日　五离</td><td>宜沐浴、剃头、整手足甲、扫舍宇、捕捉、畋猎
忌祈福、求嗣、上册受封、上表章、袭爵受封、会亲友、冠带、出行、上官赴任、临政亲民、结婚姻、纳采问名、嫁娶、进人口、移徙、安床、解除、求医疗病、裁衣、筑堤防、修造动土、竖柱上梁、修仓库、鼓铸、经络、酝酿、开市、立券、交易、纳财、开仓库、出货财、修置产室、开渠穿井、取鱼、乘船渡水、栽种、牧养、纳畜、破土、安葬、启攒</td></tr>
<tr><td colspan="2">甲戌山头火制开日</td></tr>
<tr><td>吉神
月恩　四相　时阳
生气
凶神
五虚　八风　九空
往亡　天刑</td><td>宜祭祀、祈福、求嗣、会亲友、入学、结婚姻、纳采问名、解除、裁衣、修造动土、竖柱上梁、修置产室、开渠穿井、安碓硙、栽种、牧养
忌上册受封、上表章、出行、上官赴任、临政亲民、嫁娶、进人口、移徙、求医疗病、修仓库、开市、立券、交易、纳财、开仓库、出货财、伐木、捕捉、畋猎、取鱼、乘船渡水</td></tr>
<tr><td colspan="2">乙亥山头火义闭日</td></tr>
<tr><td>吉神
四相　王日
凶神
游祸　血支　重日
朱雀</td><td>宜祭祀、沐浴、裁衣、筑堤防、纳财、补垣塞穴、牧养
忌祈福、求嗣、上册受封、上表章、袭爵受封、会亲友、出行、上官赴任、临政亲民、结婚姻、纳采问名、嫁娶、进人口、移徙、安床、解除、求医疗病、疗目、针刺、修造动土、竖柱上梁、开市、开仓库、出货财、修置产室、开渠穿井、栽种、破土、安葬、启攒</td></tr>
<tr><td colspan="2">丙子涧下水伐建日</td></tr>
<tr><td>吉神
月空　官日　敬安
金匮　鸣吠对
凶神
月建　小时　土府
月厌　地火
触水龙</td><td>诸事不宜</td></tr>
</table>

丁丑涧下水宝除日	
吉神 月德合　阴德 守日　吉期　六合 不将　普护　宝光	**宜**祭祀、祈福、求嗣、上册受封、上表章、袭爵受封、会亲友、出行、上官赴任、临政亲民、结婚姻、纳采问名、嫁娶、进人口、移徙、解除、沐浴、整手足甲、求医疗病、裁衣、修造动土、竖柱上梁、修仓库、经络、酝酿、立券、交易、纳财、扫舍宇、栽种、牧养、纳畜、安葬 **忌**冠带、剃头、畋猎、取鱼

戊寅城头土伐满日	
吉神 时德　相日　驿马 天后　天马　天巫 福德　福生　五合 **凶神** 五虚　归忌　白虎	**宜**上册受封、上表章、会亲友、出行、进人口、解除、裁衣、修造动土、竖柱上梁、经络、开市、立券、交易、纳财、补垣塞穴、栽种、牧养 **忌**祭祀、袭爵受封、上官赴任、临政亲民、结婚姻、纳采问名、移徙、远回、求医疗病、修仓库、开仓库、出货财

己卯城头土伐平日	
吉神 天恩　民日　不将 五合　玉堂 **凶神** 天罡　死神　月刑 天吏　致死　天贼	诸事不宜

庚辰白镴金义定日	
吉神 天恩　三合　临日 时阴　天仓　不将 圣心 **凶神** 死气　天牢	**宜**祭祀、祈福、上册受封、上表章、会亲友、冠带、上官赴任、临政亲民、结婚姻、纳采问名、嫁娶、进人口、裁衣、修造动土、竖柱上梁、修仓库、酝酿、立券、交易、纳财、安碓硙、纳畜 **忌**解除、求医疗病、经络、修置产室、栽种

辛巳白镴金伐执日	
吉神 天恩　五富　不将 益后 **凶神** 劫煞　小耗　重日 元武	**宜**祭祀、捕捉、畋猎 **忌**祈福、求嗣、上册受封、上表章、袭爵受封、会亲友、冠带、出行、上官赴任、临政亲民、结婚姻、纳采问名、嫁娶、进人口、移徙、安床、解除、剃头、整手足甲、求医疗病、裁衣、筑堤防、修造动土、竖柱上梁、修仓库、鼓铸、经络、酝酿、开市、立券、交易、纳财、开仓库、出货财、修置产室、开渠穿井、安碓硙、补垣塞穴、修饰垣墙、破屋坏垣、栽种、牧养、纳畜、破土、安葬、启攒

壬午杨柳木制破日	
吉神 月德　天恩　阳德 六仪　续世　解神 司命　鸣吠 **凶神** 月破　大耗　灾煞 天火　厌对　招摇 五虚　血忌	**宜**祭祀、沐浴 **忌**祈福、求嗣、上册受封、上表章、袭爵受封、会亲友、冠带、出行、上官赴任、临政亲民、结婚姻、纳采问名、嫁娶、进人口、移徙、安床、解除、剃头、整手足甲、求医疗病、针刺、裁衣、筑堤防、修造动土、竖柱上梁、修仓库、鼓铸、苫盖、经络、酝酿、开市、立券、交易、纳财、开仓库、出货财、修置产室、开渠穿井、安碓硙、补垣塞穴、修饰垣墙、破屋坏垣、伐木、畋猎、取鱼、栽种、牧养、纳畜、破土、安葬、启攒

癸未杨柳木伐危日	
吉神 天恩　要安 **凶神** 月煞　月虚　月害 四击　复日 触水龙　勾陈	**宜**伐木、畋猎 **忌**祈福、求嗣、上册受封、上表章、袭爵受封、会亲友、冠带、出行、上官赴任、临政亲民、结婚姻、纳采问名、嫁娶、进人口、移徙、安床、解除、剃头、整手足甲、求医疗病、裁衣、筑堤防、修造动土、竖柱上梁、修仓库、鼓铸、经络、酝酿、开市、立券、交易、纳财、开仓库、出货财、修置产室、开渠穿井、安碓硙、补垣塞穴、修饰垣墙、破屋坏垣、取鱼、乘船渡水、栽种、牧养、纳畜、破土、安葬、启攒

甲申井泉水伐成日	
吉神 母仓　月恩　四相 三合　天喜　天医 玉宇　除神　青龙 鸣吠 **凶神** 九坎　九焦　土符 大煞　五离	**宜**祭祀、祈福、求嗣、袭爵受封、会亲友、入学、出行、上官赴任、临政亲民、结婚姻、纳采问名、嫁娶、进人口、移徙、解除、沐浴、剃头、整手足甲、求医疗病、裁衣、竖柱上梁、经络、酝酿、开市、立券、交易、纳财、扫舍宇、伐木、牧养、纳畜、安葬 **忌**安床、筑堤防、修造动土、修仓库、鼓铸、开仓库、出货财、修置产室、开渠穿井、安碓硙、补垣塞穴、修饰垣墙、平治道涂、破屋坏垣、取鱼、乘船渡水、栽种、破土

乙酉井泉水伐收日	
吉神 母仓　四相　金堂 除神　明堂　鸣吠 **凶神** 河魁　大时　大败 咸池　五离	**宜**祭祀、沐浴、剃头、整手足甲、扫舍宇、捕捉、畋猎 **忌**祈福、求嗣、上册受封、上表章、袭爵受封、会亲友、冠带、出行、上官赴任、临政亲民、结婚姻、纳采问名、嫁娶、进人口、移徙、安床、解除、求医疗病、裁衣、筑堤防、修造动土、竖柱上梁、修仓库、鼓铸、经络、酝酿、开市、立券、交易、纳财、开仓库、出货财、修置产室、开渠穿井、取鱼、乘船渡水、栽种、牧养、纳畜、破土、安葬、启攒

丙戌屋上土宝开日	
吉神 月空　时阳　生气 **凶神** 五虚　九空　往亡 天刑	**宜**祭祀、祈福、求嗣、会亲友、入学、解除、裁衣、修造动土、竖柱上梁、修置产室、开渠穿井、安碓硙、栽种、牧养 **忌**上册受封、上表章、出行、上官赴任、临政亲民、嫁娶、进人口、移徙、求医疗病、修仓库、开市、立券、交易、纳财、开仓库、出货财、伐木、捕捉、畋猎、取鱼

丁亥屋上土伐闭日	
吉神 月德合　王日 **凶神** 游祸　血支　重日 朱雀	**宜**祭祀、沐浴、裁衣、筑堤防、修仓库、补垣塞穴、栽种、牧养、纳畜 **忌**祈福、求嗣、嫁娶、解除、剃头、求医疗病、疗目、针刺、畋猎、取鱼

戊子霹雳火制建日	
吉神 官日　敬安　金匮 **凶神** 月建　小耗　土府 月厌　地火　小会	诸事不宜

己丑霹雳火专除日	
吉神 阴德　守日　吉期 六合　不将　普护 宝光	宜祭祀、祈福、袭爵受封、会亲友、出行、上官赴任、临政亲民、结婚姻、嫁娶、进人口、解除、沐浴、剃头、整手足甲、求医疗病、经络、酝酿、立券、交易、纳财、扫舍宇、纳畜、安葬 忌冠带

庚寅松柏木制满日	
吉神 时德　相日　驿马 天后　天马　天巫 福德　不将　福生 五合　鸣吠对 凶神 五虚　归忌　白虎	宜上册受封、上表章、会亲友、出行、嫁娶、进人口、解除、裁衣、修造动土、竖柱上梁、开市、立券、交易、纳财、补垣塞穴、栽种、牧养、破土、启攒 忌祭祀、袭爵受封、上官赴任、临政亲民、结婚姻、纳采问名、移徙、远回、求医疗病、修仓库、经络、开仓库、出货财

辛卯松柏木制平日	
吉神 民日　不将　五合 玉堂　鸣吠对 凶神 天罡　死神　月刑 天吏　致死　天贼 地囊	诸事不宜

壬辰长流水伐定日	
吉神 月德　三合　临日 时阴　天仓　不将 圣心 凶神 死气　五墓　天牢	宜祭祀、祈福、求嗣、上册受封、上表章、袭爵受封、会亲友、冠带、出行、上官赴任、临政亲民、结婚姻、纳采问名、嫁娶、进人口、移徙、解除、裁衣、修造动土、竖柱上梁、修仓库、经络、酝酿、立券、交易、纳财、安碓硙、栽种、牧养、纳畜、安葬 忌求医疗病、开渠、畋猎、取鱼

癸巳长流水制执日	
吉神 五富　益后 **凶神** 劫煞　小耗　复日 重日　元武	**宜**祭祀、捕捉、畋猎 **忌**祈福、求嗣、上册受封、上表章、袭爵受封、会亲友、冠带、出行、上官赴任、临政亲民、结婚姻、纳采问名、嫁娶、进人口、移徙、安床、解除、剃头、整手足甲、求医疗病、裁衣、筑堤防、修造动土、竖柱上梁、修仓库、鼓铸、经络、酝酿、开市、立券、交易、纳财、开仓库、出货财、修置产室、开渠穿井、安碓硙、补垣塞穴、修饰垣墙、破屋坏垣、栽种、牧养、纳畜、破土、安葬、启攒

甲午砂石金宝破日	
吉神 月恩　四相　阳德 六仪　续世　解神 司命　鸣吠 **凶神** 月破　大耗　灾煞 天火　厌对　招摇 五虚　血忌	诸事不宜

乙未砂石金制危日	
吉神 四相　要安 **凶神** 月煞　月虚　月害 四击　勾陈	**宜**祭祀、伐木、畋猎 **忌**祈福、求嗣、上册受封、上表章、袭爵受封、会亲友、冠带、出行、上官赴任、临政亲民、结婚姻、纳采问名、嫁娶、进人口、移徙、安床、解除、剃头、整手足甲、求医疗病、裁衣、筑堤防、修造动土、竖柱上梁、修仓库、鼓铸、经络、酝酿、开市、立券、交易、纳财、开仓库、出货财、修置产室、开渠穿井、安碓硙、补垣塞穴、修饰垣墙、破屋坏垣、栽种、牧养、纳畜、破土、安葬、启攒

丙申山下火制成日	
吉神 月空　母仓　三合 天喜　天医　玉宇 除神　青龙　鸣吠 **凶神** 九坎　九焦　土符 大煞　五离	**宜**上表章、袭爵受封、会亲友、入学、出行、上官赴任、临政亲民、结婚姻、纳采问名、嫁娶、进人口、移徙、解除、沐浴、剃头、整手足甲、求医疗病、裁衣、竖柱上梁、经络、酝酿、开市、立券、交易、纳财、扫舍宇、伐木、牧养、纳畜、安葬 **忌**安床、筑堤防、修造动土、修仓库、鼓铸、修置产室、开渠穿井、安碓硙、补垣塞穴、修饰垣墙、平治道涂、破屋坏垣、取鱼、乘船渡水、栽种、破土

丁酉山下火制收日	
吉神 月德合　母仓 金堂　除神　明堂 鸣吠 凶神 河魁　大时　大败 咸池　五离	宜祭祀、沐浴、整手足甲、扫舍宇、捕捉 忌会亲友、剃头、求医疗病、畋猎、取鱼

戊戌平地木专开日	
吉神 时阳　生气 凶神 五虚　九空　往亡 天刑	宜祭祀、祈福、求嗣、会亲友、入学、解除、裁衣、修造动土、竖柱上梁、修置产室、开渠穿井、安碓硙、栽种、牧养 忌上册受封、上表章、出行、上官赴任、临政亲民、嫁娶、进人口、移徙、求医疗病、修仓库、开市、立券、交易、纳财、开仓库、出货财、伐木、捕捉、畋猎、取鱼

己亥平地木制闭日	
吉神 王日 凶神 游祸　血支　重日 朱雀	宜沐浴、裁衣、筑堤防、补垣塞穴 忌祈福、求嗣、上册受封、上表章、袭爵受封、会亲友、出行、上官赴任、临政亲民、结婚姻、纳采问名、嫁娶、进人口、移徙、安床、解除、求医疗病、疗目、针刺、修造动土、竖柱上梁、开市、开仓库、出货财、修置产室、开渠穿井、破土、安葬、启攒

庚子壁上土宝建日	
吉神 官日　敬安　金匮 鸣吠对 凶神 月建　小时　土符 月厌　地火	诸事不宜

辛丑壁上土义除日	
吉神 阴德　守日　吉期 六合　不将　普护 宝光	**宜**祭祀、祈福、袭爵受封、会亲友、出行、上官赴任、临政亲民、结婚姻、嫁娶、进人口、解除、沐浴、剃头、整手足甲、求医疗病、经络、立券、交易、纳财、扫舍宇、纳畜、安葬 **忌**冠带、酝酿

壬寅金箔金宝满日	
吉神 月德　时德　相日 驿马　天后　天马 天巫　福德　不将 福生　五合 鸣吠对 **凶神** 五虚　归忌　白虎	**宜**上册受封、上表章、袭爵受封、会亲友、出行、上官赴任、临政亲民、结婚姻、纳采问名、嫁娶、进人口、解除、求医疗病、裁衣、修造动土、竖柱上梁、修仓库、经络、开市、立券、交易、纳财、开仓库、出货财、补垣塞穴、栽种、牧养、纳畜、破土、安葬、启攒 **忌**祭祀、移徙、远回、开渠、畋猎、取鱼

癸卯金箔金宝平日	
吉神 民日　五合　玉堂 鸣吠对 **凶神** 天罡　死神　月刑 天吏　致死　天贼 复日	诸事不宜

甲辰覆灯火制定日	
吉神 月恩　四相　三合 临日　时阴　天仓 圣心 **凶神** 死气　天牢	**宜**祭祀、祈福、求嗣、上册受封、上表章、袭爵受封、会亲友、冠带、出行、上官赴任、临政亲民、结婚姻、纳采问名、嫁娶、进人口、移徙、裁衣、修造动土、竖柱上梁、修仓库、经络、酝酿、立券、交易、纳财、安碓硙、牧养、纳畜 **忌**解除、求医疗病、开仓库、出货财、修置产室、栽种

乙巳覆灯火宝执日	
吉神 四相　五富　益后 **凶神** 劫煞　小耗　重日 元武	**宜**祭祀、捕捉、畋猎 **忌**祈福、求嗣、上册受封、上表章、袭爵受封、会亲友、冠带、出行、上官赴任、临政亲民、结婚姻、纳采问名、嫁娶、进人口、移徙、安床、解除、剃头、整手足甲、求医疗病、裁衣、筑堤防、修造动土、竖柱上梁、修仓库、鼓铸、经络、酝酿、开市、立券、交易、纳财、开仓库、出货财、修置产室、开渠穿井、安碓硙、补垣塞穴、修饰垣墙、破屋坏垣、栽种、牧养、纳畜、破土、安葬、启攒

丙午天河水专破日	
吉神 月空　阳德　六仪 续世　解神　司命 鸣吠 **凶神** 月破　大耗　灾煞 天火　厌对　招摇 四废　五虚　血忌 阴阳击冲	诸事不宜

丁未天河水宝危日	
吉神 月德合　要安 **凶神** 月煞　月虚　月害 四击　八专　勾陈	**宜**祭祀、伐木 **忌**结婚姻、纳采问名、嫁娶、剃头、求医疗病、畋猎、取鱼

戊申大驿土宝成日	
吉神 母仓　三合　天喜 天医　玉宇　除神 青龙 **凶神** 九坎　九焦　土符 大煞　五离	**宜**袭爵受封、会亲友、入学、出行、上官赴任、临政亲民、结婚姻、纳采问名、嫁娶、进人口、移徙、解除、沐浴、剃头、整手足甲、求医疗病、裁衣、竖柱上梁、经络、酝酿、开市、立券、交易、纳财、扫舍宇、伐木、牧养、纳畜 **忌**安床、筑堤防、修造动土、修仓库、鼓铸、修置产室、开渠穿井、安碓硙、补垣塞穴、修饰垣墙、平治道涂、破屋坏垣、取鱼、乘船渡水、栽种、破土

己酉大驿土定收日	
吉神 天恩　母仓　金堂 除神　明堂　鸣吠 **凶神** 河魁　大时　大败 咸池　五离	**宜**沐浴、剃头、整手足甲、扫舍宇、捕捉、畋猎 **忌**祈福、求嗣、上册受封、上表章、袭爵受封、会亲友、冠带、出行、上官赴任、临政亲民、结婚姻、纳采问名、嫁娶、进人口、移徙、安床、解除、求医疗病、裁衣、筑堤防、修造动土、竖柱上梁、修仓库、鼓铸、经络、酝酿、开市、立券、交易、纳财、开仓库、出货财、修置产室、开渠穿井、取鱼、乘船渡水、栽种、牧养、纳畜、破土、安葬、启攒
庚戌钗钏金义开日	
吉神 天恩　时阳　生气 **凶神** 五虚　九空　往亡 天刑	**宜**祭祀、祈福、求嗣、会亲友、入学、解除、裁衣、修造动土、竖柱上梁、修置产室、开渠穿井、安碓硙、栽种、牧养 **忌**上册受封、上表章、出行、上官赴任、临政亲民、嫁娶、进人口、移徙、求医疗病、修仓库、经络、开市、立券、交易、纳财、开仓库、出货财、伐木、捕捉、畋猎、取鱼
辛亥钗钏金宝闭日	
吉神 天恩　王日 **凶神** 游祸　血支　重日 朱雀	**宜**沐浴、裁衣、筑堤防、补垣塞穴 **忌**祈福、求嗣、上册受封、上表章、袭爵受封、会亲友、出行、上官赴任、临政亲民、结婚姻、纳采问名、嫁娶、进人口、移徙、安床、解除、求医疗病、疗目、针刺、修造动土、竖柱上梁、酝酿、开市、开仓库、出货财、修置产室、开渠穿井、破土、安葬、启攒
壬子桑柘木专建日	
吉神 月德　天恩　官日 敬安　金匮 鸣吠对 **凶神** 月建　小时　土府 月厌　地火　四忌 六蛇　大会 阴阳俱错	诸事不宜

<table>
<tr><td colspan="2">癸丑桑柘木伐除日</td></tr>
<tr><td>吉神
天恩　天愿　阳德
守日　吉期　六合
普护　宝光
凶神
复日　八专
触水龙</td><td>宜祭祀、祈福、求嗣、上册受封、上表章、袭爵受封、会亲友、出行、上官赴任、临政亲民、结婚姻、纳采问名、嫁娶、进人口、移徙、解除、沐浴、剃头、整手足甲、求医疗病、裁衣、修造动土、竖柱上梁、修仓库、经络、酝酿、开市、立券、交易、纳财、扫舍宇、栽种、牧养、纳畜
忌冠带、取鱼、乘船渡水</td></tr>
<tr><td colspan="2">甲寅大溪水专满日</td></tr>
<tr><td>吉神
月恩　四相　时德
相日　驿马　天后
天马　天巫　福德
福生　五合
鸣吠对
凶神
五虚　八风　归忌
八专　白虎</td><td>宜上册受封、上表章、袭爵受封、会亲友、出行、上官赴任、临政亲民、进人口、解除、求医疗病、裁衣、修造动土、竖柱上梁、经络、开市、立券、交易、纳财、补垣塞穴、栽种、牧养、破土、启攒
忌祭祀、结婚姻、纳采问名、嫁娶、移徙、远回、修仓库、开仓库、出货财、取鱼、乘船渡水</td></tr>
<tr><td colspan="2">乙卯大溪水专平日</td></tr>
<tr><td>吉神
四相　民日　五合
玉堂　鸣吠对
凶神
天罡　死神　月刑
天吏　致死　天贼</td><td>诸事不宜</td></tr>
<tr><td colspan="2">丙辰沙中土宝定日</td></tr>
<tr><td>吉神
月空　三合　临日
时阴　天仓　圣心
凶神
死气　天牢</td><td>宜祭祀、祈福、上册受封、上表章、会亲友、冠带、上官赴任、临政亲民、结婚姻、纳采问名、嫁娶、进人口、裁衣、修造动土、竖柱上梁、修仓库、经络、酝酿、立券、交易、纳财、安碓硙、纳畜
忌解除、求医疗病、修置产室、栽种</td></tr>
</table>

丁巳沙中土专执日	
吉神 月德合　五富 不将　益后 **凶神** 劫煞　小耗　四废 重日　元武	**宜**祭祀、捕捉 **忌**祈福、求嗣、上册受封、上表章、袭爵受封、会亲友、冠带、出行、上官赴任、临政亲民、结婚姻、纳采问名、嫁娶、进人口、移徙、安床、解除、剃头、求医疗病、裁衣、筑堤防、修造动土、竖柱上梁、修仓库、鼓铸、经络、酝酿、开市、立券、交易、纳财、开仓库、出货财、修置产室、开渠穿井、安碓硙、补垣塞穴、修饰垣墙、破屋坏垣、畋猎、取鱼、栽种、牧养、纳畜、破土、安葬、启攒
戊午天上火义破日	
吉神 阳德　六仪　续世 解神　司命 **凶神** 月破　大耗　灾煞 天火　厌对　招摇 五虚　血忌	诸事不宜
己未天上火专危日	
吉神 要安 **凶神** 月煞　月虚　月害 四击　八专　勾陈	**宜**伐木、畋猎 **忌**祈福、求嗣、上册受封、上表章、袭爵受封、会亲友、冠带、出行、上官赴任、临政亲民、结婚姻、纳采问名、嫁娶、进人口、移徙、安床、解除、剃头、整手足甲、求医疗病、裁衣、筑堤防、修造动土、竖柱上梁、修仓库、鼓铸、经络、酝酿、开市、立券、交易、纳财、开仓库、出货财、修置产室、开渠穿井、安碓硙、补垣塞穴、修饰垣墙、破屋坏垣、栽种、牧养、纳畜、破土、安葬、启攒
庚申石榴木专成日	
吉神 母仓　三合　天喜 天医　玉宇　除神 青龙　鸣吠 **凶神** 九坎　九焦　土符 大煞　五离　八专	**宜**袭爵受封、会亲友、入学、出行、上官赴任、临政亲民、进人口、移徙、解除、沐浴、剃头、整手足甲、求医疗病、裁衣、竖柱上梁、酝酿、开市、立券、交易、纳财、扫舍宇、伐木、牧养、纳畜、安葬 **忌**结婚姻、纳采问名、嫁娶、安床、筑堤防、修造动土、修仓库、鼓铸、经络、修置产室、开渠穿井、安碓硙、补垣塞穴、修饰垣墙、平治道涂、破屋坏垣、取鱼、乘船渡水、栽种、破土

辛酉石榴木专收日	
吉神 母仓　金堂　除神 明堂　鸣吠 **凶神** 河魁　大时　大败 咸池　四耗　地囊 五离	**宜**沐浴、剃头、整手足甲、扫舍宇、捕捉、畋猎 **忌**祈福、求嗣、上册受封、上表章、袭爵受封、会亲友、冠带、出行、上官赴任、临政亲民、结婚姻、纳采问名、嫁娶、进人口、移徙、安床、解除、求医疗病、裁衣、筑堤防、修造动土、竖柱上梁、修仓库、鼓铸、经络、酝酿、开市、立券、交易、纳财、开仓库、出货财、修置产室、开渠穿井、安碓硙、补垣、修饰垣墙、平治道涂、破屋坏垣、取鱼、乘船渡水、栽种、牧养、纳畜、破土、安葬、启攒

壬戌大海水伐开日	
吉神 月德　时阳　生气 **凶神** 五虚　九空　往亡 天刑	**宜**祭祀、祈福、求嗣、会亲友、入学、结婚姻、纳采问名、解除、裁衣、修造动土、竖柱上梁、修仓库、开市、修置产室、安碓硙、栽种、牧养、纳畜 **忌**上册受封、上表章、出行、上官赴任、临政亲民、嫁娶、进人口、移徙、求医疗病、开渠、伐木、捕捉、畋猎、取鱼

癸亥大海水专闭日	
吉神 王日 **凶神** 游祸　血支　四穷 六蛇　复日　重日 朱雀	**宜**沐浴 **忌**祈福、求嗣、上册受封、上表章、袭爵受封、会亲友、出行、上官赴任、临政亲民、结婚姻、纳采问名、嫁娶、进人口、移徙、安床、解除、求医疗病、疗目、针刺、修造动土、竖柱上梁、修仓库、开市、立券、交易、纳财、开仓库、出货财、修置产室、开渠穿井、破土、安葬、启攒

右六十干支，从建子者，始大雪，终冬至，其神煞吉凶用事宜忌具于表。

钦定协纪辨方书卷三十一

月表十二

十二月

十二月	甲己年 建丁丑	乙庚年 建己丑	丙辛年 建辛丑	丁壬年 建癸丑	戊癸年 建乙丑

小寒十二月节，天道西行，宜向西行，宜修造西方。

天德在庚，天德合在乙，月德在庚，月德合在乙，月空在甲，宜修造取土。

月建在丑，月破在未，月厌在亥，月刑在戌，月害在午，劫煞在寅，灾煞在卯，月煞在辰。忌修造取土。

初九日长星，二十五日短星。小寒后三十日往亡，土王用事后忌修造动土。巳午日添母仓。

大寒十二月中，日躔在子宫为十二月，将宜用癸乙丁辛时。

孟年	白	黑	白	仲年	碧	白	赤	季年	紫	黄	绿
	绿	紫	黄		白	白	黑		赤	碧	白
	白	赤	碧		黄	绿	紫		黑	白	白

甲子海中金义闭日	
吉神 月空　天恩　天赦 天愿　四相　官日 六合　续世 **凶神** 天吏　致死　血支 土符　归忌　血忌 天刑	**宜**祭祀、沐浴、裁衣、经络、酝酿、安葬

<table>
<tr><th colspan="2">乙丑海中金制建日</th></tr>
<tr><td>吉神
天德合　月德合
天恩　四相　守日
要安
凶神
月建　小时　土府
往亡　朱雀</td><td>宜祭祀、祈福、求嗣、会亲友、结婚姻、纳采问名、解除、裁衣、竖柱上梁、纳财、开仓库、出货财、牧养、纳畜、安葬
忌上册受封、上表章、冠带、出行、上官赴任、临政亲民、嫁娶、进人口、移徙、求医疗病、筑堤防、修造动土、修仓库、修置产室、开渠穿井、安碓硙、补垣、修饰垣墙、平治道涂、破屋坏垣、伐木、捕捉、畋猎、取鱼、栽种、破土</td></tr>
</table>

<table>
<tr><th colspan="2">丙寅炉中火义除日</th></tr>
<tr><td>吉神
天恩　月德　相日
吉期　不将　玉宇
五合　金匮
鸣吠对
凶神
劫煞　天贼　五虚</td><td>宜沐浴、扫舍宇
忌祭祀、上册受封、上表章、出行、求医疗病、修仓库、开仓库、出货财</td></tr>
</table>

<table>
<tr><th colspan="2">丁卯炉中火义满日</th></tr>
<tr><td>吉神
天恩　民日　天巫
福德　天仓　不将
金匮　五合　宝光
鸣吠对
凶神
灾煞　天火</td><td>宜祭祀
忌祈福、求嗣、上册受封、上表章、袭爵受封、会亲友、冠带、出行、上官赴任、临政亲民、结婚姻、纳采问名、嫁娶、进人口、移徙、安床、解除、剃头、整手足甲、求医疗病、裁衣、筑堤防、修造动土、竖柱上梁、修仓库、鼓铸、苫盖、经络、酝酿、开市、立券、交易、纳财、开仓库、出货财、修置产室、开渠穿井、安碓硙、补垣塞穴、修饰垣墙、破屋坏垣、栽种、牧养、纳畜、破土、安葬、启攒</td></tr>
</table>

<table>
<tr><th colspan="2">戊辰大林木专平日</th></tr>
<tr><td>吉神
天恩　天马
凶神
河魁　死神　月煞
月虚　五墓　白虎</td><td>诸事不宜</td></tr>
</table>

己巳大林木义定日	
吉神 三合　时阴　六仪 玉堂 **凶神** 厌对　招摇　死气 九坎　九焦　复日 重日	**宜**会亲友、冠带、临政亲民、结婚姻、纳采问名、进人口、裁衣、修造动土、竖柱上梁、修仓库、经络、酝酿、立券、交易、纳财、安碓硙、牧养、纳畜 **忌**出行、嫁娶、解除、求医疗病、鼓铸、修置产室、补垣塞穴、取鱼、乘船渡水、栽种、破土、安葬、启攒

庚午路傍土伐执日	
吉神 天德　月德　敬安 解神　鸣吠 **凶神** 月害　天时　大败 咸池　小耗　五虚 天牢	**宜**祭祀、祈福、求嗣、上册受封、上表章、袭爵受封、会亲友、出行、上官赴任、临政亲民、结婚姻、纳采问名、嫁娶、移徙、解除、沐浴、剃头、整手足甲、裁衣、修造动土、竖柱上梁、修仓库、伐木、捕捉、栽种、牧养、纳畜、破土、安葬 **忌**求医疗病、苫盖、经络、畋猎、取鱼

辛未路傍土义破日	
吉神 月恩　普护 **凶神** 月破　大耗　四击 九空　元武	**宜**祭祀、解除、破屋坏垣 **忌**祈福、求嗣、上册受封、上表章、袭爵受封、会亲友、冠带、出行、上官赴任、临政亲民、结婚姻、纳采问名、嫁娶、进人口、移徙、安床、剃头、整手足甲、求医疗病、裁衣、筑堤防、修造动土、竖柱上梁、修仓库、鼓铸、经络、酝酿、开市、立券、交易、纳财、开仓库、出货财、修置产室、开渠穿井、安碓硙、补垣塞穴、修饰垣墙、伐木、栽种、牧养、纳畜、破土、安葬、启攒

壬申剑锋金义危日	
吉神 母仓　阳德　五富 福生　除神　司命 鸣吠 **凶神** 游祸　五离	**宜**祭祀、沐浴、剃头、整手足甲、经络、酝酿、开市、纳财、开仓库、出货财、扫舍宇、伐木、畋猎、栽种、牧养、纳畜、破土、安葬 **忌**祈福、求嗣、会亲友、结婚姻、纳采问名、安床、解除、求医疗病、立券、交易、开渠

癸酉剑锋金义成日	
吉神 母仓　三合　临日 天喜　天医　除神 鸣吠 凶神 地囊　大煞　五离 勾陈	宜上册受封、上表章、袭爵受封、入学、出行、上官赴任、临政亲民、纳婚姻、纳采问名、嫁娶、进人口、移徙、解除、沐浴、剃头、整手足甲、求医疗病、裁衣、竖柱上梁、经络、酝酿、开市、立券、交易、纳财、扫舍宇、牧养、纳畜、安葬 忌会亲友、筑堤防、修造动土、修仓库、修置产室、开渠穿井、安碓硙、补垣、修饰垣墙、平治道涂、破屋坏垣、栽种、破土

甲戌山头火制收日	
吉神 月空　四相　圣心 青龙 凶神 天罡　月刑　五虚 八风	宜祭祀、捕捉、畋猎 忌祈福、求嗣、上册受封、上表章、袭爵受封、会亲友、冠带、出行、上官赴任、临政亲民、结婚姻、纳采问名、嫁娶、进人口、移徙、安床、解除、剃头、整手足甲、求医疗病、裁衣、筑堤防、修造动土、竖柱上梁、修仓库、鼓铸、经络、酝酿、开市、立券、交易、纳财、开仓库、出货财、修置产室、开渠穿井、安碓硙、补垣塞穴、修饰垣墙、破屋坏垣、取鱼、乘船渡水、栽种、牧养、纳畜、破土、安葬、启攒

乙亥山头火义开日	
吉神 天德合　月德合 四相　阴德　王日 驿马　天后　时阳 生气　益后　明堂 凶神 月厌　地火　重日	宜祭祀、祈福、求嗣、上册受封、上表章、会亲友、入学、解除、沐浴、裁衣、修造动土、竖柱上梁、修仓库、开市、纳财、开仓库、出货财、修置产室、开渠穿井、安碓硙、牧养、纳畜 忌出行、上官赴任、临政亲民、结婚姻、纳采问名、嫁娶、移徙、远回、求医疗病、伐木、畋猎、取鱼、栽种

丙子涧下水伐闭日	
吉神 官日　六合　不将 续世　鸣吠对 凶神 天吏　致死　血支 土符　归忌　血忌 触水龙　天刑	宜祭祀、沐浴、经络、酝酿、安葬、启攒 忌祈福、求嗣、上册受封、上表章、袭爵受封、会亲友、冠带、出行、上官赴任、临政亲民、结婚姻、纳采问名、嫁聚、进人口、移徙、远回、安床、解除、求医疗病、疗目、针刺、筑堤防、修造动土、竖柱上梁、修仓库、开市、立券、交易、纳财、开仓库、出货财、修置产室、开渠穿井、安碓硙、补垣、修饰垣墙、平治道涂、破屋坏垣、取鱼、乘船渡水、栽种、牧养、纳畜、破土

丁丑涧下水宝建日	
吉神 守日　不将　要安 凶神 月建　小时　土府 往亡　朱雀	忌祈福、求嗣、上册受封、上表章、冠带、出行、上官赴任、临政亲民、结婚姻、纳采问名、嫁娶、进人口、移徙、解除、剃头、整手足甲、求医疗病、筑堤防、修造动土、竖柱上梁、修仓库、开仓库、出货财、修置产室、开渠穿井、安碓硙、补垣、修饰垣墙、平治道涂、破屋坏垣、伐木、捕捉、畋猎、取鱼、栽种、破土、安葬、启攒
戊寅城头土伐除日	
吉神 时德　相日　吉期 玉堂　五谷　金匮 凶神 劫煞　天贼　五虚	宜沐浴、扫舍宇 忌祭祀、上册受封、上表章、出行、求医疗病、修仓库、开仓库、出货财、破土、安葬、启攒
己卯城头土伐满日	
吉神 天恩　民日　天巫 福德　天仓　不将 金堂　五合　宝光 凶神 灾煞　天火　复日	宜祭祀 忌祈福、求嗣、上册受封、上表章、袭爵受封、会亲友、冠带、出行、上官赴任、临政亲民、结婚姻、纳采问名、嫁娶、进人口、移徙、安床、解除、剃头、整手足甲、求医疗病、裁衣、筑堤防、修造动土、竖柱上梁、修仓库、鼓铸、苫盖、经络、酝酿、开市、立券、交易、纳财、开仓库、出货财、修置产室、开渠穿井、安碓硙、补垣塞穴、修饰垣墙、破屋坏垣、栽种、牧养、纳财、破土、安葬、启攒
庚辰白镴金义平日	
吉神 天德　月德　天恩 天马　不将 凶神 河魁　死神　月煞 月虚　白虎	宜祭祀、平治道涂 忌祈福、求嗣、上册受封、上表章、袭爵受封、会亲友、冠带、出行、上官赴任、临政亲民、结婚姻、纳采问名、嫁娶、进人口、移徙、安床、解除、剃头、整手足甲、求医疗病、裁衣、筑堤防、修造动土、竖柱上梁、修仓库、鼓铸、经络、酝酿、开市、立券、交易、纳财、开仓库、出货财、修置产室、开渠穿井、安碓硙、补垣塞穴、修饰垣墙、破屋坏垣、畋猎、取鱼、栽种、牧养、纳畜、破土、安葬、启攒

辛巳白镴金伐定日	
吉神 天恩　月恩　三合 时阴　六仪　玉堂 **凶神** 厌对　招摇　死气 九坎　九焦　重日	**宜**祭祀、祈福、求嗣、袭爵受封、会亲友、冠带、上官赴任、临政亲民、结婚姻、纳采问名、进人口、移徙、裁衣、修造动土、竖柱上梁、修仓库、经络、立券、交易、纳财、开仓库、出货财、安碓硙、牧养、纳畜 **忌**出行、嫁娶、解除、求医疗病、鼓铸、酝酿、修置产室、补垣塞穴、取鱼、乘船渡水、栽种、破土、安葬、启攒

壬午杨柳木制执日	
吉神 天恩　敬安　解神 鸣吠 **凶神** 月害　大时　大败 咸池　小耗　五虚 天牢	**宜**沐浴、剃头、整手足甲、伐木、捕捉、畋猎 **忌**祈福、求嗣、上册受封、上表章、袭爵受封、会亲友、冠带、出行、上官赴任、临政亲民、结婚姻、纳采问名、嫁娶、进人口、移徙、安床、解除、求医疗病、筑堤防、修造动土、竖柱上梁、修仓库、苫盖、经络、酝酿、开市、立券、交易、纳财、开仓库、出货财、修置产室、开渠、取鱼、乘船渡水、栽种、牧养、纳畜、破土、安葬、启攒

癸未杨柳木伐破日	
吉神 天恩　普护 **凶神** 月破　大耗　四击 九空　触水龙 元武	**宜**祭祀、破屋坏垣 **忌**祈福、求嗣、上册受封、上表章、袭爵受封、会亲友、冠带、出行、上官赴任、临政亲民、结婚姻、纳采问名、嫁娶、进人口、移徙、安床、剃头、整手足甲、求医疗病、裁衣、筑堤防、修造动土、竖柱上梁、修仓库、鼓铸、经络、酝酿、开市、立券、交易、纳财、开仓库、出货财、修置产室、开渠穿井、安碓硙、补垣塞穴、修饰垣墙、伐木、取鱼、乘船渡水、栽种、牧养、纳畜、破土、安葬、启攒

甲申井泉水伐危日	
吉神 月空　母仓　四相 阳德　五富　生气 除神　司命　鸣吠 **凶神** 游祸　五离	**宜**祭祀、上表章、袭爵受封、出行、上官赴任、临政亲民、移徙、沐浴、剃头、整手足甲、裁衣、修造动土、竖柱上梁、修仓库、经络、酝酿、开市、纳财、扫舍宇、伐木、畋猎、栽种、牧养、纳畜、破土、安葬 **忌**祈福、求嗣、会亲友、结婚姻、纳采问名、安床、解除、求医疗病、立券、交易、开仓库、出货财

乙酉井泉水伐成日	
吉神 天德合　月德合 母仓　四相　三合 临日　天喜　天医 除神　鸣吠 **凶神** 大煞　五离　勾陈	**宜**祭祀、祈福、求嗣、上册受封、上表章、袭爵受封、入学、出行、上官赴任、临政亲民、结婚姻、纳采问名、嫁娶、进人口、移徙、解除、沐浴、剃头、整手足甲、求医疗病、裁衣、筑堤防、修造动土、竖柱上梁、修仓库、经络、酝酿、开市、立券、交易、纳财、开仓库、出货财、安碓硙、扫舍宇、牧养、纳畜、破土、安葬 **忌**会亲友、畋猎、取鱼、栽种

丙戌屋上土宝收日	
吉神 圣心　青龙 **凶神** 天罡　月刑　五虚	**宜**祭祀、捕捉、畋猎 **忌**祈福、求嗣、上册受封、上表章、袭爵受封、会亲友、冠带、出行、上官赴任、临政亲民、结婚姻、纳采问名、嫁娶、进人口、移徙、安床、解除、剃头、整手足甲、求医疗病、裁衣、筑堤防、修造动土、竖柱上梁、修仓库、鼓铸、经络、酝酿、开市、立券、交易、纳财、开仓库、出货财、修置产室、开渠穿井、安碓硙、补垣塞穴、修饰垣墙、破屋坏垣、栽种、牧养、纳畜、破土、安葬、启攒

丁亥屋上土伐开日	
吉神 阴德　王日　驿马 天后　时阳　生气 益后　明堂 **凶神** 月厌　地火　重日	**宜**祭祀、入学、沐浴 **忌**祈福、求嗣、上册受封、上表章、袭爵受封、会亲友、冠带、出行、上官赴任、临政亲民、结婚姻、纳采问名、嫁娶、进人口、移徙、远回、安床、解除、剃头、整手足甲、求医疗病、裁衣、筑堤防、修造动土、竖柱上梁、修仓库、鼓铸、经络、酝酿、开市、立券、交易、纳财、开仓库、出货财、修置产室、开渠穿井、安碓硙、补垣塞穴、修饰垣墙、平治道涂、破屋坏垣、伐木、畋猎、取鱼、栽种、牧养、纳畜、破土、安葬、启攒

戊子霹雳火制闭日	
吉神 官日　六合　续世 **凶神** 天吏　致死　血支 土符　归忌　血忌 天刑　逐陈	**宜**祭祀、沐浴 **忌**祈福、求嗣、上册受封、上表章、袭爵受封、会亲友、冠带、出行、上官赴任、临政亲民、结婚姻、纳采问名、嫁娶、进人口、移徙、远回、解除、安床、求医疗病、疗目、针刺、筑堤防、修造动土、竖柱上梁、修仓库、开市、立券、交易、纳财、开仓库、出货财、修置产室、开渠穿井、安碓硙、补垣、修饰垣墙、平治道涂、破到坏垣、栽种、牧养、纳畜、破土

己丑霹雳火专建日	
吉神 守日　不将　要安 **凶神** 月建　小时　土府 往亡　复日　朱雀	**宜**裁衣 **忌**祈福、求嗣、上册受封、上表章、冠带、出行、上官赴任、临政亲民、结婚姻、纳采问名、嫁娶、进人口、移徙、解除、剃头、整手足甲、求医疗病、筑堤防、修造动土、竖柱上梁、修仓库、开仓库、出货财、修置产室、开渠穿井、安碓硙、补垣、修饰垣墙、平治道涂、破屋坏垣、伐木、捕捉、畋猎、取鱼、栽种、破土、安葬、启攒

庚寅松柏木制除日	
吉神 天德　月德　时德 相日　吉期　不将 玉宇　五合　金匮 鸣吠对 **凶神** 劫煞　天贼　五虚	**宜**上册受封、上表章、袭爵受封、会亲友、上官赴任、临政亲民、结婚姻、纳采问名、嫁娶、移徙、解除、沐浴、剃头、整手足甲、裁衣、修造动土、竖柱上梁、立券、交易、纳财、扫舍宇、栽种、牧养、纳畜、破土、安葬、启攒 **忌**祭祀、出行、求医疗病、修仓库、经络、开仓库、出货财、畋猎、取鱼

辛卯松柏木制满日	
吉神 月恩　民日　天巫 福德　天仓　不将 金堂　五合　宝光 鸣吠对 **凶神** 灾煞　天火	**宜**祭祀 **忌**祈福、求嗣、上册受封、上表章、袭爵受封、会亲友、冠带、出行、上官赴任、临政亲民、结婚姻、纳采问名、嫁娶、进人口、移徙、安床、解除、剃头、整手足甲、求医疗病、裁衣、筑堤防、修造动土、竖柱上梁、修仓库、鼓铸、苫盖、经络、酝酿、开市、立券、交易、纳财、开仓库、出货财、修置产室、开渠穿井、安碓硙、补垣塞穴、修饰垣墙、破屋坏垣、栽种、牧养、纳畜、破土、安床、启攒

壬辰长流水伐平日	
吉神 天马 **凶神** 河魁　死神　月煞 月虚　白虎	诸事不宜

癸巳长流水制定日	
吉神 三合　阴德　六仪 玉堂 **凶神** 厌对　招摇　死气 九坎　九焦　重日	**宜**会亲友、冠带、临政亲民、结婚姻、纳采问名、进人口、裁衣、修造动土、竖柱上梁、修仓库、经络、酝酿、立券、交易、纳财、安碓硙、牧养、纳畜 **忌**出行、嫁娶、解除、求医疗病、鼓铸、修置产室、补垣塞穴、取鱼、乘船渡水、栽种、破土、安葬、启攒

甲午砂石金宝执日	
吉神 月空　四相　敬安 解神　鸣吠 **凶神** 月害　大时　大败 咸池　小耗　五虚 天牢	**宜**祭祀、沐浴、剃头、整手足甲、裁衣、伐木、捕捉、畋猎 **忌**祈福、求嗣、上册受封、上表章、袭爵受封、会亲友、冠带、出行、上官赴任、临政亲民、结婚姻、纳采问名、嫁娶、进人口、移徙、安床、解除、求医疗病、筑堤防、修造动土、竖柱上梁、修仓库、苫盖、经络、酝酿、开市、立券、交易、纳财、开仓库、出货财、修置产室、取鱼、乘船渡水、栽种、牧养、纳畜、破土、安葬、启攒

乙未砂石金制破日	
吉神 天德合　月德合 四相　普护 **凶神** 月破　大耗　四击 九空　元武	**宜**祭祀、解除、破屋坏垣 **忌**祈福、求嗣、上册受封、上表章、袭爵受封、会亲友、冠带、出行、上官赴任、临政亲民、结婚姻、纳采问名、嫁娶、进人口、移徙、安床、剃头、整手足甲、求医疗病、裁衣、筑堤防、修造动土、竖柱上梁、修仓库、鼓铸、经络、酝酿、开市、立券、交易、纳财、开仓库、出货财、修置产室、开渠穿井、安碓硙、补垣塞穴、修饰垣墙、伐木、畋猎、取鱼、栽种、牧养、纳畜、破土、安葬、启攒

丙申山下火制危日	
吉神 母仓　阳德　五富 福生　除神　司命 鸣吠 **凶神** 游祸　五离	**宜**祭祀、沐浴、剃头、整手足甲、经络、酝酿、开市、纳财、开仓库、出货财、扫舍宇、伐木、畋猎、栽种、牧养、纳畜、破土、安葬 **忌**祈福、求嗣、会亲友、结婚姻、纳采问名、安床、解除、求医疗病、立券、交易

丁酉山下火制成日	
吉神 母仓　三合　临日 天喜　天医　除神 鸣吠 **凶神** 大煞　五离　勾陈	**宜**上册受封、上表章、袭爵受封、入学、出行、上官赴任、临政亲民、结婚姻、纳采问名、嫁娶、进人口、移徙、解除、沐浴、整手足甲、求医疗病、裁衣、筑堤防、修造动土、竖柱上梁、修仓库、经络、酝酿、开市、立券、交易、纳财、安碓硙、扫舍宇、栽种、牧养、纳畜、破土、安葬 **忌**会亲友、剃头、

戊戌平地木专收日	
吉神 圣心　青龙 **凶神** 天罡　月刑　五虚	**宜**祭祀、捕捉、畋猎 **忌**祈福、求嗣、上册受封、上表章、袭爵受封、会亲友、冠带、出行、上官赴任、临政亲民、结婚姻、纳采问名、嫁娶、进人口、移徙、安床、解除、剃头、整手足甲、求医疗病、裁衣、筑堤防、修造动土、竖柱上梁、修仓库、鼓铸、经络、酝酿、开市、立券、交易、纳财、开仓库、出货财、修置产室、开渠空井、安碓硙、补垣塞穴、修饰垣墙、破屋坏垣、栽种、牧养、纳畜、破土、安葬、启攒

己亥平地木制开日	
吉神 阴德　王日　驿马 天后　时阳　生气 益后　明堂 **凶神** 月厌　地火　复日 重日	**宜**祭祀、入学、沐浴 **忌**祈福、求嗣、上册受封、上表章、袭爵受封、会亲友、冠带、出行、上官赴任、临政亲民、结婚姻、纳采问名、嫁娶、进人口、移徙、远回、安床、解除、剃头、整手足甲、求医疗病、裁衣、筑堤防、修造动土、竖柱上梁、修仓库、鼓铸、经络、酝酿、开市、立券、交易、纳财、开仓库、出货财、修置产室、开渠穿井、安碓硙、补垣塞穴、修饰垣墙、平治道涂、破屋坏垣、伐木、畋猎、取鱼、栽种、牧养、纳畜、破土、安葬、启攒

庚子壁上土宝闭日	
吉神 天德　月德　官日 六合　不将　续世 鸣吠对 **凶神** 天吏　致死　血支 土符　归忌　血忌 天刑	**宜**祭祀、沐浴、裁衣、酝酿、安葬、启攒 **忌**移徙、远回、求医疗病、疗目、针刺、筑堤防、修造动土、修仓库、经络、修置产室、开渠穿井、安碓硙、补垣、修饰垣墙、平治道涂、破屋坏垣、畋猎、取鱼、栽种、破土

辛丑壁上土义建日	
吉神 月恩　守日　不将 要安 **凶神** 月建　小时　土府 往亡　朱雀	**宜**祭祀、祈福、求嗣、会亲友、结婚姻、纳采问名、解除、裁衣、竖柱上梁、纳财、开仓库、出货财、牧养 **忌**上册受封、上表章、冠带、出行、上官赴任、临政亲民、嫁娶、进人口、移徙、求医疗病、筑堤防、修造动土、修仓库、酝酿、修置产室、开渠穿井、安碓硙、补垣、修饰垣墙、平治道涂、破屋坏垣、伐木、捕捉、畋猎、取鱼、栽种、破土

壬寅金箔金宝除日	
吉神 时德　相日　吉期 玉宇　五合　金匮 鸣吠对 **凶神** 劫煞　天贼　五虚	**宜**沐浴、扫舍宇 **忌**祭祀、上册受封、上表章、出行、求医疗病、修仓库、开仓库、出货财、开渠

癸卯金箔金宝满日	
吉神 民日　天巫　福德 天仓　金堂　五合 宝光　鸣吠对 **凶神** 灾煞　天火	**宜**祭祀 **忌**祈福、求嗣、上册受封、上表章、袭爵受封、会亲友、冠带、出行、上官赴任、临政亲民、结婚姻、纳采问名、嫁娶、进人口、移徙、安床、解除、剃头、整手足甲、求医疗病、裁衣、筑堤防、修造动土、竖柱上梁、修仓库、鼓铸、苫盖、经络、酝酿、开市、立券、交易、纳财、开仓库、出货财、修置产室、开渠穿井、安碓硙、补垣塞穴、修饰垣墙、破屋坏垣、栽种、牧养、纳畜、破土、启攒

甲辰覆灯火制平日	
吉神 月空　四相　天马 **凶神** 河魁　致死　月煞 月虚　白虎	诸事不宜

<table>
<tr><td colspan="2">乙巳覆灯火宝定日</td></tr>
<tr><td>吉神
天德合　月德合
四相　三合　时阴
六仪　玉堂
凶神
厌对　招摇　死气
九坎　九焦　重日</td><td>宜祭祀、祈福、求嗣、上册受封、上表章、袭爵受封、会亲友、冠带、上官赴任、临政亲民、结婚姻、纳采问名、嫁娶、进人口、移徙、解除、裁衣、修造动土、竖柱上梁、修仓库、经络、酝酿、立券、交易、纳财、开仓库、出货财、安碓硙、牧养、纳畜
忌出行、求医疗病、鼓铸、补垣塞穴、畋猎、取鱼、乘船渡水、栽种</td></tr>
<tr><td colspan="2">丙午天河水专执日</td></tr>
<tr><td>吉神
敬安　解神　鸣吠
凶神
月害　大时　大败
咸池　小耗　四废
五虚　天牢</td><td>宜沐浴、剃头、整手足甲、伐木、捕捉、畋猎
忌祈福、求嗣、上册受封、上表章、袭爵受封、会亲友、冠带、出行、上官赴任、临政亲民、结婚姻、纳采问名、嫁娶、进人口、移徙、安床、解除、求医疗病、裁衣、筑堤防、修造动土、竖柱上梁、修仓库、鼓铸、苫盖、经络、酝酿、开市、立券、交易、纳财、开仓库、出货财、修置产室、开渠穿井、安碓硙、补垣塞穴、修饰垣墙、取鱼、乘船渡水、栽种、牧养、纳畜、破土、安葬、启攒</td></tr>
<tr><td colspan="2">丁未天河水宝破日</td></tr>
<tr><td>吉神
普护
凶神
月破　大耗　四击
九穴　八专　元武
阳破　阴冲</td><td>诸事不宜</td></tr>
<tr><td colspan="2">戊申大驿土宝危日</td></tr>
<tr><td>吉神
母仓　阳德　五富
福生　除神　司命
凶神
游祸　五离</td><td>宜祭祀、沐浴、剃头、整手足甲、经络、酝酿、开市、纳财、开仓库、出货财、扫舍宇、伐木、畋猎、栽种、牧养、纳畜
忌祈福、求嗣、会亲友、结婚姻、纳采问名、安床、解除、求医疗病、立券、交易</td></tr>
</table>

<table>
<tr><td colspan="2">己酉大驿土宝成日</td></tr>
<tr><td>吉神
天恩　母仓　三合
临日　天喜　天医
除神　鸣吠
凶神
大煞　复日　五离
勾陈</td><td>宜上册受封、上表章、袭爵受封、入学、出行、上官赴任、临政亲民、结婚姻、纳采问名、嫁娶、进人口、移徙、解除、沐浴、剃头、整手足甲、求医疗病、裁衣、筑堤防、修造动土、竖柱上梁、修仓库、经络、酝酿、开市、立券、交易、纳财、安碓硙、扫舍宇、栽种、牧养、纳畜
忌会亲友、破土、安葬、启攒</td></tr>
<tr><td colspan="2">庚戌钗钏金义收日</td></tr>
<tr><td>吉神
天德　月德　天恩
圣心　青龙
凶神
天罡　月刑　五虚</td><td>宜祭祀、捕捉
忌求医疗病、经络、畋猎、取鱼</td></tr>
<tr><td colspan="2">辛亥钗钏金宝开日</td></tr>
<tr><td>吉神
天恩　月恩　阳德
王日　驿马　天后
时阳　生气　益后
明堂
凶神
月厌　地火　重日</td><td>宜祭祀、入学、沐浴
忌祈福、求嗣、上册受封、上表章、袭爵受封、会亲友、冠带、出行、上官赴任、临政亲民、结婚姻、纳采问名、嫁娶、进人口、移徙、远回、安床、解除、剃头、整手足甲、求医疗病、裁衣、筑堤防、修造动土、竖柱上梁、修仓库、鼓铸、经络、酝酿、开市、立券、交易、纳财、开仓库、出货财、修置产室、开渠穿井、安碓硙、补垣塞穴、修饰垣墙、平治道涂、破屋坏垣、伐木、畋猎、取鱼、栽种、牧养、纳畜、破土、安葬、启攒</td></tr>
<tr><td colspan="2">壬子桑柘木专闭日</td></tr>
<tr><td>吉神
天恩　官日　六合
续世
凶神
天吏　致死　血支
四忌　六蛇　土符
归忌　血忌　天刑
逐阵</td><td>宜祭祀、沐浴
忌祈福、求嗣、上册受封、上表章、袭爵受封、会亲友、冠带、出行、上官赴任、临政亲民、结婚姻、纳采问名、嫁娶、进人口、移徙、远回、安床、解除、求医疗病、疗目、针刺、筑堤防、修造动土、竖柱上梁、修仓库、开市、立券、交易、纳财、开仓库、出货财、修置产室、开渠穿井、安碓硙、补垣、修饰垣墙、平治道涂、破屋坏垣、栽种、牧养、纳畜、破土、安葬</td></tr>
</table>

癸丑桑柘木伐建日	
吉神 天恩　守日　要安 凶神 月建　小时　土府 往亡　八专 触水龙　朱雀 阳错	宜会亲友 忌祈福、求嗣、上册受封、上表章、冠带、出行、上官赴任、临政亲民、结婚姻、纳采问名、嫁娶、进人口、移徙、解除、剃头、整手足甲、求医疗病、筑堤防、修造动土、竖柱上梁、修仓库、开仓库、出货财、修置产室、开渠穿井、安碓硙、补垣、修饰垣墙、平治道涂、破屋坏垣、伐木、捕捉、畋猎、取鱼、乘船渡水、栽种、破土、安葬、启攒
甲寅大溪水专除日	
吉神 月空　四相　时德 相日　吉期　玉宇 五合　金匮 鸣吠对 凶神 劫煞　天贼　五虚 八风　八专	宜沐浴、扫舍宇 忌祭祀、出行、结婚姻、纳采问名、嫁娶、求医疗病、修仓库、开仓库、出货财、取鱼、乘船渡水
乙卯大溪大专满日	
吉神 天德合　月德合 四相　民日　天巫 福德　天仓　金堂 五合　宝光 鸣吠对 凶神 灾煞　天火　地囊	宜祭祀、祈福、求嗣、上册受封、上表章、袭爵受封、会亲友、出行、上官赴任、临政亲民、结婚姻、纳采问名、嫁娶、进人口、移徙、解除、裁衣、竖柱上梁、经络、开市、立券、交易、纳财、开仓库、出货财、牧养、纳畜、安葬、启攒 忌求医疗病、筑堤防、修造动土、修仓库、修置产室、开渠穿井、安碓硙、补垣、修饰垣墙、平治道涂、破屋坏垣、畋猎、取鱼、栽种、破土
丙辰沙中土宝平日	
吉神 天马　不将 凶神 河魁　死神　月煞 月虚　白虎	诸事不宜

丁巳沙中土专定日	
吉神 三合　时阴　六仪 玉堂 **凶神** 厌对　招摇　死气 四废　九坎　九焦 重日	**忌**祈福、求嗣、上册受封、上表章、袭爵受封、会亲友、冠带、出行、上官赴任、临政亲民、结婚姻、纳采问名、嫁娶、进人口、移徙、安床、解除、剃头、求医疗病、裁衣、筑堤防、修造动土、竖柱上梁、修仓库、鼓铸、经络、酝酿、开市、立券、交易、纳财、开仓库、出货财、修置产室、开渠穿井、安碓硙、补垣塞穴、修饰垣墙、取鱼、乘船渡水、栽种、牧养、纳畜、破土、安葬、启攒

戊午天上火义执日	
吉神 敬安　解神 **凶神** 月害　大时　大败 咸池　小耗　五虚 天牢	**宜**沐浴、剃头、整手足甲、伐木、捕捉、畋猎 **忌**祈福、求嗣、上册受封、上表章、袭爵受封、会亲友、冠带、出行、上官赴任、临政亲民、结婚姻、纳采问名、嫁娶、进人口、移徙、安床、解除、求医疗病、筑堤防、修造动土、竖柱上梁、修仓库、苫盖、经络、酝酿、开市、立券、交易、纳财、开仓库、出货财、修置产室、取鱼、乘船渡水、栽种、牧养、纳畜、破土、安葬、启攒

己未天上火专破日	
吉神 普护 **凶神** 月破　大耗　四击 九空　复日　八专 元武	**宜**祭祀、破屋坏垣 **忌**祈福、求嗣、上册受封、上表章、袭爵受封、会亲友、冠带、出行、上官赴任、临政亲民、结婚姻、纳采问名、嫁娶、进人口、移徙、安床、剃头、整手足甲、求医疗病、裁衣、筑堤防、修造动土、竖柱上梁、修仓库、鼓铸、经络、酝酿、开市、立券、交易、纳财、开仓库、出货财、修置产室、开渠穿井、安碓硙、补垣塞穴、修饰垣墙、伐木、栽种、牧养、纳畜、破土、安葬、启攒

庚申石榴木专危日	
吉神 天德　月德　母仓 阳德　五富　福生 除神　司命　鸣吠 **凶神** 游祸　五离　八专	**宜**祭祀、上册受封、上表章、袭爵受封、会亲友、出行、上官赴任、临政亲民、移徙、沐浴、剃头、整手足甲、裁衣、修造动土、竖柱上梁、修仓库、酝酿、开市、立券、交易、纳财、开仓库、出货财、扫舍宇、伐木、栽种、牧养、纳畜、破土、安葬 **忌**祈福、求嗣、结婚姻、纳采问名、嫁娶、安床、解除、求医疗病、经络、畋猎、取鱼

辛酉石榴木专成日	
吉神 母仓　月恩　三合 临日　天喜　天医 除神　鸣吠 凶神 四耗　大煞　五离 勾陈	宜祭祀、祈福、求嗣、上册受封、上表章、袭爵受封、入学、出行、上官赴任、临政亲民、结婚姻、纳采问名、嫁娶、进人口、移徙、解除、沐浴、剃头、整手足甲、求医疗病、裁衣、筑堤防、修造动土、竖柱上梁、修仓库、经络、开市、立券、交易、纳财、开仓库、出货财、安碓硙、扫舍宇、栽种、牧养、纳畜、破土、安葬 忌会亲友、酝酿

壬戌大海水伐收日	
吉神 圣心　青龙 凶神 天罡　月刑　五虚	宜祭祀、捕捉、畋猎 忌祈福、求嗣、上册受封、上表章、袭爵受封、会亲友、冠带、出行、上官赴任、临政亲民、结婚姻、纳采问名、嫁娶、进人口、移徙、安床、解除、剃头、整手足甲、求医疗病、裁衣、筑堤防、修造动土、竖柱上梁、修仓库、鼓铸、经络、酝酿、开市、立券、交易、纳财、开仓库、出货财、修置产室、开渠穿井、安碓硙、补垣塞穴、修饰垣墙、破屋坏垣、栽种、牧养、纳畜、破土、安葬、启攒

癸亥大海水专开日	
吉神 阳德　王日　驿马 天后　时阳　生气 益后　明堂 凶神 月厌　地火　四穷 六蛇　重日　大会 阴错	诸事不宜

右六十干支，从建丑者，始小寒，终大寒，其神煞吉凶用事宜忌具于表。

钦定协纪辨方书卷三十二

日表

由年而月而日，神煞备矣。吉日既得，而枢机之发必审乎时也。时由日管，选时必根于日。作《日表》。

六十日时辰定局

甲子日十二时

子时	日建 金匮	丑时	天乙贵人 日合 宝光
寅时	日禄 喜神 福星贵人 日马 白虎	卯时	玉堂 日刑
辰时	天牢	巳时	元武
午时	司命 日破 五不遇	未时	天乙贵人 日害 勾陈
申时	青龙 路空	酉时	天官贵人 明堂 路空
戌时	天刑 旬空	亥时	朱雀 旬空

乙丑日十二时

子时	天乙贵人 日合 天刑	丑时	福星贵人 日建 朱雀
寅时	金匮	卯时	日禄 宝光
辰时	白虎	巳时	玉堂 五不遇
午时	路空 日害 天牢	未时	路空 日破 元武
申时	天乙贵人 天官贵人 司命	酉时	勾陈
戌时	喜神 青龙 日刑 旬空	亥时	福星贵人 日马 明堂 旬空

丙寅日十二时

子时	天官贵人 福星贵人 青龙	丑时	明堂
寅时	日建 天刑	卯时	朱雀
辰时	金匮 五不遇 路空	巳时	日禄 宝光 路空 日害 日刑
午时	白虎	未时	玉堂
申时	喜神 日马 日破 天牢	酉时	天乙贵人 元武
戌时	福星贵人 旬空	亥时	天乙贵人 日合 勾陈 旬空

丁卯日十二时

子时	司命 日刑	丑时	勾陈
寅时	青龙 路空	卯时	日建 明堂 五不遇 路空
辰时	日害 天刑	巳时	日马 朱雀
午时	日禄 喜神 金匮	未时	宝光
申时	白虎	酉时	天乙贵人 福星贵人 玉堂 日破
戌时	日合 天牢 旬空	亥时	天乙贵人 天官贵人 元武 旬空

戊辰日十二时

子时	路空 天牢	丑时	天乙贵人 路空 元武
寅时	日马 司命 五不遇	卯时	天官贵人 日害 勾陈
辰时	喜神 日建 青龙 日刑	巳时	日禄 明堂
午时	天刑	未时	天乙贵人 朱雀
申时	福星贵人 金匮	酉时	日合 宝光
戌时	路空 日破 白虎 旬空	亥时	玉堂 路空 旬空

己巳日十二时

子时	天乙贵人 白虎	丑时	玉堂 五不遇
寅时	喜神 天官贵人 日害 天牢	卯时	元武
辰时	司命	巳时	日建 勾陈
午时	日禄 青龙	未时	福星贵人 明堂
申时	天乙贵人 日合 路空 日刑 天刑	酉时	路空 朱雀
戌时	金匮 旬空	亥时	日马 宝光 五不遇 日破 旬空

庚午日十二时

子时	金匮 五不遇 日破	丑时	天乙贵人 宝光 日害
寅时	日马 白虎	卯时	玉堂
辰时	天牢	巳时	元武
午时	天官贵人 福星贵人 日建 司命 路空 日刑	未时	天乙贵人 日合 路空 勾陈
申时	日禄 青龙 日马	酉时	明堂
戌时	喜神 五不遇 天刑 旬空	亥时	朱雀 旬空

辛未日十二时

子时	日害 天刑	丑时	日破 日刑 朱雀
寅时	天乙贵人 金匮	卯时	宝光
辰时	路空 白虎	巳时	天官贵人 福星贵人 日马 玉堂 路空
午时	天乙贵人 日合 天牢	未时	日建 元武
申时	喜神 司命	酉时	日禄 五不遇 勾陈
戌时	青龙 旬空	亥时	明堂 旬空

壬申日十二时

子时	青龙	丑时	天官贵人 明堂
寅时	日马 路空 日破 日刑 天刑	卯时	天乙贵人 路空 朱雀
辰时	福星贵人 金匮	巳时	天乙贵人 日合 宝光
午时	喜神 白虎	未时	天官贵人 玉堂
申时	日建 五不遇 天牢	酉时	元武
戌时	司命 旬空	亥时	日禄 日害 勾陈 旬空

癸酉日十二时

子时	日禄 司命 路空	丑时	路空 勾陈
寅时	青龙	卯时	天乙贵人 福星贵人 明堂 日破
辰时	喜神 天官贵人 日合 天刑	巳时	天乙贵人 朱雀
午时	金匮	未时	宝光 五不遇
申时	白虎	酉时	日建 玉堂 日刑
戌时	天官贵人 路空 日害 天牢 旬空	亥时	日马 路空 元武 旬空

甲戌日十二时

子时	天牢	丑时	天乙贵人 元武
寅时	日禄 喜神 福星贵人 司命	卯时	日合 勾陈
辰时	青龙 日破	巳时	明堂
午时	五不遇 天刑	未时	天乙贵人 日刑 朱雀
申时	日马 金匮 路空 旬空	酉时	天官贵人 宝光 路空 日害 旬空
戌时	日建 白虎	亥时	玉堂

乙亥日十二时

子时	天乙贵人 白虎	丑时	福星贵人 玉堂
寅时	日合 天牢	卯时	日禄 元武
辰时	司命	巳时	日马 五不遇 日破 勾陈
午时	青龙 路空	未时	明堂 路空
申时	天乙贵人 天官贵人 日害 天刑 旬空	酉时	朱雀 旬空
戌时	喜神 金匮	亥时	福星贵人 日建 宝光 日刑

丙子日十二时

子时	天官贵人 福星贵人 日建 金匮	丑时	日合 宝光
寅时	日马 白虎	卯时	玉堂 日刑
辰时	五不遇 路空 天牢	巳时	日禄 路空 元武
午时	司命 日破	未时	日害 勾陈
申时	喜神 青龙 旬空	酉时	天乙贵人 明堂 旬空
戌时	福星贵人 天刑	亥时	天乙贵人 朱雀

丁丑日十二时

子时	日合 天刑	丑时	日建 朱雀
寅时	金匮 路空	卯时	宝光 五不遇 路空
辰时	白虎	巳时	玉堂
午时	日禄 喜神 日害 天牢	未时	日破 元武
申时	司命 旬空	酉时	天乙贵人 福星贵人 勾陈 旬空
戌时	青龙 日刑	亥时	天乙贵人 天官贵人 日马 明堂

戊寅日十二时

子时	青龙 路空	丑时	天乙贵人 明堂 路空
寅时	日建 五不遇 天刑	卯时	天官贵人 朱雀
辰时	喜神 金匮	巳时	日禄 宝光 日害 日刑
午时	白虎	未时	天乙贵人 玉堂
申时	福星贵人 日马 日破 天牢 旬空	酉时	元武 旬空
戌时	司命 路空	亥时	日合 路空 勾陈

己卯日十二时

子时	天乙贵人 司命 日刑	丑时	五不遇 勾陈
寅时	喜神 天官贵人 青龙	卯时	日建 明堂
辰时	日害 天刑	巳时	日马 朱雀
午时	日禄 金匮	未时	福星贵人
申时	天乙贵人 路空 白虎 旬空	酉时	玉堂 路空 日破 旬空
戌时	日合 天牢	亥时	五不遇 元武

庚辰日十二时

子时	五不遇 天牢	丑时	天乙贵人 元武
寅时	日马 司命	卯时	日害 勾陈
辰时	日建 青龙 日刑	巳时	明堂
午时	天官贵人 福星贵人 路空 天刑	未时	天乙贵人 路空 朱雀
申时	日禄 金匮 旬空	酉时	日合 宝光 旬空
戌时	喜神 五不遇 日破 白虎	亥时	玉堂

辛巳日十二时

子时	白虎	丑时	玉堂
寅时	天乙贵人 日害 天牢	卯时	元武
辰时	司命 路空	巳时	天官贵人 福星贵人 日建 路空 勾陈
午时	天乙贵人 青龙	未时	明堂
申时	喜神 日合 日刑 天刑 旬空	酉时	日禄 五不遇 朱雀 旬空
戌时	金匮	亥时	日马 宝光 日破

壬午日十二时

子时	金匮 日破	丑时	天官贵人 宝光 日害
寅时	路空 白虎	卯时	天乙贵人 元武
辰时	福星贵人 天牢	巳时	天乙贵人 元武
午时	喜神 日建 司命 日刑	未时	天官贵人 日合 勾陈
申时	日马 青龙 五不遇 旬空	酉时	明堂 旬空
戌时	天刑	亥时	日禄 朱雀

癸未日十二时

子时	日禄 路空 日害 天刑	丑时	路空 日破 日刑 朱雀
寅时	金匮	卯时	天乙贵人 福星贵人 宝光
辰时	喜神 天官贵人 白虎	巳时	天乙贵人 日马 玉堂
午时	日合 天牢	未时	日建 五不遇 元武
申时	司命 旬空	酉时	勾陈 旬空
戌时	天官贵人 青龙 路空	亥时	明堂 路空

甲申日十二时

子时	青龙	丑时	天乙贵人 明堂
寅时	日禄 喜神 福星贵人 日马 日破 日刑 天刑	卯时	朱雀
辰时	金匮	巳时	日合 宝光
午时	王不遇、白虎、旬空	未时	天乙贵人 玉堂 旬空
申时	日建 路空 天牢	酉时	天官贵人 路空 元武
戌时	司命	亥时	日害 勾陈

乙酉日十二时

子时	天乙贵人 司命	丑时	福星贵人 勾陈
寅时	青龙	卯时	日禄 明堂 日破
辰时	日合 天刑	巳时	五不遇 朱雀
午时	金匮 路空 旬空	未时	宝光 路空 旬空
申时	天乙贵人 天官贵人 白虎	酉时	日建 玉堂 日刑
戌时	喜神 日害 天牢	亥时	福星贵人 日马 元武

丙戌日十二时

子时	天官贵人 福星贵人 天牢	丑时	元武
寅时	司命	卯时	日合 勾陈
辰时	青龙 五不遇 路空 日破	巳时	日禄 明堂 路空
午时	天刑 旬空	未时	日刑 朱雀 旬空
申时	喜神 日马 金匮	酉时	天乙贵人 宝光 日害
戌时	福星贵人 日建 白虎	亥时	天乙贵人 玉堂

丁亥日十二时

子时	白虎	丑时	玉堂
寅时	日合 路空 天牢	卯时	五不通 路空 元武
辰时	司命	巳时	日马 日破 勾陈
午时	日禄 喜神 青龙 旬空	未时	明堂 旬空
申时	日害 天刑	酉时	天乙贵人 福星贵人 朱雀
戌时	金匮	亥时	天乙贵人 天官贵人 日建 宝光 日刑

戊子日十二时

子时	日建 金匮 路空	丑时	天乙贵人 日合 宝光 路空
寅时	日马 五不遇 白虎	卯时	天官贵人 玉堂 日刑
辰时	喜神 天牢	巳时	日禄 元武
午时	司命 日破 旬空	未时	天乙贵人 日害 勾陈 旬空
申时	福星贵人 青龙	酉时	明堂
戌时	路空 天刑	亥时	路空 朱雀

己丑日十二时

子时	天乙贵人 日合 天刑	丑时	日建 五不遇 朱雀
寅时	喜神 天官贵人 金匮	卯时	宝光
辰时	白虎	巳时	玉堂
午时	日禄 日害 天牢 旬空	未时	福星贵人 日破 元武 旬空
申时	天乙贵人 司命 路空	酉时	路空 勾陈
戌时	青龙 日刑	亥时	日马 明堂 五不遇

庚寅日十二时

子时	青龙 五不遇	丑时	天乙贵人 明堂
寅时	时建 天刑	卯时	朱雀
辰时	金匮	巳时	宝光 日害 日刑
午时	天官贵人 福星贵人 路空 白虎 旬空	未时	天乙贵人 玉堂 路空 旬空
申时	日禄 日马 日破 天牢	酉时	元武
戌时	喜神 司命 五不遇	亥时	日合 勾陈

辛卯日十二时

子时	司命 日刑	丑时	勾陈
寅时	天乙贵人 青龙	卯时	日建 明堂
辰时	路空 日害 天刑	巳时	天官贵人 福星贵人 日马 路空 朱雀
午时	天乙贵人 金匮 旬空	未时	宝光 旬空
申时	喜神 白虎	酉时	日禄 玉堂 五不遇 日破
戌时	日合 天牢	亥时	元武

壬辰日十二时

子时	天牢	丑时	天官贵人 元武
寅时	日马 司命 路空	卯时	天乙贵人 路空 日害 勾陈
辰时	福星贵人 日建 青龙 日刑	巳时	天乙贵人 路空
午时	喜神 天刑	未时	天官贵人 朱雀 旬空
申时	金匮 五不遇	酉时	日合 宝光
戌时	日破 白虎	亥时	日禄 玉堂

癸巳日十二时

子时	日禄 路空 白虎	丑时	玉堂 路空
寅时	日害 天牢	卯时	天乙贵人 福星贵人 玄琥
辰时	喜神 天官贵人 司命	巳时	天乙贵人 日建 勾陈
午时	青龙 旬空	未时	明堂 五不遇 旬空
申时	日合 日刑 天刑	酉时	朱雀
戌时	天官贵人 金匮 路空	亥时	日马 宝光 路空 日破

甲午日十二时

子时	金匮 日破	丑时	天乙贵人 日害
寅时	日禄 喜神 福星贵人 白虎	卯时	玉堂
辰时	天牢 旬空	巳时	元武 旬空
午时	日建 司命 五不遇 日刑	未时	天乙贵人 日合 勾陈
申时	日马 青龙 路空	酉时	天官贵人 明堂 路空
戌时	天刑	亥时	朱雀

乙未日十二时

子时	天乙贵人 日害 天刑	丑时	福星贵人 日破 日刑 朱雀
寅时	金匮	卯时	日禄 宝光
辰时	白虎 旬空	巳时	日马 玉堂 五不遇 旬空
午时	日合 路空 天牢	未时	日建 路空 元武
申时	天乙贵人 天官贵人 司命	酉时	勾陈
戌时	喜神 青龙	亥时	福星贵人 明堂

丙申日十二时

子时	天官贵人 福星贵人 青龙	丑时	明堂
寅时	日马 日破 日刑 天刑	卯时	朱雀
辰时	金匮 五不遇 路空 旬空	巳时	日禄 日合 宝光 路空 旬空
午时	白虎	未时	玉堂
申时	喜神 日建 天牢	酉时	天乙贵人 元武
戌时	福星贵人 司命	亥时	天乙贵人 日害 勾陈

丁酉日十二时

子时	司命	丑时	勾陈
寅时	青龙 路空	卯时	明堂 五不遇 路空 日破
辰时	日合 天刑 旬空	巳时	朱雀 旬空
午时	日禄 喜神 金匮	未时	宝光
申时	白虎	酉时	天乙贵人 福星贵人 日建 玉堂 日刑
戌时	日害 天牢	亥时	天乙贵人 天官贵人 日马 元武

戊戌日十二时

子时	路空 天牢	丑时	天乙贵人 路空 元武
寅时	司命 五不遇	卯时	天官贵人 日合 勾陈
辰时	喜神 青龙 日破 旬空	巳时	日禄 明堂 旬空
午时	天刑	未时	天乙贵人 日刑 朱雀
申时	福星贵人 日马 金匮	酉时	宝光 日害
戌时	日建 路空 白虎	亥时	玉堂 路空

己亥日十二时

子时	天乙贵人 白虎	丑时	玉堂 五不遇
寅时	喜神 天官贵人 日合 天牢	卯时	元武
辰时	司命 旬空	巳时	日马 日破 勾陈 旬空
午时	日禄 青龙	未时	福星贵人 明堂
申时	天乙贵人 路空 日害 天刑	酉时	路空 朱雀
戌时	金匮	亥时	日建 宝光 五不遇 日刑

庚子日十二时

子时	日建 金匮 五不遇	丑时	天乙贵人 日合 宝光
寅时	日马 白虎	卯时	玉堂 日刑
辰时	天牢 旬空	巳时	元武 旬空
午时	天官贵人 福星贵人 司命 路空 日破	未时	天乙贵人 路空 日害 勾陈
申时	日禄 青龙	酉时	明堂
戌时	喜神 五不遇 天刑	亥时	朱雀

辛丑日十二时

子时	日合 天刑	丑时	日建 朱雀
寅时	天乙贵人 金匮	卯时	宝光
辰时	路空 白虎 旬空	巳时	天官贵人 福星贵人 玉堂 路空 旬空
午时	天乙贵人 日害 天牢	未时	日破 元武
申时	喜神 司命	酉时	日禄 五不遇 勾陈
戌时	青龙 日刑	亥时	日马 明堂

壬寅日十二时

子时	青龙	丑时	天官贵人 明堂
寅时	日建 路空 天刑	卯时	天乙贵人 路空 朱雀
辰时	福星贵人 金匮 旬空	巳时	天乙贵人 宝光 日害 日刑 旬空
午时	喜神 白虎	未时	天官贵人 玉堂
申时	日马 五不遇 日破 天牢	酉时	元武
戌时	司命	亥时	日禄 日合 勾陈

癸卯日十二时

子时	日禄 司命 路空 日刑	丑时	路空 勾陈
寅时	青龙	卯时	天乙贵人 福星贵人 日建 明堂
辰时	喜神 天官贵人 日害 天刑 旬空	巳时	天乙贵人 日马 朱雀 旬空
午时	金匮	未时	宝光 五不遇
申时	白虎	酉时	玉堂 日破
戌时	天官贵人 日合 路空 天牢	亥时	路空 元武

甲辰日十二时

子时	天牢	丑时	天乙贵人 元武
寅时	日禄 喜神 福星贵人 日马 司命 旬空	卯时	日害 勾陈 旬空
辰时	日建 青龙 日刑	巳时	明堂
午时	五不遇 天刑	未时	天乙贵人 朱雀
申时	金匮 路空	酉时	天官贵人 日合 宝光 路空
戌时	日破 白虎	亥时	玉堂

乙巳日十二时

子时	天乙贵人 白虎	丑时	福星贵人 玉堂
寅时	日害 天牢 旬空	卯时	日禄 元武 旬空
辰时	司命	巳时	日建 五不遇 勾陈
午时	青龙 路空	未时	明堂 路空
申时	天乙贵人 天官贵人 日合 日刑	酉时	朱雀
戌时	喜神 金匮	亥时	福星贵人 日马 宝光 日破

丙午日十二时

子时	天官贵人 福星贵人 金匮 日破	丑时	宝光 日害
寅时	白虎 旬空	卯时	玉堂 旬空
辰时	五不遇 路空 天牢	巳时	日禄 路空 元武
午时	日建 司命 日刑	未时	日合 勾陈
申时	喜神 日马 青龙	酉时	天乙贵人 明堂
戌时	福星贵人 天刑	亥时	天乙贵人 朱雀

丁未日十二时

子时	日害 天刑	丑时	日破 日刑 朱雀
寅时	金匮 路空 旬空	卯时	宝光 五不遇 路空 旬空
辰时	白虎	巳时	日马 玉堂
午时	日禄 喜神 日合 天牢	未时	日建 元武
申时	司命	酉时	天乙贵人 福星贵人 勾陈
戌时	青龙	亥时	天乙贵人 天官贵人 明堂

戊申日十二时

子时	青龙 路空	丑时	天乙贵人 明堂 路空
寅时	日马 五不遇 日破 日刑 天刑 旬空	卯时	天官贵人 朱雀 旬空
辰时	喜神 金匮	巳时	日禄 日合 宝光
午时	白虎	未时	天乙贵人 玉堂
申时	福星贵人 日建 天牢	酉时	元武
戌时	司命 路空	亥时	路空 日害 勾陈

己酉日十二时

子时	天乙贵人 司命	丑时	五不遇 勾陈
寅时	喜神 天官贵人 青龙 旬空	卯时	明堂 日破 旬空
辰时	日合 天刑	巳时	朱雀
午时	日禄 金匮	未时	福星贵人 宝光
申时	天乙贵人 路空 白虎	酉时	日建 玉堂 路空 日刑
戌时	日害 天牢	亥时	日马 五不遇 元武

庚戌日十二时

子时	五不遇 天牢	丑时	天乙贵人 元武
寅时	司命 旬空	卯时	日合 勾陈 旬空
辰时	青龙 日破	巳时	明堂
午时	天官贵人 福星贵人 路空 天刑	未时	天乙贵人 路空 日刑 朱雀
申时	日禄 日马 金匮	酉时	宝光 日害
戌时	喜神 日建 五不遇 白虎	亥时	玉堂

辛亥日十二时壬子日十二时，底本缺。据他本补，见本书758页。

子时	白虎	丑时	玉堂
寅时	天乙贵人 日合 天牢 旬空	卯时	元武 旬空
辰时	司命 路空	巳时	天官贵人 福星贵人 日马 路空 日破 勾陈
午时	天乙贵人 青龙	未时	明堂
申时	喜神 日害 天刑	酉时	日禄 五不遇 朱雀
戌时	天刑	亥时	日禄 朱雀

癸丑日十二时

子时	日禄 日合 路空 天刑	丑时	日建 路空 朱雀
寅时	金匮 旬空	卯时	天乙贵人 福星贵人 宝光 旬空
辰时	喜神 天乙贵人 白虎	巳时	天乙贵人 玉堂
午时	日害	未时	五不遇 日破 罗武
申时	司命	酉时	勾陈
戌时	天官贵人 青龙 路空 日刑	亥时	日马 明堂 路空

甲寅日十二时

子时	青龙 旬空	丑时	天乙贵人 明堂 旬空
寅时	日禄 喜神 福星贵人 日建 天刑	卯时	朱雀
辰时	金匮	巳时	宝光 日害 日刑
午时	五不遇 白虎	未时	天乙贵人 玉堂
申时	日马 路空 日破 天牢	酉时	天乙贵人 路空 元武
戌时	司命	亥时	日合 勾陈

乙卯日十二时

子时	天乙贵人 司命 日刑 旬空	丑时	福星贵人 勾陈 旬空
寅时	青龙	卯时	日禄 日建 明堂
辰时	日害 天刑	巳时	日马 五不遇 朱雀
午时	金匮 路空	未时	宝光 路空
申时	天乙贵人 天官贵人 白虎	酉时	玉堂 日破
戌时	喜神 日合 天牢	亥时	福星贵人 元武

丙辰日十二时

子时	天官贵人 福星贵人 天牢 旬空	丑时	元武 旬空
寅时	日马 司命	卯时	日害 勾陈
辰时	日建 青龙 五不遇 路空 日刑	巳时	日禄 明堂 路空
午时	天刑	未时	朱雀
申时	喜神 金匮	酉时	天乙贵人 日合 宝光
戌时	福星喜人 日破 白虎	亥时	天乙贵人 玉堂

丁巳日十二时

子时	白虎 旬空	丑时	玉堂 旬空
寅时	路空 日害 天牢	卯时	五不遇 路空 元武
辰时	司命	巳时	日建 勾陈
午时	日禄 喜神 青龙	未时	时堂
申时	日合 日刑 天刑	酉时	天乙贵人 福星贵人 朱雀
戌时	金匮	亥时	天乙贵人 天官贵人 日马 宝光 日破

戊午日十二时

子时	金匮 路空 日破 旬空	丑时	天乙贵人 宝光 路空 日害 旬空
寅时	五不遇 白虎	卯时	天官贵人 玉堂
辰时	喜神天牢	巳时	日禄 元武
午时	日建 司命 日刑	未时	天乙贵人 日合 勾陈
申时	福星贵人 日马 青龙	酉时	明堂
戌时	路空 天刑	亥时	路空 朱雀

己未日十二时

子时	天乙贵人 日害 天刑 旬空	丑时	五不遇 日破 日刑 朱雀 旬空
寅时	喜神 天官贵人 金匮	卯时	宝光
辰时	白虎	巳时	日马 玉堂
午时	日禄 日合 天牢	未时	福星贵人 日建 元武
申时	天乙贵人 司命 路空	酉时	路空 勾陈
戌时	青龙	亥时	明堂 五不遇

庚申日十二时

子时	青龙 五不遇 旬空	丑时	天乙贵人 明堂 旬空
寅时	日马 日破 日刑 天刑	卯时	朱雀
辰时	金匮	巳时	日合 宝光
午时	天官贵人 福星贵人 路空 白虎	未时	天乙贵人 路空
申时	日禄 日建 天牢	酉时	元武
戌时	喜神 司命 五不遇	亥时	日害 勾陈

辛酉日十二时

子时	司命 旬空	丑时	勾陈 旬空
寅时	天乙贵人 青龙	卯时	明堂 日破
辰时	日合 路空 天刑	巳时	天官贵人 福星贵人 路空 朱雀
午时	天乙贵人 金匮	未时	宝光
申时	喜神 白虎	酉时	日禄 日建 玉堂 五不遇 日刑
戌时	日害 天牢	亥时	日马 元武

壬戌日十二时

子时	天牢 旬空	丑时	天官贵人 元武 旬空
寅时	司命 路空	卯时	天乙贵人 日合 路空 勾陈
辰时	福星贵人 青龙 日破	巳时	天乙贵人 明堂
午时	喜神 天刑	未时	天官贵人 日刑 朱雀
申时	日马 金匮 五不遇	酉时	宝光 日害
戌时	日建 白虎	亥时	日禄 玉堂

癸亥日十二时

子时	日禄 路空 白虎 旬空	丑时	玉堂 路空 旬空
寅时	日合 天牢	卯时	天乙贵人 福星贵人 元武
辰时	喜神 天官贵人 司命	巳时	天乙贵人 日马 日破 勾陈
午时	青龙	未时	明堂 五不遇
申时	日害 天刑	酉时	朱雀
戌时	天官贵人 金匮 路空	亥时	日建 宝光 路空 日刑

贵登天门时定局

雨水后日躔在亥宫

甲日	卯时	月将亥加卯	阳贵未加亥
	酉时	月将亥加酉	阴贵丑加亥
乙日	戌时	月将亥加戌	阴贵子加亥
丙日	亥时	月将亥加亥	阴贵亥加亥
丁日	丑时	月将亥加丑	阴贵酉加亥
戊日	酉时	月将亥加酉	阳贵丑加亥
	卯时	月将亥加卯	阴贵未加亥
己日	寅时	月将亥加寅	阴贵申加亥
庚日	酉时	月将亥加酉	阳贵丑加亥
	卯时	月将亥加卯	阴贵未加亥
辛日	申时	月将亥加申	阳贵寅加亥
壬日	未时	月将亥加未	阳贵卯加亥
癸日	巳时	月将亥加巳	阳贵巳加亥

春分后日躔在戌宫

乙日	酉时	月将戌加酉	阴贵子加亥
丙日	戌时	月将戌加戌	阴贵亥加亥
丁日	子时	月将戌加子	阴贵酉加亥
戊日	申时	月将戌加申	阳贵丑加亥
	寅时	月将戌加寅	阴贵未加亥
己日	酉时	月将戌加酉	阳贵子加亥
	丑时	月将戌加丑	阴贵申加亥
庚日	申时	月将戌加申	阳贵丑加亥
	寅时	月将戌加寅	阴贵未加亥
辛日	未时	月将戌加未	阳贵寅加亥
	卯时	月将戌加卯	阴贵午加亥
壬日	午时	月将戌加午	阳贵卯加亥
癸日	辰时	月将戌加辰	阳贵巳加亥

谷雨后日躔在酉宫

丁日	酉时	月将酉加酉	阳贵亥加亥
	亥时	月将酉加亥	阳贵酉加亥
戊日	未时	月将酉加未	阴贵丑加亥
	丑时	月将酉加丑	阳贵未加亥
己日	申时	月将酉加申	阴贵子加亥
	子时	月将酉加子	阳贵申加亥
庚日	未时	月将酉加未	阴贵丑加亥
	丑时	月将酉加丑	阴贵未加亥
辛日	午时	月将酉加午	阴贵寅加亥
	寅时	月将酉加寅	阳贵午加亥
壬日	巳时	月将酉加巳	阴贵卯加亥
癸日	卯时	月将酉加卯	阳贵巳加亥

小满后日躔在申宫

丙日	戌时	月将申加戌	阳贵酉加亥
丁日	申时	月将申加申	阳贵亥加亥
	戌时	月将申加戌	阴贵酉加亥
戊日	午时	月将申加午	阳贵丑加亥
	子时	月将申加子	阴贵未加亥
己日	未时	月将申加未	阳贵子加亥
	亥时	月将申加亥	阴贵申加亥
庚日	午时	月将申加午	阳贵丑加亥
	子时	月将申加子	阴贵未加亥
辛日	巳时	月将申加巳	阳贵寅加亥
	丑时	月将申加丑	阴贵午加亥
壬日	辰时	月将申加辰	阳贵卯加亥
	寅时	月将申加寅	阴贵巳加亥
癸日	寅时	月将申加寅	阳贵巳加亥

夏至后日躔在未宫

乙日	戌时	月将未加戌	阳贵申加亥
丙日	酉时	月将未加酉	阳贵酉加亥
丁日	未时	月将未加未	阳贵亥加亥
戊日	巳时	月将未加巳	阳贵丑加亥
	亥时	月将未加亥	阴贵未加亥
己日	午时	月将未加午	阳贵子加亥
	戌时	月将未加戌	阴贵申加亥
庚日	巳时	月将未加巳	阳贵丑加亥
	亥时	月将未加亥	阴贵未加亥
辛日	辰时	月将未加辰	阳贵寅加亥
	子时	月将未加子	阴贵午加亥
壬日	卯时	月将未加卯	阳贵卯加亥
	丑时	月将未加丑	阴贵巳加亥

大暑后日躔在午宫

乙日	酉时	月将午加酉	阳贵申加亥
丙日	申时	月将午加申	阳贵酉加亥
丁日	午时	月将午加午	阳贵亥加亥
戊日	辰时	月将午加辰	阳贵丑加亥
	戌时	月将午加戌	阴贵未加亥
己日	巳时	月将午加巳	阳贵子加亥
庚日	辰时	月将午加辰	阳贵丑加亥
	戌时	月将午加戌	阴贵未加亥
辛日	卯时	月将午加卯	阳贵寅加亥
	亥时	月将午加亥	阴贵午加亥
壬日	寅时	月将午加寅	阳贵卯加亥
	子时	月将午加子	阴贵巳加亥
癸日	寅时	月将午加寅	阴贵卯加亥

处暑后日躔在巳宫

甲日	酉时	月将巳加酉	阳贵未加亥
乙日	申时	月将巳加申	阳贵申加亥
丙日	未时	月将巳加未	阳贵酉加亥
丁日	巳时	月将巳加巳	阳贵亥加亥
戊日	卯时	月将巳加卯	阳贵丑加亥
	酉时	月将巳加酉	阴贵未加亥
己日	辰时	月将巳加辰	阳贵子加亥
庚日	卯时	月将巳加卯	阳贵丑加亥
	酉时	月将巳加酉	阴贵未加亥
辛日	戌时	月将巳加戌	阴贵午加亥
壬日	亥时	月将巳加亥	阴贵巳加亥
癸日	丑时	月将巳加丑	阴贵卯加亥

秋分后日躔在辰宫

甲日	申时	月将辰加申	阳贵未加亥
	寅时	月将辰加寅	阴贵丑加亥
乙日	未时	月将辰加未	阳贵申加亥
	卯时	月将辰加卯	阴贵子加亥
丙日	午时	月将辰加午	阳贵酉加亥
丁日	辰时	月将辰加辰	阳贵亥加亥
己日	卯时	月将辰加卯	阳贵子加亥
辛日	酉时	月将辰加酉	阴贵午加亥
壬日	戌时	月将辰加戌	阴贵巳加亥
癸日	子时	月将辰加子	阴贵卯加亥

霜降后日躔在卯宫

甲日	未时	月将卯加未	阳贵未加亥
	丑时	月将卯加丑	阴贵丑加亥
乙日	午时	月将卯加午	阳贵申加亥
	寅时	月将卯加寅	阴贵子加亥

丙日	巳时	月将卯加巳	阳贵酉加亥
	卯时	月将卯加卯	阴贵亥加亥
丁日	卯时	月将卯加卯	阳贵亥加亥
壬日	酉时	月将卯加酉	阴贵巳加亥
癸日	酉时	月将卯加酉	阳贵巳加亥
	亥时	月将卯加亥	阴贵卯加亥

小雪后日躔在寅宫

甲日	午时	月将寅加午	阳贵未加亥
	子时	月将寅加子	阴贵丑加亥
乙日	巳时	月将寅加巳	阳贵申加亥
	丑时	月将寅加丑	阴贵子加亥
丙日	辰时	月将寅加辰	阳贵酉加亥
	寅时	月将寅加寅	阴贵亥加亥
癸日	申时	月将寅加申	阳贵巳加亥
	戌时	月将寅加戌	阴贵卯加亥

冬至后日躔在丑宫

甲日	巳时	月将丑加巳	阳贵未加亥
	亥时	月将丑加亥	阴贵丑加亥
乙日	辰时	月将丑加辰	阳贵申加亥
	子时	月将丑加子	阴贵子加亥
丙日	丑时	月将丑加丑	阴贵亥加亥
丁日	卯时	月将丑加卯	阴贵酉加亥
己日	辰时	月将丑加辰	阴贵申加亥
癸日	未时	月将丑加未	阳贵巳加亥
	酉时	月将丑加酉	阴贵卯加亥

大寒后日躔在子宫

甲日	辰时	月将子加辰	阳贵未加亥
	戌时	月将子加戌	阴贵丑加亥

乙日	卯时	月将子加卯	阳贵申加亥
	亥时	月将子加亥	阴贵子加亥
丙日	子时	月将子加子	阴贵亥加亥
丁日	寅时	月将子加寅	阳贵酉加亥
己日	卯时	月将子加卯	阴贵申加亥
壬日	申时	月将子加申	阳贵卯加亥
癸日	午时	月将子加午	阳贵巳加亥
	申时	月将子加申	阴贵卯加亥

四大吉时定局

雨水后日躔在亥宫用甲丙庚壬时

甲日	甲勾陈	丙勾陈	庚太常	壬太阴
乙日	甲六合	丙六合	庚元武	壬天后
丙日	甲朱雀	丙朱雀	庚太阴	壬天乙
丁日	甲天乙	丙天乙	庚天乙	壬太阴
戊庚日	甲朱雀	丙朱雀	庚太阴	壬太常
己日	甲天后	丙螣蛇	庚螣蛇	壬元武
辛日	甲六合	丙六合	庚元武	壬白虎
壬日	甲勾陈	丙勾陈	庚太常	壬天空
癸日	甲天空	丙天空	庚天空	壬太常

春分后日躔在戌宫用艮巽坤乾时

甲日	艮六合	巽六合	坤元武	乾元武
乙日	艮太阴	巽朱雀	坤太阴	乾太阴
丙日	艮天后	巽螣蛇	坤天后	乾天后
丁日	艮螣蛇	巽螣蛇	坤螣蛇	乾天后
戊庚日	艮六合	巽六合	坤元武	乾元武
己日	艮朱雀	巽朱雀	坤朱雀	乾太阴
辛日	艮太常	巽勾陈	坤太常	乾太常
壬日	艮白虎	巽青龙	坤白虎	乾白虎
癸日	艮青龙	巽青龙	坤青龙	乾白虎

谷雨后日躔在酉宫用癸乙丁辛时

甲日	癸勾陈	乙朱雀	丁太阴	辛太阴
乙日	癸元武	乙螣蛇	丁天后	辛天后
丙日	癸太阴	乙天乙	丁天乙	辛天乙
丁日	癸天乙	乙朱雀	丁朱雀	辛太阴
戊庚日	癸朱雀	乙勾陈	丁太常	辛太常
己日	癸螣蛇	乙六合	丁六合	辛元武
辛日	癸元武	乙青龙	丁白虎	辛白虎
壬日	癸太常	乙天空	丁天空	辛天空
癸日	癸天空	乙勾陈	丁勾陈	辛太常

小满后日躔在申宫用甲丙庚壬时

甲日	甲螣蛇	丙天后	庚天后	壬青龙
乙日	甲天乙	丙天乙	庚天乙	壬太常
丙日	甲天后	丙螣蛇	庚螣蛇	壬元武
丁日	甲六合	丙六合	庚元武	壬天后
戊庚日	甲青龙	丙白虎	庚白虎	壬螣蛇
己日	甲勾陈	丙勾陈	庚太常	壬天乙
辛日	甲天空	丙天空	庚天空	壬太阴
壬日	甲白虎	丙青龙	庚青龙	壬元武
癸日	甲六合	丙六合	庚元武	壬白虎

夏至后日躔在未宫用艮巽坤乾时

甲日	艮天乙	巽天乙	坤天乙	乾天乙
乙日	艮天后	巽螣蛇	坤螣蛇	乾天后
丙日	艮太阴	巽朱雀	坤朱雀	乾太阴
丁日	艮勾陈	巽勾陈	坤太常	乾太常
戊庚日	艮天空	巽天空	坤天空	乾天空
己日	艮青龙	巽青龙	坤白虎	乾白虎
辛日	艮白虎	巽青龙	坤青龙	乾白虎
壬日	艮太常	巽勾陈	坤勾陈	乾太常
癸日	艮朱雀	巽朱雀	坤太阴	乾太阴

大暑后日躔在午宫用癸乙丁辛时

甲日	癸白虎	乙螣蛇	丁螣蛇	辛天后
乙日	癸天空	乙朱雀	丁朱雀	辛太阴
丙日	癸青龙	乙六合	丁六合	辛元武
丁日	癸元武	乙青龙	丁白虎	辛白虎
戊庚日	癸天后	乙青龙	丁青龙	辛白虎
己日	癸太阴	乙天空	丁天空	辛天空
辛日	癸天乙	乙勾陈	丁勾陈	辛太常
壬日	癸螣蛇	乙六合	丁六合	辛元武
癸日	癸元武	乙螣蛇	丁天后	辛天后

处暑后日躔在巳宫用甲丙庚壬时

甲日	甲朱雀	丙朱雀	庚太阴	壬太常
乙日	甲六合	丙六合	庚元武	壬白虎
丙日	甲勾陈	丙勾陈	庚太常	壬天空
丁日	甲天空	丙天空	庚天空	壬太常
戊庚日	甲勾陈	丙勾陈	庚太常	壬太阴
己日	甲白虎	丙青龙	庚青龙	壬元武
辛日	甲六合	丙六合	庚元武	壬天后
壬日	甲朱雀	丙朱雀	庚太阴	壬天乙
癸日	甲天乙	丙天乙	庚天乙	壬太阴

秋分后日躔在辰宫用艮巽坤乾时

甲日	艮六合	巽六合	坤元武	乾元武
乙日	艮太常	巽勾陈	坤太常	乾太常
丙日	艮白虎	巽青龙	坤白虎	乾白虎
丁日	艮青龙	巽青龙	坤青龙	乾白虎
戊庚日	艮六合	巽六合	坤元武	乾元武
己日	艮勾陈	巽勾陈	坤勾陈	乾太常
辛日	艮太阴	巽朱雀	坤太阴	乾太阴
壬日	艮天后	巽螣蛇	坤天后	乾天后
癸日	艮螣蛇	巽螣蛇	坤螣蛇	乾天后

霜降后日躔在卯宫用癸乙丁辛时

甲日	癸朱雀	乙勾陈	丁太常	辛太阴
乙日	癸元武	乙青龙	丁白虎	辛元武
丙日	癸太常	乙天空	丁天空	辛太常
丁日	癸天空	乙勾陈	丁勾陈	辛天空

戊庚日	癸勾陈	乙朱雀	丁太阴	辛太常
己日	癸青龙	乙六合	丁六合	辛白虎
辛日	癸元武	乙螣蛇	丁天后	辛元武
壬日	癸太阴	乙天乙	丁天乙	辛太阴
癸日	癸天乙	乙朱雀	丁朱雀	辛天乙

小雪后日躔在寅宫用甲丙庚壬时

甲日	甲螣蛇	丙白虎	庚白虎	壬螣蛇
乙日	甲朱雀	丙天空	庚天空	壬太阴
丙日	甲六合	丙青龙	庚青龙	壬元武
丁日	甲白虎	丙六合	庚元武	壬白虎
戊庚日	甲青龙	丙天后	庚天后	壬青龙
己日	甲天空	丙朱雀	庚太阴	壬天空
辛日	甲勾陈	丙天乙	康天乙	壬太常
壬日	甲六合	丙螣蛇	庚螣蛇	壬元武
癸日	甲天后	丙六合	庚元武	壬天后

冬至后日躔在丑宫用艮巽坤乾时

甲日	艮天乙	巽天空	坤天空	乾天乙
乙日	艮螣蛇	巽青龙	坤青龙	乾天后
丙日	艮朱雀	巽勾陈	坤勾陈	乾太阴
丁日	艮太常	巽朱雀	坤太阴	乾太常
戊庚日	艮天空	巽天乙	坤天乙	朝天空
己日	艮白虎	巽螣蛇	坤天后	乾白虎
辛日	艮青龙	巽螣蛇	坤螣蛇	乾白虎
壬日	艮勾陈	巽朱雀	坤朱雀	乾太常
癸日	艮太阴	巽勾陈	坤太阴	乾太阴

大寒后日躔在子宫用癸乙丁辛时

甲日	癸天后	乙青龙	丁青龙	辛天后
乙日	癸天乙	乙勾陈	丁勾陈	辛天乙
丙日	癸螣蛇	乙六合	丁六合	辛天后
丁日	癸元武	乙螣蛇	丁天后	辛元武
戊庚日	癸白虎	乙螣蛇	丁螣蛇	辛太常
己日	癸太常	乙天乙	丁天乙	辛白虎
辛日	癸天空	乙朱雀	丁朱雀	辛天空
壬日	癸青龙	乙六合	丁六合	辛白虎
癸日	癸元武	乙青龙	丁白虎	辛元武

钦定协纪辨方书卷三十三

利用一

选择之道，有体有用。龙山方向之一定者，体也。年月日时之无定者，用也。补龙扶山，制凶助吉，以无定而合有定者，用之体也。吊替飞宫，合局相主，以无定而合无定者，用之用也。错综参伍，精义入神，庶足前民而利用矣。作《利用》。

选择要论

《选择宗镜》曰：杨筠松曰：‘年月要妙少人知，年、月无如造命法。’吴景鸾曰：‘选择之法，莫如造命；体用之妙，可夺神工。’郭景纯曰：‘天光下临，地德上载。藏神合朔，神迎鬼避。’此十六字，至精至微，即造命、体用之谓也。盖藏神者，收藏地中元神也。其法选成四柱八字，支干纯粹，成格成局，于以扶补龙气，则地脉旺盛，而上腾于坟宅之中。所谓藏神，所谓地德上载，造命之体也。合朔者，取初一日太阳太阴合照之义，举一以该百也。其法取三奇三德金水紫白贵人禄马到山到向，自然吉庆。所谓合朔，所谓天光下临，造命之用也。然使犯动凶煞，则祸且随之，亦属无益，又必先于年月之内，推求山向，吉神相迎；一切岁破、三煞、阴府等项，尽行退避，不相干犯，乃为全吉，则神迎鬼避之说也。此亦体中之最紧者。体用兼全，上也。不然，宁舍用而取体。每年之中有吉神、凶神焉，有吉星、凶星焉。二者不同，不可不辨。

神隶于地，或吉或凶，随太岁之所指挥而已。盖太岁君也，其分最尊，其力最大。共此二十四山其与太岁相喜相合，及为太岁之所生扶者，即为吉神。故凡岁德、岁德合、岁贵、岁禄、岁马以及开字、成字、平字、危字俱吉，除字、定字次吉。总之，与岁君相得，故吉也。其与太岁相冲、相斗及为太岁之所克制者，则为凶神。故岁破者，太岁所对冲而破也；三煞者，太岁所杀之三方也；阴府者，太岁之化所克山化气也；年克者，太岁纳音克坐山本墓纳音也，此皆受克于太岁而不可犯之者也。临官方为天官符，主官讼。帝旺方为打头火，主火灾。此太岁有余之气也，故宜三合局克之。死方为六害、为灸退，主退败。此太岁不足之气也，故宜三合局补之。又双岁干起五虎遁，遁至戊己方为戊己煞，庚辛方为天金神，丙丁方为独火。以上神煞总之随岁君而转移。其余纷纷神煞不从太岁而起者，皆后人之所添设者也。内惟岁破最凶，例无制法。三煞亦大凶，不可轻犯。其余凶煞俟其休、囚之月而以四柱制化之可也。若不知制化之法，则宁避之。此神迎鬼避之大略也。

星运于天。七政中之日、月、金、水，四余中之紫气、月孛及八节之三奇、紫白、穷马皆吉星也。内中日最尊，月与三奇、穷马、紫白次之。至于玉皇、鸾驾等星，皆捏造而无据者也。

月令为权要之官，其所冲者为月破，所克者为月阴府，为月克山家，与年家之岁破、阴府、年克同也。月家之土煞为大月建、小儿煞，与年家之戊己煞同也。惟大月建更凶，此月家真凶神也。本月之旺方为金匮星，临官、帝旺之间为月德，相合之方为月德合，正丁二坤之类为天德相合之方，为天德合。此月家真吉神也。

天星可以降地曜。然天星气清，地煞力猛。若犯三煞、阴府及月家之大月建、小儿煞，则太阳到亦不能制，况其他乎？大煞避之，中煞制之，小煞不必论也。但得八字停当，吉星照临，自然贞吉。若捏造之假煞，则削之而已。

修凶福猛，不如修吉之稳。然修吉如修太岁方、三德方、本命贵禄方、食禄方，必取吉方旺、相之月，而以四柱扶补之，则吉者愈吉矣。修凶如修三煞方、官符方、金神方，必俟凶方休囚之月，而以八字克制之，则凶者亦吉矣。修吉要扶得旺，制凶要制得伏。如本命禄马贵人飞到山向最吉，亦可降中、下等煞。

二十四山方无吉凶，听太岁以吉凶而已。不从太岁起者，皆伪造也。如伪吉神则曰玉皇、曰紫微、曰銮驾之类，伪凶神则曰天命煞、飞天火星及各样火星、官符、血刃之类，不可胜纪。一考其起例，再考其所以然，则乖谬了然矣。

六十日亦无吉凶，听月令以吉凶而已。日统于月，为月之所合、所生者及与月令同旺者，乃真吉日。如旺日、相日、月德日之类是也。日支干为月之所克、所冲及休囚而不当月令者，乃真凶日。如破日、四废之类是也。其不从月令起者，皆伪造也。如伪吉日则曰满德、吉庆之类，伪凶日则曰死别、灭门之类。细考起例，真假了然矣。

杨筠松《疑龙经》已及造命体用之概，而《千金歌》言言名理，愈玩愈佳，真千古日家之指南车也。嗣是曾文辿、陈希夷、吴景鸾、廖金精以及后来名术一切葬课，皆以扶龙相主为宗。其修吉方则曲尽扶吉之法，其修凶方则曲尽制凶之法。取而玩之，无不凿凿有理，《通书》未有及此者也。

造命之法，一看来龙宜何局以补之，二看山向何煞宜避、何煞可制、以何法制之、取何吉星照之，三看主人本命宜何如以扶之。三者俱得而后举事，吉无不利矣。至于修吉方则择吉方旺相之月而扶持之，如培植善类也。修凶方则择凶方休囚之月而克制之，如收降盗贼，必我强而彼弱，乃为我用也。彼选定八字不问龙山主命而概施之，乃假造命也，于古法天渊矣。学者当辨别其是非，以定从违，庶无差误。

按：自此以下十二篇并注，皆出《选择宗镜》。其于龙山岁命之理，独为精细，故并录之。其中有错误驳杂者，则取其意而删易其辞。别本有与为发明者，则亦取而附于其后。惟戊、己、除、危、成、开等方及尊帝等星皆今《通书》所不用，以其自成一家之言故存其旧。辨论详后各条，并见《附录·辨讹卷》。

杨筠松《造命歌》[①]

天机妙诀值千金，不用行年与姓音。但看山头并命位，五行生旺好推寻。

此造命之纲领也。行年如几十几岁之类，姓音即五姓修宅也。世俗以此二者分吉凶，谬甚，故不用也。山头乃来龙入首一节及坐山也。命位者，即本山命、五虎遁纳音是也。山命所属五行合年月日时皆要生、旺，如子山命择申子辰年月日时有气用之，并取天干合格、合局、大吉。

一要阴阳不混杂，二要坐向逢三合，三要明星入向来，四要帝星当六甲。四中失一还无妨，若是平分便非法。

一论龙之净阴净阳。此龙单指入首结穴一节之脉，非坐山也。乾甲坤乙坎癸申辰离壬寅戌十二来龙属阳，宜立阳向用申子辰寅午戌阳日期也。艮丙巽辛震庚亥未兑丁巳丑十二来龙属阴，宜立阴向用巳酉丑亥卯未阴日期也。反此则为混杂不吉。然古人不尽拘此，如艮亥龙用申子辰者，三合补龙法也。

二论三合。以三合补龙，则补之有力。不言龙而言坐向者，借坐向以补龙也。如巽龙作巳山亥向，用卯未局以补巽木龙，非真补亥向也。发福全在龙上，即坐山亦次之，况向有何益乎！俱以正五行论，有四柱与向三合者，则不可冲山，必减一字。如亥龙则亥山巳向止用丑酉金局以生亥龙可也，如巳字则冲破亥山矣。余仿此推。

三要七政中之日、月到向。明星即日、月也。盖到向则照山。陈希夷云：太阳到山惟国家修宫殿宜之，士、庶人不能当也。故杨公屡言三合对宫福禄坚。若太阴金水则山向皆可。或日在向，月在山前后夹照龙妙。

四要尊星帝星到山到向六甲者，六个甲子盖尊帝从甲子起乾次坎故也。

此四者乃造命之枢，得全为上。失一犹可，若失二、得二则非法矣。况全不合者乎！

煞在山头更若何？贵人禄马喜相过。三奇诸德能降煞，吉制凶神发痛多。

山头坐山也，煞谓年、月诸恶曜犯占也。必求年命真禄马贵人同到山方及山家禄马贵人同到为美。如丁卯年煞在酉丁，贵人亦在酉，多用酉日时修之乃贵人制煞。又如丙午生人用丁亥年辛亥月乙亥日丁亥时作亥向，乃一气贵人压制太岁。三奇，奇门乙丙丁也。或取八节三奇，亦验诸德，岁德并天、月二德也。如其年方位有年月诸凶煞，若用德、奇制之则化煞为权，反能召福。

二位尊星宜值日，一气堆干为第一。拱禄拱贵喜到山，飞马临方为愈吉。

三元合格最为上，四柱喜见财官旺。用支不可有损伤，取干最宜逢健旺。

生旺得合喜相逢，须避克破与刑冲。吉星有气小成大，恶曜休囚不作凶。

尊帝二星喜于年月到矣，而日时亦宜取之，更能助吉。

一气堆干，谓四干一样也，然必与山向及命主之干支相合而无刑克为美。拱禄者，

---

① 又名《千金歌》。

如甲命禄在寅。四柱用二丑、二卯则拱出寅禄矣。怕冲所拱及填实，亦要与山头相关为吉。拱贵仿此。喜到山，则指四柱之禄马贵人到山也。修之者，宜到方。修向者，宜到向。曰山而包方与向也。

飞马又包禄、贵在内，即活禄、活马、活贵人之谓也。本命者以太岁入中宫遁之，本年者又以月建入中宫遁之。或飞到山、或飞到向、或飞到方，皆吉。

八字以干为天元、支为地元、纳音为人元。如堆干堆支、两干两支三合局及四纳音皆以纯粹不杂而又补龙相主，方为合格也。

财官论主命不论山，如甲生人用三四点己字为合财，己命人用三四点甲字为合官，以合为妙、不合不佳。查杨、曾日课，凡用财、官者皆十干合气也。四柱地支或互相冲刑，则彼此互伤而大凶，故曰不可有损伤。四柱中日干甚重，最宜旺、相得令。日干休、囚，非贫即夭。或三干、四干一气，不则正当月令。如比肩既少又不当月令，则必年、月上有印以生之，再用禄时，亦健旺而有力矣。然支、干有力固好，又必与山命相合。补龙、补山、补命，是得众力之扶持也，何吉如之。若克龙、克山、克主、刑龙、刑山、刑主、冲龙、冲山、冲主，是受众力之搏击也，凶可知矣。故曰生旺得合喜相逢，须避克破与刑冲。至此而造命之法无遗蕴矣。若八字自相刑、冲，则用支损伤之谓也。古八字亦有自相冲者，冲即破也。如用辰戌局、丑未局以补土山之类。四墓之山不冲则不开也，若冲主命，则断断不可。至于制煞修方、以吉降凶，则全看月令。必凶方休、囚之月制神旺、相之月则吉。如以一白水制南方打头火，必申子辰水旺、火衰之月可也。故曰吉星有气、恶曜休囚也。此指修方而言，若坐山休囚则不吉矣。

山家造命既合局，更有金水来相逐。太阳照处自光辉，周天度数看躔伏。

六个太阳三个紧，中间历数第一亲。前后照临扶山脉，不可坐下支干缺。

更得玉兔照坐处，能使生人沾福泽。既解天机字字金，精微选择可追寻。

不然背理庸士术，执著浮文枉用心。字字如金真可夸，会使天机锦上花。

不得真龙得年月，也应富贵旺人家。

此申结上文造命之法，全以补龙为主也。因龙山属何五行，而以四柱补之则可以夺神功、改天命，此之谓山家造命法也。盖从山脉而造富贵，非四柱之能自造也。能如上所云，则造命八字已合格局矣。此造命之体也。有体而后言用，求诸吉星皆照山向乃用。如金、水二星亦喜到山、到向。盖天以五星为经，日、月而外莫尊于此。然火星凶烈，土星、木星又能掩日、月之光而蔽山向之明，故不可用。金清、水秀，二星独吉。若与日月同到山向，谓之金水扶日月，大吉之兆也。此惟台历可查。外此有升元金水、周仙金水、皆终年守住一方而不运行，不足信也。太阳照临诸吉之首，必以台历日躔宫度为真。外此有升元太阳、都纂太阳、乌兔太阳、四利太阳，皆不足信。天无二日，且一太阳在东、一太阳在西，终年不动，有是理乎？得真太阳矣，又得真太阴同临山向，福泽尤厚。然此日、月、金、水、奇、德、禄、马、贵人皆助福之星，非发福之根本也。福之根本全在坐下山脉，山脉旺、相则发，休、囚则不发。此全在吉课以生扶之。天干、地支纯全不缺乃可，若支干既缺、补脉不起，虽诸吉并临亦无大福。如无为无用之人，纵得贵人扶持，终不能大有为也。故再丁宁曰：不可坐下支干缺，盖明体之重而用之轻也。人悟得此义，古人之选择亦可追踪比美。不然，庸术之士背造命之正理，不论年月之生龙、克龙，只曰某山宜某年，又云某日大造、某日大葬。龙山受克，主命休囚，何益之有？末四句复深自赞美，此歌以启人之留意也。

又歌

方方位位煞神临，避得山过向又侵。只有山家自旺处，天机妙诀好留心。

支如不合干中取，迎福消凶旺处寻。任是罗睺阴府煞，也须藏伏九泉阴。

二十四方位神煞占犯最多，避得年煞又有月煞，避得月煞又有日煞。且山利向又不利向，利山又不利，难得全吉。只取本山来脉自旺处得令有气，更四柱干支乘时旺、相。如坐山得干，取天干一气，或堆禄、堆干，坐山得支，取地支一气，或三合年月日时。无非于山家自旺处斟酌调和，使之更旺耳。此旺则彼衰，凶煞自伏，是天机妙诀。

疑龙经

大凡修造与葬埋，须将年月星辰排。地吉葬凶祸先发，名曰弃尸福不来。

此是前贤景纯说，景纯虽说无年月。后来年月数十家，一半有头无尾结。

大抵此文无十全，一半都是俗人传。不是青囊起鬼卦，便是三元遁甲铨。

禄马云腾兼气耀，六壬局与通天窍。装成图局号飞天，飞天名出何人造。

云是祖师口诀传，金盘图是左仙录。雷霆九劫号升元，坤鉴黄罗并武曲。

催官使者大单于，鼓角喧传为第一。统例一百二十家，九十六家年月要。

问之一一皆通晓，飞度星辰说玄妙。试令选择作宅坟，福未到时祸先到。

不知年月有玄机，年月要妙人少知。年月无如造命法，装成好命恣人为。

吉人生时得好命，一生享福兼富盛。不独己身富贵高，奕世云仍沾余庆。

我因历数考诸天，元象幽微万万千。星到晓时次第没，只有阳乌万古全。

太阴因日有盈缺，不比太阳常丽天。请君专用太阳照，三合对宫福禄坚。

更看素曜在何处，福力却与太阳兼。金木二星并紫气，月孛同用又无嫌。

周天本是十一曜，只嫌逆伏灾炎炎。

右经详言诸家，恍惚无如造命之妙。因龙山主命以起四柱八字成格、成局、扶龙相主，所谓装成好命也。八字既好，乃取吉星以照临之。日为最宜，到向上吉，对宫即到向也；三合亦吉，或与山三合或与向三合也。月次之。五星中金、水二星吉，土、木二星掩蔽光明，火星燥烈，皆凶也。四余中惟紫气最吉，月孛柔星遇吉则吉，故曰同用无嫌。盖与日、月、金、水同用也。火、罗、土、计皆凶。七政、四余共十一曜，若遇逆伏则凶者愈凶、吉者亦凶矣。

论造葬

造、葬二者乃选择大端，不可不慎。慎之如何？曰合造命之体用而已。然竖造与葬地亦略不同：葬以补龙为主而山向、亡命次之，造以山向主命为重而补龙次之。盖葬乘生气，生气旺而体自暖。虽山向与亡命不甚全利，亦无妨也。若修造则斧斤震动、且旷日持久，倘山向不空主命受克，不敢妄议兴举。况八宅祸福皆论坐山乎？

论正五行生旺取用

五行生、旺各有其时，惟土分三等：有阴、有阳、有半阴半阳。故《元经》曰“三等殊生”，是也。艮土属阳，坤土属阴，辰戌丑未隶中宫，辰戌属半阳、丑未属半阴。艮旺立春之先，坤旺立秋之后，四墓于四季之下各旺一十八日，此土之墓也。

木山春旺，除土旺一十八日之外惟七十二日，又以冬至后一阳生外互论。自冬至立春为进气，谓之向令。自立春至春分为正气，谓之得令。自春分至清明为旺气，谓之化令。

火山夏旺，自立春至惊蛰为进气向令，自惊蛰至立夏为正气得令，自小满至夏至为旺气化令。夏至后火燥金流，物极则反，不可用也。凡用火山不宜大暑之后。

金山秋旺，自芒种至夏至为进气向令，自夏至至立秋为正气得令，自处暑至秋分为旺气化令。

水山冬旺，自立秋至白露为进气向令，自秋分至霜降为正气得令，自立冬至冬至为旺气化令。

凡化令，乃他山进气之时。克择之法，务以财禄培根，乃为中和。若以官旺加之，则太旺而反危矣。

用日之法：向令取其生气，得令用其胎、养气，化令取其财源，便是妙理。如春月清明前后作寅山为化令，取甲日用之为甲禄在寅财者四墓并纳音土也。又如得令、向令不同，进气、化令有异。如春震山甲乙辅之，甲向冬至而生旺，震向春分而正旺，乙向清明而化旺。克择之法，取其将化者补以财禄，正旺者培以根元，向旺者益以胎息。损益得中，乃为贞吉。

论补龙[①]

邱平甫曰：先观风水定其踪，次看年月要相同。吉凶合理参元妙，好向山家觅旺龙。[②]

凡入其乡而星峰奇特，龙神秀拔，富贵无疑。入其乡而山冈撩乱，龙神卑弱，贫贱无疑。祸福之本总属之龙，择日而不补龙，又何必择？知补龙之说而此道之元枢

① 造葬同。

② 此言先择吉地，次择吉年、月、日、时以补龙，千古不易之论。

得矣。

凡远龙不论单，以到穴之小脉为主，以正五行论生克。日时四柱生扶之则吉，克泄之则凶。

不问阳宅、阴地，至结穴处必有一线小脉。细细察定，即以罗经格之。属木则用亥卯未局，属水土则用申子辰局，属火则用寅午戌局，属金则用巳酉丑局。或印局生之亦可。龙雄带煞者宜用财局。

山谷阴地耸起开窝者，近穴止有圆球无小脉。圆球若阔，非脉也，宜于山后蜂腰处审而补之。

凡省城府县非午向则丙丁向。其午向者必壬子癸龙也，其丙丁向必亥艮龙也。俱宜申子辰局。但正脉已结衙署矣，民居或东或西，皆脉上支分横来者，不知属何五行，只以补坐山为主。自此以外则皆补脉，而阴地尤紧。盖葬乘一线之生气也。

龙气之衰旺，全看月令，故补龙者必于三合月或临官月。墓月亦作旺月，非衰、病、死之例也。盖丑宫有辛金，未宫有乙木，辰宫有癸水，戌宫有丁火。固知四墓之旺而非衰也。故三合局用之。

凡补龙全在四柱地支，盖天干气轻、地支力重也。有以地支一气补者，如卯龙用四卯之类，极妙。但难取，十余年始一遇而又或月家、日家山向不空。其可强为乎？不若三合局之活动易取也。三合局只要在三合月内，生月、旺月、墓月皆可。如此三月内凶神占方，则临官月亦可，名曰三合兼临官地支一气局。或四生或四旺，不用四墓。三合字不必全，二字亦可。

十二净阴龙宜用阴课，十二净阳龙宜用阳课。杨筠松曰"一要阴阳不混杂"，正此谓也。但五行龙各有阴有阳，而亥卯未木局、巳酉丑金局则皆阴也，寅午戌火局、申子辰水局则皆阳也。故旧课亦不甚拘阴阳之说。

古人造、葬八字，多以地支补龙，以天干补主命。或与命比肩一气，或合官，或合财，或合禄马贵人。又或天干合命而禄马贵人到山、到向，而地支又补龙脉，则八字之上上局也。

唐一行禅师、宋托长老皆以四柱纳音补龙本年之纳音，亦甚应验，但不如支地之力耳。又有论纳音者，其法不论本龙之纳音，而于龙之墓上起纳音。论生克，如庚寅年作戌山戌龙，正五行属土。水土墓辰亦用五虎遁，得庚辰金音八字宜土音，金音吉。火音为克龙墓凶。此盖本洪范变运而论者，与一行禅师、托长老之旨有异，亦宜参看。

凡以三合水局补水龙、以木局补木龙者为旺局，上吉。以金局生水龙，以水局生木龙者为相局，又为印局，次吉。水龙用火局者为财局，龙雄带煞者不必再补，则用财局不补亦不泄也。

补龙古课[①]

亥壬子癸四龙属水，生申、旺子、墓辰，申子辰乃三合旺局，上吉，临官在亥，

---

① 俱以正五行论。

吉。巳酉丑为印局，亦吉。寅午戌为财局，次吉。亥卯未为泄局，凶。辰戌丑未为鬼煞局，尤凶。得壬癸庚辛干尤妙，然难尽拘。

一亥龙乾山巽向，曾文辿用壬寅年壬寅月壬寅日壬寅时，后八子入朝。系丁亥亡命。取丁与壬合，以丁命言之为合官，又四点壬禄到亥龙，四寅与亥命合，又与亥龙合，妙甚。四壬水又补亥龙，上上吉课也。又有用癸亥年甲子月甲申日乙亥时者，后发甲贵显。此以申子水局补亥龙，而用二亥为临官为。

一亥龙壬山丙向，杨筠松取辛亥年庚子月丙申日丙申时，后出丞相。此以申子亥水局补亥龙，三合兼临官局。

一壬龙子山午向，杨筠松取四癸亥，后多贵显。盖四亥乃壬龙禄地，又四癸禄到子山，名临官格，又名聚禄格、又名支干一气格，妙甚。主命非戊则癸，或子命俱妙。

一子龙艮山坤向，曾文辿取癸巳年丁巳月癸酉日癸丑时，后代贵显。此因艮山坤向俱属土，能克子龙之水，故不用申子辰局而用巳酉丑金局，以生子水而泄土气也。又三点癸禄到子，重龙不重坐山也。主命非癸则戊，或戊子命尤妙。

一壬龙子山午向，杨筠松取壬申年戊申月壬申日戊申时，后大贵。此取壬龙四长生在申也，又两干不杂，地支一气。丁巳亡命，取丁与壬合为合官格，又巳与申合也。寅生人皆夭折，四申冲也。

艮坤辰戌丑未六龙属土，亦生申、旺子、墓辰、临官亥。以申子辰为旺局，亦土克水财局也，上吉，以寅午戌为印局，亦吉。金局泄、木局克、皆凶。喜丙丁戊己干，然难尽拘。

一艮龙壬山丙向，杨筠松取辛亥年庚子月丙申日丙申时，大贵。廖金精取庚申年戊子月庚申日庚辰时，三合局。

一艮龙甲山庚向，杨筠松取丙辰年丙申月丙申日丙申时，后发贵绵远。此不惟申子辰局，而四丙火生艮土，又艮宫纳丙主命非丙生必辛生也，或辛巳命则四丙禄到巳，尤妙。

一艮龙癸山丁向，杨筠松取四丙申，五百日及第。支干一气格，艮土生申，又名四长生格，又四点丙火生艮土，又艮宫纳丙四帮也，妙甚。

寅甲卯乙巽龙属木，生亥、旺卯、墓未。经亥卯未为旺局，上吉。临官在寅。以申子辰为印局，亦吉。巳酉丑为煞局寅午戌为泄局，皆凶。喜壬癸干，然难尽拘。

一卯龙甲山庚向，杨筠松取乙卯年己卯月庚寅日己卯时，此单用临官、帝旺二字也，名官旺局。

一卯龙亥山巳向，古人取四辛卯葬辛巳亡命。取四辛以扶辛命，四卯以补卯脉，又合亥山，又冲动辛命之酉禄也，卯龙在辛年五虎遁得辛卯木，又纳音补纳音也。

一卯龙乙山辛向，曾文辿取庚寅年丁亥月辛卯日辛卯时，三合兼临官。赖布衣取甲寅年丁卯月辛卯日己卯时，三合兼临官。

一巽龙乙山辛向，朱子取庚寅年戊寅月癸卯日甲寅时，临官帝旺局。

巳丙午丁四龙属火，生寅、旺午、墓戌、临官巳。以寅午戌为三合，局上吉。亥卯未为印局，吉。巳酉丑为财局，次吉。申子辰为煞局，凶。辰戌丑未土局泄气，亦凶。天干喜丙丁甲乙，然难尽拘。

一丙龙巳山亥向，杨筠松取己巳年己巳月壬午日壬寅时，三合兼临官，又丙龙禄在巳。

一丙龙坤山艮向，赖布衣取癸巳年丁巳月庚午日戊寅时。

以上皆三合兼临官，盖因三合之年分月分，山向不空，则用临官年月也。

申庚酉辛乾五龙属金，生巳、旺酉、墓丑、临官申。以巳酉丑为三合金局，上吉。以辰戌丑未土为印局，然相冲不吉。以亥卯未为财局，次吉。以申子辰为泄局，凶。寅午戌为煞局，尤凶。喜庚辛戊己干，然难尽拘。

一酉龙酉山卯向，杨筠松取甲申年癸酉月丁酉日己酉时，官旺局。赖布衣取辛酉年辛丑月辛丑日癸巳时，三合局，又三点辛禄到酉龙酉山。

一辛龙乾山巽向，曾文辿取丁酉年己酉月甲申日己巳时，又取己酉年癸酉月壬申日乙巳时。三合兼临官，吉。虽是阴府金局，制之无妨。

一辛龙壬山丙向，赖布衣取辛酉年辛丑月辛酉日癸巳时，三合局，又三辛补辛龙。

古课甚多，难以备录。姑举此为式，或三合局，或三合中止用二字，或三合兼临官，或单临官帝旺二字、或天干一气、或地支一气。总之，皆补龙也。以补龙为主而又不冲克坐山、不冲克主命，且坐山有吉神无凶煞，主命或比肩或合财或合官，或会合四柱之禄马贵人、又或四柱之禄马贵人到山到向，则上上吉课也。地支一气者，四支一样也。或本龙之四长生字、四临官字、四帝旺字，皆可。若四墓字则凶，墓非三合结局不用也。

又有纳音以补龙者，一行禅师谆谆尚之矣。托长老为丰城宛冈黄氏葬墓，戌龙作辛山乙向得甲戌火龙入穴也，宜木音生之火音比助之，正宜立夏乘旺。故用庚寅年[①]壬午月[②]戊午日[③]己未时[④]下葬。又曰造葬八字，取用全在纳音，不可分毫争差，则福应如响。然以前法参之，亦相合焉。戌龙属土，又与寅午同三合火局。今托长老用寅午火局以生戌土，则非徒纳音之属木属火能助甲戌火龙也。故补龙者必以前三合局或一气局为主而参以纳音之说。托不补辛山而单补戌龙之纳音，因知古人重龙不重山也。今人不问龙而单问山，岂不谬哉？

又有一法，谓之占夺一方秀气，亦甚吉。如木龙则四柱用寅卯辰三字全，谓之占尽东方秀气。火龙则用巳午未三字全，谓之占尽南方秀气。金龙则用申酉戌三字全，谓之占尽西方秀气。水、土龙则用亥子丑三字全，谓之占尽北方秀气。与官旺局同，但多一字耳。以三字凑作四柱，择一字空利者多用一字以成四柱也。三字外不可参一别字，参一别字则乱格矣。杨筠松与人修方，用壬寅年甲辰月甲辰日丁卯时，此必寅

---

① 木音。

② 木音。

③ 火音。

④ 火音。

甲卯乙龙又坐寅卯山方也。寅卯辰全秀占东方格。

论 扶 山

坐山不必补，但宜扶起，不宜克倒。克倒则凶。何谓扶起？坐山有吉星照之、无大凶煞占之，而又八字相合不冲不克即扶也。如坐山与龙同气，则补龙即以补山。如壬癸龙坐子向午，龙与山皆属水用申子辰局可也。倘龙与山不同气，则止以补龙为主而坐山有吉星无凶煞即妙。

何谓克倒？太岁冲山则倒，[①] 三煞、阴府、年克及伏兵、大祸占山则倒。此开山之紧要凶神，勿造勿葬可也。

年家天地官符占山，俟其飞出别卦之月以吉星照之。或太阳或紫白或三奇，此中得一二吉星到反能发福。盖天官乃临官方又名岁德吉方、地官乃显星方又为岁位合，皆可吉可凶，非大凶煞也。但要吉星到耳。忌还宫、忌本月、忌旺月占向同此，其余神煞置之勿论。

凡太岁占山叠戊己、阴府、年克、打头火则大凶，叠金神次凶。若不叠此数凶而以八字比之或三合之，又八节之三奇同到，上吉，其福最久。

凡日、月、金水、紫白、三奇、窍马得二三件到山，大吉。

凡八字四柱禄马、贵人到山到向，大吉。如寅山多用甲字，甲山多用寅字、名堆禄格。余仿此推。

凡主命之真禄、真马、真贵人以太岁入中宫遁到山向，上吉。

凡岁贵、岁禄、岁马以月建入中宫遁到山向，次吉。

凡八字宜扶山、合山，或与山比肩一气，或印绶生山，或禄、贵到山，皆吉。切忌地支冲山，次忌天干克山。惟辰、戌、丑、未山不甚忌冲。然岁冲亦凶。日月时内止一字冲之可也，冲多亦破而凶矣。

凡四柱中有纳音克山者，若年克月克忌修造，不能制也。葬则以月、日纳音制之，制者当令克者休囚乃稳。

凡阳居原有屋而修山者，兼方论。忌大将军、大月建、小儿煞、破败五鬼及金神煞，此五者惟金神可制，而秋月难制。大将军飞出别卦无妨，还宫则凶，吉多无妨。此俱忌修方修山不忌葬。

年家打头火及月家飞宫打头火、丙丁火占山占向，忌修造不忌葬。

月家天地官符占山向，中宫得月家紫白同到，又有气，不忌。

居城市者龙远难测，宜补坐山与补龙法同。阳居坐山颇重，与阴地不同也。

论 立 向

向不必补，但有吉星而无凶煞可也。何谓凶煞？太岁也，戊己煞也，地支三煞也，

---

① 日月时忌冲山，岁冲尤忌。

浮天空亡也。此造、葬同忌者也。内惟太岁、戊己尤凶。盖太岁可坐不可向，而戊己在向猛于在山也。三煞可制亦宜斟酌，俟其体囚之月以三合克之、吉星照之。然葬可而造险，盖葬暂而造久也。浮天空亡略轻，主退财耳。伏兵、大祸占向次凶。然修造亦忌，葬不忌也。巡山罗睺占向，一白到则吉。古人有补向者，所求补龙扶山也，不然则坐山之财局也。如艮龙作丙丁向，或用四丙或用寅午戌火局者，生艮土也。又如子山午向，用寅午戌火局者，子山克火为财也。然止用寅戌二字，切忌午字冲山。余仿此推。

论相主

相主者何？以四柱八字辅相主人之命也。从来皆论生年不论生日，有论生日者非古法也。

修造以宅长一人之命为主，葬以亡命为主，祭主止忌冲、压，余可勿拘。

古人皆论生年之天干或合官、或合财、或比肩、或印绶、或四长生、或取禄马贵人不冲命克命，而又补龙扶山，则上上吉课也。

昔杨筠松为俞侍御修阳宅，俞系乙亥生，用庚寅年庚辰月庚寅日庚辰时。取乙与庚合，合官格也。乙禄到卯寅辰拱之，拱禄格也。四柱又名天干一气，两支不杂，上吉格也。课曰：行年七十六岁。自乙亥至庚寅年正七十六岁。此论生年不论生日之证也。

又一戊午年生人于丙子造、葬，是非不停，皆冲生年也。故知生年为重。

用合财、合禄格者，如曾文辿为壬午修主、杨筠松葬壬午亡命，皆取四丁未。盖丁与壬合，合财格也。又午与未合，天地合格也。四点丁禄到午命，聚禄格也。故其课曰：支干合命愈为奇，上上格也。今人以支干合命者为晦气煞，何其谬欤！

昔杨筠松为乙巳主命修艮山坤向屋，取丁丑年庚戌月庚申日庚辰时。盖取乙与庚合，合官格也。又庚禄居申坤向，驿马到艮寅山。故其课曰：三合马进山，三禄向上颁。又三庚名三合格。

一印绶格宜正印，忌枭印。如甲命宜四癸，乙命宜四壬之类。枭印亦能生我，多见则忌，一二点不忌也。若伤官食神泄气，多见则忌。

一比肩格如己巳亡命，杨筠松取四己巳比肩格也。今人忌本日何欤？比肩上吉。如己命见三己、四己是也。劫财凶，如己命多见戊字是也。

一四长生格如壬生人用四申，丙生人用四寅是也。官不相合，不宜多见。多则克身，一、二点可也。合官则四点愈妙。

七煞大，能克命，忌用。或年月利而干系七煞一点可也，得四柱中天干食神制之为妙。若至二点必凶，况多乎。昔有乙卯生人造屋用辛丑年辛卯月，后大不吉。乙以辛为七煞也。若用庚字则合官大吉矣。合官者贵格也，合财者富格也。不合则无情。财与官俱宜一点、二点。

禄、马、贵人宜四柱活动取之。如甲以寅为禄，甲命人叠见寅字，乃自家之现财禄也。寅命人叠见甲字，乃财禄自外而来也。皆聚禄吉格。贵人与马仿此。

命禄与命贵人最吉。马次之，乃病地也。马有必不可用者，如寅以申为马，四柱若用申字则冲寅命，凶。

查古人造，葬课所云禄、马、贵人皆四柱中之显然可见者，如上数课是也。然难逢难遇，盖成格成局之难也。又有本命飞禄、飞贵、飞马取造、葬之年飞到山向中宫，俱大吉。此稍易取。

一本命地支切忌四柱地支冲之，若又天干克命干者，名天克地冲，最凶。

一太岁冲命最凶，月次之，日又次之，时为轻。

如辰戌丑未命遇冲不吉，但略轻土冲土也。然太岁冲之亦凶。

又曰：东冲西不动，南冲北不移。谓木不能伤金，火不能克水也。亦略轻如申酉命遇寅卯冲，亥子命遇巳午冲是也。止主是非若北冲南命、西冲东命、则凶莫堪矣。然亦以太岁为重，月次之盖岁君力大而月乃司令也。

凡本命羊刃，四柱切忌多见，如甲命忌卯字之类。

本命煞惟天罡四煞最凶，造、葬皆忌。

天罡四煞即岁煞也，修忌宅长，葬忌化命及祭主，吉不能制。

寅、午、戌生人属火，忌于丑年月日时内作甲、乙、庚、辛四向，凶。[①] 申、子、辰年生人属火，忌于未年月日时内作甲、乙、庚、辛四向，凶。巳、酉、丑年生人属金，忌于辰年月日时内作丙、丁、壬、癸四向，凶。亥、卯、未年生人属木，忌于戌年月日时内作丙、丁、壬、癸四向，凶。

命食禄最吉，能催官禄，乃本命食神之禄也。八字用三、四点俱吉，或修食禄方亦妙。如甲命以丙为食神，丙禄在巳，四柱多用巳字是也，或修巳方亦吉。

凡三合之力胜于六合。但主命喜与八字六合而三合次之，惟用三合降煞者得主命与八字共成三合为妙。山向又喜与八字三合而六合轻矣。

凡坐山及来龙与命干、命支同推，但二十四山向少戊、己二字而多乾、坤、艮、巽四字。用禄、马、贵人则乾与亥同、坤与申同、艮与寅同、巽与巳同。如四柱用壬字则为禄到乾亥，用丙丁则贵人到乾亥，用巳则马到乾亥也。坤、艮、巽仿此推。

如乾、坤、艮、巽山用长生、印绶者，则乾金与庚金同、坤土与戊土同、艮土与己土同、巽木与乙木同。

马有冲山者，则取到向。如寅山马在申，忌申字冲寅山，则四柱多用寅字。又助起寅山，又马到申向也。禄贵到向俱吉，宜活法取之，毋执一也。

又有本命飞遁真禄、真贵、真马，则支、干俱全之谓也。以太岁入中宫遁到山向

---

① 非此四向，则犯丑字不忌。不犯丑字，则此四向亦不忌。二者俱犯乃凶，犯一个丑字亦凶。

中宫，造、葬、安床、入宅俱大吉。修方者宜到方。[①]

甲子忌戊午	乙丑忌己未	丙寅忌甲申
丁卯忌乙酉	戊辰忌庚戌	己巳忌辛亥
庚午忌壬子	辛未忌癸丑	壬申忌丙寅
癸酉忌丁卯	甲戌忌壬辰	乙亥忌癸巳
丙子忌庚午	丁丑忌辛未	戊寅忌庚申
己卯忌辛酉	庚辰忌甲戌	辛巳忌乙亥
壬午忌甲子	癸未忌乙丑	甲申忌戊寅
乙酉忌己卯	丙戌忌戊辰	丁亥忌己巳
戊子忌丙午	己丑忌丁未	庚寅忌壬申
辛卯忌癸酉	壬辰忌丙戌	癸巳忌丁亥
甲午忌戊子	乙未忌己丑	丙申忌甲寅
丁酉忌乙卯	戊戌忌庚辰	己亥忌辛巳
庚子忌壬午	卒丑忌癸未	壬寅忌丙申
癸卯忌丁酉	甲辰忌壬戌	乙巳忌癸亥
丙午忌庚子	丁未忌辛丑	戊申忌庚寅
己酉忌辛卯	庚戌忌甲辰	辛亥忌乙巳
壬子忌甲午	癸丑忌乙未	甲寅忌戊申
乙卯忌己酉	丙辰忌戊戌	丁巳忌己亥
戊午忌丙子	己未忌丁丑	庚申忌壬寅
辛酉忌癸卯	壬戌忌丙辰	癸亥忌丁巳

论开山立向与修山修向不同

凡鼎新开居、倒堂竖造皆谓开山立向，则单论开山立向吉凶神，至年与月之修方凶神俱不必论。修主原有住屋，欲于屋后修造谓之修山，不名开山，则忌开山凶神兼忌修方凶神也。向上凶神除太岁三煞二者外，其余不必论矣。住屋前修造谓之修向，不名立向，则忌立向凶神兼忌修方凶神也。坐山凶神除岁破、三煞二者外，其余不必忌矣。若所修之处前后还有屋，则又兼中宫凶神论。

修山、修向、修方看与修主住房利否，如与住房不利又欲急修，则宜避宅别居，俟工完后入新宅可也。既避宅而去，则止论山向空利，而方道与中宫神煞皆可不拘。修方神煞，年家则以三煞、岁破为最，打头火、天地官符次之；月家以大月建、小儿

---

① 如甲子年生人，寅为禄马、丑未为贵人，用甲年五虎遁则寅为丙寅、丑为丁丑、未为辛未。乙丑年修作以太岁乙丑入中宫顺数，丙寅到乾六则乾为禄马，辛未到坤二则坤为阳贵人，丁丑到艮八则艮山阴贵人。乾、坤、艮三方大吉。

按：《通书》云：本命日不宜用事。诸历皆无明说．惟见《道藏》经。今选择家通忌天克地冲年月日时，如甲子忌庚午之类；并忌天比地冲年月日时，如甲子忌甲午之类。《起例》又忌葬日纳音克化命纳音而地支相冲者，与篇内戊午忌丙子日者相合，具表于后。天克地冲、天比地冲，显而易明，故不列表。

煞为最，飞宫官符、独火次之。凡修山修向者必要兼避方煞，惟新开山立向者不论方煞也。修山而忌三煞在向者，盖三煞在向亦凶，必俟休、囚之月乃可修山也。修向而忌三煞，岁破在山者，盖山既大不利，则向亦不利也。

论修方[①]

凡修方，先定中宫，于中宫下罗经格定所修之方属何字，先查此字何年可修，次查何月可修，然后择吉日与方生合则吉。

方之必不可修者，曰本年戊己方也，岁破方也，太岁到方而带戊己、打头火、金神也。月家则大月建、小儿煞也。此皆必不可犯者也。至月家丙丁火及飞宫之打头火，天地官符次之，有制可修。

方之可修者有三种：一曰空利方。本年无甚大凶煞占方，亦无甚吉神到方，但择吉月、吉日以修之，亦自平稳。二曰修吉神方或太岁方，而带吉不带凶也。[②] 或三德方。如甲年六月，则岁德、天德、月德会于甲方也。年天喜方也。[③] 次之，则年月之三台土曲方也，[④] 青龙、官国方也，[⑤] 极富谷将方也，[⑥] 魁罡显星方也，[⑦] 月家之金匮方也，本年之窍马方也。此皆年月之吉方也。又或本命之禄马贵人方也，本命食禄方也。又或本命之贵人禄马飞到此方也。此三者乃本命之吉方也。必年月之吉方，又合本命之吉方，择吉日修之，则无不吉也。

择吉日之法如何？曰吉方宜扶不宜克，扶则福大，克则无福。年家与此方或三合局，或一气局。又必此方旺相之月，则诸吉当权，修之自然发福。然修吉方必不叠紧要煞乃可，盖吉不宜克而煞又要克，二者不可并行也。若不紧要之煞，则不必论也。方吉命吉，自然降伏矣。三曰修凶煞方，除戊己岁破及太岁之带凶者不修外，其余皆可制而修也。其制之之法，详见后。

论修方兼山向及中宫

修方亦有分别。不问正向、横向，但在后不作住房而止作书室、下房者，则止论修方，而开山立向之吉凶不必论也。若在后欲作住房，则以开山立向为主而兼修方论。必山向利，方向又利，乃可修也。此论甚确。盖虽修方而欲作正寝，则是其宅以所修之屋为主房，故即同开山论。今人修方，不论后面是住屋、闲屋，一概论方不论山向，

---

① 点校者注：四库本原文标题为“论修山”，今从上下文改。

② 必要八节之三奇到。

③ 子年酉、丑年申、寅年未，卯年午、辰年巳、巳年辰、午年卯、未年寅、申年丑、酉年子、戌年亥、亥年戌。

④ 即平字。

⑤ 即开字。

⑥ 即危字。

⑦ 即定字。

大失古人之旨。

四围有屋则中间之屋皆名中宫。太岁在向及戊己煞、三煞占山占向，则中宫终年不吉不可修。月家大月建、小儿煞、打头火占中宫，亦不可修也。

月家飞宫、天地官符入中宫，若年月紫白三奇在中宫，或本命禄马贵人飞入中宫，则可修也。

凡修中宫忌戊、己日。盖中宫本属土，又用戊、己土日则助起土煞，不吉也。若辰、戌、丑、未月，尤忌戊、己日。

论用盘针

《通书》曰：盘针之法，汉初只用十二支。自唐以来，始添用四维八干。古歌云："缝针之法壬子中，更论正针子亦中。"又胡舜申《阴阳备用》云："闻诸前辈言，盘针之用，当以丙午壬子之中者为正。"《狐首经》云："阳生于子，阴生于午。自子至丙，东南司阳。自午至壬，西北司阴。丙午、壬子之间，为天地之中，南北之正。"其说相合，故断然以丙午、壬子中针为是。

按：《通书》以壬子之中为缝针，今谓之中针。盖中针之子位，当壬子之中，乃子之初。自子至癸，皆子位也。地理家格龙用之。若定方向，则用正针。消砂纳水，则用缝针。详见《本原》，并见后图。

罗经图

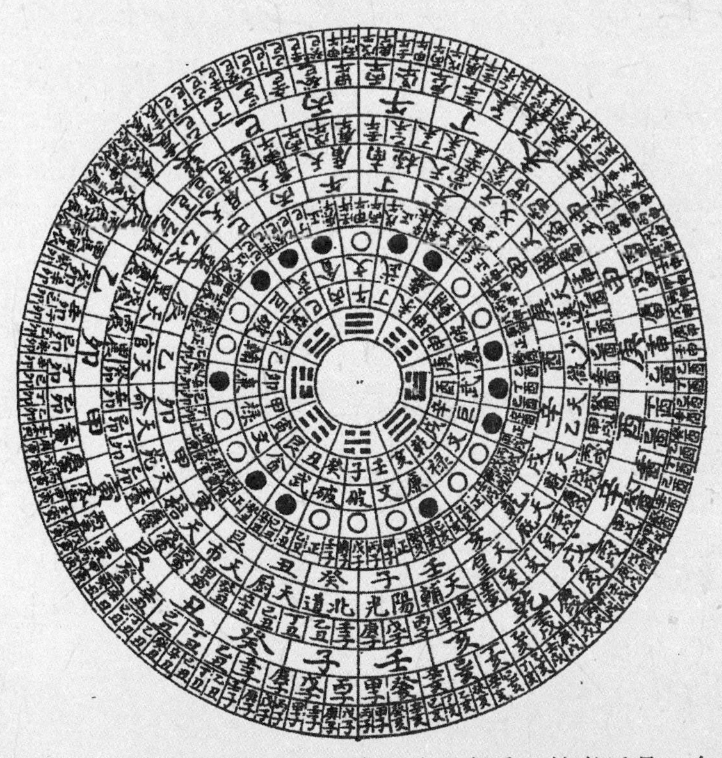

罗经体制不一，多者至三十余层。然其用总不离乎三针者近是。今约取十二层：

内一层天池，以受指南针者也；二层八卦，正方隅也；三层二十四山，一卦三山也；四层坐山九星，变卦也；五层净阴净阳，配龙向也；六层穿山七十二龙，正针分金也；七层中针二十四山；八层二十四天星；九层六十龙，皆属中针所以格龙者也；十层缝针二十四山；十一层六十龙；十二层一百二十分金；皆属缝针，所以消砂纳水者也。其余配卦、配宿，皆由此推，故约举之而其义已备也。

定方隅法

《选择宗镜》曰：中宫下罗经，中宫定，而后方隅定。如直进有几层者，必自山下第一层之后檐起量，至大门之前檐水止，共几丈，折半为中宫。下罗经以定二十四字，而方隅始确。《通书》有论层数者：如只有一层，则以栋柱之中为中宫；若有前廊，前深后浅，又以檐下为中宫；若前有廊后有披厦，前后相等，则又以栋柱为中宫也；如有二层，则前层之后、后层之前中间天井为中宫也；如有三层，则以中层为中宫也；四层，则以二层后天井为中宫，与二层同也；五层，则以第三层为中宫，与三层同也。此其说似是而非。盖栋数有浅深，而罗经二十四方位无伸缩也。近时有以祖堂为中宫者，亦非是。古并无此说。罗经二十四字乃一定之方位，如一居周围有二十四丈，则一字管一丈；有十二丈则一字管五尺。此定理也。如子山午向，则卯酉当腰。若必以祖堂为中宫，则祖堂在山下者，卯酉前长后短；祖堂近大门者，卯酉前短后长。有是理乎？

修方忌于祖堂不利，则合家不利。然相离稍远者，犹之可也。若于祖堂利而于修主之住屋不利，则修主不利而合家亦不得受福矣。大抵修主之住屋若与祖堂共一栋，则吉凶同论；若异栋，则必兼论，必俱利乃可。今人有单论祖堂利否者，非古人之旨也。古人云：祖堂不利，则移香火于吉方。如修主住房不利，必要迁住吉方，乃可修作。其义甚明。凡移徙而修者，必待修完后方可择吉入宅。或岁官交承亦可。如主命本年利作兑，不利作震，则当迁居于东，使所修之方昔视之为震者今则视之为兑矣。此活变之法也。

按：定中宫之法论层数固未精，而论丈尺亦未甚确。盖方位皆以目之所见为定，如大门则以厅事为中可也，如厅后则以正寝为中可也，如坟茔则以祖穴为中可也。移步换形，惟变所适，要在相其形势，取其尊者为主，以临四方，庶义精而理得矣。

钦定协纪辨方书卷三十四

利用二

年神总论

《选择宗镜》曰：年家吉凶神起例有八：一曰本年天干，二曰三合五行，三曰本年十二建星，四曰本年五虎遁，五曰本年纳音，六曰四方，七曰纳卦，八曰羊刃。凡吉凶神从此八者而起则为真。于真凶之中，又分轻重，大者避之，中者制之，小者以吉星照之而已。

岁德、岁德合、岁禄马、贵人山方皆吉，能制诸凶煞。

岁干化气克坐山化气为正阴府，凶。带卦者为傍阴府，亦凶。俗术丙辛阴府用甲己二干化土制之，乙庚阴府用戊癸二干化火制之，切不可信。傍阴府有吉星制，或年、月吉则不妨。杨筠松开乾山用壬申、壬子、壬辰、壬寅，又用壬子、壬子、壬子、庚子，合天地一气格，又取壬禄到乾亥为吉也。如祔葬及修造，正傍俱不忌。

以上从岁天干起例。

三煞大凶，伏兵、大祸夹三煞亦凶。三煞止忌单修，先从吉方起手连及修之无害。惟岁煞不可犯，伏兵亦凶。大祸与吉星会不为害，与凶煞会，凶。

临官为天官符，忌单修，若从吉方起手连及修之无害。月家飞宫同到，小凶。

地官符于吉方起手连及修之无害，单修凶。或用太阳、紫白、命贵、禄马制之，吉。

帝旺为金匮星，吉。又为打头火，主火独凶，若叠太岁尤凶。

打头火大忌，不可犯。或年独火，月游火、月家丙丁火，但有一火会合，其火即发。如月，日得一白水星到方，有气或有壬癸水星到能压制不妨。

三煞最凶，伏兵、大祸次之，天官符、打头火又次之。

以上从三合起例。

建星如子年子上起建丑为除，丑年丑上起建寅为除是也。建为岁君、为元神、为吉凶众神之主，可坐不可向。在山、在方叠吉星则大吉，叠凶星则大凶。在方为堆黄方亦叠吉则吉，叠凶则凶。除为四利太阳，小吉。满为土瘟、为四利丧门，凶。又为天富，小吉。平为三台，又为土曲，又为四利太阴，大吉。定为岁三合，为显星，吉。又为地官符，为畜官，次凶。执为四利死符，又为小耗，凶。破为岁破，为大耗，大凶。危为极富星，为谷将星，为四利龙德，吉。成为三合，为天喜，吉。又为飞廉，又为四利白虎，小凶。收为四利福德，小吉。开为青龙、太阴，为生气，华盖，又为官国星，上吉。又为四利吊客、小凶。闭为病符，凶。

平、成、开、危最吉，定、除次吉，破大凶，建可吉可凶。

以上从十二建星起例。

五虎遁干戊己为都天，丙丁为独火，庚辛为天金神。

天金神一名游天暗曜，犯之患眼疾。用丙丁九紫火星制之无害。

以上从五虎遁起例。

本年纳音克坐山墓上纳音者为年克山家，凶。属金者为地金神，次凶。

以上从纳音起例。

奏书、博士吉。蚕室、力士小凶，有吉星可用。大将军有吉星制年月利，主吉。年月不利，亦主凶。又忌与太阴会，尤凶。

以上从四方起例。

太岁天干纳在何卦，其冲破对卦名曰破败五鬼，忌修方吉多不忌。

以上从纳卦起例。

本年禄前一位为羊刃，对冲为飞刃，名李广箭，凶。然惟八干山有之，忌坐山不忌方与向。乾、坤、艮、巽山，无禄亦无刃。古人葬课，犯阴府年克者甚多，而八干山绝无犯李广箭者。其犯箭者，皆四维山，原无箭故也。

以上从羊刃起例。

按：年神总论，《宗镜》自为一家之言，大体醇正，故备录之。然唯太岁岁破不可犯，三煞犹可制化，况其他乎？阴府以纳甲为正、卦为傍，与《通书》不合，而亦有理。然其义纡远，轻于年克山家，见《义例》。本篇十二建星，不足为凭，当兼诸神参看，见《义例·四利三元》条下。天干临官为禄，帝旺为刃，刀固不如禄之吉，然其凶亦不过如大煞止耳。大抵大煞、羊刃皆不为凶，叠凶星则凶，犹叠太岁月建也。且其起例既从年干，又曰乾、坤、艮、巽四山无刃，则必年与山同。夫甲山用卯月日正为扶山，何凶之有？故今台官不用。然本条内云古人葬课犯阴府年克者甚多，则不为无功也。至其中所云神煞不忌新宅而忌旧宅，又云年克山家伤祖父，无祖父则不忌，种种支离，概删不录。

月吉神总论

天德方即天道方，月德方即三合月官、旺之间，大吉。天德合、月德合方次吉。此四德到方大能制此方之煞，并岁德、岁德合，共名六德。俱走天干，不走地支，不能制地支方煞也。

月金匮方吉，即三合月分之旺方也。修之发丁。修年金匮，不如修月金匮。比月德后一步，吉与月德同。

月天赦方吉。春戊寅，夏甲午，秋戊申，冬甲子，此天赦也。然原无定在，故以月建入中宫遁之，遁得天赦落在何方，此方宜修造，可制官符等煞。天、月德三合周转，已有飞宫之义，不宜再飞。天赦必飞乃现。

月凶神总论

月破山、方皆凶，坐山尤凶。造葬皆不可犯。

月阴府山凶。月天干克坐山所纳之甲为正阴府，带卦者为傍阴府。

月克山家凶，月之纳音克山墓音也。以年、日纳音制之。大月建乃月家土煞占山、占向、占方、占中宫皆凶。动土尤凶，吉不能制。

小月建占方凶，占山、占向亦凶。忌修不忌葬。

月家打头火小凶，与丙丁火并，不可修造。用一白壬癸制之，月游火不足忌。

飞宫天地官符小凶，有吉星可用。

诸家年月日吉凶神附论

曾文辿曰："太岁坐山留福德，却将年月更加临。还须四柱无冲克，共转天河福愈深。"杨筠松曰："太岁可坐不可向。"又曰："吉莫吉于修太岁，凶莫凶于犯太岁。"又曰："太岁叠吉星则贡福，叠凶星则降祸。"俱言坐太岁之法也，造葬者坐太岁极吉，向太岁极凶。然坐之有数端焉：一查太岁不叠戊己、阴府、年克、打头火乃可坐。二要八节三奇照之。三要月、日、时或与太岁一气，或与太岁三合乃吉。若支冲之、干克之，则犯岁君而大凶。四要太阳、紫白诸吉同到则尤妙，福大而久，非别吉之可比也。

太岁、禄马、贵人，能压一切凶星。贵人为上，禄马次之。要与造主本命禄马同行，乃能致福。用命贵禄马而岁贵禄马不至者，命主无管摄；用岁贵禄马而命贵禄马不值者，岁君不依归。岁、命交会，方为全美。选择务令有气得时，如木向春生，金逢秋旺之类。飞宫亦有六合之法，合贵为上，合禄次之。如甲命禄在寅十二月作艮，以月建丑入中宫，遁得寅字到乾，乾中有亥合艮中之寅也。余仿此。

邱平甫曰："诸家年月多差舛，惟有紫白却可凭。"曾文辿曰："禄到山头主进财，从外压将来。马到山头进官职，要合三元白。贵人与白同旺相，贵子入朝堂。六白属金秋月旺，紫火春夏强。一八水土旺三冬，立见福禄崇。"此言紫白之真，且宜与贵人、禄马同到；又紫白喜旺相，则愈有力，皆不二之论也。桑道茂及一行禅师皆云紫白所到之方不避太岁、将军、官符诸凶，惟不能制大月建而已。不避宅长，一切凶年并不能为害，惟不能制天罡、四旺煞而已。则紫白之吉，古所共宗。《通书》有谓"飞宫吊替，多有不合，故紫白难用"者，妄也。

凡月家吉星吊替飞宫，不犯冲伏为美。如一白到坎，八白为艮，为星伏之地。九紫到坎，八白到坤，为星冲之地，其吉减力。

右论三篇，亦出《选择宗镜》。其中飞天赦为今所不用，然亦不背于理，录之以备一义也。金匮星今亦不用。盖金匮即大煞，以其旺为吉，又以其旺为凶，未免自相矛盾。大抵金匮、大煞本无吉凶，叠吉星则吉，叠凶星则凶，亦犹叠太岁、月建耳。其曰六德不能制支煞，非是。夫支之凶者，正当以干制之，方见制化之理。如乙酉年岁煞在辰，用庚辰月日时，则天干一气皆金，与乙作合为岁德，而辰亦不以煞论矣。故精于造命之法，则建除与山方犹属第二义，所谓天光下临也。乌有重支而轻干者乎？其曰大月建吉不能制，亦非。夫月建谓之土煞，自较太岁为轻。况又不论定位而论飞宫，断无山方中宫无往不忌之理。其论坐太岁之法，慎重周详，体用兼备，非惟日者之妙用，实亦君子之存心。俗术并不论此，漫曰太岁可坐，何孟浪也。其中太岁不叠戊己可坐一语，则又可以明戊己煞之误，兼可以证大小，月建之伪，诚破的之论。其论禄马贵人岁命同到，与古课吻合，而语义尤备。其曰甲命丑月寅禄到乾，则亦止用地支一字，可与真禄参观。各神制化，诸说不同，详见后。

制煞要法

《选择宗镜》曰：坐三煞，向太岁，此不能制者也，不可犯也。三煞在方在向，及阴府在山，此可制而不易制者也，不可轻也。其余纷纷神煞，中煞制之，小煞不必制，有吉星同到，自能压伏。除太岁在山在方，宜合不宜冲；炙退在山在方，宜补不宜克。此外则四法而已：干犯干制。如阴府、天金神，皆以干制干也。支犯支制。如地官符之类，择其死月、死日修之可也。三合犯三合制。如三煞、打头火、天官符，以三合局克之可也。纳音犯纳音制。如年克、地金神，以纳音制之可也。今《通书》制三煞等法皆用纳音，不知纳音力轻，仍当兼地支、三合取用方是。

《千金》曰：煞在山头更若何？贵人禄马喜相过。三奇诸德能降煞，吉制凶神发福多。此言山头之中煞、小煞不用克制，而止以诸吉照之者也。盖克则克倒坐山矣，山值休囚，月亦不吉。

又曰：吉星有气小成大，恶曜休囚不降灾。则克制、修方法也，勿作一例看。克制者克制得法为主，吉星为用。若小煞则不必制，遇吉星自伏。

太阳三奇能降诸煞，紫白、窍马能制地官符、大将军以下诸煞。禄制空亡，贵人降诸煞。以本命飞到者最为上，太岁飞到者次之，同到者尤吉。

制煞之法，宜用四柱克之，而不宜冲。克之则伏，冲之则起而反为祸。除太岁、阴府在坐山不宜克外，其余诸煞，如三煞、官符、大将军、伏兵、大祸等项，在坐则重而难制，在向在方则轻而可降。

方上有煞可制者，先从吉方起手，连及修作。又从吉方住手，亦佳。

凶方怕叠太岁，怕太岁对冲，怕太岁三合其方，则皆大凶。次之怕月建相叠，相冲、相合，则亦为祸。不然不甚为祸也。盖岁君与月建之力极大，吉星必藉其力方能作福，凶星必藉其力方能作祸。吉方宜动，不修动决不作福；凶方宜静，不修动亦不作祸。惟年纳音所克之方，虽凶亦无害，已为太岁所制故也。

岁君、月建冲破吉方则不吉，无力故也。若冲破凶方则又凶。盖煞如虎如火，合之固起，冲之亦起。惟浮天空亡占向，可以八字冲之。

太岁可坐不可向，三煞可向不可坐，不易之论也。

凡制神煞，先令其星失时无气，更泊死、绝、休、废之乡，得禄马、贵人当旺之令修之，化煞为权，较之克制尤稳。恐压伏太过，或遇冲合，反为祸也。

《书》曰：若要贵，修太岁。若要发，修三煞。要大兴，修火星。要小兴，修金神。要发富，修官符。救冷退，修灸退。又曰：制煞修方，反获吉福。此言修非言葬，言修方非言修山也。盖煞必须克，而坐山宜补。克之则山伤，补之则煞旺。故单云制煞修方者，以方可克故也。惟太岁或在山或在方，皆可修。盖修太岁者可合而不可克，不克则不伤山也。

阴府与山分而为二，亦可修。克阴府不克坐山也。其余诸煞皆与山方合而为一，故克制此方即所以克制此煞。惟方不怕克也，故皆指修方言。此皆修年家坐宫煞，非修月家飞宫煞。

太岁必叠吉星不叠凶星而后修之，君明臣良，其吉可知。故曰“大富大贵”。

三煞连占一方，其力极大。制之得法，自然发福。然此煞最凶，制不得法，必至为祸。修主孱弱，亦难驾御，不可轻试。

火星乃三合旺方，即打头火也。克而修之，旺气发越，大发人丁，故曰“大兴”。

火克金神则为财，以丙丁奇制之则旺田产，故曰“小兴”。

地官符为岁三合，修之得法亦主旺财，故曰“发富”。

三合死方为灸退，以月日旺相辅之，则无气而有气矣。故曰“救冷退”。

制煞之法，古云干犯干制、支犯支制、三合犯三合制、纳音犯纳音制，此确论也。又有化气犯者化气制，坐宫犯者坐宫制，飞宫犯者飞宫制。如阴府甲己属土则以丁壬木制之，乙庚属金则以戊癸火制之，此化气制化气也。如病符、小耗年家之不飞者，以年月日吉照之，此坐宫制坐宫也。如月家打头火，则以月家一白或壬癸水德制之，此飞宫制飞宫也。又有以阴府甲乙属木，戊己属土，三煞、打头火、官符等项，在寅卯辰则属木，巳午未则属火。本煞又自分五行克制者仿此。辨衰旺者，亦仿此。

制煞全看月令，必本煞衰月制神旺月乃可。惟太岁、灸退另论。若诸煞聚会或与太岁同宫，则不可制。勿犯可也。

《通书》曰：太岁以下凶煞甚多，难以尽避。其各神所临之地，惟奏书、博士宜向之，余各有所忌。须辨生旺、休囚、制化得宜。如有破坏须修营者，以天德、岁德、月德、天德合、岁德合、月德合、天恩、天赦、母仓所会之辰，或各神出游日，并工修之，无妨。

凡制凶神，宜酌其轻重，不可用煞之生旺。如煞属木者，忌春令，并忌亥、卯、未日时。如用午字则木煞死，申字则木煞绝。余可类推。

按：《宗镜》载制煞之法甚详，醇多疵少，故节取而录之。其曰吉方不动不作福、凶方不动不作祸，即《洪范》“龟著共违，静吉作凶”之理。原文有曰“戊己煞不动亦凶”，则悖谬已甚矣。阴府制法，似是而非，辨见后。《通书》二则，言略而意该，《时宪书》载于年神之下，制煞之大要也。今为逐条详具于左。

太岁岁破

《宗镜》曰：太岁君也，坐之吉，向之凶，冲破坐山故也。四柱八字，合之吉，冲之克之凶，以臣犯君故也。叠紫白、三奇、禄马、贵人等吉星则极吉，得君行道膏泽及民也。叠戊已年克、阴府大煞等凶星则又极凶，众凶有藉，倚势作孽也。故太岁或在山或在方，审其叠吉而不叠凶，则以四柱合之。或一气，或三合局。造葬、移徙，其福大而且久，非诸吉星可比也。必要八节、三奇、太阳、紫白诸吉同到，本命贵禄临之尤妙。曾文辿曰：吉莫吉于修太岁，凶莫凶于犯太岁。太岁所在，宜造葬、宜移徙、宜补葺，皆修也；不可拆毁、不可挖窖开池，皆犯也。

按：太岁为岁君，吉星会于坐山乘旺固吉，然不得已而修作及葬事则可矣。若兴造之事，本属可缓，行险侥幸，未必得福，不如其勿犯也。《通书》有用月日纳音克太岁纳音之说，益属无理。至可坐不可向，则不易之论。盖向太岁则坐于岁破矣，虽有吉星不能解也。

又按：坐太岁固吉，而亦有不同。如子、午、卯、酉年太岁与大煞同位，三煞与岁破同方，则坐之亦不吉。《宗镜》因飞宫大煞名打头火，遂谓太岁叠打头火凶，失其义矣。今改正。

三煞伏兵大祸

《通书》曰：三煞止忌修方，先从吉方起手，连及修之无害。如子年三煞在巳、午、未，若巽坤方有吉星，则从巽方起工，连及巳、午、未方，至坤方止工亦可。止忌单修巳、午、未方是也。

《宗镜》曰：三煞乃极猛之煞，伏兵，大祸次之。要制伏得倒占山。造、葬皆忌，惟占方可制而修也。制法有三：一要三合局以胜之。二要三合得令之月、三煞休囚之月。三要本命贵人、禄马及八节三奇或日月以照临之。小修则或月或日之纳音克三煞方之纳音，得一吉星到方可也。三煞在南方巳、午、未则属火，用申、子、辰月日时。在东方寅、卯、辰则属木，用巳、酉、丑月日时。在西方申、酉，戌则属金，用寅、午、戌月日时。在北方亥、子、丑则属水，三合无土局不能制忌，用辰、戌、丑、未相冲。曾文辿为壬申宅主修午未三煞方，取甲辰年戊辰月壬子日庚子时竖柱。与壬申年生命成申、子、辰水局以克火煞，一吉也。甲、戊、庚天干三奇，又辰、子两支不杂，二吉也。谷雨前太阳在戌，与午方三合，而甲、戊，庚贵人在未，三吉也。甲年午、未方为庚午、辛未，纳音属土而戊辰月壬子日纳音皆木，以木克土，四吉也。命马壬寅、岁禄岁马丙寅俱到离，五吉也。八白在坎照离、九紫正在未坤，六吉也。古人之妙用如此。

按：三煞为太岁三合之冲，可向不可坐，故占山则造葬皆忌，占方则可制而修也。然各年不可概论，寅、申、巳、亥年煞在生我之方，为收、开、闭之位，又当休气。辰、戌、丑、未年煞在我生之方，为除、满、平之位，又当相气。制化之法虽轻重亦有不同，而要可制之、化之变，凶而为吉也。若子、午、卯、酉年则三煞与岁破同方，对方太岁，又与大煞同位，虽有制伏亦难以吉论矣。故子、午、卯、酉年灾煞最凶，劫煞、岁煞次之。寅、申、巳、亥年岁煞最凶，劫煞、灾煞次之。辰、戌、丑、未年略与子、午、卯、酉等。若寅申年之劫煞。卯酉年之岁煞，与太岁为六合。其凶尤小。

如壬寅年用壬寅月日时修亥方则四禄聚亥，乙酉年用庚辰月日时修辰方则一气皆金，并不以岁煞论矣。又寅、午、戌、亥、卯、未年为煞克岁，巳、酉、丑、申、子、辰年为岁克煞，煞克岁者，俟其休、囚之令用之。岁克煞者，则惟忌子、午、卯、酉四旺月，余月皆可用，只取吉神到方，八字成格而已。又化煞变克为生，与制煞之义有别。煞克岁者用煞之子，如金煞克木岁，用水局月日时，则泄金以生木矣。岁克煞者用煞之财，如水岁克火煞，用金局月日时，则泄火以生水矣。用子煞休，用财煞囚，具有妙义。惟木煞无土局，则不用化而用制可也。水煞无土局，则不用制而用化可也，曾文辿取用甚精。夫亦举一隅耳，引而伸之、触类而长之，选择之能事毕矣。月三煞仿此。

年月克山家

《通书》曰：山家以得气运为妙。如月分与山运生旺比和，宜用之；月分衰病亦可用，惟忌年月日时克山运耳。然止忌开山。凡新立宅舍、修造动工、逾月安葬论之，旬日之内不忌。祔葬祖茔、倒堂竖造，或现成基址，不动地基，亦不忌。又本日克山家者，如甲子年作水土山，年纳音属金克山家木运，当取火月日时，生旺兼作，主火命并禄马、贵人制之，吉。月、日克者，亦然。

按：洪范五行，专论山运，自为一家之言。年克山家，世俗避之唯谨。虽有月日克制之说，用者绝少。惟旬日内不忌，世多用之，深以为便。夫葬之吉凶，不因日之近久，旬日无咎，逾月何伤？荀悦曰："非吉凶所从生。"洵知言矣！然以五行生克之理而论，则以月日克年纳音，不如以年纳音生月日化克为生，于理为顺。再得正五行补龙扶山，自应吉无不利。月克较轻，日时尤轻，八字成局，纳音自可勿论。俗本又云年克妨宅长，月克妨宅母，日克妨子孙，则无稽已甚，不足道矣。

阴府太岁

《通书》曰：此煞惟忌山头，不忌作向、修方，惟安葬不可犯。又曰：正阴府忌修阳宅，安葬不忌。傍阴府忌坐山修造，不妨用天月德、太阳到山制之。

《宗镜》曰："旧说阴府单占坐山，以正五行之七煞克之，必阴府衰月、七煞旺相得令之月。如甲乙阴府属木，宜以庚克甲、以辛克乙，然必七月、八月金旺木衰，乃可制也。又阴府生山者可制，为坐山所克者可制。若与坐山同类则不可制，制则克倒坐山。如震金山戊癸年为阴府，癸生震，戊受克于震，可制而修也。若兑木山乙庚年为阴府，乙可制也。若以丙克庚则兑山伤矣。此皆指修山而言。若葬地决不可犯。且克阴府即克岁君，岁君不可克也。"

按：阴府之义本属纡远，《义例》甚明。术士不知其义，又以袭误传讹，遂各为臆说而不可解。如甲山丁壬年为阴府，以丁壬属木克甲己之土也，丙辛山甲己年为阴府，以甲己属土克丙辛之水也。《宗镜》引旧说乃曰甲阴府属木，宜以庚克之，将谓丁壬年用庚克甲山，则山已受太岁化气之克，何堪又受月日正五行之克？将谓丙辛山用庚克甲年，无论岁干不宜克而克，又非其听克。夫甲年之所以克丙辛山者在土不在木，而欲以金克之，诚不解其何谓也。若其与坐山同类不可制之说，则专指克太岁而言，而五行亦不合。如兑山乙庚年为阴府，乃以兑为属木而谓以丙克庚伤兑山，则又以兑为属金。夫五行各有专属，理之自然。虽诸家取义不同，亦必自成一说，断无忽命为木忽命为金之理。然曰克阴府即克岁君，犹知阴府之义在年不在山。若诸家《通书》从年起例，所列阴府皆山，则所谓制阴府者皆克山耳，并未有知克岁君者也。至其曰正曰傍，诸说不一。大抵天干略近，卦义尤远。然观台官所传及展转遗误之故，又似卦系正文。详见《义例》本节。究之五行之义，当以正五行为本。其有取化气者，必实有合化之义而后取之。兹乃舍正取化，又非逐年递变，与五运之义亦不合，良不可为典要。世人不察，以其名为太岁也而即谓不可犯，以其名为阴府也而即谓安葬凶。又无确切制、化之法为之解说，多致疑畏误事。《宗镜·补龙篇》载曾文辿开乾山一用丁酉年己酉月甲申日己巳时，一用己酉年癸酉月壬申日丁巳时。谓阴府有金制，甚为精当。盖乾纳甲申己化土丁壬为阴府，用申巳酉年月日时，一气皆金则丁壬不得化木。非但制之已也，且安知其非以金局扶乾山乎？若甲山阴府，则不可用金制，盖甲之化土其理曲，而甲本属木其理直。苟以金克丁壬，丁壬未必受克而甲木已先伤矣。毋宁丁年用火局、壬年用水局。用水以生甲之本行，用火以生甲之化气。而丁壬各从旺论，自不能化木而克土，乃为得之。仿此类推，则制之可也，化之亦可也。使各从其类而自不克我，亦无不可也。总之，以补龙扶山为主，太岁而外各随其义以为化裁，则不惑于俗术之曲说矣。

灸退

《通书》曰："灸退为三合死地，可向而不可坐。取天道、天德、月德、岁禄、贵人制之。"

《宗镜》曰："凡煞皆强梁有余，故宜克。灸退乃休囚不足，故宜补。盖二十四方位之气皆随太岁转移，灸退乃太岁死地，山方无气，冷淡休囚，故宜择旺相月或月日时一气或月日时三合补之，则不退而反盛旺也。若再加克制则愈休囚、愈退败矣。如申子辰年属水，水死于卯、卯为灸退。曾文辿取丙申年辛卯月乙卯日己卯时修卯方，则三卯一气局也。或亥、卯、未三合亦可。余仿此。再得命禄、岁禄同到或天干堆禄尤妙。假如修卯方，灸退用三乙字，乙禄到卯也。然以一气局或三合局为主而禄不必甚拘。《通书》有用六合者，有单取堆禄者，非是。已上补法虽系修方，然修山亦可。"

按：补灸退之法，《宗镜》得之。《通书》用德、禄亦是，贵人则差轻耳。

大将军　太阴

《通书》曰："大将军，方伯之神。其方忌兴造。若不会诸凶，用真太阳制之，吉。太阴，吊客同方岁后也。其方忌兴造。宜太阳、岁德、三合制之。"

《宗镜》曰："大将军占方不可修，然有轻重。如巳午未年将军在卯，甲巳年则卯乃丁卯也，再以月建入中宫顺数九宫，惟乙亥月丁卯仍在卯上，谓之将军还位。修造犯之，凶。余月则丁卯飞出别方，卯上得年家、月家之紫白或太阳、三奇亦可修也。”

按：《蓬瀛书》曰：岁在四孟，太阴与大将军合于四仲，名曰群丑。必须太阳到方。如申年太阴、大将军合于午，必六月太阳到午宫，又用午时修之。所谓真太阳到方也，大吉。若寅月太阴与大将军合于子，子时太阳无光，兼取丙丁奇、九紫到方为吉。若不会太阴、不叠凶煞，则有一二吉星亦可修也。

官符　白虎　大煞

《通书》曰：“官符有天官符、地官符。用年月日时纳音克之。如甲子年天官符在亥，遁得乙亥，纳音属火，以水纳音制之。又用一白水星水德制之。余仿此。”又曰：“官符一年止占一字，三奇、紫白、禄马、贵人一吉星到方，即从吉方起工，连及修之，吉。”

《宗镜》曰：官符本非大凶，遇窍马吉。或太阳到，或紫白到，或于其死月以天赦日解之，以修主命贵人、禄马临之，反吉。曾文辿曰：‘纷纷神煞不须求，但逢克应便堪修。吉星若照官符位，为官职位显皇州。’此言官符之可修也。地官符遇窍马即吉，遇紫白亦吉，不必克也。杨筠松为人解讼，以命贵解官符。癸亥年地官符在卯，修主乙亥生命阴贵人戊子，以太岁癸亥入中宫戊子到震卯方也，用午月卯木死于午也，用甲午日天赦也。讼果解。所谓支犯支制也。天官符乃三合中煞，或仿上制三煞例以三合局制之。然比三煞则轻矣，年月纳音克之亦可修也。己未年天官符在寅，十一月有葬寅山申向者，小雪后太阳到山，平安迪吉。至月家飞宫官符尤无妨碍，谓必不可犯者谬也。又曰天官符以年月纳音克之，或日纳音亦可。再得太阳照之，三奇、紫白亦可。若以三合局克之，则尤伏矣。但不喜其还宫月分耳。

按：官符、白虎、大煞为岁三合。若叠凶煞则为太岁所吊照，其凶有力，故以为忌。若叠吉星则亦吉矣。故当以吉星照临为取用之法，纳音克制次之。其曰三合制之尤伏，似亦以为太过之意。月家飞宫复临本位谓之还宫，飞伏同到嫌其过旺，则以三合局克之可也。天官符为岁临官之方，亦略与地官符同义。大煞叠太岁则凶，见火星条下。

丧门　吊客

《纪岁历》曰：“丧门所理之地不可兴举，吊客所理之地不可兴造及问病寻医、吊孝送丧。”

按：丧门、吊客为岁破三合小煞也。三合之冲破则凶，破之三合未为凶也。如两方同修则与岁破合局，冲克岁君，大忌。若单修一方则止取吉星照盖。用岁三合月日惟忌岁破三合月日耳。如子年丧门在寅、吊客在戌，修寅方宜用子辰月日时合太岁，忌用寅午戌月日时合岁破，亦不用申冲寅方也。问病寻医、吊孝送丧应不忌。且如太岁在南方，将终年不向南行乎？

黄幡　豹尾

《乾坤宝典》曰："黄幡所理之地，不可取土，开门，豹尾所在之方不宜嫁娶、兴造。"

按：子、午、卯、酉年黄幡即官符，豹尾即吊客。寅、申、巳、亥年黄幡即白虎，豹尾即丧门。辰、戌、丑、未年黄幡即太岁，豹尾即岁破。当从各神以为制、化。黄幡为岁三合墓地，忌取土、开门亦属有理。如不得已而用之，则取天道，天德，月德到方可矣。豹尾尤轻，嫁娶非忌其方，惟上轿下轿忌向之。凡凶煞皆然，豹尾却不足忌也。

巡山罗睺　病符　死符　小耗

《宗镜》曰："巡山罗睺忌立向不忌开山、修方。《通书》曰：以一白水星制之。"《明原》曰："病符主灾病，死符、小耗同方忌冢墓置死丧及穿掘造作。"

按：巡山罗睺为太岁前一位，逼近太岁，故立向忌之。寅年在甲，巳年在丙，申年在庚、亥年在壬，虽近而不同宫，对宫双山之月，有吉星到山到向、坐山乘旺，犹可择吉取用。若子年在癸、丑年在艮、卯年在乙、辰年在巽。午年在丁、未年在坤，酉年在辛、戌年在乾，则与太岁同宫，勿犯可也。《通书》谓以一白水星制之，则误作四余之罗睺以为属火，谬矣。病符为旧太岁，故亦忌立向。死符为旧岁破，故亦忌开山。然皆小煞。子、午、卯、酉年犹与太岁、岁破同行，余年则性情迥别。各取山向三合月吉星盖照，便自可用。但日、时勿干犯本年太岁、岁破耳。

岁刑六害[1]

《通书》曰："岁刑忌修方，六害忌开山，月刑、月害止忌修方。宜取太阳、三奇、紫白、禄马、贵人制之。"

按：辰、午、酉、亥年岁刑即太岁，未、申年岁刑即岁破，开山、立向、修方皆忌，吉不能制也。余年止忌修方。太阳、六德可以化之。月刑亦然。六害为六合之冲，故忌开山。然惟辰、戌年叠灸退，巳、亥年叠劫煞，子、午年叠岁煞，当兼补制之法而以太阳、六德化之。余年则凡有吉星到山，三合月、六合六德日即吉。惟六合月不可用。盖岁之六合月则六害为月破，六害之六合月则月又为岁破，皆不吉也。若月害对方即是太阳，但择吉日即可修，惟忌刑冲耳。

蚕室　蚕官　蚕命

《堪舆经》曰："蚕室所理之方，不可修动。"《历例》曰："蚕官所理之地，忌营构宫室；蚕命所理之地，不可举动百事。犯之皆丝茧不收。"

---

① 月刑、月害附。

按：蚕室、蚕官、蚕命为岁方长生之宫，皆无凶义。而《堪舆经》、《历例》以为丝茧之占，亦恐伤生气耳，非凶煞也。应忌于其方修作蚕室，若养蚕则又应为吉方，余当不忌。

力士　飞廉

《堪舆经》曰："力士所居之方，不宜抵向。"《神枢经》曰："飞廉所理之方，不可兴工动土。"

按：力士恒居太岁前维，辰、戌、丑、未年与巡山罗睺同位，太岁同宫，不惟不宜抵向，修造亦不可犯。余年不忌也。飞廉亦小煞，子、丑、寅、午、未、申年同白虎，卯、辰、巳、酉、戌、亥年同丧门，当同各煞制之。

火　星

《通书》曰："独火、打头火、月游火忌修造，不忌安葬。然必与年遁丙丁或月家丙丁独火会合方忌，不会不忌。丙丁独火不与诸火会合，亦不忌也。宜用一白水星水德制之。又本曰忌用丙丁寅午戌月日时，并丙丁奇、九紫，助其火气。"

《宗镜》曰："打头火即大煞，为太岁三合旺方，又为金匮星。《书》云'人家衰弱修金匮，独火将星原同位'是也。"盖大旺则亢，亢则属火。然制、化得宜，修动旺方则发丁旺家。惟子、午、卯、酉年叠岁君不可犯，其余年分仿上制三煞法以三合局制之。《通书》忌用寅午戌局，非是。若巳酉丑年打头火在酉，不用寅午戌火局何以制金之旺气乎？此煞与天官符俱可吉可凶，不与三煞比三合制矣。再得年月一白水星或年月壬癸水德、本命贵禄尤妙。四柱忌用丙丁，至八节之丙丁奇则又吉而不忌也。年金匮不空则修月金匮尤稳。月金匮又不必克，但诸吉同到则吉。寅、午、戌月在午，巳、酉、丑月在酉，申、子、辰月在子，亥、卯、未月在卯。择吉日修之，主发人丁。亦要无别紧煞乃可。

按：制火星之法诸说皆同，水德壬癸也。年家用年干起五虎遁、月家用月建入中宫顺数至壬癸是也。四柱忌丙丁不忌寅午戌，《宗镜》说是。三奇丙丁，三元九紫虽不忌，亦不取耳。月家金匮方今《通书》不载，然亦有理。四仲月会月建亦须避忌，与太岁同。

金　神

《通书》曰："金神遇天干庚辛者，宜用天干丙丁制之，遇纳音属金者，宜用地支巳午制之，更宜用丙丁奇、太阳、罗星、九紫及寅午戌火局制之。"

《宗镜》曰："金神忌修方动土，犯之主目疾。盖目属肝、肝属木，金能克木也。葬事不忌。制之之法，以火克之而已。庚辛干者为天金神，以丙丁干制之。纳音金者为地金神，以纳音火制之。又八节之丙丁奇或年家之九紫有气，皆能制之，修作无害，非甚紧煞也。巳月金生，申、酉月金旺，则不可犯。金神在申、酉方谓生旺得地，则必于火旺之月以寅午戌三合制之。若在午、未方则火地克之，不待制而自可修矣。”

浮天空亡

《通书》曰：“浮天空亡乃年干纳卦绝命、破军之位，用天德，月德照之，本命贵人、禄马制之。”

按：浮天空亡以年干取纳甲之卦，又以卦变绝命兼取所纳之干，较之阴府太岁取义更为纡远。各本《通书》惧用之，然亦年家小煞耳，当以六德照之，非但天、月二德而已。绝命、破军于九曜属金，取三奇、九紫到方，于义为切。贵人、禄马则通例也。一说用月、日刑冲之，大谬。夫以月刑冲之则其方系月刑、月破矣，以日刑冲之则其方系日刑、日破矣。二者皆选择之所忌，欲以制凶而反召凶，可乎？

破败五鬼

《通书》曰：“修造犯之主虚耗，宜用太阳、三奇、岁月德合、岁命、贵人、禄马制之。”

按：破败五鬼为年干纳卦之冲，较之浮天空亡，尤为小煞。岁月德合制之固为亲切，然太阳、三奇、紫白有一吉星到方，亦自可修矣。

月厌五鬼

月厌为堪舆宗旨，董仲舒言之极详。今《时宪书》与天道、天德并载于逐月之下。天道、天德用日而兼用方，则月厌当亦兼方论也。子、午、卯、酉月与建、破同方，必不可犯。巳、亥月次之。寅、申、辰、戌为月三合，丑、未月为生气，太阳、丙丁照之可用。又：按古有岁厌之说，子年起子逆行，与月厌同义。五鬼子年起辰逆行，常居岁厌三合前辰。今以方位考之则五鬼乃月厌之白虎，厌所谓前犹岁所谓后也。为月厌之后，从阴中之阴，故曰五鬼。然亦小煞，太阳。三奇、紫白、禄马、贵人盖照皆可用也。

月建月破

《天宝历》曰：“月建所理之方，战斗攻伐宜背之，不可抵向。”《太白经》曰：“五帝所在，出军不可向之。”

按：月建可坐不可向，月破可向不可坐。与太岁、岁破同，岁尊而月亲也。《通书》建、破论日而不论方，大、小月建论飞宫而不论定位，殊失其旨。世俗春不开东门、夏不开南门、秋不开西门、冬不开北门，则《太白经》五帝之义也。

大月建小月建

《通书》曰：“大月建忌修方、动土。小月建即小儿煞，止忌修方，用禄马、太阳、三白、九紫制之。”《宗镜》曰：“月家土煞为大月建，小儿煞与年家戊己煞同。小月建忌修方不忌安葬，修方占山，占向、占中宫亦凶。大月建尤凶，不可制，造、葬皆忌。《通书》迁葬不载者，非。”

按：小月建阳年以正月寅建入中宫，阴年以正月戌戹入中宫，皆顺数至本建，则小月建者乃月支飞宫耳。大月建子年正月起艮，逆飞九宫，三年一周、十五年三元周而复始，则大月建者乃月干支飞宫，即其月入中宫一星之本宫耳。详见义例。以理而论，自较月建之定位为轻。《通书》说是。《宗镜》据俗术之妄说谓大月建主伤宅长，小月建主伤小儿，占山占向占方占中宫皆忌，而反诋《通书》不忌安葬为非，实为过当。且太岁三煞亦或止忌山或止忌向或止忌方，安有山、方、中宫只占一处遂无往不忌之理乎？其曰月家土煞则是。然亦惟子、午、卯、酉年正、七月，辰，戌、丑、未年八、九月，寅、申、巳、亥年十一月，大月建与本月建同宫，谓之还位。及叠戊己五黄或入中宫则不可犯。余月则有贵人、禄马、六德之奇到方，便自可修，如太岁叠吉星则吉是也。大抵术士之说，多自相矛盾而不可通，如谓月建为吉凶众神之主，叠吉星则吉，叠凶星则凶。而又谓大月建凶不可制。其不可从明矣。

以上各条各随其义以为制化。若煞多而大凶则不可犯，若二三小煞则参互取义可也。

四柱法

四柱以年为君，月为相，日为有司，时为胥吏。所贵支干纯粹、成格成局、扶龙相主，如君臣合德、官吏奉法，而人民实受其福也。年为君，故四柱切忌冲动太岁。月为相，当旺一时，故扶龙山相，主命必择龙山主命旺、相之月；而制煞修方，必择煞神休、囚之月。日为有司，君相之德，赖以承宣，故日之吉凶，较年月尤切。用日之法，又以日干为君，日支为臣，干重而支轻。日干必要旺相，切忌休囚。总看月令，以辨衰旺。如寅、卯月遇甲乙日为旺，丙丁日为相，皆吉。如庚辛日为废，壬癸日为泄，戊己日为受克，皆不吉也。然此不当令之日干，如四干、三干一气，则比助身强。如二月用四辛卯，此大八字也。难逢难遇，则取小八字。如五月甲日休囚，杨筠松亥年修卯方地官符，用癸亥年戊午月甲午日丙寅时。盖甲日生在亥，禄在寅，又有年干癸水、亥宫壬水以生之，此古人扶持日干之法也。此之谓小八字，以四柱支干不纯，将就取用也。杨公曰“取干最宜逢健旺”，即日干也。《造命书》曰“日干休囚，非贫即夭”，皆名言也。若日干休囚而又无比肩、无印绶，立见退败。用时有二法：或与本日支干一类，或日干之禄时而已。时神吉凶，不必拘也。

四柱最忌地支相冲，大凶。冲龙，冲山，冲主命，亦大凶。天干克龙山凶。惟辰、戌、丑、未为四库，自冲可，冲山亦可，冲主命则凶。

凡四柱得天干一气，或地支一气，或两干两支不杂，或三台，或三奇三德，谓之成格。三合局谓之成局。皆吉格也。然必扶龙山相主命乃吉，如是则体立矣。再得日月奇白照临山向，又四柱之贵人、禄马到山到命，则用行矣。体、用兼全上也。然有体而后求用，切不可骛用而失体。

按：《宗镜》四柱法，造葬皆然。其上取大八字，其次亦取小八字。谓用时止有二法，则其义未备。三合、六合、贵人皆吉，不专取禄。如申年月甲日则禄为破，要在合年，月以取用耳。小修止择吉日吉时，与山方年命生合则吉。盖选择所以利民，过拘则废事，篇中所谓“难逢难遇”是也。

用日法

日贵旺相得令，忌休囚无气，而日干尤重。日之吉凶，全看衰旺，日之衰旺，全看月令。当令者旺，受生者相，皆大吉。克月令者囚，受克于月令者死，皆凶。日生月者休，亦不为吉，故母仓非上吉日。

寅卯月，甲乙寅卯为旺，丙丁巳午为相。巳午月，丙丁巳午为旺，戊己辰戌丑未为相。申酉月，庚辛申酉为旺，壬癸亥子为相。亥子月，壬癸亥子为旺，甲乙寅卯为相。辰戌丑未月戊己为旺，庚辛申酉为相。此内惟戊己日忌动土，亦忌修中宫。天干旺相者吉，支旺者有转煞之疑。二月卯、五月午、八月酉、十一月子，乃谓转煞。然古人葬课，四卯四午四酉，是不忌葬也。杨公取午月甲午日修官符方，是不忌造也。古人用四辛卯，亦天干四废，四辛相扶，故不忌也。

日干休囚，四柱又无印绶、比肩，贫贱夭折之课也。切忌勿用。

寅月甲日、卯月乙日、巳月丙日、午月丁日、申月庚日、酉月辛日，亥月壬日、子月癸日，既得令而又得禄，吉而又吉者也。辰戌月戊日、丑未月己日，虽不得禄，实得令，中吉。

日干为君，支为臣。与月令同气，或与月三合，或月建相生，及天德、岁德、月德为上吉。三德合日，天恩、天赦日，为次吉。

《通书》忌天吏日，与年灸退同。寅、午、戌月忌酉日，亥、卯、未月忌午日，申、子、辰月忌卯日，巳、酉、丑月忌子日，即三合死地也。甚有理，亦主退气，不致伤人。

破日大凶，与月相冲日冲岁，亦大凶。

正四废大凶，谓支干俱无气也。傍四废亦凶，或支或干无气也。《书》云：傍四废吉，多可用。

荒芜日次凶，与四废大同小异，亦是失令休囚之日。春巳、酉、丑，夏申、子、辰，秋亥、卯、未，冬寅、午、戌。然正月止忌巳日，二月止忌酉日，三月止忌丑日为准，三季仿此。有谓百事皆忌者谬也。

四废、荒芜相兼日尤凶。春酉、夏子、秋卯、冬午。

建、破、平、收，俗之所忌。然惟破日最凶，必不可犯。建日吉多可用。平日甚吉。收日吉多无妨，《书》云其日与黄道天月德并可用。

凡辰、戌、丑、未月修作中宫，决不可用戊、己日。盖中宫与四季月皆属土，再见土日必不吉。

按：《宗镜》用日法，专取旺、相，自为一家之言。而与建除、丛辰诸家亦不相背，甚为可取。然其论戊、己日，则谓辰、戌、丑、未月日忌修中宫者是，谓动土最忌者非。论四废日，则以正四废为凶者是，以傍四废为凶者非。荒芜日即五虚日，以忌百事为谬者是，谓一月止忌一字者非。盖古人造葬，四柱取全局，故春月忌巳酉丑及庚辛申酉年月日时。卯月酉冲，故尤忌。非谓见一字之即为荒废也。且又有比肩相扶之法，亦非概以荒、废为凶。观其谓子、午，卯、酉为转煞，而又载古人之不忌，以为明征，其义可见。至其以寅月甲日、卯月乙日为得令得禄，则醇乎其醇，胜于复日之义远矣。总之，日神吉凶，皆以生旺为主。四时五行，至为活变，当与宜忌参看，则轻重取舍甚明。至以年时合成八字，则又非宜忌之所能尽。神而明之，存乎其人耳。

用时法

时者日之用也，全在帮扶日辰，或与日支干比和、或与日支三合六合即吉。时家吉凶神不必尽拘，惟贵人、禄马为吉。如甲、戊、庚日以丑、未时为贵人，甲日禄到寅时，子、辰日马到寅时是也。

时冲月令、冲岁君皆凶。大事则忌，小事可勿论。

时破大凶日，支冲时支也。如子日午时之类。

时刑次凶，日支刑时支也。如子日卯时之类。

五不遇时次凶，时干克日干也。如甲日庚午时之类。《三元歌》曰："纵得三奇与三门，五不遇兮损光明。"可知其凶，切忌之。

旬中空亡、截路空亡忌出行，不忌葬事。

时建吉，与日比和也。凡犯五不遇则凶。古人多用建时，决不用破时，用五不遇者亦少。杨筠松葬丁巳亡命子山午向，用壬申、戊申，壬申、戊申建时五不遇。然取两干不杂，地支一气，又戊禄到巳，申与巳合，且戊壬同生于申，故不以不遇为嫌也。凡用时，小修则只取帮扶日主，大修与埋葬则要帮扶四柱，使四柱纯粹，以补龙山相主命，乃千古不二之法也。

孟月甲丙庚壬时、仲月艮巽坤乾时、季月乙辛丁癸时，谓之四大吉时，又为神藏煞没。但学者不明归垣入局之理，以取吉耳。如正月雨水后亥将用事，用子时上四刻作壬子山向，则为神藏煞没。其他甲庚丙山向，亦仿此推。每一日只有一时，诸星归垣入局。如太阳在子，则壬子时吉；太阳在午，则丙午时吉。此即归垣入局之妙也，吉莫大焉，《元经》云："善用时者，常令朱雀铩羽，勾陈登陛，白虎烧身，元武折足，螣蛇落水，天空投匭，所谓六神悉伏也。"如不得六神悉伏，则得吉将加时亦吉。

日干不旺，用禄时则旺。如甲日寅时、乙日卯时，皆吉时。能帮日干及帮四柱者，真吉神也。时家亦有三奇、紫白，仿月例推。

遁甲奇门时乃行兵之用，非为造葬也。然造葬、修方、嫁娶、上官、出行等事用之皆吉。

凡选时用奇门之法，先以超接为定，次看禄马、贵人到局与奇相合，斯为上吉，能解一切凶煞，召吉致福。如奇到而禄不到，为独脚奇；禄到而奇不到为，空亡禄，不能为制煞之用也。

按：《宗镜》用时之法，甚为切当，惟四大吉时一条，误以四煞没时为神藏煞没，辨见《义例》。《元经》六神悉伏，则神藏煞没之正义也。其曰太阳在子则壬子时吉，太阳在午则丙午时吉，专取太阳，当自为一义。其以壬时为子时上四刻，于义尤精，见《义例·贵登天门》条下。其曰壬时作壬子山向，乃取真太阳到山到向之法。但时刻系天常赤道度，山向系地平方位度，惟北极之下赤道与地平合。十二支占时之中四刻。八干四维占前后时各二刻，合之亦为四刻。如巳正二刻至午初二刻属丙方，午初二刻至午正二刻属午方之类。自是以南则北极渐低，偏度渐多。又夏至日行北陆距地平远则偏度多，冬至日行南陆距地平近则偏度少。术家不明天学，乃以二十四方位为二十四时。既与六壬之法不合，又不与山向相应。今按京师北极出地推得各节气太阳到方时刻，列为表。

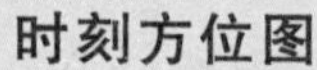

太阳到方图

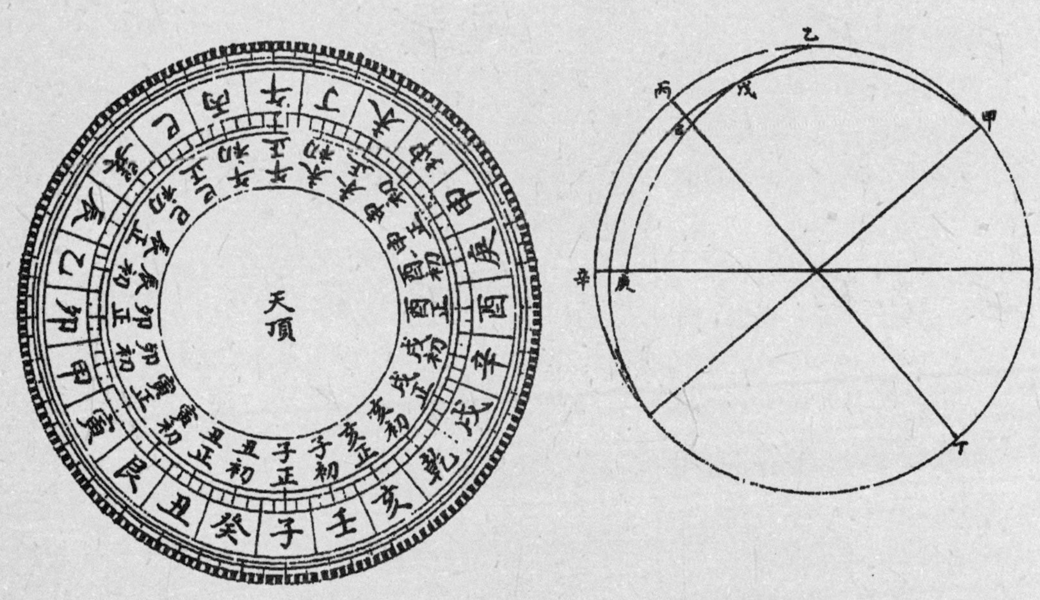

甲为北极，乙为京师天顶。甲、乙相距五十度五分。丙丁为赤道，戊为太阳，甲戊为夏至。太阳去极六十六度三十分，即戊己之余。戊庚为高弧。庚辛为太阳地平经度，距午七度三十分，即庚乙辛角。用弧三角形法（法见《考成》上篇）求得戊甲乙角二度二十六分，即丙己弧，为太阳距午赤道度。变时得十分以减午正，得午初三刻五分，为太阳到午方时刻。以加午正，得午正初刻十分，为太阳到丁方时刻也。余仿此推。

太阳到方时刻表

地平方位	冬至			小寒 大雪			大寒 小雪			立春 立冬			雨水 霜降			惊蛰 寒露		
	分	刻	时	分	刻	时	分	刻	时	分	刻	时	分	刻	时	分	刻	时
子	五〇	三	初子	五〇	三	初子	四〇	三	初子	二〇	三	初子	〇〇	三	初子	三一	二	初子
癸	〇一	初	正子	〇一	初	正子	一一	初	正子	三一	初	正子	〇〇	一	正子	二〇	一	正子
丑	〇〇	二	正子	一〇	二	正子	四〇	二	正子	九〇	二	正子	一〇	三	正子	八〇	三	正子
艮	八〇	三	正子	一一	三	正子	一〇	初	初丑	〇一	初	初丑	七〇	一	初丑	四〇	二	初丑
寅	九〇	一	初丑	二一	一	初丑	六〇	二	初丑	五〇	三	初丑	六〇	初	正丑	八〇	一	正丑
甲	八〇	初	正丑	三一	初	正丑	〇一	一	正丑	三一	二	正丑	四〇	初	初寅	二一	一	初寅
卯	〇〇	一	初寅	五〇	一	初寅	五〇	二	初寅	〇一	三	初寅	六〇	一	正寅	三〇	三	正寅
乙	〇〇	三	正寅	六〇	三	正寅	六〇	初	初卯	二一	一	初卯	七〇	三	初卯	三〇	一	正卯
辰	二一	一	正卯	一〇	二	正卯	四一	二	正卯	九〇	三	正卯	八〇	一	初辰	〇〇	三	初辰
巽	〇〇	初	正辰	四〇	初	正辰	三一	初	正辰	四〇	一	正辰	三一	二	正辰	〇〇	初	初巳
巳	六〇	一	初巳	八〇	一	初巳	四一	一	初巳	八〇	二	初巳	四〇	三	初巳	二〇	初	正巳
丙	四一	一	正巳	〇〇	二	正巳	四〇	二	正巳	九〇	二	正巳	〇〇	三	正巳	八〇	三	正巳
午	〇〇	二	初午	一〇	二	初午	二〇	二	初午	四〇	二	初午	六〇	二	初午	八〇	二	初午
丁	〇〇	二	正午	四一	一	正午	三一	一	正午	一一	一	正午	九〇	一	正午	七〇	一	正午
未	一〇	二	初未	〇〇	二	初未	一一	一	初未	六〇	一	初未	〇〇	一	初未	七〇	初	初未
坤	九〇	二	正未	七〇	二	正未	一〇	二	正未	七〇	一	正未	一一	初	正未	三一	三	正未
申	〇〇	初	正申	一一	三	初申	二〇	三	初申	一一	二	初申	二〇	一	初申	〇〇	初	初申
庚	三三	二	初酉	四一	一	初酉	一〇	一	初酉	六〇	初	初酉	七〇	二	正申	〇〇	一	正申
酉	〇〇	一	初戌	九〇	初	初戌	九〇	三	正酉	三〇	二	正酉	八〇	初	正酉	二一	二	初酉
辛	〇〇	三	正戌	〇一	二	正戌	〇一	一	正戌	五〇	初	正戌	九〇	二	初戌	二一	初	初戌
戌	〇七	三	初亥	二〇	三	初亥	五〇	二	初亥	二〇	一	初亥	一一	三	正戌	三〇	二	正戌
乾	六〇	二	正亥	三〇	二	正亥	九〇	一	正亥	〇一	初	正亥	九〇	三	初戌	七〇	二	初亥
亥	七〇	初	初子	五〇	初	初子	四一	三	正亥	五〇	三	正亥	八〇	二	正亥	一一	一	正亥
壬	〇〇	二	初子	四一	一	初子	一一	一	初子	六〇	一	初子	四一	初	初子	七〇	初	初子

地平方位	春分 秋分			清明 白露			谷雨 处暑			立夏 立秋			小满 大暑			芒种 小暑			夏至		
	分	刻	时	分	刻	时	分	刻	时	分	刻	时	分	刻	时	分	刻	时	分	刻	时
子	〇一	二	初子	八〇	二	初子	六〇	二	初子	三〇	二	初子	二〇	二	初子	一〇	二	初于	〇〇	二	初了
癸	五〇	一	正子	七〇	一	正子	九〇	一	正子	二一	一	正子	三一	一	正子	四一	一	正子	〇〇	二	正子
丑	一〇	初	初丑	八〇	初	初丑	〇〇	一	初丑	六〇	一	初丑	一一	一	初丑	〇〇	二	初丑	一〇	二	初丑
艮	二〇	三	初丑	四一	三	初丑	一一	初	正丑	七〇	一	正丑	一〇	二	正丑	七〇	二	正丑	〇一	二	正丑
寅	二一	二	正丑	〇〇	初	初寅	三〇	一	初寅	一一	二	初寅	二〇	三	初寅	一一	三	初寅	〇〇	初	正寅
甲	六〇	三	初寅	〇〇	一	正寅	八〇	二	正寅	七〇	初	初卯	二〇	一	初卯	四一	一	初卯	四〇	二	初卯
卯	〇〇	二	正寅	二一	二	初卯	九〇	初	正卯	四〇	二	正卯	〇一	三	正卯	〇一	初	初辰	〇〇	一	初辰
乙	一〇	一	正卯	三一	初	初辰	九〇	二	初辰	四〇	初	正辰	〇一	一	正辰	〇一	二	正辰	〇〇	三	正辰
辰	〇一	初	正辰	六〇	二	正辰	一一	三	正辰	二〇	一	初巳	五〇	二	初巳	三一	二	初巳	七〇	三	初巳
巽	四〇	一	初巳	七〇	二	初巳	〇一	三	初巳	一一	初	正巳	九〇	一	正巳	三〇	二	正巳	七〇	二	正巳
巳	四一	初	正巳	四〇	一	正巳	九〇	二	正巳	五〇	三	正巳	四一	三	正巳	四〇	初	初午	七〇	初	初午
丙	〇〇	初	初午	〇〇	初	初午	四一	初	初午	六〇	一	初午	一一	一	初午	四一	一	初午	八〇	二	初午
午	一一	二	初午	三一	二	初午	〇〇	三	初午	三〇	三	初午	四〇	三	初午	五〇	三	初午	五〇	三	初午
丁	四〇	一	正午	二〇	一	正午	〇〇	一	正午	二一	初	正午	一一	初	正午	〇一	初	正午	〇一	初	正午
未	〇〇	初	初未	〇〇	初	初未	一〇	三	正午	九〇	二	正午	四〇	二	正午	一〇	二	正午	七〇	一	正午
坤	一〇	三	初未	一一	二	初未	六〇	一	初未	〇一	初	初未	一〇	初	初未	一一	三	正午	八〇	三	正午
申	一一	二	正未	八〇	一	正未	五〇	初	正未	四〇	三	初未	六〇	二	初未	二一	一	初未	八〇	一	初未

庚	五〇	三	初申	九〇	一	初申	四〇	初	初申	三一	二	正未	〇一	一	正未	二〇	一	正未	八〇	初	正未
酉	四一	二	正申	二〇	三	正申	六〇	一	正申	一一	三	初申	五〇	二	初申	五〇	一	初申	〇〇	一	初申
辛	〇〇	一	正酉	三〇	一	正酉	六〇	三	初酉	一一	一	初酉	五〇	初	初酉	五〇	三	正申	〇〇	三	正申
戌	九〇	初	正戌	〇〇	三	正戌	七〇	一	正戌	八〇	三	正酉	三一	二	正酉	一〇	二	正酉	一一	一	正酉
乾	三〇	一	初亥	〇〇	初	初亥	二一	二	正戌	四〇	一	正戌	三一	初	正戌	四〇	初	正戌	〇〇	初	初戌
亥	三一	初	正亥	一〇	初	正亥	四〇	三	初亥	八〇	二	初亥	四一	一	初亥	八〇	一	初亥	五〇	一	初亥
壬	〇〇	初	初子	七〇	三	正亥	〇〇	三	正亥	九〇	二	正亥	四〇	二	正亥	〇〇	二	正亥	一一	一	正亥

地平二十四方，每方十五度。子正初刻当子中，午正初刻当午中，则是午正前七度半已交午，而午正后七度半方尽。午而交丁也，前后递加十五度算。用表之法，如夏至节作午方，宜用午初三刻五分至午正初刻十分，皆为太阳到方。余仿此。

造葬权法

《通书》云：凡修造，必身命年月方向皆利，则修作吉。如或不利而又不得不作者，则当迁居。自所迁之处视所作之方为吉可也。如年命利作兑不利作震，则当迁居而东。既居于东则自其居视所作之方，昔为震者今为兑矣。自此作之则无不可。

论作方终始。凡所作止在一宫，选择固易。如连跨数宫，有吉有凶，则当于吉宫起工，自此连及不利之宫，殊无害也。若兴造月日利而工作未办，则略起造以应日时，自此接连以作之，固无不可也。及其毕工，须归福德之方吉。

论取土方道。太岁、三煞、官符、大小月建等方，忌取土。若远隔百步之外，目所不见，则不问方道。

论清明前后修墓法。凡已葬墓茔，或加土或种树或砌祭台或破坏修整，宜于寒食、清明之间鸠工修作，不论山向年月日时。按《荆楚记》：寒食系冬至后一百零五日。

以古历平气计之，清明在冬至后一百零六日半。寒食乃清明前二日也。魏时寒食，亦是三日。

论竖造宅舍。大寒五日后择日拆屋起手，立春前择日竖造完工，不忌开山立向、年月克山家及岁月诸凶神，谓之岁官交承。如已过立春后，年月凶神方位已定，不可修作。如方位无凶神，修作不妨。

论安葬。择大寒五日后、立春前。先择日破土，又择日安葬，不忌开山立向、年月日时克山家、岁月诸凶神。要于立春前依时谢墓，或于来年寒食、清明节加土谢墓。

论凶葬法。凡人初死，乘凶葬之，虽值凶神，亦不为害。今人尽三日之内，或一旬之内并不问开山立向年月，但择吉日破土，尽一日之内成坟，俟凶神过方，加土谢墓。

右权法，世多用之，虽属变通，而亦有理。利用之道，于斯备矣。

钦定协纪辨方书卷三十五

附　录

选择之道，自《本原》以至《利用》，亦綦备矣。顾有世俗相沿，虽无甚义理，而今犹仍其旧者；亦有台本流传，虽不甚遵信而昔已备一说者；又或醇疵各半，举其全而义乃明；抑或名异实同，抉其原而情始见。是虽不比于正编，而亦不可缺也。至于壬遁之法，虽非日家之本义，而亦选择所兼资。略举大要，以备参考。作附录。

推测时刻

春分	戌宫	初度	日出卯正初刻 日入酉正初刻	昼四十八刻 夜四十八刻
		六度	日出卯初三刻七分 日入酉正初刻八分	昼四十九刻一分 夜四十六刻十四分
		十二度	日出卯初二刻十四分 日入酉正一刻一分	昼五十刻二分 夜四十五刻十三分
清明		十五度		
		十八度	日出卯初二刻六分 日入酉正一刻九分	昼五十一刻三分 夜四十四刻十二分
		二十四度	日出卯初一刻十三分 日入酉正二刻二分	昼五十二刻四分 夜四十三刻十一分
谷雨	酉宫	初度	日出卯初一刻六分 日入酉正二刻九分	昼五十三刻三分 夜四十二刻十二分
		六度	日出卯初初刻十三分 日入酉正三刻二分	昼五十四刻四分 夜四十一刻十一分
		十二度	日出卯初初刻六分 日入酉正三刻九分	昼五十五刻三分 夜四十刻十二分
立夏		十五度		
		十八度	日出卯初初刻 日入戌初初刻	昼五十六刻 夜四十刻
		二十四度	日出寅正三刻九分 日入戌初初刻六分	昼五十六刻十二分 夜三十九刻三分
小满	申宫	初度		
		三度	日出寅正三刻一分 日入戌初初刻十四分	昼五十七刻十三分 夜三十八刻二分

芒种		十五度	日出寅正二刻八分 日入戌初一刻七分	昼五十八刻十四分 夜三十七刻一分
夏至	未宫	初度	日出寅正二刻四分 日入戌初一刻十一分	昼五十九刻七分 夜三十六刻八分
小暑		十五度	日出寅正二刻八分 日入戌初一刻七分	昼五十八刻十四分 夜三十七刻一分
		二十七度	日出寅正三刻一分 日入戌初初刻十四分	昼五十七刻十三分 夜三十八刻二分
大暑	午宫	初度		
		六度	日出寅正三刻九分 日入戌初初刻六分	昼五十六刻十二分 夜三十九刻三分
		十二度	日出卯初初刻 日入戌初初刻	昼五十六刻 夜四十刻
立秋		十五度		
		十八度	日出卯初初刻六分 日入酉正三刻九分	昼五十五刻三分 夜四十刻十二分
		二十四度	日出卯初初刻十三分 日入酉正三刻二分	昼五十四刻四分 夜四十一刻十一分
处暑	巳宫	初度	日出卯初一刻六分 日入酉正二刻九分	昼五十三刻三分 夜四十二刻十二分
		六度	日出卯初一刻十三分 日入酉正二刻二分	昼五十二刻四分 夜四十三刻十一分
		十二度	日出卯初二刻六分 日入酉正一刻九分	昼五十一刻三分 夜四十四刻十二分
白露		十五度		
		十八度	日出卯初二刻十四分 日入酉正一刻一分	昼五十刻二分 夜四十五刻十三分
		二十四度	日出卯初三刻七分 日入酉正初刻八分	昼四十九刻一分 夜四十六刻十四分
秋分	辰宫	初度	日出卯正初刻 日入酉正初刻	昼四十八刻 夜四十八刻
		六度	日出卯正初刻八分 日入酉初三刻七分	昼四十六刻十四分 夜四十九刻一分
		十二度	日出卯正一刻一分 日入酉初二刻十四分	昼四十五刻十三分 夜五十刻二分

寒露		十五度		
		十八度	日出卯正一刻九分 日入酉初二刻六分	昼四十四刻十二分 夜五十一刻三分
		二十四度	日出卯正二刻二分 日入酉初一刻十三分	昼四十三刻十一分 夜五十二刻四分
霜降	卯宫	初度	日出卯正二刻九分 日入酉初一刻六分	昼四十二刻十二分 夜五十三刻三分
		六度	日出卯正三刻二分 日入酉初初刻十三分	昼四十一刻十一分 夜五十四刻四分
		十二度	日出卯正三刻九分 日入酉初初刻六分	昼四十刻十二分 夜五十五刻三分
立冬		十五度		
		十八度	日出辰初初刻 日入酉初初刻	昼四十刻 夜五十六刻
		二十四度	日出辰初初刻六分 日入申正三刻九分	昼三十九刻三分 夜五十六刻十二分
小雪	寅宫	初度		
		三度	日出辰初初刻十四分 日入申正三刻一分	昼三十八刻二分 夜五十七刻十三分
大雪		十五度	日出辰初一刻七分 日入申正二刻八分	昼三十七刻一分 夜五十八刻十四分
冬至	丑宫	初度	日出辰初一刻十一分 日入申正二刻四分	昼三十六刻八分 夜五十九刻七分
小寒		十五度	日出辰初一刻七分 日入申正二刻八分	昼三十七刻一分 夜五十八刻十四分
		二十七度	日出辰初初刻十四分 日入申正三刻一分	昼三十八刻二分 夜五十七刻十三分
大寒	子宫	初度		
		六度	日出辰初初刻六分 日入申正三刻九分	昼三十九刻三分 夜五十六刻十二分
		十二度	日出辰初初刻 日入酉初初刻	昼四十刻 夜五十六刻
立春		十五度		
		十八度	日出卯正三刻九分 日入酉初初刻六分	昼四十刻十二分 夜五十五刻三分
		二十四度	日出卯正三刻二分 日入酉初初刻十三分	昼四十一刻十一分 夜五十四刻四分

雨水	亥宫	初度	日出卯正二刻九分 日入酉初一刻六分	昼四十二刻十二分 夜五十三刻三分
		六度	日出卯正二刻二分 日入酉初一刻十三分	昼四十三刻十一分 夜五十二刻四分
		十二度	日出卯正一刻九分 日入酉初二刻六分	昼四十四刻十二分 夜五十一刻三分
惊蛰		十五度		
		十八度	日出卯正一刻一分 日入酉初二刻十四分	昼四十五刻十三分 夜五十刻二分
		二十四度	日出卯正初刻八分 日入酉初三刻七分	昼四十六刻十四分 夜四十九刻一分

以上系京都节气日出入昼夜时刻。其各省日出入昼夜长短刻分不同，皆依北极高度推之，查《时宪书》即得。

右《通书》推测时刻从春分起，或隔六度，或隔九度，故清明、立夏、小满、大暑、立秋、白露、寒露、立冬、小雪、大寒、立春、惊蛰交节气之日，无日出入刻分。今按：各节气推得日出入昼夜时刻，已载《公规》卷内，其原表附录于此。

男女九宫

《三元经》曰："九宫建宅，男命上元甲子起坎一，中元甲子起巽四，下元甲子起兑七，逆行九宫。女命上元甲子起中五，中元甲子起坤二，下元甲子起艮八，顺行九宫。"

按：上元甲子起坎一，中元甲子起巽四，下元甲子起兑七，而逆行九宫者，即三元年九星入中宫之一星，不分男、女命也。三元家以一白入中宫则六白起坎一，六白乾也，乾为男，故以一白入中宫者属之男命。又以乾六白为男则坤二黑为女，男以六白起坎一则女以二黑起坤二。二黑加坤二则五黄入中宫，故以五黄入中宫者属之女命，而上元甲子遂于是始焉。年逆者星实顺，故男逆行。年顺者星实逆，故女顺行。世俗误以上元为中元，遂谓上元起兑七、中元起坎一、下元起巽四。康熙五十六年奉旨改正，列表于左。

男女生命							上元	中元	下元
甲子	癸酉	壬午	辛卯	庚子	己酉	戊午	男一女五	男四女二	男七女八
乙丑	甲戌	癸未	壬辰	辛丑	庚戌	己未	男九女六	男三女三	男六女九
丙寅	乙亥	甲申	癸巳	壬寅	辛亥	庚申	男八女七	男二女四	男五女一
丁卯	丙子	乙酉	甲午	癸卯	壬子	辛酉	男七女八	男一女五	男四女二
戊辰	丁丑	丙戌	乙未	甲辰	癸丑	壬戌	男六女九	男九女六	男三女三
己巳	戊寅	丁亥	丙申	乙巳	甲寅	癸亥	男五女一	男八女七	男二女四

庚午	己卯	戊子	丁酉	丙午	乙卯	男四女二	男七女八	男一女五
辛未	庚辰	己丑	戊戌	丁未	丙辰	男三女三	男六女九	男九女六
壬申	辛巳	庚寅	己亥	戊申	丁己	男二女四	男五女一	男八女七

逐日人神所在

一日在足大指，二日在外踝，三日在股内，四日在腰，五日在口，

六日在手，七日在内踝，八日在腕，九日在尻，十日在腰背，

十一日在鼻柱，十二日在发际，十三日在牙齿，十四日在胃脘，十五日在遍身，

十六日在胸，十七日在气冲，十八日在股内，十九日在足，二十日在内踝，

二十一日在手小指，二十二日在外踝，二十三日在肝及足，二十四日在手阳明，

二十五日在足阳明，二十六日在胸，二十七日在膝，二十八日在阴，二十九日在膝胫，三十日在足趺。

十干十二支人神所在

甲日在头，乙日在项，丙日在肩背，丁日在胸胁，戊日在腹，己日在背，庚日在膝，辛日在脾，壬日在肾，癸日在足，子日在目，丑日在耳，寅日在胸，卯日在鼻，辰日在腰，巳日在手，午日在心腹，未日在足，申日在头、一云在肩腰，酉日在背、一云在胫，戌日在头、一云在咽喉，亥日在项。

十二时人神所在

子时在踝，丑时在头，寅时在耳、一云在目，卯时在面，辰时在项，巳时在乳、一云在肩，午时在胸，未时在腹，申时在心，酉时在膝，戌时在腰，亥时在股。

右皆人神所在，不宜针灸。见《类经》。今《时宪书》止载逐日人神。具录于此。

太白逐日游方

《通书》曰："一日、十一日、二十一日正东，二日、十二日、二十二日东南，三日、十三日、二十三日正南，四日、十四日，二十四日西南，五日、十五日、二十五日正西，六日、十六日、二十六日西北，七日、十七日、二十七日正北，八日、十八日、二十八日东北，九日、十九日、二十九日中方，十日、二十日、三十日在天。"

按：太白逐日游方出于西域《日时善恶宿曜》。经临既非太白行度，且西域月日又与中国不合，实无义例。然载在《通书》、《时宪书》由来已久，姑存其旧云。

长星短星

《历例》曰："长星者，正月初七，二月初四，三月初一，四月初九，五月十五，六月初十，七月初八，八月初二，初五，九月初三，初四，十月初一，十一月十二，

十二月初九是也。短星者正月二十一，二月十九，三月十六，四月二十五，五月二十五，六月二十，七月二十二，八月十八、十九，九月十六、十七，十月十四，十一月二十二，十二月二十五日是也。其日忌开市、纳财、立券、交易、裁衣。”

曹震圭曰：“长星金也，短星火也。谓金、火之气能毁伤万物也。”

《考原》曰：“长星者，庚辛也。以月建内所寄之干，用五虎元遁得庚辛者，自建辰向前数之，春、夏至庚则止，秋，冬至辛则止。其本节所当之卦则取其宫数，其余辰则一辰当一，得数是也。如正月建寅，寅中有甲，以甲遁得庚午，自寅一、震三，辰一、巳一、午一共得七数，故七日为长星也。二月建卯，卯中有乙，以乙遁得庚辰，自卯之震三并辰一共四数，故四日为长星也。二月建辰，辰中寄乙，就乙仍遁得庚辰，止得一数，故一日为长星也。四月建巳，用丁遁得庚戌，自巳之巽四，历午、未、申、酉、戌共九数也。午不用离九者，以巳用巽四故也。五月建午，用丙遁得庚寅，为丙火长生之位，故向前得庚子。自离九历未、申、酉、戌、亥、子，得一十五也。六月建未，就丁遁得庚戌，自未、申历酉之兑七至戌，共得一十也。用兑七者，以六月为金气伏藏之时，故用西方之卦也。七月建申，申中有庚，为同体。又以秋冬用辛，故不用遁辰而用旺辰之酉，自申至酉之兑七，共得八数也。八月建酉，酉中有辛，故即得兑七也。今为二日、五日，合之亦得七。九月建戌，就辛遁得庚子、辛丑，自戌至子得三、自戌至丑得四也。不用宫数者，以戌尚西方之金，未至于乾也。十月建亥，用癸遁得辛酉，为干支同体，故用壬遁得辛亥，止得一也。十一月建子，用壬遁得辛亥，故自子之坎一至亥，得十二也。十二月建丑，就癸遁得辛酉，自丑至酉得九也。不用宫数与九月同。短星者，丙丁也。以月建内所寄之干，用五子元遁得丙丁者，自建辰向前数之，春、夏至丙则止，秋、冬至丁则止。其本节所当之卦则取其宫数，其余辰则一辰当一，得数于朔实二十九内减之，余数是也。如正月用甲遁得丙寅，寅为艮八，以减二十九，余二十一日为短星也。二月用乙遁得丙戌，自卯之震三至戌得十，以减二十九，余十九也。三月就乙遁得丙子，自辰一历巽四至子得十三，以减二十九，余十六也。四月用丁遁得丙午，为干支同体，故即用本宫之巽四以减二十九，余二十五也。五月用丙遁得丙申，自午至申之坤二共四，以减二十九，余二十五也。六月就丁遁得丙午，为干支同体，故即用旺辰得午之离九，以减二十九，余二十也。七月用庚遁得丁丑，自申之坤二历酉、戌、亥、子、丑得七，以减二十九，余二十二也。八月用辛遁得丙申、丁酉，自兑七至申得十八、至酉得十九也。不以减二十九者，以其在十六以后也。九月就辛遁得丙申、丁酉，自戌至申得十一、至酉得十二。不用宫数与长星同。以减二十九，余十八、十七也。今为十六日、十七日，未知孰是。十月用癸遁得丁巳，自亥之乾六至巳得十二，以减二十九，余十七也。今为十四日，未知孰是。大抵长星应在十五以前，短星应在十六以后，恐传者误也。十一月用壬遁得丙午，以子、丑之月水旺火寒，又为丙火胎养之位，故复用也。自子之坎一至午得七，以减二十九，余二十二也。十二月就癸遁得丙辰，自丑至辰得四，以减二十九，余二十五也。不用宫数与长星同。”

邵泰衢曰："《明原》以长星为金，短星为火，非也。不知此生于月也，十五以前月光渐长而曰长，十六以后月轮渐缺而曰缺。正、七月者春秋之始也，故长于初七、初八之上弦，短于二十一、二十二之下弦也。长至于望之十五者，长也。短自十六而至于二十五者，短不及晦也。五月而十五者，物长至五月而一阴生也。九月而十六、十七者，五阴盛而阴将消也。十月而初一日者，阳将长而长之，所由始也。四月，五月而二十五者，阳已极而短之所由止也，十五之前初六十一，十四无长星，十五之后二十七、二十六、二十三无短星，正相应也。短星皆在下半月，不应有十四也。"

按：《明原》以长星为金，短星为火。《考原》依其说，曲为迁就，仍不能尽合。邵泰衢以为生乎月，又无理解。顾相传已久，存其名而阙其义可也。

百忌日

甲不开仓，乙不栽植，丙不修灶，丁不剃头，戊不受田，己不破券，庚不经络，辛不合酱，壬不决水，癸不词讼，子不问卜，丑不冠带，寅不祭祀，卯不穿井，辰不哭泣，巳不远行，午不苫盖，未不服药，申不安床，酉不会客，戌不乞狗，亥不嫁娶。

祀灶日

凡祀灶，择六癸日。

洗头日

每月宜用三日、四日、八日、九日、十日、十一日、十三日、十四日、十五日、二十二日、二十三日、二十六日、二十七日及申、酉、亥、子日。不宜伏、社、建、破、平、收日。

按：百忌日所忌用事，凡《万年书》、《通书》所有，及沐浴宜申、酉、亥、子日，不宜伏、社日，已入《宜忌》卷内。原文附载于此。

嫁娶周堂

凡选择嫁娶日，大月从夫顺数，小月从妇逆数，遇第、堂，厨、灶日用之。如遇翁、姑而无翁姑者亦可用。

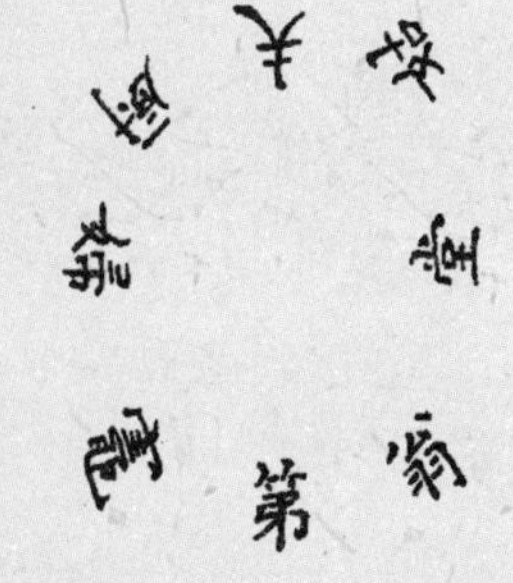

按：《周堂图》，乾为翁，坎为第，艮为灶，震为妇，巽为厨，离为夫，坤为姑，兑为堂。有合于《仪礼》"新妇馈盥，舅姑飨妇"之位次。其所谓翁姑夫妇者，各人所立之方向也。第与堂者，第为坎宅，堂为坐西向东之堂，行礼之所。古人堂室如是也。有厨而又有灶者，厨为女氏之行厨，所以馈舅姑；灶为男氏之爨灶，所以飨新妇也。岂得有吉凶生于其间耶？曹震圭以卦为说，义亦类此。而要谓遇翁姑夫妇则凶，殊为非理，因载在《时宪书》，故存其旧，第勿拘忌可耳。

五姓修宅

年		子	丑	寅	卯	辰	巳	午	未	申	酉	戌	亥
宫姓属土	宜六、七、八、十二月 不宜三、九月	害财	大通	鬼贼	鬼贼	大墓	气绝	白虎	大通	小通	小通	小墓	害财
商姓属金	宜七八十十一月 不宜六十二月	小通	大墓	气绝	白虎	小通	鬼贼	鬼贼	小墓	大通	大通	小通	小通
角姓属木	宜正二十十一月 不宜六十二月	小通	小墓	大通	大通	害财	小通	小通	大墓	气绝 鬼贼	白虎 鬼贼	害财	小通
徵姓属火	宜正二四五月 不宜三九月	白虎 鬼贼	小通	小通	小通	小墓	大通	大通	小通	害财	害财	大墓	气绝 鬼贼
羽姓属水	宜正二十十一月 不宜三九月	大通	鬼贼	小通	小通	大墓	气绝	白虎	鬼贼	小通	小通	小墓	小通

《唐书·吕才传·卜宅篇》曰："《易》：'称上古穴居而野处，后世圣人易之以宫室，盖取诸大壮。'殷周时有卜择之文，《诗》称'相其阴阳'，《书》'卜洛食'。近世乃有五姓，谓宫也、商也、角也、徵也、羽也。以为天下万物悉配属之，以处吉凶。然言皆不类。如张、王为商，武、庚为羽，是以音相谐附。至柳为宫、赵为角，则又不然。其间一姓而两属，复姓数字不得所归，是直野人巫师说尔。按《堪舆经》，黄帝对天老始言五姓。且黄帝时独姬姜数姓耳，后世赐族者寖多。然管、蔡、郕、霍、鲁、卫、毛、聃、郜、雍、曹、滕、毕、原、邦、郇，本之姬姓，孔、殷、宋、华、向、萧、亳、皇甫，本之子姓。至因官命氏、因邑赐族，本同末异，讵为配宫商哉？春秋以陈、卫、秦为水姓，齐、郑、宋为火姓，或所出之祖，所分之星，所居之地，以著由来，非宫商、角、徵、羽相管摄也。"

《考原》曰："宫音为土，商音为金，角音为木，徵音为火，羽音为水。若岁遇绝位为气绝，胎为白虎，自墓为大墓，冲墓为小墓，克岁支为害财，岁支来克者为鬼贼，同类为大通，相生为小通。如宫姓属土，长生于申，则巳年气绝，午年白虎，申、酉年小通，辰年大墓，戌年小墓，丑、未年大通，亥、子年害财，寅、卯年鬼贼也。商姓属金，寅年气绝，卯年白虎，丑年大墓，未年小墓，巳、午年鬼贼，申、酉年大通，辰、戌、亥，子年小通也。角姓属木，申年为气绝、鬼贼，酉年为白虎、鬼贼，未年为大墓，丑年为小墓，辰戌年为害财，寅卯年为大通，巳、午、亥、子年为小通也。徵姓属火，亥年为气绝、鬼贼，子年为白虎、鬼贼，戌年为大墓，辰年为小墓，申酉年为害财，寅、卯、丑、未年为小通，巳午年为大通也。羽姓属水，则巳年为气绝，午年为白虎，丑、未年为鬼贼，辰年为大墓，戌年为小墓，寅、卯、申、酉年为小通，亥、子年为大通也。起月与年同，宜大通、小通月，不宜大墓、小墓月。"

按：五姓修宅以五姓分五音，历代以来，诸儒驳论，不胜枚举，吕才其最著者也。顾载在《时宪书》，由来已久，姑存其旧。至其配年之法，既取生克，又取墓、绝、胎，且气绝、白虎既兼取鬼贼，而宫姓巳午年又为小通，商姓寅卯年、羽姓巳午年又为害财，则皆不取。其配月之法，小通惟取两月，或取生我，或取我生，皆无义例，亦不足辨矣。

事类总集

《通书》曰：年贵人冬至后用阳贵，夏至后用阴贵。时贵人昼用阳贵，夜用阴贵。一说子至巳用阳贵，午到亥用阴贵。

凡修造，用家主名姓昭告。若家主行年不利，即以子弟行年得利者作修造主昭告神祇，俟修造完备入宅，然后安谢。

凡新立宅舍，或尽行拆除旧宅、倒堂竖造，修主人眷既已出火避宅，其起工只就坐上架马。若修主不出火避宅，或坐宫或移宫，但就所修之方择吉方起工架马。或别择吉方架马亦利。若修作在住近空屋，或在一百步之外起工架马，并不问吉凶方道。

凡原有旧宅净尽拆去另造，谓之倒堂竖造，与新立宅舍同。择吉方出火避宅，俟工作完备，别择吉年月入宅归火。

凡立磉，便为立向修方。如月家不利，须与竖造同月。盖竖造既得吉日，则在前定磉难得全吉之日，吉多凶少亦可用。至扇架，则又轻于定磉矣。

凡修造桥梁、僧尼院宇、庵观神庙，开山立向修方并与民俗年月同。

凡新立宅舍，尚未归火入宅，即于宅内新造牛栏、马枋、羊栈、猪牢等屋，并不问年月方道。如在百二十步之外，须看年月方道，无凶煞占方，宜起手修作。

凡方道有三：曰阴方道，曰阳方道，曰交接方道。阴方道者，即中宫滴水门也。阳方道者，地基不与旧宅相接也。交接方道者，或前后左右屋宇与旧宅相连也。如屋上起楼及架天井，就檐滴水归里，皆属中宫，名曰阴方，只取中宫无煞得吉会为大利。如建亭台、造轩阁，不进中宫，名曰阳方，只取外方向为利。如就屋比连接架、增檐添桁、补廊，名曰交接方，要内外俱有吉会，方为大利。

凡作宅据方隅而作，方隅则当用作方法。若开新基立栋宇，或净尽拆除旧屋而创新居，则当用作山法。然造作之事，以人家居处为本宫，所居在所作百步外，则新创者始可专用作山法。若所居在所作百步内，则虽新创亦当以作方法论之。如所居虽在所作百步之外，但屋宇旧房门廊俱在，则其宅已定，不过补东而去西，除旧而换新，尚当用作方法。但不在百步之内，祸福轻耳。故凡造作用作方法者多，用作山法者少。

论方道远近神煞。京城、府、州、县，寸金之地，所作之方，但隔街路，作之不妨。如小修葺，并不问吉凶之方，但要吉日，余即不畏。若是乡村之地，修方道或隔大溪水，人不得渡，四时常流，亦不问凶煞。若隔小水溪涧，常流不绝，小煞不妨。若居城市，隔一街巷，三五尺非自己地者，亦不犯方隅神煞。如欲屋近作楼台厅馆，虽是修方，亦取方道。有吉神无凶煞，作之不妨。

论入宅法。山向、中宫并无凶煞，惟大门微有凶神，却用关闭正门，从左右作小门出入，或开横门出入。或奉祖先福神香火暂驻吉方，俟凶神过后正向得利。别择吉月吉日，或岁除止初，或立春交接，移入祖先福神香火奉祀，遂开正门无妨。

论归火，与竖造同日。惟推吉时，家主先移祖先福神香火入宅，俗谓先过香火。俟毕工后，再择吉日同家眷从吉方入宅。如竖造之日不先移香火入宅，必待山向年月得利方可入宅归火。若竖造之日虽吉，或犯归忌、九丑，又须别择。

凡人家修造内堂完备，已归火入宅，向后续造厅廊，或久住宅舍又欲修作、安碓、开渠、修筑等事，只用修方法择年月，其山家墓运、阴府太岁并不必忌。惟浮天空亡、巡山罗睺及月家飞宫方道紧煞忌之。

凡造葬，先看山家墓运，要正阴府太岁不克山头。若浮天空亡、天官符占舍位，并忌开山、立向。巡山罗睺止忌立向。次论月家飞宫、天地官符，忌开山立向。又论月家飞宫、天地官符忌开山立向。又论山家墓运、正阴府太岁月日时忌克山。如山家官符、穿山罗睺、天禁朱雀、山家困龙，并忌开山，吉星到则能制。但用通天窍、走马六壬、星马贵人为主，克择利宜年月，兼求三奇紫白、禄马贵人、诸家銮驾帝星。若有一吉神同到，盖照山向，以位其吉，修造则择竖造吉日，安葬则择破土吉日，大吉。

凡吉星到山为盖，到方向为照。若吉星到山、到向，并照中宫，竖造、安葬大利。如修方对宫方上得吉星，名曰吉星照方，修作大利。

凡方道遭火，尽七日之内择日起工，半月内择日竖造，并不问吉凶方道。

凡入山伐木、起工架马、定磉、扇架，与竖造宅舍同。

凡成造船只日，与竖造宅舍吉日同。忌火星、天贼、伏断、正四废、执、破日。

凡盖船篷日，忌天火、天贼、八风、破日。

凡新船下水日，与出行日同。宜天德、月德、天德合、月德合、要安、平、定、成日，忌触水龙日。

凡合寿木，宜木建日。正月庚寅、二月辛卯、二月戊辰、四月己巳、五月壬午、六月癸未、七月庚申、八月辛酉、九月戊戌、十月己亥、十一月壬子、十二月癸丑，及四废日、本命纳音生旺日。忌本命日、本命对冲日、建日、破日、重日、日辰纳音克本命纳音日。

凡甃砌生坟，亦如葬事。选择年月，要开山立向不犯年月家凶煞，更得吉神盖照山向，却可用事。若作印堂土堆，惟择吉日，不问山向吉凶。开圹砌金井，宜四废日、旬中空亡月日及本命纳音有气月日。

凡金井下砖日，择日与葬日同。

凡疗病针灸，卒然有疾，岂待择吉而后求医？然先贤必用择日，欲人之不轻服药也。至于针灸，视逐日人神所值之处，尤宜回避。

凡嫁娶吉日，宜不将、天德、月德、天德合、月德合、母仓、黄道，上吉。次吉月恩、益后、续世、戊寅己卯人民合日。又日辰合吉，虽无不将亦可用，不必拘也。

凡月忌日，不忌嫁娶。辛亥年十一月初五日辛卯、壬子年十二月初五日乙卯，嫁娶用之亦多。略举此事，以祛俗忌。

凡嫁娶周堂值翁姑，新人入门时，俗有从权，出外少避，候新人坐床，翁姑方可回家。

凡封拜施恩事出于上，百无忌。惟择吉时。

凡上官、嫁娶、出行、入宅、修造、安葬、修方，一切动用，宜四大吉时，兼黄道吉星时。得吉星到时，可胜诸凶，所有九丑、路空、旬空俱不忌。或合通天窍、走马六壬、天罡取用吉时、吉神到山到向为吉。

杂用宜忌

起工架马吉日

正月：辛未、乙未、壬午、丙午、外癸酉、丁酉、丁丑、癸丑。

二月：戊罪、庚寅、己巳、外丙寅、甲寅，丁丑、癸丑。

三月：己巳、甲申。

四月：外丁丑、丙戌、丙午、庚午、丙子、庚子。

五月：乙亥、己亥、外辛亥。

六月：乙亥、甲申、庚申外、癸酉、丁酉、辛亥。

七月：戊子、壬子、外丙子、庚子、戊辰、丙辰。

八月：乙亥、己亥、庚寅、戊寅、甲申、戊申、庚申、外戊辰、壬辰。

丙辰、辛亥、丙寅。

九月：癸卯、外辛卯。

十月：壬午、辛未、乙未、外庚午、丁未。

十一月：庚寅、戊寅、外乙丑、丁丑、癸丑、甲寅。

十二月：戊寅、己卯、乙卯、己巳、外丙寅、甲寅。

起工通用吉日：己巳、辛未、甲戌、乙亥、戊寅、己卯、壬午、甲申、乙酉、戊子、庚寅、乙未、己亥、壬寅、癸卯、丙午、戊申、己酉、壬子、乙卯、己未、庚申、辛酉，成、开日。

架马吉方：宜天德、月德、月空、三奇、帝星并诸吉方。

架马凶方：忌年家三煞、独火、官符、月飞宫、州县官符、月流财、小儿煞，惟坐宫修方不出火避宅忌之。

定磉扇架吉日

正月：丁酉、丙午、癸丑。

二月：乙丑、丙寅、乙亥、戊寅、癸未、庚寅、己亥、癸丑、甲寅、己未。

三月：甲子、甲申、戊子、丁酉、庚子、壬子。

四月：甲子、庚午、庚子、丙午、癸丑。

五月：丙寅、戊辰、辛未、甲戌、戊寅、癸未、庚寅、甲寅、丙辰、己未。

六月：丙寅、乙亥、戊寅、甲申、甲寅、庚申。

七月：甲子、戊辰、辛未、戊子、庚子、壬子、丙辰。

八月：乙丑、丙寅、戊寅、庚寅、己亥、癸丑、丙辰。

九月：庚午、己卯、壬午、癸卯、丙午。

十月：甲子、庚午、辛未、壬午、戊子、乙未、庚子、壬子、丙辰、辛酉。

十一月：丙寅、戊寅、甲申、庚寅、戊申、甲寅、丙辰、庚申。

十二月：甲子、丙寅、己巳、戊寅、甲申、戊子、庚子、壬子、甲寅、庚申。

定磉扇架通吉日：甲子、乙丑、丙寅、戊寅、己巳、庚午、辛未、甲戌、乙亥、戊寅、己卯、辛巳、壬午、癸未、甲申、丁亥、戊子、己丑、庚寅、癸巳、乙未、丁酉、戊戌、己亥、庚子、壬寅、癸卯、丙午、戊申、己酉、壬子、癸丑、甲寅、乙卯、丙辰、丁巳、己未、庚申、辛酉，又宜天德、月德、黄道并诸吉神值日亦可通用。忌正四废、天贼、建、破日。

修厨吉日

正月：戊寅。

二月：乙亥、丙寅、癸丑、戊寅、甲申、辛未、甲寅、己未。

三月：己巳、甲申外、丙子、甲子、庚子、壬子。

四月：癸丑、乙卯、庚申。

五月：丙寅、己巳、辛未、戊寅、甲寅、庚寅、壬辰、癸未、己未，乙卯。

六月：丙寅、戊寅、甲寅、辛亥、甲申、庚申。

七月：壬子、丙辰、庚申。

八月：丙寅、庚寅、戊寅、壬子、庚申、乙亥。

九月：己未、内午、辛卯。

十月：辛未、乙未、庚子、丁未、壬子。

十一月：丙寅、戊寅、甲申、戊申、庚申、甲寅、庚寅。

十二月：丙寅、己巳、戊寅、甲申、甲寅、庚申。

造门吉日

宜甲子、乙丑、辛未、癸酉、甲戌、壬午、甲申、乙酉、戊子、己丑、辛卯、癸巳、乙未、己亥、庚子、壬寅、戊申、壬子、甲寅、丙辰、戊午。

又宜天德、月德，满、成、开日。

逐日造门吉日

正月：癸酉、外丁酉。

二月：甲申、己亥、甲寅。

三月：癸酉、外丁酉。

四月：甲子、外庚午。

五月：辛未。

六月：甲申、甲寅、外庚申。

七月：庚子、壬子。

八月：乙丑、外乙亥。

九月：外庚午、丙午。

十月：甲子、辛未、庚子、乙未、外庚午。

十一月：甲寅。

十二月：甲子、甲申、甲寅、庚子、外庚申。

门光星

○○●●●○○●●●○○○●●●○○○●●●○○●●●○○○

白白丫丫丫白白人人人白白白丫丫丫白白白人人人白白丫丫丫白白白

大月从下数至上，逆行。小月从上数至下，顺行。

白字大吉，丫字损畜，人字损人。

塑绘神像开光吉日

春秋二季用心、危、毕、张四宿值日，属太阴，吉。

夏冬二季用房、虚、昴、星四宿值日，属太阳，古。

又宜天德、月德、天恩、福生、黄道、建、除、满、成、开日。

忌伏断、天贼、正四废、天地空亡、六壬空亡，又忌旬中空亡、截路空亡时。

逐月塑绘神像吉日

正月：丁酉、外癸酉。

二月：癸未、乙亥、辛亥、外甲申、丁未、己未。

三月：丁酉、外癸酉、甲申。

四月：戊午、外甲子、丁丑、庚午。

五月：癸未、壬寅、辛亥、丙辰、外丙寅、辛未、戊寅、甲辰、甲寅、己未。

六月：乙亥、丁酉、癸未、壬寅、辛亥、外丙寅、庚申、甲申、甲寅。

七月：丙辰、外戊辰、甲子、丙于、庚子。

八月：乙亥、庚寅、壬寅、辛亥、丙辰、外乙丑、壬辰，丁巳。

九月：戊午、外庚午、辛卯、癸卯、丙午、壬午。

十月：丁酉、丙辰、戊午、外甲子、庚午、辛未、乙未、丁未。

十一月：庚寅。

十二月：外丙寅、戊寅、甲申、甲寅、庚申。

养子纳婿吉日

养子宜天德、月德、天德合、月德合、黄道、益后、续世，纳婿宜与嫁娶日同。

作牛栏吉日

宜甲子、己巳、庚午、甲戌、乙亥、丙子、庚辰、壬午、癸未、庚寅、庚子日。《牛黄经》又有戊辰、戊午、己未、辛酉日。又宜戊、己、庚、辛、壬、癸日，初一、初五、初六、十二、十三、十五日。

逐月作牛栏吉日

正月：庚寅。

二月：外戊寅。

三月：己巳。

四月：庚午、壬午。

五月：己巳、壬辰、外乙未、丙辰。

六月：庚申、外甲申、乙未。

七月：戊申、庚申。

八月：外乙丑。

九月：甲戌。

十月：甲子、丙子、庚子、壬子。

十一月：乙亥、庚寅。

十二月：外乙丑、丙寅、戊寅、甲寅。

作马枋吉日

宜甲子、丁卯、辛未、乙亥、己卯、甲申、戊子、辛卯、壬辰、庚子、壬寅、乙巳、壬子、天德、月德。忌戊寅、庚寅、戊午、天贼、四废。

逐月作马枋吉日

正月：丁卯、乙亥、己卯、外庚午。

二月：辛未，外丁未、己未。

三月：丁卯、己卯、甲申、己巳。

四月：甲子、戊子、庚子、外庚午。

五月：辛未、壬辰、外丙辰。

六月：辛未、乙亥、甲申、外庚申。

七月：甲子、辛未、丙子、戊子、庚子、壬子。

八月：壬辰、外乙丑、甲戌、丙辰。

九月：外辛酉。

十月：甲于、辛未、庚子、壬子、外庚午、乙未。

十一月：辛未、乙亥、壬辰。

十二月：甲子、戊子、庚子、外丙寅、甲寅。

养蚕作茧吉日

正月：癸酉、癸卯、甲寅、丁卯、庚午、壬午、丙午。

二月：甲寅、乙巳、戊寅、庚寅。

三月：丁卯、癸卯、乙巳、甲申、戊申。

四月：丁卯、庚午、壬午、癸卯、甲子、丙子。

五月：乙未、丁未、戊寅、甲寅、乙巳、庚午、壬午、庚寅。

六月：甲寅、乙未、甲申、戊申、癸酉、庚寅、戊寅。

七月：甲子、丙子、癸酉、乙未。

八月：甲申、戊申、乙巳。

九月：庚午、癸酉、壬午、丙午。

十月：甲子、庚子、癸酉、壬午、丁未、乙未。

十一月：戊寅、庚寅、甲寅。

十二月：乙卯、戊申、甲寅、庚寅、戊寅、甲申、乙巳。

作生坟合寿木

宜生命六甲旬空月日，忌生命建破魁罡年。又宜本命纳音生旺有气日，忌入墓日。安寿木宜天德、月德、月空方，忌三煞方。

子、午、卯、酉生命，忌子、午、卯、酉年。

寅、申、巳、亥生命，忌寅、申、巳亥年。

辰、戌、丑、未、生命，忌辰戌丑未年。

水、土命，宜申、酉、亥、子、戌月日，忌辰月辰日。

金命，宜巳、午、未、申、酉月日，忌丑月丑日。

木命，宜亥、子、丑、寅、卯月日，忌未月未日。

火命，宜寅、卯、辰、巳、午、月日，忌戌月戌日。

寅、午、戌命，忌寅、午、辰方。申、子、辰命，忌申、酉、戌方。巳、酉、丑命，忌巳午、未方。亥、卯、未命，忌亥、子、丑方。

斩草吉日

正月：庚午、己卯、壬午。

二月：庚午、壬午、甲午、丙午。

三月：壬申、甲申。

四月：甲子、乙丑、庚午、壬午、辛卯。

五月：乙丑、壬寅、癸丑、甲寅。

六月：丁卯、壬申、甲申、辛卯、丙申、癸卯、乙卯。

七月：甲子、丁卯、己卯、壬午、辛卯、癸卯、丙午、乙卯。

八月：乙卯、壬辰、戊辰、癸丑。

九月：庚午、壬午、辛卯、癸卯、丙午、乙卯、丁卯。

十月：甲子、丁卯、庚午、辛未、己卯、辛卯、乙卯、丙午。

十一月：壬申、甲申、乙未、丙申。

十二月：壬申、甲申、丙申、壬寅、甲寅。

入棺吉时

子日甲庚	丑日乙辛	寅日乙癸	卯日丙壬
辰日丁甲	巳日乙庚	午日丁癸	未日乙辛
申日甲癸	酉日丁壬	戌日庚壬	亥日乙辛

入殓吉时

甲子申酉	乙丑日出	丙寅亥子	丁卯寅卯午
戊辰巳申	己巳巳午申	庚午辰巳	辛未巳午　丑未
壬申未申亥	癸酉辰申	甲戌日入	乙亥酉亥
丙子日出	丁丑寅卯	戊寅辰巳	己卯巳申

庚辰巳申	辛巳巳未丑	壬午巳未	癸未丑未
甲申酉亥	乙酉申酉	丙戌戌亥	丁亥巳未
戊子寅申	己丑丑未	庚寅丑申	辛卯丑未
壬辰日入	癸巳丑未	甲午巳未	乙未日入
丙申日出	丁酉寅卯辰	戊戌巳申	己亥巳申
庚子戌亥	辛丑丑寅	壬寅亥子	癸卯丑未
甲辰寅申	乙巳亥子	丙午寅卯	丁未亥子
戊申寅申	己酉巳申	庚戌巳申	辛亥巳未
壬子辰戌	癸丑丑未	甲寅寅申酉	乙卯申酉
丙辰巳亥	丁巳亥子	戊午巳申	己未午申
庚申辰巳	辛酉寅申	壬戌丑寅	癸亥巳申

成服除服吉日

成服宜甲子、己巳、乙酉、庚寅、丁酉、丙午、癸丑、戊午、庚申、鸣吠日、鸣吠对日，忌重、复建、破日。

逐月成服吉日

正月：乙酉、庚寅、丙午、丁酉、癸丑、戊午。

二月：甲子、庚寅、丙午、庚申、癸丑。

三月：甲子、乙酉、庚寅、丁酉、丙午、癸丑。

四月：甲子、乙酉、庚寅、丁酉、庚申、癸丑、戊午。

五月：乙酉、庚寅、庚申。

六月：甲子、乙酉、庚寅、丁酉、丙午、庚申。

七月：甲子、乙酉、丙午、丁酉、癸丑、戊午。

八月：甲子、庚寅、庚申、戊午。

九月：甲子、乙酉、庚寅、丁酉、丙午、庚申、戊子。

十月：甲子、庚寅、丁酉、丙午、乙酉、庚申、戊子。

十一月：甲子、乙酉、庚寅、丁酉、庚申。

十二月：甲子、乙酉、丁酉、丙午、庚申、戊午。

除服宜壬申、丙子、甲申、辛卯、丙申、庚子、丙午、戊午、己酉、辛亥、壬子、乙卯、己未、庚申、除日，忌建、破日。

逐月成服吉日

正月：辛卯、乙卯外丁卯、癸卯、己卯。

二月：戊辰、庚辰、壬辰、丙辰。

三月：辛巳、癸巳、乙巳、丁巳。

四月：庚午、壬午、甲午、戊午。

五月：乙未、己未、外辛未。

六月：壬申、甲申、丙申、庚申。

七月：己酉、外癸酉、丁酉、乙酉、辛酉。

八月：甲戌、丙戌、戊戌、庚戌、壬戌。

九月：辛亥、外乙亥、癸亥、丁亥。

十月：丙子、庚子、外甲子、戊子。

十一月：乙丑、丁丑、己丑、辛丑。

十二月：戊寅、外丙寅、庚寅、壬寅、甲寅。

按：康熙七年，吏部、礼部、钦天监会议，《选择通书》内缺少《公规》、《春牛经》、《日出入昼夜时刻》、《气候岁时纪事》、《逐月起工架马吉日》、《定磉扇架吉日》、《修厨吉日》、《造门吉日》、《塑绘神像吉日》、《男女合婚行嫁月》、《养子纳婿吉日》、《作牛栏吉日》、《作马枋吉日》、《养蚕作茧吉日》、《作生坟吉日》、《斩草吉日》、《入棺吉时》、《入殓吉时》、《入殓安葬的呼日》、《殃煞出去方》、《成服除服吉日》、《事类总集》等项二十三条，于《通书大全》内取用。今除《公规》、《春牛经》、《日出入昼夜时刻》、《气候岁时纪事》已入《公规》，《男女合婚行嫁月》、《入殓安葬的呼日》、《殃煞出去方》入《辨讹》、《事类总集》内，《洪范五行》、《九宫贵人神煞》等条入《本原》、《义例》、《利用》外，余皆附载于此。其论周堂值翁姑，则世俗之权而失其经，亦可见陋说之害理也。其论专取吉时，则至不得已而通其变，亦可见术数之不拘也。至其选定吉日，世亦不甚遵信。如入殓、成服各有礼制，不问阴阳也。牛栏、马枋事本相同，无须别择也。若门光星大月起寅、小月起卯，按日顺数，上旬越戌、下旬越辰，东、西为吉，南损畜，北损人，虽有例可推，而实无义可解，略之而索隐。或以为奇，录之而习见自呈其陋，观者当自知辨也。至于上官天迁图，亦出《通书大全》，已为《选择通书》所不取，盖与《诸家周堂》同出术士捏造，概置不录。

年月神煞

年下	甲	乙	丙	丁	戊	己	庚	辛	壬	癸
官星	辛酉	庚申	癸子	壬亥	乙卯	甲寅	丁午	丙巳	己 丑未	戊 辰戌
催官	辰	巳	丑	寅	戌	亥	未	申	子午	酉卯
干鬼	申	酉	亥	子	寅	卯	巳	午	戌辰	丑未
羊刃	卯	辰	午	未	午	未	酉	戌	子	丑
飞刃	酉	戌	子	丑	子	丑	卯	辰	午	未
天禄星	艮寅	震卯	巽巳	离午	巽巳	离午	坤申	兑酉	乾亥	坎子
文昌星	巳	午	巳	午	申	酉	亥	子	寅	卯
魁名星	寅卯	寅卯	巳午	巳午	辰戌 丑未	辰戌 丑未	申酉	申酉	亥子	亥子
天财星	亥子	亥子	寅卯	寅卯	巳午	巳午	辰戌 丑未	辰戌 丑未	申酉	申酉
文魁星	午未	己申	辰酉	戌卯	申巳	酉辰	子丑	亥寅	寅亥	卯戌

右年神皆从岁干起例。官星即正官也。催官即正官六合也。干鬼即偏官也。羊刃即阳刃，飞刃其对冲也。天禄星即干禄与本宫卦也。文昌星即食神禄也。魁名星即比劫也。天财星即印绶也。文魁星即伤官与其六合也。今台本惟用干禄不用禄宫，余皆不用。盖皆禄命之法不系神煞。《宗镜》以羊刃为李广箭，甚言其凶，殊属无谓。故将全例备录于此，以见专取羊刃者之可以不必也。

年支	子	丑	寅	卯	辰	巳	午	未	申	酉	戌	亥
长生生天太阳	申	巳	寅	亥	申	巳	寅	亥	申	巳	寅	亥
沐浴大败桃花煞	酉	午	卯	子	酉	午	卯	子	酉	午	卯	子
冠带豹尾	戌	未	辰	丑	戌	未	辰	丑	戌	未	辰	丑
临官岁德合 游祸	亥	申	巳	寅	亥	申	巳	寅	亥	申	巳	寅
帝旺金匮星 将星 大煞	子	酉	午	卯	子	酉	午	卯	子	酉	午	卯
衰人仓方 土瘟	丑	戌	未	辰	丑	戌	未	辰	丑	戌	未	辰
病驿马 天后	寅	亥	申	巳	寅	亥	申	巳	寅	亥	申	巳
死灸退	卯	子	酉	午	卯	子	酉	午	卯	子	酉	午
墓华盖 黄幡	辰	丑	戌	未	辰	丑	戌	未	辰	丑	戌	未
绝劫煞	巳	寅	亥	申	巳	寅	亥	申	巳	寅	亥	申
胎灾煞	午	卯	子	酉	午	卯	子	酉	午	卯	子	酉
养岁煞	未	辰	丑	戌	未	辰	丑	戌	未	辰	丑	戌

右年神皆从岁支三合起例。今台本不取长生、沐浴、临官及衰方。盖沐浴、衰方不比死地。长生为生天太阳、临官为岁德合，名义不符。游祸论日辰不系方位。想亦后人因其八而补其四，如王日之因其五而补其七也。况三煞原非取绝、胎、养为义，而俗术又合病、死、墓三方名曰通天煞。益属荒唐。故将起例附录于此，以见此编非阙略也。

年支	子	丑	寅	卯	辰	巳	午	未	申	酉	戌	亥
岁厌	子	亥	戌	酉	申	未	午	巳	辰	卯	寅	丑
岁支六合金乌星	丑	子	亥	戌	酉	申	未	午	巳	辰	卯	寅
太阴守殿	寅	丑	子	亥	戌	酉	申	未	午	巳	辰	卯
红鸾	卯	寅	丑	子	亥	戌	酉	申	未	午	巳	辰
五鬼	辰	卯	寅	丑	子	亥	戌	酉	申	未	午	巳
支神退流财	巳	辰	卯	寅	丑	子	亥	戌	酉	申	未	午
厌对太阳升殿	午	巳	辰	卯	寅	丑	子	亥	戌	酉	申	未
阴中太岁六害	未	午	巳	辰	卯	寅	丑	子	亥	戌	酉	申

支德六合	申	未	午	巳	辰	卯	寅	丑	子	亥	戌	酉
天喜	酉	申	未	午	巳	辰	卯	寅	丑	子	亥	戌
年解星	戌	酉	申	未	午	巳	辰	卯	寅	丑	子	亥
玉兔星	亥	戌	酉	申	未	午	巳	辰	卯	寅	丑	子

右年神皆从岁厌起例。台本惟用五鬼、支退、六害余皆不用。支退、流财无理，阴中太岁名义不合，见辨讹。岁支六合虽有取义，然岁非月比。太阳岁一周天，专以六合名金乌，其义较远。支德已是五合，又取六合，亦属太纡。红鸾、天喜星命家用之，亦无紧要。岁厌虽近古，然大率由月而推，不如四时之切。且历来《通书》皆不用，何可又增之以滋拘忌乎？至于太阳升殿，则因厌对又为六仪也。太阴守殿，则因在厌后二辰，如岁后二辰为太阴也。玉兔对金乌，年解随天喜。观其起例，大抵亦术士所推衍。附录于此，庶不得挟以为秘诀云尔。

年干	甲	乙	丙	丁	戊	己	庚	辛	壬	癸
天帑星	乾	坤	艮	兑	坎	离	震	巽	乾	坤
甲穿山罗睺 山家困龙 乙天禁朱雀	戌 乾 亥	申 庚 酉	午 丁 未	辰 巽 巳	寅子 甲癸 卯丑	戌 乾 亥	申 庚 酉	午 丁 未	辰 巽 巳	寅子 甲癸 卯丑
丙丁独火	寅子 卯丑	戌 亥	申 酉	午 未	辰 巳	寅子 甲癸 卯丑	戌 亥	申 酉	午 未	辰 巳
戊己都天	辰 巳	寅子 卯丑	戌 亥	申 酉	午 未	辰 巳	寅子 卯丑	戌 亥	申 酉	午 未
庚辛天金神	午 未	辰 巳	寅子 卯丑	戌 亥	申 酉	午 未	辰 巳	寅子 卯丑	戌 亥	申 酉
壬癸水德	申 酉	午 未	辰 巳	寅子 卯丑	戌 亥	申 酉	午 未	辰 巳	寅子 卯丑	戌 亥

右年神从纳甲遁干起例。天帑星为年干纳甲，破败五鬼即其冲也。今台本不用天帑星，是不以天帑为吉，亦实无吉可言，则破败五鬼之不为凶可知矣。甲为穿山罗睺，乙为天禁朱雀，甲乙之间为山家困龙，丙丁为独火，戊己为都天，庚辛为金神，壬癸为水德。十干本属一例，今台本《通书》既不用戊己、壬癸，而于丙丁独火又云与年独火、打头火并方为灾。金神虽载在《时宪书》，亦不甚以为拘忌。乃独于甲乙则曰开山凶，甚属非理。夫十干甲乙最吉，不当以遁干为凶。壬癸为丙丁之对，《宗镜》诸书以水德制火星，其义略有可取。戊己属土入中宫，叠太岁为堆黄。与月建并忌动土，犹土王用事忌动土之义。即不列为吉凶神而于理固不背也。已具《利用》卷中，故附录于此。

	春	夏	秋	冬
天贵	甲乙	丙丁	庚辛	壬癸
干支旺日	甲寅　乙卯	丁巳　丙午	庚申　辛酉	癸亥　壬子
干支相日	丁巳　丙午	戊辰戌 己丑未	壬子　癸亥	甲寅　乙卯
土公忌方	寅卯辰	巳午未	申酉戌	亥子丑
六畜肥	申子辰	亥卯未	寅午戌	巳酉丑
天良日	甲寅	丙寅	庚寅	壬寅
太岁游	乾	艮	巽	坤
净栏煞	巽	坤	乾	艮
孤辰	巳	申	亥	寅
寡宿	丑	辰	未	戌

右月神皆从四时起例。天贵为令星旺相日兼干支，土公忌即月建，已见义例、利用卷。六畜肥则生当令之三合，由母仓而推衍者也。天良日以令星阳干加寅，由天赦而推衍者也。其义虽吉，然不可为典要。太岁游即四时长生之卦，净栏煞为其对冲，又由生天太阳、破败五鬼而推衍者也。孤辰、寡宿以令前为孤、令后为寡，又由奇门、孤虚而推衍者也。虽有义例而纡阔不切事理，故今台本皆不用。然较之世俗以月令所生之三合为大败六不成、以母仓为鲁班刀砧煞者，尚属可通。故录之以备一说，而其余之不录者概可类推也。

天星吉时

日支	子	丑	寅	卯	辰	巳	午	未	申	酉	戌	亥
天贵星太乙星	申	戌	子	寅	辰	午	申	戌	子	寅	辰	午
明辅星贵人星	酉	亥	丑	卯	巳	未	酉	亥	丑	卯	巳	未
月僊星福德星	子	寅	辰	午	申	戌	子	寅	辰	午	申	戌
天德星宝光星	丑	卯	巳	未	酉	亥	丑	卯	巳	未	酉	亥
天开星少微星	卯	巳	未	酉	亥	丑	卯	巳	未	酉	亥	丑
日僊星凤辇星	午	申	戌	子	寅	辰	午	申	戌	子	寅	辰

按：天贵星太乙星即青龙也，明辅星贵人星即明堂也，月僊星福德星即金匮也，天德星宝光星即天德也，天开星少微星即玉堂也，日僊星凤辇星即司命也。术士饰其名以动听，其实非有二也。今日表已删去，附载于此。又本以道远几时通达、路遥何日还乡为诀，子午日起申、丑未日起戌、寅申日起子、卯酉日起寅、辰戌日起辰、巳亥日起午。以次数之，值道、远、通、达、遥、还字有足绕者为吉。亦即起黄道之法，

非另有秘诀也。

吉将加时

《通书》曰："善用时者，使六神悉伏。如不得六神悉伏，则宜就吉将加时，亦以吉论。"

按：六神悉伏即贵登天门，吉将加时则六壬之贵人、六合、青龙、太常、太阴、天后六吉将也。其法以月将加时，视时上所临之神遇吉将者是。夫六神既不悉伏，则六吉亦不得位，未足为吉。若四大吉时又遇吉将，乃为吉耳。然于义不悖。《大统历》亦用之，附录于此。不作立成者，以四大吉时、贵登天门已列立成，同一月将加时故也。

奇门三元歌

轩辕黄帝战蚩尤，涿鹿经今苦未休。偶遇天神授符诀，登坛致祭谨虔修。
神龙负图出洛水，彩凤衔书碧云里。因命风后演成文，遁甲奇门从此始。
一千八十当时制，太公删成七十二。逮于汉代张子房，一十八局为精艺。
先须掌上排九宫，纵横十五在其中。次将八卦轮八节，一气统三为正宗。
阴阳二遁分顺逆，一气三元人莫测。五日都来换一元，超神接气为准的。①
认取九宫为九星，八门时逐九星行。九宫逢甲为直符，八门直使自分明。
符上之门为直使，十时一位堪评据。直符常以加时干，直使逆顺时宫去。
六甲元号六仪名，三奇即是乙丙丁。阳遁顺仪奇逆布，阴遁逆仪奇顺行。
吉门偶尔合三奇，直此经云百事宜。更合从傍加简点，余宫不可有微疵。
三奇得使诚堪取，六甲遇之非小补。乙逢犬马丙鼠猴，六丁玉女骑龙虎。
又有三奇游六仪，号为玉女守门扉。若作阴私和合事，请君但向此中推。
天三门兮地四户，问君此法知何处。太冲②小吉③与从魁，④ 此是天门私出路。
地户除危定与开，举事皆从此中去。六合太阴太常君，三辰元是地私门。
更得奇门相照耀，出门百事总忻忻。太冲天马最为贵，卒然有难宜逃避。
但当乘取天马行，剑戟如山不足畏。三为生气五为死，盛在三兮衰在五。
能识游三避五时，造化真机须记取。就中伏吟为最凶，天蓬加著地天蓬。
天蓬若到天英上，须知即是反吟宫。八门返复皆如此，生在生门死在死。
纵令吉宿得奇门，万事皆凶不堪使。六仪击刑何太凶，甲子直符悉向东。
戊刑在未申刑虎，寅巳辰辰午刑午。三奇入墓好详之，甲日那堪得未时。
丙丁属火火墓戌，此时诸事不须为。更兼六乙来临二，星奇临六亦同推。
又有时干入墓宫，课中时下忌相逢。戊戌壬辰兼丙戌，癸未丁丑亦同凶。

---

① 二至之前有闰奇，此时叠节累乘之。积日以成闰月，积时以成闰奇。

② 卯。

③ 未。

④ 酉。

五不遇时龙不睛，号为日月损光明。时干来克日干上，甲日须知时忌庚。奇与门兮共太阴，三般难得总加临。若还得二亦为吉，举措行藏必遂心。更行直符直使利，兵家用事最为贵。当从此地击其冲，百战百胜君须记。天乙之神所在宫，大将宜居击对冲。假令直符居离九，天英坐取击天蓬。甲乙丙丁戊阳时，神居天上要君知。坐击须凭天上奇，阴时地下亦如之。若见三奇在五阳，偏宜为客自高强。忽然逢著五阴位，又宜为主好裁详。直符前三六合位，太阴之神在前二。后一宫中为九天，后二之神为九地。九天之上好扬兵，九地潜藏好立营。伏兵但向太阴位，若逢六合利逃形。天地人分三遁名，天遁月精华盖临。地遁日精紫云蔽，人遁当知是太阴。生门六丙合六丁，此为天遁甚分明。开门六乙合六己，地遁如斯而已矣。休门六丁共太阴，欲求人遁无过此。庚为太白丙为惑，庚丙相加谁会得？六庚加丙白入荧，六丙加庚荧入白。白入荧兮贼即来，荧入白兮贼须灭。丙为勃兮庚为格，格则不通勃乱逆。丙加天乙为直符，天乙加丙为飞勃。庚加日干为伏干，日干加庚飞干格。加一宫兮战在野，同一宫兮战于国。庚加直符天乙伏，直符加庚天乙飞。庚加癸兮为大格，加己为刑格不宜。庚加壬时为上格，又嫌岁月日时迟。更有一般奇格者，六庚谨勿加三奇。此时若也行兵去，匹马只轮无返期。六癸加丁蛇夭矫，六丁加癸雀投江。六乙加辛龙逃走，六辛加乙虎猖狂。请观四者是凶神，百事逢之莫措手。丙加甲兮鸟跌穴，甲加丙兮龙回首。只此二者是吉神，为事如意十八九。八门若遇开休生，诸事逢之总趁情。伤宜捕猎终须获，杜好邀遮及隐形。景上投书并破阵，惊能擒讼有声名。若问死门何所主，只宜吊死与行刑。蓬任冲辅禽阳星，英芮柱心阴宿名。辅禽心星为上吉，冲任小吉未全亨。大凶蓬芮不堪遇，小凶英柱不精明。大凶无气变为吉，小凶无气亦同之。吉星更能逢旺相，万举万全功必成。若遇休囚并废没，劝君不必进前程。要识九星配五行，各随八卦考义经。坎蓬星水离为火，中宫坤艮土为营。乾兑为金震巽木，旺相休囚看重轻。与我同行即为相，我生之月诚为旺。废于父母休于财，囚于鬼兮真不旺。假如水宿乃天蓬，相在初冬与仲冬。旺于正二休四五，其余仿此自研究。急则从神缓从门，三五返覆天道亨。十干加伏若加错，入库休囚百事危。十精为使用为贵，起宫天乙用无疑。宫制其门不为迫，门制其宫是迫推。天网四张无走路，一二网低有路通。三至四宫行入墓，八九高强任西东。节气推移时候定，阴阳顺逆要精通。三元积数成六纪，天地未成有一理。请观歌里精微诀，非是贤人莫传与。

阳遁歌

又至惊蛰一七四，小寒二八五为次。大寒春分三九六，立春八五二为局。雨水九六三无失，清明立夏四一七。谷雨小满五二八，芒种六三九为法。

阴遁歌

夏至白露九三六，小暑八二五阴局。大暑秋分七一四，立秋二五八宫次。

处暑一四七为是，霜降小雪五八二。寒露立冬六九三，大雪四七一宫缄。

八门九星定例歌

坎宫一位起蓬休，芮死还居坤二流。冲宿伤门三震位，杜门天辅巽宫周。

心开乾六禽星五，天柱惊门兑七求。生任居艮景英九，禽宿无门坤上游。

按：奇门择时之法，以乙、丙、丁三奇与开、休、生三吉门会合为吉。修造则专取三奇到方，其起例如前法。阴、阳遁各九局，自局之本宫起甲子，阳遁顺布六仪、逆布三奇，阴遁逆布六仪、顺布三奇。戊同甲子，己同甲戌，庚同甲申，辛同甲午，壬同甲辰，癸同甲寅。捷法阳顺阴逆，以戊、己、庚、辛、壬、癸、丁、丙、乙为次。盖顺布丁、丙、乙在、丙、丁即是逆，而逆布丁、丙、乙在乙、丙、丁即是顺也。其八卦、八节一气统三之法、冬至坎、立春艮、春分震、立夏巽，皆阳遁顺行。夏至离、立秋坤、秋分兑、立冬乾，皆阴遁逆行。如冬至上元用坎一局，小寒上元则用坤二局，大寒上元则用震三局。夏至上元用离九局，小暑上元则用艮八局，大暑上元则用兑七局是也。上元局定，中元、下元皆轮流，自然之理。盖五日六十时为一元，而甲己日必甲子时，故以甲己日为符首，甲子、甲午、己卯、己酉日为上元，甲寅、甲申、己巳、己亥日为中元，甲辰、甲戌、己丑、己未日为下元。如阳遁一局，甲子日为上元，甲子时起坎一，己巳日为中元。甲子时起兑七，甲戌为下元。甲子时起巽四。至己卯日复为上元。一节十五日，三元既周则下节另起也。

又有置闰之法，乃由气盈而生。如今年甲子日冬至用冬至上元，是为正授。正之云者，符首与节同日也。至明年冬至为己巳日，符首甲子在冬至前五日，则冬至前甲子日即用冬至上元，是为超神超之云者，符首在节前也。至后年冬至为甲戌日，前之符首甲子在冬至前十日，后之符首己卯在冬至后五日，前远后近则，冬至前甲子日仍用大雪上元，己巳日仍用大雪中元，冬至之甲戌日仍用大雪下元，而冬至后之己卯日方用冬至上元。重用大雪三元，是为置闰。闰之云者，谓闰一气也。后己卯日方用冬至上元，是为接气。接之云者，符首在节后也。故曰置闰，必在二至之前，超不过十，接不过五。然此乃以平气正授起算。若以定气而论，盈缩各有不同，当以远近为断。如前之符首在节前七日、后之符首在节后八日，前近后远，则当仍用超神。若前之符首在节前八日、后之符首在节后七日，前远后近，则当置闰可也。接气又有拆局、补局之法。先用本节下元不可从。要之正授之后为超神，超神之后为置闰，置闰之后为接气，接气之后为正授或为超神，此则一定不易耳。其每局六十时飞布之法，先依本局排定地盘，次取各时六甲之星为直符，六甲之门为直使，以直符加时干，阳顺阴逆。九星飞布九宫，以直使加时宫，不论阴阳八门，顺转八卦，[1] 直符、滕蛇、太阴、六

① 一说九星亦是顺行八卦。

合、白虎、元武、九地、九天八神阳顺阴逆，以次推排。[①] 今列二式于左：

阳遁一局甲子时

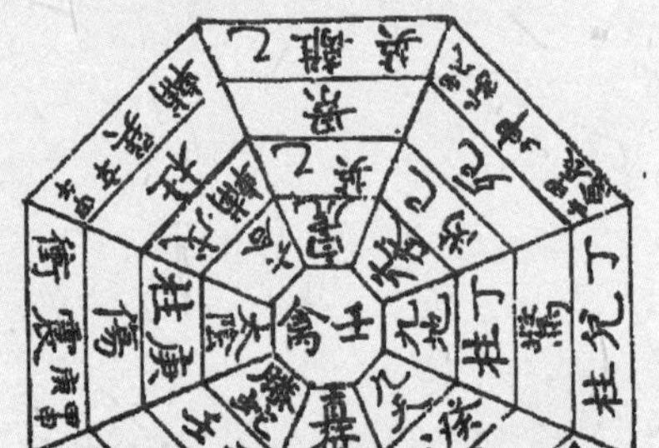

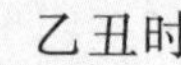

乙丑时

如阳遁一局，甲子戊起坎一，甲戌己在坤二，甲申庚在震三，甲午辛在巽四，甲辰壬在中五，寄坤甲寅癸在乾六，丁在兑七，丙在艮八，乙在离九，是为地盘。甲子时蓬戊直符加甲子，休门直使亦加甲子，是为伏吟。乙丑时蓬戊直符加乙在离九，芮己在坎一，冲庚在坤二，辅辛在震三，禽壬在巽四，心癸在中五，柱丁在乾六，任丙在兑七，英乙在艮八。休门直使加乙丑在坤二，生门在兑，开门在离。丙奇与生门合于兑方吉。

阴遁九局甲子时

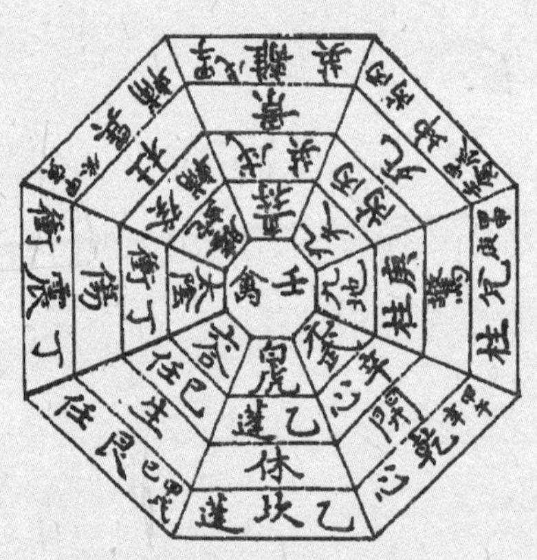

丙寅时

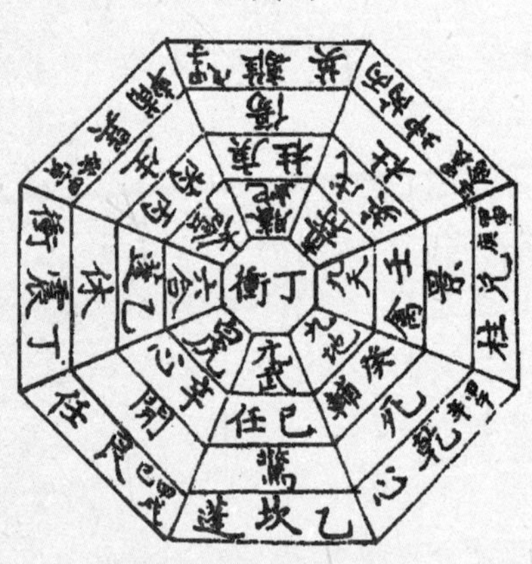

如阴遁九局，甲子戊起离九，甲戌己在艮八，甲申庚在兑七，甲午辛在乾六，甲辰壬在中五，寄坤甲寅癸在巽四，丁在震三，丙在坤二，乙在坎一，是为地盘。甲子时英戊直符加甲子，景门直使亦加甲子，是为伏吟。丙寅时英戊直符加丙在坤二，任己在坎一，柱庚在离九，心辛在艮八，禽壬在兑七，辅癸在乾六，冲丁在中五，芮丙在巽四，蓬乙在震三，景门直使加丙寅在兑七，开门在艮，休门在震与乙奇合，生门在巽与丙奇合，丙寅时震巽二方吉。全局一千八十，各有专书，今不尽录也。

① 一说白虎作勾陈元武作朱雀。

钦定协纪辨方书卷三十六

辨讹

术士好奇而嗜利，讹言繁兴。此以为吉，彼以为凶。自汉褚少孙补《史记》已言之，况又经六代唐宋元明以来，其谬说又不知凡几。二十四向而神煞盈千，六十甲子而术家盈百，以前民利用之具而成惑世诬民之书，不可不辨也。顾流传民间者随地而异，耳目难周。即所睹闻亦难尽驳，卷中辨论者，夫亦举一隅云耳。作《辨讹》。

男女合婚大利月

阴阳家言多病迂泥，术士捏造益属荒唐。而惑世诬民则未有如合婚大利月之尤甚者。夫妇之道，人伦之始。《书》载釐降，《诗》咏关雎，未尝有合婚之说也。《诗》曰："士如归妻，迨冰未泮。"《礼》曰："仲春之月，令民会男女。"未尝有大利月之说也。即禄合之法，以人生年月日时去留疏配推人寿夭穷通，亦未尝有以男女年月定妨妻妨夫之说也。为是说者不知其所自起，而皆托于吕才。观《唐书·吕才传》，其于阴阳术数辨驳甚详，则其为术士之伪托无疑也。今取其说而论之。三元九宫者，乃年九星入中宫之一星，非谓其年之生命即在是宫也。由年而衍之于人，由男而衍之于女，已属展转支离。[①] 而又以地理家游年变卦之法，两宫相配以定吉凶，无论，比拟非伦；且地理专取净阴净阳，[②] 而婚姻则取阴阳配偶，是葬之所谓吉、正婚之所谓凶，更属显然背谬。又况世传九星误以上元为中元，[③] 则宫已非其宫，而卦亦非其卦。然则世之惘惘焉据以为拘忌者，诚不啻谬以千里也。孤辰寡宿者，乃由奇门孤虚之法而推衍之而荒诞无义理。奇门以旬空为孤，其对为虚。又有年孤、月孤、日孤、时孤，乃年、月、日、时后二辰。如子年月日时，则戌亥为孤、辰巳为虚，皆以方位言也。《通书》有孤辰寡宿日，以令前一辰为孤辰，令后一辰为寡宿。如寅卯辰春令，巳为孤辰、丑为寡宿。寡即孤意，孤即虚意，已属无稽（说见附录）。然一月止忌一日，其害犹小。而合婚者乃谓亥子丑年正月生男命为孤辰，主妨妻；九月生女命为寡宿，主妨夫。盖因兵书有云背孤击虚、一女可敌十夫，术士遂捏为孤、寡之名，而以妨夫妨妻为说。夫以三年而生一月之内，合诸日时命以千计，而谓其皆妨夫妨妻，虽三尺童子亦不信也。胞胎相冲者，寅申年忌巳亥月，卯酉年忌子午月。盖术家以隔三为破，犹建除之平、收

---

① 说见《附录》。

② 说见《本原》。

③ 说见《附录》。

也。夫隔三之义，月日则然，而亦非尽以为忌。况男年与女月、女年与男月了不相干，何破之有？俗术因产厄之可畏而捏此名以吓人，诚可恶也。骨髓破取本生年月与胞胎同而或平或收，又非魁罡之义。铁扫帚既取三合，而水局取衰病月、金局取冠带与衰月、火局取临官与死月、木局取帝旺与胎月，参差不伦，又必传写之误。无端而加以扫、破之名，当亦不能自为之说也。年月六害，禄命不忌。且年、月非夫妇，何以遂为不和之占？假令年、月相冲，又当作何论断？此不待辨而知其非也。四败生命，既非本于五行，又无取于三合，其月分更无例可推。而谓男女生月犯之多啾唧，殊无谓也。至于男命以干克者为妻、女命以克干者为夫，乃禄命之法，论日干非论年纳音也。术士从而衍之，以男女生命纳音为主，男取音之所克为妻、女取克音者为夫。自长生至衰为益财，自病至养为退财，绝为鳏寡，死、墓为多厄，死墓绝为妨妻妨夫。如水命男以火为妻，火生于寅而衰于水，故正月至六月生为益财；病于申而养于丑，故七月至十二月生为退财；绝于亥，故十月生为望门鳏；死于酉、墓于戌，故八九月生为妻多厄、而八九十月生又为死墓绝妨妻。又如水命女以土为夫，土长生于申而衰于丑，故七月至十二月生为益财；病于寅而养于未，故正月至六月生为退财；绝于巳，故四月生为望门寡；死于卯、墓于辰，故二三月生为夫多厄、而二三四月生又为死墓绝妨夫。夫五音之命各十二年，三月之中计二万五千九百二十命，六月之中计五万一千八百四十命。无论何日何时，而谓生此三月之内皆妨妻、妨夫，生此六月之内皆退财，固万万无是理也。至于男之益财金命十月误起七月、土命七月误起五月，女之益财火、木、金命皆差早一月，死墓绝妨夫误与男命同，则传写之讹，更不足辨。世人不察其所以然之故，惟听术士之说，一一求其悉合，多至逾时不得婚嫁。嘻，俗术之害人何至此极耶！然合婚之说，北方世俗用之，士大夫乃南方皆不深信。而行嫁大利月则举世用之而不辨其非，而不知其所谓大利者，固术士之捏造而无理之甚者也。其法以女命为主，子寅辰午申戌六阳年，自本命前一月向前顺数，丑卯巳未酉亥六阴年自本命后一月向后逆数，第一月为大利，第二月妨媒氏首子、第三月妨翁姑、第四月妨女父母、第五月妨夫、第六月妨本身，至第七月又复一转。夫第十二月为女本命，第六月为本命之冲，虽选择无忌地支一字之理而犹有可言。阳前阴后一月又何取以为大利耶？且第一月利矣，以次而推，何由而妨媒氏？何由而妨翁姑？何由而妨父母？何由而妨夫婿？求之阴阳五行、九宫八卦、堪舆、建除、丛辰之说，无一可通。此不亦荒诞不经之至乎？而世俗懵然信之，一月偶愆，辄逾数岁。《摽梅》、《束楚》，《诗》之致慨于失时者，比比皆然，故曰惑世诬民之尤甚者也。今已奏准删除。具录立成于左，观者当自知辨。

合婚立成

男女生命	上元	中元	下元
甲子癸酉壬午辛卯庚子己酉戊午	男七女五	男一女二	男四女八
乙丑甲戌癸未壬辰辛丑庚戌己未	男六女六	男九女三	男三女九
丙寅乙亥甲申癸巳壬寅辛亥庚申	男五女七	男八女四	男二女一
丁卯丙子乙酉甲午癸卯壬子辛酉	男四女八	男七女五	男一女二
戊辰丁丑丙戌乙未甲辰癸丑壬戌	男三女九	男六女六	男九女三
己巳戊寅丁亥丙申乙巳甲寅癸亥	男二女一	男五女七	男八女四
庚午己卯戊子丁酉丙午乙卯	男一女二	男四女八	男七女五
辛未庚辰己丑戊戌丁未丙辰	男九女三	男三女九	男六女六
壬申辛巳庚寅己亥戊申丁巳	男八女四	男二女一	男五女七

男五宫寄二宫　女五宫寄八宫

生气	一四　六七	二八　七六	三九　八二	四一　九三	游魂	一六　六一	二九　七四	三八　八三	四七　九二
天医	一八　六三	二四　七九	三六　八一	四二　九七	归魂	一一　六六	二二　七七	三三　八八	四四　九九
福德	一三　六八	二七　七二	三一　八六	四九　九四	绝体	一九　六二	二六　七八	三四　八七	四三　九一
五鬼	一七　六四	二三　七一	三二　八九	四六　九八	绝命	一二　六九	二一　七三	三七　八四	四八　九六

《通书》曰："吕才云：合得生气、天医、福德为上吉，子孙昌盛，不避胞胎月内诸凶。如遇绝体、游魂、归魂为中等，可以轻重较量言之，如命卦通和、月中少忌，可以成婚。但婚姻之事理无十全，中平亦吉。若遇五鬼，则主男女口舌。惟遇绝命，则于男女多各有忧，虽命卦和悦，亦不宜也。"

生命	亥子丑	寅卯辰	巳午未	申酉戌
孤辰	正　月	四　月	七　月	十　月
寡宿	九　月	十二月	三　月	六　月

右男忌孤辰、女忌寡宿，如生气不忌。

生命	寅申	卯酉	辰戌	巳亥	子午	丑未
胞胎相冲	四月 十月	五　月 十一月	六　月 十二月	七月 正月	二月 八月	三月 九月

右名穿胎煞，犯之多产厄。若遇生气、天医、福德，即不忌。如寅、申年生男不娶四、十月女，卯、酉年生女不嫁五、十一月男。余仿此。

生命	子	丑	寅	卯	辰	巳	午	未	申	酉	戌	亥
骨髓破 男破女家 女破男家	二	三	十	五	十二	正	八	九	四	十一	六	七
铁扫帚 男扫女家 女扫男家	正 十二	六 九	四 七	二 八	正 十二	六 九	四 七	二 八	正 十二	六 九	四 七	二 八
六害不和	六	五	四	三	二	正	十二	十一	十	九	八	七

四败	大败	狼籍	飞天狼籍	八败
子辰巳生命	四月	五月	二三月	六月
丑申酉生命	七月	八月	正七月	九月
寅卯午生命	十月	十一月	五六月	十二月
未戌亥生命	正月	二月	十一月	三月

右煞男女生月。犯之，每多啾唧。

男命	水	火	木	金	土
益财益女家	正月至 六月生	四月至 九月生	七月至 十二月生	十月至 三月生	七月至 十二月生
退财退女家	七月至 十二月生	十月至 三月生	正月至 六月生	四月至 九月生	正月至 六月生
望门鳏	十月	正月	四月	七月	四月
妻多厄	八九月	十一十二 月	二三月	五六月	二三月
死墓绝妨妻	八九十月	十一十二 正月	二三四月	五六七月	二三四月
女命	水	火	木	金	土
益财益夫家	七月至 十二月生	七月至 十二月生	四月至 九月生	正月至 六月生	十月至 三月生
退财退夫家	正月至 六月生	正月至 六月生	十月至 三月生	七月至 十二月生	四月至 九月生

望门寡	四月	四月	正月	十月	七月
夫多厄	二三月	二三月	十一十二月	八九月	五六月
死墓绝妨夫	二三四月	二三四月	十一十二正月	八九十月	五六七月

女命	子午	丑未	寅申	卯酉	辰戌	巳亥
大利月	六十二	五十一	二八	正七	四十	三九
妨媒氏首子	正七	四十	三九	六十二	五十一	二八
妨翁姑	二八	三九	四十	五十一	六十二	正七
妨女父母	三九	二八	五十一	四十	正七	六十二
妨夫主	四十	正七	六十二	三九	二八	五十一
妨女身	五十一	六十二	正七	二八	三九	四十

右女命。己上亲属若得行嫁大利月，是遇吉期，无诸禁忌，喜见新人。余月各有所忌，如无所忌之人则吉。

诸家銮驾星曜

玉皇銮驾、紫微帝星、紫微銮驾、北辰帝星、撼龙帝星、都天宝照、都天转运、行衙帝星、周仙罗星、星马贵人，既非实有此星，又且必无此理。且于一帝星之中又有金轮、火轮、水轮、天乙、太乙诸名，皆术士捏造。《选择宗镜》曰："统而论之，有五六玉皇终年各守一方，绝不移易。是六朝之分皇，五代之各帝也。"有是理乎？且择日而取日月星辰到山向者，喜山向之光辉也。岂谓日月星辰中有神仙乎？彼昏不知，误以为道家所称太阳帝君、太阴帝君、银河星君，遂各捏一玉皇以压之，以致纷纷不一，诬罔极矣。今皆删去不用，而各录立成于左。

玉皇銮驾立成

甲己丁壬戊癸阳年	子	丑	寅	卯	辰	巳	午	未	申	酉	戌	亥
玉皇	庚酉	辛戌	乾亥	壬子	癸丑	艮寅	甲卯	乙辰	巽巳	丙午	丁未	坤申
火轮	辛戌	乾亥	壬子	癸丑	艮寅	甲卯	乙辰	巽巳	丙午	丁未	坤申	庚酉
金轮	乾亥	壬子	癸丑	艮寅	甲卯	乙辰	巽巳	丙午	丁未	坤申	庚酉	辛戌
水轮	壬子	癸丑	艮寅	甲卯	乙辰	巽巳	丙午	丁未	坤申	庚酉	辛戌	乾亥
土轮	癸丑	艮寅	甲卯	乙辰	巽巳	丙午	丁未	坤申	庚酉	辛戌	乾亥	壬子

炽轮	艮寅	甲卯	乙辰	巽巳	丙午	丁未	坤申	庚酉	辛戌	乾亥	壬子	癸丑
天乙	甲卯	乙辰	巽巳	丙午	丁未	坤申	庚酉	辛戌	乾亥	壬子	癸丑	艮寅
火帝	乙辰	巽巳	丙午	丁未	坤申	庚酉	辛戌	乾亥	壬子	癸丑	艮寅	甲卯
天定	巽巳	丙午	丁未	坤申	庚酉	辛戌	乾亥	壬子	癸丑	艮寅	甲卯	乙辰
宝台	丙午	丁未	坤申	庚酉	辛戌	乾亥	壬子	癸丑	艮寅	甲卯	乙辰	巽巳
炽帝	丁未	坤申	庚酉	辛戌	乾亥	壬子	癸丑	艮寅	甲卯	乙辰	巽巳	丙午
炎帝	坤申	庚酉	辛戌	乾亥	壬子	癸丑	艮寅	甲卯	乙辰	巽巳	丙午	丁未
乙庚丙辛阴年	子	丑	寅	卯	辰	巳	午	未	申	酉	戌	亥
玉皇	甲寅	艮丑	癸子	壬亥	乾戌	辛酉	庚申	坤未	丁午	丙巳	巽辰	乙卯
火轮	艮丑	癸子	壬亥	乾戌	辛酉	庚申	坤未	丁午	丙巳	巽辰	乙卯	甲寅
金轮	癸子	壬亥	乾戌	辛酉	庚申	坤未	丁午	丙巳	巽辰	乙卯	甲寅	艮丑
水轮	壬亥	乾戌	辛酉	庚申	坤未	丁午	丙巳	巽辰	乙卯	甲寅	艮丑	癸子
土轮	乾戌	辛酉	庚申	坤未	丁午	丙巳	巽辰	乙卯	甲寅	艮丑	癸子	壬亥
炽轮	辛酉	庚申	坤未	丁午	丙巳	巽辰	乙卯	甲寅	艮丑	癸子	壬亥	乾戌
天乙	庚申	坤未	丁午	丙巳	巽辰	乙卯	甲寅	艮丑	癸子	壬亥	乾戌	辛酉
火帝	坤未	丁午	丙巳	巽辰	乙卯	甲寅	艮丑	癸子	壬亥	乾戌	辛酉	庚申
天定	丁午	丙巳	巽辰	乙卯	甲寅	艮丑	癸子	壬亥	乾戌	辛酉	庚申	坤未
宝台	丙巳	巽辰	乙卯	甲寅	艮丑	癸子	壬亥	乾戌	辛酉	庚申	坤未	丁午
炽帝	巽辰	乙卯	甲寅	艮丑	癸子	壬亥	乾戌	辛酉	庚申	坤未	丁午	丙巳
炎帝	乙卯	甲寅	艮丑	癸子	壬亥	乾戌	辛酉	庚申	坤未	丁午	丙巳	巽辰

紫微帝星立成

	紫微	荧惑	太乙	宝台	游都	奕游	天乙	天煞	荣光	朗耀	凶煞	黑煞
甲己丁壬戊癸阳年	壬子	癸丑	艮寅	甲卯	乙辰	巽巳	丙午	丁未	坤申	庚酉	辛戌	乾亥
乙庚丙辛阴年	壬亥	乾戌	辛酉	庚申	坤未	丁午	丙巳	巽辰	乙卯	甲寅	艮丑	癸子

紫微銮驾　年龙　月兔　日虎　时牛

甲己丁壬戊癸阳年立成

年龙	子	丑	寅	卯	辰	巳	午	未	申	酉	戌	亥
月兔	亥	子	丑	寅	卯	辰	巳	午	未	申	酉	戌
日虎	戌	亥	子	丑	寅	卯	辰	巳	午	未	申	酉
时牛	酉	戌	亥	子	丑	寅	卯	辰	巳	午	未	申
天乙	庚酉	辛戌	乾亥	壬子	癸丑	艮寅	甲卯	乙辰	巽巳	丙午	丁未	坤申
天定	乾亥	壬子	癸丑	艮寅	甲卯	乙辰	巽巳	丙午	丁未	坤申	庚酉	辛戌
太乙	壬子	癸丑	艮寅	甲卯	乙辰	巽巳	丙午	丁未	坤申	庚酉	辛戌	乾亥
玉皇	甲卯	乙辰	巽巳	丙午	丁未	坤申	庚酉	辛戌	乾亥	壬子	癸丑	艮寅
金轮	巽巳	丙午	丁未	坤申	庚酉	辛戌	乾亥	壬子	癸丑	艮寅	甲卯	乙辰
水轮	丙午	丁未	坤申	庚酉	辛戌	乾亥	壬子	癸丑	艮寅	甲卯	乙辰	巽巳

乙庚丙辛阴年立成

年龙	子	丑	寅	卯	辰	巳	午	未	申	酉	戌	亥
月兔	亥	子	丑	寅	卯	辰	巳	午	未	申	酉	戌
日虎	戌	亥	子	丑	寅	卯	辰	巳	午	未	申	酉
时牛	酉	戌	亥	子	丑	寅	卯	辰	巳	午	未	申
天乙	甲卯	艮寅	癸丑	壬子	乾亥	辛戌	庚酉	坤申	丁未	丙午	巽巳	乙辰
天定	癸丑	壬子	乾亥	辛戌	庚酉	坤申	丁未	丙午	巽巳	乙辰	甲卯	艮寅
太乙	壬子	乾亥	辛戌	庚酉	坤申	丁未	丙午	巽巳	乙辰	甲卯	艮寅	癸丑
玉皇	庚酉	坤申	丁未	丙午	巽巳	乙辰	甲卯	艮寅	癸丑	壬子	乾亥	辛戌
金轮	丁未	丙午	巽巳	乙辰	甲卯	艮寅	癸丑	壬子	乾亥	辛戌	庚酉	坤申
水轮	丙午	巽巳	乙辰	甲卯	艮寅	癸丑	壬子	乾亥	辛戌	庚酉	坤申	丁未

北辰帝星立成

年支	子	丑	寅	卯	辰	巳	午	未	申	酉	戌	亥
天剑	壬子	癸丑	艮寅	甲卯	乙辰	巽巳	丙午	丁未	坤申	庚酉	辛戌	乾亥
天锋	癸丑	艮寅	甲卯	乙辰	巽巳	丙午	丁未	坤申	庚酉	辛戌	乾亥	壬子
天凶	艮寅	甲卯	乙辰	巽巳	丙午	丁未	坤申	庚酉	辛戌	乾亥	壬子	癸丑

天台	甲卯	乙辰	巽巳	丙午	丁未	坤申	庚酉	辛戌	乾亥	壬子	癸丑	艮寅
天魁	乙辰	巽巳	丙午	丁未	坤申	庚酉	辛戌	乾亥	壬子	癸丑	艮寅	甲卯
天仇	巽巳	丙午	丁未	坤申	庚酉	辛戌	乾亥	壬子	癸丑	艮寅	甲卯	乙辰
天冤	丙午	丁未	坤申	庚酉	辛戌	乾亥	壬子	癸丑	艮寅	甲卯	乙辰	巽巳
天虚	丁未	坤申	庚酉	辛戌	乾亥	壬子	癸丑	艮寅	甲卯	乙辰	巽巳	丙午
天灾	坤申	庚酉	辛戌	乾亥	壬子	癸丑	艮寅	甲卯	乙辰	巽巳	丙午	丁未
天帝	庚酉	辛戌	乾亥	壬子	癸丑	艮寅	甲卯	乙辰	巽巳	丙午	丁未	坤申
天福	辛戌	乾亥	壬子	癸丑	艮寅	甲卯	乙辰	巽巳	丙午	丁未	坤申	庚酉
天祸	乾亥	壬子	癸丑	艮寅	甲卯	乙辰	巽巳	丙午	丁未	坤申	庚酉	辛戌

撼龙帝星立成

年干	甲	乙	丙	丁	戊	己	庚	辛	壬	癸
泰龙	艮寅	甲卯	乙辰	巽巳	丙午	丁未	坤申	庚酉	辛戌	乾亥
益龙	乙辰	巽巳	丙午	丁未	坤申	庚酉	辛戌	乾亥	壬子	癸丑
升龙	丙午	丁未	坤申	庚酉	辛戌	乾亥	壬子	癸丑	艮寅	甲卯
丰龙	坤申	庚酉	辛戌	乾亥	壬子	癸丑	艮寅	甲卯	乙辰	巽巳
萃龙	辛戌	乾亥	壬子	癸丑	艮寅	甲卯	乙辰	巽巳	丙午	丁未
壮龙	壬子	癸丑	艮寅	甲卯	乙辰	巽巳	丙午	丁未	坤申	庚酉

都天宝照立成

年支	子	午	丑	未	寅	申	卯	酉	辰	戌	巳	亥
太阳	坤	申	乾	亥	艮	寅	巽	巳	丙	午	未	未
土宿	庚	酉	壬	子	甲	卯	丙	午	丁	未	坤	申
贪狼	辛	戌	癸	丑	乙	辰	丁	未	坤	申	庚	酉
禄存	乾	亥	艮	寅	巽	巳	坤	申	庚	酉	辛	戌
巨门	壬	子	甲	卯	丙	午	庚	酉	辛	戌	乾	亥
破军	癸	丑	乙	辰	丁	未	辛	戌	乾	亥	壬	子
武曲	艮	寅	巽	巳	坤	申	乾	亥	壬	子	癸	丑
文曲	甲	卯	丙	午	庚	酉	壬	子	癸	丑	艮	寅

左辅	乙	辰	丁	未	辛	戌	癸	丑	艮	寅	甲	卯
廉贞	巽	巳	坤	申	乾	亥	艮	寅	甲	卯	乙	辰
右弼	丙	午	庚	酉	壬	子	甲	卯	乙	辰	巽	乙
罗睺	丁	未	辛	戌	癸	丑	乙	辰	巽	巳	丙	午

都天转运行衙帝星立成

年支	子	丑	寅	卯	辰	巳	午	未	申	酉	戌	亥
贪狼	中	巽	震	坤	坎	离	艮	兑	乾	中	巽	震
巨门	乾	中	巽	震	坤	坎	离	艮	兑	乾	中	巽
禄存	兑	乾	中	巽	震	坤	坎	离	艮	兑	乾	中
文曲	艮	兑	乾	中	巽	震	坤	坎	离	艮	兑	乾
廉贞	离	艮	兑	乾	中	巽	震	坤	坎	离	艮	兑
武曲	坎	离	艮	兑	乾	中	巽	震	坤	坎	离	艮
破军	坤	坎	离	艮	兑	乾	中	巽	震	坤	坎	离
左辅	震	坤	坎	离	艮	兑	乾	中	巽	震	坤	坎
右弼	巽	震	坤	坎	离	艮	兑	乾	中	巽	震	坤

周望仙人罗星立成

甲己丁壬戊癸阳年	辰	巳	午	未	申	酉	戌	亥	子	丑	寅	卯
紫气	癸丑	艮寅	甲卯	乙辰	巽巳	丙午	丁未	坤申	庚酉	辛戌	乾亥	壬子
太阴	甲卯	乙辰	巽巳	丙午	丁未	坤申	庚酉	辛戌	乾亥	壬子	癸丑	艮寅
太阳	乙辰	巽巳	丙午	丁未	坤申	庚酉	辛戌	乾亥	壬子	癸丑	艮寅	甲卯
木星	丁未	坤申	庚酉	辛戌	乾亥	壬子	癸丑	艮寅	甲卯	乙辰	巽巳	丙午
金星	庚酉	辛戌	乾亥	壬子	癸丑	艮寅	甲卯	乙辰	巽巳	丙午	丁未	坤申
水星	辛戌	乾亥	壬子	癸丑	艮寅	甲卯	乙辰	巽巳	丙午	丁未	坤申	庚酉
乙庚丙辛阴年	辰	巳	午	未	申	酉	戌	亥	子	丑	寅	卯
紫气	乾亥	辛戌	庚酉	坤申	丁未	丙午	巽巳	乙辰	甲卯	艮寅	癸丑	壬子
太阴	庚酉	坤申	丁未	丙午	巽巳	乙辰	甲卯	艮寅	癸丑	壬子	乾亥	辛戌
太阳	坤申	丁未	丙午	巽巳	乙辰	甲卯	艮寅	癸丑	壬子	乾亥	辛戌	庚酉

木星	巽巳	乙辰	甲卯	艮寅	癸丑	壬子	乾亥	辛戌	庚酉	坤申	丁未	丙午
金星	甲卯	艮寅	癸丑	壬子	乾亥	辛戌	庚酉	坤申	丁未	丙午	巽巳	乙辰
水星	艮寅	癸丑	壬子	乾亥	辛戌	庚酉	坤申	丁未	丙午	巽巳	乙辰	甲卯

星马贵人吉凶方位立成

星马吉凶神	金神	将军	太岁	太乙	大耗	丧门	吊客	天定	官符	小耗	病符	天乙
申子辰年	乾亥	壬子	癸丑	艮寅	甲卯	乙辰	巽巳	丙午	丁未	坤申	庚酉	辛戌
巳酉丑年	坤申	庚酉	辛戌	乾亥	壬子	癸丑	艮寅	甲卯	乙辰	巽巳	丙午	丁未
寅午戌年	巽巳	丙午	丁未	坤申	庚酉	辛戌	乾亥	壬子	癸丑	艮寅	甲卯	乙辰
亥卯未年	艮寅	甲卯	乙辰	巽巳	丙午	丁未	坤申	庚酉	辛戌	乾亥	壬子	癸丑

巡山二十四神煞

年支神煞随二十四山顺行者，从太岁逼近之方起，以次渐推而远，还归于太岁之方。假如子年，癸名曰巡山罗睺，凶；次丑则曰暗曜，凶；又次艮则曰土宿，凶；又次寅则曰瘟星，凶；又次甲则曰水星，吉；又次卯则曰财宝，吉；又次乙则曰金星，凶；又次辰则曰血光，凶；又次巽则曰太阳，吉；又次巳则曰吉星，吉，又次丙则曰火星，凶；又次午则曰炎曜，凶；又次丁则曰紫气，吉；又次未则曰荣官，吉；又次坤则曰计都，凶；又次申则曰刀兵，凶；又次庚则曰木星，吉；又次酉则曰旺田，吉；又次辛则曰鬼煞，凶；又次戌则曰伤亡，凶；又次乾则曰太阴，吉；又次亥则曰吉庆，吉；又次壬则曰摄提，凶；又次子为太岁本位则曰旺蚕，吉。丑年则巡山罗睺从艮起，以次顺推二十四山以居二十四煞。十二年例同之。今观其名而思其义，考其例而度其情，其为术士捏造已属晓然。然唯巡山罗睺逼近太岁，俗所最畏而亦尚近乎理，故台本取之。余皆不用而犹载其例于事类总集中。其起例错误，辨见《义例》。又以二十四煞中有计都，遂谓罗睺属火，辨见利用。其余无庸深辨，观立成当共见矣。

年　支	子	丑	寅	卯	辰	巳	午	未	申	酉	戌	亥
巡山罗睺	癸	艮	甲	乙	巽	丙	丁	坤	庚	辛	乾	壬
暗曜	丑	寅	卯	辰	巳	午	未	申	酉	戌	亥	子
土宿	艮	甲	乙	巽	丙	丁	坤	庚	辛	乾	壬	癸
瘟星	寅	卯	辰	巳	午	未	申	酉	戌	亥	子	丑
水星	甲	乙	巽	丙	丁	坤	庚	辛	乾	壬	癸	艮
财宝	卯	辰	巳	午	未	申	酉	戌	亥	子	丑	寅
金星	乙	巽	丙	丁	坤	庚	辛	乾	壬	癸	艮	甲
血光	辰	巳	午	未	申	酉	戌	亥	子	丑	寅	卯
太阳	巽	丙	丁	坤	庚	辛	乾	壬	癸	艮	甲	乙
吉星	巳	午	未	申	酉	戌	亥	子	丑	寅	卯	辰
火星	丙	丁	坤	庚	辛	乾	壬	癸	艮	甲	乙	巽
炎曜	午	未	申	酉	戌	亥	子	丑	寅	卯	辰	巳
紫气	丁	坤	庚	辛	乾	壬	癸	艮	甲	乙	巽	丙
荣官	未	申	酉	戌	亥	子	丑	寅	卯	辰	巳	午
计都	坤	庚	辛	乾	壬	癸	艮	甲	乙	巽	丙	丁
刀兵	申	酉	戌	亥	子	丑	寅	卯	辰	巳	午	未
木星	庚	辛	乾	壬	癸	艮	甲	乙	巽	丙	丁	坤
旺田	酉	戌	亥	子	丑	寅	卯	辰	巳	午	未	申
鬼煞	辛	乾	壬	癸	艮	甲	乙	巽	丙	丁	坤	庚
伤亡	戌	亥	子	丑	寅	卯	辰	巳	午	未	申	酉
太阴	乾	壬	癸	艮	甲	乙	巽	丙	丁	坤	庚	辛
吉庆	亥	子	丑	寅	卯	辰	巳	午	未	申	酉	戌
摄提	壬	癸	艮	甲	乙	巽	丙	丁	坤	庚	辛	乾
旺蚕	子	丑	寅	卯	辰	巳	午	未	申	酉	戌	亥

驿马临官

驿马临官即驿马前二干及其对方。俗术又以驿马前一干为马前六害，对方为金童撞命煞。夫同一马前也，以为临官即吉，以为六害即凶。显然自相矛盾。究之三合，长生对冲为驿马，与前后干支了无干涉。命吉、命凶，皆妄谈也。临官、六害已非其义，金童撞命尤为怪诞不经。今一并删去不用。

年　支	子	丑	寅	卯	辰	巳	午	未	申	酉	戌	亥
驿马临官	甲乙 庚辛	壬癸 丙丁	庚辛 甲乙	丙丁 壬癸	甲乙 庚辛	壬癸 丙丁	庚辛 甲乙	丙丁 壬癸	甲乙 庚辛	壬癸 丙丁	庚辛 甲乙	丙丁 壬癸
马前六害	甲	壬	庚	丙	甲	壬	庚	丙	甲	壬	庚	丙
金童撞命煞	庚	丙	甲	壬	庚	丙	甲	壬	庚	丙	甲	壬

刀砧火血

隐伏血刃、千金血刃、五子打劫血刃、山家火血、山家刀砧，或从年干起、或从年支起，其余生、克、治、化之理了不相干。《选择宗镜》曰："民间最畏刀砧、火血。术士捏造恶名以吓人耳。"

年　干	甲	乙	丙	丁	戊	己	庚	辛	壬	癸
隐伏血刃	乾巽	子未	寅戌	亥乾	丑卯	乾巽	子未	寅戌	亥乾	丑卯
千金血刃	申寅	寅辰	子丑	亥	巳	申寅	寅辰	子丑	亥	巳

年　支	子	丑	寅	卯	辰	巳	午	未	申	酉	戌	亥
五子打劫血刃	寅艮	子坎	戌乾	申坤	午离	辰巽	寅艮	子坎	戌乾	申坤	午离	辰巽
山家火血	甲庚	乙辛	丙壬	丁癸	庚甲	辛乙	壬丙	癸丁	甲庚	乙辛	丙壬	丁癸
山家刃砧	乙辛	丙壬	丁癸	庚甲	辛乙	壬丙	癸丁	甲庚	乙辛	丙壬	丁癸	庚甲

逆血刃　九良星　暗刀煞

逆血刃以八干、四维分布六十甲子，各占一字而不用十二支，毫无理路，但取三字之可怕以恐吓遇人耳。九良星亦分布六十甲子，每日在一处。暗刀煞则六十月各占十二处，五年一周。至为谬妄，今为合表列后。观表即知其妄，无须深辨也。

	逆血刃	九良星	暗刀煞
甲子	癸	社庙	厅堂
乙丑	庚	厨	牛栏
丙寅	丙	天	犬楼
丁卯	辛	后门寅艮方神庙道观	猪牢
戊辰	艮	寅辰方寺观	厅堂
己巳	丙	申方寺观	牛栏
庚午	艮	天	蚕畜

辛未	乾	天	厨灶
壬申	甲	正厅	仓库
癸酉	丁	艮寅卯方午方后门	仓库
甲戌	乾	神庙州县	门厅
乙亥	丁	寺观	羊栈
丙子	乙	中庭	奴婢
丁丑	坤	寅方厨井	鸡栖
戊寅	壬	东北方	奴婢
己卯	乙	僧尼寺观后门	鸡栖
庚辰	壬	寺观	犬楼
辛巳	庚	天	猪牢
壬午	癸	神庙	厅堂
癸未	巽	水步井	牛栏
甲申	庚	正厅中庭	蚕畜
乙酉	巽	天	厨灶
丙戌	艮	天	仓库
丁亥	丙	巳方大门僧寺	仓库
戊子	辛	厨灶	门厅
己丑	艮	寅方厨舍	羊栈
庚寅	辛	午方	门厅
辛卯	丁	天	羊栈
壬辰	乾	天	奴婢
癸巳	甲	大门僧寺	鸡栖
甲午	丁	戌亥方	犬楼
乙未	甲	水步井亥方	猪牢
丙申	壬	天	厅堂
丁酉	乙	寺观	牛栏
戊戌	坤	州县僧堂城隍社庙	蚕畜
己亥	壬	寺观	厨灶

庚子	坤	中庭厅	仓库
辛丑	巽	天	仓库
壬寅	庚	东北丑午方厨井桥门路	仓库
癸卯	癸	天	仓库
甲辰	巽	僧堂社庙	门厅
乙巳	癸	天	羊栈
丙午	辛	天	奴婢
丁未	艮	僧堂城隍社庙	鸡栖
戊申	丙	中庭厅	犬楼
己酉	辛	寺观社庙	猪牢
庚戌	丙	社庙	厅堂
辛亥	甲	寺观	牛栏
壬子	丁	天	蚕畜
癸丑	乾	僧堂寺观社庙	厨灶
甲寅	甲	丑方	蚕畜
乙卯	乾	天	厨灶
丙辰	坤	寅辰方	仓库
丁巳	壬	前门	仓库
戊午	乙	戌亥方并厨灶	门厅
己未	坤	井	羊栈
庚申	乙	桥井门路社庙	奴婢
辛酉	癸	午方	鸡栖
壬戌	巽	寺观	犬楼
癸亥	庚	船巳方	猪牢

支退流财

按《起例》，支神退方子年起巳，逆行十二支。又谓之流财，从月起者为月流财，从日起者为日流财。盖以一阳生于子而至于巳之六阳，一阴生于午而至于亥之六阴，乃阴阳顺生之序。今子年起巳，至巳年而在子，是阳之退也；午年起亥，至亥年而在午，是阴之退也。然师以左次而无咎，壮以触藩而无攸利。阴阳之义，正不以进退为吉、凶。且又非实有一物起巳而逆行，徒曰年各一方，更无取义。即子年巳方、午年亥方为劫煞，丑年辰方、未年戌方为岁煞，乃别从三合起例，与支退了不相干。特俗情競进而好财，术士遂诡词以动听。其与刀砧、火血雅俗虽有不同，而其为捏造则一也。况由是而进焉以取支之卦位，子年巳、丑年辰皆巽也，寅年卯则震也，卯年寅、辰年丑皆艮也，巳年子则坎也，午年亥未年戌皆乾也，申年酉则兑也，酉年申、戌年未皆坤也，亥年午则离也，又或兼取双山，愈引愈远而本义遂不可晓。今《通书》支退唯子、丑、巳、午、未、酉、亥年与《起例》合，流财唯辰午未、酉戌年与《起例》合。余年皆误。然则今之所谓退者亦非退，而流者亦非流也。俗术流失，至于此极。故删而辨之，作者复起，当亦爽然。

	年支	子	丑	寅	卯	辰	巳	午	未	申	酉	戌	亥
支流	流财	巳	辰	卯	寅	丑	子	亥	戌	酉	申	未	午
		巽	巽	震	艮	艮	坎	乾	乾	兑	坤	坤	离

神煞同位异名

年、月神煞由来旧矣。术士好奇，每事捏造。造之不得则犹是神煞，而捏为别名、又略为改窜以文其陋，而神煞由此日纷。即如一浮天空亡也，又名之曰头白空亡、又名之曰八山空亡。一坐煞向煞也，又名之曰翎毛禁向、又名之曰八山刀砧。而亦自厌其重复也，则于八山刀砧而加之以三合月，于头白空亡而加之以八卦山。而又参互错讹，世本遂并列之以为数煞而莫之辨。又如六害则别名之曰阴中太岁、阴中煞，小耗则别名之曰净栏煞，而皆隐其本名。又如黄道、黑道则又别立名色，名曰明星、黑星，而雷公与天岳吉凶互异。雷公即青龙。本吉星也。天岳即天牢，本凶星也。因天牢而别名曰天狱，因狱而讹岳，又因岳而讹岳。遂以天岳为吉而雷公为凶。曹震圭、邵泰衢已辨其误而未之改正。又如王、官、守、相、民日则衍之而至于十二（说见义例），而又别为福厚、恩胜等名。建除十二神已有同位异名，而又别为朱雀、贵人等号。夫神煞一也，而名号旁见侧出，惑人耳目深可厌恶。今查明，概行删去，而具立成于左。此外可以类推，亦不能悉举也。

年　干		甲	乙	丙	丁	戊	己	庚	辛	壬	癸
浮天空亡	头白空亡	离	坎	巽	震	坤	乾	兑	艮	乾	坤
	八山空亡	壬	癸	辛	庚	乙	甲	丁	丙	甲	乙

年支		子	丑	寅	卯	辰	巳	午	未	申	酉	戌	亥
坐煞向煞	翎毛禁向 八山刀砧	丙丁壬癸	甲乙庚辛	壬癸丙丁	庚辛甲乙	丙丁壬癸	甲乙庚辛	壬癸丙丁	庚辛甲乙	丙丁壬癸	甲乙庚辛	壬癸丙丁	庚辛甲乙

六害阴中太岁 阴中煞	未	午	巳	辰	卯	寅	丑	子	亥	戌	酉	申
小耗净栏煞	巳	午	未	申	酉	戌	亥	子	丑	寅	卯	辰

月日支	子	丑	寅	卯	辰	巳	午	未	申	酉	戌	亥
青龙雷公黑星	申	戌	子	寅	辰	午	申	戌	子	寅	辰	午
明堂执储明星 天寿星财帛星	酉	亥	丑	卯	巳	未	酉	丑	亥	卯	巳	未
天刑蚩尤黑星	戌	子	寅	辰	午	申	戌	子	寅	辰	午	申
朱雀飞流黑星	亥	丑	卯	巳	未	酉	亥	丑	卯	巳	未	酉
金匮天宝明星 天财星	子	寅	辰	午	申	戌	子	寅	辰	午	申	戌
天德天对明星 地财星宝光星	丑	卯	巳	未	酉	亥	丑	卯	巳	未	酉	亥
白虎天棒黑星	寅	辰	午	申	戌	子	寅	辰	午	申	戌	子
玉堂天玉明星 天嗣星	卯	巳	未	酉	亥	丑	卯	巳	未	酉	亥	丑
天牢天岳明星	辰	午	申	戌	子	寅	辰	午	申	戌	子	寅
元武阴私黑星	巳	未	酉	亥	丑	卯	巳	未	酉	亥	丑	卯
司命天府明星 天宝星	午	申	戌	子	寅	辰	午	申	戌	子	寅	辰
勾陈土勃黑星	未	酉	亥	丑	卯	巳	未	酉	亥	丑	卯	巳

	春	夏	秋	冬
王日福厚 丰旺	寅	巳	申	亥
官日天狗守塘 天寡	卯	午	酉	子
守日帝舍 斧头煞	辰	未	戌	丑
相日思胜 孤辰	巳	申	亥	寅
民日成勋	午	酉	子	卯
狱日徙日	未	戌	丑	辰

徙隶 隶日宅空	申	亥	寅	巳
牢日 地寡	酉	子	卯	午
死别 喜神	戌	丑	辰	未
伏罪 罪日	亥	寅	巳	申
不举 牧日离日	子	卯	午	酉
罪刑 刑狱 寡宿	丑	辰	未	戌

年月支	子	丑	寅	卯	辰	巳	午	未	申	酉	戌	亥
建 福厚 地仓 白浪 朱雀	子	丑	寅	卯	辰	巳	午	未	申	酉	戌	亥
除 捉财 贵人	丑	寅	卯	辰	巳	午	未	申	酉	戌	亥	子
满 进爵 地雌土瘟损伤	寅	卯	辰	巳	午	未	申	酉	戌	亥	子	丑
平 土曲 诛罚	卯	辰	巳	午	未	申	酉	戌	亥	子	丑	寅
定 岁位合 年魁星 五龙 极富星 三台星 显星	辰	巳	午	未	申	酉	戌	亥	子	丑	寅	卯
执 岁支德 三财星 净栏煞 哭曜	巳	午	未	申	酉	戌	亥	子	丑	寅	卯	辰
破 岁财星 天府星 覆舟 孤宿	午	未	申	酉	戌	亥	子	丑	寅	卯	辰	巳
危 杀将星 武库 地辂	未	申	酉	戌	亥	子	丑	寅	卯	辰	巳	午
成 天寿星 地雄 阴祸	申	酉	戌	亥	子	丑	寅	卯	辰	巳	午	未
收 天仓星田宅星月命座 地破破家煞荧惑	酉	戌	亥	子	丑	寅	卯	辰	巳	午	未	申
开 天财星 青龙星 五库	戌	亥	子	丑	寅	卯	辰	巳	午	未	申	酉
闭 将官星 宦国星 黑煞	亥	子	丑	寅	卯	辰	巳	午	未	申	酉	戌

斗首五行

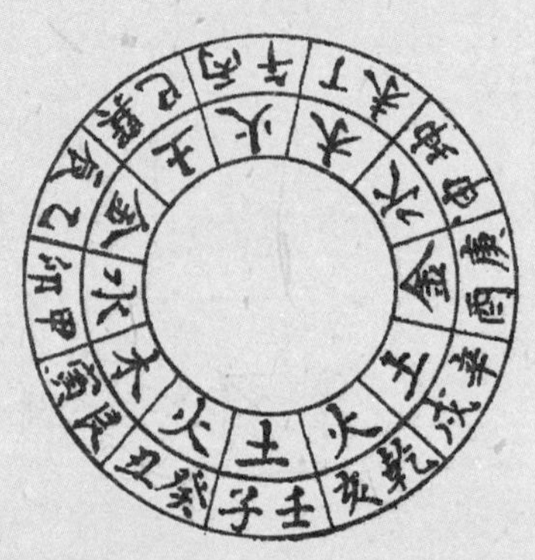

壬、子、巽、巳、辛、戌六山属土，乙、辰庚、酉四山属金，甲、卯、坤、申四山属水，艮、寅、丁未四山属木癸、丑、丙、午、乾、亥六山属火。《魏鉴》曰："此十干化气所生也。其法用五子元遁视化气天十所加之支即为同气，而同宫之干维随之。如甲己化土，依五子元遁得甲子、己巳、甲戌，故子、巳、戌属土，而壬与子、巽与巳、辛与戌俱同宫，故六山俱属土。乙庚化金，依五子元遁得庚辰、乙酉，故辰、酉属金，而乙与辰、庚与酉俱同宫，故四山俱属金也。余仿此。"

凡斗首，俱以坐山所属五行为主、为我、为元辰；我生者为廉贞、为子孙；生我者为贪狼，为官星；我克者为武曲，为妻财；克我者为破军，为鬼贼。

凡择日期，以年月为上、为外、为出，日时为下、为内、为入。元辰宜生旺有气，宜生出不宜死绝、受克。廉贞、子孙只喜一位，重见则泄气损子孙。贪狼、官星不宜生入、克入，宜休囚。武曲、妻财宜生旺有气、宜生入克入，不宜生出、克出。破、鬼宜休囚克出，不宜生旺有气。

按：斗首五行，不知其所自起，为其说者皆托之杨筠松。及观筠松所著诸篇，绝无一语论及斗首，其为伪托可知。今台本亦不载，而四方术士多挟之以为秘诀，举世莫能别其是非。不知其说则固支离之甚者也。如因甲己化土遂以甲己遁出之，甲己二干所临之支及其同宫干维皆属土，而甲己反不属土。其大旨已离其宗，而廉贞、贪狼诸名又非卦变本义。由兹而推衍之别为吉凶格局，更不可问。故撮其大要而辨之。观者知其无稽，自不惑于其说，而好奇以自逞者其亦可息矣。

尊星帝星

《选择宗镜》曰："凡选择，取用尊、帝二星到山到向到方，能压一切凶煞、召吉致祥。若会岁命、贵人、禄马回到，修造遇之发福最快。"

年起例：凡上元、下元甲子年尊星起乾六，乙丑兑七，丙寅艮八顺行；中元甲子年尊星起坎一，亦顺行。俱不入中宫，轮六十年，其对宫为帝星。如下元甲子年造乾山巽向，尊星到乾、帝星到巽，大吉。

月起例；凡甲丙戊庚壬五阳年正月、九月尊星到艮，二月、十月到离，三月、十一月到坎，四月、十二月到坤，五月到震，六月到巽，七月到乾，八月到兑。乙丁辛癸五阴年正月、九月到震，二月、十月到巽，三月、十一月到乾，四月、十二月到兑，五月到艮，六月到离，七月到坎，八月到坤。其对宫为帝星。

日起例：凡冬至后甲子日尊星起乾，夏至后甲子日尊星起坎，顺行六十日，不入中宫。其对宫为帝星。

时起例：凡子寅辰午申戌六阳日甲子时尊星起乾，丑卯巳未酉亥六阴日甲子时尊星起坎，俱顺行，不入中宫。其对宫为帝星。

按：《选择宗镜》极言尊、帝二星之吉。今考其起例，甚无义理，宜乎台本之不用也。其曰年例上元、下元甲子起乾六，中元甲子起坎一者，盖自上元甲子年起乾六至己未年而七周，庚申年又值乾六，则中元甲子必起坎一也。又至己未年而七周，庚申年又起坎一，则下元甲子必起乾六也。然下元甲子六十年既尽，而再起上元则不能复至乾六，与三元九宫周而复始之义不合。且既用飞九宫而不用中五，亦属非理。大抵亦术士之捏造耳。其阳年正月起艮八，亦即月九星正月起八白之义。然年例已不合，月、日、时益不足论矣。

神在

《通书》以甲子、乙丑、丁卯、戊辰、辛未、壬申、癸酉、甲戌、丁丑、己卯、庚辰、壬午、甲申、乙酉、丙戌、丁亥、己丑、辛卯、甲午、乙未、丙申、丁酉、乙巳、丙午、丁未、戊申、己酉、庚戌、乙卯、丙辰、丁巳、戊午、己未、辛酉、癸亥三十五日为神在日，其日宜祭祀。曹震圭作《明原》，谓为唐贾耽所集。曲为之解而不能通。又引《撮要》曰“旧本错误十有八日，今依官本改正。”未审旧本为非，新本为是。《选择宗镜》则曰神无所不在，以此三十五日为神在日。其不在日又何在乎？今遍查诸家《通书》，皆无解说。惟道藏《玉匣记》云许真君考天曹案簿三十一日诸神在人间地府，祭祀受福。余日诸神在天，求福反祸。察其日数虽比《通书》少四日、不同九日，然其为根本于《玉匣记》而又加之以传讹亦可断矣。查《玉匣记》出《道续藏》，乃明嘉靖年所添。许旌阳晋代人，有传可考。荒诞不经，莫此为甚。

上吉七圣

辛未、壬申、癸酉、己卯、壬午、甲申、壬寅、甲辰、丙午、己酉、庚戌、丙辰、己未、庚申、辛酉十五日为大明日，今《通书》称上吉日。《明原》谓是李淳风所集。又以丙寅、丁卯、戊辰、己巳、壬申、癸酉、甲戌、乙亥、丙子、丁丑、庚辰、辛巳、甲申、乙酉、戊子、己丑、庚寅、辛卯、甲午、乙未、戊戌、己亥、壬寅、癸卯、甲辰、乙巳、戊申、己酉、庚戌、壬子、癸丑、甲寅、乙卯、戊午、己未、庚申、辛酉三十七日为七圣日。《明原》谓是贾耽所集。七圣者，黄帝、元女、文王、周公、孔子、天老、董仲舒也。其日宜举百事。天老为黄帝时人，尚未知其有无。至元女之说，更为误谬。元者，天之色也。女者，母万物者也。亥在子前，至于子而天开矣。子前为亥，则亥乃生天之本也，故乾在亥。宋儒曰：以形体言之，谓之天，以主宰言之，谓之帝，以性情言之谓之乾。故乾者，天之性情也。性情在形体之先，故天开于子而乾在亥也。乾在亥即是生天者矣，故又以元女名之。元即天也，女为母义。故六壬之术于十干中配壬为名，谓是元女所传壬即亥云尔。乃以元女为实有此人，又能与黄帝、文王、周公、孔子同，集此三十七日流传人世，亦可嗤矣。又以董仲舒配成七圣，益为怪谬不伦。

伏断日　密日　裁衣日

伏断日、密日、裁衣日，皆以值宿起算。查二十八宿选择之法来自西域。伏断以日配宿，略似旬空、路空，八十四日而一周。其法以子日起虚丑，值斗亥、值壁亥、子、丑属水而又值水宫之宿，以水遇水为嫌，是与路空之义相似也。以下按支，逆数则进四宿、顺数则退四宿。盖支十二而宿二十八，支轮二周必差四位，故连本位隔四取之。戌值胃、酉值觜、申值鬼、未值张、午值角、巳值房、辰值箕、卯值斗、寅值室，其值日之宿皆在日支后二宫，是与旬空之义相似也。然寅、卯日在后三宫，则因隔四所致，必不能合。较之旬空、路空之义，亦又疏矣。且伏断本选时之法，兼取亢、牛、娄、鬼四金宿为暗金、伏断时。其法以一元甲子日起虚二元甲子日起奎三元甲子日起毕四元甲子日起鬼，五元甲子日起翼，六元甲子日起氐，七元甲子日起箕。七元既尽而甲子日起虚，周而复始。各从甲子日起子时，历六十日七百二十时而止。然其数则亦七日八十四时而一周也。如一元甲子日起虚宿，即从子时起虚、寅时值室、巳时值娄、酉时值觜，故一元甲子日子时寅时、酉时皆为伏断，巳时为暗金。由是顺数，乙丑日子时起鬼、丙寅日子时起箕、丁卯日子时起毕、戊辰日子时起氐，己巳日子时起奎、庚午日子时起翼，至辛未日子时又起虚，与甲子日同。二元甲子日起奎宿，即从子时起奎、丑时值娄、申时值鬼，故二元甲子日丑时、申时皆为暗金，申时又为伏断。以次顺数，乙丑日子时起翼、丙寅日子时起虚、丁卯日子时起鬼、戊辰日子时起箕、己巳日子时起毕、庚午日子时起氐，至辛未日子时又起奎，亦与甲子日同。三元以后皆仿此。但以日而论，则七元四百二十日而一周，而以时而论，则六十日七百二十时。自一元甲子日子时起虚至癸亥日亥时至亢而止，与二元甲子日子时起奎者尚隔十有二宿不能轮转，则是虽有七元之说而其义实不通。夫理非自然、数非吻合，皆属捏造，宜今选时之不用也。密日者乃房、虚、星、昴四宿，七政属日，西语曰密。彼地以为主喜事而中国遂以其日忌安葬、启攒凶事，亦无谓矣。且西域二十八宿分属七政，其日各有宜忌，与中国风俗迥然不同。专取密日更属无谓。至以角、亢、房、斗、牛、虚、壁、奎、娄、鬼、张、翼、轸十三宿为宜裁衣，亦出彼地俗忌，并不可从。密日、裁衣日易明，不列立成。伏断日、时各列立成于后。

伏断日立成

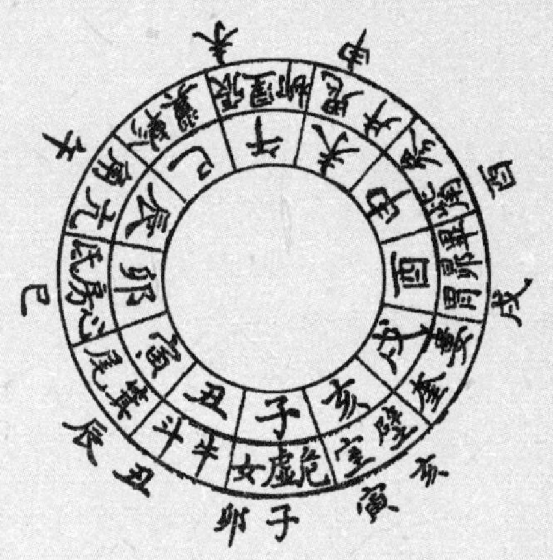

伏断时立成

日	子	丑	寅	卯	辰	巳	午	未	申	酉	戌	亥
一元	虚 伏断	危	室 伏断	壁	奎	娄 暗金	胃	昴	毕	觜 伏断	参	井
四元	鬼 暗金	柳	星	张	翼	轸	角 伏断	亢 暗金	氐	房	心	尾
七元	箕	斗 伏断	牛 暗金	女 伏断	虚	危	室	壁	奎	娄 暗金	胃 伏断	昴
三元	毕	觜	参	井	鬼 暗金	柳	星	张 伏断	翼	轸	角	亢 暗金
六元	氐	房	心	尾	箕 伏断	斗	牛 暗金	女	虚	危	室	壁 伏断
二元	奎	娄 暗金	胃	昴	毕	觜	参	井	鬼 伏断 暗金	柳	星	张
五元	翼	轸	角	亢 暗金	氐	房 伏断	心	尾	箕	斗	牛 暗金	女

上兀下兀

宋王明清《谈录》载：丁顾言宦蜀，至官有期。驻舟江浒，游憩山寺。遇老僧问何为而至，丁具以告。又问期在何时，丁又以告。僧曰："是取为兀日，不可视事。勿避之，君必以事去。"丁笑而不应。既至官，月余以事免归。是兀日之说，自宋已有之矣。顾详其取义，不过小六壬之留连、赤口日耳。阳年正月初一日起小吉，阴年正月初一日起留连，按日顺数，毫无深义。然则宋时老僧亦偶中耳。人之以事去官者，岂尽由视事之遇兀日耶？以兀日视事者，又岂尽去官耶？

六阳年	正	二	三	四	五	六	七	八	九	十	十一	十二
小吉	初一 初七 十三 十九 二十五	初六 十二 十八 二十四 三十	初五 十一 十七 二十三 二十九	初四 初十 十六 二十二 二十八	初三 初九 十五 二十一 二十七	初二 初八 十四 二十 二十六	初一 初七 十三 十九 二十五	初六 十二 十八 二十四 三十	初五 十一 十七 二十三 二十九	初四 初十 十六 二十二 二十八	初三 初九 十五 二十一 二十七	初二 初八 十四 二十 二十六
空亡	初二 初八 十四 二十 二十六	初一 初七 十三 十九 二十五	初六 十二 十八 二十四 三十	初五 十一 十七 二十三 二十九	初四 初十 十六 二十二 二十八	初三 初九 十五 二十一 二十七	初二 初八 十四 二十 二十六	初一 初七 十三 十九 二十五	初六 十二 十八 二十四 三二	初五 十一 十七 二十三 二十九	初四 初十 十六 二十二 二十八	初三 初九 十五 二十一 二十七
大安	初三 初九 十五 二十一 二十七	初二 初八 十四 二十 二十六	初一 初七 十三 十九 二十五	初六 十二 十八 二十四 三十	初五 十一 十七 二十三 二十九	初四 初十 十六 二十二 二十八	初三 初九 十五 二十一 二十七	初二 初八 十四 二十 二十六	初一 初七 十三 十九 二十五	初六 十二 十八 二十四 三十	初五 十一 十七 二十三 二十九	初四 初十 十六 二十二 二十八
上兀 留连	初四 初十 十六 二十二 二十八	初三 初九 十五 二十一 二十七	初二 初八 十四 二十 二十六	初一 初七 十三 十九 二十五	初六 十二 十八 二十四 三十	初五 十一 十七 二十三 二十九	初四 初十 十六 二十二 二十八	初三 初九 十五 二十一 二十七	初二 初八 十四 二十 二十六	初一 初七 十三 十九 二十五	初六 十二 十八 二十四 三十	初五 十一 十七 二十三 二十九
速喜	初五 十一 十七 二十三 二十九	初四 初十 十六 二十二 二十八	初三 初九 十五 二十一 二十七	初二 初八 十四 二十 二十六	初一 初七 十三 十九 二十五	初六 十二 十八 二十四 三十	初五 十一 十七 二十三 二十九	初四 初十 十六 二十二 二十八	初三 初九 十五 二十一 二十七	初二 初八 十四 二十 二十六	初一 初七 十三 十九 二十五	初六 十二 十八 二十四 三十
下兀 赤口	初六 十二 十八 二十四 三十	初五 十一 十七 二十三 二十九	初四 初十 十六 二十二 二十八	初三 初九 十五 二十一 二十七	初二 初八 十四 二十 二十六	初一 初七 十三 十九 二十五	初六 十二 十八 二十四 三十	初五 十一 十七 二十三 二十九	初四 初十 十六 二十二 二十八	初三 初九 十五 二十一 二十七	初二 初八 十四 二十 二十六	初一 初七 十三 十九 二十五

六阴年	正	二	三	四	五	六	七	八	九	十	十一	十二
上兀 留连	初一 初七 十三 十九 二十五	初六 十二 十八 二十四 三十	初五 十一 十七 二十三 二十九	初四 初十 十六 二十二 二十八	初三 初九 十五 二十一 二十七	初二 初八 十四 二十 二十六	初一 初七 十三 十九 二十五	初六 十二 十八 二十四 三十	初五 十一 二七 二十三 二十九	初四 初十 十六 二十 二十八	初三 初九 十五 二十一 二十七	初二 初八 十四 二十二 十六
速喜	初二 初八 十四 二十 二十六	初一 初七 十三 十九 二十五	初六 十二 十八 二十四 三十	初五 十一 十七 二十三 二十九	初四 初十 十六 二十二 二十八	初三 初九 十五 二十一 二十七	初二 初八 十四 二十 二十六	初一 初七 十三 十九 二十五	初六 十二 十八 二十四 三十	初五 十一 十七 二十三 二十九	初四 初十 十六 二十二 二十八	初三 初九 十五 二十一 二十七
下兀 赤口	初三 初九 十五 二十一 二十七	初二 初八 十四 二十 二十六	初一 初七 十三 十九 二十五	初六 十二 十八 二十四 三十	初五 十一 十七 二十三 二十九	初四 初十 十六 二十二 二十八	初三 初九 十五 二十一 二十七	初二 初八 十四 二十 二十六	初一 初七 十三 十九 二十五	初六 十二 十八 二十四 三十	初五 十一 十七 二十三 二十九	初四 初十 十六 二十二 二十八
小吉	初四 初十 十六 二十二 二十八	初三 初九 十五 二十一 二十七	初二 初八 十四 二十 二十六	初一 初七 十三 十九 二十五	初六 十二 十八 二十四 三十	初五 十一 十七 二十三 二十九	初四 初十 十六 二十二 二十八	初三 初九 十五 二十一 二十七	初二 初八 十四 二十 二十六	初一 初七 十三 十九 二十五	初六 十二 十八 二十四 三十	初五 十一 十七 二十三 二十九
空亡	初五 十一 十七 二十三 二十九	初四 初十 十六 二十二 二十八	初三 初九 十五 二十一 二十七	初二 初八 十四 二十 二十六	初一 初七 十三 十九 二十五	初六 十二 十八 二十四 三十	初五 十一 十七 二十三 二十九	初四 初十 十六 二十二 二十八	初三 初九 十五 二十一 二十七	初二 初八 十四 二十 二十六	初一 初七 十三 十九 二十五	初六 十二 十八 二十四 三十
大安	初六 十二 十八 二十四 三十	初五 十一 十七 二十三 二十九	初四 初十 十六 二十二 二十八	初三 初九 十五 二十一 二十七	初二 初八 十四 二十 二十六	初一 初七 十三 十九 二十五	初六 十二 十八 二十四 三十	初五 十一 十七 二十三 二十九	初四 初十 十六 二十二 二十八	初三 初九 十五 二十一 二十七	初二 初八 十四 二十 二十六	初一 初七 十三 十九 二十五

四不祥

《通书》以每月初四、初七、十六、十九、二十八凡五日，谓之四不祥，忌上官赴任、临政亲民。世俗信之惟谨。今按：其起例，盖以隔三为破，对七为冲。乃月朔地支冲破之日，犹建除家之平、破日也。假如月朔是子日，子破卯而冲午，此五日者非卯日则午日也。月朔是丑日，丑破辰而冲未，此五日者非辰日则未日也。自寅至亥皆仿此。盖古者以月朔为吉月，故术士遂以冲破之日为不祥。然日统于月，月建当令气王，故以冲破为凶。若月朔亦月中之一日耳，余日干支无与月朔冲破之理。则四不祥之名亦附会支离之甚者也。今删去不用。

红沙

《转神历》曰："红沙者，孟月酉、仲月巳、季月丑，其日忌嫁娶。"

储泳《祛疑说》曰："巳、酉、丑之所以为煞者，先天数之四冲也。夫子、午之数各九，卯、酉各六，总为三十。自子顺行，极三十而见巳，是为四仲之正煞。寅、申各七，已、亥各四，总二十二。自子顺行，极二十二而见酉，是为四孟之正煞。辰、戌各五，丑未各八，总二十六。自子顺行，极二十六而见丑，是为四季之正煞。此申壬三煞之所由起也。"

按：红沙即身壬煞，储华谷以为极数。然驿马亦是极数，是不得以极为凶也。即谓驿马为三合、身壬为四冲，然四冲为建、破、平、收，而平、收亦不尽以为忌。况酉月巳日则是三合，亥月酉日则是生气，亦未可以其为四冲之总数而遂谓之冲。非若驿马，实有动象。若四季月丑日则真建破魁罡，不待以红沙而后为忌也。又一本孟月取巳、仲月取酉，皆与季月例同。《通书》、《万年书》皆不用，故今仍之，不以《转神》为据云。

章光

《堪舆经》以月厌前一辰为章光，后一辰为无翘。盖堪舆家专忌月厌，故前、后并忌。然亦是后人附会耳。无翘即太阳，辨见义例。堪舆家专取不将，乃厌前干配厌后支，章光已是厌前支，自在不用之内，不须又立章光名色也。且日辰非同方位比连，无前后并忌之理。别本又以厌后为金乌、厌前为玉兔，并为岁神吉方。然则方且水忌，何况于日？曹震圭谓章光者能为月厌章显其光，故凶。将又谓月厌能为太阳章显其光而以为吉也耶？

五合　五离

五合、五离见义例。俗术又以甲寅、乙卯为日、月合，丙寅、丁卯为阴阳合，戊寅、己卯为人民合，庚寅、辛卯为金石合，壬寅、癸卯为江河合；甲申、乙酉为日、月离，丙申、丁酉为阴阳离，戊申、己酉为人民离，庚申、辛酉为金石离，壬申、癸酉为江河离。就五行而立五名，不惟非五合、五离本义，且甲、乙何以为日、月？丙、丁何以为阴、阳？皆不可晓。而世俗遂以戊寅、己卯为大吉、戊申、己酉为大凶，亦可怪也。附会之害，理多类此。

入殓安葬的呼日

甲子辛丑生人	乙丑辛巳	丙寅丙午	丁卯甲午甲戌
戊辰癸未癸酉	己巳甲辰己未	庚午壬戌	辛未己亥
壬申丁巳	癸酉辛丑	甲戌戊子	乙亥乙未
丙子子丑	丁丑癸未	戊寅甲辰丙午	己卯丁亥己未
庚辰戊辰戊戌	辛巳己未	壬午壬寅	癸未甲申
甲申壬辰	乙酉丙子	丙戌甲子	丁亥丁亥丁巳
戊子己卯	己丑丁未	庚寅丙申	辛卯辛未
壬辰壬申	癸巳甲午	甲午丁酉庚子	乙未丙子丙申
丙申乙丑	丁酉丁酉	戊戌癸亥	己亥辛未
庚子乙未	辛丑壬子	壬寅甲辰	癸卯丁巳丙辰
甲辰庚辰	乙巳丙子	丙午丁巳丁未	丁未巳未
戊申庚戌	己酉庚申	庚戌辛丑	辛亥辛亥
壬子乙亥	癸丑丁亥甲寅	甲寅癸巳癸未	乙卯戊子丙辰
丙辰甲辰甲申	丁巳庚子	戊午辛未	己未丙戌
庚申辛巳辛酉	辛酉庚辰	壬戌辛酉辛丑	癸亥丙寅

按《通书》曰：已上的呼临事之日，被呼之人避之。而世俗误于其说，孝子生命值被呼者，甚至不亲殓、不临穴。败俗伤化，莫此为甚。而考其所忌之日，又毫无义理。殆术士捏造中之尤不通者。外此又有通忌之命，取本月建、破、平、收而谓有服者则不忌，皆属谬妄。今皆删之。

殃煞出去方

《通书》云：以月将加死时，男取天罡下、女取河魁下，为殃出日时。假令五月甲子日巳时阳人死，以月将小吉加巳，天罡临寅，殃出当寅日寅时。阳人取日干之墓方为所去方。甲干属木，木墓在未，未为去方是也。如五月己酉日卯时阴人死，以月将小吉加卯，河魁临午，殃出当午日午时。阴人取日辰之墓方为所去方，酉支属金，金墓在丑，丑为去方是也。余仿此。此条奉旨不用。

按：康熙七年钦天监会议，《选择通书》阙少二十三条，于《通书大全》内取用。此条亦其一也。今按：《通书大全》云出宋司天少监杨惟德《茔元总录》。其凡例又云南人并无此说，惟北方人避之，此不必信。又《吹剑录》亦深辟避煞之非。康熙二十三年重编《选择通书》，奉旨不用，诚可谓万世定论矣。

满德　吉庆

《选择宗镜》以满德、吉庆为伪吉日，信知言也。今具立成于左，观名例自见，毋庸深辨。

年月支	寅	卯	辰	巳	午	未	申	酉	戌	亥	子	丑
满德阳建阴定	寅	未	辰	酉	午	亥	申	丑	戌	卯	子	巳
神后阳除阴执	卯	申	巳	戌	未	子	酉	寅	亥	辰	丑	午
口舌阳满阴破	辰	酉	午	亥	申	丑	戌	卯	子	巳	寅	未
活曜阳平阴危	巳	戌	未	子	酉	寅	亥	辰	丑	午	卯	申
大煞阳定阴成	午	亥	申	丑	戌	卯	子	巳	寅	未	辰	酉
大祸阳执阴收	未	子	酉	寅	亥	辰	丑	午	卯	申	巳	戌
元嘉阳破阴开	申	丑	戌	卯	子	巳	寅	未	辰	酉	午	亥
吉庆阳危阴闭	酉	寅	亥	辰	丑	午	卯	申	巳	戌	未	子
大凶阳成阴建	戌	卯	子	巳	寅	未	辰	酉	午	亥	申	丑
幽微阳收阴除	亥	辰	丑	午	卯	申	巳	戌	未	子	酉	寅
死气阳开阴满	子	巳	寅	未	辰	酉	午	亥	申	丑	戌	卯
天劫阳闭阴平	丑	午	卯	申	巳	戌	未	子	酉	寅	亥	辰

冰消瓦解　灭门　大祸

冰消瓦解又名夭命煞。以例推之，即年支之平、收也。夫平、收日已非尽凶，而年煞又轻于月煞，何年之平、收即至于冰消瓦解而夭命乎？阳月平、阴月收为天罡，加本年遁干为灭门；阳月收、阴月平为河魁，加本年遁干为大祸。如正月巳为平日、亥为收日，甲己年五虎遁则为己巳、乙亥也。二月子为收日、午为平日，甲己年五虎遁则为庚午、丙子也。其余年月仿此。夫甲年之己为天德合，正月乙亥为天愿日，有何凶处？况其凶至于灭门、大祸而取决于一日之干支，虽三尺童子亦知不信也。盖术家有禄马、贵人遇本年遁干为真吉之说，小人遂从而捏之以平、收遇本年遁干为真凶。不知彼以方言，其说可通，此以日言，与方无涉也。《宗镜》以灭门、大祸为伪凶日，则冰消瓦解益不足辨。又曰：好利之徒立一吉星、又立一凶星，谓《通书》未载，惟我独知，使人趋己。岂知抄之刻之，遂成故典。观诸凶煞火星与官符、血刃独多，盖遇民怕官，非与火烛而贫者止以六畜为生计故也。今观此条则充类至义之尽。夫名之可畏无有过于冰消瓦解、灭门、大祸者，而究其实则止一平、收日。嘻，术士之捏造大言、妄谈祸福乃至此极也！

年支	子	丑	寅	卯	辰	巳	午	未	申	酉	戌	亥
冰消瓦解夭命煞	卯 酉	辰 戌	巳 亥	午 子	未 丑	申 寅	酉 卯	戌 辰	亥 巳	子 午	丑 未	寅 申
月支	寅	卯	辰	巳	午	未	申	酉	戌	亥	子	丑

甲己年	灭门	己巳	庚午	辛未	壬申	癸酉	甲戌	乙亥	丙子	丁丑	丙寅	丁印	戊辰
	大祸	乙亥	丙子	丁丑	丙寅	丁卯	戊辰	己巳	庚午	辛未	壬申	癸酉	甲戌
乙庚年	灭门	辛巳	壬午	癸未	甲申	乙酉	丙戌	丁亥	戊子	乙丑	戊寅	己卯	庚辰
	大祸	丁亥	戊子	乙丑	戊寅	己卯	庚辰	辛巳	壬午	癸未	甲申	乙酉	丙戌
丙辛年	灭门	癸巳	甲午	乙未	丙申	丁酉	戊戌	己亥	庚子	辛丑	庚寅	辛卯	壬辰
	大祸	己亥	庚子	辛丑	庚寅	辛卯	壬辰	癸巳	甲午	乙未	丙申	丁酉	戊戌
丁壬年	灭门	乙巳	丙午	丁未	戊申	己酉	庚戌	辛亥	壬子	癸丑	壬寅	癸卯	甲辰
	大祸	辛亥	壬子	癸丑	壬寅	癸卯	甲辰	乙巳	丙午	丁未	戊申	己酉	庚戌
戊癸年	灭门	丁巳	戊午	己未	庚申	辛酉	壬戌	癸亥	甲子	乙丑	甲寅	乙卯	丙辰
	天祸	癸亥	甲子	乙丑	甲寅	乙卯	丙辰	丁巳	戊午	己未	庚申	辛酉	壬戌

杨公忌

世俗多畏杨公忌，《通书》亦多载之。谓其日不宜出行，举事犯之不利。皆因未悉其原委，故为所惑耳。今按：其说乃是室火猪日。其术元旦起角宿，依二十八宿次序顺数，值室宿之日即为杨公忌。不论月之大小，二十八日一周，每月递退二日。故正月十三、二月十一以至七月初一、二十九而终于十二月十九，凡十三日。夫以宿值日亦如用甲子纪日，虽未必始于大挠而其来已久。每日一宿，自然顺序，不用安排。以论趋避犹可说也，然亦未闻室宿值日有所避忌。今并非值日之宿而强以角宿起元旦，每年另起不能轮转固不通矣。且若正月小则二月十一日乃是危宿，二月再小则三月初九日乃是虚宿，又安得强指为室火猪乎？《晋志》曰："营室为元宫，又名清庙。"必非凶曜。《诗》曰："定之方中，作于楚宫。"《尔雅》曰："营室谓之定。"盖古者视营室中而兴士功，未当以为忌也。将以其为火欤？尾、室、觜、翼皆火宿也，何独忌于室耶？将以其为猪欤？星系宫像，不系肖形，顾可实指为猪耶？邪说诬民，莫此为甚。彼杨公者，不知为何许人，其说殆与密日同出西域。彼俗恶猪，闻声辄厌，故并忌之。然岂可用之中国耶？

立成

月支	寅	卯	辰	巳	午	未	申	酉	戌	亥	子	丑
杨公忌日	十三	十一	初九	初七	初五	初三	初一 廿九	二十七	二十五	二十三	二十一	十九

天狗

嫁娶最忌月厌，月厌正月从戌起。戌为狗，术士遂以天狗命之。卯戌酉申者春季之月厌也，折其中而取酉，谓之春季月厌，正位命为天狗头，犯之者小姑无子。夏午、秋卯、冬子同此例也。反之即为厌对正位而谓之天狗尾，犯之者妨夫主。月厌前一位为章光正月在酉，春季酉、申、未，折其中而取申，谓之天狗口，忌行嫁。天喜之说，有以春戌、夏丑、秋辰、冬未论者，有以三合成日论者，又有以春季未午巳、夏季辰卯寅、秋季丑子亥、冬季戌酉申论者。今取此随月将三合逆行之天喜，而亦折其中而取春午、夏卯、秋子、冬酉谓之天喜正位而命之为天狗腹，主当年无子。春、夏之天喜即秋、冬之红鸾，乃又取红鸾十二位折其中而取春子、夏酉、秋午、冬卯谓之红鸾正位，命之天狗背，主三年有子。春季月将亥戌酉、夏季申未午、秋季巳辰卯、冬季寅丑子，亦折其中而取春戌、夏未、秋辰、冬丑为六合正位而谓之天狗足，主六年生子。春季月害巳辰卯、夏季寅丑子、秋季亥戌酉、冬季申未午，亦折其中而取春辰、夏丑、秋戌、冬未谓之月害正位而谓之天狗后足，主九年生子。夫月厌寅月起戌、戌则属狗，若卯月即居酉位而为鸡，以此遂以天狗名之已属可笑。又诸神与十二辰相为参伍乃有月厌、厌对。天喜、红鸾等名，非独重二、五、八、十一四个月也。乃截住两头中间取一位起例，益属支离不通。以此硬配头、尾、口、腹、背、足、成一天狗而定生子之年分、妨夫妨小姑之占断，谬悠极矣。且小姑无子与新妇何涉？而天喜正位定必大吉而断为当年无子，盖里巷小民之情。小姑者，老妇之所钟爱。而春月行嫁、腊月生子，新妇有越礼之疑，故以小姑无子为凶而以当年无子为吉也。术士苦心侮弄乡愚，良可悲叹。《选择宗镜》不加辨驳，转编载其说，吁可怪也。又以春卯、夏午、秋酉、冬子四正位谓之天狗方，益属不经。何天狗之弥纶宇宙如此耶？

	春	夏	秋	冬
天狗头 小姑无子 月厌正位	酉	午	卯	子
天狗尾 妨夫主 厌对正位	卯	子	酉	午
天狗口 行嫁忌 章光正位	申	巳	寅	亥
天狗腹 当年无子 天喜正位	午	卯	子	酉
天狗背 三年有子 红鸾正位	子	酉	卯	午
天狗足 六年生子 六合正位	戌	未	辰	丑
天狗后足 九年生子 月害正位	辰	丑	戌	未
天狗方同月建转煞	卯	午	酉	子

六道

天、地、兵、人、鬼、死六道，四吉二凶，天、地、兵、人吉，鬼、死凶。以十二岁分为两周，自子至巳、自午至亥轮转六道。子年艮坤天道、甲庚地道、乙辛兵道、巽乾人道、丙壬鬼道、丁癸死道。丑年则从甲庚起天道，而艮坤转为死道，寅年则从乙辛起天道而甲庚转为死道。六岁既周，午年即同子年之例，以达于亥。其为谬妄，不足深辨。又《黄帝龙首经》有占岁月利道吉凶法。阳岁以大吉临太岁、阴岁以小吉临太岁，视天上甲庚所临为天道、丙壬所临为人道、魁罡所临为拘检。天道、人道吉，拘检凶。假令今年太岁在寅，大吉临寅，视天上甲庚临地乙癸为天道，天上丙壬临地丁癸为人道，魁罡临巳亥为拘检。魁为拘，罡为检。他岁仿此。岁在子午卯酉为四仲，天道及人道皆在四维，难可移徙。阳月以大吉临月建、阴月以小吉临月建，移徙吉凶皆如太岁法。今详《龙首经》之法，必非出自黄帝，亦属后世假托。夫丑未之前一干必是甲庚，安得不论五行生克，惟取太岁、月建前一位之时辰移徙修造便获吉耶？《神煞起例》天、地、兵、人、鬼、死六道，盖即《龙首经》之法而又推广之，愈凿愈陋。

年支	子	丑	寅	卯	辰	巳	午	未	申	酉	戌	亥
天道 五富星 荣昌星 迎财星	艮坤	甲庚	乙辛	巽乾	丙壬	丁癸	坤艮	庚甲	辛乙	乾巽	壬丙	癸丁
地道 子孙道 捉财星	甲庚	乙辛	巽乾	丙壬	丁癸	坤艮	庚甲	辛乙	乾巽	壬丙	癸丁	艮坤
兵道 年魁星	乙辛	巽乾	丙壬	丁癸	坤艮	庚甲	辛乙	乾巽	壬丙	癸丁	艮坤	甲庚
人道 荣官星	巽乾	丙壬	丁癸	坤艮	庚甲	辛乙	乾巽	壬丙	癸丁	艮坤	甲庚	乙辛
鬼道 李广将军箭同 又名游年五鬼	丙壬	丁癸	坤艮	庚甲	辛乙	乾巽	壬丙	癸丁	艮坤	甲庚	乙辛	巽乾
死道	丁癸	坤艮	庚甲	辛乙	乾巽	壬丙	癸丁	艮坤	甲庚	乙辛	巽乾	丙壬

五符择时

用日禄起五符，顺布十二位，名透天关。其法不过日干临时支，以临官、胎、养时为吉，余并凶耳。其名字乃术士之捏造也。然用时无专取胎、养时之理，即日禄尚须参论各神煞，况胎、养乎？今日表已删去。

立成

日干	甲	乙	丙	丁	戊	己	庚	辛	壬	癸
五符	寅	卯	巳	午	巳	午	申	酉	亥	子
天曹	卯	辰	午	未	午	未	酉	戌	子	丑
地符	辰	巳	未	申	未	申	戌	亥	丑	寅

风伯	巳	午	申	酉	申	酉	亥	子	寅	卯
雷公	午	未	酉	戌	酉	戌	子	丑	卯	辰
雨师	未	申	戌	亥	戌	丑	亥	寅	辰	巳
风云	申	酉	亥	子	亥	子	寅	卯	巳	午
唐符	酉	戌	子	丑	子	丑	卯	辰	午	未
国印	戌	亥	丑	寅	丑	寅	辰	巳	未	申
天关	亥	子	寅	卯	寅	卯	巳	午	申	酉
地钥	子	丑	卯	辰	卯	辰	午	未	酉	戌
天贼	丑	寅	辰	巳	辰	巳	未	申	戌	亥

九仙择时

以日干支及时支太元共数，十三、十五、十六、十八、二十一、二十二、二十四、二十五、二十六为九仙吉，十四、十七、十九、二十、二十三、二十七为六神凶。如丙寅日巳时丙七寅七巳四，共一十八数，合天德仙是也。毫无义理。《通书》时表载共数而选择亦不用，今删去。

九仙吉

十三日光仙	十五月光仙	十六金玉仙
十八天德仙	二十一祭国仙	二十二地藏仙
二十四送福仙	二十五大善仙	二十六大吉仙

六神凶

十四大祸神	十七灭门神	十九天凶神
二十地凶神	二十三丧门神	二十七吊客神

壬子日十二时

子时	日建　金匮	丑时	天官贵人　日合　宝光
寅时	日马　路空　白虎　旬空	卯时	天乙贵人　玉堂　路空　日空　旬空
辰时	福星贵人　天牢	巳时	天乙贵人　玄武
午时	喜神　司命　日破	未时	天官贵人　日害　勾陈
申时	青龙　五不遇	酉时	明堂
戌时	天刑	亥时	日禄　朱雀

周易书斋精品书目

书　　名	作　者	定　价	版别
影印涵芬楼本正统道藏 [典藏宣纸版;全 512 函 1120 册]	[明]张宇初编	480000.00	九州
影印涵芬楼本正统道藏 [再造善本;全 512 函 1120 册]	[明]张宇初编	280000.00	九州
重刊术藏[全 6 箱,精装 100 册]	谢路军郑同主编	68000.00	九州
续修术藏[全 6 箱,精装 100 册]	谢路军郑同主编	68000.00	九州
易藏[全 6 箱,精装 60 册]	谢路军郑同主编	48000.00	九州
道藏[全 6 箱,精装 60 册]	谢路军郑同主编	48000.00	九州
焦循文集[全精装 18 册]	[清]焦循撰	9800.00	九州
邵子全书[全精装 15 册]	[宋]邵雍撰	9600.00	九州
重刻故宫藏百二汉镜斋秘书四种(一):火珠林	宣纸线装 1 函 1 册	300.00	华龄
重刻故宫藏百二汉镜斋秘书四种(二):灵棋经	宣纸线装 1 函 1 册	300.00	华龄
重刻故宫藏百二汉镜斋秘书四种(三):滴天髓	宣纸线装 1 函 1 册	300.00	华龄
重刻故宫藏百二汉镜斋秘书四种(四):测字秘牒	宣纸线装 1 函 1 册	300.00	华龄
中外戏法图说:鹅幻汇编鹅幻余编合刊	宣纸线装 1 函 3 册	780.00	华龄
连山[宣纸线装一函一册]	[清]马国翰辑	280.00	华龄
归藏[宣纸线装一函一册]	[清]马国翰辑	280.00	华龄
周易虞氏义笺订[宣纸线装一函六册]	[清]李翊灼订	1180.00	华龄
周易参同契通真义	宣纸线装 1 函 2 册	480.00	华龄
御制周易[宣纸线装一函三册]	武英殿影宋本	680.00	华龄
宋刻周易本义[宣纸线装一函四册]	[宋]朱熹撰	980.00	华龄
易学启蒙[宣纸线装一函二册]	[宋]朱熹撰	480.00	华龄
易余[宣纸线装一函二册]	[明]方以智撰	480.00	九州
奇门鸣法[宣纸线装一函二册]	[清]龙伏山人撰	680.00	华龄
奇门衍象[宣纸线装一函二册]	[清]龙伏山人撰	480.00	华龄
奇门枢要[宣纸线装一函二册]	[清]龙伏山人撰	480.00	华龄
奇门仙机[宣纸线装一函三册]	王力军校订	298.00	华龄
奇门心法秘纂[宣纸线装一函三册]	王力军校订	298.00	华龄
御定奇门秘诀[宣纸线装一函三册]	[清]湖海居士辑	680.00	华龄
宫藏奇门大全[线装五函二十五册]	[清]湖海居士辑	6800.00	影印
遁甲奇门秘传要旨大全[线装二函十册]	[清]范阳耐寒子辑	6200.00	影印
增广神相全编[线装一函四册]	[明]袁珙订正	980.00	影印
龙伏山人存世文稿[宣纸线装五函十册]	[清]矫子阳撰	2800.00	九州
奇门遁甲鸣法[宣纸线装一函二册]	[清]矫子阳撰	680.00	九州
奇门遁甲衍象[宣纸线装一函二册]	[清]矫子阳撰	480.00	九州
奇门遁甲枢要[宣纸线装一函二册]	[清]矫子阳撰	480.00	九州
遯甲括囊集[宣纸线装一函三册]	[清]矫子阳撰	980.00	九州
增注蒋公古镜歌[宣纸线装一函一册]	[清]矫子阳撰	180.00	九州
明抄真本梅花易数[宣纸线装一函三册]	[宋]邵雍撰	480.00	九州

书　　名	作　者	定　价	版别
古本皇极经世书[宣纸线装一函三册]	[宋]邵雍撰	980.00	九州
订正六壬金口诀[宣纸线装一函六册]	[清]巫国匡辑	1280.00	华龄
六壬神课金口诀[宣纸线装一函三册]	[明]适适子撰	298.00	华龄
改良三命通会[宣纸线装一函四册,第二版]	[明]万民英撰	980.00	华龄
增补选择通书玉匣记[宣纸线装一函二册]	[晋]许逊撰	480.00	华龄
阳宅三要	宣纸线装 1 函 3 册	298.00	华龄
绘图全本鲁班经匠家镜	宣纸线装 1 函 4 册	680.00	华龄
青囊海角经	宣纸线装 1 函 4 册	680.00	华龄
菊逸山房天函:地理点穴撼龙经	宣纸线装 1 函 3 册	680.00	华龄
菊逸山房地函:秘藏疑龙经大全	宣纸线装 1 函 1 册	280.00	华龄
菊逸山房人函:杨公秘本山法备收	宣纸线装 1 函 1 册	280.00	华龄
珍本 1:校正全本地学答问	宣纸线装 1 函 3 册	680.00	华龄
珍本 2:赖仙原本催官经	宣纸线装 1 函 1 册	280.00	华龄
珍本 3:赖仙催官篇注	宣纸线装 1 函 1 册	280.00	华龄
珍本 4:尹注赖仙催官篇	宣纸线装 1 函 1 册	280.00	华龄
珍本 5:赖仙心印	宣纸线装 1 函 1 册	280.00	华龄
珍本 6:新刻赖太素天星催官解	宣纸线装 1 函 2 册	480.00	华龄
珍本 7:天机秘传青囊内传	宣纸线装 1 函 1 册	280.00	华龄
珍本 8:阳宅斗首连篇秘授	宣纸线装 1 函 1 册	280.00	华龄
珍本 9:精刻编集阳宅真传秘诀	宣纸线装 1 函 2 册	480.00	华龄
珍本 10:秘传全本六壬玉连环	宣纸线装 1 函 2 册	480.00	华龄
珍本 11:秘传仙授奇门	宣纸线装 1 函 2 册	480.00	华龄
珍本 12:祝由科诸符秘卷祝由科诸符秘旨合刊	宣纸线装 1 函 2 册	480.00	华龄
珍本 13:校正古本入地眼图说	宣纸线装 1 函 2 册	480.00	华龄
珍本 14:校正全本钻地眼图说	宣纸线装 1 函 2 册	480.00	华龄
珍本 15:赖公七十二葬法	宣纸线装 1 函 2 册	480.00	华龄
珍本 16:新刻杨筠松秘传开门放水阴阳捷径	宣纸线装 1 函 2 册	480.00	华龄
珍本 17:校正古本地理五诀	宣纸线装 1 函 2 册	480.00	华龄
珍本 18:重校古本地理雪心赋	宣纸线装 1 函 2 册	480.00	华龄
珍本 19:宋国师吴景鸾先天后天理气心印补注	宣纸线装 1 函 1 册	280.00	华龄
珍本 20:新刊宋国师吴景鸾秘传夹竹梅花院纂	宣纸线装 1 函 2 册	480.00	华龄
珍本 21:影印原本任铁樵注滴天髓阐微	宣纸线装 1 函 4 册	1080.00	华龄
珍本 22:地理真宝一粒粟	宣纸线装 1 函 1 册	280.00	华龄
珍本 23:聚珍全本天机一贯	宣纸线装 1 函 2 册	480.00	华龄
珍本 24:阴宅造福秘诀	宣纸线装 1 函 1 册	280.00	华龄
珍本 25:增补诹吉宝镜图	宣纸线装 1 函 2 册	480.00	华龄
珍本 26:诹吉便览宝镜图	宣纸线装 1 函 1 册	280.00	华龄
珍本 27:诹吉便览八卦图	宣纸线装 1 函 1 册	280.00	华龄
珍本 28:甲遁真授秘集	宣纸线装 1 函 3 册	680.00	华龄
珍本 29:太上祝由科	宣纸线装 1 函 2 册	480.00	华龄
珍本 30:邵康节先生心易梅花数	宣纸线装 1 函 1 册	280.00	华龄

书　　名	作　者	定　价	版别
子部珍本备要(共 360 种 18 万元)		以下分函价	九州
001 峋嵝神书	宣纸线装 1 函 1 册	280.00	九州
002 地理啖蔗録	宣纸线装 1 函 4 册	880.00	九州
003 地理玄珠精选	宣纸线装 1 函 4 册	880.00	九州
004 地理琢玉斧峦头歌括	宣纸线装 1 函 4 册	880.00	九州
005 金氏地学粹编	宣纸线装 3 函 8 册	1840.00	九州
006 风水一书	宣纸线装 1 函 4 册	880.00	九州
007 风水二书	宣纸线装 1 函 4 册	880.00	九州
008 增注周易神应六亲百章海底眼	宣纸线装 1 函 1 册	280.00	九州
009 卜易指南	宣纸线装 1 函 1 册	280.00	九州
010 大六壬占验	宣纸线装 1 函 1 册	280.00	九州
011 真本六壬神课金口诀	宣纸线装 1 函 3 册	680.00	九州
012 太乙指津	宣纸线装 1 函 2 册	480.00	九州
013 太乙金钥匙 太乙金钥匙续集	宣纸线装 1 函 1 册	280.00	九州
014 奇门遁甲占验天时	宣纸线装 1 函 2 册	480.00	九州
015 南阳掌珍遁甲	宣纸线装 1 函 1 册	280.00	九州
016 达摩易筋经 易筋经外经图说 八段锦	宣纸线装 1 函 1 册	280.00	九州
017 钦天监彩绘真本推背图	宣纸线装 1 函 2 册	680.00	九州
018 清抄全本玉函通秘	宣纸线装 1 函 3 册	680.00	九州
019 灵棋经	宣纸线装 1 函 1 册	280.00	九州
020 道藏灵符秘法	宣纸线装 4 函 9 册	2100.00	九州
021 地理青囊玉尺度金针集	宣纸线装 1 函 6 册	1280.00	九州
022 奇门秘传九宫纂要	宣纸线装 1 函 1 册	280.00	九州
023 影印清抄耕寸集一真本子平真诠	宣纸线装 1 函 2 册	480.00	九州
024 新刊合并官板音义评注渊海子平	宣纸线装 1 函 2 册	480.00	九州
025 影抄宋本五行精纪	宣纸线装 1 函 6 册	1080.00	九州
026 影印明刻阴阳五要奇书 1一郭氏阴阳元经	宣纸线装 1 函 2 册	480.00	九州
027 影印明刻阴阳五要奇书 2一克择璇玑括要	宣纸线装 1 函 1 册	280.00	九州
028 影印明刻阴阳五要奇书 3一阳明按索图	宣纸线装 1 函 2 册	480.00	九州
029 影印明刻阴阳五要奇书 4一佐玄直指	宣纸线装 1 函 2 册	480.00	九州
030 影印明刻阴阳五要奇书 5一三白宝海钩玄	宣纸线装 1 函 1 册	280.00	九州
031 相命图诀许负相法十六篇合刊	宣纸线装 1 函 1 册	280.00	九州
032 玉掌神相神相铁关刀合刊	宣纸线装 1 函 1 册	280.00	九州
033 古本太乙淘金歌	宣纸线装 1 函 1 册	280.00	九州
034 重刊地理葬埋黑通书	宣纸线装 1 函 2 册	480.00	九州
035 壬归	宣纸线装 1 函 2 册	480.00	九州
036 大六壬苗公鬼撮脚二种合刊	宣纸线装 1 函 1 册	280.00	九州
037 大六壬鬼撮脚射覆	宣纸线装 1 函 2 册	480.00	九州
038 大六壬金柜经	宣纸线装 1 函 1 册	280.00	九州
039 纪氏奇门秘书仕学备余	宣纸线装 1 函 1 册	280.00	九州

书　　名	作　者	定　价	版别
040 八门九星阴阳二遁全本奇门断	宣纸线装 2 函 18 册	3680.00	九州
041 李卫公奇门心法	宣纸线装 1 函 1 册	280.00	九州
042 武侯行兵遁甲金函玉镜海底眼	宣纸线装 1 函 1 册	280.00	九州
043 诸葛武侯奇门千金诀	宣纸线装 1 函 1 册	280.00	九州
044 隔夜神算	宣纸线装 1 函 1 册	280.00	九州
045 地理五种秘笈合刊	宣纸线装 1 函 1 册	280.00	九州
046 地理雪心赋句解	宣纸线装 1 函 2 册	480.00	九州
047 九天玄女青囊经	宣纸线装 1 函 1 册	280.00	九州
048 考定撼龙经	宣纸线装 1 函 1 册	280.00	九州
049 刘江东家藏善本葬书	宣纸线装 1 函 1 册	280.00	九州
050 杨公六段玄机赋杨筠松安门楼玉辇经合刊	宣纸线装 1 函 1 册	280.00	九州
051 风水金鉴	宣纸线装 1 函 1 册	280.00	九州
052 新镌碎玉剖秘地理不求人	宣纸线装 1 函 2 册	480.00	九州
053 阳宅八门金光斗临经	宣纸线装 1 函 1 册	280.00	九州
054 新镌徐氏家藏罗经顶门针	宣纸线装 1 函 2 册	480.00	九州
055 影印乾隆丙午刻本地理五诀	宣纸线装 1 函 4 册	880.00	九州
056 地理诀要雪心赋	宣纸线装 1 函 2 册	480.00	九州
057 蒋氏平阶家藏善本插泥剑	宣纸线装 1 函 1 册	280.00	九州
058 蒋大鸿家传地理归厚录	宣纸线装 1 函 1 册	280.00	九州
059 蒋大鸿家传三元地理秘书	宣纸线装 1 函 1 册	280.00	九州
060 蒋大鸿家传天星选择秘旨	宣纸线装 1 函 1 册	280.00	九州
061 撼龙经批注校补	宣纸线装 1 函 4 册	880.00	九州
062 疑龙经批注校补一全	宣纸线装 1 函 1 册	280.00	九州
063 种筠书屋较订山法诸书	宣纸线装 1 函 2 册	480.00	九州
064 堪舆倒杖诀 拨砂经遗篇 合刊	宣纸线装 1 函 1 册	280.00	九州
065 认龙天宝经	宣纸线装 1 函 1 册	280.00	九州
066 天机望龙经刘氏心法 杨公骑龙穴诗合刊	宣纸线装 1 函 1 册	280.00	九州
067 风水一夜仙秘传三种合刊	宣纸线装 1 函 1 册	280.00	九州
068 新镌地理八窍	宣纸线装 1 函 2 册	480.00	九州
069 地理解醒	宣纸线装 1 函 1 册	280.00	九州
070 峦头指迷	宣纸线装 1 函 3 册	680.00	九州
071 茅山上清灵符	宣纸线装 1 函 2 册	480.00	九州
072 茅山上清镇禳摄制秘法	宣纸线装 1 函 1 册	280.00	九州
073 天医祝由科秘抄	宣纸线装 1 函 2 册	480.00	九州
074 千镇百镇桃花镇	宣纸线装 1 函 2 册	480.00	九州
075 轩辕碑记医学祝由十三科治病奇书合刊	宣纸线装 1 函 1 册	280.00	九州
076 清抄真本祝由科秘诀全书	宣纸线装 1 函 3 册	680.00	九州
077 增补秘传万法归宗	宣纸线装 1 函 2 册	480.00	九州
078 祝由科诸符秘卷祝由科诸符秘旨合刊	宣纸线装 1 函 1 册	280.00	九州
079 辰州符咒大全	宣纸线装 1 函 4 册	880.00	九州

书　　名	作　者	定　价	版别
080 万历初刻三命通会	宣纸线装 2 函 12 册	2480.00	九州
081 新编三车一览子平渊源注解	宣纸线装 1 函 3 册	680.00	九州
082 命理用神精华	宣纸线装 1 函 3 册	680.00	九州
083 命学探骊集	宣纸线装 1 函 1 册	280.00	九州
084 相诀摘要	宣纸线装 1 函 2 册	480.00	九州
085 相法秘传	宣纸线装 1 函 1 册	280.00	九州
086 新编相法五总龟	宣纸线装 1 函 1 册	280.00	九州
087 相学统宗心易秘传	宣纸线装 1 函 2 册	480.00	九州
088 秘本大清相法	宣纸线装 1 函 2 册	480.00	九州
089 相法易知	宣纸线装 1 函 1 册	280.00	九州
090 星命风水秘传	宣纸线装 1 函 1 册	280.00	九州
091 大六壬隔山照	宣纸线装 1 函 2 册	480.00	九州
092 大六壬考正	宣纸线装 1 函 1 册	280.00	九州
093 大六壬类阐	宣纸线装 1 函 2 册	480.00	九州
094 六壬心镜集注	宣纸线装 1 函 1 册	280.00	九州
095 遁甲吾学编	宣纸线装 1 函 2 册	480.00	九州
096 刘明江家藏善本奇门衍象	宣纸线装 1 函 1 册	280.00	九州
097 遁甲天书秘文	宣纸线装 1 函 2 册	480.00	九州
098 金枢符应秘文	宣纸线装 1 函 2 册	480.00	九州
099 秘传金函奇门隐遁丁甲法书	宣纸线装 1 函 2 册	480.00	九州
100 六壬行军指南	宣纸线装 2 函 10 册	2080.00	九州
101 家藏阴阳二宅秘诀线法	宣纸线装 1 函 2 册	480.00	九州
102 阳宅一书阴宅一书合刊	宣纸线装 1 函 1 册	280.00	九州
103 地理法门全书	宣纸线装 1 函 1 册	280.00	九州
104 四真全书玉钥匙	宣纸线装 1 函 1 册	280.00	九州
105 重刊官板玉髓真经	宣纸线装 1 函 4 册	880.00	九州
106 明刊阳宅真诀	宣纸线装 1 函 2 册	480.00	九州
107 阳宅指南	宣纸线装 1 函 1 册	280.00	九州
108 阳宅秘传三书	宣纸线装 1 函 1 册	280.00	九州
109 阳宅都天滚盘珠	宣纸线装 1 函 1 册	280.00	九州
110 纪氏地理水法要诀	宣纸线装 1 函 1 册	280.00	九州
111 李默斋先生地理辟径集	宣纸线装 1 函 2 册	480.00	九州
112 李默斋先生辟径集续篇 地理秘缺	宣纸线装 1 函 2 册	480.00	九州
113 地理辨正自解	宣纸线装 1 函 1 册	280.00	九州
114 形家五要全编	宣纸线装 1 函 4 册	880.00	九州
115 地理辨正抉要	宣纸线装 1 函 1 册	280.00	九州
116 地理辨正揭隐	宣纸线装 1 函 1 册	280.00	九州
117 地学铁骨秘	宣纸线装 1 函 1 册	280.00	九州
118 地理辨正发秘初稿	宣纸线装 1 函 1 册	280.00	九州
119 三元宅墓图	宣纸线装 1 函 1 册	280.00	九州

书　　名	作　者	定　价	版别
120 参赞玄机地理仙婆集	宣纸线装 2 函 8 册	1680.00	九州
121 幕讲禅师玄空秘旨浅注外七种	宣纸线装 1 函 1 册	280.00	九州
122 玄空挨星图诀	宣纸线装 1 函 1 册	280.00	九州
123 影印稿本玄空地理筌蹄	宣纸线装 1 函 1 册	280.00	九州
124 玄空古义四种通释	宣纸线装 1 函 2 册	480.00	九州
125 地理疑义答问	宣纸线装 1 函 1 册	280.00	九州
126 王元极地理辨正冒禁录	宣纸线装 1 函 1 册	280.00	九州
127 王元极校补天元选择辨正	宣纸线装 1 函 3 册	680.00	九州
128 王元极选择辨真全书	宣纸线装 1 函 1 册	280.00	九州
129 王元极增批地理冰海原本地理冰海合刊	宣纸线装 1 函 1 册	280.00	九州
130 王元极三元阳宅萃篇	宣纸线装 1 函 2 册	480.00	九州
131 尹一勺先生地理精语	宣纸线装 1 函 1 册	280.00	九州
132 古本地理元真	宣纸线装 1 函 2 册	480.00	九州
133 杨公秘本搜地灵	宣纸线装 1 函 1 册	280.00	九州
134 秘藏千里眼	宣纸线装 1 函 1 册	280.00	九州
135 道光刊本地理或问	宣纸线装 1 函 1 册	280.00	九州
136 影印稿本地理秘诀	宣纸线装 1 函 2 册	480.00	九州
137 地理秘诀隔山照 地理括要 合刊	宣纸线装 1 函 1 册	280.00	九州
138 地理前后五十段	宣纸线装 1 函 2 册	480.00	九州
139 心耕书屋藏本地经图说	宣纸线装 1 函 1 册	280.00	九州
140 地理古本道法双谭	宣纸线装 1 函 1 册	280.00	九州
141 奇门遁甲元灵经	宣纸线装 1 函 1 册	280.00	九州
142 黄帝遁甲归藏大意 白猿真经 合刊	宣纸线装 1 函 1 册	280.00	九州
143 遁甲符应经	宣纸线装 1 函 2 册	480.00	九州
144 遁甲通明钤	宣纸线装 1 函 1 册	280.00	九州
145 景祐奇门秘纂	宣纸线装 1 函 2 册	480.00	九州
146 奇门先天要论	宣纸线装 1 函 2 册	480.00	九州
147 御定奇门古本	宣纸线装 1 函 2 册	480.00	九州
148 奇门吉凶格解	宣纸线装 1 函 1 册	280.00	九州
149 御定奇门宝鉴	宣纸线装 1 函 3 册	680.00	九州
150 奇门阐易	宣纸线装 1 函 2 册	480.00	九州
151 六壬总论	宣纸线装 1 函 1 册	280.00	九州
152 稿抄本大六壬翠羽歌	宣纸线装 1 函 1 册	280.00	九州
153 都天六壬神课	宣纸线装 1 函 1 册	280.00	九州
154 大六壬易简	宣纸线装 1 函 2 册	480.00	九州
155 太上六壬明鉴符阴经	宣纸线装 1 函 1 册	280.00	九州
156 增补关煞袖里金百中经	宣纸线装 1 函 1 册	280.00	九州
157 演禽三世相法	宣纸线装 1 函 2 册	480.00	九州
158 合婚便览 和合婚姻咒 合刊	宣纸线装 1 函 1 册	280.00	九州
159 神数十种	宣纸线装 1 函 1 册	280.00	九州

书　　名	作　者	定　价	版别
160 神机灵数一掌经金钱课合刊	宣纸线装 1 函 1 册	280.00	九州
161 阴阳二宅易知录	宣纸线装 1 函 2 册	480.00	九州
162 阴宅镜	宣纸线装 1 函 2 册	480.00	九州
163 阳宅镜	宣纸线装 1 函 1 册	280.00	九州
164 清精抄本六圃地学	宣纸线装 1 函 1 册	280.00	九州
165 形峦神断书	宣纸线装 1 函 1 册	280.00	九州
166 堪舆三昧	宣纸线装 1 函 1 册	280.00	九州
167 遁甲奇门捷要	宣纸线装 1 函 1 册	280.00	九州
168 奇门遁甲备览	宣纸线装 1 函 1 册	280.00	九州
169 原传真本石室藏本圆光真传秘诀合刊	宣纸线装 1 函 1 册	280.00	九州
170 明抄全本壬归	宣纸线装 1 函 4 册	880.00	九州
171 董德彰水法秘诀水法断诀合刊	宣纸线装 1 函 1 册	280.00	九州
172 董德彰先生水法图说	宣纸线装 1 函 1 册	280.00	九州
173 董德彰先生泄天机纂要	宣纸线装 1 函 2 册	480.00	九州
174 李默斋先生地理秘传	宣纸线装 1 函 2 册	480.00	九州
175 新锓希夷陈先生紫微斗数全书	宣纸线装 1 函 3 册	680.00	九州
176 海源阁藏明刊麻衣相法全编	宣纸线装 1 函 2 册	480.00	九州
177 袁忠彻先生相法秘传	宣纸线装 1 函 3 册	680.00	九州
178 火珠林要旨 筮杙	宣纸线装 1 函 2 册	480.00	九州
179 火珠林占法秘传 续筮杙	宣纸线装 1 函 1 册	280.00	九州
180 六壬类聚	宣纸线装 1 函 4 册	880.00	九州
181 新刻麻衣相神异赋	宣纸线装 1 函 1 册	280.00	九州
182 诸葛武侯奇门遁甲全书	宣纸线装 1 函 2 册	480.00	九州
183 张九仪传地理偶摘	宣纸线装 1 函 1 册	280.00	九州
184 张九仪传地理偶注	宣纸线装 1 函 1 册	280.00	九州
185 阳宅玄珠	宣纸线装 1 函 1 册	280.00	九州
186 阴宅总论	宣纸线装 1 函 1 册	280.00	九州
187 新刻杨救贫秘传阴阳二宅便用统宗	宣纸线装 1 函 1 册	280.00	九州
188 增补理气图说	宣纸线装 1 函 2 册	480.00	九州
189 增补罗经图说	宣纸线装 1 函 1 册	280.00	九州
190 重镌官板阳宅大全	宣纸线装 1 函 4 册	880.00	九州
191 景祐太乙福应经	宣纸线装 1 函 1 册	280.00	九州
192 景祐遁甲符应经	宣纸线装 1 函 1 册	280.00	九州
193 景祐六壬神定经	宣纸线装 1 函 1 册	280.00	九州
194 御制禽遁符应经	宣纸线装 1 函 2 册	480.00	九州
195 秘传匠家鲁班经符法	宣纸线装 1 函 3 册	680.00	九州
196 哈佛藏本太史黄际飞注天玉经	宣纸线装 1 函 1 册	280.00	九州
197 李三素先生红囊经解	宣纸线装 1 函 1 册	280.00	九州
198 杨曾青囊天玉通义	宣纸线装 1 函 1 册	280.00	九州
199 重编大清钦天监焦秉贞彩绘历代推背图解	宣纸线装 1 函 2 册	680.00	九州

书　　名	作　者	定　价	版别
200 道光初刻相理衡真	宣纸线装 1 函 4 册	880.00	九州
201 新刻袁柳庄先生秘传相法	宣纸线装 1 函 3 册	680.00	九州
202 袁忠彻相法古今识鉴	宣纸线装 1 函 2 册	480.00	九州
203 袁天纲五星三命指南	宣纸线装 1 函 2 册	480.00	九州
204 新刻五星玉镜	宣纸线装 1 函 3 册	680.00	九州
205 游艺录:箧遁壬行年斗数相宅	宣纸线装 1 函 1 册	280.00	九州
206 新订王氏罗经透解	宣纸线装 1 函 2 册	480.00	九州
207 堪舆真诠	宣纸线装 1 函 3 册	680.00	九州
208 青囊天机奥旨二种	宣纸线装 1 函 1 册	280.00	九州
209 张九仪传地理偶录	宣纸线装 1 函 1 册	280.00	九州
210 地学形势集	宣纸线装 1 函 8 册	1680.00	九州
211 神相水镜集	宣纸线装 1 函 4 册	880.00	九州
212 稀见相学秘笈四种合刊	宣纸线装 1 函 2 册	480.00	九州
213 神相金较剪	宣纸线装 1 函 1 册	280.00	九州
214 神相证验百条	宣纸线装 1 函 2 册	480.00	九州
215 全本神相全编	宣纸线装 1 函 3 册	680.00	九州
216 神相全编正义	宣纸线装 1 函 3 册	680.00	九州
217 八宅明镜	宣纸线装 1 函 2 册	480.00	九州
218 阳宅卜居秘髓	宣纸线装 1 函 3 册	680.00	九州
219 地理乾坤法窍	宣纸线装 1 函 3 册	680.00	九州
220 秘传廖公画筴拨砂经	宣纸线装 1 函 4 册	880.00	九州
221 地理囊金集注	宣纸线装 1 函 1 册	280.00	九州
222 赤松子罗经要旨	宣纸线装 1 函 1 册	280.00	九州
223 萧仙地理心法堪舆经	宣纸线装 1 函 2 册	480.00	九州
224 新刻地理搜龙奥语	宣纸线装 1 函 2 册	480.00	九州
225 新刻风水珠神真经	宣纸线装 1 函 2 册	480.00	九州
226 寻龙点穴地理索隐	宣纸线装 1 函 1 册	280.00	九州
227 杨公撼龙经考注	宣纸线装 1 函 2 册	480.00	九州
228 李德贞秘授三元秘诀	宣纸线装 1 函 1 册	280.00	九州
229 地理支陇乘气论	宣纸线装 1 函 2 册	480.00	九州
230 道光刻全本相山撮要	宣纸线装 2 函 6 册	1500.00	九州
231 药王真传祝由科全编	宣纸线装 1 函 1 册	280.00	九州
232 梵音斗科符箓秘书	宣纸线装 1 函 2 册	580.00	九州
233 御定奇门灵占	宣纸线装 1 函 4 册	880.00	九州
234 御定奇门宝镜图	宣纸线装 1 函 2 册	480.00	九州
235 汇纂大六壬玉钥匙心诀	宣纸线装 1 函 1 册	280.00	九州
236 补完直解六壬五变中黄经	宣纸线装 1 函 2 册	480.00	九州
237 六壬节要直讲	宣纸线装 1 函 2 册	480.00	九州
238 六壬神课捷要占验	宣纸线装 1 函 1 册	280.00	九州
239 六壬袖传神课捷要	宣纸线装 1 函 1 册	280.00	九州
240 秘藏大六壬大全善本	宣纸线装 2 函 8 册	1800.00	九州

书　　名	作　者	定　价	版别
增补四库青乌辑要[宣纸线装全 18 函 59 册]	郑同校	11680.00	九州
第 1 种：宅经[宣纸线装 1 册]	[署]黄帝撰	180.00	九州
第 2 种：葬书[宣纸线装 1 册]	[晋]郭璞撰	220.00	九州
第 3 种：青囊序青囊奥语天玉经[宣纸线装 1 册]	[唐]杨筠松撰	220.00	九州
第 4 种：黄囊经[宣纸线装 1 册]	[唐]杨筠松撰	220.00	九州
第 5 种：黑囊经[宣纸线装 2 册]	[唐]杨筠松撰	380.00	九州
第 6 种：锦囊经[宣纸线装 1 册]	[晋]郭璞撰	200.00	九州
第 7 种：天机贯旨红囊经[宣纸线装 2 册]	[清]李三素撰	380.00	九州
第 8 种：玉函天机素书/至宝经[宣纸线装 1 册]	[明]董德彰撰	200.00	九州
第 9 种：天机一贯[宣纸线装 2 册]	[清]李三素撰辑	380.00	九州
第 10 种：撼龙经[宣纸线装 1 册]	[唐]杨筠松撰	200.00	九州
第 11 种：疑龙经葬法倒杖[宣纸线装 1 册]	[唐]杨筠松撰	220.00	九州
第 12 种：疑龙经辨正[宣纸线装 1 册]	[唐]杨筠松撰	200.00	九州
第 13 种：寻龙记太华经[宣纸线装 1 册]	[唐]曾文辿撰	220.00	九州
第 14 种：宅谱要典[宣纸线装 2 册]	[清]铣溪野人校	380.00	九州
第 15 种：阳宅必用[宣纸线装 2 册]	心灯大师校订	380.00	九州
第 16 种：阳宅撮要[宣纸线装 2 册]	[清]吴鼒撰	380.00	九州
第 17 种：阳宅正宗[宣纸线装 1 册]	[清]姚承舆撰	200.00	九州
第 18 种：阳宅指掌[宣纸线装 2 册]	[清]黄海山人撰	380.00	九州
第 19 种：相宅新编[宣纸线装 1 册]	[清]焦循校刊	240.00	九州
第 20 种：阳宅井明[宣纸线装 2 册]	[清]邓颖出撰	380.00	九州
第 21 种：阴宅井明[宣纸线装 1 册]	[清]邓颖出撰	220.00	九州
第 22 种：灵城精义[宣纸线装 2 册]	[南唐]何溥撰	380.00	九州
第 23 种：龙穴砂水说[宣纸线装 1 册]	清抄秘本	180.00	九州
第 24 种：三元水法秘诀[宣纸线装 2 册]	清抄秘本	380.00	九州
第 25 种：罗经秘传[宣纸线装 2 册]	[清]傅禹辑	380.00	九州
第 26 种：穿山透地真传[宣纸线装 2 册]	[清]张九仪撰	380.00	九州
第 27 种：催官篇发微论[宣纸线装 2 册]	[宋]赖文俊撰	380.00	九州
第 28 种：入地眼神断要诀[宣纸线装 2 册]	清抄秘本	380.00	九州
第 29 种：玄空大卦秘断[宣纸线装 1 册]	清抄秘本	200.00	九州
第 30 种：玄空大五行真传口诀[宣纸线装 1 册]	[明]蒋大鸿等撰	220.00	九州
第 31 种：杨曾九宫颠倒打劫图说[宣纸线装 1 册]	[唐]杨筠松撰	200.00	九州
第 32 种：乌兔经奇验经[宣纸线装 1 册]	[唐]杨筠松撰	180.00	九州
第 33 种：挨星考注[宣纸线装 1 册]	[清]汪董缘订定	260.00	九州
第 34 种：地理挨星说汇要[宣纸线装 1 册]	[明]蒋大鸿撰辑	220.00	九州
第 35 种：地理捷诀[宣纸线装 1 册]	[清]傅禹辑	200.00	九州
第 36 种：地理三仙秘旨[宣纸线装 1 册]	清抄秘本	200.00	九州
第 37 种：地理三字经[宣纸线装 3 册]	[清]程思乐撰	580.00	九州
第 38 种：地理雪心赋注解[宣纸线装 2 册]	[唐]卜则嵬撰	380.00	九州
第 39 种：蒋公天元余义[宣纸线装 1 册]	[明]蒋大鸿等撰	220.00	九州
第 40 种：地理真传秘旨[宣纸线装 3 册]	[唐]杨筠松撰	580.00	九州

书　　名	作　者	定　价	版别
增补四库未收方术汇刊第一辑(全28函)	线装影印本	11800.00	九州
第一辑01函:火珠林·卜筮正宗	[宋]麻衣道者著	340.00	九州
第一辑02函:全本增删卜易·增删卜易真诠	[清]野鹤老人撰	720.00	九州
第一辑03函:渊海子平音义评注·子平真诠·命理易知	[明]杨淙增校	360.00	九州
第一辑04函:滴天髓:附滴天秘诀·穷通宝鉴:附月谈赋	[宋]京图撰	360.00	九州
第一辑05函:参星秘要诹吉便览·玉函斗首三台通书·精校三元总录	[清]俞荣宽撰	460.00	九州
第一辑06函:陈子性藏书	[清]陈应选撰	580.00	九州
第一辑07函:崇正辟谬永吉通书·选择求真	[清]李奉来辑	500.00	九州
第一辑08函:增补选择通书玉匣记·永宁通书	[晋]许逊撰	400.00	九州
第一辑09函:新增阳宅爱众篇	[清]张觉正撰	480.00	九州
第一辑10函:地理四弹子·地理铅弹子砂水要诀	[清]张九仪注	340.00	九州
第一辑11函:地理五诀	[清]赵九峰著	200.00	九州
第一辑12函:地理直指原真	[清]释如玉撰	280.00	九州
第一辑13函:宫藏真本入地眼全书	[宋]释静道著	680.00	九州
第一辑14函:罗经顶门针·罗经解定·罗经透解	[明]徐之镆撰	360.00	九州
第一辑15函:校正详图青囊经·平砂玉尺经·地理辨正疏	[清]王宗臣著	300.00	九州
第一辑16函:一贯堪舆	[明]唐世友辑	240.00	九州
第一辑17函:阳宅大全·阳宅十书	[明]一壑居士集	600.00	九州
第一辑18函:阳宅大成五种	[清]魏青江撰	600.00	九州
第一辑19函:奇门五总龟·奇门遁甲统宗大全·奇门遁甲元灵经	[明]池纪撰	500.00	九州
第一辑20函:奇门遁甲秘笈全书	[明]刘伯温辑	280.00	九州
第一辑21函:奇门庐中阐秘	[汉]诸葛武侯撰	600.00	九州
第一辑22函:奇门遁甲元机·太乙秘书·六壬大占	[宋]岳珂纂辑	360.00	九州
第一辑23函:性命圭旨	[明]尹真人撰	480.00	九州
第一辑24函:紫微斗数全书	[宋]陈抟撰	200.00	九州
第一辑25函:千镇百镇桃花镇	[清]云石道人校	220.00	九州
第一辑26函:清抄真本祝由科秘诀全书·轩辕碑记医学祝由十三科	[上古]黄帝传	800.00	九州
第一辑27函:增补秘传万法归宗	[唐]李淳风撰	160.00	九州
第一辑28函:神机灵数一掌经金钱课·牙牌神数七种·珍本演禽三世相法	[清]诚文信校	440.00	九州
增补四库未收方术汇刊第二辑(全36函)	线装影印本	13800.00	九州
第二辑第1函:六爻断易一撮金·卜易秘诀海底眼	[宋]邵雍撰	200.00	九州
第二辑第2函:秘传子平渊源	燕山郑同校辑	280.00	九州
第二辑第3函:命理探原	[清]袁树珊撰	280.00	九州
第二辑第4函:命理正宗	[明]张楠撰集	180.00	九州
第二辑第5函:造化玄钥	庄圆校补	220.00	九州
第二辑第6函:命理寻源·子平管见	[清]徐乐吾撰	280.00	九州
第二辑第7函:京本风鉴相法	[明]回阳子校辑	380.00	九州
第二辑第8—9函:钦定协纪辨方书8册	[清]允禄编	780.00	九州
第二辑第10—11函:鳌头通书10册	[明]熊宗立撰辑	880.00	九州

书　　名	作　者	定　价	版别
第二辑第 12—13 函:象吉通书	[清]魏明远撰辑	1080.00	九州
第二辑第 14 函:选择宗镜·选择纪要	[朝鲜]南秉吉撰	360.00	九州
第二辑第 15 函:选择正宗	[清]顾宗秀撰辑	480.00	九州
第二辑第 16 函:仪度六壬选日要诀	[清]张九仪撰	680.00	九州
第二辑第 17 函:葬事择日法	郑同校辑	280.00	九州
第二辑第 18 函:地理不求人	[清]吴明初撰辑	240.00	九州
第二辑第 19 函:地理大成一:山法全书	[清]叶九升撰	680.00	九州
第二辑第 20 函:地理大成二:平阳全书	[清]叶九升撰	360.00	九州
第二辑第 21 函:地理大成三:地理六经注·地理大成四:罗经指南拔雾集·地理大成五:理气四诀	[清]叶九升撰	300.00	九州
第二辑第 22 函:地理录要	[明]蒋大鸿撰	480.00	九州
第二辑第 23 函:地理人子须知	[明]徐善继撰	480.00	九州
第二辑第 24 函:地理四秘全书	[清]尹一勺撰	380.00	九州
第二辑第 25—26 函:地理天机会元	[明]顾陵冈辑	1080.00	九州
第二辑第 27 函:地理正宗	[清]蒋宗城校订	280.00	九州
第二辑第 28 函:全图鲁班经	[明]午荣编	280.00	九州
第二辑第 29 函:秘传水龙经	[明]蒋大鸿撰	480.00	九州
第二辑第 30 函:阳宅集成	[清]姚廷銮纂	480.00	九州
第二辑第 31 函:阴宅集要	[清]姚廷銮纂	240.00	九州
第二辑第 32 函:辰州符咒大全	[清]觉玄子辑	480.00	九州
第二辑第 33 函:三元镇宅灵符秘箓·太上洞玄祛病灵符全书	[明]张宇初编	240.00	九州
第二辑第 34 函:太上混元祈福解灾三部神符	[明]张宇初编	360.00	九州
第二辑第 35 函:测字秘牒·先天易数·冲天易数/马前课	[清]程省撰	360.00	九州
第二辑第 36 函:秘传紫微	古朝鲜抄本	240.00	九州
子部善本 1:新刊地理玄珠	精装古本影印	380.00	华龄
子部善本 2:参赞玄机地理仙婆集	精装古本影印	380.00	华龄
子部善本 3:章仲山地理九种(上下)	精装古本影印	760.00	华龄
子部善本 4:八门九星阴阳二遁全本奇门断	精装古本影印	760.00	华龄
子部善本 5:六壬统宗大全	精装古本影印	380.00	华龄
子部善本 6:太乙统宗宝鉴	精装古本影印	380.00	华龄
子部善本 7:重刊星海词林(全五册)	精装古本影印	1900.00	华龄
子部善本 8:万历初刻三命通会(上下)	精装古本影印	760.00	华龄
子部善本 9:增广沈氏玄空学(上下)	精装古本影印	760.00	华龄
子部善本 10:江公择日秘稿	精装古本影印	380.00	华龄
子部善本 11:刘氏家藏阐微通书(上下)	精装古本影印	760.00	华龄
子部善本 12:影印增补高岛易断(上下)	精装古本影印	760.00	华龄
子部善本 13:清刻足本铁板神数	精装古本影印	380.00	华龄
子部善本 14:增订天官五星集腋(上下)	精装古本影印	760.00	华龄
子部善本 15:太乙奇门六壬兵备统宗(上中下)	精装古本影印	1140.00	华龄
子部善本 16:御定景祐奇门大全(上下)	精装古本影印	760.00	华龄
子部善本 17:地理四秘全书十二种	精装古本影印	380.00	华龄

书　　名	作　者	定　价	版别
子部善本18:全本地理统一全书	精装古本影印	380.00	华龄
子部善本19:廖公画策扒砂经(上下)	精装古本影印	760.00	华龄
子部善本20:明刊玉髓真经(上下)	精装古本影印	760.00	华龄
子部善本21:蒋大鸿家藏地学捷旨	精装古本影印	380.00	华龄
子部善本22:阳宅安居金镜	精装古本影印	380.00	华龄
子部善本23:新刊地理紫囊书(上下)	精装古本影印	760.00	华龄
子部善本24:地理大成五种(上下)	精装古本影印	760.00	华龄
子部善本25:初刻鳌头通书大全(上中下)	精装古本影印	1140.00	华龄
子部善本26:初刻象吉备要通书大全(上中下)	精装古本影印	1140.00	华龄
子部善本27:钦定协纪辨方书(武英殿板)(上下)	精装古本影印	760.00	华龄
子部善本28:初刻陈子性藏书(上中下)	精装古本影印	1140.00	华龄
子平遗书第1辑(甲子至戊辰,全三册)	精装古本影印	980.00	华龄
子平遗书第2辑(庚午至甲戌,全三册)	精装古本影印	980.00	华龄
子平遗书第3辑(乙亥至戊子,全三册)	精装古本影印	980.00	华龄
子平遗书第4辑(庚寅至庚子,全三册)	精装古本影印	980.00	华龄
子平遗书第5辑(辛丑至癸丑,全三册)	精装古本影印	980.00	华龄
子平遗书第6辑(甲寅至辛酉,全三册)	精装古本影印	980.00	华龄
风水择吉第一书:辨方(精装)	李明清著	168.00	华龄
珞琭子三命消息赋古注通疏(精装上下)	一明注疏	188.00	华龄
增补高岛易断(简体横排精装上下)	(清)王治本编译	198.00	华龄
中国古代术数基础理论(精装1函5册)	刘昌易著	495.00	团结
飞盘奇门:鸣法体系校释(精装上下)	刘金亮撰	198.00	九州
白话高岛易断(上下)	孙正治孙奥麟译	128.00	九州
润德堂丛书全编1:述卜筮星相学	袁树珊著	38.00	华龄
润德堂丛书全编2:命理探原	袁树珊著	38.00	华龄
润德堂丛书全编3:命谱	袁树珊著	68.00	华龄
润德堂丛书全编4:大六壬探原 养生三要	袁树珊著	38.00	华龄
润德堂丛书全编5:中西相人探原	袁树珊著	38.00	华龄
润德堂丛书全编6:选吉探原 八字万年历	袁树珊著	38.00	华龄
润德堂丛书全编7:中国历代卜人传(上中下)	袁树珊著	168.00	华龄
三式汇刊1:大六壬口诀纂	[明]林昌长辑	68.00	华龄
三式汇刊2:大六壬集应钤	[明]黄宾廷撰	198.00	华龄
三式汇刊3:奇门大全秘纂	[清]湖海居士撰	68.00	华龄
三式汇刊4:大六壬总归	[宋]郭子晟撰	58.00	华龄
三式汇刊5:大六壬心镜	[唐]徐道符辑	48.00	华龄
三式汇刊6:壬窍	[清]无无野人撰	48.00	华龄
青囊汇刊1:青囊秘要	[晋]郭璞等撰	48.00	华龄
青囊汇刊2:青囊海角经	[晋]郭璞等撰	48.00	华龄
青囊汇刊3:阳宅十书	[明]王君荣撰	48.00	华龄
青囊汇刊4:秘传水龙经	[明]蒋大鸿撰	68.00	华龄
青囊汇刊5:管氏地理指蒙	[三国]管辂撰	48.00	华龄

书　　名	作　者	定　价	版别
青囊汇刊6:地理山洋指迷	[明]周景一撰	32.00	华龄
青囊汇刊7:地学答问	[清]魏清江撰	58.00	华龄
青囊汇刊8:地理铅弹子砂水要诀	[清]张九仪撰	68.00	华龄
青囊汇刊9:地理啖蔗录	[清]袁守定著	48.00	华龄
青囊汇刊10:八宅明镜	[清]箬冠道人编	48.00	华龄
青囊汇刊11:罗经透解	[清]王道亨著	48.00	华龄
青囊汇刊12:阳宅三要	[清]赵玉材撰	48.00	华龄
子平汇刊1:渊海子平大全	[宋]徐子平撰	48.00	华龄
子平汇刊2:秘本子平真诠	[清]沈孝瞻撰	38.00	华龄
子平汇刊3:命理金鉴	[清]志于道撰	38.00	华龄
子平汇刊4:秘授滴天髓阐微	[清]任铁樵注	48.00	华龄
子平汇刊5:穷通宝鉴评注	[清]徐乐吾注	48.00	华龄
子平汇刊6:神峰通考命理正宗	[明]张楠撰	38.00	华龄
子平汇刊7:新校命理探原	[清]袁树珊撰	48.00	华龄
子平汇刊8:重校绘图袁氏命谱	[清]袁树珊撰	68.00	华龄
子平汇刊9:增广汇校三命通会(全三册)	[明]万民英撰	168.00	华龄
纳甲汇刊1:校正全本增删卜易	郑同点校	68.00	华龄
纳甲汇刊2:校正全本卜筮正宗	郑同点校	48.00	华龄
纳甲汇刊3:校正全本易隐	郑同点校	48.00	华龄
纳甲汇刊4:校正全本易冒	郑同点校	48.00	华龄
纳甲汇刊5:校正全本易林补遗	郑同点校	38.00	华龄
纳甲汇刊6:校正全本卜筮全书	郑同点校	68.00	华龄
古今图书集成术数丛刊:卜筮(全二册)	[清]陈梦雷辑	80.00	华龄
古今图书集成术数丛刊:堪舆(全二册)	[清]陈梦雷辑	120.00	华龄
古今图书集成术数丛刊:相术(全一册)	[清]陈梦雷辑	60.00	华龄
古今图书集成术数丛刊:选择(全一册)	[清]陈梦雷辑	50.00	华龄
古今图书集成术数丛刊:星命(全三册)	[清]陈梦雷辑	180.00	华龄
古今图书集成术数丛刊:术数(全三册)	[清]陈梦雷辑	200.00	华龄
四库全书术数初集(全四册)	郑同点校	200.00	华龄
四库全书术数二集(全三册)	郑同点校	150.00	华龄
四库全书术数三集:钦定协纪辨方书(全二册)	郑同点校	98.00	华龄
增补鳌头通书大全(全三册)	[明]熊宗立撰辑	180.00	华龄
增补象吉备要通书大全(全三册)	[清]魏明远撰辑	180.00	华龄
增广沈氏玄空学	郑同点校	68.00	华龄
地理点穴撼龙经	郑同点校	32.00	华龄
绘图地理人子须知(上下)	郑同点校	78.00	华龄
玉函通秘	郑同点校	48.00	华龄
绘图入地眼全书	郑同点校	28.00	华龄
绘图地理五诀	郑同点校	48.00	华龄
一本书弄懂风水	郑同著	48.00	华龄
风水罗盘全解	傅洪光著	58.00	华龄

书名	作者	定价	版别
堪舆精论	胡一鸣著	29.80	华龄
堪舆的秘密	宝通著	36.00	华龄
中国风水学初探	曾涌哲	58.00	华龄
全息太乙(修订版)	李德润著	68.00	华龄
时空太乙(修订版)	李德润著	68.00	华龄
故宫珍本六壬三书(上下)	张越点校	128.00	华龄
大六壬通解(全三册)	叶飘然著	168.00	华龄
壬占汇选(精抄历代六壬占验汇选)	肖岱宗点校	48.00	华龄
大六壬指南	郑同点校	28.00	华龄
六壬金口诀指玄	郑同点校	28.00	华龄
大六壬寻源编[全三册]	[清]周螭辑录	180.00	华龄
六壬辨疑　毕法案录	郑同点校	32.00	华龄
时空太乙(修订版)	李德润著	68.00	华龄
全息太乙(修订版)	李德润著	68.00	华龄
大六壬断案疏证	刘科乐著	58.00	华龄
六壬时空	刘科乐著	68.00	华龄
御定奇门宝鉴	郑同点校	58.00	华龄
御定奇门阳遁九局	郑同点校	78.00	华龄
御定奇门阴遁九局	郑同点校	78.00	华龄
奇门秘占合编:奇门庐中阐秘·四季开门	[汉]诸葛亮撰	68.00	华龄
奇门探索录	郑同编订	38.00	华龄
奇门遁甲秘笈大全	郑同点校	48.00	华龄
奇门旨归	郑同点校	48.00	华龄
奇门法窍	[清]锡孟樨撰	48.00	华龄
奇门精粹——奇门遁甲典籍大全	郑同点校	68.00	华龄
御定子平	郑同点校	48.00	华龄
增补星平会海全书	郑同点校	68.00	华龄
五行精纪:命理通考五行渊微	郑同点校	38.00	华龄
绘图三元总录	郑同编校	48.00	华龄
绘图全本玉匣记	郑同编校	32.00	华龄
周易初步:易学基础知识36讲	张绍金著	32.00	华龄
周易与中医养生:医易心法	成铁智著	32.00	华龄
梅花心易阐微	[清]杨体仁撰	48.00	华龄
梅花易数讲义	郑同著	58.00	华龄
白话梅花易数	郑同编著	30.00	华龄
梅花周易数全集	郑同点校	58.00	华龄
一本书读懂易经	郑同著	38.00	华龄
白话易经	郑同编著	38.00	华龄
知易术数学:开启术数之门	赵知易著	48.00	华龄
术数入门——奇门遁甲与京氏易学	王居恭著	48.00	华龄
周易虞氏义笺订(上下)	[清]李翊灼校订	78.00	九州